easy 성경 통독

Dear

담북 Next Book

easy 성경 통독

목차

시작하는 말

종교 개혁자들은 오직 성경(Sola Scriptura)이라는 원리로 교회와 전체 삶을 개혁했습니다. 중세가 '어둠의 세기'(Dark Ages)라 불린 것은 성경의 빛이 사라지고 영적 암흑의 상태였기 때문입니다. 교회가 성경을 가르치지 않고 신자는 배우지 않으니, 맹신과 미신의 늪에 허덕였습니다. 종교 개혁가들은 성경을 자국어로 번역하고 읽고 공부했습니다. 구텐베르크의 금속활자 발명과 인쇄기술의 발전도 한몫했습니다. 성경을 대량으로 인쇄해 값싸게 일반인에게도 보급할 수 있었습니다. 일반 가정도 성경을 읽고 가족에게 읽어줄 수 있게 되었습니다. 오늘 우리가 성경책을 읽을 수 있는 것은 이런 기술의 발전과 종교개혁 덕분입니다.

성경은 세상에서 가장 많이 인쇄되고 팔린 책으로 알려져 있습니다. 성경을 영어로 '바이블'(Bible)이라 부르는데, 이것은 책이라는 뜻의 헬라어 '비블리온'(Biblion)에서 유래한 말입니다. 성경은 책입니다.

현대는 새로운 기술 혁명의 시대입니다. 인터넷의 발달로 가히 혁명적 정보 홍수의 시대에 살고 있습니다. 엄청난 정보가 인터넷 공간에서 공유할 수 있습니다. 놀라운 변화이며 발전입니다. 그러나 지금처럼 성경에 대한 지식이 낮은 시대가 또 있을까, 싶습니다. 성경을 읽지 않습니다. 성경 지식이 얕습니다. 인터넷, 유튜브, SNS에 빠져있습니다. 정보의 홍수 속에 생명의 말씀인 성경을 소중하게 여기지 않습니다. 성경에 무지합니다. 성경을 읽지 않고 공부하지 않습니다. 심각한 영적 빈곤의 시대입니다. 큰 문제입니다.

언제부터인가 성경을 나 중심으로 읽는 경향이 유행입니다. 성경을 마법 주문처럼 생각합니다. '말씀 뽑기'같은 이벤트는 성경을 운수를 뽑는 '타로'(Tarot) 점 같은 것으로 인식하게 만들기도 합니다. 이런 어려운 시대에 『easy 성경 통독』이 등장했습니다.

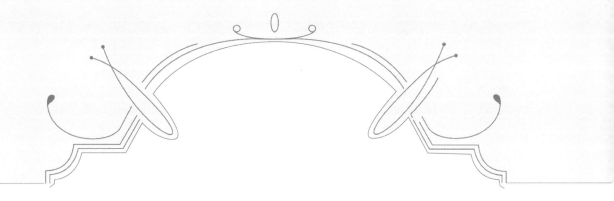

성경을 읽으면 무슨 말인지 이해하지 못해 포기하는 경우가 많습니다. 큰마음 품고 창세기부터 시작했다가, 레위기에서 중단하기 일쑤입니다. 시편이나 선지서는 익숙지 않고 어렵습니다. 요한계시록도 그렇습니다. 『easy 성경 통독』은 그런 어려워 보이는 성경을 쉽게 이해하도록 돕기 위해 만들어졌습니다. 성경을 읽고 재미있게 공부하며 통독하도록 기획되었습니다.

'공부'는 어렵고 힘들다는 선입관이 있긴 하지만, 성경의 의미를 깨닫기 위해서는 공부가 필요합니다. 신학생이나 전문가처럼 원어로 읽는 정도는 아니더라도 자국어로 번역된 성경을 읽고 그 의미가 무엇인지 배울 필요가 있습니다. 베뢰아 교회 성도처럼 말입니다. "베뢰아에 있는 사람들은 데살로니가에 있는 사람들보다 더 너그러워서 간절한 마음으로 말씀을 받고 이것이 그러한가 하여 날마다 성경을 상고하므로."(행 17:11) "성경을 상고"한다는 것은 생각하고 조사하며 살펴보는 것을 말합니다. 맹신하지 않고, 하나님이 주신 지성으로 생각하며 살피는 것입니다. 그래야 하나님이 뜻하시는 바를 분명히 깨닫고, 이단에 빠지지 않는 든든한 지식에 이를 수 있습니다.

본래 『easy 성경 통독』은 필자가 2011년 다우리교회를 개척하고 성도에게 성경을 배울 수 있도록 매주 출력물을 만들어 제공한 것에서 시작되었습니다. 매일 1장씩 성경을 공부하니, 3년이 좀 넘어 완성했습니다. 그런 의미에서 이 책의 출판은 다우리교회 덕택입니다.

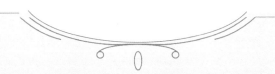

2022년 10월,

저자 임경근

easy 성경 통독

책의 특징

첫째, 아주 쉽습니다.

『easy 성경 통독』을 읽어나가면 성경이 결코 어려운 책이 아니라는 것을 알게 될 것입니다.
초등학교 학생도 이 책을 가지고 공부할 수 있습니다.
실제로 이 책으로 공부한 어린이들이 여럿입니다.

둘째, 깊이 있는 성경 공부가 가능합니다.

성경을 읽었지만, 그 뜻이 무엇인지 알지 못한 에티오피아 내시를 빌립이 도와준 것처럼,
질문에 답하는 과정을 통해 성경을 더 깊이 있게 공부합니다.

셋째, 문제 풀이식 성경 공부입니다.

묻고 답하는 방법은 역사적으로 가장 오래된 교육 방법으로 알려져 있습니다.
빈칸을 채우기 위해 읽은 본문을 다시 찾는 과정은
읽은 성경을 한 번 더 생각하게 하는 효과를 줍니다.
답은 바로 인근에 있어서 쉽게 확인할 수 있습니다.
하지만, 답을 먼저 보려는 유혹(?)을 이겨내도록 일부러 뒤집어 배치했습니다.

넷째, 장별 성경 공부입니다.

한국교회에는 성경을 장별로 공부하도록 낱낱이 정리된 책이 거의 없습니다.
성경을 장별로 읽고 공부하도록 정리했습니다.

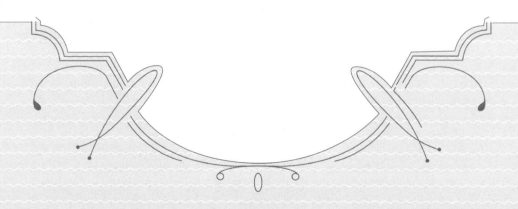

다섯째, 무난한 난이도를 선택했습니다.

해설의 수준이 너무 가볍지도 않고 너무 어렵지도 않습니다.
일반 성도의 수준을 고려했습니다.

여섯째, 내용이 일관됩니다.

전문가들이 쓴 성경 주석(단권도 포함)이 다양한 해석을 나열하는 것이라면,
이 책은 저자가 일관된 관점으로 썼습니다. 종교 개혁적 신앙에 근거해 구속사와
하나님 나라 관점을 견지합니다.

일곱째, 능동적 성경 공부를 유도합니다.

성경 해설서는 피동적 측면이 있지만, 본서는 능동적으로 공부하도록 돕습니다.
자신이 직접 성경 본문을 읽고 확인하고 답을 쓰는 능동성은 학습 효과에 있어서
긍정적 선순환을 일으킬 것입니다.

여덟째, 본문의 핵심을 오래 기억하게 합니다.

빈칸이 포함된 구절은 본문에서 핵심 구절이기 때문에
해답을 발견하는 과정에서 본문의 핵심을 오래 기억하는 효과가 있습니다.

아홉째, 한국교회의 내실을 다지게 될 것입니다.

말씀만이 교회와 성도의 내실을 다지게 하는데,
내실을 다지는 데 『easy 성경 통독』은 소중한 도구로 활용될 수 있습니다.

열째, 그림과 지도와 도표는 유익합니다.

각 시대에 맞는 지도와 연도, 그리고 도량형 표시는
시각적 교육의 효과를 높일 것입니다.

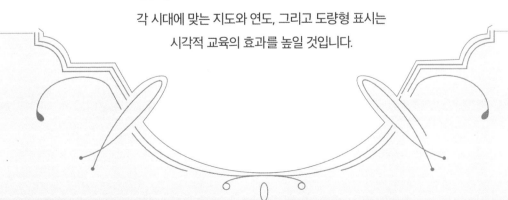

easy 성경 통독

활용 방법

이 책을 활용할 수 있는 방법은 다음과 같습니다.

첫째, 교회나 가정이 성경을 통독할 때 이 책을 함께 읽으며 공부합니다. 빈칸을 채운 것과 생각하기 질문에 대한 답을 사진으로 찍어 소그룹 단톡방에 공유합니다.

둘째, 이 책의 앞쪽에 제시된 다양한 성경 통독표에 표시하며 활용합니다.

셋째, 빈칸에 답을 달 때는 가능한 수정이 가능한 연필을 활용합니다.

넷째, 장별로 제시되는 생각하기 질문은 가정예배나 소그룹 성경공부에서 나눔 질문으로 활용합니다.

다섯째, 성경 통독과 이 책을 다 마친 사람에게는 책을 확인 후 교회나 가정에서 준비한 선물을 주고 칭찬하며 격려합니다.

여섯째, 본인이 직접 답을 쓴 이 책은 앞으로 성경을 읽을 때마다 다시 확인하며 공부할 수 있는 소중한 자료로 활용합니다.

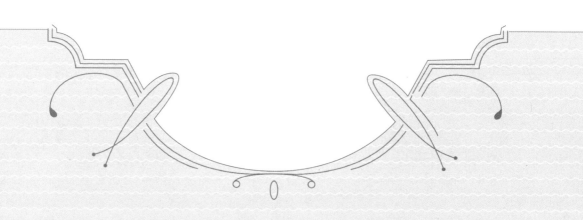

easy 성경 통독 사용 후기 1

작은빛교회 이화영 성도

큰 아이가 중학생이 되어 입교를 앞두고 있을 때, 성경을 한 번이라도 제대로 읽으면 좋겠다는 생각이 들었습니다. 아직, 어린이 성경만 계속 읽던 터이기에 어른들과 함께 보는 성경은 어렵게 느껴지지 않을까 걱정이 들었습니다. 그래도 성경 통독에 도움 될 만한 교재나 자료가 있다면 괜찮지 않을까 싶어 여기저기 찾아보았으나, 마땅한 것을 찾을 수 없었습니다.

그러던 중 페이스북에서 임경근 목사님의 <easy 성경 공부>라는 페이지를 알게 되었습니다. 임경근 목사님은 매일 성경 1장에 대한 해설을 페이스북에 올려주었습니다. 내용이 간결한 점이 큰 특징이었고 해설도 이해하기 쉬웠습니다. 성경 구절 중 중요 부분은 빈 칸으로 두어 독자가 직접 채우도록 했고, 그림이나 지도, 도표도 함께 볼 수 있었습니다.

<easy 성경 공부>가 있다면 아이와 함께 매일 성경 1-3장은 꾸준히 공부 할 수 있을 것 같았습니다. 성경 내용 중 어려운 부분이 있어도 <easy 성경 공부> 해설이 있으니 쉽게 이해할 수겠다 싶어 아이와 함께 성경 읽기를 시작했습니다. 아이와 함께하는 성경 통독은 이렇게 진행했습니다. 먼저 기도하고 순서에 따라 성경 본문을 읽은 다음 <easy 성경 통독>을 읽고 빈 칸을 채우는 방법으로 진행했습니다. 성경이 기록된 시대적 배경이나 상황, 본문에 대한 해설을 읽으며, 공부하니 성경 내용이 쏙쏙 머리에 들어왔습니다. 예전에 그냥 읽고 넘어가던 때와는 분명 달랐습니다. 그리고 제가 잘못 해석하고 이해하고 있던 부분들, 몰라서 대충 넘겼던 부분들까지 알 수 있었습니다. 말씀을 이해하고 알아가게 되니 재미가 있고, 흥미가 있으니, 성경 통독을 계속 할 수 있게 되었습니다. 아이에게도 변화가 나타났습니다. 성경이 어렵고 지루하게 느껴졌는데, 이해가 잘 되니 성경이 재미있다며 성경 읽기를 꾸준히 하려고 노력했습니다. 정말 놀랍게도 <easy 성경 통독>의 도움으로 이제는 아이 스스로 성경을 읽게 되었습니다.

성경을 읽으라고 권하지만 이해가 되지 않으니 재미가 없고 재미가 없으니 읽어 나가기가 어렵습니다. 성경의 의미를 잘 해설해 주는 책이 있으면 좋을 텐데 한 장, 한 장 친절하게 해설해 주는 마땅한 책을 만나지 못했습니다. 그런데 마침 〈easy 성경 통독〉을 만난 것입니다. 〈easy 성경 통독〉의 바른 해석이 저의 빗나간 해석을 교정해 주었습니다. 제 자신의 느낌과 생각을 좇아 마음대로 성경을 해석하는 경우들이 있었거든요. 그래서 성경의 바른 의미를 알게 되어 참 감사했습니다. 〈easy 성경 통독〉을 통해 본문의 의미를 알게 되고 그러다 보니 성경을 바르게 이해하는 안목이 조금씩 생기는 것 같습니다. 바른 성경 통독을 통해 그리스도의 형상을 닮아 가도록 이끄시는 성령님의 도우심으로 어리석은 저의 영혼이 조금씩 부요하게 됨을 느낍니다.

이제 〈easy 성경 통독〉이 책으로 나온다고 하니 너무 감사하고 기쁩니다. 창세기 1장부터 요한계시록 22장까지, 매일 하루도 쉬지 않고 〈easy 성경 통독〉을 올려주고, 연구하고 만드신 자료를 누구나 다 읽을 수 있도록, 그리고 누구나 다 이해할 수 있도록 쉽게 해석해 주신 임경근 목사님께 감사드립니다. 목사님의 〈easy 성경 통독〉을 통해 아이와 함께 성경을 읽고 공부하며, 아이의 입으로 삼위일체 하나님을 고백하며 입교할 수 있게 되었습니다. 그리고 이제는 〈easy 성경 통독〉과 함께 아이 혼자서도 바르게 성경을 읽을 수가 있어 걱정이 없습니다. 다른 분들도 이 책을 통해 성경을 바르게 읽고 공부하며, 성경이 전하는 하나님의 구원의 은혜와 사랑을 알아가는 기쁨과 유익을 누렸으면 좋겠습니다.

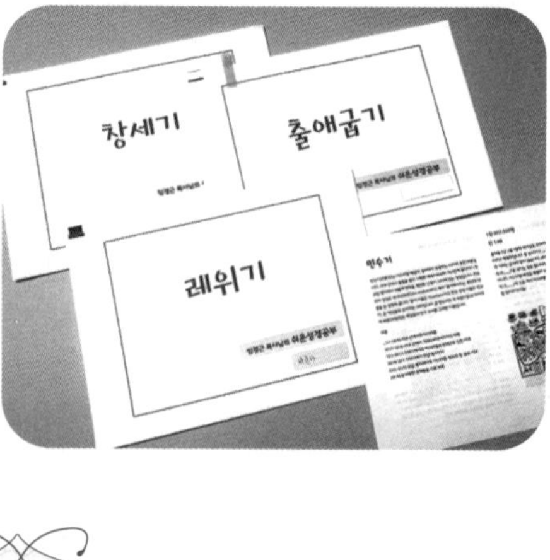

easy 성경 통독 사용 후기 2

다우리교회 이을준 성도

저는 매일 아침 6시에 일어나면 10-20분 정도 교회에서 통독하는 순서를 따라 성경을 읽고 묵상하며 기도합니다. 그리고 직장에 출근해 차나 커피 마시는 시간이나 혹은 점심시간의 짬을 내어 〈easy 성경 통독〉에 나와 있는 본문 해설을 읽고 빈 칸 채우기를 합니다. 빈 칸에 들어가는 답은 대체로 쉽습니다. 읽은 성경 본문에서 답이 있기 때문입니다. 짧은 본문 해설은 단순한 이해에서 더 깊이 있는 이해로 인도해 주어서 좋습니다. 이렇게 〈easy 성경 통독〉은 저의 일상이 되었습니다.

현대인은 늘 시간에 쫓기듯 살아갑니다. 그리스도인이라고 예외는 아닙니다. 저도 그렇습니다. 그러나 바쁘더라도 성경 읽기를 놓치고 싶지 않았습니다. 이런 저에게 〈easy 성경 통독〉은 가까이 두고 성경을 공부하는 데 아주 유용합니다. 제가 느낀 유익을 몇 가지로 정리해 소개해 봅니다.

❶ 〈easy 성경 통독〉은 쉽고 해석이 명확합니다. 어떤 해설집들은 설명이나 해설, 문제가 어렵기도 합니다. 그와 달리 〈easy 성경 통독〉은 쉽고 명확하니 좋습니다. 빈 칸 채우기가 쉬우니 동기부여가 되고 집중도도 높입니다.

❷ 〈easy 성경 통독〉은 성경을 일관된 관점으로 해설합니다. 그 관점은 바로 구속사입니다. 구속사 관점은 하나님과 피조물과의 구원 역사적 관계를 중심으로 성경을 이해하고 해석하는 관점인데, 〈easy 성경 통독〉이 일관되게 구속사 관점으로 해설해 줍니다.

❸ <easy 성경 통독>에는 개혁신학과 개혁신앙이 자연스럽게 녹아 있어 좋습니다. <easy 성경 통독>을 읽고 있으면, 어느새 하나님의 구속 역사 가운데서 구원 받은 죄인으로서 나의 위치와 자세를 가다듬게 됩니다.

❹ <easy 성경 통독>은 성경의 의미를 진지하게 고민하게 하며, 성경의 의미를 실생활에서도 적용할 수 있도록 도와줍니다. 삶의 현장과 동떨어진 성경 해설이 아니라서 참 좋습니다.

❺ <easy 성경 통독>은 가정에서 가정예배 교재로 사용하기에 적당하며, 개인 경건 시간으로 활용하기에도 좋습니다. 어렵지 않은 본문 해설과 질문 덕분입니다.

신앙의 기초와 성숙은 거대한 목표를 세움으로 이루는 것이 아니라, 오늘이라는 시간 가운데 성경 읽기에서부터 시작된다고 생각합니다. 저는 <easy 성경 통독>을 통해 시작하고 있습니다. 다른 독자 분들도 <easy 성경 통독>을 통해 이 유익을 누리길 소원합니다.

easy 성경 통독 사용 후기 3

탄자니아 동아프리카성경대학 교장
박승규 목사

그리스도인은 삶의 분명한 목적이 있습니다. 그것은 바로 "하나님을 영화롭게 하는 것과 영원토록 그를 즐거워하는 것입니다." 그러나 우리의 생각을 따라서 노력한다고 하나님을 영화롭게 할 수 있는 것은 아닙니다. 하나님께서 정하신 규칙을 따르며 살아야 하나님을 영화롭게 할 수 있습니다. 그럼 "하나님께서 무슨 규칙을 우리에게 주시어 어떻게 자기를 영화롭게 하고 즐거워할 것을 지시하셨습니까?" "신구약 성경에 기재된 하나님의 말씀은 어떻게 우리가 그를 영화롭게 하고 즐거워할 것을 지시하는 유일한 규칙입니다." 참으로 그렇습니다. 성경을 바로 알지 못하고는 "사람이 하나님에 대하여 어떻게 믿을 것과 하나님께서 사람에게 요구하시는 본분"을 알 수 없습니다. 다시 말하자면, 성경이 없이는 좋은 성도가 될 수 없고, 하나님을 영화롭게 할 수도 없습니다. 성경이 그리스도인에게 그만큼 중요합니다.

성경을 바로 알기 위해서는, 당연한 말이지만, 성경을 먼저 읽어야만 합니다. 그리스도인은 살기 위해서 목숨을 걸고 성경을 읽어야만 합니다. 그렇지만 수십 년을 신앙생활 했노라 하면서도 성경을 한 번도 읽지 않는 교인이 의외로 많습니다. 그렇게 된 데에는 성경의 중요성을 몰라서, 본인이 게을러서, 성경을 읽은 것 자체가 재미가 없어서 등 여러 가지 이유가 있을 것입니다. 그 가운데 성경 통독에 재미를 느끼지 못하는 분에게 성경을 읽어 나가는 데 도움을 주는 것이 있었다면, 그것이 재미까지 더해 준다면 더 바랄 것이 없을 텐데 말입니다.

그런데 기쁜 소식이 들렸습니다. 임경근 목사님이 쓴 〈easy 성경 통독〉이 출간된다는 소식입니다. 〈easy 성경 통독〉은 성경 통독에 재미를 더해주는 책입니다. 또한 말씀을 읽어야만 하는 그리스도인의 필요를 따라 만들어졌기 때문에 매우 실용적입니다. 성경을 읽은 후에, 또는 읽으면서 책 속의 쉬운 문제들을 풀다 보면 읽은 성경을 되새김질 할 수 있습니다. 이 책에는 또한 다양한 성경 통독 표들이 있어서 잘 활용하면 성경을 읽어 나가는 데 큰 도움이 됩니다. 책 곳곳에 있는 지도와 도표도 성경을 보다 잘 이해할 수 있도록 도와줍니다.

사실 시중에 있는 이러한 종류의 모든 책이 성경을 이해하는 데 도움이 되는 것은 아닙니다. 건전한 신학과 성경의 바른 해석을 담고 있어야만 유익합니다. 그런 면에서 이 책은 탁월합니다. 이 책에는 저자의 바른 신학과 해석이 고스란히 담겨있습니다.

저와 함께 성경공부를 하는 분들이 있는데, 한 주에 한 번 하는 성경공부와는 별개로 매일 성경을 서너 장씩 읽어가고 있습니다. 그분들에게도 이 책을 활용하도록 적극 추천할 생각입니다. 아무쪼록 조국 교회의 성도들이 이 책을 통해 성경을 더 가까이함으로써 많은 유익이 있기를 소망합니다.

Sola Scriptura!
Soli Deo Gloria!

easy 성경 통독 ─◦ **구약 180일** ─◦ 성경읽기표

1일	창 1-6	23일	레 11-15	45일	수 11-15	67일	삼하 19-21
2일	창 7-11	24일	레 16-20	46일	수 16-21	68일	삼하 22-24
3일	창 12-17	25일	레 21-24	47일	수 22-삿 1	69일	왕상 1-3
4일	창 18-23	26일	레 25-27	48일	삿 2-5	70일	왕상 4-7
5일	창 24-26	27일	민 1-5	49일	삿 6-8	71일	왕상 8-10
6일	창 27-30	28일	민 6-9	50일	삿 9-12	72일	왕상 11-13
7일	창 31-33	29일	민 10-14	51일	삿 13-16	73일	왕상 14-16
8일	창 34-36	30일	민 15-18	52일	삿 17-20	74일	왕상 17-19
9일	창 37-41	31일	민 19-22	53일	삿 21-룻 4	75일	왕상 20-22
10일	창 42-45	32일	민 23-26	54일	삼상 1-4	76일	왕하 1-4
11일	창 46-50	33일	민 27-31	55일	삼상 5-10	77일	왕하 5-8
12일	출 1-4	34일	민 32-36	56일	삼상 11-14	78일	왕하 9-11
13일	출 5-9	35일	신 1-3	57일	삼상 15-17	79일	왕하 12-15
14일	출 10-13	36일	신 4-7	58일	삼상 18-21	80일	왕하 16-18
15일	출 14-18	37일	신 8-11	59일	삼상 22-24	81일	왕하 19-21
16일	출 19-24	38일	신 12-16	60일	삼상 25-28	82일	왕하 22-25
17일	출 25-28	39일	신 17-22	61일	삼상 28-31	83일	대상 1-4
18일	출 29-32	40일	신 23-27	62일	삼하 1-4	84일	대상 5-8
19일	출 33-36	41일	신 28-30	63일	삼하 5-9	85일	대상 9-12
20일	출 37-40	42일	신 31-34	64일	삼하 10-12	86일	대상 13-18
21일	레 1-5	43일	수 1-6	65일	삼하 13-15	87일	대상 19-24
22일	레 6-10	44일	수 7-10	66일	삼하 16-18	88일	대상 25-29

89일	대하 1-6	112일	시 27-36	135일	사 12-20	158일	겔 14-17
90일	대하 7-11	113일	시 37-47	136일	사 21-27	159일	겔 18-21
91일	대하 12-17	114일	시 48-59	137일	사 28-33	160일	겔 22-25
92일	대하 18-22	115일	시 50-62	138일	사 34-39	161일	겔 26-30
93일	대하 23-27	116일	시 63-72	139일	사 40-44	162일	겔 31-34
94일	대하 28-32	117일	시 73-78	140일	사 45-50	163일	겔 35-39
95일	대하 33-36	118일	시 79-89	141일	사 51-57	164일	겔 40-44
96일	스 1-6	119일	시 90-101	142일	사 58-62	165일	겔 45-48
97일	스 7-10	120일	시 102-106	143일	사 63-66	166일	단 1-3
98일	느 1-5	121일	시 107-116	144일	렘 1-4	167일	단 4-6
99일	느 6-9	122일	시 117-119	145일	렘 5-8	168일	단 7-9
100일	느 10-12	123일	시 120-138	146일	렘 9-13	169일	단 10-12
101일	느 13-에 4	124일	시 139-150	147일	렘 14-18	170일	호 1-7
102일	에 5-10	125일	잠 1-6	148일	렘 19-23	171일	호 8-14
103일	욥 1-6	126일	잠 7-13	149일	렘 24-28	172일	욜 1-암 2
104일	욥 7-13	127일	잠 14-19	150일	렘 29-32	173일	암 3-9
105일	욥 14-21	128일	잠 20-25	151일	렘 33-37	174일	옵 1- 욘 4
106일	욥 22-28	129일	잠 26-31	152일	렘 38-43	175일	미 1-7
107일	욥 29-32	130일	전 1-6	153일	렘 44-49	176일	나 1-합3
108일	욥 33-37	131일	전 7-12	154일	렘 50-52	177일	습 1- 학2
109일	욥 38-42	132일	아 1-8	155일	애 1-5	178일	슥 1-8
110일	시 1-16	133일	사 1-6	156일	겔 1-7	179일	슥 9-14
111일	시 17-26	134일	사 7-11	157일	겔 8-13	180일	말 1-4

easy 성경 통독

구약 360일

성경읽기표

1일	창 1-2	24일	출 2-3	47일	레 15-16	70일	신 3-4	93일	수 24- 삿 1
2일	창 3-4	25일	출 4-5	48일	레 17-18	71일	신 5-6	94일	삿 2-3
3일	창 5-6	26일	출 6-7	49일	레 19-20	72일	신 7-9	95일	삿 4-5
4일	창 7-9	27일	출 8-9	50일	레 21-22	73일	신 10-11	96일	삿 6-7
5일	창 10-11	28일	출 10-11	51일	레 23-24	74일	신 12-14	97일	삿 8-9
6일	창 12-14	29일	출 12-13	52일	레 25-26	75일	신 15-17	98일	삿 10-12
7일	창 15-17	30일	출 14-15	53일	레 27-민 1	76일	신 18-19	99일	삿 13-14
8일	창 18-20	31일	출 16-17	54일	민 2-4	77일	신 20-21	100일	삿 15-16
9일	창 21-22	32일	출 18-19	55일	민 5-7	78일	신 22-23	101일	삿 17-18
10일	창 23-24	33일	출 20-22	56일	민 8-10	79일	신 24-27	102일	삿 19-20
11일	창 25-26	34일	출 23-25	57일	민 11-12	80일	신 28-29	103일	삿 21-룻 1
12일	창 27-28	35일	출 26-28	58일	민 13-14	81일	신 30-31	104일	룻 2-4
13일	창 29-30	36일	출 29-30	59일	민 15-17	82일	신 32-33	105일	삼상 1-2
14일	창 31-32	37일	출 31-32	60일	민 18-20	83일	신 34-수 1	106일	삼상 3-4
15일	창 33-34	38일	출 33-34	61일	민 21-22	84일	수 2-4	107일	삼상 5-6
16일	창 35-36	39일	출 35-36	62일	민 23-24	85일	수 5-6	108일	삼상 7-8
17일	창 37-38	40일	출 37-38	63일	민 25-26	86일	수 7-8	109일	삼상 9-10
18일	창 39-41	41일	출 39-40	64일	민 27-28	87일	수 9-10	110일	삼상 11-12
19일	창 42-43	42일	레 1-4	65일	민 29-30	88일	수 11-13	111일	삼상 13-14
20일	창 44-45	43일	레 5-6	66일	민 31-32	89일	수 14-17	112일	삼상 15-16
21일	창 46-47	44일	레 7-9	67일	민 33-34	90일	수 18-19	113일	삼상 17-18
22일	창 48-49	45일	레 10-12	68일	민 35-36	91일	수 20-21	114일	삼상 19-20
23일	창 50-출 1	46일	레 13-14	69일	신 1-2	92일	수 22-23	115일	삼상 21-22

116일	삼상 23-24	141일	왕상 20-21	166일	대상 21-22	191일	스 10- 느1	216일	욥 41-42
117일	삼상 25-26	142일	왕상 21-22	167일	대상 23-24	192일	느 2-3	217일	시 1-5
118일	삼상 27-29	143일	왕하 1-2	168일	대상 25-26	193일	느 4-5	218일	시 6-10
119일	삼상 30-31	144일	왕하 3-4	169일	대상 27-28	194일	느 6-7	219일	시 11-14
120일	삼하 1-2	145일	왕하 5-6	170일	대상 29-대하 1	195일	느 8-9	220일	시 15-19
121일	삼하 3-4	146일	왕하 7-8	171일	대하 2-4	196일	느 10-11	221일	시 20-24
122일	삼하 5-6	147일	왕하 9-10	172일	대하 5-6	197일	느 12-13	222일	시 25-29
123일	삼하 7-8	148일	왕하 11-12	173일	대하 7-8	198일	에 1-2	223일	시 30-33
124일	삼하 9-10	149일	왕하 13-14	174일	대하 9-10	199일	에 3-4	224일	시 34-37
125일	삼하 11-12	150일	왕하 15-16	175일	대하 11-13	200일	에 5-6	225일	시 38-41
126일	삼하 13-14	151일	왕하 17-18	176일	대하 14-15	201일	에 7-8	226일	시 42-45
127일	삼하 15-16	152일	왕하 19-20	177일	대하 16-17	202일	에 9-10	227일	시 46-48
128일	삼하 17-18	153일	왕하 21-22	178일	대하 18-19	203일	욥 1-3	228일	시 49-53
129일	삼하 19-20	154일	왕하 23-24	179일	대하 20-21	204일	욥 4-6	229일	시 54-60
130일	삼하 21-22	155일	왕하 25-대상 1	180일	대하 22-24	205일	욥 7-9	230일	시 61-64
131일	삼하 23-24	156일	대상 2-3	181일	대하 25-26	206일	욥 10-12	231일	시 65-68
132일	왕상 1-2	157일	대상 4-5	182일	대하 27-28	207일	욥 13-15	232일	시 69-72
133일	왕상 3-5	158일	대상 5-6	183일	대하 29-30	208일	욥 16-18	233일	시 73-78
134일	왕상 6-7	159일	대상 7-8	184일	대하 31-32	209일	욥 19-21	234일	시 79-83
135일	왕상 8-9	160일	대상 9-10	185일	대하 33-34	210일	욥 22-24	235일	시 84-86
136일	왕상 10-11	161일	대상 11-12	186일	대하 35-36	211일	욥 25-28	236일	시 87-89
137일	왕상 12-13	162일	대상 13-14	187일	스 1-3	212일	욥 29-31	237일	시 90-93
138일	왕상 14-15	163일	대상 15-16	188일	스 4-5	213일	욥 32-34	238일	시 94-96
139일	왕상 16-17	164일	대상 17-18	189일	스 6-7	214일	욥 35-37	239일	시 97-100
140일	왕상 18-19	165일	대상 19-20	190일	스 8-9	215일	욥 38-40	240일	시 101-103

241일 시 104-106	265일 사 4-6	289일 렘 7-8	313일 겔 10-12	337일 호 4-7
242일 시 107-110	266일 사 7-9	290일 렘 9-11	314일 겔 13-14	338일 호 8-10
243일 시 111-118	267일 사 10-13	291일 렘 12-14	315일 겔 15-16	339일 호 11-14
244일 시 119	268일 사 14-16	292일 렘 15-17	316일 겔 17-18	340일 욜 1-2
245일 시 120-130	269일 사 17-21	293일 렘 18-20	317일 겔 19-20	341일 욜 3-암 1
246일 시 131-137	270일 사 22-24	294일 렘 21-22	318일 겔 21-22	342일 암 2-5
247일 시 138-145	271일 사 25-28	295일 렘 23-24	319일 겔 23-24	343일 암 6-8
248일 시 146-150	272일 사 29-30	296일 렘 25-26	320일 겔 25-27	344일 암 9-옵 1
249일 잠 1-3	273일 사 31-34	297일 렘 27-28	321일 겔 28-30	345일 욘 1-2
250일 잠 4-6	274일 사 35-37	298일 렘 29-30	322일 겔 31-32	346일 욘 3-4
251일 잠 7-10	275일 사 38-39	299일 렘 31-33	323일 겔 33-34	347일 미 1-3
252일 잠 11-14	276일 사 40-41	300일 렘 34-35	324일 겔 35-36	348일 미 4-5
253일 잠 15-18	277일 사 42-43	301일 렘 36-37	325일 겔 37-39	349일 미 6-7
254일 잠 19-22	278일 사 44-45	302일 렘 38-40	326일 겔 40-41	350일 나 1-3
255일 잠 23-25	279일 사 46-48	303일 렘 41-42	327일 겔 42-43	351일 합 1-3
256일 잠 26-28	280일 사 49-51	304일 렘 43-45	328일 겔 44-45	352일 습 1-2
257일 잠 29-31	281일 사 52-54	305일 렘 46-48	329일 겔 46-48	353일 습 3-학 2
258일 전 1-3	282일 사 55-57	306일 렘 49-50	330일 단 1-2	354일 슥 1-3
259일 전 4-6	283일 사 58-60	307일 렘 51-52	331일 단 3-4	355일 슥 4-6
260일 전 7-9	284일 사 61-64	308일 애 1-2	332일 단 5-6	356일 슥 7-8
261일 전 10-12	285일 사 65-66	309일 애 3-5	333일 단 7-8	357일 슥 9-11
262일 아 1-5	286일 렘 1-2	310일 겔 1-3	334일 단 9-10	358일 슥 12-14
263일 아 6-8	287일 렘 3-4	311일 겔 4-6	335일 단 11-12	359일 말 1-2
264일 사 1-3	288일 렘 5-6	312일 겔 7-9	336일 호 1-3	360일 말 3-4

easy 성경 통독 — **킹덤스토리 1년차** — 성경읽기표

1주차	창 1-2, 잠 1-3장, 딤후 3장	25주차	민 25-27장, 욥 1-7장
2주차	창 3-5장, 잠 4-6장	26주차	신 1-3장, 욥 8-14장
3주차	창 6-9장, 잠 7-9장	27주차	신 4-6장, 욥 15-21장
4주차	창 10-12장, 잠 10-12장	28주차	신 28장, 욥 22-28장
5주차	창 13-16장, 잠 13-15장	29주차	신 32-34장, 욥 29-35장
6주차	창 17-19장, 잠 16-19장	30주차	신 7-10장, 욥 36-42장
7주차	창 20-22장, 잠 20-23장	31주차	신 11-13장, 시 1-15장
8주차	창 23-24장, 잠 24-27장	32주차	신 14-19장, 시 16-23장
9주차	창 31-32장, 잠 28-31장	33주차	신 20-23장, 시 24-33장
10주차	창 37-39장, 창 25-28장	34주차	신 24-27장, 시 34-40장
11주차	창 45-47장, 창 29-30장, 33-35장	35주차	신 29-31장, 시 41-50장
12주차	출 1-3장, 창 36장, 40-42장	36주차	수 1-4장, 시 51-62장
13주차	출 10-12장, 창 43-44, 48-50장	37주차	수 5-8장, 시 63-71장
14주차	출 13-15장, 출 25-28장	38주차	수 9-12장, 시 72-78장
15주차	출 16-18장, 출 29-33장	39주차	수 13-16장, 시 79-88장
16주차	출 19-21장, 출 34-38장	40주차	수 17-20장, 시 89-97장
17주차	출 22-24장, 레 1-6장	41주차	수 21-24장, 시 98-105장
18주차	출 39-40장, 레 7-12장	42주차	삿 1-4장, 시 106-112장
19주차	레 13-21장	43주차	삿 5-7장, 시 113-119장
20주차	레 22-26장, 민 10-12장	44주차	삿 8-10장, 시 120-138장
21주차	레 27장, 민 1-4, 13-15장	45주차	삿 11-13장, 시 139-150장
22주차	민 5-9, 16-18장	46주차	삿 14-17장, 전 1-6장
23주차	민 19-21, 28-31장	47주차	삿 18-21장, 전 7-12장
24주차	민 22-24, 32-36장	48주차	룻 1-4장, 아 1-8장

easy 성경 통독 —— **킹덤스토리 2년차** —— 성경읽기표

1주차	삼상 1-3장, 대상 1-4장	25주차	호 1-4장, 사 1-7장
2주차	삼상 4-8장, 대상 5-7장	26주차	호 5-8장, 사 8-14장
3주차	삼상 9-12장, 대상 8-11장	27주차	호 9-12장, 사 15-23장
4주차	삼상 13-15장, 대상 12-17장	28주차	호 13-14장, 욜 1-3장, 사 24-30장
5주차	삼상 16-17장, 대상 18-24장	29주차	암 1-4장, 사 31-38장
6주차	삼상 18-20장, 대상 25-29장	30주차	욘 1-4장, 사 39-45장
7주차	삼상 21-24장, 왕상 1-4장	31주차	미 1-4장, 사 46-54장
8주차	삼상 25-27장, 왕상 5-8장	32주차	미 5-7장, 사 55-64장
9주차	삼상 28-31장, 왕상 9-13장	33주차	나 1-3장, 사 65-66장, 렘 1-5장
10주차	삼하 1-4장, 왕상 14-18장	34주차	합 1-3장, 렘 6-12장
11주차	삼하 5-8장, 왕상 19-22장	35주차	습 1-3장, 학 1-2장, 렘 13-19장
12주차	삼하 9-12장, 대하 1-7장	36주차	슥 1-4장, 렘 20-26장
13주차	삼하 13-15장, 대하 8-15장	37주차	슥 5-8장, 렘 27-33장
14주차	삼하 16-18장, 대하 16-22장	38주차	슥 9-12장, 렘 34-40장
15주차	삼하 19-21장, 대하 23-29장	39주차	슥 13-14장, 옵 1장, 렘 41-48징
16주차	삼하 22-24장, 대하 30-32장	40주차	말 1-4장, 렘 49-52장, 애 1-3장
17주차	왕하 1-3장, 대하 33-36장	41주차	애 4-5장,겔 1-6장
18주차	왕하 4-6장, 스 1-5장	42주차	겔 7-14장
19주차	왕하 7-9장, 스 6-10장	43주차	겔 15-22장
20주차	왕하 10-13장, 느 1-6장	44주차	겔 23-30장
21주차	왕하 14-16장, 느 7-9장	45주차	겔 31-38장
22주차	왕하 17-19장, 느 10-13장	46주차	겔 39-46장
23주차	왕하 20-22장, 에 1-5장	47주차	겔 47-48장, 단 1-5장
24주차	왕하 23-25장, 에 6-10장	48주차	단 6-12장

킹덤스토리 3년차

1주차	마 1-6장	25주차	행 15-18장
2주차	마 7-11장	26주차	행 19-23장
3주차	마 12-15장	27주차	행 24-28장
4주차	마 16-20장	28주차	롬 1-6장
5주차	마 21-24장	29주차	롬 7-11장
6주차	마 25-28장	30주차	롬 12-16장, 고전 1장
7주차	막 1-5장	31주차	고전 2-7장
8주차	막 6-9장	32주차	고전 8-13장
9주차	막 10-13장	33주차	고전 14-16장, 고후 1-2장
10주차	막 14-16장	34주차	고후 3-9장
11주차	눅 1-4장	35주차	고후 10-13장, 딛 1-3장
12주차	눅 5-8장	36주차	계 1-7장
13주차	눅 9-12장	37주차	계 8-15장
14주차	눅 13-17장	38주차	계 16-22장
15주차	눅 18-21장	39주차	살전 1-5장, 살후 1-3장
16주차	눅 22-24장	40주차	히 1-8장
17주차	요 1-4장	41주차	히 9-13장
18주차	요 5-8장	42주차	골 1-4장, 딤후 1-4장
19주차	요 9-12장	43주차	요일, 요이, 요삼, 유
20주차	요 13-17장	44주차	벧전 1-5장, 벧후 1-3장
21주차	요 18-21장	45주차	엡 1-6장
22주차	행 1-5장	46주차	갈 1-6장
23주차	행 6-9장	47주차	빌 1-4장, 딤전 1-4장
24주차	행 10-14장	48주차	딤전 5-6장, 몬 1장, 약 1-5장

easy 성경 통독 — 맥체인 성경 통독표 — 성경읽기표

	1월				2월				3월			
1	창 1	마 1	스 1	행 1	창 33	막 4	에 9-10	롬 4	출 12:29-51	눅 15	욥 30	고전 16
2	2	2	2	2	34	5	욥 1	5	13	16	31	고후 1
3	3	3	3	3	35-36	6	2	6	14	17	32	2
4	4	4	4	4	37	7	3	7	15	18	33	3
5	5	5	5	5	38	8	4	8	16	19	34	4
6	6	6	6	6	39	9	5	9	17	20	35	5
7	7	7	7	7	40	10	6	10	18	21	36	6
8	8	8	8	8	41	11	7	11	19	22	37	7
9	9-10	9	9	9	42	12	8	12	20	23	38	8
10	11	10	10	10	43	13	9	13	21	24	39	9
11	12	11	11	11	44	14	10	14	22	요 1	40	10
12	13	12	느 1	12	45	15	11	15	23	2	41	11
13	14	13	2	13	46	16	12	16	24	3	42	12
14	15	14	3	14	47	눅 1:1-38	13	고전 1	25	4	잠 1	13
15	16	15	4	15	48	1:39-80	14	2	26	5	2	갈 1
16	17	16	5	16	49	2	15	3	27	6	3	2
17	18	17	6	17	50	3	16-17	4	28	7	4	3
18	19	18	7	18	출 1	4	18	5	29	8	5	4
19	20	19	8	19	2	5	19	6	30	9	6	5
20	21	20	9	20	3	6	20	7	31	10	7	6
21	22	21	10	21	4	7	21	8	32	11	8	엡 1
22	23	22	11	22	5	8	22	9	33	12	9	2
23	24	23	12	23	6	9	23	10	34	13	10	3
24	25	24	13	24	7	10	24	11	35	14	11	4
25	26	25	에 1	25	8	11	25	12	36	15	12	5
26	27	26	1	26	9	12	26	13	37	16	13	6
27	28	27	2	27	10	13	27	14	38	17	14	빌 1
28	29	28	3	28	11:1-12:28	14	28	15	39	18	15	2
29	30	막 1	4	롬 1					40	19	16	3
30	31	2	5	2					레 1	20	17	4
31	32	3	6	3					레 2-3	21	18	골 1

	4월				5월				6월			
1	레4	시1-2	잠19	골2	민8	시44	아6	히6	신5	시88	사33	계3
2	5	3-4	20	3	9	45	7	7	6	89	34	4
3	6	5-6	21	4	10	46-47	8	8	7	90	35	5
4	7	7-8	22	살전1	11	48	사1	9	8	91	36	6
5	8	9	23	2	12-13	49	2	10	9	92-93	37	7
6	9	10	24	3	14	50	3-4	11	10	94	38	8
7	10	11-12	25	4	15	51	5	12	11	95-96	39	9
8	11-12	13-14	26	5	16	52-55	6	13	12	97-98	40	10
9	13	15-16	27	살후1	17-18	55	7	약1	13-14	99-101	41	11
10	14	17	28	2	19	56-57	8:1-9:7	2	15	102	42	12
11	15	18	29	3	20	58-59	9:8-10:4	3	16	103	43	13
12	16	19	30	딤전1	21	60-61	10:5-34	4	17	104	44	14
13	17	20-21	31	2	22	62-63	11-12	5	18	105	45	15
14	18	22	전1	3	23	64-65	13	벧전1	19	106	46	16
15	19	23-24	2	4	24	66-67	14	2	20	107	47	17
16	20	25	3	5	25	68	15	3	21	108-109	48	18
17	21	26-27	4	6	26	69	16	4	22	110-110	49	19
18	22	28-29	5	딤후1	27	70-71	17-18	5	23	112-113	50	20
19	23	30	6	2	28	72	19-20	벧후1	24	114-115	51	21
20	24	31	7	3	29	73	21	2	25	116	52	22
21	25	32	8	4	30	74	22	3	26	117-118	53	마1
22	26	33	9	딛1	31	75-76	23	요일1	27:1-28:19	119:1-24	54	2
23	27	34	10	2	32	77	24	2	28:20-68	119:25-48	55	3
24	민1	35	11	3	33	78:1-37	25	3	29	119:49-72	56	4
25	2	36	12	몬1	34	78:38-72	26	4	30	119:73-96	57	5
26	3	37	아1	히1	35	79	27	5	31	119:97-120	58	6
27	4	38	2	2	36	80	28	요이1	32	119:121-144	59	7
28	5	39	3	3	신1	81-82	29	요삼1	33-34	119:145-176	60	8
29	6	40-41	4	4	2	83-84	30	유1	수1	120-122	61	9
30	7	42-43	5	5	3	85	31	계1	수2	123-125	62	10
31					4	86-87	32	계2				

	7월				8월				9월			
1	수 3	시 126-128	사 63	마 11	삿 15	행 19	렘 28	막 14	삼상 25	고전 6	겔 4	시 40-41
2	4	129-131	64	12	16	20	29	15	26	7	5	42-43
3	5:1-6:5	312-134	65	13	17	21	30-31	16	27	8	6	44
4	6:6-27	135-136	66	14	18	22	32	시 1-2	28	9	7	45
5	7	137-138	렘 1	15	19	23	33	3-4	29-30	10	8	46-47
6	8	139	2	16	20	24	34	5-6	31	11	9	48
7	9	140-141	3	17	21	25	35	7-8	삼하 1	12	10	49
8	10	142-143	4	18	룻 1	26	36-37	9	2	13	11	50
9	11	144	5	19	2	27	38	10	3	14	12	51
10	12-13	145	6	20	3-4	28	39	11-12	4-5	15	13	52-55
11	14-15	146-147	7	21	삼상 1	롬 1	40	13-14	6	16	14	55
12	16-17	148	8	22	2	2	41	15-16	7	고후 1	15	56-57
13	18-19	149-150	9	23	3	3	42	17	8-9	2	16	58-59
14	20-21	행 1	10	24	4	4	43	18	10	3	17	60-61
15	22	2	11	25	5-6	5	44	19	11	4	18	62-63
16	23	3	12	26	7-8	6	45	20-21	12	5	19	64-65
17	24	4	13	27	9	7	46	22	13	6	20	66-67
18	삿 1	5	14	28	10	8	47	23-24	14	7	21	68
19	2	6	15	막 1	11	9	48	25	15	8	22	69
20	3	7	16	2	12	10	49	26-27	16	9	23	70-71
21	4	8	17	3	13	11	50	28-29	17	10	24	72
22	5	9	18	4	14	12	51	30	18	11	25	73
23	6	10	19	5	15	13	52	31	19	12	26	74
24	7	11	20	6	16	14	애 1	32	20	13	27	75-76
25	8	12	21	7	17	15	2	33	21	갈 1	28	77
26	9	13	22	8	18	16	3	34	22	2	29	78:1-37
27	10:1-11:11	14	23	9	19	고전 1	4	35	23	3	30	78:38-72
28	11:12-40	15	24	10	20	2	5	36	24	4	31	79
29	12	16	25	11	21-22	3	겔 1	37	왕상 1	5	32	80
30	13	17	26	12	23	4	2	38	2	6	33	81-82
31	14	18	27	13	24	5	3	39				

	10월				11월				12월			
1	시 40-41	엡 2	겔 34	시 83-84	왕하 14	딤후 4	호 7	시 120-122	대상 29	벧후 3	미 6	눅 15
2	42-43	3	35	85	15	딛 1	8	123-125	대하 1	요일 1	7	16
3	44	4	36	86-87	16	2	9	126-128	2	2	나 1	17
4	45	5	37	88	17	3	10	129-131	3-4	3	2	18
5	46-47	6	38	89	18	몬 1	11	312-134	5:1-6:11	4	3	19
6	48	빌 1	39	90	19	히 1	12	135-136	6:12-42	5	합 1	20
7	49	2	40	91	20	2	13	137-138	7	요이 1	2	21
8	50	3	41	92-93	21	3	14	139	8	요삼 1	3	22
9	51	4	42	94	22	4	욜 1	140-141	9	유 1	습 1	23
10	52-55	골 1	43	95-96	23	5	2	142-143	10	계 1	2	24
11	55	2	44	97-98	24	6	3	144	11-12	2	3	요 1
12	56-57	3	45	99-101	25	7	암 1	145	13	3	학 1	2
13	58-59	4	46	102	대상 1-2	8	2	146-147	14-15	4	2	3
14	60-61	살전 1	47	103	3-4	9	3	148	16	5	슥 1	4
15	62-63	2	48	104	5-6	10	4	149-150	17	6	2	5
16	64-65	3	단 1	105	7-8	11	5	눅 1:1-38	18	7	3	6
17	66-67	4	2	106	9-10	12	6	1:39-80	19-20	8	4	7
18	68	5	3	107	11-12	13	7	2	21	9	5	8
19	69	살후 1	4	108-109	13-14	약 1	8	3	22-23	10	6	9
20	70-71	2	5	110-110	15	2	9	4	24	11	7	10
21	72	3	6	112-113	16	3	옵 1	5	25	12	8	11
22	73	딤전 1	7	114-115	17	4	욘 1	6	26	13	9	12
23	74	2	8	116	18	5	2	7	27-28	14	10	13
24	75-76	3	9	117-118	19-20	벧전 1	3	8	29	15	11	14
25	77	4	10	119:1-24	21	2	4	9	30	16	12:1-13:1	15
26	78:1-37	5	11	119:25-48	22	3	미 1	10	31	17	13:2-9	16
27	78:38-72	6	12	119:49-72	23	4	2	11	32	18	14	17
28	79	딤후 1	호 1	119:73-96	24-25	5	3	12	33	19	말 1	18
29	80	2	2	119:97-120	26-27	벧후 1	4	13	34	20	2	19
30	81-82	3	3-4	119:121-144	28	2	5	14	35	21	3	20
31		4	5-6	119:145-176					36	22	4	21

easy 성경 통독 —— **복있는 사람** —— 성경읽기표

	1월	2월	3월	4월	5월	6월
1	창 1-4	레 14-15	마 1-4	삿 10-12	삼상 13-15	대상 4-6
2	창 5-8	레 16-18	마 5-6	삿 13-15	삼상 16-18	대상 7-9
3	창 9-12	레 19-21	마 7-9	삿 16-18	삼상 19-21	대상 10-12
4	창 13-16	레 22-23	마 10-11	삿 19-21	삼상 22-24	대상 13-16
5	창 17-20	레 24-25	마 12-13	룻 1-4	삼상 25-27	대상 17-20
6	창 21-24	레 26-27	마 14-16	눅 1	삼상 28-31	대상 21-23
7	창 25-27	민 1-2	마 17-19	눅 2-3	삼하 1-3	대상 24-26
8	창 28-30	민 3-4	마 20-21	눅 4-5	삼하 4-6	대상 27-29
9	창 31-33	민 5-6	마 22-23	눅 6-7	삼하 7-9	대하 1-4
10	창 34-36	민 7-8	마 24-25	눅 8-9	삼하 10-12	대하 5-7
11	창 37-40	민 9-11	마 26	눅 10-11	삼하 13-15	대하 8-10
12	창 41-43	민 12-14	마 27-28	눅 12-13	삼하 16-18	대하 11-14
13	창 44-47	민 15-16	막 1-2	눅 14-16	삼하 19-21	대하 15-18
14	창 48-50	민 17-20	막 3-4	눅 17-19	삼하 22-24	대하 19-22
15	출 1-4	민 21-23	막 5-6	눅 20-21	왕상 1-2	대하 23-25
16	출 5-8	민 24-26	막 7-8	눅 22	왕상 3-5	대하 26-29
17	출 9-11	민 27-29	막 9-10	눅 23-24	왕상 6-7	대하 30-32
18	출 12-14	민 30-32	막 11-12	요 1-3	왕상 8-10	대하 33-36
19	출 15-18	민 33-36	막 13-14	요 4-5	왕상 11-13	스 1-3
20	출 19-21	신 1-4	막 15-16	요 6	왕상 14-16	스 4-7
21	출 22-24	신 5-7	수 1-3	요 7-8	왕상 17-19	스 8-10
22	출 25-26	신 8-11	수 4-6	요 9-10	왕상 20-22	느 1-4
23	출 27-28	신 12-14	수 7-9	요 11-12	왕하 1-3	느 5-7
24	출 29-30	신 15-18	수 10-12	요 13-14	왕하 4-6	느 8-10
25	출 31-34	신 19-22	수 13-15	요 15-17	왕하 7-9	느 11-13
26	출 35-37	신 23-26	수 16-18	요 18-21	왕하 10-12	에 1-5
27	출 38-40	신 27-30	수 19-21	삼상 1-3	왕하 13-15	에 6-10
28	레 1-4	신 31-34	수 22-24	삼상 4-6	왕하 16-18	행 1-3
29	레 5-7		삿 1-3	삼상 7-9	왕하 19-21	행 4-6
30	레 8-10		삿 4-6	삼상 10-12	왕하 22-25	행 7-8
31	레 11-13		삿 7-9		대상 1-3	

	7월	8월	9월	10월	11월	12월
1	행 9-10	시 50-53	잠 16-18	사 21-24	겔 4-7	호 6-10
2	행 11-13	시 54-57	잠 19-21	사 25-27	겔 8-11	호 11-14
3	행 14-16	시 58-61	잠 22-24	사 28-31	겔 12-14	욜 1-3
4	행 17-19	시 62-65	잠 25-27	사 32-35	겔 15-17	암 1-3
5	행 20-22	시 66-68	잠 28-31	사 36-39	겔 18-20	암 4-6
6	행 23-25	시 69-72	전 1-3	사 40-42	겔 21-23	암 7-9, 옵 1
7	행 26-28	시 73-76	전 4-6	사 43-45	겔 24-27	욘 1-4
8	욥 1-3	시 77-78	전 7-9	사 46-48	겔 28-32	미 1-3
9	욥 4-7	시 79-83	전 10-12	사 49-51	겔 33-35	미 4-7
10	욥 8-10	시 84-87	아 1-4	사 52-55	겔 36-39	나 1-3
11	욥 11-14	시 88-89	아 5-8	사 56-59	겔 40-42	합 1-3
12	욥 15-17	시 90-94	롬 1-3	사 60-62	겔 43-45	습 1-3
13	욥 18-20	시 95-99	롬 4-7	사 63-66	겔 46-48	학 1-2, 슥 1-2
14	욥 21-24	시 100-104	롬 8-10	렘 1-3	단 1-3	슥 3-6
15	욥 25-28	시 105-106	롬 11-13	렘 4-6	단 4-6	슥 7-10
16	욥 29-31	시 107-109	롬 14-16	렘 7-10	단 7-9	슥 11-14
17	욥 32-34	시 110-114	고전 1-4	렘 11-14	단 10-12	말 1-4
18	욥 35-37	시 115-118	고전 5-7	렘 15-17	갈 1-3	히 1-4
19	욥 38-39	시 119:1-88	고전 8-10	렘 18-20	갈 4-6	히 5-7
20	욥 40-42	시 119:89-176	고전 11-13	렘 21-23	엡 1-3	히 8-10
21	시 1-5	시 120-124	고전 14-16	렘 24-26	엡 4-6	히 11-13
22	시 6-10	시 125-129	고후 1-3	렘 27-29	빌 1-4	약 1-5
23	시 11-16	시 130-135	고후 4-7	렘 30-32	골 1-4	벧전 1-4
24	시 17-19	시 136-139	고후 8-10	렘 33-36	살전 1-4	벧전 5, 벧후 1-3
25	시 20-24	시 140-144	고후 11-13	렘 37-40	살전 5, 살후 1-3	요일 1-4
26	시 25-30	시 145-150	사 1-4	렘 41-44	딤전 1-3	요일 5, 요이, 요삼, 유
27	시 31-34	잠 1-3	사 5-8	렘 45-48	딤전 4-6	계 1-4
28	시 35-37	잠 4-6	사 9-12	렘 49-50	딤후 1-4	계 5-9
29	시 38-41	잠 7-9	사 13-16	렘 51-52, 애 1	딛 1-3, 몬 1	계 10-14
30	시 42-45	잠 10-12	사 17-20	애 2-5	호 1-5	계 15-18
31	시 46-49	잠 13-15		겔 1-3		계 19-22

모세 오경

easy 성경 통독

모세 오경

창세기

출애굽기

레위기

민수기

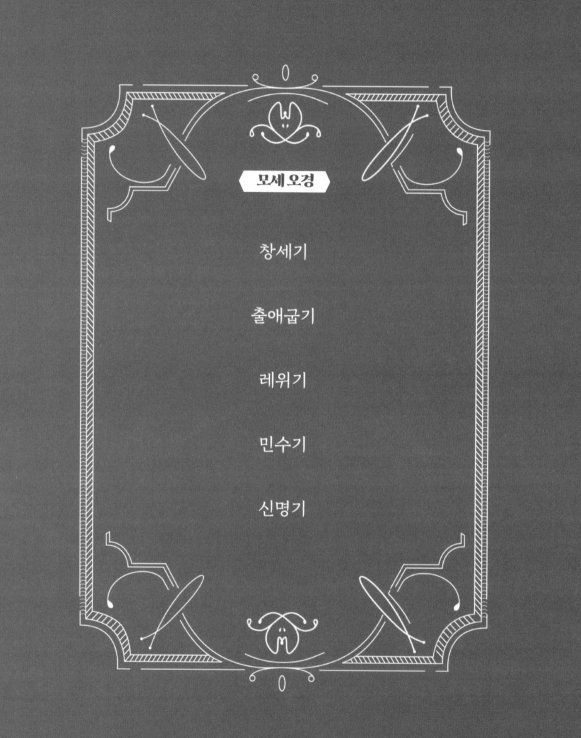

신명기

창세기

창세기(創世記)는 토라(Torah, 율법서)로 알려진 모세 오경(창, 출, 레, 민, 신) 중 첫 번째 책입니다. 창세기(Genesis)는 '기원'과 '태초'라는 뜻을 가지고 있는데, 주전 3세기경 히브리어 성경을 헬라어로 번역한 칠십인역(LXX)의 역자들이 붙인 이름입니다. 히브리어 성경은 창세기 첫 글자 '브레쉬트'(태초에)로 부릅니다.

당연히 이 책을 기록한 사람은 모세입니다(민 33:2; 신 31:24; 요 5:46). 창세기는 언약백성에게 하나님과 하나님이 창조하신 세상과 인간, 그리고 죄의 기원과 그 과정을 가르치기 위해 기록되었습니다. 아브라함을 통해 세상 모든 민족이 복을 받게 될 것을 예언한다는 점에서 창세기는 요한계시록까지 성경 전체를 포함합니다.

창세기는 온 인류의 창조와 타락, 그리고 이후의 역사(1-11장)와 제사장 나라로서 이스라엘의 기원(12-50장)을 다룹니다. 창세기는 여러 가지 시작과 족보를 소개하는데, 이것을 히브리어로 톨레도트(Toledoth, 족보)라 부릅니다. '내력'(Generation), '출생', '역사'를 뜻합니다. 창세기에는 총 열 개의 톨레도트가 나옵니다.

창세기는 아름답고 질서 있는 만물의 창조로 시작하지만, 이내 인간의 슬픈 타락이 나옵니다. 그러나 회복하시려는 하나님의 구원 계획과 그 실행의 역사가 나옵니다. 그 대표 인물이 아브라함이며 그를 통해 모든 민족이 복을 기대합니다.

열개의 족보			
2:4	천지 창조의 족보	11:27	데라의 족보
5:1	아담의 족보	25:12	이스마엘의 족보
6:9	노아의 족보	25:19	이삭의 족보
10:1	노아의 아들들의 족보	36:1	에서의 족보
11:10	셈의 족보	37:2	야곱의 족보

내용 구분

- **1-11장** — 천지창조와 인간의 원 역사
- **12-36장** — 아브라함, 이삭, 야곱의 역사
- **37-50장** — 요셉과 그의 형제들

창세기 1장 · 천지창조

주요 구절 : 1:27-28

"태초에 하나님"이 존재합니다. 하나님의 존재에 대한 그 어떤 의문도 허용하지 않습니다. 그분의 존재는 당연합니다. 1절의 "태초에 하나님이 천지를 (1 ___ ___)하시니라." 를 창조의 서론으로 보기도 하지만, 사실은 1절부터 창조가 시작되었습니다. 창조의 첫 장면은 "혼돈하고 공허하며 흑암이 깊음 위에 있고 하나님의 영은 수면 위에 운행"(2절) 하는 모습입니다. 첫 창조는 이어질 창조를 위한 예비 단계로 무질서와 흑암의 상태입니다. '무질서'는 '질서'를, '흑암'은 '빛'을 바라봅니다. 3절부터 질서 있는 창조의 모습이 이어집니다.

아래 빈 칸을 채워볼까요? 'A > A′, B > B′, C > C′′의 연관성을 생각하면서 기록해 보세요.

A 1일	빛, (2 ___ ___) (3-5절)	A′ 4일	광명체들, 낮과 밤, 징조와 계절과 날과 해, 별들 (14-19절)
B 2일	궁창(하늘) 아래 물과 궁창 위 물 (6-8절)	B′ 5일	(4 ___ 짐승, ___ ___) 생물 (20-23절)
C 3일	(3 ___ , ___ ___ , ___ ___) (9-13절)	C′ 6일	땅의 생물(동물)과 사람 (24-31절)
7일	안식과 일곱째 날을 복 주심 (2:1-3)		

하나님은 모든 창조물 가운데 인간을 특별하게 창조합니다. 인간에게 세상을 '다스리는 지위와 능력'을 줍니다. 곧 '다스리는 지위와 능력'이 하나님의 형상입니다. "하나님이 이르시되 우리의 형상을 따라 우리의 모양대로 우리가 (5 ___ ___)을 만들고 그들로 바다의 물고기와 하늘의 새와 가축과 온 땅과 땅에 기는 모든 것을 다스리게 하자 하시고,"(26절)

하나님은 인간을 창조하고 그들에게 복을 줍니다. 그 복은 다음과 같습니다. "하나님이 그들에게 복을 주시며 하나님이 그들에게 이르시되, 생육하고 번성하여 땅에 충만하라.

땅을 정복하라. 바다의 물고기와 하늘의 새와 땅에 움직이는 모든 생물을 (6)리게 하시니라."(28절) 이것을 '문화명령'(文化命令, Culture Mandate)이라 부릅니다.

하나님은 온 천하 만물을 만들고 마지막으로 인간을 남자와 여자(27절)로 만듭니다. "하나님이 지으신 그 모든 것을 보시니 보시기에 심히 좋았더라."(31절)

생각하기 나는 창조주 하나님과, 내가 하나님의 형상인 것을 믿습니까?

해답 1. 창조, 2. 이름, 3. 땅, 바다, 식물, 4. 별, 바다, 5. 사람, 6. 다스

창세기 2장 · 인간 창조, 에덴동산, 아담 언약

주요 구절: 2:16-17

하나님의 창조는 일곱째 날에 완성됩니다. "하나님이 그 (1)째 날을 복되게 하사 거룩하게 하셨으니, 이는 하나님이 그 창조하시며 만드시던 모든 일을 그치시고 그 날에 (2)하셨음이니라."(3절) 창조가 육일에 끝난 것이 아니라, 일곱째 날에 쉼으로 완성됩니다. 하나님의 창조 목적은 '안식'입니다. 안식은 하나님뿐만 아니라, 사람의 안식을 위한 것이기도 합니다.

"이것이 천지가 창조될 때에 하늘과 땅의 내력이니."(4절) "내력"(4절)이라는 말은 서론에서 언급한 것처럼 '톨레도트'(Toledoth), 곧 족보입니다. 10개 족보 중 첫 번째 족보의 내용이 시작되는데 그 내용이 인간 창조와 에덴동산입니다. "여호와 하나님이 땅의 흙으로 사람을 지으시고 생기를 그 코에 불어넣으시니, 사람이 생령이 되니라."(7절) 하나님은 동방의 에덴에 동산을 창설하고 사람을 거기 살게 합니다. '에덴'은 '기쁨, 희락, 쾌락'이라는 뜻입니다. 에덴동산에는 네 개의 강(비손, 기혼, 힛데겔, 유브라데)이 있습니다(10-14절). 성경에 묘사된 하나님 나라에는 강이 종종 등장하고(겔 47장; 계 22장), 온갖 보석들로 가득합니다(12절, 출 28:9-14; 계 21:19-21). 또 과일이 풍성합니다(16절, 계 22:1-2). 에덴에서 한 줄기로 시작된 강이 네 개로 갈라져 세상(하윌라, 구스, 앗수르)으로 흘러간다는 사실은 '문화명령'의 범위가 광대하다는 것을 보여줍니다. 에덴동산의 통치자(관리자)로 아담과 하와가 임명됩니다(15절). "여호와 하나님이 그 사람을 이끌어 에

덴동산에 두어 그것을 (3)하며 (4)게 하시고."(15절)

하지만 에덴동산의 진정한 통치자는 인간이 아니라, 하나님입니다. 인간은 세상을 통치하는 권위자이지만, 그를 위임한 참 권위자가 하나님임을 알아야 합니다. 참 권위자이신 하나님이 명령하고 인간이 반응하는데, 이 관계 이행을 언약이라고 부릅니다. 하나님과 사람이 맺은 첫 언약이 17절에 나옵니다. 사람은 동산에 있는 온갖 나무의 열매를 마음대로 먹을 수 있습니다. 하지만, 선악을 알게 하는 나무의 열매는 먹을 수 없습니다. 왜냐고요? 하나님이 금지했기 때문입니다. "선악을 알게 하는 나무의 열매는 먹지 말라. 네가 먹는 날에는 반드시 (5)으리라."(17절)

17절을 '아담언약' 혹은 '생명언약', 또는 '창조언약'이라고도 부르지만, '행위언약'이라고 가장 많이 부릅니다. 인간의 행위에 의해 복과 저주가 결정되기 때문에 그렇습니다만, 이 행위언약도 하나님의 '은혜언약'입니다.

하나님은 '우주', '세상', '생물', 그리고 '인간'을 만드셨는데, '혼인제도'까지 만드셨습니다. "여호와 하나님이 이르시되, 사람이 혼자 사는 것이 좋지 아니하니, 내가 그를 위하여 돕는 배필을 지으리라, 하시니라."(18절) 그 어떤 피조물도 아담을 도울 수 없습니다. 각종 들짐승과 공중의 각종 새가 흙으로 창조되었지만(19절), 그들은 돕는 배필이 되지 못합니다. 하나님은 아담을 잠들게 하고 아담의 갈빗대를 빼서 여자를 만듭니다(21-22절). 이렇게 하나님이 직접 부부와 가정을 만듭니다. 가정은 하나님이 만든 가장 기본 공동체입니다. 인류 최초의 신랑이 인간 최초의 신부에게 고백한 사랑을 들어 보십시오. "이는 내 뼈 중의 뼈요, 살 중의 살이라. 이것을 남자에게서 취하였은즉 (6)라 부르리라."(23절)

생각하기 나는 권위를 어떻게 생각합니까? 하나님의 권위를 인정합니까?

해답 1. 일곱, 2. 안식, 3. 경작, 4. 지키, 5. 죽, 6. 여자

창세기 3장 · 인간의 타락

주요 구절: 3:15

1-2장에는 온 세상의 창조와 인간의 특별한 창조가 기록되어 있습니다. 아름답고 위대한 창조 질서, 곧 언약의 관계는 인간이 피조물의 지위를 벗어나 창조주의 자리에 앉으려는 범죄로 말미암아 깨지고 맙니다. 3장에는 인간이 하나님의 언약을 어떻게 박살내는지 보여줍니다.

뱀이 "하나님이 지으신 들짐승 중에 가장 간교"(1절) 합니다. 뱀은 먹지 못하도록 금지한 열매를 먹어도 "결코" 죽지 않을 것이라고 유혹합니다. "너희가 그것을 먹는 날에는 너희 눈이 밝아져 (1 □□□)과 같이 되어 선악을 알 줄 하나님이 아심이니라."(5절) 선과 악을 아는 것 자체는 문제가 아니지만, 선과 악을 결정하는 일은 하나님께 속합니다. 선과 악의 기준은 인간이 아니라, 하나님입니다. 인간이 하나님처럼 되려고 교만의 죄를 지었습니다.

죄를 짓고 난 아담과 하와가 어떻게 변했나요? 그들이 벗은 것을 알고 부끄러워하기 시작했고(7절), 하나님이 두려워 숨었습니다(10절). 또 하나님이 아담과 하와에게 "내가 네게 먹지 말라 명한 그 나무 열매를 네가 먹었느냐?"(11절)라고 물을 때 핑계하며 자신의 잘못을 인정하지 않습니다. 이 모습이 죄인 된 인간의 전형입니다. "아담이 이르되, (1 □□□)이 주셔서 나와 함께 있게 하신 (2 □□) 그가 그 나무 열매를 내게 주므로 내가 먹었나이다."(12절) 죄의 원인을 하나님에게 돌립니다. "(2 □□)가 이르되 뱀이 나를 꾀므로 내가 먹었나이다."(13절) 여자는 뱀 탓을 합니다.

인간은 죄로 인해 반드시 죽습니다. 여기에서 하나님의 공의를 발견합니다. 그러나 동시에 하나님의 자비(사랑)가 나타납니다. 뱀을 향한 저주가 인간의 소망이 되었습니다. "내가 너로 (2 □□)와 원수가 되게 하고 네 후손도 (2 □□)의 후손과 원수가 되게 하리니, (2 □□)의 후손은 네 (3 □□)를 상하게 할 것이요, 너는 그의 (4 □□□)를 상하게 할 것이니라."(15절) 이 구절을 원시복음(Proto Evangelium)이라고 부릅니다. 왜냐하면 성경에 등장하는 최초의 '복된 소식'이기 때문입니다. 여기서 "여자의 후손"은 예수님이며, '뱀의 후손'은 사탄입니다. 마침내 뱀의 후손인 사탄이 예수님을 십자가에서 공격하지만, 여자의 후손인 예수님은 십자가에서 죽음으로 택한 백성을 속죄하고 사탄의 머리를 상하게 합니다(히 2:14; 요일 3:8). 그러나 그리스도께서 오기 전에도 이 말씀은 복음입니다. 사람이 사탄과 친구처럼 사이가 좋았지만, 이제부터는 거리를 두고 서로 원수가 되기 때문입니다. 하나님의 백성이 사탄과 원수가 되면 거룩한 길을 걸을 수 있습니다. 아담은 이제 아내의 이름을 "하와"라 부릅니다. "그는 모든 산 자의 어머니가 됨이더라."(20절) '하와'는 생명이라는 뜻입니다. 하나님과의 관계가 끊어져 죽은 아담이 여자의 후손으로 태어날 참 생명인 '그리스도'를 바라봅니다.

죄로 인해 창조 질서는 뒤틀어집니다. 여자는 "임신하는 고통"(16절)을 크게 더 얻고 수고하며 자식을 낳을 것입니다. 출산이 고귀하지만, 고통이 생겼습니다. 본래 아름다운 아내와 남편의 질서도 깨어집니다. "너는 (5 ____)을 원하고 (5 ____)은 너를 다스릴 것이니라."(16절) '원하다'는 말은 '지배하다'라는 의미가 있습니다. 아내와 남편의 주도권 싸움이 있을 것이라는 뜻입니다. 남편은 다스리는 역할을 하게 되니, 두 힘이 부딪칠 수밖에 없습니다. 아담은 저주 받아 가시덤불과 엉겅퀴를 내는 땅을 갈며 평생 수고할 것입니다(17-18절). 그리고 인간은 흙으로 돌아갈 것입니다(19절). 죄로 인해 창조 질서가 뒤틀리고, 뒤틀린 창조 질서로 온 세상이 고통 받습니다.

하나님은 에덴동산 동쪽에 그룹들과 두루 도는 불 칼을 두어 아담과 하와가 접근하지 못하도록 생명나무의 길을 지키도록 합니다(24절).

생각하기 뒤틀린 창조 질서로 인해 내가 겪는 고통은 무엇입니까?

해답 1. 하나님, 2. 여자, 3. 머리, 4. 발꿈치, 5. 남편

창세기 4장 · 가인과 그 자손

주요 구절: 4:25

인간 첫 부부는 그렇게 에덴동산에서 쫓겨나 불행한 삶을 살고 있습니다. 하지만, 희망은 있습니다. "모든 산 자의 어머니"(창 3:20)인 하와(여자)가 자녀를 낳기 때문입니다. 하와가 아기를 낳음으로 사탄을 물리치고 승리할 수 있습니다. 하지만, 승리 때까지 원수 관계가 이어질 것입니다. 그 일이 곧 아담의 집 안에서 나타납니다. 형 (1 ____)은 농사를 짓고, 동생 (2 ____)은 양을 치는 자입니다(2절). 두 형제의 일처럼 두 형제의 삶과 예배도 다릅니다. 하나님의 반응을 보십시오. "여호와께서 (2 ____)과 그의 제물은 받으셨으나, (1 ____)과 그의 제물은 받지 아니하신지라"(4-5절) (2 ____)은 믿음으로 예배하지만(히 11:4), (1 ____)은 그렇지 않습니다. 하나님은 (1 ____)에게 악에서 돌이켜 죄를 다스리라고 경고하십니다(7절).

하지만, 가인이 죄를 통제하지 못해 인류 역사상 첫 살인을 저지르고 맙니다. (2)의 "핏소리가 땅에서부터" 하나님에게 호소합니다(10절). 가인은 죄에 따른 저주를 받아 농사를 지을 수 없고 "피하며 유리하는 자"(12절)가 됩니다. 그러나 하나님은 가인을 바로 죽이지 않고 살려둡니다. "가인에게 표를 주사 그를 만나는 모든 사람에게서 죽임을 면하게 하시니라."(15절)

가인의 자손은 아주 번성하고 성공합니다. 그의 가문에 세계 최고 전문가들이 생겨납니다. 가인은 성을 쌓고 아들의 이름을 붙어 '에녹'이라 합니다(17절). 야발은 "(3)을 치는 자의 조상"(20절)이 됩니다. 유발은 "수금과 퉁소를 잡는 모든 자의 조상"(21절)이 됩니다. 두발가인은 "구리와 쇠로 여러 가지 기구를 만드는 자"(22절)입니다. 뱀의 후손은 문화적으로 대단한 발전과 번영을 구가합니다. 하지만, 그들의 삶은 죄로 얼룩져 있습니다. (4)의 노래를 들어보십시오. "아다와 씰라여, 내 목소리를 들으라. (4)의 아내들이여, 내 말을 들으라. 나의 상처로 말미암아 내가 사람을 죽였고 나의 상함으로 말미암아 소년을 죽였도다. 가인을 위하여 벌이 칠 배일진대 (4)을 위하여는 벌이 칠십칠 배이로다."(23-24절) (4)은 일부일처제를 위반했고, 자신에게 상처 입힌 사람을 죽이는 잔악무도한 자입니다. 뿐만 아니라, 가인을 죽인 자에게 일곱 배로 갚아주겠다고 했다면, 자신은 일흔일곱 배로 갚아주겠다고 큰소리칩니다. 뱀의 후손이 득세하는 세상에 희망이 없어 보입니다.

하지만, 이런 악한 세상 가운데도 희망이 있습니다. 하나님이 약속한 '여자의 자손' 때문입니다. 아담이 다시 자기 아내와 동침하여 아들을 낳는데 이름은 '셋'입니다(25절). "셋도 아들을 낳고, 그의 이름을 에노스라 하였으며, 그 때에 사람들이 비로소 여호와의 (5)을 불렀더라."(26절) 여자의 후손을 통해 하나님에게 예배하는 경건한 사람들이 이어집니다.

생각하기 악한 세상 속에서도 희망이 있는 이유는 무엇입니까?

해답 1. 가인, 2. 아벨, 3. 가축, 4. 라멕, 5. 이름

창세기 5장 · 아담의 족보

주요 구절: 5:3

1절은 두 번째 '톨레도트'로 '아담의 족보'를 언급합니다. 아담은 930세까지 삽니다(5절). 아담은 "하나님의 형상"(1절)으로 창조되었으나, 아담은 "(1 ____)의 형상과 같은 아들"을 낳습니다(3절). 아담의 부패한 본성을 물려받았음을 암시합니다. 그것을 '원죄'(原罪, Original Sin)라고 합니다. 므두셀라는 성경에서 가장 오래 산 사람입니다. 그는 무려 969세나 삽니다(27절). 그러나 그도 죽기는 마찬가지입니다.

성경 최초의 족보인 아담의 족보에 가인은 포함되지 않고 셋의 자손만 나옵니다. 에녹은 65세에 므두셀라를 낳고 300년 동안 하나님과 동행하는 삶을 살며 자녀를 낳습니다. 이 족보에는 가인의 7대손 라멕(4:23)과는 다른, 셋의 자손인 므두셀라의 아들 라멕(25-30절)이 나옵니다. 라멕은 아들을 낳고 이름을 (2 ____)라 짓습니다. 그 뜻은 "안위"(29절)입니다. (2 ____)라는 이름은 죄로부터 구원받아 안위(安慰)를 누릴 해방을 기대하게 합니다(롬 8:19-20).

옛날에는 족보를 귀중하게 생각해 노래로 만들어 부르기도 했답니다. 노래를 부르며 조상의 이름과 업적을 잘 기억할 수 있습니다. 그러나 성경의 족보는 인간의 역사가 아니라, 하나님의 '구원역사'가 어떻게 진행되고 있는가를 보여줍니다. 가인의 족보에는 그들의 악한 문화가 나열되고 있지만, 구원역사를 전하는 5장의 족보에는 '낳고 -> 동행하고 -> 죽고'가 반복됩니다. 하나님의 관심은 죄와 함께 하는 인간 문명(가인의 자손)의 발전보다, 경건한 자손에게 있습니다. 물론 경건한 자손도 죽음을 피할 수는 없습니다. 하지만, 경건한 자녀를 낳기 때문에 희망이 있습니다. 무엇보다 '원시복음'(3:15)에서 예언된 구원자인 '여자의 후손'을 기다립니다. 특별히 족보 마지막에 '위로'라는 뜻의 이름인 노아가 눈에 띕니다. 노아는 진정한 위로자 그리스도의 그림자입니다.

생각하기 어떻게 악한 세상 속에서 진정한 위로를 경험할까요?

해답 1. 자기, 2. 노아

창세기 6장 · 인간의 죄악과 노아 방주

주요 구절: 6:11, 18

5장에 아담의 족보(노아까지)가 소개된 후, 6장 처음에 "사람이 땅 위에 번성하기 시작할 때에 그들에게서 (1)들이 나니, 하나님의 (2)들이 사람의 딸들의 아름다움을 보고 자기들이 좋아하는 모든 여자를 아내로 삼는지라."(1-2절)라고 합니다. '하나님의 아들'은 셋의 아들이고, '사람의 딸'은 가인의 딸을 의미합니다. 실망스럽게도 셋의 후손이 가인의 아들 라멕처럼(창 4:19) 자신의 욕망대로 가인의 후손들과 혼인(여러 아내를 둠)해 자손을 낳았습니다. 이들은 네피림이라 불렸습니다. 경건한 하나님의 자손과 불경건한 자손이 섞였습니다. 여자의 후손과 뱀의 후손 사이에 원수 관계가 지속되어야 하는데 다시 친구가 된 것입니다. 하나님은 매우 실망하십니다.

"그들의 날은 백이십 년이 되리라"(3절)는 말의 뜻은 앞으로 인간의 수명이 120세가 될 것이라는 말이 아니라, 앞으로 120년 동안 회개할 기회를 주신다는 뜻입니다. 하지만, 인간은 회개하지 않습니다. 결국 노아가 600세 되는 때 홍수 심판이 시작됩니다.

세 번째 '톨레도트'가 '노아의 족보'(9절)에서 나타납니다. 죄악이 가득한 세상에서 한 사람, 노아와 그 가족은 은혜를 받습니다. 하나님은 노아를 "의인이요, 당대에 (3) 자라. 그는 하나님과 동행하였으며"(9절)라고 합니다. 성경은 '의인은 없나니 하나도 없도다'(롬 2:10)라고 하는데, 정말 노아는 의인이었을까요? 노아도 죄인입니다. 그러나 하나님은 노아를 "은혜"(창 6:8)로 의롭고 완전하다고 여깁니다.

하나님은 노아에게 방주를 만들라고 합니다. 노아 방주는 얼마나 컸을까요(15절)? 길이는 300, 너비는 50, 높이는 30규빗입니다. 1 규빗은 약 50cm인데, 그렇다면 그 크기가 얼마나 클까요? 오늘날 축구장 크기보다 조금 더 큰 정도입니다.

하나님은 노아와 언약을 맺습니다(18-21절). "그러나 너와는 내가 (4) 언약을 세우리니, 너는 네 아들들과 네 아내와 네 며느리들과 함께 그 방주로 들어가고"(18절) 노아가 맺은 언약은 노아의 가족과 생명 있는 생물에게도 영향을 미칩니다. 노아의 언약이지만, 하나님의 언약입니다. 하나님이 주도하는 언약입니다. 그래서 "(4) 언약"(18절)이라고 합니다.

노아는 믿음으로 말씀에 순종하여 방주를 짓고 의의 상속자가 됩니다(히 11:7). "노아

가 그와 같이 하여 하나님이 자기에게 명하신 대로 다 준행하였더라."(22절; 7:5)

생각하기 하나님께서 주신 회개 기회를 잡기 위해 어떻게 해야 할까요?

해답 1. 딸, 2. 아들, 3. 완전한, 4. 내

창세기 7장 · 홍수의 시작

주요 구절: 7:11-12

노아는 '방주를 만들라'는 하나님의 명령에 순종합니다. "노아가 여호와께서 자기에게 명하신 대로 다 (1 ____)하였더라."(5절) 하나님은 노아에게 동물들도 방주로 모아 태우라고 합니다(2-3절). 어떻게 동물들을 모아 태울 수 있을까요? 하나님이 합니다. "하나님이 노아에게 명하신 대로 암수 둘씩 노아에게 나아와 방주로 들어갔으며"(9, 15절) 마지막으로 방주의 문은 누가 닫습니까? "여호와께서 그를 들여보내고 문을 닫으시니라."(16절) 하나님이 노아에게 명령하지만, 사실은 하나님이 다 합니다. 홍수가 시작된 때는 "노아가 (2 ____) 세 되던 해 둘째 달 곧 그 달 열이렛날"(11절) 입니다.

"그 날에 큰 깊음의 샘들이 터지며 하늘의 창문들이 열려"(11절) 홍수가 시작됩니다. 홍수는 무려 40일이나 진행됩니다. 무질서에서 질서를 창조하였던 하나님이 질서가 뒤틀려 생긴 무질서를 심판합니다. 악의 심판은 동시에 노아와 그 가족의 구원이기도 합니다. '심판'의 다른 측면은 '구원'입니다. "지면의 모든 (3 ____)을 쓸어버리시니, 곧 사람과 가축과 기는 것과 공중의 새까지라. 이들은 땅에서 쓸어버림을 당하였으되, 오직 노아와 그와 함께 (4 ____)에 있던 자들만 남았더라."(23절) '심판'(=쓸어버림)과 '구원'(=남았더라)이 함께 표현됩니다.

생각하기 어떻게 심판과 구원이 함께 나타날 수 있을까요?

해답 1. 준행, 2. 600, 3. 생물, 4. 방주

창세기 8장 · 홍수의 경과

주요 구절: 8:21

홍수는 150일 동안이나 땅에 넘치다가 마침내 줄어들기 시작합니다(3절). 당연한 것처럼 보이지만, 이 또한 하나님이 노아와 생물을 "기억"함으로 은혜로 된 것입니다. "하나님이 노아와 그와 함께 방주에 있는 모든 들짐승과 가축을 (1 　 　)하사 하나님이 바람을 땅 위에 불게 하시매 물이 줄어들었고."(1절) 1장 2절의 "하나님의 영이 수면위에 운행"한 것처럼, 바람이 불어 구원이 시작됩니다.

노아는 까마귀와 비둘기를 날려 보며 물이 얼마나 줄었는지 확인합니다. "저녁때에 비둘기가 그에게로 돌아왔는데, 그 입에 감람나무 새 잎사귀가 있는지라. 이에 노아가 땅에 (2 　)이 줄어든 줄을 알았으며."(11절)

홍수 시작부터 땅이 마르기까지 1년 10일이 걸립니다. 노아의 나이 (3 　 　 　)세 되던 날, 곧 2월 17일(창 7:11)에 시작되었고, 601세 2월 27일(13-14절)에 끝납니다.

노아는 방주에서 나와 제일 먼저 하나님께 예배합니다. "노아가 여호와께 (4 　 　)을 쌓고 모든 정결한 짐승과 모든 정결한 새 중에서 제물을 취하여 번제로 (4 　 　)에 드렸더니."(20절) 구원받은 백성이 하나님에게 예배하는 것은 당연하며 특권입니다. 예배는 의무인 동시에 특권입니다. 구원 받지 않은 자들에게는 예배가 괴로운 의무일 뿐 기쁜 특권이 아닙니다.

하나님은 이제 다시는 땅을 저주하지 않고 "땅이 있을 동안에는 심음과 거둠과 추위와 더위와 여름과 겨울과 낮과 밤이 쉬지 아니"(22절)할 것이라고 약속합니다.

베드로는 노아 홍수를 죄로부터 구원 받는 표시, 곧 '세례'와 같다고 합니다(벧전 3:20-21). 물이 더러운 몸을 씻어 깨끗케 하는 것처럼 예수 그리스도의 피가 더러운 우리 죄를 깨끗이 씻습니다. 이것이 세례가 표시하는 바인데, 이 세례의 의미를 노아 홍수에서 볼 수 있습니다.

생각하기 어떻게 하면 구원하신 하나님을 기쁘게 예배할까요?

해답 1. 기억, 2. 물, 3. 600, 4. 제단

창세기 9장 · 노아 언약: 홍수 후 새로운 시작

주요 구절: 9:13

하나님은 홍수로 세상을 멸한 후 재창조를 시작합니다. "하나님이 노아와 그 아들들에게 (1)을 주시며 그들에게 이르시되 (2)하고 번성하여 땅에 (3)하라."(1절) 이것은 아담에게 말씀한 것과 꼭 같습니다. '복 => 말씀 => (2), 번성, (3), 통치'(창 1:27-28 = 9:1-6)입니다. 이제 식물뿐만 아니라 동물도 인간의 음식물로 허용되는데(2-4절), 한 가지 기억해야 할 것은 생명을 소중하게 여기는 것입니다. "그러나 고기를 그 생명 되는 피째 먹지 말 것이니라."(4절) 사람의 생명도 마찬가지입니다. 사람은 하나님의 형상대로 창조되었기 때문입니다(6절).

하나님은 노아와 그 자녀들과 모든 생물과 '노아 언약'을 맺습니다. "내가 내 (4)을 너희와 너희 후손과 너희와 함께 한 모든 생물, 곧 너희와 함께 한 새와 가축과 땅의 모든 생물에게 세우리니, 방주에서 나온 모든 것, 곧 땅의 모든 짐승에게니라."(9-10절) 다시는 물로 세상을 멸망시키지 않겠다는 약속(언약)입니다(11절). 그 증거로 하나님은 (5)를 구름 속에 걸어 놓습니다(13절). 인간은 (5)를 보면서 하나님의 은혜로운 언약을 기억할 것입니다. (5)는 '활'이라는 뜻으로도 쓰입니다. 활처럼 생긴 (5)의 반원은 하늘을 향하고 있습니다. 바로 그 하늘에 계신 하나님으로부터 영원한 구원이 올 것임을 암시합니다.

노아의 아들들은 셈과 함과 야벳(18절)입니다. "노아의 이 세 아들로부터 사람들이 온 땅에 퍼지니라."(19절) 하나님이 사람을 만들고 '온 땅에 충만하라'고 하였던 기대와 명령이 이루어질 것입니다.

의로운 노아도 실수를 합니다. 포도주를 마시고 취해 장막에서 "벌거벗은"(21절) 상태로 있습니다. 가나안의 아버지 함이 그의 아버지의 하체를 보고 밖으로 나가 형제들에게 알립니다(22절). '하체를 보다'는 말이 무슨 말인지 정확히 알 수 없지만 분위기는 분명 나쁩니다. 함과 달리 셈과 야벳은 옷을 가져다가 아버지의 하체를 보지 않고 뒷걸음쳐 덮습니다(23절).

잠에서 깬 노아는 예언합니다. "가나안은 저주를 받아 그의 형제의 종들의 종이 되기를 원하노라."(25절) 노아가 과도한 것 같지만 여기서 함과 그 아들 가나안은 뱀의 후손의 대표입니다. 반대로 셈은 경건한 여자의 후손입니다. 셈은 하나님을 예배합니다. 셈이 여호와와 언약 관계를 이어갈 것입니다(26절).

생각하기 나는 무지개를 보며 무슨 생각을 합니까? 언약이 생각납니까?

해답 1. 복, 2. 생육, 3. 충만, 4. 언약, 5. 무지개

창세기 10장 · 새로운 시작, 노아 아들의 족보

주요 구절: 10:1

10장에 네 번째 '톨레도트'(족보)가 나옵니다. "노아의 아들 셈과 함과 야벳의 (1) 는 이러하니라."(1절) 노아의 자녀들은 생육하고 번성하여 땅에 충만합니다. 10장은 족보만 나열합니다. 야벳과 함의 족보가 셈의 족보보다 먼저입니다. 이 순서로만 보면 야벳이 장남이고, 셈이 막내인 것 같습니다. '셈과 함과 야벳'으로 순서(창 9:18; 10:1)가 된 것은 '셈'이 가장 중요하기 때문이며, 그 다음에 '함'이 온 것은 히브리어 발음상의 특징 때문일 것입니다. 우리말 성경은 셈을 "야벳의 형"(21절)이라고 번역했는데, 정확하게는 '형제'입니다.

함의 족보는 꽤 깁니다. 함 역시 중요하다는 뜻입니다. 함의 자손은 구스, 미스라임, 붓, 가나안입니다. '구스'는 이집트 남부의 에티오피아입니다. '미스라임'은 이집트이고, '붓'은 어느 민족인지 불분명하지만, '가나안'은 이스라엘과 가장 관계가 많은 민족입니다.

구스의 자손 가운데 '니므롯'이 있는데, "그가 여호와 앞에서 용감한 (2)꾼"(9절)입니다. '니므롯'은 여호와를 대항하는 '폭군' 혹은 '정복자'였을 것입니다. 홍수 전 '네피림'이 용사로서 심판의 원인이었다면, 홍수 후에는 '니므롯'이 바벨탑 심판의 장본인으로 보입니다.

마지막으로 셈의 족보입니다. 셈의 족보 중 "에벨은 두 아들을 낳고 하나의 이름을 벨렉이라 하였으니, 그 때에 (3)이 나뉘었음이요"(25절)라는 말의 의미는 각 민족이 자기 땅을 차지하여 자리 잡았다는 뜻으로 보입니다.

심판 이후 노아, 곧 한 혈통에서 시작된 인류는 여러 족속(셈, 함, 야벳)으로 나뉩니다(행

17:26). “홍수 후에 이들에게서 그 땅의 백성들이 나뉘었더라.”(32절) 그들은 가인처럼 머물지 않고 나뉘어(5, 18, 32절) 생육하고 번성하고 땅을 정복해야 하는 명령을 수행하였습니다.

생각하기 내 믿음의 족보는 어떻습니까? 어떻게 이어지길 바랍니까?

해답 1. 족보, 2. 자녀, 3. 세상

창세기 11장 · 바벨, 셈의 족보와 데라의 족보

주요 구절: 11:9

안타깝지만 홍수 이후 새로운 출발도 오래가지 못합니다. 하나님의 명령을 따르지 않고 자기 소견에 옳은 대로 살아가려는 자들이 등장합니다. 그때까지만 해도 세상의 언어는 하나였습니다. “온 땅의 (1)가 하나요, 말이 하나였더라.”(1절) 셈, 함, 야벳의 자손들이 “동방으로 옮기다가 (2) 평지”에서 성을 만들고 삽니다(2절). 그들은 더 이상 땅에 충만하려 하지 않고 뭉치고 모여서 힘을 가지려 합니다. 하나님의 명령에 대항합니다. “성읍”(도시)을(를) 만들어 뭉치고 “탑”을 하늘에 닿도록 쌓으려 합니다(4절). 탑을 높이 쌓는 이유는 분명합니다. “우리 (3)을 내고 온 지면에 흩어짐을 면”(4절)하려는 것입니다. 하나님과 그분의 통치권을 인정하지 않고 그 자리에 인간 자신이 앉으려 합니다. 이는 사악한 마음이며 교만한 행동입니다. ‘하나님의 이름과 영광’을 위한 삶이 아니라, ‘우리의 이름과 영광’을 위한 삶을 추구한 것입니다.

하나님은 교만한 자들을 심판합니다. “여호와께서 사람들이 건설하는 그 성읍과 탑을 보려고 내려오셨더라.”(5절) 하나님의 심판은 특이합니다. 탑을 쌓는 사람들이 서로 다른 언어를 사용하기 시작했습니다. “그들의 (1)를 혼잡하게 하여 그들이 서로 알아듣지 못”했습니다(7절). 결국 그들은 도시 건설을 중단할 수밖에 없습니다.

이렇게 ‘방언’은 심판의 메시지로 사용됩니다(신 28:49; 사 28:9-13). 그러나 그리스도의 성령님이 와서 심판의 방언이 구원의 방언으로 회복됩니다(행 2:1-41). 요한계시록에 보면 구원 받은 백성이 한 마음과 한 언어, 곧 한 방언으로 회복되어 새 노래를 부릅니다(계 14:3).

다섯 번째 '톨레도트'가 나타나는데, 또 다시 '셈의 족보'입니다. 10장에서 족보는 각 나라의 족보지만, 11장 족보는 여자의 후손을 향해 나아갑니다. 홍수 후 2년이 지나 셈은 아르박삿을 낳습니다(10절). 아르박삿은 홍수 심판 이후 첫 약속의 아이입니다. 그를 통해 약속의 자손을 기대할 수 있습니다. 아르박삿의 계보는 아브라함으로 이어집니다(26절).

여섯 번째 '톨레도트'(족보)가 연이어 나타납니다. "데라의 족보는 이러하니라."(27절) 구원 역사의 초점은 점점 더 좁혀집니다. '셈과 함과 야벳'에서 '셈'으로, '셈'에서 '데라'로, '데라'에서 '(4)'으로 클로즈업 됩니다. 데라는 우상을 섬기는 갈대아 우르에서 아들 (4)을 데리고 하란으로 이주하여 거기서 죽습니다. "데라는 나이가 이백오 세가 되어 하란에서 죽었더라."(32절)

'데라'의 뜻이 '달'인 것을 보면 달 숭배와 관련되었을 것이라고 추측할 수 있습니다. 하나님은 데라에게 가나안 땅으로 가라고 명령하신 것으로 보입니다. 그러나 그는 도중에 하란에 정착하고 그곳에서 죽습니다. 하나님의 명령은 아들 (4)을 통해 이루어집니다. 하나님이 우상을 섬기던 자들 가운데 한 사람을 택한 것은 '오직 은혜'(Sola Gratia)가 아니면 설명이 불가능합니다.

생각하기 수많은 사람이 한 목소리로 하나님을 노래한다면 어떨까요?

해답 1. 언어, 2. 시날, 3. 이름, 4. 아브람

지구라트 모형

창세기 12장 · 새로운 구원 역사: 아브람

주요 구절: 12:2

구원역사는 언제나 하나님으로부터 시작합니다. 하나님이 앞서가시면 인간이 따릅니다. "(1)께서 아브람에게 이르시되, 너는 너의 고향과 친척과 아버지의 집을 떠나 내가 네게 보여 줄 땅으로 가라."(1절) 아브람은 어디로 가야 할지 모르면서 고향과 친지들을 떠납니다(히 11:8). 하나님을 신뢰하는 믿음이 없으면 불가능한 행동입니다. 그 믿음의 내용은 하나님의 약속입니다. "내가 너로 큰 (2)을 이루고 네게 (3)을 주어 네 이름을 창대하게 하리니 너는 (3)이 될지라. 너를 축복하는 자에게는 내가 (3)을 내리고 너를 저주하는 자에게는 내가 저주하리니 땅의 모든 민족이 너로 말미암아 (3)을 얻을 것이라, 하신지라."(2절)

아브람이 가나안 땅에 도착해 보니 이미 가나안 사람이 그곳에 살고 있었습니다(6절). 하나님이 땅 주겠다고 했는데, 이미 주인이 있다고 하니 얼마나 실망스러웠을까요? 그때 하나님이 아브람에게 나타나 다시 약속을 확신시킵니다. "내가 이 땅을 네 자손에게 주리라."(7절) 아브람은 가나안 땅에 들어와 처음으로 제단을 쌓고 여호와의 (4)을 부릅니다(7-8절). 아브람은 실망스러웠지만 믿음으로 확신하고 예배합니다. 믿음의 사람은 이렇게 하나님을 예배합니다. 아브람이 이동한 여정(8-9절)을 보면 가나안 땅 중앙 부분, 즉 등뼈와도 같은 높은 지역을 따라 '세겜'에서 '벧엘', 그리고 남쪽 '네게브'까지 내려갑니다. 약속의 땅인 가나안의 중심을 관통하며 땅을 살핀 것입니다.

하지만 이내 아브람에게 어려움이 닥칩니다. 심각한 흉년이 든 것입니다. 네게브 지역은 흉년에 취약합니다. 결국 아브람은 풍족한 이집트로 내려갑니다. 이것은 땅을 주시겠다는 하나님의 약속을 굳게 잡지 않은 행동입니다. 끝까지 믿음을 지키지 못한 아브람의 모습이 아쉽습니다.

이집트로 가는 아브람에게 한 가지 걱정이 있습니다. 너무나 아름다운 아내 사래입니다. 악한 이집트 사람이 자신을 죽이고 아내를 빼앗을까봐 불안합니다. 아브람이 잔꾀를 부립니다. 아내 사래를 (5)(여동생)라고 속이는 방법입니다(13절). 그러나 아브람의 잔꾀는 실패합니다. 이집트 왕이 사래를 데려다 왕비로 만들려 한 것입니다. 큰 일입니다.

더 큰 문제는 여인의 후손을 통한 하나님의 구원계획이 어그러지게 된 것입니다. 그때 하나님이 직접 나서십니다. 하나님은 이집트 왕에게 큰 재앙을 내리고, 혼이 난 왕은 아브람에게 사래를 돌려줍니다. 하나님의 구원계획이 엉망진창이 될 위기에 처했기 때문에 아브람의 잘못에도 불구하고 하나님은 이집트 왕을 혼내고 사래와 아브람을 위기에서 구합니다.

아브람이 믿음으로 예배한 것까지는 좋지만, 끝까지 하나님의 약속을 믿지 못한 것이 아쉽습니다. 그에게서 우리의 모습을 봅니다. 그러나 그런 아브람을 하나님이 돕습니다. 하나님이 구원계획을 이루어 갑니다.

생각하기 하나님이 내 길을 인도하신다는 것을 믿습니까?

해답 1. 여호와, 2. 민족, 3. 복, 4. 이름, 5. 누이

창세기 13장 · 떠나가는 롯과 하나님의 약속

주요 구절: 13:12

아브람은 낯선 나라에서 땅 한 평도 한 명의 자녀도 없습니다. 가진 것이라곤 '하나님의 약속' 뿐입니다. 그 약속이 언제 이루어질지 알 수 없습니다. 인내하며 기다려야 합니다. 믿음이 없이는 견디기 어렵습니다. 아브람은 흉년을 겪으며 믿음이 약해졌습니다. 거짓말을 하며 나름대로 지혜롭게(?) 대처했다고 생각했지만 그 결과는 참담했습니다. 그러나 하나님은 아브람을 구했고 앞으로도 세밀히 챙길 것입니다.

아브람은 전보다 더 부자(?)가 되어 이집트에서 다시 가나안 땅 네게브(남방)로 돌아옵니다(1-2절). 가축과 은과 금이 풍부합니다(2절). 거기서 다시 북쪽으로 올라와 처음 제단을 쌓았던 벧엘로 가서 "거기서 여호와의 (1 　　)"(4절)을 부릅니다. 하나님께 회개와 감사의 기도를 드렸을 것입니다.

아브람에게 또 다른 위기가 닥칩니다. 아브람과 롯의 목자들이 목초지 때문에 다툽니다(5-7절). 롯은 삼촌 아브람의 보호 아래 있습니다. 아브람이 중재에 나섭니다. 아브람이 롯에게 좋은 곳을 선택하라고 합니다. 롯은 동쪽 저지대의 요단 지역이 "여호와의 (2

(2) 같고 애굽 땅"(10절)같아 그곳을 선택합니다. '애굽 땅 같았다'는 말은 풍요로운 장소라는 의미입니다. 아브람의 통 큰 양보는 약속에 대한 믿음 때문에 가능합니다. 롯은 소돔 사람들이 "여호와 앞에 (3)하며 큰 (4)인"(13절)이라는 것을 대수롭지 않게 여깁니다. 롯은 하나님의 약속을 받지 않았습니다. 아브람과 롯의 차이가 여기 있습니다. 믿음에 따라 보는 눈이 다릅니다.

그때 하나님이 아브람에게 나타나 동서남북의 모든 땅을 보여 주며 그 땅과 그리고 자손을 티끌 같이 많이 주겠다고 약속합니다(16절). 아브라함은 그 약속을 꼭 붙잡습니다. 아브람은 다시 남쪽으로 조금 옮겨 헤브론에서 "여호와를 위하여 (5)"(18절)을 쌓고 간절히 예배합니다. 예배는 약속에 대한 믿음의 응답입니다.

생각하기 내가 세상을 바라보는 관점은 무엇입니까?

해답 1. 이름, 2. 동산, 3. 악, 4. 죄, 5. 제단

창세기 14장 · 전쟁의 소용돌이 속에 받은 축복

주요 구절: 14:20

가나안 지역에 대 전쟁이 일어납니다. 소돔 지역 다섯 나라가 12년 동안 엘람(지금의 이란 지역) 왕 그돌라오멜에게 조공을 바치다가 13년째는 바치지 않았습니다. 그러자 그돌라오멜은 연합군을 이루어 14년째 해에 쳐들어 왔습니다. 결과는 소돔 지역 다섯 나라의 패배였고, 그 가운데 롯과 그 가족이 포로로 잡혀갑니다.

소식을 들은 아브람은 즉시 집에서 길러 훈련한 (1)명의 특공대(?)를 데리고 동맹군(13, 24절)과 함께 그돌라오멜 연합군을 추격하여 격파합니다. 세계 전쟁 역사에서 전무후무한 사건입니다. 그는 롯과 가족을 구하고 전리품을 얻습니다.

전쟁에서 승리하고 돌아올 때 두 사람이 아브람을 반갑게 맞이합니다. 먼저 소돔 왕입니다. 그는 고마워하며 전리품을 모두 다 아브람에게 주겠다고 합니다. 그러나 아브람은 거절합니다. 다만 함께 해 준 동맹군(아넬과 에스골과 마므레)을 위한 전리품만 가져갑니다(24절). 어떻게 아브람은 이런 용맹을 소유하고 재물에 대한 욕심도 없을까요? 그

것은 바로 하나님의 약속 때문입니다. 약속을 믿는 아브람의 믿음이 이런 행동을 낳았습니다.

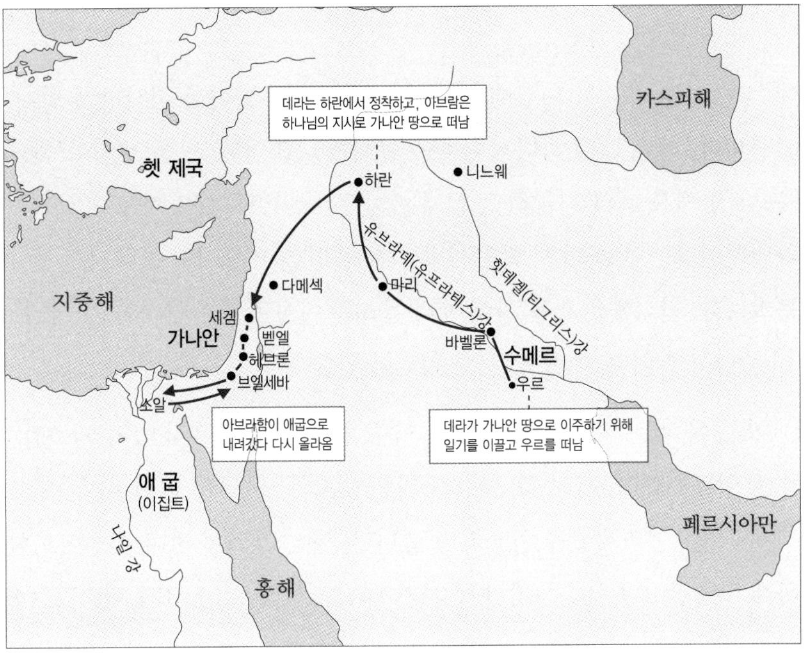

아브람의 이동 경로

아브람을 영접한 또 한 사람이 있습니다. 그는 살렘 왕 (2)입니다(18절). 그는 지극히 높으신 하나님의 (3)입니다(18절). 그는 (3)으로 아브람을 축복(祝福)합니다. "천지의 (4)이시요 지극히 높으신 하나님이여! 아브람에게 복을 주옵소서. 너희 대적을 네 (5)에 붙이신 지극히 높으신 하나님을 (6)할지로다."(19-20절) 하나님이 전쟁에도 능하신 신(神)임을 노래하며 고백한 것입니다.

하나님은 멜기세덱을 통해 아브람에게 복을 줍니다. 아브람은 멜기세덱에게 전쟁에서 얻은 전리품 1/10을 줍니다. 아브람은 멜기세덱을 통해 하나님께 감사를 표시한 것입니다. 멜기세덱이라는 이름의 뜻은 '나의 왕은 의로우시다' 혹은 '의의 왕'입니다. 이 멜기세덱은 그리스도를 예표합니다(*히브리서 7장 내용을 참고하세요).

생각하기 나는 하나님을 의지해 용기 낸 경험이 있습니까?

해답 1. 318, 2. 멜기세덱, 3. 제사장, 4. 주재, 5. 손, 6. 찬양

창세기 15장 · 아브람 언약과 믿음

주요 구절: 15:6

"이 후에"(1절)라는 말에서 14장에 나왔던 전쟁의 소용돌이를 생각나게 합니다. 아브람은 불안합니다. 바로 그때 하나님이 아브람에게 나타납니다. "아브람아! 두려워하지 말라. 나는 네 방패요 너의 지극히 큰 (1 　 　)이니라."(1절) 아브람을 지키는 분은 오직 하나님뿐이라는 것을 다시 확인시킵니다. 불안한 세상에서 하나님은 방패와 같이 든든한 분입니다. 전리품을 소돔 왕에게 다 돌려준 아브람에게 하나님은 "상급" 혹은 '보상'이 되어 준다고 합니다. 아브람은 큰 위로를 얻습니다.

아브람에게는 아직 큰 아픔이 있습니다. 약속 받은 자식이 아직 없기 때문입니다. "주 여호와여, 무엇을 내게 주시려 하나이까? 나는 (2 　 　)이 없사오니."(2절) 아브람은 다메섹 출신 종, 엘리에셀을 입양하려 합니다(2절). 그러자 하나님이 아브람에게 다시 분명하게 약속합니다. "네 몸에서 날 자가 네 (3 　 　 　)가 되리라."(4절)

하나님은 밤에 아브람을 밖으로 데리고 나갑니다. 하늘의 별을 보면서 "네 자손이 이와 같으리라"(5절)라고 약속합니다. 수많은 별을 보고 아브람이 얼마나 놀랐을까요? 아브람은 여호와를 믿습니다. "아브람이 여호와를 믿으니, 여호와께서 이를 그의 (4 　)로 여기시고."(6절) 아브람의 이 믿음은 새 언약의 시대에도 동일합니다. "일을 아니할지라도 경건하지 아니한 자를 의롭다 하시는 이를 믿는 자에게는 그의 믿음을 의로 여기시나니."(롬 4:5)

그러나 아직 아브람에게는 땅 한 평도 없습니다. 아브람은 하나님께 땅을 받게 될 것이라는 증거를 요구합니다. "주 여호와여, 내가 이 (5 　)을 소유로 받을 것을 무엇으로 알리이까?"(8절) 하나님은 아브람에게 언약식을 통해 그것을 확신시킵니다. 3년 된 암소, 암염소, 숫양, 산비둘기와 집비둘기 새끼를 가져다 중간을 쪼개어 마주 놓으라고 명령합니다. 고대에 언약을 맺을 때 짐승을 쪼개 놓고 언약의 당사자 두 사람이 그 사이를 지나갔습니다. 언약을 깨뜨리면 이 짐승이 피를 흘린 것처럼 죽게 될 것이라는 약속입니다. 아브람이 준비를 마쳤지만, 해 질 때까지 아무런 일도 없습니다. "아브람에게 깊은 잠이 임하고 큰 흑암과 두려움이 그에게 임하였더니."(12절) 바로 그 순간 하나님이 나타나 언제 구체적으로 이 땅을 갖게 될 것인지 말씀합니다(13-16절). 그리고 하나님 홀로 쪼갠 고기 사이를 지나갑니다(17절). "해가 져서 어두울 때에 연기 나는 화로가 보이며 타는 횃불이 쪼갠 고기 사이로 지나더라. 그 날에 여호와께서 아브람과 더불어 (6 　 　)을 세워 이르시되 내가 이 땅을 애굽 강에서부터 그 큰 강 유브라데까지 네 자손에게 주노니."(17-18절) 하나님은 약속을 주며, 지키기를 스스로 보증하는 정말 신실한 분입니다.

하나님은 아브람에게 땅을 얻을 시기를 알려줍니다. 아브람의 자손은 다른 나라에 망명 갈 것이고 그곳에서 400년 동안 고생할 것입니다. 아모리 족속의 죄악이 가득 찰 때를 기다린 것입니다. 400년이 지난 후 하나님이 이방 나라를 징벌하고 큰 재물을 가지고 탈출할 것임을 예언합니다(14절). 그 후 비로소 가나안 땅을 차지할 것입니다. 역사를 이끄시는 분은 하나님입니다.

생각하기 힘들고 두려울 때 무엇을 가장 의지합니까?

해답 1. 약속, 2. 자식, 3. 상속자, 4. 의, 5. 땅, 6. 언약

창세기 16장 · 아브람과 사래의 인간적 해법

주요 구절: 16:9

하나님의 약속 성취는 때론 더딥니다. 어느덧 아브람이 85세가 됩니다. 사래(75세)에게는 아직 아이가 없고 또 임신이 불가능해 보입니다. 조급한 사래가 인간적 해법을 내놓습니다. 당시 관습을 따라 사래의 여종 하갈을 통해 아들을 낳으려합니다. 일종의 대리모(代理母)입니다. 아브람은 아내 사래의 권고를 듣습니다. 그는 하갈을 첩(아내)으로 삼고 아들을 얻습니다. 아이의 이름은 (1 　 　 　 　)입니다(11절). '이스마엘'의 뜻은 '하나님은 고통을 들으신다'입니다. 아브람이 86세에 이스마엘을 얻습니다.

불신앙을 따른 행동이 아브람과 가족에게 문제를 일으킵니다. (2 　 　)이 임신하자 여주인 사래를 멸시합니다(4절). 종이 주인을 멸시하다니요! 괘씸죄로 (2 　 　)이 쫓겨납니다. 하지만, (2 　 　)과 태어날 아기도 언약백성의 범위 안에 있습니다. 하나님은 (2 　 　)에게 나타나 '하나님이 너의 고통을 들으셨다'(이스마엘)는 복음을 전했습니다. (2 　 　)은 하나님을 만난 우물의 이름을 "브엘라해로이"(14절)라 부릅니다. '나를 보신 살아 계신 하나님의 우물'(13절)이라는 뜻입니다. 하나님은 (2 　 　)

에게 다시 주인에게로 돌아가 복종하라고 합니다. (2 □□)은 말씀에 순종하여 언약 공동체로 되돌아옵니다.

태어날 이스마엘은 크게 번성하여 그 수가 셀 수 없게 될 것입니다(10절). 그러나 (3 □) 나귀같이 되고 그 손이 모든 사람을 치고, 모든 사람의 손이 그를 칠 것이며, 그가 모든 형제와 대항해 살 것입니다(12절). 이 약속은 역사 가운데 부정적으로 성취됩니다. 중동의 호전적 무슬림 제국과 족속들은 이스마엘의 후손임을 자처합니다. 이슬람은 12억의 신자를 가진 거대한 종교가 되었고, 어떤 곳에서는 기독교를 위협합니다. 아브람과 사래의 실수가 엄청난 비극의 씨앗이 된 건 아닐까요?

생각하기 조급해서 하나님의 약속을 어긴 적이 있습니까?

해답 1. 이스마엘, 2. 하갈, 3. 들

창세기 17장 · 언약의 표징, 할례

주요 구절: 17:11

인간은 하나님 없이 살 수 없습니다. 인간 스스로 해보려 자만하지만 실패하고 맙니다. 전능하신 분(엘 샤다이, God Almighty)은 오직 하나님뿐입니다. 하나님은 아브람이 99세가 되었을 때 나타나 이렇게 말씀합니다. "나는 (1 □□□) 하나님이라. 너는 내 앞에서 행하여 완전하라. 내가 내 (2 □□)을 나와 너 사이에 두어 너를 크게 번성하게 하리라."(1-2절) 99세 노인이 자식을 낳을 수 있을까요? 하나님은 전능한 분입니다. 불가능이란 없습니다.

"내 언약이 너와 함께 있으니 너는 여러 민족의 아버지가 될지라. 이제 후로는 네 이름을 아브람이라 하지 아니하고 (3 □□□□)이라 하리니, 이는 내가 너를 여러 민족의 아버지가 되게 함이니라. 내가 너로 심히 번성하게 하리니, 내가 네게서 민족들이 나게 하며 왕들이 네게로부터 나오리라. 내가 내 언약을 나와 너 및 네 대대 후손 사이에 세워서 영원한 언약을 삼고 너와 네 후손의 하나님이 되리라. 내가 너와 네 후손에게 네가 거류하는 이 땅, 곧 가나안 온 땅을 주어 영원한 기업이 되게 하고 나는 그들의 하

나님이 되리라."(4-8절)

언약의 징표(Sign)로 하나님은 '(4   )를 행하라'(10절), 명령합니다. 할례는 땅과 후손, 곧 메시아의 오심에 대한 하나님의 약속을 보증하는 징표입니다. 약속을 바꾸지 않고 꼭 지키는 하나님의 신실함을 상징합니다. 할례는 우리의 능력이 아니라 하나님의 능력을 나타냅니다. 하나님은 사래와도 언약을 맺습니다. 사래의 이름도 (5   )로 바꾸어 줍니다(15절).

아브라함은 이 약속을 받아들이기 쉽지 않습니다. '100세나 되는 노인 부부가 아들을 낳는다? 허허' 아브라함은 정말 웃습니다(17절). 그러나 하나님은 아들을 약속하며 이름도 이삭이라 지어줍니다(19절). 그 뜻은 (6   )입니다. 아브라함이 99세에 할례받고, 13세 아들 이스마엘도 할례 받습니다.

생각하기 나는 왜 하나님을 전능하고 신실하신 분으로 믿습니까?

해답 1. 전능한, 2. 언약, 3. 아브라함, 4. 할례, 5. 사라, 6. 웃음

창세기 18장 · 여호와의 방문과 소돔의 죄

주요 구절: 18:19

어느 날 천사 세 명이 아브라함의 집을 방문합니다. 높이 계신 하나님이 낮은 데 있는 인간을 찾아와 함께 먹고 마시며 교제합니다. 아브라함에게는 엄청난 영광입니다. 아브라함은 종의 위치에서 극진히 섬깁니다. 그들은 내년 사라가 아들을 낳게 될 것이라고 합니다. 사라가 그 말을 듣고 아브라함처럼 또 (1   )습니다(12절). 부부는 닮는 것일까요?

세 명의 천사 가운데 한 명은 여호와입니다. "여호와께 능하지 못한 일이 있느냐?"(14절) 여호와는 아브라함을 향한 계획도 말씀하십니다. "아브라함은 강대한 나라가 되고 천하 만민은 그로 말미암아 (2   )을 받게 될 것이 아니냐? 내가 그로 그 (3   )과 권속에게 명하여 여호와의 도를 지켜 의와 공도를 행하게 하려고 그를 택하였나니, 이는 나 여호와가 아브라함에게 대하여 말한 일을 이루려 함이니라."(18-19절)

아브라함이 소돔 성에 의인 몇 명이 있으면 용서해 줄 것을 부탁하나요? 그 순서는 이

렇습니다: 50명 > (4 　)명 > 40명 > 30명, > 20명 > (5 　)명(28-32절). 하나님께 담대하게 기도하는 아브라함이 대단하고, 그런 아브라함의 기도를 듣는 하나님이 참 놀랍습니다. 그렇지만 과연, 10명의 의인이 있어 심판을 면할 수 있을까요?

생각하기 담대하게 기도한 적이 있습니까?

해답 1. 옷, 2. 복, 3. 자식, 4. 45, 5. 10

창세기 19장 · 소돔, 고모라의 멸망

주요 구절: 19:29

소돔과 고모라 성은 하나님의 심판을 받습니다. 두 천사가 소돔으로 가 소돔 사람이 얼마나 악한지 직접 경험합니다. 롯도 아브라함처럼 두 천사를 집으로 들여 환대합니다. 하지만, 롯과 그의 가족은 소돔과 고모라 사람들의 생각과 풍습에 많이 오염되었습니다(벧후 2:8). 그럼에도 하나님이 롯을 구원하신 이유는 '아브라함 언약' 때문입니다. "하나님이 … 롯이 거주하는 성을 엎으실 때에 하나님이 (1 　)을 생각하사 롯을 그 엎으시는 중에서 내보내셨더라."(29절)

소돔과 고모라의 대표적 죄는 동성애입니다(4-5절). 그 외에도 수많은 악을 지었는데, 에스겔 선지자의 말에서 알 수 있습니다. "네 아우 소돔의 죄악은 이러하니 그와 그의 딸들에게 교만함과 음식물의 풍족함과 태평함이 있음이며 또 그가 가난하고 궁핍한 자를 도와주지 아니하며, 거만하여 가증한 일을 내 앞에서 행하였음이라."(겔 16:49-50)

롯과 두 딸은 심판에서 구원 받지만, 롯의 부인은 (2 　) 기둥이 되어 함께 멸망합니다(26절). 롯의 처는 세상의 것을 사랑하고 하나님의 명령을 따르지 않아 멸망 받은 인물의 대표가 됩니다. 예수님도 말씀합니다. "롯의 처를 생각하라"(눅 17:28-29, 32).

롯의 두 딸이 낳은 (3 　)과 (4 　)은 후에 요단 강 동편에 머물며 이스라엘 백성을 지속적으로 괴롭힙니다. 하지만, 하나님의 섭리와 구원역사는 놀랍습니다. 한 모압 여성으로부터 하나님의 구원역사가 이루어지기 때문입니다. 오랜 후 롯과 비슷한 이름의 한 여인이 등장합니다. 바로 '룻'입니다. 룻기에 등장하는 여인 '룻'은 (3 　)

자손입니다. 룻은 보아스와 혼인하여 오벳을 낳았는데, 오벳은 다윗의 할아버지입니다(룻 4:17). 다윗의 증조할머니가 룻입니다. 또 룻은 예수님의 구원역사 족보에 당당히 들어갑니다(마 1:5). 언약을 시행하는 하나님의 방법이 참 놀랍고 신기합니다.

생각하기 나는 소돔과 고모라 사람처럼 행동하고 있지 않습니까?

해답 1. 아브라함 2. 소금, 3. 모압, 4. 암몬

창세기 20장 · 아브라함의 두 번째 거짓말

주요 구절: 20:7

아브라함은 천사들로부터 1년 후에 아들을 낳게 될 것이라는 최종 약속을 받았습니다. 하지만, 하나님의 언약은 당장 눈에 보이지 않고 손에 잡히지 않습니다. 아브라함은 머물던 마므레 지역(창 18:1)을 떠나 네게브 땅으로 옮겨 가데스와 술 사이 (1 ＿＿)에 거주합니다(1절). 흉년 때문인 것 같습니다.

아브라함은 그곳에서 또 사고를 칩니다. 아내를 누이라고 거짓말합니다. 이집트에서 한 번 그랬고 이번이 두 번째입니다. 처음 거짓말 했을 때로부터 25년이 지났습니다. 시간이 흐른 만큼 아브라함의 신앙이 더 성숙하면 좋으련만, 아브라함의 믿음이 오르락내리락합니다. 그러나 하나님은 아브라함을 혼내지 않습니다. 오히려 사라를 데려간 (2 ＿＿＿＿)을 벌주려 하십니다. 하나님은 그날 밤 (2 ＿＿＿＿)집안에 큰 재앙을 내리신 것 같습니다. (2 ＿＿＿＿)이 악한 행동을 했고, 아브라함 언약이 위협당하고 있기 때문에 그에게 벌주었습니다.

(2 ＿＿＿＿)이 억울해 하며 하나님께 호소해 죽음을 면합니다. 아비멜렉은 사라를 돌려주며 아브라함에게 자신의 무고함을 호소하며 아브라함의 잘못을 지적합니다. "네가 나와 내 나라가 큰 (3 ＿)에 빠질 뻔하게 하였느냐? 네가 합당하지 아니한 일을 내게 행하였도다."(9절) 신자가 불신자로부터 부끄러움을 당하는 순간입니다. 언약백성 아브라함과 불신자 아비멜렉 간에 차이가 없어 보입니다.

하지만 아브라함은 하나님의 언약백성입니다. 하나님은 연약한 아브라함에게 명예와

능력을 부여합니다. 아브라함이 어쩌다 “(4)”(7절)가 됩니다. 사실 아브라함은 이미 하나님의 계시를 받은 자입니다. “너를 축복하는 자에게는 내가 복을 내리고 너를 저주하는 자에게는 내가 저주하리니 땅의 모든 족속이 너로 말미암아 복을 얻을 것이라.”(12:3) 아브라함이 기도하니 아비멜렉의 아내가 자녀를 낳을 수 있게 됩니다(17-18절). 아비멜렉은 아브라함에게 많은 재산으로 보상하며 자기 땅에 머물 수 있도록 혜택을 제공합니다. 아브라함은 거짓말로 스스로 위기를 자초했지만, 하나님 덕분에 명예와 능력을 회복하고 그랄 땅에서 당당히 살 수 있습니다.

생각하기 왜 하나님이 내 명예와 능력을 회복시키실까요?

해답 1. 그랄, 2. 아비멜렉, 3. 죄, 4. 선지자

창세기 21장 · 이삭의 출생

주요 구절: 21:2

마침내 아브라함이 (1)세에 (2)을 낳습니다(5절). “여호와께서 (3)하신 대로”(1절) 됩니다. (2)은 ‘웃음’이라는 뜻입니다. 하나님은 아브라함과 사라의 ‘비웃음’을 ‘기쁨의 웃음’으로 바꾸십니다. 아브라함과 사라는 ‘(2)’을 부를 때마다 자기 불신앙과 함께 하나님의 신실함을 생각할 것입니다. 뿐만 아니라, 그 웃음은 주변 언약백성에게까지 이릅니다(6-7절). 교회에 언약의 자녀가 태어날 때 온 교회에게 기쁨이 되는 것과 같습니다.

아브라함은 이삭이 젖을 뗄 즈음(아마 2~3세) 큰 잔치를 엽니다(8절). 그런데 이 기쁜 날 문제가 생깁니다. 이스마엘이 이삭을 놀린 것입니다. 사라는 아브라함에게 이스마엘을 내쫓으라고 요구합니다. 아브라함은 매우 근심합니다(11절). 아브라함의 불신앙이 결국 가정에 문제를 가져왔습니다. 아브라함은 사라의 말을 들어야 합니다. 이삭은 ‘(4)을 따라 난 자’이지만, 이스마엘은 ‘(5)를 따라 난 자’(갈 4:28-29)입니다. 이스마엘은 인간의 ‘노력’과 ‘공로’를 상징합니다. 이삭은 하나님의 약속에 따라 값없이 받는 ‘은혜’와 ‘믿음’을 의미합니다. 이스마엘은 광야에서 활 쏘는 자가 됩니다. 그

는 이집트 여인과 혼인하며 언약에서 점점 벗어납니다.

아브라함 집 밖에서도 어려움이 생깁니다. 생명줄 같은 우물을 아비멜렉의 종들이 빼앗습니다. 그랄에서 지내는 아브라함의 삶이 불안합니다. 아브라함이 항의하자 아비멜렉은 모르는 일이라고 발뺌합니다. 아브라함은 암양 새끼 일곱을 주면서 언약을 세웁니다. 우물에 대한 아브라함의 소유권을 인정할 것을 아비멜렉에게 요구합니다(27-32절). 아비멜렉은 물러갔고, 그곳에서 "영원하신 여호와의 (6)"을 부르며 예배합니다(33절).

생각하기 나는 하나님의 약속을 끝까지 믿습니까? 왜 그렇습니까?

해답 1. 100, 2. 이삭, 3. 말씀, 4. 약속, 5. 육체, 6. 이름

창세기 22장 · 이삭을 번제로?

주요 구절: 22:8

아브라함은 정말 하나님의 약속에 따라 은혜로 이삭을 얻었다고 믿었을까요? 인내하며 믿음으로 기다린 아브라함의 노력도 있다고 해야 하지 않을까요? 하나님은 아브라함을 (1)합니다(1절). 하나님은 사랑하는 독자 이삭을 모리아 땅으로 데리고 가서 죽여 (2)로 바치라(2절)고 요구합니다. 아브라함의 마음이 어땠을까요? 머리가 어지럽고 마음이 무너졌을 것입니다. 그러나 아브라함은 하나님의 명령에 복종합니다.

3일을 걸어 산 아래 도착해 종들에게 말합니다. "너희는 나귀와 함께 여기에 기다리라. 내가 아이와 함께 저기 가서 예배하고 (3)가 너희에게로 돌아오리라."(5절) "(3)가 … 돌아오리라"라는 말에서 아브라함의 부활 신앙(롬 4:16-22)을 볼 수 있습니다. 이삭이 죽게 되더라도 다시 살아 돌아올 것이라는 신앙 말입니다.

아들 이삭은 "아버지여 … 불과 나무는 있거니와 번제할 어린 (4)은 어디에 있나이까?"라고 곤란한 질문을 합니다. 아버지는 믿음으로 대답합니다. "내 아들아! 번제할 어린 (4)은 하나님이 자기를 위하여 친히 준비하시리라."(8절)

아브라함이 정말로 아들을 죽여 번제로 드리려하자, 그 순간 하나님이 아브라함의 마

음을 확인합니다. “네가 네 아들 네 독자까지도 내게 아끼지 아니하였으니 내가 이제야 네가 하나님을 (5)하는 줄 아노라.”(12절) 아브라함은 숫양을 발견하고 이삭 대신 숫양을 번제로 드립니다. 아브라함이 그 땅 이름을 여호와 (6)라(14절) 부릅니다. 뜻은 “여호와의 산에서 준비되리라”입니다. 야고보는 이 아브라함의 믿음의 행위를 보고 이렇게 말합니다. “네가 보거니와 믿음이 그의 행함과 함께 일하고 행함으로 믿음이 온전하게 되었느니라.”(약 2:22)

더하여 하나님은 “네 씨가 그 대적의 성문을 차지하리라. 또 네 (7)로 말미암아 천하 만민이 복을 받으리니”(17-18절)라고 말씀합니다. 여자의 후손에 대한 말씀인데, 아브라함의 후손인 솔로몬이 모리아 산에 성전을 세우고(대하 3:1), 다윗과 아브라함의 후손인 예수 그리스도가 어린 속죄양으로 이 산 위에서 죽음으로써 약속을 성취합니다.

아브라함은 고향으로부터 형제 나홀이 자녀를 낳고 그 자녀 가운데 브두엘이 리브가를 낳았다(20-24절)는 소식을 듣습니다. 이 짧은 소식은 이삭과 어떤 관계가 있을까요?

생각하기 하나님께 순종하는 이유가 무엇입니까?

해답 1. 시험, 2. 번제, 3. 우리, 4. 양, 5. 경외, 6. 이레, 7. 씨

창세기 23장 · 땅을 매입하는 아브라함

주요 구절: 23:20

사라가 (1)세에 죽습니다(1절). 하나님의 약속은 가나안 땅을 아브라함에게 주시는 것인데, 아직도 아브라함은 땅 한 평 없습니다. 아내를 묻을 곳도 없는 형편입니다. 그래서 아브라함은 아내 묻을 곳을 찾습니다. 그런데 좀 이상합니다. 헷 족속은 아브라함에게 묘지를 공짜로 주려고 합니다. 하지만 아브라함은 기어코 그 땅을 사려고 합니다. 아브라함은 자신이 살고 있는 땅을 약속 받았지만, 앞으로 400년 이후에나 가능하다는 것(15:13-16)을 알고 있습니다. 아브라함은 자신의 정체성을 분명하게 표현합니다. “나는 당신들 중에 (2)요, 거류하는 자이니.”(4절) 이런 태도는 영원한 약속을 믿는 우리가 본 받아야 할 부분입니다. 그리스도인은 이 땅에 “거류민과

(2 ___) 같은"(벧전 2:11) 자로 살아야 합니다.

아브라함은 헷 족속으로부터 상당한 인정과 존경을 받습니다. 헷 족속이 아브라함을 향해 "당신은 우리 가운데 있는 하나님이 세우신 (3 ___)이시니"(6절)라고 합니다. 그들은 계속 아브라함에게 공짜로 주겠다고 합니다.

끈질긴 헷 족속의 무상 제공 제의에도 불구하고 아브라함은 마침내 은 400세겔이라는 거금을 주고 막벨라 굴과 밭을 매장지로 삽니다. 모든 헷 족속이 보는 성문 앞에서 아브라함의 소유로 확정합니다(18절). 이것을 어떻게 이해해야 할까요?

아브라함은 하나님의 언약을 굳게 믿고 있습니다. 비록 지금은 (2 ___)지만, 그의 후손은 땅을 차지할 것입니다. 아직 시간이 남았기에, 아브라함은 미리 가나안 땅 일부를 자기 소유로 만들고 가족의 묘지로 삼았습니다. 그의 후손은 가족 묘지를 보며 하나님의 약속과 조상의 믿음을 기억할 것입니다.

생각하기 순종하기 위해 큰 대가를 치룬 적이 있습니까?

해답 1. 127, 2. 나그네, 3. 지도자

창세기 24장 · 이삭의 혼인

주요 구절: 24:67

시간이 흘러 이삭의 혼기가 찼습니다. 만약 이삭이 가나안 족속의 딸과 결혼한다면 매우 안정된 삶을 확보할 수 있었을 것입니다. 그러나 아브라함은 그렇게 하지 않습니다(3절). 또 아브라함은 이삭이 가나안을 떠나 자기 고향 메소포타미아 땅으로 직접 가는 것도 허락하지 않습니다(6절). 이런 아들의 배우자 조건은 아브라함의 신앙을 잘 보여 줍니다.

아브라함은 집안 최고 청지기 엘리에셀에게 두 가지 조건을 주며 이삭의 아내를 구해 올 것을 명령합니다. 아브라함은 하나님의 인도와 보호를 확신합니다. "하늘의 하나님 여호와께서 나를 내 아버지의 집과 내 고향 땅에서 떠나게 하시고 내게 말씀하시며 내게 (1 ___)하여 이르시기를 이 땅을 네 (2 ___)에게 주리라, 하셨으니, 그가 그 사자를 너보다 앞서 보내실 지라. 네가 거기서 내 아들을 위하여 (3   )를 택할지니라."(7절) 아브라함은 믿음의 눈으로 앞으로 될 일을 봅니다. 하나님이 앞서 행할 일을 기대합니다.

엘리에셀이 낙타 10필과 종들, 많은 폐물을 가지고 긴 여행을 떠나 메소포타미아 나홀 성에 이릅니다. 엘리에셀은 리브가를 기적 같이 만납니다. 이는 분명 하나님의 아주 특별한 인도입니다. 리브가의 아버지 브두엘은 나이가 많고 병들었는지 한 번(50절)만 언급됩니다. 대신 오빠 라반과 어머니가 전면에 등장(28, 53절)해 리브가의 혼인을 결정합니다. 성경도 '아버지의 집'이라 하지 않고 "어머니의 집"(28절)에 알렸다고 표현합니다. 오빠 라반이 여동생 리브가의 혼인을 허락하며 이렇게 축복합니다. "우리 누이여, 너는 천만인의 (4   )가 될지어다. 네 (5   )로 그 원수의 성 문을 얻게 할지어다."(60절)

엘리에셀은 성공적으로 리브가를 가나안으로 데려와 이삭과 결혼시킵니다. 27세에 어머니를 여의고 상심해 있던 이삭은 리브가와 혼인해 (6   )를 얻습니다(67절).

생각하기 나는 배우자와 어떤 만남을 계획하고 기도합니까?

해답 1. 맹세, 2. 씨, 3. 아내, 4. 어머니, 5. 씨, 6. 위로

창세기 25장 · 세 가지 족보

주요 구절: 25:26

아브라함의 후처 '그두라의 족보'가 나옵니다(1-6절). 이 족보에 '미디안'이 등장합니다. '미디안' 족속도 아브라함 자손인 셈입니다. 모세의 장인 이드로가 미디안 족속인데, 이들은 성경 역사에서는 이스라엘에게 가시 같은 존재(민 22:4-7; 25:6-7; 31:1-12)였습니다. 여기 나오는 '앗수르 족속'(3절)은 북 왕국 이스라엘을 침공(주전 722년)한 앗수르와는 다릅니다. 아브라함은 175세에 죽습니다(7절). 아브라함의 복이 아들에게로 흘러갑니다. "하나님이 그의 아들 (1   )에게 복"(11절)을 주십니다. 언약의 복이 세대를 거쳐 이어집니다.

이어서 '이스마엘의 족보'가 등장(12절)합니다. 비록 하나님의 언약에서 멀어졌지만 하나님은 그의 삶도 지켜줍니다. 이들은 형제 가까이 살지만 분명히 약속의 자손과는 분리됩니다.

또 하나의 족보가 등장합니다. 바로 '이삭의 족보'(19절) 입니다. 이삭이 혼인한 나이는 40세입니다(20절). 이삭의 아내는 아기를 낳지 못하다가 기도해 임신합니다. 배 속에 쌍둥이가 있습니다. 하나님이 말씀합니다. "두 (2 　　)이 네 태중에 있구나. 두 (2 　　)이 네 복중에서부터 나누이리라. 이 족속이 저 족속보다 강하겠고 큰 자가 (3 　　) 자를 섬기리라."(23절)

먼저 나온 자는 붉고, 온 몸이 털 옷 같아서 이름을 에서라 짓습니다(25절). 뒤에 나온 동생은 손으로 에서의 발꿈치를 잡고 나와 그 이름을 (4 　　)이라 부릅니다. '발꿈치를 잡았다'는 표현은 (4 　　)이 앞으로 어떤 삶을 살 것인지 암시합니다. 쌍둥이를 낳았을 때 이삭의 나이는 60세입니다(26절). 이삭도 아버지처럼 아기를 낳지 못해 힘들었을 것을 생각할 수 있습니다.

에서는 사냥꾼이어서 밖에 있지만, 야곱은 조용한 사람이었기 때문에 (5 　　)에 주로 머뭅니다(27절). 어느 날 야곱은 붉은 색깔의 죽으로 에서에게(6 　　)의 명분을 삽니다. 에서는 (6 　　)의 명분, 곧 '하나님의 언약'에 대한 관심이 없습니다(34절). 아브라함의 자녀에게서 '한 씨'가 태어나 모든 민족이 복을 받을 것이라는 언약을 소중히 여기지 않습니다.

생각하기 하나님의 약속을 소홀히 해 낭패 본 적이 있습니까?

해답 1. 이삭, 2. 국민, 3. 어린, 4. 야곱, 5. 장막, 6. 장자

창세기 26장 · 이삭 이야기

주요 구절: 26:7

이삭은 아버지 아브라함처럼 흉년을 경험합니다. 먹을 것이 없어 고생합니다. 이삭도 이집트로 내려갈 계획을 세웁니다. 그런데 하나님이 이삭에게 나타나 이집트로 내려가지 말

라고 말립니다(2절). 그리고 언약을 다시 확인시킵니다(3-4절). 아브라함이 약속에 (1)하고 하나님의 명령과 계명과 율례와 법도를 믿음으로 지킨 것처럼 이삭도 그렇게 따라야 합니다(5절).

이삭이 내려가지 않고 (2)에 거주합니다(6절). 이곳에서 이삭은 아브라함과 같은 실수를 합니다. 이삭도 아내를 빼앗길까봐 아내를 (3)라고 속입니다(7절). 리브가가 "보기에 심히 아리땁"(창 25:16)고 "자기가 보기에"(7절)도 아름다웠기 때문입니다. 한 동안 아무런 문제가 없습니다. 그런데 블레셋 왕 아비멜렉이 이삭과 리브가가 껴안은 모습을 봅니다. 아비멜렉 왕이 이삭을 불러 혼을 냅니다. "그가 분명히 네 아내거늘 어찌 네 누이라 하였느냐?"(9절) 이삭이 불신자에게 부끄러움을 당합니다.

그러나 이삭은 실수에도 불구하고, 하나님으로부터 복을 얻습니다. 농사를 지어 백배의 복을 얻습니다(12절). 창대하고 왕성하여 거부가 됩니다(13절). 하나님의 언약 때문입니다. 그러나 하나님의 백성이 이 땅에서 번성하니, 주변 사람이 시기합니다(14절). 아브라함으로부터 물려받은 (4)을 블레셋 백성이 메웁니다(15절). 아주 나쁜 짓입니다. 삶의 근본이 되는 우물을 막아버리니, 삶이 어려워질 수밖에 없습니다. 다툼 중에 이삭은 우물을 팠고 그 이름을 '에섹'으로 붙였습니다. 그 뜻은 '다툼'입니다(20절). 하지만 블레셋 사람이 다시 우물을 빼앗으려 했고 이삭은 또 다시 우물을 팠습니다. 새 우물을 '싯나'라 부르는데 '대적함'이라는 뜻입니다(21절). 한 번 더 다툼이 생겨서 세 번째로 우물을 팠고 그 후로 다툼이 없었습니다. 세 번째 우물은 '르호봇'입니다(22절). 뜻은 '장소가 넓다'입니다.

고난의 시간이 끝나고 이삭은 다시 브엘세바로 돌아옵니다. 그때 하나님이 밤에 나타나 언약을 다시 확인하며 위로하십니다. "두려워하지 말라. 내 종 아브라함을 위하여 내가 너와 함께 있어 네게 (5)을 주어 네 자손이 번성하게 하리라."(24절) 이삭은 언약의 말씀에 예배로 응답합니다(25절). 제단을 쌓고 여호와의 이름을 부릅니다.

블레셋 사람이 이삭에게 찾아와 평화 언약을 맺습니다. "우리가 너를 범하지 아니하고 선한 일만 네게 행하여 네가 평안히 가게 하였음이니라."(29절) 분명히 우물을 막고 방해하는 일을 했으면서도 잘못을 인정하지 않습니다. 그러나 이삭이 강해지니까 와서 평화 협정을 맺자고 합니다. 어려움 가운데서도 여전히 이삭은 하나님의 복을 받습니다. 새로운 우물을 발견합니다. 우물의 이름은 '세바'입니다. 그래서 그 지역 이름을 (6)라 부릅니다. 이삭은 점점 더 부자가 되고 강해집니다.

에서는 40세에 헷 족속의 두 아내를 취합니다. 이방 백성과 혼인관계를 맺습니다. 에서 가족은 이삭과 리브가의 마음에 근심이 됩니다(34-35절). 이삭이 혼인할 때 기준과 정반대입니다. 언약에서 점점 멀어집니다.

생각하기 최근에 내가 하나님께 받는 도움은 무엇입니까?

해답 1. 순종, 2. 그랄, 3. 누이, 4. 우물, 5. 복, 6. 브엘세바

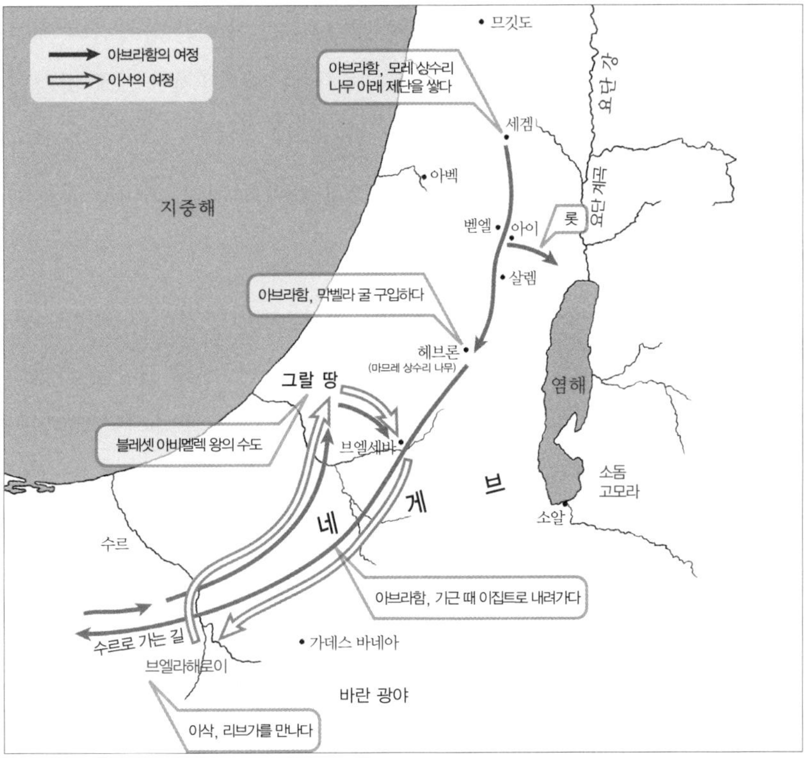

가나안 땅의 아브라함과 이삭

창세기 27장 · 야곱의 속임수와 이삭의 축복

주요 구절: 27:33

이삭이 늙어 죽을 날이 가깝습니다. 신체는 노화되어 (1 　)이 어두워 잘 보이지 않습니다(1-2절). 하루는 이삭이 에서를 불러 축복하려 합니다(1절). 그러나 이삭의 무분별한 축복(23절)으로 에서가 아니라 야곱이 복을 받습니다(5-32절). 이삭의 눈이 어둡

기 때문에 염소 새끼 가죽으로 변장해 털 많은 에서처럼 행동한 것입니다. 여기에 야곱뿐만 아니라 어머니 리브가가 돕습니다.

야곱이 에서의 복을 가로챘다는 사실을 알게 된 이삭은 심히 (2 ___ ___) 떱니다(33절). 왜 이삭이 심히 크게 떨었을까요? 이삭도 두 쌍둥이를 임신했을 때, 하나님이 말씀한 것을 알고 있었을 것입니다. "두 국민이 네 태중에 있구나! 두 민족이 네 복중에서부터 나누이리라. 이 족속이 저 족속보다 강하겠고 (3 ___) 자가 (4 ___ ___) 자를 섬기리라."(창 25:23)

이삭은 인간적으로 에서를 야곱보다 더 좋아했습니다. 아무리 하나님의 예언이 있었다 하더라도 에서가 장자의 복을 받길 원했을 수 있습니다. 하지만 결국 하나님의 뜻이 이루어졌음을 알고 아주 크게 놀랐다고 볼 수 있습니다. 하나님의 섭리를 받아들일 수밖에 없습니다. 이삭의 축복 사건을 보면서 인간의 뜻이 아니라, 하나님의 뜻이 성취되는 것이 신기하고도 놀랍습니다.

리브가는 이삭을 설득해 야곱을 외삼촌 라반이 사는 밧단아람으로 보냅니다. 에서가 야곱을 죽이려는 것 때문이기도 하지만, 야곱을 가나안 사람의 여인과 혼인시키지 않으려는 의도도 있습니다(46절). 리브가는 이미 에서가 헷 여자를 아내로 맞아들인 것 때문에 괴로워합니다. "야곱이 만일 헷 사람의 딸들 중에서 (5 ___ ___)를 맞이하면 내 삶이 내게 무슨 (6 ___ ___)가 있으리이까?"(46절)

생각하기 하나님의 뜻대로 되어 오히려 잘 된 경우가 있습니까?

해답 1. 혼, 2. 크게, 3. 큰, 4. 어린, 5. 아내, 6. 재미

창세기 28장 · 야곱 언약

주요 구절: 28:12

에서는 헷 여자를 아내로 맞이한 것이 부모님에게 기쁨이 되지 못한 것을 알고 다시 (1 ___ ___ ___ ___)의 딸과 또 혼인합니다(8-9절). 하지만, (1 ___ ___ ___ ___)은 약속의 자손이 아닙니다. 에서는 본성대로 살면서 언약의 범위에 들어오려 하지만, 점점 더 멀

어지고 있습니다.

야곱은 아버지 이삭으로부터 아브라함이 맺은 언약의 복을 받습니다(3-4절). 아브라함과 이삭과 야곱, 이들 모두 위대한 족장으로 칭송 받지만, 앞서 본 것처럼 사실 대단한 사람은 아닙니다. 그들이 칭송 받는 이유는 단 한 가지입니다. 하나님의 은혜 언약 때문입니다. 하나님이 그들의 하나님이 되어 주고 그들은 하나님의 백성이 됩니다.

야곱은 길고 험난한 여행을 시작합니다. 하루는 야곱이 들에서 잠을 자는데 꿈을 꿉니다. 어마어마한 사다리가 하늘로부터 땅 아래로 놓여 있습니다. 하나님의 사자(천사)들이 사다리를 오르락내리락합니다. 이것은 먼 미래에 그리스도를 통해 만물이 하나님과 화해하고 통일 될 것을 암시합니다(요 1:51; 엡 1:10). 야곱은 그날 밤 하나님으로부터 언약의 복을 약속 받습니다. "네가 누워 있는 (2)을 내가 너와 네 (3)에게 주리니, 네 (3)이 (2)의 티끌 같이 되어 네가 서쪽과 동쪽과 북쪽과 남쪽으로 퍼져나갈지며 (2)의 모든 족속이 너와 네 자손으로 말미암아 (4)을 받으리라."(13-14절) 이 놀라운 약속은 개인 야곱과 이스라엘 백성뿐만 아니라, 온 인류를 위한 것입니다. 야곱은 이 (4)을 받고 이렇게 고백합니다. "두렵도다, 이곳이여! 이것은 다름 아닌 하나님의 (5)이요, 이는 하늘의 문이로다."(17절) 그 땅의 이름을 (6)이라고 짓습니다(19절). (6)은 '하나님의 집'이라는 뜻입니다.

야곱이 언약의 복을 받고 한 가지 서원을 합니다. 야곱도 연약한 인간으로서 낯선 여행과 타지 생활에 대한 불안이 있었음에 틀림없습니다. 야곱이 여행에서 안전하게 고향으로 돌아오면 비로소 언약의 하나님을 인정하겠다고 합니다(20-21절). 그 증표로 소득의 십분의 일(십일조)을 바치겠다고 서원합니다(22절). 야곱의 길을 인도할 하나님이 더욱 기대됩니다.

생각하기 내 길을 인도하시는 하나님을 경험하고 있습니까?

해답 1. 이스마엘, 2. 땅, 3. 자손, 4. 복, 5. 집, 6. 벧엘

창세기 29장 · 이상한 야곱의 혼인과 가정

주요 구절: 29:25

험난하고 긴 여행 끝에 야곱은 마침내 밧단아람에 도착했습니다. 먼저 눈에 들어온 것은 우물이었습니다. 그곳 사람에게 라반을 아냐고 물으니 그의 딸 라헬이 온다고 말합니다(6절). 그의 어머니 리브가가 우물가에서 나타난 것처럼 야곱도 우물가에서 라헬을 만납니다. 하나님의 인도함이 분명합니다. 그렇게 야곱은 삼촌 라반의 집에 삽니다(14절).

야곱은 곱고 아름다운 라헬과 혼인하기 위해 7년을 일합니다. 혼인 잔치를 한 그날 야곱이 라헬과 첫날밤을 보냈는데, “아침에 보니 (1 　　)”입니다(25절). 삼촌의 속임수입니다. 야곱이 삼촌에게 속았습니다. 7일이 지난 후 야곱은 (2 　　)과 또 혼인합니다. 물론 (2 　　)을 위해 또 (3 　)년을 더 일해야 합니다(30절). 이런 속임은 어디선가 많이 본 모습입니다. 전에는 아버지를 속였는데 이번에는 자기가 당했습니다. 속고 속이는 인간의 악함과 약함에도 불구하고 하나님의 구원 역사는 중단되지 않고, 오히려 도도히 흘러갑니다.

야곱은 라헬을 사랑했지만, 하나님은 레아를 귀하게 여겼습니다(31절). 라헬은 아기를 낳지 못하지만, 레아는 네 명의 아기를 낳습니다. 르우벤, 시므온, 레위 그리고 유다를 낳습니다. 하나님의 구원역사는 이후 유다를 통해 이어질 것입니다.

야곱의 혼인과 가정생활이 참 이상합니다. 야곱이 아버지를 속여서 복을 가로챘는데, 외삼촌에게는 자기가 속아서 외삼촌을 섬깁니다. 야곱은 라헬을 사랑했지만 하나님은 레아를 돌봅니다. 이상해 보이지만 하나님께서 야곱을 계속 인도하고 있습니다. 하나님은 “세상의 미련한 것들을 택하사 지혜 있는 자들을 부끄럽게 하려 하시고, 세상의 (4 　)한 것들을 택하사 강한 것들을 부끄럽게 하려 하시며, 하나님께서 세상의 (5 　)한 것들과 멸시 받는 것들과 (6 　)는 것들을 택하사 있는 것들을 폐하려 하시나니, 이는 아무 육체도 하나님 앞에서 자랑하지 못하게”(고전 1:27-29) 하는 분입니다.

생각하기 의심이 들지만 끝까지 하나님을 신뢰한 적이 있습니까?

해답 1. 레아, 2. 라헬, 3. 7, 4. 약, 5. 천, 6. 없

창세기 30장 · 야곱의 번성과 풍부

주요 구절: 30:43

야곱의 두 아내는 아기 낳기 경쟁을 벌입니다(1-24절). 좀 우스워 보이지만, 이들에게는 매우 중요한 일이었습니다. 사랑과 질투의 싸움을 벌입니다. 라헬과 레아는 자신의 여종인 빌하와 실바까지 동원해서 야곱의 자녀를 얻습니다. 레아와 라헬, 실바와 빌하가 낳은 자녀의 이름을 써볼까요?

부인	자녀이름
레아 (창 29:31-36; 30:14-21)	(1) 시므온, 레위, (2) (3) 스불론 * 딸: 디나
실바 (창 30:9-13)	(4), 아셀
라헬 (창 30:22-24)	요셉
빌하 (창 30:1-8)	(5) 납달리

사람은 싸우지만, 하나님은 그것을 통해 언약을 이룹니다. 여인의 후손이 늘어납니다. 라헬이 애를 태우며 기도한 결과 요셉을 낳습니다. 나중에 나오듯 요셉을 통한 하나님의 섭리가 있습니다. 하나님의 구원 역사에서 중요한 역할을 합니다. 그러나 보다 중요하게는 레아가 낳은 (2)를 통해 이루어집니다. (2)의 자손으로 다윗이 태어나고, 나중에는 예수님이 출생합니다.

야곱 때문에 삼촌 라반의 집이 복을 누립니다(30절). 그러나 삼촌은 야곱에게 품삯을 주지 않습니다. 야곱도 굳이 구걸하지 않습니다. 대신 삼촌의 양과 염소를 자신의 것과 구분하여 돌보면서 교묘하게 재산을 늘립니다. 야곱이 사용한 방법이 참 신비로운데, (6) 양이 교배할 때는 나뭇가지들을 두고, (7) 양이면 두지 않습니다(41-42절). 그렇게 했더니 얼룩무늬, 점 있는 것, 아롱진 염소는 튼튼하고 다른 양과 염소는 약합니다. 이렇게 해서 야곱은 라반보다 더 부자가 됩니다. 야곱은 가나안 땅으로 다시 돌아갈 준비를 끝냅니다. 하나님은 벧엘에서 야곱에게 약속했던 것을 신실하게 지킵니다.

생각하기 부족했던 것을 하나님이 채우신 적이 있습니까?

해답 1. 르우벤, 2. 유다, 3. 잇사갈, 4. 갓, 5. 단, 6. 튼튼한, 7. 약한

창세기 31장 · 야곱의 도주, 라반과의 관계 정리

주요 구절: 31:13

삼촌 라반의 자식들(사촌)이 야곱의 풍부한 재산을 질투합니다. 야곱이 라반의 재산을 다 빼앗았다고 생각합니다. 하나님은 야곱에게 이제 가나안으로 돌아가야 할 때라고 말씀합니다(3절). 야곱은 아내들을 불러 놓고 이렇게 말합니다. “(1 ___)이 이같이 그대들의 아버지의 가축을 빼앗아 내게 주셨느니라.”(9절) 라반은 야곱의 품삯을 (2 ___)번이나 바꾸었습니다. 심지어 레아와 라헬까지도 “아버지가 우리를 (3 ___)”(15절) 돈을 벌었다고 평가합니다.

야곱은 라반이 양털을 깎고 있는 틈을 타 인사도 하지 않고 몰래 가족과 재산을 이끌고 가나안으로 떠납니다. 두 아내를 얻기 위해 (4 ___)년, 또 양을 키우며 6년, 총 (5 ___)년을 함께 살았던 삼촌과 작별 인사도 하지 않고 도망치듯 떠납니다. 이 정도로 둘의 관계는 나빴습니다(41절).

떠난 지 3일 만에 라반이 알고 7일 동안 추격해 야곱을 따라 잡습니다. 하나님은 꿈으로 라반에게 나타나 야곱에게 나쁜 짓을 하지 못하게 합니다(24절). 그런데 한 가지 문제가 있습니다. 그것은 라헬이 라반의 우상, (6 ___)을 훔친 것입니다(19절). 라헬은 야곱의 하나님을 순전히 따르고 있지 않습니다. 라헬에게는 하나님과 우상을 겸해 섬기는 두 마음이 있었습니다.

마침내 마주한 라반과 야곱은 언약을 맺습니다. 돌무더기를 세우고 옆에서 음식을 먹으며 약속합니다(44절). 돌무더기는 언약의 증거입니다. “내가 이 무더기를 넘어 네게로 가서 해하지 않을 것이요, 네가 이 무더기, 이 기둥을 넘어 내게로 와서 해하지 아니할 것이라.”(52절) 그 지역 이름은 아람어로 ‘여갈사하두다’이고 히브리 방언으로 ‘갈르엣’이며 ‘미스바’로도 불립니다. ‘증거의 무더기’라는 뜻입니다.

생각하기 하나님의 도움으로 위험에서 벗어난 적이 있습니까?

해답 1. 하나님, 2. 10, 3. 도망, 4. 14, 5. 20, 6. 드라빔

창세기 32장 · 야곱의 귀향: 브니엘과 이스라엘

주요 구절: 32:30

야곱은 삼촌과의 문제를 해결했지만, 이제 더 큰 문제, 형 에서를 걱정해야 합니다. 야곱 스스로 만든 문제입니다. 지난 20년 동안 덮어 두어 잊고 지냈을 뿐입니다. 야곱은 세일 땅으로 전령(사자)을 보내 형의 은혜를 요청합니다(5절). 하지만 야곱은 에서가 400명을 거느리고 온다는 소식을 듣고 "심히 (1 　 　)고 답답하여"(7절) 무리를 두 떼로 나눕니다. 한 떼가 공격을 당하면 다른 떼는 피할 심산입니다. 그러고선 급히 하나님께 기도합니다(9-12절). 할아버지와 아버지의 하나님이 약속한 것에 호소합니다. 야곱이 에서에게 바라는 것은 사실 하나님으로부터 오는 은혜입니다. 야곱은 자신이 은혜 받을 자격이 없음을 인정합니다. 그래도 약속을 의지하여 구원해주길 간절히 기도합니다.

하나님께 기도할 뿐만 아니라, 자신이 할 수 있는 지혜를 동원합니다. 야곱은 선물을 세 떼(19절)로 나누어 먼저 보냅니다. 형의 마음을 누그러트리려는 것입니다. 온 가족도 (2 　 　) 강을 건너게 하고 야곱은 혼자 남습니다(22절). 야곱은 자신의 인생에서 가장 큰 위기를 홀로 외롭게 겪는 듯합니다.

하지만, 하나님이 먼저 나섭니다. 갑자기 하나님이 야곱과 만나 씨름합니다. "어떤 사람이 날이 새도록 야곱과 씨름하다가."(24절) 그런데 싸움이 좀 이상합니다. 하나님이 야곱과의 씨름에서 지고 있습니다. 할 수 없이 하나님이 야곱의 (3 　 　 　) 관절을 쳐 뼈가 위골 되게 합니다(25절). 그래도 야곱은 싸움을 중단하지 않습니다. 왜 그랬을까요? 위기를 벗어나기 위해 하나님의 도움이 정말 필요했기 때문입니다. 결국 야곱이 복을 받습니다(29절). 야곱은 (4 　 　 　 　)이라는 새로운 이름도 얻습니다(28절). 야곱은 그곳을 (5 　 　 　)이라 부릅니다(30절). 야곱이 하나님과 대면하여 보았으나 죽지 않았다는 뜻입니다.

하나님은 야곱에게 복을 주시기 위해 먼저 다가오셔서 져 주었습니다. 참 은혜로운 하나님입니다. 그러나 오직 하나님의 도움만 구한 야곱 역시 잘했습니다. 하나님의 언약과 약속을 놓치지 않으려는 야곱의 모습은 우리가 본받을 부분입니다.

생각하기 홀로 기도하다 하나님을 만났을 때 야곱의 마음이 어땠을까요?

해답 1. 두렵, 2. 얍복, 3. 허벅지, 4. 이스라엘, 5. 브니엘

창세기 33장 · 야곱이 에서를 만날 때

주요 구절: 33:18

야곱이 에서를 만날 때 무슨 일이 일어날까요? 마침내 둘이 만납니다. 야곱이 에서를 만날 준비를 합니다. 여종들과 그 자녀들은 맨 앞에 두고, 레아와 그 자녀들은 그 다음에 위치시킵니다. 그리고 맨 뒤에 라헬과 요셉을 둡니다(2절). 야곱이 누구를 소중히 여기는지 알 수 있습니다.

야곱의 걱정은 기우였습니다. 하나님이 에서의 적개심을 완전히 없애버렸습니다. 두 사람은 서로 끌어안고 웁니다. 야곱은 주눅 들어 있었는데, 형에게 환대 받으니 얼마나 좋았을까요! "내가 형님의 얼굴을 뵈온즉 하나님의 (1   )을 본 것 같사오며."(10절) 야곱의 무거운 짐을 내려놓을 수 있게 되었습니다.

둘은 각각 다른 방향으로 헤어집니다. 에서는 붉은 바위로 이루어진 세일로 가고, 야곱은 숙곳을 지나 요단 강을 건너 가나안 땅 중심부인 세겜에 도착합니다. 그곳에서 세겜의 아버지 하몰의 자녀의 손에서 천막을 칠 밭을 구입합니다(19절).

야곱은 하나님께 예배하기 위해 그곳에 제단을 쌓습니다. 그 장소를 (2   )이라 부릅니다(20절). 그 뜻은 '하나님, 이스라엘의 하나님' 혹은 '이스라엘의 하나님은 전능하시다'입니다. 아브라함과 이삭의 하나님이 자신의 하나님임을 고백한 것입니다. 이제 야곱은 약속의 땅에 거주하는 언약백성으로서 역할을 감당해야 합니다. 야곱의 인생은 어떻게 될까요?

생각하기 하나님의 도움으로 문제가 해결된 경험이 있습니까?

해답 1. 얼굴, 2. 엘엘로헤이스라엘

창세기 34장 · 세겜에서 일어난 추악한 사건

주요 구절: 34:1

야곱은 가나안 땅으로 돌아왔지만, 20년 전 형 에서의 칼을 피해 떠날 때 하나님께 기도하며 약속했던 벧엘로 바로 돌아가지 않습니다. 벧엘이 멀리 있는 곳도 아닙니다. 그는 세겜에 머뭅니다. 야곱이 세겜에 머물 때 큰 사건이 일어납니다. 레아가 낳은 딸 디나가 "그 땅의 (1)들을 보러"(1절) 나간 것이 문제의 발단입니다. 가나안 문화에 대한 동경이었을까요? 아니면 호기심? 그 땅의 (1)들은 히위 종족입니다. 그들은 우상숭배자들입니다. 안타깝게도 이것이 계기가 되어 디나가 큰 사고를 당합니다. 히위 족속 중 추장 (2)이 디나를 강간합니다(2절). 뿐만 아니라, 디나와 혼인하려 합니다. 혼인할 수 있다면, 어떤 대가도 치를 각오가 되어 있습니다(12절).

하지만 디나의 형제들, 곧 야곱의 아들들은 분노했습니다. 시므온과 (3)가 혼인을 미끼로 세겜 족속에게 할례를 행하게 했습니다. 할례 후 가장 고통이 심할 3일째 되는 날에 두 형제가 히위 족속 남자들을 다 죽입니다. 다른 형제들도 가서 재물을 빼앗고 자녀들과 아내들을 사로잡고 노략질 했습니다. 하나님이 언약의 증표로 준 거룩한 (4) 제도를 이용해 사적인 복수를 한 것입니다(15-25절). 세겜의 죄가 악하지만, 야곱의 아들들의 죄는 더 나쁩니다. 원수 갚는 권한은 하나님께 있는데 말입니다. 그들이 하나님의 심판보다 더 앞서나갔습니다. 야곱은 죽기 전 자녀들을 위해 기도할 때 "그들의 칼은 폭력의 도구"(창 49:5)라고 비난합니다.

몰래 자녀들이 일으킨 일이지만, 야곱이 책임을 면할 수 없습니다. 야곱은 가나안 땅 정착에 큰 위기를 맞았습니다. "나는 수가 적은즉 그들이 모여 나를 치고 나를 죽이리니, 그러면 나와 내 집이 (5)하리라."(30절) 야곱이 쌓아왔던 모든 것들이 무너질 위기에 처했습니다.

언약백성이라고 더 나은 것이 보이지 않습니다. 추악하고 잔인합니다. 하나님은 왜 이런 백성을 사랑하고 돌보실까요? 우리는 어떤가요? 우리의 죄가 추악한데 왜 하나님은 여전히 우리를 사랑하실까요?

생각하기 하나님은 왜 죄인인 나를 사랑하실까요?

해답 1. 딸, 2. 세겜, 3. 레위, 4. 할례, 5. 멸망

창세기 35장 · 야곱의 가정과 하나님의 은혜

주요 구절: 35:1

야곱이 매우 위급하고 곤란할 때, 하나님이 나타나십니다. "일어나 (1 　 　)로 올라가 거기 거주하며, 네가 네 형 에서의 낯을 피하여 도망하던 때에 네게 나타났던 하나님께 거기서 제단을 쌓으라."(1절) 야곱은 다시 시작해야 합니다. (1 　 　)로 올라가 하나님의 약속을 기억해야 합니다.

야곱은 전능하신 하나님 앞에 올라가기 전 자신과 온 집안을 정리합니다. "너희 중에 있는 이방 신상들을 버리고 자신을 (2 　 　)하게 하고 너희들의 의복을 바꾸어 입으라."(2절) 야곱은 하나님께 회개하고 돌아섭니다. 벧엘로 올라가 환난 날 함께한 하나님께 예배하려 합니다.

우상을 버리고 회개할 때 하나님은 야곱을 돕습니다. 벧엘에 도착해 예배한 야곱은 하나님의 언약을 다시 확인합니다. "네 이름이 야곱이지마는 네 이름을 다시는 야곱이라 부르지 않겠고 (3 　 　 　 　)이 네 이름이 되리라, 하시고 그가 그의 이름을 이스라엘이라 부르시고, 하나님이 그에게 이르시되 나는 전능한 하나님이라. 생육하고 번성하라. 한 백성과 백성들의 (4 　 　)가 네게서 나오고 왕들이 네 허리에서 나오리라."(10-11절) 하나님의 복이 대단합니다. 야곱과 언약백성은 이 약속만 붙들고 살아야 합니다.

하나님의 언약은 분명하지만, 야곱은 사랑하는 아내 라헬을 떠나보내야 합니다. 라헬이 '베냐민'을 출산하다가 죽습니다. 야곱의 슬픔이 컸을 것입니다. 야곱 집안에 또 문

제가 생깁니다. 라헬이 죽은 후 그녀의 여종 빌하의 위치가 애매한 틈을 타 야곱의 아들(5)이 동침하는 일을 저지릅니다(22절). 이것은 아버지의 침상을 더럽히는 악한 일입니다. 야곱의 열두 아들은 언약의 자녀이지만, 결코 자랑스럽지 않습니다. 아니 오히려 약하고 악합니다. 야곱의 집안은 잠잠할 날이 없습니다. 이 집안에 필요한 것은 하나님의 은혜입니다.

이삭이 180세가 되어 죽습니다. 에서가 잠시 장례식에 등장합니다(29절).

생각하기 우리 가정이 지금 구하는 하나님의 은혜는 무엇입니까?

해답 1. 벧엘, 2. 정결, 3. 이스라엘, 4. 총회, 5. 르우벤

창세기 36장 · 에서(에돔)의 족보

주요 구절: 36:1

36장에는 아홉 번째 톨레도트인 "에서 곧 에돔의 (1)"가 나옵니다(1절). 왜 에서의 (1)를 길게 열거할까요? 언약을 스스로 버린 에서 자손이 어떻게 분리되어 가는가를 보여주기 위함입니다(6절).

에서는 가나안 족속, 헷 족속의 딸과 히위 족속의 딸, 그리고 (2)의 딸과 혼인합니다(2-3절). 신자에게 혼인은 중요합니다. 에서는 언약백성이 아닌 이방인과 혼인해 언약을 떠납니다. 또 약속의 땅을 벗어나 떠납니다. 붉은 바위로 이루어진 산악지대로 옮겨갑니다. 그곳에는 호리 족속에 속한 세일 자손이 살고 있었는데 그들과 혼인하고 섞여 삽니다. 에서는 스스로 하나님의 언약을 떠납니다. 에서의 자손은 강성해집니다. (3)을 가질 정도로 국가적 면모도 갖춥니다. "이스라엘 자손을 다스리는 왕이 있기 전에 에돔 땅을 다스리던 (3)들"(31절)이 있습니다. 이를 볼 때 에서는 지역적으로 천혜의 요새 같은 세일 산에 나라를 세웠고 왕정 체계를 확립해 안정된 힘을 추구했습니다. 하지만 에서는 하나님을 떠났습니다. 언약을 버렸습니다.

에서의 자손 곧, 에돔 족속이 강력해졌을 때 야곱 자손은 여전히 광야에 방황하고 있습

니다. 야곱과 그의 자손은 사회적으로나 군사적으로 볼 때 볼품없습니다. 그들이 의지할 것이라고는 하나님과 그분의 언약밖에 없습니다. 약속을 붙들고 믿음으로 인내하며 살아갑니다. 37장 1절을 보십시오. "야곱이 (4) 땅 곧 그의 아버지가 거류하던 땅에 거주하였으니." 이 구절을 36장과 함께 생각해 보면, 강대국으로 성장하는 에서 족속과 유약해 보이는 야곱 족속이 비교됩니다.

생각하기 내 위치는 어디입니까? 점점 밖으로 가지 않습니까?

해답 1. 족보, 2. 이스마엘, 3. 왕, 4. 가나안

창세기 37장 · 야곱의 족보와 요셉

주요 구절: 37:2

37장부터 마지막 50장까지, 총 14장은 대부분 요셉에 관한 이야기입니다. 그러나 37장 2절이 "'야곱의 (1)'라고 시작하는 것을 볼 때 요셉을 얘기하면서 사실은 야곱 이야기를 하려는 의도를 볼 수 있습니다. 야곱, 곧 이스라엘의 역사에 관심이 있습니다.

야곱은 라헬이 낳은 아들 요셉을 더 사랑합니다(3절). 요셉에게만 (2)을 지어 입혔습니다. 또 요셉은 빌하와 실바의 아들들, 곧 단과 납달리, 갓과 아셀의 잘못을 아버지에게 고자질합니다(2절). 그로 인해 형들은 요셉에게 "편안하게 말할 수 없"(4절)습니다. 형제들과 요셉의 관계는 점점 악화됩니다. 아버지의 편애가 형제 관계를 어렵게 만듭니다. 형들은 요셉을 (3)합니다(4절).

요셉이 17세(2절)가 될 때, 이상한 꿈을 꾸곤 합니다. '곡식 단 꿈'과 '해와 달과 별 꿈'입니다. 요셉이 천진난만하게 자신의 꿈 이야기를 합니다. 형들은 요셉을 더 미워합니다. 심지어 아버지 야곱도 요셉을 꾸짖습니다. 그렇지만 아버지 야곱은 마음에 "그 말을 (4)해"(11절) 둡니다.

많은 사람들이 요셉과 같이 꿈을 꾸거나, 비전의 사람이 되라고 권면합니다. 그래서 요셉처럼 훌륭한 사람이 되라고 합니다. 나쁠 것이 없는 덕담 수준이지만, 이 해석과 적용은 오류입니다. 요셉의 꿈은 하나님이 준 것이지, 요셉 스스로 만든 것이 아닙니다. 나

스스로 만든 꿈이 하나님의 뜻이 되는 것은 아닙니다. 오히려 그 반대입니다. 중요한 것은 하나님이 준 꿈을 소중히 여기고 가꾸어 나가는 것입니다.

하루는 형들이 요셉을 죽일 흉계를 꾸밉니다. 악한 형들입니다. 형들의 악행 가운데 일하시는 하나님의 섭리를 보십시오. (5 　　　)이 요셉을 구원하려고 죽이지는 말고 구덩이에 집어넣자고 제안합니다(21절). 그래서 그들은 요셉을 비어 있는 깊은 구덩이에 던져버립니다. 잠시 음식을 먹는데, (6 　　　　) 사람들이 이집트로 향해 지나가고 있습니다(27절). 그 때 유다가 은밀히 요셉을 그 상인에게 팔자고 제안하고 실행합니다. 이런 사실을 알지 못한 르우벤이 돌아와 요셉이 없어진 것을 알고 대성통곡을 합니다(29-30절). 형제들은 요셉의 옷을 가져다 숫염소를 죽여 피를 적시고 아버지에게 보여줍니다. 야곱은 요셉이 짐승에게 찢겨 죽은 줄 알고 깊은 슬픔에 빠집니다.

한편 요셉은 이집트 파라오의 친위대장 보디발에게 팔립니다(36절). 하나님의 섭리는 참 신기합니다. 형들의 시기와 미움이 요셉을 이집트로 가게 했지만, 그것은 놀라운 하나님의 구원역사의 한 부분입니다. 그로 인해 하나님이 아브라함에게 약속한 것이 성취됩니다. "너는 반드시 알라. 네 자손이 이방에서 객이 되어 그들을 섬기겠고."(창 15:13) 그렇다고 형들의 악행이 정당화되는 것이 아닙니다.

생각하기 하나님이 내게 주신 꿈은 무엇입니까?

해답 1. 축복, 2. 채색옷, 3. 미워, 4. 간직, 5. 르우벤, 6. 이스마엘

창세기 38장 · 유다와 다말

주요 구절: 38:29

38장은 좀 생뚱맞습니다. 요셉의 이야기가 진행되다가 갑자기 유다의 이야기가 나오니까요. 그 이유는 유다를 통해 약속의 자손, 곧 인류의 구원자(메시아)가 태어날 것이기 때문입니다. 그런데 유다의 아름다운 모습이 아니라, 추한 모습이 소개됩니다.

요셉을 판 뒤 (1 　　)는 형제들을 떠나 가나안 사람과 함께 지내며, 그들과 혼인도 합니다(2절). 하나님이 싫어하는 이방 여인과 통혼을 한 겁니다. 아브라함과 이삭과 야

곱이 절대 가나안 여인과 결혼하지 않으려고 했던 것 기억하나요? (1 □□)는 자기 발로 가나안 땅으로 걸어가 가나안 여자와 혼인합니다. 신앙생활 잘 하다가 무너지기는 한 순간입니다. 아버지와 할아버지, 증조할아버지가 그렇게 지키려 했던 것을 너무나도 쉽게 깨트립니다.

유다는 가나안 여인에게서 세 아들을 낳습니다. 이후 큰 아들 엘이 자라자 가나안 여자 (2 □□)과 결혼시킵니다. 하지만, 하나님은 그의 악행을 보고 그를 죽이십니다(6절). 유다 당시에는 형이 자식을 낳지 못하고 죽으면 동생을 통해 형수가 아이를 낳게 하는 제도가 있었습니다. 계대결혼(繼代結婚)이라 부르는데, 유다도 그렇게 합니다. 그런데 둘째 아들도 죽습니다. 유다는 가나안으로 와서 달콤하고 행복한 삶을 바랐지만 불행합니다.

유다는 셋째 아들마저 잃을까봐 다말에게 주지 않습니다. 홀로 남게 된 다말은 생존이 어려워집니다. 결국 다말은 창녀로 가장해 시아버지를 속여 동침하고 시아버지의 아이를 임신합니다(12-26절). 유다가 성적으로 문란하고 무질서한 삶을 산 것을 알 수 있습니다. 그렇게 해서 쌍둥이 아들, (3 □□□)와 세라가 태어납니다(29-30절). 바로 이 (3 □□□)를 통해 하나님의 구원자가 태어날 것입니다.

하나님의 구원역사는 죄인의 역사를 통과합니다. 유다는 결코 인간적으로 존경할만한 인물이 아닙니다. 그럼에도 유다에게서 구원자가 태어난 것은, 그야말로 하나님의 은혜입니다.

생각하기 죄인에게도 은혜를 주시는 하나님이 어떻습니까?

해답 1. 유다, 2. 다말, 3. 베레스

창세기 39장 · 노예가 된 요셉과 하나님의 동행

주요 구절 39:2

형제들로부터 미움을 받아 인신매매 되어 낯선 땅 이집트로 팔려가게 된 요셉의 삶은 의외로 좋습니다. 종의 신분이지만 이집트에서의 삶은 잘 풀립니다. 그 이유가 무엇일까요? 요셉이 노력하고 애썼기 때문일까요? 성경은 전혀 요셉의 노력과 인간적 위대함을 말하지 않습니다. 오히려 반대입니다. "(1 　　　)께서 요셉과 함께 하시므로 그가 (2 　　)한 자가 되어."(2절) "그의 주인이 (1 　　　)께서 그와 함께 하심을 보며 또 (1 　　　)께서 그의 범사에 (2 　　)하게 하심으로 보았더라."(3절) "(1 　　　)께서 요셉을 위하여 그 애굽 사람의 집에 복을 내리시므로 (1 　　　)의 복이 그의 집과 밭에 있는 모든 소유에 미친지라."(5절) "(1 　　　)께서 요셉과 함께 하시고 그에게 인자를 더하사 간수장에게 은혜를 받게 하시매."(21절) "(1 　　　)께서 요셉과 함께 하심이라. (1 　　　)께서 그를 범사에 (2 　　)하게 하셨더라."(23절) 하나님이 요셉을 도와주셨기 때문이라고 전합니다. 오직 하나님의 은혜입니다. 보디발은 하나님께서 요셉과 함께 하심을 보고 가정 (3 　　) 일을 맡깁니다. 요셉은 일을 잘 합니다(4절). 하나님의 은혜입니다.

하지만, 시험도 있습니다. 보디발의 아내가 요셉과 성관계를 맺으려고 유혹합니다. 유다는 창녀와 관계하지만 요셉은 순결을 지킵니다. 종의 신분이지만 요셉은 하나님을 믿으므로 두려워합니다. "내가 어찌 이 큰 악을 행하여 하나님께 죄를 지으리이까?"(9절) 요셉의 이런 결단은 바울의 권면을 생각나게 합니다. "또한 너는 청년의 정욕을 피하고 주를 깨끗한 마음으로 부르는 자들과 함께 의와 믿음과 사랑과 화평을 따르라."(딤후 2:22) 요셉은 누명을 뒤집어쓰고 옥에 갇힙니다. 보디발의 신임을 얻어 성공할 수 있는 가능성도 있을 텐데 다시 깊은 구덩이(감옥)에 빠집니다. 하지만 그런 성공과 하나님의 인도를 비교할 수 있을까요? 요셉이 꾼 꿈은 어떻게 이루어질까요?

(1 　　　)께서 옥에도 함께 해 요셉이 하는 모든 일이 잘 됩니다(23절). 옥에서 요셉은 총무 일을 맡아 제반 사무를 처리합니다.

생각하기 나는 믿음 때문에 순결을 지키고 있습니까?

해답 1. 여호와, 2. 형통 3. 총무

창세기 40장 · 요셉과 두 관원장

주요 구절: 40:23

당시 이집트 왕궁에 큰 변화가 있었는지, 왕의 최측근인 술 맡은 관원장과 떡 굽는 관원장이 모두 옥에 갇힙니다. 마침 감옥에 있던 요셉이 이들을 섬깁니다(4절). 어느 날 두 관원이 모두 꿈을 꾸는데 요셉이 그 꿈을 해석해줍니다. 요셉이 점쟁이처럼 꿈 해몽하는 자였을까요? 아닙니다. 요셉은 이렇게 말합니다. "(1 　　)은 하나님께 있"(8절)다고 고백합니다. 하나님이 요셉에게 알려준 것입니다. 요셉의 해몽대로 술 맡은 관원장은 풀려납니다. 비슷한 꿈을 꾼 떡 굽는 관원장도 요셉에게 해몽을 부탁합니다. 안타깝게도 그 꿈은 그의 죽음을 예견한 것이고, 결국 떡 굽는 관원장은 죽게 됩니다(20절).

한편 요셉은 꿈을 해몽해 주고는 술 맡은 관원장에게 부탁합니다. "당신이 잘 되시거든 나를 생각하고 내게 (2 　　)를 베풀어서 내 사정을 (3 　　)에게 아뢰어 이 집에서 나를 (4 　　) 주소서. 나는 히브리 땅에서 끌려온 자요, 여기서도 옥에 갇힐 일은 행하지 아니하였나이다."(14-15절) 요셉의 마음이 드러났습니다. 요셉의 마음이 이해가 됩니다. 억울한 누명을 벗어버릴 수 있는 절호의 기회입니다. 그러나 하나님의 때는 아직 아닙니다. "술 맡은 관원장이 (5 　　)을 기억하지 못하고 그를 잊"습니다(23절). (5 　　)을 향한 하나님의 계획이 어떻게 실현될까요?

생각하기 생각대로 되지 않아 하나님이 원망스럽지 않습니까?

해답 1. 해석, 2. 은혜, 3. 바로, 4. 건져, 5. 요셉

창세기 41장 · 파라오의 꿈과 총리가 된 요셉

주요 구절: 41:1

요셉의 계획은 억울한 누명을 벗고 옥에서 나가는 것입니다. 어쩌면 보디발의 집에 다시 복직하는 것이 최선이라 생각할 것입니다. 하지만 하나님의 계획은 요셉의 계획보다

훨씬 크고 위대합니다. 인간으로서는 상상하기 어려운 하나님의 큰 일 말입니다. 하나님이 요셉을 통해 하시는 일을 볼까요?

술 맡은 관원장이 복직하며 요셉을 잊은 지 만 (1)년이 지납니다(1절). 그때 이집트 왕 파라오가 이상한 꿈을 연이어 꿉니다. 어느 누구도 꿈을 해석하지 못합니다. 바로 그 순간 술 맡은 관원장이 요셉을 기억하고 왕에게 소개합니다. 노예면서 죄수인 요셉이 당대 최고의 왕 파라오 앞에 불려옵니다. 놀라운 일입니다. 수염도 깎고 옷도 갈아입은 뒤 왕에게 나아가는데 요셉은 떨지 않고 하나님에 대한 믿음으로 침착합니다. "내가 아니라, (2)께서 바로에게 편안한 대답을 하시리이다."(16절)

요셉은 해몽뿐만 아니라, 7년 풍년과 7년 흉년 동안 해야 할 일까지도 가르쳐줍니다. 파라오는 요셉을 이집트의 총리로 세웁니다. 그의 나이 (3)세입니다(46절). 17세에 노예로 팔려와 (3)에 총리가 되었으니, 무려 13년 동안 고난 가운데 있어야 했습니다. 결코 짧지 않습니다. 하나님의 백성은 고통 속에서도 절망하지 않고 인내함으로 소망을 가져야 합니다. 하나님의 섭리를 믿음으로 말입니다.

파라오는 요셉에게 (4)란 이름을 붙여줍니다. 또 온의 제사장 보디베라의 딸 (5)과 혼인시킵니다(45절). 요셉은 므낫세와 에브라임 두 아들을 얻습니다(51-52절).

7년 동안 풍년입니다. 풍년에 남은 곡물을 창고에 저장합니다. 이어 7년 흉년이 시작됩니다. 먹을 것이 없어 사람들이 총리 요셉에게 와 양식을 구합니다. 요셉은 돈을 받고 양식을 팝니다. 다른 나라에서도 양식을 구하려 이집트로 몰려옵니다. 요셉 덕분에 이집트는 흉년을 면하고 부강해집니다.

생각하기 내 생각보다 큰 하나님의 계획을 기대합니까?

해답 1. 2, 2. 하나님, 3. 삼십, 4. 사브낫바네아, 5. 아스낫

창세기 42장 · 요셉이 형들을 만나다

주요 구절: 42:6

7년 풍년이 지나 흉년이 든 지 2년째 접어듭니다. 요셉의 나이 39세입니다. 한편 아버지 야곱과 그의 아들이 살고 있는 가나안 땅도 엄청난 기근에 시달립니다. 야곱은 식량을 구하기 위해 사랑하는 아내 라헬이 낳은 베냐민만 남기고 아들 10명을 이집트로 보냅니다. 요셉의 (1)들이 요셉 앞에 나타나 땅에 엎드려 절합니다(6절). 요셉은 자기를 팔아버린 (1)들이라는 것을 알고 옛적에 꾸었던 (2)이 생각납니다(9절). '그 (2)이 바로 이것이었나?'하고 말입니다.

형들을 만난 요셉은 무슨 생각을 했을까요? 복수일까요? 아닙니다. 요셉은 하나님의 꿈을 생각합니다. 요셉은 형들이 변했는지 알 수 없어 시험합니다. 형들을 정탐꾼(스파이)으로 몹니다(9절). 형들이 잡혀 죽을 위기에 처합니다. 형들은 옥에 갇힙니다. 요셉은 삼 일 후 그들을 옥에서 끌어내 막내 베냐민을 데려올 때까지 한 사람은 옥에 갇혀 있어야 한다고 말합니다(18-20절).

잠시 형들의 입장이 되어봅시다. 형들은 요셉을 팔아넘긴 뒤 마음 편히 살았을까요? 그렇지 않았을 것입니다. 막내를 데려오라는 요셉의 말을 듣고 한 형들의 고백을 볼까요? "우리가 아우의 일로 말미암아 범죄하였도다. 그가 우리에게 애걸할 때에 그 마음의 괴로움을 보고도 듣지 아니하였으므로 이 (3)이 우리에게 임하도다."(21절) "르우벤이 그들에게 대답하여 이르되, 내가 너희에게 그 아이에 대하여 죄를 짓지 말라고 하지 아니하였더냐? 그래도 너희가 듣지 아니하였느니라. 그러므로 그의 (4)을 치르게 되었도다."(22절)

요셉은 첫째 형 르우벤이 아니라, 둘째 형 (5)을 옥에 가둡니다(24절). 르우벤이 요셉을 살리려 했기 때문일까요? 여하간, 9형제가 (5)을 남겨 둔 채 가나안으로 돌아갑니다.

자초지종을 들은 야곱의 마음은 단호합니다. 베냐민을 보내지 않으려 합니다. 르우벤의 간절한 요청도 거절합니다(37절). 요셉을 잃고, 시므온도 옥에 갇혔으니, 베냐민까지 잃을 까봐 야곱은 더 마음이 좁아집니다(38절). '하나님 이게 어떻게 된 일입니까?' 생각하지 않았을까요?

생각하기 르우벤의 말을 들은 야곱의 마음이 어땠을까요?

해답 1. 형, 2. 꿈, 3. 괴로움, 4. 핏값, 5. 시므온

창세기 43장 · 요셉과 형들, 그리고 베냐민

주요 구절: 43:14

얼마나 시간이 흘렀을까요? 지난번에 사온 곡식이 다 떨어집니다. 이때 유다가 나섭니다. 아버지 야곱에게 자신의 생명을 걸고 베냐민을 보내줄 것을 부탁합니다. 야곱은 더 이상 거절할 수 없습니다. 베냐민까지 포기할 각오를 합니다. 그러나 이 모든 일을 하나님께 맡깁니다. "전능하신 (1)께서 그 사람 앞에서 너희에게 은혜를 베푸사 그 사람으로 너희 다른 형제와 베냐민을 돌려보내게 하시기를 원하노라 내가 자식을 잃게 되면 잃으리로다."(14절)

이제 11명의 형제들이 이집트로 내려와 요셉에게 엎드려 절을 합니다. 하나님이 요셉에게 보여주었던 꿈이 이루어지는 순간입니다. "요셉이 집으로 오매 그들이 집으로 들어가서 (2)을 그에게 드리고 땅에 엎드려 절하니."(26절) 형들이 요셉의 집으로 이끌려오자 지난 번 곡식 값이 곡식 자루에 그대로 들어 있어서 어찌된 영문인지 몰라 다시 가져왔다고 솔직히 고백합니다. 청지기가 대답합니다. "너희는 (3)하라. 두려워하지 말라. 너희 하나님, 너희 아버지의 하나님이 재물을 너희 자루에 넣어 너희에게 주신 것이니라. 너희 돈은 내가 이미 받았느니라."(23절)

한편 요셉은 동생 베냐민을 본 순간 사랑하는 마음 때문에 복받쳐 오르는 눈물을 참을 수 없습니다. "요셉이 (4)를 사랑하는 마음이 복받쳐 급히 울 곳을 찾아 안방으로 들어가서 울고."(30절) 요셉의 감정을 잘 보여줍니다. 마음이 아픕니다. 요셉은 언제까지 이런 거짓 연극을 이어갈까요?

생각하기 요셉은 왜 이런 거짓 연극을 이어갔을까요?

해답 1. 하나님, 2. 예물, 3. 안심, 4. 아우

창세기 44장 · 형들이 달라졌어요

주요 구절: 44:33

요셉은 다시 한 번 형들을 시험합니다. 형들 몰래 (1 ___)의 곡식 자루에 자신이 사용하는 은잔과 곡식 값을 넣어 돌려보냅니다. 그들이 떠난 지 얼마 되지 않아 요셉은 군인을 보내 그들을 붙잡습니다. 총리의 은잔을 훔쳐갔다는 죄목으로 말입니다. 형들은 결백을 주장하며 그 은잔이 발견된다면 그 자루의 임자가 요셉의 종이 될 것이라고 맹세합니다. 그런데 그 잔이 (1 ___)의 자루에서 발견됩니다(12절).

맹세한 형들의 반응이 어땠을까요? 20여 년 전 요셉을 시기해 팔아넘겼던 형들입니다. 요셉을 시기하듯 베냐민도 질투하고 시기했다면 형들은 베냐민을 남겨두고 자기들끼리 가나안으로 돌아갔을 것입니다. 하지만, 형들은 달라졌습니다. 유다가 대표로 나서 이렇게 말합니다. “우리와 이 잔이 발견된 자가 다 내 주의 (2 ___)가 되겠나이다.”(16절) 베냐민뿐만 아니라 다른 형제들도 (2 ___)가 되겠다고 합니다. 그러나 요셉은 강경합니다. 오직 베냐민만 처벌하겠다고 합니다. 상황은 매우 긴박하게 전개됩니다. 마침내 유다가 중대 결단을 합니다. “이제 주의 종으로 그 아이를 (3 ___)하여 머물러 있어 내 주의 종이 되게 하시고 그 아이는 그의 형제들과 함께 올려 보내소서.”(33절) “내 주”는 요셉이며 “그 아이”는 (1 ___)입니다. 형들의 마음이 달라져 있습니다. 시기와 질투로 얼룩진 야곱의 가정을 하나님께서 마침내 회복시키셨습니다.

한편 대표로 나선 유다의 모습은 유다의 후손으로 오실 예수님을 생각나게 합니다. 막내 동생 한 사람을 위해 유다가 나섰지만, 유다의 후손으로 오실 예수님은 온 세상을 위해 나섰습니다. 예수님 덕분에 온 세상이 회복되었습니다.

생각하기 유다는 어떤 이유로 베냐민을 대신하겠다고 했을까요?

해답 1. 베냐민, 2. 노예, 3. 대신, 4. 요셉

창세기 45장 · 요셉이 정체를 드러내다

주요 구절: 45:7-8

달라진 형들의 모습을 보고선 요셉은 더 이상 북받치는 감정을 억제하지 못합니다. 요셉은 꺼이꺼이 큰 소리를 내며 웁니다. 마침내 자기 정체를 밝힙니다(3절). 형들은 '이게 무슨 말인가' 하고 어안이 벙벙해 아무 말도 하지 못합니다. 그들의 마음은 어땠을까요? 충격과 공포, 놀라움으로 휩싸였을 것입니다. 지금 당하는 어려움이 요셉에게 잘못한 것 때문이라 생각했지만, 진짜 요셉을 만날 줄은 상상도 못했을 것입니다. 그들은 '이제 어떻게 될까' 두려웠을 것입니다.

요셉의 반응은 그들의 예상과 달랐습니다. "당신들이 나를 이곳에 팔았다고 해서 근심하지 마소서. (1 　　)하지 마소서. (2 　　　)이 생명을 구원하시려고 나를 당신들보다 먼저 보내셨나이다 … (2 　　　)이 큰 (3 　　)으로 당신들의 생명을 보존하고 당신들의 후손을 세상에 두시려고 나를 당신들보다 먼저 보내셨나니, 그런즉 나를 이리로 보낸 이는 당신들이 아니요 (2 　　　)이시라. (2 　　　)이 나를 바로에게 아버지로 삼으시고 그 온 집의 주로 삼으시며 애굽 온 땅의 통치자로 삼으셨나이다."(5-8절) 놀라운 고백입니다. 요셉은 형들에게 원수를 갚지 않습니다. 오히려 (2 　　　)의 큰 섭리를 고백하며 받아들입니다.

형들은 이집트 파라오로부터 최고의 환대와 선물을 받고 다시 가나안으로 돌아갑니다. 형들이 달라졌어도 요셉은 걱정이 되나 봅니다. "당신들은 길에서 (4 　　)지 말라."(24절)

가나안으로 돌아온 형들이 아버지 야곱에게 자초지종을 얘기하지만, 야곱은 믿지 못합니다. 내용도 내용이고, 이 사실을 전한 형들의 평소 행실도 문제였을 것입니다. 야곱은 요셉이 보낸 이집트의 수레를 보고서야 그 사실을 믿습니다. 성경에는 분명하게 기록되어 있지는 않지만 아마 형들이 요셉을 팔았다고 야곱에게 고백했을 것입니다. 다만 요셉 이야기의 핵심이 형들의 회개에 있는 것이 아니기 때문에 상세하게 기록하지 않은 것 같습니다. 핵심은 요셉의 고백처럼 하나님은 계획을 세우고 야곱 가정을 구원한 것입니다. 하나님은 언약에 그 누구보다 신실합니다.

생각하기 요셉의 말을 들은 형들의 마음이 어땠을까요?

해답 1. 요셉, 2. 하나님, 3. 구원, 4. 다툼

창세기 46장 · 이집트로 향하는 야곱 가족

주요 구절: 46:3-4

야곱은 아들 요셉을 보기 위해 이집트로 내려가고 싶지만, 머뭇거립니다. 할아버지 아브라함이 이집트에서 곤란한 일을 겪기도 했고(창 12장), (1 ___)이 아버지 이삭에게 절대로 이집트로 내려가지 말라고 하셨기 때문입니다(창 26:2). 바로 그때 (1 ___)이 야곱에게 나타나 '이집트로 내려가도 된다'고 말씀합니다. "나는 (1 ___)이라. 네 (2 ___)의 (1 ___)이니 애굽으로 내려가기를 두려워하지 말라. 내가 거기서 너로 큰 민족을 이루게 하리라. 내가 너와 (3 ___) 애굽으로 내려가겠고 반드시 너를 인도하여 다시 올라올 것이며, 요셉이 그의 손으로 네 눈을 감기리라."(3-4절)

마침내 야곱이 (4 ___)명(27절)을 데리고 이집트 (5 ___) 땅에 도착합니다(28절). 여기서 (4 ___)이라는 숫자는 이상적 숫자로 야곱의 가족 전부가 이집트로 내려갔다는 말로 이해할 수 있습니다. 참고로 스데반은 자신의 설교에서 75명이 이집트로 내려갔다고 말합니다(행 7:14). 핵심은 하나님이 '내려가라'고 하였고, 야곱은 순종해 자기 가족 전부를 이끌고 내려간 것입니다. 그리고 이후 이 가족은 이집트에서 큰 민족을 이루게 됩니다(출 1:7).

요셉은 수레를 타고 아버지를 마중 나갑니다. 요셉은 아버지 야곱을 만나 서로 껴안고 기쁨의 눈물을 흘립니다. 감격스런 이산가족 상봉입니다. 야곱 가문은 이렇게 이집트 (5 ___) 땅에 도착합니다. 앞으로 얼마 동안 이집트에 머무를까요? 처음에는 흉년 동안 잠시 머물다 돌아갈 것이라 생각했을 것입니다.

생각하기 요셉을 만난 야곱은 어떤 기분이 들었을까요?

해답 1. 하나님, 2. 아버지, 3. 함께, 4. 칠십, 5. 고센

창세기 47장 · 나그네 길의 종착지, 이집트

주요 구절: 47:29

야곱 가족 곧 이스라엘 사람이 정착한 고센 땅은 목축업을 하기에 적당합니다. 이집트 사람은 목축업을 가증스럽게 여겼기 때문에 그 지역을 이스라엘에게 줄 수 있었을 것입니다. 자연스럽게 언약백성과 이집트인이 분리됩니다.

이스라엘은 목축업의 전문성을 살려 파라오 황실의 (1)을 관리하는 특권을 얻습니다. "그들이 고센 땅에 거주하고 그들 중에 능력 있는 자가 있거든 그들로 내 (1)을 관리하게 하라."(6절)

야곱이 요셉의 인도로 이집트 왕 파라오를 대면합니다. 이때 야곱이 자신을 소개하는 부분이 인상 깊습니다. "내 (2) 길의 세월이 백삼십 년이니이다. 내 나이가 얼마 못 되니, 우리 조상의 나그네 길의 연조에 미치지 못하나 (3)한 세월을 보내었나이다."(9절) '나그네 길'과 '험악한 세월'은 야곱의 인생을 잘 표현합니다. 지금은 하나님의 은혜로 흉년 중에 풍족한 이집트에서 거주하게 되었습니다(12절).

흉년이 계속되면서 이집트 백성이 가진 재물은 떨어졌고 급기야 가축과 땅을 팔아서 양식을 사게 되었습니다. 결국 많은 백성의 땅이 파라오의 소유가 되었습니다. 또 새로운 토지법을 만들어 소득의 1/5을 세금으로 거두어들입니다(13-26절). 파라오 황실의 권력과 부는 거대해집니다.

이스라엘은 고센 땅에 거주하며 생업을 얻고 생육하고 번성합니다(27절). 이스라엘은 하나님이 약속한 것처럼(창 15:13-16) 가나안 족속의 죄가 가득할 때까지 이집트에서 삽니다. 그 시기는 주전 1876-1446년으로 추정됩니다.

야곱이 나이가 많이 들어 147세가 되었습니다. 어느 날 야곱은 요셉을 호출합니다. '자신이 죽으면 가나안 땅 조상의 묘에 장사할 것'을 약속받습니다(28-31절). 야곱은 하나님의 언약을 생각하고 있습니다. 속고 속이는 삶을 살았던 야곱이 하나님의 언약을 바라봅니다.

생각하기 하나님이 내 인생길을 인도하신다고 믿습니까? 왜 그렇습니까?

해답　1. 가족, 2. 나그네, 3. 평안

창세기 48장 · 야곱의 축복(1) : 에브라임과 므낫세

주요 구절: 48:19

야곱이 늙어 죽음을 준비합니다. 야곱은 먼저 요셉과 요셉의 두 아들을 불러 축복합니다. 요셉은 장남 므낫세를 야곱의 오른손 아래 앉게 하고, 둘째 에브라임을 왼손 아래 앉게 하지만, 야곱은 손을 반대로 어긋나게 얹고 축복합니다(14절). 오른손은 장자권을 뜻합니다. 혹 아버지가 눈이 잘 보이지 않아 그런 것일까 생각한 요셉이 말리지만, 야곱은 거절합니다. "나도 안다. 내 아들아. 나도 안다. 그도 한 족속이 되며 그도 크게 되려니와 그의 (1 　　)가 그보다 (2 　)자가 되고 그의 자손이 여러 민족을 이루리라."(19절) 보통 장자가 아버지의 복을 전수받지만, 하나님의 뜻은 다를 수 있음을 보여줍니다. 가인 대신 아벨, 이스마엘 대신 이삭, 에서 대신 야곱이 그렇고 지금 므낫세와 에브라임이 그렇습니다.

야곱은 요셉의 두 손자를 아들처럼 복을 주었고, 후에 열두 지파의 두 자리를 차지합니다. "애굽에서 네가 낳은 두 아들 (3 　　　　)과 (4 　　　)는 내 것이라. 르우벤과 시므온처럼 내 것이 될 것이요."(5절) 앞으로 요셉 지파 대신 (3 　　　　) 지파와 (4 　　　) 지파가 됩니다. 뿐만 아니라, 그들에게는 다른 형제보다 더 많은 가나안 땅이 상속됩니다(22절). 요셉의 두 아들이 먼저 축복 받음으로써 장자의 복은 요셉에게 간 셈입니다. 야곱은 늙어 이집트에서 죽지만, 하나님이 그 자손을 약속의 땅으로 돌아가게 할 것임을 믿습니다.

생각하기　내게 주어지는 하나님의 복을 믿습니까?

해답　1. 아우, 2. 큰, 3. 에브라임, 4. 므낫세

창세기 49장 · 야곱의 축복(2): 열두 아들

주요 구절: 49:28

49장에는 야곱의 열두 아들에 대한 축복이 나옵니다. 르우벤은 장자지만 요셉만큼 복을 얻지 못합니다. 아버지의 침상을 더럽혔기 때문입니다(4절). 둘째 시므온과 셋째 레위도 제대로 된 복을 받지 못합니다. 하지만, 유다는 감당치 못할 큰 복을 받습니다. "유다는 (1 ____) 새끼로다. 내 아들아. 너는 움킨 것을 찢고 올라갔도다. 그가 엎드리고 웅크림이 수사자 같고 암사자 같으니 누가 그를 범할 수 있으랴! (2 __)가 유다를 떠나지 아니하며 통치자의 (3 ____)이가 그 발 사이에서 떠나지 아니하기를 (4 ____)가 오시기까지 이르리니 그에게 모든 백성이 복종하리로다."(9-10절) (2 __)는 왕의 (3 ____)이로 권위를 나타냅니다. (4 ____)는 '평화'라는 뜻으로 메시아를 가리킵니다. 이후 유다 자손에서 다윗 왕이 나오고, 더 크신 평화의 왕 예수님이 태어납니다.

그 외에도 스불론, 잇사갈, 단, 갓, 아셀, 납달리, 요셉, 베냐민을 향한 축복이 나옵니다. 요셉을 향한 축복이 돋보입니다. "요셉의 활은 도리어 굳세며 그의 팔은 힘이 있으니, 이는 야곱의 전능자 이스라엘의 반석인 (5 ____)의 손을 힘입음이라. 네 아버지의 하나님께로 말미암나니, 그가 너를 도우실 것이요, 전능자로 말미암나니 그가 네게 복을 주실 것이라. 위로 하늘의 복과 아래로 깊은 샘의 복과 젖먹이는 복과 태의 복이로다."(24-25절)

야곱은 열두 아들에게 주어진 "각 사람의 (6 ____)대로"(28절) 축복합니다. 축복을 마친 야곱은 조상의 묘에 장사 지낼 것을 부탁하고 죽습니다. 그곳은 아브라함이 돈을 주고 산 땅, 가나안입니다(32절. 창 23:16).

생각하기 이삭의 축복과 야곱의 축복은 어떤 차이가 있을까요?

해답 1. 사자, 2. 규, 3. 지팡, 4. 실로, 5. 목자, 6. 분량

창세기 50장 · 야곱의 장례, 요셉의 죽음

주요 구절: 50:19-20

요셉은 아버지의 시신을 이집트의 관례대로 40일 동안 향으로 처리하고 70일 동안 곡하는 기간을 보낸 후, 야곱의 유언대로 가나안 땅으로 옮겨 (1 ________), 사라,

이삭, 리브가, 레아가 묻힌 무덤(창 49:31)에 장사합니다.

형들은 아버지 야곱이 죽은 후 불안해 떱니다. 혹 요셉이 자기들을 용서하지 않고 원수를 갚을까봐 두렵습니다. “혹시 우리를 미워하여 우리가 그에게 행한 모든 (2)을 다 갚지나 아니할까?”(15절) 결국 형들은 아버지 이름을 꺼내며 요셉에게 “우리 죄를 이제 (3)”해달라고 (17절) 말합니다. 요셉은 여전히 두려워하는 형들을 보며 눈물을 흘립니다. “내가 하나님을 대신하리이까? 당신들은 나를 해하려 하였으나, 하나님은 그것을 선으로 바꾸사 오늘과 같이 많은 백성의 (4)을 (5)하게 하시려 하셨나니, 당신들은 두려워하지 마소서. 내가 당신들과 당신들의 자녀를 기르리이다.”(19-21절) 요셉은 하나님의 구원역사를 다시금 고백하며 형들을 안심시킵니다. 요셉은 하나님의 뜻을 알고 모든 것을 하나님께 맡기고 형들을 받아들였습니다.

요셉은 백십 세에 죽습니다(26절). 요셉은 형제들에게 ‘하나님이 후손들을 약속의 땅으로 인도할 것’을 말하며, 그때 자기 (6)도 가지고 가달라고 부탁합니다(25절). 아버지 야곱처럼 하나님의 약속을 바라봅니다. 형제들은 아버지 야곱처럼 요셉의 시신을 향으로 처리하고 이집트에서 입관합니다(26절).

요셉 이야기가 꼭 요셉의 영웅담 같지만, 사실은 하나님의 구원역사입니다. 하나님이 계획을 이룹니다. 이것은 출애굽기에서 더 분명하게 드러납니다.

생각하기 형들의 말을 듣고 요셉은 어떤 마음이 들었을까요?

해답 1. 아브라함, 2. 악, 3. 용서, 4. 생명, 5. 구원, 6. 해골

출애굽기

출애굽기(出+Egypt+記)는 모세 오경에서 두 번째 책입니다. 히브리어 성경은 첫 두 단어를 따서 '브엘레 셰모트'(그리고 이름은 이러하니)로 부릅니다. 칠십인역(LXX)은 '떠나다'는 뜻의 '엑소도스'(Exodos)로 제목을 붙였고, 라틴어 성경(Vulgata)과 영어 성경이 이 이름을 따릅니다. 한글 성경도 '출애굽기'로 번역했습니다.

번영한 요셉 시대 이후 350년 시간이 흐릅니다. 요셉을 알지 못하는 새 왕조가 들어섰습니다. 이 시기를 아모세 1세(Ahmose I)가 시작한 이집트 제18왕조 시기로 봅니다. 아모세의 손자 투트모세 1세(Thutmose I)는 팔레스타인 지역까지 세력을 확장하기도 했습니다. 아마 투트모세 1세의 딸 핫셉수트(Hatshepsut)가 모세를 나일 강에서 건졌고, 투트모세 2세, 투트모세 3세 동안 모세가 왕궁에서 지냈을 것입니다. 이후 아멘호텝 2세(Amenhotep II) 때 모세가 돌아와 출애굽을 이끌었을 것입니다.

출애굽기의 저자는 모세입니다. 성경이 증거(수 1:7-8; 왕상 2:3; 왕하 14:6; 느 13:1; 단 9:11-13; 말 4:4)하고 예수님도 인정(요 5:46-47)하셨습니다.

출애굽기 내용은 언약의 성취와 누림이 핵심입니다. 아브라함에게 말씀하던 "이방에서 객"(창 15:13)으로 400년을 지냈고, 이제 큰 민족을 이루어(창 12:1-3) 약속의 땅으로 향하기 시작합니다. 하나님은 언약백성에게 율법을 주고 어떻게 교제하며 살아야 할지 가르치고 훈련시킵니다.

출애굽기에 등장하는 '십계명', '각종 제사 제도', '성막', '각종 절기들'은 예수 그리스도와 그분의 사역의 그림자와 모형으로서 풍성한 의미가 있습니다. 그러므로 출애굽기는 오늘 이 시대에도 여전히 의미가 있습니다.

내용 구분

1-12장	이집트에서의 언약백성
13-18장	출애굽 하는 언약백성
19-40장	시내 산에서의 언약백성

출애굽기 1장 · 이스라엘 민족의 학대

주요 구절: 1:7

이집트에서 이스라엘 백성이 특권을 누리는 시대는 이제 지나갑니다. 무려 400여 년이 지납니다. 결코 짧지 않은 기간 동안 이스라엘 백성은 "생육하고 불어나 (1 ____)하고 매우 (2 __)하여 온 땅에 가득"(7절)하게 됩니다. 아브라함 언약의 성취입니다. "생육하고 번성하여 땅에 충만하라."(창 1:28)는 말씀에 순종한 측면도 있습니다. 이스라엘 백성은 고센 땅 만으로는 충분하지 않아 이집트 사람이 사는 지역에 까지 흩어져 살았던 것 같습니다(출 3:22; 12:23).

요셉을 알지 못하는 새 왕이 이집트를 다스립니다. 그는 이스라엘을 두려워하다 못해 핍박하기 시작합니다. 큰 국고성 비돔과 (3 ______)을 건축하는 데 이스라엘을 동원합니다. 이스라엘을 괴롭히기 위함입니다(11절). 하지만 이스라엘 백성은 학대를 받으면 받을수록 더 (1 ____)합니다(12절). 첫 번째 계획이 실패하자 두 번째 계획을 세웁니다. 산파(십브라와 부아)에게 아이를 낳을 때 아들이면 죽이라고 명령합니다. 그러나 산파들은 이집트 왕보다 (4 ______)을 더 두려워해 남자 아이를 살립니다(17절). 다음 계획을 시행합니다. 세 번째 계획은 이스라엘 모든 백성에게 아들이 출생하면 모두 나일 강에 던지도록 명령합니다. 언약백성의 자손을 죽이는 사탄의 잔인한 계획입니다. 하나님의 큰 일, 곧 구원 계획이 수포로 돌아갈 위기입니다.

생각하기 십브라와 부아는 어떻게 이런 용기를 낼 수 있었을까요?

해답 1. 번성, 2. 강, 3. 라암셋, 4. 하나님

출애굽기 2장 · 모세의 등장

주요 구절: 2:24-25

이스라엘이 고통 속에 있지만 하나님의 손길은 더뎌 보입니다. 2장은 한 레위 남자가 레위 여자에게 장가들어 아기 낳는 이야기로 시작합니다. 하나님의 역사는 부부의 순종

과 작은 한 사람에게서부터 시작합니다.

아므람과 요게벳(출 6:19; 민 26:59) 부부는 아들을 낳고 (1) 달을 숨겨 키웁니다(2절). 히브리서 기자는 부모가 믿음으로 모세를 살렸다고 평가합니다(히 11:23; 행 7:20-21). 믿음의 결단이 아니면 불가능한 행동입니다. 그들은 파라오의 명령보다는 하나님의 뜻을 더 중요하게 생각하고 실천합니다.

아이를 더 이상 숨길 수 없게 되자 갈대 상자에 아기를 넣어 나일 강에 띄웁니다. 마침 나일 강에서 목욕하던 파라오의 딸이 갈대 상자에 든 아이를 발견하고 불쌍히 여겨 히브리 아이인 것을 알면서도 기르기로 합니다(3절). 아기를 따라가던 누이 미리암이 용기를 내어 공주에게 (2)를 추천합니다(7절). 그 (2)는 어머니였습니다. 이렇게 모세는 어머니에게 젖을 땔 때까지 직접 양육 받습니다. 이후 파라오의 공주가 모세를 데려갑니다.

궁전에서 왕자로 자란 모세가 40세 성인이 되었을 때, 어느 날 이스라엘 백성이 고되게 노동하는 것을 보러 나갑니다. 그때 한 이집트 사람이 이스라엘 사람을 치는 것을 보고 그를 쳐 죽이고 모래 속에 감춥니다. 그 다음 날 이스라엘 사람끼리 싸우는 광경을 봅니다. 모세가 문제를 해결하려 하는데, 이스라엘 사람이 말합니다. "누가 너를 우리를 다스리는 자와 (3)으로 삼았느냐? 네가 이집트 사람을 죽인 것처럼 나도 죽이려느냐?"(14절) 모세는 스스로 이스라엘 백성의 고통에 동참하고 해결하려고 했던 것 같습니다. 모세는 계획이 들통 나고 도망자 신세가 됩니다. 이스라엘의 구원을 위한 하나님의 때는 아직 아닙니다.

모세는 미디안 광야로 도망칩니다. 그곳 우물가에서 모세는 제사장 이드로의 딸 십보라를 만나게 되고 혼인 해 아들도 낳습니다. 그는 40년이나 광야에서 보냅니다. 하나님은 이스라엘을 버린 것 같습니다. 하지만, 하나님은 살아 계십니다. "하나님이 그들의 (4) 소리를 들으시고 하나님이 아브라함과 이삭과 야곱에게 세운 그의 (5)을 기억하사 하나님이 이스라엘 자손을 돌보셨고 하나님이 그들을 (6)하셨더라."(24-25절)

생각하기 모세처럼 자기 열정으로 했다가 낭패 본 적이 있습니까?

해답 1. 석, 2. 유모, 3. 재판관, 4. 고통, 5. 언약, 6. 기억

출애굽기 3장 · 모세의 소명

주요 구절: 3:14

모세가 80세 노인이 됩니다. 어느 날 하나님이 호렙 산에서 모세에게 나타납니다. "하나님이 이르시되, 이리로 가까이 오지 말라. 네가 선 곳은 (1   )한 땅이니, 네 발에서 신을 벗으라."(5절) 마침내 하나님이 모세를 이스라엘 백성의 구원자로 부릅니다. 조상 아브라함과 이삭과 야곱에게 약속한 언약을 모세를 통해 이룰 것입니다.

모세는 거절합니다. "내가 누구이기에 (2   )에게 가며 이스라엘 자손을 애굽에서 (3   )하여 내리이까?"(11절) 모세는 과거에 가졌던 패기도, 의욕도, 자신감도 없습니다. 광야 40년 생활은 왕궁 40년 생활을 잊어버리기에 충분했을 것입니다. 오히려 하나님이 '함께할 테니 하자'라며 모세를 설득합니다.

모세는 이스라엘의 장로들과 함께 악한 파라오를 설득해야 합니다. "여호와께 (4   )를 드리려 하오니 사흘 길쯤 (5   )로 가도록 허락"(18절)을 구해야 합니다. 파라오가 모세의 말을 잘 들을까요? 녹록지 않습니다. 그러나 하나님은 결국 이스라엘 백성이 많은 물품을 가지고 이집트를 탈출하게 될 것이라고 약속합니다(20-22절).

모세는 하나님의 이름을 묻습니다. 그때 하나님은 "나는 스스로 있는 자이니라"(14절)고 대답합니다. '나는 나다'(I am who I am)라는 뜻입니다. 이 이름은 너무나 신비합니다. 하나님은 존재의 근본입니다. 모든 천지만물의 기원입니다. 하나님은 '언제 어디에서나 당신 백성과 함께한다'는 뜻이기도 합니다.

생각하기 내가 모세라면 어떨 것 같습니까?

해답 1. 거룩, 2. 바로, 3. 인도, 4. 제사, 5. 광야

출애굽기 4장 · 모세의 출정

주요 구절: 4:20

모세는 이스라엘 백성이 잊혀진 자기를 믿지 않을 것이라며 하나님의 부름을 거절합니다. 그러자 하나님은 모세에게 세 가지 이적을 보여줍니다. 모세가 던진 (1)가 뱀이 되고, 뱀이 다시 (1)가 되며, 손에 나병이 생겼다가 다시 낫는 기적입니다(3-4절). 또 나일 강 물이 피가 될 것이라고 합니다(9절). 그래도 모세는 거절합니다. "나는 입이 뻣뻣하고 (2)가 둔한 자니이다."(10절) 이번에도 하나님은 "내가 네 입과 함께 있어서 할 (3)을 가르치리라"(12절)라며 확신을 줍니다. 그럼에도 모세는 "오, 주여, 보낼 만한 자를 보내소서"(13절)라고 거절합니다. 막무가내입니다. 그러나 하나님은 형 (4)을 모세의 대변인으로 세웁니다(14절). 형 (4)이 모세의 입이 될 것입니다.

결국 모세는 두 손을 듭니다. "모세가 하나님의 (1)를 손에 잡았더라."(20절) 사명감도 없고 겁 많은 모세가 일꾼으로 파송 받습니다. "하나님의 (1)"가 강조됩니다. '(1)'는 모세가 하나님으로부터 받은 소명과 권위, 그리고 능력을 상징합니다. 모세의 기적이 놀라운데, 그것은 모세의 능력이 아니라 '하나님'의 능력입니다. 모세는 하나님이 주신 권위와 능력으로 이스라엘 백성을 구원할 것입니다.

어, 그런데 하나님이 모세를 죽이려 합니다. 아내 십보라가 (5)칼을 가져다가 아들에게 할례를 행하자(25절), 모세가 살아납니다. 이 때문에 아내는 모세를 '피 남편'이라고 부릅니다. 신기한 경험입니다. 이게 무슨 뜻일까요? 모세는 아들에게 언약의 표징인 할례를 행하지 않은 것으로 보입니다. 자기 자녀에게 언약의 표시를 하지 않고서 언약백성을 구한다는 것은 어울리지 않습니다. 하나님이 모세를 더욱더 준비시킵니다.

드디어 모세가 형 아론을 만납니다. 아론이 이스라엘 모든 장로들 앞에서 하나님의 말씀을 전하고, 모세는 이적을 행합니다. "백성이 믿으며 여호와께서 이스라엘 자손을 찾으시고 그들의 (6)을 살피셨다 함을 듣고 머리 숙여 경배하였더라."(31절)

생각하기 모세에게서 하나님의 뜻을 들은 백성의 마음은 어땠을까요?

해답 1. 지팡이, 2. 혀, 3. 말, 4. 아론, 5. 돌, 6. 고난

출애굽기 5장 · 파라오의 거절

주요 구절: 5:1

마침내 모세가 아론과 함께 이집트의 파라오 앞에 섭니다. 그들은 파라오에게 3일 정도 거리의 광야로 가서 여호와 하나님께 (1)를 드리려고 하니 이스라엘 백성을 보내 달라고 요구합니다(3절). 이집트 신과 파라오를 따르지 않고, 이제는 여호와 하나님만 예배하고 그분의 백성이 되겠다는 뜻입니다.

파라오는 단박에 거절합니다. "바로가 이르되, 너희가 (2)르다, (2)르다. 그러므로 너희가 이르기를 우리가 가서 여호와께 (1)를 드리자 하는도다."(17절) 이것은 꼭 신자가 주일에 예배하며 안식하는 것을 두고 불신자가 (2)르다고 비방하는 것과 비슷합니다. 파라오는 이스라엘 백성을 더 괴롭힙니다. 벽돌을 단단하게 하기 위해 넣는 짚도 주지 않고 평소와 같은 양의 벽돌을 만들라고 요구합니다.

이스라엘 백성은 고통의 탓을 모세와 아론에게 돌리며 원망합니다(21절). 그들의 몸이 힘들기 때문입니다. 이스라엘을 괴롭히는 강도가 더 심해지자 모세도 흔들립니다. 모세는 탄원 기도를 합니다. "그가 이 백성을 더 (3)하며 주께서도 주의 백성을 (4)하지 아니 하시나이다."(23절)

생각하기 원망을 들은 모세와 아론의 마음은 어땠을까요?

해답 1. 제사, 2. 게으, 3. 학대, 4. 구원

출애굽기 6장 · 신실하신 구원자 하나님

주요 구절: 6:6-7

하나님이 모세의 탄원 기도에 응답합니다. "내가 (1)에게 하는 일을 네가 보리라 강한 손으로 말미암아 (1)가 그들을 보내리라."(1절) 출애굽 계획은 모세와 이스라엘에서 나온 것이 아닙니다. 하나님이 계획하고 행하는 일입니다. 아브라함 언약

을 친히 이룹니다. "네 자손이 이방에서 객이 되어 그들을 섬기겠고 그들은 사 백 년 동안 네 자손을 괴롭히리니, 그들이 섬기는 나라를 내가 징벌할지며 그 후에 네 자손이 큰 재물을 이끌고 나오리라."(창 15:13-14) 하나님은 언약에 신실하십니다. "그러므로 이스라엘 자손에게 말하기를 나는 여호와라. 내가 애굽 사람의 무거운 (2 ____) 밑에서 너희를 빼내며 그들의 노역에서 너희를 건지며 편 팔과 여러 큰 심판들로써 너희를 속량하여, 너희를 내 (3 ____ ____)으로 삼고, 나는 너희의 (4 ____ ____ ____)이 되리니, 나는 애굽 사람의 무거운 (2 ____) 밑에서 너희를 빼낸 너희의 (4 ____ ____ ____) 여호와인 줄 너희가 알지니라."(6-7절) 백성은 언약에 관심도 없고 약속을 믿지 않습니다(9절). 모세 역시 "나는 (5 ____)이 둔한 자니이다."(12, 30절)고 하며 약한 모습을 보입니다.

이렇게 보면, 이스라엘이 대단한 믿음의 소유자가 아닙니다. 모세도 능력이 대단해서 지도자로 부름 받은 것이 아닙니다. 오직 하나님이 언약에 신실하기 때문입니다. 전적으로 하나님의 은혜입니다. 앞으로 하나님 주도로 구원역사가 진행될 것입니다.

14-27절에는 이스라엘의 족보가 잠시 등장합니다. 족보의 초점은 모세와 아론입니다. 야곱의 아들 순서대로 장자 르우벤, 둘째 시므온, 셋째 레위가 언급된 후 레위의 후손만 나옵니다. 다 기록한 것은 아니고, 축약되어 있습니다. 예를 들어, '레위-고핫-아므람-모세(아론)'가 4대만 기록되어 있지만, 역대상 7장에는 7대로 기록되어 있습니다.

생각하기 신실하신 하나님을 묵상해봅시다.

해답 1. 바로, 2. 짐, 3. 백성, 4. 하나님, 5. 입

출애굽기 7장 · 첫째 재앙

주요 구절: 7:4-5

이집트는 당시 세계 최강국입니다. 이스라엘 백성을 노예로 부려 이집트를 떠받치게 할 수 있으니, 파라오가 모세의 부탁을 들어줄 리가 없습니다. 모세는 자신감이 없습니다. 자신의 힘으로 이스라엘을 구원하려 했던 40년 전의 패기는 사라진 지 오랩니다. 하지만, 모세의 걱정은 섣부른 기우(杞憂)에 불과합니다. 하나님이 이스라엘을 구원할 것

입니다.

모세의 나이는 (1)세이고 형 아론은 (2)세입니다(7절). 모세가 파라오 앞에서 표징과 (3)(3절)을 행할 것이지만 파라오는 호락호락하지 않을 것입니다. 하나님이 파라오의 마음을 완악하게 할 것이기 때문입니다(3-4절). 하나님은 모세를 시켜 파라오에게 재앙을 보낼 것이지만, 동시에 파라오의 마음에 순순히 항복하지 않는 강퍅한 마음도 줍니다. 우리는 이런 현상을 이해하기 어렵습니다. 하나님의 섭리와 인간의 행동이 상충되는 것 같습니다. 하지만, 하나님은 이스라엘 백성을 구원할 것입니다. "내가 내 손을 애굽에 뻗쳐 여러 큰 심판을 내리고 내 (4), 내 (5) 이스라엘 자손을 그 땅에서 인도하여 낼지라. 내가 내 손을 애굽 위에 펴서 이스라엘 자손을 그 땅에서 인도하여 낼 때에야 애굽 사람이 나를 여호와인 줄 알리라."(4-5절)

모세가 아론과 함께 파라오 앞에 섭니다. 아론이 모세의 명령을 받아 지팡이를 던져 뱀이 되게 합니다. 또 지팡이를 잡고 팔을 내밀어 강, 운하, 못, 호수의 물이 (6)가 되게 합니다. 그런데 이 기적들을 이집트의 마술사나 요술사들이 흉내를 냅니다(11, 22절). 참 신기한 일입니다. 물을 (6)로 만드는 것이 이집트에 내린 첫째 재앙입니다.

생각하기 하나님의 말씀을 듣고 싶지 않을 때, 어떻게 해야 할까요?

해답 1. 80, 2. 83, 3. 이적, 4. 군대, 5. 백성, 6. 피

출애굽기 8장 · 둘째, 셋째, 넷째 재앙

주요 구절: 8:15

둘째 재앙이 시작됩니다. 수많은 (1)가 나라를 뒤덮습니다. "(1)가… 네 궁과 네 침실과 네 침상 위와 네 신하의 집과 네 백성과 네 화덕과 네 떡 반죽 그릇에 들어갈 것이며."(3절) 이집트의 요술사들도 (1)를 만들어냅니다(7절). 그런데 생겨난 (1)를 없앨 방법이 없습니다. 결국 파라오는 모세와 아론을 불러 출애굽을 약속하고 (1)를 없애 달라고 합니다. 모세가 하나님께 기도하자 하나님이 듣고 (1)를 없앱니다. 하지만, 파라오는 마음이 변해(15절) 약속을 지키지 않습니다.

그러자 하나님이 셋째 재앙을 보냅니다. 티끌을 (2)로 만듭니다(17절). 이번부터 이집트의 요술사가 흉내 내지 못합니다. "요술사들도 자기 (3)로 그같이 행하여 (2)를 생기게 하려 하였으나 못 하였고 (2)가 사람과 가축에게 생긴 지라. 요술사가 바로에게 말하되, 이는 하나님의 (4)이니이다."(18-19절) 하지만, 파라오의 마음은 여전히 완강합니다.

하나님은 넷째 재앙으로 (5) 떼를 보냅니다(20-24절). 이스라엘 백성이 사는 고센 땅에는 (5) 떼가 없고 이집트 사람의 지역에만 있습니다. 이것은 구원역사의 표징(22-23절)입니다. 파라오가 모세에게 광야가 아닌 이집트 안에서 제사를 드리라고 합니다. 모세는 거절합니다. 파라오는 어쩔 수 없이 출애굽을 허락하지만, (5) 떼가 없어지자 다시 마음이 완강합니다.

앞의 세 재앙은 이집트 백성, 이스라엘 백성 구별이 없었지만, 나머지 일곱 재앙, 즉 넷째 재앙(파리)부터는 구별됩니다. 이스라엘 백성에게는 재앙이 내리지 않습니다. 이스라엘 백성을 구별해 특별 대우하는 하나님을 보면서도 파라오는 항복하지 않습니다. 하나님께 반항하고 대항하며 싸웁니다. 참 어리석습니다.

생각하기 파라오가 어떻게 보입니까? 내가 파라오라면 어떻게 할까요?

해답 1. 개구리, 2. 이, 3. 요술, 4. 권능, 5. 파리

출애굽기 9장 · 다섯째, 여섯째, 일곱째 재앙

주요 구절: 9:14

다섯째 재앙은 이집트인 가축에만 생기는 '돌림병'입니다(4절). 여섯째 재앙은 '악성 종기'입니다. 화덕의 재가 날아가 사람에게나 짐승에게 붙으면 종기로 변합니다(9절). 요술사에게도 악성 종기가 생깁니다. 하지만, 이스라엘 백성에게는 아무런 이상이 없습니다. 그래도 완악한 파라오의 마음은 흔들리지 않습니다. 재앙의 목적을 파라오에게 설명합니다. "온 천하에 나와 같은 자가 없음을 네가 알게 하리라."(14절) "내가 너를 세웠음은 나의 (1)을 네게 보이고 내 (2)이 온 천하에 전파되게 하려 하

였음이니라."(16절) 파라오는 하나님에게 반항하지만, 도리어 패배하고 하나님의 승리가 널리 알려지게 될 것입니다. 일곱째 재앙은 '우박'입니다(22절). 우박에 비와 우렛소리, 그리고 불덩이까지 섞여 내립니다. 사람과 짐승, 그리고 밭의 채소와 나무가 망가집니다. 이스라엘의 고센 땅은 아무런 재앙도 없습니다. 나라가 쑥대밭이 되자 파라오는 재빨리 잘못을 인정하고 회개합니다. "이번은 내가 (3 ⬜⬜)하였노라. 여호와는 의로우시고 나와 나의 백성은 (4 ⬜)하도다."(27절) 하지만 파라오의 마음은 조변석개(朝變夕改)입니다. 파라오에게서 하나님을 끝까지 대항하고 쉽게 변하는 죄인의 특징을 봅니다.

생각하기 안전한 이스라엘 백성을 보는 이집트 사람은 어땠을까요?

해답 1. 능력, 2. 이름, 3. 범죄, 4. 악

출애굽기 10장 · 여덟째, 아홉째 재앙

주요 구절: 10:1-2

하나님은 재앙을 언약의 자녀에게 교육용으로 사용합니다. "네게 내가 애굽에서 행한 일들 곧 내가 그들 가운데에서 행한 표징을 네 (1 ⬜⬜)과 네 (2 ⬜⬜)의 귀에 전하기 위함이라. 너희는 내가 여호와인 줄을 알리라."(2절)

모세와 아론이 하나님의 이름으로 다시 경고합니다. "네가 어느 때까지 내 앞에 (3 ⬜⬜)하지 아니하겠느냐? 내 백성을 보내라. 그들이 나를 (4 ⬜⬜) 것이라."(3절) 그러나 파라오는 여전히 완강합니다. 이스라엘 백성을 영영 떠나보낼 수 없어 어린 아이들은 내버려두고 남자 어른만 가서 예배하라고 합니다(11절).

마침내 여덟째 '메뚜기 재앙'이 시작됩니다. 모세가 지팡이를 들자, 동풍이 온 낮밤 붑니다. 아침이 되자, 그 동풍에 메뚜기 떼가 몰려와 우박에 상하지 않은 밭의 채소와 나무 열매를 다 먹어치웁니다. 파라오는 일의 심각성을 바로 파악합니다. "내가 너희의 하나님 여호와와 너희에게 (5 ⬜)를 지었으니, 바라건대 이번만 나의 (5 ⬜)를 (6 ⬜⬜)하고 너희의 하나님 여호와께 구하여 이 죽음만은 내게서 떠나게 하라."(16-17절) "이 죽음"이라는 표현에서 피해의 심각성과 다급함을 느낄 수 있습니다. 정말 이집트가

망하게 되었습니다. 그러나 메뚜기가 없어지자 파라오의 마음은 또 변합니다.

하나님이 아홉째 재앙을 보냅니다(21절). '흑암'이 삼 일 동안 이집트 온 땅을 뒤덮습니다. 그러나 이스라엘 거주지에는 빛이 있습니다. 태양을 신으로 숭배하는 이집트가 어둠에 잠긴 것은 의미심장합니다. 점점 재앙이 심각해집니다. 파라오는 어린 아이는 데려가도 되지만, 양과 소를 남겨두고 떠나라고 합니다(24절). 모세는 거절합니다. 파라오는 모세를 내쫓으며 위협합니다. "너는 나를 떠나가고 스스로 삼가 다시 내 얼굴을 보지 말라. 네가 내 얼굴을 보는 날에는 죽으리라."(28절) 그러나 과연 누가 죽음을 보게 될까요?

생각하기 재앙을 겪는 동안 이스라엘 백성은 어떻게 변했을까요?

해답 1. 아들, 2. 자손, 3. 경비, 4. 성경, 5. 죄, 6. 용서

출애굽기 11장 · 열째 재앙의 경고

주요 구절: 11:3

마지막 열째 재앙이 남았습니다. 하나님은 파라오, 노예, 모든 가축의 처음 난 것을 죽일 계획입니다(5절). 왜 이렇게 할까요? 4장 22-23절에 그 이유가 이미 밝혀졌습니다. "너는 바로에게 이르기를 여호와의 말씀에 이스라엘은 내 아들 내 (1)라. 내가 네게 이르기를 내 아들을 보내 주어 나를 섬기게 하라, 하여도 네가 보내 주기를 거절하니, 내가 네 아들 네 (1)를 죽이리라." 이스라엘은 하나님의 (1)입니다. 파라오가 (1) 이스라엘을 보내지 않으려하니, 그들의 (1)를 심판합니다. "내가 이제 한 가지 (2)을 바로와 애굽에 내린 후에야 그가 너희를 여기서 내보내리라."(1절)

그러나 이스라엘 백성은 무사할 것입니다(7절). 도리어 이스라엘 백성은 은금 패물을 얻게 될 것이고 모세는 이집트 땅에 있는 파라오의 신하와 백성의 눈에 위대하게 될 것입니다(2-3절). 어떻게 이스라엘과 이집트가 구별될까요?

생각하기 혹 내가 저 때 이집트 사람이라면, 어떻게 할 것 같습니까?

해답 1. 장자, 2. 재앙

출애굽기 12장 · 유월절과 출애굽

주요 구절: 12:1

'유월절'(逾越節)은 '넘을 逾'에 '넘을 越'입니다. 영어로는 'Passover' 곧 '넘다'라는 뜻입니다. 피 묻은 집을 넘어간 것을 표현합니다. 지금도 유대인들은 이 절기를 지킵니다. 대략 3-4월이며 부활절과 비슷한 시기입니다.

하나님이 처음 명령한 유월절 규례는 이렇습니다(3-11절). 어린 숫양이나 숫염소를 잡고 그 양의 피를 집 좌우 문설주(문 좌우 기둥)와 인방(문 위아래 기둥)에 바릅니다. 그 밤에 고기를 불에 구워 누룩을 넣지 않은 빵(무교병)과 쓴 나물을 함께 먹는데, 허리에 띠를 띠고 발에 신을 신고 손에 지팡이를 잡고 급하게 먹습니다. 급히 이집트를 떠났기 때문입니다.

'무교절'(無酵節 the Festival of Unleavened Bread)은 유월절 이후 연속되는 7일 동안 누룩 없는 빵을 먹으며 지내는 절기입니다. 첫 시작과 마지막 7일째에는 아무 일도 하지 않고 미리 준비한 자기 음식을 먹습니다. 이스라엘 백성이 출애굽 할 때 너무 급하게 떠나다 보니 가루 반죽이 미처 부풀지 않은 상태에서 빵을 구워 먹기 때문입니다.

할례	유월절
세례	성찬
(구원의 표)	(구원을 누림)

왜 유대인은 '유월절'과 '무교절'을 지켜야 했을까요? 하나님이 이유를 설명합니다. "너희는 여호와께서 허락하신 대로 너희에게 주시는 땅에 이를 때에 이 (1 　　)을 지킬 것이라. 이 후에 너희의 자녀가 묻기를 이 (1 　　)이 무슨 뜻이냐 하거든, 너희는 이르기를 이는 여호와의 유월절 (2 　　)라. 여호와께서 애굽 사람에게 재앙을 내리실 때에 애굽에 있는 이스라엘 자손의 집을 넘으사 우리의 집을 (3 　　)하셨느니

라, 하라."(25-27절) 하나님이 유월절과 무교절을 (1) 으로 준 것은 '자녀의 신앙교육'을 위함입니다. 하나님은 과거 이스라엘 백성에게 '할례'와 '유월절'을 지키라고 하는데, 지금 신약 시대 교회 성도에게는 '세례'와 '성찬'을 명령합니다. 과거에는 유월절을 지키며 구원을 누렸지만, 지금은 성찬식으로 구원을 누립니다.

양의 피를 바르고 고기를 먹은 그날 밤 하나님은 천사들을 보내 이집트의 모든 처음 태어난 생명을 죽입니다(30절). 큰 슬픔의 부르짖음이 있습니다. 이 밤은 "여호와의 밤"(42절)입니다. 하나님이 위대한 일을 행하신 밤이라는 뜻입니다. 천사들은 문에 발린 (4)를 보고 이스라엘 집을 넘어갑니다(pass over, 23절).

파라오는 모세와 아론을 급히 불러 빨리 떠나라고 합니다. 마침내 항복한 것입니다. 떠나는 이스라엘 백성은 이집트 사람에게 은과 금과 패물과 옷을 취합니다(36절). 마치 전리품을 얻는 것 같은 모습입니다. 성경은 이스라엘 백성을 "여호와의 군대"(41절)라고 표현합니다. 정말 군대 같이 "대열을 지어" 나옵니다(13:18). 이렇게 떠난 이스라엘 백성의 숫자는 어른만 무려 (5)만 명 정도입니다(37절). 그 외에도 수많은 (6)과 양과 소와 아주 많은 가축이 함께합니다(38절).

생각하기 큰 부르짖음이 들릴 때 이스라엘은 어땠을까요?

해답 1. 예식, 2. 제사, 3. 구원, 4. 피, 5. 육십, 6. 잡족

출애굽기 13장 · 이집트를 떠나다

주요 구절: 13:15

드디어 이스라엘 백성이 이집트를 떠납니다. 그 전에 하나님은 모세에게 몇 가지 규례를 말씀합니다.

첫 번째 처음 태어난 것을 구별하라고 합니다(2절). 나귀의 첫 새끼나 장자는 어린 양으로 대신하게 합니다(13절). 하나님은 이 전통을 "손의 (1)와 미간의 (2)"(16절)가 되게 합니다. 곧 신앙교육의 의미입니다. 요셉과 마리아도 이 법대로 어린 예수님을 예루살렘으로 데리고 갑니다(눅 2:22-24). 왜 처음 태어난 것을 바쳐야 할까요? 이

집트의 초태생이 죽을 때 이스라엘 백성은 예외였기 때문입니다. 생명과 구원이 하나님에게 있다는 표입니다.

두 번째는 무교절입니다. 앞서 말한 무교절 규례를 이집트에서 떠나는 동안 지킬 것을 말씀합니다(6절). 이것 역시 하나님이 이스라엘 백성을 이집트에서 인도했기 때문입니다. 무교절 역시 "손의 (1 ＿＿)와 미간의 (2 ＿)"가 됩니다(9절).

그런데 신기하게도 하나님은 좀 이상하게 일합니다. 하나님은 이스라엘 백성을 지름길로 인도하지 않습니다. 이유는 단순합니다. "이 백성이 (3 ＿＿)을 하게 되면 (4 ＿＿)을 돌이켜 애굽으로 돌아갈까 하셨음이라."(17절) 하나님은 이스라엘 백성을 홍해의 광야 길로 돌립니다. 숙곳에서 에담으로 갑니다(20절). 이때 요셉의 유언대로 그의 유골을 가지고 나옵니다(창 50:25).

하나님은 그들 앞서 가며 이스라엘 백성을 인도합니다. 낮에는 (5 ＿＿) 기둥으로 인도하시다가, 밤에는 그것이 (6 ＿) 기둥이 되어 그들을 따뜻하게 비춰줍니다(21-22절). 하나님의 따스한 품과 같습니다.

생각하기 우리 가정과 교회는 신앙교육을 잘하고 있습니까?

해답 1. 기호, 2. 표, 3. 전쟁, 4. 마음, 5. 구름, 6. 불

출애굽기 14장 · 홍해를 건너다

주요 구절: 14:13-14

하나님은 구름 기둥과 불 기둥으로 이스라엘 백성을 인도합니다. 어느 덧 홍해 앞에 도착했습니다. 바닷가에서 잠깐 휴식을 취할 수 있을까요? 아닙니다. 파라오의 마음이 변했기 때문입니다. 그는 이스라엘을 해방시킨 것을 후회합니다. 그는 선발된 병거(전차) (1 ＿＿) 대와 그 외 모든 전차를 총 동원해 추격합니다(3-7절). 이스라엘은 다급합니다. 앞은 홍해이고, 뒤는 파라오의 군대입니다. 이제 어떻게 해야 할까요? 꼼짝 없이 붙잡혀 죽을 지경입니다.

그러나 걱정할 필요 없습니다. 하나님은 상상할 수 없는 놀라운 일을 계획하고 있습니다.

하나님은 파라오와 그 군대에게 당신의 영광을 보여 줄 것입니다(4절). 하지만 이스라엘은 달려오는 이집트의 전차가 두렵습니다. 그들은 하나님과 모세를 원망하기 시작합니다. 하나님과 열 재앙을 금세 잊습니다. 그때 모세가 말합니다. "너희는 두려워하지 말고 (2 　　　) 서서 (3 　　　)께서 오늘 너희를 위하여 행하시는 (4 　　)을 보라. 너희가 오늘 본 애굽 사람을 영원히 다시 보지 아니하리라. (3 　　　)께서 너희를 위하여 싸우시리니, 너희는 (2 　　　) 있을지니라."(13-14절)

먼저 하나님의 사자(천사)가 구름 기둥과 함께 뒤로 가서 이집트 군대가 접근하지 못하도록 막습니다. 저쪽은 어둠이고 이쪽은 밝습니다. 이어 모세가 (5 　　　)를 든 손을 바다 위로 내밉니다. 그러자 밤 새 큰 동풍이 불어 바다를 가릅니다. 이스라엘 백성은 그 바다를 건넙니다(21절). 놀라운 기적입니다. 새벽까지 다 건넌 후 모세가 다시 손을 바다 위로 내밀자 따라오던 이집트 군인은 전차와 함께 모두 바다에 빠져 죽습니다. 모세가 한 것 같지만 하나님이 한 일입니다. 이집트와 주변 나라는 하나님의 권능과 영광을 듣고 두려움에 떱니다(출 15:14-16).

생각하기 하나님께 놀라운 도움을 받은 적이 있습니까?

해답 1. 홍해, 2. 가만히, 3. 여호와, 4. 구원, 5. 지팡이

출애굽기 15장 · 모세와 미리암의 노래

주요 구절: 15:1

하나님의 구원이 놀랍습니다. 이스라엘 백성은 기뻐 노래를 지어 부릅니다. "내가 (1 　　　)를 찬송하리니, 그는 높고 영화로우심이요, 말과 그 탄 자를 바다에 던지셨음이로다. (1 　　　)는 나의 힘이요, 노래시며 나의 (2 　　)이시로다."(1-2절) 노래 마지막 부분을 주목해서 볼까요? "(1 　　　)께서 영원무궁하도록 다스리시도다."(18절) 하나님은 잠시 홍해를 건널 때만이 아니라, 영원한 왕으로서 이스라엘을 다스린다는 고백입니다. 이 고백은 이후 이스라엘의 노래가 됩니다(시 9:7, 66:7, 102:12 등). 아론의 여동생 (3 　　　)은 선지자로서 노래를 만들어 모든 여인과

함께 소고 치며, 춤추며, 노래합니다(20-21절).

이스라엘은 수르 광야를 지납니다(22절). 준비한 물이 떨어져 그곳 물을 마시려 하는데 물이 너무 씁니다. 그곳을 '마라'로 부릅니다. 이스라엘 백성이 하나님을 원망합니다. 조금 전까지 하나님을 노래했는데, 태도가 바뀝니다. 마음이 쉽게 바뀌는 연약한 인간의 모습을 봅니다. 그러나 신실하고 자비로운 하나님은 왕으로서 그 문제를 해결합니다. 쓴 물을 달게 합니다. "내 계명에 귀를 기울이며 내 모든 규례를 지키면 내가 애굽 사람에게 내린 모든 질병 중 하나도 너희에게 내리지 아니하리니 나는 너희를 (4 ____) 하는 (1 ______)임이라."(26절) 마라를 지나 엘림에 도착하는데, 그곳에는 샘이 12개 있고, 종려나무가 70그루 있습니다(27절). 지금까지 경로는 이렇습니다: 고센 => 숙곳 => 에담 => 홍해 => 수르 광야 => 마라 => 엘림

생각하기 나도 하나님을 향한 마음이 쉽게 바뀝니까?

해답 1. 여호와, 2. 구원, 3. 미리암, 4. 치료

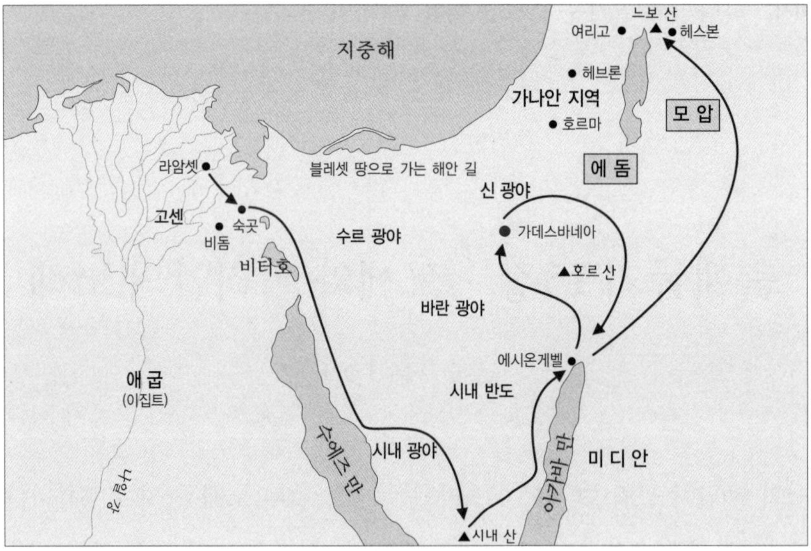

출애굽 광야 여정

출애굽기 16장 · 신 광야, 만나와 메추라기

주요 구절: 16:35

이스라엘은 신 광야에서 또 하나님을 원망합니다. 고기와 빵이 먹고 싶기 때문입니다. 그들은 심지어 이집트 노예 생활이 좋았다고 합니다. 그러나 하나님은 자기 백성을 먹이고 보호합니다. 아침에 만나를, 저녁에 메추라기 고기를 줍니다. 만나의 신기한 생김새를 보세요. "(1)고 둥글며 (2) 같이 가"늘다고 합니다(14절). 만나는 하루 먹을 분량만 거두어야 합니다. 더 거두어 남겨도 다음 날이면 썩습니다. 다만 안식일 전 날에는 이틀 분량을 거두어도 썩지 않습니다. 7일 중 하루는 안식하며 쉴 수 있습니다. 이처럼 일용할 양식은 하늘로부터 내려옵니다. 하나님은 신기한 능력으로 자기 백성을 보호합니다. 하지만, 하나님을 믿지 않는 사람이 있습니다. 그런 불신자는 (3) 날에도 거두러 나가지만 헛수고입니다(27절).

이 만나는 생명의 양식인 예수님을 상징합니다. "모세가 너희에게 하늘로부터 떡을 준 것이 아니라, 내 (4)께서 너희에게 하늘로부터 참 (5)을 주시나니, 하나님의 (5)은 하늘에서 내려 세상에 생명을 주는 것이니라 … 예수께서 이르시되, 나는 생명의 (5)이니 내게 오는 자는 결코 주리지 아니할 터이요."(요 6:32-35)

생각하기 내 수입과 양식은 누구에게서 받은 것입니까?

해답 1. 갓, 2. 서리, 3. 일곱째, 4. 아버지, 5. 떡

출애굽기 17장 · 반석에서 나온 물과 아말렉

주요 구절: 17:6

신 광야를 떠나 (1)에 이르지만 마실 물이 없습니다(1절). 그들은 하나님을 원망하며 모세에게 돌을 던져 죽이려 합니다. 모세의 체면과 권위가 땅에 떨어지고 맙니다. 모세는 하나님께 기도합니다. 모세는 하나님의 지시를 받고 이스라엘 장로(대표)들이 보는 앞에서 반석을 지팡이로 내리칩니다. "나일 강을 치던" 바로 그 지팡이입니다. 반석에서 물이 터져 나옵니다. 이스라엘 장로들이 그 광경을 목격합니다. 그들은 모세를 지도자로 인정합니다. 그곳 이름을 맛사(=시험) 혹은 (2)(=다툼)라 부릅니다(7절). 이들이 반석에서 물을 마시고 생명을 얻는 것처럼, 신약 성도들은 반석이신 그리스도로부터 생명수를 마십니다(고전 10:4).

또 다른 문제가 생깁니다. 아말렉 족속이 이스라엘을 공격합니다. 아멜렉은 에서의 후손으로 광야에 사는 호전적인 민족입니다. 그들은 이스라엘을 지속적으로 괴롭혔기 때문에 하나님의 대적자입니다(16절). 오랜 세월이 지난 후 아말렉 후손 하만에게 이스라엘이 바빌론에 있을 때 몰살당할 위기에 처하기도 합니다(에 3:1).

전쟁은 신기하게 진행됩니다. 모세가 산꼭대기에서 손을 들면 여호수아가 이끄는 이스라엘이 이기고, 손을 내리면 아말렉이 이기는 것입니다(11절). 아론과 훌이 모세 양쪽에서 손을 떠받쳐 들고 해질 때까지 있습니다. 이스라엘이 승리합니다. 모세는 제단을 쌓고 그곳 이름을 "여호와 (3 ___ ___)"라 짓습니다(15절). '여호와는 나의 깃발'이란 뜻으로 '승리'를 뜻합니다.

생각하기 하나님의 도움으로 승리한 경험이 있습니까?

해답 1. 르비딤, 2. 므리바, 3. 닛시

출애굽기 18장 · 이드로의 방문

주요 구절: 18:1

미디안 제사장이며 모세의 장인 이드로가 십보라와 두 아들(게르솜, 엘리에셀)를 데리고 나타납니다. 그들은 이스라엘에게 행하신 하나님의 큰일을 들었습니다(1절). 모세는 아내와 아들들을 '피 남편'(4:24-26) 사건 이후 처가로 돌려보냈던 것 같습니다(2-3절). '게르솜'은 이집트에서의 나그네 인생을 기억나게 하고 '엘리에셀'은 하나님의 도우심, 곧 이집트로부터의 구원을 생각나게 합니다. 자녀의 이름에 모세의 신앙고백이 담겼습니다. 모세가 하나님의 구원역사를 장인에게 이야기합니다. 이드로는 하나님을 찬양합니다. "여호와는 모든 (1 ___)보다 크시므로 이스라엘에게 (2 ___ ___)하게 행하는 그들을 이기셨도다."(11절) 이드로는 번제물과 희생 제물을 하나님께 가져왔고 아론과 이스라엘 장로들과 하나님 앞에서 떡을 먹으며 함께 기쁨을 나눕니다(12절).

모세는 장인 이드로로부터 이스라엘을 다스리는 노하우를 배웁니다. 모세는 이스라엘 백성을 효율적으로 다스리기 위해 구조를 개혁합니다(13-27절). 모세는 10부장, 50부장, 100부장, 1,000부장을 세워 이스라엘을 다스립니다. 행정 조직을 만든 것은 "율례와 (3 ____ ____)를 가르쳐서 마땅히 갈 길과 할 일"(20절)을 하도록 하기 위함입니다. 이스라엘 백성이 조직을 갖춘 민족으로 변모하고 있습니다. 이후 이드로는 다시 자기 땅으로 돌아갑니다.

생각하기 내게도 자랑할 하나님의 큰 일이 있습니까?

해답 1. 신, 2. 교만, 3. 법도

출애굽기 19장 · 시내 산에 도착하다

주요 구절: 19:5-6

출애굽한 지 3개월이 지나 드디어 시내 산이 있는 시내 광야에 도착합니다(1절). 여기에서 하나님이 이스라엘 백성과 언약을 맺습니다. 이 산은 '호렙 산'으로도 불립니다. 일찍이 불타는 떨기나무 앞에서 모세가 하나님을 만난 곳입니다. 이스라엘 백성도 이 산에서 하나님을 만납니다. "셋째 날 아침에 우레와 번개와 빽빽한 (1 ____ ____)이 산 위에 있고 나팔 소리가 매우 크게 들리니 진중에 있는 모든 백성이 다 떨더라."(16절)

하나님이 이스라엘 백성에게 말씀합니다. "내가 애굽 사람에게 어떻게 행하였음과 내가 어떻게 독수리 날개로 너희를 업어 내게로 인도하였음을 너희가 보았느니라. 세계가 다 내게 속하였나니, 너희가 내 (2 ____)을 잘 듣고 내 (3 ____ ____)을 지키면 너희는 모든 민족 중에서 내 (4 ____ ____)가 되겠고, 너희가 내게 대하여 (5 ____ ____ ____) 나라가 되며 거룩한 (6 ____ ____)이 되리라."(4-6절)

하나님은 광야의 독수리 날개와 같습니다. 독수리는 커다란 날개로 새끼를 보호합니다. "마치 독수리가 자기의 보금자리를 어지럽게 하며 자기의 새끼 위에 너풀거리며 그의 날개를 펴서 새끼를 받으며 그의 날개 위에 그것을 업는 것 같이 여호와께서 홀로 그를 인도하셨고 그와 함께 한 다른 신이 없었도다."(신 32:11-12)

하나님은 이스라엘을 "내 소유(재산)", "제사장 나라", "거룩한 백성"이 될 것이라 선포합니다. 얼마나 감사한지요. 하나님은 비천한 노예 처지에 있던 이스라엘을 구원하고 온 우주의 창조주의 시민이 되게 합니다. 베드로도 새 (3 ____ ____) 백성을 향해 "너희는 택하신 족속이요, 왕 같은 제사장들이요, 거룩한 나라요, 그의 소유가 된 백성이니" (벧전 2:9)라고 합니다. 복된 소식입니다. 오직 감사, 감사뿐입니다. 이스라엘 백성은 이렇게 고백합니다. "백성이 일제히 응답하여 이르되 여호와께서 (7 　 　)하신 대로 우리가 다 행하리이다."(8절)

이렇게 하나님과 이스라엘 백성이 (3 　 　)을 체결합니다. 하나님은 이스라엘의 왕이 되고, 이스라엘은 하나님의 백성이 됩니다. 이 감격스런 (3 　 　)은 강제로 체결한 것이 아닙니다. 사랑과 은혜, 감사와 기쁨으로 약속하고 믿음으로 응답하며 언약한 것입니다.

22절과 24절에 언급된 "제사장들"은 아마도 아론과 그 자녀들이 제사장으로 임명되기 전에 제사장으로 활동했던 자들일 것입니다.

생각하기 시내 산 앞에 선 이스라엘 백성의 마음은 어땠을까요?

해답 1. 구름, 2. 땅, 3. 언약, 4. 소유, 5. 제사장, 6. 백성, 7. 명령

출애굽기 20장 · 십계명, 하나님 나라의 법!

주요 구절: 20:2

이제 하나님은 언약백성, 곧 하나님 나라의 시민에게 어울리는 법을 줍니다. 이른바 '십계명'입니다. 십계명은 두 부분으로 나뉩니다(마 22:37-39). 하나님에 대한 사랑과 이웃에 대한 사랑입니다. 1-4계명이 하나님에 대한 사랑, 5-10계명이 이웃에 대한 사랑입니다.

특별히 "나는 너를 애굽 땅, 종 되었던 집에서 인도하여 낸 (1 　) 하나님 여호와니라"(2절)라는 십계명의 서론이 중요합니다. 십계명은 하나님의 구원을 받은 사람이 감사함으로 지켜야 할 것입니다. 십계명은 구원의 조건으로 지켜야 할 것이 아닙니다. 오히려 구원의 결과 감사의 표현입니다. 십계명은 불신자들이 지켜도 좋은 것이지만, 특별히 하나님 나라 시민에게 주어진 법입니다.

신약 교회는 안식일을 주일로 바꿔 지킵니다. 새 언약 시대에는 형상만 우상이 아니라,

하나님보다 더 사랑하는 모든 것이 우상입니다. 예수님은 율법을 폐하기 위함이 아니라, 오히려 완성하러 왔습니다(마 5:17). 십계명의 올바른 정신을 강조합니다. 부모 공경, 살인, 간음과 도둑질 금지 명령을 훨씬 더 넓은 의미로 적용합니다. 겉으로 드러난 행위뿐만 아니라 내면적인 것까지 요구합니다.

이스라엘 백성은 하나님이 직접 말씀하는 것이 두렵습니다. 하지만, 모세는 두려워하지 말라고 위로합니다. "하나님이 임하심은 너희를 (2 ____ ____)하고 너희로 경외하여 (3 ____ ____)하지 않게 하려 하심이니라."(20절)

생각하기 십계명 중 가장 인상적인 계명은 무엇입니까?

해답 1. 네, 2. 시험, 3. 범죄

출애굽기 21장 · 종, 살인, 폭행, 책임에 관한 법

주요 구절: 21:1

이스라엘이 하나님 나라의 시민이 되었으니 이집트의 법이 아니라 하나님 나라 법을 따라야 합니다. 하나님 나라의 법과 질서가 나열됩니다. 인간의 죄는 다양한 상황 속에서 나타납니다. 그래서 하나님의 법도 다양한 경우를 다룹니다.

주인과 종의 관계는 어때야 할까요(1-11절)? 종의 인권을 보호하고 또 주인의 권리도 보장합니다. 지금은 제도로서의 종과 노예는 사라졌습니다. 하지만 자발적인 고용인과 피고용인의 관계는 여전히 존재합니다. 갑과 을의 관계에서 약자의 인권도 보장되어야 합니다.

살인을 하면 사형의 형벌을 내리고, 실수로 살인을 한 경우 피할 길을 줍니다(12-14절). 부모를 폭행하거나 저주하는 자녀는 반드시 죽음으로 엄벌합니다(17절). 제5계명이 얼마나 중요한지 알 수 있습니다.

그 외에도 여러 가지 애매한 사건이 있을 때 "(1 ____)은 (1 ____)으로, (2 ____)는 (2 ____)로, 손은 손으로, 발은 발로, 덴 것은 덴 것으로, 상하게 한 것은 상함으로, 때린 것은 때림으로 갚을지니라."(23-25절)라고 합니다. 이 말을 오해하면 안 됩니다. 잔인하게 보복하라는 뜻이 아닙니다. 오히려 벌을 줄 때 너무 과한 벌을 주지 말라는 뜻입니다. 가축과 관련된 법도 나옵니다(28-36절).

생각하기 내가 따르는 법, 내가 믿는 법은 무엇입니까?

해답 1. 돈, 2. 이

출애굽기 22장 · 배상과 기타 여러 법들

주요 구절: 22:1

1-15절은 타인의 손해에 대한 보상에 관한 법입니다. 제8계명 "도둑질하지 말라"와 연결하면 이해하기 쉽습니다. 모든 재물은 하나님의 것이므로 하나님의 뜻에 따라 사용해야 합니다. 절도와 상해 혹은 화재 사건이 있을 때 피해자에게 배상해야 합니다. 절도에서 소와 양의 경우 배상금이 다른 것(각각 다섯 배와 네 배)은 소가 양보다 더 중요했기 때문일 것입니다(1절). 만약 맡긴 물건이 없어졌을 경우, 물건 맡은 사람이 '난 훔치지 않았어요.'라고 말하면 그 임자는 (1) 믿어야 합니다(11절). 영수증이나 증명서 없이 말만으로도 신뢰하는 것이 하나님 나라의 법입니다. 신용 사회입니다.

이 법들은 대체로 상식적 수준인데, 마음과 의도를 살피는 세심함이 돋보입니다. 이 법은 인간의 완악함을 억제하는 방향으로 만들어진 것입니다. 이런 법들이 필요한 이유가 무엇일까요? 타락한 인간이 본질상 진노의 자녀이기 때문입니다. 법은 죄를 억제하는 역할을 합니다.

이어지는 법들도 그렇습니다. 혼전 동침, 무당, 수간(獸姦), 우상숭배, 이방 나그네, 과부와 고아, 이자(利資), 이웃의 옷을 전당 잡는 문제, 가난한 자와 재판장에 대한 태도, 헌물에 관한 법입니다(16-31절).

생각하기 나는 다른 사람에게 신뢰받는 사람입니까?

해답 1. 그대로

출애굽기 23장 · 공평, 날, 절기, 약속과 요구

주요 구절: 23:20-21

재판 과정과 재판정에서 필요한 법도 있습니다. 다수결 제도가 좋은 제도이나 언제나 옳은 것은 아닙니다. "(1 □□)를 따라 악을 행하지 말며 송사에 (1 □□)를 따라 부당한 증언을 하지 말며."(2절) 여론을 중시하는 현대인이 새겨들어야 법입니다. 재판은 공정해야 하는데, 가난한 자라고 봐 주거나(3절), 부자라고 뇌물을 받고(8절) 유리하게 판결해서도 안 됩니다.

날과 절기에 관한 법도 있습니다. 특별히 7년째 안식년에는 추수하지 못합니다. 가난한 사람이 대신 그것을 먹을 수 있습니다. 종과 짐승도 쉴 수 있습니다. 약자를 향한 하나님의 배려입니다.

유대인이라면 지켜야 할 세 절기가 나옵니다. 유월절(무교절), 맥추절(오순절, 칠칠절), 수장절(초막절)입니다(15-16절). 이렇게 해서 20장부터 23장까지의 일차 언약의 법이 마무리됩니다. 마지막 부분에 언약의 두 요소인 '약속과 요구'가 분명하게 드러납니다.

"내가 사자를 네 앞서 보내어 길에서 너를 (2 □□)하여 너를 내가 예비한 곳에 이르게 하리니, 너희는 삼가 그의 (3 □□□)를 청종하고 그를 노엽게 하지 말라. 그가 너희의 허물을 용서하지 아니할 것은 내 이름이 그에게 있음이니라."(20-21절) "내가 (4 □□)을 네 앞에 보내리니, 그 벌이 히위 족속과 가나안 족속과 헷 족속을 네 앞에서 쫓아내리라."(28절) 여기서 '사자'는 누구일까요? 하나님 자신이거나 혹은 천사일 것입니다. 성자 하나님으로 보기도 합니다. (4 □□)은 천사가 가져오는 재앙과 전염병을 의미할 수도 있습니다.

가나안 정복에 대한 약속도 나옵니다. "네가 그들을 네 앞에서 쫓아내리라."(31절) 경고도 이어집니다. 절대 가나안의 신들과 언약하지 말아야 합니다. 가나안 신들과 언약하는 것은 구원한 하나님을 배신하는 것입니다. 부와 번영을 바라고 가나안 신을 따르면 오히려 그것이 (5 □□)가 될 것입니다(33절).

생각하기 나는 '약속과 요구' 중 어느 것에 더 관심이 갑니까?

해답 1. 다수, 2. 보호, 3. 목소리, 4. 왕벌, 5. 올무

출애굽기 24장 · 피로 언약을 체결하다

주요 구절: 24:10-11

20-23장(시민법)과 25-31장(의식법) 사이에 들어 있는 24장은 특별한 의미가 있습니다. 모세와 아론, 나답과 아비후 그리고 이스라엘 장로 70명이 하나님과 언약을 체결하고 함께 먹고 마시는 영광스런 광경이 나옵니다.

모세가 시내 산에 올라 하나님께 언약의 말씀을 받고 내려와 백성에 알려주고 그것을 기록합니다. 다음 날 아침 모세는 열두 (1 　 　)을 세웁니다(4절). 아직 제사장이 임명되지 않았기 때문에 청년들이 모세를 도와 제사를 드립니다(5절). 짐승의 피 절반을 제단에 뿌립니다. 모세는 (2 　 　)서를 백성에게 직접 읽어줍니다. 백성은 말씀을 준행하겠다고 응답합니다. 모세는 남은 피 반을 양푼에 담아 백성에게 뿌립니다. 이것을 "(2 　 　)의 피"라 부릅니다(8절). 이렇게 (2 　 　)이 체결됩니다.

백성의 대표, 70명의 장로들이 올라가 "이스라엘의 하나님을 보니, 그의 (3 　) 아래에는 청옥을 편 듯 하고 하늘 같이 청명하더라. 하나님이 이스라엘 자손들의 존귀한 자들에게 손을 대지 아니하셨고 그들은 하나님을 (4 　)고 (5 　)고" 마십니다(10-11절). 꼭 신약 시대 성만찬에서 하나님을 만나 (4 　)고 (5 　)고 마시는 것을 생각나게 합니다.

모세는 시내 산 중턱까지 여호수아와 함께 올라가지만, 더 높은 곳에는 홀로 올라가 40일 동안 머물며 하나님의 법을 받습니다(12-13, 18절). 6일 동안 여호와의 영광이 구름 형태로 머뭅니다. 일곱째 날에 산꼭대기에 "맹렬한 불"같은 것이 나타납니다(17절). 산 아래는 아론과 훌이 모세 대신 백성을 다스리고 있습니다(14절).

생각하기 나는 성찬에서 무엇을 경험합니까?

해답 1. 기둥, 2. 언약, 3. 발, 4. 뵙, 5. 먹

출애굽기 25장 · 성소, 하나님의 임재의 상징

주요 구절: 25:8-9

하나님은 언약을 맺은 이스라엘 가운데 함께 하시려 합니다. 인간은 죄를 지어 하나님을 직접 뵐 수 없기 때문에 '매개'(media)가 필요합니다. 하나님은 모세에게 그 매개인 '성소' 즉 거룩한 곳(9-10절)을 만들라고 명령합니다. 하나님이 죄인 가운데 임한다니 얼마나 감사한지요. "내가 그들 중에 거할 (1)를 그들이 나를 위하여 짓되."(8절) 거룩한 곳이 장막(천막) 곧, '성막'으로 나타납니다.

하나님이 언약백성과 함께하신 것처럼, 성자 예수님도 친히 우리 가운데 거하셨습니다. "말씀이 육신이 되어 우리 가운데 (2), 우리가 그의 영광을 보니 아버지의 독생자의 영광이요, 은혜와 진리가 충만하더라."(요 1:14) '거하다'는 말은 '천막을 치다'라는 단어에서 왔습니다. 하나님이 함께하니 언약백성은 위로와 기쁨을 얻습니다. "보라! 하나님의 (3)이 사람들과 함께 있으매 하나님이 그들과 함께 계시리니, 그들은 하나님의 백성이 되고, 하나님은 친히 그들과 함께 계셔서, 모든 (4)을 그 눈에서 닦아 주시니, 다시는 사망이 없고 애통하는 것이나 곡하는 것이나 아픈 것이 다시 있지 아니하리니, 처음 것들이 다 지나갔음이러라."(계 21:3-4)

성소의 제작은 모세의 아이디어가 아닙니다. 하나님이 설계도를 직접 줍니다. 설계도대로 증거궤(언약궤, Ark of Covenant), 진설병(陳設餠; 보여주기 위해 진열된 빵; Show-bread), 상, 등잔대(Menorah), 각종 제사 기구들을 만듭니다.

그렇다면 성소를 만들 재료는 어디서 구할까요? 성소 제작에 사용되는 재료는 최고급입니다. 금, 은, 놋, 청색, 자색, 홍색 실, 가는 베실, 염소 털, 붉은 물들인 숫양의 가죽, 해달의 가죽, 조각목, 등유, 관유에 드는 향료, 분향할 향을 만들 향품, 호마노, 에봇, 흉패에 물릴 (5)(3절)이 필요합니다(3-7절). 이스라엘 백성은 이런 예물들을 기쁜 마음으로 바칩니다. 이 예물들은 모두 이집트에서 나올 때 취한 것들입니다(12:35-36). 구원에 대한 감사로 예물을 드립니다.

생각하기 함께하시는 하나님 덕분에 용기를 낸 적이 있습니까?

해답 1. 성소, 2. 거하시매, 3. 장막, 4. 눈물, 5. 보석

출애굽기 26장 · 성막

주요 구절: 26:1

26장에는 성막 제작 방법이 나옵니다. 휘장, 널판, 덮개 제작 방법을 알려줍니다(1-29절). 성막 내부는 지성소와 (1   )로 나뉩니다(31-33절). 지성소에는 증거궤를 두고, 그 위에 (2   )를 둡니다(34절). 지성소 휘장 바깥 북쪽에 상을 놓고 남쪽에 (3   )를 놓아 상과 마주하게 했습니다(35절). 휘장은 청색, 자색, 홍색 실과 가늘게 꼰 베 실로 수놓아 짭니다(36절).

모세 마음대로 해서는 안 되고 오직 하나님이 정한 방법대로 해야 합니다(30절). 백성과 언약을 맺지만 하나님이 주도합니다. 그러나 그 방법은 강제가 아니고 무거운 것이 아닙니다. 하나님과 만나는 복된 통로입니다.

생각하기 나는 지금 어떻게 하나님을 만나고 있습니까?

해답 1. 성소, 2. 속죄소, 3. 등잔대

출애굽기 27장 · 제단, 성막 뜰, 등불 관리

주요 구절: 27:9

27장은 제단과 성막 뜰을 만드는 방법에 관한 것입니다. 제단은 "(1   ) 반듯"한 정사각형으로 대략 가로세로 2.5m, 높이는 1.5m입니다(1절). 옮길 수 있도록 네 (2   )와 채를 나무로 만들고 놋으로 쌉니다(4, 6절). 제단 네 귀퉁이에는 (3   )을 만듭니다(2절). (3   )은 힘과 능력의 상징입니다. 하나님의 보호와 은혜의 힘을 생각나게 합니다. 제사장은 속죄제를 지낼 때 양의 피를 네 귀퉁이의 (3   )에 바릅니다. 열왕기상에 보면, 다윗의 아들 아도니야가 반역에 실패하고 "일어나 가서 제단 (3   )을" 잡았습니다(왕상 1:50). 하나님의 능력과 힘에 호소하며 보호를 요청한 것입니다. 솔로몬은 하나님 때문에 그를 살려줍니다.

성막 뜰은 남쪽과 북쪽의 길이가 대략 50m이고 동쪽과 서쪽은 대략 25m입니다(9-13절). 동쪽은 성막의 입구입니다. 아마도 성막의 성소 앞쪽 뜰이 넓게 만들어졌을 것입니다. 모든 기둥은 69개인데, 남쪽에 (4 ___ ___)개(9-10절), 북쪽에 (4 ___ ___)개(11절), 서쪽에 (5 ___)개(12절), 동쪽 출입구에 (5 ___)개(14-16절), 안쪽 휘장에 4개(출 26:32), 바깥쪽 휘장에 5개(출 26:37)로 구성됩니다.

등불 기름은 순결한 (6 ___ ___)유(올리브유)를 사용해야 합니다(20-21절). '순결하다'는 것은 '순수하다'는 뜻으로 아무 것도 섞지 않은 것입니다. 제사장은 저녁부터 아침까지 등불이 꺼지지 않도록 보살펴야 합니다. 등불은 세상을 비추는 하나님을 나타냅니다. 하나님의 백성도 빛이니, 성도는 세상을 비추는 사명을 잘 감당해야 합니다.

생각하기 세상을 비추는 사명을 어떻게 감당할 수 있을까요?

해답 1. 네모, 2. 고리, 3. 뿔, 4. 스무, 5. 열, 6. 감람

출애굽기 28장 · 제사장, 옷, 판결 흉패

주요 구절: 28:43

하나님과 인간을 잇는 직분자를 중보자(中保者)라고 부릅니다. 옛 언약에서는 제사장, 새 언약에서는 예수님이 중보자입니다. 시내 산에서 하나님은 제사장 직분을 모세의 형 아론과 그의 네 자녀에게 줍니다. 아론의 자녀 이름은 나답, (1 ___ ___ ___), 엘르아살, 이다말입니다(1절).

하나님은 제사장을 위하여 "(2 ___ ___)한 옷"(2절)을 만들어 그들을 '(3 ___ ___)롭고 아름답게' 해야 합니다(2절). 왜 그럴까요? 아론과 자녀들이 아름답고 (3 ___ ___)롭기 때문일까요? 아뇨! 하나님이 (3 ___ ___)롭고 아름답기 때문입니다. 제사장이 걸치는 것들은 흉패, (4 ___ ___), 겉옷, 반포(斑布) 속옷, 관(모자), 띠입니다(4절). '반포'는 '짙은 남색 빛의 실과 흰 실을 섞어 짠 수건 감의 폭이 좁은 무명 천'입니다. 약간 얼룩무늬가 있는 천입니다.

'판결 흉패' 안에 (5 ___ ___)과 둠밈을 넣었습니다(30절). (5 ___ ___)과 둠밈이 어

떻게 사용되는지는 알려지지는 않았습니다. 분명한 것은 판결할 때 하나님의 뜻을 구한 것입니다. 에봇 받침 겉옷에는 금 방울과 석류를 번갈아 가며 달아 성소에서 움직일 때 소리가 나게 했습니다. 제사장의 모자 앞에는 순금으로 "(6 ___ ___ ___)께 성결"이라 쓴 패를 만들어 붙입니다(36절). 제사장은 이 모든 옷들을 입어야 "죄를 짊어진 채 죽지"(43절) 않습니다. 이렇게 죄인은 중보자의 섬김을 통해 (2 ___ ___)한 하나님을 만날 수 있습니다.

생각하기 거룩하신 하나님을 만나기 위해 누구를 의지합니까?

해답 1. 아비후, 2. 거룩, 3. 영화, 4. 에봇, 5. 우림, 6. 여호와

출애굽기 29장 · 제사장 위임식과 매일 번제

주요 구절: 29:1

하나님은 제사장을 거룩하게 세우는 '위임식'을 지시합니다(1절). 수송아지 하나로 속죄제를 드리고, 숫양 하나는 번제, 다른 숫양은 제사장이 안수할 숫양입니다. 흔들어 드리는 '요제'(24절)와 올려드리는 '거제'(28절)의 형식도 나옵니다. 이런 위임식을 통해 제단과 옷, 그리고 아론의 자손들을 거룩하게 합니다. 이 위임식은 레위기 8장 1-36절에서 시행됩니다.

제사장도 다른 사람의 죄를 해결하기 전에 먼저 자신의 죄를 해결해야 합니다. 자신을 위해 속죄제를 먼저 드려야 합니다. 그들의 직무를 위해서도 숫양을 잡고 그들의 몸과 옷에 (1 ___)와 (2 ___ ___)를 뿌립니다(21절). '관유'(灌油)는 '임명식에 사용하는 기름'(the anointing oil)을 말합니다.

제사장은 매일 제사를 드리되, 1년 된 어린 양 한 마리를 아침에, 또 한 어린 양을 저녁에 드려야 합니다. 고운 밀가루로 드리는 '소제'(素祭)와 포도주로 드리는 '전제'(奠祭)도 있습니다. 불로 태우기 때문에 '화제'(火祭)라고도 합니다. 하나님은 제사장이 매일 드리는 제사를 통해 백성과 만나겠다고 약속하십니다. 하나님이 자기 백성과 함께한다는 뜻입니다. 죄 때문에 하나님께 접근하지 못했는데, 제사장과 제사를 통해 가능해졌습니다. "그들은 내가 그들의 하나님 여호와로서 그들 중에 거하려고 그들을 (3 ___ ___) 땅

에서 인도하여 낸 줄을 알리라. 나는 그들의 (4) 여호와니라."(46절) 하나님이 그들의 하나님이 됩니다. 큰 은혜입니다!

지금은 어떻게 하나님께 나아갈까요? 제사를 지내야 할까요? 아닙니다. 새 언약의 중보자이신 예수님이 자기 몸을 단번에 드려 영원한 제사를 드렸습니다. "그가 거룩하게 된 자들을 한 번의 제사로 (5)히 온전하게 하셨느니라."(히 10:14) 이 사실을 믿는 사람은 누구나 속죄 제사 없이 하나님께 나아가 하나님을 만날 수 있습니다.

생각하기 예수님을 믿어 기쁨 마음으로 하나님께 나아갑니까?

해답 1. 피, 2. 관유, 3. 애굽, 4. 하나님, 5. 영원

출애굽기 30장 · 분향단, 속전, 거룩한 향 기름과 향

주요 구절: 30:1

이제 '분향할 제단'(분향단)과 '생명의 속전'(贖錢)과 '놋 물두멍'과 '거룩한 향기름과 향'을 만들라고 합니다. 먼저 향단에 대한 규례입니다(1-10절). 불을 피워 향을 피웁니다. 성경 전반에 걸쳐 향은 기도와 연결됩니다. 시편 141편 2절은 이렇게 노래합니다. "나의 (1)가 주의 앞에 분향함과 같이 되며 나의 손드는 것이 저녁 제사같이 되게 하소서." 요한계시록에서도 그렇습니다. "이 향은 성도들의 (1)들이라."(계 5:8), "또 다른 천사가 와서 제단 곁에 서서 금향로를 가지고 많은 (2)을 받았으니, 이는 모든 성도의 (1)와 합하여 보좌 앞 금 제단에 드리고자 함이라. 향연이 성도의 (1)와 함께 천사의 손으로부터 하나님 앞으로 올라가는지라."(계 8:3-4)

하나님은 향을 만드는 방법도 구체적으로 말씀합니다(22-38절). 액체로 만든 향유(22-33절)가 있고, 연기로 피우는 향(34-38절)이 있습니다. 이 향은 거룩하기 때문에 성소에서만 사용해야지, 사람을 위해 사용해서는 안 됩니다(32절). 향에 대한 규례를 보면서 올바른 기도 방법이 생각납니다. 예수님이 직접 가르쳐 주신 주기도문은 가장 좋은 기도 모델입니다.

향에 대한 규례 설명 사이에 속전과 물두멍이 나옵니다. 20세 이상 된 이스라엘 백성

은 (3 ___ ___)의 속전(대속하는 돈)으로 (4 ___) 세겔을 내야 합니다(11-16절). 이것은 회막 제사(예배)에 필요한 경비로 쓰입니다. 또 놋으로 된 물두멍을 만들어 손과 발을 씻어 깨끗하게 해야 합니다(17-21절). 예수님이 제자들의 발을 씻긴 사건을 기억나게 합니다.

생각하기 나도 하나님을 향한 마음이 쉽게 바뀝니까?

해답 1. 기도, 2. 왕, 3. 생명, 4. 반

출애굽기 31장 · 성막 제작자와 안식일

주요 구절: 31:13

하나님은 성막과 기구를 제작할 사람도 정해 알려줍니다. 유다 지파의 (1 ___ ___ ___)과 단 지파의 오홀리압입니다(2-6절). "하나님의 (2 ___)을 그에게 충만하게 하여 (3 ___ ___)와 총명과 지식과 여러 가지 재주로 정교한 일을 연구하여 금과 은과 놋으로 만들게 하며."(3-4절) 하나님은 본래 재능 있고 "지혜로운 마음이 있는 모든 자에게 내가 (3 ___ ___)를 주어"(6절) 하나님의 일에 사용합니다. 신약 교회는 이를 '은사'라 부릅니다. '은사'는 하나님의 선물입니다. 성막 제작에 사용된 은사는 교회를 세울 때 더욱 발휘됩니다.

안식일은 이스라엘 백성과 하나님 사이의 '영원한 (4 ___ ___)'(16절)이며 '그 (4 ___ ___)의 영원한 (5 ___ ___)'(17절)입니다. 일곱째 날 하루를 쉬는 것이 하나님과의 영원한 (4 ___ ___)을 표시하는 것입니다. 이스라엘 백성이 안식일을 지킴으로 하나님의 거룩한 백성임을 확증합니다(13절). 지금도 우리가 하루를 안식함으로 하나님의 (4 ___ ___) 백성임을 나타내며 확신합니다.

생각하기 나의 은사는 무엇입니까? 교회 세움에 사용하고 있습니까?

해답 1. 브살렐, 2. 영, 3. 지혜, 4. 언약, 5. 표징

출애굽기 32장 · 금 송아지 우상숭배와 징벌

주요 구절: 32:9

모세가 시내 산에 올라간 지 오래되어도 소식이 없습니다. 기다리던 백성이 아론에게 말합니다. "일어나라. 우리를 위하여 우리를 인도할 (1)을 만들라."(1절) 백성은 지도자가 사라지자 불안해합니다. 믿음은 콩알만 해지고 불안과 초조가 엄습합니다. 그들은 하나님을 자신들 가까이 두고 싶어 형상과 모양을 요구합니다. 아론은 백성의 요구를 듣습니다. "새겨 (2) 형상을 만드니 그들이 말하되 이스라엘아! 이는 너희를 애굽 땅에서 인도하여 낸 너희의 (1)이로다."(4절). 백성은 자신에게 익숙하고 좋아하는 방법으로 하나님을 예배하려 합니다. 이집트에서 보고 배운 대로 합니다. 그러나 하나님은 그런 섬김을 싫어합니다. 그들이 행한 것은 제2계명을 어긴 것입니다.

하나님은 "목이 (3) 백성"(9절)을 모두 멸망시키려 합니다. 모세만 살리겠다고 합니다. 이때 모세는 죄를 지은 백성과 하나님 사이에서 중보자 역할을 합니다. 모세는 하나님의 언약과 약속에 의지하여 기도합니다(11-13절). 하나님은 모세의 기도를 듣고 뜻을 돌이켜 은혜를 베풉니다(14절).

모세는 적극적으로 우상숭배에 가담한 3천 명을 죽입니다(28절). 레위 자손은 여호와의 편에 서서 자기 가족과 형제를 처벌하는 데 앞장섭니다. 인간적으로 보면, 어려운 일이지만, 하나님의 판단으로 친구와 이웃을 처벌합니다. 심지어 자기의 (4)과 (5)도 죽입니다(29절). 이런 레위 지파의 순종과 헌신 때문에 그들은 하나님의 특별한 일을 하는 복을 받습니다. 금 송아지 우상숭배의 죄는 참혹한 결과를 낳았습니다. 하나님께 예배하는 자는 반드시 그분이 지시하는 방법대로 예배해야 합니다.

생각하기 나는 어떻게 하나님을 예배합니까?

해답 1. 신, 2. 송아지, 3. 뻣뻣한, 4. 아들, 5. 형제

출애굽기 33장 · 은혜와 긍휼을 베푸시는 하나님

주요 구절: 33:11

하나님은 이스라엘 백성에게 약속의 땅까지 함께 가지 않겠다 말씀합니다(3절). 백성은 그 말을 듣고 슬퍼합니다. 하나님이 장신구를 떼라고 하자 그들은 몸에서 장신구를 다 떼어 냅니다(5-6절).

모세는 장막을 이스라엘 가운데 두지 않고 진 바깥에 둡니다. 모세가 회막에 들어갈 때 이스라엘 백성은 멀리서 바라만 봅니다. 너무나 큰 죄를 지어 유구무언(有口無言)일 따름입니다. 모세는 중보자로서 하나님과 백성 사이에 섭니다. "사람이 자기의 (1 ___ ___)와 이야기함 같이 여호와께서는 모세와 (2 ___ ___)하여 말씀하시며."(11절) 모세는 하나님께 간절히 기도합니다. 함께 갈 것을 요청합니다. 하나님은 동행하겠다고 약속합니다. 모세는 그 증거를 보여 줄 것을 요구합니다. 그러자 하나님은 당신의 뒷모습을 보여주며 확신을 줍니다. 왜 앞모습이 아니라 뒷모습일까요? 왜냐하면, "네가 내 (3 ___ ___)을 보지 못하리니, 나를 보고 살 자가 없"기 때문입니다(20절). 단지 뒷모습만 보지만, 지나갈 때 은혜의 말씀은 또렷이 들립니다. "나는 (4 ___ ___) 베풀 자에게 (4 ___ ___)를 베풀고 (5 ___ ___)히 여길 자에게 (5 ___ ___)을 베푸느니라."(19절) 자비로운 하나님을 선언합니다.

생각하기 진 밖에 있는 장막을 보는 백성의 마음은 어땠을까요?

해답 1. 친구, 2. 대면, 3. 얼굴, 4. 은혜, 5. 긍휼

출애굽기 34장 · 다시 언약을 체결하다

주요 구절: 34:1

모세는 두 돌판을 마련합니다. 그리고 시내 산으로 올라갑니다. 다시 언약의 말씀을 받기 위함입니다(10절). 하나님이 모세에게 말씀합니다. "여호와라! 여호와라! 자비롭고 은혜롭고 노하기를 더디하고 인자와 진실이 많은 하나님이라. 인자를 천대까지 베

풀며 악과 과실과 (1)를 용서하리라. 그러나 벌을 면제하지는 아니하고 아버지의 악행을 자손 삼사 대까지 보응하리라."(6-7절) 죄를 지은 이스라엘 백성을 향한 은혜로운 복음입니다.

시내 산 위에서 모세는 신비로운 일을 경험합니다. 40일간 식음을 전폐하고 오로지 하나님과의 교제에 집중합니다(28절). 산에서 내려온 모세의 (2)에 빛이 납니다(29절). 광채는 하나님의 영광의 빛의 영향 때문입니다. 하나님과 대화하는 자는 영광의 빛을 발합니다. 기도는 영광스럽고, 기도하는 사람은 하나님의 영광으로 빛납니다.

백성은 빛나는 (2)을 가진 모세가 두렵습니다(30절). 아론과 여러 지도자들이 모세에게 다가가 대화를 했고, 아무런 이상이 없음을 본 뒤에야 안심하고 모세에게 다가갑니다(32절). 모세는 백성에게 시내 산에서 받은 모든 말씀을 전달합니다. 백성은 모세의 (2)에 광채가 나는 것을 보면서 영광스런 하나님의 복음을 듣습니다. 선포 후 모세는 (3)으로 자기 (2)을 가립니다(33절). 장막에 들어가 하나님을 만나고 말씀을 전할 때는 (3)을 벗고, 장막 밖에서 백성과 일상생활을 할 때는 다시 가립니다(34-35절).

신약성경에서 바울은 이 장면을 복음과 율법의 관계로 설명합니다(고후 3:7-18). 옛 언약에 속한 율법으로는 하나님의 영광을 제대로 보지 못합니다. 하지만 새 언약의 복음은 (3)을 벗어 하나님의 영광을 똑바로 보며 살게 합니다. 오늘 성도는 예수님과 성령님 덕분에 하나님의 영광을 바라봅니다. 불신자들은 성도의 얼굴에서 하나님의 영광을 볼 것입니다.

생각하기 만일 내가 빛나는 모세의 얼굴을 보았다면 어떻게 했을까요?

해답 1. 죄, 2. 얼굴, 3. 수건

출애굽기 35장 · 성막을 위한 봉헌물과 일꾼들

주요 구절: 35:29

이스라엘은 장막을 만들어야 합니다. 그러나 (1)일에는 일을 하지 말아야 합니다(2-3절). 하나님이 자기 백성에게 쉼과 (1)을 줄 것입니다. 일할 때가 있고, 쉴 때가 있습니다. 하나님의 명령을 지키면 언제나 좋습니다.

성막을 만들기 위한 재료가 필요합니다. 모세는 백성의 물건을 강제로 빼앗지 않습니다. "(2)에 원하는 자는 누구든지 그것을 가져다가 여호와께 드릴지니."(5절) 모세의 말에 감동한 백성이 자원하여 예물을 드립니다(21절). 하나님은 자원하는 마음을 기뻐합니다. 물건을 봉헌하는 사람도 있고, 기술을 제공하는 사람도 있습니다. 물건이든 재능이든 하나님께 받은 기쁨으로 섬깁니다.

성막 제작의 총 책임자는 브살렐과 오홀리압입니다. 그들은 전문 기술자로서 책임지고 일꾼들을 (3)치기도 하며(34절) 정교한 일을 (4)합니다(35절). '(4)하다'는 말은 '연구하다'는 뜻입니다. 하나님이 주신 재능과 능력을 잘 활용한다는 의미입니다. 전에 말한 것처럼, 은사는 교회를 세우는 데 더욱 발휘됩니다. 교회를 세우기 위해 잘 배우고 연구하며 일해야 합니다.

생각하기 나는 은사를 어떻게 활용합니까? 계속 계발하고 있습니까?

해답 1. 안식, 2. 마음, 3. 가르, 4. 고안

출애굽기 36장 · 넉넉한 봉헌물로 성막을 만들다

주요 구절: 36:2

브살렐과 오홀리압, 그리고 지혜와 총명의 은사를 소유한 자들이 하나님이 알려준 대로 성막과 필요한 기구를 만듭니다(1절). '증거궤'는 25장 10-22절에 명령된 대로 만듭니다. '진설병'(陳設餠)을 놓는 상은 25장 23-30절, '(1)대'는 25장 31-40절, '성막'은 26장 1-37절, '(2)'은 27장 1-8절, '성막의 뜰'은 27장 9-19절에 명령된 대로 만듭니다.

백성이 자원하여 드리는 예물이 너무나도 풍성합니다. 일하는 사람이 "백성이 너무 많이 가져오므로 여호와께서 명령하신 일에 쓰기에 (3)이 있나이다"(5절)라고 할 정도였습니다. 모든 일을 하기에 재료가 넉넉했습니다(7절). 백성이 하나님께 받은 구

원과 은혜에 감동하여 예물 드린 결과입니다. 하나님께 드리는 것을 복으로 여겼기 때문입니다.

8절부터 38절까지는 성막을 만드는 장면입니다. 화려한 색깔의 실, 최고급 가죽, 금과 은, 놋이 풍성하게 사용됩니다. 가장 높고 거룩한 하나님과 만나는 곳이니 최고로 만들 수밖에 없습니다. 그러나 아무리 화려하더라도 성막은 그림자입니다. 이제는 성막의 실체인 예수님 안에서 하나님을 만납니다.

생각하기 예물 드리는 나의 마음은 어떻습니까?

해답 1. 등잔, 2. 제단, 3. 남음

출애굽기 37장 · 언약궤, 진설병 상, 등잔대, 분향단

주요 구절: 37:1

37-38장부터 언약궤와 상, 등잔대, 분향할 제단, 번제단, 놋 물두멍, 그리고 성막 울타리 제작 내용이 나옵니다. (1   )이 대표자로 언급됩니다(1절). 먼저 '언약궤'를 제작하는데, 언약궤 안에 두 돌판이 있습니다(출 25:21). 주목할 것은 '속죄소'입니다. 속죄소는 궤의 뚜껑 역할인데, 두 그룹(cherubim) 곧 두 천사와 그 날개로 장식되어 있습니다. 속죄소 위에서 하나님이 백성과 만나 죄를 용서하고, 말씀할 것입니다(출 25:22). 지금은 예수님이 속죄소 역할을 합니다. 예수님을 통해 죄 용서를 받고 하나님을 보고 만납니다.

다음은 '진설병 상'을 만듭니다. 이후 이 상에는 빵 (2   )개가 올라갈 것입니다(레 24:5). 진설병과 상은 하나님이 이스라엘 열두 지파에게 양식을 제공한다는 것을 의미합니다. 오늘날에는 생명의 양식인 예수님이 성도에게 참 양식과 힘을 주십니다.

(3   )(Menorah)를 제작합니다(17절). 나무 가지와 살구꽃 형상으로 제작되는데(19절), 모습이 꼭 생명나무 같습니다. 이 (3   )가 어두운 성막을 밝히는데, 지금은 (3   )를 보며 세상의 빛이신 예수님을 생각합니다.

'분향할 (4   )'을 만듭니다(25절). 아름다운 향기로 성막을 채우는데, 특별히 속죄일에는 더욱 향과 연기로 성막을 가득 채웁니다(레 16:13). 앞서 말한 것처럼 향은 기도와 연결됩니다. 예수님을 통한 기도로 하나님과 아름답고 풍성한 교제를 누립니다.

생각하기 옛 성막의 기구와 오늘 나는 어떤 관계입니까?

해답 1. 물두멍, 2. 뜰, 3. 등잔대, 4. 제단

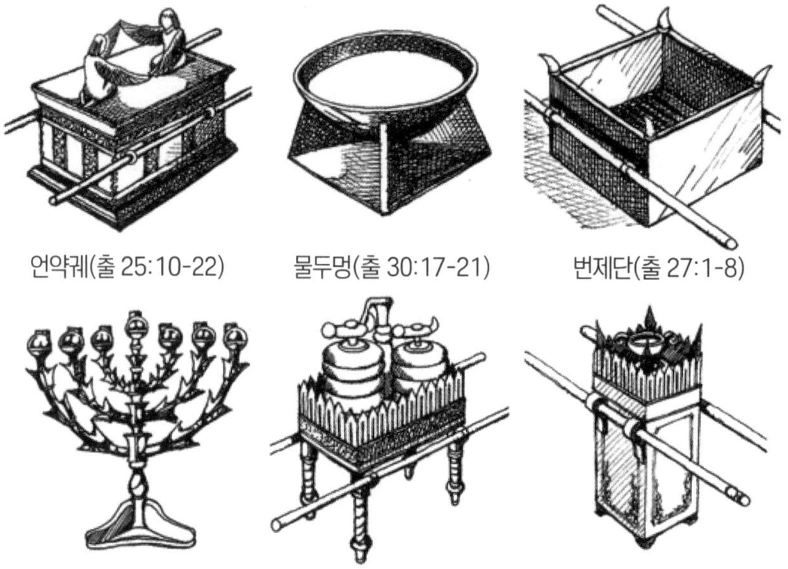

성막의 기구들

출애굽기 38장 · 번제단, 물두멍, 울타리 그리고 결산

주요 구절: 38:9

'번제(燔祭)단'은 나무에 놋을 씌워 만들었다고 '놋제단'(27:1-8)이라고도 불립니다. 이곳에서 제물을 구워 제사 드립니다. 번제단에서 제사한 후 성소에 들어갈 때 씻을 놋(1 ___)을 만듭니다. (1 ___)을 만들 때 성막 입구에서 섬기는 여인들이 헌신합니다(8절).

이어서 성막 (2 ___)을 두르는 울타리를 만듭니다(9절). 하나님이 임재하는 거룩한 곳이기에 울타리를 쳐서 제한할 수밖에 없습니다. 지금도 예수님을 통해서만 제한되게 하

나님을 만날 수 있습니다. 그러나 예수님을 믿는 사람이라면 누구나 제한 없이 하나님을 만날 수 있습니다. 특별히 교회에서 그렇습니다.

브살렐과 (3) 이 다시 언급됩니다. 기구를 제작하는 데 브살렐이 주도했다면, (3) 은 조각과 베 실로 수놓는 데 재능이 있습니다(23절).

성막을 제작하기 위해 모인 비용이 대단합니다. 금은 29달란트 730세겔이었습니다. 은은 100달란트 1,775세겔이었습니다. 이것은 20세 이상의 이스라엘 남성 603,550명이 반 세겔씩 바친 것과 같습니다. 그 외에 놋쇠도 70달란트 2,400세겔을 바쳤습니다. 하나님께 예물 드림이 풍성합니다.

생각하기 우리 교회에서는 누구나 제한 없이 하나님을 만납니까?

해답 1. 물두멍, 2. 뜰, 3. 오홀리압

출애굽기 39장 · 제사장의 옷, 흉패, 여러 옷과 거룩한 패

주요 구절: 39:1

성막과 기구에 이어 성막에서 섬길 (1) 의 옷, 곧 제사장의 복장을 만듭니다. 역시 하나님이 말씀한 대로 만들어야합니다(1절, 출 28:1-43). 제사장의 '옷'은 거룩합니다. 하나님이 정한 방법대로 만들어야 합니다. 먼저 '에봇'입니다(2-7절, 출 28:6-12). 에봇은 조끼 같은 모습입니다. 두 어깨 받이에 호마노 보석이 각각 붙어 있는데, 이스라엘(야곱) 열두 아들의 이름이 정교하게 새겨져 있습니다(6-7절). '판결 흉패'(8-21절)에도 열두 개 보석이 세 개씩 네 줄로 박혀 있고, 각 보석에는 이스라엘의 열두 지파의 (2) 이 하나씩 새겨져 있습니다(14절). 우림과 둠밈은 판결 흉패 안에 있습니다. 에봇 안에 받쳐 입는 긴 옷은 전부 청색(22-26절, 레 8:7-8)입니다. 긴 겉옷의 아래 자락을 빙 둘러가며 석류 모양을 만들고 그 사이에 방울을 답니다. 맨 안쪽 속옷은 하얀색이며 속바지를 가는 베 실로 짭니다(27-29절).

성막과 그 안의 모든 기구가 완성됩니다. "여호와께서 (3) 하신 대로 되었으므로 모세가 그들에게 (4) 하였더라."(43절) 이렇게 성막은 하나님의 말씀대로 제작되었습니다. 놀라운 것은 이 일에 하나님의 백성을 참여시킨 것입니다. 재능 있는 자는 더욱 재능을 발휘하게 하였습니다. 또 백성은 예물 드림으로 참여하였습니다. 구원받은 것만도 감사한데, 하나님 나라를 위해 헌신할 수 있으니 더욱 감사합니다.

생각하기 하나님 나라를 섬길 기회가 언제일까요? 혹시 지금 아닐까요?

해답 1. 아론, 2. 이름, 3. 명령, 4. 축복

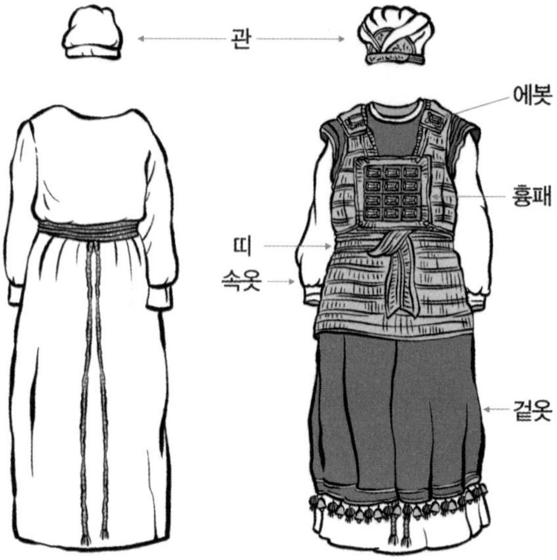

제사장 의복

출애굽기 40장 · 완성된 성막

주요 구절: 40:38

"둘째 해 첫째 달 곧 그 달 초하루에 성막" 제작을 완성했습니다. 첫째 해는 처음 유월절이 있었던 때이니(출 12:2), 출애굽한 지 1년이 되는 날에 성막 개관식을 한 셈입니다. 하나님과의 만남으로 새로운 시작, 즉 새 출발을 합니다.

하나님은 모세에게 개관식 방법을 2-15절에서 말씀합니다. 증거궤, 곧 언약궤를 가장 깊숙한 곳에 놓고 휘장을 쳐 가립니다(3절). 휘장 바로 앞에 금 (1 ______)을 놓습니다(5절). 휘장을 바라볼 때 우측으로 (2 ___)을 놓고 좌측에 (3 ________)를 놓습니

다(4절). 성소 밖에는 번제단을 만들고, 성소와 번제단 사이에 (4)을 놓습니다(7절). 그리고 뜰 주위에 포장을 치고 뜰 문으로 휘장을 칩니다(8절). 제작한 기구에 관유를 발라 거룩하게 합니다(9절). 성막에서 섬길 제사장들도 씻기고 기름을 부어 거룩하게 합니다(12-13절). 기름이 효력을 발휘한 것이 아니라 하나님이 정한 방법이기 때문입니다.

이제 성막 개관식을 시행합니다. 16절부터 8번 반복되는 문장이 있습니다. "여호와께서 명령하신 대로."(16, 19, 21, 23, 25, 27, 29, 32절) 모세는 말씀대로 성막 개관식을 준비하고 시행합니다.

모세가 이 일을 다 마쳤을 때 놀라운 일이 나타납니다. (5)이 회막 위에 덮이고 하나님의 영광이 성막에 충만합니다(34절). 모세가 감히 성막에 들어갈 수 없을 정도입니다. 시내 산에서 하나님이 이렇게 임재했지만, 백성이 있는 진 가운데 이런 일이 일어난 것은 처음입니다. 하나님이 친히 백성 가까이 임재한 것입니다.

낮에는 하나님의 (5)이 성막 위에 있고 밤에는 (6)이 그 (5) 가운데 있어 하나님의 임재가 모든 백성에게 분명하게 보여 알 수 있습니다(38절). (5) 기둥과 (6) 기둥이 백성을 인도합니다(38절). 험난한 광야 여정이라도 하나님이 함께하니 걱정이 없습니다.

생각하기 하나님과 동행하는 것을 묵상해봅시다.

해답 1. 휘장, 2. 상, 3. 등잔대, 4. 물두멍, 5. 구름 6. 불

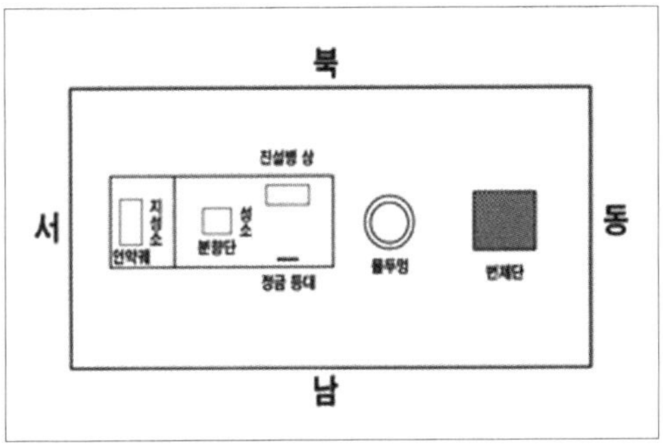

성막의 구조

레위기

레위기(Levi+記)라는 이름 때문에 레위 지파와 그 제사장에 관한 규례로 생각하기 쉽습니다. 그러나 레위기는 '거룩'이라는 주제 아래 다양한 율법과 규례, 예배(제사) 지침이 나옵니다. 레위기 20장 26절이 주제를 잘 나타냅니다. "너희는 나에게 거룩할지어다. 이는 나 여호와가 거룩하고 내가 또 너희를 나의 소유로 삼으려고 너희를 만민 중에서 구별하였음이니라." 이 말씀은 출애굽기 19장 6절의 성취입니다. "너희가 내게 대하여 제사장 나라가 되며 거룩한 백성이 되리라."

이스라엘의 율법이 이방 나라의 것들과 비슷하기도 하지만, 분명한 차이가 있습니다. 예를 들어 이교도는 짐승의 피를 마시지만, 이스라엘은 피를 마시지 않습니다(레 3:17; 7:26; 17:10, 14). 제사장에서도 차이가 납니다. 이방 제사장은 왕인 경우(제정일치)가 많고, 신과 같이 절대적입니다. 그러나 이스라엘 제사장은 흠이 있는 평범한 사람으로서 자기를 위해서도 제사하며, 비밀스런 가르침이나 주문도 없습니다. 제사장은 율법을 가르치는 교사이기도 합니다.

레위기가 오늘날과는 상관없는 것처럼 보이는 규례를 말하니 읽기 어렵습니다. 그러나 레위기를 묵상할수록, 죄 많은 백성과 만나기 위해 거룩한 하나님이 베푸신 은혜가 참 크다는 것을 깨닫습니다. 또 모든 규례를 성취하신 예수 그리스도의 은혜를 더욱 누립니다. 또 오늘날에도 여전히 레위기의 정신의 이어지고 있음을 알게 됩니다.

내용 구분

1-7장	제사 규례들
8-10장	성막과 제사장 위임식
11-15장	부정과 정결에 관한 규례들
16장	속죄일 규례
17-26장	성결과 관련된 규례들
27장	서원 규례들

레위기 1장 · 번제, 하나님께 드리는 헌신

주요 구절: 1:3

1장은 번제(燔祭, Burnt Offering)에 관한 지침입니다. 예배자는 소의 머리에 안수합니다. 안수는 자기 죄를 전가하는 것, 자기와 동일시하는 것을 뜻합니다. 안수 후 자기 손으로 소를 죽입니다. 제사장은 그 피를 그릇에 담아 (1 ☐☐) 문 앞에 있는 단 사방(주변)에 뿌립니다(5절). 그리고 소의 가죽을 벗기고 고기를 토막 냅니다(6절). 그러면 제사장이 단 위에 나무와 불을 준비하고 그 위에 자른 고기를 머리와 기름과 함께 올립니다. 동시에 예배자는 내장과 다리를 물로 씻어 단 위에 올려 함께 불사릅니다. 이렇게 제물 전체를 드리는 헌신의 표시가 번제입니다. (2 ☐)이나 염소의 경우(수컷)도 같은 방법으로 진행되지만(10-13절), 새(산비둘기, 집비둘기 새끼)일 경우는 다릅니다(14-17절). 제사장이 직접 단 위에서 머리를 비틀어 끊고, 피는 모으고, 모이주머니와 더러운 것은 단 동편 재 버리는 곳에 버립니다. 몸통은 두 동강으로 찢지 않고 단 위에 올려 태웁니다.

번제에는 죄를 용서 받는 속죄 기능이 포함됩니다(4절). 거룩한 하나님은 속죄 후에야 예배자의 제사를 받습니다. '번제'의 히브리어 *올라*는 '올라가다'라는 뜻입니다. 따라서 번제를 화제(火祭)로도 부르는데, 예배자의 헌신과 기도가 불의 연기가 올라가듯이 "여호와께 (3 ☐)기로운 (4 ☐☐)"(9절)로서 올라가면 하나님이 받으십니다.

예수님이 모든 규례를 성취한 이후로는 더 이상 번제를 드릴 필요가 없습니다. 성도는 대신 찬미의 제사를 드립니다(히 13:15-16). 하나님의 은혜를 찬양하고 그분의 명령에 순종하는 것, 선을 행하고 서로 나누는 것, 이것이 바로 그리스도인이 드릴 번제입니다.

생각하기 하나님께 내가 드릴 것은 무엇입니까?

해답 1. 회막, 2. 양, 3. 향, 4. 냄새

레위기 2장 · 소제, 곡식으로 드리는 제사

주요 구절: 2:1

2장은 소제에 관한 지침입니다. '소제'(Grain Offering)의 '소'는 '흰색 素'이고 '제'는 '제사 祭'입니다. 제물로 드리는 곡식이 흰색이기 때문에 이렇게 번역되었습니다. 소제의 형식은 다양합니다. 1-3절은 요리되지 않은 곡식으로 드리는 경우이고, 4-10절은 요리된 음식으로 드리는 경우, 11-16절은 여러 소제에 대한 규칙입니다. 이렇게 세 부분으로 나뉘는데, 모두 "여호와께 드리는 (1 　 　)로운 냄새"로 끝나는(2-3, 9-10, 16절) 것이 공통점입니다. 또 (2 　 　)을 붓고 (3 　 　)을 더하는 것도 특징입니다(2, 6, 15절). 첨가되는 '기름과 향'은 기쁨을 상징합니다(사 61:3; 시 45:8). 예배자가 준비된 것을 가지고 나가면, 제사장은 그것을 받아 곡식 얼마와 기름 약간과 유향을 불에 태웁니다. 나머지는 제사장의 몫이 됩니다(10절).

'소제'의 히브리어 *민하*는 '선물'이라는 뜻입니다. 따라서 충성스런 예배자가 하나님(주인)께 선물로 드리는 것이 소제라고 생각하면 쉽습니다. 하나님을 기쁘게 하는 선물입니다. 언약의 하나님께 감사와 기쁨으로 보답하고 싶을 때 소제를 드렸습니다. 이처럼 소제는 하나님과 예배자 모두에게 기쁨이 됩니다.

마지막으로 '소금'이 소제에 필요합니다. 모든 소제물에 소금을 쳐야 합니다. 이 소금은 하나님의 (4 　 　)의 소금이라 부릅니다(13절). 소금과 (4 　 　)이 무슨 관계일까요? 고대에는 소금을 불이나, 시간, 혹은 다른 어떤 것에도 영향을 받지 않고, 변하지 않는 것으로 생각했습니다. 민수기 18:9과 역대하 13:5에는 '소금 (4 　 　)'이 등장하는데, 모두 영원한 (4 　 　)을 상징합니다. 예배자는 소제에 이런 소금을 더함으로써 하나님과 영원한 (4 　 　)을 맺었음을 확신하게 됩니다.

생각하기 나는 어떤 것으로 하나님께 감사하고 있습니까?

해답 1. 향기, 2. 기름, 3. 유향, 4. 언약

레위기 3장 · 화목제, 기쁨의 제사

주요 구절: 3:1

화목제(和睦祭)는 의무가 아닙니다. 자원하는 제사입니다. 화목제를 드릴 때는 암컷, 수컷 구별하지 않습니다. 제물로 드리는 것은 소(1-5절), 양(6-11절), 염소(12-17절) 입

니다. 하나님께는 제물 내장 사이에 있는 (1 ＿＿)들을 향기로운 냄새로 태웁니다(3-5절). 기름을 빼고 남은 고기들은 제사장과 예배자가 나누어 먹습니다. 하나님께 드리는 예배인데, 꼭 바비큐 파티 같습니다. 왜 이런 화목제를 드릴까요?

화목제는 보통 '화평' 혹은 '평화'의 제사(Peace Offering)로 번역됩니다. '화목제'의 히브리어 *세라밈*은 '평화'를 뜻하는 샬롬과 관계가 있습니다. 정리하면, 죄로부터 구원받고, 그 외 여러 어려움에서 구원받아 하나님을 기뻐하고 백성과 평화를 나누기 위해 화목제를 드립니다. 흔히 속죄 기능에 초점을 맞추어 이해하지만, 교제가 더 중요합니다. 죄를 없애는 것도 교제하기 위해서입니다. 화목제를 통해 하나님과 예배자가 교제를 나누고, 예배자들이 서로 교제를 나눕니다. 이스라엘 백성은 이렇게 기쁜 화목제를 자주 드렸습니다.

오늘은 어떨까요? 화목제는 성찬식과 비슷합니다. 예수님이 (2 ＿＿＿＿)이 되었고(롬 3:25, 5:10-11), 덕분에 성도는 하나님과 평화를 누립니다. 성찬식에서는 (2 ＿＿＿＿)인 예수님의 살과 피를 기쁘게 나눕니다. 따라서 성찬식은 예수님을 장사지내는 장례식이 아니라, 죽음의 권세를 이기고 승리한 예수님을 기뻐하며 즐기는 잔치입니다. 이것은 출애굽기 24장 11절 말씀의 성취입니다. "하나님이 이스라엘의 존귀한 자들에게 손을 대지 아니하셨고, 그들은 (3 ＿＿＿)을 뵙고 (4 ＿)고 마셨더라."(출 24:11)

생각하기 화목제 드리러 가는 사람을 볼 때 백성의 마음은 어땠을까요?

해답 1. 기름, 2. 화목제물, 3. 하나님, 4. 먹

레위기 4장 · 속죄제(1), 죄 용서와 정결

주요 구절: 4:3

4장 1절 - 6장 7절까지는 '속죄제'와 '속건제'가 나옵니다. 이 두 가지 규례는 강조점에 있어서 앞선 세 가지(번제, 소제, 화목제)와 약간 다릅니다. 앞선 것에서는 '제물의 종류와 가치'가 중요했다면, 속죄제와 속건제는 '죄의 종류와 예배자의 신분'이 중요합니다.

'속죄제'(贖罪祭, The Sin Offering)에서 눈에 띄는 특징은 단과 성소 장막에 피를 뿌리는 것입니다. 피를 뿌리는 위치는 예배자의 지위와 관계가 있습니다. (1)이면 회막에 피를 바르지만(3-12절), 족장이나 평민의 경우는 번제단의 (2)들에 바릅니다(25, 30절). 그들이 주로 활동하는 범위에 있는 물건들입니다. 사람이 죄를 옮기는 주범입니다. 성소에서 활동하는 제사장의 책임이 더 큽니다.

'속죄제'의 히브리어는 *하타아트*이며 '죄 짓다'와 '정결하게 하다'는 의미의 *하타*와 관련이 있습니다. 속죄제를 통해 죄를 용서 받고, 부정하게 된 것이 정결하게 됩니다. 제사장인 경우 죄를 지어 성소까지 더럽혀졌으니 속죄제를 통해 정화시켜야 합니다. 이처럼 속죄제를 통해 예배의 자리를 깨끗하게 할 수 있습니다.

속죄제를 통해 (3)에 범한 죄도 용서 받습니다(2, 13, 22, 27절; 2절은 번역 누락). 반대로 말하면, 내가 깨닫지 못하거나 실수로 한 것도 하나님께는 죄가 됩니다. 죄의 기준은 인간이 아니라 하나님입니다. 거룩한 하나님이 언약백성에게 거룩을 요구합니다.

생각하기 하나님 앞에 당당할 수 있을까요? 십자가를 더욱 묵상합시다.

해답 1. 제사장, 2. 뿔, 3. 부지중

레위기 5장 · 속죄제(2)와 속건제(1)

주요 구절: 5:19

속죄제 규례가 이어집니다. 1-6절은 속죄제를 바쳐야 할 범죄 사례가 나옵니다. 거짓말이나 거짓 맹세를 하는 경우(1, 4절), 또는 부정한 것들이나 부정한 사람과 접촉한 경우입니다(2-3절). 사람이 부정해지는 예들은 11-15장에 나옵니다. 7-13절은 가난한 자들이 바칠 수 있는 제물에 관한 것입니다. 하나님의 은혜가 가난한 자에게 주어집니다. 산비둘기 (1) 마리나, (2) 비둘기 새끼 둘을 속죄 제물로 드릴 수 있습니다. 그보다 더 가난하면, 고운 (3) 십분 일 에바(1에바 = 2.2L)를 예물로 드리면 됩니다(11-13절). 가난한 사람에게도 죄 용서의 길은 열려 있습니다.

14-19절에는 속건제가 나옵니다. 속건제도 부지중에 범한 잘못을 포함합니다. 속건제의 '속건'(贖愆)은 '죄', '범죄', '잘못', '보상'이라는 뜻입니다. 영어로는 'Guilt Offering'(RSV, NEB, NIV)이나 'Trespass Offering'(KJV)인데, 속죄제(Sin Offering)와 큰 차이가 없습니다. 그러나 제사의 목적에서 분명히 차이가 납니다. 속죄제가 죄 용서와 정결에 초점이 맞춰져 있다면, 속건제는 죄 때문에 잘못된 것을 '보상하는 것'에 초점이 맞춰져 있습니다(16절, 레 6:5). 하나님께든(15-16절), 이웃에게든(레 5:17-6:7) 손해를 끼쳤을 때는 하나님의 죄 용서와 함께 손해 배상이 있어야 합니다. 하나님께만 죄 용서 받는 것으로 끝나지 않습니다. 용서 구함과 적절한 배상이 따라야 합니다.

이런 용서와 배상은 예수님을 만난 삭개오에게 잘 나타납니다. 삭개오가 회개하고 부당하게 갈취한 돈이 있으면 네 배로 갚겠다고 했습니다(눅 19:8). 이처럼 속건제의 의미는 신약 시대에도 여전히 유효합니다. 예수님 말씀처럼 이웃과 다툼이 있다면 화해하고 배상한 뒤 하나님을 예배해야 할 것입니다(마 5:23-24).

생각하기 용서를 구하며 함께 배상한 적이 있습니까?

해답 1. 두, 2. 집, 3. 가루

레위기 6장 · 속건제(2), 제사장이 지킬 제사 규례(1)

주요 구절: 6:9

6장 1-7절에는 속건제 규례가 이어집니다. 사람 간에 일어나는 경제적 폭력과 관련이 있습니다. 훔친 물건을 반드시 배상할 뿐 아니라, 원(元) 가치의 1/5을 더 주어야 합니다(5절). 2절은 인간관계에서 생긴 문제가 어쩌다 생긴 일이 아니라, 하나님과의 문제에서 출발됨을 보여줍니다. "누구든지 여호와께 (1 　 　)하지 못하여 범죄하되, 곧 이웃이 맡긴 (2 　 　)이나 전당물을 속이거나 도둑질하거나 (3 　 　)하고도 사실을 부인하거나"(2절)

6장 8절부터 7장까지는 다시 5가지 제사 규례를 다룹니다. "여호와께서 모세에게 말씀하여 이르시되"(레 6:19; 7:22, 28)나 혹은 "-의 규례는 이러하니라"는 말로 시작합니다(레 6:14, 7:1, 11, 37). 왜 제사 내용이 반복될까요? 1장 2절과 4장 2절에 보면 "이스라엘 자손에게 말하여 이르라"고 합니다. 대상이 백성입니다. 하지만 6장 9절과 25절은 "(4)과 그 자손에게 명령하여 이르라"라고 합니다. 이번에는 제사장이 그 대상입니다. 순서도 차이가 납니다. 6-7장의 순서는 번제 => 소제 => (5)(25절) => 속건제 => 화목제 순입니다. 제사를 집례하는 제사장의 책임이 큽니다.

생각하기 매일 제사 지내야 했던 제사장의 마음은 어땠을까요?

해답 1. 신실, 2. 물건, 3. 착취, 4. 아론, 5. 속죄제

레위기 7장 · 제사장이 지킬 규례(2)

주요 구절: 7:11

제사장이 지킬 제사 규례가 이어집니다. 이번에는 속건제와 화목제입니다. 속건제의 제물(고기)과 번제물의 (1)과 소제물은 제사장이 가집니다(7-10절). 이것이 제사장의 일용할 양식입니다.

이어서 화목제입니다. 화목제 규례는 다른 제사보다 깁니다. 제사 음식을 다른 사람도 먹을 수 있기 때문에 더 신경 쓴 것 같습니다. 화목제 가운데 감사 제목을 고백하며 감사로 드리는 '감사제'(12-13, 15절)가 있습니다. '기름 섞은 무교병', '기름 바른 무교전병', '고운 가루에 기름 섞어 구운 과자'를 함께 드립니다(12절). 화목제물에는 유교병(有酵餠)도 포함됩니다(13절). 위에 언급된 제물을 하나씩 흔들어 '거제'(擧祭)로 하나님께 드리고 제사장에게 줍니다(14절). 감사제로 지낸 제물은 '드린 사람', '제사장', '다른 백성'이 함께 그 날에 먹어야 합니다(15절). 하지만, '서원제'나 '자원제'는 이튿날까지 먹어도 됩니다. 이렇게 진심으로 드린 화목제는 하나님, 제사장, 백성 모두에게 기쁨입니다.

고기가 부정한 물건에 닿으면 불살라야 합니다. (2)한 사람이 화목제물을 먹으면 죄를 짓는 것입니다(20절). 이것은 꼭 오늘날 교회에서 성찬에 아무나 참석하지 못하도록 울타리 치는 것과 비슷해 보입니다. 추가로 금지 규례가 이어집니다. 첫째 규례는 (3)을 먹지 말라는 것(22-26절)이고, 둘째 규례는 (4)를 먹지 말라는 것입니다(26-27절). 이는 3장에서 언급된 것입니다. "너희는 (3)과 (4)를 먹지 말라."(레 3:17) 아무리 기쁜 제사라도 지킬 것은 지켜야 합니다.

제물의 가슴은 요제(搖祭, 좌우로 흔들어), 오른쪽 뒷다리는 거제(위아래로 흔들어)로 하나님께 드린 후 제사장에게 주어 소득이 되게 합니다(28-36절). 이렇게 하나님이 준 제사 규례가 끝납니다(37-38절).

생각하기 나는 감사한 일을 이웃과 기쁘게 나누는 편입니까?

해답 1. 가죽, 2. 부정, 3. 기름, 4. 피

레위기 8장 · 성막 구별과 제사장 임직식

주요 구절: 8:30

흔히들 레위기에는 율법만 담겼다고 생각합니다. 그러나 레위기에는 역사도 담겨 있습니다. 출애굽기부터 이어진 성막과 제사장, 제사 규례가 드디어 실행됩니다. '성막 구별식'과 '제사장 임직식'을 모세가 중보자로서 주도합니다. 그는 하나님께 받은 (1   )대로 합니다(4, 9, 13, 17, 21, 29, 36절). 모세는 아론을 대제사장, 그 아들들을 제사장으로 세웁니다(12-13절). 그 사이에 성막도 (2   )를 발라 구별합니다(10-11절). 대제사장 아론이 치장하는 것은 속옷, 띠, 겉옷, 에봇, 흉패, 우림과 둠밈, 관, 금패(7-9절)입니다. 대제사장 아론이 할 중재자 사역의 중요성을 보여줍니다. 아론의 아들들은 에봇과 흉패, 우림과 둠밈이 없습니다.

모세와 대제사장, 그리고 제사장들이 (3   )를 드립니다(14-17절). 일반 (3   )(레 4:6-7)와 대부분 비슷하지만, 피를 처리하는 부분이 다릅니다. 피를 휘장 안으로 들고 들어가지 않고, 번제단의 네 귀퉁이에 바릅니다. 이것은 첫 (3   )라서 제단을 성별한 것으로 보입니다. 이어 헌신의 제사인 '번제'(18-21절)를 드립니다. 희생된 양들을 자신들과 동일시하며 하나님께 헌신하는 순간입니다. 그리고 '화목제'(22-30절)을 드립니다. 보통 화목제에서 제사장에게 주어지는 가슴 고기는 모세의 몫입니다(29절). 하지만, 우편 뒷다리는 하나님께 드립니다(25, 28절). 제사장의 임직식이 하나님과 모세의 공동 작업이라는 것을 보여줍니다. 특별히 임직식 화목제에서는 (4   )를 아론과 아들들의 오른쪽 귀, 엄지손가락, 엄지발가락과 옷에 바릅니다(23-24절). 정결하게 되었음을 표시하는 것입니다(14:14). 그리고 화목제물을 함께 먹

는데(31절), 이것을 (5) 일 동안 반복합니다(35절).

아론과 그 아들들이 제사장으로 세워진 것은 오직 하나님의 선택과 은혜 때문입니다. 그들은 받은 은혜대로 철저하게 하나님께 순종하고 헌신해야 합니다. 오늘날에는 예수님을 믿는 모든 성도가 왕 같은 제사장으로 세워졌습니다(벧전 2:9). 우리 모두 하나님께 순종하고 헌신해야 합니다.

생각하기 나는 제사장답게 헌신합니까? 어떤 면에서 그렇습니까?

해답 1. 명령, 2. 관유, 3. 속죄제, 4. 피, 5. 7

레위기 9장 · 첫 제사 집례와 하나님의 영광

주요 구절: 9:24

임직식을 마친 지 8일째 되는 날, 다시 속죄제, 번제, 화목제, 소제를 드립니다. "(1) 여호와께서 … 나타나실 것"(4절)이기 때문입니다. 8절부터는 이제 모세가 도와주지 않고 (2)이 직접 제사를 집례 합니다. 긴장된 순간입니다. (2)은 앞에서 언급된 제사 규례에 따라 제사를 드립니다. 마지막 제사는 (3)입니다(18절). 제사를 마친 뒤 (2)은 손을 들어 백성을 축복한 뒤 내려옵니다. 아마도 민수기 6장 24-26절 내용일 것입니다(22절).

모세와 (2)이 회막에 들어가 하나님과 교제하고 백성을 위해 기도하고 나오자 놀라운 일이 일어납니다. 여호와의 (4)이 온 백성 앞에 나타난 것입니다. 이 영광은 40년 광야 생활에서 구름 기둥과 불 기둥으로 묘사됩니다(민 14:10 이하). 불이 여호와 앞에서 나와 제단 위 번제물과 기름을 불태웁니다(23절). 온 백성이 보고 소리를 지르며 땅에 엎드립니다(24절). 영광스런 하나님의 임재에 대한 기쁨의 외침입니다. 경외감으로 엎드립니다. 언약백성은 겸손으로 엎드려야 함을 보여줍니다.

첫 제사에 하나님의 영광이 임합니다. 예배는 이처럼 하나님이 알려주신 대로 해야 합니다. 그럴 때 하나님의 영광이 임하며, 하나님의 영광을 경험한 예배자는 하나님 앞에 겸손히 엎드립니다.

생각하기 최근에 하나님의 영광을 경험한 예배는 언제입니까?

해답 1. 오늘, 2. 아론, 3. 화목제, 4. 영광

레위기 10장 · 나답과 아비후의 불순종

주요 구절: 10:1

하나님의 영광을 경험하는 복된 사건이 있은 직후 아주 불행한 사건이 발생합니다. 아론의 아들 (1 □□)과 (2 □□□)가 분향하다가 그만 하나님의 불에 죽습니다(1-2절). "여호와께서 명령하시지 아니하신 (3 □□) 불"(1절)로 분향했기 때문입니다. "(3 □□)"은 '승인되지 않은'(unauthorized)라는 뜻입니다. 제사장은 하나님의 뜻대로 섬겨야 합니다. 모세는 아론의 남은 두 아들 (4 □□□□)과 (5 □□□)에게 슬퍼하지 말라고 합니다. 여호와의 관유가 아직 있으니 구별하여 제사장 직무를 감당하라고 명령합니다(7절).

하나님은 모세를 통해 말씀합니다. "나는 나를 가까이 하는 자 중에서 내 (6 □□)함을 나타내겠고 온 백성 앞에서 내 영광을 나타내리라."(3절) 이 말은 '하나님께 더 가까이 나아갈수록, 하나님의 (6 □□)과 영광에 더 많은 주의를 기울여야 한다'는 뜻입니다. 직분자의 책임이 가볍지 않습니다. 하나님은 아론에게 제사장의 추가 규례를 말씀합니다. 회막에 들어갈 때는 포도주와 독주를 마시지 말아야 합니다. (6 □□)한 것과 속된 것을 분별하고 부정한 것과 정한 것을 구별해야 하기 때문(10절)입니다. 백성에게 그 구별을 가르쳐야 합니다(11절). 그 외에도 제사장에게 할당된 제물을 어떻게 먹어야 할지도 가르칩니다(12-15절).

16절에 보면, 아론의 두 아들, (4 □□□□)과 (5 □□□)이 속죄제 규례를 어깁니다. 본래 속죄제로 드려진 고기는 거룩해서, 정해진 장소에서 제사장이 먹어야 하는데(레 6:25 이하), 이들이 먹지 않고 태워버린 것입니다. 하지만 형들처럼 죽지는 않습니다. 화를 내는 모세에게 아론이 '무슨 염치로 속죄제물을 먹어 백성의 죄를 대신하겠는가?'라고 대답합니다(19절). 조금 전 두 아들을 잃어버린 슬픔이 가득하고 두려움이 있는데, 아론과 두 아들이 백성의 죄를 사하는 속죄제물 먹는 것은 부담이었을

것입니다. 모세는 아론의 그 말을 받아들입니다. 이처럼 아론과 그 제사장들은 백성의 죄를 짊어질 수 없습니다. 한계와 흠이 있는 연약한 제사장입니다. 완전한 대제사장으로 오실 예수 그리스도만 기다려집니다. 그분이 백성의 죄를 완전하게 대신하였습니다(히 9:12).

생각하기 하나님을 정말 두려워합니까? 솔직하게 말해봅시다.

해답 1. 나답, 2. 아비후, 3. 다른, 4. 엘르아살, 5. 이다말, 6. 거룩

레위기 11장 · 정한 것과 부정한 것의 구분

주요 구절: 11:45

11-15장의 내용은 소위 '정결법'으로 불립니다. 하나님은 정한 것과 부정한 것을 구분하는데, 제사장은 그것을 가르쳐야 합니다(10:10). 부정한 것들로 인해 오염된 모든 것을 정결하게 하는 의식과 절기가 바로 16장에 나오는 '속죄일'입니다. 이 규율은 억지스러운 것이 아니라 구원한 언약백성을 구별하기 위함입니다. "나는 너희의 하나님이 되려고 너희를 애굽 땅에서 인도하여 낸 여호와라. 내가 (1 　 　)하니, 너희도 (1 　 　)할지니라."(45절)

먼저 동물부터 구분합니다. 육지 (2 　 　)일 경우, 굽이 갈라져 쪽발이고 동시에 새김질하는 동물은 정결하고, 그렇지 않거나, 두 가지 경우가 섞여 있는 경우는 부정합니다(3-8절). (3 　)에 사는 생물은 비늘과 지느러미가 있는 것은 정하고, 그렇지 않은 것은 부정합니다(9-12절). 공중에 나는 (4 　) 가운데 먹을 것과 먹지 말아야 할 목록도 있습니다(13-19절). 곤충 가운데 네 발로 기어 다니는 것은 먹지 말아야 하지만, 날개가 있고 네 발로 기는 모든 곤충 중에 뛰는 것은 먹어도 됩니다(20-23절). 그 외에 부정한 것과 부정하게 되는 것과, 다시 정결하게 되는 방법도 말합니다(24-47절).

이렇게 구별된 이유는 무엇일까요? 하나님이 이유를 밝히지 않기 때문에 알 수 없습니다. 다만 분명한 것은, 이런 구분을 통해 언약 하나님과 언약백성이 구별된다는 점입니다. 하나님이 (1 　 　)하니 백성도 (1 　 　)해야 합니다(45절).

지금은 이 정결법이 그대로 적용되지는 않습니다. 예수님은 모든 음식물이 깨끗하다고 말씀합니다(막 7:19). 입으로 들어가는 것이 아니라, 악한 마음이 문제입니다(마 15:10-20). 사도행전도 역시 똑같이 말합니다(행 10:9-16). 그러나 거룩과 구별로의 부름은 여전히 유효합니다. 오늘날 성도도 인격적으로나 육체적으로 순전하고 흠 없이 구별되어야 합니다. 악한 것을 가까이 하지 말아야 합니다. 혹 부정하게 된다면, 깨끗케 하는 예수 그리스도에게 빨리 나아가야 합니다.

생각하기 나는 어떤 기준으로 부정한 것을 구별합니까?

해답 1. 거룩, 2. 짐승, 3. 물, 4. 새

레위기 12장 · 아이를 낳은 여인의 정결법

주요 구절: 12:2

여자가 자녀를 출산했을 때 오랫동안 다른 사람과의 접촉을 피하여 다른 사람이나, 물건을 부정하게 하는 일이 없도록 해야 합니다. 이것은 여자가 남자보다 부정해서가 아니라, 출산과 그 후에 흐르는 피 때문입니다. 아들을 출산한 경우 (1) 째 날에 할례를 받도록 해야 합니다(3절). 할례 후 (2)일이 지난 후, 곧 40일이 정결 기간입니다(2-4절). 딸인 경우 할례는 없고 대신 (3) 이레(14일) 동안 부정하고, 완전하게 정결하게 되려면 (4)일이 지나야 하기에 총 80일이 정결 기간입니다(5절). 아들보다 딸이 두 배가 더 깁니다. 이 정도 기간이면 자연스럽게 산후조리가 되기도 했을 것입니다.

어쨌든 40일 혹은 80일 기간 동안 산모는 다른 사람들과의 접촉을 피하여 다른 사람이나, 물건을 부정하게 하는 일이 없도록 해야 합니다. 정결케 되는 기간이 끝나면 여자는 번제물로 일 년 된 어린 양과 속죄제를 위하여 집비둘기 새끼나, 산비둘기를 가지고 회막 문 제사장에게 가져갑니다. 제사장이 그 제물을 하나님께 드려 속죄하고 여자를 정결케 합니다. 만약 가정 형편이 어려우면, 양 대신 산비둘기 (5) 마리나, 집비둘기 새끼 (5) 마리를 가져다가 하나는 번제물, 하나는 속죄물로 드릴 수 있습니다(8절). 형편에 따라 제물이 다른 것은, 순종하는 마음이 필요함을 가르쳐 줍니다. 마리

아와 요셉도 이 규례대로 예수님을 낳고 8일 만에 할례를 행하고, 결례의 날이 차 예루살렘으로 가 제사합니다. 이때 제물이 비둘기 한 쌍이나, 혹은 어린 집비둘기 둘인데(눅 2:21-24), 이는 요셉 가정의 경제 상황을 짐작케 합니다.

생각하기 정결 의식을 치르는 여자의 마음은 어땠을까요?

해답 1. 여덟, 2. 33, 3. 두, 4. 66, 5. 두

레위기 13장 · 나병으로 부정하게 된 경우

주요 구절: 13:2

13장은 질병과 관련이 있습니다. 한글 성경은 '나병'으로 번역하지만, 오늘날 '한센병'에 해당된다고 보기 어렵습니다. 이 병은 피부뿐만 아니라, 뼈까지 녹이는 병인데다가, 옷이나 집에도 생긴다고 말합니다. 그러니, 나병의 히브리어 단어 *차라아트*는 각종 곰팡이류에 감염된 전염병의 일종으로 보입니다(레14:54-57). 헬라어 성경인 '칠십인역'(LXX)은 이것을 레프라로 번역했고, 이것이 영어 '렙러시'(Leprosy)로 이어졌고, 한자어 '나병(癩病)'(문둥병)으로 번역되어 내려왔습니다. 'L'의 음가가 'ㄴ'으로 변형된 것 같습니다. 여하튼 13장에 나오는 이 병의 핵심은 '전염성'입니다. 특히 광야에서 집단 생활하는 이스라엘 백성에게는 전염병이 치명적입니다.

나병을 진단하고 구별하는 일은 제사장의 직무입니다. 나병 진단에 공통된 표현이 등장합니다. 첫째, 증상에 대한 예비 진술입니다. 조건문으로 표현됩니다. "만일 사람이 … 나병 같은 것이 생기거든."(2절) 둘째, 제사장의 조사가 이어집니다. "제사장은 그 (1 ____ ____)의 병을 진찰할지니."(3절) 셋째, 구체적인 증상이 진술됩니다. "환부의 털이 희어졌고 환부가 피부보다 우묵하여졌으면."(3절) 넷째, 제사장의 진단과 처방이 나타납니다. "이는 (2 ____ ____)의 환부라. 제사장이 진단하여 그를 부정하다 할 것이요."(3절) 다섯째, 부정하다고 판단되면 45-46절에 기록된 규례대로 해야 합니다. 여섯째, 불확실할 경우 7일 혹은 14일 동안 기다리며 진단합니다(4-8절). 모발, 수염, 의복처럼 다양한 부위에 생기고, 종기, 화상, 옴, 어루러기 등 다양한 질환이 나옵니다.

나병으로 진단 받으면 진 밖에 혼자 지내야 합니다(45-46절). 부정하기 때문입니다.

이스라엘 백성과 교제할 수 없습니다. 그 곳은 죄인들과 부정한 자들이 추방되는 곳이기도 합니다(레 10:4-5; 민 5:1-4, 12:14-15, 31:19-24). 너무나도 안타까운 일입니다. 그러나 예수님은 나병 환자를 만나고 그들을 치료합니다(마 8:1-4; 막 1:40-45; 눅 5:12-16, 17:11-9). 예수님은 하나님과 인간 사아에 존재하는 모든 장애물을 제거합니다.

생각하기 당시 피부병으로 격리된 백성의 마음은 어땠을까요?

해답 1. 피부, 2. 나병

레위기 14장 · 회복된 환자의 정결법

주요 구절: 14:2

나병 환자가 치료된 후에는 정결 규례를 지켜야 합니다. 제사장은 (1 ____) 밖으로 나가 나병 환자를 만납니다. 이방 종교 제사장이라면 어떤 의식이나 귀신을 쫓는 의식(Exorcism)을 하겠지만, 이스라엘 제사장은 단지 진찰만 할 뿐입니다. 환부를 진찰한 뒤 나았으면, 그 자리에서 정결 의식을 행합니다(2-9절). (1 ____) 밖에서의 정결 의식이 끝나면 (1 ____) 안으로 들어 올 수 있는데, 아직 회막에는 들어가지 못합니다. 8일째가 되면 두 번째 정결 의식을 행합니다. 네 가지 제사를 드림으로 공동체에 완전히 복귀할 수 있습니다(19-32절). 한 때 부정하여 (1 ____) 밖에서 격리되어 살던 사람도 깨끗하게 되면, 언제든지 다시 공동체 일원으로 돌아올 수 있습니다. 물론 몇 가지 과정은 거쳐야 합니다. 이런 과정이 거추장스럽고, 환자를 괴롭게 하는 것처럼 보이지만, 오히려 도움을 주는 것입니다. 공동체가 회복된 자를 받아들일만한 신뢰와 확신을 쌓는 과정입니다.

14장 2-32절이 정결하게 되는 과정을 말한다면, 33-57절은 집에 (2 ____ ____) 색점이 발생(34절)할 때 어떻게 처리해야 하는지를 말합니다. 언약백성은 자기 몸도 정결해야 하지만, 주변 환경도 청결해야 합니다. 자신이 입는 옷이나 집까지 포함합니다. 생활 전체가 구별되어야 합니다. 이것은 오늘날에도 마찬가지입니다. 성도의 몸, 생활 습관, 환경 등이 거룩해야 합니다.

생각하기 다시 진 안으로 들어온 백성의 마음은 어땠을까요?

해답 1. 진, 2. 나병

레위기 15장 · 유출로 인한 부정과 정결법

주요 구절: 15:2

15장은 몸에서 흘러나오는 물질로 인한 부정과 정결에 대한 것입니다. 1-18절은 '남자의 경우'입니다. 남자의 몸에서 흘러나오는 것이 있으면, 그것으로 인해 남자와 옷, 침상, 접촉하는 사람이 (1 　 　)(不淨)합니다. 이때 접촉한 것은 물로 씻어야 합니다. 유출한(=흘린) 자는 8일째 되는 날에 (2 　)비둘기 두 마리나 (3 　)비둘기 두 마리를 가져다가 제사장에게 주어 하나는 속죄제로, 하나는 번제로 드려야 합니다. 홀로 또는 성관계로 정액을 배출한 경우 물로 씻고, 저녁까지 (1 　 　)하게 있어야 합니다(16-18절).

15장 19-33절은 '여자의 경우'입니다. 일주일 넘게 지속되는 유출병이 나으면 칠 일을 기다린 후(28절)에 여덟 번째 날에 (2 　)비둘기 두 마리나, 혹은 (3 　)비둘기 새끼 두 마리로 속죄제와 번제로 드려야 합니다(29-30절). 그러면 (1 　 　)에서 벗어납니다. 만약 (1 　 　)한 채로 하나님의 장막에 나아가면 죽습니다(31절). "이스라엘 자손이 그들의 (1 　 　)에서 떠나게 하여"(31절)에서 '떠나게 하여'는 히브리어 히지르인데 '구별하다', '거룩'과 관련이 있습니다. 하나님께 나아가는 자는 (1 　 　)하지 않고 거룩해야 합니다.

규례가 꽤 가혹해 보이는데, 피와 생명과 관련되었기 때문에 더 살필 것을 요구한 것입니다. 이 규례를 지키기 위해서 남자와 여자는 자기 몸을 살피고 정결한 성 생활을 해야 합니다.

12년 동안 혈루증을 앓은 여인이 예수님을 만나 회복된 사건은 감동적입니다(막 5:25-34). 그 여인은 이 규례에 따라 부정한 여인 대우를 받았을 것입니다. 그러나 예수님은 그 여인의 믿음을 보고 고쳐주십니다. 이처럼 예수님은 말씀과 성령으로 부정한 우리를 정하게 하십니다. 이 큰 은혜를 어떻게 갚을 수 있을까요!

생각하기 다시 진 안으로 들어온 백성의 마음은 어땠을까요?

해답 1. 부정, 2. 소, 3. 셀

레위기 16장 · 속죄일, 다시 정결

주요 구절: 16:30

16장 1-2절이 말하는 것처럼 10장의 나답과 아비후 사건과 연결됩니다. 규례를 지키지 않고 하나님께 나아가면 죽습니다. 하나님은 아론에게 대제사장 직임을 수행하다가 죽지 않도록 몇 가지 지침을 줍니다(2절). 아론과 백성의 부정을 위한 것인데, 이것이 속죄일 (1 □□)가 됩니다(29절). 아무리 제사장이 부정하고 정결한 것을 구분하고 가르친다 한들, 부정을 전부 해결하지 못합니다. 하나님은 이 문제를 속죄일 (1 □□)를 통해 해결하게 합니다.

대제사장은 몸을 씻은 후 지성소에 들어가 특별한 옷(4절)을 입습니다. 자신과 여러 제사장을 위한 속죄제를 드리기 위해 수송아지를 죽이고 그 피와 향과 불(번제단)을 가지고 지성소로 들어가 향을 불로 피웁니다(11-12절). 향의 연기가 (2 □□□)를 가립니다(13절). 피를 (2 □□□) 동쪽과 앞에 뿌리고(14절), 성막 밖으로 나와 두 염소 중 제비 뽑아(8절) 제비 뽑힌 염소를 백성을 위해 죽이고 피를 가지고 다시 지성소로 들어가 뿌립니다(5, 9, 15-16절). 다시 밖으로 나와 여호와 앞 제단에도 수송아지와 염소의 피를 뿌립니다(18절). 그 후 대제사장은 남은 염소에게 안수하고 광야로 보냅니다(20-22절). 의식을 마친 뒤 대제사장은 회막에 들어가서 옷을 벗은 뒤 자신과 백성을 위해서도 숫양을 번제로 드립니다(24절). 마지막으로 진영 밖에서 속죄 제물을 불사르고 옷을 빨고 몸을 씻는 것입니다(27-28절).

염소를 광야로 보내는 '(3 □□□)에게 주는 속죄제 규례'는 무슨 의미일까요(10, 20-22절)? 대제사장이 숫염소 머리 위에 두 손으로 안수하여 이스라엘의 모든 불의와 모든 죄를 광야에 버린다는 의미입니다. 여기서 (3 □□□)은 아마도 이스라엘 진 밖에 있는 귀신의 이름일 것입니다. 정확하지는 않지만, 분명한 것은 이스라엘의 죄와 부정을 저 멀리 보내버렸다는 것입니다. 백성은 염소를 보내며 다시는 범죄하지 않고 부정해지지 않기를 바랍니다.

지금도 유대인들은 9월이나 10월에 속죄일(욤 키푸르)을 지킵니다. 그러나 신약 시대 성도들은 더 이상 속죄일을 지킬 필요가 없습니다. 예수님이 자기 몸으로 단 한 번 제사를 드리고 하늘 성소에 들어가셨기 때문입니다(히 9:20). 아론은 자기를 위해, 그리고 반복해서 제사 지냈지만, 예수님은 단번의 죽으심으로 모든 사람의 죄를 씻기셨습니다(히 10:1-18).

생각하기 내 죄를 씻기는 예수님을 노래로 찬양합시다(예: 찬 270장).

해답 1. 규례, 2. 숫염소, 3. 아사셀

레위기 17장 · 짐승을 잡는 것과 피에 대한 규례

주요 구절: 17:10

17장은 짐승을 잡는 방법과 피에 대한 규례입니다. 음식도 거룩하게 먹어야 합니다. 3-7절은 짐승을 (1 　 　)에서 잡도록 명령합니다. 만일 (1 　 　) 앞이 아닌, 다른 곳에서 우상에게 짐승을 바치기 위해 피를 흘린다면, 언약백성에게서 쫓겨날 것입니다(4절). 이렇게 강하게 말하는 이유는 7절과 관련이 있습니다. "전에 음란하게 섬기던 (2 　 　 　)에게 다시 제사하지 말 것이니라."라고 합니다. 다른 곳에서 은밀히 짐승을 잡고 우상 숭배할 수 있기 때문입니다. 우상 숭배 금지는 영원한 규례입니다(7절).

이스라엘 백성은 어떤 (3 　)든지 먹으면 안 됩니다(10-11절). 야생 짐승을 사냥해 먹을 때는 (3 　)를 빼내고 그 피를 흙으로 덮어야 합니다(13절). 다른 짐승에 의해 이미 죽은 짐승을 먹었다면, 저녁까지 부정합니다(14절). 백성은 규례를 지켜 부정해지는 것을 피해야 합니다.

(3 　)를 먹지 말아야 하는 첫째 이유는 육체의 생명이 (3 　)에 있기 때문입니다(11절). 이 규례는 하나님이 창조한 모든 생명의 존귀함을 가르칩니다(창 9:4). 둘째 이유는 (3 　)가 생명의 죄를 속(贖)하기 때문입니다(11절). '속하다'는 '몸값을 지불하다'라는 뜻입니다. 그러므로 '(3 　)가 죄를 속하다'는 말은 '(3 　)가 생명의 값을 지

불하다'로 해석할 수 있습니다. 이것은 예수님의 속죄하는 (3) 흘림으로 성취됩니다.

신약 시대에도 (3)는 생명과 동일시됩니다. 생명을 주는 예수님의 (3)를 성만찬에서 마시면서 영원한 생명을 얻습니다. "내 살을 먹고 내 (3)를 마시는 자는 영생을 가졌고, 마지막 날에 내가 그를 다시 살리리니."(요 6:54) 예수님의 흘린 (3)가 생명을 구원합니다.

생각하기 어떻게 먹는 것이 거룩하게 먹는 것일까요?

해답 1. 회막, 2. 숫염소, 3. 피

레위기 18장 · 거룩한 혼인과 성 생활

주요 구절: 18:30

언약백성은 이집트와 가나안 땅의 풍속과 규례를 따르지 말아야 합니다(3절). 언약백성은 구별되고 거룩합니다. 구별된 백성답게 하나님의 규례와 법도를 따라 살아야 합니다. "사람이 이를 (1)하면 그로 말미암아 살리라."(5절) 18장은 특별히 혼인과 성 생활에 대한 규례가 강조됩니다. 이방 민족의 난잡한 성 생활을 피해야 합니다. 남자는 아래와 같은 사람들과 성적 관계를 하면 안 됩니다.

가까운 관계	조금 먼 관계	더 먼 관계
어머니(7절)	고모(12절)	백모/숙모(14절)
계모(8절)	이모(13절)	
누이/의붓누이(9절)	이복누이(11절)	형수/제수(16절)
		처제/처형(18절)
	의붓딸(17절)	며느리(15절)
손녀/외손녀(10절)	의붓손녀(17절)	
월경 중 아내(19절)		이웃의 아내(20절)

거룩한 혼인과 성 생활은 신약 시대에도 유효합니다. 근친혼(고전 5장), 간음(롬 13:9),

우상숭배(고전 10:7; 계 2:14)와 동성애(롬 1:27; 고전 6:9)는 금지됩니다. 예수님은 드러난 간음뿐만 아니라 드러나지 않은 음욕까지 간음으로 간주합니다(마 5:27-28).

추가로 이방인처럼 아이를 산채로 불에 던져 몰렉 신에게 제사하는 행위를 엄격히 금지합니다(21절). 고고학자들은 가나안 신전 근처에서 새까맣게 탄 아이의 유골을 발견하기도 했습니다. 이런 일은 하나님의 이름을 욕되게 하는 것입니다. 만일 거룩한 생활을 지키지 못할 경우 약속의 땅에서 쫓겨날 것입니다(28절). 마지막으로 하나님은 경고합니다. "그러므로 너희는 내 (2) 을 지키고 너희가 들어가기 전에 행하던 가증한 (3) 을 하나라도 따름으로 스스로 더럽히지 말라. 이는 너희의 하나님 여호와이니라."(30절)

생각하기 거룩한 결혼과 성 생활을 위해 내가 노력할 것은 무엇입니까?

해답 1. 행, 2. 명령, 3. 풍속

레위기 19장 · 하나님과 사람 앞에서 거룩하라

주요 구절: 19:37

"네 이웃을 네 자신과 같이 사랑하라"는 유명한 말씀이 19장에 나옵니다(18절). 19장에 열거되는 명령들은 '이웃 사랑'의 일반적 실천 규례입니다. "너희는 (1) 하라. 이는 나 (2) 너희 하나님이 거룩함이니라."(2절) 레위기는 제사 규례뿐만 아니라, 거룩한 삶도 강조합니다. 예배는 거룩하고 삶은 세속적이어도 된다는 논리는 레위기의 가르침과 거리가 멉니다. 거룩한 삶이 곧 하나님을 높이는 것입니다. 예를 들어, "너는 센 머리 앞에서 일어서고 (3) 의 얼굴을 (4) 하며 네 하나님을 (5) 하라. 나는 (2) 이니라."(32절)는 명령이 있습니다. 노인 공경은 하나님 공경과 연결됩니다. 하나님 공경이 순서상 먼저겠지만, 노인 공경이 먼저 나와도 될 만큼 하나님 공경은 사람 공경과 분리될 수 없습니다.

19장에서 반복되는 '나는 너희의 하나님 (2) 니라'(2, 3, 4, 10, 12, 14, 16, 18, 25, 28, 30, 31, 32, 34, 36, 37절)라는 구절은 누가 왜 이 명령을 지켜야 하는지 분명하게 보여줄 뿐만 아니라, 동시에 이 명령의 중요성도 강조합니다. 언약백성은 구체적이고 실제적인 규례와 법도를 지켜야 합니다. 구주 하나님의 명령이기 때문입니다.

신약 성도는 19장 규례를 문자 그대로 적용할 필요는 없습니다. 구약 시대 상황에서 설정된 것들이 많기 때문입니다. 여자 노예에 대한 규례(20절)가 그렇고, 추수하는 밭에 곡식을 남겨두는 것도 그렇습니다(9-10절). 대신 그 정신을 이어 받아, 오늘날 이웃을 돕기 위한 더 실제적인 방법을 찾아야 합니다. 이웃 사랑과 거룩한 삶은 지금도 지켜야 할 중요한 부분입니다.

생각하기 가장 애쓰는 이웃 사랑 부문은 무엇입니까?

해답 1. 거룩, 2. 여호와, 3. 노인, 4. 공경, 5. 경외

레위기 20장 · 사형에 해당하는 죄들

주요 구절: 20:2

20장은 18장의 반복처럼 보입니다. 하지만 분명한 차이가 있습니다. 18장은 금지명령만 다루지만, 20장은 불순종에 대한 징벌과 결과도 언급합니다. 예를 들어 볼까요? 18장 21절에 보면, 자식을 몰렉에게 주지 말라는 명령이 나오는데, 20장 2-5절에도 나옵니다. 그러나 그에 대한 징벌과 그것이 미치는 영향까지 언급하는 것에 차이가 있습니다. "그의 자식을 (1 　　)에게 주면 반드시 죽이되 그 지방 사람이 (2 　)로 칠 것이요 … 그 지방 사람이 못 본 체 하고 그를 죽이지 아니하면 내가 그 사람과 그의 권속에게 (3 　　)하여…"(2-5절)

이처럼 20장은 사형에 처해질 정도로 엄히 다스려야 할 목록을 일목요연하게 정리합니다. 몰렉에게 자식을 바치는 행위(2-5절), 접신한 자와 박수무당에 대한 징벌(6-8, 27절), 부모를 저주하는 자(9절), 금지된 성적 관계를 갖는 자(10-21절)에 관한 규례입니다. 마지막으로 규례와 법도를 지키지 않을 경우, 약속의 (4 　)에서 쫓겨날 것을 경고합니다(22-26절).

이렇게 엄격한 규례가 주어진 이유는 "나 여호와가 (5 　　)하고 내가 또 너희를 나의 소유로 삼으려고 너희를 만민 중에서 구별하였"기 때문입니다(26절).

생각하기 '거룩한 삶'이 어떻게 느껴집니까? 부담스럽지는 않습니까?

해답 1. 몰렉, 2. 돌, 3. 진노, 4. 땅, 5. 거룩

레위기 21장 · 제사장의 거룩한 삶

주요 구절: 21:1

앞장에 언급된 규례가 백성에게 주어진 것이라면, 21장 규례는 (1)에게 주어진 것입니다. (1)은 가까운 가족의 시신을 제외하고 시신을 접촉하지 않아야 하고, 머리나 수염을 깎지 말아야 합니다(1-6절). 성(性) 생활에도 순결해야 합니다(7-9절). 직분을 맡은 자이기 때문에 일반 백성보다 더 거룩하고 구별되어야 합니다(6, 8절). 대(1)은 일반 (1)보다 더 거룩하고 구별되어야 합니다(10-15절). 이런 거룩한 삶의 요구를 모두 이룬 분이 영원한 대(1) 예수 그리스도입니다(히 7:26).

성소를 섬기도록 선택 받은 레위인 중에서도 신체적으로 흠이 있으면 성소를 섬길 수 없습니다(21절). 보지 못하거나, 다리가 불편하거나, 코가 불완전하거나, 지체 중 어느 것이 불편하거나, 발이나 손이 부러지거나, 등이 굽었거나, 키가 아주 작거나, 눈에 백막이 있거나, 피부병이 있거나, 종기가 났거나, 고환이 상한 자는 안 됩니다(16-20절). 그러나 그런 자가 교제를 나누거나 은혜를 누릴 자격까지 박탈당하지는 않습니다. "그는 그의 하나님의 음식이 지성물이든지 (2)이든지 먹을 것이나, 휘장 안에 들어가지 (3)할 것이요…"(22-23절)

이런 제한 규례는 신약 시대에는 더 이상 유효하지 않습니다. 신약 시대에는 모든 성도가 거룩한 삶을 살아야 하지만, 섬기고 봉사하는 자들에게는 더 높은 거룩성이 요구됩니다. 주님의 교회를 섬기는 직분자의 윤리적 성품과 행동이 거룩해야 합니다(딤전 3:1-7; 딛 1:5-9). 직분자의 아내(딤전 3:11)와 자녀(딤전 3:4; 딛 1:6)도 올바르게 처신하도록 교육하고 스스로 그렇게 해야 합니다.

생각하기 직분을 위해 준비할 것은 무엇입니까?

해답 1. 제사장, 2. 성물, 3. 못

레위기 22장 · 하나님께 드리는 성물에 대한 규례

주요 구절: 22:33

제사장 집안 중 신체상 흠이 있는 자라도 하나님께 드려진 성물(제물)을 먹을 수 있습니다. 하지만 자기 몸을 정결하게 관리하지 않아 부정한 자는 성물을 먹지 못합니다(1-9절). "이스라엘 자손이 내게 드리는 그 (1 　 　)에 대하여 스스로 구별하여 내 (2 　 　)를 욕되게 함이 없게 하라. 나는 여호와이니라."(2, 32절) 오늘 직분자 역시 부정한 채로 하나님을 섬긴다면 그것은 하나님의 이름을 욕되게 하는 것입니다.

제사장이 아닌 일반 백성은 당연히 성물을 먹지 못합니다. 제사장의 손님이나 품꾼도 먹을 수 없습니다. 다만 제사장 집에 속한 가족과 돈으로 매매한 사람은 먹을 수 있습니다(10-11절). 만약 실수로 성물을 먹게 되면, 그 성물의 (3 　)분의 일을 더하여 제사장에게 갚아야 합니다(14절). 속건제처럼 실수를 봐줍니다. 제사장이 부정한 채로 먹는 것은 용서 받지 못합니다.

17-33절은 바칠 제물의 상태에 대한 규례입니다. 제물은 "아무 (4 　)이 없는 온전한 것"(21절)이어야 합니다. 그래야 하나님이 그 제사를 기쁘게 받습니다(29절). 별나다 싶을 정도로 엄격한 이유가 무엇일까요? 하나님이 거룩하고, 이스라엘 백성은 그 하나님의 언약백성이 되었기 때문입니다. "너희의 하나님이 되려고 너희를 애굽 땅에서 (5 　 　)하여 낸 자니, 나는 여호와이니라."(33절) 지금은 제물을 드리며 하나님을 예배하지 않습니다. 그러나 대신, 예배자는 자기를 (4 　) 없는 거룩한 산 제물로 드려야 합니다(롬 12:1-2).

생각하기 내 몸을 거룩한 제물로 드리기 위해 노력할 것은 무엇입니까?

해답 1. 성물, 2. 성호, 3. 오, 4. 흠, 5. 인도

레위기 23장 · 이스라엘의 절기들

주요 구절: 23:2

* 성경에서 언급된 절기들

	이름	성경	시기	방법	목적
주요 절기	안식일	창 2:2-3; 출 20:8-10; 31:12-17; 민 28:9-10; 신 5:12-15	매주 일곱째 날	모든 일 중단, 평상시보다 두 배 희생을 드림	여호와께 성별된 안식, 창조 사역의 완성과 출애굽을 기념
	나팔절	레 23:23-25	일곱째 달 1일 (9-10월)	화제를 드리며 쉬고, 나팔을 붊	
	유월절, 무교절	출 12:1-27, 43-49; 레 23:5-8; 민 9:1-14; 28:16-25	유월절: 첫째 달 14일 (3-4월) 무교절: 15-21일	어린양의 피, 처음 추수한 보리로 무교병을 만들어 먹음	출애굽을 기념
	칠칠절 (오순절, 맥추절)	레 23:9-21; 민 28:26-31	유월절부터 7번째 안식일이 지난 후 (50번째 날)	추수한 첫 열매를 하나님께 드림, 유교병을 드림	첫 추수 감사
	초막절	레 23:33-43; 민 29:12-40	과일과 포도 추수가 끝난 가을, 점차 일곱째 달 15-21일로 고정 (9-10월)	나뭇가지로 만든 움막에서 촛불을 켜고 일주일 동안 지냄	추수 감사와 광야 장막 생활을 기념
	속죄일 (욤 키푸르)	레 16장, 23:26-32; 민 29:7-11	일곱째 달 10일 (9-10월)	대제사장이 지성소에 들어감, 속죄 염소(아사셀)를 광야에 보냄	제사장, 백성, 성막 등 온 이스라엘의 정결
특별 절기	안식년	레 25:1-7	매 7년마다	농사를 쉬고 이스라엘 종들은 자유를 얻음	토지는 하나님께 속함, 사회 경제적 균형
	희년	레 25:8-24, 27:17-24; 민 36:4	매 50년마다	농사를 쉬고 재산은 원 소유자에게 돌려 줌, 이스라엘 종들이 자유를 얻음, 부채 탕감	
후대 절기	수전절 (하누카)	요 10:22	아홉째 달 25일부터 (11-12월)	날마다 8개 촛불에 한 개씩 불을 붙임	주전 168년 안티오쿠스 4세가 더럽힌 성전을 다시 정결케 한 것을 기념
	부림절	에 9장	열두째 달 13-15일 (2-3월)	13일: 금식 14-15일: 회당에서 에스더서를 읽으면서 기뻐함	페르시아의 학살 위험에서 구원받은 것 기념

23장은 이스라엘 백성이 지킬 절기와 특별한 때와 관련된 규례들을 다룹니다. 하나님은 안식일, 유월절, 무교절, 칠칠절, 나팔절, 속죄일, 초막절을 (1)라고 부릅니다(2-4, 7-8, 21, 24, 27, 35-37절). 절기에는 모든 백성이 함께 하나님을 기억하며 예배하는 거룩한 모임(聖會)입니다. 나중에 이 성회는 성경을 듣고 배우는 모임으로 발전합니다(신 31:10 이하; 느 8-9장).

성회를 순서대로 보면 다음과 같습니다. '유월절'은 첫째 달 14일이고, 이어서 15일부터는 7일 동안 (2)입니다(5-6절). 이때 첫 이삭 한 단을 바칩니다(10절). 유월절부터 50일이 되는 날이 '칠칠절'/'맥추절'/(3)입니다. 일곱째 달 1일은 '나팔절'(24절)이고 같은 달 10일은 (4)(27절), 그리고 15일은 '초막절'(34절)인데 7일 동안 지킵니다.

이스라엘 백성은 이러한 절기를 통해 하나님의 구원을 기억하고 기뻐했습니다. 오늘날 성도 역시 절기를 통해 하나님을 높이고 기뻐합니다. 주일을 비롯해 부활절, 성령강림절, 성탄절, 감사절을 그렇게 활용할 수 있습니다.

생각하기 지난 주일을 돌아봅시다. 주일을 어떻게 보냈습니까?

해답 1. 성회, 2. 무교절, 3. 오순절, 4. 속죄일

레위기 24장 · 여호와는 백성의 빛과 양식

주요 구절: 24:4

절기와 안식년 규례 사이에 위치한 24장은 하나님이 이스라엘 백성을 돌보신다는 것을 강조합니다. "(1)불"은 하나님이 이스라엘 백성에게 빛이심을 상징합니다(2절). 제사장은 순전한 올리브유(Olive+油)로 등잔불을 항상 밝혀야 합니다(2-3절). '진설할 (2)'(5-9절)은 하나님이 일용할 양식임을 상징합니다. 빛과 양식은 인간 생존의 기본입니다. 약한 인간은 강한 하나님께 의존할 수밖에 없습니다.

우리가 하나님의 이름을 망령되게 부른다면 어떻게 될까요? 실제로 일어난 한 사건이 있습니다(10-23절). 시내 산에 머물고 있을 때입니다. 한 여인이 이집트인과 혼인해 아

들을 낳았습니다. 그 아들이 이스라엘 가정의 아들과 싸우다가, 여호와의 이름을 모독하고 훼방하며 저주했습니다. 이를 본 자들이 그 아들을 모세에게 데리고 와 감금하고 하나님의 명령을 기다렸습니다. 처음 있는 일이라 모세도 어떻게 해야 할지 몰랐기 때문입니다. 하나님이 명령했습니다. "그 저주한 사람을 진영 밖으로 끌어내어 그것을 들은 모든 사람이 그들의 (3   )을 그의 (4   )에 얹게 하고 온 회중이 돌로 그를 칠지니라.(14절)" 세 번째 계명 곧 "여호와의 이름을 망령되게 부르지 말라."를 어긴 것입니다. 신성모독죄입니다. 그들의 구원자요 보호자인 하나님을 모독하는 것은 큰 죄입니다.

생각하기 그렇다면, 하나님의 이름을 장난스럽게 쓰는 것은 어떨까요?

해답 1. 등잔, 2. 떡, 3. 손, 4. 머리

레위기 25장 · 안식년과 희년 규례

주요 구절: 25:2

25장의 '안식년'은 밭과 (1   )(3절)을 7년째에는 경작하지 않고 쉬게 하는 제도입니다. 저절로 자란 곡식은 먹을 수 있습니다(6-7절). 걱정이 들 수밖에 없는데, 하나님은 여섯째 해 소출이 (2   )년 동안 쓸 수 있을 정도가 될 것이라고 약속합니다(21절). 언약백성은 하나님의 신기하고 놀라운 돌보심으로 삽니다.

7년이 7번 지난 후 50년째가 되는 해를 '희년'(禧年, Jubilee Year)으로 부릅니다. 양각 나팔을 불면서 시작하기에 '양각(羊角) 나팔의 해'(Year of the Ram's Horn)라고도 부릅니다(9절). 또 '해방의 해'(Year of Release)로도 부르는데, 가난 때문에 스스로 종이 된 자가 자유인이 되거나, 가난 때문에 팔았던 집이나 땅이 다시 돌아오기 때문입니다(23-55절). 사업이 파산해 가난해진 사람에게 재기할 기회가 주어지니 희년은 '공평의 해'이기도 합니다. 이처럼 희년을 통해 하나님이 주는 안식을 누릴 수 있습니다.

이사야 선지자는 메시아로 말미암는 새로운 시대를 소망하며 희년을 "(3   )의 해"로 표현했습니다. "주 여호와의 영이 내게 내리셨으니 이는 여호와께서 내게 기름을 부으사 (4   ) 자에게 아름다운 소식을 전하게 하려 하심이라. 나를 보내사 마

음이 상한 자를 고치며 포로 된 자에게 자유를, 갇힌 자에게 놓임을 선포하며, 여호와의 (3 　 　)의 해와 우리 하나님의 보복의 날을 선포하여 모든 슬픈 자를 위로하되."(사 61:1-2) 예수님이 오신 뒤 (3 　 　)의 해가 시작되었고, 또 앞으로 장차 완전하게 임할 것입니다.

생각하기 다시 희년을 할 수 있을까요? 불가능한 이유는 무엇일까요?

해답 1. 포도원, 2. 삼, 3. 은혜, 4. 가난한

레위기 26장 · 언약백성의 복과 징계

주요 구절: 26:46

26장은 복(1-13절)과 저주(14-39절)의 선포입니다. 복과 저주의 기준은 율법입니다. 하나님의 율법을 지키면 복을 받고 행하지 않으면 저주를 받습니다. 순종하는 자에게 약속된 복은 크게 세 가지입니다. 첫째, 풍성한 수확을 얻습니다(3-5절). 하나님은 철을 따라 비를 내립니다. 둘째, 평화를 누립니다(6-10절). 전쟁은 하나님의 손에 달렸습니다. 셋째, 하나님과 동행합니다(11-13절).

복에 비해 저주 선포가 훨씬 길고 많습니다. 그 이유는 인간을 향한 하나님의 사랑과 염려의 마음 때문입니다. 하나님께 순종하지 않는 구체적 예가 15절에 나옵니다. "내 규례를 (1 　 　)하며", "마음에 내 법도를 (2 　 　)하여", "내 모든 계명을 (3 　 　)하지 아니하"는 것입니다. 이것은 결국 하나님의 언약을 (4 　 　)하는 것입니다(15절). 언약을 (4 　 　)한 백성에게 향하는 저주는 질병이나 전염병(16, 25절), 가뭄과 흉년(16, 18-20절), 전쟁으로 땅이 황폐해지고 포로로 잡혀가는 것(17, 27-39절) 등입니다.

이처럼 언약백성이 언약을 어기면 징계를 받습니다. 그러나 이런 징계는 (5 　 　)로 이끄는 은혜의 방법이기도 합니다. 불순종에 대한 하나님의 징계는 (5 　 　)와 용서를 바라보게 합니다. 하나님은 (5 　 　)하는 백성을 보고 언약을 기억하여 회복시킵니다(40-46절). 징계는 힘들고 고통스럽지만, 죄를 깨닫고 죄에서 하나님께로 돌이키게 하는 사랑의 매입니다(히 12:6-12).

생각하기 내가 하나님께로 돌이킬 것은 무엇입니까?

해답 1. 멸시, 2. 혐오, 3. 순종, 4. 배반, 5. 회개

레위기 27장 · 서원한 것들에 대한 규례들

주요 구절: 27:34

26장이 이스라엘 백성을 향한 하나님의 약속이라면, 27장은 하나님을 향한 이스라엘의 서원(약속)입니다. 인간 편에서 하나님께 한 일방적 약속을 '서원'(誓願)이라고 합니다. 하나님께 한 서원은 반드시 지켜야 합니다. 그래서 성경은 함부로 서원하지 말라고 합니다(전 5:4-5; 신 23:21-23, 잠 20:25). 27장은 서원 관련 규례를 말합니다.

나이	남성	여성
1개월~5세	5세겔	3세겔
5~20세	20세겔	10세겔
20~60세	50세겔	30세겔
60세 이상	15세겔	10세겔

하나님을 위해 헌신된 사람은 레위인뿐입니다. 다른 지파 사람이 헌신하고 싶다면 정해진 금액을 하나님께 드려야 합니다(2-8절). 나이와 성별에 따라 차이가 있습니다. 당시 한 달 임금이 1세겔인 것을 생각하면 적지 않은 금액입니다. 만일 이 금액을 감당할 수 없다면 (1 ______)이 다시 평가해 형편대로 낼 수 있습니다(8절). 하나님의 은혜를 받을 수 있는 길은 누구에게나 열려 있습니다.

가축도 하나님께 드릴 수 있습니다(9-13절). 하나님께 드리기로 서원한 가축은 구별해두어야 합니다. 자기 마음대로 바꿀 수 없고, 혹 가축이 부정하게 되었다면 (1 ______)에게 데려가 가치를 평가 받고 그 값을 내야 합니다. 무르려 할 경우에는 원 가격에다가 (2 ____)분의 일을 더해서 내야 합니다.

집과 밭도 드릴 수 있습니다(14-25절). 서원하는 순간부터 그것은 자신의 것이 아니라, 하나님의 것이 됩니다. 만약 집 주인이 그 집을 다시 소유하고 싶으면 그 가격에 (2

)분의 일을 더 주고 무를 수 있습니다(15절).

추가로 가축 중 처음 것은 하나님의 것으로 드려야 하며, 하나님께 온전히 바친 것은 팔거나 무르지 못합니다. 더하여 수확물의 (3)분의 일은 하나님의 것입니다. 언약 백성은 이런 것들을 억지로 하는 것이 아니라 구원한 하나님께 자원해 드립니다(34절).

생각하기 헌금하는 나의 자세는 어떻습니까? 혹시 아깝지는 않습니까?

해답 1. 제사장, 2. 오, 3. 십

민수기

민수기(民數記)는 백성의 숫자를 셈한 사건 때문에 붙은 이름입니다. 곧 민수기 첫 부분(1장)과 마지막에 부분(26장)있는 인구 조사를 고려한 이름입니다. 인구 조사는 광야에서 유랑하는 시기에 있었습니다. 히브리어 성경은 '바 미드바르'라고 해서 '광야에서'라는 뜻입니다. 헬라어 성경인 칠십인역(LXX)은 '숫자'를 뜻하는 '아리뜨모이'로 번역했고, 이것을 따라 라틴어 성경(Vulgata)도 'Numeri'로 번역했습니다. 이것이 영어 이름 'Numbers'가 되었고 한글 성경도 이것을 따라 민수기가 되었습니다.

그러나 민수기는 단지 인구 조사 사건만 담겨 있지 않습니다. 광야에서 지내는 동안 여러 사건이 일어났습니다. 특히 하나님을 향한 반역이 자주 일어났는데, 하나님은 그런 이스라엘 백성을 인내하고 용서하십니다. 민수기를 읽으며 사람이 얼마나 완악한지, 그러나 하나님은 얼마나 자비롭고 은혜로우신지 깨달을 수 있습니다.

내용 구분

1:1-10:10	시내 산에서의 이스라엘
10:11-12:16	시내 산에서 가데스바네아까지 이동
13:1-20:13	이스라엘의 반역
20:14-22:1	가데스에서 모압 평지까지 이동
22:2-32:42	모압 평지에서의 이스라엘
33-36장	다양한 문제들 처리

민수기 1장 · 603,550명

주요 구절: 1:46

출애굽한 지 둘째 해 둘째 달 1일입니다. 하나님은 모세에게 이스라엘 백성 중 남자의 수를 조사하라고 명령합니다. 인구 조사는 전투와 땅 분배를 위한 것입니다. 5-15절에는 각 지파의 우두머리 이름이 나옵니다. 유다 지파의 우두머리인 나손은 후에 예수님의 족보에도 나옵니다(마 1:4). 20-43절까지 각 지파별로 계수된 인원이 나옵니다. 총합은 (1 ㅤㅤ)만 (2 ㅤㅤㅤㅤ)명입니다(46절).

레위 지파는 숫자에 넣지 않습니다. 이것은 레위인을 특별 대우한 것이 아니라, 이스라엘 백성을 특별히 보호하기 위함입니다. "레위인은 증거의 (3 ㅤㅤ) 사방에 진을 쳐서 이스라엘 자손의 회중에게 (4 ㅤㅤ)가 임하지 않게 할 것이라."(53절)

성막을 만들고 제사를 드릴 때처럼 백성은 "여호와께서 모세에게 (5 ㅤㅤ)하신 대로 행하였"습니다(54절). 이렇게 하나님의 인도에 순종하면 이스라엘 백성은 무사히 약속의 땅에 도착할 수 있습니다.

생각하기 그럼에도 우리는 왜 하나님께 전적으로 순종하지 못할까요?

해답 1. 60, 2. 3550, 3. 성막, 4. 진노, 5. 명령

민수기 2장 · 진 편성과 행군 순서

주요 구절: 2:2

하나님은 모세에게 이스라엘의 진 편성과 행군 순서를 꼼꼼히 말씀합니다. "동방 해 돋는 쪽에 진 칠 자는 그 진영별로 (1 ㅤㅤ)의 진영의 군기에 속한 자라 … 잇사갈 지파 … 스불론 지파 … 군인의 총계는 십팔만 육천 사백명이라. 그들은 제일대로 (2 ㅤㅤ)할지니라."(3-9절) 유다 지파는 "동방 해 돋는 쪽"에 배치됩니다. 유다 지파를 기준으로 전체 진이 배치되고, 행진할 때도 가장 먼저 출발합니다.

두 번째 행진 그룹은 남쪽에 진 친 르우벤, 시므온, 갓 지파로 154,450명입니다. 세 번째 행진 그룹은 레위인이 회막을 메고 갑니다. 네 번째 행진 그룹은 서쪽에 진 친 에브라임, 므낫세, 베냐민 지파로 108,100명입니다. 다섯 번째 행진 그룹은 북쪽에 진 친 단, 아셀, 납달리 지파로 157,600명입니다.

진영을 편성하는 것과 행진하는 것 역시 "여호와께서 모세에게 (3 　 　)하신 대로 다 준행"합니다. 진영 중심에는 하나님의 성막이 위치합니다. 이스라엘 백성의 진영이 든든해 보입니다. 이처럼 언약백성은 하나님을 중심에 모시고 순종할 때 복을 경험합니다.

생각하기 내 중심에는 무엇이 자리 잡고 있습니까?

해답 1. 유다, 2. 행진, 3. 명령

광야 이스라엘의 진영 모습

	납달리	아셀	*단	
		므라리		
*에브라임 므낫세 베냐민	게르손	**성막**	모세 제사장	*유다 잇사갈 스불론
		고핫		
	갓	시므온	*르우벤	

지파별 배치

민수기 3장 · 레위 지파의 수(數)와 의무

주요 구절: 3:6

3-4장은 레위 지파에 관한 내용입니다. 레위 지파가 구별된 이유는 무엇일까요? 이집트의 장자들이 죽임 당할 때 이스라엘의 장자들은 죽지 않았습니다. "(1 ___ ___) 태어난 자는 다 내 것임은 내가 애굽 땅에서 그 (1 ___ ___) 태어난 자를 다 죽이던 날에 이스라엘의 (1 ___ ___) 태어난 자는 사람이나 짐승을 다 거룩하게 구별하였음이니, 그들은 내 것이 될 것임이니라. 나는 (2 ___ ___ ___)이니라."(13절) 이스라엘이 하나님의 소유임을 나타내기 위해 이스라엘의 장자로서 레위 지파는 구별됩니다(45절).

레위 지파는 아론과 그 아들들이 회막을 섬기는 데 도우미 역할을 합니다. 게르손 자손은 성막 덮개를 책임지고 서쪽에 위치합니다(21-26절). 고핫 자손은 성막의 성물을 책임지고 남쪽에 위치합니다(27-32절). 므라리 자손은 성막의 목재 구조물을 책임지고 북쪽에 위치합니다(33-37절). 1개월 이상 된 남자의 숫자가 게르손 자손은 (3 ___ ___ ___ ___)명(22절), 고핫 자손은 (4 ___ ___ ___ ___)명(28절), 므라리 자손은 (5 ___ ___ ___ ___)명(34절)으로 총 22,000명입니다(39절). 그런데 이상하지요? 총합이 맞지 않습니다. 아마도 고핫 자손은 8,600명이 아니라, 8,300명일 것입니다. 성경 필사 과정에서 일어난 실수 같습니다.

이스라엘 백성 가운데 1개월 이상 된 처음 태어난 남자의 수는 22,273명입니다(43절). 이 남자는 아마도 5세 이하 아이일 것입니다(참고 레 27:6). 하나님은 처음 태어난 자 22,273명이 본래 하나님의 것인데, 이 아이들 대신 레위인을 받겠다고 말씀합니다. 하지만 레위인 숫자보다 273명이 더 많습니다. 모자라는 273명은 각 숫자 당 (6 ___ ___) 세겔을 받습니다(47절). 273명×5세겔=1,365세겔. 이 속전은 아론과 그 아들들에게 줍니다.

생각하기 내가 레위인으로 태어났다면 어떤 마음이었을까요?

해답 1. 처음, 2. 여호와, 3. 7,500, 4. 8,600, 5. 6,200, 6. 다섯

민수기 4장 · 고핫, 게르손, 므라리 자손의 역할

주요 구절: 4:49

레위 지파에 대한 명령이 나옵니다. 회막을 위해 일할 레위인은 30-50세여야 합니다(3절). 성숙한 어른이 봉사할 수 있습니다. 봉사할 사람으로는, (1 　　) 자손 2,750명(36절), (2 　　　) 자손 2,630명(40절), (3 　　　) 자손 3,200명(44절)으로 모두 8,580명입니다. 자손별로 할 일은 다음과 같습니다.

자손	성경	할 일
고핫	4:4-20	성막 안의 증거궤, 진설병, 등잔대, 금제단을 아론과 아들들이 포장을 마치면 고핫 자손이 메고 운반
게르손	4:21-28	성막의 휘장, 회막, 덮개, 해달의 가죽 덮개와 회막 휘장 문, 뜰의 휘장, 성막과 제단 사방에 있는 뜰의 휘장 문과 그 줄 등, 그와 관련된 모든 기구를 운반
므라리	4:29-33	장막의 널판과 그 띠, 기둥, 받침, 기둥, 말뚝, 줄과 그와 관련된 물건을 운반

성물을 옮기는 (1 　　) 자손도 성물을 만지거나(15절) 보거나(20절) 할 수 없습니다. 만약 그렇다면 죽음을 면치 못합니다. 자신이 맡은 직무가 엄격하게 구별됩니다. 열정으로만 헌신하는 것이 아니라, 하나님이 정한 법과 질서대로 헌신해야 합니다. 교회 봉사도 질서와 은사에 따라 섬깁니다.

생각하기 내가 맡은 직무는 무엇입니까? 섬기고 싶은 것은 무엇입니까?

해답 1. 고핫, 2. 게르손, 3. 므라리

민수기 5장 · 진영을 정결하게 유지하는 법

주요 구절: 5:29

5장은 다시 정결 규례를 다룹니다. 먼저 부정한 자가 나타났을 경우입니다(1-4절). 나병 환자, 유출증 환자, 주검으로 부정하게 된 자는 (1 　　) 바깥으로 분리해야 합니다. 이유는 분명합니다. 거룩한 하나님이 "그 (   ) 가운데에 거하"(3절)기 때문입니다. 부정한 자는 하나님과 함께 거할 수 없습니다. 그러나 이것은 단순 추방이 아닙니다. 오히려 (1   ) 바깥에서 보호 받기 위함입니다.

5-10절은 죄 값을 갚는 규례입니다. 한 사람의 재산을 훔쳤거나 손해를 입혔는데, 만약 그 피해자가 죽거나 사라졌으면 어떻게 될까요? 제사장에게 갚아야 합니다. 죄 값을 갚아 부정에서 벗어나는 법을 알려줍니다.

11-31절은 한 아내가 다른 남자와 잠을 잤다(간통)고 의심이 생길 경우에 관한 법입니다. 하지만, 이런 경우에는 그 증거를 쉽게 찾을 수 없습니다. 의심, 혹은 짐작만 되는 경우입니다. 그 경우 어떻게 해야 할까요? 토기 그릇에 물을 담고 성막 바닥의 티끌을 넣고, 저주의 말을 쓴 두루마리를 빨아 여자에게 마시도록 합니다. 여자가 죄가 없으면 아무런 문제가 없지만, 죄가 있으면 "쓰게 되어 그의 (2   )가 부으며 그의 넓적다리가 마르고, 그 여인이 그 백성 중에서 (3   )거리가 될 것"(27절)입니다. 임신하지 못한다는 뜻입니다(28절). 이것을 "(4   )의 법"(29절)으로 부릅니다. 이런 내용을 현대인이 이해하기는 어렵습니다. 분명한 것은 의심은 정결과 거리가 멀다는 것입니다. 의심할 일을 만들어서도 안 되고, 쉽게 의심하고 정죄해서도 안 됩니다. 의심은 거룩한 공동체를 무너뜨립니다.

생각하기 의심과 오해로 인해 관계가 깨진 적이 있습니까?

해답 1. 진영, 2. 배, 3. 저주, 4. 의심

민수기 6장 · 나실인 규례와 제사장의 축복

주요 구절: 6:27

'나실인(Nazir+人)'은 누구일까요? 히브리어 *나실*은 '구별'이라는 뜻입니다. 다시 말해 나실인은 '구별된 사람'입니다. 대표적 나실인은 삼손(삿 13:5)입니다. 사무엘(삼상 1:11)과 세례 요한(눅 1:15)도 나실인이고, 놀랍게도 예수님도 나실인입니다(마 2:23. 나사렛 ≒ 나실인).

본래 하나님께 헌신된 사람은 레위인뿐이지만, 일반 이스라엘 백성도 하나님께 자신을 헌신할 수 있습니다(참고 레 27:2). 일정한 기간을 정하고 하나님께 헌신하기로 서원하면서 시작됩니다. 남녀노소 구분 없이 '나실인'은 누구나 될 수 있습니다. 나실인의 특징적 몸가짐은 무엇일까요? 3-12절에 나옵니다. 포도나무와 관련된 씨, 껍질, 즙, 그리고 술을 먹지 못합니다. 머리털을 자르지 못하고 길게 자라게 해야 합니다. 가족의 주검에도 가까이 해서는 안 됩니다. 만약 이것을 어기면 속죄 제사를 드려야 합니다. 이런 것들을 보면 삼손은 정말 엉망으로 살았음을 알 수 있습니다.

나실인의 규례가 끝나고 24-26절에는 제사장의 축복이 나옵니다. "여호와는 네게 (1 　)을 주시고 너를 (2 　 　)시기를 원하며, 여호와는 그의 (3 　 　)을 네게 비추사 (4 　 　) 베푸시기를 원하며, 여호와는 그 (3 　 　)을 네게로 향하여 드사 (5 　 　) 주시기를 원하노라."

하나님은 언약백성에게 복을 줍니다. 그 복은 보호 받고, 은혜를 누리고, 평화롭게 지내는 것입니다. 다시 말해 하나님이 언약백성과 함께하는 것입니다. 이 복이 오늘 신약시대 성도에게도 주어집니다. 이 약속이 예배 중 선포될 때마다 믿음으로 받아야 합니다.

생각하기 제사장의 축복을 암송해봅시다.

해답 1. 복, 2. 지키, 3. 얼굴, 4. 은혜, 5. 평강

민수기 7장 · 성막의 구별과 드려진 헌물

주요 구절: 7:89

7장은 상당히 깁니다. 그러나 내용이 복잡하지는 않습니다. 성막을 구별한 날(출 40장, 레 8장)에 이스라엘 백성이 헌물을 드렸는데, 지파별로 드린 헌물이 기록되어 있습니다(1-2절). 먼저 지도자들이 헌물을 드립니다. "이스라엘의 (1 　 　 　)들, 곧 그들의 조상의 가문의 (2 　 　 　 　)들이요, 그 지파의 (1 　 　 　)으로서 그 계수함을 받은 자의 (3 　 　)된 자들이 헌물을 드렸으니."(2절) 헌물은 덮개 있는 수레 6대와 소 12마리였습니다(3절).

제사장은 받은 것을 레위 자손에게 나눠줍니다(7-9절). 게르손 자손이 수레 2대와 소 4마리, 므라리 자손이 수레 4대와 소 8마리를 받고, 고핫 자손은 아무 것도 받지 못합니다. 고핫 자손은 손으로 성물을 메야 하기 때문입니다.

지도자들은 추가로 헌물을 더 드립니다(10절). 하나님은 하루에 한 사람씩 헌물을 드리게 합니다(11절). 드리는 순서는 유다 > 잇사갈 > 스불론 > 르우벤 > 시므온 > 갓 > 에브라임 > 므낫세 > 베냐민 > 단 > 아셀 > 납달리 순인데, 진영 순서와 똑같습니다. 이스라엘 백성은 헌물을 드리며 진영 가운데 계신 하나님을 더욱 생각하게 되었습니다.

제사장 직분은 아론과 그의 아들들이 맡지만 하나님과 회막에서 만나는 중보자 역할은 (4 ____)가 여전히 수행합니다. "(4 ____)가 회막에 들어가서 여호와께 말하려 할 때에 증거궤 위 (5 ______) 위의 두 그룹 사이에서 자기에게 말씀하시는 목소리를 들었으니, 여호와께서 그에게 말씀하심이었더라."(89절)

생각하기 헌금하면서 하나님을 생각합니까? 긍정적인 생각입니까?

해답 1. 지휘관, 2. 우두머리, 3. 감독, 4. 모세, 5. 속죄소

민수기 8장 · 등잔대 규례와 레위인의 임직식

주요 구절: 8:19

8장 1-4절에는 헌물을 드린 성막 안에 있는 등잔대에 대한 규례가 잠시 나옵니다. 여러 차례 언급한 것처럼 회막 안 등잔은 어둠을 밝게 하는 하나님의 임재, 곧 임마누엘을 상징합니다.

3장은 '레위인 인구 조사', 4장은 '레위인의 일', 7장은 '레위인의 도구들', 8장은 '레위인의 임직식'에 관한 것입니다. 제사장 임직식(레 8장)과 레위인 임직식은 차이가 있습니다. 다음 표를 보세요.

	제사장	레위인
1	거룩하게	정결(깨끗)하게
2	기름부음 받고 물로 씻음	물을 뿌림
3	새로운 제사장 옷을 받아 입음	자기들의 옷을 빨아서 입음
4	제물의 피	요제

이스라엘의 장자 대신 레위인이 하나님께 구별되어 "온전히 (1) 바 된 자"(16절) 되었습니다. "이스라엘 자손을 (2) 하여 봉사하게 하며 또 이스라엘 자손을 위하여 (3)하게 하였나니."(19절) 하나님은 이스라엘 백성이 그들에게 안수하여 하나님께 바치는 의식(10-11절)을 하게 해 하나님을 섬기는 '백성의 대표'로 세웁니다. 백성의 의견을 모아 하나님께 전달하는 대표가 아니라, 하나님의 뜻을 백성에게 전달하는 '백성의 대표'입니다.

24절에 보면 레위인이 섬기는 나이 범위가 30-50세(민 4:3)에서 25-50세로 넓어집니다. 나중에 역대상 23장 24절에 보면 20세 이상으로 더 넓어집니다. 일하는 양이 더 늘어나 더 많은 수의 레위인이 필요했던 것 같습니다. 헌신된 레위인을 통해 하나님이 섬김 받고 백성이 복을 누립니다.

생각하기 헌신된 직분자로 생각나는 사람이 있습니까?

해답 1. 드린, 2. 대신, 3. 속죄

민수기 9장 · 유월절, 그리고 구름 기둥과 불 기둥

주요 구절: 9:23

출애굽한 지 1년이 지났습니다. 유월절 절기가 돌아왔습니다. 유월절은 첫째 달 14일입니다(3절). 그런데 문제가 생깁니다. 시신과 접촉하여 부정하게 된 사람들이 생겼고, 이들이 유월절에 참여하지 못할 상황입니다. 다급해진 이들이 모세에게 유월절에 참여하고 싶다고 말합니다(7절). 모세는 하나님께 기도했고, 하나님은 (1)째 달 14일에 유월절을 지키게 했습니다(11절). 규례가 중요하지만, 하나님은 예배하려는 자들을 배려합니다.

출애굽할 때 이스라엘 백성을 인도했던 구름 기둥과 불 기둥이 성막을 세운 날에도 나타납니다(15절). "곧 그들이 여호와의 (2)을 따라 진을 치며 여호와의 (2)을 따라 (3)하고, 또 모세를 통하여 이르신 여호와의 (2)을 따라 여호와의 (4)을 지켰더라."(23절) 이렇게만 한다면 이스라엘 백성은 걱정 없이 약속의 땅 가나안에 들어갈 수 있습니다.

생각하기 이렇게나 좋은 하나님께, 왜 전적으로 순종하지 못할까요?

해답 1. 둘, 2. 명령, 3. 행진, 4. 직임

민수기 10장 · 나팔 신호, 행진, 호밥의 동행

주요 구절: 10:35

하나님은 모세에게 나팔을 불어 백성에게 신호를 보내라고 말씀합니다. 구름 기둥이 '하나님의 신호'라면, '모세의 신호'는 (1)입니다. (1) 두 개를 불면 온 회중이 모이고(3절), (1) 하나만 불 때에는 지휘관들이 모입니다(4절). 그 외에도 (1)은 여러 신호로 사용됩니다(5-10절). 점점 더 행진 위용을 갖추고 있습니다.

"둘째 해 둘째 달 스무날에 구름이 (2)의 성막에서 떠오르매"로 시작하는 11절부터 14장까지는 민수기의 두 번째 부분입니다. 지난 1년 동안 시내 산 광야에서 성막을 만들며 시간을 보냈습니다. 이제 본격적으로 약속의 땅으로 행진합니다. 이동하는 순서는 <= (東) '유다, 잇사갈, 스불론' <= (레위) '게르손, 므라리' <= (南) '르우벤, 시므온, 갓' <= (레위) 고핫 <= (西) '에브라임, 므낫세, 베냐민' <= (北) '단, 아셀, 납달리'입니다.

이동 중에 모세의 장인 이드로의 아들, 곧 모세의 처남인 (3)을 만납니다(29절). 모세는 (3)에게 동행할 것을 권유합니다. 그가 광야 길에 익숙하기 때문입니다. "당신은 우리가 광야에서 어떻게 진 칠지를 아나니 우리의 (4)이 되리이다."(31절) (3)은 모세를 따릅니다. 사사기에 등장하는 원수 시스라를 처단하는 여인 야엘은 (3) 집안입니다(삿 4:11-23). 이처럼 하나님의 인도는 사람을 통해서도 분명하게 나타납니다.

언약궤가 행진할 때 모세가 기도합니다. "여호와여, 일어나사 주의 (5)들을 흩으시고, 주를 미워하는 자가 주 앞에서 (6)하게 하소서."(35절) 궤가 정지할 때도 기도합니다. "여호와여, 이스라엘 종족들에게로 돌아오소서."(36절) 하나님의 동

행을 구하는 기도입니다.

생각하기 나는 아침저녁으로 어떤 기도를 하고 있습니까?

해답 1. 나팔, 2. 증거, 3. 호밥, 4. 눈, 5. 대적, 6. 도망

민수기 11장 · 백성의 원망과 70명의 장로

주요 구절: 11:17

어느 날 이스라엘 백성이 악한 말로 여호와를 원망합니다(1절). 구름 기둥과 불 기둥이 그들을 인도하고 있는데도 말입니다. 적지 않은 사람이 하나님께 불평합니다. 구체적으로 어떤 내용인지는 모릅니다. 하나님이 하늘에서 불을 내립니다. 심판의 불입니다. 백성이 부르짖자, 모세가 하나님께 기도해 멈추지만 상처는 큽니다. 그곳 이름을 (1 ___)라 부르는데, 뜻은 '불사름'입니다(3절).

이번에는 출애굽한 사람들 중에 섞여 있었던 다른 민족으로부터 문제가 발생합니다(출 12:38). 믿음이 없어서 그런지 고기를 향한 탐욕을 이기지 못합니다(10절). 예나 지금이나 욕심이 죄의 시작입니다. 모세는 백성의 원망을 듣고 마음이 무너집니다(12절). 차라리 죽어 무거운 지도자의 짐을 벗어버리고 싶은 심정입니다. "책임이 심히 중하여 나 혼자는 이 모든 백성을 감당할 수 없나이다. 주께서 내게 이같이 행하실진대 구하옵나니, 내게 은혜를 베푸사 즉시 나를 (2 ___) 내가 고난 당함을 내가 보지 않게 하옵소서."(14-15절)

모세의 기도를 들은 하나님이 모세에게 (3 ___)와 (4 ___)가 될 만한 사람 70명을 뽑으라고 말씀합니다(16절). 그들이 백성의 짐을 모세와 함께 담당할 것입니다. 그 증거로 하나님이 70명에게도 모세처럼 영을 주어 예언하게 합니다(25절). 모세는 하나님이 세운 70명의 (3 ___)와 (4 ___)들과 동역하며 짐을 덜게 됩니다.

고기를 향한 탐욕 섞인 백성의 원망에 하나님은 (5 ___)를 보냅니다(31절). 백성이 정신없이 고기를 먹기 시작할 때 그들에게 심히 큰 재앙이 임합니다. 욕심을 부려 선동한 이들이 심판 받은 것 같습니다. 그곳을 기브롯 (6 ___)라

부릅니다(34절). 탐욕 때문에 죽으니, '탐욕의 무덤'이라는 뜻입니다. 이제 행진하기 시작했는데 그 시작이 불안합니다.

생각하기 내 욕심 때문에 하나님을 원망한 경험이 있습니까?

해답 1. 디베라, 2. 죽여, 3. 장로, 4. 지도자, 5. 메추라기, 6. 핫다아와

민수기 12장 · 미리암과 아론의 도전

주요 구절: 12:8

12장에는 이스라엘 지도부에서 문제가 생깁니다. 모세가 구스 여자를 취한 것 때문에 미리암과 아론이 모세의 권위에 도전한 것입니다(1절). "그들이 이르되 (1   ) 께서 모세와만 말씀하셨느냐? 우리와도 말씀하지 아니하셨느냐, 하매, 여호와께서 이 말을 들으셨더라."(2절)

모세도 흠이 있습니다. (2   ) 여인을 취한 것은 문제입니다. 그러나 그들의 도전이 정당한 것도 아닙니다. 하나님은 미리암과 아론 앞에서 모세를 변호합니다. "내 종 모세와는 그렇지 아니하니, 그는 내 온 집에 충성함이라. 그와는 내가 (3   )하여 명백히 말하고 은밀한 말로 하지 아니하며 그는 또 (1   )의 형상을 보거늘 너희가 어찌하여 내 종 모세 (4   )하기를 두려워하지 아니하느냐?"(6-8절) 도전한 그들에게 벌이 임합니다. 미리암에게 (5   )이 생깁니다. 아론이 어리석음을 회개하자 모세가 기도하여 병이 낫습니다. 하지만 병으로 부정해진 미리암은 진 밖에 7일 동안 머물러야 합니다.

하나님은 모세의 지도권을 세워 백성을 질서 있게 가나안 땅으로 인도하길 원합니다. 하나님이 세운 권위에 함부로 도전해서는 안 됩니다. 물론 지도자는 흠이 생기지 않도록 철저하게 자기를 살펴야 합니다. 그 점에서 하나님의 아들로서 순종한 예수 그리스도는 최고의 지도자입니다(히 3:6).

생각하기 하나님께 벌 받은 아론과 미리암의 마음은 어땠을까요?

해답 1. 여호와, 2. 구스, 3. 대면, 4. 비방, 5. 나병

민수기 13장 · 둘로 나뉜 열두 정탐꾼

주요 구절: 13:31

이스라엘 백성은 하세롯을 떠나 바란 광야에 진을 칩니다(민 12:16). 이스라엘 백성이 불안했는지 모세에게 먼저 가나안 땅 정탐을 요청합니다(신 1:22). "내가 그 말을 좋게 여겨 너희 중 각 지파에서 한 사람씩 열둘을 택하매."(신 1:23) 하나님은 그들의 요구를 허락합니다.

하나님은 12지파마다 한 사람씩 뽑아 정탐꾼을 보내도록 합니다. 유다 지파의 (1 ____ ____)과 에브라임 지파의 (2 ____ ____ ____ ____)가 눈에 띕니다. (2 ____ ____ ____ ____)의 본래 이름은 호세아입니다. (2 ____ ____ ____ ____)는 '여호와는 구원이시다'는 뜻입니다. 구원은 오직 여호와께 있다는 것을 이름으로 선언합니다.

그들은 (3 ____ ____)일 동안 땅을 정탐합니다(25절). 에스골 골짜기에서 포도송이가 달린 가지를 벱니다. 두 사람이 막대기에 꿰어 메고 석류와 무화과를 땁니다(23절). 정탐의 목적은 군사 전략을 위한 길과 성을 파악하고, 땅의 비옥함을 확인하여 약속의 땅에 대한 확신을 가지는 것입니다(17-20절). 20절의 "탐지하라, 담대하라 … 가져오라"라는 말에서 느낄 수 있습니다.

하지만 놀랍게도 정탐꾼의 보고가 둘로 나뉩니다. 같은 것을 보고 왔는데 결과가 다릅니다. 먼저 (1 ____ ____)의 보고입니다. "우리가 곧 올라가서 그 땅을 취하자. 능히 (4 ____ ____)리라."(30절) 하지만 다른 이들은 불신앙의 보고를 합니다. 땅은 비옥하지만 가나안 사람들이 강해서 이스라엘이 차지하지 못할 것이라는 것입니다. "우리는 능히 올라가서 그 백성을 치지 못하리라. 그들은 우리보다 강하니라, 하고, 이스라엘 자손 앞에서 그 정탐한 땅을 악평하여 이르되 … 거기서 본 모든 백성은 신장이 장대한 자들이며, 거기서 네피림 후손인 아낙 자손의 거인들을 보았나니, 우리는 스스로 보기에도 (5 ____ ____ ____) 같으니 그들이 보기에도 그와 같았을 것이니라."(31-33절) 왜 이런 차이가 나타날까요? 다른 이유는 없습니다. 믿음입니다. 불신앙으로 보면 두렵지만, 믿음으

로 보면 능히 이깁니다.

생각하기 나는 어떤 눈으로 세상을 바라봅니까?

해답 1. 갈렙, 2. 여호수아, 3. 40, 4. 이기, 5. 메뚜기

민수기 14장 · 믿음 없는 백성과 모세의 기도

주요 구절: 14:11

불신 가득한 다수의 보고를 받은 백성은 울부짖습니다. "온 회중이 소리를 높여 부르짖으며 백성이 밤새도록 (1 　　)하였더라."(1절) 모세와 아론을 원망하기 시작합니다. 심지어 다른 지휘관을 세워 다시 이집트로 돌아가자고 시위합니다(4절). 모세와 아론이 백성 앞에 엎드립니다. 기도한 것이 아니고 하나님의 판단을 기다린다는 뜻입니다. 바로 그때 믿음의 사람 여호수아와 갈렙이 앞으로 나서 외칩니다. "우리가 두루 다니며 정탐한 땅은 심히 아름다운 땅이라. 여호와께서 우리를 기뻐하시면 우리를 그 땅으로 (2 　　)하여 들이시고 그 땅을 우리에게 (3 　　)리라. 이는 과연 젖과 꿀이 흐르는 땅이니라. 다만 여호와를 거역하지는 말라. 또 그 땅 백성을 두려워하지 말라. 그들은 우리의 (4 　　)라. 그들의 보호자는 그들에게서 떠났고 여호와는 우리와 함께 하시느니라. 그들을 두려워하지 말라."(7-9절) 이제는 백성이 여호수아와 갈렙을 돌로 쳐 죽이려 합니다.

그때 여호와의 영광이 임합니다. "어느 때까지 나를 (5 　　) 하겠느냐 … 어느 때까지 나를 (6 　　) 아니하겠느냐?"(11절) 백성의 불신앙에 진노한 하나님이 이스라엘 백성을 멸하려 합니다. 그때 모세가 기도합니다. 먼저 하나님의 명예에 호소합니다(16절). 하나님이 능력이 없어서 자기 백성을 약속한 땅으로 인도하지 못했다고 다른 민족이 조롱할 것이라 말합니다. 이어 하나님의 자비에 호소합니다(18절). 자비롭고 노하기를 더디 하며 인자와 진실한 하나님의 성품에 기댑니다. 두 가지에 기대서 드린 모세의 기도는 좋은 모범입니다.

하나님은 모세의 기도를 듣고 당장 이스라엘을 멸망시키지 않습니다(20절). 대신 여호수아와 갈렙을 제외한 20세 이상 된 모든 성인은 한 사람도 가나안 땅을 보지 못하고

광야에서 죽게 될 것이라고 합니다(29-30절). 이렇게 해서 이스라엘 백성이 40년 동안 광야를 떠돌게 된 것입니다.

정신을 차린 백성은 크나큰 잘못을 범했다는 것을 알고 슬퍼합니다. 하지만 참 회개는 아닙니다. 그들은 만용을 부리며 가나안 끝자락에 있는 곳으로 올라가 싸웁니다. 모세가 말리지만 듣지 않습니다. 그들이 올라가 싸우지만 지고 맙니다(44절). 불신앙에 함몰되니 어리석은 행동만 할 뿐입니다.

생각하기 만일 내가 하나님이라면 모세의 기도에 어떻게 응답할까요?

해답 1. 통곡, 2. 인도, 3. 주시, 4. 먹이, 5. 멸시, 6. 믿지

민수기 15장 · 다시 주어진 언약의 법

주요 구절: 15:41

이스라엘 백성이 반역을 행하지만, 하나님은 여전히 그들을 사랑합니다. 15장은 이런 맥락에서 언약의 법으로 주어지는 규례들입니다. "너희는 내가 주어 살게 할 (1)에 들어가서"(2절)라는 조건이 보여주듯이 가나안 (1)에 도착하면 그렇게 하라는 뜻입니다. 반드시 (1)으로 인도하겠다는 하나님의 의지입니다. 이 규례는 언약의 (1)에 거주하는 타국인도 지켜야 합니다.

가루와 기름과 포도주를 추가하라는 명령이 특이합니다(4, 7, 9절). 레위기에 언급된 번제와 화목제 규례에는 없기 때문입니다. 곡물의 처음 익은 곡식 가루를 떡으로 만들어 하나님께 거제로 드립니다(17-21절). 이것도 처음 받은 명령입니다. 또 부지중에 지은 죄를 용서 받는 방법이 규례로 주어집니다(22-28절). 만약 고의로 죄를 지으면 언약에서 끊어집니다(29-31절). 정말 무시운 경고입니다. 이런 경고 가운데 안식일에 나무한 사람을 벌하는 사건이 나옵니다. 이 사건은 시내 산에서 안식일 규례(출 20:8-11)가 주어지기 전에 있었던 사건 같습니다(34절). 하나님은 그에게 사형을 언도했고 모세는 진영 밖에서 돌로 쳐 죽입니다(32-36절). 언약의 엄중함이 드러납니다.

마지막으로 백성의 옷 끝에 술(띠)을 달아 하나님의 말씀을 기억하고 순종하게 합니

다. "너희를 (2 　 　)하게 하는 자신의 마음과 눈의 (3 　 　)을 따라 음행하지 않게 하기 위함이라. 그리하여 너희가 내 모든 (4 　 　)을 기억하고 행하면 너희의 하나님 앞에 거룩하리라."(39-40절) 말씀이 거룩으로 인도합니다.

이렇게 규례를 주며 하나님은 다시 언약을 확인합니다. "나는 여호와 너희 (5 　 　 　)이라. 나는 너희의 (5 　 　 　)이 되려고 너희를 애굽 땅에서 인도해 내었느니라. 나는 여호와 너희의 (5 　 　 　)이라."(41절) (5 　 　 　)은 이렇게 언약에 신실한데, 이스라엘 백성의 반응은 어떨까요?

생각하기 만일 내가 이스라엘 백성이라면, 앞으로 어떻게 행동할까요?

해답 1. 땅, 2. 방종, 3. 욕심, 4. 계명, 5. 하나님

민수기 16장 · 고라, 다단, 아비람의 반역

주요 구절: 16:3

또 반역이 일어납니다. 레위 지파 고핫 자손 '고라', 르우벤 지파 '다단', '아비람', '온'이 주도합니다. 그 대상은 모세와 아론인데, 사실상 하나님께 반역한 것입니다. 고핫 자손과 르우벤 지파는 남쪽에 진을 쳤기 때문에 함께 도모할 수 있었던 것 같습니다(민 2:10; 3:29). '온'은 처음에만 등장하고 이후에 등장하지 않습니다. 슬그머니 빠졌거나 영향력이 약해서 그런 것 같습니다.

고라의 반역 이유는 이렇습니다. "너희가 분수에 지나도다. (1 　 　)이 다 각각 거룩하고 여호와께서도 그들 중에 계시거늘 너희가 어찌하여 여호와의 총회 위에 스스로 높이느냐?"(3절) 그럴듯해 보입니다. 특히 민주주의 시대를 사는 우리가 보기에 더 그렇습니다. 다단과 아비람은 다른 불만이 있습니다. "네가 우리를 … 광야에서 죽이려 함이 어찌 작은 일이기에 오히려 스스로 우리 위에 (2 　)이 되려 하느냐? 이뿐 아니라, 네가 우리를 젖과 꿀이 흐르는 땅으로 인도하여 들이지도 아니하고 … 네가 이 사람들의 눈을 빼려느냐? 우리는 올라가지 아니하겠노라."(13-14절) 광야 생활이 길어지는 것을 말하면서 모세를 반대합니다. 고라, 다단, 아비람의 반역이 거셉니다. 명성 있는 백성의

지휘관 (3)명도 함께합니다(2절).

모세는 하나님께 억울함을 호소하고(15절), 중대 결단을 내립니다. (3)명의 지휘관들이 제사장 역할을 해도 되는지 향로 (3)개를 가져오도록 합니다(17-18절). 아론도 향로를 들고 있습니다. 하나님의 판결을 기다립니다. 하나님의 심판이 임합니다. 고라, 다단, 아비람의 가족이 모두 갈라진 땅 속에 파묻혀 죽습니다(31-33절). (3)명의 지휘관도 불에 타 죽습니다. 무서운 결말입니다. 다시는 이런 잘못이 반복되지 않도록, 하나님은 (3)개 놋 향로로 제단을 싸는 (4)을 만들게 합니다(36-40절). 그 (4)을 보는 모든 다음세대는 하나님과 그 직분자에게 반역하지 못할 것입니다.

그럼에도 백성이 정신 차리지 못합니다. 도리어 모세와 아론을 원망하며 죽이려 합니다(41-50절). 아주 어리석은 모습입니다. 하나님의 심판으로 (5)이 퍼져 14,700명이 죽습니다(49절). 모세는 아론에게 그 향로를 가지고 속죄하게 하여 (5)이 그칩니다. 왜 이렇게 이스라엘 백성이 어리석을까요? 그러나 그들의 모습 속에서 완악한 우리의 모습이 보이는 것 왜일까요?

생각하기 심판을 보면서도 왜 모세와 아론을 원망했을까요?

해답 1. 회중, 2. 온, 3. 250, 4. 철판, 5. 염병

민수기 17장 · 아론의 싹 난 지팡이

주요 구절: 17:5

하나님은 반역한 (1), 다단, 아비람 그리고 지휘관 250명을 심판함으로 하나님이 세운 권위를 가르칩니다. 유다서는 (1)를 언급하며 하나님이 세운 권위에 대한 교훈을 전합니다. "화 있을진저 이 사람들이여 … (1)의 패역을 따라 멸망을 받았도다."(유 11)

하나님은 계속해서 모세와 (2)의 권위를 세워줍니다. 각 조상의 가문을 따라 지팡이를 하나씩 준비하고, 그 위에 각 지파의 이름을 써서 증거의 장막(회막) 안 여호와

앞에 두도록 합니다(2-7절). 레위 지파의 대표는 (2 ______)이었는데, 신기하게도 (2 ______)의 지팡이 위에만 움이 돋고 순이 나고 꽃이 피어서 살구(아몬드) 열매가 달립니다(8절). 하나님은 레위 지파와 (2 ______) 집안에게만 성막에서 섬기는 직분을 인정합니다. 다음세대에게도 그 사실을 가르치기 위해 (2 ______)의 싹 난 지팡이를 표징으로 (3 _________) 앞에 두어 보관합니다(10절). 다시는 이런 죄를 범하지 않도록 교육하는 교재인 셈입니다.

생각하기 우리 교회는 권위를 인정하고, 질서 있는 편입니까?

해답 1. 고라, 2. 아론, 3. 증거궤

민수기 18장 · 제사장과 레위인의 책임과 특권

주요 구절: 18:20

18장은 다시 레위인의 사역과 제사장과 레위인이 받는 몫과 십일조 규례를 다룹니다. 시내 산에서 이 규례가 주어졌으나 자리 잡지 못했고, 반역으로 인해 혼란스러워졌으니, 재정비하는 셈입니다.

이 규례는 모세가 아닌 아론에게 주어집니다(1절). 하나님은 레위인과 아론 집안을 성막에서 일할 사람들로 세웁니다(2-7절). 이어서 제사장과 레위인의 몫을 말합니다. 거제물과 요제물은 제사장의 소유입니다. '거제물'(擧祭物)은 '들어 올리는 제물'입니다. '요제물'(搖祭物)은 '흔들어 드리는 제물'입니다(11절). 또 사람이든 짐승이든 초태생(初胎生)을 대속하는 속전은 모두 제사장의 음식과 재산입니다(15절). 제사장은 다른 지파와 달리 아무런 재산을 분배 받지 못했기 때문입니다. 대신 하나님이 레위 지파와 아론 가문의 기업입니다. "내가 이스라엘 자손 중에 네 (1 ______)이요 네 (2 ______)이니라."(20절) 이것은 "소금 언약"(19절)으로서 변함없고 확실합니다.

레위인은 이스라엘 백성이 바치는 십일조를 받아 생활했고, 레위인은 그들이 받은 "(3 _________)의 (3 _________)"(26절)를 '거제', 곧 '들어 올리는 제사'로 제사장 아론에게 줍니다(28절). 이것은 레위인과 제사장의 특권이면서도, 백성의 책임이기도 합니다. 백성이 (3 　 　 　)를 제대로 하지 않는다면 하나님을 섬기는 일은 엉망이 될 것이고, 백성은 복을 누리지 못할 것이기 때문입니다.

생각하기 헌금이 내게 복이 된다는 사실이 어떻습니까?

해답 1. 분깃, 2. 기업, 3. 십일조

민수기 19장 · 다시 주어진 정결법

주요 구절: 19:22

하나님은 부정한 것을 다시 정결케 하는 규례를 말씀합니다. 이미 정결법(레 12-15장)을 말씀했는데, 다시 말씀하는 이유가 무엇일까요? 아마도 반복되는 반역과 그로 인한 심판 때문에 많은 사람이 죽었기 때문일 것입니다. 시신이 생겼으니 그것에 접촉하는 백성, 심지어 성막도 부정해지기 때문입니다. 시신은 왜 부정할까요? 죽음이 부정하기 때문입니다. 게다가 그 시신은 반역의 결과로 인한 것입니다. 하나님은 거룩하며, 하나님의 백성도 거룩해야 합니다.

하나님은 먼저 (1 　 　) 암송아지를 잡아 그 피로 (2 　 　 　)를 지내게 합니다(1-9절). 이 일은 아론의 아들로서 제사장이 된 (3 　 　 　 　)이 맡습니다(3절). 이어서 그 송아지로 잿물을 만들어 우슬초를 사용해 부정하게 된 사람에게 뿌립니다(18절). 잿물로 씻은 사람은 정결하게 됩니다(19절).

(1 　 　) 암송아지(2절)와 그 피는 예수 그리스도와 십자가의 피를 떠올리게 합니다. 피와 잿물을 뿌리는 것 역시 예수님을 믿어 정결하게 되는 것을 생각나게 합니다(벧전 1:2). 죄 용서는 오직 예수님을 통해서만 가능합니다.

생각하기 반복되는 정결이 혹시 지겹지는 않습니까?

해답 1. 붉은, 2. 속죄제, 3. 엘르아살

민수기 20장 · 므리바, 에돔의 거절, 아론의 죽음

주요 구절: 20:12

20장의 시작에는 미리암이 죽습니다. "(1) 달"(1절)이 언제인지 정확히 모릅니다만, 이후 33장 내용을 생각하면 40년 광야 생활 마지막 해로 볼 수 있습니다. 이스라엘 백성의 완악한 마음이 계속됩니다. 물이 없자 (2)와 아론을 원망합니다(2절). 왜 애굽에서 나오게 했는지, 차라리 죽는 것이 낫다며 이전과 똑같은 불평을 쏟아냅니다(3-5절). 불평을 들은 (2)와 아론이 하나님 앞에 엎드립니다(6절). 하나님은 이렇게 말씀합니다. "너희는 (3)에게 명령하여 '물을 내라'하라. 네가 그 (3)이 물을 내게 하여 회중과 그들의 짐승에게 마시게 할지니라."(8절)

그런데 이상합니다. (2)와 아론이 백성을 모으더니 "반역한 너희여! 들으라! 우리가 너희를 위하여 이 (3)에서 물을 내랴?"(10절)고 말하더니, 지팡이로 (3)을 두 번 내려칩니다(11절). 하나님은 (3)에게 명령하라고 말씀했는데, (2)가 순종하지 않습니다.

'지팡이'는 하나님 권능의 상징입니다. 권능은 (2)와 아론의 것이 아닙니다. 홍해를 건널 때도 그 지팡이를 앞으로 내밀 때 바다가 갈라졌습니다. 하나님의 영광을 드러내지 않은 그의 행동은, 권력 남용 혹은 오용입니다. 겸손하던 (2)가 교만합니다. 결국 가나안 땅에 들어가지 못합니다(12절). 그도 어쩔 수 없는 연약한 인간입니다. 그렇습니다. 영원한 중보자는 예수님뿐입니다.

(2)가 가데스에서 에돔 왕에게 사신을 보내 길을 이용할 수 있도록 요청하지만 거절당합니다(14-21절). 에돔 족속은 야곱의 형, 에서의 자손입니다. 어쩔 수 없이 지름길을 포기하고 우회합니다.

이스라엘 백성은 가데스에서 (4) 산에 이르는데(22절), 거기서 아론이 죽습니다. 그 아들 엘르아살이 대제사장 직무를 이어갑니다. 앞선 세대 지도자들이 하나둘씩 세상을 떠나기 시작합니다. 아무리 직분자라도 하나님께 불순종하면 그 역시 벌을 받습니다.

생각하기 교만해서 낭패를 본 경험이 있습니까?

해답 1. 첫째, 2. 모세, 3. 반석, 4. 호르

민수기 21장 · 놋뱀과 가나안 주변 정복

주요 구절: 21:9

가나안 종족 가운데 아랏의 왕을 이스라엘이 호르마에서 물리칩니다(1-3절). 하지만 에돔 땅을 우회하는 길이 어렵습니다. 백성이 또 원망합니다. 심지어 하늘에서 오는 만나와 메추라기도 "(1) 음식"(5절)이라고 폄하합니다. 하나님은 불평하는 그들에게 불 뱀을 보내 징계합니다. 많은 사람이 죽어갑니다. 모세가 다시 기도합니다. 하나님은 (2)을 만들어 장대 위에 매 달라고 말씀합니다(8절). 모세가 놋으로 (2)을 만들고, 그것을 쳐다 본 사람은 낫습니다(8절). 놋 (2)에게 신비한 능력이 있는 것이 아니라, 하나님의 말씀이기 때문에 나은 것입니다. 이 사건을 예수님이 언급합니다. "모세가 광야에서 뱀을 든 것 같이 인자도 들려야 하리니, 이는 그를 믿는 자마다 영생을 얻게 하려 하심이니라."(요 3:15) 십자가에 달린 예수님을 믿는 자는 구원을 얻습니다.

이스라엘 백성이 다시 이동합니다. 이동 경로가 자세히 나옵니다. 호르마 > (3)(10절) > 이예아바림 > 세렛 골짜기 > 아르논 강 건너편(모압과 아모리 사이) > 브엘 > 맛다나 > 나할리엘 > 바못 > (4) 산꼭대기(20절). 이스라엘 백성은 그곳에서 헤스본에 거주하던 아모리 왕 (5)(21-32절)과 바산 왕 (6)(33-35절)을 이깁니다. 나중에 이스라엘의 세 지파가 이 지역에 거주합니다. 이스라엘 백성이 드디어 가나안 땅 입구인 모압 평지에 이릅니다.

생각하기 뱀에 물린 뒤, 나라면 놋 불뱀을 보았을까요?

해답 1. 하찮은, 2. 불뱀, 3. 오봇, 4. 비스가, 5. 시혼, 6. 옥

민수기 22장 · 모압 왕 발락과 점쟁이 발람

주요 구절: 22:6

22-36장에는 모압 평지에서 일어난 일이 나옵니다. 성경은 40년 광야 생활 중 처음과 마지막 부분만 강조해서 기록하고 나머지는 침묵합니다.

아모리 왕 시혼과 바산 왕 옥을 물리친 이스라엘은 파죽지세로 올라갑니다. 자연스레 모압 왕 발락은 긴장할 수밖에 없습니다. 그런데 발락의 대응이 특이합니다. 발락은 당대 최고 점쟁이(선지자)를 찾습니다. 그가 이스라엘을 저주하면 쉽게 이길 것이라 생각했기 때문입니다. 그 점쟁이는 유프라테스 강에 사는 (1 ___ ___)입니다(5절). 발락은 많은 돈을 제시하며 그를 회유합니다.

(1 ___ ___)은 발락의 요구를 듣고 이스라엘의 하나님 여호와께 묻습니다. 그는 여러 신과 접신하는 점쟁이였던 것 같습니다. 돈과 명예를 얻기 위해 여러 이방 신들에게 빌붙어 지내는 사람에 불과합니다. 그래도 여호와 하나님은 그에게 응대합니다. "너는 그들과 함께 가지도 말고 그 백성을 (2 ___ ___)하지도 말라. 그들은 (3 ___)을 받은 자들이니라."(12절) 결국 (1 ___ ___)이 발락의 요구를 거절합니다(13절).

계획이 틀어지자 발락은 더 안달이 납니다. 그는 더 큰 명예와 재물을 약속합니다(17절). (1 ___ ___)이 곤란한 상황이었는데, 하나님으로부터 조건부 허락을 받습니다. "내가 네게 이르는 (4 ___)만 준행할지니라."(20절) 이후 (1 ___ ___)은 아주 우스꽝스런 일을 당합니다. 발락에게 가는 중 자기가 타는 나귀에게 훈계를 듣습니다(28절). 점쟁이 (1 ___ ___)은 "불의의 삯"(벧후 2:15)을 좋아한 사람일 뿐입니다. 이런 자를 하나님이 사용합니다. 그는 축복의 도구가 됩니다.

생각하기 만일 내가 모압 왕 발락이었다면 어떻게 했을까요?

해답 1. 발람, 2. 저주, 3. 복, 4. 말

민수기 23장 · 이스라엘을 향한 발람의 축복(1-2)

주요 구절: 23:23

발락의 극진한 환영과 대접을 받은 발람은 "바알의 산당"(민 22:41)에 올라 이스라엘의 진영을 바라봅니다. 제단에 제물을 바친 후 발람이 말하는데, 발락의 소원대로 이스라엘을 저주하지 않고 '하나님이 자신의 입에 주신 말씀'(민 22:20, 35, 38)만 말합니다(7-10절). "… 야곱의 (1 ____ ____)을 누가 능히 세며 이스라엘 사분의 일을 누가 능히 셀고! 나는 의인의 죽음을 죽기 원하며 나의 종말이 그와 같기를 바라노라."(7-10절) 하나님이 말씀을 주니 다른 말을 할 수가 없습니다(5절).

사실 발람은 신의 뜻을 대언하는 사람이지 신을 부리는 사람이 아니었습니다(12절). 발락의 계획은 애초부터 실패할 수밖에 없었습니다. 그럼에도 발락은 재차 발람에게 저주를 요청합니다. 장소를 비스가 산으로 옮겨 두 번째 저주를 시도합니다. 특정한 장소에 가면 더 효력이 있다고 생각한 것 같습니다. 하지만 발람의 두 번째 예언은 이스라엘을 향한 더 강력한 축복입니다. "… 야곱의 (2 ____ ____)을 보지 아니하시며 이스라엘의 반역을 보지 아니하시는도다. 여호와 그들의 하나님이 그들과 (3 ____ ____) 계시니 왕을 부르는 소리가 그 중에 있도다 … 야곱을 해할 (4 ____ ____)이 없고 이스라엘을 해할 복술이 없도다 …"(18-24절) 발락의 계획은 또 실패합니다. 이제 발락은 발람을 브올 산 꼭대기로 데리고 갑니다(28절). 발락은 저주를 기대하지만 이어지는 것은 또 다른 축복입니다.

생각하기 발람의 예언을 들은 발락이 나라면, 어떻게 했을까요?

해답 1. 티끌, 2. 허물, 3. 함께, 4. 점술

민수기 24장 · 이스라엘을 향한 발람의 축복(3-4)

주요 구절: 24:17

발람이 브올 산에서 이스라엘이 진영을 보는데 전과 같이 점술을 쓰지 않습니다(1

절). 오히려 "하나님의 영"(2절)에 지배 받습니다. 발람은 일시적으로 "말씀을 (1 　)는 자"(4절)와 "전능자의 환상을 (2 　)는 자"(4절)가 됩니다. 발람이 선포하는 축복을 볼까요? "… 너를 축복하는 자마다 (3 　)을 받을 것이요, 너를 (4 　 　)하는 자마다 (4 　 　)를 받을지로다."(3-9절) 아브라함이 받은 언약의 복(창 12:1-3)을 이스라엘도 다시 받습니다.

발락이 기분이 나빠 발람을 쫓아 내려 합니다. 하지만 발람은 예언을 중단하지 않고 더 엄청난 미래를 예언합니다. "내가 그를 보아도 이 때의 일이 아니며, 내가 그를 바라보아도 가까운 일이 아니로다. 한 (5 　)이 야곱에게서 나오며 한 (6 　)가 이스라엘에게서 일어나서 모압을 이쪽에서 저 쪽까지 쳐서 무찌르고 또 셋의 자식들을 다 멸하리로다."(17절) "셋의 자식들"은 모압 백성으로 보입니다(렘 48:45-46). 중요한 것은 (5 　)과 (6 　)입니다. 이것들은 왕을 상징하는 표현입니다. 한 왕이 태어날 것인데, 바로 메시아 예수님입니다. (5 　)을 보고 동방에서 박사들이 찾아 왔습니다(마 2:2). 하나님의 섭리가 놀랍습니다.

이스라엘은 반역만 일삼는데, 하나님은 불의한 자를 사용해 이스라엘을 축복합니다. 이스라엘을 향한 하나님의 사랑과 계획은 멈추지 않습니다.

생각하기 발람의 축복을 듣게 된 이스라엘은 어떤 기분이었을까요?

해답 1. 듣, 2. 보, 3. 복, 4. 저주, 5. 별, 6. 규

민수기 25장 · 바알브올 사건

주요 구절: 25:3

이스라엘이 모압 평지 (1 　 　)에 머물고 있을 때 브올 산에서 "모압 여자들과 음행"하는 사건이 발생합니다(1절). 모압 여자들이 자기 신에게 제사할 때에 이스라엘 백성을 초대합니다(2절). 이스라엘 백성이 그 초대에 응해 제사 음식을 먹고 신들에게 절합니다. 이것이 (2 　 　 　 　) 사건(3절)입니다. 하나님은 진노하고 그 사람들을 죽이라고 명령합니다(5절). 그러나 어느 누구도 순종하지 않고 단지 회막 앞에서 울고만 있습니다. 영향력 있는 사람들이 가담한 것 같습니다. 하나님이 직접 벌합니다. "염

병"(染病), 곧 전염병이 퍼져 (3)만 4천명이 죽습니다(9절).

그런 와중에 한 남자가 공개적으로 미디안 여자를 진 안으로 데려옵니다. 아마도 성 관계를 가지려 한 것 같습니다. 그런데도 말리는 사람 하나 없습니다. 이때 아론의 손자, 엘르아살의 아들 (4)가 그들의 텐트에 들어가 창으로 찔러 죽입니다(7절). 살인을 한 것이 아니라, 하나님의 명령에 순종한 것입니다. 하나님은 (4)의 행동을 보고 징계를 멈춥니다. 죽은 이스라엘 사람은 시므온 지파의 지도자입니다(14절). 미디안 여자 고스비도 가문의 수령입니다(15절). 하나님은 (4)에게 "평화의 (5)"을 줍니다(12절). 평화의 (5)은 "그와 그의 후손에게 영원한 제사장 직분의 (5)"(13절)입니다.

(2) 사건은 시내 산에서 벌인 금송아지 사건과 다를 바 없습니다. 이스라엘 백성이 하나님 앞에서 우상숭배한 것입니다. 하나님은 이스라엘 백성을 언약에 따라 여전히 사랑하는데, 백성은 가나안 땅을 앞에 두고도 여전히 어리석게 행동합니다.

생각하기 도대체 이스라엘 백성은 왜 이렇게 행동할까요?

해답 1. 싯딤, 2. 바알브올, 3. 2, 4. 비느하스, 5. 언약

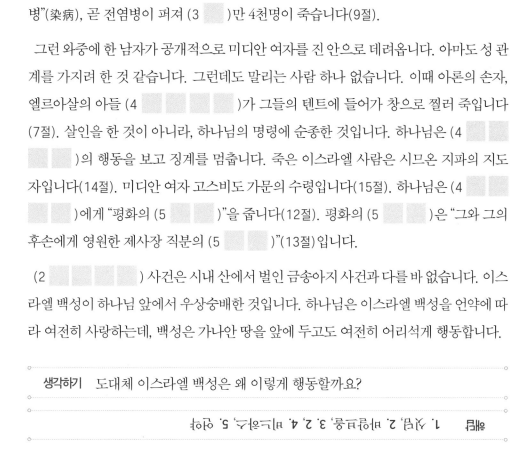

민수기 26장 · 두 번째 인구 조사

주요 구절: 26:51

바알브올 사건 이후 하나님은 두 번째 인구 조사를 명령합니다(1절). 총 숫자는 601,730명입니다(51절). 40년 전 출발할 때 첫 번째 조사한 숫자 603,550명보다 조금(1,820명) 적습니다. 레위인의 숫자는 1개월 이상 된 남자의 숫자가 23,000명입니다. 이 숫자에는 갈렙과 여호수아를 제외하고는 시내 광야에서 행한 첫 인구 조사에 포함된 사람은 없습니다. 가데스에서 일어난 반역 사건 때문입니다. 믿음을 보인 (1)과 (2)만 살아남았습니다(65절).

첫 인구 조사는 전열을 세우기 위한 것이지만, 두 번째 인구 조사는 가나안 땅 분배와 관련 있습니다. 하나님은 인구에 따라 땅을 분배합니다. 수가 많은 지파는 땅을 (3

) 받고, 수가 적은 지파는 땅을 (4) 받을 것입니다(54절). 서로 더 좋은 땅을 원하려 하기 때문인지, 제비 뽑는 방법(55절)을 사용합니다. 하나님의 방법을 통해 땅은 공평하게 분배될 것입니다.

생각하기 살아남은 갈렙과 여호수아를 보는 백성의 마음은 어땠을까요?

해답 1. 갈렙, 2. 여호수아, 3. 많이, 4. 적게

민수기 27장 · 다음세대 이야기들

주요 구절: 27:22

27장에는 다음세대에 속하는 자들의 이야기가 나옵니다. 두 번째 인구 조사 내용 중 헤벨의 아들 슬로브핫의 딸들에 관한 기사가 있습니다. 그 딸들의 이름은 "말라와 노아와 호글라와 밀가와 디르사"(민 26:33)입니다. 이 (1)들이 모세와 제사장, 그리고 지휘관들과 온 회중(장로들) 앞에서 땅 분배와 관련해 청원을 합니다. 아들이 없는 집안의 (1)들에게는 땅이 상속되지 않고 대신 형제나 혹은 숙부에게 상속됨으로 (1)의 아버지의 이름이 끊어지는 것은 잘못이라는 내용입니다(4절). 특히 슬로브핫은 반역으로 죽은 것도 아니니 (1)들은 억울할 수밖에 없습니다. 모세는 이것을 하나님께 물었고 하나님은 그 요구에 긍정으로 응답합니다. "사람이 죽고 아들이 없으면 그의 (2)을 그의 (1)에게 돌릴 것이요."(8절) 하나님 앞에 남녀 차별은 없습니다.

모세는 아바림 산에 올라 가나안 땅을 바라봅니다(12절). 만약 신 광야에서 모세가 백성에게 분노하지 않고 바위를 지팡이로 치지 않고 하나님의 거룩함을 나타냈다면, 지금 눈으로 보는 가나안 땅에 들어갈 수 있었을 텐데 그러지 못합니다. 모세는 이스라엘 백성이 "목자 없는 양"(17절)같이 될까, 걱정하며 기도합니다. 하나님은 모세의 후계자로 (3)를 임명합니다(22절). 대제사장과 온 백성 앞에서 모세가 (3)의 머리에 손을 얹고 안수해 후계자로 세웁니다. (3)는 여호와의 영이 머무는 사람(18절)입니다. 하나님의 지배를 받고 그분의 말씀에 순종하는 자라는 뜻입니다. 세워진 직분자는 하나님 말씀에 전적으로 순종해야 합니다.

생각하기 모세의 후계자로 세워질 때 여호수아의 마음은 어땠을까요?

해답 1. 딸, 2. 기업, 3. 여호수아

민수기 28장 · 제사와 절기 규례들

주요 구절: 28:2

28-29장은 레위기 23장에 등장하는 규례를 보충합니다. 가나안 땅 입성을 앞두고 보완적 의미가 있습니다. 이스라엘 다음세대 역시 제사와 절기를 지켜야 합니다. 특히 각 절기마다 어떤 제물을 드려야 하는지 구체적으로 알려줍니다. 먼저 28장 1-8절은 '매일' 빠지지 않고 드려야 하는 제사인 (1 ______)(常燔祭)(3절) 규례를 소개합니다. 9-10절은 '안식일'에 드려야 할 제사와 제물, 11-15절은 '매 달 초하루'(월삭, New Moon)에 드려야 할 제사와 제물, 16-25절은 (2 ______)에 관한 제사와 제물, 26-31절은 (3 ______), 곧 '오순절', '맥추절', '초실절' 제사와 제물 규례를 말합니다.

이 가운데 '화제'(3절), '소제'(5절), (4 ____)(7절)가 언급됩니다. '화제'(火祭)는 불에 태워드리는 제사이고, '소제'(Grain Offering)는 곡식을 드리는 제사이고, (4 ____)(奠祭)는 술을 부어드리는 제사를 말합니다. '전'(奠)과 '제'(祭) 모두 제사를 뜻합니다. 과거 한글 번역에서는 '부을 관(灌)'을 사용해 '관제', 곧 '부어드리는 제사'로 나와서 그 뜻이 분명했습니다. '화제', '소제', (4 ____) 모두 '제사 방법'에 따른 분류입니다.

바울은 빌립보교회에 보낸 편지에서 (4 ____)를 말합니다. "만일 너희 믿음의 제물과 섬김 위에 내가 나를 (4 ____)로 드릴지라도 나는 기뻐하고 너희 무리와 함께 기뻐하리니."(빌 2:17) 바울은 자신을 불에 태우기 전에 붓는 술처럼 자기를 완전히 드리기를 원합니다.

생각하기 다음세대는 앞선 세대에게 규례를 잘 배웠을까요?

해답 1. 상번제, 2. 유월절, 3. 칠칠절, 4. 전제

민수기 29장 · 나팔절, 속죄일, 장막절

주요 구절: 29:1

29장은 또 절기 규례를 언급합니다. 매 달 첫 날(월삭)은 거룩한 날(민 28:11-15)이지만, 특별히 일곱째 달은 더 중요합니다. 이스라엘 달력은 일곱째 달부터 한 해가 시작되기 때문입니다. 새해 첫 달 1일에 (1 ___ ___)을 크게 불어 (1 ___ ___)절(1-6절)로 지킵니다. 이 날은 성회로 모이고 노동을 하지 않습니다. 평소에도 매 달 초하루(월삭)마다 제물을 드리지만 (1 ___ ___)절 만큼은 평소 드리는 제물보다 더 많은(거의 두 배) 제물을 드립니다. (1 ___ ___) 부는 것은 신약 시대 성도에게도 의미가 있습니다. 심판자 예수님이 (1 ___ ___) 소리와 함께 임할 것이기 때문입니다(살전 4:16; 마 24:31).

일곱째 달은 (1 ___ ___)절 이외에도 10일 '속죄일'(7-11절)과 8일 동안(15-22일) 지키는 (2 ___ ___)절(12-38절)이 있습니다. 일곱째 달은 여러 모로 특별하고 중요한 달입니다. '속죄일'에는 1년에 한 번 대제사장이 모든 백성의 죄와 성막을 정결하게 하기 위해 지성소에 들어가 속죄 제사를 드립니다.

(2 ___ ___)절은 40년 광야 생활 동안 하나님이 언약백성을 보호하셨음을 기억하며 감사하는 절기입니다. (2 ___ ___)절에는 드리는 제물이 특이합니다. 제물로 드리는 어린 숫양, 양, 염소 숫자는 크게 변하지 않는데, 수송아지가 특이합니다. 첫날 열세 마리로 시작해 매일 1마리씩 줄여 일곱째 날에는 일곱 마리를 드립니다. 총 70마리인데, 아마도 하나님의 완전함과 온 세상이 하나님께 제물을 드리는 것을 상징하는 것 같습니다. 다음세대는 약속의 땅인 가나안에 들어가서도 절기 규례를 지켜, 언약의 하나님을 높이고 감사해야 합니다.

생각하기 새해 첫 나팔 소리가 들릴 때 백성의 마음은 어땠을까요?

해답 1. 나팔, 2. 장막

민수기 30장 · 여성의 서원 규례

주요 구절: 30:2

나실인 규례(레 27장 혹은 민 6장)에는 (1 □□)과 맹세가 중요합니다. 30장에도 (1 □□) 규례가 나오는데, 특별히 여성의 (1 □□)과 맹세에 조금 더 관심이 있습니다.

누구나 마음으로 하나님께 (1 □□)하거나 결심하고 서약하면 반드시 지켜야 합니다. "사람이 여호와께 (1 □□)하였거나 결심하고 서약하였으면 깨뜨리지 말고 그가 입으로 말한 대로 다 (2 □□)할 것이니라."(2절)

그러나 3-5절은 아버지가 딸의 서약을 물릴 수 있는 예외 규정을 언급합니다. 6-8절, 10-15절은 남편이 아내의 서약을 물릴 수 있는 경우를 말합니다. 여성의 권위와 책임이 아버지와 남편에게 있기 때문입니다(16절). 아내가 서약을 지키지 못한 경우 남편이 그 값을 치러야 합니다(15절). 그러나 9절처럼 홀로된 여성은 권위자가 없기에 스스로 물릴 수 없고 모든 서약을 지켜야 합니다.

'아니면 말고' 식의 경솔한 (1 □□)은 하나님을 낮게 보고 무시하는 행동입니다. 함께하는 가족에게도 피해를 끼칩니다. 따라서 언약백성은 하나님 앞에서 경솔히 서약해서는 안 됩니다.

생각하기 경솔한 맹세로 낭패 보고 끙끙 앓은 적이 있습니까?

해답 1. 서원, 2. 이행

민수기 31장 · 미디안에게 승리한 이스라엘

주요 구절: 31:3

"미디안인들을 대적하여 그들을 치라."(민 25:17)는 하나님의 명령 수행이 31장에 나타납니다. 미디안은 "이스라엘 자손의 (1 □□)"(2절)이며 동시에 "여호와의 (1 □□)"(3절)입니다. 각 지파에서 천 명씩 뽑아 총 1만 2천명이 모입니다. 제사장 비느하스도 성소의 (2 □□)와 신호 나팔을 가지고 함께합니다. "성소의 (2 □□)"가 무엇인지 알 수 없지만, 판결 흉패 안에 있는 '우림과 둠밈'이 아닐까 생각합니다.

전쟁의 결과는 대승리입니다. 미디안의 다섯 왕을 죽입니다. 더하여 브올의 아들 (3

)도 죽습니다(8절). 모압 왕 발락이 불렀던 그 점쟁이입니다. 하지만 승리하고 돌아온 지휘관들에게 모세가 화를 냅니다(14절). 지휘관들이 여성들을 포로로 데려왔는데, 그들이 '바알브올' 사건에 참여했던 여성들이었기 때문입니다. 이때 모세는 이 사건을 (3)의 꾀라고 말합니다(16절). 바알을 위한 제사는 음행으로 유명합니다. 따라서 성관계 경험이 없는 여성만 살려두고 모두 죽이게 합니다. 현대인의 눈으로 보기에 잔인한 일이지만, 하나님과 그 백성에게 도전한 죄 값은 큽니다.

전쟁을 마친 뒤 정결 규례를 지켜야 합니다. 시신과 접촉하고 살인했으니 군인들은 진영 밖에서 정결해질 때까지 기다려야 합니다(19-20절). 제사장 엘르아살이 전리품(戰利品)과 군인들을 정결하게 합니다(21-24절).

전리품을 나누는 내용이 길게 나옵니다(25-47절). 이것은 이후 약속의 땅 분배를 예비한 것입니다. 전투에 나섰다고 군인들이 전리품을 다 가질 수 없습니다. 군인이 절반을 가지고, 나머지 절반은 백성이 나눕니다(27절). 또 군인은 자기 몫에서 1/(4)을 제사장에 주고(28절), 백성도 1/(5)을 성막을 섬기는 레위인에게 주어야 합니다(30절). 이처럼 백성과 제사장, 레위인에게도 전리품을 나누도록 한 것은 승리가 하나님께 속했음을 드러내는 것입니다. 하나님의 은혜이니 나만 가질 수 없고 서로 나누어야 합니다.

전쟁에 나갔던 지휘관, 곧 천부장과 백부장이 스스로 모세에게 온갖 보석과 값비싼 장식품을 하나님께 드립니다(50절). 자발적 감사 헌금입니다. 전쟁에서 한 사람도 죽지 않고 살아 돌아왔기 때문입니다(49절). 모세와 제사장은 그것을 회막에 드려 여호와 앞에서 이스라엘 자손의 (6)으로 삼습니다(54절). 헌금(헌물)은 은혜를 받는 조건이 아니라, 받은 은혜에 대한 감사 표현입니다. 이웃과 나누는 것도 마찬가지입니다. 이런 행동은 다른 사람, 특히 다음세대에게 좋은 본보기가 됩니다.

생각하기 내 것을 이웃과 나누는 것에 인색하지 않습니까?

해답 1. 원수, 2. 기구, 3. 발람, 4. 500, 5. 50, 6. 기념

민수기 32장 · 요단강 동편에 남는 지파들

주요 구절: 32:33

요단강 동편에서 가나안 땅 진입을 앞두고 문제가 발생합니다. 르우벤 지파와 갓 지파가 요단강 동편에 머물려고 한 것입니다. 가나안 땅으로 들어가지 않으려 한 것입니다. 그들에겐 가축이 많고 동편 땅이 목축하기에 안성맞춤이라고 판단했기 때문입니다(4-5절). 모세는 이 요구가 다른 이스라엘 백성을 (1 　　 　　)하게 하고(9절) 하나님께는 (2 　　)를 더욱 유발하는 것(14절)이라 판단합니다.

하나님은 요단강 동편에 대해 아무 말씀도 하지 않습니다. 모세는 스스로 이 문제를 해결해야 합니다. 모세는 그들의 요청을 허락하지 않습니다. 그들의 요구는 열 명의 정탐꾼처럼 백성을 낙심케 할 것이라고 보았습니다(14절). 르우벤, 갓 지파는 모세에게 절충안을 제시합니다. 첫째, 먼저 가축과 아이들이 안전하게 살 수 있는 가축우리와 성을 짓습니다. 둘째, 가나안 땅 정복에 참여합니다. 소극적으로 싸우는 것이 아니라, 최전선, 곧 '앞에서' 목숨을 걸고 적극적으로 싸웁니다. 셋째, 요단강 서쪽에서 땅을 할당 받지 않습니다.

모세가 그들의 제안을 받아들이면서 문제는 일단락되지만, 그들의 요구와 모세의 결정은 하나님의 처음 약속과 명령에 미치지 못합니다. 약속의 땅은 요단강 동쪽이며, 땅 분배 방법은 제비 뽑기인데, 르우벤, 갓 지파는 예외가 됩니다. 하나님은 아쉬워 보이는 상황을 허용합니다.

33절에 보면 "므낫세 (3 　　) 지파"가 추가됩니다. 여기서 '(3 　　)(半)'은 절반(half) 입니다. 므낫세 지파 중 절반은 요단강 동편에 남고 다른 절반은 서편 땅을 차지할 것입니다. 므낫세 (3 　　) 지파가 왜 여기에 포함되는지는 분명하지 않습니다. 르우벤, 갓 지파의 요구가 진행되는 동안 므낫세 지파가 길르앗과 그낫과 그 주변 도시들을 빼앗았기 때문인 것으로 보입니다(39-42절).

생각하기 동편 땅을 받는 지파들을 보며, 다른 지파들은 어땠을까요?

해답 1. 낙심, 2. 노, 3. 반

민수기 33장 · 모세의 광야 여정 회고

주요 구절: 33:1

모세가 지난 광야 세월을 회고합니다. 이스라엘은 이집트를 탈출해 광야를 40년 동안 헤맸습니다. 이스라엘의 불순종과 반역으로 쉽지 않은 여정이었습니다. 그러나 긍휼이 한없는 하나님의 보호 덕택에 무사히 요단강까지 도착할 수 있었습니다.

광야 여정 40여개 장소가 언급됩니다. 장소 중 16곳은 출애굽기, 레위기, 민수기, 신명기에 전혀 나오지 않습니다. 장소는 크게 세 부분으로 나뉩니다. 첫째 부분은 3-15절인데, 이집트에서 (1 □□) 광야까지입니다. 둘째 부분은 16-36절인데, (1 □□) 광야에서 (2 □) 광야, 곧 가데스까지입니다. 셋째 부분은 37-49절인데, 곧 (2 □) 광야에서 (3 □□) 평지까지입니다. 여기에 언급된 장소들은 현재 정확히 확정하기는 어렵습니다.

하나님은 모세에게 다시 가나안 땅에 대한 계획을 말씀합니다(50-56절). 이스라엘 백성이 가나안 땅에 들어가면 반드시 잊지 않고 해야 할 것이 있습니다. 첫째, 그 땅의 (4 □□□)을 쫓아내야 합니다(52절). 만약 그렇게 하지 않으면 그들이 이스라엘에게 눈의 가시와 옆구리의 찌르는 것이 되어 괴롭힐 것입니다. 둘째, 모든 새긴 석상과 (5 □□)을 깨뜨리고 산당을 헐어야 합니다(52절). 셋째, (6 □□) 뽑아 지파별로 인구수에 따라 땅을 나누어야 합니다(54절).

모세는 지난 세월을 회고할 때 어떤 기분이었을까요? 하나님 은혜가 컸습니다. 감사할 것밖에 없습니다. 은혜가 아니고는 여기까지 오지 못했을 것입니다. 신약 시대 성도들도 마찬가지입니다. 하나님의 은혜가 아니고는 지금까지 오지 못했을 것입니다. 모든 것이 하나님의 은혜입니다.

생각하기 지난날, 내가 하나님께 받은 은혜는 무엇입니까?

해답 1. 시내, 2. 신, 3. 모압, 4. 원주민, 5. 우상, 6. 제비

민수기 34장 · 정복할 약속의 땅

주요 구절: 34:13

하나님은 이스라엘이 정복할 가나안 땅을 지도처럼 그려줍니다. 동서남북의 경계를 정합니다(3-9절). 모세는 이것을 백성에게 전합니다. "이는 너희가 제비 뽑아 받을 땅이라. 여호와께서 이것을 (1 ___ ___) 지파 반 쪽에게 주라고 명령하셨나니."(13절) 앞서 땅을 받은 두 지파와 반 지파는 서쪽 땅을 받지 못합니다.

분배를 맡은 책임자는 제사장 엘르아살과 모세의 후계자인 눈의 아들 (2 ___ ___ ___ ___)입니다(17절). 각 지파의 지휘관 이름도 하나하나 언급됩니다. 그 가운데 유다 지파의 지휘관은 여분네의 아들 (3 ___ ___)입니다(19절). 믿음을 보인 (2 ___ ___ ___ ___)와 (3 ___ ___)은 살아남아 다음세대와 함께 약속의 땅 가나안으로 들어가 토지를 차지할 것입니다.

생각하기 지금 모세, 여호수아, 갈렙 각각은 어떤 마음일까요?

해답 1. 아홉, 2. 여호수아, 3. 갈렙

민수기 35장 · 레위 지파를 위한 성과 도피성 제도

주요 구절: 35:33

하나님은 레위 지파를 모든 이스라엘 백성의 장남 숫자만큼 구별하여 성막과 관련된 일을 맡깁니다. 그들이 받을 땅은 따로 없고, 오직 하나님이 기업(基業)입니다. 12지파에게 받을 6개 (1 ___ ___ ___)과 42개 성(城)은(6절) 거주할 땅이지 경작할 땅은 아닙니다. 그러면 각 지파는 어떻게 나눠 주어야 할까요? 각 지파가 받은 분량대로입니다. "(2 ___ ___) 받은 자에게서는 (2 ___ ___) 떼어서 주고 (3 ___ ___) 받은 자에게서는 (3 ___ ___) 떼어 줄 것이라. 각기 받은 기업을 따라서 그 성읍들을 레위인에게 줄지니라."(8절)

(1 ___ ___ ___)(逃避城) 제도는 무엇일까요? '악의가 없이 우연히 사람을 밀치거나 실

수로 사람을 죽인' 자가 보복 당하지 않고 도피할 수 있는 제도입니다(11, 22절). 대신 (1 　　　) 안에만 머물러야 합니다. 만약 (1 　　　)에서 나온다면 보복 당합니다(27절). 당대의 대제사장이 사망하면, 그는 (1 　　　)을 떠나 자기 고향으로 돌아갈 수 있습니다(28절). 일종의 사면입니다. 한편 고의로 살인한 자는 보호 받지 못합니다(16-21, 31절). 재판 절차를 거쳐 사형에 처해집니다(30절).

(1 　　　) 제도나 살인한 자를 처벌하는 제도는 생명의 고귀함과 관련 있습니다. 흐르는 피는 땅을 부정하게 합니다. "피흘림을 받은 땅은 그 피를 흘리게 한 자의 피가 아니면 (4 　)함을 받을 수 없느니라."(33절) 거룩한 하나님이 함께하니 언약백성은 이웃과의 관계에서 거룩해야 합니다(34절).

생각하기 여전히 흉악한 범죄가 끊이지 않는 이유는 무엇일까요?

해답 1. 도피성, 2. 많이, 3. 적게, 4. 속

민수기 36장 · 다시 등장한 슬로브핫의 딸들

주요 구절: 36:2

36장은 27장 1-11절과 연결되는 내용입니다. 므낫세 지파에 속한 길르앗 자손의 수령들이 모세를 찾아옵니다(1절). 슬로브핫의 딸들이 기업을 받게 되는 딸들이 다른 지파 사람들과 혼인한다면 전체 므낫세 지파 기업의 분량이 줄어들기 때문입니다(3절). 그들의 주장은 설득력이 있습니다.

모세는 문제를 해결합니다. "슬로브핫의 딸들은 마음대로 (1 　　)가려니와 오직 그 조상 지파의 종족에게로만 (1 　　)갈지니."(6절) 다른 지파 사람과 혼인하지 않고 같은 지파 사람과 혼인하는 방법입니다. 슬로브핫의 딸들은 그 결정에 순종합니다. 그들의 (2 　　)의 아들들과 혼인해 문제를 해결합니다(11절). 이 방법은 이스라엘 전체에게 적용됩니다(9절).

하나님의 약속을 향한 슬로브핫의 딸들의 열정은 일단락됩니다. 하나님이 그들의 요청을 허락했고, 그들은 순종했습니다. 이제 남은 것은 실제 땅을 정복하는 것입니다.

생각하기 슬로브핫 딸들의 가족은 어떤 자세로 가나안 땅에 들어갈까요?

해답 1. 시집, 2. 숙부

신명기

신명기(申命記)는 가나안 땅에 들어가기 직전 요단강 동쪽, 모압 평지에서 모세가 이스라엘 백성에게 선포한 일종의 설교입니다(신 1:1). 신명기의 히브리어 이름은 '선포한 말씀'이라는 뜻의 '엘레 하드바림'입니다. 이것이 헬라어 성경인 칠십인역(LXX)이 '두 번째 율법'을 뜻하는 '듀테로노미온'로 번역했고, 라틴어 성경과 영어 성경이 따랐습니다. 한글 성경도 '다시 申', '명할 命'을 써 '다시 한 명령'이라는 뜻의 신명기로 번역했습니다.

가나안 땅에 들어가면 광야와는 전혀 다른 삶이 전개될 것입니다. 모세는 이스라엘 백성에게 하나님이 그들을 어떻게 인도하셨는지를 잊지 말 것을 호소합니다. 이스라엘 백성이 잘나서 택함 받은 것이 아님을 알고, 겸손히 하나님 말씀에 순종할 것을 권면합니다. 여러 규례들을 언급하는데 그 규례들에 담긴 정신은 오늘날에도 여전히 유효합니다. 가나안 땅에는 온갖 우상들이 있을 텐데 유혹에 빠져 그것들을 섬기지 말 것도 강력하게 권고합니다.

내용 구분

1:1-4:43	첫째 설교: 지난 날 회고
4:44-26:19	둘째 설교: 십계명 등 지켜야 할 법
27-30장	셋째 설교: 언약 체결
31-34장	모세의 고별사 및 죽음

신명기 1장 · 가데스바네아의 불순종 회고

주요 구절: 1:1

광야에서 생활한 지 오랜 시간이 지났습니다. "(1 ___ ___)째 해 열한째 달, 그 달 첫째 날에…"(3절) 출애굽한 20세 이상 세대는 다 죽었습니다. 만약 출애굽할 때 19세였다면 이제 59세 노인이 된 셈입니다. 모세는 다음세대가 주축이 된 이스라엘 백성과 하나님의 언약을 갱신합니다. 모세는 하나님의 복과 은혜를 회상합니다. "너희 조상의 하나님께서 너희를 현재보다 (2 ___) 배나 많게 하시며".(11절)

다음세대가 살게 될 가나안 땅은 광야와 완전히 다를 것입니다. 모세는 그런 다음세대의 지도자들을 세웁니다(9-18절). 재판에 대한 권면이 인상적입니다. "재판은 하나님께 속한 것인즉 너희는 재판할 때에 (3 ___ ___)를 보지 말고 귀천을 차별 없이 듣고 사람의 낯을 두려워하지 말 것이며."(17절)

모세는 (4 ___ ___ ___ ___ ___ ___)에서 정탐꾼을 보낸 사건(민 13-14장)을 좀 다른 모습으로 설명합니다. 민수기는 하나님이 명령했다(민 13:1-2)고 하지만, 신명기는 이스라엘 백성(22절)이 정탐하자 제안했다고 합니다. 백성이 제안한 이유는 적의 상황을 알고 어느 길을 택할 것인지를 알기 위함이었습니다. 모세는 그것을 좋게 여겼습니다. 이 두 이야기는 모순되지 않습니다. 한 사건을 하나님의 관점과 사람의 관점으로 나누어 설명한 것입니다

알다시피 (4 ___ ___ ___ ___ ___ ___) 사건의 안타까운 결말이 나옵니다. 백성의 반역과 하나님의 진노로 앞선 세대는 가나안 땅을 보지 못합니다(35절). 다만 믿음을 보인 갈렙과 여호수아는 들어갑니다(36-38절). 다음세대도 마찬가지입니다. 순종하면 약속의 땅을 정복하지만, 불순종하면 그곳에서 쫓겨날 것입니다.

생각하기 가데스 사건을 듣는 다음세대의 마음은 어땠을까요?

해답 1. 마흔, 2. 천, 3. 외모, 4. 가데스바네아

신명기 2장 · 광야 생활 회고 1

주요 구절: 2:9

모세는 광야 생활을 회고합니다. 이스라엘 백성이 싸우지 말아야 할 민족이 있고, 싸워 이겨야 할 민족이 있습니다. 먼저 에서 자손인 에돔과 아브라함의 조카 롯의 자손인 모압(9절)과 (1 ___ ___)과는(19절) 싸우지 말아야 합니다. 하나님이 이들에게 그 땅을 기업으로 주었기 때문입니다.

그러나 아모리 족속 헤스본 왕 시혼과 바산 왕 (2 ___)과(신 3:1)는 싸워 이겨야 합니다. 하나님이 그들의 죄악을 보고 심판하는데, 이스라엘을 심판의 도구로 사용한 것입니다. 이스라엘은 시혼과 그 백성에게 승리했습니다. 그러나 그 인근 (1 ___ ___) 족속의 땅은 하나님이 금하여 가까이 하지 않았습니다(37잘). 이처럼 언약백성은 오직 하나님의 인도만 따라야 합니다.

생각하기 나는 하나님의 선을 잘 지키는 편입니까? 어째서 그렇습니까?

해답 1. 암몬, 2. 옥

신명기 3장 · 광야 생활 회고 2

주요 구절: 3:25

하나님은 바산 왕 옥의 나라도 멸하라 명령합니다. 이스라엘 백성은 순종하여 승리합니다. 이들이 승리할 수 있었던 것은 그들이 용감하고 싸움을 잘 했기 때문이 아니라, 오직 하나님의 은혜 때문입니다. 전쟁은 하나님의 손에 달려 있습니다.

얻게 된 요단강 동편 땅에 르우벤, 갓, 므낫세 반 지파가 자리합니다(12-17절). 그러나 이들도 가나안 정복 전쟁에 동참합니다. 게다가 맨 앞에 서서 나아갈 것입니다. 아무래도 두려울 텐데, 모세는 그들에게 용기를 줍니다. "… 너희의 하나님 여호와께서 (1 ___ ___) 너희를 위하여 싸우시리라."(22절)

모세는 죽기 전에 가나안 땅을 밟아보고 싶습니다. 그는 하나님께 기도합니다. "구하옵나니, 나를 건너가게 하사 요단 (2 　 　)에 있는 아름다운 땅, 아름다운 (3 　)과 레바논을 보게 하옵소서."(25절) 그러나 하나님의 대답은 "그만해도 족하니 이 일로 (4 　 　) 내게 말하지 말라"(26절)입니다. 마치 바울이 자신의 몸에 있는 가시 같은 것을 해결해 달라고 기도하니, '내 은혜가 네게 족하다.'라고 대답하신 것과 같습니다. 비록 모세가 불순종해 징계를 받은 것이지만, 그의 삶은 하나님의 은혜로 충만했습니다.

생각하기 기도가 거절된 모세의 마음은 어땠을까요?

해답 1. 친히, 2. 저쪽, 3. 산, 4. 다시

신명기 4장 · 언약백성을 향한 권면

주요 구절: 4:40

모세는 이스라엘 백성에게 권면합니다. "너희는 지켜 행하라. 이것이 여러 민족 앞에서 너희의 지혜요, 너희의 지식이라. 그들이 이 모든 (1 　 　)를 듣고 이르기를 이 큰 나라 사람은 과연 지혜와 지식이 있는 백성이로다, 하리라."(6절) "오직 너는 스스로 삼가며 네 (2 　 　)을 힘써 지키라. 그리하여 네가 눈으로 본 그 일을 잊어버리지 말라. 네가 생존하는 날 동안에 그 일들이 네 (2 　 　)에서 떠나지 않도록 조심하라. 너는 그 일들을 네 아들들과 네 손자들에게 알게 하라."(9절) "…그들이 세상에 사는 날 동안 나를 (3 　 　)함을 배우게 하며 그 자녀에게 가르치게 하리라."(10절)

모세의 권면을 정리하면, 하나님의 말씀을 지킬 때 복을 누리며, 이 복을 계속 누리기 위해 자녀들을 가르쳐야 합니다. 이것이 (4 　 　)이며, 두 돌 판에 쓴 (5 　 　 　)입니다(13절). 또다시 모세는 이스라엘 백성에게 부탁하고 경고합니다. "너희는 스스로 삼가 너희의 하나님 여호와께서 너희와 세우신 (4 　 　)을 잊지 말고…"(23절)

만약 (4 　 　)을 잊고 불순종하면 가나안 땅에서도 망할 것입니다. 멀리 다른 나라로 잡혀가 고생할 것입니다. 그러나 하나님은 자비로워서, 이스라엘 백성이 잡혀간 그곳에서 마음을 다하고 뜻을 다하여 하나님을 찾는다면, 그것을 듣고 (4 　 　)을 기억하여 다시 은혜를 베풀 것입니다(29-31절).

하나님이 이스라엘 백성을 사랑한 증거를 어떻게 알 수 있습니까? "…너를 택하시고, 큰 권능으로 친히 인도하여 (6   )에서 나오게 하시며, 너보다 강대한 여러 민족을 네 앞에서 쫓아내고 너를 그들의 땅으로 인도하여 들여서 그것을 네게 기업으로 주려 하심이 오늘과 같으니라."(37-38절) 언약백성을 향한 하나님의 사랑은 크고 놀랍습니다. 이렇게 사랑 받는 언약백성이 하나님의 말씀을 사랑하는 것은 너무나도 당연합니다.

생각하기 나의 순종은 의무 때문입니까, 아니면 사랑 때문입니까?

해답 1. 규례, 2. 마음, 3. 경외, 4. 언약, 5. 십계명, 6. 애굽

신명기 5장 · 언약의 말씀, 십계명

주요 구절: 5:6

모세는 시내 산에서 받았던 십계명을 모압에서 다시 백성에게 선포합니다. 이 십계명은 광야에서 죽은 (1   )을 위한 것이 아니라, 가나안 땅에 들어갈 백성을 위한 것입니다. "이 언약은 여호와께서 우리 (1   )들과 세우신 것이 아니요, 오늘 여기 살아 있는 우리 곧 우리와 세우신 것이라."(3절) 성경에는 여러 언약이 나오지만 모두 한 하나님의 언약입니다. '시내 산 언약'과 '모압 언약'도 시기와 상황은 다르지만, 하나님의 '한 언약'입니다.

두 십계명(출 20장과 신 5장)은 거의 같고, 4계명에 약간 차이가 있습니다. 출애굽기에는 안식의 근거가 하나님의 창조인데, 신명기에는 이집트에서의 해방 곧 구원입니다. 하지만, 이것은 다른 것이 아니라, '안식과 쉼'이라는 한 가지 주제 아래 여러 근거를 제시한 것입니다. "나는 너를 애굽 땅, 종 되었던 집에서 (2   )하여 낸 네 하나님 여호와라."(6절) 자유가 없는 종과는 달리 하나님의 백성은 '안식과 쉼'이 있습니다. 오늘날 성도들도 주일에 안식하고 쉬면서 사탄의 종에서 하나님의 자녀가 된 것을 기억하고 배우며 누립니다.

십계명은 짐이 아니라, 복입니다. 행하는 자는 복을 누립니다. "너희 하나님 여호와께서 너희에게 명령하신 모든 (3   )를 행하라. 그리하면 너희가 살 것이요, (4   )이 너희에게 있을 것이며, 너희가 차지한 땅에서 너희의 날이 길리라."(33절)

생각하기 하나님의 계명에 순종해 복을 누린 경험이 있습니까?

해답 1. 조상, 2. 인도, 3. 도, 4. 복

신명기 6장 · 쉐마! 이스라엘

주요 구절: 6:4

6장은 규례를 주신 이유와 어떻게 순종해야 하는지를 말합니다. 대표적 명령이 소위 쉐마 구절(4-9절)입니다. 히브리어 '쉐마'(Shema)는 '들어라!'라는 명령 표현입니다. 히브리어 원문에는 '들어라!'가 '이스라엘아'보다 앞서 나옵니다. "이스라엘아 들으라! 우리 하나님 여호와는 오직 유일한 여호와이시니, 너는 마음을 다하고 뜻을 다하고 힘을 다하여 네 하나님 여호와를 (1   )하라. 오늘 내가 네게 명하는 이 말씀을 너는 (2   )에 새기고, 네 자녀에게 부지런히 가르치며, 집에 앉았을 때에든지, (3   )을 갈 때에든지, 누워 있을 때에든지, 일어날 때에든지, 이 말씀을 (4   )할 것이며, 너는 또 그것을 네 손목에 매어 (5   )를 삼으며, 네 미간에 붙여 (6   )로 삼고, 또 네 집 문설주와 바깥문에 기록할지니라."(4-9절)

이제 가나안 땅에 들어가면, 언약백성은 하나님만 진심으로 사랑해야 합니다. 뿐만 아니라 자손에게도 그 하나님이 누구며 그분이 무슨 일을 행하셨는지 부지런히 가르쳐야 합니다. 그럴 때 하나님이 약속한 복을 누릴 수 있습니다.

특별히 아름다운 성과 아름다운 물건이 가득한 집과 우물, 그리고 포도나무와 감람나무에서 나는 열매를 먹으며 배부르게 될 때 (7   )(12절)하라고 말씀합니다. 척박한 광야와 비교되는 부요한 환경 때문에 이스라엘이 하나님을 떠날 것을 염려합니다. 안타깝게도 하나님의 염려는 후에 현실로 나타납니다.

생각하기 '쉐마 이스라엘' 말씀(4-9절)을 천천히 암송해봅시다.

해답 1. 사랑, 2. 마음, 3. 길, 4. 강론, 5. 기호, 6. 표, 7. 조심

신명기 7장 · 경계해야 할 가나안 백성

주요 구절: 7:2

이스라엘 백성이 가나안 땅을 정복할 때 이방신들을 섬기는 백성을 멸하고 그 신들을 파괴해야 합니다. 특히 그들과 (1)해서는 안 됩니다(3절). 그들이 언약백성을 (2)하여 하나님을 떠나게 만들 것이기 때문입니다(4절). 불신 (1)은 지금도 금지해야 합니다. '결혼해서 전도하면 된다'고 주장하지만, 하나님은 오히려 우리 자녀가 신앙을 잃게 될 것을 걱정하십니다. 우리가 하나님보다 지혜로울까요?

하나님이 이스라엘 백성을 구원한 이유는 무엇일까요? 이스라엘 백성이 다른 백성보다 우수하기 때문일까요? 아닙니다. 오히려 하나님은 이스라엘이 오히려 모든 민족 중에 (3)가 가장 적기 때문이라고 말씀합니다(7절). 하나님은 이스라엘 백성을 거룩한 백성(성민, 聖民)으로 택한 것은 순전히 사랑 때문입니다.

언약백성은 가나안 백성을 가까이 지내서는 안 되지만, 그렇다고 (4)워할 필요도 없습니다. "너는 그들을 (4)워하지 말라. 너희의 하나님 여호와 곧 크고 (4)운 하나님이 너희 중에 계심이니라."(21절) 이스라엘 백성은 하나님만 의지하고 말씀에 순종하기만 하면 됩니다. 그러면 승리할 것입니다(24절).

생각하기 나는 불신 혼인을 어떻게 생각합니까?

해답 1. 혼인, 2. 유혹, 3. 수효, 4. 두려

신명기 8장 · 오직 하나님의 은혜로!

주요 구절: 8:19

가나안 땅에 들어가더라도 광야 생활을 잊어선 안 됩니다. 하나님이 40년 광야 길을 걷게 한 이유가 무엇일까요? 훈련 때문입니다. "…너를 낮추시며 너를 (1)하사 네 마음이 어떠한지 그 명령을 지키는지 지키지 않는지 알려 하심이라. 너를 낮추시며 너를 주리게 하시며 또 너도 알지 못하며 네 조상들도 알지 못하던 (2)를 네게

먹이신 것은 사람이 떡으로만 사는 것이 아니요, 여호와의 입에서 나오는 모든 (3 ☐☐)으로 사는 줄을 네가 알게 하려 하심이니라."(2-3절) 언약백성은 하나님만 의지하면 부족함이 없고 복을 받는다는 것을 광야에서 훈련 받았습니다. 배운 것을 잊지 말아야 합니다.

가나안은 광야와 달리 그야말로 젖과 꿀이 흐르는 곳입니다. "네가 먹어서 배부르고 아름다운 집을 짓고 거주하게 되며, 또 네 소와 양이 번성하며 네 은금이 증식되며, 네 (4 ☐☐)가 다 풍부하게 될 때"(12-13절) 조심해야 합니다. 무엇을 조심해야 할까요? "네가 마음에 이르기를 (5 ☐) 능력과 (5 ☐) 손의 힘으로 (5 ☐)가 이 재물을 얻었다 말할 것이라."(17절) 교만해집니다. 하나님의 은혜와 능력으로 풍부해졌는데, 자기 덕분이라고 생각합니다. 정말 조심해야 합니다. 빈곤하든 부요하든 하나님만 의지하며 은혜로 살아야 합니다. 하지만, 인간은 참 어리석습니다.

생각하기 내 소유를 생각하며 하나님의 은혜를 묵상해봅시다.

해답 1. 시험, 2. 만나, 3. 말씀, 4. 소유, 5. 내

신명기 9장 · 목이 곧은 백성

주요 구절: 9:4

가나안 땅에 들어가면 이스라엘 백성이 직접 전쟁을 하겠지만 그들 앞서 전쟁하는 분은 하나님입니다. "오늘 너는 알라. 네 하나님 여호와께서 맹렬한 불과 같이 네 (1 ☐)에 나아가신즉, 여호와께서 그들을 멸하사, 네 (1 ☐)에 엎드러지게 하시리니."(3절) 하지만 이것을 이스라엘 백성이 깨달을까요?

하나님은 염려합니다. 이스라엘 백성이 자기 "공의"와 마음의 "(2 ☐☐)함"(4-5절) 때문에 가나안 백성을 쫓아냈다고 자랑할 것입니다. 설마 그럴까요? 하나님은 이스라엘 백성의 약함과 악함을 잘 압니다. 그들은 스스로 교만해 그렇게 생각할 것입니다.

하지만, 이스라엘이 가나안 백성과의 전쟁에서 승리한 이유는 첫째, 그 민족들의 악(4절)함 때문입니다. 둘째, 아브라함과 이삭과 야곱에게 한 "맹세"(5절) 때문입니다. 이 맹

세는 언약의 약속을 의미합니다. 이스라엘 백성이 의롭고 가나안 일곱 족속은 악하기 때문이 아닙니다. 오히려 이스라엘 백성은 "목이 곧은 백성"(6절) 입니다. 모세는 이스라엘 백성이 얼마나 교만하고 악했는지 금송아지 사건, 다베라 사건, 가데스바네아 사건, 지난 반역의 역사를 회상합니다(7-29절). "너는 광야에서 네 하나님 여호와를 (3 　 　)하게 하던 일을 잊지 말고 기억하라. 네가 애굽 땅에서 나오던 날부터 이곳에 이르기까지 늘 여호와를 (4 　 　)하였으되."(7절)

과거를 돌아보면 하나님을 (3 　 　)하게 하고 (4 　 　)한 역사뿐입니다. 그러나 그 역사 속에 더욱 빛나는 것은 하나님의 용서와 자비, 은혜입니다.

생각하기 곧은 목으로 지낸 적이 있습니까? 지금은 어떻습니까?

해답 1. 의, 2. 정직, 3. 격노, 4. 거역

신명기 10장 · 하나님을 경외하라

주요 구절: 10:12

반역하는 이스라엘이 살아남을 수 있었던 이유는 오직 하나님의 용서와 자비 때문입니다. 그 증거가 바로 다시 받은 (1 　 　 　) 두 돌 판입니다(4절). 다시 받는 동안 모세는 시내 산에 머물렀고 이후 하나님의 명령에 따라 다시 떠났습니다(10-11절).

용서 받은 이스라엘 백성에게 모세는 간절히 말합니다. "네 하나님 여호와를 경외하여 그의 모든 도를 행하고 그를 사랑하며 마음을 다하고 뜻을 다하여 네 하나님 여호와를 (2 　 　)고"(12절) "그러므로 너희는 마음에 할례를 행하고 다시는 목을 곧게 하지 말라."(16절) "너희 하나님 여호와는 … 사람을 (3 　 　)로 보지 아니하시며 뇌물을 받지 아니하시고, (4 　 　)와 과부를 위하여 정의를 행하시며, (5 　 　 　)를 사랑하여 그에게 떡과 옷을 주시나니, 너는 (5 　 　 　)를 사랑하라. 전에 너희도 애굽 땅에서 (5 　 　 　) 되었음이니라."(17-19절)

하나님의 크신 사랑과 놀라운 은혜에 인간은 어떻게 감사할 수 있을까요? 하나님을 경외하고 이웃을 사랑하면 됩니다. 이것은 말씀 순종으로 드러납니다. 힘들어 보이나 무

리한 요구가 아닙니다. 구원받은 자는 기쁨으로 순종하고 싶어 하기 때문입니다.

생각하기 내가 하나님과 이웃을 사랑하는 방법은 무엇인가요?

해답 1. 십계명, 2. 섬기, 3. 외모, 4. 고아, 5. 나그네

신명기 11장 · 언약백성의 삶의 원리

주요 구절: 11:1

하나님은 이스라엘 백성에게 분명히 말씀합니다. "그런즉 네 하나님 여호와를 (1)하여 그가 주신 (2)와 법도와 규례와 명령을 항상 지키라."(1절) 새로운 땅에서도 하나님께 받은 규례를 지켜야 합니다. 18-20절에서 신명기 6장 쉐마 본문이 반복됩니다. 자녀들에게도 규례를 잘 전수해야 합니다.

새로운 땅은 이집트 땅과 같지 않습니다. 이집트 땅은 씨를 뿌린 후에 발로 밟아 이리저리 물길만 터주면 되지만(10절), (3) 땅은 그렇지 않습니다. 산과 골짜기가 비를 흡수해 버려 물이 부족합니다(11절). 하나님이 돌보지 않으면 (3) 땅은 척박한 땅으로만 남습니다. 그러나 하나님이 보살피면 특별한 땅이 됩니다(10-12절). 하나님이 사랑하는 이스라엘 백성에게 이른 비와 늦은 비를 적당한 (4)에 내려줍니다(14절).

이렇게 하나님을 (1)하고 규례를 따르면 복이 있습니다(27절). 그러나 규례에서 떠나 다른 신을 따르고 섬기면 저주가 임합니다(28절). 하나님은 이 복과 저주를 (3) 땅을 정복한 뒤, 그리심 산과 에발 산에서 선포하라고 명령합니다(29절). 이것이 (3) 땅에 사는 언약백성의 삶의 원리이며, 오늘날도 마찬가지입니다.

생각하기 내 삶의 원리는 무엇입니까? 그것이 하나님과 관계있습니까?

해답 1. 사랑, 2. 책무, 3. 가나안, 4. 때

신명기 12장 · 예배 장소

주요 구절: 12:5

이스라엘 백성이 가나안 땅에서 사는 동안 필요한 많은 법들이 12-26장에 걸쳐 나옵니다. 특별히 12장에는 예배할 장소가 나옵니다. "오직 너희의 하나님 여호와께서 자기의 (1 ___ ___)을 두시려고 너희 모든 지파 중에서 (2 ___)하신 곳인 그 계실 곳으로 찾아 나아가서."(5절) 가나안 사람은 자기가 원하는 장소에서, 자기가 원하는 때에 우상을 섬겼습니다. 그러나 이스라엘 백성은 하나님이 정한 장소에서 예배해야 합니다. 하나님이 정한 올바른 예배 방법입니다. 그러나 그곳이 어디인지는 언급되지 않습니다. 다윗 시대 이후에는 성전이 세워진 예루살렘이 예배의 중심지가 됩니다.

15-28절은 짐승을 잡는 규례를 말합니다. 광야 시대에는 가축을 함부로 잡을 수 없었지만(레 17장), 가나안 땅에 들어가면 가축을 잡아 고기를 먹는 것이 허락됩니다(20절). 그러나 (3 ___)를 먹는 것은 금지입니다(23절). 레위기 17장에서처럼 짐승 잡는 것은 제사와 연결되기 쉽습니다. 따라서 29절부터는 이방 신을 섬기는 것을 철저하게 금지합니다. 이방 신을 섬기는 자들은 "자기들의 (4 ___ ___)를 불살라 그들의 신들에게 드렸"습니다(31절). 이것은 하나님이 꺼리고 가증히 여기는 것입니다. 언약백성은 가나안 백성의 예배 방식과 삶의 방식을 따르지 않아야 합니다.

생각하기 지난 주 예배가 기억납니까? 나는 어떻게 예배합니까?

해답 1. 이름, 2. 택, 3. 피, 4. 자녀

신명기 13장 · 유혹하는 자는 어떻게?

주요 구절: 13:3

13장은 이스라엘 백성을 유혹하는 세 가지 사례와 대응을 말합니다. 첫째, 이스라엘 백성 가운데 "(1 ___ ___ ___)"나 혹은 "꿈꾸는 자"가 있어 신기한 기적을 행하며 다른 신을 섬기자고 유혹하는 경우입니다(1절). 둘째, 가까운 가족이나 친구가 유혹하는 경우

입니다(6절). 셋째, (2   )배가 유혹하는 경우입니다(13절). 이런 경우에 대응하는 방법은 너무나 분명합니다. 다른 신들을 섬기자고 유혹하는 자를 모두 죽여야 합니다. (1   )나 꿈꾸는 자, 가까운 가족이나 친구라도 죽여야 합니다(5, 10절). 한 마을 전체가 (2   )배를 따라 다른 신을 섬기면 그 마을 전체 주민을 죽이고 불살라야 합니다(16-17절).

오늘도 여전히 유혹하는 자들이 있습니다. 하나님의 이름으로 접근하면 넘어가기가 더 쉽습니다. 하나님은 왜 이런 일을 내버려둘까요? 하나님은 그것을 통해 이스라엘 백성과 성도들을 (3   )합니다(3절). 하나님을 사랑하고 규례에 순종한다면 이 (3   )을 통과할 수 있습니다.

구약 시대에는 그런 자들을 죽여 악을 뿌리 뽑아야 합니다. 신약 시대에는 그렇게 할 수 없고 대신 교회에서 "(4   )한 사람은 너희 중에서 내쫓으라"(고전 5:13)라는 말씀을 실천해야 합니다. 하나님을 배반하고 다른 세상 우상에 빠져서 유혹하는 자를 만나지도 말아야 합니다.

생각하기 나는 유혹 당하는 사람입니까, 유혹하는 사람입니까?

해답 1. 선지자, 2. 불량, 3. 시험, 4. 악

신명기 14장 · 거룩한 삶(1) : 장례법, 음식, 십일조

주요 구절: 14:21

이스라엘 백성은 "여호와의 (1   )"입니다(2, 21절). 거룩한 백성이기 때문에 언약 밖 백성과 달라야 합니다. 언약백성은 장례법에서도 구별되어야 합니다. 자기의 몸에 칼을 대 피를 흘리거나 머리를 깎아서는 안 됩니다(1-2절). 당시 가나안 백성의 관습을 염두에 둔 것 같습니다.

먹는 것도 구별되어야 합니다(3-21절). 레위기 11장 내용과 비슷하지만 다른 부분도 있습니다. 곤충에 대한 부분이 특히 그렇습니다. 그 외에 염소 새끼를 그 어미의 (2   )에 삶아선 안 됩니다(21절).

종류	정결한 것	부정한 것
짐승(2-8절)	굽이 갈라져 쪽발이 된 것 새김질 하는 것	두 가지 조건이 안 되거나, 하나라도 안 되는 경우
어류(9-10절)	지느러미가 있는 것 비늘이 있는 것	두 가지 조건 중 하나라도 없는 것
조류(11-18절)	구체적 언급 없음 (금지된 것 외 모든 것)	독수리, 솔개, 물수리 등 언급되는 새들
곤충(19-20절)	날고 기어 다니는 것 외 모든 것	날고 기어 다니는 것

이어서 십일조 규례가 나옵니다. 민수기 18장에 나온 십일조 규례는 한 해 추수의 1/10을 레위인에게 주는 것입니다. 신명기 14장에 나오는 십일조 규례는 함께 먹고 마시는 것과 관련이 있습니다. 백성은 남은 9/10에서 1/10을 떼어 한 해 동안 받은 복을 감사하는 축제 비용으로 사용합니다(23-27절). 또 다른 규례는 매 3년마다 전체 소산의 십일조를 모아 분깃이나 기업이 없는 레위인과 성에 머무는 (3 　)과 (4 　 　)와 과부를 위해 사용하는 것입니다(28-29절). 이렇게 십일조 규례를 지킬 때 하나님께 복을 받습니다. 헌금은 거룩한 백성의 구별된 생활이며 복의 통로입니다.

생각하기 내 친구들은 내가 그리스도인인 것을 어떻게 압니까?

해답 1. 성민, 2. 젖, 3. 객, 4. 고아

신명기 15장 · 안식년과 첫 태생 규례

주요 구절: 15:15

매 (1 　)년마다 시행되는 안식년 규례가 나옵니다. 하나님은 안식년 끝에는 이웃이 빌려간 돈을 면제해주라고 말씀합니다. 누군가는 이것을 꾸어준 돈 받는 것을 다음 해로 넘기라는 정도로 이해합니다. '면제'라는 단어가 '사용하지 않고 묵혀두다'(출 23:11)는 뜻으로도 사용되기 때문입니다. 그러나 여기서는 정말 빚을 전부 탕감해주라는 것으로 이해하는 것이 옳습니다. 왜냐하면 하나님이 가난한 사람을 넉넉히 도우라 말씀하기 때문입니다. 하나님은 가난한 자들의 부르짖음을 듣습니다(시 9:18). 가난한 자들을 돕는 만큼 하나님의 복이 임할 것입니다(7-11절).

종들도 마찬가지입니다. 가난해서 종으로 팔린 히브리 남녀를 (1)년째 해에 자유롭게 하라고 말씀합니다. 그 이유는 하나님이 종이었던 이스라엘을 해방시켰기 때문입니다. "너는 애굽 땅에서 (2) 되었던 것과 네 하나님 여호와께서 너를 (3) 하셨음을 기억하라. 그것으로 말미암아 내가 오늘 이같이 네게 명령하노라."(15절)

소와 양의 (4) 수컷을 구별해 하나님께 드려야 합니다(출 13:2; 민 18:15-18). (4) 새끼는 부리지 않고 털을 깎지도 않은 상태로 매년 제사를 드리고 하나님 앞에서 그 고기를 먹습니다(19-20절). 하나님의 장자 이스라엘의 구원을 알고, 또 앞으로 계속 새끼를 낳게 될 것임을 기억하며 고백하는 행위입니다. 흠이 있으면 제사 드리지 않고 보통 짐승처럼 먹을 수 있습니다.

생각하기 재정으로 도움 받은 적 있습니까? 내가 돕는 사람이 있습니까?

해답 1. 7, 2. 종, 3. 속량, 4. 첫

신명기 16장 · 유월절-무교절, 칠칠절, 초막절 규례

주요 구절: 16:16

모든 이스라엘 남자는 반드시 일 년에 세 번 곧 유월절-무교절과 (1), 초막절에 하나님이 (2)한 곳에서 하나님을 만나야 합니다(16절). 이스라엘 백성은 가나안 땅에 살면서 고정적으로 한 장소에서 세 절기를 지켜야 합니다(7, 11, 16절). 출애굽기는 유월절을 각 가정에서 지켜야 한다고 하지만, 신명기는 "여호와께서 (2)하신 곳"(16절)에서 텐트를 치고 지킵니다. 이제 더 이상 광야에 있지 않고 약속의 땅에 정착하기 때문입니다.

절기를 지키는 것은 축제와 같습니다. 백성은 이 축제에 (3) 손으로 와서는 안 됩니다(16절). 그렇다고 너무 많이 무리하게 해서도 안 됩니다. 하나님께 받은 복에 따라 "그 (4)대로"(17절) 드리면 됩니다. 이 원리는 오늘날에도 적용할 수 있습니다. 받은 복에 따라 기쁘게 드리면 됩니다. 그러나 더 많은 걸 바라고 무리하게 드리는 것은 옳지 않습니다.

각 성마다 재판관과 지도자를 세워 공의로 백성을 다스리도록 해야 합니다(18절). 그들은 공의로운 하나님을 닮아, 재판을 굽게 하지 않고 사람을 외모로 보지 말고 뇌물을 받지 않고 공의로 일해야 합니다(19절; 신 10:17). 교회 내 지도자, 국가 공직자의 책임이 큽니다. 더 나아가 하나님의 제단 곁에 우상을 세우지 말아야 합니다. 종교적 혼합주의(Syncretism)를 경계해야 합니다.

생각하기 정직한 지도자가 세워지지 않는 이유는 무엇일까요?

해답 1. 칠칠절, 2. 택, 3. 빈, 4. 힘

신명기 17장 · 예배, 재판, 왕에 대한 규례

주요 구절: 17:20

제물을 하나님께 드릴 때 (1)이나 병이 있는 것은 드리지 말아야 합니다(1절). 2-7절은 13장 12-18절과 비슷합니다. 우상숭배한 얘기가 들리면 처단해야 합니다. 그때 반드시 2-3명 (2)이 있어야 그를 돌로 쳐 죽일 수 있습니다(6절). 마을에서 서로 싸운 경우 중앙 성소에서 재판 받을 수 있습니다(8-13절). 재판은 공정하게 진행되어야 하고, 판결이 나면 그 결정을 따라야 합니다. 만일 불복종하면 그를 죽입니다. 이는 법을 세우기 위함입니다.

이어서 왕에 대한 규례가 나옵니다. 하나님은 인간 왕 제도를 별로 원하지 않지만, 왕을 세워야 한다면 지켜야할 조건을 줍니다. 첫째, 이집트로 가서 전쟁을 위한 (3)를 사서는 안 됩니다(16절). 둘째, (4)를 많이 두면 안 됩니다(17절). 셋째, 많은 (5)을 쌓지 말아야 합니다(17절). 금지된 조건은 모두 이방 나라 왕의 모습입니다.

언약백성을 다스릴 인간 왕은 궁극적 왕 하나님을 좇아야 합니다. 따라서 왕은 평생 자기 옆에 (6) 책을 두고 읽어 하나님 경외하기를 배우고 (6)의 모든 말과 규례를 지켜 행해야 합니다(19절). 왕은 절대로 다른 백성 위에 군림하거나 교만하지 않아야 하고, (6)을 떠나 좌로나 우로나 치우침이 없어야 합니다(20절). 그러나 역사에서 이런 완전한 왕은 없었습니다. 단지 예수 그리스도만 하나님의 말씀에 완

전하게 순종한 위대한 왕입니다. 이런 예수님을 왕으로 따르는 성도는 복이 있습니다.

생각하기 좋아하는 통치자가 있습니까? 하나님도 좋아하실까요?

해답 1. 흠, 2. 증인, 3. 병마, 4. 아내, 5. 은금, 6. 율법

신명기 18장 · 제사장과 선지자

주요 구절: 18:18

예배하기 위해 봉사하는 제사장과 레위인의 생활에 대해 다시 상세하게 말합니다(1-8절). 제물 중 소나 양의 앞다리와 두 볼과 위는 제사장에게 주어야 합니다. 첫 수확, 곡식, 포도주, 기름, 양털도 제사장에게 바쳐야 합니다. 제사장과 레위인의 기업은 오직 하나님입니다(민 18:20).

(1 ___) 땅에 들어가면 온갖 종류의 미신과 종교들이 있을 것인데, 그것들을 따르지 말아야 합니다. 아들이나 딸을 불에 던져 넣는 제사, 점쟁이, 길흉(吉凶)을 말하는 자, 요술하는 자, 무당(巫堂), 진언자(眞言者), 신접자(神接者), 박수(남자 무당), 초혼자(招魂者)를 쫓아야 합니다. 오늘도 이런 미신과 거짓 종교 행위자들이 많습니다. 그들을 쫓아낼 수는 없겠지만, 가까이 하지 않아야 합니다. 하나님은 언약백성이 구별되길 원합니다.

이스라엘은 모세와 같은 (2 ___)의 말을 들어야 합니다. "내가 그들의 형제 중에서 너와 같은 (2 ___) 하나를 그들을 위하여 일으키고 내 말을 그 입에 두리니, 내가 그에게 명령하는 것을 그가 무리에게 다 말하리라."(18절) 그가 말한 것이 '증험'(證驗, take place)되고 '성취'(come true)되는 것으로 거짓 선지자와 참 선지자를 구분합니다(22절). 오늘날 성도들도 미혹되지 않고 참 선지자를 따라야 합니다. 참 선지자는 모세보다 더 위대한 예수 그리스도입니다. 예수님의 말씀, 예수님에 대한 증언에 더욱 귀 기울여야 합니다.

생각하기 거짓 선지자나 미신들에 유혹되는 이유는 무엇일까요?

해답 1. 가나안, 2. 선지자

신명기 19장 · 도피성 제도, 증인들의 증언

주요 구절: 19:15

도피성 제도(출 21:13; 민 35:13-14; 신 4:41-43)가 다시 나옵니다. 도피성 제도는 무모한 가해와 보복의 악순환을 막기 위해 만든 제도입니다. 우발적으로 저지른 살인의 경우 안전한 피난처를 주어 또 다른 살인이 일어나지 않도록 만든 제도입니다. 이 제도를 악용하는 것도 대비합니다(11-13절). 고의로 사람을 죽이고 도피성에 피하는 경우는 밝혀내 죽이는 것이 허락됩니다.

14절은 (1)표를 옮기지 말라고 합니다. 다른 사람의 소유지를 훔치지 말하는 것입니다. 힘 있는 사람이 약한 사람의 소유지를 빼앗으면 안 됩니다. 토지는 하나님의 것이고, 그분이 정해준 기업은 보호되어야 합니다.

이어서 증인들의 증언 규정이 나옵니다. 모든 재판은 2-3명의 증인이 있어야 확정합니다. 과거에는 수사 기법이 부족하기 때문에 증인들의 증언은 절대적입니다. 만약 위증자가 있으면 제사장과 재판장이 (2) 조사해 진실을 찾아야 합니다(18절). 위증자는 자신이 주려고 했던 만큼의 벌을 받아야 합니다. "그가 그의 형제에게 행하려고 꾀한 그대로 그에게 행하여 너희 중에서 (3)을 제하라."(19절) 이웃에 대해 거짓 증언하지 말아야 합니다(제9계명). 이 규정은 사기, 무고가 늘어나는 우리 사회를 돌아보게 합니다.

생각하기 혹시 주위에 억울한 일을 당한 사람이 있습니까?

해답 1. 경계, 2. 자세히, 3. 악

신명기 20장 · 전쟁 지침

주요 구절: 20:10

인간은 탐욕 때문에 전쟁을 벌입니다. 이스라엘 백성도 하나님의 거룩한 전쟁을 할 수 있습니다. 보통 전쟁은 군사력(말과 병거와 군사 숫자)에 좌우되지만, 하나님의 전쟁은 그렇지 않습니다. "마음에 겁내지 말며 (1 ____)워하지 말며, 떨지 말며, 그들로 말미암아 (2 ____)지 말라. 너희 하나님 여호와는 너희와 함께 행하시며, 너희를 위하여 너희 적군과 싸우시고, 구원하실 것이라."(3-4절) 홍해에서 이집트 군대를 물리친 것처럼 승리할 할 것입니다.

그러므로 군사를 긁어모을 필요가 없습니다. 새 집을 지었거나, 포도원을 시작했거나, 약혼하고 결혼을 앞 둔 자, 그리고 두려워 마음이 허약한 자는 전쟁에서 제외됩니다(6-8절).

전쟁하기 전에 먼저 '화평을 (3 ____)'해야 합니다(10절). 불필요한 전쟁을 막기 위함입니다. 전쟁에서 군인 이외에 시민을 죽여서는 안 되고(14절), 유실수를 잘라서도 안 됩니다(20절). 그러나 하나님이 반드시 진멸하라고 한 전쟁은 순종해야 합니다. 대표적으로 가나안 일곱 족속입니다(16-17절). 그들이 살아남아 이스라엘 백성을 불신앙의 길로 유혹할 수 있기 때문입니다. 오늘날 성도들도 평화를 추구해야 하지만, 불신앙에 대해서는 단호해야 합니다.

생각하기 평화 추구, 불신앙 경계에 충실한 편입니까?

해답 1. 두려, 2. 놀라, 3. 선언

신명기 21장 · 미제 사건, 혼인, 자녀 양육

주요 구절: 21:21

18-26장에 나오는 규례들은 거룩한 백성이 가나안 땅에 들어가서 지켜야할 내용입니다. 이를 통해 구별됨이 드러납니다. 21장에 나오는 규례들도 마찬가지입니다.

먼저 미제 살인 사건이 일어났을 때 판결하는 방법이 나옵니다(1-9절). 범인을 찾는 신비한 방법이 아니라, 살인 사건으로 부정하게 된 이스라엘이 다시 정결하게 되는 방법입니다. 살인은 하나님 앞에 너무나도 큰 죄입니다.

가정과 관련된 규례들이 나옵니다. (1 　　)로 잡혀온 여자와 혼인하는 규례인데(10-14절), 포로라고 해서 함부로 대해선 안 된다는 점이 강조됩니다. 이어서 장자의 몫 규례가 나옵니다. 두 아내와 두 아들이 있는데 미움 받는 아내의 아들이 장자이면 당연히 받아야 할 장자의 유산인 (2 　) 몫을 주어야 합니다(15-17절). 자기감정에 따라 자녀를 차별 대우해선 안 됩니다. 자녀 양육에 대한 규례도 나옵니다. 부모에게 순종하지 않는 완악하고 패역한 아들은 모든 마을 사람이 돌로 쳐 죽여 악을 제거해야 합니다(18-21절). 자녀가 부모에게 순종하는 것은 하나님이 정한 바입니다.

나무에 달려 죽는 벌을 받은 자의 시체를 해가 지도록 두어서는 안 됩니다. "나무에 달린 자는 하나님께 (3 　　)를 받"은 것이기 때문입니다(23절). 바울은 이 말씀에 근거해 우리가 받을 저주를 예수님이 나무 십자가에서 대신 받았다고 말합니다(갈 3:13).

생각하기 우리 가정은 말씀에 따라 서로 존중하는 편입니까?

해답 1. 포로, 2. 두, 3. 저주

신명기 22장 · 이웃과 혼인에 대한 규례들

주요 구절: 22:22

22장은 이웃과 일상생활과 관련된 규례들입니다. 이웃의 재산(소, 양, 나귀, 의복)이 손해볼 때 적극적으로 도와주어야 합니다(1-4절). 남자와 여자가 (1 　　)을 바꿔 입는 것을 금합니다(5절). 남자와 여자로 구별된 창조 질서를 지키라는 뜻입니다. 어미 새와 새끼 그리고 알을 함께 취하지 말라는 명령(6-7절)은 창조 세계를 소중히 여기라는 뜻입니다. 새로 집을 지을 때에는 높은 (2 　　)에 난간을 만들어 안전장치를 해야 합니다(8절). 두 종류의 종자를 섞거나, 소와 나귀를 섞어 멍에를 메고 땅을 갈거나, 양털과 베실을 섞지 말 것을 명령하는데(9-11절), 이것은 종교적 혼합주의를 경계하는 규례입니다.

"너희는 너희가 입는 겉옷의 네 귀에 (3)을 만들지니라."(12절) 하나님의 계명을 기억하기 위한 일상적 조치입니다. 이 모든 규례는 가나안의 이방 종교를 염두에 둔 이스라엘 백성의 거룩한 삶을 위한 것입니다.

13-29절은 혼인과 관련된 규례입니다. 혼인 전 잘못된 성 행위자들은 돌로 쳐 죽입니다(13-21절). 잘못된 성 생활은 결혼과 가정을 망칩니다. 어떤 남자가 기혼 여성과 관계를 가지면 둘 다 죽여야 합니다(22절). 약혼한 여자가 다른 어떤 남자와 관계를 가져도 마찬가지입니다. 들판에서 한 남자가 약혼한 여자를 강제 추행한다면 남자만 죽입니다(25-27절). 만약 결혼하지 않은 남자와 여자가 성 행위를 하면 죽이지는 않고 남자가 여자에게 은 (4)세겔을 주고 반드시 혼인해야 합니다(28-29절). 아버지의 아내와 관계하는 것도 금지입니다(30절). 거룩한 백성은 특히 더 순결해야 합니다.

생각하기 무엇이 가장 순결을 지키지 못하게 유혹합니까?

해답 1. 의복, 2. 지붕, 3. 술, 4. 오십

신명기 23장 · 정결 규례 및 다양한 규례들

주요 구절: 23:7

여호와의 총회에 들어오지 못하는 경우가 있습니다. 공식 이스라엘 시민이 되지 못한다는 뜻입니다. 고환이 상한 자, 음경이 잘린 자, 불법적 관계로 태어난 자(사생자)입니다(1-2절). 또 (1) 사람과 (2) 사람도 안 됩니다(3-6절). 그들은 아브라함의 조카 롯의 자손들인데, 그들이 출애굽한 이스라엘을 돕지 않고 저주하려 했기 때문입니다. 그에 비해 (3) 사람과 (4) 사람은 3대가 지난 후 들어올 수 있습니다(7-8절). (3)(에서)은 이스라엘(야곱) 백성의 형제이며, (4)은 이스라엘(야곱)이 객 신세일 때 품어주었기 때문입니다. 하나님과 언약백성을 어떻게 대우하느냐에 따라 달라진 것입니다. 지금도 마찬가지입니다. 예수님을 믿으면 하나님의 자녀가 되지만, 예수님을 거절하면 심판이 임할 것입니다.

전쟁으로 야영할 때 부정하게 되는 것을 조심해야 합니다(9-14절). 몽설(夢泄)은 부정

하므로 몸을 씻어야 합니다. 변소는 진영 밖에 두어야 합니다. 부정한 곳에는 거룩한 하나님이 함께하지 않기 때문입니다.

악한 주인으로부터 도망한 종을 주인에게 돌려주지 말고 보호해야 합니다(15-16절). 성관계로 돈 버는 직업인을 허용하지 말고 그 돈도 받지 말아야 합니다(17-18절). 돈을 동족에게 빌려준 뒤에는 (5 　 　)를 받지 말아야 하지만, 다른 민족에게는 (5 　 　)를 받을 수 있습니다(19-20절). 하나님께 서원한 것은 반드시 지켜야 합니다(21-23절). 이웃의 (6 　 　 　)이나 곡식밭에서 어느 정도는 열매를 먹을 수 있지만, 고의로 빼앗거나 훔쳐서는 안 됩니다(24-25절). 생존을 위한 정도는 허용됩니다.

생각하기 세세한 규례만큼, 나도 세세하게 하나님을 따릅니까?

해답 1. 음란, 2. 모압, 3. 에돔, 4. 애굽, 5. 이자, 6. 포도원

신명기 24장 · 이혼 규례 및 다양한 규례들

주요 구절: 24:22

1-4절은 이혼과 재혼에 관한 규례입니다. 이혼은 허락되지 않습니다. 하지만, 예외가 있습니다. 만약 "(1 　 　) 되는 일이 있음을 발견"했을 때는 가능합니다. "(1 　 　) 되는 일"이 무엇인지는 분명치 않습니다. 예수님의 말씀을 참고하면 간음일 것입니다(마 19:9). 하지만 설령 이혼하더라도 다시 합하는 것이 하나님의 뜻입니다. 이혼 당한 여자가 다른 남자와 혼인했다가 헤어진 뒤에는 다시 처음 남편이 그 여자와 재혼할 수는 없습니다(3-4절). 그 여자는 전 남편에 대해 몸을 더럽혔기 때문(4절)입니다. 그러나 다시 강조하지만 이혼은 원칙적으로 금지입니다.

여러 규례가 나옵니다. 남편은 아내를 즐겁게 해 줄 의무가 있기 때문에 결혼한 남자는 1년 동안 군대와 여러 의무를 면제 받습니다(5절). 6절과 10-15절, 17-22절은 가난한 자를 배려하는 규례입니다. (2 　 　)이나 그 위짝을 전당 잡지 말아야 합니다(6절). (2 　 　)이 없으면 생업이 지장 받습니다. 꾸어준 사람은 그 집에 강제로 들어가 빼앗지 말아야 합니다(10-11절). 가난하고 약한 자를 배려해야 합니다. 만일 옷을 전당 잡았다면, 해가 진 뒤에 돌려주어야 합니다. 가난한 일용직 품꾼을 위해 당일 (3 　 　)

을 미루지 말아야 합니다(15절). 그들에게 당일 (3 ___ ___)은 죽고 사는 문제입니다. 만약 임금을 주지 않고 미루면, 고용자는 죄를 짓는 것입니다.

연좌제를 금지하며(16절), 여행객이나 (4 ___ ___)의 송사를 억울하게 해서는 안 되고, 과부의 옷을 전당 잡아선 안 됩니다(17절). (4 ___ ___)와 과부처럼 힘없고 약한 자들을 보호해야 합니다. 이들을 위해 밭에는 추수할 일부를 남겨두어야 합니다(19절). (5 ___ ___)나무와 포도나무도 그 열매를 남겨 두어야 합니다(20절). 이렇게 하는 이유는 이스라엘 백성도 이집트에서 종으로 고생했는데 하나님께 구원받았기 때문입니다(18, 22절). 그들이 어려웠던 시절을 기억하고 받은 구원에 감사하며 돕습니다.

생각하기 우리 교회는 가난한 사람을 얼마나 돕고 있습니까?

해답 1. 수치, 2. 맷돌, 3. 품삯, 4. 고아, 5. 감람

신명기 25장 · 계대결혼 및 다양한 규례들

주요 구절: 25:1

재판을 할 때 (1 ___ ___)은 의롭다 하고 (2 ___ ___)은 악하다고 정죄해야 합니다(1절). 태형은 40대 이상 금지입니다. 교정하기 위한 것이지 학대하기 위함이 아니기 때문입니다. 4절에는 일하는 소에게 망을 씌우지 말고 먹게 하라고 합니다. 노동의 대가를 얻는 권리는 가축에게도 있습니다.

5-10절까지는 소위 계대결혼(繼代結婚)에 대한 내용입니다. '계대'란 대신 대(代)를 잇는 것인데, 만약 형이 아들이 없이 죽을 경우 동생이 형수와 결혼해 대를 잇게 하는 것입니다(참고 창 38:8). 이상해 보이지만, 이것은 혼인이 개인의 일이 아니라, 가족의 일임을 보여줍니다. 계대결혼은 여성을 보호하고 가문이 무너지지 않도록 하는 방법입니다. 하지만 강제할 수 없습니다. 형제는 이 결혼을 거절할 수 있습니다(7절). 물론 거절할 때 수치를 당합니다. 장로들 앞에서 형수는 거절하는 형제에게 (3 ___)을 뱉고(9절) 형제의 발에서 신을 벗깁니다. '신이 벗겨'진 것은 형의 재산, 지위, 자격이 박탈된다는 뜻입니다.

11절부터 다양한 규례가 나옵니다. 다른 남자와 싸우는 남편을 구하려고 여자가 다른 남자의 음낭을 잡는 것을 금합니다(11절). '음낭'은 급소입니다. 두 종류의 (4   ) 추와 두 종류의 되를 사용해 부당한 이익을 취하는 것을 금지합니다(13-14절). 언약백성은 속이는 저울을 사용하지 말고 정직해야 합니다.

가나안 땅에 들어가면 반드시 (5   ) 백성을 멸해야 합니다(17-19절). 그들이 이스라엘 백성, 특히 뒤에 떨어진 (6   )한 자들을 광야에서 괴롭혔기 때문입니다. 하나님의 백성을 대적하는 자는 하나님을 대적하는 것입니다. 그들은 저주를 받을 것입니다.

생각하기 속이는 사회에서 언약백성의 역할은 무엇일까요?

해답 1. 이익, 2. 악인, 3. 죄, 4. 저울, 5. 아말렉, 6. 약

신명기 26장 · 구원받은 이유

주요 구절: 26:19

26장은 모세의 두 번째 설교 마지막 부분입니다. 이스라엘 백성이 가나안 땅에 들어가 농사짓고 첫 열매(맏물)를 수확할 때 그것을 (1   )에 담고(2절) 하나님이 말씀한 장소로 가지고 와 예배해야 합니다. 이 예배에 신앙고백이 담깁니다. 3-9절이 신앙고백입니다. "내가 오늘 당신의 하나님 여호와께 아뢰나이다. 내가 여호와께서 우리에게 주시겠다고 우리 조상들에게 (2   )하신 땅에 이르렀나이다…" 하나님의 언약이 성취되었음을 고백합니다. 오늘날 예배에도 이런 신앙고백이 담겨야 합니다.

동시에 레위인에게 매년 십일조를 주고, 매 3년마다 나그네, 고아, 과부를 십일조로 섬깁니다(12-13절). 언약백성의 예배는 어려운 이웃을 돕는 것으로 확대됩니다.

이스라엘 백성은 이집트로부터 구원받고 예배하도록 부름 받았습니다. 뿐만 아니라 지켜야 할 규례와 법도가 있습니다. "너는 (3   )을 다하고 (4   )을 다하여 지켜 행하라."(16절) 믿고 순종할 때 하나님이 약속한 것이 복으로 주어질 것입니다. "여호와께서는 너를 그 지으신 모든 민족 위에 뛰어나게 하사 (5   )과 명예와 (6

____)을 삼으시고 그가 말씀하신 대로 너를 네 하나님 여호와의 (7 ____ ____)이 되게 하시리라."(19절)

생각하기 구원받은 목적대로 하나님과 이웃을 사랑하고 있습니까?

해답 1. 광주리, 2. 맹세, 3. 마음, 4. 뜻, 5. 찬송, 6. 영광, 7. 성민

신명기 27장 · 에발 산의 저주 선포

주요 구절: 27:3

27-30장은 모세의 세 번째 설교입니다. 이스라엘 백성은 가나안 땅에 들어가면 (1 ____ ____) 산 위에 큰 돌들을 세워 (2 ____ ____)를 바르고(4절) 그 위에 모든 율법의 말씀을 기록해야 합니다. 백성은 그것을 읽고 배워 순종해야 합니다. 동시에 그들은 (1 ____ ____) 산 위에 하나님을 위하여 돌단을 쌓아 제단을 만듭니다. 그 제단에서 번제와 화목제를 드리며 하나님과 교제하는 즐거운 시간을 갖습니다. 언약을 확인하며 사귐을 갖는 아름다운 시간입니다.

(3 ____ ____ ____) 산에는 시므온, 레위, 유다, 잇사갈, 요셉, 베냐민 지파가 복을 선포하기 위해 섭니다(12-13절). 므낫세와 에브라임 지파가 요셉으로 통합되어 나오고, 레위 지파가 포함됩니다. 이 여섯은 모두 야곱이 레아와 라헬에게서 얻은 자식입니다. 이어 (1 ____ ____) 산에는 르우벤, 갓, 아셀, 스불론, 단, 납달리 지파가 저주를 선포하기 위해 설 것입니다(12-13절). 르우벤과 스불론을 제외하고는 모두 여종들(빌하, 실바)에게서 얻은 자식입니다.

큰 소리로 언약을 읽는 사람은 레위인입니다(14절). 이들이 읽는 12가지 규례와 그에 따르는 저주에 대해 백성은 (4 ____ ____)해야 합니다(15-26절). 하나님에 대한 범죄(15절), 이웃에 대한 범죄(16-19, 24-25절), 성적 범죄(21-23절) 등을 말하며, 그 범죄에는 저주가 따를 것을 선포합니다. 이 규례는 모두 연결되어 있어 하나라도 어긴다면 저주가 뒤따를 것입니다(26절). 그만큼 하나님은 거룩한 분이며, 그분의 언약백성 역시 거룩한 삶을 살아야 합니다.

생각하기 12가지 규례 중 가장 인상 깊은 것은 무엇입니까?

해답 1. 애굽, 2. 석회, 3. 그리심, 4. 아멘

신명기 28장 · 그리심 산의 복과 저주 선포

주요 구절 28:1

신명기 28장 1-14절은 (1)을 선포합니다. "오늘 네게 명령하는 그의 모든 (2)을 지켜 행하면" (1)이 따릅니다(1절). 많은 사람이 알고 있는 "네가 들어와도 (1)을 받고 나가도 (1)을 받을 것이니라"(6절)와 "여호와께서 너를 머리가 되고 (3)가 되지 않게 하시며 위에만 있고 아래에 있지 않게 하시리니"(13절)가 여기에 나옵니다. 신년 말씀 뽑기와 개업 심방 때 자주 인용되는 구절입니다. 하지만 (1)의 선포에 이어 저주가 또 뒤따른다는 것에 주목해야 합니다. 저주의 선포는 15-69절까지 이어집니다. 상당히 긴 내용입니다. 규례에 순종하지 않을 때 전염병이 생기거나(21절), 전쟁에서 패배할 것입니다(25절). 농사를 지어도 열매를 얻지 못할 것입니다(38절).

(1)과 저주가 함께 선포되는 것은 언약 체결에 반드시 따르는 것입니다(레 26장). 하나님과 언약을 체결하면서 백성은 반드시 (1)과 생명, 저주와 죽음 가운데 하나를 선택해야 합니다. 하나님은 가나안에 들어가기 전 모압 땅에서 이스라엘 백성과 언약을 갱신하며 약속과 요구를 분명하게 말씀합니다. 하나님의 요구에 순종하는 자에게 (1)이 주어지지만, 그렇지 않고 불순종하는 자에게는 무시무시한 저주가 임할 것입니다. 이런 (1)과 저주 선포는 이스라엘과 그 자손들에게 표징과 (4)가 될 것입니다(46절). 하나님은 복만 주는 복 자판기가 아닙니다. 언약백성은 언약 체결에 따라 순종해야 합니다.

생각하기 복과 저주가 함께하는 것을 어떻게 생각합니까?

해답 1. 복, 2. 명령, 3. 꼬리, 4. 훈계

신명기 29장 · 모압 언약

주요 구절: 29:1

하나님과 출애굽 첫 세대가 시내 산 언약을 맺었습니다. 그런데 그 첫 세대가 다 죽고 다음세대가 남았습니다. 가나안 땅에 들어가기 전 (1) 광야에서 하나님과 다음세대가 맺은 언약이 (1) 언약입니다(1절). 장소, 체결 당사자가 다르지만 여전히 같은 하나님의 언약입니다.

이스라엘 백성은 40년 광야 생활 동안 하나님의 보호로 (2)이 낡아지지 않고 발의 (3)이 해어지지 않았습니다(5절). 하지만, 빵, 포도주와 독주는 금지되었습니다(6절). 비록 광야 생활이 풍요롭지는 않지만 하나님은 부족함 없이 제공했습니다. 이는 "주는 너희의 하나님 (4)이신 줄을 알게 하려"하기 위함입니다(6절). 하나님은 이렇게 말씀합니다. "그런즉 너희는 이 언약의 말씀을 지켜 행하라. 그리하면 너희가 하는 모든 일이 형통하리라."(9절) 언약은 쌍방이 참여해야 의미가 있습니다. 이 언약은 조상에게서부터(13절) 당대 부모와 자녀들, 또 그 다음세대까지 연결됩니다. "오늘 우리와 함께 (5) 있지 아니한 자에게까지이니."(15절)

만일 백성이 하나님을 따르지 않고 언약을 지키지 않으면 심판 받을 것입니다(20절). 다른 민족의 조롱거리가 될 것입니다(25-26절). 그러니 "(6)어진 일" 곧 미래 일에 관심가지지 말고, 분명히 "(7)난 일" 곧 언약 말씀에 순종해야 합니다(29절). 그럴 때 저주는 멀리가고 복이 가까이 임할 것입니다.

생각하기 감추어진 일, 드러난 일 중 어느 것에 더 끌립니까?

해답 1. 모압, 2. 옷, 3. 신, 4. 여호와, 5. 여기, 6. 감추, 7. 나타

신명기 30장 · '복과 저주', 양자택일하라!

주요 구절: 30:14

하나님은 복과 저주 가운데 양자택일을 명령합니다. "보라, 내가 오늘 생명과 복과 사

망과 화를 네 앞에 두었나니 … 지키라 … 듣지 아니하고 … 그를 섬기면 … 반드시 망할 것이라 … 생명을 택하고 … 그를 의지하라."(15-20절)

만일 언약을 지키지 못해 저주를 받아 다른 나라로 팔려간다면 더 이상 희망이 없을까요? 그렇지 않습니다. 그곳에서 백성이 언약의 하나님을 기억하고 돌아온다면 다시 복을 줄 것이라 말씀합니다(2-3절). '돌아오다'라는 말은 '회개하다'는 뜻입니다. 어긋난 발걸음을 멈추고 다시 돌아오는 것, 그것이 '회개'입니다. 회개하는 자에게 새 마음이 임합니다. "네 하나님 여호와께서 네 마음과 네 자손의 마음에 (1 　　)를 베푸사 너로 마음을 다하며 뜻을 다하여 네 하나님 여호와를 (2 　　)하게 하사 너로 생명을 얻게 하실 것이며."(6절)

하나님의 요구는 순종하기 어려울까요? 그렇지 않습니다. 어렵지 않습니다. (3 　　)이나 (4 　　)처럼 멀리 있지 않고(12-13절), "오직 그의 말씀이 네게 매우 가까워서 네 (5 　)에 있으며 네 마음에 있"(14절)기 때문입니다. 가까이 있는 것을 지켜 복을 받아야 합니다.

고대 언약식에서는 당사자 외에 증인이 필요한데, 전능한 창조주 하나님은 (3 　　)과 땅을 증거로 삼습니다. "내가 오늘 (3 　　)과 땅을 불러 너희에게 증거를 삼노라."(19절) 전능한 창조주 하나님과 언약을 맺었으니 그 언약을 따를 때 복이 임하는 것은 너무나도 당연합니다.

생각하기 복과 저주, 나는 무엇을 선택하겠습니까?

해답 1. 할례, 2. 사랑, 3. 하늘, 4. 바다, 5. 입

신명기 31장 · 강하고 담대하라!

주요 구절: 31:21

이제 모세가 물러날 때입니다. 모세는 유언 같은 말을 전합니다. "너희는 (1 　)하고 (2 　　)하라. 두려워하지 말라. 그들 앞에서 떨지 말라. 이는 네 하나님 여호와 그가 너와 함께 가시며 결코 너를 떠나지 아니하시며 버리지 아니하실 것임이라."(6절) 모

세는 떠나가지만 하나님이 함께하니 (1 ___)하고 (2 ___ ___)할 수 있습니다.

모세는 율법을 기록해 제사장과 장로들에게 물려줍니다(9절). 그들은 매 7년, 곧 안식년(면제년) 마지막 초막절에 온 백성을 하나님이 택한 곳에 모아 모세에게 받은 율법을 들려주어야 합니다. 이 장면을 한 번 생각해 보십시오. 말씀을 듣기 위해 수많은 사람이 모인 모습 말입니다. 뿐만 아니라 백성의 남녀와 (3 ___ ___ ___)와 함께 사는 타국인에게 여호와를 알고 경외하도록 가르쳐야 합니다(12절). 이처럼 신명기는 신앙교육을 반복해 강조합니다.

이상한 점은 백성이 이 언약을 지키지 못하고 어길 것을 하나님이 미리 알고 있다는 점입니다. "이 백성은 그 땅으로 들어가 음란히 그 땅의 이방 (4 ___)들을 따르며 일어날 것이요, 나를 버리고 내가 그들과 맺은 언약을 어길 것이라."(16절) "그들이 먹고 배부르고 살찌면 돌이켜 다른 (4 ___)들을 섬기며 나를 (5 ___ ___)하여 내 언약을 어기리니."(20절) 모세도 이스라엘 백성이 어떨지 잘 알고 있습니다. "내가 너희의 (6 ___ ___)함과 목이 곧은 것을 아나니, 오늘 내가 살아서 너희와 함께 있어도 너희가 여호와를 거역하였거든 하물며 내가 죽은 후의 일이랴."(27절) 그럼에도 자비로운 하나님은 언약백성을 참고 그들을 사랑합니다.

하나님은 모세에게 (7 ___ ___)를 지어 부르게 하는데(22, 30절), 백성에게 증거가 되게 하기 위함입니다. (7 ___ ___)가 증거로 남으니 백성은 불순종에 대해 핑계할 수 없습니다. 이 (7 ___ ___)는 32장에 나옵니다.

생각하기 나는 강하고 담대한 편입니까? 그 이유는 무엇입니까?

해답 1. 강, 2. 담대, 3. 어린이, 4. 신, 5. 멸시, 6. 반역, 7. 노래

신명기 32장 · 모세의 노래

주요 구절: 32:4

모세의 노래가 참 아름답습니다. 이렇게 하나님을 노래합니다. "그는 (1 ___ ___)이시니 그가 하신 일이 완전하고 그의 모든 길이 정의롭고 진실하고 거짓이 없으신 하나님

이시니 (2)로우시고 바르시도다."(4절) 또 하나님의 사랑은 놀랍습니다. "마치 (3)가 자기의 보금자리를 어지럽게 하며 자기의 새끼 위에 너풀거리며 그의 (4)를 펴서 새끼를 받으며 그의 (4) 위에 그것을 업는 것같이 여호와께서 홀로 그를 인도하셨고 그와 함께 한 다른 신이 없었도다."(11-12절)

이스라엘 백성은 하나님의 선을 악으로 갚았습니다(5-6, 15-18절). 모세는 이스라엘을 (5)이라 부릅니다(15절). (5)은 '옳은 자'라는 뜻입니다. 비천한 백성을 하나님이 '옳은 자' 혹은 '의인'이라 불러줍니다. 그러나 이스라엘은 아름다운 이름에 걸맞지 않게 행동했습니다(사 44:2). 언약백성은 이름답게 살아야 합니다.

모세의 노래는 이스라엘 백성과 신약 초대 교회 성도들이 즐겨 부른 것 같습니다. 특히 43절은 요한계시록에서도 언급됩니다(계 6:10; 19:2). "너희 민족들아. 주의 (6)과 즐거워하라. 주께서 그 종들의 피를 갚으사 그 대적들에게 복수하시고 자기 땅과 자기 (6)을 위하여 속죄하시리로다."(43절)

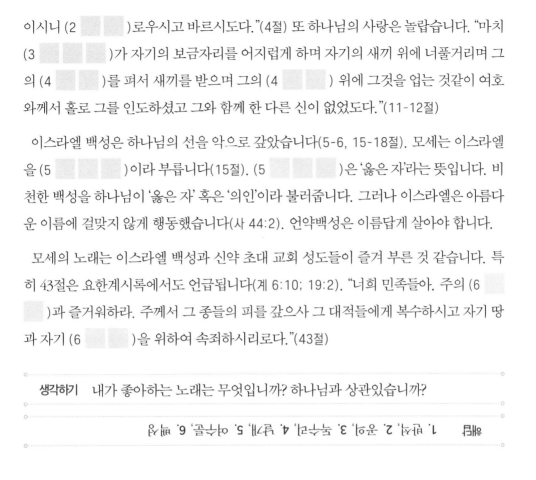

생각하기 내가 좋아하는 노래는 무엇입니까? 하나님과 상관있습니까?

해답 1. 반석, 2. 공의, 3. 독수리, 4. 날개, 5. 여수룬, 6. 백성

신명기 33장 · 모세의 축복

주요 구절: 33:29

모세가 죽기 전에 이스라엘 백성을 위해 축복합니다(1절). 그는 지도자로서 40년 동안 언약백성을 위해 온 몸을 바쳐 일했습니다. 범죄한 백성을 위해 중보자로 나서 기도했습니다. 위대한 조상 야곱이 죽기 전 열두 아들을 위해 기도한 것처럼, 모세도 죽기 전에 각 지파 이름을 부르며 기도합니다(6-25절).

자세히 보면 (1) 지파가 빠져 있습니다. (1)에 대한 야곱의 저주(창 49:5-7)나 바알브올에서 저지른 죄(민 25:14) 때문일 수 있지만, 정확한 이유는 알 수 없습니다.

아직 이스라엘은 왕이 없는 민족인데 5절에 '왕'이 언급됩니다. "여수룬에 왕이 있었으

니."(5절) 하나님이 왕이고 이스라엘이 백성으로 표현됩니다. 모세의 노래에서는 여수룬이라 부르며 책망했지만, 여기서는 긍정적으로 나옵니다.

마지막 선언이 참 인상적입니다. "이스라엘이여! 너는 (2 　 　)한 사람이로다. 여호와의 구원을 너 같이 얻은 백성이 누구냐? 그는 너를 돕는 (3 　 　)시요, 네 영광의 (4 　)이시로다. 네 대적이 네게 복종하리니, 네가 그들의 높은 곳을 밟으리로다."(29절)

생각하기 마지막으로 모세의 축복을 듣는 백성의 마음은 어땠을까요?

해답 1. 시므온, 2. 행복, 3. 방패, 4. 칼

신명기 34장 · 모세의 죽음

주요 구절: 34:9

모세는 모압 평지에 우뚝 선 느보 산에 올라 가나안 땅을 바라봅니다(1-4절). 안타깝지만 그는 여기까지입니다. 그가 죽자 백성이 벳브올 맞은편 모압 땅에 있는 골짜기에 장사합니다(6절). 이스라엘 백성이 (1 　 　)일 동안 그의 죽음을 슬퍼합니다(8절). 그가 묻힌 곳을 아는 자가 없습니다. 120세가 되어도 모세는 "(2 　)이 흐리지 아니하였고 (3 　 　)이 쇠하지 아니"한 것으로 보아(7절), 노환으로 죽은 것이 아닙니다. 하나님이 때가 되어 데려간 것입니다.

모세를 이어 여호수아가 새 지도자가 됩니다. 하나님은 여호수아에게도 (4 　 　)의 영을 내립니다(9절). 모세가 여호수아의 머리에 손을 얹고 직분자로 세우는데, 이는 모세 마음대로 세운 것이 아니라 하나님이 세운 것을 확증한 것입니다(민 27:18). 이제는 여호수아가 백성을 가나안 땅으로 이끌고 가야 합니다.

모세는 그 누구보다 하나님과 백성을 위해 수고했습니다. "그 후에는 이스라엘에 모세와 같은 (5 　 　 　)가 일어나지 못하였나니, 모세는 여호와께서 대면하여 아시던 자요."(10절) 모세를 (5 　 　 　)라고 한 것이 신기한데, 모세가 하나님의 말씀을 백성에게 전해주었기 때문입니다. 하나님과 대면한 모세에게 말씀을 받았으니 이스라

엘 백성이 복되었습니다. 그러나 오늘날 성도들은 하나님의 아들을 통해 말씀을 받으니 더욱더 복됩니다(히 3:6).

생각하기 나는 모세처럼 하나님의 뜻을 받아들일 수 있을까요?

해답 1. 30, 2. 눈, 3. 기력, 4. 지혜, 5. 선지자

역사서

easy 성경 통독

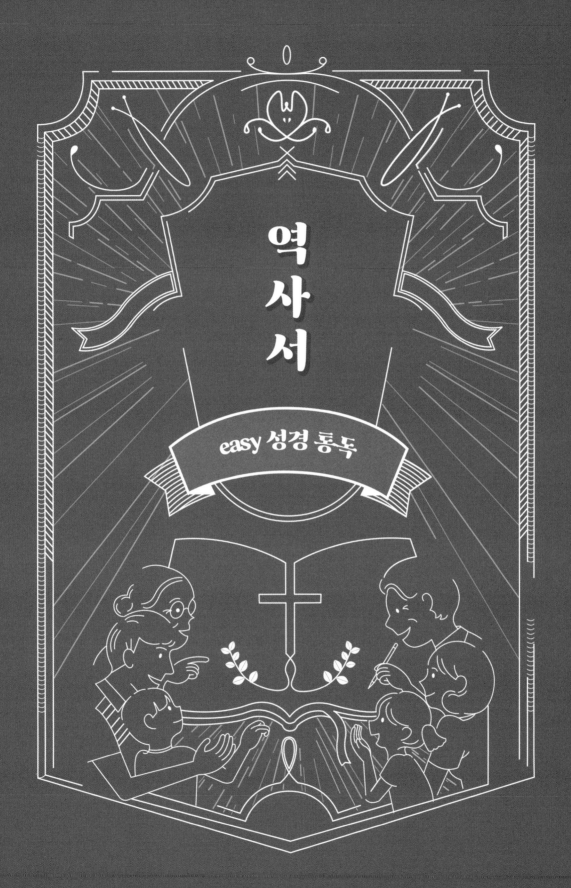

역사서

여호수아

사사기

룻기

사무엘상.하

열왕기상.하

역대상.하

에스라

느헤미야

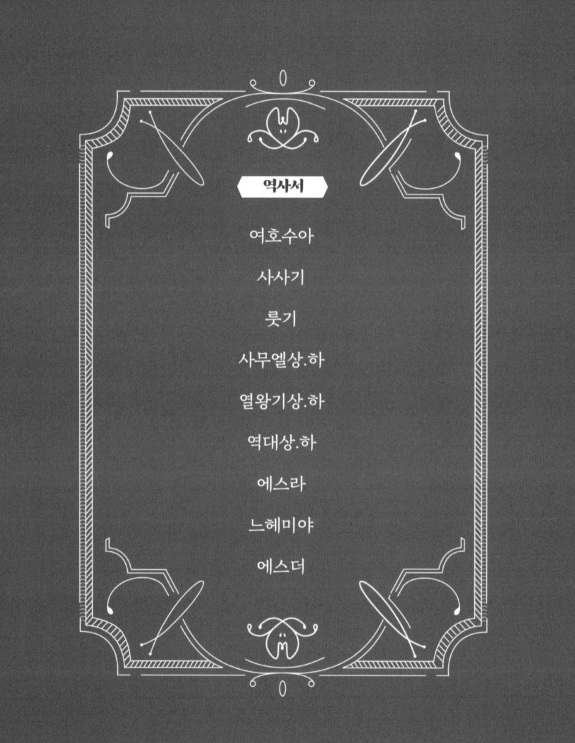

에스더

여호수아

흔히 구약성경 중 역사서로 분류되는 첫 책이 바로 여호수아입니다. 모세의 후계자 여호수아의 이름이 붙었습니다. 여호수아가 저자인 듯 보이나 여호수아의 죽음 이후 내용(수 24:29-33)이 기록된 것으로 보아 그를 유일한 저자로 보기에는 어려울 것 같습니다. 주된 내용은 이스라엘 백성이 가나안 땅을 정복하고 정복한 땅을 분배하는 것인데, 그 중심에 모세를 이어 여호와의 종이 된 여호수아가 있습니다.

그러나 이 책의 목적이 여호수아의 위대함을 높이는 것은 아닙니다. 오히려 하나님이 아브라함과 이삭과 야곱에게 하셨던 언약이 어떻게 성취되는가가 더 집중되게 나옵니다. 하나님은 자기 백성을 사랑과 은혜로 다스리고 인도하십니다.

여호수아의 본래 이름은 호세아인데, 모세가 여호수아로 바꾸어 부릅니다(민 13장). 그 뜻은 '주님이 구원이시다'입니다. 그런데 이후 여호수아가 헬라어로 바뀌면서 예수가 됩니다. 여호수아는 예수님의 그림자입니다. 예수님은 진정한 구원자와 인도자로서 이 땅에 오셨습니다.

내용 구분

1-5장	요단 강을 건너 가나안 진입
6-8장	가나안 중부 지역 정복
9-10장	가나안 남부 지역 정복
11-12장	가나안 북부 지역 정 복 및 결산
13-22장	땅 분배
23-24장	여호수아가 하나님과 언약을 다시 체결함

여호수아 1장 · 율법을 묵상하고 지켜 행하라

주요 구절: 1:8

위대한 지도자 모세가 죽었지만, 여호수아가 그 뒤를 잇기 때문에 언약백성은 걱정할 필요가 없습니다. 언약의 체결자이며 이행자인 하나님은 친히 언약백성과 함께 하실 것입니다. 여호수아는 백성을 이끌고 하나님이 약속한 땅으로 강하고 담대하게 들어가야 합니다(7-9절). 그들은 절대로 패하지 않을 것입니다.

문제는 '백성이 하나님의 언약을 믿고 잘 지키느냐'입니다. 백성은 지도자 여호수아의 명령(10-15절)에 순종할 것을 다짐(16-18절)합니다. 직분자 여호수아에게 힘을 실어 줍니다. "오직 강하고 (1)하소서."(18절)

여호수아가 해야 할 일도 있습니다. "이 (2)책을 네 입에서 떠나지 말게 하며, (3)로 그것을 묵상하여, 그 안에 기록된 대로 다 (4) 행하라. 그리하면 네 길이 평탄하게 될 것이며 네가 (5)하리라."(8절) 여호수아는 백성과 함께 (2)을 잘 알고 지켜 행해야 합니다.

생각하기 하나님이 약속한 것을 받기 위해 우리는 어떻게 해야 합니까?

해답 1. 담대, 2. 율법, 3. 주야, 4. 지켜, 5. 형통

여호수아 2장 · 정탐꾼과 여리고 성의 라합

주요 구절: 2:1

여호수아는 가나안 땅을 정복하기 위해 우선 두 명의 정탐꾼(스파이)을 여리고 성으로 보냅니다. 정탐꾼은 하나님의 섭리 가운데 기생 (1)의 집에 들어갑니다(1절). 하나님은 한 여인과 그 집을 구원하고자 하셨습니다.

그런데 정탐꾼의 정체가 들통납니다. 여리고 성의 왕은 라합의 집에 군인을 보내 정탐꾼을 잡아오라고 명령합니다. 그때 라합은 거짓말을 하며 정탐꾼을 구해줍니다. 라합이

하나님을 믿었기 때문입니다. 신앙은 혈통과 민족을 초월합니다. 라합은 "여호와께서 이 땅을 너희에게 주신 줄을 내가 아노라. 우리가 너희를 심히 두려워하고 … (2)이 녹았고, 너희로 말미암아 사람이 (3)을 잃었나니, 너희의 하나님 여호와는 위로는 하늘에서도 아래로는 (4)에서도 하나님이시니라."(9-11절)라고 자신의 신앙을 고백합니다. 라합에게는 구원받을 만한 믿음이 있었습니다. 이어서 라합은 정탐꾼을 살려주고, 정탐꾼은 라합의 가족을 살려주기로 언약을 맺습니다. 단, 라합은 이 일을 다른 사람에게 알리지 않고, 집 안에 모여 있고, 창문에 붉은 줄을 달아야 합니다.

라합의 집은 성벽에 있었습니다. 라합은 정탐꾼을 줄로 내려 탈출하게 하고 숲에서 3일을 기다렸다가 돌아가라며 구체적으로 도와줍니다. 이러한 믿음의 행동 때문에 히브리서 기자는 라합을 칭찬하고(히 11:31), 야고보도 칭찬합니다(약 2:25). 후에 라합은 이스라엘 공동체 가운데 살면서 살몬과 혼인해 보아스를 낳아 영광스런 예수님의 족보에 들어가는 복을 누립니다(마 1:5).

생각하기 나는 라합처럼 가족과 민족을 초월한 믿음을 소유하고 있나요?

해답 1. 간담, 2. 마음, 3. 정신, 4. 땅

여호수아 3장 · 이스라엘 백성, 요단 강을 건너다

주요 구절: 3:1

여리고 성 사람이 두려움에 떨고 있다는 것을 알게 된 여호수아는 곧바로 요단 강 가로 나아갑니다. 그런데 요단 강은 곡식 거두는 시기라 물이 많습니다. 아이와 노인과 동물을 데리고 물이 넘치는 요단 강을 건너는 것은 쉬운 일이 아닙니다. 그때 이스라엘 백성은 하나님의 도우심을 바라고 3일 동안 스스로 정결하게 몸을 단장하면서 믿음으로 건널 준비합니다. 하나님이 그들 가운데 일하실 것이기 때문입니다.

드디어 언약궤를 맨 (1)들이 요단 강으로 먼저 들어갑니다(13절). 그들의 발이 요단 강에 닿자 위에서부터 흘러내리던 물이 끊기고 한 곳에 쌓이기 시작합니다. 위의 물은 쌓이고 아래 물은 흘러가 버립니다(16절). 놀라운 기적으로 마침내 강바닥이 드러나고 이스라엘 백성은 강을 건넙니다(17절).

하나님의 임재를 상징하는 (2)가 이스라엘 백성을 앞서 인도합니다. (2)가 1km 정도(2천 규빗) 백성보다 먼저 앞서 건너면서(14절), 하나님이 이스라엘 백성과 함께하고 인도하는 것을 보여줍니다.

거대한 요단 강물처럼 우리를 가로막고, 우리를 두렵게 만드는 어떤 장애물이 있더라도 하나님은 자기 백성과 맺은 언약을 신실하게 지킵니다. 홍해를 가르셨던 하나님은 또다시 요단 강물을 말려 자기 백성을 인도하고, 앞장서 길을 만듭니다. 우리는 믿음으로 하나님의 인도를 따라가기만 하면 됩니다.

생각하기 요단 강을 건너게 하신 하나님의 능력을 묵상해봅시다.

해답 1. 제사장, 2. 언약궤

여호수아 4장 · 역사 유적지, 신앙교육의 도구!

주요 구절: 4:7

40년 전 부모 세대가 이집트에서 탈출할 때 홍해를 건넜던 것처럼, 자녀 세대는 요단 강을 마른 땅으로 건넜습니다. 놀라운 기적 직후, 하나님은 조용히 여호수아에게 명령합니다. 요단 강 가운데서 돌 12개를 (1)에 메고 나오라(5절)고 말씀합니다. 하나님은 이 돌들을 통하여 다음 세대를 위한 신앙교육을 계획합니다. 부모 세대는 길갈의 열두 돌을 통하여 하나님이 행한 일들을 가르쳐야 합니다. 부모 세대는 자녀의 신앙교육을 위해 자신의 어깨에 무거운 돌을 짊어지는 수고는 해야 합니다.

훗날 자녀들은 "이 돌들이 뭐예요?"라고 질문할 것입니다. 그러면 "…이스라엘이 마른 땅을 밟고 이 (2)을 건넜음이라. 너희의 하나님 여호와께서 (2) 물을 너희 앞에서 마르게 하사 너희를 건너게 하신 것이 너희의 하나님 여호와께서 우리 앞에 홍해를 말리시고 우리를 건너게 하심과 같았으니, 이는 땅의 모든 백성에게 여호와의 (3)이 강하신 것을 알게 하며 너희가 너희의 하나님 여호와를 항상 (4)하게 하려 하심이라"(22-24절)고 답해야 합니다.

우리는 열두 돌을 통하여 하나님이 행한 일을 가르쳤던 이스라엘처럼 성경과 교리 공부를 통해 하나님과 그분이 행한 일들을 자녀들에게 가르칠 수 있습니다. 반드시 그렇게 해야 합니다.

생각하기 나의 가정은 신앙 교육에 얼마나 애를 쓰고 있습니까?

해답 1. 어깨, 2. 요단, 3. 손, 4. 경외

여호수아 5장 · 길갈 : 할례, 유월절, 만나가 그침

주요 구절: 5:15

하나님의 기적으로 요단 강을 건넌 이스라엘 백성에게 하나님은 (1 　 　)를 행하라고 명령합니다. 광야 생활 동안 이스라엘 백성은 (1 　 　)를 행하지 않았기 때문입니다. (1 　 　)를 행하면 적어도 1주일은 아파서 움직일 수 없습니다. 만약 그때 적이 쳐들어오면 속수무책으로 당하게 될 것입니다. 그럼에도 이스라엘 백성은 순종합니다. 하나님에 대한 믿음이 없다면 불가능한 일입니다.

과거 광야에서 이스라엘 백성은 하나님과 맺은 언약을 어기고 불순종했습니다(민 13:35-14:38). 이제 가나안 땅에 들어온 그들은 언약의 표인 (1 　 　)를 행하면서 하나님과 맺은 언약을 갱신합니다. 언약에 대한 믿음에 도장을 찍습니다. 할례를 행함으로 이스라엘의 부끄러움이 사라집니다. '길갈'의 뜻이 '부끄러움을 물러가게 하다'입니다.

할례를 행한 후 그들은 1월 14일 저녁에 (2 　 　 　)을 지킵니다(10절). 그후 광야에서 먹던 (3 　 　)가 그칩니다(12절). 대신 그 땅에 나는 곡식을 먹을 수 있게 됩니다. 다른 시대, 다른 언약의 백성에게 하나님의 또 다른 보호가 전개됩니다.

여호수아는 여리고 성을 마주보면서 칼을 들고 있는 한 사람을 만납니다. 그는 "하나님의 (4 　 　) 대장으로 지금 왔"다고 말합니다(14절). (4 　 　) 대장은 이스라엘 백성을 광야 40년 동안 보호하고 지킨 천사입니다. 이제 (4 　 　) 대장은 가나안 땅 백성의 죄를 심판하러 왔고 이스라엘 백성에게 그 땅을 주려 합니다. 여호수아는 이를 통해 하나님이 자신들을 위해 싸울 것을 확신합니다.

생각하기 낯설고 두려운 상황에서도 나는 하나님의 명령에 순종하나요?

해답 1. 할례, 2. 유월절, 3. 만나, 4. 군대

여호수아 6장 · 여리고 성 점령: 구원과 심판

주요 구절: 6:26

이스라엘이 요단 강을 건너자 여리고 성문은 굳게 닫혔습니다. 하나님은 여호수아에게 "내가 (1 ______)와 그 (2 __)과 용사들을 네 손에 넘겨주었으니"(2절)라고 선포합니다. 이제 이스라엘이 할 것은 싸움이 아니라, 하나님의 명령(방법)을 믿고 순종하는 것입니다.

제사장들은 언약궤를 매고 군인들은 앞에 가고 백성이 뒤따라 성을 돕니다. 전쟁 역사 가운데 이런 전쟁은 없었습니다. 매일 성을 한 번씩 6일 동안 돌고, 7일째 날에는 7번 돌고, (3 ____) 소리 후 이스라엘 백성의 큰 함성에 성벽은 와르르 무너지고 맙니다. 이스라엘 백성은 손 하나 까딱하지 않고 성을 무너뜨립니다. 하나님이 행한 큰 구원입니다.

여리고 성의 모든 것은 하나님께 온전히 바쳐진 것이기에 (4 ____) 노소와 소와 양과 나귀를 모두 죽여야 했지만(21절), (5 ____)과 그 집에 동거하는 사람들은 살아남았습니다(23절).

여리고 성의 승리는 믿음의 승리를 보여줍니다. 무너진 성을 그대로 남겨 두고 다시 건축하지 말라고 경고합니다(26절). 무너진 여리고 성을 통하여 믿음의 승리를 증거하고, 이 증거를 후 세대에게도 전하게 합니다. 먼 훗날 믿음이 없던 자들이 그곳에 성을 다시 세웁니다(왕상 16:34). 아합 왕의 불신앙으로 여리고 성을 재건하다가 죽은 히엘 사건은 다시 우리에게 경고합니다. '불순종하는 자들은 저주를 받을 것이다'라고 말입니다. 이 여리고 성에 얽힌 두 사건은 오늘을 살아가는 우리에게도 큰 교훈을 던져줍니다.

생각하기 무너지는 여리고 성벽을 본 백성들의 마음은 어땠을까요?

해답 1. 여리고, 2. 왕, 3. 나팔, 4. 무너 5. 라합

여호수아 7장 · 아이 성과 아간의 범죄

주요 구절: 7:1

무너진 여리고 성은 하나님의 능력과 이스라엘 백성의 믿음과 순종의 승리를 선포합니다. 하지만 아이 성은 언약백성의 불신앙과 불순종을 보여줍니다. 아간이 승리의 전리품 가운데 "시날 산의 아름다운 (1) 한 벌과 은 200 세겔과 그 무게가 50 세겔 되는 (2) 덩이 하나"를 보고 탐이나 그것을 훔쳐 집 안에 감춘 것입니다(21절). 아간의 죄는 여자가 에덴동산에서 가졌던 탐욕의 죄와 다르지 않습니다. 또 신약교회의 아나니아와 삽비라의 경우를 생각나게 합니다(행 5:1-11). "욕심이 잉태한즉 죄를 낳고 죄가 장성한즉 (3) 을 낳느니라."(약 1:15)

한 사람의 불신앙과 불순종으로 인해 이스라엘 백성은 아이 성 전투에서 패하고 맙니다. 그리고 아간과 그 가족은 돌에 맞아 죽고 모든 소유물은 불에 태워집니다. 그 자리에 큰 돌무더기를 만듭니다(26절). 그 골짜기를 '아골 골짜기'라고 부릅니다. '아골'은 '괴로움'이라는 뜻입니다.

하나님께서 가나안 땅에 살아가는 이스라엘 백성이 어떻게 살아야 할 것인지를 아간의 일로 가르칩니다. '큰 돌무더기'는 한 마디로 경고입니다. 물론 오늘 우리를 향한 경고의 메시지이기도 합니다.

생각하기 나는 아간이 품었던 탐욕과 같은 탐욕을 품은 적이 있나요?

해답 1. 외투, 2. 금, 3. 사망

여호수아 8장 · 아이 성 정복과 언약식

주요 구절: 8:33

여호수아는 다시 아이 성을 공격할 계획을 세웁니다. 하나님께서 그 계획을 구체적으로 가르쳐 주십니다. 인간은 하나님의 일하심을 이해하기 어렵습니다. 여리고 성을 무너뜨릴 때는 군사작전을 하지 않았습니다. 그런데 아이 성의 경우에는 전형적 군사작전을 치밀하게 짜게 합니다. 전쟁의 결과는 대승리입니다. 두 전쟁에 임하는 전술의 차이는 전적으로 하나님의 뜻 이외에 다른 이유가 없습니다.

아이 성 승리 이후 여호수아는 (1 ____) 산과 그리심 산에 모든 이스라엘 백성을 세우고 복과 저주의 (2 ____) 책을 낭독합니다(33-34절). 신명기 27-28장의 명령을 실행합니다. 이스라엘 백성이 앞으로 가나안 땅에서 어떻게 살아야 할지를 분명하게 선포합니다. 백성은 '아멘'하고 약속합니다. 하나님과 언약을 맺는 장면입니다. 감격적인 순간입니다. 죄인이 하나님과 언약을 맺는다는 것 자체가 복입니다. 시내 산에서 이스라엘이 하나님 앞에서 언약을 맺었던 것을 생각나게 합니다.

생각하기 하나님과 다시 언약을 맺을 때, 이스라엘의 마음은 어땠을까요?

해답 1. 에발, 2. 율법

여호수아 9장 · 기브온 족속의 거짓말

주요 구절: 9:15

가나안 족속은 이스라엘을 두려워합니다. 그래서 헷, 아모리, 가나안, 브리스, 히위, 여부스 족속은 하나로 연합해 이스라엘과 싸움을 벌이려 합니다. 그런데 그중에 히위(7절) 사람인 (1 ____) 주민들(3절)은 이스라엘의 하나님 여호와의 이름으로 멀리서 왔다고 거짓말을 하여 여호수아와 그 지도자들을 속이고 평화조약을 맺습니다. 이스라엘은 가나안 이방 민족과 조약을 맺어서는 안 됩니다. "너는 그들과 그들의 신들과 언약하지 마라."(출 23:32) 하지만, 여호수아와 지도자들은 여호와 하나님께 (2 ____)지도 않고 덥석 평화조약(언약)을 맺습니다(14절).

나중에 거짓이 발각됩니다. 여호수아와 지도부의 잘못입니다. 백성은 여호수아와 지도부를 원망하지만 이미 엎질러진 물과 같습니다. 맹세를 되돌릴 수는 없습니다. 지도자의 지혜로운 결정의 혜택은 백성에게 가고, 권위자의 우매한 선택의 손해도 고스란히 백성에게 영향을 줍니다. 기브온 주민은 이스라엘 백성의 (3 　)이 되어 하나님의 집을 위하여 나무를 패며 물을 긷는 사람으로 일하게 됩니다(23절). (3 　)의 신분이지만 이들은 이런 방식으로 하나님의 은혜 언약의 보호 아래 들어오게 됩니다. 하나님의 은혜입니다.

생각하기 기브온 족속은 왜 하나님의 백성이 되고자 했을까요?

해답 1. 기브온, 2. 몬, 3. 종

여호수아 10장 · 가나안 남쪽 정복

주요 구절: 10:42

예루살렘 왕이 남쪽 네 왕과 연합군을 만들어 자신들을 배반한 기브온 성들을 공격합니다. 기브온 주민이 도움을 요청하자, 여호수아는 (1 　 　)에서 군대를 이끌고 밤새도록 올라가 그들을 공격합니다(9절).

6-8장에서 1단계로 여리고와 아이 성을 정복했다면, 9-10장에서는 2단계로 남쪽 지역을 정복합니다. 본격적 전쟁이 시작됩니다. 이 전쟁은 가나안 백성의 죄를 심판하는 하나님의 일입니다. 여호와의 전쟁입니다. "여호와께서 하늘에서 큰 (2 　 　) 덩이를 … 내리시매, 그들이 죽었으니, 이스라엘 자손의 칼에 죽은 자보다 (2 　 　)에 죽은 자가 더 많았더라."(11절)

이 싸움에서 그 유명한 (3 　 　)과 (4 　)이 하늘에 멈춘 사건이 일어납니다. "(3 　 　)이 머물고 (4 　)이 멈추기를 백성이 그 대적에게 원수를 갚기까지 하였느니라."(13절) 다섯 왕은 막게다 동굴에 숨지만, 여호수아와 백성은 그들을 잡아 죽입니다. 그 외에도 7개의 성(막게다 > 립나 > 라기스 > 게셀 > 에글론 > 헤브론 > 드빌)을 점령합니다.

이것은 확실히 하나님의 전쟁입니다. "이스라엘의 하나님, 여호와께서 이스라엘을 위하여 (5 ______)셨으므로 여호수아가 이 모든 왕들과 그들의 땅을 (6 ______)에 빼앗으니라."(42절) 전쟁은 하나님께 속했습니다.

생각하기 영적 전쟁에 승리하기 위해 기억해야 할 것은 무엇인가요?

해답 1. 길갈, 2. 우박, 3. 태양, 4. 달, 5. 싸우, 6. 단번

여호수아 11장 · 가나안 북쪽 정복

주요 구절: 11:23

가나안 남쪽을 정복한 후 세 단계의 전쟁이 다가옵니다. 북쪽 최고 권력자인 하솔 왕 (1 ______)이 수많은 연합군과 마병과 마차부대를 이끌고 옵니다(1절). 그 숫자가 해변의 수많은 모래같이 많습니다(4절). 싸움은 점점 어려워집니다. 더 강한 무리들과 전쟁을 해야 합니다. 그러나 하나님은 이스라엘에게 말씀으로 확신을 줍니다. "그들로 말미암아, 두려워하지 말라. 내일 이맘때에 내가 그들을 이스라엘 앞에 넘겨주어 (2 ______)시키리니, 너는 그들의 말 뒷발의 (3 ______)을 끊고 그들의 병거를 불사르리라."(6절) 결과는 이스라엘의 대승리입니다. 그리고 마침내 정복 전쟁이 끝납니다. 결코 짧지 않은 "오랫동안"(18절) 치러진 정복 전쟁입니다(아마도 7년 정도, 수 14:7-10에서 추론한 것).

"이와 같이 여호수아가 여호와께서 모세에게 말씀하신 대로 그 온 땅을 (4 ______)하여 이스라엘 지파의 구분에 따라 기업으로 주매 그 땅에 (5 ______)이 그쳤더라."(23절)

생각하기 정복 전쟁을 통해 백성들은 무엇을 깨닫게 되었을까요?

해답 1. 야빈, 2. 몰살, 3. 힘줄, 4. 점령, 5. 전쟁

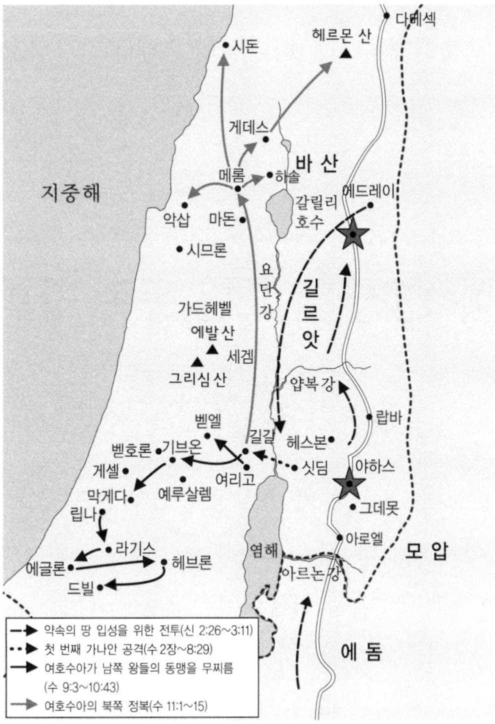

이스라엘의 가나안 정복

여호수아 12장 정복한 가나안 땅 목록

주요 구절: 12:1

12장은 모세와 여호수아가 정복한 왕들, 곧 요단 강 동쪽(1-6절)과 서쪽 땅(7-24절)의 왕들을 종합 정리합니다. "이스라엘 자손이 요단 저편 (1) 돋는 쪽, 곧 아르논 골짜기에서 헤르몬 산까지의 동쪽 온 아라바를 차지하고 그 땅에서 쳐죽인 (2)들은 이러하니라."(1절) "여호수아와 이스라엘 자손이 요단 이편, 곧 (3)쪽 레바논 골짜기의 바알갓에서부터 세일로 올라가는 곳, 할락 산까지 쳐서 멸한 그 땅의 (2)들은 이러하니라."(7절)

하나님이 가나안 백성의 죄를 심판하는 것을 보면 이스라엘 백성은 하나님의 은혜에 진심으로 감사해야 합니다. 그들이 구원받고 땅을 정복한 것은 자신들이 의롭기 때문이 아닙니다. 오직 하나님의 사랑과 은혜 때문입니다. 그리고 더 세심한 하나님의 계획은 이스라엘 백성이 가나안 백성의 나쁜 행동을 본받아 죄를 지을까 염려하기 때문입니다(신 20:16-18).

생각하기 삶의 문제를 해결해 주시는 하나님의 은혜에 감사하고 있나요?

해답 1. 해, 2. 왕, 3. 서

여호수아 13장 · 요단 동쪽 땅의 분배

주요 구절: 13:1

이렇게 여호수아와 이스라엘 백성은 가나안 땅 중심부를 정복합니다. 13-21장은 땅을 분배하는 내용입니다. 이제 여호수아는 (1 　 　)가 많습니다(1절). 그런데 아직 정복하지 못한 땅과 도시들이 많이 남아 있습니다(2-6절). 아직 정복하지 못한 땅을 이스라엘 백성에게 먼저 배분하면서 이것을 이스라엘 백성이 스스로 정복해야 할 숙제로 남깁니다. 믿음으로 그 땅을 정복해야 합니다. 14장부터 서쪽 땅을 나누기 전에 13장에서 이미 므낫세 반 지파와 갓 지파, 그리고 르우벤 지파에게 분배된 요단 강 동쪽 땅을 기억합니다. 동쪽 세 지파도 모두 이스라엘 언약 공동체에 속하기 때문입니다.

과거 요단 강 동쪽 르우벤 지파의 땅이 될 지역을 정복하는 중에 거짓 선지자 (2 　 　)을 죽였다(민 31:8)는 증언이 여호수아 13장에 또 반복 언급됩니다. "이스라엘 자손이 그들을 살육하는 중에 브올의 아들 점술가 (2 　 　)도 칼날로 죽였더라."(수 13:22) 다시는 바알브올의 유혹으로 이스라엘이 시험에 빠지지 않게 하려는 간접적 의도인 것으로 보입니다.

생각하기 내가 믿음으로 정복해야 할 곳은 어디인가요?

해답 1. 나이, 2. 발람

여호수아 14장 · 요단 서쪽 땅의 분배

주요 구절: 14:2

땅을 분배하는 장소는 (1 __ __)입니다(6절). 제사장과 여호수아, 그리고 각 지파의 족장이 함께 제비를 뽑아 나눕니다. 땅을 제비뽑기(2절)로 분배한다는 말은 각 지파의 공로에 근거하지 않는다는 말입니다. 정복 전쟁에 기여한 공로를 따져 땅을 분배할 수도 있었지만, 그렇게 하지 않았습니다. 땅의 분배는 오직 하나님의 주권적 선택에 근거합니다.

제일 먼저 대상이 된 지파는 유다입니다. 유다 지파의 지도자(2 __ __)은 열두 정탐꾼 중에 한 명으로 믿음의 눈으로 그 땅을 바라보던 자입니다. 그는 친구 여호수아에게 편하고 좋은 땅, 곧 특혜를 요구할 수 있었지만, 그렇게 하지 않습니다. 갈렙은 나이가 무려 85세(10절)나 되지만, 거인 (3 __ __) 자손이 사는 (4 __ __ __)을 달라고 합니다(12-15절). 45년 전 이스라엘 백성이 가나안 땅을 정탐했을 때 가장 무서워했던 민족이 아낙 자손입니다(민 13:28). 갈렙은 거인 같은 아낙 자손도 하나님 앞에서는 '먹이'에 불과하다고 믿고 확신했었습니다. 이제 그 믿음을 실천할 때입니다. 그는 참으로 믿음의 사람입니다. 하나님만 따라갔던 믿음의 장군입니다. "그 날에 여호와께서 말씀하신 이 (5 __ __)를 지금 내게 주소서."(12절) 오늘 우리에게도 마찬가지입니다. 믿음의 눈으로 하나님의 일을 바라볼 뿐만 아니라, 그렇게 행하며 살아가는 신자가 됩시다.

생각하기 내가 믿음의 눈으로 바라보아야 할 하나님의 일은 무엇인가요?

해답 1. 길갈, 2. 갈렙, 3. 아낙, 4. 헤브론, 5. 산지

여호수아 15장 · 갈렙의 정복과 유다 족속의 땅

주요 구절: 15:63

갈렙은 헤브론(기럇 아르바) 땅을 분배받고 곧바로 정복 전쟁을 합니다. 지금도 신자는 영적 전쟁을 미루지 않아야 합니다. 아낙 자손 가운데 세새와 아히만과 달매를 쫓아냅니다. 그리고 조카 (1 __ __ __)이 기럇 세벨(원래 이름은 드빌)을 정복하자(17절) 딸 악사를 신부로 주어 혼인시킵니다. 딸에게도 샘 두 개를 상으로 줍니다. (1 __ __ __)은 사사입니다(삿 1:13, 3:9-10).

유다 자손의 땅은 12지파 가운데 가장 넓습니다. 유다의 인구가 7만 4천 명으로 가장

많기 때문입니다(민 1:27). 그러나 예루살렘 여부스 족속을 쫓아내지 못합니다. "예루살렘 주민 여부스 족속을 유다 자손이 쫓아내지 못하였으므로, 여부스 족속이 (2 ____ ____)까지 유다 자손과 함께 예루살렘에 거주하니라."(63절) 난공불락의 성입니다. 이곳은 다윗 왕 때 가서야 정복됩니다.

생각하기 거인 아낙 자손과 싸웠던 유다 지파는 무엇을 경험했을까요?

해답 1. 옷니엘, 2. 승리

여호수아 16장 · 장자의 몫 : 요셉 자손의 땅

주요 구절: 16:4

(1 ____ ____ ____ ____) 지파와 (2 ____ ____ ____) 지파에게 땅을 분배합니다(5-10절). (1 ____ ____ ____ ____)과 (2 ____ ____ ____)는 요셉의 두 아들입니다. (2 ____ ____ ____) 반(半) 지파는 이미 요단 강 동편에서 땅을 분배 받았습니다. 이 지파의 전체 인구가 52,700명(민 26:34-37)이니 그 숫자의 반(대략 26,350명)이 이제 요단 서편에서 자리를 잡습니다. 그에 비해 (1 ____ ____ ____ ____) 지파는 32,500명(민 26장)으로 (2 ____ ____ ____) 반 지파보다 많음에도 땅은 비교적 적습니다. 그래서 "그 외에 (2 ____ ____ ____) 자손의 기업 중에서 (1 ____ ____ ____ ____) 자손을 위하여 (3 ____ ____)한 모든 성읍과 그 마을들도"(9절) 있습니다. 하지만 (1 ____ ____ ____ ____) 자손이 게셀에 있는 가나안 백성을 쫓아내지 않아서 (1 ____ ____ ____ ____) 지역에 가나안 족속이 노역하는 종으로 남아 있습니다(10절). 우상숭배하는 가나안 사람을 멸절하지 않아 하나님의 명령을 어긴 첫 사례입니다(신 20:16).

16장 5-10절은 에브라임의 땅 분배이고 17장은 므낫세 반 지파의 땅 분배에 관한 것입니다. 야곱이 요셉에게 장자의 복을 약속했던 것처럼 다른 지파에 비하여 두 배 더 많은 영토를 받습니다. 요셉 대신 두 아들이 12지파에 속하기 때문입니다. 대신 레위 지파가 땅 분배에서 빠집니다. 그렇게 12지파가 완성됩니다.

생각하기 에브라임 지파는 왜 가나안 족속을 멸절시키지 않았을까요?

해답 1. 에브라임, 2. 므낫세, 3. 구분

여호수아 17장 · 므낫세 반 지파

주요 구절: 17:18

요셉(두) 지파는 자신들이 분배 받은 땅이 적다고 불평합니다. 여호수아는 그들의 건의를 받아들이지만 "브리스 족속과 르바임 족속의 땅 삼림에 올라가서 스스로 (1 　 　)하라"(15절)고 권고합니다. 그 땅에는 가나안 족속이 있고 철로 만든 병거가 있는 골치 아픈 땅이라 기피 대상입니다. 그러나 여호수아는 믿음으로 이겨낼 것을 권고합니다. "너는 큰 민족이요, 큰 (2 　 　)이 있은즉 한 분깃만 가질 것이 아니라. 그 산지도 네 것이 되리니 비록 삼림이라도 네가 (3 　 　)하라. 그 끝까지 네 것이 되리라. 가나안 족속이 비록 철 병거를 가졌고 강할지라도 네가 (4 　 　) 그를 쫓아내리라."(17-18절) 이스라엘 백성은 자신들이 해야 할 과제가 있습니다. 믿음으로 정복해야 할 과업입니다.

생각하기 하기 싫다고 미루고 있는 믿음의 과업이 있나요?

해답 1. 개척, 2. 권능, 3. 개척, 4. 능히

여호수아 18장 · 베냐민 지파의 땅을 제비뽑다

주요 구절: 18:2

세 지파에게 땅을 분배한 후 무슨 이유인지 모르지만 땅 분배가 중단됩니다. "너희가 너희 조상의 하나님 여호와께서 너희에게 주신 땅을 점령하러 가기를 어느 때까지 (1 　 　)하겠느냐?"(3절) 여전히 가나안 백성이 살고 있는 지역을 분배받는 것을 싫어

했는지 모릅니다. 전쟁이 두려웠을 것입니다.

이스라엘 백성의 중앙 본부는 '길갈'이었는데 나중에 에브라임 땅 (2   )로 옮긴 것 같습니다(1절). (2   )야 말로 하나님께서 이스라엘 백성에게 진정한 '쉼'을 주셨다는 것을 배울 수 있는 곳입니다. '실로'라는 말의 뜻은 '쉼'(rest) 입니다.

여호수아는 각(7) 지파에서 대표 3명씩, 21명을 뽑아 남은 땅을 돌아보고 일곱 부분으로 그려오면 (3   )를 뽑아 나누려 합니다(10절). 땅을 일곱 부분으로 그려 나누는 것은 가능했겠지만, 어느 지파가 어느 땅을 가지느냐는 결정하기 쉽지 않았을 것입니다. 서로 의견이 맞지 않았을 수 있습니다. 하지만 (3   ) 뽑으니 불만이 없습니다. (3   )뽑기는 하나님의 뜻을 묻는 한 방법입니다(잠 16:33).

제일 처음 (4   ) 자손의 땅이 분배됩니다(11절). (4   ) 지파의 땅은 크기가 유다와 에브라임 지파에 비해 작지만, 매우 중요한 두 도시인 여리고와 예루살렘(28절)이 포함됩니다.

생각하기 오늘날 하나님의 뜻을 묻는 방법은 무엇이 있을까요?

해답 1. 지체, 2. 실로, 3. 제비, 4. 베냐민

여호수아 19장 · 땅 분배의 마지막

주요 구절: 19:51

다음으로 시므온(1-9절), 스불론(10-16절), 잇사갈(17-23절), 아셀(24-31절), 납달리(32-39절), 단(40-48절) 지파가 땅을 나눕니다. 유다 지파는 땅이 커 시므온 지파와 나눕니다(9절). 그래서 시므온 지파는 유다 지파 중간에 섬처럼 위치합니다.

맨 나중에 여호수아도 땅을 분배받습니다(49절). 땅 분배의 시작이 갈렙이었다면(수 14:6-15), 땅 분배의 마지막은 여호수아입니다. 여호수아의 요구도 있었고 그것이 하나님의 (1   )이기도 했습니다. "곧 여호와의 (1   )대로 여호수아가 요구한 성읍 에브라임 산지 딤낫 세라를 주매…"(50절) 하나님은 지도자를 배려합니다. '하나님의 (1   )'과 '여호수아의 요구'는 충돌되는 것 같아 보이지만, 조화롭게 일

하는 하나님의 섭리(Providence)를 봅니다.

이렇게 실로에 있는 회막 문, 곧 여호와 앞에서 (2 ______) 뽑아 이스라엘 각 지파의 땅을 나눕니다. "…그들의 (3 ______)대로 (2 ______)를 뽑았으니…"(수 18:11, 19:1, 10, 17, 24, 32, 40) 여호수아는 이스라엘의 왕이 되기 원하지 않습니다. 그는 그저 가나안 정복전쟁을 완성할 소명을 받은 자로 섬겼을 뿐입니다. 그 이후의 일은 하나님의 다스림에 달려 있습니다. 여호와 하나님이 이스라엘의 왕이기 때문입니다.

생각하기 갈렙과 여호수아가 땅을 분배 받은 것은 어떤 의미가 있나요?

해답 1. 명령, 2. 제비, 3. 가족,

여호수아 20장 · 도피성, 이스라엘의 피난처

주요 구절: 20:2

하나님은 고의로 사람을 죽인 자를 반드시 죽이라고 합니다. 그러나 사고로 살인한 경우에는 죽음을 피할 길을 줍니다. 실수로 사람을 죽인 경우, 과도한 벌을 내리지 않고 보호해줍니다. '도피성'(민 35:9-34)을 만들어 보호해줍니다. '도피성'은 '도망가 피할 수 있는 성'(逃避城, City of Refuge)이라는 뜻입니다. 애매하게 살인을 저지른 사람이 도피성으로 도망 오면 반드시 살려주고 쫓는 자의 공격을 막아야 합니다.

요단 강 동쪽에 3개, 게데스, (1 ______), 헤브론(7절), 서쪽에 3개, 베셀, (2 ______) 라못, (3 ______ ______)(8절)이 있습니다. 쉽게 접근할 수 있도록 전국에 골고루 분포되었습니다.

생각하기 우리의 피난처, 도피성 되시는 하나님을 의지하고 있나요?

해답 1. 세겜, 2. 길르앗, 3. 바산 골란

여호수아 21장 · 레위 지파

주요 구절: 21:44

12지파에 대한 땅 분배가 마무리되었습니다. 신기한 점은 레위 지파가 한 평의 땅도 분배받지 못했다는 것입니다. 왜냐하면 하나님이 그들의 기업이기 때문입니다(신 10:9). 레위인도 살 집과 먹거리가 필요합니다. 각 지파가 레위인에게 성읍과 그에 속한 목초지를 제공해야 합니다. 레위인은 성막을 위해 당번을 정해 봉사하지만, 그렇지 않은 때는 목축업을 합니다. 동시에 레위인은 각 지파 가운데 살면서 율법 교사와 영적 지도자 역할을 합니다. 레위인에게 배당된 성의 숫자는 모두 (1 ____)개입니다(41절). 그 중 여섯 곳은 도피성입니다(민 35:6).

마침내 여호수아가 약속한 가나안 땅을 이스라엘에게 분배하고 하나님은 그들에게 안식을 줍니다. "여호와께서 그들의 주위에 (2 ____)을 주셨으되, 그 조상들에게 (3 ____)하신 대로 하였으므로."(44절) 하나님은 언약에 신실하신 분입니다.

예수 그리스도께서 오늘 우리에게 새 언약을 통해 새 하늘과 새 땅을 약속하고 안식을 줍니다. 하나님의 통치가 이루어지는 하나님 나라가 이미 우리 가운데 이루어졌습니다. 아직 완전하지 않습니다. 우리 주 예수 그리스도께서 다시 오시면 완전한 하나님 나라가 영원히 임할 것입니다.

생각하기 다시 오실 예수님께서 주실 완전한 안식을 소망하고 있나요?

해답 1. 48, 2. 안식, 3. 맹세

여호수아 22장 · 요단 강 가에 세워진 증거 제단

주요 구절: 22:34

가나안 정복 후 땅 분양이 끝났습니다. 이제 요단 강 동쪽에 땅을 분배 받은 지파들(르우벤, 갓, 므낫세 반)은 돌아가야 합니다. 그런데 뜻하지 않는 일로 오해가 생겨 큰 전쟁이 일어날 상황에 처합니다. 두 지파와 반(半) 지파가 돌아가면서 요단 강 언덕 가에 큰

(1)을 쌓은 것 때문입니다(10절).

요단 강 서편 열 지파는 일제히 그들과 싸움을 시작하려 했습니다. 실로(Shilo) 이외에 다른 곳에 제단을 쌓는 것은 하나님께서 분명히 금한 것이기 때문입니다. 이스라엘 백성은 '브올의 죄악'(17절)과 '아간의 죄'(20절) 때문에 온 민족이 혼이 난 적이 있습니다. 전쟁이 일어날 일촉즉발의 시점에 대화를 통해 문제를 해결합니다. 알고 보니 염려할 것이 아니었습니다. 그들이 쌓은 큰 제단은 제사를 위한 것이 아니라, 요단 강 서쪽과 동쪽에 있는 백성이 모두 한 이스라엘 민족이라는 것을 분명하게 보여주는 증거의 표였습니다. 결국 그 제단을 (2)이라 부릅니다(34절). (2)은 (3)라는 뜻입니다. 이 제단은 여호와께서 요단 동쪽 지파의 하나님도 된다는 (3)입니다(34절).

생각하기 요단 동편 지파들은 무엇 때문에 증거를 남기려고 했을까요?

해답 1. 제단, 2. 엣, 3. 증거

여호수아 23장 · 여호수아의 유언

주요 구절: 23:13

이스라엘 백성이 가나안 땅에 들어온 지 꽤 많은 시간이 지납니다. 여호수아는 이제 늙어 더 이상 지도자로서 역할을 할 수 없습니다. 그는 이스라엘의 지도자들을 불러 모읍니다. (1), 수령, 재판장, 관리가 모입니다(2절). 그는 이스라엘의 지도자에게 하나님의 말씀을 잘 지키고 가나안 사람과 가까이 지내지 말라고 명령합니다. 그들은 아직 남은 가나안 사람을 멸망시켜야 합니다. 가나안 우상인 바알을 숭배하면 안 됩니다. 여호수아는 충언을 합니다. "스스로 (2)하여 너희의 하나님 여호와를 (3)하라."(11절) 언약을 어길 때에는 가나안 백성이 (4)와 덫이 되며, 옆구리에 채찍과 눈에 (5)가 될 것입니다(13절). 만약 이스라엘이 말씀에 불순종하면 "하나님 여호와께서 너희에게 주신 이 아름다운 땅에서 멸"(13절)할 것입니다. 엄중한 경고입니다.

생각하기 여호수아는 왜 지도자들에게 경고의 유언을 남겼을까요?

해답 1. 장로, 2. 조심, 3. 사랑, 4. 올무, 5. 가시

여호수아 24장 · 세겜 언약

주요 구절: 24:15

모세가 모압 평지에서 마지막으로 언약을 갱신(更新)한 것처럼, 여호수아도 세겜에서 언약을 갱신합니다. 세겜은 아브라함이 하나님으로부터 "이 땅"을 줄 것이라는 약속을 처음 받은 곳입니다. 또 야곱이 벧엘로 가기 전에 그 우상들을 묻었던 곳입니다(창 34장). 바로 그 세겜에서 여호수아는 언약을 갱신합니다. 그는 처음 아브라함 때 시작된 언약을 생각합니다. 언약에 충실하셨던 하나님의 역사를 하나씩 언급합니다. 가나안 땅에서 베푸신 하나님의 은혜를 말합니다(12-13절).

이스라엘이 가나안 땅을 정복한 것이 아니라, 하나님께서 정복하였습니다. 하나님은 그들에게 바라는 것이 있습니다. "그러므로 이제는 여호와를 경외하며 (1 　　)함과 (2 　　)함으로 그를 섬기라. 너희의 조상들이 강 저쪽과 애굽에서 섬기던 신들을 치워 버리고 여호와만 섬기라."(14절)

여호수아는 오직 하나님만 섬길 것을 요구합니다. 십계명의 제1계명입니다. 구원자 하나님을 예배하는 것(=섬김 service)은 구원받은 자의 특권이며 기쁨입니다. "너희가 섬길 자를 오늘 (8 　)하라. 오직 (9 　)와 내(5 　)집은 여호와를 섬기겠노라."(15절) 여호수아는 자신과 자신의 집이 여호와를 섬기겠다고 먼저 분명하게 결단합니다. 그리고 백성에게 선택할 것을 요구합니다. 여호수아는 구체적으로 그들 가운데 여전히 있는 이방 신들을 치울 것을 요구합니다. 백성은 그렇게 하겠다고 몇 번에 걸쳐 다짐합니다.

생각하기 나와 내 집은 하나님을 온전하고 진실하게 예배하고 있나요?

해답 1. 온전, 2. 진실, 3. 택, 4. 나, 5. 집

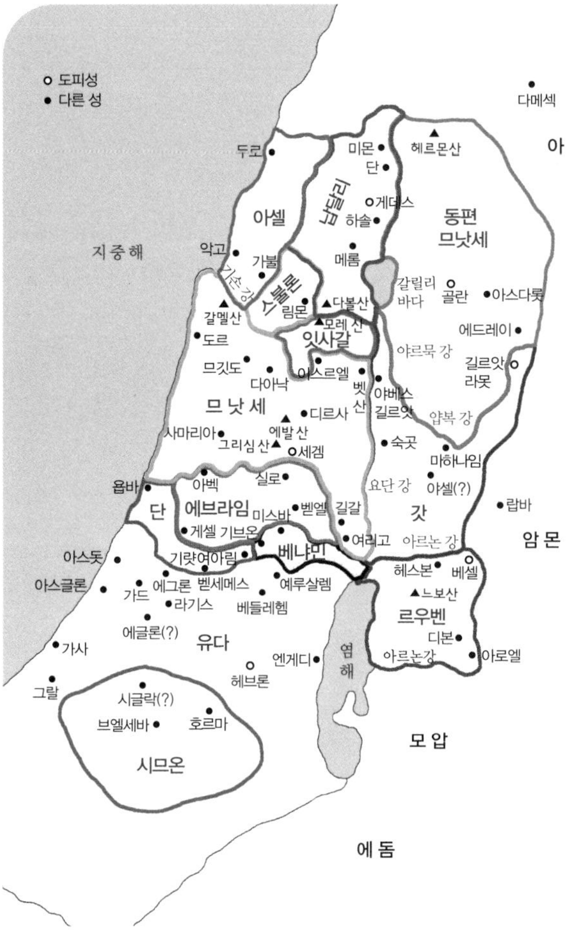
도피성
다른 성
다메섹
아 람
두로
미몬
헤르몬산
단
납달리
게데스
하솔
아셀
동편
므낫세
지중해
악고
가불
메롬
기손 강
스불론
갈릴리
바다
골란
아스다롯
갈멜산
림몬
다볼산
모레 산
잇사갈
에드레이
도르
야르묵 강
므깃도
다아낙
이스르엘
벳
산
야베스
길르앗
길르앗
라못
므 낫 세
디르사
얍복 강
사마리아
에발 산
그리심 산
세겜
숙곳
마하나임
욥바
아벡
실로
요단 강
아셀(?)
단
에브라임
미스바
벧엘
길갈
갓
랍바
게셀
기브온
여리고
아르논 강
암 몬
아스돗
기럇여아림
베냐민
헤스본
베셀
아스글론
에그론
벧세메스
예루살렘
가드
라기스
베들레헴
느보산
르우벤
에글론(?)
유다
디본
가사
엔게디
염
해
아르논강
아로엘
헤브론
그랄
시글락(?)
브엘세바
호르마
모 압
시므온
에 돔

열두 지파의 땅 분배

사사기

사사기(士師+記)에서 '사사'는 '재판관'(Judge)이라는 뜻입니다. 사사는 백성의 대표로서 재판하고 군사 지도자 역할을 합니다. 왕과 달리 자녀에게 직분이 계승되지는 않습니다. 사사들이 지도자이긴 하지만 그들은 결점이 많은 인간에 불과합니다. 그러나 하나님이 그들을 사용하십니다. 사사들의 이야기를 보면서, 그들을 세우시는 하나님의 은혜를 바라보아야 합니다.

사사기에는 가나안 정복 이후 정착한 이스라엘 백성의 모습이 나옵니다. 그들은 '배교 -> 심판 -> 회개 -> 구원 -> 배교'를 반복합니다. 그들이 심판 받는 이유는 하나님과 맺은 언약을 버리고 가나안의 신 바알과 아스다롯을 함께 섬겼기 때문입니다. 사사기는 이런 백성의 모습을 "그 때에 이스라엘에 왕이 없으므로 사람이 각기 자기의 소견에 옳은 대로 행하였더라"(삿 17:6; 18:1; 19:1; 21:25)고 합니다. 아직 이스라엘에 왕정이 시행되지 않는다는 것과 동시에 참 왕이신 하나님을 그들이 제대로 모시지 않는다는 뜻입니다.

내용 구분

1-2:5	미완의 가나안 정복
2:6-3:6	이스라엘의 배교
3:7-5:31	사사 등장 : 옷니엘, 에훗, 삼갈, 드보라
6-8장	사사 기드온
9장	아비멜렉
10-12장	여러 사사들: 돌라, 야일, 입다, 입산, 압돈
13-16장	부족한 사사 삼손
17-21장	자기 소견에 옳은 대로 행한 이스라엘 백성

사사기 1장 · 마지막 정복 전쟁의 미완성

주요 구절: 1:19

1-2장은 여호수아가 살아 있을 때(삿 1:12-15; 2:2-6)와 죽은 후의 사건을 겹쳐 나열합니다. 유다 지파는 마지막 남은 전쟁을 시작합니다. 유다 지파에 속한 갈렙의 사위 (1 ______)이 드빌을 빼앗은 것에 관한 이야기가 반복됩니다(11-15절, 수 15:13-19). 또 여러 지파의 '믿음의 싸움'이 기록됩니다. 갈렙은 거인 자손인 (2 ____)의 세 아들을 쫓아냈습니다(20절). 요셉 가문, 에브라임과 므낫세도 헷 족속의 땅 벧엘을 정복하고 (3 ____)라 불렀습니다(26절).

안타깝게도 이스라엘 백성은 가나안 족속을 다 쫓아내지 못합니다. 하나님의 약속이 있지만, 이스라엘 백성의 믿음이 약합니다. 그들은 가나안 사람을 '다 쫓아내지 못'합니다(9번이나 반복, 19, 21, 27, 28, 29, 30, 31, 32, 33절). 가나안 사람을 무서워하고 믿음이 적어 포기한 것입니다. 심지어 단 지파는 (4 ______) 족속에게 패하여 산으로 도망갑니다(34절). 단 지파는 후에 북쪽에 있는 다른 지역으로 이주하는 굴욕을 당합니다. 그들은 그곳에서 우상숭배를 합니다(삿 18장). 당시 가나안 백성은 (5 __)병거를 가지고 있습니다(19절). 이스라엘 백성은 믿음이 부족합니다.

생각하기 사사기는 여호수아와 달리 이스라엘의 어떤 면을 보여줍니까?

해답 1. 옷니엘 2. 아낙 3. 루스 4. 아모리 5. 철

사사기 2장 · 이스라엘 영적 침체의 시작

주요 구절: 2:10

1-2장은 사사기 전체를 잘 요약하는데, 그중에서도 2장이 더 명료하게 사사 시대 상황을 설명합니다. 출애굽하여 가나안 땅에서 안식과 구원을 누리는 언약백성은 하나님과 맺은 언약에 신실해야 합니다. 그러나 그들은 언약에 불순종합니다. 결정적으로 "그 (1 ____) 사람도 다 그 조상들에게로 돌아갔고 그 후에 일어난 다른 (1 ____)

는 여호와를 알지 못하며, 여호와께서 이스라엘을 위하여 행하신 (2)도 알지 못하였"습니다(10절).

이때, 여호와의 사자가 나타나 그들의 죄를 지적합니다. 사자는 길갈에서부터 (3)으로 올라왔습니다(1절). "길갈"은 이스라엘 백성이 요단 강을 건너고 12돌을 쌓은 곳이고, 가나안 땅에서 처음으로 유월절을 지키고 할례를 행했던 곳입니다(수 4-5장). 하나님과 맺은 언약을 생각나게 합니다. 모든 이스라엘 백성이 여호와의 사자의 말씀을 듣고 큰 소리로 웁니다. 하나님의 언약을 기억하고 회개한 것입니다. (3)은 '(4)는 자들'(4-5절) 이라는 뜻입니다.

안타깝게도 가나안 땅에 사는 이스라엘 백성은 하나님의 경고에도 불구하고 신명기 6장 4-9절의 말씀을 실천하지 않았습니다. 여호수아가 죽고 가나안에 들어온 첫 세대가 죽고 난 후 상황이 급변했습니다. 그들은 하나님과 그분의 구원역사를 알지 못했습니다. 엄청난 영적 침체기에 접어든 것입니다. 10절과 11-21절까지의 묘사, 곧 배교 => 심판 => 회개 => 구원 => 배교가 사사기 전체 요약이라고 해도 과언이 아닐 것입니다.

생각하기 왜 이스라엘은 급속한 영적 침체에 빠졌을까요?

해답 1. 세대, 2. 일, 3. 보김, 4. 우

사사기 3장 · 하나님의 시험과 이스라엘의 배교

주요 구절: 3:4

하나님께서 이스라엘 백성에게 가나안의 풍족함을 선물로 주면서 동시에 이스라엘을 시험합니다. "남겨 두신 이 이방 민족들로 이스라엘을 (1)하사 여호와께서 모세를 통하여 그들의 조상들에게 이르신 명령들을 (2)하는지 알고자 하셨더라."(4절)

슬프게도 이스라엘 백성은 하나님의 말씀에 순종하지 않습니다. 죄가 심각합니다. "그러므로 이스라엘 자손은 가나안 족속 … 가운데에 거주하면서 그들의 딸들을 맞아 (3)로 삼으며 자기 딸들을 그들의 아들들에게 주고 또 그들의 신들을 섬겼더

라.”(6절)

하나님의 징벌이 시작됩니다. 메소포타미아 왕 구산 리사다임이 8년 동안 이스라엘을 괴롭힙니다(8절). 이스라엘 백성이 괴로워 하나님에게 회개하고 부르짖습니다. 은혜가 풍성한 하나님은 사사 옷니엘(갈렙의 조카)을 보내 구원하고 (4 ＿ ＿)년 동안 안식하게 합니다(11절).

옷니엘이 죽자 다시 이스라엘이 악에 빠집니다. 참 어리석습니다. 하나님은 다시 모압 왕 에글론을 시켜 이스라엘을 벌줍니다. 이스라엘은 18년 동안이나 모압 왕의 지배를 받으며 고생합니다(14절). 다시 회개하고 부르짖자, 하나님은 베냐민 출신 사사 (5 ＿ ＿)을 보내 구원합니다(15절). 그리고 무려 80년이나 평안하게 합니다(30절). 은혜가 풍성한 하나님입니다.

그 후 사사 삼갈을 보내 소 모는 막대기로 블레셋 사람 (6 ＿ ＿ ＿) 명을 죽여 이스라엘을 구원합니다(31절).

생각하기 백성들은 왜 고통당하면서도 반복적으로 불순종했을까요?

해답 1. 시험, 2. 순종, 3. 이방, 4. 사십, 5. 에훗, 6. 600

사사기 4장 · 드보라와 바락

주요 구절: 4:4

사사 에훗이 죽은 후 이스라엘 백성은 또 하나님 앞에서(coram Deo) 악을 행합니다(1절). 하나님을 섬기지 않고 가나안의 신들을 섬겼다는 뜻입니다. 이 점에서 남자들이 특별히 더 앞장선 것 같습니다. 가장인 남자가 영적 책임을 다하지 않자, 여성이 등장합니다. 여선지자 (1 ＿ ＿ ＿)가 사사로 등장합니다(4절). (1 ＿ ＿ ＿)는 백성을 재판하는 일을 합니다(5절).

하나님은 이스라엘의 악행 때문에 이스라엘 백성을 가나안 왕 야빈에게 넘깁니다. 가나안 백성은 철 병거 (2 ＿ ＿ ＿)대를 가지고 있을 정도로 강력한 군대로 이스라엘을 (3 ＿ ＿)년 동안 괴롭힙니다(3절). 결국 이스라엘 백성은 그 고통의 원인이 자신의 죄 때문임을 알고 회개하고 하나님께 도움을 요청합니다.

드보라는 바락을 불러 (4) 명의 군인을 모아 다볼 산으로 가서 전쟁을 하라고 명령합니다(6절). 믿음 없는 바락은 드보라가 함께 가지 않으면 가지 않겠다고 버팁니다. 이것 때문에 바락은 전쟁에서 결정적 공헌을 하지 못하고 오히려 다른 '한 여자'가 그 영광을 얻습니다. '남성의 불신앙'과 '여성의 신앙'이 대조됩니다. 전쟁은 하나님의 도움으로 이스라엘이 승리했습니다. 총사령관 시스라는 혼자 도망가다가 헤벨의 집에 들어가 숨습니다. 적장 시스라가 깊은 잠에 빠졌을 때 헤벨의 아내 (5)에 의해 죽고 맙니다(21절). 여성이 남성보다 더 좋은 믿음과 행위를 소유한 시대였습니다.

생각하기 하나님은 왜 그 시대에 여자 사사를 세우셨을까요?

해답 1. 드보라, 2. 900, 3. 이십, 4. 만, 5. 야엘

사사기 5장 · 드보라와 바락의 노래

주요 구절: 5:31

드보라는 전쟁의 승리를 노래로 지어 부릅니다. 물론 바락도 함께 참여합니다. 성경에는 구원과 승리를 기념한 노래가 나오는데, 대표적으로 '모세의 노래'(출 15장)가 있고 '다윗의 노래'(삼하 23:1-7)와 '어린 양의 노래'(계 15:3-4)가 있습니다.

'드보라와 바락의 노래'는 "여호와의 (1)로우신 일"(11절)을 찬양합니다. 20년의 고통 후에 40년의 평화로운 시절 동안 이 노래를 부르며 감사해야 합니다. 이 노래의 핵심은 마지막 절에 있습니다. "여호와여, 주의 (2)들은 다 이와 같이 망하게 하시고, 주를 (3)하는 자들은 (4)가 힘 있게 돋음 같게 하시옵소서."(31절)

생각하기 구원받은 나는 찬양으로 감사하는 삶을 얼마나 살고 있나요?

해답 1. 공의, 2. 원수, 3. 사랑, 4. 해

사사기 6장 · 미디안과 기드온

주요 구절: 6:24

40년의 평안 후 이스라엘 자손은 또 여호와 앞에서 악을 행합니다. 가나안의 신 바알(Baal)을 섬깁니다. 하나님은 이러한 이스라엘에게 벌을 내립니다. 이스라엘은 미디안 사람의 침입으로 7년 동안 고생합니다. 그들은 추수 때가 되면 메뚜기 떼처럼 올라와 곡식과 먹을 것과 양이나 (1)나 나귀를 빼앗아 가 버립니다(4절). 힘이 세기 때문에 어쩔 수가 없습니다. 이스라엘의 삶은 처절합니다. 산에서 웅덩이나 (2), 혹은 산성을 만들어 숨어 지냅니다(2절).

하나님은 악을 행하는 이스라엘 백성을 여전히 사랑하여 은혜와 자비를 베풉니다. 하나님은 한 선지자를 보내고(8절), 여호와의 사자(11절)를 보냅니다. 천사가 기드온에게 나타나 말합니다. "큰 용사여! 여호와께서 (3)와 함께 계시도다."(12절) 기드온은 거기에 제단을 쌓고 "여호와 (4)"이라고 부릅니다(24절). 죄인인 기드온이 하나님을 만났지만, 죽지 않고 평화가 있었기 때문입니다.

그날 밤 기드온은 하나님의 명령을 받고 자신의 아버지가 만든 (5)의 제단과 아세라 형상을 찍어 하나님께 제사 드리는 땔감으로 사용합니다. 사람들은 그의 행동을 보고 "여룹(5)"이라는 이름을 지어줍니다(32절). '(5)이 그와 더불어 싸울 것이라'는 뜻입니다.

기드온은 나팔을 불어 미디안과 아말렉과 동방 사람들과 싸우기 위해 사람을 모읍니다. 그러나 여전히 믿음이 부족했던 기드온은 어린아이처럼 양털로 두 번의 표징을 통해 겨우 확신을 얻습니다(36-40절).

생각하기 처절한 고통 중에도 우상숭배했던 백성의 모습을 생각해봅시다.

해답 1. 소, 2. 굴, 3. 너, 4. 샬롬, 5. 바알

사사기 7장 · 기드온과 삼백 용사

주요 구절: 7:2

미디안과 싸우기 위해 모인 이스라엘 백성의 숫자는 삼만 (1 　 　)명입니다(3절). 하나님은 전쟁을 두려워하는 사람들(2만 2천)을 돌려보내라고 합니다. 1만 명이 남습니다. 하나님은 물 먹는 방법을 보고 9천 7백 명을 돌려보내고 3백 명만 남깁니다. 많은 사람을 떨어뜨리고 숫자를 줄인 이유는 단순합니다. 숫자가 (2 　 　) 많기 때문입니다(2절). 인간의 교만을 원천 차단하고 오직 하나님이 그 일을 하셨음을 보여주시려고 숫자를 줄인 것입니다. 하나님은 이 전쟁이 하나님의 힘으로 승리하게 될 것임을 보여주고자 하였습니다.

3백 명이 손에 든 것은 무기가 아니라, 양식과 나팔과 항아리가 전부입니다. 참 이상한 전쟁입니다. 그들이 미디안 연합군을 물리친 방법은 '나팔을 분 것', '항아리를 깨뜨린 것'과 '큰 소리로 외친 것' 뿐입니다.

과연 전쟁은 하나님의 손에 달렸습니다. 연합군은 어둠 속에서 서로 "(3 　 　)끼리 칼로" 죽여 패배하고 맙니다(22절). 전쟁은 이스라엘의 대승리입니다. 3백 명의 기드온 용사는 자신의 힘을 의지할 수 없었고 또 그렇게 하지도 않습니다. 오직 하나님의 능력만 믿고 의지했습니다.

생각하기 하나님의 힘으로 승리하는 것을 보여 주신 이유는 무엇일까요?

해답 1. 이천, 2. 너무, 3. 친구

사사기 8장 · 위대하나 죄인인 기드온

주요 구절: 8:1

전쟁에서 승리한 이스라엘은 퇴각하는 연합군을 붙잡기 위해 에브라임에 전령을 보내 전쟁에 참여하도록 요구합니다. 에브라임이 참전하고 강력한 두 장군을 죽입니다. 문제는 에브라임이 이 전쟁의 승리가 하나님 덕분이라는 것을 모릅니다. 에브라임은 승리의 영광에 자신이 참여하지 못한 것을 기드온에게 불평하며 항의합니다. 기드온은 그들의 마음을 읽고 (1 　 　 　)을 풀어줍니다(3절).

기드온은 미디안 지도자들인 세바와 살문나를 죽이고 금 에봇을 만들어 오브라에 둡니다. 후에 이스라엘 백성이 금 에봇을 (2 　 　)하게 섬겨 문제가 됩니다(27절). 백성은 기드온에게 왕이 될 것을 요구합니다. 그러나 기드온은 거절합니다. "(3 　 　 　)께서 너희를 다스리시리라."(23절) 훌륭한 결정입니다. '참 왕은 하나님뿐이시다'는 고백을 실천한 것입니다.

하지만 기드온의 삶은 완벽하지 않습니다. 그는 아내를 많이 두어 아들을 (4 　 　)명이나 낳습니다(30절). 이것이 결국 문제가 되어 기드온이 죽고 난 후 이스라엘 백성은 하나님을 버리고 다시 바알들을 따라가 음행하고 또 바알브릿을 자기들의 (5 　)으로 삼습니다(33절). 하나님과 바알을 동시에 섬깁니다. '브릿'이라는 말은 '언약'이라는 말입니다. 언약의 하나님을 버리고 바알과 언약을 맺은 것입니다. 우리의 진정한 '사사'이신 예수 그리스도가 얼마나 필요한지 보여주는 부분입니다.

생각하기 기드온도 흠 많은 사사입니다. 참 사사이신 예수님을 바라봅시다.

해답 1. 노여움, 2. 음란, 3. 여호와, 4. 칠십, 5. 신

사사기 9장 · 잘못된 왕 노릇: 아비멜렉

주요 구절: 9:57

기드온은 아내가 많아 70명의 아들을 두었을 뿐만 아니라, 세겜 출신 첩으로부터는 (1 　 　 　 　)이라는 아들을 얻습니다(삿 8:31). 기드온은 이스라엘의 왕이 될 것을 거절했지만, 아들 (1 　 　 　 　)은 스스로 왕이 되려고 온갖 끔찍하고 악한 인간적 방법을 다 동원합니다. (1 　 　 　 　)은 70명의 이복형제를 죽입니다. 잔악한 형제살육입니다. 가까스로 막내아들, (2 　 　)만 그 살육의 현장에서 살아남습니다(5절). (2 　 　)은 (1 　 　 　 　)과 세겜의 죄를 비유로(감람나무, 무화과나무, 포도나무, 가시나무) 지적하며 그들에게 저주를 선포합니다(7-21절).

아비멜렉은 스스로 이스라엘의 왕 노릇을 3년이나 합니다. 바알브릿 신전에서 은 (3 　 　)개를 탈취해 (4 　 　)하고 경박한 사람들을 채용하여 거느립니다(4절). 아비멜렉은 하나님이 허락하지 않은 왕의 직분을 스스로 만든 것입니다. 하나님은 아비멜렉과 세겜 사람을 심판합니다. 세겜 사람과 아비멜렉의 관계를 어그러지게 합니다. 하

나님과 관계없이 이루어지는 인간적 관계는 일시적일 뿐입니다. 그들의 관계는 서로 죽이고 죽이는 살육으로 마무리됩니다.

생각하기 아비멜렉은 이스라엘의 참된 사사, 왕이었나요?

해답 1. 아비멜렉, 2. 요담, 3. 칠십, 4. 방탕

사사기 10장 · 계속되는 우상숭배와 사사

주요 구절: 10:16

칼뱅(Calvin)은 인간의 마음을 '우상 공장'이라고 표현했습니다. 아비멜렉 이후 이스라엘은 또 범죄하여 하나님의 벌을 자초합니다. 하나님은 사사 '돌라'를 보내 23년 동안 다스리게 합니다(2절). 또 범죄하고 회개하자 길르앗 사람 (1 　 　)을 사사로 세워 22년 동안 평안을 주십니다(3절). 또다시 이스라엘은 수많은 우상을 섬깁니다(6절). 이번에는 하나님이 블레셋과 암몬에게 이스라엘을 넘겨 고생하게 합니다. 어리석은 우상숭배자 이스라엘을 향하여 하나님은 이렇게 말씀합니다. "너희가 나를 버리고 다른 신들을 섬기니, 그러므로 내가 다시는 너희를 구원하지 아니하리라. 가서 너희가 (2 　)한 신들에게 부르짖어 너희의 환난 때에 그들이 너희를 구원하게 하라, 하신지라."(13-14절)

"택한"이라는 말을 주목해 보십시오. 하나님이 "택해" 복을 준 이스라엘이 스스로 다른 신을 "택해" 섬기는 배은망덕한 일이 일어난 것입니다.

이스라엘은 '하나님! 그렇게 말씀하시는 것이 당연합니다. 우리가 죄를 지었기 때문입니다. 그러니 우리를 구해 주십시오!'라고 대답합니다. 이 모습을 본 하나님은 "이스라엘의 (3 　 　)로 말미암아 마음에 (4 　 　)"(16절)합니다. 하나님의 넓고 큰 마음을 봅니다. 당신이 택하고 언약을 맺은 백성이 고통당하는 것을 좋아하지 않고 마음 아파합니다.

생각하기 범죄하는 나를 향해 근심하시는 하나님의 마음을 묵상해봅시다.

해답 1. 야일, 2. 택, 3. 곤고, 4. 근심

사사기 11장 · 연약한 사사, 입다!

주요 구절: 11:29

이스라엘에 암몬 자손과 전쟁이 발생했지만, 싸울 지도자가 없습니다. 길르앗 장로들은 입다를 자기들의 (1 　 　)으로 세웁니다(6절). 기생에게 난 입다는 "큰 (2 　 　)" 입니다(1절). 그는 길르앗의 아들이 될 수 없어 쫓겨났고, 돕 땅에 살면서 (3 　 　)(3절)와 함께 지냈습니다. 이스라엘 장로들은 그런 비주류 입다를 요청할 만큼 약해졌습니다. 입다는 (1 　 　)이 되고픈 마음에 허락합니다.

입다는 태생적으로 천대 받는 신분이지만, 하나님 백성의 역사에 대해 잘 알고 있습니다. 역사를 잘 모르는 암몬 왕(15-27절)은 우매한 전쟁을 시작하고 패배를 자처합니다. 하나님의 (4 　)이 입다를 돕습니다(29절). 승리입니다.

사사 시대의 이스라엘의 영적 수준이 형편없었습니다. 입다가 전쟁에 나가기 전 하나님 앞에서 쓸데없는 맹세를 하는 것에서도 알 수 있습니다. 전쟁에서 이기고 돌아올 때 자기를 처음 맞는 사람을 번제로 여호와께 드리겠다는 것입니다. 어리석은 맹세입니다. 전쟁에서 돌아올 때 하필 입다의 무남독녀 딸이 아버지를 영접합니다.

입다의 딸이 이것 때문에 '정말 죽었다'(31절과 37-38절)고 보는 해석이 있고 그렇지 않고 평생 혼인하지 않고 '처녀로 보냈다'(39절)고 보는 견해도 있는데, 어쨌든 참 안타깝습니다. 입다가 하나님의 도구로 귀하게 사용된 것은 분명하지만, 그도 연약한 인간이었습니다.

생각하기 자신의 딸이 맞이하러 나올 때 입다의 마음은 어땠을까요?

해답 1. 장관, 2. 용사, 3. 잡류, 4. 영

사사기 12장 · 입다, 입산, 엘론, 압돈

주요 구절: 12:1

암몬과의 전쟁에서 승리하자, 에브라임 족속은 이스라엘 백성이 또 자신들을 전쟁에 데려가지 않고 소외시킨 것에 대해 불만을 품었을 뿐만 아니라, 폭력으로 자신들의 분노를 표출하려 했습니다. 에브라임은 승리의 영광에 소외된 것 때문에 입다를 죽이겠다고 위협합니다. 과거 기드온도 에브라임 족속의 그런 불만을 달랜 적이 있었습니다(삿 8:1-3).

입다는 달랐습니다. 에브라임 족속이 입다의 집안 길르앗 사람을 분노케 했기 때문입니다(4절). 에브라임은 지파적 우월감(창 48:20, "에브라임을 므낫세보다 앞세웠더라.")에 사로잡혀 길르앗과 입다를 무시하였던 것입니다. 지연과 혈연의 갈등입니다. 전쟁은 피할 수 없었습니다. 에브라임은 처참하게 패했습니다. 입다는 요단 강 나루턱으로 도망가는 에브라임 사람을 다 죽일 작정이었습니다. 그들을 색출하기 위해 굳어버린 구강구조에 따른 발음의 차이를 이용했습니다. '쉽볼렛'(홍수)을 "(1 　　　)"(이삭)이라고 발음하는 에브라임 족속의 특징을 이용한 것입니다. 무려 4만 2천명이나 죽였습니다.

6년 입다의 통치 이후 하나님은 "(2 　　)"을 통해 7년(8절), 엘론을 통해 (3 　　)년(11절), (4 　　)을 통해 8년(13-14절)을 지켜줍니다. 31년 동안 평화가 계속됩니다. 하나님의 은혜입니다.

생각하기 동족상잔으로 드러나는 이스라엘의 민낯은 어떠한가요?

해답 1. 십볼렛, 2. 입산, 3. 10, 4. 압돈

사사기 13장 · 사사 삼손의 출생

주요 구절: 13:24

13-16장은 사사 삼손에 관한 내용입니다. 이스라엘은 하나님 앞에 다시 죄를 지어 (1 ______)년 동안 블레셋 사람의 압제 아래 고통받습니다(1절). 동시에 하나님은 이스라엘의 구원자를 준비합니다. 하나님의 천사가 단 지파의 한 불임 부부를 찾아가 아들을 낳을 것이라고 알려줍니다. "보라! 네가 임신하여 아들을 낳으리니, 그의 머리 위에 (2 ______)를 대지 말라. 이 아이는 태에서 나옴으로부터 하나님께 바쳐진 (3 ______)인이 됨이라. 그가 블레셋 사람의 손에서 이스라엘을 구원하기 시작하리라."(5절)

아내가 아들을 낳아 이름을 (4 ______)(24절)이라 짓습니다. 그 아이는 자라면서 여호와로부터 복을 받습니다. 특별히 "여호와의 (5 ___)이 그를 움직이기 시작"(25절)했다는 표현을 눈여겨보기 바랍니다. (4 ______)이 하는 일들이 하나님의 (5 ___)의 섭리 가운데 일어난다는 뜻입니다.

'나실인'이라는 말은 나실(nazir), 곧 '헌신된'에서 왔습니다. '나실+인(人)'은 곧 하나님께 헌신된 자입니다. 나실인은 구별된 표시로 머리를 자르지 않고 포도주와 독주를 마시지 않아야 합니다. 삼손은 태어날 때부터 나실인으로 바쳐진 자였습니다.

생각하기 하나님은 이스라엘을 구원할 자로 어떤 사람을 쓰십니까?

해답 1. 40, 2. 삭도, 3. 나실, 4. 삼손, 5. 영

사사기 14장 · 블레셋을 공격하는 삼손

주요 구절: 14:4

일반적으로 사사들은 고통을 주는 나라를 무찌른 후 평화를 주지만, 삼손은 블레셋의 지배 아래 활동합니다. 삼손은 장성하여 블레셋을 칠 궁리를 합니다. 그 계획은 '혼인'이라는 방법입니다. 삼손은 자기가 '좋아하는 여자'이면 이방 여인이라도 혼인했습

니다. 통혼은 이스라엘 백성에게 엄격히 금지됩니다. 하지만, 하나님은 삼손의 일탈과 죄를 구원의 도구로 사용합니다. "삼손이 (1 　)을 타서 블레셋 사람을 치려함이었으나."(4절)

삼손은 블레셋 여자와 혼인합니다. 길게 진행되는 혼인 기간에 블레셋 사람에게 "먹는 자에게서 먹는 것이 나오고, 강한 자에게서 (2 　) 것이 나왔느니라"(14절)라는 수수께끼를 제시해 싸움을 걸었습니다. 블레셋 사람들이 답을 알 수 없자 삼손의 아내를 겁박했습니다. 30명의 블레셋 사람들이 답을 알아냈습니다. 삼손은 분노하며 아스글론에 있는 블레셋 사람들을 죽여 약속한 대로 베옷 (3 　 　)벌과 (4 　 　) 30벌을 빼앗아 주었습니다(12, 19절). 이 일은 삼손의 치밀한 계획에서 된 것이라기보다는 하나님의 오묘한 섭리에 의해 진행된 것으로 보아야 합니다. "그의 (5 　 　)는 이 일이 여호와께로부터 나온 것인 줄은 알지 못하였더라."(4절) 하나님의 섭리는 우리가 다 이해할 수 없지만, "여호와의 (6 　)이 삼손에게 갑자기 임하시매"(19절)처럼 인간의 부족함에도 하나님의 일은 계속됩니다.

생각하기 나의 연약함을 통해서도 일하시는 하나님의 섭리를 묵상해봅시다.

해답 1. 틈, 2. 단, 3. 30, 4. 겉옷, 5. 부모, 6. 영

사사기 15장 · 블레셋 1천 명을 죽인 삼손

주요 구절: 15:20

그 후 삼손은 밀 추수 때 아내를 찾아 딤나로 내려갑니다. 하지만, 삼손의 아내는 이미 다른 남자, 곧 자기 친구에게 시집을 가버렸습니다. 분노한 삼손은 300마리의 (1 　 　)를 잡아(4절) 두 쌍씩 짝을 지어 꼬리를 묶고 거기에 횃불을 달아 들판을 달리게 했습니다. 곡식과 과일나무가 다 타 버렸습니다. 화가 난 블레셋 사람은 삼손의 아내와 장인을 죽여 버립니다. 그러자 삼손은 또 많은 블레셋 사람을 죽입니다. 이렇게 본격적 전쟁이 시작됩니다.

그런데 유다는 블레셋과의 싸움을 포기하고 오히려 군사 삼천 명을 데리고 삼손을 사로잡으러 옵니다. "우리가 너를 결박하여 블레셋 사람의 손에 (2 　 　)주려고 내려

왔노라."(12절) 삼손은 순순히 붙잡힙니다. 유다의 영적 상태가 얼마나 형편없는지 보여줍니다.

삼손은 하나님의 영이 임하여 힘을 얻고 밧줄을 끊어버립니다. 삼손은 나귀의 새 턱뼈를 잡고 블레셋인 (3 ☐)명(16절)을 죽입니다. 그 전투를 기억하기 위해 그곳을 "라맛(4 ☐☐)"(턱뼈의 산)라 부릅니다(17절). 지친 삼손이 심한 갈증을 느끼며 하나님께 부르짖자, 하나님은 샘물을 터트려 줍니다. 그 샘의 이름은 "(5 ☐☐☐☐)"(부르짖은 자의 샘)입니다(19절). 삼손의 전쟁이 하나님의 전쟁임을 보여주는 부분입니다. 그 후 (6 ☐☐)년의 평화로운 시간을 보냅니다(20절). 삼손을 이용해 하나님은 이스라엘에게 은혜를 베풉니다.

생각하기 삼손이 블레셋과 전쟁을 일으키려고 한 근본 목적은 무엇일까요?

해답 1. 여우, 2. 넘겨, 3. 천, 4. 레히, 5. 엔학고레, 6. 20

사사기 16장 · 삼손과 들릴라

주요 구절: 16:28

삼손의 힘은 여전히 강력합니다. 삼손의 망나니 같은 삶도 여전하여 기생의 집을 드나듭니다. 삼손이 기생의 집에 들어갈 때 블레셋 군인들이 잡으려고 에워싸지만, 성 문짝과 두 문설주와 문빗장을 뽑고 도망가 버립니다.

블레셋은 삼손이 사랑에 빠진 들릴라를 이용합니다. 들릴라는 삼손의 힘의 근원이 어디에 있는지 그 비밀을 알아내려 합니다. 그 비밀이 무엇이죠? 그렇습니다. 힘의 근원과 비밀은 하나님입니다.

들릴라는 세 번에 걸쳐 시도하지만 모두 실패합니다. 들릴라의 집요한 재촉에 삼손의 마음은 (1 ☐☐)하여 죽을 지경이 됩니다(16절). 삼손은 마침내 '머리카락을 자르면 된다'(17절)고 가르쳐줍니다. 머리카락을 자르지 말아야 하는 이유는 단순합니다. 삼손이 (2 ☐☐)인이기 때문입니다(17절). 머리카락을 자르자, 삼손은 그 힘을 잃어버립니다(19절). 머리카락이 힘의 비밀이 아니라, 삼손이 하나님과의 언약을 깨트렸기 때문입니다. 블레셋 군인들은 삼손을 붙잡고 두 눈을 빼고 놋줄로 매고 옥에서 맷돌을 돌리는 중노동을 시켰습니다. 하나님과의 언약을 어긴 삼손은 고통을 받습니다.

블레셋 사람은 자기들의 다곤 신이 삼손을 물리쳤다고 좋아하며 잔치를 벌이고 그곳에 삼손을 불러 즐깁니다. 하나님을 모독합니다. 그때 삼손이 기도합니다. "하나님이여! 구하옵나니, 이번만 나를 (3 　)하게 하사 나의 두 눈을 뺀 블레셋 사람에게 원수를 (4 　 　)에 갚게 하옵소서."(28절) 삼손은 다곤 신전을 무너뜨려 (5 　)천명 가량(27절)을 한꺼번에 죽입니다. 삼손의 힘은 머리카락에서 왔나요? 아닙니다. 모든 힘의 근원은 하나님입니다.

생각하기 힘을 잃고 블레셋의 노예가 된 삼손의 심정은 어땠을까요?

해답 1. 머리, 2. 나실, 3. 강, 4. 단번, 5. 삼

이스라엘 사사들의 활동

사사기 17장 · 부록1 : 미가 집안의 우상숭배

주요 구절: 17:6

17-21장까지는 역사적 기록 순서가 아니라, 사건별로 부록처럼 기록된 내용입니다. 17장은 아마도 사사 시대 초기에 일어난 사건으로 보입니다.

에브라임 산지에 상당한 부자 가정이 있습니다(1절). 그런 추론이 가능한 것은 어머니가 잃어버린 돈의 액수가 (1) 천백이라는 사실 때문입니다. 그 돈을 아들 (2)가 훔쳤습니다(2절). 어머니의 추적이 시작되자, 아들이 다시 그것을 돌려주었습니다. 어머니는 아들의 잘못을 훈계하기는커녕 오히려 축복합니다. 당시 이스라엘의 자녀교육이 어땠는지 잘 보여 줍니다.

그들은 그 금액의 일부로 '신상과 (3)과 드라빔'(5절)을 만들고 아들을 제사장으로 임명합니다. 드라빔은 우상 중의 하나입니다. 제1-2계명을 어긴 것입니다. 예배 장소도 하나님이 지정한 곳이 아닙니다. 모든 것이 금지된 것인데, 당시 이스라엘의 영적 상태가 어떤지 잘 보여줍니다.

이런 일이 일어난 원인이 무엇일까요? "그때에 이스라엘에 (4)이 없으므로 사람마다 자기 (5)에 옳은 대로 행하였더라."(6절) 자기 (5)이라는 말은 '자기 눈으로 보기에'라는 뜻입니다. 더 나아가 미가는 베들레헴 출신 한 (6)인을 고용해 돈을 주고 사설 제사장으로 세웁니다(7절). 부자 미가 집안은 (6)인 제사장을 세우고 종교 행위를 하면 하나님께 복을 받을 것이라고 믿습니다. 자기 종교를 만든 것입니다. 어리석은 생각입니다.

생각하기 그 때에 정말로 이스라엘에 왕이 없었을까요?

해답 1. 은, 2. 미가, 3. 에봇, 4. 왕, 5. 소견, 6. 레위

사사기 18장 · 단 지파의 북쪽 이동과 미가 집

주요 구절: 18:1

사사 시대의 특징을 잘 나타내는 말은 "그 때에 이스라엘에 (1 　)이 없었고"(1절) 사람마다 자기 소견에 옳은 대로 행한 것입니다. 단 지파와 레위인과 에브라임의 미가가 생각하는 것과 행동하는 것을 보면 정말 그렇습니다.

(2 　) 지파는 당시까지 땅을 분배받았지만 제대로 된 땅이 없었던 것 같습니다(삿 1:34). 그랬던 (2 　) 지파가 북쪽 라이스에서 평화롭게 살던 민족을 발견하고 그들을 멸망시키고 그곳으로 이주합니다. 라이스라는 이름을 (2 　)으로 바꿉니다(29절). 그 과정에서 미가의 집에 개인 제사장으로 있던 한 레위인과 새긴 우상과 에봇과 (3 　 　 　)을 빼앗아 자기들의 숭배 대상으로 만듭니다(20절). 일종의 성물 숭배입니다. 레위인도 한 가정의 제사장보다는, 한 이스라엘 지파의 제사장이 되는 것을 좋아하며 옮깁니다. 이 레위인은 모세의 손자요 게르솜의 아들인 (4 　 　 　)입니다(30절).

당시에는 '실로'에 성막이 있었는데, 북쪽으로 이주한 단 지파는 이동하기 귀찮으니 '단'에 신상을 만들었고 거기에서 제사를 지냈습니다. 제2계명을 어긴 것입니다. 단 지파의 믿음 없는 모습도 문제이고, 레위인의 불신앙적 처신도 큰 문제였습니다.

생각하기 지금 직분자들의 모습은 어떤 것 같습니까?

해답 1. 왕, 2. 단, 3. 드라빔, 4. 요나단

사사기 19장 · 부록2 : 레위인과 기브아의 만행

주요 구절: 19:1

"이스라엘에 (1 　)이 없을 그 때에"(1절) 마지막 사건이 기록됩니다. 19-21장은 하나의 이야기입니다. 하나님을 왕으로 섬기지 않을 때 생기는 어처구니없는 문제들입니다.

에브라임 지역에 살던 한 레위인이 베들레헴 출신 첩(妾)을 맞이합니다. 그런데 그 여인이 음행하고 고향으로 도망갑니다. 행음한 여인도 문제지만 첩을 맞이한 레위인도 문제입니다. 거룩한 레위인이 이랬으니, 당시의 상황을 짐작할 수 있습니다. 레위인이 베들레헴을 방문해 그 여인에게 "다정하게 말"(3절)하고 데려오려 합니다. 베들레헴을 떠난 레위인 일행은 베냐민 지역 (2 　 　 　)라는 동네에서 유숙하려 합니다(14절).

그런데 (2 ___ ___ ___) 성 사람은 이 나그네 일행을 환대하지 않습니다. 에브라임 출신 한 노인만이 그들에게 잠자리를 제공합니다.

조금 후 그 성의 불량배(나쁜 사람들)들이 몰려와 레위인을 내 놓으라 협박합니다. "네 집에 들어온 사람을 끌어내라. 우리가 그와 (3 ___ ___)하리라."(22절) 동성 성관계를 암시합니다. 레위인은 대신 자기 첩을 그들에게 내어줍니다. 불량배들은 밤새도록 그 여인을 성폭행했고, 결국 그 여인이 사망했습니다. 레위인은 죽은 첩의 시체를 열두 덩이로 나눠 온 이스라엘 지파에 보내 억울한 죽음을 호소합니다. 사사 시대의 사회적, 도덕적 타락이 얼마나 심각한지를 보여줍니다. 그들의 모습은 소돔과 고모라와 같을 정도입니다(창 19:4-9).

생각하기 기브아 사람들의 모습과 오늘날 모습을 비교해봅시다.

해답 1. 왕, 2. 기브아, 3. 관계

사사기 20장 · 이스라엘의 내전이 발발하다

주요 구절: 20:35

충격적 사건을 알게 된 이스라엘은 모두 분개합니다. 그래서 보병이 무려 (1 ___ ___) 만 명이 모입니다(2절). 이스라엘 총회는 레위인으로부터 자초지종을 들은 후 베냐민 지파에게 정중하게 불량배들을 넘겨줄 것을 요구합니다. 베냐민 지파는 거절하면서 동족상잔(同族相殘)이 시작됩니다.

베냐민 지파는 특수부대원 700명을 갖추고 있습니다. 그들은 전쟁에 있어서 전문가였습니다. 그들은 모두 왼손잡이로 (2 ___ ___)로 돌을 던지면 백발백중으로 맞추는 실력자들(16절)입니다. 다윗이 골리앗을 넘어뜨릴 때 사용했던 방법을 떠올려보십시오. 숫자는 적었지만 정예 특수부대를 가진 베냐민 지파가 전쟁에서 이기는 것 같습니다. 700명이 이스라엘 연합군 40만 명 중 4만 명을 죽였으니 대단합니다. 하지만, 결국 베냐민 지파가 패배합니다. 전쟁은 하나님의 것입니다.

전쟁은 모두에게 손실을 줍니다. 이스라엘 총회도 1차 전투에서 22,000명을 잃고(21

절), 2차 전투에서 18,000명을 잃습니다(25절). 베냐민 지파는 2만 5천명이 다 죽고 겨우 (3 ______)명만 살아남습니다(47절). 이스라엘의 한 지파가 전멸되다시피 합니다.

생각하기 전쟁으로 한 지파가 거의 무너졌습니다. 죄의 결과는 얼마나 큽니까?

해답 1. 사십, 2. 몰패, 3. 600

사사기 21장 · 베냐민 지파의 명맥을 유지시키다

주요 구절: 21:25

연합군은 절대로 베냐민 사람에게 딸을 주지 않겠다고 (1 ______)합니다(1절). 이방인처럼 여기겠다는 말입니다. 그 (1 ______)가 그들에게 결국 올무가 됩니다.

온 이스라엘은 벧엘에 모여 하나님 앞에 앉아 큰 (2 ______)로 웁니다(2절). 한 지파가 완전히 사라지게 된 것 때문입니다. 분노하며 죽이고 맹세했던 것이 이런 지경에까지 이를 줄을 몰랐던 것이지요. 베냐민 지파의 여자와 아이들 모두 죽었습니다. 그래서 림몬 바위에 숨은 600명은 혼인할 수가 없습니다. 다른 이방 여자와 혼인한다면 문제는 더 심각해집니다. 한 지파가 사라질, 정말로 큰 위기입니다.

그들은 스스로 방법을 생각해냅니다. 마침 이 전쟁에 가담하지 않은 길르앗 야베스 사람들이 있다는 것을 발견하고 벌로 그들(혼인한 자와 자녀들)을 죽이고 혼인하지 않은 여자 (3 ______)명을 데려와 아내로 줍니다(12절). 그래도 200명이 모자랍니다. 그에 대한 대안으로 실로에 매년 여호와의 명절에 여자들이 와 춤을 추는데, 그 가운데 택하여 아내로 만들면 눈 감아 주겠다고 결정합니다. 참 어처구니없는 결정입니다. 가나안 백성의 삶과 크게 차이가 없이 살았습니다. 영적, 도덕적 수준이 그 정도밖에 되지 않습니다.

사사기 마지막 구절은 이 모든 영적 상황을 표현하는 데 가장 적합해 보입니다. "그 때에 (4 ______)에 왕이 없으므로 사람이 각기 자기의 (5 ______)에 옳은 대로 행하였더라."(25절)

생각하기 사사기는 참된 왕을 소망하게 만듭니다. 나의 왕은 누구인가요?

해답 1. 멸시, 2. 소리, 3. 400, 4. 이스라엘, 5. 소견

룻기

룻기(Ruth+記)는 등장인물인 룻의 이름을 딴 성경입니다. 영적 혼란이 가득한 사사 시대에도 하나님의 은혜로 아름다운 이야기가 남았음을 봅니다. 사사기가 이스라엘 백성 전체를 대상으로 한 것이라면 룻기는 사사 시대를 살아가는 한 가정을 집중 조명합니다.

특별히 하나님은 이방 여인 룻과 헌신된 보아스를 사용하십니다. 이 부부를 통해 완전히 실패한 나오미가 회복되듯이, 이들의 후손인 다윗 왕을 통해 이스라엘이 회복될 것입니다. 물론 더 나아가 다윗의 후손으로 오실 예수 그리스도께서 온 우주를 회복시키실 것입니다.

내용 구분

1장	모압에서 돌아온 나오미
2장	룻과 보아스의 만남
3장	보아스의 타작마당으로 간 룻
4장	룻과 보아스의 혼인

룻기 1장 · 나오미: 모압 이민과 베들레헴 귀환

주요 구절: 1:21

"사사들이 (1) 하던 때에 그 땅에 흉년이 드니라. 유다 베들레헴에 한 사람이 그의 아내와 두 아들을 데리고 (2) 지방에 가서 거류하였는데"(1절), 남편은 엘리멜렉이고 아내는 나오미이며 아들들은 말론과 기룐입니다(2절).

이스라엘 백성에게 흉년은 하나님의 징벌(21절)입니다. 그런데 엘리멜렉과 나오미 가정은 하나님의 징계를 피하여 이방 나라 모압으로 도망을 갔습니다. 언약의 징벌을 피해 달아나면 살 길이 있을까요? 교회의 징계를 피하여 다른 교회로 옮긴다고 하나님의 눈까지 피할 수 있을까요? 나오미는 그곳에서 편안한 삶을 누리기는커녕 먼저 남편을 잃고 두 아들까지도 잃었습니다. 그야말로 하나님을 떠난 삶은 비참했습니다. 나오미는 탕자와 같은 심정으로 10년이 지나 (3)(1절)으로 돌아옵니다.

모압에서 얻은 며느리 가운데 오르바는 자기 백성과 신(神)에게로 돌아가지만, 룻은 시어머니의 백성과 (4)을 따르기로 합니다(16절). 며느리의 행동은 그들의 신앙과 무관하지 않습니다. 나오미의 신앙은 룻의 신앙을 자극합니다. (4) 앞에서 자신이 얼마나 불신앙으로 살았는지 알 수 있습니다. 나오미는 이제 겸손합니다. 그녀는 더 이상 인간적 방법에 의존하지 않을 것입니다. 나오미는 자신을 더이상 "나오미"(기쁨)라 부르지 말고 "(5)"(괴로움)라 부르라고 고백합니다(20-21절). 나오미는 자신의 삶을 부끄러워하며 회개합니다. 나오미는 사람 앞에서 자신의 부족한 모습을 솔직하게 인정합니다.

생각하기 룻은 어떻게 시어머니의 하나님을 따르게 되었을까요?

해답 1. 치리, 2. 모압, 3. 베들레헴, 4. 하나님, 5. 마라

룻기 2장 · 기업 무를 자와 하나님의 섭리

주요 구절: 2:12

언약의 품으로 돌아온 나오미와 언약 안으로 들어온 룻의 인생은 어떻게 전개될까요? 두 과부의 삶은 빈곤합니다. 팍팍한 인생입니다. 당장 먹을 것이 없을 정도입니다. 며느리 룻은 먹거리를 찾아 이삭을 줍습니다. 그런데 "마침"(4절) 엘리멜렉 가문의 부자 보아스의 밭에서 이삭을 줍습니다(1절). 보아스는 룻을 선대하고 축복합니다. 룻이 시어머니를 따라 이방 자기 고향을 떠나 언약백성이 되기 위해 이스라엘로 온 것이 이미 소문으로 알려져 있었습니다(11절). "…이스라엘의 하나님 여호와께서 그의 (1) 아래에 (2)를 받으러 온 네게 온전한 (3) 주시기를 원하노라."(12절) 보아스는 룻이 점심 식사에 함께하도록 허락하고 일하는 일꾼들에게 곡식을 일부터 흘리게 해 많이 주워가도록 친절을 베풉니다. 룻은 큰 호의를 받았습니다.

룻은 집에 돌아와 시어머니에게 이 놀라운 소식을 전합니다. 그런데 알고 보니 보아스는 엘리멜렉의 기업을 무를 자 중의 하나입니다. '기업 무를 자'라는 말은 '구속(원)자'(redeemer)로 번역이 가능한데, 이 말은 가난하여 자기 기업인 땅을 팔 수밖에 없을 때 가장 가까운 친척이 대신 사주는 것을 뜻합니다.

그 누구도 나오미와 룻의 사정을 책임질 마음이 없었던 것 같습니다. 그 법은 좋은 것이지만, 순종하기는 어려웠던 것입니다. 사사 시대에는 더더욱 그러합니다. 엘리멜렉이 소유한 땅은 돈이 될 만하지만, 이방 여인 룻과 혼인한다는 것은 결코 매력적이지 않습니다.

생각하기 우연처럼 보이는 일에도 하나님의 섭리가 있다는 것을 믿나요?

해답 1. 날개, 2. 보호, 3. 상

룻기 3장 · 보아스에게 구원을 요청한 룻

주요 구절: 3:9

나오미는 시어머니로서 며느리 룻에게 '안식'이 필요하다는 것을 알고 있습니다(1절). 남편 안에서 안식을 누릴 수 있습니다. 나오미는 보리 추수하는 보아스의 집에 룻을 보내 자신을 구원(기업을 무르다)해줄 것을 직접 부탁하도록 합니다. 룻은 시어머니 나오미의 명령에 그대로 순종합니다(5절).

타작 기간에는 주인과 일꾼들이 밤새 곡식을 지키는 관습이 있었습니다. 룻은 가만히 보아스 옆에 들어가 보아스에게 다음과 같이 요청합니다. “당신의 옷자락을 펴 당신의 여종을 덮으소서. 이는 당신이 기업을 (1 ____) 자가 됨이니이다.”(9절) 일종의 청혼입니다. 보아스에게 자신의 ‘구원자’가 되어달라는 뜻이기도 합니다. 놀랍게도 보아스는 룻의 부탁에 ‘예’라고 대답합니다. 보아스는 룻의 현숙한 모습을 잘 알고 있습니다. “네가 가난하건 부하건 젊은 자를 따르지 아니하였으니, 네가 베푼 (2 ____)가 처음보다 나중이 더하도다. 그리고 이제 내 딸아 두려워하지 말라. 내가 네 말대로 네게 (3 __) 행하리라. 네가 (4 ____)한 여자인 줄을 나의 성읍 백성이 다 아느니라.”(10-11절)

하지만, 문제가 있습니다. 보아스보다 더 가까운 친족이 있었던 것입니다. 만약 그가 자신의 권리를 사용하면 보아스는 구원자가 될 수 없습니다. 이 일이 어떻게 될까요? 하나님의 계획은 무엇일까요?

생각하기 나오미와 룻의 삶에 나타난 하나님의 섭리는 무엇입니까?

해답 1. 무를, 2. 인애, 3. 다, 4. 현숙

룻기 4장 · 보아스와 룻의 혼인

주요 구절: 4:13

다음 날 보아스는 성문에 장로 10명을 모아 유다 지파 안에서 엘리멜렉 집안과 가장 가까운 기업 무를 자를 불러 재판을 합니다. 가까운 친척은 엘리멜렉의 기업 무를 권리를 포기합니다. 포기의 증거로 (1 __)을 벗어 줍니다(8절). 마침내 보아스는 엘리멜렉의 기업(유산)을 이어받고 룻과 혼인합니다.

성의 장로들이 그 일을 축하하며 복을 빌어줍니다. 특별히 룻에게 놀라운 복을 빕니다. “여호와께서 네 집에 들어가는 (2 ____)으로 이스라엘의 집을 세운 라헬과 레아 두 사람과 같게 하시고 … 이 젊은 여자로 말미암아 네게 상속자를 주사 네 집이 (3 __)이 유다에게 낳아준 베레스의 집과 같게 하시기를 원하노라.”(11-12절) 경건한 언약의 자녀 출산을 축복합니다. 이방 여인 룻은 유다 지파의 ‘구원자’ 보아스로 인해 보호

와 안식을 누립니다. 룻은 동시에 인류의 '구원자' 예수 그리스도를 낳은 계보에 들어가는 영광을 누립니다.

룻은 보아스에게서 아들을 낳습니다. 나오미는 "일곱 아들보다 귀한"(15절) 며느리로부터 손자를 얻은 것입니다. 손자는 죽었던 자신의 "생명의 회복자"이며 "노년의 봉양자"입니다(15절). 동네 여인들이 노래를 지어 부르며 기뻐합니다. 아이의 이름은 (4 ______)입니다(17절). 그는 다윗의 아버지 이새의 아버지입니다(18-22절 참고). 이 부분은 사무엘기와 연결되는 중요한 부분입니다.

생각하기 이방 여인 룻과 같은 나는 누구를 통해 보호와 안식을 누립니까?

해답 1. 신, 2. 여인, 3. 다말, 4. 오벳

사무엘상

사무엘기(Samuel+記)는 왕이 없던 사사 시대에서 왕정 시대로 자리 잡아 가는 과정을 보여줍니다. 본래 한 권이었지만 칠십인역(LXX)이 분리하면서 사무엘상(上), 사무엘하(下)로 구분되었습니다. 사무엘기는 사무엘, 사울, 다윗이라는 걸출한 세 인물이 중심이 되어 이끌어 가는데, 사무엘과 사울이 사무엘상을 주도적으로 이끌어 가고, 사무엘하는 다윗이 단독으로 이끌어 갑니다. 사무엘의 이름이 붙여졌지만 그는 전반부 동안(삼상 1-10장) 활약하고 이후 간간이 등장하다가 죽습니다(삼상 25:1). 북 이스라엘 왕국과 남 유다 왕국을 구분하는 표현(삼상 11:8, 15:4; 17:52; 18:16; 삼하 5:5; 11:11; 12:8; 19:42-43; 24:1, 9)이 등장하는 것으로 보아 기록된 시기는 솔로몬 시대 이후로 추측할 수 있습니다.

특별히 사무엘기에는 제사장, 왕, 선지자 세 직분이 골고루 등장하는데, 구약 시대에는 그 어느 누구도 세 가지 직분을 완전히 수행하지 못함을 봅니다. 결국 세 직분을 완전히 수행하신 예수 그리스도를 더욱 바라보게 합니다.

내용 구분

1-7장	사무엘의 출생과 활약
8-16:13	왕을 요구하는 백성과 사울의 즉위
16:14-31:13	낮아지는 사울과 올라가는 다윗

사무엘상 1장 · 한나와 사무엘

주요 구절: 1:20

어둠 가득한 사사 시대에 한 줄기 빛이 있습니다. 그 빛은 한나가 낳은 사무엘에게 비칩니다. 한나는 에브라임 지역에 살던 레위인 엘가나의 두 아내 중 하나입니다. 자녀를 출산한 (1 □□□)가 무자(無子)한 한나를 핍박합니다(6-8절). 한나가 남편의 사랑을 많이 받기 때문입니다(2절). 한나에게 자녀가 없는 것은 그녀의 잘못이 아닙니다. 하나님의 뜻입니다(5-6절).

한나는 "(2 □□)함과 격분됨"(16절)이 많은 여자입니다. 한나는 기도하면서 자녀를 낳으면 나실인으로 하나님께 바치겠다고 약속합니다(11절). 한나의 기도가 "입술만 움직이고 음성은 들리지 아니하므로"(13절) 술 취한 것으로 오해했던 엘리 제사장은 사정을 듣고 나서 한나를 축복합니다. "이스라엘의 하나님이 네가 기도하여 구한 것을 (3 □□)하시기를 원하노라."(17절) 하나님은 한나의 기도에 응답하여 아들을 줍니다.

아들의 이름은 (4 □□□)입니다(20절). '하나님이 들으셨다'라는 뜻입니다. 아들을 낳은 후 젖을 뗄 때까지는 집에서 기르지만(23절), 젖을 뗀 후 성막을 섬기는 종으로 바칩니다(24-28절). "이 아이를 위하여 내가 (5 □□)하였더니, 내가 구하여 (5 □□)한 바를 여호와께서 내게 허락하신지라. 그러므로 나도 그를 여호와께 드리되, 그의 (6 □□)을 여호와께 드리나이다 하고 그가 거기서 여호와께 경배하니라."(27-28절)

생각하기 한나의 기도에서 나는 무엇을 배웁니까?

해답 1. 브닌나, 2. 원통, 3. 허락, 4. 사무엘, 5. 기도, 6. 평생

사무엘상 2장 · 한나의 노래와 엘리의 두 아들

주요 구절: 2:35

한나는 자식을 낳고 너무나 기뻐 기도합니다. 이 기도는 노래가사이기도 한데, 핵심

은 하나님을 찬양하는 것입니다. 하나님은 "죽이기도 하시고 살리기도"(6절) 하는 생명의 주관자임을 노래합니다. 한나의 노래 마지막에는 메시아를 예언합니다. "여호와께서 땅 끝까지 (1 　 　)을 내리시고 자기 왕에게 힘을 주시며, 자기의 (2 　 　) 부음을 받은 자의 뿔을 높이시리로다."(10절) 여기에서 "(2 　 　) 부음을 받은 자"는 '메시아' 곧 '그리스도'를 가리킵니다. 한나는 믿음으로 왕으로 오실 그리스도를 예언한 것입니다.

사사이면서 동시에 제사장인 엘리에게는 두 아들이 있습니다. 사사 시대의 영적 상태가 어땠는지는 제사장과 그의 집안에서 발견할 수 있습니다. "엘리의 아들들은 (3 　 　)이 나빠 여호와를 알지 못하더라."(12절) 두 아들의 문제는 '제사', 곧 '예배'를 멸시한 것입니다. 예배를 멸시하는 아들들은 악합니다(23절). 엘리의 두 아들은 절망적입니다. 하지만, 사무엘은 희망적입니다. 사무엘이 '점점 자라 여호와와 사람들에게 (4 　 　)을 더욱' 받습니다(26절). 사무엘은 세마포 에봇을 입고 여호와 앞에서 예배합니다(17-18절).

하나님의 사람이 엘리에게 나타나 두 아들의 멸망과 동시에 이스라엘의 미래도 예언(27절)했습니다. "내가 나를 위하여 충실한 (5 　 　 　)을 일으키리니, 그 사람은 내 마음, 내 뜻대로 행할 것이라. 내가 그를 위하여 견고한 집을 세우리니, 그가 나의 기름 부음을 받은 자 앞에서 영구히 행하리라."(35절) 사무엘을 가리킵니다. 사무엘이 다윗에게 기름을 부어 왕으로 세울 것입니다.

생각하기 엘리의 아들들과 사무엘을 대조해서 보여주는 이유는 무엇일까요?

해답 1. 심판, 2. 기름, 3. 행실, 4. 은총, 5. 제사장

사무엘상 3장 · 사무엘을 향한 하나님의 부르심

주요 구절: 3:19

엘리 제사장의 시대에는 "여호와의 말씀이 (1 　 　)하여 이상이 흔히 보이지 않"(1절)습니다. 사사 시대를 특징짓는 말씀입니다. 그때 사무엘이 하나님의 부름을 받습니다. 사무엘은 세 번에 걸친 하나님의 부름에 "말씀하옵소서. 주의 (2 　)이 듣겠나이

다"(10절)라고 응답합니다. 사무엘은 선지자입니다(20절). 선지자로서 마땅한 자세입니다. 선지자는 자신의 말과 뜻을 전하는 자가 아니라, 하나님의 말씀과 뜻을 전하는 자입니다.

사무엘이 받은 계시는 이미 예언된 엘리의 집안에 대한 심판에 관한 것입니다. 엘리가 아침에 사무엘에게 하나님의 말씀을 묻자, 숨김없이 자세히 다 이야기합니다. 엘리 제사장이 이렇게 대답합니다. "이는 여호와이시니 (3 ___)하신 대로 하실 것이니라."(18절) 엘리는 자신의 품위를 유지합니다.

하나님이 사무엘과 함께합니다. 사무엘의 말이 권위가 있고 모든 이스라엘 백성이 사무엘을 여호와의 (4 ___ ___ ___)로 인정합니다(20절). "여호와께서 실로에서 다시 나타나시되 여호와께서 실로에서 여호와의 말씀으로 사무엘에게 자기를 나타내시니라. 사무엘의 말이 온 이스라엘에 전파되니라."(21절, 삼상 4:1)

생각하기 엘리 집안에 심판을 선포해야 하는 사무엘의 마음은 어땠을까요?

해답 1. 희귀, 2. 종, 3. 선, 4. 선지자

사무엘상 4장 · 이가봇, 하나님의 영광이 떠나다

주요 구절: 4:18

블레셋과 이스라엘 사이에 전쟁이 일어납니다. 첫 전투에서 이스라엘이 (1 ___ ___) 명이나 죽습니다(2절). 다급한 이스라엘은 실로의 장막에 있던 언약궤를 전쟁터로 가져옵니다. 물론 엘리의 두 아들 (2 ___ ___)와 (3 ___ ___ ___ ___)도 함께합니다(4절). '믿음 대신 맹신과 미신', '순종 대신 물질'에 의존하는 것과 같습니다. 당시 이방인이 자기 신을 전쟁터에 데리고 나왔던 방법과 꼭 같습니다. 하나님과의 언약을 파기한 이스라엘이 언약궤를 마술 지팡이처럼 사용하려 한 것입니다. 영적 빈곤이 보여주는 창피한 모습입니다.

그들은 전쟁에서 3만 명이나 죽고 언약궤도 빼앗깁니다(10-11절). (2 ___ ___)와 (3 ___ ___ ___ ___)도 죽습니다(11절). 하나님은 침묵합니다. 98세였던 엘리 제사장이 두

아들의 죽음과 언약궤를 빼앗겼다는 소식을 듣고 충격을 받아 의자 뒤로 넘어져 목이 부러져 사망합니다. 그렇게 된 것은 나이가 많은 탓이기도 하지만, "(4 ____)한 까닭"(18절)이라는 표현이 씁쓸합니다. (3 ____)의 아내가 그 소식을 듣고 충격을 받아 출산이 시작되었습니다. 아이를 출산하고 이름을 "(5 ____)"(21절)이라 짓습니다. 이름의 뜻은 '영광이 없다'입니다. 언약궤가 사라진 것처럼 하나님의 영광이 이스라엘을 떠난 것입니다.

생각하기 언약궤 있어도 패배한 이유가 무엇일까요?

해답 1. 사천, 2. 홉니, 3. 비느하스, 4. 비대, 5. 이가봇

사무엘상 5장 · 블레셋에 빼앗긴 언약궤

주요 구절: 5:11

블레셋은 언약궤를 다곤 신전 안쪽 신상 곁에 둡니다. 자기네 다곤 신이 여호와 신을 이긴 것을 자랑하려고 두었을 것입니다. 또는 더 많은 신을 모시면 더 많은 복을 얻을 수 있다고 여겨 두었을 수도 있습니다.

그런데 아스돗 성에 난리가 납니다. 다곤 신상이 언약궤 앞에 엎드러지고, 신상의 머리와 두 손목이 끊어졌기 때문입니다. 또 아스돗 사람들에게 독한 종기(전염병)가 생겨 죽어갑니다. 언약궤를 (1 ____) 성(8-9절)과 에그론 성으로 옮겨 보지만 재앙이 멈추지 않습니다(10-12절). "이는 온 성읍이 사망의 (2 ____)을 당함이라. 거기서 하나님의 손이 (3 ____)하시므로, 죽지 아니한 사람들은 독한 (4 ____)로 치심을 당해 성읍의 (5 ____)이 하늘에 사무쳤더라."(11-12절) 하나님이 이방 백성에게 영광을 심판으로 드러냅니다.

생각하기 하나님의 영광은 이방 땅에서 어떻게 드러납니까?

해답 1. 가드, 2. 환난, 3. 엄중, 4. 종기, 5. 부르짖음

사무엘상 6장 · 언약궤를 되돌려주다

주요 구절: 6:13

언약궤가 (1   )달이나 블레셋 지역에 있습니다. 블레셋 지도자들이 자기 제사장과 복술자를 불러 조언을 구합니다(1절). 그들은 "속건제"(4절)를 드려 언약궤를 이스라엘로 돌려보낼 것을 건의합니다. 언약궤를 가져가서 이스라엘의 신 여호와의 영광을 훼손한 대가를 치른다는 의미입니다. 그들은 금 독종(毒腫 종기의 일종) 다섯과 금 쥐 다섯 마리(4, 8, 11절)를 함께 보냅니다. "다섯"은 재앙을 당한 블레셋의 다섯 성을 의미합니다(18절).

그들은 재앙이 정말 하나님으로부터 온 것인지 확인하고자 합니다. 그들은 멍에를 메어 보지 않고 젖 떼지 않은 새끼를 둔 두 암소에게 새 수레를 메어 언약궤를 싣고 (2   )로 보냅니다(9절). 만약 소들이 이스라엘 땅으로 순순히 올라가면 하나님의 재앙이었음을 인정하겠다는 것입니다. 암소는 자기 새끼를 두고 떠나지 않는 습성이 있습니다. 그런데 언약궤를 끌고 있는 암소들은 새끼에게 가지 않고 울면서 곧바로 (2   )로 갔습니다. 블레셋 사람은 이 시험을 통해 하나님을 믿었을까요? 그렇지 않습니다. 그들은 단지 이스라엘의 신이 두렵고 무서울 뿐입니다. 일부 (2   ) 사람은 언약궤를 보고 기뻐했지만(14절), 다른 사람은 율법을 어기고 호기심으로 "여호와의 (3   )를 들여다" 보다가 재앙을 초래했습니다. 70명이 죽었습니다. 그들은 기럇여아림에 전령을 보내 (3   )를 가져갈 것을 부탁합니다.

생각하기 블레셋 사람들이 믿지 않는 이유가 무엇일까요?

해답 1. 7, 2. 벧세메스, 3. 궤

사무엘상 7장 · 미스바 회개와 에벤에셀

주요 구절: 7:6

언약궤는 후에 레위인이 사는 기럇여아림으로 옮겨져 20년을 지냅니다(1절). 그동안 이스라엘 온 족속은 여호와를 사모합니다(2절). 사무엘은 개혁을 시도하는데, 일종의 종교개혁입니다. “이방 신들과 아스다롯을 너희 중에서 (1)하고 너희 (2)을 여호와께로 향하여 그만을 섬기라. 그리하면 너희를 블레셋 사람의 손에서 건져내시리라.”(3절)

사무엘은 미스바에 온 백성을 모으고 회개 운동을 시작합니다. 그들은 금식하며 회개합니다. “우리가 여호와께 (3)하였나이다.”(6절) 백성은 사무엘에게 자기들을 위해 기도해줄 것을 요청합니다. 하나님과 그들 사이의 중보자 역할을 해 달라는 것입니다. 사무엘은 젖 먹는 어린 양 하나를 온전한 번제로 드립니다.

이때 블레셋이 미스바에 모인 이스라엘을 공격합니다. 모인 이스라엘 백성이 소요를 일으킨다고 보고 진압하기 위함입니다. 그러나 하나님은 큰 (4)를 보내 그들을 물리칩니다(10절). 이스라엘은 그 장소를 ‘도움의 돌’이란 뜻의 “에벤에셀”로 불렀습니다. 사실 이곳은 이스라엘 백성이 언약궤를 빼앗기고 패배했던 장소입니다. 이제 하나님의 도움으로 전쟁에서 승리합니다. 회개하는 자에게는 하나님이 무한한 은혜를 베풉니다.

생각하기 나는 하나님 앞에서 얼마나 회개하는 삶을 살고 있나요?

해답 1. 제거, 2. 마음, 3. 범죄, 4. 우레

사무엘상 8장 · 백성이 왕을 요구하다

주요 구절: 8:5

사무엘이 늙었습니다. 사무엘의 아들들은 사사로서 역할을 제대로 하지 못합니다. 뇌물을 받고 재판을 하며(3절) 백성의 원망을 삽니다. 사사들이 자기 역할을 다하지 못하자, 이스라엘 장로들이 사무엘에게 (1)을 세워 달라고 요구합니다(5절). 그들이 원하는 (1)은 이방 나라와 같은 전제군주제(專制君主制) 입니다.

이스라엘의 왕 요구가 어떤 의미가 있을까요? 하나님은 그들의 문제를 정확히 압니다. “그들이 너를 버림이 아니요, 나를 (2) 자기들의 왕이 되지 못하게 함이니라.”(7

절) 왕은 하나님입니다. 사실 하나님은 때가 되면 이스라엘에게 왕을 허락할 계획이었습니다(신 17장 참고). 하나님이 세우는 왕은 하나님의 언약에 충실하고 순종하는 통치자여야 합니다. 그 왕은 이스라엘 백성의 형제이며 하나님의 종이어야 합니다.

사무엘은 이스라엘 백성에게 경고합니다. 왕은 포악한 독재자일 것이라고 경고합니다. 백성의 자녀는 종과 군인으로 끌려갈 것이라고 경고합니다. "그 날에 너희는 너희가 (3) 왕으로 말미암아 부르짖되, 그 날에 여호와께서 너희에게 응답하지 아니하시리라."(18절) 또 다른 십일조를 왕과 왕궁을 위해 내야 할 것이라고 경고하지만 백성은 막무가내입니다. 백성의 고집을 꺾을 수 없습니다. 결국 하나님은 왕을 허락합니다.

생각하기 내가 원하고 바라는 왕은 어떤 모습입니까?

해답 1. 왕, 2. 버려, 3. 택한

사무엘상 9장 · 준수한 사울

주요 구절: 9:16

베냐민 지파에 한 (1)한 소년이 있습니다. 그의 이름은 사울입니다. 그는 이스라엘 자손 중에 그보다 더 (1)한 자가 없고 키는 모든 백성보다 (2) 위만큼 더 큽니다(2절). 집안도 좋습니다(1절).

어느 날 사울이 아버지 기스의 명령으로 암나귀를 찾으러 나섰지만 찾지 못하다가 선견자 사무엘에게 가서 묻습니다. 사무엘은 사울을 기다리고 있었습니다. 이미 하나님의 지시가 있었기 때문입니다. 사무엘이 사울에게 이렇게 말합니다. "이스라엘이 사모하는 자가 누구냐? 너와 네 (3)의 온 집이 아니냐?"(20절) 사울이 어리둥절해 하며 겸손하게 대답합니다. "나는 이스라엘 지파의 가장 작은 지파 (4) 사람이 아니니이까? 또 나의 가족은 (4) 지파 모든 가족 중에 가장 (5)하지 아니하니이까?"(21절)

사울이 겸손한 모습을 보이는데, 정말로 베냐민 지파는 사사 시대에 기브아 사건(삿 19-21장) 때문에 남자 600명밖에 살아남지 못했습니다. 베냐민 지파가 완전히 사라질 위기에 처했었습니다. 살아남은 자들이 우여곡절 끝에 혼인을 해 핏줄을 이어갔던 아픈 역사가 있습니다. 그러니 베냐민 지파는 정말 작은 지파입니다.

생각하기 이스라엘의 왕으로 세움 받는 가장 큰 자질은 무엇입니까?

해답 1. 준수, 2. 어깨, 3. 아버지, 4. 베냐민, 5. 미약

사무엘상 10장 · 왕으로 기름 부음 받은 사울

주요 구절: 10:1

이스라엘 백성의 요구로 하나님은 한 사람을 택하여 기름을 부어 왕으로 지명합니다. 그의 이름은 (1 　 　)입니다(1절). 하나님이 새 마음을 주니 (1 　 　)은 예언자들과 함께 예언(=하나님의 말씀을 말하는 것)하는 신기한 경험도 합니다. 그것 때문에 "(1 　 　)도 (2 　 　 　)들 중에 있느냐?"(12절)라는 속담이 생겨납니다. '설마, 그럴 리가!'라는 뜻입니다.

사무엘은 온 백성을 (3 　 　 　)로 불러 모읍니다(17절). 사무엘은 제비를 뽑아 공식적으로 사울을 이스라엘의 왕으로 세웁니다. 사울은 덩치만 클 뿐 아주 소심한 사람이었습니다. 그는 부끄러워 "짐 보따리들 사이에"(22절) 숨었습니다. 사울은 기브아 자기 집으로 돌아갈 때 "마음이 하나님께 (4 　 　)된 유력한 자들과 함께"(26절) 갑니다.

그러나 일부 불량배는 사울을 멸시합니다. "이 사람이 어떻게 우리를 (5 　 　)하겠느냐?"(27절) 하지만 사울은 (6 　 　)합니다(27절). 앞으로 사울과 이스라엘은 어떻게 될까요? 하나님께서는 어떻게 인도할까요?

생각하기 내가 그 자리에서 사울이 뽑힌 것을 본다면 어땠을까요?

해답 1. 사울, 2. 선지자, 3. 미스바, 4. 감동, 5. 구원, 6. 잠잠

사무엘상 11장 · 암몬과의 전쟁과 사울 왕 취임

주요 구절: 11:6

길르앗 야베스는 요단 강 동편 므낫세 지파에 속합니다. (1 □□) 사람 나하스가 그들을 괴롭히자(1절), 길르앗 야베스는 사울이 사는 (2 □□□)에 와 도움을 요청합니다(4절). (2 □□□)는 베냐민 지파 땅입니다. 길르앗 야베스의 소식을 듣고 베냐민 백성 모두가 소리 높여 웁니다(4-5절).

이 소식을 들은 사울이 하나님의 (3 □)에 크게 감동됩니다(6절). 한 겨리의 소를 잡아 조각을 내 이스라엘 전 지역으로 보내 전쟁에 동참할 것을 요청합니다. 함께하지 않으면 그들의 소도 이처럼 죽게 될 것이라고 엄포를 놓습니다. 이스라엘 30만 명과 유다 지파 3만 명이 모여 암몬과 전쟁을 벌여 이깁니다. 사울이 이미 기름 부음을 받아 왕이 되었지만, 사울은 이 전쟁의 승리로 길갈에서 본격적으로 왕으로 등장합니다. 사울이 세력을 얻자, 백성이 사무엘에게 "사울이 어찌 (4 □□)를 다스리겠느냐"(12절)라며 멸시한 자를 죽이겠다고 합니다. 사울은 그들을 죽이지 못하도록 합니다. "여호와께서 오늘 이스라엘 중에 (5 □□)을 베푸셨음이니라."(13절) 사무엘은 길갈에서 여호와 앞에서 사울을 왕으로 취임시킵니다. 이스라엘 백성이 크게 기뻐합니다.

생각하기 왕의 사명을 수행하기 위해 필요한 것은 무엇일까요?

해답 1. 암몬, 2. 기브아, 3. 영, 4. 우리, 5. 구원

사무엘상 12장 · 사무엘의 고별사

주요 구절: 12:20

길갈에서 사울을 왕으로 세울 때 사무엘은 마지막 고별 설교를 합니다. 먼저 사무엘은 하나님이 과거에 자신의 백성과 함께 계셨을 뿐만 아니라, 지금도 함께 계신 것을 찬양합니다. 이스라엘의 진정한 왕은 여호와 하나님입니다. 하나님은 사무엘을 통해 참 왕이신 하나님과 인간 왕과 백성과의 관계를 분명하게 설명합니다. 인간 왕도 참 왕이신

여호와 하나님께 순종하고 따라야 합니다. 사무엘이 경고합니다. "오직 그를 경외하며 너희의 마음을 다하여 (1 　　)히 섬기라. 만일 너희가 여전히 악을 행하면 너희와 너희 왕이 다 (2 　　)하리라."(24-25절)

이스라엘 백성이 참 왕이신 하나님으로 만족하지 않고 왕을 구한 것은 분명히 죄입니다. 하나님의 서운한 마음이 (3 　　)와 비로 표현됩니다(18절). 백성은 큰 두려움에 빠지고 자신들의 죄를 고백합니다. "우리가 우리의 모든 (4 　)에 왕을 구하는 (5 　)을 더하였나이다."(19절)

생각하기 이스라엘 백성의 고백이 어떻게 느껴지나요?

해답 1. 진실, 2. 멸망, 3. 우레, 4. 죄, 5. 악

사무엘상 13장 · 사울의 전쟁과 불순종

주요 구절: 13:14

사울이 이스라엘을 다스린 지 2년 만에 블레셋과 전쟁을 합니다. 블레셋 군대는 바다의 모래처럼 많고 병거가 3만이고 마병이 6천 명이나 됩니다(5절). 당시 이스라엘에는 칼을 가진 자가 사울과 그의 아들 (1 　　　)밖에 없습니다(22절). 이스라엘 백성은 전쟁에 능하지 않으니, 블레셋 군대의 기세에 눌려 싸움을 시작하기도 전에 벌벌 떨고 있습니다. "사울은 아직 길갈에 있고 그를 따른 모든 백성은 떨더라."(7절)

이런 절박한 상황 가운데 사무엘(삼상 10:8)은 7일이 지나도 도착하지 않습니다. 이때 사울이 큰 잘못을 합니다. 사울은 사무엘 대신 제사를 직접 드렸습니다. 이스라엘에서는 왕이 제사장의 직분을 겸할 수 없습니다. 사무엘은 사울을 야단칩니다. "왕이 (2 　　)되이 행하였도다."(13절) 사울의 변명을 들어보십시오. "백성은 내게서 흩어지고 (3 　　)은 정한 날 안에 오지 아니하고 블레셋 사람은 믹마스에 모였음을 내가 보았으므로."(11절) 사울은 믿음이 아니라, '본 것'에 따라 행동합니다.

사울의 잘못은 무엇일까요? '부득이한 상황'을 판단하는 기준이 하나님이 아니라, 사울

자신입니다. 사울이 참 왕이신 하나님의 권위를 침해한 것입니다. 다시금 13절을 봅시다. "왕이 (2 　 　)되이 행하였도다. 왕이 왕의 하나님 여호와께서 왕에게 내리신 (4 　 　)을 지키지 아니하였도다." 이스라엘 백성이 원해서 세운 왕이 자기 마음대로 행동했습니다. 인간 왕은 참 왕이신 하나님에게 순종해야 하는데 말입니다.

생각하기 내가 만약 사울이었다면 사무엘을 기다릴 수 있었을까요?

해답 1. 요나단, 2. 망령, 3. 당신, 4. 명령

사무엘상 14장 · 불신앙의 아버지와 신앙의 아들

주요 구절: 14:6

14장은 하나님의 마음에 실망을 안겨준 사울과 대조적으로 믿음으로 전쟁에 임하는 그의 아들 요나단에 관한 이야기입니다. 요나단의 믿음을 보십시오. "우리가 이 (1 　 　) 받지 않은 자들에게로 건너가자! 여호와께서 우리를 위하여 일하실까 하노라. 여호와의 (2 　 　)은 사람이 많고 적음에 달리지 아니하였느니라."(6절) 요나단 한 사람의 믿음과 용맹으로 블레셋 진영은 큰 혼란에 빠집니다. 블레셋 사람이 서로 동료를 죽이는 일이 벌어졌습니다. 정말로 하나님의 도움이었습니다. 하나님이 이스라엘을 위해 싸우셨습니다.

그러나 사울의 자세는 아들 요나단과 다릅니다. 사울은 불필요한 맹세를 합니다. 그는 전쟁의 승패가 인간의 노력과 확신, 그리고 의지에 달렸다고 생각합니다. "저녁 곧 내가 내 원수에게 보복하는 때까지 아무 (3 　 　)물이든지 먹는 사람은 (4 　 　)를 받을지어다."(24절). 전쟁 중에 금식을 선포한 것입니다. 백성은 전쟁으로 "심히 피곤"하여 빼앗은 양, 소와 송아지들을 피째 먹는 죄를 범합니다(32절).

사울은 이후에도 상당한 군사적 성공을 거둡니다(47절). 사울은 믿음으로 살기보다 세상 힘을 의지합니다. "사울이 사는 날 동안에 블레셋 사람과 큰 싸움이 있었으므로 사울이 (5 　) 센 사람이나 (6 　 　)한 사람을 보면 그들을 불러 모았더라."(52절)

생각하기 나는 믿음으로 살아갑니까? 세상 힘을 의지해 살아갑니까?

해답 1. 할례, 2. 구원, 3. 음식, 4. 저주, 5. 힘, 6. 용감

사무엘상 15장 · 순종보다 나은 것은 없습니다

주요 구절: 15:22-23

사울의 신앙은 아말렉 족속과의 전쟁에서 고스란히 드러납니다. 하나님은 사울에게 아말렉 족속을 완전히 멸망시키라고 명령했습니다. 그런데 사울은 불순종했습니다. 전쟁에서 빼앗은 "아각(왕)과 양과 소의 가장 (1) 것 또는 기름진 것과 어린 양과 모든 (1)것을 남기고 진멸하기를 즐겨 아니하고 가치 없고 하찮은 것은 진멸(9절)"한 것입니다.

사울은 나름 합리적이고 경제적으로 유리하게 행동한 것 같습니다. 지혜로운 왕으로 평가받을 수 있습니다. 더구나 하나님에게 제사하기 위해 그렇게 했다니, 코스프레(?)도 그럴 듯합니다. 그러나 하나님은 사울의 죄를 지적했습니다. "(2)이 제사보다 낫고 듣는 것이 숫양의 (3)보다 나으니, 이는 거역하는 것은 점치는 죄와 같고 완고한 것은 사신 우상에게 절하는 죄와 같음이라."(22-23절)

사울은 비겁하게도 자신의 죄를 백성 탓으로 돌리며 변명합니다(20-21절). 그러나 하나님 앞에 통하지 않습니다. 사울은 하나님의 명령과 사무엘의 말을 어긴 것을 후회하는 듯하지만 그것은 회개가 아닙니다. 일종의 급한 불끄기입니다. 자신에게 닥칠 불이익(30절)을 염려한 것일 뿐입니다. 하나님은 한 사람을 왕으로 세우기도 하지만, 버리기도 합니다(26절). 하나님은 사울의 왕위를 빼앗아 다른 사람에게 줄 계획입니다. 하나님은 사울을 이스라엘 왕으로 삼은 것을(4)합니다(35절). 사무엘은 자신이 기름 부어 세운 사울 왕이 하나님을 떠난 것을 매우 (5)합니다(11, 35절)

생각하기 진실한 순종보다 형식적으로 예배한 적이 있나요?

해답 1. 좋은, 2. 순종, 3. 기름, 4. 후회, 5. 승리

사무엘상 16장 · 왕으로 기름 부음 받은 다윗

주요 구절: 16:7

하나님과 사울의 사이가 멀어지자, 사울과 사무엘의 관계도 소원합니다. 사무엘은 자신의 길을 갑니다. 하나님은 사무엘에게 새로운 왕이 될 후보에게 기름을 부으라고 명령합니다. 사무엘은 서슬이 퍼렇게 살아 있는 사울의 칼이 두렵지만 하나님의 명령에 순종합니다.

베들레헴에 사는 이새에게 여덟 명의 아들이 있습니다. 사무엘이 첫째 엘리압을 보고 만족합니다. 그의 용모와 키가 왕의 풍채입니다. 하지만, 하나님은 달리 봅니다. "사람은 (1)를 보거니와 나 여호와는 (2)을 보느니라."(7절) 하나님은 막내 아들 다윗을 택합니다. 그는 빛이 붉고 눈이 빼어나고 얼굴이 아름답습니다. 이 날 이후 다윗은 여호와의 (3)에게 크게 감동됩니다(13절). 여호와의 (3)은 사울을 떠나 다윗에게 임합니다. 하나님의 사람과 그렇지 않은 사람의 차이는 하나님의 영에 의해 인도함을 받느냐, 아니냐의 차이입니다.

사울에게는 하나님이 부리는 (4)이 임합니다(14절). 다윗은 수금을 잘 타는데 사울의 번뇌를 잠재우기 위해 왕궁으로 불려갑니다. 다윗의 수금 연주는 사울의 (4)을 쫓아내는 힘이 있습니다(23절).

생각하기 나는 성령의 인도를 따라 행하고 있습니까?

해답 1. 외모, 2. 중심, 3. 영, 4. 악령

사무엘상 17장 · 참된 왕의 모습: 다윗

주요 구절: 17:47

사울이 하나님께 불순종하며 믿음이 없으니 악령이 그를 지배합니다. 하나님의 다스림을 싫어하니 하나님은 그를 내버려둡니다. 설상가상으로 블레셋이 강력한 군대를 이끌고 이스라엘을 공격해옵니다. 블레셋의 싸움 돋우는 자는 (1 ___ ___ ___)입니다(4절). (1 ___ ___ ___)은 자신이 섬기는 신들의 이름으로 여호와 하나님을 모독합니다. 그런데 누구도 그에 대항하여 싸울 믿음과 용기가 없습니다. (1 ___ ___ ___)은 세상의 힘과 사탄의 세력을 상징합니다.

바로 이때 다윗이 등장합니다. 다윗은 양을 돌보는 목자이며 소년입니다. 골리앗과 비교할 때 '소년 vs. 용사'로 차이가 큽니다. 하지만, 다윗은 믿음이 있습니다. 전능하신 하나님이 언약의 백성을 보호하는 분이라는 믿음 말입니다. 다윗이 골리앗에게 한 말에서 그것을 볼 수 있습니다.

"너는 칼과 창과 (2 ___ ___)으로 내게 나아 오거니와 나는 만군의 여호와의 (3 ___ ___), 곧 네가 (4 ___ ___)하는 이스라엘 군대의 하나님의 (3 ___ ___)으로 네게 나아가노라. 오늘 여호와께서 너를 내 (5 ___)에 넘기시리니."(45-47절)

마침내 다윗과 골리앗의 한 판 승부가 시작됩니다. 다윗은 목자로 일할 때 익힌 방법을 사용합니다. 다윗의 승리입니다. 인간적으로는 볼품없는 환경과 무시할 만한 조건도 하나님의 위대한 일을 하는 데 걸림돌이 되지 않습니다. 사울의 불신앙으로 온 나라가 흑암 가운데 있다면 다윗의 믿음이 한 줄기 빛으로 밝게 빛납니다.

생각하기 다윗은 왜 기름 부음을 받고 난 뒤 골리앗과 싸우게 됐을까요?

해답 1. 골리앗 2. 단창, 3. 이름, 4. 모욕, 5. 손

사무엘상 18장 · 사울 가족과 다윗

주요 구절: 18:12

다윗이 골리앗과의 싸움에서 승리한 것을 가장 기뻐한 사람은 사울의 아들 요나단입니다. 요나단은 다윗을 자기 (1 ___ ___) 같이(1절) 사랑합니다. 그들은 서로 언약을 맺습니다. 요나단은 자기의 겉옷과 군복과 칼과 활과 띠를 주면서(4절) 다윗을 인정합니

다. 백성도 다윗을 군대장관으로 받아들입니다(5절).

다윗이 골리앗을 죽이고 전쟁에서 승리하자 여인들은 뛰놀며 이렇게 노래합니다. “(2)이 죽인 자는 천천이요, 다윗은 (3)이로다.”(7절) 그런데 (2)은 다윗을 질투합니다. 악령이 (2)을 지배합니다. “그가 집 안에서 정신없이 (4)대므로”.(10절) 다윗이 수금으로 악령을 쫓지만 소용이 없습니다. (2)은 다윗을 죽이려 하고, 다윗은 그런 사울이 두렵습니다.

다윗이 하는 모든 일은 (5)롭습니다. 다윗 개인의 능력이라기보다는 하나님이 함께하기 때문입니다(14절). 사울은 다윗의 (5)롭게 행함을 보고 두려워합니다(15절).

사울이 골리앗을 죽인 자에게 자신의 딸을 주겠다는 맹세를 실천해야 합니다. 다윗에게 딸 미갈을 주는 조건으로 블레셋 사람의 포피 100개를 요구합니다. 일종의 신부 지참금인 셈이지만, 사울의 속셈은 다윗을 죽이는 것입니다. 다윗은 부하들과 함께 블레셋을 침공해 포피 200개를 사울에게 줍니다. 다윗을 감당할 사람은 아무도 없습니다. 하나님이 다윗과 함께하기 때문입니다.

생각하기 다윗을 두려워하는 사울이 어떻게 느껴지나요?

해답 1. 악령, 2. 사울, 3. 만만, 4. 떠들어, 5. 지혜

사무엘상 19장 · 사울의 다윗 살해 명령

주요 구절: 19:1

다윗이 이스라엘의 구원자로 인정받으면 받을수록 사울은 다윗을 더 미워합니다. 사울은 다윗을 사위로 삼았음에도 그를 죽이려 합니다. 이스라엘의 왕위가 자기에게서 끊어지고 다윗에게 넘어갔다는 것을 알지만 인정하지 못하고 다윗을 죽이려 합니다.

사울은 공개적으로 다윗을 살해하라고 명령합니다. 아들 요나단이 아버지에게 가 다윗을 변론하자 아버지 사울의 살기가 잠시 줄어드는 듯합니다(1-7절). 하지만, 다시 (1)이 임하자 다윗을 죽이려 합니다(9절). 다윗의 수금 연주도 치료 효과가 없

습니다. 단창으로 죽이려는 사울의 공격(9-10절)과 살해자들을 아내 미갈의 도움으로 가까스로 피한 다윗은 (2 ___ ___ ___)이 사는 라마 나욧으로 도망갑니다(11-18절).

사울은 라마 나욧에 숨어 있는 다윗을 잡으러 군대를 파견합니다. 그런데 신기한 일이 일어납니다. 잡으러 간 군인들(세 그룹)이 모두 선지자들처럼 하나님의 말씀을 (3 ___ ___)합니다(20-21절). 답답한 사울은 직접 그곳으로 갑니다. 사울도 그곳에서 하나님의 영이 임해 옷을 벗고 누워 사무엘 앞에서 하루 밤낮을 (3 ___ ___)합니다(23절). 입으로는 하나님의 말씀을 중얼거리지만 마음과 행동으로는 하나님을 믿지 않고 그분의 말씀과 뜻대로 행하지 않는 안타까운 사울입니다.

생각하기 지치지 않고 계속 다윗을 집착하는 사울이 어때 보이나요?

해답 1. 악령, 2. 사무엘, 3. 예언

사무엘상 20장 · 요나단과 다윗의 이별

주요 구절: 20:42

요나단은 다윗을 사랑하고 좋아합니다. 다윗이 요나단에게 자신의 처지를 하소연합니다. 요나단은 다윗과 언약을 맺고 다윗을 축복(13절)하고 다윗의 원수를 저주합니다. "이에 요나단이 다윗의 집과 (1 ___ ___)하기를 여호와께서는 다윗의 (2 ___ ___)들을 치실지어다."(16절) 그 대적이 자신의 아버지가 될 수 있는데도 말입니다. 그는 친족보다 믿음의 가족을 더 소중히 여깁니다.

요나단은 다시 아버지의 마음을 시험해 보기로 합니다. 그 결과, 사울은 다윗을 변호하는 요나단을 (3 ___ ___)으로 죽이려 할 정도로 아들 요나단에게 화를 냅니다(33-34절). 요나단은 다윗이 아무런 잘못이 없는데도 아버지의 시기로 인해 죽음의 위협을 당하는 것이 슬퍼 다윗을 위하여 금식합니다(34절).

아버지의 마음을 파악한 요나단은 미리 약속한 대로 들판에서 화살을 쏘고 소년이 달려가 화살을 주울 때 명령하여 다윗에게 신호를 줍니다. 소년을 돌려보내고 요나단과 다윗은 눈물의 이별을 합니다(41절). 요나단은 사울을 이어 왕이 될 자이고, 다윗은 하나님의 기름 부음으로 이스라엘을 구원할 왕입니다. 그럼에도 이들은 그런 인간적 명예에는 관심이 없습니다. 요나단과 다윗은 서로 언약합니다. "(4 　 　)께서 영원히 나와 너 (5 　)에 계시고 내 자손과 네 자손 사이에 계시리라."(42절)

생각하기 혈연을 뛰어넘는 믿음의 능력을 묵상해봅시다.

해답 1. 언약, 2. 대적, 3. 단창, 4. 여호와, 5. 사이

사무엘상 21장 · 도망자 다윗 1 : 놉에서 블레셋으로

주요 구절: 21:10

다윗은 사울에게 쫓겨나 도망자 신세가 됩니다. 기약도 없는 도망자! 다윗은 머리 둘 곳 없는 예수 그리스도처럼(마 8:20) 고난의 세월을 보내야 합니다.

다윗은 놉에 있는 제사장 (1 　 　 　)에게 가서 거짓말로 사울 왕의 명령으로 온 것처럼 말합니다. 성소에서 나온 진설병을 달라고 해 함께한 자들과 먹습니다(1-6절). 진설병은 제사장만 먹을 수 있지만(출 25:30; 레 24:5-9), 제사장은 예식의 원칙보다 다윗과 함께한 자의 생명을 살리는 것(마 12:3-4; 막 2:25-26)이 더 중요하다고 판단합니다. 제사장 혼자 판단한 것이 아니라, 하나님께 여쭈어 허락을 받습니다(삼상 22:10). 다윗은 그곳에서 자신이 골리앗에게 빼앗은 칼을 구해 다른 곳으로 도망합니다.

다윗은 사울의 추격에 다급한 나머지 블레셋 가드 왕 아기스의 영토로 피합니다. 그러나 다윗의 신분이 곧 탄로납니다. 다윗은 바로 그들의 천하무적 장군 골리앗을 죽인 자입니다. 다윗의 얼굴을 모를 리 없습니다. "아기스의 (2 　)들이 아기스에게 말하되 이는 그 땅의 왕 다윗이 아니니이까?"(11절) 그 말을 들은 다윗의 마음과 처신을 보십시오. "다윗이 … 그들 앞에서 그의 행동을 변하여 (3 　) 체하고 대문짝에 그적거리며 (4 　)을 수염에 흘리매"(13절). "미치광이"(14-15절)처럼 행동해 속이려 한 것입니다. 가엽고 불쌍한 다윗! 다윗의 수치가 언제까지 이어질까요?

생각하기 블레셋에서 미친 체하는 다윗의 마음이 어땠을까요?

해답 1. 아히멜렉, 2. 신하, 3. 미친, 4. 침

사무엘상 22장 · 도망자 다윗 2: 아둘람에서 헤렛 수풀로

주요 구절: 22:2

다윗이 블레셋을 떠나 (1 ___ ___ ___) 굴로 가니 그의 형제들과 아버지의 온 집안이 합류합니다(1절). 사울의 핍박이 다윗의 집안에까지 미친 것입니다. 뿐만 아니라 (2 ___ ___) 당한 모든 자와 빚진 모든 자와 마음이 원통한 자가 그에게 모여드는데 숫자가 400명이나 됩니다(2절). 사실 다윗이 그들의 처지가 같습니다. 다윗은 혼자가 아닙니다. 가족과 그를 따르는 많은 사람이 있습니다.

다윗은 자기를 따르는 자의 숫자가 늘어나자 멀리 모압 땅으로 피신합니다. 다윗은 부모를 모압 왕에게 맡기고 자신은 '요새'에 숨습니다(4절). 그 때 선지자 (3 ___)이 다윗에게 나타나 유다 땅으로 가라고 합니다. 다윗은 곧 그곳을 떠납니다(5절).

다윗은 헤렛 수풀에 이릅니다. 사울의 악은 점점 더 강화됩니다. 에돔 사람 도엑의 고발로 제사장 아히멜렉이 다윗과 그의 무리들에게 선대한 것이 알려지고 아히멜렉은 사울 왕에게 끌려옵니다. 사울의 악이 극에 이릅니다. 하나님은 안중에도 없습니다. 그는 아히멜렉뿐만 아니라, 놉에 거하는 제사장들 (4 ___ ___)명을 죽입니다(18절). 그는 괴물이 되어가고 있습니다. "제사장들의 성읍 놉의 남녀와 아이들과 젖 먹는 자들과 소와 나귀와 양을 칼로 쳤"(19절)습니다.

살육의 현장에서 아히멜렉의 아들 중 하나가 살아남습니다. 살아남은 (5 ___ ___ ___ ___)은 에봇을 들고 다윗에게 가서 그 처참한 소식을 다 고합니다(20-23절). 사울이 제사장을 죽였지만, 다윗은 제사장을 보호합니다.

생각하기 환난을 당한 자들은 왜 아둘람 굴의 다윗에게로 왔을까요?

해답 1. 아둘람, 2. 환난, 3. 갓, 4. 85, 5. 아비아달

사무엘상 23장 · 도망자 다윗 3: 그일라에서 엔게디 요새로

주요 구절: 23:17

사울의 짐승 같은 살육이 진행될 때 블레셋이 (1 ___)를 침략해 재산을 강탈해 갑니다. 그 소식을 듣자, 다윗은 하나님께 허락을 받고 자기 백성을 구하려 합니다. 꽤 먼 거리지만 다윗이 (1 ___) 주민을 구원합니다(5절). 이스라엘의 왕 사울이 해야 할 일을 다윗이 하고 있습니다. 도망자 신세지만 기름 부음 받은 다윗이 왕으로서 헌신하고 있습니다. 그런데 주민 가운데 한 사람이 다윗이 (1 ___)성에 온 것을 사울에게 고자질합니다. 다윗은 아비아달이 가지고 온 (2 ___)을 가지고 하나님의 뜻을 묻습니다(6, 9절). 하나님의 뜻은 떠나는 것입니다.

다윗은 단지 600명의 군대만으로 거대한 사울의 군대를 피해야 할 뿐 아니라, 백성도 보호해야 합니다. 하지만, 백성도 믿을 수 없습니다. 다윗은 외롭고 처절한 피난 생활을 이어갑니다. 다윗은 이곳저곳을 전전합니다: 광야 요새 => 십 광야 산골 => 십 광야 수풀 => 광야 남쪽 마온 광야 => 엔게디 요새.

또 십 사람이 다윗의 정보를 사울에게 알립니다(20절). 사울이 다윗을 거의 붙잡을 즈음입니다. 다윗은 "사울을 두려워하여 (3 ___) 피하려 하였"(26절)지만 바로 그때 블레셋 사람이 이스라엘 땅을 침범해 쳐들어옵니다. 사울은 어쩔 수 없이 다윗 추격을 포기하고 돌아갑니다. 그곳 이름을 (4 ___)이라 부릅니다(28절). 그 뜻은 '분리하는 바위'입니다. 하나님께서 다윗을 사울의 공격에서 분리시켰다는 뜻입니다. 피 말리는 다윗의 고난을 봅니다. 악한 사울로 인해 다윗은 억울한 고통을 경험합니다. 동시에 다윗은 하나님의 보호도 경험합니다. 이 경험을 시편에서 고백합니다. "사망의 음침한 골짜기를 다닐지라도 해를 두려워하지 않을 것은 주께서 나와 함께 하심이라."(시 23:4)

생각하기 고난 가운데 어떻게 섭리를 믿을 수 있을까요?

해답 1. 그일라, 2. 에봇, 3. 급히, 4. 셀라하마느곳

사무엘상 24장 · 도망자 다윗 4 : 엔게디 동굴

주요 구절: 24:15

사울은 곧 블레셋과의 전쟁을 중단하고 3천 명의 군사를 이끌고 다시 엔게디 광야로 돌아와 다윗을 찾으러 들염소 "(1 ______)"(2절)로 갑니다. 사울은 다윗을 죽이려고 추적하다가 한 동굴에 들어갔는데 마침 그 동굴에는 다윗과 그 무리가 숨어 있었습니다. 사울을 죽일 수 있는 절호의 기회입니다. 다윗의 부하들은 당연히 사울을 죽이자고 합니다. 하지만 다윗은 하나님께서 기름 부어 세운 자를 죽이지 않습니다. "내가 손을 들어 여호와의 (2 ______) 부음을 받은 내 주를 치는 것은 여호와께서 (3 ___)하시는 것이니."(6절) 보는 사람으로서는 안타깝습니다. 사울을 죽이면 모든 고통의 날이 끝날 텐데 말입니다. 그러나 다윗은 사울의 겉옷 자락을 조금 베기만 합니다(4절). 그렇게 한 것도 다윗의 마음을 불편하게 합니다.

다윗은 하나님의 살아계심을 믿습니다. 원수 갚는 것은 하나님의 일이라는 것을 압니다. "그런즉 여호와께서 (4 _________)이 되어 나와 왕 사이에 심판하사 나의 사정을 살펴 (5 ______)함을 풀어 주시고 나를 왕의 손에서 건지시기를 원하나이다."(15절) 다윗이 밖에 나와 사울에게 이렇게 말하자, 사울은 잠시지만 눈물을 흘리며 후회합니다(16-21절).

다윗의 믿음과 행위에서 그리스도의 모형을 봅니다. 당신의 권리를 아버지 하나님께 모두 드리신 예수 그리스도 말입니다.

생각하기 내가 다윗이었으면 동굴에 들어온 사울을 어떻게 했을까요?

해답 1. 바위, 2. 기름, 3. 금, 4. 재판장, 5. 억울

사무엘상 25장 · 도망자 다윗 5 : 지혜로운 여인, 아비가일

주요 구절: 25:28

다윗이 사울의 추격을 받고 있을 때 (1 _________)이 죽습니다(1절). 온 이스라엘 백

성이 그의 죽음을 애도합니다. 다윗의 든든한 지지자가 사라진 것입니다. 다윗은 더 외로운 삶을 이어가야 합니다.

다윗이 바란 광야 곧 갈멜로 이동합니다. 다윗은 그곳의 부자였던 나발에게 도움을 요청하는데, 그는 다윗의 요구를 거절하고 무시합니다. 나발은 "완고하고 행실이 악"(3절)하며, "불량한 사람"(17절)이며 "미련한 자"(25절)입니다. "다윗은 누구며 이새의 아들은 누구냐? 요즈음에 각기 주인에게서 억지로 떠나는 (2)이 많도다."(10절) 다윗은 매우 화가 났습니다. 400명의 군인을 이끌고 나발을 죽이려고 떠납니다. 그때 나발의 아내 아비가일이 지혜롭게 처신을 해 피비린내 나는 살육을 막습니다. "여호와께서 반드시 내 주를 위하여 든든한 (3)을 세우시리니, 이는 내 주께서 여호와의 (4)을 싸우심이요."(28절) 아비가일은 미련한 남편이 죽는 것을 막기 위해서가 아니라, 하나님의 종, 다윗이 쓸데없이 피를 흘리는 것을 막기 위해 노력합니다. 아비가일의 믿음과 겸손과 지혜로운 행동은 다윗을 이롭게 했습니다.

다윗은 아비가일의 (5)를 칭찬합니다(33절). 다윗은 나발의 멸시를 참기 어려웠지만, 하나님은 아비가일을 통해 다윗의 분노어린 피 흘림을 막았습니다. 다윗을 멸시했던 나발은 하나님의 처벌을 받고 열흘 후에 죽었습니다. 아비가일은 다윗의 아내가 됩니다. 그녀는 다윗 옆에서 (5)롭게 보좌합니다.

생각하기 분노는 하나님의 일을 그르칩니다. 나는 언제 분노하나요?

해답 1. 사무엘, 2. 종, 3. 집, 4. 싸움, 5. 지혜

사무엘상 26장 · 도망자 다윗 6 : 또 사울을 놓아준 다윗

주요 구절: 26:10

다윗은 다시 사울을 죽일 기회를 잡습니다. 다윗과 아비새는 3천 명의 군인이 지키고 있는 진영 가운데까지 침투해 들어갑니다. 사울을 죽일 수 있었습니다. 하지만 사울의 창과 물병만 가지고 나옵니다. 다윗은 원수같은 사울을 죽이지 않습니다. '하나님을 믿는다'는 말은 무슨 뜻일까요? 하나님이 삶 깊숙이 다스리고 섭리하도록 맡긴다는 뜻입니다. 다윗의 고백을 들어보십시오. "(1)께서 그를 치시리니, 혹은 죽을 (2

)이 이르거나 또는 (3)에 나가서 망하리라."(10절)

다윗은 자신을 (4)에 불과하다고 표현할 정도로 겸손합니다(20절). 예수 그리스도께서 하늘 영광을 버리고 이 땅에 오심으로 낮아지고 겸손하셨던 것을 생각나게 합니다.

다윗은 창을 사울에게 돌려주며 하나님의 공의와 신실을 고백합니다(22-23절). 사울은 회개하는 것처럼 보입니다. 자기를 죽이지 않고 살려 준 다윗을 위해 복을 빕니다. "네가 큰 일을 행하겠고 반드시 (5)를 얻으리라."(25절) 사울의 회개는 잠시뿐입니다. 사울은 다시 다윗을 뒤쫓습니다. 다윗의 고난은 계속됩니다.

생각하기 하나님께서 나의 삶을 다스리고 섭리하신다는 것을 믿습니까?

해답 1. 여호와, 2. 날, 3. 전장, 4. 벼룩, 5. 승리

사무엘상 27장 · 도망자 다윗 7 : 결국 블레셋으로

주요 구절: 27:1

다윗의 고통스러운 피난 생활은 계속됩니다. 사울의 세력은 아직도 막강합니다. 백성은 여전히 사울을 자기들의 왕으로 인정하고 있습니다. 다윗의 믿음은 날마다 약해져 갑니다. 급기야 다윗은 극단적 선택을 합니다. 적과 손을 잡은 것입니다. 다윗은 이스라엘의 적인 블레셋 편이 됩니다. 적국으로 도망을 가 그들의 보호에 의지합니다. 옳은 방법이 아닙니다.

다윗은 블레셋 중심 세력인 (1)의 아기스 왕에게 가서 도움을 요청합니다(2절). 사울의 추격을 받고 있는 아는 아기스 왕은 다윗을 자기편으로 받아 '영원한 자기 (2)'로 만들려 합니다(12절). 다윗은 가드를 떠나 시글락에 거처를 마련합니다. 다윗은 시글락에서 그술과 기르스와 아말렉 사람을 공격해 양과 소와 나귀와 낙타와 의복을 약탈합니다. 남녀도 살려두지 않습니다. 그러나 다윗은 남쪽 네겝 지역을 공격했다고 아기스에게 거짓 보고를 해 신임을 얻습니다. 다윗은 블레셋 지방에서 (3)년 (4) 개월이나 삽니다(7절).

생각하기 또다시 블레셋으로 가야했던 다윗의 심정은 어땠을까요?

해답 1. 가드, 2. 부하, 3. 일, 4. 사

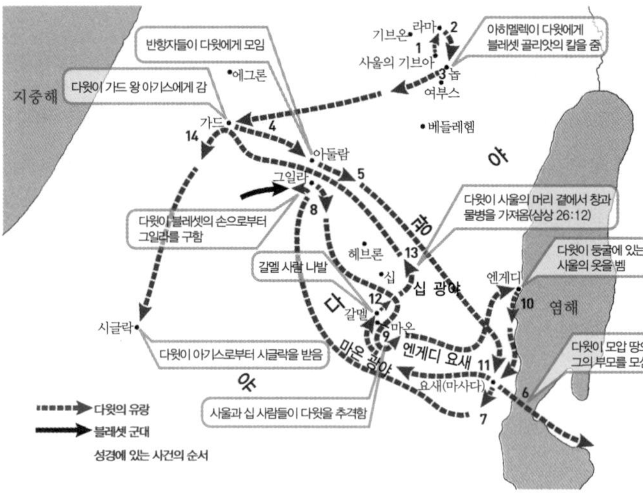

다윗의 도피 여정

사무엘상 28장 · 엔돌의 신접한 여인을 찾은 사울

주요 구절: 28:17

사울이 다윗 추격에 많은 에너지를 낭비하고 있었을 때 블레셋이 공격해 왔습니다. 사울은 두려움으로 떨었습니다(5절). 하나님도 아무런 대답이 없습니다. 사울은 회개하고 돌이켜 하나님께 항복해야 함에도 불구하고, 그렇게 하지 않습니다. 오히려 그는 하나님이 싫어하는 방법을 택합니다. 신접한 사람을 찾아 갑니다. 하나님은 점치는 자와 꿈꾸는 자에게 가서 묻는 것을 매우 싫어합니다(레 19:31; 20:6, 27; 신 18:9-14).

사울은 엔돌의 신접한 한 여인에게 가 사무엘을 불러올리라고 요구했습니다. 사무엘의 도움을 요청할 계획이었습니다. 참 안타깝습니다. 죄를 회개하고 하나님을 찾으면 어땠을까요? 여인이 누군가를 불러냈고 사울은 그를 사무엘이라 확신합니다. 사울이 들은 얘기는 이렇습니다. "여호와께서 너를 떠나 네 (1)이 되셨거늘 네가 어찌 하여 내게 묻느냐? 여호와께서 나를 통하여 말씀하신 대로 네게 행하사 나라를 네 손에서 떼어 네 이웃 (2)에게 주셨느니라 … 여호와께서 또 이스라엘 군대를 블레셋 사람들의 손에 넘기시리라."(16-19절) 사울이 들은 얘기는 특별한 것이 아닙니다. 사무엘이 생전에 사울에게 한 말과 같습니다.

나사로와 부자에 관한 예수님의 얘기가 생각납니다. 죽어 지옥에 간 부자가 거지 나사로를 보내 자신의 형제들에게 복음을 전해 주기를 바랐을 때 아브라함이 말한 것을 들어보십시오. "아브라함이 이르되, 그들에게 모세와 (3 　　　)들이 있으니, 그들에게 들을지니라 … 모세와 선지자들에게 듣지 아니하면 비록 죽은 자 가운데서 살아나는 자가 있을지라도 권함을 받지 아니하리라 하였다 하시니라."(눅 16:29-31) 성경이 전하는 것처럼 이미 선포된 말씀에 귀 기울여야 합니다.

생각하기 신비한 것을 추구하는 것에 대해 어떻게 생각해야 할까요?

해답 1. 대적, 2. 다윗, 3. 선지자

사무엘상 29장 · 다윗이 전쟁에서 벗어나다

주요 구절: 29:4

다윗이 사울에게 쫓겨 블레셋으로 피난 가서 아기스 왕의 부하가 된 지 벌써 몇 년이 되었습니다. 블레셋은 사울과 전쟁을 시작했습니다. 사울이 위급해 신접한 여인을 찾아 간 것도 이때입니다. 다윗도 이 전쟁에 블레셋 군인으로 참여해야 합니다. 누군가 보기에는 사울 왕을 무찌를 수 있는 절호의 기회입니다.

하지만 하나님의 계획은 다릅니다. 다윗의 전쟁 참여를 막습니다. 블레셋의 방백과 수령들이 다윗의 참전을 싫어합니다(4-6절). "그들이 춤추며 노래하여 이르되 사울이 죽인 자는 천천이요 다윗은 (1 　　)이로다 하던 그 다윗이 아니니이까"하며 전쟁 중에 다윗이 배신할 것을 염려합니다. 아기스 왕이 다윗을 변호해 보지만 수령들을 설득할 수 없습니다. 결국 다윗의 군대는 전쟁에서 빠져 돌아옵니다. 다윗은 상당히 아쉬워하는 체합니다. "내가 무엇을 하였나이까? 내가 당신 앞에 오늘까지 있는 동안에 당신이 종에게서 무엇을 보셨기에 내가 가서 내 주 왕의 (2 　　)와 싸우지 못하게 하시나이까?"(8절) 하지만, 하나님은 이 전쟁에서 사울을 죽이는 데 다윗을 개입되지 않게 합니다. 다윗이 하나님의 기름 부음 받은 자를 죽일 기회가 몇 번 있었지만, 그러지 않았던 것을 하나님은 압니다.

생각하기 블레셋의 수령들 가운데 하나님의 섭리가 보입니까?

해답 1. 만만, 2. 원수

사무엘상 30장 · 아말렉의 공격과 다윗의 추격

주요 구절: 30:23-24

다윗이 사흘 만에 집으로 돌아와 보니, 아멜렉 족속이 자신들의 모든 재산과 아내와 자녀들을 포로로 붙잡아 갔습니다. "다윗과 그와 함께 한 백성이 울 (1 □□)이 없도록 소리를 높여 울었더라."(4절) 다윗을 믿고 따르던 600명의 전사들은 견딜 수 없는 슬픔에 화가 머리끝까지 납니다. 그들은 다윗을 돌로 쳐 죽이려 합니다(6절). 다윗은 위기 앞에서 다시 하나님을 믿고 의지합니다. "그의 하나님 여호와를 힘입고 (2 □□)를 얻었더라."(6절) 힘과 용기를 얻은 다윗은 제사장 아비아달을 불러 하나님께 묻습니다. 하나님은 말씀합니다. "그를 쫓아가라. 네가 반드시 따라잡고 도로 찾으리라."(8절)

급히 추격하다 보니 병사들이 지쳤습니다. "피곤하여 브솔 시내를 건너지 못하는 (3 □□)명을 머물게 했고 다윗은 사백 명을 거느리고 쫓아 가니라."(10절) 추격 도중에 한 병든 소년을 만납니다. 다윗이 그에게 먹을 것을 주며 선대하자 아말렉 군대의 위치를 알려줍니다. 하나님의 인도로 다윗은 아말렉 족속을 따라가 빼앗긴 재산과 가족을 모두 되찾습니다.

다윗은 전리품을 아말렉 추격 도중 지쳐 머물렀던 200명에게도 나눠줍니다. 전쟁은 사람의 용맹과 전투력에 달린 것이 아니라, 하나님의 손에 있기에 그렇게 합니다(23절). 다윗은 그들을 가르칩니다. "여호와께서 우리를 (4 □□)하시고 우리를 치러 온 그 (5 □□)를 우리 손에 넘기셨은즉, 그가 우리에게 주신 것을 너희가 이같이 못하리라."(23절)

생각하기 은혜로 받았기에 은혜를 베푸는 다윗이 어때 보입니까?

해답 1. 기력, 2. 용기, 3. 이백, 4. 보호, 5. 군대

사무엘상 31장 · 사울과 그 아들들의 죽음

주요 구절: 31:6 (대상 10:1-14)

블레셋의 공격에 이스라엘은 크게 패합니다. 사울 왕과 세 아들, (1)과 아비나답과 말기수아가 죽습니다(2절). 블레셋 사람들은 사울의 머리를 베고 그의 갑옷을 벗겨 그들의 신과 백성에게 알리기 위하여 그것을 블레셋 땅 사방에 보내며 승리를 자축하였습니다. 사울의 갑옷은 아스다롯 신당에 두고 그의 시체는 벧산 (2)에 못 박아 전시합니다(9-10절). 아스다롯은 사랑과 풍요와 전쟁의 여신으로 블레셋의 신이었습니다. 사울의 죽음과 그 시신이 당한 수치는 이스라엘에게 큰 수치와 부끄러움입니다.

베냐민 지파인 사울과 가깝게 지내던 길르앗 (3) 모든 장사들이 그 소식을 듣고 밤새도록 달려가서 사울의 시체와 그의 아들들의 시체를 가져다가 불사르고 뼈를 가져다가 에셀 나무 아래 (4)하고 칠일 동안 (5)하며 애도했습니다(11-13절). 화장은 이스라엘의 관습이 아닙니다. 아마도 블레셋이 시체를 더 이상 훼손하지 못하게 하려는 임시방편이었을 것입니다.

생각하기 불신앙적인 사울 왕의 말로는 우리에게 무엇을 교훈합니까?

해답 1. 요나단, 2. 성벽, 3. 야베스, 4. 장사, 5. 금식

사무엘하

사무엘상 서론에서 말한 것처럼 사무엘하(Samuel+下)는 다윗이 중심이 되어 이끌어 갑니다. 위대한 왕으로서 다윗의 모습이 나올 것을 기대하게 됩니다. 그러나 놀랍게도 다윗은 부족함 덩어리인 인간의 모습을 보여줍니다. 다윗은 하나님 앞에 연약한 인간에 불과합니다. 그의 실패를 상세하게 보여주는 사무엘기의 저자가 대단하다는 생각이 듭니다. 그러나 하나님이 다윗을 귀히 여기고 돌봅니다. 이 모습이 가장 잘 나타난 부분이 '다윗 언약'입니다. 하나님은 '다윗 언약'을 앞으로도 계속 이어갑니다.

다윗 언약은 다윗 왕가의 통치 정통성을 담고 있는 것이 아니라, 언약에 순종하는 왕을 통해 하나님 나라를 세우겠다는 하나님의 뜻이 담겨 있습니다. 결국 다윗의 후손으로 오신 예수 그리스도를 통해 이 언약이 성취됩니다.

내용 구분

1-5:5	사울의 죽음과 왕이 된 다윗
5:6-6:23	다윗의 예루살렘 정복과 법궤 이동
7장	다윗 언약
8-10장	승승장구하는 다윗
10-12장	다윗의 범죄와 징계
13-20장	다윗 가문의 혼란과 반역들
21-24장	다윗 통치 말년

사무엘하 1장 · 두 용사의 죽음을 애도하는 다윗

주요 구절: 1:1

'사무엘하'는 '사무엘상'의 연속입니다. 처음 시작 "(1 ___ ___)이 죽은 후"(1절)는 사무엘상 마지막장의 자연스런 연속입니다. 다윗이 아말렉 족속과의 싸움 이후, 시글락으로 돌아온 지 사흘째 되는 날, 아말렉 출신의 한 사람이 블레셋과 이스라엘의 전장으로부터 달려옵니다. 그는 자신이 (1 ___ ___)을 죽였다고 거짓말을 합니다(삼상 31:5 참고). 이렇게 말하면 다윗에게 큰 상을 받을 것이라고 착각한 것 같습니다.

다윗은 몇 번이고 사울을 죽일 기회가 있었지만, 하나님의 기름 부은 자를 손대지 않았습니다. 그러니 그가 하나님의 기름 부은 자를 죽였다고 다윗이 그를 칭찬했을까요? 그는 다윗에게 심판 받아 죽고 맙니다.

다윗은 사울과 아들 요나단의 죽음을 진정으로 슬퍼하며 울며 금식합니다. 특별히 믿음의 친구 요나단의 죽음을 애통해합니다. 그가 만든 애가가 "(2 ___) 노래"(18절)라 하여 야살의 책에 기록되어 소개됩니다.

"이스라엘아! 네 영광이 산 위에서 죽임을 당하였도다. 오호라, 두 용사가 엎드러졌도다 … 오호라, 두 용사가 전쟁 중에 엎드러졌도다. 요나단이 네 산 위에서 죽임을 당하였도다. 내 (3 ___) 요나단이여, 내가 그대를 애통함은 그대는 내게 심히 아름다움이라. 그대가 나를 (4 ___ ___)함이 기이하여 여인의 (4 ___ ___)보다 더하였도다. 오호라, (5 ___) 용사가 엎드러졌으며 싸우는 무기가 망하였도다."(19-27절)

생각하기 다윗이 사울과 요나단의 죽음을 이토록 슬퍼한 이유는 무엇일까요?

해답 1. 사울, 2. 활, 3. 형, 4. 사랑, 5. 두

사무엘하 2장 · 사울의 남은 세력

주요 구절: 2:11

사울이 죽었다고 다윗이 바로 이스라엘의 왕이 되지는 않습니다. 먼저 유다 왕으로 칠 년 (1) 개월을 다스렸습니다(11절). 다윗은 하나님의 지시로 (2)으로 이동합니다(3절). (2)에서 자신의 지파인 유다 사람들로부터 기름 부음을 받아(두 번째) 이스라엘 1/12의 왕이 됩니다. 아직도 대다수의 이스라엘은 다윗을 왕으로 인정하지 않습니다. 사울 집안의 영향력이 여전하기 때문입니다. 사울의 군사령관 아브넬은 요단 강 동쪽 길르앗 땅인 마하나임에서 사울의 살아남은 아들 (3)을 온 이스라엘의 왕으로 세웠고(9-10절), 그는 두 해 동안 왕으로 통치합니다.

결국 올 것이 오고야 맙니다. 이스라엘 전 지파와 유다 한 지파가 기브온에서 전쟁을 벌입니다. 기브온 전쟁에서 승리하는 쪽이 대세가 될 것입니다. 전쟁의 결과는 다윗의 승리입니다. 유다 지파가 이긴 것입니다. 사울 편에는 (4)명이 죽습니다(31절). 유다의 손실도 큽니다. 아브넬이 다윗의 유력한 장군들 곧 스루야의 세 형제 가운데 아사헬을 죽였기 때문입니다. 아사헬의 형 요압과 아비새는 이 일 때문에 아브넬을 매우 미워합니다. 요압은 나중에 아브넬을 죽이고 맙니다. 이로 인해 다윗과의 관계에 금이 갑니다.

사울의 망령이 아직도 건재합니다. 아브넬 장군의 영향력은 대단합니다. 그가 사울의 아들 이스보셋을 지지하고 있으니, 다윗은 왕의 역할을 제대로 발휘할 수 없습니다.

생각하기 다윗처럼 나도 하나님의 말씀을 따라 오래 인내합니까?

해답 **1.** 육, **2.** 헤브론, **3.** 이스보셋, **4.** 360

사무엘하 3장 · 투항한 아브넬과 그의 죽음

주요 구절: 3:12 (대상 3:1-4)

전쟁은 쉬 끝나지 않습니다. 하지만 사울 집안은 점점 약해지고 다윗은 점점 강해집니다(1절). 아브넬은 권력이 강력해지자 금지된 선을 넘나듭니다. 그는 사울의 첩 리스바를 아내로 취합니다. 사울의 아들 이스보셋이 그것을 지적하며 야단치자, 아브넬은 분노를 표출합니다. 허수아비에 불과한 이스보셋은 무서워 더 이상 한 마디도 못합니다(11절).

마침내 아브넬이 백기를 듭니다. 그는 이스보셋을 버리기로 마음먹습니다. 다윗에게 투항하겠다는 연락을 취합니다. 다윗은 그 제안을 받아들이는 조건으로 첫 번째 아내(1)을 데리고 올 것을 요구합니다(13절). 아브넬은 (1)을 남편으로부터 빼앗아 헤브론에 있는 다윗에게 데리고 옵니다(14-16절).

다윗은 아브넬을 진심으로 환영합니다. 그와 언약을 맺습니다(21절). 한편 총사령관 요압은 아브넬의 전향을 받아들인 다윗의 결정이 못 마땅합니다. 자신의 동생 (2)을 죽인 아브넬을 용서할 수 없습니다. 요압은 다윗 몰래 아브넬을 속이고 살해합니다. 칼을 가진 두 장군의 대립은 인류 역사 동안 있는 '무신의 난'을 생각나게 합니다.

다윗은 언약을 맺은 아브넬을 죽인 요압을 저주합니다. 다윗은 사적인 감정을 넘어 통치 행위로써 아브넬의 죽음을 슬퍼합니다. 다윗은 애가도 지어 부릅니다. "아브넬의 죽음이 어찌하여 미련한 자의 죽음 같은고, 네 손이 (3)되지 아니하였고, 네 발이 차꼬에 채이지 아니하였거늘 불의한 자식의 앞에 엎드러짐 같이 네가 엎드러졌도다."(33-34절) 총사령관 요압이 다윗을 도울 때 큰 도움이 되었지만, 다윗에게 노골적으로 반항하는 모습을 보일 때 감당이 불가능합니다. 그의 돌출 행동을 제어하기가 어렵습니다. 다윗은 이것도 하나님께 맡깁니다. "여호와는 (4)한 자에게 그 악한 대로 (5)실지로다."(39절) 다윗은 사적인 감정이 아니라, 하나님의 공의로 나라를 다스리려 합니다.

생각하기 다윗처럼 나는 모든 것을 하나님의 손에 맡기고 있나요?

해답 1. 미갈, 2. 아사헬, 3. 결박, 4. 악행, 5. 갚으

사무엘하 4장 · 이스보셋의 죽음

주요 구절: 4:8

아브넬의 사망 소식을 들은 사울의 아들 이스보셋은 "손의 (1)이 풀렸"(1절)습니다. 이스보셋을 보위하던 두 형제 바아나와 레갑은 아브넬의 죽음으로 전세가 불리해진 것을 깨닫고 다윗에게 항복기로 결심합니다. 그들은 먼저 모시던 왕 이스보셋을 죽입니다. 그리고 밤새도록 아라바 길을 걸어 헤브론에 있는 다윗에게 투항합니다(8절). "왕의 생명을 해하려 하던 (2) 사울의 아들 이스보셋의 (3)가 여기 있나이다. 여호와께서 오늘 우리 주 되신 왕의 원수를 사울과 그의 자손에게 갚으셨나이다."(8절) 다윗은 권위자를 살해하고 생명을 구걸하는 배신자들의 도움을 거절합니다.

다윗은 "내 생명을 여러 (4) 가운데서 건지신 (5)께서 살아"(9절) 계심을 믿습니다. 권위자를 죽이는 것은 하나님의 뜻이 아닙니다. 두 장군은 자기들이 모시던 왕 이스보셋을 죽여 다윗의 칭찬 받기를 원했지만, 다윗은 그들의 행동을 심판합니다. 다윗은 그들을 죽입니다(12절). 다윗은 하나님의 힘에 의해 나라가 세워지기를 바랍니다. 다윗은 그 어떤 인간적 힘도 의지하지 않습니다. 하나님의 나라는 칼과 창과 사람의 지략에 있지 않고 하나님의 뜻에 있다는 것을 다윗은 잘 알고 있습니다.

4절에 요나단의 아들 므비보셋의 상황에 대해 언급하고 있는 이유는 이스보셋이 죽은 후 이어갈 왕이 없음을 설명하기 위한 것으로 보입니다.

생각하기 하나님의 나라는 어떤 원리로 이루어지나요?

해답 1. 맥, 2. 원수, 3. 머리, 4. 환난, 5. 여호와

사무엘하 5장 · 이스라엘의 목자가 된 다윗

주요 구절: 5:12 (대상 11:1-9; 14:1-17)

이제 사울의 세력은 완전히 사라졌습니다. 온 이스라엘이 다윗을 왕으로 인정합니다. "여호와께서도 왕에게 말씀하시기를, 네가 내 백성 이스라엘의 (1)가 되며 네가 이스라엘의 주권자가 되리라, 하셨나이다."(2절) 다윗은 선한 (1) 되신 예수 그리스도의 그림자입니다.

헤브론에서 온 이스라엘의 대표인 장로들이 다윗과 (2)을 맺고 기름을 부어

이스라엘의 왕으로 세웁니다(3절). 다윗은 삼십 세에 왕이 되고 (3) 년 동안 이스라엘을 다스립니다(4절). 그중에 7년 6개월은 헤브론에서 유다의 왕이고, 33년은 예루살렘에서 열두 지파, 온 이스라엘의 왕입니다.

다윗은 예루살렘에 있는 여부스 족속을 몰아내고 다윗 성을 건축합니다. 이때부터 예루살렘이 이스라엘의 역사 무대에 본격적으로 등장합니다(6-9절).

다윗의 권위가 점점 올라갑니다. "만군의 하나님 여호와께서 함께 계시니 다윗이 점점 (4)하여 가니라."(10절) 다윗이 내적으로 든든하게 서 가면서 외적으로 블레셋도 물리칩니다. 다윗은 바알브라심과 르바임 전투에서 블레셋을 크게 이깁니다. 이것은 하나님의 전투였습니다. "그 때에 (5)가 너보다 (6) 나아가서 블레셋 군대를 치리라."(24절)

13-16절에는 다윗이 많은 처첩을 둔 것이 나오는데, 참 안타까운 모습입니다. 그럼에도 불구하고 다윗을 택하여 왕으로 세운 것은 하나님의 은혜입니다.

생각하기 내게는 참된 목자가 있습니까? 그분의 인도를 받고 있습니까?

해답 1. 목자, 2. 언약, 3. 사십, 4. 강성, 5. 여호와, 6. 앞서

사무엘하 6장 · 하나님의 임재와 통치를 기뻐하다

주요 구절: 6:17 (대상 13:1-14; 15:25-16:6, 43)

다윗은 왕이 되어 왕국을 든든히 세우지만 진정한 왕은 하나님이라는 것을 잘 압니다. 그래서 그는 언약궤를 다윗 성으로 옮길 계획을 세웁니다. 하나님의 말씀이 이스라엘을 다스려야 한다는 것을 인정한 것입니다.

그런데 문제가 생겼습니다. 언약궤를 옮기는 방법이 이방 블레셋 사람들이 주로 사용하던 방법(삼상 6:7)입니다. "새 (1)에 싣고 산에 있는 아비나답의 집에서 나오는데…"(3절) 언약궤는 레위인이 직접 어깨에 메고 날라야 합니다(출 25:12-15; 민 4:5-6). 나곤의 타작마당에 이를 때 (1)를 끌던 소가 뜁니다. 놀란 (2)가 언약궤를 잡습니다(6절). (2)는 하나님의 진노로 그 자리에서 즉사합니다. 악의

없이 한 행동이지만, 하나님의 말씀을 어긴 것입니다(민 4:15). 기쁜 잔치의 분위기는 일순간에 슬픔으로 바뀝니다. 다윗은 어쩔 수 없이 근처 가드 사람 (3) 의 집에 언약궤를 3개월 동안 보관합니다(10절).

다윗은 이제 율법에 기록된 대로(출 25:12-15) 언약궤를 옮길 때 막대기를 사용해 사람이 직접 어깨에 메고 옮깁니다. 또 소와 송아지로 제사를 드립니다. 다윗은 베 (4)을 입습니다(14절). 다윗은 참 왕이신 하나님이 예루살렘에 입성하는 것을 진정으로 기뻐합니다. 다윗은 그 표현을 춤으로 표현합니다(16절). 아내 미갈은 다윗의 그런 행동을 못마땅하게 여깁니다. 세상적 관점에서 보면 다윗의 행동은 체통이 없기 때문입니다. 미갈은 다윗처럼 하나님을 사모하지 않은 것입니다. 이런 마음과 행동 때문에 미갈에게는 자녀가 없습니다.

생각하기 다윗처럼 오늘날도 예배 때마다 춤을 추며 기뻐해야 할까요?

해답 1. 수레, 2. 웃사, 3. 오벧에돔, 4. 에봇

사무엘하 7장 · 영원히 견고한 집을 건축하리니

주요 구절: (대상 17:1-27)

다윗 왕은 백향목 궁전에 편하게 삽니다. 언약궤는 천막 신세입니다. 그것을 민망하게 여긴 다윗은 하나님을 위한 성전을 건축하기 원합니다. 그러나 하나님은 오히려 다윗을 위한 집을 건축하겠다고 약속합니다. "여호와가 너를 위하여 (1)을 짓고"(11절) 다윗 가문의 왕위를 견고하게 할 것이라고 약속한 것입니다. 시편은 이 사건을 언약이라고 말합니다(시 89:3-4).

특별히 "내가 네 몸에서 날 네 씨를 네 뒤에 세워 그의 나라를 견고하게 하리라"(12절)고 하면서 '씨'를 언급합니다. 일찍이 메시아가 '여자의 후손'(창 3:15)과 '네 후손'(창 17:19), '한 싹'(사 11:1)으로 예언되었는데 이것이 다윗 가문에서 구체화됩니다. 천사 가브리엘이 마리아에게 나타나 한 말은 더 분명합니다. "그가 큰 자가 되고 지극히 높으신 이의 아들이라, 일컬어질 것이요, 주 하나님께서 그 조상 (2)의 왕위를 그에게 주시리니…"(눅 1:32-33)

또 다윗의 아들에게 언약의 말씀을 주시면서 동시에 메시아를 소망합니다. “그는 내 이름을 위하여 (1)을 건축할 것이요, 나는 그의 나라 왕위를 영원히 견고하게 하리라. 나는 그에게 (3)가 되고 그는 내게 아들이 되리니, 그가 만일 죄를 범하면 내가 사람의 매와 인생의 (4)으로 징계하려니와.”(13-14절) 이 예언은 일차적으로 솔로몬에게 적용되지만, 영원히 견고한 다윗의 왕위는 예수 그리스도에게서 완성됩니다.

생각하기 성전 건축과 메시아의 약속이 함께 나옵니다. 왜 그럴까요?

해답 1. 집, 2. 다윗, 3. 아버지, 4. 채찍

사무엘하 8장 · 부강해지는 다윗과 이스라엘

주요 구절: 8:14 (대상 18:1-17)

외부적으로 볼 때 다윗은 블레셋과 모압(2절), 소바(3-4절), 아람(5-8절), 하맛(9-12절), 에돔(13-14절)과의 전쟁에 승리하고 영토를 넓힙니다. 블레셋을 쳐 항복을 받아내고 메덱암마를 정복합니다(1절). ‘메덱암마’가 어딘지 정확히 알 수 없지만 가드로 추측합니다(대상 18:1). 이후 블레셋과의 전쟁은 히스기야 통치 시대까지 없습니다(왕하 18:8).

모압을 점령하는데, “그들을 땅에 엎드리게 하고 줄로 재어 그 두 줄 길이의 사람은 (1)이고 한 줄 길이의 사람은 (2)리니”(2절)라는 말은 ‘아이는 살리고 어른은 죽였다’는 뜻입니다. 다윗의 국토가 확장됩니다. 동서남북의 적군을 무찌르고 세력이 커집니다(대상 18:1-13). 하나님의 도움 때문입니다. “다윗이 (3)로 가든지 여호와께서 (4)게 하셨더라.”(6, 14절)

다윗은 백성을 (5)와 공의로 다스립니다(15절). 행정 체계도 세웁니다(15-18절). 군사령관, 사관, 제사장, 서기관, 대신들을 통해 나라를 다스립니다.

생각하기 하나님 나라가 확장되는 것은 결국 누가 이루십니까?

해답 1. 죽, 2. 살, 3. 어디, 4. 이기, 5. 정의

사무엘하 9장 · 다윗이 므비보셋을 돌보다

주요 구절: 9:1

다윗은 그의 영적 친구 요나단의 아들인 (1)을 찾아 아들 대우를 합니다. 자신의 상에서 먹도록 할 뿐만 아니라, 사울의 모든 땅을 찾아 그에게 재산으로 줍니다(6-7절). 사울의 종 (2)로 하여금 (1)의 집안을 관리하도록 맡깁니다(2, 9-11절). (1)에게는 아들이 하나 있는데 이름이 (3)입니다(12절). 그를 통해 사울 가문이 이어집니다(대상 8:35-40, 9:41-44).

다윗이 므비보셋에게 은혜를 베푼 것은 하나님께 받은 (4) 때문입니다. '다윗의 (4)'이 아니라, "하나님의 (4)"이라고 말한 부분은 눈여겨 볼 만합니다. 다윗은 이렇게 말합니다. "내가 그 사람에게 하나님의 (4)을 베풀고자 하노라."(3절) 또 다윗은 이전에 요나단과 사울에게 그들의 자손을 멸절하지 않겠다고 약속했습니다(삼상 20:14-17, 42, 24:21-22). 그 약속을 지킨 것입니다. 이렇게 약속을 지킬 수 있음은 하나님의 (4) 때문입니다. 그렇지 않으면 이전 왕의 자식들을 모두 죽일 수도 있습니다(왕하 10-11장).

생각하기 다윗의 식탁에서 먹을 때 므비브셋의 마음은 어땠을까요?

해답 1. 므비보셋, 2. 시바, 3. 미가, 4. 은총

사무엘하 10장 · 암몬과의 전쟁

주요 구절: 10:12 (대상 19:1-19)

암몬 왕 나하스는 사울과 사이가 좋지 않았던 반면, 다윗과는 친구이고 후원자였던 것으로 보입니다. 나하스가 죽었을 때 다윗은 아들 하눈에게 조문객을 보냅니다. 그런데

하눈이 다윗을 모독합니다. 조문객의 수염을 자르고 의복을 잘라 다윗과 이스라엘을 모독했습니다. 그로 인해 전쟁이 일어납니다. 암몬은 아람과 연합하고 용병을 고용해 다윗과 전쟁을 벌입니다. 하지만 연합군이 다윗에게 패합니다. 다윗의 신하들은 하나님을 의지해 싸웁니다. 요압 장군의 말을 들어 보십시오. “너는 (1)하라. 우리가 우리 백성과 우리 하나님의 성읍들을 위하여 (1)히 하자. 여호와께서 선히 여기시는 대로 행하시기를 원하노라.”(12절) 믿음 좋은 왕 아래 믿음 좋은 신하들이 있습니다.

아람 왕 하닷에셀이 암몬을 도와 전쟁에 참여하지만, 역시 패배합니다. “하닷에셀에게 속한 왕들이 자기가 이스라엘 앞에서 (2)을 보고 이스라엘과 화친하고 섬기니, 그러므로 아람 사람들이 두려워하여 다시는 암몬 자손을 돕지 아니하니라.”(19절)

생각하기 다윗의 신하들이 믿음으로 싸울 수 있었던 이유는 무엇일까요?

해답 1. 담대, 2. 패함

사무엘하 11장 · 다윗과 밧세바

주요 구절: 11:27

암몬과의 전쟁이 완전히 마무리된 것은 아닙니다(삼상 10:14). 이 전쟁 이야기는 12장 26-31절에서 다시 이어집니다. 그러니 11장에 나오는 다윗의 범죄는 암몬과의 전쟁 중에 일어난 것입니다. 왕이 자기 직무에 충실하지 못했습니다.

다윗의 군대는 전장에서 피를 흘리며 싸우는데 다윗은 예루살렘에 (1) 있습니다(1절). 다윗은 “저녁 때” 왕궁 옥상에서 거닐다가 목욕을 하는 한 아름다운 여인을 발견합니다. 그 여인는 헷 사람 (2)의 아내 (3)입니다(3절). 다윗은 (3)의 아름다움에 빠집니다. 다윗은 권력(?)을 이용해 자신의 정욕을 채웁니다. 그것은 한 가정을 파괴하는 행위입니다. 얼마 지나지 않아 (3)가 (4)한 것이 드러납니다(5절). 다윗은 그것을 숨기려고 전쟁에 나가 용감하게 싸우던 남편 (2)에게 휴가를 주어 (3)와 잠을 자도록 두 번이나 권유하지만 실패합니다(6-13절). 다윗은 더 큰 죄를 범합니다. 자신의 권력으로 (2)를 교묘히 죽입니다(14-25절).

다윗은 통치의 최절정에서 큰 죄를 저질렀습니다. 그는 악하고 약한 인간입니다. 다윗은 온전하지 못한 죄인 중의 죄인입니다. 이스라엘 백성은 다윗을 보면서 완전한 왕으로 오실 그리스도를 기다려야 합니다.

생각하기 다윗은 십계명 중 어떤 계명들을 범했나요?

해답 1. 그대로, 2. 우리아, 3. 밧세바, 4. 임신

사무엘하 12장 · 나단의 책망과 다윗의 회개

주요 구절: 12:9

하나님은 (1 　 　) 선지자를 다윗에게 보냅니다(1절). (1 　 　) 선지자는 한 부자와 한 가난한 사람의 이야기를 통해 다윗의 잘못을 지적합니다(7-10절). 다윗은 하나님을 업신여겼고, 교만했습니다. 이것을 보면 다윗은 이상적인 왕이 아닙니다. 다윗은 죄인입니다. 사울과 비교할 때 오십보백보입니다. 하지만 큰 차이가 있습니다. 다윗은 자신의 죄를 깨닫고 인정하고 회개합니다. "다윗이 (1 　 　)에게 이르되 내가 여호와께 (2 　)를 범하였노라 하매…"(13절) 사무엘하에는 아주 간단하게 기록되어 있지만, 시편 51편에는 죄에 대한 깊은 회개를 느낄 수 있습니다(시 32편 참고). 하나님은 다윗의 죄 때문에 언약(삼하 7:8-16)을 취소하지는 않습니다. 그러나 다윗을 징계합니다.

하나님의 섭리는 인간이 알 수 없습니다. 다윗의 악행을 통해서도 하나님은 구원의 큰 일을 이룹니다. 밧세바가 솔로몬을 낳습니다. 하나님은 나단을 보내 그 아이의 이름을 '여디디야'라 지어줍니다. 그 뜻은 '여호와께서 (3 　 　)하셨다(25절)'입니다. 그리고 밧세바는 그리스도의 계보에 들어가는 영광(마 1:6)을 얻습니다.

한편 (4 　 　)과의 전쟁은 아직도 계속되고 있습니다(26-31절). (4 　 　)의 수도를 완전히 점령할 즈음 요압은 다윗에게 소식을 전해 마지막 승리의 깃발을 꽂도록 조치합니다. 다윗은 하나님께서 주신 유능한 장군 요압을 통해 영광을 얻습니다.

생각하기 하나님은 진실로 회개하는 자를 용서하신다는 것을 믿나요?

해답 1. 나단, 2. 죄, 3. 사랑, 4. 암몬

사무엘하 13장 · 비참해지는 다윗 집안

주요 구절: 13:22

13-20장에는 다윗 집안 내에 일어나는 온갖 비참한 일들이 나옵니다. 다윗의 범죄로 인해 징계(삼하 12:11)가 있을 것이라는 말씀이 이루어지고 있습니다.

13장은 "(1 ___ ___)에 이 일이 있으니라"로 시작합니다. 12장의 다윗의 범죄 사건이 일어나고 상당한 시간이 지났음을 의미합니다.

첫째 아들 암논이 셋째 아들 압살롬의 누이 (2 ___ ___)을 유혹하고 강간합니다(14절). 정욕에 눈이 먼 암논의 행동은 악합니다. 도저히 용납될 수 없는 죄를 저지릅니다. 그런데도 다윗은 암논의 잘못에 대해 어떤 벌도 내리지 않습니다. 단지 이 모든 일을 듣고 (3 ___)하기만 합니다(21절). 엘리 제사장이 그의 두 아들들에게 취한 행동과 비슷합니다. (2 ___ ___)의 오빠 압살롬은 암논의 잘못에 대해 말하지 않고 참고 있다가 2년 후에 기회를 포착해 암논을 죽입니다. 압살롬은 암논을 죽인 후 그술 왕 (4 ___ ___)에게로 도망갑니다(37절). 그술 왕 (4 ___ ___)는 압살롬의 외할아버지입니다(삼하 3:3). 형제가 자기 여동생을 강간하자 오빠가 그 형제를 죽이는 비참한 일이 일어나고 있는데도 다윗은 그들을 징계하지 않습니다. 오히려 인간적 정으로 멀리 떠나 있는 압살롬으로 인해 (5 ___ ___)할 뿐입니다(37절).

생각하기 다윗의 죄와 자식들(암논, 압살롬)의 죄가 어떻게 연결되나요?

해답 1. 그 후, 2. 다말, 3. 노, 4. 달매, 5. 슬퍼

사무엘하 14장 · 압살롬을 받아들인 다윗

주요 구절: 14:21

다윗은 아들 압살롬을 편애합니다. 하지만, 죄를 지은 압살롬을 왕궁으로 불러들일 수는 없습니다. (1 　) 년이나 아들을 보지 못합니다(삼하 13:38). 다윗의 고민을 알아차린 총사령관 요압이 드고아의 한 여자를 내세워 연극을 꾸밉니다(4-17절). 한 형제가 다른 형제를 죽이면 반드시 죽여야 하는 율법(민 35:31)이 있지만, 한 명밖에 남지 않은 자신의 아들에게는 그 법을 적용하지 말아줄 것을 간청한 것입니다. 자기 가문의 대를 잇도록 선처해주기를 바란 것입니다. 그 이야기를 듣고 다윗은 '그 이야기가 바로 압살롬이 암논을 죽인 것과 관련이 있다는 것'을 알아차립니다(18-20절).

그렇게 다윗은 압살롬을 예루살렘 성으로 데려오긴 합니다. 하지만, 다윗은 그의 얼굴을 보지 못합니다. 그렇게 또 2년이 지납니다(28절). 압살롬은 요압의 밭에 불을 질러 자신이 다윗 왕 앞에 가지 못하는 불만을 털어놓습니다. 그제야 요압이 움직여 다윗 왕에게 말하자, 다윗이 압살롬을 왕궁으로 불러들입니다. "그가 왕께 나아가 그 앞에서 얼굴을 (2 　)에 대어 그에게 (3 　)하매 왕이 압살롬과 (4 　)을 맞추니라."(33절) 그의 잘못에 대한 그 어떤 추궁도 하지 않고 그냥 받아들입니다. 다윗에게는 인간적 정만 있고 공의가 사라졌습니다.

생각하기 다윗은 왜 아들들을 제대로 징계하지 못했을까요?

해답 1. 삼, 2. 땅, 3. 절, 4. 입

사무엘하 15장 · 압살롬의 반란

주요 구절: 15:6

압살롬은 대단한 인물입니다. 그는 "온 이스라엘 가운데에서 압살롬같이 아름다움으로 크게 (1 　 　) 받는 자가 없었으니, 그는 발바닥부터 정수리까지 흠이 없음이라." (삼하 14:25) 사람들에게 인기를 얻은 압살롬이 배은망덕하게도 아버지의 왕권에 공공연하게 도전합니다.

아들 압살롬은 재판으로 이스라엘 백성의 (2 　 　)을 훔칩니다(6절). 마땅히 다윗에게 돌아가야 할 영광을 압살롬이 가로챕니다. 마침내 그는 헤브론에서 반란을 일으킵니다(10절). "압살롬이 헤브론에서 (3 　)이 되었다"(10절)라는 소식을 온 이스라엘에 선포합니다. 압살롬의 편이 많아지고, 그중에는 다윗의 모사(謀士) 아히도벨도 있습니다(12절). 그는 밧세바의 할아버지로 추정됩니다.

상황은 최악으로 치닫습니다. 마침내 다윗은 왕궁을 버리고 도망합니다. 다윗의 처지는 사울에게 쫓길 때보다 훨씬 더 비참합니다(30절). 아들에게 쫓기다니요! 사랑하던 아들의 반란으로 도망가야 하는 처량한 신세입니다(23절).

다윗은 제사장들이 언약궤를 메고 따라가겠다는 것을 말려 예루살렘에 머물도록 합니다. 다윗은 비참한 상황 가운데 하나님의 은혜를 기대합니다. "만일 내가 여호와 앞에서 (4 ＿ ＿)를 입으면 도로 나를 인도하사 내게 그 (5 ＿)와 그 계신 데를 보이시리라."(25절)

다윗의 친구 아렉 사람 후새가 옷을 찢고 흙을 머리에 덮어쓰고 다윗을 맞이합니다. 다윗은 그를 예루살렘으로 보내며 자신을 위해 일해줄 것을 부탁합니다(32-37절). 이렇게 예루살렘은 잠시 압살롬의 손아귀에 들어갑니다.

생각하기 아들의 반란으로 도망하게 된 다윗의 심정은 어땠을까요?

해답 1. 왕권, 2. 마음, 3. 왕, 4. 은혜, 5. 궤

사무엘하 16장 · 다윗의 피난길

주요 구절: 16:11

다윗의 피난길에 요나단의 아들 므비보셋의 종인 (1 ＿ ＿)를 만납니다(1절). 다윗에게 많은 음식물을 가지고 나온 (1 ＿ ＿)의 말을 다윗은 그대로 믿습니다. 그는 므비보셋이 압살롬의 반란에 가담한 것처럼 거짓말합니다(3절, 삼하 19:24-30 참조). 그는 교활한 자입니다. 다윗은 그의 거짓을 검증할 시간이 없으니, 밀고한 (1 ＿ ＿)에게 므비보셋의 재산을 모두 하사합니다(4절).

다윗은 망명길에서 사울의 친족 중 한 사람인 (2 ＿ ＿ ＿)로부터 치욕적인 저주를 듣습니다. "(3 ＿)를 흘린 자여, 사악한 자여, 가거라! 가거라! 사울의 족속의 모든 (3 ＿)를 여호와께서 네게로 돌리셨도다 … 보라 너는 (3 ＿)를 흘린 자이므로 (4 ＿)

를 자초하였느니라.(7-8절)" 하나님의 이름을 빙자한 (2   )의 저주는 그럴듯해 보이지만, 옳지 않습니다. 아비새가 (2   )를 "죽은 (5   )"(9절)라고 욕을 하며 칼로 죽이려 합니다(9절). 다윗은 제지하며 그의 저주를 그대로 받아들입니다(10절). 다윗은 이 비참한 상황에서 시를 지었습니다. 시편 3편 표제를 보십시오. "다윗이 그의 아들 압살롬을 피할 때에 지은 시"

한편 압살롬이 가장 먼저 한 일은 왕궁 옥상에 장막을 치고 백성이 보는 가운데 공개적으로 다윗의 후궁들과 동침한 것입니다. 다윗의 왕권이 처참하게 짓밟혔습니다. 온 백성 앞에 다윗의 권위가 떨어졌습니다. 이 행위는 아들 압살롬의 죄이지만 동시에 다윗의 죄에 대한 하나님의 징계이기도 합니다.

생각하기 다윗은 시바, 시므이, 아비새의 모습과 어떻게 다릅니까?

해답 1. 시바, 2. 시므이, 3. 피, 4. 화, 5. 개

사무엘하 17장 · 후새와 아히도벨의 지략 대결

주요 구절: 17:14

아히도벨은 당대 최고의 지략가입니다. 그가 베푸는 계략은 하나님께 물어 받은 말씀과 같이 여겨졌습니다(삼하 16:23). 하지만 아히도벨은 언약 신앙이 없습니다. 그 훌륭한 능력을 하나님과 그분의 언약에 저항하는 데 사용합니다.

하나님은 인간의 지략을 무력하게 만듭니다. 아히도벨의 전략은 지친 다윗을 뒤쫓아 빨리 죽이는 것(1-4절)입니다. 최고의 계략입니다. 하지만 하나님의 섭리는 인간의 지략을 넘어섭니다. 압살롬은 다윗의 지략가 (1   )의 생각을 듣고 싶습니다. 그의 전략은 천천히 군사를 더 모아 완전히 멸망시키자는 것(5-14절)입니다. 다윗과 그의 장군들은 전쟁에 능숙한 용사이기에 조심하자는 것입니다. 압살롬과 장로들은 (1   )의 작전을 받아들입니다(14절). "이는 여호와께서 압살롬에게 (2   )를 내리려 하사 아히도벨의 좋은 계략을 물리치라고 (3   )하셨음이더라."(14절) 아히도벨은 자신의 지략이 거절되는 것을 보고 고향으로 내려가 스스로 목을 매어 죽습니다(23절).

마하나임에 도착한 다윗 일행은 지치고 배고픕니다. 거기서 암몬 백성이 다윗 일행에게 쉴 곳과 먹을 것을 제공합니다. 하나님은 여러 사람을 보내 다윗을 돕습니다. 다윗을 도운 자들은 소비와 마길과 바르실래입니다(27-29절). '소비'는 다윗이 암몬을 점령하고 왕으로 세운 하눈의 동생인 것으로 보입니다(삼하 12:30). '마길'은 어린 므비보셋을 돌보며 기른 자입니다(삼하 9:4).

압살롬은 (4 ______)를 군지휘관으로 세우고(25절) 이스라엘 군대를 이끌고 길르앗에서 전쟁 준비를 합니다(26절).

생각하기 사람의 지혜보다 하나님의 지혜가 뛰어나다는 것을 믿나요?

해답 1. 후새, 2. 화, 3. 멸망, 4. 아마사

사무엘하 18장 · 압살롬의 패배와 죽음

주요 구절: 18:33

다윗은 요단 강을 급하게 건넜습니다. 겨우 압살롬의 추격을 피하고 잠시 숨 고르기를 합니다. 다윗은 임시로 세 장군(요압, 아비새, 잇대)을 임명합니다. 전쟁이 곧 시작될 것입니다. 다윗은 세 장군들에게 압살롬을 '너그러이 (1 ____)하라(5절)'고 특별히 부탁합니다. '죽이지 말고 살리라'는 완곡한 표현입니다. 압살롬은 하나님의 언약에 대항하고 있지만, 다윗은 인간적으로 아들 압살롬을 마냥 애틋한 사랑으로 품기만 합니다(5절).

전투는 에브라임 숲에서 벌어집니다. 이만 명이나 죽는 치열한 전투입니다. 전쟁의 승리는 다윗 편입니다. 압살롬이 다윗의 부하들과 마주치자 노새를 타고 도망하다가 그만 큰 참나무에 그의 (2 ____)가 걸려 공중에 대롱대롱 매달리고 노새는 빠져나갑니다(9절). 한 병사가 그것을 보고도 압살롬을 감히 죽이지 못하고 요압에게 알리니, 요압이 와서 그의 심장을 찌르고 이어 열 명의 병사들이 때려죽입니다(15절). 시체를 큰 구멍에 던지고 그 위에 매우 큰 (3 ________)를 쌓아 장사합니다(17절). 패역한 아들에 대한 처벌입니다(신 21:20-21). 다음세대가 그 곳을 지날 때 압살롬의 범죄를 반면교사로 삼기를 원했을 것입니다.

다윗은 아들 압살롬의 사망 소식을 듣고 심히 슬퍼합니다. "내 아들 압살롬아, 내 아들 내 아들 압살롬아, 차라리 내가 너를 (4 　 　)하여 죽었더면, 압살롬 내 아들아, 내 아들아, 하였더라."(33절)

생각하기 대적이자 아들인 압살롬을 대하는 다윗의 심정은 어땠을까요?

해답 1. 대우, 2. 머리, 3. 돌무더기, 4. 대신

사무엘하 19장 · 다윗의 예루살렘 귀환

주요 구절: 19:39

다윗이 압살롬의 죽음을 슬퍼하는 것을 백성이 이해할 수 있을까요? 이해하기 어렵습니다. 전쟁에 참여한 백성이 "싸움에 쫓겨 (1 　 　)러워 도망함 같이 가만히 성읍으로"(3절) 돌아갑니다. 그날의 승리는 기쁨이 아니라 (2 　 　)이 되고 맙니다(2절). 왕이 슬퍼하니, 백성이 승리를 기뻐할 수 없습니다. 마침내 장군 요압이 나섰습니다. 그는 강경한 어조로 충언합니다. "만일 압살롬이 살고 오늘 (3 　 　)가 다 죽었더면 왕이 마땅히 여기실 뻔하였나이다."(6절) 다윗이 그제야 정신을 차립니다.

다윗이 왕궁으로 복귀하지만, 문제가 다 해결된 것이 아닙니다. 거의 전(全) 이스라엘이 압살롬을 지지하고 다윗을 대적했기 때문입니다. 다윗은 일단 유다 지파의 왕으로 다시 추대 받습니다(11-15절).

압살롬의 장군이었던 (4 　 　 　)를 요압을 대신해 국방부 장관으로 세웁니다(13절). 다윗을 저주했던 시므이는 다윗에게 회개하고 용서를 구합니다. 다윗은 그를 용서합니다. 압살롬 편에 가담한 것으로 알려진 므비보셋은 오해를 풉니다. 다윗의 망명 생활을 적극적으로 도왔던 바르실래는 다윗의 예루살렘 초청을 정중히 거절하고 고향에 머물겠다고 합니다. 대신 바르실래의 아들로 보이는 김함(Chimham 왕상 2:7)을 예루살렘으로 보냅니다(38절).

열 지파 백성은 유다 지파를 향하여 불만을 제기합니다. 유다 지파 홀로 다윗을 모셔온 것은 "왕을 (5 　 　)"(41절) 한 것이라 강력하게 항의합니다. 하지만 유다 지파의

말이 "이스라엘 사람의 말보다 더 강경"(43절)합니다. 백성의 마음은 하나가 되지 못하고 분열되고 있었습니다.

생각하기 어떻게 하면 다시 이스라엘을 하나로 모을 수 있을까요?

해답 1. 부끄, 2. 슬픔, 3. 우리, 4. 아마사, 5. 도둑

사무엘하 20장 · 세바의 반란

주요 구절: 20:1

"마침 거기에 불량배 하나가 있으니, 그의 이름은 (1 　 　)인데 베냐민 사람 비그리의 아들"(1절) 입니다. (1 　 　)는 유다 지파에 대한 열 지파의 불만과 베냐민 지파의 힘을 빌려 반란을 일으킵니다. 온 이스라엘이 다윗을 떠나 그를 좇습니다(2절). "… 우리는 다윗과 나눌 (2 　 　)이 없으며 이새의 아들에게서 받을 유산이 우리에게 없도다…"(1절) 다윗 집안 내부 문제가 일단락되자, 집안 밖에서 문제가 생깁니다. 다윗 주변은 불안하고 혼돈스럽습니다.

다윗은 세바의 반란을 해결해야 합니다. 다윗은 전열을 다시 정비하고 반역자를 진압할 것을 명령합니다. 군대장관 (3 　 　 　)에게 군인 징집을 명령하는데(4절), 일이 지체됩니다. 촌각을 다투는 일이기에, 다윗은 요압의 아우 아비새에게 세바를 제압하라고 명령합니다. 이때 요압은 아비새 지휘 아래 함께 동행하고, 그 출정에서 (3 　 　 　)를 죽여 버립니다(8-13절). 자기 자리에 앉은 (3 　 　 　)를 눈뜨고 볼 수 없었던 것입니다. 요압이 다윗에게 노골적으로 반항하고 있지만, 그의 공적과 힘 때문에 어떻게 하지 못합니다. 요압은 아벨 성의 한 지혜로운 여인의 지도력 덕분에 힘겨운 전쟁을 하지 않고도 세바의 반란을 진압합니다(14-22절). 요압은 여전히 다윗 곁에서 다윗의 권위에 도전하고 있습니다. 다윗은 요압을 벌 줄 힘이 없습니다. 요압은 다시 군대장관으로 복귀합니다.

생각하기 이스라엘이 이렇게 혼돈스러운 근본 원인은 무엇입니까?

해답 1. 세바, 2. 분깃, 3. 아마사

사무엘하 21장 · 3년 기근과 다윗의 용사들

주요 구절: 21:15 (대상 20:4-8)

21-24장은 역사적 순서에 따라 기록되지 않았습니다. 다윗 통치 기간 가운데 있었던 여러 사건의 모음입니다. "다윗의 시대에"(1절)라는 표현이 그것을 보여줍니다.

먼저 삼 년 기근입니다. 연이어 3년 동안이나 비가 오지 않은 것은 이상한 일입니다. 다윗이 하나님께 묻습니다. 하나님은 사울이 통치하던 시절에 (1) 민족을 이유 없이 학살한 것(5절) 때문이라고 말씀합니다(1절). 그래서 다윗은 (1) 사람을 불러 그들의 요구를 듣습니다. 다윗은 그들의 요구(아마도 이방인들의 관습)대로 사울의 후손 일곱 명을 넘겨줍니다. 그들은 일곱 명을 사울의 고향 기브아 산 위에서 목매달아 죽입니다. 사울의 두 아들을 낳은 (2)(사울의 첩)가 자식들이 죽은 것을 애통해하며 밤낮 시체를 보호합니다(10절). 다윗이 (2)의 애틋한 소식을 듣고 그 시체들과 사울과 요나단의 뼈를 거두어 기스의 묘에 장사지냅니다. 하나님은 그 후에야 그 땅을 위한 기도를 들어주었습니다(14절).

또 다른 내용은 블레셋의 거인들을 죽인 다윗의 용사들에 관한 것(15-22절, 참고 대상 20:4-8)입니다. 다윗의 용사들의 용맹은 대단합니다. 아비새가 블레셋을 물리치고, 십브개가 거인족의 아들 중 (3)을 죽이고(18절), 엘하난은 가드 골리앗의 아우 (4)를 죽이고(19절), 요나단은 키 큰 자이며 손가락과 발가락이 각기 여섯 개씩 있는 거인을 죽입니다. 이들은 다윗의 이름을 위해 싸웁니다. 그들은 다윗을 "이스라엘의 (5)"(17절)이라고 존경합니다.

생각하기 하나님은 약한 자들의 간구를 들으시는 분임을 믿습니까?

해답 1. 기브온, 2. 리스바, 3. 삽, 4. 라흐미, 5. 등불

사무엘하 22장 · 다윗의 승전가

주요 구절: 22:1 (시 18)

다윗이 지은 긴 노래입니다. 서론(2-4절)과 결론(47-51절)을 제외한 가운데 부분은 세 개 단락으로 이루어집니다. 첫째 단락(5-20절)은 위험으로부터 구원이고, 둘째 단락(21-30절)은 구원에 관한 다윗의 순종이고, 셋째 단락(31-46절)은 하나님의 도움에 관한 내용입니다.

이 노래에는 다윗의 신앙고백이 많이 나오는데, 이런 다윗의 신앙고백은 성경 곳곳에서 반복됩니다: "반석"(시 31:23), "요새"(삼상 22:4-5; 23:14), "건지시는 자"(시 7:1; 51:14; 70:5), "피할 바위"(시 71:3; 89:26; 사 32:2), "방패"(시 3:3), "구원의 뿔"(눅 1:69), "높은 망대"(시 61:3), "피난처"(시 59:16), "구원자"(시 106:21)

특히 다윗은 하나님을 자신의 (1 ____)이라 고백합니다. "여호와여 주는 나의 (1 ____)이시니, 여호와께서 나의 (2 ____)을 밝히시리이다."(29절) 다윗의 신하들은 다윗을 "이스라엘의 (1 ____)"(삼하 21:17)이라고 칭송하지만, 자신은 '어둠'일 뿐이라고 겸손히 고백합니다. 또 전쟁은 하나님께 속하고 하나님의 말씀만이 의지할 유일한 방패임을 고백합니다. "내가 주를 (3 ____)하고 적진으로 달리며, 내 하나님을 의지하고 성벽을 뛰어넘나이다 … 그는 자기에게 피하는 모든 자에게 방패시로다."(30-31절)

하나님은 다윗을 왕으로 삼고 은혜를 주시되, 그와 자손에게 행하십니다. "여호와께서 그의 왕에게 큰 (4 ____)을 주시며 기름 부음 받은 자에게 인자를 베푸심이여 영원하도록 다윗과 그 (5 ____)에게로다."(51절)

생각하기 우리에게 승리를 주시는 하나님을 찬양합시다.

해답 1. 등불, 2. 어둠, 3. 의뢰, 4. 구원, 5. 후손

사무엘하 23장 · 다윗의 마지막 말과 그의 용사들

주요 구절: 23:5 (대상 11:10-47)

다윗은 자신이 등불이 아니라, 단지 하나님이 다윗을 통해 말씀하고 일하신다는 것을 고백합니다. 다윗은 하나님의 언약을 의지해 '의로운 통치자'가 나타날 것을 소원합니다. "…이스라엘의 반석이 내게 이르시기를 사람을 (1 　　)로 다스리는 자, 하나님을 경외함으로 다스리는 자여! 그는 돋는 해의 아침 빛 같고, 구름 없는 아침 같고, 비 내린 후의 (2 　　)으로 땅에서 움이 돋는 새 풀 같으니라, 하시도다. 내 집이 하나님 앞에 이같지 아니하냐! 하나님이 나와 더불어 영원한 (3 　　)을 세우사 만사에 구비하고 견고하게 하셨으니…"(3-5절) 다윗은 7장 8-19절에서 약속하신 (3 　　)을 회상합니다. 다윗은 의로운 통치자로서 생명을 돋우는 (2 　　)을 비추실 참 왕을 기대합니다.

다윗을 도왔던 훌륭한 군인들의 이름이 나열됩니다. 첫째 세 명(13절의 "세 사람"과 다름)의 영웅은 8-12절에 나옵니다. 그러나 그들의 전쟁에 함께한 진정한 영웅은 (4 　　　)입니다(10, 12절). "…그 날에 (4 　　　)께서 크게 (5 　　　) 하였으므로…"(10절) 둘째 세 명의 영웅은 13-23절에 나옵니다. 다윗을 위해 적진 베들레헴 성문 곁 우물물을 길어온 자들입니다. 셋째 30명의 영웅들은 24-39절에 기록되어 있습니다.

생각하기 다윗은 참 왕 그리스도를 기대합니다. 나는 어떻습니까?

해답 1. 공의, 2. 광선, 3. 언약, 4. 여호와, 5. 이기게

사무엘하 24장 · 다윗의 인구조사와 회개

주요 구절: 24:10 (대상 21:1-27)

다윗의 인구조사와 징벌은 이해하기 쉽지 않습니다. "여호와께서 다시 이스라엘을 향하여 진노하사 그들을 치시려고 다윗을 (1 　　)시키사…"(1절) 이 말씀에 의하면 하나님이 다윗을 충동한 것처럼 보입니다. 그러나 역대상 21장 1절은 이렇게 말합니다. "(2 　　)이 일어나 이스라엘을 대적하고 다윗을 충동하여 이스라엘을 계수하게 하니라." 하나님이 사탄에게 욥을 시험하도록 허락하신 것과 같은 원리로 이해할 수 있습니다.

다윗은 자신의 나라가 얼마나 대단한지 확인하고자 아홉 달 20일 동안 인구를 조사합

니다(8절). 갓 선지자가 다윗의 죄를 지적합니다. 다윗은 바로 자신의 잘못을 고백합니다. "…다윗이 여호와께 아뢰되, 내가 이 일을 행함으로 큰 (3)를 범하였나이다. 여호와여, 이제 간구하옵나니, 종의 (3)를 사하여 주옵소서. 내가 심히 (4)하게 행하였나이다."(10절) 하나님이 벌을 내립니다. 전염병으로 백성 7만 명이 죽습니다. 백성이 고통당하는 것을 보고 다시 기도합니다. "…나는 범죄하였고 악을 행하였거니와 이 양 (5)는 무엇을 행하였나이까? 청하건대 주의 손으로 나와 내 아버지의 집을 치소서."(17절)

다윗은 아라우나 타작마당을 사서 제단을 쌓고 번제와 화목제를 드립니다. 그제야 재앙이 그칩니다. 나중에 이 타작마당 위에 성전이 세워집니다. 다윗의 고백을 보십시오. "다윗이 이르되, 이는 여호와 하나님의 성전이요, 이는 이스라엘의 번제단이라, 하였더라."(대상 21:30)

생각하기 사탄의 시험에 빠지지 않게 늘 기도합시다.

해답 1. 격동, 2. 사탄, 3. 죄, 4. 미련, 5. 무리

열왕기상

열왕기(列王+記) 역시 사무엘기처럼 처음에는 한 권이었지만 칠십인역(LXX)이 분리하면서 오늘날 열왕기상(上), 열왕기하(下)로 나뉘게 되었습니다. 저자는 다른 구약성경들처럼 알 수 없습니다.

유대인의 구약성경 분류법에 따르면 열왕기는 선지서(히. 느비임)에 해당합니다. 이는 열왕기에 단순히 이스라엘 왕국의 역사가 나오는 것이 아니라 구원하는 하나님의 큰일이 나온다는 뜻인데, 개신교회는 여기서 더 나아가 열왕기를 예수 그리스도를 가리키는 예언으로 볼 수 있어야 합니다. 따라서 열왕기를 읽으면서 하나님이 무엇을 말씀하는지에 주목해야 합니다.

배경이 되는 시기를 아래처럼 정리할 수 있습니다.

주전 970-930년	주전 930-722년	주전 722-586년
솔로몬의 통치	왕국의 분열	왕국의 멸망
왕상 1-11장	왕상 12-왕하 17장	왕하 18-25장

아시리아 연대기를 참고하면 아합의 사망 연도가 주전 853년입니다. 이를 기준으로 계산하면 북 이스라엘의 멸망은 주전 722년, 남 유다의 멸망은 주전 586년입니다. 열왕기상은 솔로몬의 통치부터 아합의 죽음까지 나옵니다.

내용 구분

- **1-11장** — 솔로몬의 통치
- **12-16장** — 분열된 왕국
- **17-22장** — 아합의 통치와 엘리야의 활약

열왕기상 1장 · 아도니야의 반란 솔로몬

주요 구절: 1:38

열왕기상 1장은 사무엘하 24장과 자연스럽게 연결됩니다. "다윗이 나이가 많아 (1 　　　) 이불을 덮어도 (2 　　)하지 아니한지라."(1절) 다윗의 기력이 약해져 있습니다. 수넴 여성 아비삭이 다윗을 수발합니다(2-4절). 그때 다윗의 넷째 아들 아도니야(학깃과 낳은 아들, 삼하 3:2,4, 대상 3:1-2)가 반란을 일으킵니다. 그의 형 암몬과 압살롬이 죽은데다가, 다윗의 정치력이 약해졌기 때문입니다. 다윗은 아도니야에게 평소 "네가 어찌하여 (3 　　) 하였느냐"(6절)라고 말하지 않았습니다. 다윗의 자녀교육이 실패했음을 보여줍니다.

아도니야의 반란에 장군 요압과 제사장 아비아달이 가담합니다. 제사장 사독과 여호야다의 아들 브나야, 나단 선지자는 참여하지 않습니다. 요압은 훌륭한 장군이고, 다윗의 조카지만(대상 2:15-16), 다윗을 배신하고 반란에 가담했습니다.

나단 선지자는 선수를 칩니다. 솔로몬의 어머니 (4 　　　)에게 이 사실을 알리고 대책을 제안합니다. (4 　　　)가 재빨리 다윗에게 그 사실을 알립니다(11-28절). 나단이 증인으로 뒤따라갑니다. 마침내 다윗은 솔로몬을 왕으로 기름 부어 임명합니다(32-40절).

아도니야와 그 일행들은 잔치를 벌이다가 솔로몬의 왕위 등극 소식을 듣습니다. 잔치 참여자들은 혼비백산하여 각기 제 길로 흩어집니다. 아도니야는 솔로몬에게 잡혀 죽을까 두려워 성막에 들어가 제단 (5 　)을 잡고 솔로몬에게 살려달라고 애걸합니다(50-51절). 솔로몬은 아도니야를 살려줍니다(52-53절).

생각하기 권력 암투 속에서도 하나님의 언약이 실행되고 있음을 봅니까?

해답 1. 늙으니, 2. 따뜻, 3. 그리, 4. 밧세바, 5. 뿔

열왕기상 2장 · 다윗의 죽음과 솔로몬의 왕권 강화

주요 구절: 2:1

다윗은 죽기 전에 아들 솔로몬에게 유언을 합니다. 핵심 내용은 하나님의 언약에 충실하는 것입니다. "…너는 힘써 대장부가 되고 네 하나님 여호와의 (1 　　)을 지켜 그 길로 행하여 그 법률과 (2 　　)과 율례와 증거를 모세의 율법에 기록된 대로 지키라…"(2-3절) 다윗은 솔로몬에게 이어서 부탁합니다. 첫째, 요압이 다윗의 명령을 거절하고 아브넬과 아마사를 죽인 것을 처벌하라(5-6절). 둘째, 다윗의 망명 생활 가운데 도운 바르실래의 자손에게 은혜를 베풀라(7절). 셋째, 시므이의 도발적 언행을 과거 용서했지만, 이제는 그를 처벌하라(8-9절).

솔로몬은 반란을 일으킨 아도니야를 용서해 살려주었지만, 아도니야는 스스로 자신의 무덤을 팝니다. 다윗을 수발한 여종 (3 　　　)을 자신에게 줄 것을 솔로몬에게 청원한 것입니다(13-21절). 솔로몬은 아도니야의 요청을 '악한 것'으로 보고 분노하여 브나야를 보내 아도니야를 죽입니다(22-25절).

솔로몬은 아도니야의 반란에 가담한 제사장 아비아달을 파면합니다. (4 　　) 장군을 숙청(28-34절)하고 브나야를 군사령관으로 임명합니다. 제사장은 사독이 맡습니다. 솔로몬은 시므이를 살려주면서 예루살렘을 떠나면, 죽을 것이라는 조건을 달았습니다. 시므이는 스스로 그 법을 위반해 처형당합니다(36-45절). 이런 과정을 통해 나라가 솔로몬의 (5 　)에서 견고해집니다(46절).

생각하기 언약에 충실한 것과 대적들을 멸하는 것은 무슨 관계일까요?

해답 1. 법도, 2. 계명, 3. 아비삭, 4. 요압, 5. 손

열왕기상 3장 · 솔로몬의 겸손과 지혜

주요 구절: 3:9 (대하 1:3-12)

솔로몬은 이집트 파라오의 딸과 혼인 관계를 맺습니다. 이방 나라들 간에는 외교 전략으로 종종 있는 일이지만, 이스라엘 백성은 이방 여인과 혼인은 금지되었습니다. 이 점에서 솔로몬은 죄를 지었습니다.

여호와의 언약궤는 다윗 성에 있지만, 아직 성막은 기브온에 있습니다. 그곳에서 솔로몬은 1천 마리의 번제(燔祭)를 드립니다(4절). 꿈에 하나님이 솔로몬에게 나타나 묻습니다. "내가 네게 무엇을 줄꼬? 너는 (1 ______)."(5절) 솔로몬은 대답합니다. "… (2 ____) 마음을 종에게 주사 주의 백성을 재판하여 (3 ____)을 분별하게 하옵소서."(9절). 솔로몬은 "(2 ____) 마음"을 달라고 합니다. 하나님이 그에게 맡긴 직분을 수행하는 데 꼭 필요한 것을 구한 것입니다. 하나님 나라 직분자의 참 모습입니다.

"듣는 마음"은 '듣고 분별하는 (4 ____)'입니다(11절). (4 ____)는 오직 하나님으로부터만 옵니다. 아담과 하와가 '선악을 아는 일'에 하나님과 같이 되고자 했지만, 그 능력은 오직 하나님으로부터만 옵니다. 하나님이 주시는 말씀을 잘 들으면 (4 ____)가 생긴다는 것을 솔로몬은 잘 알고 있습니다.

두 (5 ____)에 대한 솔로몬의 재판은 유명합니다(16-28절). 솔로몬은 두 여자의 말을 자세히 듣습니다. 그 후 솔로몬은 하나님의 지혜를 얻어 인류 최고의 판결을 내리고 문제를 해결합니다(23-28절).

생각하기 솔로몬은 왜 다른 덕목이 아닌 지혜를 구했을까요?

해답 1. 구하라, 2. 듣는, 3. 선악, 4. 지혜, 5. 창기

열왕기상 4장 · 솔로몬의 왕권과 영화

주요 구절: 4:34

솔로몬은 나라를 정비합니다. 종교와 행정 책임자를 세웁니다. 무엇보다 지방을 나누어 다스리는 관리를 두고, 열두 지방 관리는 한 달씩 차례를 정하여 정기적으로 왕궁에 양식을 공급해야 합니다. 이렇게 나라의 권위와 책임을 위임하는 형태의 현대적 통치 원리를 도입합니다.

솔로몬의 영화는 대단합니다. 이스라엘 역사 가운데 가장 번성한 시대입니다. 아브라함에게 바다의 모래같이 많은 자손을 주겠다고 약속하셨던 것이 이루어졌습니다(창 22:17). "유다와 이스라엘의 인구가 바닷가의 (1 　　) 같이 많게 되매 먹고 마시며 즐거워하였으며"(20절) 또 넓은 땅을 주겠다던 약속이 이루어집니다(창 15:18). "솔로몬이 그 강(유브라데)에서부터 블레셋 사람의 땅에 이르기까지와 (2 　　) 지경에 미치기까지의 모든 나라를 다스리므로 솔로몬이 사는 동안에 그 나라들이 조공을 바쳐 섬겼더라."(21절)

하나님은 솔로몬에게 지혜도 줍니다. "하나님이 솔로몬에게 (3 　　)와 총명을 심히 많이 주시고, 또 넓은 (4 　　)을 주시되 바닷가의 (1 　　)같이 하시니, 솔로몬의 (3 　　)가 동쪽 모든 사람의 (3 　　)와 애굽의 모든 (3 　　)보다 뛰어난지라."(29-30절) 솔로몬은 영광도 받습니다. 솔로몬의 (3 　　)를 세계 각국 사람들이 알고 배우기 위해 방문할 정도입니다(34절). 솔로몬은 삼천 가지의 잠언(Proverbs)을 말하고, (5 　　) 1,005편을 만듭니다(32절).

생각하기 솔로몬 시대가 가장 흥왕한 이유는 무엇입니까?

해답 1. 모래, 2. 애굽, 3. 지혜, 4. 마음, 5. 노래

열왕기상 5장 · 성전 건축 준비

주요 구절: 5:18 (대하 2:1-18)

솔로몬이 다윗을 이어 왕이 되었다는 소식을 들은 두로 왕 히람은 사신을 보냅니다. "이는 히람이 (1 　　)에 다윗을 (2 　　)하였음이라."(1절) 솔로몬도 히람에게 사신을 보내어 성전 건축을 위한 백향목과 노동자를 요청합니다. 몇 번의 조율 끝에 "약조"(12절)를 맺습니다. 히람은 백향목과 잣나무 재목을 바다를 통해 뗏목으로 엮어 운

송하고, 다윗은 그 대가로 밀과 기름을 해마다 주기로 합니다. 이렇게 솔로몬은 성전 지을 재목과 돌을 얻습니다(10절). 참고로 '두로'는 세계 역사에서 페니키아(Phoenicia)로 알려진 나라입니다.

솔로몬은 성전 건축을 위해 일꾼 3만 명을 임명합니다. 1만 명씩 교대로 레바논으로 가서 나무 베는 일을 하고 나머지 2만 명은 집에서 쉽니다(13절). 짐꾼이 7만 명으로 바다로 온 나무를 예루살렘으로 나르는 일을 한 것으로 보입니다. 성전 건축을 위해 돌도 필요했습니다. 돌을 잘라내는 자가 8만 명이나 동원됩니다(15절). 이 일을 감독하는 자만 3천 3백 명이나 됩니다(13-16절). 대대적 국가사업입니다.

생각하기 강대국 두로의 협조를 받는 이스라엘은 얼마나 강대했을까요?

해답 1. 평생, 2. 사랑

열왕기상 6장 · 성전 건축

주요 구절: 6:1 (대하 3:8-14)

솔로몬은 이동이 용이한 '장막'(텐트, 성막)이 아니라, 한곳에 정착된 '성전'을 만듭니다. 이 성전은 고정된 형태입니다. 돌을 미리 다듬어서 가져왔기 때문에 성전 속에서는 (1)나 도끼나 모든 철 (2) 소리가 들리지 않았다고 합니다(7절). 성전 내부 장식도 금으로 입혀 아름답게 만듭니다(22절). 지성소에는 감람나무로 두 그룹(Cherub, 천사)을 만들고 금으로 입힙니다(23-27절).

이동식 장막이 아니라, 고정된 아름답고 웅장한 성전이기 때문에 하나님의 언약에 변화가 있을까요? 그렇지 않습니다. '성막' 시절이나 '성전' 시절이나 하나님의 언약은 동일합니다. "네가 지금 이 성전을 건축하니, 네가 만일 내 (3)를 따르며 내 율례를 행하며 내 모든 계명을 지켜 그대로 (4)하면 내가 네 아버지 다윗에게 한 말을 네게 확실히 이룰 것이요, 내가 또한 이스라엘 자손 가운데 거하며 내 백성 이스라엘을 (5) 아니하리라, 하셨더라."(12-13절) 성전은 (6) 년 만에 완성됩니다. "솔로몬이 (6) 년 동안 성전을 건축하였더라."(38절)

생각하기 이동하는 성막이 아닌 정주하는 성전을 허락하신 이유는 뭘까요?

해답 1. 방망이, 2. 연장, 3. 법도, 4. 행, 5. 버리지, 6. 칠

열왕기상 7장 · 왕궁의 건축과 성전 기물 제작

주요 구절: 7:51 (대하 3:15-17; 4:2-5, 11-5:1)

솔로몬 성전 건축은 7년밖에 걸리지 않지만, 솔로몬 왕궁은 무려 (1) 년이나 걸립니다(1절). 그렇지만, 성경은 솔로몬 궁전엔 관심이 없습니다. 1-12절에서 잠깐 언급하고 지나갑니다.

13절부터 다시 성전 내부에 들어갈 물건을 만드는 이야기를 이어갑니다(13-51절). 솔로몬이 성전 기물을 만들 기술자를 두로에서 데려옵니다. 이름이 "히람"(13절) 입니다. 두로 왕 히람(왕상 5:1)이 아니라, 동명이인 기술자입니다(대상 2:13 참고). 히람은 "놋쇠 대장장이"(14절)로서 이스라엘 "납달리 지파 과부의 아들"입니다. "모든 (2) 일에 지혜와 총명과 (3)을 구비한 자"(14절) 입니다. 광야에서 성막을 만들 때 일한 브살렐과 오홀리압을 생각나게 합니다(출 31:3; 36:1). 그는 성전 앞쪽에 "야긴(그가 세우실 것이다)과 보아스(그것 안에 힘이 있다)"라는 큰 기둥을 세웁니다(21절). 모두 다윗 가문에 주어진 언약의 약속을 의미하면서 다윗 왕국의 굳건함을 상징합니다.

놋을 부어 만든 (4)(Sea, 커다란 원형 대야)(23-26절)와 '놋 받침 수레'와 (5)(27-39절)을 만듭니다. (5)은 '놋 받침 수레' 위에 올려 하나를 이룹니다. 그 외에도 '솥', '부삽', '대접들'을 만듭니다. 모두 "빛난 놋으로"(45절) 만들었습니다.

생각하기 성전 기물들이 성막 기물보다 확대된 이유는 무엇일까요?

해답 1. 십삼, 2. 놋, 3. 재능, 4. 바다, 5. 물두멍

열왕기상 8장 · 성전 봉헌식과 솔로몬의 기도

주요 구절: 8:63 (대하 5:2-6:42; 7:4-10)

성전을 완성한 솔로몬은 언약궤를 다윗 성에서 새로 지은 성전으로 옮깁니다. 이스라엘 장로와 지파 대표들이 소집되었습니다(1절). 제사장들이 궤를 멥니다(3절). 언약궤를 성소에 놓고 제사장이 나올 때 여호와의 (1 　　)이 구름 모양으로 나타납니다. 구름이 성전에 가득해 제사장이 도저히 서서 예배할 수 없을 정도입니다(11절). 하나님이 성전에 임재한다는 것을 가시적으로 보여줍니다.

14-21절은 솔로몬의 성전 봉헌식 연설입니다. 하나님이 다윗과 언약을 맺고 그의 몸에서 날 아들에 의해 성전이 건축될 것이라고 말씀하였음을 기억합니다(삼하 7:5, 12-13). 솔로몬이 성전을 건축한 것은 먼 훗날 다윗 자손, 예수 그리스도께서 참 성전으로 오실 것임을 암시합니다.

22-53절은 솔로몬의 일곱 가지 기도입니다. 솔로몬의 기도는 언약백성이 (2 　　)을 향해(29절) 혹은 (2 　　) 안에서 기도할 때(33절) 들어달라는 것입니다. 기도는 (2 　　)을 중심으로 하나님과 교제를 가능케 합니다. 심지어 먼 지방에서 온 (3 　　)이라도 (2 　　)을 향하여 기도하면 응답하시길 요청했는데(41-43절), 새 언약 시대에 그것이 분명하게 성취됩니다. 솔로몬이 한 기도의 핵심은 언약백성의 '죄'와 '회개'와 하나님의 '용서'에 대한 것입니다(44-53절).

성전 봉헌식은 이스라엘의 초막절에 이루어져 14일 동안 거행됩니다. 이만 이천 마리의 소와 십이만 마리의 양을 드리고, 온 이스라엘의 회중은 함께 여호와께서 베푸신 모든 은혜로 말미암아 기뻐하며 마음에 즐거워합니다(63-66절)

생각하기 언약의 징벌을 돌이킬 수 있는 유일한 방법은 무엇입니까?

해답 1. 영광, 2. 성전, 3. 이방인

열왕기상 9장 · 성전보다 중요한 것!

주요 구절: 9:25 (대하 8:1-18)

하나님은 (1 __ __) 봉헌 때 나타나 말씀한 후 12년이 지난 때(주전 946년) 다시 솔로몬에게 나타나 중요한 말씀을 합니다. 하나님이 사람이 지은 성전에 거룩하신 당신의 이름과 눈길과 (2 __ __)을 두시겠다(3절)고 합니다. 이것은 분명히 은혜지만, 그렇다면 이스라엘 백성은 하나님의 명령과 법에 순종해야 합니다. 만약 순종하지 않을 경우에는 거룩하게 구별한 이 (1 __ __)이라도 던져버리겠다고 말씀합니다(7절). (1 __ __)의 핵심은 건물이 아니라, 하나님과 백성의 '언약'입니다. 하나님의 요구에 믿음으로 응답하지 않는 백성에게는 건물 자체가 아무런 의미가 없게 되기 때문에 없애버리겠다고 경고합니다.

20년 동안의 건축(성전 7년 + 왕궁 13년)이 끝납니다(주전 946년). 솔로몬은 히람에게 갈릴리 북쪽 두로 경계에 있는 20개 성을 백향목과 잣나무와 금을 제공한 대가로 줍니다. 히람은 그 땅이 마음에 흡족하지 않지만, 답례로 금 120 (3 __ __ __)를 솔로몬에게 줍니다(10-14절).

15-28절은 솔로몬의 더 많은 부귀를 묘사합니다. 성전과 왕국 이외에도 여러 성을 건축하고, 국고성, 병거성, 마병의 성들을 건축합니다(15-19절). 파라오의 (4 __)을 위하여 '밀로 성'을 또 하나 건축합니다(24절). 에시온게벨에서 배들을 지어 금 420 달란트를 옮겨옵니다(26-28절). 솔로몬의 부가 대단합니다.

생각하기 화려한 건물보다 하나님이 더 바라시는 것은 무엇인가요?

해답 1. 성전, 2. 마음, 3. 달란트, 4. 딸

열왕기상 10장 · 솔로몬의 부와 영화

주요 구절: 10:9 (대하 9:1-29)

솔로몬의 부와 영화에 대한 묘사가 이어집니다. 스바 여왕도 솔로몬의 부와 지혜에 놀

랍니다. 스바 여왕의 눈에 비친 솔로몬의 왕궁과 성전의 화려함, 그리고 나라의 위엄은 부러움을 자아냅니다(4-10절). 게다가 솔로몬의 (1   )까지 대단합니다. “당신의 (1   )와 복이 내가 들은 (2   )보다 더하도다.”(7절) 열심히 노력해 얻은 게 아니고 하나님이 그에게 주었습니다(24절)

14-25절은 솔로몬이 여러 세입금으로 거둔 엄청난 금의 양을 소개합니다. 660달란트의 금은 오늘날 25톤 정도의 양입니다. 이 금으로 솔로몬은 자신의 왕궁과 지위를 아름답게 치장하는 데 사용합니다. “솔로몬 왕이 마시는 (3   )은 다 금이요, 레바논 나무 궁의 (3   )들도 다 (4   )이라…”(21-22절)

솔로몬 왕의 (5   )과 (1   )가 세상의 그 어느 왕보다 큽니다(23절). 해외에서 예물을 가지고 솔로몬의 얼굴을 보기 위해 매년 방문하는 사람들이 많습니다(24-25절). 훌륭한 기병대를 조직합니다(26절). 병거가 1천 4백대, 마병이 1만 2천 명이나 됩니다(26절). 말들은 이집트의 준마입니다(28절). 이집트로부터 수입한 것 중 일부는 헷과 아람에게 되팔기도 합니다(29절). 일종의 무역입니다.

생각하기 솔로몬 시대의 부귀영화는 하나님 나라의 무엇을 보여줍니까?

해답 1. 지혜, 2. 소문, 3. 그릇, 4. 정금, 5. 재산

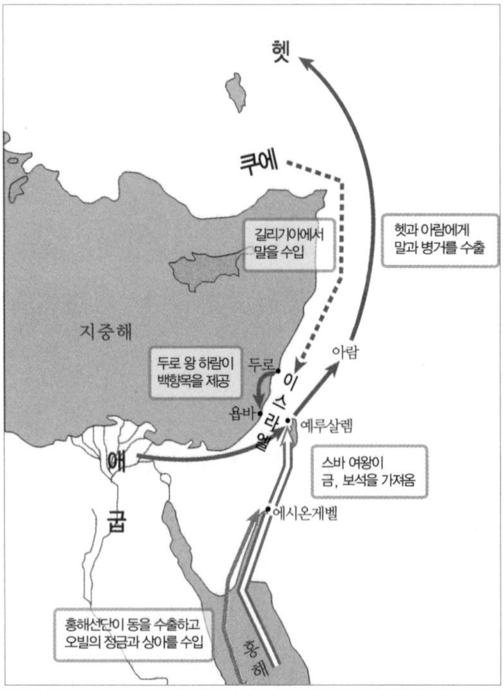

솔로몬의 무역

열왕기상 11장 · 불순종한 솔로몬에게 닥친 환란

주요 구절: 11:1 (대하 9:29-31)

솔로몬의 영화도 잠시뿐 이제 내리막길이 시작됩니다. 솔로몬은 그의 부와 영화의 최고점에서 언약을 어깁니다. "솔로몬 왕이 바로의 딸 외에 이방의 많은 여인을 (1)하였으니…"(1절) 이방인들과 통혼하지 말라는 명령(2절)을 어깁니다. 후궁이 무려 (2) 명, 첩이 삼백 명입니다(3절). 더 큰 문제는 솔로몬이 그 여인들이 가져온 우상을 섬긴 것입니다(4, 9절). 참 어리석습니다.

하나님은 솔로몬을 징계합니다. 에돔 사람 하닷(14-22절), 수리아(소바) 왕 르손이 일어나 솔로몬을 괴롭힙니다(23-25절). 또 에브라임 지파의 (3)이 솔로몬을 대적합니다(26절). 선지자 (4)가 새 옷을 열두 조각으로 찢어 열 개를 (3)에게 주면서 열 지파를 다스리게 될 것이라고 예언합니다(30-31절).

솔로몬의 불신앙에도 불구하고 하나님의 은혜는 중단되지 않습니다. 첫 번째 은혜는 솔로몬의 아들에게 한 지파를 주어 예루살렘에서 다윗이 항상 하나님 앞에 (5)을 가지고 있도록 한 것입니다(36절). 두 번째 은혜는 솔로몬 시대에는 나라를 빼앗기지 않는 것입니다(34절). 세 번째 은혜는 다윗의 집안에 괴로움을 주지만, 영원히는 아닌 것입니다(39절). 솔로몬이 죽고 그의 아들 르호보암이 왕이 됩니다.

생각하기 지혜로운 솔로몬이 왜 타락의 길로 가게 되었을까요?

해답 1. 사랑, 2. 칠백, 3. 여로보암, 4. 아히야, 5. 등불

열왕기상 12장 · 북(이스라엘)과 남(유다)의 분열

주요 구절: 12:20 (대하 10:1-19; 11:1-4)

솔로몬의 아들 르호보암은 아버지와 달리 어리석습니다. 의견을 듣는 척만 합니다. 경륜 있는 노인들의 자문보다는 친구들의 충동적 얘기를 듣고 백성을 '포학한 말'로 대합니다. 인간의 미련과 악행에도 하나님의 뜻 가운데 구속사가 진행됩니다. "(1)이

이같이 백성의 말을 듣지 아니하였으니 이 일은 여호와께로 말미암아 난 것이라."(15절) 역사의 주관자는 하나님입니다.

이스라엘 10지파는 르호보암을 버리고 "공회"를 통해 여로보암을 왕으로 세웁니다(20절). 여로보암이 공회를 통해 이스라엘 절대다수의 지지를 받고 왕이 됩니다. 르호보암이 군사를 일으켜 반란을 진압하려 하지만, 하나님의 선지자 스마야의 말을 듣고 전쟁을 거둡니다(21-24절). 역사의 주관자는 하나님임이 강조됩니다.

여로보암은 에브라임 족속으로 세겜에 성을 건축하고 부느엘에도 도시를 만들어 왕국의 규모를 갖춥니다. 하지만 성전이 유다 지파 영토에 있는 게 문제입니다. 계속 예루살렘으로 제사하러 간다면 여로보암에게 큰 위협이 될 것입니다. 결국 그는 정치적 안정을 위해 종교 형태를 바꿉니다. 남쪽 (2 ______)과 북쪽 '단'에 금송아지를 각각 만들어 세웁니다(29절). "이스라엘아! 이는 너희를 (3 ______) 땅에서 인도하여 올린 너희의 (4 ___)들이라."(28절) 여로보암은 어리석게도 조상들이 과거 광야에서 지은 죄를 다시 짓습니다. 하나님 형상을 만든 것입니다. 산당을 세우고 보통 백성을 제사장으로 세웁니다(31절). 그리고 "자기 (5 ______)대로" 유다와 비슷하게 여덟째 달 15일에 '초막절'을 지키도록 정합니다(32-33절). 이런 결정은 여로보암의 신앙 상태를 그대로 보여줍니다. 그는 하나님의 언약에 관심이 없습니다.

생각하기 예배와 직분과 절기의 타락은 어떤 결과를 초래할까요?

해답 1. 왕, 2. 벧엘, 3. 애굽, 4. 신, 5. 마음

남과 북으로 분열된 이스라엘

열왕기상 13장 · 영적 어둠의 시대

주요 구절: 13:33

여로보암은 벧엘에서 초막절을 맞아 솔로몬이 성전을 봉헌한 것처럼 산당을 봉헌하려 합니다. 여로보암은 왕이면서 동시에 제사장 역할을 합니다. 이때 유다로부터 온 이름 없는 한 선지자가 봉헌식에 참석해 하나님의 말씀으로 경고합니다. 그는 후에 다윗의 자손 가운데 “(1)”라 불리는 왕이 태어나 이 제단 위에서 벧엘의 제사장을 제물로 드리게 될 것이라고 예언합니다(2절, 왕하 23:15-20에서 성취). 예언이 진실이라는 징표로 제단이 갈라지고 재가 쏟아집니다(3절). 솔로몬이 성전을 봉헌했을 때는 영광의 구름이 임했지만, 여로보암이 벧엘의 제단을 봉헌할 때는 심판의 말씀이 임했습니다.

벧엘에 한 늙은 선지자가 있습니다. 벧엘에 살면서 여로보암 왕의 죄에 대해 침묵하고 있었으니 아마 배교한 거짓 선지자일 것입니다. 늙은 선지자는 무명의 선지자를 찾아가 그를 유혹해 속입니다(18절). 하나님은 무명의 선지자에게 음식을 먹지 말라고 명령했는데 늙은 선지자가 거짓으로 천사를 들먹이며 먹어도 된다고 했다고 거짓말합니다. 참 교활합니다. 젊은 선지자는 어리석게도 먹고 말았고 하나님의 말씀을 온전하게 지키지 못함으로 벌을 받아 (2) 에게 물려 죽습니다(24절). 직분자가 하나님의 말씀이 아니라, 거짓에 귀 기울일 때 어떤 결과가 있는지를 잘 보여줍니다.

여로보암은 이 일 후에도 회개하지 않고 레위인이 아닌 여전히 (3) 백성을 산당의 제사장으로 세웁니다(33절). 누구든지 (4)하면 그 사람을 산당의 제사장으로 세웁니다(33절). 직분이 아주 타락하고 말았습니다.

생각하기 직분의 타락은 교회의 타락으로 이어집니다. 우리 교회는 어떤가요?

해답 1. 요시야, 2. 사자, 3. 일반, 4. 자원

열왕기상 14장 · 여로보암, 르호보암의 악행

주요 구절: 14:31 (대하 11:5-12:15)

여로보암은 자신의 아들 아비야가 아프자 아내를 변장시켜 선지자 (1)에게 보냅니다(2절). 그러나 돌아온 대답은 아들이 죽을 뿐만 아니라 여로보암의 죄 때문에 집안이 멸망할 것이라는 소식입니다. 결국 아들이 병들어 죽는데, 그 집안 가운데 오직 아비야만 묘실에 장사됩니다. 그 이유는 그가 이스라엘의 하나님 여호와를 향하여 (2)한 뜻을 품었기 때문입니다(13절). 여로보암은 (3) 년을 다스리다가 죽고 아들 (4)이 왕이 됩니다(20절).

남 유다의 르호보암은 41세에 왕이 되어 17년을 다스립니다. 암몬의 우상을 숭배하던 어머니의 영향을 많이 받아 산 위에와 푸른 나무 (5)에 산당과 아세라 상을 세웁니다(23절). 하나님은 그와 그 행위를 미워합니다. 그래서 이집트의 시삭 왕을 보내 아버지 솔로몬의 모든 보물을 빼앗아가게 합니다(25-26절)

르호보암과 여로보암 사이에는 군사적 긴장이 계속되었고 전쟁이 있었습니다(30절). 남 유다, 북 이스라엘 가릴 것 없이 첫째 왕들 모두 하나님과의 관계가 형편없습니다. 남 유다의 르호보암이 죽은 후 그의 아들 (6)이 왕이 됩니다(31절, 15:1, 7, 8).

생각하기 최근 하나님과의 관계는 어떻습니까?

해답 1. 아히야, 2. 선, 3. 22, 4. 나답, 5. 아래, 6. 아비얌

열왕기상 15장 · 실망스런 언약백성의 모습

주요 구절: 15:16 (대하 13:-14:1; 15:16-16:6)

북 이스라엘 왕 여로보암 통치 18년일 때, 남 유다 왕 르호보암이 죽고 아들 (1)이 왕이 됩니다(1절, '아비야' 대하 13:1-3). (1)은 남 유다를 3년 동안 다스리는데 아버지와 다를 바가 없습니다. 하지만, 하나님은 다윗과의 언약을 기억하고 예루살렘을 튼튼하게 세웁니다(4-5절).

(1)이 죽고 그의 아들 아사가 왕이 되어 (2)년 동안 통치하는데(10절), 다윗과 같이 여호와 보시기에 정직하게 행합니다. 이것은 전적으로 하나님의 은혜로운 섭리에 의한 것입니다(4절). 아사 왕은 "(3)하는 자를 그 땅에서 쫓아내고 그의 조상들이 지은 모든 (4)"(12절)을 없앱니다.

북 이스라엘에는 여로보암을 이은 나답이 2년간 악하게 다스립니다. 그러자 바아사가 반란을 일으켜 왕을 죽이고 정권을 탈취합니다. 바아사가 남 유다를 공격하자 다급해진 아사 왕은 북쪽에 있는 아람 왕 벤하닷에게 성전 곳간에 있는 은금을 주고 북 이스라엘을 치도록 합니다. 결국 바아사는 라마에 요새 건설을 중단하고 후퇴합니다. 아사의 외교술을 높이 평가할 수 있겠지만, 하나님을 찾지 않고 이방 세력을 끌어들인 것은 잘못입니다. 아사 왕이 "늘그막에 (5)에 병"(23절)이 든 것도 이에 대한 벌이었습니다.

북 이스라엘의 바아사는 24년(33절)을 다스립니다. 그는 여호와께서 아히야 선지자를 통해 하신 예언, 곧 여로보암 가문을 멸절시켰습니다(29절).

생각하기 나는 다급할 때 누구를 찾습니까? 무엇을 의지합니까?

해답 1. 아비얌, 2. 41, 3. 남색, 4. 우상, 5. 발

열왕기상 16장 · 언약을 떠난 백성의 죄와 비참

주요 구절: 16:29

여로보암의 아들 나답을 죽이고 왕이 된 (1)(왕상 15:25-28)는 하나님의 말씀에 순종하기는커녕 여로보암과 같이 백성을 죄악의 길로 몰아넣습니다. 예후 선지자는 (1)에게 경고하기를 그 전 왕들의 운명처럼 만들어 버리겠다(1-7절) 합니다. 그의 아들 (2)가 왕이 되어 2년을 다스립니다(6절).

엘라 왕은 기병대장 (3)의 반란으로 쫓겨나고 죽습니다. (3)는 바아사 가문의 남자를 모두 죽입니다(11절). 예후의 예언이 이루어집니다. 그러나 (3)는 왕위를 차지한 지 7일만(15절)에 (4)에 의해 폐위됩니다. 당시 이스라엘 백성은 블레셋의 깁브돈을 향해 전쟁을 벌이고 있었는데 (3)의 반란 소식을 듣고 군 지휘관이었던 (4)를 왕으로 세웠기 때문입니다(15-16절).

오므리는 12년을 통치하는데, 하나님 앞에서 악을 행하되 그 전의 모든 사람보다 더욱 악합니다(25-26절). 오므리가 죽고 난 후 그의 아들 아합이 22년을 통치하는데 아버지보다 더 악한 일을 많이 합니다. 시돈 왕 엣바알의 공주 (5)과 혼인해 바알과 아세라 신을 섬깁니다(31-33절). 하나님의 언약의 말씀을 소중히 여기지 않고 순종하지 않는 아합의 영적 상태는 여리고 성을 건축한 데서 드러납니다(수 6:26 참고). 아합은 여리고 성을 재건하지 말라는 말씀을 깨뜨립니다(34절). 500년 동안 믿음과 복의 역사를 선포하던 여리고성은 이제 불신앙과 저주의 역사를 선포합니다.

생각하기 북 이스라엘이 타락의 길로 가게 된 원인은 무엇입니까?

해답 1. 바아사, 2. 엘라, 3. 시므리, 4. 오므리, 5. 이세벨

열왕기상 17장 · 엘리야의 등장과 하나님의 징계

주요 구절: 17:1

북 이스라엘의 역사는 배교한 언약백성이 얼마나 악할 수 있는지 여과 없이 보여줍니다. 그래도 하나님은 언약백성을 내팽개치지 않고 오래 인내합니다. 하나님은 그들에게 언약의 선지자를 보냅니다. 바로 (1 ______)입니다. (1 ______)가 아합 왕에게 나타나 심각한 가뭄이 있을 것이라고 경고합니다(1절). 가뭄은 언약백성에 대한 하나님의 징계이며 심판(참고, 레 26:3-4; 호 2:5-9)입니다. 오랜 가뭄으로 북 이스라엘에는 마실 것과 먹을 것이 없습니다.

하나님은 엘리야를 그릿 시냇가로 숨겼는데, 신기한 방법(까마귀들)으로 음식을 공급합니다. 하나님은 엘리야를 이방 땅 시돈으로 보냅니다. 말씀의 전파자를 먼 이방 땅으로 보낸 것은 이스라엘을 향한 저주입니다. 하나님은 이스라엘 땅에는 징계를 내리고 이방 땅에는 은혜를 베풉니다. 사르밧 과부의 집에 나타난 놀라운 기적이 좋은 예입니다. 그 집에 통의 (2 ____)와 병의 (3 ____)이 떨어지지 않습니다(16절). 심지어 과부의 아들이 죽자 엘리야가 다시 살립니다. 그러자 이방 땅에서 신앙고백이 터져 나옵니다. "내가 이제야 당신은 하나님의 사람이시요, 당신의 (4 __)에 있는 여호와의 말씀이 (5 ____)한 줄 아노라."(24절) 이스라엘은 언약을 시궁창에 내다버렸지만 이방 여인은 선지자와 그의 입에서 나오는 말씀을 칭송합니다. 언약백성을 대표하는 아합의 불신앙과 이방인의 대표인 사르밧 과부의 신앙이 극적으로 대조됩니다.

생각하기 만약 내가 가뭄과 같은 징계를 받으면 어떻게 하겠습니까?

해답 1. 엘리야, 2. 가루, 3. 기름, 4. 입, 5. 진실

열왕기상 18장 · 엘리야의 갈멜산 전투

주요 구절: 18:39

3년 동안 (1 ________)에 기근이 심각합니다(2절). 하나님은 이제 비를 내릴 계획입니다. 아합의 왕궁에서 일하는 신실하고 의로운 오바다(3, 5절)의 중재로 엘리야가 아합 왕을 만납니다. 엘리야는 일종의 영적 결투를 요청하는데, 결투 장소는 갈멜산입니다. 갈멜산은 바알에게 봉헌된 산입니다. 비를 내려준다고 믿는 바알이 참 신인지, 아니면 여호와 하나님이 참 신인지 대결을 펼칠 것입니다.

엘리야는 백성에게 영적 결단을 요청합니다. "너희가 어느 때까지 둘 사이에서 (2 □□□□) 하려느냐?"(21절) 백성은 아무런 대답도 하지 않습니다. 하늘에서 불을 내려 제물을 태우는 것이 결투 방법인데 먼저 바알 선지자가 나섭니다. 바알의 선지자들은 미친 듯이 떠들고 큰 소리를 지르며 피가 흐르기까지 칼과 창으로 그들의 몸을 상하게 하지만, 불은 하늘에서 내려오지 않습니다.

이제 엘리야 차례입니다. 그는 백성을 불러 모으고 "무너진 여호와의 (3 □□)을 수축"합니다(30절). 무너진 언약을 다시 세운다는 뜻입니다. (3 □□)제물을 놓고 물을 세 번이나 흥건하게 붓고 기도합니다. "아브라함과 이삭과 이스라엘의 (4 □□□)여호와여! 주께서 이스라엘 중에서 (4 □□□)이신 것과 내가 주의 종인 것과 내가 주의 말씀대로 이 모든 일을 행하는 것을 오늘 알게 하옵소서. 여호와여 내게 응답하옵소서. 내게 응답하옵소서. 이 백성에게 주 여호와는(4 □□□)이신 것과 주는 그들의 (5 □□)을 되돌이키심을 알게 하옵소서."(36-37절) 기도를 마치자 불이 하늘에서 내려와 제물을 태웁니다. 그제야 백성이 놀라 이렇게 고백합니다. "여호와 그는 (4 □□□)이시로다."(39절) 마침내 하늘에서 큰 비가 내리기 시작합니다(45절).

생각하기 하늘에서 불과 비가 내려오는 것을 본 백성의 마음은 어땠을까요?

해답 1. 사마리아, 2. 머뭇머뭇, 3. 제단, 4. 하나님, 5. 마음

열왕기상 19장 · 언약의 선포자 엘리야

주요 구절: 19:12

갈멜산의 위대한 승리에도 불구하고 이상하게 엘리야는 깊은 영적 절망 속으로 빠집니다. 아합과 이세벨이 회개는커녕 엘리야를 죽이려 하기 때문입니다. 절망에 빠진 언약의 선포자 엘리야는 광야 (1 □□) 나무 아래서 차라리 자기를 죽여 달라고 애걸합니다(4절). 하나님은 천사를 보내 엘리야를 먹이며 기운을 돋웁니다(5-8절). 엘리야는 40일을 걸어 (2 □□) 산으로 갑니다(8절). (2 □□) 산(시내 산)은 이스라엘 백성이 하나님과 언약을 맺었던 장소입니다. 하나님은 엘리야에게 묻습니다. "네가 어찌하여 (3 □□) 있느냐?"(13절) 이스라엘 자손이 주의 언약을 버렸고 선지자는 자

기 혼자 남았기 때문입니다(14절). 그때 하나님은 강한 바람과 지진과 불을 보내지만, 그곳에 하나님은 없습니다(11-12절). 오히려 하나님은 "세미한 (4)"(12절) 가운데 일합니다.

하나님은 엘리야에게 다시 사명을 줍니다. 다메섹에서 하사엘에게 기름을 부어 아람 왕으로 세우고, 예후에게 기름을 부어 이스라엘의 왕으로 세우고, (5)에게 기름을 부어 자신의 후계자로 삼아야 합니다. 하나님은 이런 사람들을 통해 심판할 것입니다. "하사엘의 칼을 피하는 자를 예후가 죽일 것이요, 예후의 칼을 피하는 자를 (5)가 죽이리라."(17절)

하나님은 엘리야가 '주의 선지자들은 모두 죽고 자기 혼자 남았다'고 생각한 것을 교정합니다. "내가 이스라엘 가운데 (6) 명을 남기리니."(18절) 이 부분을 "벨기에 신앙고백"은 이렇게 고백합니다: "…그리고 이 거룩한 교회는 온 세상이 아무리 사납게 날뛴다 할지라도 그것에 상관없이 하나님에 의해 보존되고 지지된다. … 아합의 잔인한 통치 기간에도 하나님께서는 바알에게 무릎 꿇지 않은 (6) 인을 남겨 두었듯이 그 거룩한 교회를 유지하고 보존하신다…"

생각하기 절망의 순간에도 하나님이 일하시는 것을 믿습니까?

해답 1. 로뎀, 2. 호렙, 3. 아기, 4. 소리, 5. 엘리사, 6. 칠천

열왕기상 20장 · 아합의 영적 무감각

주요 구절: 20:1

이스라엘 북쪽에 있는 아람 나라는 늘 위협입니다. 마침내 아람 왕 벤하닷이 북 이스라엘을 침공합니다. 하나님은 언약백성을 공격한 벤하닷을 그냥 두지 않습니다. 하나님은 한 선지자를 보내 전쟁에서 이길 것이라고 아합 왕에게 전합니다. 그렇게 한 목적은 아합에게 돌이킬 기회를 주기 위함입니다(13절). 전쟁은 정말 아합의 승리입니다. 그러나 아합은 돌이키지 않습니다.

다음 해 또 벤하닷이 전쟁을 시도합니다. 이스라엘 군대는 (1) 무리의 적은 염소

떼와 같고 아람 군대는 그 땅에 가득했을 정도로 전력 차이가 납니다(27절). 그럼에도 하나님의 사람이 또 이길 것이라고 예언합니다. 그 이유는 아합과 이스라엘 백성이 "내가 (2   )인 줄을 알"(28절)게 하려는 것입니다. 아합은 전쟁에서 아람 보병 (3   )만 명을 죽입니다(29절). 하지만 아합은 자신의 힘으로 전쟁에서 이겼다며 자만합니다. 그는 벤하닷 왕을 살려주며 언약도 맺습니다(31-34절). 하나님보다 더 자비로운 척 합니다. 아합은 끝까지 하나님께 돌아오지 않고 교만하게 삽니다. 하나님은 선지자를 보내 그의 죄를 지적하고 저주합니다. "…내가 멸하기로 (4   )한 사람을 네 손으로 놓았은즉 네 (5   )은 그의 (5   )을 대신하고 네 백성은 그의 백성을 대신하리라."(42절)

생각하기 하나님이 하신 일을 내가 했다고 여기고 교만했던 적이 있습니까?

해답 1. 두, 2. 여호와, 3. 십, 4. 작정, 5. 목숨

열왕기상 21장 · 나봇에게 저지른 아합의 악행

주요 구절: 21:22

왕은 언약백성을 섬기는 직분인데, 아합은 백성 위에 군림하며 백성을 탈취하고 빼앗습니다. 나봇의 (1   )을 뺏으려 한 것에서 그의 통치 철학이 드러납니다(1절). 언약백성은 하나님께 받은 기업을 팔 수 없습니다. 하지만 아합은 욕심에 마음이 팔려 언약을 무시하고 그 땅을 요구합니다. 하나님을 무시한 처사입니다.

이세벨이 거기에 힘을 보탭니다. 왕후가 나봇의 포도원을 뺏는 방법은 악하기 그지없습니다. 권력의 힘으로 거짓 증인 두 사람을 모아 내세웁니다. "나봇이 하나님과 왕을 (2   )하였다."(13절) 그들은 나봇을 성 밖에서 돌로 쳐 죽입니다. 아합 왕은 선한 목자처럼 백성을 보호하지 않고, 강도처럼 생명과 재산을 빼앗습니다. 선한 목자로 오실 메시아가 너무나도 간절합니다.

하나님이 엘리야를 보내 심판을 선포합니다(17-18절). 아합에게는 "(3   )들이 나봇의 피를 핥은 곳에서 (3   )들이 네 피 곧 네 몸의 피도 핥으리라"(19절)라고 예언합니

다. 이세벨에게도 “(3)들이 이스르엘 성읍 곁에서 이세벨을 먹을지라”(23절)는 예언이 임합니다. 비참한 결말을 의미합니다.

아합이 그 말을 듣고 “그의 옷을 찢고 굵은 (4)로 몸을 동이고 금식하고 굵은 (4)에 누우며 또 풀이 죽어”(27절) 있습니다. 하나님은 아합의 후회를 보고 재앙을 즉시로 내리지 않고 아들 시대에 내리겠다고 합니다(29절).

생각하기 끝까지 말씀을 지킨 나봇이 어떻게 느껴집니까?

해답 1. 포도원, 2. 저주, 3. 개, 4. 베

열왕기상 22장 · 아합의 죽음

주요 구절: 22:34 (대하 18:2-34; 20:31-21:1)

북 이스라엘 아합과 남 유다 여호사밧이 연합해 아람 군대에게 빼앗긴 (1) 라못을 되찾기로 결정합니다(3절). 아합보다 경건한 여호사밧은 전쟁에 나가기 전 선지자에게 묻자고 제안합니다. 아합은 선지자 400명에게 전쟁 출정 여부를 묻습니다. 그들은 하나같이 모두 전쟁에서 승리할 것이라고 예언합니다. 거짓 예언자들입니다. 종교인이 정권의 하수인이 된 것입니다. 마지막으로 아합이 싫어하는 선지자 미가야를 부릅니다. 그는 “여호와께서 내게 (2)하시는 것, 곧 그것을”(14절) 예언합니다. 전쟁에서 연합군이 패할 것이라고 한 것입니다(17절). 그러자 거짓 선지자 시드기야가 참 선지자 미가야의 뺨을 치며 “여호와의 (3)이 나를 떠나 어디로 가서 네게 말씀하시더냐?”(24절)라고 모독합니다. 아합은 미가야 선지자를 가두고 “고생의 (4)과 고생의 (5)”(27절)을 먹이며 박해합니다.

그럼에도 아합은 그 예언이 불길하다고 느낍니다. 그래서 그는 일반 사병으로 변장을 합니다. 그러나 아합은 “한 사람이 (6)” 당긴 화살에 맞아 죽습니다(34절). 인간 역사로 볼 때 (6)이지만 하나님의 계획입니다.

아합의 아들 아하시야가 대신 왕이 되어 2년을 통치합니다. 여호사밧은 35세에 남유다의 왕이 되어 25년을 통치합니다. 여호사밧은 아사의 길로 행하며 정직히 행했으나 북

이스라엘과 가까이 지내고 산당을 없애지 않았습니다(43-44절).

생각하기 선한 왕 여호사밧은 왜 악한 왕 아합과 연합했을까요?

해답 1. 길르앗, 2. 말씀, 3. 영, 4. 떡, 5. 물, 6. 무심코

열왕기하

열왕기상 서론에서 말한 것처럼, 열왕기하에는 아합의 죽음 이후 북 이스라엘의 멸망과 남 유다의 멸망까지 내용이 나옵니다. 아합 시대 활약하던 엘리야가 하늘로 승천하고 엘리사가 후계자가 되어 북 이스라엘에서 활약합니다. 남 유다 왕국에서는 히스기야나 요시야처럼 언약에 충실한 왕들이 등장하지만 그들도 부족한 인간 왕인지라 개혁을 완수하지 못합니다.

결국 북 이스라엘은 BC 722년에 아시리아에게 망하고, 남 유다는 BC 586년에 바빌론에게 망합니다. 북 이스라엘은 210년 동안 아홉 왕조가 들어섰습니다. 반역과 몰락의 역사였습니다. 그러나 남 유다는 345년 동안 다윗 왕가가 유지되었습니다. 이스라엘이 신실하지 못하여 망하였으나 신실하신 하나님이 그들을 돌보셨고, 이제 곧 회복시키실 것입니다.

내용 구분

- 1-8장 — 엘리사의 활약
- 9-10장 — 아합 집안의 몰락
- 11-12장 — 아달랴와 요아스
- 13-17장 — 열왕들의 통치와 북 이스라엘 멸망
- 18-25장 — 남 유다의 개혁 실패와 멸망

열왕기하 1장 · 아하시야를 향한 엘리야의 경고

주요 구절: 1:2

아합 왕이 죽자 (1 ＿＿)이 이스라엘을 배반합니다(1절). 설상가상으로 왕 아하시야가 다락 난간에서 떨어져 시름시름합니다. 사고 같지만 사실은 하나님의 '경고'입니다. 아하시야는 하나님의 반복되는 경고에 회개해야 했지만 영의 눈이 멀어버려 에그론의 신 (2 ＿＿＿＿)에게 병이 낫겠냐고 물어봅니다(3절). 언약의 하나님을 의지하지 않고 이방 신들을 믿고 섬깁니다. 참 미련합니다.

하나님은 회개할 기회를 줍니다. 하나님은 '여호와의 사자'(천사)를 엘리야에게 보내 아하시야의 죽음을 예언합니다(3절). 아하시야가 '이스라엘에 (3 ＿＿＿)이 없다'(6절)고 생각하고 다른 신에게 물었기 때문입니다.

아하시야는 선지자 엘리야를 죽이려고 두 번이나 군인 50명을 보냅니다. 그들이 하는 말을 보십시오. "하나님의 (4 ＿＿)이여, 왕의 말씀이 내려오라 하셨나이다."(9절) "하나님의 (4 ＿＿)이여"라고 부른 것은 엘리야를 인정한 것이 아니라 조롱입니다. 하늘에서 불이 내려와 그를 불 살랐기 때문입니다. 엘리야를 하나님의 선지자로 인정하지 않는 것은 하나님을 인정하지 않는 죄를 짓는 것과 같습니다. 세 번째 군인들은 자세가 다릅니다. "엘리야 앞에 이르러 그의 (5 ＿＿)을 꿇어 엎드려 간구하여…"(13절) 하나님을 두려워한 그들은 죽지 않습니다. 엘리야는 여호와의 말씀을 듣고 아하시야에게 내려갑니다. 그렇다고 예언의 내용이 바뀌지 않습니다. 아하시야의 회개가 없으니 말입니다. "여호와의 (6 ＿＿)대로"(17절) 아하시야가 죽고 그의 형제 여호람이 왕이 됩니다.

생각하기 나는 교회 직분자를 어떻게 생각하고 대합니까?

해답 1. 모압, 2. 바알세붑, 3. 하나님, 4. 사람, 5. 무릎, 6. 말씀

열왕기하 2장 · 엘리야에게서 엘리사로

주요 구절: 2:1

'말씀의 선포자'이며 '말씀의 사역자'인 엘리야가 떠나갈 때가 됩니다(1절). 엘리야는 길갈 => 벧엘 => 여리고 => 요단 강 동편으로 이동합니다. 제자 엘리사가 엘리야를 뒤 따릅니다.

엘리사는 엘리야에게 "성령이 하시는 역사가 (1)"(9절)이나 자신에게 있도록 해 줄 것을 요구합니다. (1)은 두 배입니다. 청출어람(青出於藍)을 요구한 것일까요? (1)의 은혜를 요구한 것은 마치 장자의 권리를 요구한 것과 같습니다. 엘리사가 언약의 사역자로 섬긴 엘리야의 직분을 구한 것입니다.

불 수레와 불 말들이 두 사람을 갈라놓고 회오리바람으로 하늘로 올리니 엘리사가 이렇게 외칩니다. "내 (2)여! 내 (2)여! 이스라엘의 병거와 그 마병이여!"(12절) 과연 엘리야는 엘리사의 영적 (2)입니다. "병거와 마병"이라 한 것은 엘리야가 말씀으로 이스라엘을 보호할 뿐만 아니라 다스리는 역할을 했다는 것을 보여줍니다.

엘리야에게 임했던 성령님이 엘리사와도 함께함을 보여주는 기적들이 이어집니다. 엘리사는 엘리야가 떨어뜨린 겉옷으로 요단 강을 둘로 가르며 건넙니다. 또 여리고에서 소금으로 나쁜 물을 깨끗하게 합니다. 벧엘에서 엘리사가 아이들로부터 (3)라고 조롱을 받은 일이 있습니다(23절). 아이들이 말씀의 종을 조롱한 것입니다. 벧엘이 금송아지 우상숭배의 본거지임을 염두에 둔다면 불신앙의 부모로부터 불신앙의 자녀들이 났다고 볼 수 있습니다. 암곰 둘이 숲에서 나와 아이 (4)명을 죽입니다(24절). 하나님의 심판입니다.

생각하기 영적 아버지 엘리야를 보낼 때 엘리사의 심정은 어땠을까요?

해답 1. 갑절, 2. 아버지, 3. 대머리, 4. 42

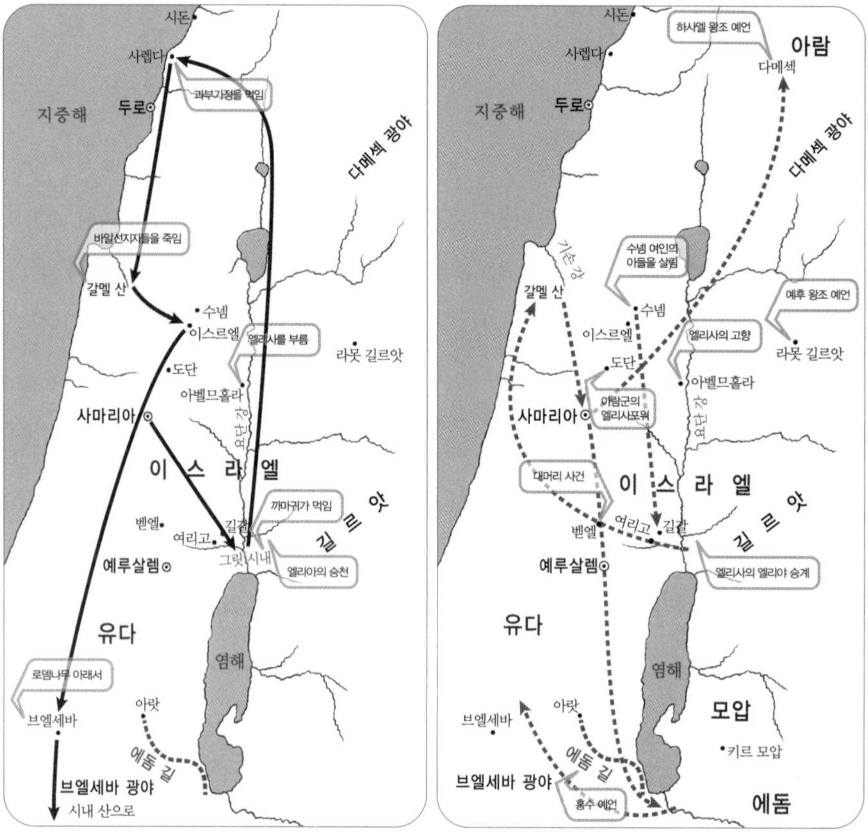

엘리야, 엘리사의 사역

열왕기하 3장 · 엘리사가 삼국 연합을 돕다

주요 구절: 3:9

모압이 이스라엘을 배신하여 조공 바치기를 중단합니다. 북 이스라엘 왕 여호람은 남유다 왕 여호사밧과 에돔 왕을 끌어들여 연합군을 만들고 모압을 공격합니다. 하지만 전투 중에 물이 없어 싸워보지도 못하고 죽을 지경입니다. 이때 세 왕이 하나님의 사람(1)에게 가서 도움을 청합니다. (1)는 아합 왕의 아들 여호람을 봐서는 도와주지 않을 것이지만, 유다 왕 여호사밧 때문에 도와주겠다고 합니다. 하나님이 다윗과 맺은 언약 때문입니다(삼하 7:16 참고). 비가 올 징조가 전혀 없지만(17절), 하나님은 그들에게 엄청난 양의 물을 보내고, 모압과의 전쟁에서 이길 것이라는 예언을 줍니다.

이른 아침 모압 군인이 삼국 연합군이 있는 곳을 바라보는데 햇빛에 비친 평지가 마치 (2 　)로 덮인 것 같습니다(22절). 모압 군인은 세 나라 군대가 서로 싸워 피바다가 된 것으로 착각합니다. 그들이 전투 대형이 아니라, 전리품을 거두고자 경계 없이 다가갔다가 연합군에게 패하고 맙니다. 모압 왕 메사는 평소에 잘 지내던 에돔 왕에게로 피신하려고 했지만 여의치 않습니다. 그가 죽을 지경에 몰리자, 자신의 (3 　 　 　)을 그모스 신에게 제물로 바칩니다(27절). 그때 무슨 일인지 "이스라엘에게 크게 (4 　 　 　)"(27절)이 일어납니다. 아마도 모압 왕이 아들을 불태워 죽이는 것을 보고 분노가 일어나 크게 치를 떤 것이 아닌가 생각해봅니다. 그 후 연합군은 모압을 공격하기를 멈추고 돌아간 것으로 보입니다.

생각하기 자기 백성을 도우시는 하나님을 믿습니까?

해답 1. 엘리사, 2. 피, 3. 맏아들 4. 격노함

열왕기하 4장 · 여러 기적을 행하는 엘리사

주요 구절: 4:9

선지자는 하나님의 말씀을 전하는 자입니다. 선지자의 말은 곧 하나님의 말씀이고 권위가 있습니다. 엘리사의 제자 중 한 사람이 죽고 말았습니다. 아내와 두 아이가 남았는데, 빚 때문에 두 아이가 종으로 팔려갈 신세입니다. 엘리사는 그 가정에게 도움을 줍니다. 이웃에게 빈 (1 　 　)을 빌려 오라고 합니다(3절). 기적이 일어났습니다. (1 　 　)만큼 기름이 채워져 그것을 팔아 생계를 유지할 수 있게 되었습니다. 하나님은 직분자를 통해 백성을 보호하며, 필요한 것을 채워줍니다.

수넴 여인은 엘리사를 "하나님의 (2 　 　)한 사람"(9절)으로 인정하며 엘리사에게 숙식을 제공하자, 엘리사가 감사의 표시로 여인이 내년에 아들을 얻게 될 것이라고 말합니다. "내 주 하나님의 사람이여! 당신의 계집종을 (3 　 　 　) 마옵소서"(16절)라고 했지만 나중에 정말 아이를 얻었습니다. 하지만 그 아이가 나중에 죽게 되자 여인이 "내가 내 주께 아들을 구하더이까? 나를 (3 　 　 　) 말라고 내가 말하지 아니하더이까"(28절)라며 엘리사를 원망했습니다. 여인의 믿음이 부족함을 발견할 수 있습니다

다. 그럼에도 하나님은 엘리사를 통해 그 아들을 다시 살려줍니다.

그 외에도 엘리사는 독이 든 국을 가루로 해독시킨 사건이나, 보리떡 (4) 개와 자루에 담은 채소로 100명이 먹는 기적을 일으킵니다(42절). 엘리사가 대단한 것이 아니라, 여호와의 (5)이 대단함을 보여주고자 한 것입니다. "여호와의 (5)이 그들이 먹고 남으리라 하셨느니라."(43절)

생각하기 엘리사의 기적은 어떤 공통점을 가지고 있나요?

해답 1. 그릇, 2. 거룩, 3. 속이지, 4. 20, 5. 말씀

열왕기하 5장 · 이방인에게도 하나님이 선포되다

주요 구절: 5:8

아람 왕의 군대장관 나아만에 관한 사건은 아주 재미있습니다. 아람 왕의 군대장관 나아만은 전쟁 영웅이지만 지금은 나병에 걸린 환자입니다. 그때 이스라엘에서 포로로 잡혀 온 어린 소녀가 엘리사를 소개합니다. 나아만이 아람 왕의 친서를 가지고 이스라엘 왕을 찾으니 온 나라가 발칵 뒤집힙니다(7절). 엘리사가 그 소식을 듣고 자신에게 보내라고 합니다(8절). 이 사건은 이방 나라를 향한 하나님의 사랑과 긍휼에 관한 것입니다. "…그가 이스라엘 중에 (1)가 있는 줄을 알리이다"(8절)라고 말한 것에서 볼 수 있습니다.

엘리사가 나아만에게 "너는 가서 요단 강에 몸을 (2) 번 씻으라. 네 살이 회복되어 깨끗하리라"(10절)라고 말합니다. 나아만이 처음에는 거절하다가 "하나님의 (3)의 말대로 요단 강에 (2) 번 몸을 잠그니 그의 살이 어린 아이의 살 같이 (4)되어 깨끗하게"(14절) 됩니다. 나아만은 그제야 이렇게 고백합니다. "내가 이제 이스라엘 외에는 온 천하에 (5)이 없는 줄을 아나이다."(15절)

나아만 사건에서 그리스도와 그의 사역이 암시됩니다. 이 큰 의미를 깨닫지 못한 엘리사의 종 (6)는 나아만에게 몰래 대가를 받다가 그만 나아만의 나병이 그에게 옮겨지는 벌을 받습니다(20-27절).

생각하기 몸이 깨끗하게 회복되었을 때 나아만의 심정은 어땠을까요?

해답 1. 선지자, 2. 일곱, 3. 사령, 4. 회복, 5. 신, 6. 게하시

열왕기하 6장 · 선지학교 학생과 아람의 침입

주요 구절: 6:16

엘리사가 가르치는 선지학교의 학생들이 거주할 집을 지으려 재목(材木)을 베러갔는데 그만 빌린 도끼가 물에 빠집니다. 그때 엘리사가 (1)를 물에 던지자 쇠도끼가 떠오릅니다(6절). 자연법칙을 초월하는 하나님 말씀의 능력이 놀랍습니다.

아람 왕(벤하닷 2세)은 이스라엘의 접경지를 자꾸만 침범하며 괴롭힙니다. 그렇지만 이스라엘을 이기지 못합니다. 엘리사의 도움으로 이스라엘 왕이 대비하기 때문이었습니다. 아람 왕은 특수부대를 파병해 엘리사를 사로잡으려 합니다. 그러나 천군천사가 그를 보호합니다. 엘리사의 사환이 보니 "불 (2)과 불 (3)가 산에 가득하여 엘리사를 둘렀"습니다(17절). 엘리야를 데려갔던 "불 (2)과 불 (3)"(왕하 2:11)가 엘리사를 호위합니다.

엘리사는 기도하여 눈을 어둡게 한 아람 군인들을 사마리아 성으로 데려옵니다. 이스라엘 왕이 그들을 죽이려 하자 엘리사는 그들에게 떡과 물을 주고 돌려보냅니다. 그들은 더 이상 이스라엘을 침략하지 않습니다(23절). 하지만, 시간이 지나자 다시 아람 군대는 사마리아 성을 에워쌉니다. 포위당한 사마리아가 매우 어려운 상황에 직면합니다. 먹을 것이 없어 자기 아이를 잡아먹을 정도입니다. 이스라엘 왕(요람/여호람)은 그런 처참한 상황에 자기 옷을 찢으며 굵은 베를 입습니다. 그러고선 하나님의 사람 엘리사를 죽이려 합니다(31절). 그러나 이스라엘의 (4)들은 왕이 아니라, 엘리사의 말을 듣습니다(32절). 능력 있는 하나님의 말씀이 어디에 있는지 바르게 알아야 합니다.

생각하기 엘리사의 도움을 많이 받고도 왜 그를 죽이려 했을까요?

해답 1. 나뭇가지, 2. 말, 3. 병거, 4. 장로

열왕기하 7장 · 아람 군대의 혼비백산 퇴각

주요 구절: 7:1

하나님은 사마리아를 아람 군대의 손에서 구원합니다. “여호와의 말씀을 들을지어다. 내일 이맘때에 사마리아 성문에서 고운 (1) 한 스아를 한 세겔로 매매하고 (2) 두 스아를 한 세겔로 매매하리라.”(1절) 떨어진 양식이 부족함 없이 생긴다는 뜻입니다. 그러나 이스라엘은 믿음이 없습니다. 한 장관의 말이 그것을 보여줍니다. “여호와께서 하늘에서 (3)을 내신들 (4) 이런 일이 있으리요.”(2절)

놀라운 일이 벌어집니다. 아람 군대가 병거 소리와 말 소리와 큰 군대 소리를 듣고 기겁하여 혼비백산 도망치고 맙니다(6-7절). 그들은 이렇게 생각합니다. “이스라엘 왕이 우리를 치려하여 헷 사람의 왕들과 (5) 왕들에게 값을 주고 그들을 우리에게 오게 하였다.”(6절) 그 상황을 전혀 알지 못한 사마리아 백성은 죽기만을 기다리고 있습니다.

그런데 밖에서 신기한 일이 벌어집니다. 성에 들어가지 못한 나병환자 네 명이 살고자 아람 군대에 항복하러 갔다가 그들이 도망친 것을 본 것입니다. 그들은 자기 백성에게 돌아가 알려줍니다. 이것을 알고 사마리아 사람들이 성에서 나와 그들이 두고 간 곡식과 전리품을 추수(?)해옵니다. 사마리아 성 정문을 지키던 그 장관은 곡식을 가지러 나가는 백성에게 짓밟혀 죽습니다(20절). 엘리사의 예언이 이루어졌습니다.

생각하기 내가 나병환자라면 어떻게 행동했을까요?

해답 1. 밀가루, 2. 보리, 3. 창, 4. 어찌, 5. 애굽

열왕기하 8장 · 신실하지 않은 백성, 신실하신 하나님

주요 구절: 8:7 (대하 21:1-20)

엘리사는 수넴 여인을 언약의 징계인 가뭄 7년 동안 블레셋 땅에 피신하게 합니다. 수넴 여인이 가뭄 후 고향에 돌아와 보니 자기 집과 밭을 다른 사람이 차지하고 있습니다. 왕에게 호소합니다. 왕이 엘리사의 사환 (1)에게 이 여자의 말이 사실인지

확인하고 집과 땅을 돌려줍니다(4절).

엘리사가 다메섹을 방문합니다. 그때 아람 왕 벤하닷이 병이 들었습니다. 왕은 그의 장군 (2) 을 엘리사에게 보내 병에 대해 물으려 합니다. 엘리사는 (2) 의 얼굴을 민망할 정도로 쏘아보다가 갑자기 웁니다(9절). 그가 후에 아람의 왕이 되어 이스라엘을 심판하는 도구가 될 것이기 때문입니다. (2) 은 곧 왕을 죽이고 아람의 왕이 됩니다.

아합의 아들 요람이 왕이 된 지 5년에 남 유다 왕 여호사밧의 아들 여호람이 32세에 왕이 되어 (3) 년을 다스립니다(17절). 그는 북 이스라엘 아합 가문처럼 언약의 하나님을 떠나 악하게 삽니다. 아버지 여호사밧이 아들 여호람을 아합의 딸 아달랴와 혼인시킨 것이 패착입니다. 그래도 하나님은 유다 멸하기를 즐겨하지 않습니다. 이유는 다윗의 자손에게 항상 (4) 을 주겠다(19절)고 한 언약 때문입니다.

남 유다가 하나님을 배신하자 에돔이 남 유다를 배반합니다. 여호람이 죽고 아들 (5) 가 남 유다의 왕이 됩니다(26절). (5) 의 어머니가 악한 아달랴이니 하나님께 충성할 리 없습니다. 아람(하사엘 왕)과의 전쟁(길르앗 라못에서)에 두 나라 왕이 함께 연합합니다.

생각하기 약속을 끝까지 지키시는 신실하신 하나님을 찬양합시다.

해답 1. 게하시, 2. 하사엘, 3. 팔, 4. 등불, 5. 아하시야

열왕기하 9장 · 예후를 통한 아합 집안의 심판

주요 구절: 9:25

일찍이 엘리야는 하사엘, (1), 엘리사에게 기름을 부어 왕과 선지자가 되게 하라는 명령을 받았습니다(왕상 19:15-16). 기름을 붓는 것은 하나님의 '일꾼' 곧 '직분자'를 세우는 행위입니다. 이제 한 사람이 남았습니다. 엘리사는 제자 한 명을 (1) 에게 보내 기름을 붓습니다(2절).

당시 북 이스라엘 왕 요람은 아람 왕 하사엘과 (2) 라못에서 전쟁을 하고

있었습니다(1절). 장군인 예후도 (2 ___) 라못에 있었고, 요람은 전쟁에서 부상을 입고 (3 ____) 성에 피신해 치료받고 있습니다(15절). 그때 남 유다 왕 아하시야도 함께 있습니다. 아하시야는 아달랴(아합의 딸)의 아들입니다. 그는 어머니의 불신앙을 따랐습니다. 예후는 마침 한 자리에 모여 있는 두 왕을 모두 죽입니다. 아합에게 임한 (4 __)이 이루어집니다. 하나님의 심판입니다. "…여호와께서 이같이 그의 일을 (4 __)하셨느니라."(25절)

요람의 어머니이며 아합의 아내인 이세벨이 남았습니다. 예후는 이세벨도 죽입니다(33절). 악의 세력이 상당 기간 북 이스라엘과 남 유다를 지배했지만 하나님께서 여전히 살아계심을 보여줍니다. 하나님의 심판이 더딘 것 같았지만 반드시 있습니다.

생각하기 불의한 상황 가운데서도 하나님의 살아계심을 믿습니까?

해답 1. 예후, 2. 길르앗, 3. 이스르엘, 4. 예언

열왕기하 10장 · 예후를 통한 하나님의 심판

주요 구절: 10:30

예후는 심판의 도구로 하나님께 쓰임 받습니다. 예후는 사마리아에 편지를 보내 정치적 선택을 요구합니다. 그들은 스스로 아합의 아들 70명을 죽이고 그 머리를 이스르엘 성으로 보냅니다. "엘리야를 통하여 하신 (1 __)"(10절)이 성취된 것(왕상 21:20-24, 29)입니다.

또 예후는 사마리아로 이동하는 중에 우연히 아합의 딸 아달랴가 유다 왕가(王家)로 시집가 낳은 아하시야의 형제들 (2 __)명을 만나 죽입니다(14절).

고대 이스라엘의 생활 방식을 고집하며 순결하게 살던 겐 족속(렘 35:1-16) 레갑의 아들 여호나답은 예후를 맞이합니다. 예후는 하나님의 일을 향한 (3 __)이 대단합니다. "나와 함께 가서 여호와를 위한 나의 (3 __)을 보라."(16절) 이들은 나중에 바알의 성직자들을 죽이는 데 함께합니다(23절).

사마리아로 돌아온 예후는 아합의 배교 행위를 심판합니다(18-27절). 바알의 신당을

헐어 (4 □□)로 만듭니다(27절). 예후가 이렇게 충성스럽게 하나님의 일을 이루지만, 안타깝게도 여로보암이 세운 금송아지 숭배는 끊지 못합니다. 그로 인해 하나님은 아람의 하사엘을 시켜 요단 강 동쪽 지역을 모두 빼앗아 가게 합니다. 예후는 훌륭하지만, "(5 □□)으로 이스라엘 하나님 여호와의 율법"을 지켜 행하지 않은(31절) 함량 미달의 왕입니다. 참 왕이신 예수 그리스도가 얼마나 기다려지는지요.

생각하기 예후를 통해 심판하는 하나님의 손이 보입니까?

해답 1. 말씀, 2. 42, 3. 열심, 4. 변소, 5. 전심

열왕기하 11장 · 남 유다 왕 요아스

주요 구절: 11:2 (대하 22:10-23:21)

(1 □□)의 딸 아달랴는 유다 왕 여호람과 혼인해 낳은 자신의 아들 아하시야가 예후의 손에 죽었다는 소식을 듣고 놀라운 일을 저지릅니다(1절). 유다 왕족을 모두 멸절시킨 것입니다. 아달랴는 시돈 엣바알의 외손녀이며 아합의 아내인 이세벨의 딸로 사악한 우상숭배자입니다. 아달랴의 악행으로 다윗의 후손이 끊길 위기입니다. 여인의 후손을 없애려는 사탄의 종 노릇한 것입니다. 다윗 가문에 '등불'과 '한 싹'을 주시겠다는 하나님의 약속은 어떻게 될까요?

하나님의 일하심은 사탄의 공격에도 불구하고 면면히 이어집니다. 아하시야 왕의 누이 여호세바(요아스의 고모)가 왕자들을 죽이는 살육의 현장에서 어린 요아스를 빼내 자신의 침실에 숨겨 살리고 (2 □□)에서 (3 □) 년을 기르게 합니다(3절). 요아스의 고모부는 당시 대제사장 (4 □□□□)입니다. 하나님의 구원과 신실한 백성의 믿음과 용기를 봅니다.

요아스가 7세가 되었을 때 대제사장 (4 □□□□)가 일어나 아달랴를 몰아냅니다(12절). 결국 아달랴는 죽습니다(16, 20절). 그는 요아스를 왕으로 세우고 온 백성과 함께 하나님과 (5 □□)을 맺도록 합니다(17절). 그동안 무너졌던 (5 □□)을 다시 세우고 나라를 개혁합니다. 바알 신당을 부수고 제단을 무너뜨리자 온 백성이 즐

거워하고 온 성이 평안을 찾습니다.

생각하기 다윗의 후손이 오는 길을 막는 사탄의 손길이 보입니까?

해답 1. 아합, 2. 성전, 3. 육, 4. 여호야다, 5. 언약

열왕기하 12장 · 요아스의 성전 수리와 실정

주요 구절: 12:2 (대하 24:1-16)

여호야다가 요아스를 도와 언약의 말씀으로써 바른길로 인도합니다. 요아스는 하나님 앞에서 (1   )하게 삽니다(2절). 경건하게 자란 요아스는 낡은 성전을 수리합니다. 아달랴가 통치하는 동안 성전은 심각하게 손상되고 성전 기물은 바알 신전을 위해 사용되었을 것(대하 24:7)이기 때문입니다. 성전에 (2   )를 두어 백성이 헌금하도록 합니다(9-12절). 그 돈을 모아 성전 수리를 맡은 목수와 건축자들, 석공들에게 비용을 지불하지만 특별히 회계 보고를 하지 않아도 될 만큼 성실한 자들입니다(15절). 성전은 보수되지만 과거 영광에 미치지는 못합니다.

여호야다가 130세에 죽습니다. 그의 큰 공적 때문인지 왕실의 무덤에 묻힙니다. 그런데 요아스는 여호야다가 죽은 후 하나님을 떠납니다. 교만했습니다. 하나님은 아람 왕 (3   )을 보내 예루살렘을 공격하도록 합니다. 요아스는 여호사밧, 여호람, 아하시야가 구별하여 드린 모든 성물과 자기가 구별하여 드린 성물과 여호와의 성전 곳간과 왕궁에 있는 금을 다 가져다가 (3   )에게 줍니다(18절). 겨우 전쟁을 면했지만, 요아스는 신복들에게 살해당합니다. 그 신복들은 용병들로 돈을 주고 산 군인들입니다(대하 24:26, 21절). 그들은 암몬과 모압 출신들입니다. 요아스의 아들 아마샤가 왕이 됩니다. 하나님 앞에 정직했던 요아스의 결말이 씁쓸합니다.

생각하기 성전 수리까지 했던 요아스는 왜 변하게 되었을까요?

해답 1. 정직, 2. 궤, 3. 하사엘

열왕기하 13장 · 북 이스라엘 왕 여호아하스와 요아스

주요 구절: 13:7, 25

유다 왕 요아스 통치 23년 즈음에 북 이스라엘에는 예후가 죽고 (1 _____)가 왕이 되어 17년간 다스립니다(1절). 그는 이스라엘 초대 왕 여로보암의 죄를 따릅니다(2절). 하나님은 아람 왕 하사엘을 매로 사용해 벌하지만 이스라엘이 기도하면 구원자를 보냅니다(5절).

(1 _____)가 죽고 아들 요아스가 왕이 되어 16년 동안 다스립니다(10절). 엘리사가 병이 들어 죽게 되었을 때 문병 온 요아스 왕은 눈물을 흘리며 이렇게 말합니다. "내 아버지여! 내 아버지여! 이스라엘의 병거와 (2 __)이여!"(14절) "병거와 (2 __)"이라는 말은 보호자와 구원자라는 말입니다. 엘리사는 왕에게 활과 화살들을 가져오도록 하고 문을 열고 쏘도록 합니다. 엘리사는 이 화살이 "여호와를 위한 구원의 화살, 곧 아람에 대한 (3 __)의 화살"이라고 말합니다(17절). 이스라엘이 아람과의 전쟁에서 이길 것이라고 예언한 것입니다. 엘리사는 그에게 화살을 집어 땅을 치라고 명령합니다. 안타깝게도 요아스는 세 번 치는데, 엘리사가 그 수가 부족하다며 슬퍼합니다. 요아스의 불신앙입니다. 이후 요아스는 아람 왕 (4 ___)과의 전쟁에서 세 번 이깁니다(25절).

능력과 말씀의 선지자 엘리사가 죽어 장사됩니다. 한 번은 장례를 지내던 자들이 모압 도적 떼들의 침략에 놀라 시체를 엘리사의 묘실에 "던지매"(21절) 죽은 자가 살아나는 기적이 일어납니다. 말씀의 선지자는 죽어도 능력을 일으킵니다. 선지자의 입을 통해 선포된 하나님의 말씀은 여전히 살아있음을 보여준 사건입니다.

생각하기 불신앙으로 연약한 교회를 향한 선지자의 마음이 느껴집니까?

해답 1. 여호아하스, 2. 마병, 3. 구원, 4. 벤하닷

열왕기하 14장 · 아마샤, 여로보암 2세

주요 구절: 14:13 (대하 25:1-24)

남 유다에서는 요아스의 아들 아마샤가 25세에 왕이 되어 (1 ______)년간 다스립니다(2절). 아마샤가 여호와 보시기에 (2 ______)히 행합니다(3절). 그의 손에 나라가 굳게 섭니다(5절).

아마샤는 소금 골짜기에서 에돔 사람 1만 명을 죽이고 승리합니다. 그렇지만 북 이스라엘과 전쟁을 벌이다가 오히려 예루살렘 성벽 (3 ______) 규빗이 헐리고(13절), 여호와의 성전과 왕국 곳간에 있는 금과 은과 모든 기명을 빼앗기고 사람들이 포로로 잡혀갑니다.

북 이스라엘 왕 요아스가 아마샤보다 15년 먼저 죽습니다. 그의 아들 여로보암이 왕이 됩니다. 북 이스라엘 초대 왕 여로보암과 구별하기 위해 역사가들은 '여로보암 2세(II)'라고 부릅니다. 남 유다 왕 아마샤는 반역자들에게 죽고 아들 (4 _________)(웃시야)가 16세 나이로 왕이 됩니다(21절).

북 이스라엘은 여로보암 2세 시대에 가장 번창합니다. 아밋대의 아들 선지자 (5 ______)의 예언처럼 여로보암 2세는 자신의 영토를 "하맛 어귀에서부터 아라바 (6 ______)까지"(25절) 회복합니다. 이것은 여로보암의 능력 때문이 아닙니다. "이는 … 여호와께서 또 이스라엘의 이름을 천하에서 없이 하겠다고도 아니하셨으므로, 요아스의 아들 여로보암의 손으로 구원하심이었더라."(26-27절) 여로보암의 믿음이 좋고 능력이 있어서 부강해진 것이 아닙니다. 하나님이 언약을 기억한 것입니다. 모든 나라의 흥망성쇠는 하나님께 있습니다. 이 시대에 예언했던 선지자들은 아모스, 호세아, 요나입니다. 이들은 타락의 길을 걷는 이스라엘 백성에게 회개를 호소합니다(호 8:4-6).

생각하기 부강한 나라가 되는 것과 신앙은 무슨 상관이 있을까요?

해답 1. 29, 2. 정직, 3. 사백, 4. 아사랴, 5. 요나, 6. 바다

열왕기하 15장 · 여러 왕들의 행적

주요 구절: 15:2 (대하 26:1-23; 27:1-9)

여로보암 2세가 죽은 후 스가랴가 왕이 되어 겨우 6개월을 다스리고 (1 　 　)에게 살해됩니다(10절). 스가랴를 마지막으로 예후 왕조가 끝납니다. 하나님의 약속대로 (2 　)대 통치로 마무리됩니다(12절, 왕하 10:30 참조). 그 후로 북 이스라엘은 급격히 쇠락합니다. 스가랴로부터 북 이스라엘이 멸망할 때까지 62년간 피비린내 나는 왕위 쟁탈전이 이어집니다. 이어지는 순서와 기간은 다음과 같습니다: 스가랴(6달) => (1 　 　)(1달) => 므나헴(10년) => 브가히야(2년) => 베가(9년) => 호세아

므나헴은 아시리아의 왕 "불"(Pul 디글랏 빌레셀'의 바빌론식 이름)의 침입을 막으려고 은 (3 　) 달란트를 줍니다(19절). 북 이스라엘은 하나님께 회개하지 않고 인간적 방법으로 해결하려 합니다. 베가 왕이 통치할 때 다시 아시리아가 침입해 일부 백성을 포로로 잡아갑니다(29절).

남 유다에는 아마샤의 아들 아사랴(웃시야)가 16세에 왕이 되어 52년을 다스립니다. 이 시기에 이사야 선지자가 활동합니다(사 1:1, 6:1). 아사랴는 아버지 아마샤처럼 정직히 살았지만 (4 　 　)에서 제사를 드리며 분향합니다(4절). 그로 인해 하나님이 왕에게 벌을 내려 죽는 날까지 (5 　 　)환자로 별궁에 거하며 살았습니다. 그의 아들 요담이 아사랴 대신 나라를 다스립니다(5절). 요담도 산당을 제거하지 않았습니다. 그러므로 하나님은 아람 왕 르신과 르말랴의 아들 베가를 통해 유다를 괴롭게 합니다.

생각하기 왜 산당을 제거하지 않았을까요?

해답 1. 살룸, 2. 4, 3. 천, 4. 산당, 5. 나병

열왕기하 16장 · 아하스 왕의 악행

주요 구절: 16:3 (대하 28:1-27)

남 유다 왕 요담이 죽고 아들 (1 　 　 　)가 20세에 왕이 되어 16년을 다스립니다

(1-2절). (1   ) 때 남 유다의 영적 상황은 비참한 단계에 이릅니다. 그는 자기 아들을 (2   ) 가운데로 지나가게 합니다(3절). 이것은 가나안에서 몰렉 신에게 제사하는 방식인데 하나님이 엄히 금한 것(레 18:21; 신 18:10)입니다.

국제 관계는 매우 복잡하게 진행됩니다. 북 이스라엘 왕 베가는 점점 세력을 확장하는 아시리아를 대적하기 위해 아람 왕 르신과 동맹을 맺습니다. (1   )는 급성장하는 아시리아 왕 디글랏 빌레셀에게 성전과 왕궁에 있는 은금을 예물로 주고 동맹을 맺습니다. 물론 주종관계입니다(7절). 하나님은 더 이상 그들의 왕이 아닙니다. 구원은 오직 여호와로부터 말미암는다는 믿음이 전혀 없습니다. 그들은 하나님의 징계를 받을 수밖에 없습니다.

아시리아의 왕 디글랏 빌레셀은 아람의 수도 (3   )을 멸망시키고 그 주민을 기르라는 곳으로 유배시킵니다(9절). 유다 왕 (1   )의 불신앙은 극에 이릅니다. 그는 나중에 아시리아의 왕 디글랏 빌레셀을 만나기 위해 (3   )에 갔다가 "큰 제단"을 보고 예루살렘에도 같은 제단을 만들어 제사를 드립니다. (1   )는 하나님의 제사(예배)를 더럽힙니다. 혼합주의입니다. 성전 앞에 있던 놋 (4   )을 옆으로 치워버립니다(14절). 제사장 우리야는 왕의 결정과 명령에 아무런 이의도 제기하지 않고 따릅니다(16절). 총체적 타락입니다.

생각하기 내가 아하스 시대에 살고 있다면 어떻게 행동했을까요?

해답 1. 아하스, 2. 불, 3. 다메섹, 4. 제단

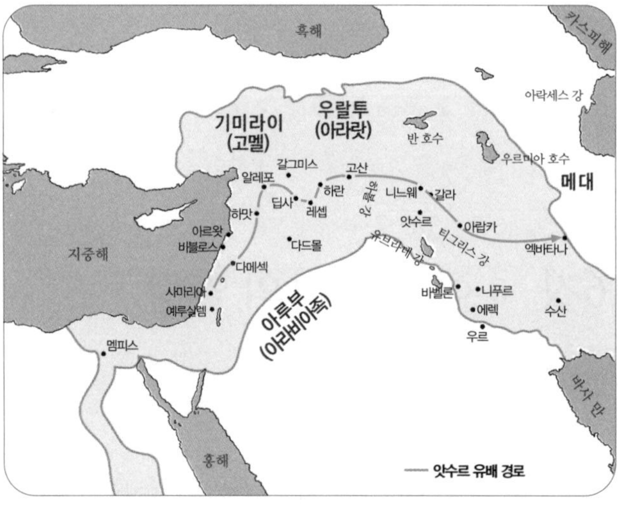

아시리아 제국 지도

열왕기하 17장 · 북 이스라엘 마지막 왕 호세아

주요 구절: 17:23

북 이스라엘 왕 호세아는 아시리아의 지배하에 왕이 되어 고분고분합니다. 하지만, 그는 나중에 아시리아를 대항하기 위해 이집트 왕 '소'(So)와 동맹을 맺습니다. 이것이 북 이스라엘의 멸망을 초래합니다. 아시리아 왕 (1)이 올라와 수도 사마리아를 3년 동안 포위하였고 결국 점령합니다(3절). 이때가 주전 722년경입니다. 북 이스라엘 백성이 포로로 끌려갑니다.

북 이스라엘이 이렇게 비참하게 멸망하게 된 원인이 무엇일까요? 7-23절에 그 원인이 상세하게 기록되어 있습니다. 핵심은 구원자 하나님과의 언약을 파기하고 우상을 숭배한 것입니다(16-17절).

아시리아 왕은 빈 땅이 된 이스라엘 마을에 바벨론, 구다, 아와, 하맛, 스발와임 지역에 사는 사람을 강제 이주시킵니다. 이들은 "여호와도 (2)하고 또한 어디서부터 옮겨왔든지 그 민족의 풍속대로 (3)의 신들"(33절)도 섬깁니다. 종교적 혼합주의(Syncretism)를 선택한 것입니다. 세월이 지나면서 이주해 온 사람과 남아 있던 이스라엘 사람이 통혼해 태어난 자를 '사마리아인'이라고 부릅니다. 그들은 예수님 시대 유대인들에게 멸시와 천대를 받았습니다.

생각하기 내가 호세아 왕이었다면 어떻게 행동했을까요?

해답 1. 살만에셀, 2. 경외, 3. 자기

열왕기하 18장 아시리아의 남 유다 침공

주요 구절: 18:13 (대하 29:1-2; 32:1-19; 사 36:1-22)

북 이스라엘이 멸망해서 18장부터는 남 유다만의 역사입니다. 남 유다 왕 아하스의 아들 히스기야가 (1)세 나이로 왕이 되어 29년을 다스립니다(2절). 히스기야는 남 유다에서 가장 훌륭한 왕으로 평가받습니다. 산당과 주상과 아세라 상을 없앱니다(4절). 어떻게 악한 아버지(아하스) 밑에 이렇게 선한 자녀가 나올 수 있을까요? 한 가지 단서가 있습니다. 히스기야의 어머니가 '아비'이고(2절), 그녀의 아버지는 '스가리야' 입니다. 그러니, 히스기야의 외할아버지는 "하나님의 (2 ＿ ＿)를 밝히 아는" 자입니다(대하 26:5). 히스기야가 신실한 어머니로부터 제대로 신앙교육을 받았다고 생각할 수 있습니다.

북 이스라엘이 아시리아에 멸망한 후 10년이 지났을 때 히스기야는 반 아시리아 정책을 펼칩니다. 아시리아 왕 산헤립이 히스기야를 공격합니다. 위기에 처한 히스기야는 엄청난 공물(14-16절)을 바치지만 공격을 멈추지 않습니다. 아시리아 장군 랍사게가 예루살렘 성을 포위하고 히스기야의 믿음과 백성의 신앙을 조롱합니다. 여호와 하나님을 인정하는 듯 말하지만(25절), 사실은 "민족의 모든 (3 ＿)들 중에 누가 그의 땅을 내 (4 ＿)에서 건졌기에 (5 ＿ ＿ ＿)가 예루살렘을 내 손에서 건지겠느냐?"(35절)라며 하나님을 멸시합니다. 이때껏 아시리아를 막은 나라가 없기에 아시리아 신이 최고이고 곧 하나님과 예루살렘도 멸망할 것이라는 뜻입니다.

생각하기 내가 히스기야라면 랍사게의 말을 들을 때 어땠을까요?

해답 1. 25, 2. 묵시, 3. 신, 4. 손, 5. 여호와

열왕기하 19장 · 여호와의 열심과 구원

주요 구절: 19:35 (사 37:1-38)

히스기야 왕은 그 소식을 듣고 옷을 찢고 굵은 베를 입고 여호와의 전에 들어가 기도합니다. 동시에 이사야 선지자에게 하나님의 뜻을 묻습니다(사 36-38장 참고). 이사야는 절망 가운데 희망을 전합니다. "…너는 앗수르 왕의 신복에게 들은 바 나를 (1 ＿ ＿) 하는 말 때문에 두려워하지 말라. 내가 한 (2 ＿)을 그의 속에 두어 그로 소문을 듣고 그의 본국으로 돌아가게 하고 또 그의 본국에서 그에게 칼에 죽게 하리라."(6-7절) 산헤립은 에티오피아(구스) 왕 '디르하가'의 공격 소식을 듣고도 히스기야에게 사자를 보내 항복을 요구합니다. 히스기야가 그 요구(편지)를 들고 여호와의 성전에 올라가 펴 놓고 다시 기도합니다. "…우리 하나님 여호와여! 원하건대 이제 우리를 그의 손에서 (3

(   )하옵소서. 그리하시면 천하만국이 주 여호와가 홀로 (4   )이신 줄 알리이다."(19절)

하나님은 이사야 선지자를 통해 히스기야의 기도에 응답합니다. 하나님은 '남은 자'를 예루살렘에서부터 구원할 것이라 말씀합니다(31절). 특별히 "여호와의 (5   )"이 구원을 이룰 것입니다. 그렇게 하신 이유는 하나님과 당신의 (6   ) 다윗과 맺은 언약 때문입니다(34절).

그날 밤 하나님의 사자가 아시리아 군인 18만 5천 명을 죽입니다(35절). 산헤립이 본국으로 돌아가지만 살해당하고 에살핫돈이 왕이 됩니다. 여호와 하나님이야말로 언약 백성의 유일한 구원자이며 피난처입니다.

생각하기 절박한 상황에서 하나님께 나아간 경험이 있습니까?

해답 1. 모욕, 2. 영, 3. 구원, 4. 하나님, 5. 열심, 6. 종

열왕기하 20장 · 히스기야의 회복과 교만

주요 구절: 20:21 (대하 32:24-26, 32-33; 사 38:1-8, 21-22; 39:1-8)

아시리아의 위협이 여전한 상황에 히스기야가 죽을 병에 걸렸습니다. 히스기야는 사생결단하고 기도합니다. "히스기야가 낯을 (1   )으로 향하고 기도하여."(2절) 하나님은 언약을 맺고 당신의 백성과 믿음과 신뢰로 일합니다. 히스기야는 하나님과 그분의 언약을 붙잡고 믿음으로 기도합니다. 하나님은 기도를 듣고 히스기야의 병을 치료하고 (2   ) 년의 생명을 보장합니다(6절). 그렇게 한 이유가 무엇일까요? 하나님 자신과 하나님의 종 (3   ) 때문입니다(6절). 히스기야는 그 예언이 진실이라는 '징표'를 요구합니다. 하나님은 해시계의 그림자가 (4   )도 뒤로 물러가게 하는 방법으로 확인시킵니다(11절). 히스기야는 3일 후 병상에서 일어납니다.

히스기야는 아시리아에 대적하기 위해 신생 국가인 바빌론 왕 (5   )과 동맹을 맺으려 한 것으로 보입니다(12절). 히스기야는 문병 온 바빌론 사절에게 자신이 가진 온갖 보물과 군사 장비를 다 보여주며 자랑합니다. 하나님에 대한 신뢰

로 만족하지 않고 자신의 영광을 교만하게 자랑합니다. 히스기야는 하나님을 전적으로 의지하지 않았습니다. 하나님은 세상의 힘과 권력, 영광을 의지하는 불신앙을 심판합니다. "…날이 이르리니, 왕국의 모든 것과 왕의 조상들이 오늘까지 쌓아 두었던 것이 바벨론으로 옮긴 바 되고 하나도 남지 아니할 것이요."(17절) 이 말씀은 100년 뒤에 성취됩니다(왕하 24:12-16).

생각하기 병이 나은 뒤 히스기야는 왜 교만해졌을까요?

해답 1. 벽, 2. 성읍, 3. 다윗, 4. 성, 5. 므로닥발라단

열왕기하 21장 · 므낫세의 우상숭배와 악한 아몬

주요 구절: 21:16 (대하 33:1-25)

히스기야의 아들 므낫세가 12세에 왕이 되어 무려 (1) 년간 남 유다를 다스립니다(1절). 므낫세는 아버지 히스기야가 유다 최고의 왕이었던 것과 반대로 가장 악한 왕입니다. "유다 왕 므낫세가 이 가증한 일과 악을 행함이 그 전에 있던 (2) 사람들의 행위보다 (3) 심하였고, 또 그들의 우상으로 유다를 범죄하게 하였도다."(11절) 종교 영역뿐만 아니라, 정치와 행정 영역에서도 아주 악합니다. "…여호와께서 보시기에 악을 행한 것 외에도 또 (4)한 자의 피를 심히 많이 흘려 예루살렘 이 끝에서 저 끝까지 가득하게 하였더라."(16절) 므낫세의 악행으로 하나님은 북 이스라엘에게 행한 심판의 "줄"과 "추"(13절)를 남 유다 예루살렘으로 옮길 것입니다(13-15절).

므낫세가 죽자 그의 아들 (5)이 22세에 왕이 되어 (6) 년을 통치합니다(19절). 그도 아버지처럼 우상을 섬기고 하나님을 버렸습니다(19-22절). (5)은 자신이 믿던 신하에게 궁에서 살해당합니다(23절). 반란입니다. 그러자 백성이 나섭니다. 백성이 반란을 일으킨 신하들을 다 죽이고 겨우 8세 된 그의 아들 요시야를 왕으로 세웁니다.

생각하기 히스기야가 신앙교육에 실패한 이유는 무엇일까요?

해답 1. 55, 2. 아모리, 3. 더욱, 4. 무죄, 5. 아몬, 6. 이

열왕기하 22장 · 경건한 왕 요시야

주요 구절: 22:2 (대하 34:1-28)

남 유다 요시야가 (1) 세에 왕이 되어 31년간 다스립니다(1절). 요시야는 아버지와 달리 히스기야를 닮았습니다. "여호와 보시기에 정직히 행하여 그의 조상 다윗의 모든 길로 행하고 좌우로 치우치지 아니하였더라."(2절)

요시야는 왕이 된 지 18년 되던 해에 낡은 성전을 다시 수리하려 합니다. 요시야는 성전을 보수하다가 "(2) 책"을 발견합니다(8절). (2)은 '언약'을 말합니다. 그동안 언약을 어기며 살던 백성이 자기의 영적 상태를 알게 됩니다. 요시야가 이 책을 읽고는 자신의 (3)을 찢습니다(11절). 요시야는 "우리 조상들이 이 책의 말씀을 듣지 아니하며 이 책에 우리를 위하여 기록된 모든 것을 행하지 아니하였으므로 여호와께서 우리에게 내리신 (4)가 크도다"(13절)라고 고백할 수밖에 없습니다.

하나님은 여 선지자 훌다를 통해 하나님의 진노가 멈추지 않을 것이라고 경고합니다. 하나님은 요시야의 회개를 받아들입니다. "…네가 듣고 (5)이 부드러워져서 여호와 앞, 곧 내 앞에서 겸비하여 옷을 찢고 (6)하였으므로 나도 네 말을 들었노라."(19절) 하나님은 회개를 귀하게 봅니다. 요시야 왕은 하나님의 진노의 재앙을 보지 않습니다.

생각하기 왜 율법책이 오랜 기간 성전에서 발견되지 않았을까요?

해답 1. 팔, 2. 율법, 3. 옷, 4. 진노, 5. 마음, 6. 통곡

열왕기하 23장 · 요시야의 종교개혁

주요 구절: 23:25 (대하 34:3-7, 29-33)

요시야 왕은 조상들, 특히 할아버지 므낫세가 하나님의 언약을 배반했기 때문에 심판을 면하지 못할 것을 알지만, '종교개혁'을 포기하지 않습니다. 그는 유다와 예루살렘의 모든 장로와 백성과 제사장과 선지자를 모아놓고 "성전 안에서 발견한 (1 　 　)책"의 모든 말씀을 읽어줍니다(2절). 백성은 (1 　 　)을 갱신합니다(3절). 요시야는 (1 　 　) 체결 후 유다 역사 가운데 유래를 찾아볼 수 없는 놀라운 종교개혁을 시행합니다(4-20절).

특별히 요시야는 (2 　 　)에 여로보암이 세운 제단과 산당들을 불사릅니다. 무덤에 있던 해골을 가져다가 제단에서 불태웁니다. 전에 여로보암에게 임한 예언(왕상 13:1-10)이 이루어진 것입니다(왕상 13:2 참고). 또 요시야는 (3 　 　 　)을 지키는데, 사사 시대부터 그때까지 "이렇게" (3 　 　 　)을 지킨 적이 없을 정도로 대단합니다(21-23절). 요시야는 마음과 뜻과 힘을 다하여 언약의 말씀에 순종한 왕입니다.

이렇게 훌륭한 종교개혁을 한 요시야도 이집트의 '바로 느고'가 바빌론과 싸우러 가는 길을 막아 싸우다가 (4 　 　 　)에서 전사합니다(30절).

요시야의 아들 (5 　 　 　 　 　)(살룸, 대상 3:15)가 23세로 왕이 되었으나 3개월 다스리다가 이집트로 끌려가 거기서 죽습니다(34절). 요시야의 아들들은 아버지의 신앙을 따르지 않습니다. 이집트는 요시야의 둘째 아들 엘리아김의 이름을 "여호야김"으로 바꾸고 왕으로 세웁(25세)니다. 여호야김은 11년을 다스립니다.

생각하기 우상으로 가득한 나라를 개혁하던 요시야의 마음은 어땠을까요?

해답 1. 언약, 2. 벧엘, 3. 유월절, 4. 므깃도, 5. 여호아하스

열왕기하 24장 · 바빌론의 1, 2차 예루살렘 공격

주요 구절: 24:15 (대하 36:9-12; 렘 52:1-3)

여호야김 왕 시기에 바빌론 왕 느부갓네살이 유다를 다시 공격하여 속국으로 만듭니다(1절). 이것이 바빌론의 제1차 침략(주전 605년)입니다. 여호야김이 바빌론을 3년 섬기지만(1절), 다시 배반하다가 죽고 맙니다(6절). 이어 여호야김의 아들 여호야긴이 (1) 세에 왕이 되어 석 달을 다스립니다(8절, 대하에서는 8세). 바빌론 왕 느부갓네살이 올라와 (2)을 포위하자 여호야긴은 스스로 항복합니다(10-17절). 바빌론의 제2차 침략(주전 597년)입니다. 바빌론 군대는 여호와의 성전에 있는 모든 보물을 파괴합니다. 여호야긴 왕과 예루살렘의 모든 백성과 지도자와 군인 1만 명과 모든 장인과 대장장이들이 포로로 잡혀갑니다. 유다 땅에 남은 자는 비천한 자들뿐입니다. 처참한 일입니다. "이 일이 유다에 임함은 곧 여호와의 말씀대로 그들을 자기 앞에서 물리치고자 하심이니, 이는 (3)의 지은 모든 죄 때문"입니다(3절).

바빌론 왕은 여호야긴의 작은 아버지, 요시야의 셋째 아들 (4)를 왕으로 세웁니다. 그의 이름을 '시드기야'로 바꿉니다(17절). 그가 11년을 다스립니다. 시드기야가 다시 바빌론 왕의 굴레에서 벗어나려 합니다. 유다는 하나님이 징계의 채찍으로 바빌론을 사용하였다는 예레미야의 경고(렘 20:5)를 깨닫지 못하고 계속 고집을 부립니다. 예레미야의 예언에서도 이 사건이 잘 드러납니다(렘 52:1-11).

생각하기 유다 왕들은 선지자의 말보다 무엇을 더 신뢰했습니까?

해답 1. 십팔, 2. 예루살렘, 3. 므낫세, 4. 맛다니야

열왕기하 25장 · 결국 예루살렘이 멸망하다

주요 구절: 25:9 (대하 36:13-21; 렘 40:7-9; 41:1-3; 52:3-34)

바빌론의 제3차 침략이 진행됩니다. 주전 588년에 시작된 예루살렘 공격은 주전 586년까지 2년 동안이나 이어집니다(1-2절). 예루살렘 성의 상황이 매우 어려워지자 시드기야가 탈출을 시도합니다. 아라바 길로 피했으나 결국 붙잡히고 맙니다(4-6절). 시드기야는 자기 아들들이 살해당하는 것을 보았고 두 (1)을 잃은 채 놋 사슬에 묶여 (2)으로 끌려갑니다(7절). 너무나도 비참한 결말입니다. 이때가 주전 586년입니다.

느부갓네살 왕은 장군 느부사라단을 보내 예루살렘을 완전히 파괴하고 성전의 기물들을 빼앗아 바빌론으로 옮깁니다(9-11절). 또 유대 지도자들을 죽이지만(18-21절), 성중에 남아 있는 백성과 바빌론 왕에게 (3) 한 자들과 남은 자들을 죽이지 않고 포로로 잡아갑니다(11절). 그 땅의 (4) 자들만 남겨두어 포도원을 관리하고 농사일을 하도록 합니다(12절).

남은 지도자는 친 바벨론파로 사반의 손자 아히감의 아들 그달리야(그다랴) 입니다(22절). 그러나 왕족인 (5) 이 부하 10명과 함께 그달리야를 쳐 죽이고 바빌론 사람도 죽이고 이집트로 도망갑니다(25절). 그들은 하나님의 채찍을 맞으면서도 회개하지 않습니다. 남 유다는 하나님의 징계를 받고 완전히 역사 속에서 사라집니다. 그러나 등불이 완전히 꺼진 것은 아닙니다. 하나님은 다윗의 집안에 등불을 결코 끄지 않겠다고 약속하였습니다. 여호야긴 왕은 잡혀간 지 37년이 지난 바빌론 왕 에윌므로닥이 즉위한 때(주전 561년 경)에 복권됩니다(27-30절). 회복의 징조가 조금씩 보이기 시작합니다.

생각하기 유다와 이스라엘의 멸망이 주는 교훈은 무엇입니까?

해답 1. 눈, 2. 바벨론, 3. 항복, 4. 비천한, 5. 이스마엘

역대상

역대기(歷代記)의 히브리어 이름은 디브리 하이밈(Dibri Haimim)입니다. 뜻은 '시대의 사건들'입니다. 칠십인역(LXX)은 파라레이포메노운(paraleipomenon)으로 번역했는데, '빠진 사건들'이라는 뜻으로 사무엘기와 열왕기에 빠진 것을 보충하는 내용이라는 뜻입니다. 역대기가 역대상, 역대하 둘로 나뉜 것도 칠십인역이 나누었기 때문입니다. 역대하 36장 22-23절이 에스라 1장 1-4절과 유사하니 에스라가 역대기를 기록했을 것이라 추측하지만 정확하지는 않습니다. 포로 귀환이 언급되니 기록 시기는 포로 귀환 후로 볼 수 있습니다.

역대기는 사무엘기와 열왕기와 중복되는 내용이 많지만 단순한 반복이 아닙니다. 독특한 특징이 몇 가지 있습니다. 먼저 역대상 1-9장에는 긴 족보가 나옵니다. 둘째, 사무엘기 열왕기에 기록되지 않은 내용이 나옵니다. 셋째, 같은 사건을 다루지만 관점이 다릅니다. 넷째, 성전과 예배에 관심이 많습니다.

아담에서부터 시작해 길게 나오는 족보는 어떤 의미가 있을까요? 하나님이 언약을 맺은 유다 민족을 통해 온 인류 구원역사를 이끌어 가신다는 뜻입니다. 북 이스라엘은 스스로 언약을 떠났고, 하나님은 유다 민족 중 남긴 자들을 통해 구원역사를 이끌어 가실 것입니다.

내용 구분

1-9장	아담으로부터 주후 400년까지의 족보
10-29장	다윗의 이상적인 통치

역대상 1장 · 아담에서 아브라함까지의 족보

주요 구절: 1:1 (창 5:1-32; 10:1-32; 11:10-26; 25:12-16; 36:1-43)

역대기(歷代記)의 특징은 유다 지파 특히 다윗 왕가에 초점이 맞춰진다는 것입니다. 인류 전체를 조망하다가 아브라함의 자손을 거쳐 메시아를 향해 점점 클로즈업합니다. 역대기의 족보는 "아담, (1 □), 에노스, 게난, 마할랄렐…"(1-2절)로 시작됩니다. 노아의 아들 야벳(5-7절)과 함(8-16절)을 먼저 다루고 나중에 셈(17-27절)이 나옵니다. 셈에서 아브라함으로 이어지는 구속사 흐름입니다. 아브라함의 아들도 이스마엘을 먼저 다루고(29-31절) (2 □□)을 뒤에 배치하고(34절), 이삭의 자녀도 에서(35-54절)를 먼저 다루고 (3 □□□□)(야곱)을(34절) 뒤에 배치합니다. 역대기는 '야곱'이라는 이름 대신 하나님께서 지어주신 "(3 □□□□)"이라는 이름을 의도적으로 사용합니다(34절). 야곱은 더 이상 한 개인이 아니라, 언약백성의 대표로 (3 □□□□)로 불립니다.

에서(35-42절)와 에돔(43-54절)까지 상세히 다루는 이유가 무엇일까요? 이 책을 기록할 당시뿐만 아니라, 역사적으로 에돔이 이스라엘 옆에서 직간접적으로 영향을 주고받았기 때문일 것입니다.

생각하기 길고 긴 역대기의 족보가 어떻게 느껴집니까?

해답 1. 셋, 2. 이삭, 3. 이스라엘

역대상 2장 · 열두 지파와 대표로서 유다 지파

주요 구절: 2:1

이스라엘 열두 지파의 이름이 나옵니다: 르우벤, 시므온, 레위, (1 □□), 잇사갈, 스불론, 단, 요셉, 베냐민, 납달리, 갓, 아셀(1절). 2-8장에는 이스라엘의 족보가 길게 나열됩니다. 요셉 지파는 므낫세(대상 5:23-26; 7:14-19)와 에브라임(대상 7:20-29)이 나뉘어 소개되고, 단과 스불론 지파는 빠져 있습니다(참고, 겔 48:1, 2, 26-27). 그 이유를 알 수 없습니다.

제일 먼저 등장하는 족보는 (1) 입니다. 2장 3절부터 4장 23절까지 나옵니다. 아주 깁니다. 이 가운데 2장 9절에서 3장 24절이 헤스론, 다윗, 다윗의 가문에 대한 내용인데, 중심축입니다.

2:3 셀라		
	2:4-8 베레스와 세라, 유다의 아들들	
		2:9-3:24 헤스론, 다윗과 다윗 가계의 조상
	4:1-20 베레스의 다른 자손	
4:21-23 셀라		

유다는 며느리 다말에게서 낳은 베레스로부터 헤스론으로 연결됩니다. 다윗으로 이어지는 10-16절은 룻기 4장 18-22절과 같습니다. 또 다윗의 두 자매가 낳은 자녀(다윗의 조카)들이 다윗의 장군으로 일했다는 기록이 사무엘기에는 나오지 않지만 역대기에는 나옵니다(16-17절). 스루야는 아비새, 요압과 (2) 삼형제를 낳고(16절), (3) 은 아마사를 낳습니다(17절). 다윗의 조카들이 용맹한 장군으로 섬겼습니다. 또 성막의 건축가 브살렐(20절, 출 41:1-5)은 유다 지파 헤스론의 아들 갈렙의 자손입니다.

생각하기 다윗의 족보 가운데 섭리하시는 하나님의 손길을 묵상합시다.

해답 1. 유다, 2. 아사헬, 3. 아비가일

역대상 3장 · 다윗의 족보

주요 구절: 3:1

1-9절은 (1) 의 족보를 나열합니다. 10-16절은 르호보암부터 시드기야까지 남유다 왕들입니다. 북 이스라엘 왕들은 역대기의 관심사가 아닙니다. 17-24절은 바빌론

포로 기간과 그 후 왕족 이름을 언급합니다. 이 이름들은 역대기에만 나옵니다. 하나님의 구원역사는 인간의 어떠함보다는 하나님의 언약에 대한 미쁘심(신실함)에 근거한다는 것을 보여줍니다.

5절에 솔로몬을 포함한 네 아들의 어머니가 "암미엘의 딸 (2 　　　)"라 기록되어 있는데 밧세바(참고, 삼하 11:3)를 의미합니다. 또 11절에 아하시야와 요아스 사이에 아달랴가 빠져 있습니다. 아달랴는 유다 왕 여호람의 아내이며 아합의 딸입니다. 아들 아하시야가 죽자 그의 왕자들을 모조리 죽이고 6년 동안 여왕으로 다스렸습니다. 그녀는 구원역사에서 배제됩니다.

생각하기 언약에 신실하셔서 구원하시는 하나님을 찬양합시다.

해답 1. 다윗, 2. 밧수아

역대상 4장 · 유다와 시므온 지파

주요 구절: 4:1

4장은 나머지 유다 지파의 이름을 열거합니다. 9-10절에 "야베스"라는 이름이 등장하고 그의 기도가 나타납니다. 야베스의 뜻은 '수고로이(고생으로) 낳은 아이'입니다. 고대 시대에 좋지 않은 이름이 좋지 않은 삶을 만든다고 믿었습니다. 야베스는 자신의 불길한 이름 때문에 늘 불안했던 같습니다. 그러나 야베스는 하나님께 자신의 고민을 내어 놓습니다. "…내게 복을 주시려거든 나의 지역을 넓히시고 주의 손으로 나를 (1 　　)사 나로 (2 　　)을 벗어나 내게 (3 　　)(수고)이 없게 하옵소서…"(10절)라고 기도합니다. 하나님은 성명학 같은 세속적 운명론 위에 있는 분입니다. 하나님은 야베스의 기도를 들어줍니다. 그의 믿음을 귀히 보았습니다.

유다 지파에 이어 시므온 지파가 소개됩니다. 이유는 시므온 지파가 유다 지파의 땅 일부를 할당받아 살았기 때문입니다(수 19:1-9). 시므온 지파는 역사 가운데 정체성을 잃고 유다 지파의 영향력에 흡수되는 듯하지만, 명맥은 유지됩니다. 히스기야 시대에 시므온 지파는 동쪽 에돔 지역으로 확장합니다(41-43절).

생각하기 야베스의 기도가 족보 가운데 들어간 이유는 무엇일까요?

해답 1. 도우, 2. 환난, 3. 근심

역대상 5장 · 르우벤, 갓, 므낫세 반 지파

주요 구절: 5:26

5장은 요단 강 동쪽 두 지파와 므낫세 반(半) 지파에 대해 기록합니다. 먼저 르우벤 지파입니다. 르우벤은 (1 　　)로서 특권을 누리지 못합니다. "… (1 　　)라도 그의 아버지의 침상을 더럽혔으므로 (1 　　)의 명분이 이스라엘의 아들 (2 　　)의 자손에게로 돌아가서…"(1절) (2 　　)이 다른 아들보다 두 배의 유산을 받습니다(2절). 그의 두 아들 에브라임과 므낫세가 각각 이스라엘의 지파로 인정되었기 때문입니다. 갓 자손은 르우벤 지파 아래쪽에 위치합니다(11-17절). 맨 아래가 므낫세 반 지파입니다(23-24절).

요단 강 동쪽 세 지파는 주변 나라들과 싸움을 벌일 때 "하나님께 의뢰하고 부르짖"(20절)습니다. 그 결과 하나님이 응답하여 전쟁에서 승리합니다. 그 싸움은 하나님께로 말미암습니다(22절). 늘 이런 믿음을 유지하지는 않았습니다. 그들이 하나님께 (3 　　)하여 다른 신들을 (4 　　)하듯 섬기자(25절) 하나님은 다른 민족을 사용해 그들을 포로로 잡아가게 합니다. 세상 역사는 하나님의 손 안에 있습니다. "그들이 그들의 땅에 거주하여 사로잡힐 때까지 이르렀더라."(22절)는 북 이스라엘이 아시리아에 잡혀갔을 때(26절)를 말합니다(주전 722년).

생각하기 교회의 역사, 세상의 역사가 하나님 손에 있음을 고백합니까?

해답 1. 장자, 2. 요셉, 3. 범죄, 4. 간음

역대상 6장 · 레위 지파

주요 구절: 6:1

레위인은 땅을 기업으로 받지 못합니다. 그들의 기업은 하나님입니다. 다른 지파들이 그들을 먹여 살립니다. 그들이 살아야 했던 집과 땅은 12지파 모두에 골고루 퍼져 있습니다. 레위 지파는 각 지역에 흩어져 살면서 이스라엘의 영적 중심 역할을 해야 했습니다. 그들은 영적 대표자와 지도자로서 백성 가운데 일합니다. 그 실제를 54-81절까지 나열하는데 여호수아 21장에 나오는 내용의 요약입니다. 레위의 아들들은 게르손과 (1 __ __)과 므라리이고(1절) 그의 후손들의 족보가 나옵니다. 회막에서 찬송하는 자로 (2 __ __)(그핫의 자손, 33, 38절), 아삽(게르손의 자손, 39, 43절), 그리고 에단(므라리의 자손, 44, 47절)이 나옵니다.

아론의 자손(49-53절)도 소개됩니다. 하나님은 당신의 백성을 직분자를 세워 섬기도록 합니다. 오늘 교회도 마찬가지입니다.

생각하기 나는 하나님을 섬기는 일에 열심을 다하고 있습니까?

해답 1. 그핫, 2. 헤만

역대상 7장 · 북 이스라엘의 여섯 지파들

주요 구절: 7:1

7장에는 잇사갈, 베냐민, 납달리, 에브라임, 아셀 지파와 요단 서편에 거주하는 므낫세 반(半 1/2) 지파의 족보를 아주 간단하게 다룹니다. 역대기를 쓸 당시에는 북 이스라엘은 멸망하고 존재하지 않았습니다. 이들은 멀리 아시리아로 잡혀갔습니다. 앞에서 기록한 것처럼 단과 스불론 지파는 빠져 있습니다. 그 이유는 알 수 없습니다. 역대기에는 특별히 에브라임 지파가 상세하게 나옵니다(20-29절). 아마도 (2 __ __ __ __)의 영향력 때문이 아닐까 싶습니다. "그의 아들은 (1 __)이요, 그의 아들은 (2 __ __ __ __)더라."(27절)

생각하기 역대기 족보는 긍정적인 면을 주로 소개합니다. 왜 그럴까요?

해답 1. 눈, 2. 여호수아

역대상 8장 · 베냐민 지파와 사울 집안

주요 구절: 8:1

베냐민 지파에 대해서는 이미 7장 6-12절에서 다루었지만, 8장에서 다시 개별적으로 소개됩니다. 그렇게 족보는 마무리됩니다. 역대기 족보의 관심은 '유다 지파', '레위 지파', '베냐민 지파'입니다. 베냐민 지파는 솔로몬 이후 남북으로 나뉠 때 북쪽 편으로 붙지만, 지역적으로 유다 지파와 가까워 나중에는 다윗 왕조에 신실하게 머뭅니다(참고, 왕상 12:21). 포로 귀환 이후에도 베냐민 지파는 유다 지파와 중요한 역할을 합니다(참고, 스 1:5; 느 11:4-9). 그러다 보니 특별히 (1 ☐☐) 집안의 족보를 상세하게 다룹니다(29-40절). "…기스는 (1 ☐☐)을 낳고 (1 ☐☐)은 (2 ☐☐☐)과 … 낳았으며"(33절)

생각하기 베냐민 지파를 특별히 언급한 이유는 무엇일까요?

해답 1. 사울, 2. 요나단

역대상 9장 · 포로 귀환 후 정착한 사람들 족보

주요 구절: 9:1 (대상 8:29-38)

아시리아(주전 722년)와 바빌론(주전 586년)으로 잡혀갔던 북 이스라엘과 남 유다 가운데 다시 돌아와 예루살렘에 정착한 지파는 몇 되지 않습니다. '레위' 사람들과 '유다' 자손, '(1 ☐☐☐)' 자손, '에브라임'과 '므낫세' 자손이 전부입니다(2-3절). 특별히 레위 지파의 성전 사역을 다시 자세히 정리합니다. "하나님의 성전의 (2 ☐☐)를 수

행할 힘 있는 자는 모두 1,760명이더라."(13절) "…그들은 하나님의 성전을 맡은 (3 ＿＿)이 있으므로 성전 주위에서 밤을 지내며, 아침마다 문을 여는 (3 ＿＿)이 그들에게 있었더라."(27절) "어떤 자는 … 기구를 맡아…"(28절) "어떤 자는 성소의 기구와 모든 그릇과 고운 가루와 (4 ＿＿)와 기름과 유향과 향품을 맡았으며."(29절) "…어떤 자는 향품으로 향기름을 만들었으며."(30절) "…레위 사람은 (5 ＿＿)을 굽는 일을 맡았으며."(31절)

포로 귀환 후 이스라엘 백성이 가장 중요하게 관심 가진 일이 레위인이 해야 할 일이었고, 이것은 곧 포로에서 돌아온 자들의 관심과 최종 목적이 하나님께 대한 '예배'였음을 알 수 있습니다.

마지막으로 35-44절은 10장에 기록된 사울의 죽음에 대한 서론으로 사울의 족보(대상 8:29-38)를 다시 기록합니다.

생각하기 백성은 포로로 있으면서 얼마나 예배를 사모했을까요?

해답 1. 베냐민, 2. 임무, 3. 책임, 4. 포도주, 5. 전병

역대상 10장 · 사울과 다윗

주요 구절: 10:14 (삼상 31:1-13)

10장부터는 다윗과 다윗을 중심으로 한 역사를 기록합니다. 인류 전체에서 아브라함 자손에게로 집중되고, 그 중에서도 남 유다로 클로즈업됩니다. 다윗을 통한 하나님의 구원역사를 시작하기 전에 사울의 마지막 장면을 묘사합니다. 사울은 블레셋과의 전쟁에서 세 아들과 함께 죽습니다. 그렇게 된 이유는 마지막 절에 분명하게 나옵니다. "여호와께 (1 ＿＿) 아니하였으므로 여호와께서 그를 죽이시고."(14절) 하나님과의 언약 관계를 거절하고 언약을 깨뜨린 자의 최후를 보여줍니다. 사울은 하나님께 물으며 의논하지 않았습니다.

그에 비해 다윗은 다릅니다. 하나님은 다윗에게 그 (2 ＿＿)를 넘겨줍니다(14절). 다윗은 하나님의 언약을 귀히 여기고 무슨 일이든지 하나님께 묻습니다. 그런 의미에서

다윗은 후에 오실 메시아의 그림자입니다.

생각하기 나는 모든 일에 겸손히 하나님께 묻고 있습니까?

해답 1. 묻지, 2. 나라

역대상 11장 · 하나님이 세운 다윗 왕권

주요 구절: 11:9 (삼하 5:1-10; 23:8-39)

다윗이 이스라엘의 왕이 됩니다. 온 이스라엘이 (1) 에 모여 여호와 앞에 언약을 맺고 다윗에게 기름 부어 왕으로 세웁니다(3절). 다윗은 '자신의 나라'가 아니라, '하나님의 나라'를 위임받아 통치하는 직분자입니다. "여호와께서도 왕에게 말씀하시기를, 네가 내 백성 이스라엘의 목자가 되며 내 백성 이스라엘의 (2)가 되리라, 하셨나이다."(2절)

다윗은 예루살렘에 살고 있던 여부스 주민을 쫓아내고 (3) 성을 빼앗습니다(5절). '다윗 성'으로도 불립니다(5절). 시골에서 양을 치던 목동이 어떻게 이런 왕이 되었을까요? 답은 너무나 분명합니다. "만군의 여호와께서 함께 계시니 다윗이 점점 (4)하여 가니라."(9절)

다윗 혼자 큰 나라를 다스릴 수 없습니다. 여러 사람의 도움이 필요합니다. 다윗 주변에는 훌륭한 용사들이 있습니다. 그들은 전쟁에서 큰 공헌을 합니다. 예루살렘 지역의 여부스 원주민을 요압 장군이 소탕하거나(4-8절), 다윗의 세 군인이 블레셋이 사는 베들레헴 성문 곁 우물물을 목숨 걸고 떠오는 충성심을 보입니다(15-18절). 그렇다면 다윗의 강성함이 그들의 용맹 때문일까요? 그들의 용맹은 그들 자신의 것일까요? 아닙니다. 그것은 하나님으로부터 온 것입니다. "…여호와께서 큰 (5) 으로 (5)하심이었더라."(14절)

생각하기 나와 함께하시는 하나님이 강한 분이심을 믿습니까?

해답 1. 헤브론, 2. 주권자, 3. 시온, 4. 강성, 5. 구원

역대상 12장 · 한 마음으로 세워진 다윗의 나라

주요 구절: 12:22

다윗이 사울로부터 쫓겨 다닐 때 갓과 (1 ___)과 유다 자손 중에서 다윗에게 모여든 사람들이 있었습니다(2-18절). 다윗은 아무 조건 없이 그들을 받지 않습니다(16-18절). 신뢰할 수 있는지를 확인합니다. 성령님이 확신을 줄 때 그들을 받아들입니다(18절).

헤브론에서 왕이 된 다윗을 돕기 위해 전국에서 모여든 군인들이 상당히 많습니다. "그 때에 사람이 (2 ___) 다윗에게로 돌아와서 돕고자 하매 큰 군대를 이루어 (3 ___)의 군대와 같았더라."(22절)

다윗을 중심으로 하나님 나라에 열심인 온 이스라엘 사람이 모여 아름다운 나라를 이룹니다. '하나님의 총회', 혹은 '하나님의 교회'인 셈입니다. 그 아름다운 모습과 분위기가 38-40절에 잘 나타납니다. 조촐한 왕위 즉위식이지만, 은혜가 풍성하고 기쁨이 충만한 잔치입니다. 헤브론에 모인 자들은 "다 (4 ___) 마음"(38절)입니다. 교회가 갖추어야 할 참 모습인데 이후 오순절 성령 강림 때에도 성도들이 "마음을 같이하여 … 떡을 떼며 기쁨과 순전한 마음으로 음식을" 먹습니다(행 2:46).

헤브론 근처에 살던 사람들이 건포도와 (5 ___)와 기름과 소와 양도 많이 가져와 함께 3일을 같이 머물며 먹고 마십니다(40절). 하나님을 왕으로 모신 하나님의 백성의 아름다운 모습입니다.

생각하기 내가 속한 교회는 한 마음으로 모이고 예배합니까?

해답 1. 베냐민, 2. 날마다, 3. 하나님, 4. 한, 5. 포도주

역대상 13장 · 실패한 하나님의 궤 옮기기

주요 구절: 13:13 (삼하 6:1-11)

다윗은 왕이 된 후 제일 먼저 "하나님의 (1)"를 다윗 성으로 옮기려 합니다(3절). 다윗에게 우선순위는 하나님을 섬기는 것입니다. 이전에 홉니와 비느하스가 언약궤를 전쟁에 가져갔다가 블레셋에게 빼앗겼는데, 다시 이스라엘로 돌아와서 기럇여아림의 (2)의 집에 있었습니다(7절). 다윗은 온 백성의 의견을 청취하고 기쁜 마음으로 하나님의 (1)를 새 수레에 싣고 나옵니다(5절).

그러나 마음은 귀하지만, 그 방법은 하나님이 명령하신 것이 아니고, 이방 사람의 것이었습니다. 하나님의 (1)를 옮길 때는 반드시 레위인이 어깨에 메어야 했습니다. 다윗과 이스라엘 온 무리가 하나님 앞에서 (3)을 다하여 뛰놀며 (4)하며 수금과 비파와 소고와 제금과 (5)로 연주합니다(8절). 아무리 봐도 나쁠 것 없어 보입니다. 열정도 있고 자원함도 있고 (4)와 악기도 있습니다. 하지만 하나님을 '경외'함이 없습니다.

(1)를 옮기다가 소들이 뛰자 웃사가 손을 펴서 붙들었습니다. 그때, 여호와의 진노가 임합니다. 웃사는 그 자리에서 즉사합니다(9-10절). 다윗은 (1) 옮기는 것을 중단하고 (1)는 오벧에돔의 집에 머뭅니다. 성경은 사람이 하나님의 (1)를 만지면 죽는다고 했습니다(민 4:15). 다윗은 "하나님을 (6)"(12절)합니다. 하나님 앞에 겸손하지 않을 수 없습니다. 다윗은 하나님이 거룩한 분임을 톡톡히 경험합니다.

생각하기 열정보다 순종이 먼저라는 것에 동의합니까?

해답 1. 궤, 2. 아비나답, 3. 힘, 4. 노래, 5. 나팔, 6. 두려워

역대상 14장 · 하나님께만 신실했던 왕 다윗

주요 구절: 14:1 (삼하 5:11-25)

다윗은 자신의 왕궁을 건설합니다(1절). 왕권이 든든해집니다. 다윗이 하나님 앞에서 어떻게 살았는지 볼까요? 다윗이 무엇을 하든지 잊지 않고 하는 것이 있습니다. 그것은 언약의 하나님께 묻는 것입니다. 블레셋과의 전쟁에서 묻고 또 묻습니다(8-16절). "다윗이 하나님께 (1)…"(10, 14절). 하나님 앞에서 나라를 다스리는 모습입니다.

다윗이 왕이지만 참 왕은 하나님입니다.

다음 말씀에서 직분자 다윗의 정체성과 자세를 분명하게 볼 수 있습니다. "다윗이 여호와께서 (2)를 이스라엘의 (3)으로 삼이신 줄을 깨달았으니, 이는 (4)의 백성 이스라엘을 위하여 그의 나라가 높이 들림을 받았음을 앎이었더라."(2절) "기름 부음을 받아 온 이스라엘의 (3)이 된…"(8절) 자신의 (3) 됨이 오직 하나님의 백성 이스라엘을 위한 것임을 잘 압니다.

다윗은 사람보다 하나님을 두려워합니다. 그 결과는 놀랍습니다. 다윗의 (5)이 온 세상에 퍼지고 블레셋을 비롯해 모든 이방 민족이 그를 두려워합니다(17절). 언약의 하나님은 언약에 충실한 백성에게 놀라운 복을 줍니다.

생각하기 나는 사람을 두려워합니까? 하나님을 두려워합니까?

해답 1. 물어, 2. 자기, 3. 왕, 4. 그, 5. 명성

역대상 15장 · 하나님의 궤가 다윗 성으로 들어오다

주요 구절: 15:1 (삼하 6:12-22)

다윗은 다시 '하나님의 궤'를 다윗 성으로 옮길 계획입니다. 첫 번째 시도에서 실패한 이유를 다윗이 이렇게 말합니다. "전에는 (1)가 메지 아니하였으므로 우리 하나님 여호와께서 우리를 찢으셨으니, 이는 우리가 (2)대로 그에게 구하지 아니하였음이라. 이에 제사장들과 (3) 사람들이 이스라엘 하나님 여호와의 궤를 메고 올라가려 하여…"(13-14절) 여기서 핵심 단어들은 (3), "메고", (2), "구함"입니다.

다윗은 하나님의 궤가 들어올 때 베 에봇을 입고 춤추며 뛰어놉니다. 다윗이 입은 베 에봇은 제사장이 입는 것과는 다른 옷으로 특별히 이 날을 위해 제작한 옷으로 보입니다. 다윗은 왕 같은 제사장으로 유일한 왕 하나님 앞에 섭니다. 다윗의 아내이며 사울의 딸 미갈이 이 모습을 보고 마음에 다윗을 (4)여깁니다(29절). 참 왕이신 하나님을 보지 못하는 미갈이 안타깝습니다.

생각하기 다윗은 언약궤가 들어오는 것을 왜 그토록 기뻐했을까요?

해답 1. 너희, 2. 규례, 3. 레위, 4. 업신

역대상 16장 · 다윗이 여호와께 감사로 찬양하다

주요 구절: 16:1 (시 105:1-15; 96:1-13; 106:47-48)

참 왕이신 하나님 앞에 왕과 제사장과 레위 지파 사람들 그리고 온 백성이 함께 기뻐하고 즐거워합니다. 다윗 왕은 (1) 한 덩이와 야자열매로 만든 (2)와 건포도로 만든 (2) 하나씩을 온 백성에게 나눠줍니다(3절).

다윗은 아삽과 그의 형제들을 세워 하나님께 감사 찬송을 부릅니다. 이 찬양은 여러 시편에서 발견됩니다. 8-22절은 시편 105편 1-15절에서 발견됩니다. 23-33절은 시편 96편 1-13절에서, 34-36절은 시편 106편 1, 47-48절에 나옵니다. 특별히 다윗은 (3)의 하나님을 노래합니다. "너희는 그의 (3), 곧 천 대에 명령하신 말씀을 영원히 기억할지어다. 이것은 아브라함에게 하신 (3)이며, 이삭에게 하신 (4)이며, 이는 야곱에게 세우신 율례, 곧 이스라엘에게 하신 영원한 (3)이라."(15-17절) 다윗이 믿는 하나님은 온 세상의 왕입니다. "…모든 (5) 중에서는 이르기를 여호와께서 (6)하신다, 할지로다."(31절) 하나님의 (6)는 온 세상에 미칩니다.

생각하기 나의 왕이신 하나님께 감사로 찬송하는 삶을 살고 있나요?

해답 1. 떡, 2. 과자, 3. 언약, 4. 맹세, 5. 나라, 6. 통치

역대상 17장 · 다윗의 계획과 하나님의 계획

주요 구절: 17:14 (삼하 7:1-29)

다윗은 하나님께 죄송한 마음이 듭니다. 자신은 백향목으로 지은 멋진 왕궁에 살고 하나님의 언약궤는 휘장(장막, 텐트)에 있기 때문입니다. 그는 하나님의 (1)을 건축하기 원합니다. 하지만 하나님은 오히려 다윗을 위해 (1)을 짓겠다고 약속합니다. "…여호와가 너를 위하여 한 (2)를 세울지라."(10절) "내가 영원히 그를 내 (1)과 내 (3)에 세우리니, 그의 왕위가 영원히 (4)하리라."(14절) 다윗의 자녀 가운데 하나를 세워 (3)를 (4)하게 할 것이라는 예언입니다. 그 아들이 하나님을 위하여 (1)을 건축할 것이고 하나님은 그의 왕위를 영원히 (4)하게 할 것입니다.

이 약속은 솔로몬이 성전을 지음으로 일차적으로 성취되고, 최종적으로는 다윗의 자손 예수 그리스도 안에서 성취됩니다. 예수님은 하나님 나라를 완성하고 왕이 됩니다. 하나님은 예수 그리스도 안에서 교회(하나님의 집)를 세우고 그 안에 성령님을 보내어 다스리게 함으로 하나님의 통치, 하나님의 임재가 온전히 이루어지는 '하나님의 집', '그리스도의 몸', '성령님의 전'을 세웁니다. 이것이 하나님의 '성전 건축' 계획입니다. 다윗이 하나님을 위한 집을 만들려 하지만 사실은 죄와 비참 가운데 있는 인간이 하나님을 위해 할 것이라고는 아무 것도 없습니다. 하나님이 인간을 죄와 비참 가운데서 해방시켜 교회로 부릅니다. 교회는 하나님이 인간을 위해 세운 성전입니다.

생각하기 교회가 하나님이 지은 성전이라는 게 어떻게 다가옵니까?

해답 1. 집, 2. 왕조, 3. 나라, 4. 견고

역대상 18장 · 다윗의 명예와 하나님의 명예

주요 구절: 18:14 (삼하 8:1-18)

18-20장 내용은 사무엘하 8-21장에 나온 긴 기간과 과정을 요약한 내용입니다. 다윗

의 개인적 죄(밧세바 사건, 삼하 11:2-12:25)와 복잡한 가정 문제(삼하 13-20장)는 나오지 않습니다. 이것은 단지 '다윗의 명예'를 높이려는 의도가 아닙니다. 역대기는 '하나님의 명예'에 관심이 있습니다. 역대기는 하나님의 약속이 다윗에게서 어떻게 이루어지는지에 집중합니다.

다윗은 주변 국가를 점령합니다. 에돔, 모압, 암몬, 블레셋, 아말렉 등 모든 이방 국가를 점령하고 은금을 전리품으로 가져옵니다. "다윗이 어디로 가든지 여호와께서 (1) 하셨더라."(6, 13절) 다윗의 통치는 점점 견고해집니다. 다윗은 이스라엘을 충실하게 다스립니다. "다윗이 온 이스라엘을 다스려 모든 백성에게 (2)와 공의를 행할새."(14절)

생각하기 우리에게 승리를 주시는 하나님을 신뢰합니까?

해답 1. 이기게, 2. 정의

역대상 19장 · 암몬과 아람을 정복한 다윗

주요 구절: 19:19 (삼하10:1-19)

다윗이 이스라엘을 강력한 국가로 만듭니다. 장군 요압과 아비새도 전쟁이 하나님의 뜻 아래 있음을 인정합니다. "너는 (1)을 내라 … (1)을 내자! 여호와께서 (2)히 여기시는 대로 (3)하시기를 원하노라."(13절)

암몬 왕 하눈이 아람 사람을 고용해 다윗을 공격하지만 실패합니다. 패배한 아람이 이스라엘을 이기고자 강 건너편에 있는 아람 사람을 데려옵니다. 하닷에셀(Hadadezer)의 군대사령관 소박(Shophak)이 오지만 역시 패하고 맙니다. 주변 나라들이 힘을 합쳐 다윗을 대적하지만, 역부족입니다. 북쪽에서 늘 이스라엘을 괴롭히던 아람도 이제 더 이상 다윗을 괴롭히지 못합니다. "하닷에셀의 부하들이 자기가 이스라엘 앞에서 패하였음을 보고 다윗과 더불어 (4)하여 섬기고, 그 후로는 아람 사람이 암몬 자손 돕기를 (5)하지 아니하였더라."(19절)

생각하기 하나님 나라의 강성함은 어디에서 비롯됩니까?

해답 1. 힘, 2. 선, 3. 행, 4. 화친, 5. 원

역대상 20장 · 승리의 왕관을 쓴 다윗

주요 구절: 20:1 (삼하 12:26-31; 21:15-22)

"해가 바뀌어 (1)들이 출전할 때가 되매…"(1절)는 사무엘하 11장 1절 "그 해가 돌아와 (1)들이 출전할 때가 되매…"와 같은 사건입니다. 하지만, 이어지는 밧세바 사건은 언급하지 않습니다. 역대기의 신학적 관점이 하나님의 일에 더 큰 강조를 두기 때문입니다.

다윗은 암몬의 수도 랍바(Rabbah)를 정복합니다. "다윗이 그 왕의 (2)에서 보석 있는 (3)을 빼앗아 중량을 달아보니, 금 한 달란트라. 그들의 (3)을 자기 머리에 쓰니라."(2절) 여기에서 장차 다윗 왕가를 통해 모든 이방 나라들과 사람들을 다스리는 왕(메시아)의 그림자를 살짝 볼 수 있습니다.

4-8절에는 블레셋의 거대한 장군들을 물리친 용감하고 유능한 영웅들이 열거됩니다. 야일(Jair)의 아들 엘하난(Elhanan)은 가드(Gad) 사람 (4)의 동생 라흐미(Lahmi)를 죽입니다(5절).

생각하기 예수 그리스도가 모든 나라와 사람을 다스리심을 믿습니까?

해답 1. 왕, 2. 머리, 3. 왕관, 4. 골리앗

역대상 21장 · 다윗의 인구조사 죄와 하나님의 용서

주요 구절: 21:1 (삼하 24:1-25)

모든 일이 형통한 어느 날, 다윗에게 시험이 들이닥칩니다. "(1)이 일어나 이

스라엘을 대적하고 다윗을 (2)하여 이스라엘을 계수하게 하니라."(1절) 인구조사가 왜 죄가 되는지 정확히 수 없습니다. 아마도 군사적 힘을 자랑하려는 교만이 문제인 것 같습니다. 인구조사를 하려면 생명의 속전을 드려야 하는데(출 30:12) 그렇지 않았던 것 같기도 합니다. 여하간 인구조사 명령이 분명히 죄라는 것은 하나님이 진노하신 것에서 알 수 있습니다. "하나님이 이 일을 (3)하게 여기사 이스라엘을 치시매."(7절) 다윗은 곧바로 회개합니다. "…내가 이 일을 행함으로 큰 죄를 범하였나이다. 이제 간구하옵나니, 종의 죄를 용서하여 주옵소서. 내가 심히 (4)하게 행하였나이다."(8절)

하나님은 갓 선지자를 통해 다윗이 용서받을 방법을 알려줍니다. 오르난의 타작마당에서 제사를 드리면 벌이 중단됩니다. 다윗은 번제와 화목제사를 드립니다(26절). 하나님은 하늘에서 번제단 위에 (5)을 내려 제사를 받았음을 보여줍니다. 오르난은 이방인입니다. 가나안 여부스 족속이 예루살렘에 함께 살고 있습니다. 다윗은 그의 터를 사서 제단을 쌓고 제사 드립니다. 바로 이 장소에 '하나님의 성전'이 세워집니다.

28절부터 22장 1절의 내용은 사무엘하 24장에 등장하지 않지만, 역대상 22장의 성전 건축 준비와 관련해 자연스럽게 연결됩니다.

생각하기 즉시 회개하는 다윗이 어떻게 보입니까?

해답 1. 사탄, 2. 충동, 3. 악, 4. 미련, 5. 불

역대상 22장 · 다윗의 성전 건축 준비

주요 구절: 22:19

22-29장은 성전 건축 준비와 제사장과 레위인의 합법적 지위, 왕위 계승과 관련한 내용입니다. 다윗과 솔로몬 왕국을 통한 메시아 왕국을 소망하게 됩니다.

다윗은 왕이지만 하늘에 계신 참 왕 하나님을 존귀하게 여기며 섬깁니다. 그는 하나님을 위한 성전 건축을 준비합니다. 다윗 자신은 전쟁에서 (1)를 심히 많이 흘려 자격이 없음(8절)을 알고 (2) 솔로몬에게 그 일을 맡깁니다. 다윗은 솔로몬에게

하나님이 약속한 '영원히 다윗의 왕위가 끊어지지 않을 왕국'에 대한 언약을 전합니다(8-10절). "그가 내 이름을 위하여 성전을 건축할지라. 그는 내 (2 　　)이 되고 나는 그의 (3 　　　)가 되어 그 나라 왕위를 이스라엘 위에 굳게 세워 영원까지 이르게 하리라, 하셨나니."(10절) 솔로몬은 (3 　　　)의 축복을 받습니다(11절). 솔로몬에게 부귀와 영화가 필요했던 이유는 하나님의 성전을 건축해야 했기 때문입니다. (4 　　)와 (5 　　)이 필요한 것도 하나님 나라를 통치하기 위함입니다(12절).

다윗은 여러 지도자들(모든 방백)에게 솔로몬을 도울 것을 부탁합니다(19절).

생각하기 피를 흘린 것이 왜 성전을 지을 수 없는 이유가 될까요?

해답 1. 피, 2. 아들, 3. 아버지 4. 지혜, 5. 총명

역대상 23장 · 성전에서 섬길 자를 세우는 다윗

주요 구절: 23:3

열왕기상은 솔로몬이 왕이 되는 과정을 잘 묘사하지만, 역대상은 성전 제사를 섬기는 레위인에게 집중합니다. 예배 중심의 삶을 보여줍니다.

특별히 23-27장은 아들 솔로몬을 위해 다윗이 준비한 것들을 아주 자세히 열거합니다. 종교, 군사, 정치 지도자들을 나열합니다. 레위인은 30세 이상 남자가 3만 8천 명입니다(3절). 그 중에 (1 　　)을 섬기는 자가 2만 (2 　)천 명(4절), 문지기가 (2 　)천 명(5절), 악기로 (3 　　)하는 자가 (2 　)천 명입니다. 그 외에도 관원과 (4 　　　)이 6천 명(4절)이나 됩니다. 이들은 요즘으로 치면 국가 공무원입니다.

레위인은 24그룹으로 나누어 섬깁니다(6-23절). 본래 레위인은 30세부터 봉사했고 50세에 은퇴합니다(민 4:3). 그러나 다윗 시대에는 (5 　　)세로 연령이 낮아집니다(24절). 자그마한 성막과 달리 규모가 큰 성전 일을 위해 더 많은 인력이 필요했던 것으로 보입니다. 레위인의 사역이 광야 시대와 크게 달라진 점은 성막과 기구를 멜 필요가 없어졌다는 것(26절)입니다. 천막은 이동해야 하지만, 성전은 더 이상 옮길 필요가 없습니다.

생각하기 짜임새 있는 직분이 예배에 얼마나 도움 될까요?

해답 1. 성전 2. 사, 3. 찬송, 4. 재판관, 5. 이십

역대상 24장 · 성전 봉사는 하나님의 방법으로

주요 구절: 24:5

성전에 섬길 자를 구분합니다. 아론의 자녀 가운데 엘르아살의 자손이 많아 16명을 세우고, 이다말의 자손이 적어 8명을 세워 모두 24개 반열(그룹)을 만듭니다. 이스라엘의 1년이 48주간이니, 1년 동안 두 주씩 돌아가면서 섬길 수 있습니다. 이들은 나답과 (1 　　　)의 죽음을 기억(2절)하며 성막에서 섬길 때 하나님의 방법을 엄격히 따라야 합니다. 성전 봉사는 거룩하고 복된 일이기에 아무에게나 맡길 수 없습니다. 섬기는 순서는 (2 　　) 뽑아 결정합니다(5절). "이에 (2 　　) 뽑아 피차에 (3 　　)이 없이 나누었으니, 이는 성전의 일을 다스리는 자와 하나님의 일을 다스리는 자가 엘르아살의 자손 중에서도 있고 이다말의 자손 중에도 있음이라."(5절)

세속적 능력의 차이가 아닌 '하나님이 맡긴 사람'이 '하나님이 지정해 주신 질서'에 따라 '하나님의 방법'으로 성전에서 섬겨야 합니다. 하나님 나라와 주의 교회의 일에 섬기는 것은 교만할 수 없으며 시기하고 질투하며 열등감에 빠질 필요도 없습니다. 모두 하나님이 맡긴 일을 감당하면 됩니다.

생각하기 우리 교회는 하나님의 방법대로 섬기고 있습니까?

해답 1. 아비후, 2. 제비, 3. 차등

역대상 25장 · 성전에서 찬송하는 자들

주요 구절: 25:1

성전에는 세 가지 악기, 곧 (1 　　)과 (2 　　)와 (3 　　)으로 신령한 노래를 하는 자들이 있습니다(1절). 그들은 아삽과 여두둔과 헤만의 자손입니다. '신령한 노래'(1절)라는 표현은 '예언'이라는 말과 같습니다. 예언은 때때로 미래를 말하는 경우도 있지만, 대체로 하나님의 말씀을 선포하는 것입니다. 하나님의 말씀을 악기의 반주에 맞추어 노래한 것이 바로 시편입니다. 시편은 하나님의 말씀을 예언한 것입니다.

노래로 하나님의 말씀을 선포하는 자들도 24그룹으로 번갈아가며 섬깁니다. 각 그룹은 12명으로 구성됩니다. 나누는 방법은 역시 제비뽑기입니다. 여호와를 찬양하는 데 능숙한 자들이 288명이나 됩니다. 그 중에 '큰 자나 (4 　)은 자나, (5 　　)이나 제자'를 구분하지 않고 그냥 제비뽑아 순서를 정해 섬깁니다(8절). 이는 하나님을 섬기는 데 단순히 능력만이 아니라, 하나님의 뜻이 결정한다는 것을 보여 줍니다. 같은 은사 안에서도 실력 차이가 날 법한 제자가 스승과 함께 섬깁니다. 하나님을 섬기는 일의 원리는 무조건 '최고의 실력을 갖추어야 한다'는 원리와 다릅니다. 여기서 오늘 교회에서 섬기는 직분자의 원리도 은사와 실력이 중요하지만, 그보다 사람 그 자체와 마음이 더 우선입니다. 직분자는 하나님이 세우고, 세우는 기준과 선택 방법도 하나님께 있습니다.

생각하기 우리 교회에서 직분자를 세우는 방식은 어떻습니까?

해답 1. 수금, 2. 비파, 3. 제금, 4. 작, 5. 스승

역대상 26장 · 성전 문과 행정을 맡은 레위인

주요 구절: 26:5

성전 문을 지키는 자도 레위인입니다. 성전 문지기 가운데 (1 　　　　)의 가문에서 62명이나 나온 것은 특별한 하나님의 복을 받았기 때문입니다(5-8절). 일찍이 다윗이 언약궤를 다윗 성으로 옮기다가 불가능하게 되자 (1 　　　　)의 집에 두

었는데, 그 때 언약궤를 잘 섬긴 것에 대한 복입니다. 성전 문을 지키는 일도 기본적으로 레위인이 하지만, 그 안에서 순서를 정하는 것은 능력이 아니라, (2)뽑기로 결정합니다(13절). "각 문을 지키기 위하여 그의 조상의 가문을 따라, (3)를 막론하고 다 (2) 뽑혔으니."(13절) 섬기는 자는 겸손할 수밖에 없습니다. 섬김은 하나님의 직권이며 배려입니다.

성전 창고를 지키는 자들도 있습니다. 그 외에도 행정과 재판을 맡아 일하는 레위인이 있습니다(29절). 요즘으로 보자면, 레위인은 나라의 중요한 행정부, 법무부, 종교부에서 섬김이 역할을 한 것입니다. 하사뱌 가문은 1천 7백 명과 함께 요단 서편을 총 책임지고(30절), 여리야 가문은 2천 7백 명으로 요단 동쪽 지역을 책임집니다(32절). 요단 동쪽에 더 많은 관원이 필요했던 것은 아마 적군의 침입이 많았기 때문인 것으로 보입니다.

생각하기 다양한 영역에서 레위인들은 어떤 마음으로 섬겼을까요?

해답 1. 오벧에돔, 2. 제비, 3. 대소

역대상 27장 · 모든 가문의 우두머리와 관원들

주요 구절: 27:1

다윗은 상비군(常備軍)으로 매달 (1) 4천 명을 유지시킵니다(1절). 고작 이 숫자의 군인으로 이스라엘을 지킬 수 있을까요? 다윗은 '이스라엘을 지키시는 이는 졸지도 아니하시고 주무시지도 아니하시는 하나님'(시 121:4)을 믿습니다. 한 달씩 봉사하는 지휘관 조직을 만듭니다. 요압이 총사령관으로 그 밑에 12개의 사단(Divisions)이 있습니다. 각 사단은 24명의 천부장을 둡니다. 각 천부장은 10개의 백부장을 두고, 각 백부장은 100명의 병사를 둡니다. 이렇게 (1) 4천명의 사단이 12개입니다. 모든 군인을 모으면 총 288,000명입니다. 그러나 한 달씩 나눠 나라와 성전을 지킵니다.

또 각 지파를 다스리는 행정관을 둡니다(16-22절). 그 외에 다윗 왕실 재산을 담당한 자가 있습니다. 다윗 주변에서 돕는 최측근 자문위원도 있습니다.

이렇게 다윗 왕국의 조직이 완성됩니다. 그러나 다윗은 20세 이하 숫자가 얼마나 되는지 계산하지 않습니다. 그 이유는 "여호와께서 전에 말씀하시기를 이스라엘 사람을 하늘의 (2) 같이 많게 하리라 하셨음이라."(23절)에서 볼 수 있습니다(참고 창 22:17). 하나님이 약속을 이루어주어 자손이 너무나도 많았기 때문입니다.

생각하기 잘 짜여진 질서가 어떻게 느껴집니까?

해답 1. 이만, 2. 별

역대상 28장 · 다윗의 성전 건축 지시

주요 구절: 28:6

다윗은 국가 질서를 확립한 후 하나님의 성전을 건축하려 합니다. 다윗은 종교, 정치, 행정 지도자들과 솔로몬을 소집합니다. 하나님의 언약에 근거해 성전 건축을 명령합니다. "이스라엘 하나님 여호와께서 전에 나를 내 부친의 온 집에서 택하여 영원히 이스라엘 (1)이 되게 하셨나니…"(4절) 그리고 솔로몬에게 명령합니다. "내 아들 솔로몬아! 너는 네 아버지의 하나님을 알고 (2)한 마음과 (3) 뜻으로 섬길지어다. 여호와께서는 모든 마음을 감찰하사 모든 (4)를 아시나니, 네가 만일 그를 찾으면 만날 것이요, 만일 네가 그를 버리면 그가 너를 영원히 버리시리라."(9절)

성전은 언약의 하나님이 함께한다는 표입니다. 그러므로 성전은 언약에 기초해 건축되어야 합니다. 언약백성은 하나님을 의지하고 강하고 담대해야 합니다. 두려워하거나 놀랄 필요가 없습니다. 하나님이 함께할 것이기 때문입니다. '평화'(샬롬 shalom)에서 온 이름 '솔로몬'(Solomon)이 성전을 건축한 것은 '평화의 왕'으로 올 예수 그리스도를 가리킵니다. 예수님이 친히 성전으로 와서 성전의 역할을 완성할 것입니다. 예수님은 자신을 속죄 제물로 드림으로 택한 백성의 죄를 없애고 성령님을 보내 성전(=교회)을 세울 것입니다.

생각하기 나는 예수님을 믿어 참된 평화를 누리고 있나요?

해답 1. 왕, 2. 온전, 3. 기쁨, 4. 의도

역대상 29장 · 다윗의 신앙고백

주요 구절: 29:1

22장부터 시작된 성전 건축과 관련된 준비와 종교, 행정 및 군사 조직 정비에 대한 긴 설명이 29장 22절에서 마무리됩니다. 다윗은 아들 솔로몬에게 성전 건축을 위임하지만 준비는 본인이 합니다. 백성은 성전 건축을 위하여 (1 ____)하여 기쁨과 성심으로 하나님께 예물을 드립니다(9절).

10-19절은 다윗의 신앙고백입니다. 20절에는 온 회중도 신앙을 고백하며 하나님을 송축합니다. 이튿날 엄청난 규모의 번제를 드립니다.

다윗이 고백하는 '봉헌'(헌금)의 의미를 다음 구절이 잘 나타냅니다. "…모든 것이 주께로 말미암았사오니 우리가 주의 손에서 (2 ____) 것으로 주께 드렸을 뿐이니이다."(14절) '하나님께 받았으니 드리는 것은 당연하다'는 것이 봉헌의 의미입니다.

다윗은 성전 건축을 위해 모든 물건을 미리 (3 ____)했습니다(16절). 미리 준비하는 것을 '믿음이 없다'고 생각하는 경우가 있는데, 결코 그렇지 않습니다. 예외적인 경우가 없지는 않지만 준비하는 것(고후 9:5)이 하나님의 뜻입니다.

다윗은 솔로몬에게 왕위를 물려줍니다. 그 날 온 이스라엘 백성이 크게 (4 ____)하여 여호와 (5 ____)에서 먹고 마십니다(22절). 큰 잔칫날입니다.

생각하기 하나님께 받았으므로 봉헌하고 있습니까?

해답 1. 자원, 2. 받은, 3. 저축, 4. 기뻐, 5. 앞

역대하

역대상에는 유다 민족을 통해 온 인류 구원역사를 이끌어 가신다는 것과, 그 모습으로서 다윗의 이상적인 통치가 나왔습니다. 역대하에는 다윗 이후 솔로몬의 통치와 남 유다 왕국을 중심으로 내용이 전개됩니다. 엘리야, 엘리사 같은 선지자조차 배제될 정도입니다.

역대하에서도 역대기만의 관점이 잘 드러납니다. 솔로몬의 지혜가 강조된 열왕기의 기록과 달리 역대하에서는 솔로몬이 건축한 성전에 집중합니다. 10장부터 남 유다 왕들이 등장하는데, 열왕기에서 크게 주목하지 않은 왕들이 상세하게 나옵니다. 또 아사, 요아스, 웃시야처럼 경건했던 왕들이 범죄하는 모습이 상세하게 나오거나, 므낫세처럼 악한 왕이 회개하여 회복되는 모습이 나오기도 합니다. 이런 모습은 "내 이름으로 일컫는 내 백성이 그들의 악한 길에서 떠나 스스로 낮추고 기도하여 내 얼굴을 찾으면 내가 하늘에서 듣고 그들의 죄를 사하고 그들의 땅을 고칠지라"라는 역대하 7장 14절 말씀에 따른 것입니다. 이런 회개의 말씀은 예수 그리스도를 믿음으로 죄 용서 받고 하나님의 자녀가 되는 것에서 분명하게 성취됩니다.

내용 구분

1-9장	솔로몬의 통치와 성전 건축
10-36장	왕들의 통치와 멸망, 그리고 회복

역대하 1장 · 솔로몬이 지혜와 지식을 구하다

주요 구절: 1:1 (왕상 3:1-15; 10:26-29)

솔로몬의 왕위가 견고하여 심히 (1 ______)합니다(1절). 하나님이 그와 함께하였기 때문입니다(1절). 솔로몬의 고백을 들어보십시오. "나를 땅의 (2 ______) 같이 많은 백성의 왕으로 삼으셨사오니."(9절) 역대기는 하나님이 아브라함에게 약속했던 언약(창 22:17)의 잠정적 성취를 의도적으로 표현하고 있습니다. 솔로몬은 성막이 있는 기브온 산당에서 하나님에게 일천 마리 희생으로 번제를 드립니다.

하나님이 솔로몬에게 응답합니다. '네 소원을 말하라.' 솔로몬은 백성의 왕으로 감당해야 할 (3 ______)와 지식을 달라고 합니다(10절). 솔로몬은 왕의 직분을 명예가 아닌 하나님이 주신 사명으로 이해합니다. (3 ______)와 지식은 백성의 송사를 듣고 분별하는 마음을 위해 꼭 필요합니다(왕상 3:11-14). 하나님은 (3 ______)와 지식뿐만 아니라 부와 재물과 영광도 줍니다(12절). 이 모습을 다음 구절이 잘 표현합니다. "왕이 예루살렘에서 (4 ______)을 돌 같이 흔하게 하고 (5 ________)을 평지의 뽕나무 같이 많게 하였더라."(15절)

솔로몬은 말과 병거를 이집트로부터 수입합니다. 무기를 헷과 아람에게 되팔아 무역을 하기도 합니다(17절). 그의 부귀는 다윗과 맺은 메시아적 언약 때문에 하나님이 주신 은혜로운 복의 표현입니다(삼하 7:8-16; 왕상 8:25).

생각하기 나는 직분을 사명이 아닌 명예로 생각하지는 않습니까?

해답 1. 강대, 2. 티끌, 3. 지혜, 4. 은금, 5. 백향목

역대하 2장 · 성전 건축을 준비하다

주요 구절: 2:1 (왕상 5:1-18; 6:1-38)

궁궐 건축은 "솔로몬의 이름(영광)"을 위하여, 그리고 (1 ______) 건축은 "여호와의 이

름(영광)"을 위한 것입니다(1절). 사실 어느 누가 하나님을 위하여 (1 　 　)을 건축할 수 있을까요? 인간은 그 누구도 하나님의 집을 지을 자격이 없습니다. 솔로몬은 그것을 이렇게 표현합니다. "누가 (2 　 　) 하나님을 위하여 (1 　 　)을 건축하리요. 하늘과 하늘들의 하늘이라도 주를 용납하지 못하겠거든 내가 (3 　 　)이기에 어찌 능히 그를 위하여 (1 　 　)을 건축하리요. 그 앞에 (4 　 　)하려 할 따름이니이다."(6절) (4 　 　)은 기도와 같습니다. 기도는 하나님과의 대화입니다. 하나님과 대화하며 사귈 수 있는 것이 언약백성에게 가장 큰 영광이고 즐거움이라는 것을 고백한 것입니다(웨스트민스터 소요리문답 1문).

솔로몬은 두로 왕 후람(히람)에게 편지를 보내 건축을 위한 백향목과 잣나무와 백단목(8절)과 장인(기술자)을 보내줄 것 요청합니다. 후람은 회답하면서 솔로몬의 하나님을 창조주로 인정합니다(12절). 장인의 아버지는 두로 사람이지만, 어머니는 단(Dan)의 여자입니다. 열왕기상 7장 14절에는 그의 어머니가 납달리 지파라고 합니다. 아마도 신분은 납달리 지파이지만, 단 지역에서 살았던 것으로 보입니다. 전문 기술자는 '오홀리압'을 생각나게 합니다(출 31:6; 왕상 7:13-14).

생각하기 나는 얼마나 자주 하나님과 기도로 대화합니까?

해답 1. 성전, 2. 능히, 3. 누구, 4. 분향

역대하 3장 · 성전 건축 시작

주요 구절: 3:1 (왕상 7:15-22)

3-5장은 성전 건축을 위한 준비와 완성 과정을 기록합니다. '장소'는 여부스 사람 (1 　 　 　)의 타작마당이고(1절), '시기'는 솔로몬이 왕위에 오른 지 (2 　)째 해 둘째 달 둘째 날입니다(2절). 이때가 대략 주전 966년 정도입니다.

성전의 규모와 상세 묘사는 열왕기상 6장에 나오는 것보다 훨씬 더 간단합니다. 그러나 성전 입구와 성소, 그리고 지성소에 관한 묘사는 더 명료합니다. 지성소를 만들고 성전 앞에 두 기둥, "야긴"(=그가 세우리라)과 "(3 　 　 　)"(=그에게 능력이 있다)를 세

옵니다(17절). 이 두 기둥은 이스라엘 백성이 광야에서 경험했던 '불 기둥'과 '구름 기둥'을 생각나게 합니다(출 13:21-22; 33:9). 하나님이 언약백성을 인도하고 보호함을 보여줍니다.

생각하기 성전의 지성소는 어떤 모습일지 상상해봅시다.

해답 1. 오른편, 2. 왼, 3. 보아스

역대하 4장 · 성전 내부 물건들

주요 구절: 4:1

성전 내부 물건을 만듭니다. 놋으로 제단과 (1   )를 만듭니다. "(1   )"는 글자 그대로 (1   )(Sea)입니다(2절). 제사장이 몸을 씻기 위해 물을 담아 두는 기구입니다. 희생제물을 씻기 위한 물두멍(6절)과는 다른 것입니다. (1   )는 (2   ) 마리의 놋쇠 (3   )가 떠받치고 있는데(4절), 이스라엘의 (2   ) 지파를 상징합니다. 동서남북 3마리씩 배치된 것도 성막를 중심으로 (2   ) 지파가 배치된 것을 연상시킵니다. 등잔대 10개, 상 10개, 대접 100개(6-9절), 솥, 부삽, 갈고리, 부젓가락, 불집게, 주발, 숟가락, 불 옮기는 그릇 등(16절)도 만듭니다.

생각하기 성전 물건 제작에 다윗의 저축이 얼마나 도움 되었을까요?

해답 1. 바다, 2. 열두, 3. 황소

역대하 5장 · 언약궤를 성전으로 옮기다

주요 구절: 5:2 (왕상 7:23-51)

솔로몬 성전 건축은 대략 주전 966년에 시작하여 약 7년간 공사 후 주전 959년에 완성됩니다. 솔로몬은 이스라엘의 지도자를 모두 예루살렘으로 모읍니다(2절). "일곱째 달

(1 　 　)”(3절, 참고 레 23:33-36)라고 한 것을 보면 장막절(초막절)에 모인 것 같습니다. 레위인이 회막과 장막 안에서 언약궤와 기구를 새로 지은 성전으로 옮깁니다. 양과 소로 제사를 드리는데 그 수가 셀 수 없을 정도로 많습니다. 제사장들은 그 반열대로 하지 못합니다(11절). 너무 많은 제사가 한꺼번에 몰렸기 때문입니다.

성전 봉헌식이 진행됩니다. 악기가 울리며 찬양대가 “일제히 (2 　 　)”(13절)를 냅니다. 그들이 찬양한 멜로디가 어땠는지는 아무도 모릅니다. 그러나 그 내용, 곧 여호와를 찬송한 가사는 분명하게 남아 전달됩니다. “선하시도다! 그의 (3 　 　)하심이 영원히 있도다!”(13절) 그 때 여호와의 전에 (4 　 　)이 가득합니다. (4 　 　)은 하나님의 임재를 상징합니다(14절).

언약궤 안에는 (5 　) 돌판 외에 아무것도 없다고 전합니다(10절). 이것은 시내 산에서 이스라엘 백성과 언약을 맺고 그 증거로 넣어 둔 것입니다. 그래서 ‘증거판’이라 부릅니다. 아론의 싹 난 지팡이는 언약궤 앞에 보관하도록 명령했습니다(민 17:10). 만나를 담은 금 항아리도 마찬가지로 궤 앞에 놓아 보관했습니다(출 16:33).

생각하기 성전 봉헌 때 분위기와 백성의 감격은 어땠을까요?

해답 1. 절기, 2. 소리, 3. 자비, 4. 구름, 5. 두

역대하 6장 · 솔로몬의 축복과 기도

주요 구절: 6:12 (왕상 8:12-53)

솔로몬은 성전을 완성하고 백성을 축복합니다(3절). 제사장의 축복(민 6:24-26)을 한 것으로 보입니다. 그리고 백성에게 짧은 연설을 합니다. “…여호와께서 … 말씀하신 것을 이제 그의 (1 　)으로 이루셨도다…”(4절) 자신이 하나님의 (1 　)에 들린 도구에 불과하다고 고백합니다.

이제 솔로몬은 하나님께 기도합니다. 놋 제단 위에 올라가 (2 　 　)을 꿇고 하늘을 향해 (1 　)을 펴고 기도합니다(13절). 백성을 향해 왕이 공적으로 기도할 때, 백성은 그 기도를 듣고 ‘아멘’ 합니다.

솔로몬은 일곱 가지 경우를 언급하며 기도에 응답해줄 것을 간구합니다. 핵심은 범죄하여 벌을 받을 때 이곳을 향하여, 하나님의 (3 ___ ___)을 인정하고, 죄에서 떠날 때(26절), 혹은 온 마음과 온 뜻으로 (4 ___ ___)와서(38절), 돌이켜(37절) 기도할 때, 용서해달라는 것입니다. 이 기도는 예수 그리스도 안에서 그 분의 이름으로 돌이켜 회개할 때 용서받음으로 완성됩니다.

마지막으로 특별한 솔로몬의 기도를 봅시다. "주의 백성 이스라엘에 속하지 않은 (5 ___ ___ ___)에게 대하여도 그들이 주의 큰 이름과 능한 손과 펴신 팔을 위하여 먼 지방에서 와서 이 성전을 향하여 기도하거든."(32절) 바로 이 기도 때문에 이사야 선지자는 "…내 집은 만민이 기도하는 집이라 일컬음이 될 것임이라"(사 56:7)라고 했고, 아모스 선지자도 동일한 맥락에서 예언했습니다(암 9:12). 예수 그리스도를 통해 세상 모든 민족이 주님의 이름을 알고 믿게 될 것을 솔로몬이 내다보고 기도한 것입니다.

생각하기 나는 하나님께 빨리 돌이켜 회개하고 있습니까?

해답 1. 손, 2. 무릎, 3. 이름, 4. 돌아, 5. 이방인

역대하 7장 · 성전 낙성식과 솔로몬 언약

주요 구절: 7:1 (왕상 8:62-66; 9:1-9)

솔로몬이 기도를 마치자 하늘에서 불이 내려옵니다. 불이 제물을 태우고 하나님의 영광이 성전에 가득합니다. 모든 백성은 땅에 엎드려 경배하며 감사의 노래를 부릅니다. "선하시도다. 그의 (1 ___ ___)하심이 영원하도다."(3절)

역대기 기자는 일곱째 달 23일에 백성이 집으로 돌아갔다(10절)고 전하는데, 백성이 일곱째 달 8일부터 15일까지 봉헌식을 거행하고(10일에 대속죄일 포함), 그 후에 장막절(초막절)을 지켰음을 알 수 있습니다.

어느 날 밤 하나님은 솔로몬에게 나타나 언약의 말씀을 줍니다. 하나님은 "…내 (2 ___) 내 (3 ___ ___)이 항상 여기에 있으리라"(16절)고 약속합니다. 하나님은 솔로몬에게 당신의 (3 ___ ___)을 주면서 동시에 솔로몬의 (3 ___ ___)을 요구합니다. 이것이 소위

'솔로몬 언약'입니다.

이 언약은 신명기 28장 '모압 언약'의 요약입니다. 복의 약속은 17-18절에서 비교적 짧고, 징계는 19-22절에 걸쳐 상대적으로 길게 나타납니다. 만약 솔로몬이 (3 　 　)을 하나님에게 드리고 언약을 지킨다면 복이 성취될 것입니다. 그러나 만약 하나님의 언약을 떠나 다른 신들을 섬기고 숭배하면(19절), 그렇게 아름답게 지은 성전이라도 버려질 것입니다(20절). 아무리 하나님이 당신의 이름을 두겠다고 약속한 성전이지만 뿌리째 뽑아 버려 세상 사람들의 비웃음거리가 되게 할 것입니다(20-22절).

생각하기 내 마음은 어디를 향합니까? 하나님입니까, 다른 편입니까?

해답 1. 인자, 2. 눈, 3. 마음

역대하 8장 · 솔로몬의 번영(1)

주요 구절: 8:1 (왕상 9:10-28)

하나님은 솔로몬에게 '지혜와 지식'뿐만 아니라 '부와 재물과 영광'(대하 1:12)도 주었음을 8-9장이 보여줍니다.

열왕기상 9장 11-14절에 보면 솔로몬이 백향목과 잣나무와 금을 받은 비용으로 갈릴리 성읍 20개를 (1 　 　) 왕에게 주었다고 말합니다. 그런데 2절에서 "(1 　 　)이 솔로몬에게 되돌려 준 성읍들"(2절)이라 하는 걸 보면 그것을 다시 돌려준 것으로 보입니다. 무역이 주력 산업이었던 두로(페니키아)가 보기에 목축업을 주로 하는 이스라엘의 땅이 쓸모없다고 생각한 것으로 보입니다. 솔로몬은 그 성들을 다시 튼튼하게 세우고, "병거성들과 (2 　 　)의 성들"(6절)을 건축합니다. 일꾼은 가나안 족속입니다. 이스라엘 사람은 감독하는 일만 합니다. 열왕기상 9장 23절에는 감독이 500명이라고 나오는데 역대기에는 250명(10절)으로 나옵니다. 열왕기에는 감독에 "역사하는"이라는 수식어가 붙어 있는 것으로 볼 때 더 넓은 범위의 감독을 의미한 것으로 보입니다.

솔로몬은 외적으로 건축 사업뿐만 아니라, 내적으로 예배에도 열심을 냅니다. 안식일, 월삭, 그리고 주요 절기인 무교절, (3 　 　 　), 초막절(13절)를 지킵니다. 제사장과 레위인도 왕과 함께 하나님의 말씀에 순종합니다.

생각하기 솔로몬의 번영이 어떻게 느껴집니까?

해답 1. 후람, 2. 마병, 3. 칠칠절

역대하 9장 · 솔로몬의 번영(2)

주요 구절: 9:1 (왕상 10:1-25; 11:41-43)

솔로몬의 부와 번영뿐만 아니라 지혜와 명성을 듣고 "천하의 열왕"이 예물을 가지고 방문합니다(23절). 스바 여왕은 지혜와 지식을 얻기 위해 금 (1 ___) 달란트와 매우 많은 향품과 보석을 솔로몬에게 선물합니다(9절). 여왕이 솔로몬의 지혜와 업적을 보면서 하나님을 찬양합니다. "…당신의 (2 ___)이 이스라엘을 사랑하사 영원히 견고하게 하시려고 (3 ___)을 세워 그들의 왕으로 삼아 (4 ___)와 공의를 행하게 하셨도다…"(8절) 솔로몬에게 지혜와 지식을 준 이유는 세상 사람들로 하여금 (2 ___)에게 영광 돌리게 하기 위함입니다.

금이 너무 많아, 그것을 녹여 큰 방패 200개와 작은 방패 300개를 만들고, 상아로 만든 솔로몬의 보좌를 순금으로 덮으며(18-19절), 먹고 마시는 그릇도 모두 금입니다. 군대도 강력합니다. 병거를 끄는 말의 (5 ___)이 전국에 4천 개나 되고, 마병이 1만 2천 명이나 됩니다(25절). 솔로몬의 영향력은 유브라데 강에서부터 블레셋 땅과 이집트 지경까지 미칩니다(왕상 4:24). 일찍이 아브라함에게 약속하셨던 언약의 성취입니다(창 15:18). 하지만, 솔로몬의 영광도 잠깐입니다.

역대기는 다윗과 마찬가지로 솔로몬의 타락과 죄 이야기를 언급하지 않습니다(왕상 11장 참조). 만약 하나님이 우리 인간의 모든 죄를 언급한다면 얼마나 많은 지면을 할애해야 할까요. 모든 것이 하나님의 은혜입니다.

생각하기 내게 주신 은사로 하나님께 영광 돌리고 있습니까?

해답 1. 백이십, 2. 하나님, 3. 당신, 4. 정의, 5. 외양간

역대하 10장 · 나라가 분열되다

주요 구절: 10:17 (왕상 12:1-20)

사울 => 다윗 => 솔로몬으로 이어진 이스라엘의 왕정 체제는 아직 견고하지 못합니다. 선지자 아히야는 느밧의 아들 (1 ____)에게 왕이 될 것이라고 예언했습니다. (1 ____)은 이후 솔로몬의 칼을 피해 이집트로 도망갔다가(왕상 11장 참고) 다시 돌아온 뒤 솔로몬의 아들 르호보암에게 청원합니다. "왕은 이제 왕의 아버지께서 우리에게 시킨 (2 ____)과 메운 무거운 멍에를 가볍게 하소서. 그리하시면 우리가 왕을 (3 ____)겠나이다."(4절) 르호보암은 그와 열 지파 대표들의 요구를 거절합니다.

일이 이렇게 진행된 이유가 있습니다. 그것은 하나님의 섭리입니다. "…이 일은 (4 ____)께로 말미암아 난 것이라. (4 ____)께서 전에 실로 사람 아히야로 하여금 느밧의 아들 (1 ____)에게 이르신 말씀을 (5 ____)하게 하심이더라."(15절) 하나님의 섭리는 인간의 악함과 어리석음을 통해서도 성취됩니다. 그러나 그 책임은 인간에게 있습니다.

이렇게 '북 이스라엘'과 '남 유다', 두 나라로 갈라집니다. 사실 다윗 왕국의 분열은 솔로몬과 백성이 하나님의 언약을 버리고 이방신을 섬긴 것 때문입니다(왕상 11:30-40). 그럼에도 불구하고 하나님의 구원역사는 이어지는데, 특별히 유다를 통해 이루어집니다. 이것을 역대기가 보여줍니다.

생각하기 만일 내가 르호보암이었다면 무엇을 선택했을까요?

해답 1. 여로보암, 2. 고역, 3. 섬기, 4. 하나님, 5. 응

역대하 11장 · 신앙을 위한 이주, 르호보암의 통치

주요 구절: 11:17 (왕상 12:21-24)

열 지파가 떨어져나가자, 르호보암은 유다와 베냐민 지파에서 군인 18만 명을 모아 열 지파와 전쟁을 벌이려 합니다. 그러나 (1 ______) 선지자가 전쟁을 허락하지 않는다는 하나님의 뜻을 전합니다(2절). 르호보암은 하나님의 뜻에 순종합니다. 대신 방어를 위해 성을 더 튼튼하게 하고 남쪽과 서쪽에 요새를 만들어 이집트의 공격에도 대비합니다.

13-17절은 열왕기에 나오지 않는 내용을 포함합니다. 각 지방에서 제사장 그룹과 레위인이 북쪽에서 남쪽으로 대거 이주해 온 사건입니다. 북 이스라엘 왕 여로보암이 레위인을 내쫓고 단과 벧엘에 금송아지를 세우고 일반인을 제사장으로 세웠기 때문입니다.

그 외에도 레위인을 따라 함께 월남한 경건한 자들이 있습니다. "…이스라엘의 하나님 여호와를 (2 ____) 자들이 레위 사람을 따라 예루살렘에 이르러 그들의 조상들의 하나님 여호와께 (3 ____)하고자 한지라."(16절) 경건한 성도들이 르호보암을 도와 큰 힘을 보탭니다. 해방 후 북한 성도들이 박해를 피해 월남한 것이 떠오릅니다.

르호보암은 많은 아내와 첩을 두었으며 자식들에게도 아내를 많이 줍니다(18-23절). 이런 관습은 율법에 금지된 것입니다. 르호보암이 "지혜롭게" 행한 점은 모든 아들을 유다와 베냐민의 온 땅 모든 견고한 성읍에 흩어져 살게 한 것(23절)입니다.

생각하기 신앙을 위해 이주한 백성의 마음은 어땠을까요?

해답 1. 스마야, 2. 찾는, 3. 제사

역대하 12장 · 언약적 벌과 회개

주요 구절: 12:5 (왕상 14:25-28)

인간은 잘 될 때 교만하며 하나님을 떠납니다. 어리석지요. 르호보암이 그렇습니다.

그런데 지도자가 악하면, 백성도 악합니다. “르호보암의 나라가 (1 　　)하고 세력이 (2 　)해지매 그가 여호와의 율법을 버리니 온 이스라엘이 본받은지라.”(1절) 그 때 이집트 왕 시삭(Shishak)이 르호보암을 칩니다. 시삭은 북 이스라엘 왕 여로보암을 보호해주기도 했습니다. 그가 르호보암을 벌주는 하나님의 채찍으로 사용됩니다. 강대국 이집트도 하나님의 도구일 뿐입니다.

이 전쟁에 대해 르호보암과 이스라엘의 장관들은 하나님 앞에 겸비합니다(6절). 이렇게 고백합니다. “여호와는 (3 　)로우시다!”(6절) 하나님이 시삭을 통해 자신들을 벌준 것이 당연하다고 고백한 것입니다. 바른 자세입니다. 시삭은 예루살렘의 보물을 다 빼앗아갑니다. 하나님을 버리고 우상을 섬긴 것이 얼마나 큰 잘못인지 체험합니다. “… 그들이 시삭의 (4 　)이 되어 나를 섬기는 것과 세상 나라들을 섬기는 것이 어떠한지 알게 되리라.”(8절) 그러나 하나님은 회개한 르호보암과 유다를 완전히 다 멸망시키지는 않습니다(12절).

르호보암이 41세에 왕이 되어 (5 　　) 년을 다스립니다(13절). 그는 여호와를 힘써 의지하지 않았고 악한 왕으로 남습니다(14절). 그의 아들 아비야가 왕이 됩니다.

생각하기 하나님을 믿는 믿음은 왜 변질되고, 약해질까요?

해답 1. 견고, 2. 강, 3. 의, 4. 종, 5. 십칠

역대하 13장 · 남북 전쟁, 동족상잔의 비극

주요 구절: 13:18 (왕상 16:1-8)

역대기는 아비야(아비얌) 왕의 죄에 대해 언급하지 않습니다. 대신 왕들의 죄에도 불구하고 다윗 왕가에 대한 하나님의 “소금언약”(5절)이 끊어지지 않고 지속됨을 보여줍니다(왕상 15:4).

남북이 대결을 벌입니다(2절). 그런데 이스라엘의 동족상잔 비극 속에서 믿음의 차이를 분명하게 볼 수 있습니다. 북 이스라엘은 여호와의 언약을 떠납니다. 레위인을 추방하고 “누구를 막론하고 어린 수송아지 한 마리와 숫양 일곱 마리를 끌고 와서 (1 　　

)을 받고자 하는 자마다 허무한 (2 　 　)의 제사장이 될 수 있"도록 합니다(9절). 남 유다 왕 아비야는 언약백성의 정통성을 믿음으로 지킵니다(5-12절). "…우리는 우리 하나님 여호와의 계명을 (3 　 　)나 너희는 그를 (4 　 　)하였느니라."(11절)

전쟁의 결과는 (5 　 　 　)께 달렸습니다. "…(5 　 　 　)이 여로보암과 온 이스라엘을 아비야와 유다 앞에서 치시니."(15절) 남 유다가 북 이스라엘 군사 50만 명을 죽입니다(17절). 아비야가 '그들의 조상들의 하나님을 의지'하여(18절), (5 　 　 　)이 그에게 승리를 주었기 때문입니다.

생각하기 전쟁이 하나님께 속했음을 믿습니까?

해답 1. 장립, 2. 신들, 3. 지키, 4. 배반, 5. 하나님

역대하 14장 · 아사 왕의 승리

주요 구절: 14:11 (왕상 15:9-24)

아비야에 이어 아사가 왕이 되고 41년(대하 16:13) 동안 유다를 통치합니다. 열왕기는 아사에 대해 짧게 기록(왕상 15:9-24)하지만, 역대기는 무려 세 장(14-16장)이나 할애합니다. 통치 첫 10년 동안 아사의 '종교개혁'이 돋보입니다(3-5절). 이방 제단, 산당, 태양, 바알, 아세라 상을 제거합니다. 그는 하나님 앞에서 (1 　)과 (2 　 　)를 행합니다(2절). 나라는 평안하고 싸움이 없습니다. "견고한 성읍들"(6절)을 건축합니다.

그런데 전쟁이 일어납니다. 신실한 성도에게도 환난은 있습니다. 구스 사람 세라가 군사 100만 명과 전차 300대를 거느리고 공격합니다. 전쟁터 마레스는 예루살렘에서 남서쪽 약 40km 지점입니다. 아사는 언약의 하나님을 의지하고 믿음으로 기도합니다. "여호와여, 힘이 강한 자와 약한 자 사이에는 주밖에 도와줄 이가 없사오니, 우리 하나님 여호와여, 우리를 (3 　 　)소서. 우리가 주를 (4 　 　)하오며, 주의 이름을 의탁하옵고 이 많은 무리를 치러 왔나이다. 여호와여, 주는 우리 하나님이시오니, 원하건대 사람이 주를 이기지 못하게 하옵소서."(11절) 언약의 하나님은 아사의 기도에 응답합니다. 아사 왕은 100만 대군을 물리치고 수많은 전리품을 얻습니다. 하나님의 도움

을 경험했습니다.

생각하기 최근에 하나님의 도우심을 경험한 적이 있습니까?

해답 1. 선, 2. 정의, 3. 도우, 4. 의지

역대하 15장 · 아사 왕의 종교개혁

주요 구절: 15:16 (왕상 15:9-24)

전쟁에서 승리하고 돌아오는 아사를 맞이한 사람은 오뎃의 아들 (1 　　　) 선지자입니다(1-2절). 순종하는 자에게 복을 내린다는 하나님의 언약을 다시 확인합니다(2-7절). "너희는 (2 　)하게 하라. 너희의 손이 약하지 않게 하라. 너희 행위에는 (3 　　)이 있음이라."(7절) 아사 왕은 그의 말을 듣고 마음을 (2 　)하게 하고 더 철저한 종교개혁을 시도합니다. "가증한 물건들"을 없애고 "에브라임 산지에서 빼앗은 성읍들에서도 없애고 또 여호와의 낭실 앞에 있는 여호와의 (4 　　)을 재건"합니다(8절).

아사 왕은 유다와 베냐민에 사는 백성을 예루살렘으로 소집합니다. 아사 왕 즉위 15년째 3월, 아마도 오순절로 추정되는 절기입니다. 여기에는 에브라임과 (5 　　　)와 시므온 족속도 함께하는데(9절), 아사 왕의 종교개혁을 보고 남쪽으로 내려와 살던 경건한 무리입니다. 북 이스라엘의 배교를 참을 수 없어 언약의 하나님을 찾아 망명 온 자들(대하 11:13-17)입니다. 모든 백성은 하나님만 섬기기로 언약합니다(12절). 참 감격적입니다.

아사의 개혁은 자기 집 안에서부터 이루어집니다. 어머니 마아가를 태후의 자리에서 폐합니다(16절). 어머니에게 모진 것이 아닌가 싶지만, 마아가는 아세라의 가증한 (6 　　)을 만들어 섬겼습니다(16절).

생각하기 내 삶에서 개혁해야 할 것은 무엇이 있을까요?

해답 1. 아사랴, 2. 강, 3. 상급, 4. 제단, 5. 므낫세, 6. 목상

역대하 16장 · 아사가 세상 힘과 능력을 의지하다

주요 구절: 16:7 (왕상 15:9-24)

아사의 선정(善政)으로 평안과 번영의 시대가 펼쳐지자 수많은 북 이스라엘의 경건한 자들의 왕래가 잦아지고, 이것이 북 이스라엘 왕 바아사의 심기를 불편하게 했습니다. 바아사는 유다의 (1 ☐☐)를 공격해 성을 쌓고(1절) 북 이스라엘 백성이 남 유다로 가지 못하도록 방해합니다. 그러자 아사는 "여호와의 전 곳간과 왕궁 곳간의 은금"(2절)을 아람 왕에게 주고 북 이스라엘을 공격해달라고 요청합니다. 하나님께 묻지 않고 허락받지 않은 행위입니다. 선견자 하나니가 그 잘못을 지적합니다. "…왕이 아람 왕을 (2 ☐☐)하고 왕의 하나님 여호와를 (2 ☐☐)하지 아니하였으므로 … 여호와의 눈은 온 땅을 두루 감찰하사 전심으로 자기에게 향하는 자를 위하여 능력을 베푸시나니, 이 일은 왕이 (3 ☐☐)되이 행하였은즉 이후부터는 왕에게 전쟁이 있으리이다."(7, 9절)

하나님의 책망이 임하는데, 아사가 회개하기는커녕 오히려 선견자를 옥에 가둡니다. 결국 아사는 (4 ☐)에 병이 나 2년이나 침대에 누워 지내야 합니다. 그래도 그는 하나님께 도움을 구하지 않습니다. 그는 (5 ☐☐)들의 도움만 찾습니다(12절). 아사는 처음에는 믿음을 보였지만 마지막이 비참합니다. 첫사랑을 잃어버린 에베소 교회(계 3장)가 생각납니다. 아무리 처음 훌륭한 믿음과 행실을 가져도 마지막이 실망스러울 수 있습니다.

생각하기 하나님을 향한 첫사랑을 잘 간직하고 있습니까?

해답 1. 라마, 2. 의지, 3. 망령, 4. 발, 5. 의원

역대하 17장 · 경건한 왕 여호사밧

주요 구절: 17:3 (왕상 22:1-46)

역대하에는 여호사밧에 관한 내용이 무려 4장이나 됩니다(17-20장). 열왕기에 비해

두 배나 깁니다. 여호사밧은 외적으로는 북 이스라엘의 공격에 대비해 강병 정책을 폅니다. 아합이 통치한 지 4년이 되는 때입니다. 아버지가 정복한 땅에 군대를 보내 수비대를 만들고 성문(영문, 병영의 문)을 튼튼하게 세웁니다. 내적으로 여호와의 율법을 백성에게 가르칩니다. 통치 (1) 년이 될 때(7절) 방백들, 레위인들(율법학자), 제사장(엘리사마, 여호람)을 여러 성읍에 강사로 보내 순회하며 율법을 가르치도록 합니다(8절). 하나님의 말씀으로 나라를 다스린 것입니다. 여호사밧은 지혜 있고 경건합니다.

내강(內剛)은 외강(外剛)으로 나타납니다. "여호와께서 유다 사방의 모든 나라에 (2)을 주사 여호사밧과 싸우지 못하게 하시매."(10절) 유다에 평화가 찾아옵니다. "여호사밧이 점점 (3)하여 유다에 견고한 (4)와 국고성을 건축하고 유다 여러 성에 공사를 많이 하고 또 예루살렘에 크게 용맹스러운 군사를 두었으니."(12-13절) 경건한 직분자를 통해 백성이 평화를 누립니다.

생각하기 하나님의 말씀이 내 삶의 중심이 되고 있습니까?

해답 1. 삼, 2. 두려움, 3. 강대, 4. 요새

역대하 18장 · 여호사밧의 어리석음

주요 구절: 18:1 (왕상 22:1-35)

여호사밧는 경건한 왕임에도 불구하고 어리석은 면이 있습니다. "여호사밧이 (1)와 영광을 크게 떨쳤고 아합 가문과 (2)함으로 인척 관계를 맺었더라."(1절) 그의 아들 여호람을 아합의 딸 아달랴와 정략 (2)시킨 것입니다(대하 21:6; 왕하 8:18). 또 여호사밧은 언약을 배반한 북 이스라엘과 동맹을 맺고, 아람 왕으로부터 길르앗 라못을 빼앗고자 전쟁을 벌입니다. 여호사밧은 마치 통일지상주의자처럼 보입니다. 하나님을 버린 아합 집안과 사이좋게 지내는 것을 하나님도 좋아하실까요?

남북 연합군은 전쟁이 시작되기도 전에 논쟁에 휩싸입니다. 거짓 선지자 400명의 대표 시드기야와 참 선지자 한 명 (3)의 대결이 흥미롭습니다(7-27절). 거짓 선지자는 늘 좋은 것만 예언하지만, 참 선지자는 하나님이 말씀하는 것만 전합니다(16절). (3)의 참 예언은 거부됩니다.

그럼에도 아합은 (3)의 예언이 불길했는지 꾀를 부립니다. 자신의 왕복을 여호사밧에게 입힙니다. 하지만 하나님의 예언은 정확하게 이루어집니다. "한 사람이 (4) 활을 당겨 이스라엘 왕의 갑옷 솔기를 쏜지라. 왕이 그의 병거 모는 자에게 이르되 내가 (5)하였으니, 네 손을 돌려 나를 진중에서 나가게 하라 … 해가 질 즈음에 죽었더라."(33-34절) 유한한 인간에게는 우연이지만, 모두 하나님의 섭리 안에 있습니다.

생각하기 여호사밧이 아합을 대하는 태도가 어떻게 보입니까?

해답 1. 부귀, 2. 혼인, 3. 미가야, 4. 무심코, 5. 부상

역대하 19장 · 여호사밧의 국내 개혁

주요 구절: 19:2

19장 내용이 열왕기에는 나오지 않습니다. 아합으로 인한 죽음의 고비를 가까스로 넘긴 여호사밧은 예루살렘으로 돌아옵니다. 그러자 하나니 선지자의 아들인 (1) 선견자가 여호사밧을 찾아옵니다(2절). (1)는 여호사밧이 여호와를 미워하는 악한 자(아합)를 도운 것이 죄이니 하나님의 진노가 임할 것이라고 선포합니다(2절). 여호사밧이 하나님 앞에서 선하게 행한 부분도 있지만, 그의 아버지 아사처럼 하나님의 뜻을 묻지 않은 죄를 범합니다. 여호사밧의 약점입니다.

여호사밧은 국내 개혁에 집중합니다. 본래 장로가 재판장 역할을 하지만(신 16:18-20; 17:8-13), 이제 레위인, 제사장, 장로로 구성된 새로운 기관을 만들어 성전과 민사 관련 일을 맡깁니다(8절).

재판관에게는 하나님 경외가 요구됩니다. "그런즉 너희는 여호와를 두려워하는 마음으로 삼가 행하라. 우리의 하나님 여호와께서는 (2)함도 없으시고 (3)도 없으시고 (4)을 받는 일도 없으시니라."(7절) 또 진실과 (5)으로 여호와를 (6)해야 합니다(9절). 여호와께 속한 모든 일에는 대제사장 아마랴가 담당하고, 왕에게 속한 모든 일, 곧 행정, 군무, 세금, 부역, 예물에 관한 일은 유

다 지파의 어른(장로) 스바댜가 담당합니다(11절). 레위인은 관리자로 이 일을 구체적으로 실행합니다(11절).

생각하기 하나님보다 내 지혜를 더 신뢰한 적이 있습니까?

해답 1. 예후, 2. 불의, 3. 치우침, 4. 뇌물, 5. 성심, 6. 경외

역대하 20장 · 하나님을 의지한 여호사밧의 승리

주요 구절: 20:30 (왕상 22:41-50)

여호사밧의 개혁 이후 평화를 기대하지만, 외부로부터 전쟁이 다가옵니다. 유다 주변을 감싸고 있던 모압, 암몬, 마온이 연합하여 쳐들어온 것입니다(2절). 여호사밧은 모든 사람처럼 전쟁을 (1) 워합니다(3절). 하지만, 그는 부친 아사처럼 다른 나라에 도움을 요청하지 않습니다. 그는 오직 하나님만 의지하고 온 백성에게 금식을 선포하고 기도합니다. "…우리를 치러 오는 이 큰 무리를 우리가 대적할 능력이 없고, 어떻게 할 줄도 알지 못하옵고, 오직 주만 바라보나이다."(12절) 하나님의 응답은 놀랍습니다. "이 전쟁에는 너희가 싸울 것이 없나니 대열을 이루고 서서 너희와 함께 한 여호와가 (2)하는 것을 보라."(17절) 홍해 앞에서 한 말씀과 같습니다(시 46:10 참고).

전장으로 나가는 여호사밧과 군대를 보십시오. 좀 이상합니다. 먼저 노래하는 자를 선택해 거룩한 예복을 입히고 군대 앞에서 행진하며 (3)을 부르도록 합니다(21절). "여호와께 (4)하세! 그의 인자하심이 영원하도다."(21절) 이 노래와 찬송이 시작될 때 하나님이 '복병'을 두어 적군을 치기 시작했고, 나중에는 연합군이 서로 치고받고 싸워 몰살합니다. 탈취물을 3일 동안 옮겨야 할 정도로 대단한 승리입니다. 이후 이들은 "브라가(송축) 골짜기"에 모여 여호와를 송축합니다(26절). 이후 하나님은 여호사밧에게 태평성대를 줍니다.

하지만, 여호사밧은 실수를 반복합니다. 아합의 아들 아하시야와 (5)합니다(37절). 악한 왕과 (5)하고, 연합하여 에시온게벨에서 배를 만들어 사업을 벌입니다. 선지자 엘리에셀이 경고하지만, 여호사밧이 그 일을 계속하다가 결국 배가 부서지며 실패합니다(37절). 훌륭한 왕이라도 부족함이 있습니다.

생각하기 찬양하며 행진하는 백성의 마음은 어땠을까요?

해답 1. 두려, 2. 구원, 3. 찬송, 4. 감사, 5. 교제

역대하 21장 · 여호람의 악행

주요 구절: 21:1 (왕하 8:17-24)

여호사밧은 죽기 전 장자 여호람에게 왕위를 물려줍니다. 그러나 안타깝게도 여호람은 하나님 앞에 악합니다. 왕위에 오른 여호람은 자기 모든 형제와 이스라엘 장관(방백) 몇 사람을 죽입니다. 어떻게 여호사밧 같은 훌륭한 왕에게서 이런 나쁜 왕이 날 수 있을까요? 그것은 여호람의 아내 아달랴 때문입니다. "…이는 아합의 (1)이 그의 아내가 되었음이라."(6절) 아달랴는 아합과 이세벨의 (1)입니다. 불신 혼인한 셈이고, 이것이 여호람에게 영향을 미쳤습니다.

여호람의 악행에도 불구하고 하나님은 다윗의 집을 단숨에 멸하지 않습니다. 하나님은 이전에 다윗과 더불어 (2)을 세우고 다윗과 그의 자손에게 항상 (3)을 주겠다고 약속하였습니다(7절). 인내하지만 악한 여호람에게 복을 주지는 않습니다. 에돔과 립나가 여호람에게 대항하여 반란을 일으키고 독립합니다(8-10절). 또 아라비아 사람들이 여호람을 공격하고 왕국의 모든 재물과 그의 아들들과 아내들을 잡아갑니다(17절).

여호람의 죄에 대해 북 이스라엘에서 활동하던 (4) 선지자가 편지를 통해 지적합니다(12절). (4)의 사역에 대한 역대기의 유일한 기록입니다. 하나님은 여호람을 칩니다. "여호와가 네 백성과 네 자녀들과 네 아내들과 네 모든 재물을 큰 (5)으로 치시리라."(14절) 여호람은 말년에 병들었고 창자가 배에서 빠져나와 죽습니다(15-19절). 여호람은 나라를 8년 다스렸으나 다윗의 후손이 묻히는 묘실에 장사되지 못합니다.

생각하기 혼인과 신앙은 얼마나 깊은 연관이 있나요?

해답 1. 딸, 2. 언약, 3. 등불, 4. 엘리야, 5. 재앙

역대하 22장 · 아하시야의 죽음과 아달랴의 악행

주요 구절: 22:2 (왕하 8:25-29; 9:21-28; 11:-13)

아라비아의 공격에 여호람의 자녀들이 다 죽었지만, 막내 (1)가 생존해 왕이 됩니다(6절에서는 아사랴). 아달랴의 영향력으로 그도 악합니다. "(1)도 (2)의 집 길로 행하였으니 이는 그의 (3)가 꾀어 악을 행하게 하였음이라."(3절) (1)는 통치 1년도 못되어 죽습니다. 길르앗 라못을 빼앗기 위해 아람 국가와 싸우다 다친 북 이스라엘 왕 요람을 문병 갔다가 (2)의 집을 멸망시킨 예후의 반란으로 사마리아에서 죽은 겁니다.

아들이 죽었다는 소식을 들은 아달랴는 자신의 손자들을 모두 죽입니다. 아달랴는 어머니 이세벨과 같이 사악합니다. 아달랴는 "유다 집의 왕국의 (4)를 모두 진멸"(10절)합니다. 여자의 후손, 곧 거룩한 씨를 멸하려는 사탄의 공격입니다. 그러나 하나님의 섭리와 돌보심은 놀랍습니다. 당시 제사장 여호야다의 아내이며 아하시야의 누이 여호사브앗이 (5)를 몰래 빼내 살렸습니다. 여호사브앗은 그와 그의 유모를 침실에 숨겨 성전에서 6년을 키웁니다(11-12절). '악한 여인' 아달랴에 대항한 '선한 여인' 여호사브앗이 하나님의 일에 쓰임 받습니다. 영적 어둠의 시기에 하나님의 섬세한 섭리의 역사를 보면서 그 신비함에 감탄하지 않을 수 없습니다. 언약백성을 향한 하나님의 보호와 통치를 봅니다.

생각하기 무엇이 아달랴를 저렇게 악하게 만들었을까요?

해답 1. 아하시야, 2. 아합, 3. 어머니, 4. 씨, 5. 요아스

역대하 23장 · 요아스가 왕이 되다

주요 구절: 23:16 (왕하 11:4-20)

요아스가 7세가 되자, 그의 고모부이며 제사장인 여호야다가 용기를 내 일어나 아달랴를 죽이고 요아스를 왕으로 세웁니다. 레위인과 족장들을 예루살렘으로 모으고 백성에게 요아스가 살아있음을 알렸을 것입니다. 여호야다는 하나님의 (1 ____)을 기억하고 믿습니다. "온 회중이 하나님의 전에서 왕과 (1 ____)을 세우매, 여호야다가 무리에게 이르되, 여호와께서 다윗의 자손에게 대하여 말씀하신 대로 왕자가 즉위하여야 할지니, 이제 너희는 이와 같이 행하라…"(3-4절) 치밀한 계획을 통해 요아스를 왕으로 세웁니다(4-8절). "무리가 왕자를 인도해 내어 면류관을 씌우며 율법책을 주고 세워 왕으로 삼을새 여호야다와 그의 아들들이 그에게 (2 ____)을 붓고 이르기를, 왕이여 (3 ______)를 누리소서, 하니라."(11절)

아달랴가 그 사실을 알고 성전으로 뛰어 들어와 '반역'을 외치지만 그녀를 도와줄 사람은 아무도 없습니다. 아달랴는 살해됩니다. 무너진 언약을 다시 복원합니다. "여호야다가 자기와 모든 백성과 왕 사이에 (1 ____)을 세워 여호와의 백성이 되리라, 한지라."(16절) 온 백성이 바알 신당을 부수고 제단들과 형상들을 깨트리고 바알의 제사장 맛단을 죽입니다(17절). "그 땅의 모든 백성이 즐거워하고 성중이 (4 ____)"(21절) 합니다.

생각하기 요아스 왕자의 생존을 알았을 때, 백성의 마음은 어땠을까요?

해답 1. 언약, 2. 기름, 3. 만세수, 4. 평온

역대하 24장 · 요아스의 배교

주요 구절: 24:22 (왕하 12:1-16)

요아스가 아직 어렸기 때문에 초기에는 제사장 여호야다가 섭정(攝政)하였습니다. 요아스는 40년 동안 나라를 다스립니다. "제사장 여호야다가 세상에 사는 모든 날에 요

아스가 여호와 보시기에 (1)하게 행하였"(2절)습니다. 요아스는 아달랴 시절에 파괴된 (2)을 보수하는 일을 합니다(4-13절). 여호야다가 (3)세에 죽습니다(15절). 그는 여러 왕실의 묘실에 장사되는 특권과 영예를 받습니다. "이는 그가 이스라엘과 하나님과 그의 (2)에 대하여 (4)을 행하였음이더라."(16절)

하지만 안타깝게도 요아스는 여호야다가 죽은 후 가나안의 우상을 좋아하는 유다 장관들의 말을 듣고 아세라 목상과 우상을 섬깁니다. 여호야다의 아들 선지자 (5)가 요아스에게 경고하지만 듣지 않습니다. "너희가 여호와를 버렸으므로 여호와께서도 너희를 버리셨느니라."(20절) 요아스는 여호와의 성전 뜰 안에서 (5)를 돌로 쳐 죽이는 악행을 저지릅니다. 희생 제물을 드려 죄를 용서받는 장소인 성전에서 요아스는 극악한 죄를 지었습니다. 유다 역사의 치욕적 순간입니다. (5)가 죽을 때 이렇게 외칩니다. "여호와는 감찰하시고 (6)하여 주옵소서."(22절)

요아스는 아람과의 전쟁에서 부상을 당해 침대에 누워 있을 때 자기 신하들에 의해 죽습니다. 비참한 죽음입니다. 여호야다가 왕들의 묘실에 장사되었지만, 정작 요아스는 그렇지 못합니다. 그의 삶은 비참으로 끝납니다.

생각하기 요아스처럼 강퍅한 마음으로 변질되지 않도록 기도합시다.

해답 1. 정직, 2. 성전, 3. 백삼십, 4. 선, 5. 스가랴, 6. 신원

역대하 25장 · 아마샤의 죄와 비참

주요 구절: 25:14 (왕하 14:2-20)

요아스가 장관들의 반란으로 죽었지만, 그의 자녀들은 살아남았고, 아들 아마샤가 왕위를 이어갑니다. 그는 유다에게 반란을 일으킨 에돔(세일)과 전쟁을 시작하려 합니다. 이를 위해 북 이스라엘 군인(용병) 10만 명을 은(銀) 100달란트로 고용합니다(6절). 하나님의 선지자가 그 정책을 책망합니다. 아마샤는 할 수 없이 용병들을 돌려보냅니다. 그래도 에돔과의 전쟁에서 승리합니다.

그런데 문제는 다른 곳에서 생깁니다. 싸우려고 나섰던 북 이스라엘 군대가 남 유다를 공격한 것입니다. 그들은 예루살렘 성을 약탈하고 3천 명을 죽입니다. 처참한 동족상잔입니다. 아마샤가 시작한 어리석은 일이 결국 비극을 낳았습니다. 뿐만 아니라, 아마샤는 에돔의 (1 ＿)들을 전리품으로 가지고 와 경배하고 (2 ＿ ＿)합니다(14절). 아마샤는 믿음이 부족합니다. 선지자가 권면하지만 받아들일 마음이 없습니다. 오히려 그는 선지자를 위협합니다. "우리가 너를 왕의 (3 ＿ ＿)로 삼았느냐? 그치라! 어찌하여 맞으려 하느냐?"(16절) 하나님은 아마샤를 멸하기로 작정하셨습니다(16절).

아마샤는 북 이스라엘과 무모한 전쟁을 벌이다가 패하여 포로로 잡히고, 예루살렘 (4 ＿ ＿)은 헐리고, 성전의 모든 금은과 그릇과 왕궁의 재물은 빼앗기고 사람들은 (5 ＿ ＿)가 되어 사마리아로 잡혀 갑니다(23-24절). 나중에 아마샤는 예루살렘으로 다시 돌아온 것으로 보이지만 백성이 그를 반역합니다. 아마샤는 라기스로 도망하지만 그곳에서 살해당합니다. 비참한 삶입니다.

생각하기 불순종하다 포로로 잡혀갈 때, 아마샤의 마음은 어땠을까요?

해답 1. 신, 2. 분향, 3. 모사, 4. 성벽, 5. 볼모

역대하 26장 · 교만한 웃시야

주요 구절: 26:16 (왕하 14:21-22; 15:1-7)

요아스와 아마샤는 모두 반란으로 죽었습니다. 백성은 아마샤의 어린 아들(16세) (1 ＿ ＿ ＿)를 왕으로 세웁니다(1절). (1 ＿ ＿ ＿)는 '아사랴'로 불리기도 합니다(왕상 15:1, 6-7; 대상 3:12). 그는 "여호와 보시기에 (2 ＿ ＿)하게 행하며, 하나님의 (3 ＿ ＿)를 밝히 아는 스가랴가 사는 날에 하나님을 찾았고, 그가 여호와를 찾을 동안에는 하나님이 형통하게"(4-5절) 합니다. 이 "스가랴"는 주전 520년경에 활동하고 스가랴서를 기록한 스가랴 선지자와는 다릅니다.

하나님의 도움으로 블레셋을 정복하고, 암몬을 제압해 조공을 바치게 하고, 이집트 근처까지 땅을 넓힙니다(6-8절). 경제를 부흥시키고 전쟁 무기를 발명하고 개발합니다

(14절).

그러나 인간은 번성할 때 죄를 범합니다. "그가 (4 　 　)하여지매 그의 마음이 (5 　 　)하여 악을 행하여 그의 하나님 여호와께 범죄하되…"(16절) 그는 성전에 들어가 제사장처럼 직접 향단에 분향하려 했습니다. (1 　 　 　)는 왜 이런 어리석은 일을 저질렀을까요? 교만 때문입니다. 그것을 어떻게 알 수 있습니까? 제사장 아사랴가 하나님의 이름으로 분향을 중단하고 나갈 것을 권하자, 화를 내었기 때문입니다(19절). 그 순간 그의 이마에 (6 　 　)이 생겨 죽는 날까지 격리된 궁전(별궁)에서 살아야 했습니다(21절). 그의 아들 요담이 나라를 다스립니다.

생각하기 번성하고 강성할 때 교만해지는 이유는 무엇일까요?

해답 1. 웃시야, 2. 정직, 3. 부패, 4. 강성, 5. 교만, 6. 나병

역대하 27장 · 요담의 선정과 한계

주요 구절: 27:2 (왕하 15:32-38)

웃시야가 죽자 아들 요담이 정식으로 왕이 됩니다. 그때 나이가 (1 　 　)세라고 합니다(1절). 그는 아버지가 나병으로 아픈 기간 11년 혹은 12년 동안 대리 통치했고, 홀로 다스린 기간은 5년 정도인 것으로 보입니다. 16년을 예루살렘에서 다스렸다는 것은 (1, 8절), 두 기간을 모두 포함한 것으로 보아야 합니다.

요담은 아버지 웃시야의 말년(11년 정도)을 보면서 깨달은 바가 많았을 것입니다. 그는 여호와의 (2 　 　)에는 들어가지 않습니다(2절). 아버지가 범한 어처구니없는 불경의 죄를 짓지 않습니다. 요담은 하나님 앞에서 선한 정치를 하였고, 하나님의 복을 받습니다.

그의 정치도 완벽하지는 않습니다. "…백성은 여전히 (3 　 　)하였더라."(2절) 병행 본문인 열왕기하 15장에 보면 백성이 범한 죄가 언급됩니다. 백성이 산당에 분향하고 제사한 것입니다(왕하 15:35). (2 　 　)이 건축된 후 산당 제사는 엄격히 금지되었지만, 우매한 백성은 여전히 암암리에 행했으며 죄의 온상이 되었습니다. 예루살렘과

거리가 먼 지방에는 민간신앙, 곧 우상숭배와 미신이 뿌리 뽑히지 않았습니다. 백성의 삶 깊숙이 스며든 죄까지 제거할 수는 없었습니다. 요담은 불완전한 왕입니다.

생각하기 백성은 왜 계속해서 산당에서 분향하고 제사했을까요?

해답 1. 25, 2. 정직, 3. 부패

역대하 28장 · 아하스의 사악한 통치

주요 구절: 28:1 (왕하 16:1-5)

요담의 아들 아하스가 다스린 기간은 남 유다 역사에서 가장 어두운 시대입니다. 남 유다의 왕들은 항상 (1 ____)과 비교됩니다. "…그의 조상 (1 ____)과 같지 아니하여 여호와 보시기에 (2 ____)하게 행하지 아니하고."(1절) 아하스는 바알 종교를 다시 적극 수용하고, 힌놈의 아들 골짜기에서 이방신에게 분향하고, 자녀를 불에 태워 몰렉에게 바치고(3절; 왕하 23:10), 산당과 작은 산 위와 모든 푸른 나무 아래서 제사하며 분향하도록 하였습니다(4절).

하나님의 징계가 시작됩니다. '아람' 왕 (3 ____)이 침략해 수많은 백성을 잡아갑니다(5절, 왕하 16:5). 그것도 모자라 북 이스라엘 왕 (4 ____)가 침략해 하루 동안 용사 12만 명과 많은 장관과 장군이 죽습니다(6-7절). 그리고 20만 명이 포로로 잡혀갑니다(8절).

그럼에도 아하스는 회개하지 않습니다. 이번에는 '에돔'과 '블레셋'이 사방에서 공격합니다(17-18절). 아하스는 '아시리아' 왕에게 도움을 청합니다. 그런데 도우러 온 아시리아 왕은 오히려 아하스를 공격합니다. 아하스는 어처구니없게도 자기를 친 '다메섹' 신들에게 제사하며 도움을 청합니다. 심판이 거듭되고 거세졌지만 아하스는 끝까지 회개하지 않고 오히려 더 여호와에게 (5 ____)합니다(22절). 그는 죽어 왕들의 묘에 눕지 못합니다. 그의 아들 히스기야가 왕이 됩니다.

생각하기 곤고하고 힘들 때 하나님께 더 범죄하지는 않습니까?

해답 1. 다윗, 2. 정직, 3. 르신, 4. 베가, 5. 범죄

역대하 29장 · 히스기야의 예배 개혁

주요 구절: 29:2 (왕하 18:1-3)

병행 본문에서는 히스기야와 산헤립의 전쟁을 주로 다루지만(왕하 18:13-19:37), 역대하는 종교개혁을 주로 다룹니다. 29장은 '예배 개혁', 30장은 '유월절 회복', 31장은 백성의 '생활 개혁'에 관한 것입니다. 다윗의 자손과 하나님과의 관계에 초점을 맞추는 역대기의 특징이 잘 드러납니다.

히스기야는 25세에 왕이 되어 (1 ____)년 동안 유다를 다스립니다(1절). 그는 다윗의 모든 행실과 같이 여호와 보시기에 (2 ____)하게 행한 보기 드문 왕입니다(2절). 히스기야는 가장 먼저 레위인의 도움으로 16일 동안 성전을 청결하게 하고(12-19절), 아침 일찍 일어나 귀족들과 함께 제사를 드립니다. 악기를 연주하며 노래하는 성전은 기쁨으로 가득합니다. "다윗과 선견자 아삽의 시로 여호와를 찬송하게 하매 그들이 (3 ____)으로 찬송하고, 몸을 굽혀 예배하니라."(30절) 이렇게 히스기야는 아버지 아하스의 배교와 영적 침체에서 벗어나 하나님께로 돌아섭니다. 그는 예배를 개혁했습니다.

"이 일이 (4 ____) 되었으나, (5 ____)께서 백성을 위하여 (6 ____)하셨으므로 히스기야가 백성과 더불어 기뻐하였더라."(36절) 히스기야의 위대함 뒤에는 (5 ____)이 있습니다. (5 ____)이 히스기야와 백성을 준비시켰습니다.

생각하기 예배가 회복되었을 때 백성은 어땠을까요?

해답 1. 29, 2. 정직, 3. 즐거움, 4. 갑자기, 5. 하나님, 6. 예비

역대하 30장 · 히스기야의 유월절 회복

주요 구절: 30:1

30장은 열왕기에는 등장하지 않는 아주 특별한 기록입니다. 히스기야는 하나님과의 관계를 회복하기 위해 유월절을 예루살렘에서 지키려고 합니다. 남 유다뿐만 아니라 북 이스라엘 백성도 초청합니다. "너희가 만일 여호와께 (1)오면 … 너희 하나님 여호와는 은혜로우시고 자비하신지라."(9절)라며 복음을 선포합니다. 이미 북 이스라엘은 멸망했으니, 포로로 잡혀가지 않고 남은 자들을 초대한 것입니다.

왕은 보발꾼을 통해 편지를 보냅니다. 이 은혜로운 초청을 북 이스라엘 사람들이 (2)하고 비웃습니다(10절). 그러나 몇 사람은 스스로 (3)한 마음으로 예루살렘으로 모입니다(11절). 남 유다 백성은 모두 한 마음으로 참여합니다. 그것은 하나님의 손이 그들의 마음을 (4)시켰기 때문입니다(12절).

그런데 문제가 생깁니다. 북 이스라엘 백성이 자신을 정결케 하지 않고 유월절 양을 먼저 먹어버린 것입니다. 히스기야가 그들의 죄를 용서해달라고 기도하자 하나님은 용서합니다. "결심하고 하나님 곧 그의 조상들의 하나님 여호와를 구하는 사람은 누구든지 비록 성소의 결례대로 스스로 깨끗하게 못하였을지라도 사하옵소서."(19절)

솔로몬 때부터 이런 큰 (5)이 예루살렘에 없었습니다(26절). 하나님 안에서 아름답고 행복합니다. "그 때에 제사장들과 레위 사람들이 일어나서 백성을 위하여 (6)하였으니, 그 소리가 하늘에 들리고 그 기도가 여호와의 거룩한 처소 하늘에 이르렀더라."(27절) 예배 가운데 땅과 하늘이 이어지는 복된 순간입니다.

생각하기 매 주일 예배에 기쁨으로 참여하고 있습니까?

해답 1. 돌아, 2. 조롱, 3. 겸손, 4. 감동, 5. 기쁨, 6. 축복

역대하 31장 · 히스기야의 생활 개혁

주요 구절: 31:1

하나님에게 예배하고 언약을 갱신한 백성이 고향으로 돌아갑니다. 하나님과의 관계가 회복된 백성은 이전까지 삶을 지배하던 바알의 주상(鑄像)과 아세라 목상(木像)을 도끼로 찍어 넘어뜨리고 (1)들과 (2)들을 제거합니다(1절). 언약백성의 삶 속에서도 개혁이 일어납니다.

히스기야는 제사장과 레위인이 성전에서 섬기는 일을 하도록 돕습니다. 제일 먼저 재정적 안정이 필요합니다. 왕이 재산 가운데 얼마를 내놓습니다(3절). 그리고 백성은 레위인에게 주어야 하는 첫 (3)들과 십일조를 바칩니다(5절). 이것은 율법이 정한 것(민 18:21-24; 신 18:3-5)이지만, 지금까지 그러지 않았다는 뜻이기도 합니다. 백성이 기쁨으로 예물을 드리자 남을 정도여서 창고를 만들고 보관하고 관리하도록 합니다. 성전에 봉사하는 자들에게 예물(생활비)을(를) 충분히 제공합니다(10절).

히스기야는 하나님 앞에 충성스러운 왕입니다. "히스기야가 … 선과 정의와 진실함으로 행하였으니, 그가 행하는 모든 일, 곧 하나님의 (4)에 수종 드는 일에나 율법에나 계명에나 그의 하나님을 찾고 한 마음으로 행하여 (5)하였더라."(20-21절)

생각하기 예배의 감격과 은혜가 삶의 개혁과 변화로 이어지고 있습니까?

해답 1. 산당, 2. 제단, 3. 열매, 4. 전, 5. 형통

역대하 32장 · 히스기야의 믿음과 구원

주요 구절: 32:22 (왕하 18-20장; 사 36-39장)

"이 모든 충성된 일을 한 후"에 히스기야에게 위기가 찾아옵니다. 아시리아 산헤립이 유다를 침략한 것입니다. 히스기야는 하나님이 준 지혜로 여러 조치를 취할 뿐만 아니라 백성의 믿음을 격려합니다. "너희는 마음을 강하게 하며 (1)히 하고, 앗수르 왕과 그를 따르는 온 무리로 말미암아 (2)하지 말며, 놀라지 말라. 우리와 (3) 하시는 이가 그와 함께 하는 자보다 크니 … 우리를 대신하여 싸우시리라."(7-8절)

이런 히스기야와 백성의 믿음에 대해 아시리아 왕 산헤립이 정면으로 도전합니다. "…

너희는 히스기야에게 (4) 말라. 꾀임을 받지 말라. 그를 믿지도 말라 … 하물며 너희 하나님이 너희를 내 손에서 건져내겠느냐?"(15절) 당대 세계 최강국 아시리아 왕의 자신감이 돋보입니다. 하나님을 향한 교만한 인간의 모습입니다. 그러자 히스기야는 이사야 선지자와 함께 부르짖어 (5)합니다(20절). 하나님은 그 (5)를 듣고 아시리아 왕을 죽이고 군대를 물리칩니다. 그 후 히스기야는 백성의 눈에 존귀한 왕이 됩니다.

역대기에 나타난 히스기야의 모습은 열왕기하 18-19장에 기록된 것과 달리 상당히 긍정적입니다. 히스기야의 신실한 믿음과 하나님의 위대함을 잘 드러냅니다. 당시 세계 최강 아시리아의 공격을 막아낸 것은 하나님의 구원 때문임이 분명하게 드러납니다.

생각하기 믿음으로 어려움과 대적을 이긴 경험이 있습니까?

해답 1. 담대, 2. 두려워, 3. 함께, 4. 속지, 5. 기도

역대하 33장 · 므낫세의 악행과 회개

주요 구절: 33:13 (왕하 21:1-9, 17-26)

히스기야를 이어 왕이 된 므낫세는 악을 행합니다. 바알과 아세라 신을 섬기고 일월성신(日月星辰)을 경배합니다. 할아버지 아하스처럼 (1)의 아들 골짜기에서 자기의 아들들을 불살라 제사합니다(6절). 점쟁이와 신접한 자와 박수무당을 신임합니다. 그러자 하나님은 벌을 내립니다. 아시리아가 공격합니다. 아시리아는 므낫세를 (2)로 묶어 바벨론으로 잡아갑니다(11절). 그제야 므낫세는 하나님 앞에서 크게 겸손하여 회개합니다. "그가 환난을 당하여 그의 하나님 여호와께 (3)하고 그의 조상들의 하나님 앞에 크게 겸손하여 기도하였으므로, 하나님이 그의 기도를 받으시며 그의 (3)를 들으시사…"(12-13절) 하나님은 그를 다시 살려주고 왕으로 복귀시킵니다. "…므낫세가 그제야 여호와께서 하나님이신 줄을 알았더라."(13절) 므낫세는 처음에 악했으나, 회개한 후 선한 왕이 됩니다. 아무리 악한 자도 회개하면 하나님께 용서받습니다. 므낫세는 "여호와의 제단을 (4)하고 화목제와 감사제를 그 제단 위에 드리고 유다를 명령하여 이스라엘 하나님 여호와를 섬기라"(16절) 명령합니다.

므낫세는 생의 마지막에 하나님께로 한 걸음 옵니다.

므낫세의 아들 아몬은 20세에 왕이 되지만 악한 행동만 하다(2년)가 신하에 의해 죽습니다. 백성은 그의 아들 요시야를 왕으로 세웁니다.

생각하기 극악한 므낫세의 회개를 기록한 목적은 무엇일까요?

해답 1. 힌놈, 2. 쇠사슬, 3. 간구, 4. 보수

역대하 34장 · 요시야의 종교개혁

주요 구절: 34:33 (왕하 22:1-20; 23:1-20)

악한 왕 아몬의 뒤를 이어 요시야가 (1) 세에 왕이 되어 (2)년간 통치합니다. 유다의 마지막 선왕(善王)입니다(1절). 그가 20세가 되던 때 유다와 예루살렘을 정결하게 하여 산당과 각종 우상을 없앱니다. 이 종교개혁은 남 유다에 머물지 않고 북쪽 지역까지 영향을 미칩니다.

26세가 된 요시야 왕은 성전을 수리합니다. 그러던 중 (3)을 발견합니다(15절). 누군가는 이 (3)이 오경 중 '신명기'일 것이라고 봅니다. 요시야는 책에 기록된 율법을 듣고는 큰 슬픔에 빠집니다. 이스라엘의 불순종과 죄, 그로 인한 징계가 그의 마음을 아프게 했습니다. "…사반이 왕 앞에서 그것을 읽으매, 왕이 율법의 말씀을 듣자, 곧 자기 (4)을 찢더라."(18-19절) 하나님의 법 앞에 선 죄인의 자연스러운 반응입니다. 제사장과 왕은 신하들을 여 선지자 훌다에게 보냅니다. 하나님의 뜻을 듣고 싶었습니다. 훌다는 언약책에 기록된 불순종에 대한 벌을 중단하지는 않겠지만, 그것이 요시야 시대에는 일어나지 않을 것이라고 말합니다(27절).

요시야는 온 백성을 불러 모으고 언약책을 읽고 무너진 (5)을 다시 세웁니다. 일종의 '사경회'(査經會)입니다. "왕이 자기 처소에 서서 여호와 앞에서 (5)을 세우되, 마음을 다하고, 목숨을 다하여, 여호와를 순종하고, 그의 (6)과 법도와 율례를 지켜, 이 책에 기록된 (5)의 말씀을 이루리라."(31절) 백성도 요시야가 사는 날 동안 하나님을 떠나지 않습니다(33절). 경건한 왕 아래 경건한 백성이 납니다.

생각하기 하나님의 말씀 앞에서 죄인 된 나를 발견하고 있습니까?

해답 1. 팔, 2. 31, 3. 율법책, 4. 옷, 5. 언약, 6. 계명

역대하 35장 · 요시야가 유월절을 지키다

주요 구절: 35:18 (왕하 23:21-23, 28-30)

요시야의 종교개혁 가운데 가장 두드러진 것은 유월절을 지킨 것입니다. "선지자 사무엘 이후로 이스라엘 가운데서 유월절을 이같이 지키지 못하였고, 이스라엘 모든 왕들도 요시야가 (1 ___)들과 레위 사람들과 모인 온 (2 ___)와 이스라엘 무리와 예루살렘 주민과 함께 지킨 것처럼은 유월절을 지키지 못하였더라."(18절) 이 유월절은 요시야가 왕 18년째 되던 해에 있었습니다.

요시야가 왕이 된 지 31년이 될 때 국제정세는 아주 복잡하게 돌아갑니다. 북쪽 아시리아 제국이 무너져 불안합니다. 남쪽에서는 이집트 왕 (3 ___)가 대군을 이끌고 유브라데 강가의 (4 ___)를 공격하기 위해 원정을 떠났습니다(20절) 이때 요시야는 "…그와 싸우고자 하여 하나님의 입에서 나온 (3 ___)의 말을 듣지 아니하고 므깃도 골짜기에 이르러 싸"(22절)웁니다. 하나님은 불신자를 통해서도 말씀합니다. 요시야는 친(親) 바빌론 정책을 펼쳐 이집트 군대를 므깃도에서 저지하려다 오히려 자신이 죽고 맙니다.

요시야의 통치는 상당히 긍정적으로 평가됩니다. 온 유다와 예루살렘 사람이 그의 죽음을 슬퍼합니다. 당시 유다를 향해 하나님의 말씀을 전하던 선지자 (5 ___) 도 그의 죽음을 슬퍼하며 "(6 ___)"를 지었는데 그것이 후대까지 전해졌다고 합니다(25절). 그러나 이 애가는 "예레미야 애가"는 아닙니다.

생각하기 요시야의 허무한 죽음이 어떻게 느껴집니까?

해답 1. 제사장, 2. 유다, 3. 느고, 4. 갈그미스, 5. 예레미야, 6. 애가

역대하 36장 · 유다의 마지막 왕들

주요 구절: 36:10 (왕하 23-25장; 렘 52:1-11, 스 1:1-4)

요시야가 죽고 (1 ______)가 23세에 왕이 됩니다. (1 ______)가 통치한 지 석 달 만에 이집트 왕 느고가 유다를 공격합니다. 결국 그는 이집트로 잡혀가고 그의 형 (2 ______)이 왕이 됩니다. 이름이 "여호야김"으로 바뀝니다(4절). 유다는 이집트의 영향력 아래 놓이게 됩니다. 그러나 유다는 하나님에게 회개하지 않고 고집부립니다. 하나님이 이번에는 바빌론 왕 느부갓네살을 보내 유다를 공격하게 합니다. 유다 백성이 포로로 잡혀갑니다(제1차 바빌론 포로, 주전 605년). 여호야김을 이어 그의 아들 여호야긴이 왕이 되어(8세, 왕하에서는 18세) 다스립니다. 그는 3달 10일 동안 다스리다가 바빌론에 포로로 잡혀갑니다(제2차 바빌론 포로, 주전 597년).

느부갓네살은 여호야긴의 삼촌 맛다니야(요시야의 셋째 아들)를 "시드기야"로 부르며 왕으로 앉힙니다(왕하 24:17). 시드기야도 하나님 앞에 악합니다. (3 ______) 선지자가 경고하지만 시드기야는 듣지 않습니다(12절).

유다의 마지막이 가까웠습니다. 다시 침공한 바빌론에 완전히 패배합니다. 침공한 바빌론(갈대아) 군대가 하나님의 전을 불사릅니다. 성벽을 헐고 궁궐을 부숩니다. 수많은 보물을 빼앗고 많은 사람을 포로로 잡아갑니다. 유대인은 노예가 됩니다(제3차 바빌론 포로, 주전 586년).

이렇게 보면 하나님이 이스라엘을 버린 것 같습니다. 결코 등불을 끄지 않겠다는 약속은 어떻게 되는 것일까요? 유다의 패망은 하나님의 구원이 실패한 것처럼 보입니다. 그러나 하나님의 구원계획은 여전히 진행 중입니다. "…여호와께서 바사의 고레스 왕의 마음을 (4 ______)시키시매 … 하늘의 하나님 여호와께서 세상 만국을 내게 주셨고, 나에게 명령하여 유다 예루살렘에 (5 ______)을 건축하라, 하셨나니. 너희 중에 그의 백성 된 자는 다 올라갈지어다…"(22-23절) 마지막 언급이 묘한 기대감과 여운을 남깁니다.

생각하기 마지막에 고레스의 귀환 정책을 언급하는 이유는 무엇일까요?

해답 1. 여호아하스, 2. 엘리아김, 3. 예레미야, 4. 감동, 5. 성전

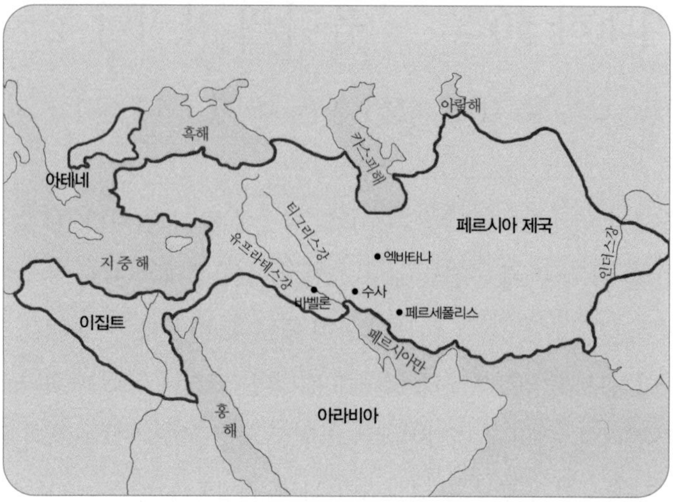

바벨론을 정복한 페르시아 제국의 지도

에스라

'에스라'는 포로 귀환 당시 유다인들을 이끈 지도자 에스라의 이름이 붙여진 책입니다. 책 이름과 달리 에스라는 비교적 후반부인 7장부터 등장합니다. 에스라의 저자 역시 알기 어렵습니다. 기록된 시기는 포로 귀환 이후 예루살렘에 자리 잡은 뒤입니다.

고레스 왕은 바빌론을 멸망시키고 거대한 페르시아 제국을 이루었습니다. 넓은 땅을 잘 다스리기 위해 각 나라의 관습과 종교를 존중해주었습니다. 그 덕분에 유다인들은 하나님을 섬길 수 있었고 예루살렘으로 돌아올 수 있었습니다. 이렇게 하나님은 모든 세상 역사를 구원역사로 사용합니다.

유다인들의 포로 귀환은 총 3차로 이루어집니다. 제1차는 '스룹바벨의 귀환'이고, 제2차는 '에스라의 귀환'이며, 제3차는 '느헤미야의 귀환'입니다. 1차 2차 귀환이 에스라에 나오며, 3차는 이어지는 느헤미야에 나옵니다. 포로 귀환을 아래와 같이 정리할 수 있습니다.

주전 538년	주전 458년	주전 444년
스룹바벨의 귀환	에스라의 귀환	느헤미야의 귀환
스 1-6장	스 7-10장	느 1-6장

내용 구분

- **1-6장** — 스룹바벨의 귀환과 성전 재건축
- **7-10장** — 에스라의 귀환과 종교개혁

에스라 1장 · 바빌론에서 예루살렘으로!

주요 구절: 1:1

(1)의 예언대로 70년이 찬 후 유다 백성이 예루살렘으로 돌아옵니다. 이 70년은 바빌론 첫 포로 시기인 주전 605년으로부터 첫 귀환인 주전 538-535년으로 보기도 합니다. 혹은 예루살렘이 멸망한 주전 586년부터 예루살렘 성 재건의 해인 주전 516년으로 보기도 합니다.

여하간 70년 만에 백성이 예루살렘으로 돌아온 것은 하나님의 약속의 성취입니다. "여호와께서 (1)의 입을 통하여 하신 (2)을 이루게 하시려고 바사 왕 (3)의 마음을 감동시키시매…"(1절) 세상 역사는 하나님의 손아래 있습니다. 자세히 보면 남 유다 백성이지만, 이제 이들은 (4) 백성이라 불립니다(스 1:3; 2:2, 59, 70; 3:1). 그러나 모든 (4) 백성이 돌아온 것은 아닙니다. 하나님께 마음이 감동을 받은 사람들만 돌아옵니다(5절).

생각하기 고레스의 칙령을 들었을 때 백성의 마음은 어땠을까요?

해답 1. 예레미야, 2. 말씀, 3. 고레스, 4. 이스라엘

에스라 2장 · 귀환자들의 목록

주요 구절: 2:1 (느 7:4-73)

"옛적에 바벨론 왕 느부갓네살에게 사로잡혀 바벨론으로 갔던 자들의 자손들 중에서 놓임을 받고 예루살렘과 유다 도로 돌아와 각기 각자의 성읍으로 돌아간 자, 곧 (1)과 예수아와 느헤미야와 스라야와 르엘라야와 모르드개와 빌산과 미스발과 비그왜와 르훔과 바아나 등과 함께 나온 이스라엘 백성의 명수가 이러하니."(1-2절) (1)은 바빌론에 포로로 잡혀갔던 여호야긴의 아들로 정통 유다 왕족입니다. 1장에 나오는 "세스바살"(8절)은 고레스가 세운 총독이고 (1)은 유다 공동체가 인정하는 지도자로 보거나, 또는 (1)의 바빌론식 이

름이 세스바살이라고 보기도 합니다. 정확히 파악하기는 어렵지만 분명한 것은 (1 　　　　)이 초기에 지도력을 발휘했다는 점입니다. 한편, 여기 언급된 "느헤미야"와 "모르드개"는 이후에 등장하는 지도자 '느헤미야'나 에스더서에 등장하는 '모르드개'와 다른 동명이인입니다.

귀환자들 가운데는 자신의 출신 성분(가문)을 증명할 수 없는 자도 있습니다(59절). 특별히 제사장 중에 계보에서 자기 이름을 찾지 못한 이도 있습니다. 이들에게는 제사장의 (2 　　)을 행하지 못하게 하고 지성물을 먹지 못하게 합니다(62-63절). 예루살렘 귀환 이후 철저하게 하나님을 섬기고자 하는 태도를 엿볼 수 있습니다.

"온 회중의 합계가 (3 　　) 이천삼백육십 명"(64절) 입니다. 그들은 귀환 후 7달 동안 "각자의 성"(70절)에 삽니다.

생각하기 기나긴 귀환자들의 목록이 어떻게 느껴집니까?

해답 1. 스룹바벨, 2. 직분, 3. 사만

에스라 3장 · 성전 기초를 놓다

주요 구절: 3:11

예루살렘으로 돌아온 이들은 첫해 일곱째 달에 모여 하나님께 제사를 드리고 성전 기초를 놓기 위해 준비합니다. 둘째 해 둘째 달에는 성전의 기초를 놓습니다(주전 536년). 오랜 포로 생활에서 돌아온 이스라엘 백성은 그것을 보며 감격의 눈물을 흘립니다. "제사장들과 레위 사람들과 나이 많은 족장들은 (1 　) 성전을 보았으므로 이제 이 성전의 (2 　　)가 놓임을 보고 대성통곡하였으나…"(12절) 주전 586년 무참히 파괴되던 예루살렘 성전을 본 나이 많은 분들의 애환이 보입니다. 하나님께 불순종하여 얻은 징계의 아픔을 기억한 것입니다.

그러나 한편으로 하나님의 은혜로 다시 예루살렘으로 돌아와 성전의 기초를 쌓게 된 것에 대한 (3 　　)으로 큰 함성을 지릅니다(12절). "백성이 크게 외치는 소리가 멀리 들리므로 (4 　　)이 부르는 소리와 (5 　　)하는 소리를 백성들이 분간하지 못하였더라."(12절) 기쁨과 슬픔이 함께 있습니다. 다시금 그런 비극이 없기를 바라야겠지요.

생각하기 첫 성전을 보았던 노인들의 마음을 상상해봅시다.

해답 1. 첫, 2. 기초, 3. 기쁨, 4. 즐거, 5. 통곡

에스라 4장 · 성전 재건을 방해하다

주요 구절: 4:4

북 이스라엘 멸망(주전 722년) 이후 여러 나라 사람들이 그 지역에 이주해 왔습니다(왕하 17:24-33). 그들은 사마리아 지역에 남아 있던 이스라엘 백성과 통혼했습니다. 메소포타미아와 아람에서 가지고 온 신을 섬겼고, 동시에 여호와도 숭배한 혼합 종교를 만들었습니다. 그들이 예루살렘에서 성전을 건축하고 있는 이스라엘 백성에게 텃세를 부리고 성전 재건을 방해했습니다. 바사 왕 고레스 시대부터 다리오가 즉위할 때까지 거의 16년 동안이나 성전 건축을 방해합니다. 참고로 6-23절은 시대적으로 후대입니다. 아하수에로와 아닥사스다는 다리오 이후의 왕들이기 때문입니다: 고레스(Cyrus, 주전 559-530년) => 다리오(Darius, 주전 522-486년) => 아하수에로(Ahasuerus/Xerxes, 주전 486-465년) => 아닥사스다(Artaxerxes, 주전 465-424년)

23절은 느헤미야 1장 1절로 연결해 읽으면 자연스럽습니다. 그리고 4장 5절에서 건너뛰어 24절로 가서 연결해 읽으면 자연스럽습니다. 후대의 역사(6-23절)를 중간에 넣은 것은 오랫동안 포로 생활로부터 돌아온 이스라엘 백성의 정착을 방해하는 일들이 끊임없이 일어났다는 것을 보여주기 위함입니다.

한 가지 흥미로운 사실이 있습니다. 에스라 4장 8절부터 6장 18절까지와 7장 12-26절은 히브리어가 아닌 (1 ＿ ＿)어로 기록되어 있습니다. "그들은 (1 ＿ ＿) 문자와 (1 ＿ ＿) (2 ＿ ＿)으로 써서 진술하였더라."(7절)

생각하기 집요한 방해 공작을 받을 때 백성의 마음은 어땠을까요?

해답 1. 아람, 2. 방언

에스라 5장 · 재개된 성전 재건

주요 구절: 5:1

주전 520년경 예루살렘 성전 재건을 방해하는 자들 때문에 재건이 지연됩니다. 그러나 선지자들, 곧 (1 　 　)와 스가랴의 격려를 통해 (2 　 　 　 　)과 예수아가 성전 재건을 다시 시작합니다(1-2절). 성전 재건은 다시 순탄하게 진행됩니다. "…하나님의 성전에 나아가 본즉 성전을 큰 (3 　)로 세우며 벽에 (4 　 　)를 얹고 부지런히 일하므로 공사가 그 손에서 (5 　 　)하옵기에."(8절)

예루살렘 지역을 다스리던 총독 닷드내와 스달보스내와 그 관리들은 성전 재건에 대한 그 어떤 소식도 바벨론 중앙정부로부터 전달 받은 적이 없습니다. 그래서 그들은 당시 바사 왕 다리오에게 편지를 보내 진위를 확인합니다. 그 편지의 내용이 7-17절까지 인용됩니다. 내용의 핵심은 고레스 왕이 정말로 예루살렘 건축을 허락했는지를 "보물전각"(문서창고)에서 확인해주기를 바라는 것입니다.

생각하기 선지자들의 선포를 들은 백성은 어떤 마음이 들었을까요?

해답 1. 학개, 2. 스룹바벨, 3. 돌, 4. 나무, 5. 형통

에스라 6장 · 성전 재건과 봉헌식, 그리고 유월절

주요 구절: 6:14

다리오가 편지를 받고 문서창고 곧 보물전각을 조사해 고레스의 조서를 발견합니다. 다리오는 예루살렘 성전을 신속히 재건하라는 명령을 조서를 통해 하달합니다(8-12절). "하나님의 (1 　 　) 공사를 막지 말고 유다 총독과 장로들이 하나님의 이 (1

□□)을 제자리에 (2 □□)하게 하라."(7절) 다리오는 불신 통치자입니다. 그가 (1 □□) 재건을 허락한 것은 속국을 통치하는 한 방법일 뿐입니다. "그들이 하늘의 하나님께 향기로운 제물을 드려 (3 □)과 (4 □□)들의 생명을 위하여 기도하게 하라."(10절) 일종의 호국 종교를 만들려는 것입니다. 그러나 그 위에서 일하는 하나님의 손을 볼 수 있어야 합니다.

14절 "바사 왕 고레스와 다리오"에 이어 아닥사스다 왕이 언급되는 것은 좀 이상합니다. 아닥사스다는 한참 후대의 왕(주전 465-424년)입니다. 저자는 후기에 예루살렘을 다시 건축해야 했던 것을 염두에 두고 아닥사스다를 언급한 것으로 보입니다.

"유다 사람의 장로들이 선지자 (5 □□)와 잇도의 손자 (6 □□□)의 권면을 따랐으므로 성전 건축하는 일이 형통한지라."(14절) 4년 6개월의 공사가 끝나고 성전이 재건되어(주전 516년) 성전 봉헌식을 성대하게 치릅니다. 예루살렘 성전이 파괴된 지(주전 586년) 70년이 지나 다시 세워진 것입니다. 그들은 돌아와 성전을 재건한 후 첫 유월절과 무교절을 지킵니다. 감격스런 순간입니다. 다음 표는 귀환 시기와 일어난 일, 중심 지도자를 정리한 것입니다.

귀환 시기	일어난 일	중심 지도자
제1차 귀환(주전 538년)	성전 재건	스룹바벨(+ 학개, 스가랴)
제2차 귀환(주전 458년)	영적 재건(삶의 개혁)	에스라
제3차 귀환(주전 444년)	성벽 + 영적 재건	느헤미야

생각하기 위정자들을 인도하는 하나님의 손이 보입니까?

해답 1. 성전, 2. 건축, 3. 왕, 4. 왕자, 5. 학개, 6. 스가랴

에스라 7장 · 학자 겸 제사장 에스라

주요 구절: 7:1

1-6장이 제1차 귀환 내용이었다면, 7-10장은 제2차 귀환 내용입니다. 제1차 예루살렘

귀환 이후 성전을 재건한 지 57년이 흘렀습니다. 주전 458년 제2차 예루살렘 귀환이 에스라를 중심으로 시작됩니다.

에스라는 아주 특별한 사람입니다. 여호와의 계명의 말씀과 이스라엘에게 주신 율례 "학자"요(11절), 학자 겸 "(1   )"이면서 메데 바사 왕의 총애를 받는 자입니다(12절). 이런 에스라의 능력과 지위와 명예는 하나님 없이는 불가능합니다. "그의 하나님 여호와의 (2   )을 입음으로 왕에게 구하는 것은 다 받는 자이더니."(6절) 아닥사스다 통치 7년에 에스라는 예루살렘으로 올라갈 뜻이 있는 자는 누구든지 데리고 가도록 허락받습니다(13절).

12-26절까지 내용이 아닥사스다 왕이 내린 허가서입니다. 에스라는 왕의 전폭적 지원 아래 제2차 귀환을 합니다. "…그가 왕의 (3   )에 예루살렘 여호와의 성전을 아름답게 할 (4)을 두시고 또 나로 왕과 그의 보좌관들 앞과 왕의 권세 있는 모든 방백의 앞에서 (5   )를 얻게 하셨도다…"(27-28절)

에스라와 일행은 네 달이 걸려 예루살렘에 도착합니다(9절). 에스라가 동족을 데리고 귀환한 이유는 "에스라가 여호와의 율법을 연구하여 준행하며 율례와 규례를 이스라엘에게 (6   )기로 결심"(10절)했기 때문입니다.

생각하기 에스라와 같은 직분자가 우리 교회에 누구입니까?

해답 1. 제사장, 2. 도우심, 3. 마음, 4. 뜻, 5. 은혜, 6. 가르치

에스라 8장 · 하나님의 보호로 귀환하다

주요 구절: 8:1

에스라와 함께 귀환할 이스라엘 사람의 숫자는 제1차 귀환에 비해 적습니다. 약 1,500명 정도입니다. 돌아갈 자원자들을 살펴보니 (1   ) 자손이 한 명도 없습니다(15절). 소식을 듣지 못한 것인지, 예루살렘으로 돌아가고픈 마음이 없었던 것인지 이유는 정확히 모르겠습니다. 여하간 에스라는 11명의 위원(16절)을 구성해 (1   )인을 데려오도록 임무를 맡깁니다. 마침내 가시뱌 지방에서 (1   )인을 찾아 데리고

옵니다.

드디어 떠날 준비를 다 마쳤습니다. 에스라는 안전한 여행을 위해 먼저 하나님께 도와 달라고 (2 　 　)을 선포하고 기도합니다(21-23절). 에스라는 안전한 길을 위해 왕에게 보병과 마병을 요청하기보다는 하나님의 보호를 의지합니다(22절). 하나님이 길과 위험한 여행에서 보호해줄 것을 믿습니다. 귀환자는 정부의 지원뿐만 아니라 귀환하지 않는 유다인에게서도 많은 지원을 받습니다(25-30절).

에스라가 이끈 귀환자는 적군과 길에 매복한 자의 공격을 받지 않고 안전하게 돌아옵니다. 하나님의 도움 때문입니다(31절). 70년의 포로 생활을 뒤로하고 고국으로 돌아옵니다. 감동입니다. 하나님의 섭리를 봅니다. 그들은 언약의 하나님을 섬기게 됩니다. 귀환자가 제일 먼저 한 것은 예배(번제, 속죄제) 입니다(35절). 예루살렘 지방 총독도 귀환자의 정착을 돕습니다(36절).

생각하기 처음에 레위인이 모집되지 않은 이유는 무엇일까요?

해답 1. 레위, 2. 금식

에스라 9장 · 불신 혼인와 에스라의 기도

주요 구절: 9:1

예루살렘 귀환과 제사가 회복되기만 하면 모든 것이 정상 궤도에 올라가 태평성대가 이뤄질까요? 그렇지 않습니다. 돌아온 이스라엘 백성에게 아주 심각한 범죄가 발생합니다. 가나안 사람과 혼인한 것입니다. 장관, 고위 관리, 그리고 제사장과 레위 자손까지 관련됩니다. 성경은 "(1 　 　)한 자손"과 "그 (2 　 　) 사람들"이 섞였다고 표현합니다(2절). 다른 신을 섬기는 이방인과의 혼인은 '하나님 경배'에서 '우상숭배'로 넘어갈 위험이 큽니다. 그래서 불신 혼인은 엄격히 금지됩니다.

기가 막힐 입니다. 에스라는 속옷과 겉옷을 찢고 머리털과 수염을 뜯으며 저녁 제사 드릴 때까지 앉아 있습니다. 그는 무릎을 꿇고 두 손을 들고 하나님께 회개합니다. "나의 하나님이여 내가 부끄럽고 낯이 뜨거워서 감히 나의 하나님을 향하여 얼굴을 들지 못하오니, 이는 우리의 죄악이 많아 (3 　　　)에 넘치고 우리 (4 　　)이 커서 하늘에 미침이니이다."(6절) "이스라엘의 하나님 여호와여! 주는 의로우시니 우리가 남아 피한 것이 오늘날과 같사옵거늘, 도리어 주께 범죄하였사오니, 이로 말미암아 주 앞에 한 사람도 (5 　　) 서지 못하겠나이다."(15절) 에스라의 기도가 절절합니다.

회개한 신자도 죄에 빠질 수 있습니다. 자만할 수 없습니다. 하지만, 성도는 하나님께 회개로써 자신의 비참을 인정하고 그 결과도 하나님께 맡깁니다.

생각하기 에스라의 회개 기도를 보는 백성의 마음은 어땠을까요?

해답 1. 거룩, 2. 지방, 3. 정수리, 4. 허물, 5. 감히

에스라 10장 · 죄인의 회개와 변화

주요 구절: 10:1

에스라의 회개는 죄를 지은 당사자의 회개를 불러일으킵니다. "에스라가 하나님의 성전 앞에 엎드려 울며 기도하여 죄를 (1 　　)할 때에 많은 백성이 크게 (2 　　)하매 이스라엘 중에서 백성의 남녀와 어린 아이의 큰 무리가 그 앞에 모인지라."(1절) 백성의 대표 '스가냐'가 죄를 회개하고 하나님과 (3 　　)을 세우고 율법대로 행할 것을 다짐합니다(3절).

에스라는 삼 일 안에 모든 백성을 예루살렘에 모읍니다. 에스라가 조사해 보니 이방 여인과 혼인한 숫자는 110명 정도 됩니다. 이스라엘의 범죄와 배반에도 불구하고 하나님은 은혜를 베풀어 남은 자들을 예루살렘으로 돌아오게 하였는데, 이 구원이 이방인과의 통혼으로 위협받고 있습니다.

백성이 모인 때 큰 비가 내리고 있었습니다. 에스라는 모인 사람에게 외칩니다. "…너희가 범죄 하여 이방 여자를 (4 　　)로 삼아 이스라엘의 죄를 더하게 하였으니, 이제 너희 조상들의 하나님 앞에서 죄를 (1 　　)하고, 그의 뜻대로 행하여, 그 지방 사람들과 이방 여인을 끊어 버리라."(10-11절)

모든 회중이 "당신의 (5 　　)대로 우리가 마땅히 행할 것이니이다"라며 에스라

의 권고를 받아들입니다(12절). 진심으로 회개하는 백성을 하나님이 용서합니다. 이렇게 에스라는 귀환자 가운데 통혼으로 인한 죄와 회개에 관한 이야기로 마무리됩니다.

생각하기 죄를 끊어내기 위해 얼마나 자복하고 회개하였나요?

해답 1. 자복, 2. 통곡, 3. 언약, 4. 아내, 5. 말씀

느헤미야

'느헤미야'는 제3차 포로 귀환을 이끌었던 느헤미야의 이름이 붙여진 책입니다. 본래 느헤미야는 에스라와 한 권으로 묶였지만, 헬라어 번역 성경(LXX) 이후 분리되었습니다. 에스라의 저자를 알 수 없듯이 느헤미야 역시 저자를 알 수 없습니다. 기록 시기는 역시 포로 귀환 이후입니다. 에스라가 성전 재건에 초점을 맞추었다면, 느헤미야는 예루살렘 성벽 재건에 초점을 맞춥니다. 또 에스라가 모세 율법의 회복을 구했다면 느헤미야는 공동체의 거룩을 추구했습니다. 비슷한 듯하면서도 차이가 납니다.

느헤미야가 섬긴 왕은 페르시아의 아닥사스다 왕입니다. 그는 BC 424년까지 다스린 왕으로, 일전에 에스라를 지도자로 삼아 포로 귀환을 명령하기도 했습니다. 아닥사스다는 나라를 안정화시키기 위해 느헤미야를 총독으로 세워 예루살렘으로 보내었는데, 이것은 필히 하나님의 손이 도우신 일입니다(느 2:8). 하나님은 세상 역사 가운데 구원역사를 이루는 분입니다.

내용 구분	
1-6장	느헤미야의 귀환과 성벽 재건
7-10장	거룩한 공동체로의 회복

느헤미야 1장 · 느헤미야의 기도

주요 구절: 1:1

1장은 에스라 4장 8-23절에 이어 읽으면 자연스럽게 연결됩니다. 하나님은 이스라엘 백성을 바빌론에서 세스바살/스룹바벨을 중심으로 제1차(주전 538년)로 귀환시켰고, 그 후 제2차(주전 458년)는 에스라를 중심으로 돌아오게 했습니다. 그로부터 14년이 지난 후 아닥사스다 왕 통치 20년 즈음에(주전 444년) 느헤미야의 인도로 제3차 귀환이 이루어집니다.

느헤미야는 예루살렘에서 돌아온 동생 하나니를 통해 그곳의 비참한 상황을 듣습니다. 1, 2차 귀환 후 예루살렘을 재건하는 노력이 제대로 성공을 거두지 못한 것입니다. 느헤미야는 하나님께 기도하는데 언약을 기억하고선 기도합니다. 하나님은 이스라엘이 언약에 믿음으로 응하지 않고 "(1 ____)하면 내가 너희를 여러 나라 가운데에 (2 ____)을 것"(8절)이라고 하였지만, 그러나 회개하고 돌아올 때 은혜를 베푸신다는 언약입니다. "만약 내게로 돌아와 내 계명을 (3 ____) 행하면, 너희 쫓긴 자가 하늘 끝에 있을지라도, 내가 거기서부터 그들을 모아, 내 이름을 두려고 택한 곳에 (4 ____)오게 하리라, 하신 말씀을 이제 청하건대 기억하옵소서."(9절) 느헤미야는 페르시아 왕실의 "왕의 (5 ____) 관원"(11절)입니다. 느헤미야는 언약의 하나님을 의지합니다.

생각하기 느헤미야는 왜 제일 먼저 기도했을까요?

해답 1. 범죄, 2. 흩, 3. 지켜, 4. 돌아, 5. 술

느헤미야 2장 · 제3차 예루살렘 귀환

주요 구절: 2:1

하나님의 언약에 호소한 느헤미야의 기도가 드디어 응답됩니다. 왕의 술 관원인 느헤미야는 아닥사스다 왕 제(1 ____)년에 예루살렘 귀환과 무너진 성벽 재건을 허락받습니다(1절).

하나님이 이 모든 일의 배후에 있습니다. 느헤미야도 그것을 인정합니다. "…내 하나님의 선한 (2 　)이 나를 도우시므로 왕이 허락하고."(8절) "…하늘의 하나님이 우리를 (3 　　)하게 하시리니 그의 종들인 우리가 일어나 건축하려니와…"(20절)

느헤미야는 에스라와 달리 군대 (4 　　)과 (5 　　)을 동원합니다(9절). 에스라는 군대 지원을 거절했지만, 느헤미야는 지원을 받습니다. 믿음이 적어서일까요? 그렇지는 않습니다. 에스라는 제사장이고, 느헤미야는 유다 총독 자격(느 8:9)으로 돌아왔기 때문입니다. 직분의 역할이 다릅니다.

예루살렘으로 돌아온 느헤미야는 3일 되는 날 밤 몰래 성의 상황이 어떤지 살펴봅니다. 느헤미야는 유다의 지도자들을 불러 모으고 '하나님의 선한 손이 자신을 도운 일과 아닥사스다 왕이 자신에게 명령한 것'을 전합니다. 모두 예루살렘 성벽을 재건할 것을 다짐합니다. 그런데 예루살렘 토박이들, 곧 호론 사람 (6 　　　)과 종이었던 암몬 사람 도비야와 아라비아 사람 게셈이 느헤미야의 일을 방해합니다(19절).

생각하기 모든 권세 위에서 인도하시는 하나님의 손을 묵상해봅시다.

해답 1. 이십, 2. 손, 3. 형통, 4. 장관, 5. 마병, 6. 산발랏

느헤미야 3장 · 예루살렘 성벽 재건

주요 구절: 3:1

느헤미야는 24개 그룹으로 나누어 재건을 시작합니다. 일의 범위를 나누고, 일을 규모 있게 진행합니다. "그 때에 대제사장 엘리아십이 그의 형제 제사장들과 함께 일어나 (1 　　)을 건축하여 성별하고 (2 　　)을 달고 또 (3 　　)을 건축하여 함메아 망대에서부터 하나넬 망대까지 성별하였고, 그 다음은 여리고 사람들이 건축하였고…"(1-2절)

느헤미야의 (3 　　) 재건 제안으로 예루살렘 백성은 기쁨으로 자원합니다. 지도자 느헤미야의 등장으로 예루살렘의 영적 분위기가 새롭게 형성된 것으로 보입니다. 물론 모든 사람이 기쁨으로 협력한 것은 아닙니다. 드고아의 (4 　　)들은 비협조적

입니다(5절). "…그 귀족들은 그들의 주인들의 (5 ___ ___)를 분담하지 아니하였으며." 영광스런 성전 재건 사업에 함께하는 것은 복된 일이며 특권입니다. 하지만 믿음이 없는 자들은 그것을 모르고 어리석습니다.

생각하기 나는 나에게 맡겨진 사명에 충성하고 있습니까?

해답 1. 양문, 2. 문짝, 3. 성벽, 4. 귀족, 5. 공사

느헤미야 4장 · 칼과 삽을 들고 성벽을 쌓다

주요 구절: 4:1

성벽 재건을 싫어하는 무리가 있습니다. 유다 땅에 사는 이방인들이 성벽 재건 소식을 듣고 크게 (1 ___ ___)합니다(1절). 언제나 하나님의 백성이 하는 일을 방해하는 사람이 있습니다. "…이 (2 ___ ___)한 유다 사람들이 하는 일이 무엇인가? … 불탄 돌을 흙무더기에서 다시 일으키려는가?"(2절) "…그들이 건축하는 돌 성벽은 (3 ___ ___)가 올라가도 곧 무너지리라."(3절)

느헤미야는 어떻게 대응하나요? 먼저 싸우기보다 하나님에게 엎드려 기도합니다. "우리 하나님이여 들으시옵소서! 우리가 업신여김을 당하나이다. 원하건대 그들이 (4 ___)하는 것을 자기들의 머리에 돌리사, 노략거리가 되어 이방에 사로잡히게 하시고."(4절)

비방과 조롱에도 열심히 일한 결과 성벽 전체가 연결되고 성벽 높이는 점점 높아져 절반이나 쌓습니다. 대적자들의 마음은 달아오릅니다. 그들은 예루살렘을 공격할 계획을 세웁니다. 그 계획을 눈치 채고도 느헤미야는 공사를 중단하지 않습니다. 위협에 대비해 기도하며 동시에 파수꾼을 두어 밤낮으로 망을 봅니다. 한 손에 삽과 망치를, 다른 한 손에는 칼을 잡습니다. 절반은 망치를 잡고 절반은 갑옷을 입고 전투태세로 칼과 방패, 활을 잡습니다. 느헤미야와 백성은 (5 ___ ___ ___)이 그들을 위해 싸울 것을 믿습니다(20절). '믿는다'는 것은 아무것도 하지 않고 기도만 한다는 뜻은 아닙니다. "우리가 다 우리의 (6 ___)을 벗지 아니하였으며 물을 길으러 갈 때에도 각각 병기를 잡았느니라."(23절)

생각하기 나는 믿음으로 기도하며 최선을 다해 살고 있습니까?

해답 1. 분노, 2. 미약, 3. 여우, 4. 욕, 5. 하나님, 6. 옷

느헤미야 5장 · 느헤미야가 하나님 나라를 구하다

주요 구절: 5:1

의외로 위기는 외부보다 내부가 심각합니다. 가난한 사람들이 재산을 저당 잡히고 곡식을 빌려 먹고 있는데, 부자와 지도자들은 그들을 돕기는커녕 고리대금업을 한 것입니다. 지도자 느헤미야는 백성의 어려움을 이해합니다. 느헤미야는 이 일을 어떻게 해야 할지 깊이 생각합니다(7절). 그리고 귀족과 백성의 지도자들을 불러 꾸짖습니다. "너희가 각기 형제에게 (1) 이자를 취하는도다."(7절) 느헤미야는 당장 빚을 탕감해줄 것을 요구하고 그들은 순종합니다. 백성은 그제야 여호와 하나님을 높입니다. "회중이 다 (2)하고 여호와를 (3)하고 백성들이 그 말한 대로 행하였더라."(13절)

지도자 느헤미야는 12년간 총독으로 있으면서 녹(祿)을 받지 않고 백성을 착취하지도 않습니다. 어떻게 그것이 가능할까요? "…나는 하나님을 (4)하므로 이같이 행하지 아니하고."(15절) 느헤미야는 하나님을 사랑하고 두려워하는 마음이 있습니다. 느헤미야는 이렇게 기도합니다. "내 하나님이여! 내가 이 백성을 위하여 행한 모든 일을 (5)하사 내게 (6)를 베푸시옵소서."(19절) 느헤미야는 하나님이 그의 선한 행실에 대해 인정해주고 계속 그 일을 잘할 수 있도록 힘주기를 기도합니다. 결국 하나님 나라와 그 의를 구한 것입니다.

생각하기 하나님 나라와 의를 위하여 희생하고자 하는 마음이 있습니까?

해답 1. 높은, 2. 아멘, 3. 찬송, 4. 경외, 5. 기억, 6. 은혜

느헤미야 6장 · 느헤미야를 향한 음모와 성벽 완공

주요 구절: 6:15

산발랏과 도비야와 게셈이 다시 성벽 재건을 방해합니다. 그들은 느헤미야에게 네 번이나 대화를 요구합니다. 저의는 느헤미야를 살해하려는 것입니다. 다섯 번째는 "봉하지 않은 (1 ___ ___)"(5절)를 써 보냅니다. (1 ___ ___)를 밀봉하지 않은 것은 백성이 읽어보도록 하려는 속셈입니다. 오해를 불러일으켜 느헤미야를 실각시키려는 계략입니다. 그러나 느헤미야는 기도로 흉계를 이겨냅니다.

마지막 공격은 선지자 스마야와 여 선지자 노아댜(14절)같은 사람을 통해 느헤미야를 혼란케 한 것입니다. 거짓 선지자 스마야는 적의 공격이 두려우니 느헤미야에게 외소(성소)에 들어가 피할 것을 권합니다. 느헤미야는 제사장이 아닙니다. 성소에 들어갈 수 없습니다. 느헤미야는 기도(14절)하면서 유혹을 이겨냅니다. 선지자의 말이라고 모두 참이 아닙니다. 분별해야 합니다.

마침내 느헤미야는 (2 ___ ___)일 만에 성벽을 완성합니다(15절). 정말 놀라운 대 역사입니다. 주변 방해꾼은 그 소식을 듣고 크게 낙담하며 두려움에 휩싸입니다(16절). 느헤미야가 아니라, (3 ___ ___ ___)이 했다는 것을 알았기 때문입니다(16절).

느헤미야의 사역은 결코 쉽지 않습니다. 반대자 도비야는 유다의 귀족들과 아주 가까웠기 때문입니다. 도비야는 유다인 아라의 아들 스가냐의 (4 ___ ___)이고, 도비야의 아들은 베레갸의 아들 므술람의 (5 ___)과 혼인했고, 유다에서 그와 동맹한 사람이 많았습니다(18절). 도비야는 그들을 통해 느헤미야를 많이 괴롭힌 것으로 보입니다. 힘겨운 중에도 백성을 이끈 느헤미야의 헌신이 놀랍고, 그를 보호한 하나님의 은혜가 참 크다는 것을 생각합니다.

생각하기 위협을 받는 동안 느헤미야의 마음은 어땠을까요?

해답 1. 편지, 2. 52, 3. 하나님, 4. 사위, 5. 딸

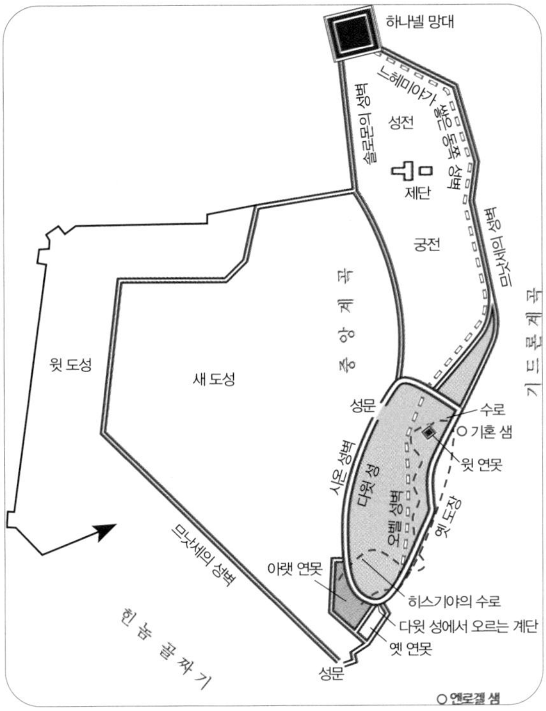

구약 시대 예루살렘

느헤미야 7장 · 성전 중심의 삶

주요 구절: 7:5

성벽을 완성하고 문짝을 다니 예루살렘이 안전한 성으로 탈바꿈합니다. '하드웨어'를 마무리한 느헤미야는 내부 '소프트웨어'를 정비합니다. 예루살렘의 총 책임자로 (1 　　　)와 관원 하나냐를 세웁니다(2절). (1 　　　)는 느헤미야의 동생으로 예루살렘 성의 상황을 느헤미야에게 알린 장본인입니다(느 1:2). 하나냐는 (2 　　) 스러운 사람이고 하나님을 (3 　　)함이 무리 중에서 뛰어난 자입니다(2절). 유다인은 자신의 가옥을 짓기 전에 성벽을 먼저 재건했습니다(4절). 성전 중심의 삶입니다. 성은 크지만 주민은 적기에 자기 집 맞은편의 성벽을 각자 맡아 책임지고 지키며 방어합니다(3-4절).

느헤미야는 제1차 귀환 때 돌아온 사람들의 목록을 등록하면서 과거 귀환 기록을 얻습니다. 그것이 7-66절에 나열됩니다. 그 회중의 숫자는 (4 　)만 2,360명입니다(66절; 스 2:64). 이 목록은 에스라 2장에 기록된 것과 같습니다. 100년 전(주전 538년)에 돌아온 그들의 이름을 다시 기억하면서 과거와 현재의 연속성을 찾을 수 있었을 것입니다. 언약백성의 정체성은 과거와의 단절이 아니라, 과거, 현재, 미래로 연결됩니다. 이것은 8장에서 하나님의 언약의 말씀을 기억하는 것과 연관이 있습니다.

생각하기 오늘날 교회 중심의 삶의 모습은 어떤 것일까요?

해답 1. 하나니, 2. 충성, 3. 경외, 4. 4

느헤미야 8장 · 여호와를 기뻐하는 것이 나의 힘!

주요 구절: 8:18

이스라엘의 월력으로 일곱째 달 1일은 나팔절이자 한 해의 시작입니다. 이 날 모든 백성이 예루살렘에 모입니다. 그들은 학사 에스라에게 모세의 율법 책, 곧 언약 책을 가져와 읽도록 요구합니다.

하나님의 언약 책을 읽을 때 백성은 "(1) (1)!"하며 반응합니다(6절). 그리고 몸을 굽혀 얼굴을 땅에 대고 여호와에게 경배합니다. 에스라는 율법 책을 낭독할 뿐만 아니라 그 뜻을 설명합니다. 일종의 '설교'입니다.

말씀을 들은 백성은 눈물을 흘립니다. 언약의 말씀이 그들 마음 속 깊은 곳을 터치한 것입니다. 느헤미야와 에스라와 지도자들은 울고 있는 백성을 진정시킵니다. 자신을 쳐다보면 비참한 죄 때문에 슬프지만, 회개하는 자를 용서하는 하나님의 은혜를 믿고 의지하면 기쁨도 넘칩니다. "…(2)하지 말라. 여호와로 인하여 (3)하는 것이 너희의 (4)이니라."(10절)

둘째 날에 백성의 (5)들과 제사장들과 레위 사람들이 율법을 더 자세히 공부하기 위해 에스라에게 모입니다(13절). 율법을 공부한 결과 일곱째 달에 초막절을 지켜야 한다는 것을 알게 됩니다. 그들은 나뭇가지와 덤불을 가지고 초막을 짓습니다. 광야에서 조상이 고생하며 지냈던 것을 7일 동안 직접 체험하며 기념(기억)한 것입니다. 에스라는 절기 동안 계속 율법 책을 낭독합니다. 이스라엘 백성은 은혜의 도가니 속에서 행복한 시간을 갖습니다.

생각하기 예배 가운데 하나님을 기뻐하는 것이 힘이 되고 있습니까?

해답 1. 아멘, 2. 근심, 3. 기쁨, 4. 힘, 5. 축제

느헤미야 9장 · 회개에서 언약식으로

주요 구절: 9:1

초막절은 일곱째 달 15일에 시작되고 22일에 끝납니다. 절기가 끝난 후 이틀이 지난 날(24일) 모든 시민이 한 장소에 모입니다. 자신이 얼마나 큰 죄인인지 알게 되고 양심에 큰 찔림을 받습니다. 그들은 모여 "(1 　 　)하며 굵은 베 옷을 입고 티끌을 무릅쓰며 모든 이방 사람들과 (2 　 　)하고 서서 자기의 죄와 조상들의 허물을 (3 　 　)하고 이 날에 낮 사분의 일은 그 제자리에 서서 그들의 하나님 여호와의 율법책을 낭독하고 낮 사분의 일은 죄를 (3 　 　)하며 그들의 하나님 여호와께 경배"(1-3절)합니다. 낮 1/4일은 3시간입니다.

레위인은 기도합니다. 그리고 과거 조상들로부터 시작하여 지금까지 하나님이 그들을 얼마나 사랑하고, 불쌍히 여기며, 공의로움에 비해, 자신들은 얼마나 많은 악을 행했는지 고백합니다. 이 고백에는 이스라엘 백성의 언약 역사가 나열됩니다. 이스라엘 백성은 교만하고 목을 굳게 하고 거역(16-17절)했지만, 하나님은 (4 　 　)하고, 은혜로우며, 긍휼히 여기며, 더디 노하며, 인자가 풍부하다는 것을 강조합니다(17절).

하나님의 율법을 듣고 자신이 얼마나 잘못했는지 고백하는 회개의 모습은 아름답습니다(33절). 그리고 그들은 하나님과 다시 (5 　 　)을 갱신합니다. "우리가 이 모든 일로 말미암아 이제 견고한 (5 　 　)을 세워 기록하고 우리의 방백들과 레위 사람들과 제사장들이 다 인봉하나이다."(38절) 정말 감격적 모습이 아닐 수 없습니다.

생각하기 반나절동안 말씀을 듣고 기도하던 백성의 마음은 어떘을까요?

해답 1. 금식, 2. 절교, 3. 자복, 4. 용서, 5. 언약

느헤미야 10장 · 하나님과 다시 체결한 언약

주요 구절: 10:1

이스라엘 백성은 하나님과 다시 언약을 체결합니다. 그들 스스로 율법의 말씀을 지키겠다고 다짐하고 서명하는데, 그 명단이 1-27절에 나옵니다. "그 (1 　　)한 자는 하가랴의 아들 (2 　　) 느헤미야와 시드기야…" 느헤미야를 포함해 제사장들과 레위인의 이름 외에 (3 　　　　)의 이름이 나옵니다(14절).

언약의 내용(29-39절)은 통혼을 하지 않을 것, 안식일과 희년을 지킬 것, 성전과 레위인, 그리고 제사장에 대한 백성의 공궤(윗사람에게 음식을 드리는 것) 의무와 레위인을 위한 십일조와 제사가 끊어지지 않도록 챙기는 것입니다. 언약은 하나님의 약속에 대한 믿음과 신뢰이며 동시에 하나님의 명령에 대한 순종, 곧 의무를 다하겠다는 것입니다. 오늘날에는 이런 언약 체결식이 매주 예배 가운데 일어납니다.

생각하기 매주 예배 가운데 하나님 앞에서 약속을 새롭게 하나요?

해답 1. 인봉, 2. 총독, 3. 우두머리

느헤미야 11장 · 삶의 터전을 정하다

주요 구절: 11:1

이스라엘의 지도자들은 예루살렘에 거주합니다. 수도에 사는 것이 좋았기 때문일까요? 그렇지 않은 것 같습니다. 예루살렘을 지키고 거주할 백성이 반드시 필요한데, 이스라엘 시민의 수가 너무 적습니다(느 7:4). 아마도 예루살렘에 거주하는 동안 감당해야 할 어떤 책무가 있었던 것이 아닐까 추측해봅니다. 여하간 그래서 예루살렘에 살 주민을 택하는 데 약간의 강제성이 부여된 듯합니다. 먼저 (1 　　) 뽑아 1/10은 예루살렘에, 나머지 9/10는 다른 지역에 살도록 합니다(1절). 예루살렘에 살기로 자원한 사람을 위해 모든 백성이 복을 빌어줍니다(2절).

예루살렘에 거주하는 각 지파 대표의 이름과 제사장, 레위인, 성 문지기의 이름이 나열됩니다(4-24절). 대체로 유다 자손과 베냐민 자손이고 레위 자손도 많습니다. “아삽의 증손 … 그는 기도할 때에 (2)하는 말씀을 인도하는 자가 되었고…”(17절) 이렇게 백성의 지도자들은 주로 예루살렘에 거주합니다. 그리고 이어 다른 지역에 거주하는 사람들의 이름이 나옵니다(25-36절).

생각하기 내가 예루살렘에 머물게 되었다면 어떤 마음이 들었을까요?

해답 1. 제비, 2. 감사

느헤미야 12장 · 감격스러운 성벽 봉헌식

주요 구절: 12:27

11장에는 거주자들의 명단이 열거되고 12장에는 제사장과 레위인의 명단이 나옵니다. 스룹바벨과 함께 바빌론 포로에서 돌아온 제1세대 제사장과 레위인의 이름이 나열됩니다(1-9절). 대제사장의 가문에 대한 것도 있습니다(10-11절). 그리고 (1) 때 제사장과 레위인의 가족 이름도 나옵니다(12-26절).

이제 완성된 예루살렘 성벽 재건을 축하하며 하나님에게 봉헌하는 예식이 진행됩니다. 지방에 머무는 레위인을 예루살렘으로 불러올립니다. 감사와 노래와 악기를 연주하며 즐거이 (2)을 행하려 합니다(27절).

모든 백성은 번제와 속죄제로 자신을 깨끗하게 합니다. 성벽과 성문도 정결하게 합니다. 성 양쪽에 두 무리의 성가대를 구성하고 그 뒤에 지도자들도 행진합니다. 반원을 그리며 행진한 두 그룹은 다른 편에서 만납니다. 오른쪽으로 행진한 그룹에는 학사(學士) (3)가(36, 31-37절), 왼쪽으로 행진한 그룹에는 총독(總督) 느헤미야가 함께합니다(38-39절). 두 무리는 성전에서 만납니다. 그 곳에서 큰 제사를 드리며 잔치를 벌입니다.

“이 날에 무리가 (4) 제사를 드리고 (5) 즐거워하였으니 이는 하나님이 크게 즐거워하게 하셨음이라….”(43절)

이제 성벽이 봉헌되었으니 성전 제사가 제대로 이루어지도록 물질적 봉헌이 따릅니다. 백성은 레위인을 위해 (6)에 정한대로 물질을 제공합니다. 레위인은 받은 것의 1/10을 아론의 자손인 제사장에게 주도록 합니다(44절).

생각하기 성벽에서 행진하며 봉헌할 때 백성의 마음은 어땠을까요?

해답 1. 요야김, 2. 봉헌식, 3. 에스라, 4. 큰, 5. 심히, 6. 율법

느헤미야 13장 · 계속되어야 할 교회 개혁

주요 구절: 13:1

느헤미야는 예루살렘 성벽 재건을 마친 후(봉헌식 후) 페르시아로 돌아간 것같습니다(느 2:6). 그 후 느헤미야는 예루살렘의 암울한 소식을 듣고 다시 (1 ____)(휴가)를 청하여 방문합니다(6절). 몇 년이 지났는지 모르지만, 느헤미야는 다시 예루살렘으로 돌아와 총독으로서의 역할을 했습니다.

제2차 총독 기간에 느헤미야는 영적 개혁을 시도합니다. 그동안 백성은 여러 측면에서 영적 퇴보를 보였습니다. 느헤미야는 먼저, 제사장 (2 ____)이 산발랏의 친구인 암몬 사람 도비야에게 성전 뜰의 방을 내준 것을 꾸짖고 내쫓아 정결하게 합니다(4-9절). 이어서 둘째, (3 ____) 사람을 경제적으로 제대로 대우하지 않은 것입니다. 그 결과 그들이 경제 활동을 하고 성전 제사가 제대로 이루어지지 않았던 것을 지적하며 개혁합니다(10-11절). 셋째, (4 ____)에 경제 활동을 한 것을 지적하고 개혁합니다(15-22절). 넷째, 유다 사람이 아스돗과 암몬과 모압 여인과 통혼한 것을 개혁합니다(23절).

느헤미야의 헌신과 개혁은 놀랍고 어느 정도 열매를 맺습니다. 하지만, 죄와 악행은 또 다시 올라옵니다. 죄 문제는 근본적 처방이 없이는 해결하기 어렵습니다. 구원자 그리스도가 참으로 필요합니다. 우리는 에스라와 느헤미야의 멋진 개혁에 감동하는 것에만 머물지 말고, 늘 개혁이 필요한 인간의 죄와 비참도 볼 수 있어야 합니다.

생각하기 왜 사람과 교회는 계속 개혁되어야 할까요?

해답 1. 말미, 2. 엘리아십, 3. 레위, 4. 안식일

에스더

'에스더'에는 흥미진진한 이야기가 나오는데, 놀랍게도 하나님의 이름이 단 한 번도 등장하지 않습니다. 그러나 하나님은 보이지 않는 섭리로써 페르시아 제국 곳곳에 흩어진 이스라엘 백성(Diaspora)을 보존하고 보호합니다. 에스더는 하나님의 구속역사를 이해하는 데 없어서는 안 될 귀한 성경입니다.

페르시아의 왕후가 되는 에스더의 이름이 이 책의 이름이 되었습니다. 에스더 못지않게 중요하게 나오는 모르드개가 이 책의 저자로 보이지만 사실 정확하지는 않습니다. 여느 성경처럼 저자를 확실히 알기는 어렵습니다. 그러나 에스더가 보여주는 하나님의 역사는 너무나도 분명합니다. 기록 시기는 정확히 알 수 없고 다만 시대 배경은 아하수에로 왕 시기로, 제2차 포로 귀환보다 앞선 시대입니다.

오늘날 유대인들은 여전히 부림절을 지킵니다. 여기서 부림(Purim)은 제비뽑기를 뜻하는 히브리어입니다. 하만이 제비뽑은 것과 연결됩니다. 부림절 동안 유대인들은 에스더서 전체를 큰 소리로 읽습니다.

내용 구분

1-2장	유다인 에스더가 왕비가 되다
3-5장	하만이 유다인을 몰살시키려는 음모를 꾸미다
6-7장	음모가 무산되고 도리어 하만이 처형되다
8-10장	유다인의 구원과 부림절의 역사

에스더 1장 · 왕후 와스디의 폐위

주요 구절: 1:1

에스더서의 배경은 페르시아의 아하수에로(Xerxes, 주전 486-465) 왕 통치 시대입니다. 아하수에로는 (1 ▢▢)로부터 구스까지 127개 지방을 다스리는 위대한 왕입니다(1절). 왕이 된 지 3년째 되던 해에 180일 동안 "그의 영화로운 나라의 (2 ▢▢)과 위엄의 혁혁함"을 나타냅니다(4절). 그 후 왕궁 후원 뜰에서 7일 동안 큰 잔치를 합니다. 왕후 (3 ▢▢▢)도 참석자들의 아내들을 위해 잔치를 베풉니다(9절). "백색, 녹색, 청색 휘장을 자색 가는 베 줄로 대리석 기둥 은고리에 매고 금과 은으로 만든 걸상을 화반석, 백석, 운모석, 흑석을 깐 땅에 진설하고, (4 ▢) 잔으로 마시게 하니, 잔의 모양이 각기 다르고 왕이 (5 ▢▢)하였으므로 어주가 한이 없으며…"(6-7절)

이런 분위기에서 아하수에로 왕이 자신의 아름다운 왕후 (3 ▢▢▢)를 제국에서 초대되어 온 손님들에게 자랑하려 합니다. 그런데 (3 ▢▢▢)가 왕의 명령을 거절합니다(11-12절). 잔치의 분위기는 한순간 바뀌고 맙니다. 왕의 참모(현자)들은 왕후 폐위를 건의합니다. 왕후의 행동(불복종)이 페르시아 내 전례가 된다면 가정의 질서에 심각한 문제가 생길 것이라는 이유입니다. "왕의 조서가 이 광대한 전국에 반포되면 귀천을 막론하고 모든 (6 ▢▢)들이 그들의 남편을 존경하리이다, 하니라."(20절) 결국 (3 ▢▢▢)는 폐위됩니다. 남자들의 모습이 우습습니다.

생각하기 와스디가 폐위되는 데에도 하나님의 손길이 있었을까요?

해답 1. 인도, 2. 부함, 3. 와스디, 4. 금, 5. 풍부, 6. 아내

에스더 2장 · 에스더가 왕후가 되다

주요 구절: 2:17

아하수에로는 새로운 왕후를 구합니다. 바로 이때 모르드개(Mordecai)와 에스더(Esther)가 등장합니다. 모르드개는 수산(Susa) 성에 사는 한 유다인으로 (1 ▢▢▢)

자손입니다(5절). 모르드개는 에스더를 (2)처럼 키웠습니다(7절).

모르드개와 에스더는 제1차 예루살렘 귀환 때 예루살렘으로 돌아가지 않았습니다. 그들은 페르시아의 삶에 푹 빠져있었던 것일까요? 이유는 알 수 없지만 분명한 것은 그들 스스로 유다인이라는 것을 드러내고 싶지 않습니다(10절). "에스더는 모르드개가 (3)한 대로 그 종족과 민족을 말하지 아니하니, 그가 모르드개의 (3)을 (4) 받을 때와 같이 따름이더라."(20절)

에스더는 아하수에로 왕의 사랑과 은총을 받아 마침내 왕후로 뽑힙니다. 에스더서에는 '하나님'이라는 이름이 전혀 나타나지 않습니다. 그렇다고 이상하게 생각할 필요는 없습니다. 하나님이 눈에 보이지 않는 것처럼 말입니다. 보이지 않지만 하나님은 역사합니다. 와스디가 폐위되고 에스더가 왕후가 된 것은 분명히 하나님의 섭리입니다.

비교적 짧게 기록된 또 하나의 퍼즐 조각이 19-23절에 소개됩니다. 모르드개가 성문에 앉아 있는데 왕의 내시들이 아하수에로 왕을 암살하려는 (5)를 듣고 에스더를 통해 왕에게 고발했습니다(21절). 왕실이 조사해 보니 사실임이 밝혀져 두 사람을 나무에 달아 죽입니다. 그런데 모르드개가 왕의 암살 계획을 알린 것은 그냥 왕실 역사 기록 창고에 보관만 되고 잊힙니다. 이 일이 어떻게 될까요?

생각하기 왜 에스더는 신분을 감추고 왕후가 되려 했을까요?

해답 1. 베냐민, 2. 딸, 3. 명령, 4. 양육, 5. 음모

에스더 3장 · 하만의 등장과 유다인 몰살 계획

주요 구절: 3:1

모든 일이 잘될 때 사탄의 활동이 시작됩니다. "그 후에 아하수에로 왕이 (1) 사람 함므다다의 아들 (2)의 지위를 높이 올려 함께 있는 모든 대신 위에 두니."(1절) 이 사람은 누구일까요? (1) 사람인데 (1)은 사울이 아멜렉 족속을 파멸하고 사로잡아 온 왕입니다(삼상 15:9, 20, 32절 이하). (2)은 그 자손 가운데 한 사람으로 보입니다. 원수 관계인 두 민족이 페르시아에서 만난 것입니다.

하만이 높여지고, 왕의 명령으로 모든 신하들이 하만에게 꿇어 절하게 되었는데, 모르드개는 꿇지도 않고 (3 ___)하지도 않습니다(2절). 모르드개는 그 이유를 밝힙니다. "자기는 (4 ___ ___)인임을 알렸더니."(4절)

당시 페르시아에는 알게 모르게 유다인을 싫어하는 무리가 있었던 것 같습니다. 그들은 모르드개의 그 이상한 행동을 고자질했습니다. 그 소식을 들은 하만은 분노하여 페르시아 온 나라에 있는 모르드개의 민족, 곧 유다인을 모두 죽이기로 결심합니다. 제비(부르, Pur)를 뽑아 (5 ___ ___)째 달, 곧 아달월을 정해 그날 죽이려 합니다(13절). 하만은 왕의 허락을 얻어 은 일만 달란트의 자금을 동원해 아달월 13일에 모든 유다인을 죽이도록 전국에 방(조서)을 내립니다.

수산 성이 "어지럽더라"(15절)라는 표현으로 볼 때 페르시아 나라 전체에 상당히 많은 혼란이 생긴 것으로 보입니다. 유다인을 겨냥한 대대적 민족말살 음모가 진행된 것입니다.

생각하기 하만의 조서를 듣고 유다인들은 어떤 마음이 들었을까요?

해답 1. 아각, 2. 하만, 3. 절, 4. 유다, 5. 열두

에스더 4장 · 에스더의 일사각오

주요 구절: 4:1

모르드개는 자기 옷을 찢고 (1 ___ ___) 베 옷을 입고 (2 ___)를 뒤집어쓰고 성문 앞에서 대성통곡하며 금식하고 큰 소리를 지릅니다(1-2절). 큰 슬픔이 있을 때 하는 유다인의 전형적 표현입니다. 수많은 다른 유다인도 이에 동참합니다.

이 사실이 에스더에게 전해집니다. 모르드개는 그제야 에스더에게 신분을 드러내고 악한 하만의 계략을 왕에게 알려 문제를 해결해줄 것을 부탁합니다. "이 때에 네가 만일 (3 ___ ___)하여 말이 없으면 유다인은 다른 데로 말미암아 놓임과 구원을 얻으려니와 너와 네 아버지 집은 멸망하리라. 네가 (4 ___ ___)의 자리를 얻은 것이 이 때를 위함이 아닌지 누가 알겠느냐, 하니."(14절)

머뭇거리며 고심하던 에스더는 드디어 중대한 결심을 합니다. "당신은 가서 수산에 있는 유다인을 다 모으고 나를 위하여 (5)하되 밤낮 삼 일을 먹지도 말고 마시지도 마소서. 나도 나의 시녀와 더불어 이렇게 (5)한 후에 규례를 어기고 왕에게 나아가리니, 죽으면 (6)이다, 하니라."(16절) 일사각오(一死覺悟), 곧 죽음을 각오한 에스더의 결단입니다. 절박한 순간에 외친 에스더의 "죽으면 (6)이다"는 말은 믿음의 고백입니다.

생각하기 나는 에스더와 같은 상황에서 일사각오를 할 수 있을까요?

해답 1. 굵은, 2. 재, 3. 잠잠, 4. 왕후, 5. 금식, 6. 죽으리

에스더 5장 · 왕의 총애를 받은 에스더

주요 구절: 5:14

에스더는 죽을 각오로 규례를 어기고 왕에게 나아갔지만, 오히려 반전이 일어납니다. 왕의 더 큰 사랑과 환대를 받습니다. 왕은 에스더가 먼저 다가온 것을 오히려 좋게 보고 "나라의 (1)이라도 그대에게 주겠노라"(3절)라며 소원을 말하라고 합니다. 에스더는 곧바로 자신의 소원을 말하지 않습니다. 그날 에스더는 왕을 위해 잔치를 열고 (2)을 초대합니다(4절). (2)도 왕이 총애하는 총리이니 잔치에 참석합니다. 에스더는 그 뜻을 밝히지 않고 다음 날 또 잔치를 엽니다.

(2)은 왕에 이어 왕후의 총애를 받게 되었다고 생각하며 즐거운 마음으로 집으로 갑니다. 그런데 여전히 (3)가 절하지 않고 일어나지도 않고 몸을 움직이지도 않는 것을 보고 매우 분노합니다(9절). 그는 아내와 친구들의 의견에 따라 높이가 50규빗(20미터) 이상 되는 나무를 세워 그곳에 (3)를 매달아 죽이기로 결심합니다. 그리고 "자기의 (4) 영광"과 "자녀가 (5)은 것"과 "왕이 자기를 들어 왕의 모든 지방관이나 신하들보다 (6)인 것"과 왕후가 베푼 잔치에 "청함 받은 것"을 자랑합니다(11-12절).

생각하기 내가 에스더였다면 어떤 계획을 짰을까요?

해답 1. 절반, 2. 하만, 3. 모르드개, 4. 큰, 5. 많, 6. 높

에스더 6장 · 그 날 밤에 일어난 일

주요 구절: 6:1

하나님은 역사에 개입하고 섭리합니다. 바로 그 날 밤 신기한 일이 일어납니다. 아하수에로 왕은 평소와 달리 잠이 오지 않습니다. 그는 역대 (1 　 　)(역사기록)를 가져다가 읽습니다(1절). 마침 왕을 죽이고 반란을 일으키려다 모르드개 때문에 발각된 사건을 읽었는데, 확인해 본 결과 그에게 아무런 상도 내리지 않은 것을 알게 됩니다. 그 순간 바깥에는 하만이 모르드개를 죽이려는 계획을 왕에게 허가를 받으려고 와 있었습니다. 참 기가 막힌 순간입니다.

왕이 하만을 불러 왕이 존귀하게 하기를 원하는 사람에게 무엇을 하면 좋겠느냐고 묻습니다. 하만은 자기를 위한 것인 줄 알고 최고의 대우를 할 것을 조언합니다. 그런데 그것은 하만의 치명적 실수입니다. 그 상은 자신이 제일 싫어하는 모르드개에게 돌아갑니다. 하만이 왕복과 말을 가져다가 모르드개에게 옷을 입히고 말을 태워 성 가운데 거리를 지나가게 됩니다(11절). 하만에게는 치욕적 사건입니다. 이 사건을 들은 하만의 아내와 조언자들은 이 일이 하만에게 불리한 징조라는 것을 바로 눈치챕니다. "모르드개가 과연 (2 　 　) 사람의 후손이면 당신이 그 앞에서 (3 　 　)을 당하기 시작하였으니, 능히 그를 이기지 못하고 분명히 그 앞에서 (4 　 　 　)지리이다."(13절) 하만의 몰락은 이미 시작되었습니다.

생각하기 하나님의 섭리는 자기 백성을 결국 어떻게 만듭니까?

해답 1. 일기, 2. 유다, 3. 굴욕, 4. 엎드러

에스더 7장 · 하만의 몰락

주요 구절: 7:10

에스더가 두 번째 잔치를 베풉니다. 왕과 하만이 참여하는데, 여기서 자신이 유다인인 것을 밝히고 하만을 고발했습니다. 왕은 노발대발했습니다. 하만은 에스더가 앉아 있는 걸상 위에 엎드려 살려달라고 애원합니다. 왕이 그 광경을 보고는 경악했습니다. "…저가 궁중 내 (1)에서 왕후를 (2)까지 하고자 하는가…"(8절) 한 신하가 하만이 모르드개를 죽이려고 높은 나무를 준비했다는 말을 하자, 왕은 하만을 그곳에 매달아 죽입니다. 사악한 하만은 결국 비참한 최후를 맞이합니다. 도움은 오직 하나님으로부터만 온다는 것을 보여줍니다. 엄청난 반전의 역사가 아닐 수 없습니다.

생각하기 악인의 결말을 보면서 나는 어떤 확신을 갖게 됩니까?

해답 1. 궁, 2. 강간

에스더 8장 · 유다인의 회복

주요 구절: 8:11

위기가 기회로 반전됩니다. 에스더의 신분과 모르드개와의 관계 문제가 말끔하게 정리됩니다. 왕은 하만의 집을 에스더에게 주고, 하만에게 주었던 (1)를 모르드개에게 줍니다(2절). (1)는 왕권의 상징이고 도장입니다. 이 도장을 찍으면 기록된 명령이 효력을 얻습니다.

에스더는 하만이 벌여 놓은 유다인 몰살법을 막아 줄 것을 간청합니다. 왕은 에스더와 모르드개에게 그와 관련한 모든 권한을 줍니다. "너희는 왕의 (2)로 유다인에게 조서를 뜻대로 쓰고 왕의 (1)로 인을 칠지어다…"(8절)

그 때가 (3)월, 곧 셋째 달 23일(9절)입니다. 하만이 조서를 내린 것이 니산월, 곧 첫째 달 13일이니(에 3:12), 2개월하고도 10일이 지난 때입니다. 인도에서부터 구스까지 (4)개 지방에 새로운 조서를 내립니다(9절). 이 조서는 유다인 스스로 자신의 생명을 보호할 뿐만 아니라 그들을 죽이려고 했던 자들도 죽일 수 있도록 허락합니다.

모르드개는 푸르고 흰 조복을 입고 큰 금관을 씁니다. 자색과 베 겉옷을 입고 왕 앞에서 일합니다. 푸른색과 흰색, 그리고 자색은 왕권의 상징입니다. 전에 입은 베 겉옷은 슬픔의 상징(에 4:3)이지만, 이제는 기쁨을 뜻하는 옷을 입습니다. 수산 성이 즐거이 노래하며 기뻐합니다. 유다인에게는 영광과 즐거움과 기쁨과 존귀함이 있습니다. 잔치를 합니다. (5 　 　) 사람이 유다인을 두려워하여 유다인으로 개종하는 사람이 많습니다(17절).

생각하기 구원의 소식을 들은 유다인들의 마음은 어땠을까요?

해답 1. 반지, 2. 명의, 3. 시완, 4. 127, 5. 본토

에스더 9장 · 대적의 멸망과 부림절

주요 구절: 9:17

마침내 아달월 곧 열두째 달 13일이 되었습니다(에 3:13). 유다인과 그 대적의 한 판 싸움이 일어날 기세지만 승패는 결정이 난 것과 다름이 없습니다. 왜냐하면 모르드개가 존귀하게 있기 때문입니다. 유다인은 칼로 그 모든 대적들을 죽입니다. 수산 성에서만 13일에 500명, 14일에 또 (1 　 　) 명을 죽입니다(15절). 다른 도시에서 죽인 자를 합치면 모두 75,000명입니다. 유다인을 죽이려는 원수의 공격을 방어한 것입니다.

다른 성에는 13일에 전쟁을, 14일에는 잔치를 하지만, 수산 성에는 13-14일에 전쟁을 치르고 15일에 잔치를 베풉니다. 모드르개는 전국에 공문을 내려 14-15일을 부림절로 지키라고 명령합니다. 본래 '제비'는 '부르'(Pur)인데 이틀 동안 지키기에 복수형 '부림'(Purim)이 된 것입니다. 이 후 유다인은 두 날을 지켜 잔치를 베풀고 즐기며 서로 (2 　 　)을 주며 가난한 자를 구제합니다(22절). "이 달 이 날에 유다인들이 (3 　 　)에게서 벗어나서 (4 　 　)함을 얻어 슬픔이 변하여 (5 　)한 날이 되었으니 이 두 날을 지켜 잔치를 베풀고 즐기며…"(22절) 보이지 않지만 하나님의 손길이 언약백성을 지키고 구원합니다.

생각하기 나를 원수로부터 지키시고 구원하시는 하나님을 찬양합시다!

해답 1. 삼백, 2. 예물, 3. 대적, 4. 평안, 5. 길

에스더 10장 · 모르드개가 더욱 존귀해지다

주요 구절: 10:3

아하수에로의 왕권은 더 커지고(1절) 모르드개는 더욱 (1 　　)를 받습니다. 이것은 꾸며낸 이야기가 아닙니다. "왕의 (2 　　) 있는 모든 행적과 모르드개를 높여 (1 　　)하게 한 사적이 메대와 바사 왕들의 일기에 기록되지 아니하였느냐?"(2절) 모르드개는 페르시아의 존귀한 자로서 자기 백성의 (3 　　)을 도모할 뿐만 아니라, 그의 모든 종족을 (4 　　)합니다(3절).

에스더서를 통해 우리가 배울 수 있는 것은 교회를 향하신 하나님의 보호와 섭리입니다. 사탄은 언제나 하나님의 백성을 넘어뜨리려고 공격합니다. 그러나 하나님은 택한 백성을 절대로 버리지 않고 보호합니다.

생각하기 보이지 않는 하나님의 보호의 손길을 경험하고 있습니까?

해답 1. 존귀, 2. 능력, 3. 이익, 4. 안위

시가서

easy 성경 통독

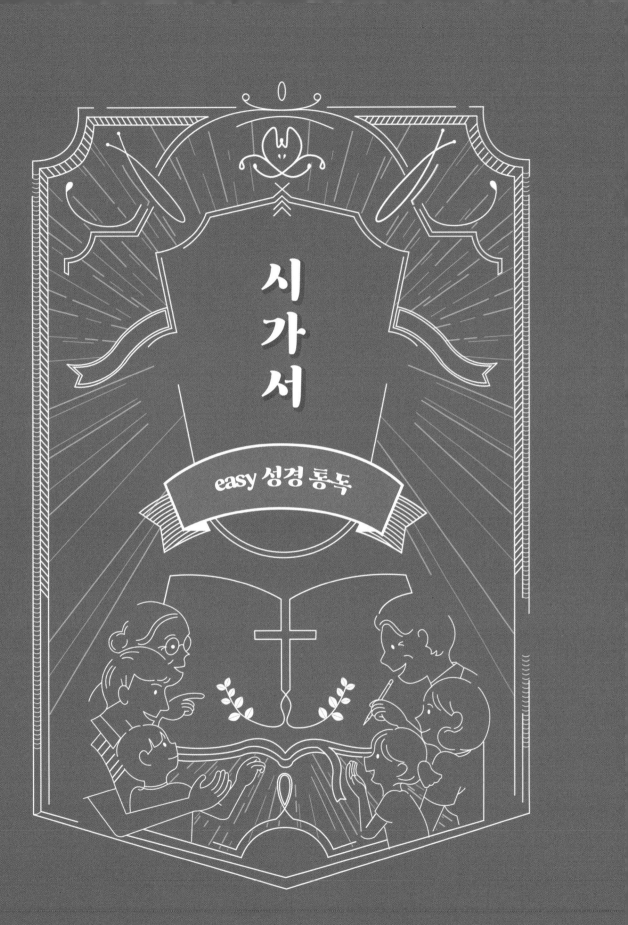

역사서

욥기

시편

잠언

전도서

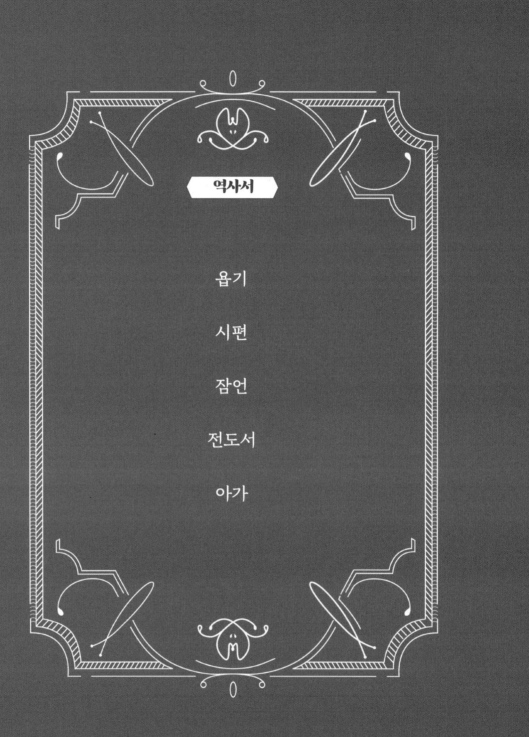

아가

욥기

욥기(Job+記)는 까닭 없이 고통 받는 성도와 그 인내에 관한 내용입니다. 주요 인물은 욥이지만 그렇다고 욥기의 저자가 욥은 아닙니다. 사실 욥기에 대한 정보는 많이 부족합니다. 다만 욥이 살던 시대는 아브라함, 이삭, 야곱의 시대와 비슷해 보입니다(욥 1:3, 5; 42:11, 16). 또 바벨론 포로 후기 시대 용어인 '사탄'이 등장하는 것으로 보아 욥기가 기록된 시기는 상당히 후대 시기에 기록된 것 같습니다. 모두 산문처럼 번역한 한글 성경과 달리, 본래 욥기는 대부분이 운문 형식입니다. 사건의 시작과 결말이 나오는 1-2장과 42장만 이야기체로 되어 있고 나머지 3-41장은 모두 운문입니다.

욥기는 인간의 고통이 초점인 것처럼 보입니다. 맞습니다. '하나님의 백성도 고난받는가?'라는 주제를 심도 있게 다룹니다. 게다가 고통 가운데 있는 욥의 인내도 그려내고 있습니다. 다른 성경도 욥의 인내를 칭송합니다(겔 14:14, 20, 약 5:11). 그러나 단지 인간의 고통만 다루지는 않습니다. 하나님 또한 욥기에서 강조됩니다. 하나님은 인간이 도무지 이해할 수 없는 놀라운 지혜와 능력으로 온 세상을 창조하시며 다스리십니다. 그 가운데 악의 번성을 막으시며 자기 백성을 보호하시는 분으로 소개됩니다. 욥기는 이런 하나님을 높이고 의지하는 것이 성도의 지혜임을 강조하는 책입니다. (*욥기 해석은 고려신학대학원 김성진 교수의 견해를 참고하였습니다.)

내용 구분

1-3장	고난받는 욥
4-27장	친구들과의 대화
28장	지혜의 노래
29-31장	욥의 마지막 말과 엘리후의 등장
38-41장	욥에게 나타나신 하나님
42장	회복된 욥

욥기 1장 · 경건한 욥과 참소하는 사탄

주요 구절: 1:12

우스 땅에 욥이 살고 있었습니다. 그는 "온전하고 (1 　　)하여 하나님을 경외하며 (2 　)에서 떠난 자"(1절)입니다. 이는 부족함이 전혀 없다는 말이기보다 하나님이 정직하게 보신다는 뜻입니다. 욥은 자녀의 복도 받았습니다. 아들이 일곱, 딸이 셋입니다. 수많은 양과 낙타와 소와 암나귀, 그리고 종들도 많습니다. 욥은 엄청난 부자입니다. 욥은 자신뿐만 아니라 자녀들을 위하여 염려하며 성결케 합니다.

한편 하늘에서 하나님이 사탄에게 욥을 자랑합니다. "네가 내 종 욥을 주의하여 보았느냐? 그와 같이 온전하고 (1 　　)하여 하나님을 경외하며 (2 　)에서 떠난 자는 세상에 없느니라."(8절) 그러자 '거짓의 아버지'인 사탄이 욥을 참소(讒訴)합니다. 만약 그의 모든 (3 　　　)을 빼앗는다(11절)면 하나님을 욕할 것이라고 사탄은 장담합니다(9-11절). 놀랍게도 하나님이 사탄의 요청을 허락합니다. 바로 이 지점에서 신자가 겪는 고통의 한 면을 발견할 수 있습니다.

욥이 겪는 고통이 참혹합니다. 한 순간 자녀들이 다 죽고 가지고 있던 소유물을 다 잃어버립니다. 어떻게 이런 일이 있을 수 있단 말입니까! 그런데 욥의 반응을 봅시다. "욥이 일어나 겉옷을 찢고 머리털을 밀고 땅에 엎드려 (4 　　)하며 이르되, 내가 모태에서 알몸으로 나왔은즉 또한 알몸이 그리로 돌아가올지라. 주신 이도 (5 　　　)시요, 거두신 이도 (5 　　　)시오니 (5 　　　)의 이름이 찬송을 받으실지니이다."(20-21절) 욥은 하나님을 향하여 원망하지 않습니다. 하나님이 옳다는 것이 증명됩니다. 사탄이 틀렸습니다.

생각하기 고통 중에 있습니까? 나라면 욥처럼 고백할 수 있을까요?

해답 1. 정직, 2. 악, 3. 소유물, 4. 예배, 5. 여호와

욥기 2장 · 욥의 고통과 친구들의 방문

주요 구절: 2:9

사탄은 포기하지 않고, “그의 (1)와 살”을 치면(5절) 틀림없이 하나님을 욕할 것이라고 재도전합니다. 하나님은 사탄에게 욥의 생명을 해하지 않는 조건으로 허락합니다. 하나님의 허락이 참 놀랍습니다. 하나님의 허락 후 욥의 발바닥부터 머리끝까지 종기가 납니다. 너무나 가려워 재 가운데 앉아서 질그릇 조각을 가져다가 몸을 긁습니다. 정말 비참한 처지입니다.

곁에 있던 그의 아내가 욥을 모욕합니다. 하나님을 욕하고 죽으라고 저주를 퍼붓습니다. 그러나 욥은 이렇게 말합니다. “우리가 하나님께 (2)을 받았은즉 (3)도 받지 아니하겠느냐, 하고 이 모든 일에 욥이 입술로 (4)하지 아니하니라.”(10절) 사탄은 또 실패합니다. 하나님의 판단이 옳습니다.

이어서 욥의 친구들이 등장합니다. 데만 사람 엘리바스, 수아 사람 빌닷, 나아마 사람 소발입니다(11절). 욥의 소식을 듣고 위로하기 위해 방문합니다. 그들은 욥의 (5)이 심한 것을 보고(13절) 7일 동안 아무런 말도 하지 못하고 그냥 옆에 있습니다.

생각하기 사탄의 집요함이 어떻게 느껴집니까?

해답 1. 뼈, 2. 복, 3. 화, 4. 범죄, 5. 고통

욥기 3장 · 욥의 탄식

주요 구절: 3:1

그 후 욥은 고통 속에서 “자기의 (1)을 저주”합니다(1절). 욥의 고난이 얼마나 심했으면 이런 탄식이 나올까요? 욥의 삶은 고통 그 자체입니다. 3-26절은 시(詩)인데, 욥의 고통이 얼마나 큰지를 보여줍니다. 욥은 생명의 허무함과 무가치함, 무용성을 탄식합니다. “어찌하여 고난당하는 자에게 (2)을 주셨으며 마음이 아픈 자에게 (3)을 주셨는고.”(20절) 빛과 생명이 살아 있는 자에게 얼마나 귀합니까? 그러나

욥에게는 그런 것들이 사치일 뿐입니다.

욥이 이렇게 자신의 생일을 저주한 것은 사탄의 뜻대로 된 것일까요? 욥이 견디지 못하고 마침내 하나님을 원망한 것일까요? 아닙니다. 하나님을 원망한 것이 아니고 답답하고 참담한 현실을 하나님께 그대로 표현할 뿐입니다. 까닭 없는 고통을 웃으며 담담하게 견딜 수 있는 인간은 없습니다. 로봇이나 그럴 수 있을까요? 욥도 고통을 느끼는 우리와 같은 보통 사람입니다.

성경에는 까닭 없이 고통 받은 수많은 사람이 나옵니다. 아벨, 이집트 치하의 이스라엘, 예레미야를 비롯해 박해 받은 선지자들 등. 지금도 고통 속에 있는 하나님의 백성이 많습니다. 모두 죄 값일까요? 아닐 것입니다. 하나님의 말씀대로 바르게 살려고 할 때 생기는 핍박과 고통이 있습니다. 또 까닭 없는 고통이 있습니다. 욥이 그런 고통을 보여줍니다.

생각하기 탄식하는 욥이 어떻게 보입니까? 동질감을 느낍니까?

해답 1. 생일, 2. 빛, 3. 생명

욥기 4장 · 엘리바스의 첫 번째 말(1)

주요 구절: 4:16

친구들 중 엘리바스가 먼저 일어나 욥에게 친구로서 권면(욥 4-5장)합니다. 이름이 언급되는 순이나, 말하는 순서를 볼 때 그가 연장자이거나 또는 친구들 중 가장 유력한 자이지 않을까 생각이 듭니다. 엘리바스는 욥의 고통이 까닭 없이 생긴 것이 아니라고 주장합니다. 욥이 죄를 지었기 때문에 고통 받는 것이라 합니다. "생각하여 보라! (1) 없이 망한 자가 누구인가? 정직한 자의 끊어짐이 어디 있는가? 내가 보건대 악을 밭 갈고 독을 뿌리는 자는 (2) 거두나니, 다 하나님의 입 기운데 멸망하고 그의 콧김에 사라지느니라."(7-9절) 그의 말은 인과응보(因果應報) 사상입니다.

엘리바스는 자신이 어떤 (3)에게 계시를 받았다고도 주장합니다. "어떤 (4) 이 내게 가만히 이르고 … (3)이 내 앞으로 지나매 … 한 목소리를 들으니."(12-16

절) 그런데 이 (3) 은 좀 이상합니다. 너무나 두렵고 떨려 털이 주뼛했다고 합니다. 이것은 사탄의 (3) 일 수 있습니다. 왜냐하면 하나님이 사람을 믿지 않는다고 하는데(19절), 하나님은 욥을 의롭다고 인정하기 때문입니다. 그 (3) 은 하나님과 욥 사이를 갈라놓습니다. 엘리바스는 오히려 욥을 더 괴롭게 합니다. 불쌍한 욥!

생각하기 내가 엘리바스의 말을 듣고 있는 욥이라면 어떨까요?

해답 1. 죄, 2. 그대로, 3. 영, 4. 말씀

욥기 5장 · 엘리바스의 첫 번째 말(2)

주요 구절: 5:17

엘리바스는 욥에게 하나님을 찾으라고 권합니다(1, 8절). 하나님의 (1) 를 달게 받으라(17절)고 훈수를 둡니다. "볼지어다. 하나님께 (1) 를 받는 자에게는 복이 있나니, 그런즉 너는 전능자의 (1) 를 (2) 여기지 말지니라." 구구절절 옳은 말만 늘어놓습니다. 하나님께 (1) 를 받으면 속히 하나님께 돌이켜 회개해야 합니다. 그러나 엘리바스의 권면은 욥의 경우에 전혀 맞지 않습니다.

욥의 상황이 난처합니다. 돕기 위해 권면하는 엘리바스의 진심어린(?) 말을 무시할 수 없습니다. 더구나 하나님의 이름으로 권면하니 거부하기 쉽지 않습니다. "볼지어다. 우리가 (3) 한 바가 이와 같으니, 너는 들어 보라. 그러면 네가 알리라."(27절) 자세히 (3) 했다고 하니 더 그렇습니다. 하지만 욥은 너무나 억울합니다. 욥은 결코 범죄하지 않은, 하나님께 의롭다 인정받은 자이기 때문입니다.

생각하기 혹 엘리바스처럼 못 말리게 권면하는 친구가 있습니까?

해답 1. 징계, 2. 업신, 3. 연구

욥기 6장 · 엘리바스에 대한 욥의 대답(1)

주요 구절: 6:24

듣고 있던 욥이 대답합니다. 욥은 친구들에게서 위로의 말을 기대했지만, 위로를 가장한 가시 돋친 말을 듣습니다. 욥은 친구들에게 겪고 있는 고통이 얼마나 심한지 토로합니다. 고통이 바다의 모래보다도 더 무겁다고 합니다. 또 욥은 "나의 말이 (1 　　)하였구나"(3절)라고 후회합니다. 욥이 자신의 생일을 저주했던 것(욥 3:1)을 기억한 것 같습니다.

욥은 마치 하나님이 자기를 치는 것 같다고 말합니다. "전능자의 (2 　　)이 내게 박히매 나의 (3 　)이 그 (4 　)을 마셨나니 하나님의 두려움이 나를 엄습하여 치는구나."(4절) 육체적 고통도 크지만 더 큰 고통은 하나님으로부터 오는 "두려움"입니다.

욥의 고뇌는 계속됩니다. "그러할지라도 내가 오히려 위로를 받고 그칠 줄 모르는 고통 가운데서도 기뻐하는 것은 내가 거룩하신 이의 (5 　　)을 거역하지 아니하였음이라."(10절, 참고 24절) 욥은 인과응보식으로 자기 죄 때문에 고난받는 것은 아니라고 확신합니다. 이 말은 욥의 교만이 아니라, 적어도 이렇게 고난을 받을 정도로 죄 짓지 않았다는 말입니다.

생각하기 자기는 떳떳하다는 욥의 말에 어떤 마음이 듭니까?

해답 1. 경솔, 2. 화살, 3. 영, 4. 독, 5. 말씀

욥기 7장 · 엘리바스에 대한 욥의 대답(2)

주요 구절: 7:15

욥의 말이 이어집니다. 그가 얼마나 고통스럽고, 그 고통이 얼마나 지속되는지를 알 수 있습니다. 욥은 벌써 "여러 (1 　)째"(3절) 고통 받고 있습니다. "내가 누울 때면 말하기를 언제나 일어날까, 언제나 밤이 갈까 하며 새벽까지 이리 뒤척, 저리 뒤척 하는구나. 내 살에는 (2 　　　)와 흙덩이가 (3 　　)처럼 입혀졌고 내 피부는 굳어졌다

가 터지는구나. 나의 날은 베틀의 북보다 빠르니 희망 없이 보내는구나."(4-6절) "이러므로 내 마음이 (4   )를 깎는 고통을 겪느니, 차라리 숨이 막히는 것과 (5   )는 것을 택하리이다. 내가 생명을 싫어하고 영원히 살기를 원하지 아니하오니, 나를 놓으소서. 내 날은 헛 것이니이다."(15-16절)

욥의 상황이 너무나도 안타깝습니다. 욥의 한탄을 들은 친구들은 이제 어떻게 반응할까요? 욥의 기대처럼 위로하고, 묵묵히 곁에 있어줄까요?

생각하기 내가 욥의 친구라면 어떻게 할 것 같습니까?

해답 1. 흙, 2. 구더기, 3. 의복, 4. 뼈, 5. 죽

욥기 8장 · 빌닷의 첫 번째 말

주요 구절: 8:7

또 다른 친구 빌닷이 등장합니다. 빌닷의 어투를 보면 엘리바스와 달리 좀 흥분한 것 같습니다. "네가 어느 때까지 이런 말을 하겠으며, 어느 때까지 네 입의 말이 거센 바람과 같겠는가?"(2절) 빌닷은 정의롭고 공의로우신 하나님을 근거로 욥을 공격합니다(3절). 자녀들이 죽은 것과 고난은 욥의 죄 때문이라고 결론을 내립니다. 빌닷은 욥에게 비수를 들이대고 있습니다.

그러니 어서 회개하라고 합니다. 그러면 하나님이 돌보실 것이라고 합니다. "또 청결하고 (1   )하면 반드시 너를 돌보시고 네 의로운 처소를 평안하게 하실 것이라."(6절) 그러면서 욥에게 "네 시작은 (2   )하였으나 네 나중은 심히 (3   )하리라"(7절)고 합니다. 지금은 죄로 인해 고통 속에 있지만, 회개하면 회복되어 다시 번창하게 될 것이라는 '명언'(?)입니다. 사람들이 이 구절에 감동(?)해 주위 곳곳에 붙여 놓곤 합니다. 그렇지만 빌닷의 이 말은 욥에게 적절하지 않은 '망언'에 불과합니다.

빌닷은 역사와 전통에 호소합니다. "청하건대 너는 (4   ) 시대 사람에게 물으며 조상들이 터득한 일을 배울지어다."(8절) 역사를 아는 것은 중요합니다. 지혜로운 자는 역사에서 많이 배웁니다. 그러나 아무리 지혜로워도 하나님의 모든 것을 이해할 수는 없

습니다. 빌닷의 말은 일리가 있고 지혜로우나 적어도 욥에게는 해당하지 않습니다. 그러니 사람의 고통과 고난에 대해 쉬 이러쿵저러쿵하는 것은 조심해야 합니다.

생각하기 빌닷의 '망언'에 대해 어떻게 생각합니까?

해답 1. 정직, 2. 미약, 3. 창대, 4. 옛

욥기 9장 · 빌닷에 대한 욥의 대답(1)

주요 구절: 9:33

빌닷의 말에 욥이 대답합니다. 욥은 하나님의 전지전능하심을 우주만물의 창조를 말합니다. 그러나 이것은 찬양이 아니라, 고통 속에서 나오는 원망 섞인 탄식입니다. "(1 　 　)할 수 없는 큰 일을, 셀 수 없는 기이한 일을 행하시느니라."(10절) 하나님의 주권적 다스림이 "(2 　 　)한 자나 (3 　)한 자나 멸망시키신다"(22절)고 합니다. 욥 자신은 (2 　 　)한데 왜 "경주자"(달리기 선수, 25절)나 "빠른 배", "독수리"처럼 빨리 무너지고 있는지 모르겠다고 한탄합니다. 하나님이 정의로우시다면 (3 　)한 자만 멸하지, 왜 나 같은 사람을 이렇게 혹독하게 괴롭히는지 묻는 것입니다. 그러는 중에도 욥은 하나님을 바라봅니다. 대신 하나님께 직접 말하기 어려우니 중재자가 있어 다시 하나님과의 관계가 회복되길 소망합니다(32-33절)

인간 입장에서는 하나님의 섭리를 다 이해할 수 없습니다. 하나님은 일하지 않고 악인을 내버려두는 것 같습니다. 의인이 까닭 없이 고통당하는 것 같습니다. 그러나 이런 상황에서도 소망은 하나님께만 있음을 기억해야 합니다.

생각하기 어떻게 하면 고난 중에도 하나님을 의지할 수 있을까요?

해답 1. 측량, 2. 온전, 3. 악

욥기 10장 · 빌닷에 대한 욥의 대답(2)

주요 구절: 10:2

욥이 꼭 하나님께 투정하듯 말합니다. "내 영혼이 살기에 (1 　 　)하니 내 (2 　 　)을 토로하고 내 (3 　 　)이 괴로운 대로 말하리라."(1절) 욥은 하나님께 자기 (3 　 　)을 직접적으로 말합니다. "무슨 (4 　 　)으로 나와 더불어 변론하시는지 내게 알게 하옵소서."(2절)

욥은 하나님의 놀라운 창조를 말하며 하나님께 보호받는 은혜를 입었다고 말합니다(8-12절). 그런데 지금은 오히려 죄를 들추어 심판하기 위해 창조된 것 같다고 하소연합니다(13-14절). 욥이 고통 받을 만한 흉악한 죄를 지었다면 이해하겠지만, 그렇지 않으니 답답할 노릇입니다. 차라리 태어나지 않는 게 낫다고 말할 정도입니다(18절).

인간은 이유와 까닭을 알고 싶어 합니다. 하지만, 피조물인 인간은 전능한 하나님이 하는 그 모든 섭리를 알 수 없습니다. 불가능합니다. "감추어진 일은 우리 하나님 여호와께 속하였"(신 29:29)습니다. 세상일들 가운데 이유를 알기 어려운 것들이 너무나 많습니다. 부족함을 인정하고 하나님께 뜻을 구하는 것이 지혜입니다.

생각하기 어떻게 하면 고난 중에도 하나님을 의지할 수 있을까요?

해답 1. 곤비, 2. 불평, 3. 마음, 4. 까닭

욥기 11장 · 소발의 첫 번째 말

주요 구절: 11:14

욥의 말이 끝나자 친구 소발이 반론을 제기합니다. 세 번씩 등장하는 다른 친구에 비해 소발은 두 번 등장합니다. 내용도 비교적 짧습니다. 소발은 "네 (1 　)에 의하면 내 도는 정결하고 나는 주께서 보시기에 (2 　 　)하다 하는구나"(4절)라고 핀잔을 줍니다. 혹시 욥이 자신의 죄를 기억하지 못했을 수도 있지만, "하나님은 (3 　 　)한 사람을 아시나니 악한 일은 상관하지 않으시는 듯하나, 다 보시느니라"(11절)라고 고발합

니다. 욥은 자신의 고난이 죄 때문이 아니라고 반복해 강변하지만, 소발은 욥을 거세게 몰아 부칩니다. 그는 죄 때문에 욥에게 고난이 왔다고 확신합니다.

소발은 스스로 하나님의 입장에 서서 욥을 판단합니다. 사실 자기도 유한한 인간에 불과한데 말입니다. 소발은 하나님의 뜻을 정확히 알 수 없으면서도 마치 모든 것을 통달한 것처럼 욥을 향해 큰소리칩니다. 이처럼 인간은 자기 약함은 보지 못하면서 다른 사람의 허물은 크게 보며 훈수를 둡니다.

생각하기 혹 스스로 교만해 훈수 두다가 낭패 본 적이 있습니까?

해답 1. 말, 2. 깨끗, 3. 희망

욥기 12장 · 소발에 대한 욥의 대답(1)

주요 구절: 12:6

비교적 짧은 소발의 정죄에 욥은 길게 대답합니다. "너희만 참으로 백성이로구나. 너희가 죽으면 (1 　　)도 죽겠구나!"(2절) 욥은 여전히 자신을 "의롭고 온전한 자"(4절)라고 강변합니다. 물론 이 말은 욥이 무죄하다는 뜻이 아니라, '하나님이 자신을 의롭게 여겨주신다'는 뜻입니다.

욥은 세상의 뒤틀려진 현실을 제시합니다. "강도의 장막은 (2 　　)하고 하나님을 진노하게 하는 자는 (3 　　)하니 하나님이 그의 손에 후히 주심이니라."(6절) 친구들이 지극히 기계적이고 일반적인 답만 찾아 가르치려는 것에 대해 욥은 매우 불편합니다. 너희들이 말하는 것대로라면 왜 저 강도와 하나님을 진노케 하는 자가 잘 지내는지 반문하고 있습니다. 욥은 계속해서 친구들의 말에 반대되는 증거를 말합니다. 하나님이 자연 세계를 어지럽히는 것 같고(14-15절), 지혜로운 자들을 어리석게 만들며(17-21절), 지도자들을 어리석게 만들어 혼란을 가중한다고 말합니다(24-25절). 욥의 말처럼 세상이 제대로 작동하지 않고, 돌보아야 할 하나님은 딴청을 피우는 것 같습니다. 이럴 때 어떻게 해야 할까요, 하나님?

생각하기 너무나도 억울하고 황당한 일을 겪은 적이 있습니까?

해답 1. 지혜, 2. 형통, 3. 평안

욥기 13장 · 소발에 대한 욥의 대답(2)

주요 구절: 13:15

욥은 자기 친구가 조언하는 것이 거짓말에 불과하며 자신을 고칠 수 없다고 말합니다. "너희는 (1   )말을 지어내는 자요, 다 쓸모없는 의원이니라."(4절) 욥은 친구들에게 제발 더 이상 말하지 말라고 간청합니다. "너희는 (2   )하고 나를 버려두어 말하게 하라. 무슨 일이 닥치든지 내가 당하리라."(13절) 욥의 각오는 굳건합니다. "그가 나를 죽이시리니, 내가 희망이 없노라. 그러나 그의 앞에서 내 (3   )를 아뢰리라."(15절) 이 말은 '그가 나를 죽이실지라도 나는 그를 의뢰할 것이라'는 뜻입니다. 욥은 고난 가운데서도 자신을 의롭다 하신 하나님을 신뢰하고 이렇게 확신합니다. "보라! 내가 내 (4   )을 진술하였거니와 내가 정의롭다 함을 얻을 줄 아노라."(18절)

욥은 친구들에게서 아무런 희망을 발견하지 못하고 하나님에게 기도합니다(욥 13:20-14:22). 자신이 당하는 고통을 중단해주기를 간절히 바랍니다(21-22절). 동시에 자신이 죄인이라는 것도 인정합니다. 그러나 고통의 원인이 되는 죄가 무엇인지 몰라 가르쳐 달라고 기도합니다. "나의 죄악이 얼마나 많으니이까! 나의 (5   )과 죄를 내게 알게 하옵소서."(23절) 자신의 비참한 상황을 묘사하는 것을 보십시오. "나는 썩은 물건의 낡아짐 같으며 좀 먹은 (6   ) 같으니이다."(28절) 욥은 하나님만 끝까지 바라며 고난의 이유를 알려주길 간구합니다.

생각하기 한탄하면서도 계속 하나님만 바라는 욥이 어떻게 느껴집니까?

해답 1. 거짓, 2. 잠잠, 3. 행위, 4. 사정, 5. 허물, 6. 의복

욥기 14장 · 소발에 대한 욥의 대답(3)

주요 구절: 14:15

욥은 사람의 삶이 얼마나 허무하고 보잘 것 없는지를 금방 시들어 버리는 (1 □)과 지나가버리는 (2 □□□)(2절)에 비유합니다. 나무는 늙어도 다시 움이 돋아나 생존하지만, 사람은 넘어지면 사라져버린다고 푸념합니다(7-12절).

그러나 욥은 포기하지 않습니다. "나는 나의 모든 (3 □□)의 날 동안을 참으면서 풀려나기를 기다리겠나이다. 주께서는 나를 (4 □□)시겠고 나는 대답하겠나이다. 주께서는 주의 손으로 지으신 것을 기다리시겠나이다."(14-15절) 이 구절은 꼭 부활 신앙을 비치는 것 같습니다. 신자도 살아가면서 극심한 고통을 겪습니다. 그러나 신자는 고통 속에서도 부활을 기대하며 끝까지 하나님만 바랍니다.

생각하기 부활 신앙으로 고통을 이긴 경험이 있습니까?

해답 1. 꽃, 2. 그림자, 3. 고난, 4. 부르

욥기 15장 · 엘리바스의 두 번째 말

주요 구절: 15:25

14장까지 세 친구가 욥에게 한 마디씩 던졌습니다. 친구들은 '이유 없는(까닭 없는) 고난은 없다'고 단정 짓습니다. 이것은 하나님의 공의로운 통치에 기초한 생각입니다. 그러나 욥은 자신이 이런 고난받을 만한 잘못을 하지 않았다고 확신합니다. 욥기를 처음부터 읽은 독자라면, 욥을 의롭다 하신 하나님이 고통을 허락한 것을 알고 있습니다. 그러나 욥과 친구들은 이 사실을 알지 못합니다. 그러는 중에 두 번째 대화가 시작됩니다. 친구들은 욥을 더 세차게 몰아 부칩니다.

엘리바스는 두 번째 논쟁을 시작하면서 노골적으로 욥의 죄를 지적하며 저주합니다. "네 (1 □□)이 네 입을 가르치나니, 네가 간사한 자의 (2 □)를 좋아하는구나. 너를 정죄한 것은 내가 아니요, 네 입이라. 네 (3 □□)이 네게 불리하게 증언하느니

라."(5-6절) 엘리바스는 모든 인간은 죄인이고 그 죄 때문에 고통당하고 멸망한다고 주장합니다. 죄의 핵심은 교만입니다. "그의 손을 들어 하나님을 (4 　 　)하며 (5 　 　)하여 전능자에게 힘을 과시하였음이니라."(25절) 엘리바스는 욥이 당한 고통을 비유적으로 표현하는데, 결론은 죄 때문에 자녀도 재산도 모두 잃었다는 것입니다. 엘리바스의 이런 말을 들은 욥은 무척이나 답답하고 슬펐을 것입니다.

생각하기 엘리바스처럼 성급하게 권면한 적이 있습니까?

해답 1. 죄악, 2. 혀, 3. 입술, 4. 대적, 5. 교만

욥기 16장 · 엘리바스의 두 번째 말에 대한 욥의 대답(1)

주요 구절: 16:21

엘리바스의 저주 섞인 말을 들은 욥이 답답하여 탄식합니다. "이런 말은 내가 많이 들었나니, 너희는 다 (1 　 　)을 주는 위로자들이로구나."(2절) 욥은 친구들의 말이 (1 　 　)처럼 느껴집니다. 그들은 위로를 한다고 하나 욥에게는 (1 　 　)이었습니다. "내 얼굴은 울음으로 붉었고 내 눈꺼풀에는 (2 　 　)의 그늘이 있구나."(16절) 욥은 계속해서 이런 고통을 받을 만한 죄를 짓지 않았음을 한탄합니다. "그러나 내 손에는 (3 　 　)이 없고 나의 기도는 (4 　 　)하니라."(17절) 욥은 자신을 보증해줄 증인을 찾습니다. 이 문제를 해결해줄 "중보자"가 (5 　 　) 데 계심을 믿습니다(19절). 까닭 없는 고난에 대해 시비를 가려 줄 것을 요청합니다. "사람과 (6 　 　 　) 사이에와 인자와 그 이웃 사이에 중재하기를 원하노니."(21절) "이웃"은 욥의 친구들을 말합니다. 여기서 중보자는 꼭 예수님을 가리키는 것 같습니다. 이점에서 신약 시대 신자가 욥보다 낫습니다. 중보자 예수님을 욥보다 더 잘 알고 있기 때문입니다(요일 2:1).

생각하기 위로라고 하는데 듣다 보니 재난인 적이 있습니까?

해답 1. 재난, 2. 죽음, 3. 포학, 4. 정결, 5. 높은, 6. 하나님

욥기 17장 · 엘리바스의 두 번째 말에 대한 욥의 대답(2)

주요 구절: 17:1

욥은 더 이상 살 소망이 없을 정도로 기운이 없어 보입니다. “나의 (1)이 쇠하였으며, 나의 (2)이 다하였고 (3)이 나를 위하여 준비되었구나.”(1절) 친구들의 말은 위로가 아니라 재난이고 조롱입니다. 답답한 욥은 하나님에게 “(4)”을 구합니다. “청하건대 나에게 (4)을 주소서. 나의 손을 잡아 줄 자가 누구리이까?”(3절) 하나님이 욥의 결백을 보증해주길 구한 것입니다. 하나님만이 욥의 결백을 알고 있으니 욥의 기도는 정확합니다. 그러나 아직까지 직접 답을 듣지 못할 뿐입니다. 신약 시대 신자는 욥이 받지 못한 (4)을 받았습니다. 예수 그리스도 안에서 (4)(보증금)로 받은 성령님입니다(고후 5:5). 성령님은 신자와 함께함으로 믿음을 주고 하나님 나라 백성임을 보증해줍니다.

생각하기 함께하는 성령님 덕분에 두려움을 이긴 적이 있습니까?

해답 1. 기운, 2. 날, 3. 무덤, 4. 담보물

욥기 18장 · 빌닷의 두 번째 말

주요 구절: 18:1

엘리바스에 이어 빌닷이 나섭니다. “어찌하여 우리를 (1)으로 여기며 부정하게 보느냐?”(3절) “재난을 주는 위로자들”이라는 욥의 말이 아프게 느껴진 듯합니다. 계속해서 빌닷은 하나님이 악인을 어떻게 벌하고 맞이하는 최후가 얼마나 비참한지를 아주 적나라하게 표현합니다. “그는 광명으로부터 (2)으로 쫓겨 들어가며 (3)에서 쫓겨날 것이며 그는 그의 백성 가운데 후손도 없고 (4)도 없을 것이며, 그가 거하던 곳에는 남은 자가 한 사람도 없을 것이라.”(18-19절) “참으로 불의한 자의 (5)이 이러하고 하나님을 알지 못하는 자의 처소도 이러하니라.”(21절) 악인의 (5)이 망하듯 욥의 (5)이 망하게 된 것 역시 죄 때문이라 강조합니다. 빌닷의

어조는 보다 공격적입니다. '하나님의 공의'를 빗대어 아주 자신만만하게 자신의 옳음을 주장합니다. 이제 친구들은 욥을 정죄하기에 혈안이 됩니다. 자기들의 의를 변론하는 데 온 힘을 쏟습니다.

생각하기 빌닷의 주장이 어떻게 들립니까? 그 주장에 욥은 해당합니까?

해답 1. 짐승, 2. 흑암, 3. 세상, 4. 후예, 5. 집

욥기 19장 · 빌닷의 두 번째 말에 대한 욥의 대답

주요 구절: 19:25

욥은 친구들의 위로를 "학대"(3절)라고 표현합니다. 악인이 겪을 만한 그 모든 일이 자신에게 일어나는 것 같다고 솔직하게 말합니다. "내가 (1) 을 당한다고 부르짖으나 응답이 없고 (2) 을 간구하였으나 정의가 없구나."(7절) "사면으로 나를 헐으시니 나는 죽었구나. 내 희망을 나무 뽑듯 뽑으시고 나를 향하여 (3) 하시고 원수 같이 보시는구나."(10-11절) 재산과 자녀를 잃어버리고 아내와 친구까지 멀어진, 몸마저 아픈 욥은 너무나도 슬픕니다. 게다가 하나님이 응답치 않는 것 같습니다.

그러나 욥은 계속해서 하나님만 붙잡습니다. 그분만이 유일한 희망입니다. "내가 알기에는 나의 (4) 가 살아 계시니, 마침내 그가 땅 위에 서실 것이라. 내 가죽이 벗김을 당한 뒤에도 내가 (5) 밖에서 하나님을 보리라."(25-26절) 고난 속에서 욥은 (4) 를 소망합니다. 이 구절이 찬송 "내 주님은 살아계셔"에 영감을 주었습니다(새찬송가 170장). 헨델이 지은 '메시아' 곡에 찰스 웨슬리가 가사를 붙인 찬송입니다. 극심한 고통 중에도 살아계신 주님만이 유일한 희망입니다.

생각하기 새찬송가 170장을 듣고 불러 봅시다.

해답 1. 폭행, 2. 도움, 3. 진노, 4. 대속자, 5. 육체

욥기 20장 · 소발의 두 번째 말

주요 구절: 20:1

소발은 욥의 대답에 매우 분노합니다. 욥의 말이 소발 자신을 부끄럽게 만들고 자신을 (1)한다고 생각하기 때문입니다(3절). 그는 악인이 (2)같고(7절), 꿈같이 지나가며(8절), 환상처럼 사라질 뿐(8절)이라고 주장합니다. 맞는 말입니다. 4-29절 동안 하나님을 떠난 악인의 모습을 아주 상세하게 고발합니다. "(3)이 그의 죄악을 드러낼 것이요, 땅이 그를 대항하여 일어날 것인즉, 그의 가산이 떠나가며 (4)의 진노의 날에 끌려가리라. 이는 (5)이 (4)께 받을 분깃이요, (4)이 그에게 정하신 기업이니라."(27-29절) 소발은 이 말을 끝으로 더 이상 말하지 않습니다. 악인을 향한 (4)의 심판을 나열한 소발의 말은 구구절절 옳습니다. 그런데 과연 소발의 말처럼 욥이 그 악인에 속할까요? 소발은 성급하게 욥을 판단하고 정죄했습니다.

생각하기 구구절절 옳은 말이 내게 상처가 된 적이 있습니까?

해답 1. 책망, 2. 꿈, 3. 하늘, 4. 하나님, 5. 악인

욥기 21장 · 소발의 두 번째 말에 대한 욥의 대답

주요 구절: 21:34

욥이 반론을 제기합니다. 친구들이 욥에게 적용하는 '인과응보' 원리, 즉 '악인은 반드시 고통을 받는다'는 것이 항상 작동하지 않음을 보여줍니다. 악인의 사업이 잘 되고, 그들의 자녀들은 번성하고 춤추고 피리 불며 즐기는 행복한 삶을 사는 현실을 말합니다(7-12절). 게다가 그들은 하나님을 향해 충격적인 태도를 보입니다. "하나님께 말하기를 우리를 떠나소서! 우리가 주의 (1) 알기를 바라지 아니하나이다. 전능자가 누구이기에 우리가 섬기며 우리가 그에게 (2)한들 무슨 소용이 있으랴, 하는구나."(14-15절) (1)는 복음을 의미합니다. 불신자는 복음을 소중히 여기지

않고 무시합니다.

그런데 놀랍게도 이런 악인이나 의인이나 결국 모두 똑같이 죽게 되는 숙명적 존재에 불과합니다(23-26절). 친구들이 말하는 인과응보 원리가 악인에게 제대로 적용되지 않고 있습니다. 마치 공의로운 하나님의 통치가 제대로 시행되지 않는 것 같습니다. 욥은 고난받는 자신을 악인과 같은 종류로 몰아붙이려는 친구들의 속셈에 강하게 반대합니다(27절). 돕는다는 친구들의 말은 (3   )이라고 반박합니다(34절). 이렇게 두 번째 대화가 끝납니다. 과연 이 대화는 어디로 흘러갈까요?

생각하기 악인의 평안함과 번성함을 볼 때 어떤 마음이 듭니까?

해답 1. 도리, 2. 기도, 3. 거짓

욥기 22장 · 엘리바스의 세 번째 말

주요 구절: 22:1

이제 세 번째 대화가 시작됩니다. 엘리바스는 욥이 죄 때문에 고난당한다고 확신합니다. 그가 직접 욥의 죄를 만들어냅니다(5-11절). "까닭 없이 형제를 (1   )로 잡으며 헐벗은 자의 (2   )을 벗기며, 목마른 자에게 (3   )을 마시게 하지 아니하며 주린 자에게 (4   )을 주지 아니하였구나."(6-7절) 스스로 하나님인양 죄를 찾아내고 들추어냅니다. 하나님이 의롭다 한 욥을 사람이 정죄합니다. 근거 없는 가짜뉴스입니다. 엘리바스의 정죄는 부당합니다.

심지어 엘리바스는 욥에게 하나님과 화해하는 방법까지 가르칩니다. 재물을 포기하고 하나님을 택하라고 합니다. 겸손하면 하나님이 구원할 것이며 깨끗하게 할 것이라고 말합니다. "사람들이 너를 낮추거든 너는 (5   )했노라고 말하라. 하나님은 (6   )한 자를 구원하시리라."(29절) 여기서 "사람들"이란 욥의 친구, 곧 자기를 말합니다. 이쯤 되면 엘리바스는 욥보다 한 수 위의 신앙인처럼 보입니다. 하지만 정작 자기 자신이 (5   )한 자인 줄 알지 못하고 있습니다.

생각하기 누군가를 과도하게 정죄하고 있지는 않습니까?

해답 1. 볼모, 2. 의복, 3. 물, 4. 음식, 5. 교만, 6. 겸손

욥기 23장 · 엘리바스의 세 번째 말에 대한 욥의 대답(1)

주요 구절: 23:10

엘리바스에 대해 욥이 답합니다. 재산도 자녀도 잃고 몸도 아픕니다. 더 힘든 것은 아내뿐만 아니라, 친구들에게 정죄 받는 것입니다. 그러나 가장 힘든 것은 하나님의 응답이 없는 것입니다. "그런데 내가 앞으로 가도 그가 아니 계시고 뒤로 가도 보이지 아니하며, 그가 왼쪽에서 일하시나 내가 (1) 수 없고, 그가 오른쪽으로 돌이키시나 뵈올 수 없구나."(8-9절) 친구들이 뭐라고 하건 하나님이 한 마디 해주시면 그것으로 충분합니다. 그러나 하나님은 잠잠합니다. 욥은 하나님의 침묵을 이해할 수 없습니다.

욥은 자기의 무죄함을 확신합니다. "그러나 내가 가는 길을 그가 아시나니, 그가 나를 단련하신 후에는 내가 (2) 같이 되어 나오리라."(10절) 자기의 옳음이 (2) 같이 드러날 것입니다. 죄 때문에 고난받는 것이 아님을 욥은 확신합니다. 그러나 여전히 욥은 응답지 않고, 고난을 허락하는 하나님을 이해할 수 없어 두렵습니다. "그러므로 내가 그 앞에서 떨며 지각을 얻어 그를 (3)워하리라. 하나님이 나의 마음을 약하게 하시며 전능자가 나를 (4)게 하셨나니."(15-16절) 과연 욥은 하나님의 응답을 받을 수 있을까요?

생각하기 순금 같이 나올 것이라는 욥의 고백이 어떻게 들립니까?

해답 1. 만날, 2. 순금, 3. 두려, 4. 두렵

욥기 24장 · 엘리바스의 세 번째 말에 대한 욥의 대답(2)

주요 구절: 24:25

욥의 대답이 이어집니다. 인과응보 원리를 신봉하는 친구들의 생각을 깨는 예를 욥이 제시합니다. 1-17절이 그 내용입니다. (1 ___)의 나귀를 몰고 (2 ___)의 소를 볼모 잡습니다. 가난한 자를 길에서 몰아냅니다(3-4절). 사람들이 괴로워 (3 ___) 하지만 꼭 하나님이 그것을 돌보지 않고 내버려두는 것처럼 보입니다(12절). 그러나 반대로 18-25절에서는 하나님의 심판이 나타나는 것을 말합니다. 그들의 불의가 (4 ___)처럼 꺾일 것이며(20절), 하나님이 그들의 (5 ___)을 살펴 심판할 것입니다(23절).

욥의 말처럼 세상을 창조한 하나님이 세상을 공의롭게 다스리지만 그것으로 설명할 수 없는 일이 많습니다. 모든 것을 인과응보 원리로 설명할 수 없습니다. 그와 같이 욥 자신의 상황도 인과응보로 설명할 수 없다고 변론합니다.

생각하기 이해할 수 없는 이 세상에서 하나님만 붙잡을 수 있을까요?

해답 1. 고아, 2. 과부, 3. 신음, 4. 나무, 5. 길

욥기 25장 · 빌닷의 세 번째 말

주요 구절: 25:4

빌닷의 말이 이어지는데, 분량도 적고 논리도 궁색해 보입니다. 빌닷은 하나님의 무한한 절대(1 ___)을 선포합니다. "하나님은 (1 ___)과 위엄을 가지셨고 높은 곳에서 (2 ___)을 베푸시느니라."(2절) 동시에 인간의 유한함을 앞세웁니다. "하물며 (3 ___) 같은 사람, (4 ___) 같은 인생이랴."(6절) 하나님에 비해 인간은 부족하니 어서 하나님께 회개하라는 말입니다. 지극히 옳은 말이지만 욥의 경우에는 맞지 않습니다. 빌닷의 말로 친구들의 말은 끝납니다. 그들은 욥을 위로하려 했으나, 그들의 말은 욥에게 재난이었습니다.

생각하기 혹 성급히 말한 것이 있다면, 사과할 생각이 있습니까?

해답 1. 주권, 2. 화평, 3. 구더기, 4. 벌레

욥기 26장 · 빌닷의 세 번째 말에 대한 욥의 대답

주요 구절: 26:2

빌닷의 말에 대해 욥이 대단히 불쾌해 합니다. "네가 (1   ) 없는 자를 참 잘도 도와 주는구나! 기력 없는 팔을 참 잘도 (2   )하여 주는구나! (3   ) 없는 자를 참 잘도 가르치는구나! 큰 (4   )을 참 잘도 자랑하는구나!"(1-3절) 그러면서 욥은 친구들이 혹 정죄하는 사탄의 지배를 받고 있는 것이 아닌가 의심합니다. "네가 누구를 향하여 말하느냐? 누구의 (5   )이 네게서 나왔느냐?"(4절)

한편 욥은 여전히 하나님을 향한 신뢰를 드러냅니다. 하나님은 스올이든 하늘이든, 구름이나 바다 끝, 혼란과 두려움인 바다 세계까지도 다스리는 분입니다. "그의 행사의 단편일 뿐이요, 우리가 그에게서 들은 것도 속삭이는 소리일 뿐이니, 그의 큰 능력의 (6   )를 누가 능히 헤아리랴."(14절) 하나님의 전능한 능력과 위엄을 도저히 계산할 수 없고 이해할 수 없다고 고백합니다. 비록 욥이 하나님께 한탄하지만 그는 여전히 하나님만 굳건히 믿고 의지합니다.

생각하기 고난 중에 한탄하십시오. 그러나 끝까지 신뢰하십시오.

해답 1. 힘, 2. 구원, 3. 지혜, 4. 지식, 5. 정신, 6. 우렛소리

욥기 27장 · 세 친구 전체에 대한 욥의 말(1)

주요 구절: 27:5

순서대로라면 소발이 나와야 할 텐데 욥의 말이 이어집니다. 다음 28장을 제외하곤 세 친구를 향한 욥의 변론이 계속됩니다. 욥은 이 정도 고난이라면 하나님으로부터 온 것이 분명하다고 생각합니다(2-3절). 그러나 이런 고통을 받을 정도로 잘못하지 않았다고 확신합니다. "나는 결코 너희를 (1   )다 하지 아니하겠고 내가 죽기 전에는 나의 온전함을 (2   )지 아니할 것이라."(5절) 이런 확신 가운데 자기를 정죄하고 숨겨진 죄를 만들어내려는 친구들을 불의한 자라고 합니다(7절). 하나님의 심판으로 그런

악인은 결국 초라해질 것입니다. "그가 지은 (3 　)은 좀의 (3 　) 같고 파수꾼의 (4 　 　) 같을 것이며, 부자로 누우려니와 다시는 그렇지 못할 것이요, 눈을 뜬즉 아무것도 없으리라."(18-19절) 욥은 비록 까닭 없는 고난 중에 있지만, 여전히 공의로운 하나님의 통치를 기대합니다.

생각하기 사탄의 정죄에도 끝까지 하나님을 신뢰할 수 있을까요?

해답 1. 옳, 2. 버리, 3. 집, 4. 초막

욥기 28장 · 지혜의 노래

주요 구절: 28:28

이 단락은 욥의 말로 보기보다 신적 화자(Divine Narrator)의 말로 보는 것이 낫습니다. 왜냐하면 아무리 인간의 지혜가 뛰어나더라도 세상을 다스리는 하나님의 지혜를 깨달을 수 없다는 것을 이 단락이 말하기 때문입니다. 꼭 하나님의 지혜를 다 안다는 듯 말하는 친구들을 어리석다고 하는 것 같습니다.

인간의 지혜는 대단히 뛰어납니다. 그 옛날에도 보석과 광물을 채굴하기 위해 굴을 뚫습니다(1-11절). 하지만 그렇게 깊숙이 숨겨져 있는 광물을 발견하더라도 지혜는 도무지 발견할 수 없습니다. "그러나 지혜는 어디서 얻으며 (1 　 　)이 있는 곳은 어디인고? 그 길을 사람이 알지 못하나니 사람 사는 (2 　)에서는 찾을 수 없구나."(12-13절) 이 지혜는 인간이 전혀 도달할 수 없는 차원이 다른 지혜입니다. 바로 하나님의 지혜입니다. 이 지혜는 오직 하나님에게서만 찾을 수 있습니다(20-28절) "그런즉 지혜는 어디서 오며 (1 　 　)이 머무는 곳은 어디인고? … 하나님이 그 길을 아시며 있는 곳을 아시나니."(20-23절) 결론은 "보라! 주를 (3 　 　)함이 지혜요, 악을 (4 　 　)이 (1 　 　)이니라."(28절) 까닭 없는 고통의 이유를 인간은 도무지 알지 못합니다. 욥처럼 하나님께 탄원하되 끝까지 신뢰하는 것이 옳습니다. 친구들처럼 하나님의 지혜를 다 아는 양 행세해선 안 됩니다.

생각하기 욥기 28장 28절을 깊이 묵상해 봅시다.

해답 1. 명철, 2. 땅, 3. 경외, 4. 떠남

욥기 29장 세 친구 전체에 대한 욥의 말(2)

주요 구절: 29:1

지혜의 노래가 끝나고 욥의 말이 계속 이어집니다. 꼭 욥의 유언처럼 들립니다. 욥은 하나님이 자신을 보호하던 지난 세월이 다시 돌아오기를 간절히 바랍니다(1절). 그때 하나님의 도움으로 자신이 얼마나 복된 삶을 살았는지 절절한 마음으로 나열합니다(2-25절). 욥이 회상하는 수많은 선한 일은 하나님의 도움이 없이는 불가능합니다. "내가 (1)를 옷으로 삼아 입었으며, 나의 (2)는 겉옷과 모자 같았느니라. 나는 맹인의 눈도 되고 다리 저는 사람의 발도 되고."(14-15절) 욥이 (1)와 (2)를 하나님으로부터 선물 받았습니다. 그랬던 하나님이 응답지 않으니 욥은 얼마나 답답하고 두려울까요?

생각하기 하나님께 선물 받은 것은 무엇입니까? 그것에 감사합니까?

해답 1. 의, 2. 정의

욥기 30장 · 세 친구 전체에 대한 욥의 말(3)

주요 구절: 30:10

시작하는 말인 "그러나"(1절)가 참 무겁게 다가옵니다. 하나님이 준 '의와 정의'에도 불구하고 욥의 신세는 참담합니다. 자신이 얼마나 비참한 처지에 있는지 소상하게 나열합니다. "이제는 그들이 나를 노래로 (1)하며, 내가 그들의 (2)거리가 되었으며, 그들이 나를 미워하여, 멀리하고 서슴지 않고, 내 얼굴에 (3)을 뱉는도다."(9-10절) 욥의 고통은 참기 어려울 정도입니다. "밤이 되면 내 (4 　)가 쑤시니 나의 아픔이 쉬지 아니하는구나."(17절) 무엇보다 고통스러운 것은 하나님이 아무런 응답 없이 침묵하는 것입니다. "내가 주께 (5 　 　)짖으나 주께서 대답하지 아니 하시오며, 내가 섰사오나 주께서 나를 (6 　 　)보지 아니하시나이다."(20절) 욥은 자기 처지를 다음과 같이 표현합니다: "내가 복을 바랐더니, (7 　)가 왔고 광명을 기다렸더니 흑암이 왔구나."(26절) 열심히 기도하지만, 고통과 핍박이 사라지지 않는 현 상황을 연상케 합니다.

생각하기 기도해도 응답이 없는 기도제목이 있습니까?

해답 1. 조롱, 2. 놀림, 3. 침, 4. 뼈, 5. 부르, 6. 굽어, 7. 화

욥기 31장 · 세 친구 전체에 대한 욥의 말(4)

주요 구절: 31:35

욥은 마지막으로 온 힘을 다해 자신의 무고(無故)를 다음과 같은 패턴으로 토로합니다. '만일 내가 -했다면 (이런 저런 벌을) 받는 것이 마땅하니라.' 욥이 언급한 목록은 대체로 다음과 같습니다: 도둑질과 탐욕(5-8, 9-12절), 가족 안과 밖에 있는 자들의 필요를 무시함(13-15, 16-18, 19-23, 31-32절), 하나님 외에 우상을 의지한 행위(24-28절), 미움 혹은 죄를 숨김(29-30, 33-34절), 자기 땅을 부당하게 감독함(38-40절). 만일 이런 것이 있다면 자신이 마땅히 벌을 받았을 것이라고 말합니다. 의로운 삶을 위한 욥의 노력이 정말 대단합니다.

욥이 이렇게 의로운 삶을 산 이유는 무엇일까요? "나는 하나님의 (1 　 　)을 심히 두려워하고, 그의 (2 　 　)으로 말미암아 그런 일을 할 수 없느니라."(23절) 끝으로 욥은 하나님이 자신의 말을 듣고 답해주길 간절히 바랍니다. "누구든지 나의 변명을 들어다오! 나의 (3 　 　)이 여기 있으니 (4 　 　 　)가 내게 대답하시기를 바라노라."(35절)

생각하기 하나님을 경외하는 나는 의로운 삶을 위해 애씁니까?

해답 1. 재앙, 2. 의인, 3. 사면, 4. 전능자

욥기 32장 · 엘리후의 등장

주요 구절: 32:4

제법 긴 욥의 변론에 친구들이 더 이상 반박하지 않습니다. 그러자 이번에는 새로운 사람 (1 ☐☐☐)가 등장합니다(2절). 친구들 목록(욥 2:11; 42:9)에 등장하지 않는 것으로 보아 친구는 아닌 듯합니다. 꼭 지나가는 사람이 말을 거드는 것 같습니다. 게다가 앞으로 살펴보겠지만 그의 말이 새로운 것도 아니고 친구들의 말을 반복한 것에 불과합니다.

그는 다른 사람보다 나이가 어리기 때문에 말을 아꼈다고 합니다(4, 6절). 그는 젊은 사람이 가진 지혜의 대표라 할 수 있습니다. (1 ☐☐☐)는 욥과 세 명의 친구들에게 화를 내는데, 그 이유는 욥이 “하나님(2 ☐☐) 자기가 의롭다”(2절) 하기 때문이며, 그런 욥을 친구들이 제대로 훈계하지 못하였다고 생각하기 때문입니다(3절).

(1 ☐☐☐)는 ‘지혜란 나이에 얽매이지 않고 하나님의 영으로부터 온다’고 말합니다(8절). 이 말은 꼭 엘리바스가 보았던 영을 떠올리게 합니다. 그의 입장도 세 친구의 인과응보 원리와 크게 다르지 않습니다. 단지 좀 세련된 형태로 접근할 뿐입니다. 자신의 말은 마치 포도주가 가득 차 터지게 된 새 가죽 부대 같다고 합니다(19절). 그는 사람의 눈치를 보지 않습니다(21-22절). 그는 세 친구들보다 우위에 있다고 자랑합니다.

생각하기 젊고 어린 열심 때문에 실수한 적이 있습니까?

해답 1. 엘리후, 2. 보다

욥기 33장 · 욥에 대한 엘리후의 말(1)

주요 구절: 33:1

엘리후는 "나는 (1   )하여 악인이 아니며 (2   )하고 불의도 없거늘, 참으로 하나님이 나에게서 잘못을 찾으시며 나를 자기의 원수로 여기사, 내 발을 차꼬에 채우시고 나의 모든 길을 감시하신다"(9-11절)는 욥의 말(욥 13:24, 27)을 인용하며 그를 정죄합니다. "이 말에 그대가 (3   )롭지 못하니 하나님은 사람보다 크심이니라. 하나님께서 사람의 말에 대답하지 않으신다 하여 어찌 하나님과 (4   )하겠느냐?"(12-13절)

친구들보다 엘리후는 더 나아갑니다. 고난에 하나님의 뜻이 있다는 것입니다. 그 뜻은 바로 자기 잘못을 깨닫고 회개하는 것입니다. 엘리후는 욥이 회개하여 이렇게 고백하길 원합니다: "하나님이 내 (5   )을 건지사 구덩이에 내려가지 않게 하셨으니 내 생명이 (6   )을 보겠구나."(28절) 엘리후의 말은 옳습니다. 그러나 그 역시 친구들의 잘못된 판단을 그대로 따르고 있습니다. 만일 욥이 엘리후의 말을 따라 거짓으로 회개한다면 사탄의 뜻이 이루어지고 말 것입니다.

생각하기 고난을 피하기 위해 거짓 회개를 한 적이 있습니까?

해답 1. 깨끗, 2. 순전, 3. 의, 4. 논쟁, 5. 영혼, 6. 빛

욥기 34장 · 욥에 대한 엘리후의 말(2)

주요 구절: 34:1

엘리후는 욥의 대답도 기다리지 않고 두 번째 훈계를 이어갑니다. 그는 지혜와 지식이 있는 친구들에게 동참해줄 것을 호소합니다(2, 4, 10, 34-37절). 그는 젊은 지혜의 대표자였지만 선배들에게 도움을 요청합니다. 그 역시 친구들의 잘못을 그대로 따릅니다.

"내가 의로우나 하나님이 내 의를 부인하셨고, 내가 (1   )함에도 거짓말쟁이라 하였고, 나는 (2   )이 없으나 화살로 상처를 입었노라"(5-6절)라며 무죄를 확신한 욥을 엘리후가 그대로 인용해 조롱합니다. 또 "하나님을 기뻐하나 무익하다"고 한탄하는 욥의 말(9절)에 단호하게 대답합니다. "하나님은 (3   )을 행하지 아니하시며 전능자는 결코 (4   )를 행하지 아니하시고."(10절) 엘리후는 욥의 까닭 없는 고난에 공감하기는커녕 구구절절 옳은 말만 하며 착한 말 대단치를 벌입니다. 그에게는 인

과응보 원리만 있을 뿐(16-30절), 고난과 악의 문제를 다스리는 하나님의 놀라운 지혜는 없습니다.

생각하기 내 생각만으로 다른 사람을 쉽게 판단한 적이 있습니까?

해답 1. 정당, 2. 허물, 3. 악, 4. 불의

욥기 35장 · 욥에 대한 엘리후의 말(3)

주요 구절: 35:1

엘리후의 훈계가 계속됩니다. 그는 욥이 하나님께 의롭다 함을 받았으나, 고난받는 것에 대해 한탄하는 것을 인용합니다(2-3절). 하나님 앞에 의롭게 살아도 고난받는다면 누가 의를 위해 살겠느냐는 뜻입니다. 이 말에 엘리후는 하나님은 사람의 범죄와 의와 상관없이 일하는 분이라고 주장합니다(6-8절). 욥은 하나님이 기도를 듣지 않는다고 한탄했습니다. 그러자 엘리후는 "헛된 것은 하나님이 결코 (1 　)지 아니하시며 전능자가 (2 　 　)보지 아니하심이라"(13절)고 말하며, 욥에게 죄가 있기 때문에 기도를 듣지 않는다고 말합니다. 즉 숨겨진 죄가 있으니 회개하라는 말입니다.

엘리후의 말이 참 날카로워 보이고 욥은 묵묵부답인 것처럼 보입니다. 그러나 하나님은 욥을 기뻐하며 그를 기대하십니다(욥 1:8). 하나님은 신자를 기뻐하며 기대하십니다. 또 지금은 응답지 않지만 곧 이어 욥에게 나타나 하나님의 지혜를 알려줄 것입니다. 그러니 엘리후의 훈계는 헛되며 거짓 회개만 종용할 뿐입니다.

생각하기 내가 하나님께 기대 받는 존재라는 것을 확신합니까?

해답 1. 듣, 2. 돌아

욥기 36장 · 욥에 대한 엘리후의 말(4)

주요 구절: 36:1

엘리후가 말을 이어가는 동안 욥은 침묵합니다. 엘리후는 계속해서 욥의 말을 인용하며 그의 주장이 틀렸다고 논박합니다. 욥은 '하나님은 악인을 살려두시고 허용하신다'며 공의로운 통치가 일어나지 않고 있다고 말했는데(욥 21:7), 엘리후는 그렇지 않다고 주장합니다. "(1 　　)을 살려두지 아니하시며 고난받는 자에게 (2 　　)를 베푸시며."(6절) 또 이어서 "하나님은 곤고한 자를 그 곤고에서 (3 　　)하시며 학대당할 (4 　　)에 그의 귀를 여시나니"(15절)라고 합니다. 이 말인즉 욥이 숨겨진 죄를 드러내 회개하면 하나님이 그 기도를 듣고 구원할 것이라는 뜻입니다.

엘리후는 하나님이 하시는 일은 하늘처럼 높아 인간이 도저히 이해할 수 없음을 구름, 물방울, 빗방울, 안개, 번갯불, 우레, 폭우 등을 예로 제시하면서 설명합니다(24-33절). 그가 하나님의 지혜와 통치를 높이지만, 그렇다고 그의 정죄와 거짓 회개 종용은 정당화되지 않습니다.

생각하기 혹 하나님의 이름으로 악한 일을 정당화하지 않습니까?

해답 1. 악인, 2. 공의, 3. 구원, 4. 고통

욥기 37장 · 욥에 대한 엘리후의 말(5)

주요 구절: 37:1

36장의 내용이 이어집니다. 엘리후는 인간은 보잘 것 없기에 하나님의 위대하심을 이해할 수 없다고 말하면서, 하나님의 위대하심을 믿고 찬양하고 노래할 뿐이라며 자신의 훈계를 마무리합니다. "전능자를 우리가 찾을 수 (1 　)나니 그는 권능이 지극히 크사 정의나 무한한 공의를 굽히지 아니하심이니라. 그러므로 사람들은 그를 (2 　　)하고 그는 (3 　　)로 지혜롭다 하는 모든 자를 무시하시느니라."(23-24절) 이렇게 엘리후의 착한 말 대잔치가 막을 내립니다. 엘리후는 끝까지 욥을 정죄하며, 하나님이 응답지 않을 것이라 확신합니다. 정말 하나님은 욥에게 아무런 응답도 하지 않을까요?

생각하기 확신했던 일이 뒤집혀 부끄러웠던 적이 있습니까?

욥기 38장 · 하나님의 등장과 말씀하심(1)

주요 구절: 38:1

엘리후의 말과 달리 하나님이 나타나 욥에게 말씀합니다. "(1)"는 하나님의 전능한 위엄을 의미합니다(출 14:21; 왕상 19:11; 시 18:8; 욘 1:4 등). 하나님은 "무지한 (2)로 (3)을 어둡게 하는 자"(2절)라고 엘리후를 따끔하게 혼냅니다. 하나님이 계속 말씀합니다: "너는 대장부처럼 허리를 묶고 내가 네게 묻는 것을 (4)할지니라. 내가 땅의 기초를 놓을 때에 네가 (5) 있었느냐? 네가 깨달아 알았거든 말할지니라."(3-4절) 창조 당시를 말씀합니다. 욥은 한낱 피조물이니 도무지 알 수 없는 이야기입니다. 욥은 자신의 지위와 정체성을 알고 인정해야 합니다.

욥은 까닭 없이 고난받는 것을 이유로 하나님이 세상을 공의롭게 다스리지 않고 계신 것 아닌가 한탄했습니다. 그런 욥에게 하나님은 창조주의 오묘함과 위대함을, 그리고 그가 알지 못하는 중에도 세상은 질서 있고 공의롭게 다스려지고 있음을 말씀합니다(4-38절). 땅과 하늘, 바다, 구름, 광명과 흑암, 홍수와 우레와 번개와 얼음과 물과 우주의 별들의 관계가 모두 하나님의 다스림을 드러내고 있습니다.

생각하기 온 세상을 바라보며 하나님의 다스리심을 확신합니까?

해답 1. 폭풍우, 2. 말, 3. 생각, 4. 대답, 5. 어디

욥기 39장 · 하나님의 말씀하심(2)

주요 구절: 39:17

하나님은 계속해서 창조세계를 질서 있게 다스리고 있음을 말씀합니다. 38장 39절부

터 나오는 짐승들이 그 예시입니다. 사자, 까마귀, 산 염소, 암사슴, 들나귀, 들소, 타조, 말, 매, 독수리를 말씀합니다. 타조의 경우 굉장히 어리석어 보이지만 하나님이 다스리고 번성케 합니다(16-17절). 하나님이 욥에게 묻습니다: "매가 떠올라서 날개를 펼쳐 (1 　 　)으로 향하는 것이 어찌 네 (2 　 　)로 말미암음이냐?"(26절) 감히 욥이 답할 수 있는 질문이 아닙니다. 하나님의 지혜는 인간의 지혜로 판단할 수 없고 깨달을 수도 없습니다.

하나님의 지혜는 위대하고 높습니다. 그러니 설령 하나님이 고난의 이유를 말씀하더라도 욥은 감히 그 뜻을 이해할 수 없을 것입니다. 오늘날 신자가 경험하는 모든 일 역시 그 원인을 알 수 없습니다. 하나님의 창조와 섭리를 다 이해할 수 없습니다. 그러나 분명한 것은 하나님은 자기 백성에게 가장 좋은 것을 주신다는 것입니다. "우리가 알거니와 하나님을 사랑하는 자, 곧 그의 (3 　)대로 부르심을 입은 자들에게는 모든 것이 합력하여 (4 　)을 이루느니라."(롬 8:28) 하나님의 뜻은 언제나 좋(Good)습니다.

생각하기 하나님의 선하심을 경험한 적이 있다면 나눠봅시다.

해답 1. 남쪽, 2. 지혜, 3. 뜻, 4. 선

욥기 40장 · 욥의 짧은 대답과 하나님의 말씀하심(3)

주요 구절: 40:3

하나님은 욥을 "(1 　 　) 잡는 자 … 하나님을 탓하는 자"(2절)로 부릅니다. 그러자 욥은 자기 모습을 깨닫고 "보소서! 나는 (2 　 　)하오니 무엇이라 주께 대답하리이까? (3 　)으로 내 (4 　)을 가릴 뿐이로소이다. 내가 한 번 말하였사온즉, 다시는 더 대답하지 아니하겠나이다"(4-5절)라며 답합니다. 욥이 하나님의 공의로운 통치가 제대로 이뤄지지 않는 것 같다고 한탄했는데, 그에 대한 응답을 들은 것입니다.

그러면서 자연 세계의 범위를 넘어서는 악의 세력을 말씀합니다. 욥이 궁금해 한 고난과 악의 문제입니다. "(5 　 　 　)"(Behemoth)이 나오는데, '짐승들'이란 뜻으로 하나님을 반대하는 악한 세력을 상징하는 표현입니다(참고. 단 7:3; 계 13:1). 이들은 무척이나 사나워 강하고 인간으로서는 도무지 감당할 수 없습니다. 하나님은 욥에게 이런

(5 ______)을 감당할 수 있냐고 묻습니다(15-24절). 피조물에 불과한 인간은 할 수 없습니다. 그러나 하나님은 (5 ______)을 제어합니다. 그러니 까닭 없는 고난 중에라도 하나님을 의지해야 합니다.

생각하기 하나님의 뜻을 깨닫고 겸손히 받아들인 적이 있습니까?

해답 1. 트집, 2. 비천, 3. 손, 4. 입, 5. 베헤못

욥기 41장 · 하나님의 말씀하심(4)

주요 구절: 41:1

하나님은 베헤못에 이어 "리워야단"(Leviathan)을 말씀합니다. 리워야단 역시 단순한 악어가 아니라 악한 세력을 의미합니다. 이사야 선지자는 "리워야단"을 "꼬불꼬불한 뱀"이며 "바다에 있는 용"으로 묘사하며(사 27:1), 요한계시록은 "옛 뱀"으로 묘사합니다(계 12:9). 리워야단도 무척이나 강력하여 인간의 무기로 정복할 수 없습니다(7, 26-29절). 코와 눈에서 빛이 나고(18절), 입에서 불이 나오고(19-21절), 무장하고(15-16절), 말을 하며(3-4절), 교만한 자들의 왕(34절)입니다.

하나님은 욥에게 "누가 먼저 내게 주고 나로 하여금 갚게 하겠느냐? 온 천하에 있는 것이 (1 ___) 내 것이니라. 내가 그것의 지체와 그것의 큰 (2 ______)과 늠름한 (3 ______)에 대하여 잠잠하지 아니하리라"(11-12절)고 말씀합니다. 김성진 교수의 번역을 참조한다면 이렇게 이해할 수 있습니다: "욥아! 그동안 고생이 많았다. 너의 고통 뒤에 이 리워야단이 있었단다. 친구들을 충동한 것이 이 사탄이란다. 누가 내 앞에 서서 네가 죄를 지을 것이라고 도전했지? 바로 사탄이야. 그런데 그의 주장은 거짓임이 드러났다. 내가 이제 이 교만한 사탄을 가만 두지 않을 거란다. 반드시 심판할 것이다. 그러니 너는 이제 안심하렴." 욥이 고난 중에도 끝까지 인내하였고 마침내 고난의 이유를 알게 되었습니다. 그의 고통이 해소된 것입니다. 신약 시대 신자 역시 베헤못이나 리워야단 같은 악한 세력에 의해 고통 받습니다. 그러나 욥처럼 끝까지 의지할 때 기쁨을 누릴 것입니다.

생각하기 악의 세력을 멸망시키실 하나님을 깊이 묵상해봅시다.

해답 1. 다, 2. 용맹, 3. 체구

욥기 42장 · 욥의 반응과 결말

주요 구절: 42:6

질서 있게 세상을 다스리며, 악한 세력까지도 제어하시는 하나님을 욥이 깨닫습니다. “주께서는 못 하실 일이 없사오며 무슨 (1 ___ ___)이든지 못 이루실 것이 없는 줄 아오니, 무지한 말로 이치를 가리는 자가 누구니이까? 나는 깨닫지도 못한 일을 말하였고, 스스로 알 수도 없고 헤아리기도 어려운 (2 ___)을 말하였나이다.”(2-3절) 욥은 ‘까닭 없는 고난’의 원인에 대해 알 자격이 없음을 인정합니다. “내가 말하겠사오니 주는 들으시고 내가 주께 묻겠사오니 주여 내게 알게 하옵소서. 내가 주께 대하여 (3 ___)로 듣기만 하였사오나, 이제는 (4 ___)으로 주를 뵈옵나이다. 그러므로 내가 스스로 거두어들이고 티끌과 재 가운데에서 (5 ___ ___)하나이다.”(4-6절) 욥은 기존 인과응보 원리에서 벗어나 새로운 눈으로 하나님을 보게 됩니다. 악과 고통의 문제를 다 이해할 수 없지만, 하나님의 전능한 통치를 믿고 그분을 경외하며 인내하는 것이 본분이고 위로이며 안위임을 알게 됩니다. 티끌과 재 같은 인생이지만, 하나님이 유일한 위로임을 고백합니다.

하나님은 욥의 세 친구를 책망하십니다. 그들의 말과 달리 욥은 “내 (6 ___)”이라는 영광스런 칭호를 받습니다(8절). 친구들은 하나님께 회개하는 제사를 드립니다(9절). 이후 욥의 가정과 재산은 다시 회복됩니다(10-17절). 자녀 수와 재산이 다 갑절로 회복됩니다. 당대 최고 복인 장수까지 누립니다. 신자 역시 고난받고 어려움을 겪지만 마침내 하나님이 구원하여 회복시킬 것입니다. 그러니 욥처럼 하나님만 경외하며 끝까지 인내해야 합니다.

생각하기 악의 세력을 멸망시키실 하나님을 깊이 묵상해봅시다.

해답 1. 계획, 2. 일, 3. 귀, 4. 눈, 5. 회개, 6. 종

시편

시편(詩篇)은 '시'(詩)와 '편'(篇=책)으로 조합된 단어입니다. 시 모음집이라는 뜻입니다. 칠십인역(LXX)에서 프살모스(psalmos)로 번역한 것이 영어 성경 '삼즈'(psalms)로 이어졌습니다. 프살모스는 '하프 반주에 맞춰 부르는 노래'라는 뜻입니다. 본래 각각 나누어져 있던 것이 모아져서 총 150개로 구성된 시편이 되었습니다. 각 권 마지막은 송영(頌榮)시이고 특별히 150편은 전체 시편을 마무리하는 역할입니다.

어떤 시들은 제목이 붙어있기도 합니다. 예를 들어 3편은 "다윗이 그의 아들 압살롬을 피할 때에 지은 시"입니다. 이렇게 제목이 붙은 시는 연결된 사건과 함께 이해할 때 더욱 풍성합니다. 또 22편처럼 "인도자를 따라 아앨렛샤할에 맞춘 노래"라는 것이 붙기도 합니다. 아마 악기 사용과 관련이 있는 것 같은데, 그 의미를 정확히 알기는 어렵습니다. 시편에는 시 다운 특징이 있습니다. 어떤 시들은 히브리어 알파벳순으로 작성되었습니다. 또 어떤 시들은 히브리어 읽을 때 운율이 두드러집니다. 하지만 이런 것들은 아쉽게도 한글 번역으로 표현하기에는 어려움이 있습니다.

시편은 하나님 백성의 삶 가운데 나타나는 여러 가지 주제가 포함되어 있습니다. 의인이 당하는 고통, 율법과 삶, 탄원, 악인들에 대한 저주, 심지어 메시아 소망도 담겨 있습니다.

내용 구분

제1권	1-41편
제2권	42-72편
제3권	73-89편
제4권	90-106편
제5권	107-150편

시편 1편 · 복이 있는 사람이여!

주요 구절: 1:1

시편 1편은 150편의 시를 대표한다고도 볼 수 있습니다. 1편에서는 복 있는 사람과 복이 없는 사람, 의인과 악인을 대비해 보여줍니다.

사람은 누구나 복을 원합니다. 정말 '복된 자'는 어떤 사람일까요? 시인은 먼저 '복된 삶이 아닌 것'을 가려냅니다. "악인들의 (1)를 따르지 아니하며." 여기서 '악인들'이란 하나님과 상관없이 사는 사람을 말합니다. "죄인들의 (2)에 서지 아니하며." '죄인들'이란 하나님의 말씀을 거부하는 자들입니다. "오만한 자들의 (3)에 앉지 아니하고." '오만한 자들'은 교만한 마음으로 하나님의 말씀을 대적하는 자들입니다. '꾀', '길', '자리'를 조심해야 합니다.

이제 복된 자를 언급합니다. '복 있는 사람'은 "여호와의 (4)을 즐거워하여 그의 율법을 주야로 (5)"합니다. '묵상'은 입으로 중얼거리며 읊조린다는 말입니다. 하나님의 말씀을 좋아하고 묵상하는 사람은 마치 시냇가에 심은 나무가 잎이 청청하여 가을이 되어 열매를 맺는 것처럼 형통합니다. 말씀은 반드시 삶이라는 열매를 맺고 생명을 낳습니다.

악인은그렇지않고바람에나는겨와같습니다. 악인이아무리많아도심판의바람에날아가 버릴 것입니다. 타작마당은 심판을 의미합니다(5절). 4-5절은 1절과 연관이 있습니다. '따르다'(walk) 〉'서다'(stand) 〉'앉다'(sit) 구도는 '바람에 날다'(blow) 〉'심판을 견디지 못하다'(stand) 〉'모임에 들지 못하다'(belong to) 구도와 대비됩니다.

생각하기 나는 하나님 앞에 복 있는 사람입니까, 복이 없는 사람입니까?

해답 1. 꾀, 2. 길, 3. 자리, 4. 율법, 5. 묵상

시편 2편 · 하나님의 승리와 아들의 다스림

주요 구절: 2:1

사도행전에 따르면 시편 2편은 다윗이 지은 시입니다(행 4:25-28). 1편과 2편은 연결됩니다. 1편 1절의 "(1) 있는 사람"과 2편 마지막 12절의 "…여호와께 (2)하는 모든 사람은 다 (1)이 있도다"에서 알듯이 시작과 마무리에 모두 (1)이 나옵니다. 1-2편은 시편 전체의 대표이며 서론 역할을 합니다. (1) 있는 사람은 1편에 말하는 것처럼 하나님의 '율법'(말씀)을 믿고 따라야 하며 2편이 말하는 것처럼 하나님으로부터 "(3) 부음 받은 자"(그리스도, 2절)를 믿고 따르는 사람입니다. 율법(말씀)과 메시아(그리스도)가 (1)의 근원임을 말합니다.

2편은 신약성경에서 '메시아'(히브리어), 곧 '그리스도'(헬라어, 마 1:17)를 예언하는 것으로 자주 인용됩니다. 1-2절은 사도행전 4:25-28에서 인용됩니다. 9절 "네가 (4)으로 그들을 깨뜨림이여…"는 요한계시록 12:5과 19:15-16에서 다시 인용됩니다. 12절 "그의 아들에게 (5) 맞추라"는 사도행전 13:33에서 인용됩니다.

생각하기 나는 그리스도를 알고 믿고 붙드는 복 있는 사람입니까?

해답 1. 복, 2. 피, 3. 기름, 4. 철장, 5. 입

시편 3편 · 고난의 수렁에서 부르는 희망찬 '믿음의 노래'

주요 구절: 3:1

제목이 시편 3편의 역사적 배경을 알려줍니다. "다윗이 그의 아들 (1)을 피할 때에 지은 시." 사무엘하 15:13-17:22 내용입니다. 이 배경을 보면, 다윗이 사랑했던 아들 (1)이 다윗에게 반역하여 왕위를 찬탈하고 죽이려고 하였습니다. 다윗은 아들의 공격을 피해 도망가야 하는 처량한 신세였습니다. 바로 그 때 이 시를 지었습니다.

1절 "나의 (2)이 어찌 그리 많은 지요"에서 (2)은 다름 아닌 자신의 아들이고 신하들과 백성입니다. 다윗의 명예는 땅에 내동댕이쳐졌습니다. 사람들이 다윗을 향해 "하나님께 (3)을 받지 못한다"(2절)라고 비난합니다. 그러나 이런 절망의 순간에서도 다윗은 하나님을 향한 믿음을 가졌습니다. "여호와여 주는 나의 (4

(4 　)시요, 나의 영광이시요, 나의 머리를 드시는 자이시니이다."(3절)

다윗은 전능한 분이 자신의 부르짖음에 응답하며 자거나 깨어 있거나 항상 붙드시기 때문에, 천만 명이나 되는 적들이 에워싸 공격해 온다고 할지라도 두려워할 필요가 없다고 고백합니다(5-6절). 그리고 기도가 섞인 고백을 합니다. "여호와여, 일어나소서 … (3 　 　)은 여호와께 있사오니, 주의 (5 　)을 주의 백성에게 내리소서(셀라)."(7-8절)

생각하기 배신을 당하여 비참할 때, 나는 찬양할 수 있을까요?

해답 1. 원수들, 2. 대적, 3. 구원, 4. 방패, 5. 복

시편 4편 · 어려움 속에서 부르는 '저녁의 노래'

주요 구절: 4:8

다윗의 시로서 "인도자를 따라 현악에 맞춘 노래"입니다. 전통적으로 레위인이 성전예배에서 부른 것으로 보며, '저녁의 노래'라 합니다. "내가 (1 　 　)히 눕고 자기도 하리니, 나를 안전하게 살게 하시는 이는 오직 여호와이시니이다."(8절)

왕궁 내 누군가 다윗을 괴롭히는 것 같습니다. "…나의 영광을 바꾸어 (2 　)되게 하며 헛된 일을 좋아하고 거짓을 구하려는가?(셀라)"(2절) 그는 다윗을 힘들게 했지만, 사실은 하나님께 죄 짓는 것입니다. "너희는 떨며 (3 　 　)하지 말지어다. 자리에 누워 심중에 말하고 잠잠할지어다(셀라)."(4절)

다윗 편도 아니고 그 반대편도 아닌 중립적 위치를 취하며 "…우리에게 (4 　)을 보일 자 누구뇨?"(6절)라고 말하는 자들이 있는 것 같습니다. 아주 정치적입니다. 다윗은 그들을 안타까워하며 하나님께 이렇게 호소하며 기도합니다. "여호와여! 주의 얼굴을 들어 우리에게 비추소서."(6절)

다윗은 "여호와께서 자기를 위하여 경건한 자를 택하신 줄 너희가 알지어다. 내가 그를 부를 때에 여호와께서 들으시리로다"(3절)라고 고백하며 자신의 믿음을 선포합니다. 다윗은 하나님의 택함이 너무나 든든하여 이렇게 고백합니다. "주께서 내 마음에 두신 (5

(_____)은 그들의 곡식과 새 포도주가 풍성할 때보다 더하니이다."(7절)

생각하기 주님이 주시는 기쁨이 세상 만족보다 더 좋습니까?

해답 1. 평안, 2. 응, 3. 범죄, 4. 선, 5. 기쁨

시편 5편 · 고난 속에 부르는 '아침의 노래'

주요 구절: 5:3

이 시는 '(1 _____)의 노래'라 불립니다. "(1 _____)에 내가 주께 기도하고…"(3절) (1 _____)부터 마음 속 깊은 곳에서 우러나오는 기도를 합니다(1-2절). 다윗의 자세를 보십시오. "…주께 기도하고 바라리이다."(3절) 기도하고 하나님께 맡깁니다. 하나님의 일하심을 인내로 기다립니다.

다윗의 호소에는 '하나님이 악인을 미워하신다'(4절)는 사실이 담겨 있습니다. 악인으로 표현되는 "오만한 자"(5절), "행악자"(5절), "거짓말하는 자"(6절), "피 흘리기를 즐기는 자"(6절), "속이는 자"(6절)들은 "입에 신실함이 없고 그들의 심중이 심히 악하며 그들의 목구멍은 열린 (2 _____) 같고 그들의 혀로는 아첨"(9절)한다고 고발합니다. 심지어 그들을 저주합니다(10절). 이 호소는 자신이 폭력을 당하는 상황에서 그들의 죄에 대한 정당한 징벌을 요구한 것입니다. 원수 갚는 것을 하나님께 맡깁니다(신 32:35; 잠 20:22; 롬 12:19).

핍박과 고난 가운데 다윗의 믿음은 분명합니다. "오직 나는 주의 풍성한 (3 _____)을 힘입어 주의 집에 들어가 주를 경외함으로 성전을 향하여 (4 _____)하리이다."(7절) 다윗과 같이 그리스도인도 고통 속에서도 의연하게 (4 _____)할 수 있습니다. 하나님의 (3 _____)과 공의 때문입니다(8절). "주께 피하는 모든 사람은 다 기뻐하며 주의 보호로 말미암아 영원히 기뻐 외치고 주의 이름을 (3 _____)하는 자들은 주를 (5 _______)하리이다."(11절) 하나님은 "의인"이라 칭함 받는 그리스도인을 환난 가운데 방패가 되어주고 호위해줍니다(12절).

생각하기 나는 고난 가운데서도 의연하게 예배하고 있습니까?

해답 1. 아침, 2. 무덤, 3. 사랑, 4. 예배, 5. 즐거워

시편 6편 · 죽음의 위험 가운데 부르짖는 기도(참회 시)

주요 구절: 6:1

시편 6편은 참회 시로 불립니다. 또 다른 참회 시는 32, 38, 51, 102, 130, 143편입니다. '죽음의 위험 가운데 부르짖는 기도'라 부를 수 있는데, 꼭 시인이 죽음에 이르는 병에 걸린 것처럼 부르짖기 때문입니다. 하나님의 "분노와 진노" 때문에 "책망하고 징계"하지 말아달라고 기도합니다(1절). 하나님의 자녀도 죄와 비참 속에 있을 수 있습니다. 시인 자신의 죄와 비참으로 인해 하나님의 책망과 징계가 온 것일까 하는 염려가 묻어 있습니다(1절). 시인이 당하는 죽음의 고통은 "뼈"(2절)와 "(1 ＿＿ ＿＿)"(3절)이 떨릴 정도입니다. "…여호와여, 어느 (2 ＿＿)까지니이까?"(3절)라는 시인의 호소에 간절함이 묻어납니다.

시인이 당하는 고통은 표현할 수 없을 정도입니다. 그 중의 한 표현이 다음과 같습니다. "내가 (3 ＿＿ ＿＿)함으로 피곤하여 밤마다 (4 ＿＿ ＿＿)로 내 침상을 띄우며 내 요를 적시나이다."(6절) (4 ＿＿ ＿＿)이 얼마나 많은지 호수 같아 자기가 누운 침대를 둥둥 띄울 정도라고 합니다.

고통의 제공자는 시인의 모든 (5 ＿＿ ＿＿)(7절), 시인에게 악을 행한 자(8절), 시인의 모든 (6 ＿＿ ＿＿)들입니다(10절). 8-10절은 하나님이 (5 ＿＿ ＿＿)과 악을 행하는 자와 (6 ＿＿ ＿＿)들을 물리칠 것이라는 확신의 노래입니다. 2-7절이 아픔을 탄원한다면, 8-10절은 하나님에 대한 믿음의 고백입니다.

생각하기 나는 언제 눈물로 간절히 기도하였습니까?

해답 1. 영혼, 2. 때, 3. 탄식, 4. 눈물, 5. 대적, 6. 원수

시편 7편 · 무고히 박해 받는 성도의 호소

주요 구절: 7:1

이 시는 '하나님의 공의에 호소'하는 노래입니다. 5편과 비슷해 시인의 결백함을 탄원하는 내용입니다. 제목은 "베냐민인 (1)의 말에 따라 여호와께 드린" 다윗의 노래입니다. (1)를 구스 사람 곧 에티오피아 사람으로 이해할 수 있지만, 일단 성경에는 베냐민인 (1)에 대한 언급이 없습니다. 아마도 사울을 지지하는 베냐민 지파 누군가가 다윗을 대적했던 상황인 것 같습니다.

다윗은 자신이 원수들로부터 공격을 받을 만한 아무런 잘못을 하지 않았다고 탄식합니다. "…내 손에 (2)악이 있거나, 화친한 자를 악으로 갚았거나 내 대적에게서 까닭 없이 빼앗았거든."(3-4절) 다윗은 심판자 하나님께 자신의 결백을 호소합니다.

"악인의 악을 끊고 (3)을 세우소서. 의로우신 하나님이 사람의 마음과 양심을 감찰하시나이다."(9절) 다윗의 호소는 자신이 완전한 (3)임을 주장하는 것이 아닙니다. 하나님의 심판으로 대적에게서 이길 수 있다는 믿음을 호소한 것입니다. 다윗 자신도 "사람이 (4)하지 아니하면 그가 그의 칼을 가심이여 그의 활을 이미 당기어 예비하셨도다"(12절)에 해당된다는 것을 압니다. 다윗은 자신이 (3)된 것이 하나님의 의로운 행위 때문임을 고백합니다. "내가 여호와께 그의 (5)를 따라 감사함이여, 지존하신 여호와의 이름을 (6)하리로다."(17절) 다윗은 무고히 당하는 고난 중에도 (3)으로 삼은 하나님께 도움을 구하며 (6)합니다.

생각하기 까닭 없이 박해와 미움받을 때, 나는 어떻게 합니까?

해답 1. 구시, 2. 죄, 3. 의인, 4. 회개, 5. 의, 6. 찬양

시편 8편 · 하나님의 영광과 메시아 예언

주요 구절: 8:1

이 시는 들판에 선 다윗이 칠흑 같은 어둠 속에 하늘에 빛나는 수많은 별을 보며 '하나

님의 위대하심과 영광'을 노래한 것입니다. 동시에 보잘 것 없는 인간을 영광스럽게 한 '하나님의 큰 사랑'을 노래합니다. 전체 흐름으로 보면, 1-2편은 서론, 3-7편(총 64행)은 인간의 죄와 악을 해결해달라고 기도하고, 8편은 인간이 얼마나 영광스럽고 고귀한 존재인지를 노래합니다. 이어 9-13편(총 64행)은 다시 인간의 악행이 나오고, 14편은 8편과 반대로 인간이 얼마나 악한지를 고백합니다.

8편은 첫 구절과 마지막 구절이 같습니다. "여호와 우리 (1   ) 주의 이름이 온 땅에 어찌 그리 아름다운지요."(1, 9절) 시인은 하나님의 오묘한 창조를 보며 인간이 얼마나 귀한 존재인지 고백합니다. "주의 (2   )으로 만드신 주의 하늘과 주께서 베풀어 두신 달과 별들을 내가 보오니."(3절) "(3   )이 무엇이기에 주께서 그를 생각하시며 (4   )가 무엇이기에 주께서 그를 돌보시나이까?"(4절) 하나님이 인간에게 "주의 손으로 만드신 것을 다스리게 하시고 만물을 그의 (5   ) 아래 두셨"(6절)다고 고백합니다.

히브리서 기자는 시편 8:4-6의 사람을 실패한 첫 아담과 달리, 창조 때 아름다웠던 인간의 모습을 회복시킨 마지막 아담, 즉 예수 그리스도에게 적용합니다(히 2:6-8). 마찬가지로 사도 바울도 고린도전서 15:27에서 인용합니다(6절).

생각하기 우리를 놀랍게 창조하시고, 구원하신 하나님을 찬양합시다!

해답 1. 주여, 2. 손가락, 3. 사람, 4. 인자, 5. 발

시편 9편 · 원수로부터 구원하시는 하나님 찬양

주요 구절: 9:1

시편 9-10편은 본래 하나의 시이며, 각 행 첫 단어가 히브리어 알파벳 순서대로 된 시입니다. 9편은 원수로부터 구원하는 하나님을 찬양하는 왕의 노래입니다. 구체적으로 이스라엘의 어떤 시기인지 분명하지 않지만, 승리를 주신 하나님의 공의와 심판을 노래합니다. "주께서 나의 (1   )와 송사를 변호하셨으며 보좌에 앉으사 의롭게 심판하셨나이다."(4절)

"내가 전심으로 여호와께 (2)하오며 주의 모든 기이한 일들을 (3)하리이다"는 1절은 이 시의 서론이며, 9-10편 전체 내용의 요약입니다. 왜 시인은 여호와께 감사한다고 고백할까요? "여호와는 압제를 당하는 자의 (4)이시요, (5) 때의 (4)"(9절)이기 때문입니다.

시인은 "주의 모든 기이한 일들을 전하리이다"(1절)라고 고백합니다. 여기에서 "기이한 일들"은 하나님의 구원하는 능력입니다. 이집트 노예 생활에서 구원받고 홍해를 건너 언약백성이 된 것을 말합니다. 결국 구원의 하나님을 선포하겠다는 것입니다. 오늘날 성도도 하나님의 은혜에 감사하고 그 분이 행하신 신기한 일을 세상에 선포하는 일을 해야 합니다.

생각하기 내가 받은 구원이 하나님의 기이한 일인 것을 믿습니까?

해답 1. 의, 2. 감사, 3. 전, 4. 요새, 5. 환난

시편 10편 · 가난한 자를 도우시는 하나님 찬양

주요 구절: 10:1

시편 10편은 9편에서 이어집니다. 악한 자들의 공격으로부터 구원을 기도합니다. 2-11절에서 악한 자들의 모습이 구체적으로 나옵니다. 악인은 하나님을 무시합니다. "악인은 그의 (1)한 얼굴로 말하기를 여호와께서 이를 감찰하지 아니하신다, 하며 그의 모든 (2)에 하나님이 없다, 하나이다."(4절) 악인은 자기 신념 혹은 "사상"으로 살아갑니다. 악인은 콧대가 높아 하나님의 통치와 다스림으로부터 간섭받지 않으려 합니다. 악인이 "마을 구석진 곳에 앉으며 그 (3)한 곳에서 무죄한 자를 죽이며 그의 눈은 가련한 자를 엿"(8절)보는 데서 그의 악행이 극에 이릅니다.

시인은 하나님께 탄원의 기도를 합니다. "여호와여, 일어나옵소서! 하나님이여, (4)을 드옵소서! 가난한 자들을 잊지 마옵소서."(12절) 동시에 시인은 16-18절에서 여호와 하나님의 공의로운 통치에 대한 확신을 진술합니다. "여호와께서는 영원무궁하도록 (5)이시니 이방 나라들이 주의 땅에서 (6)하였나이다 … 고아와 압제 당하는

자를 위하여 심판하사, 세상에 속한 자가 다시는 위협하지 못하게 하시리이다."(16-18절) "세상에 속한 자"는 시편 9:19-20에서 말하는 "인생"입니다. 곧, 악인은 한낱 흙으로 만들어진 피조물에 불과하니 이제 금방 흙으로 돌아갈 것입니다. 악인들이 날뛰어도 하나님이 있으니 어떻게 할 수 없습니다.

생각하기 악인이 득세할 때에도 하나님의 공의를 신뢰합니까?

해답 1. 교만, 2. 생각, 3. 은밀, 4. 손, 5. 왕, 6. 멸망

시편 11편 · 악한 세상에서 하나님께 가까이 나아가

주요 구절: 11:1

시인은 하나님의 백성이 여호와를 피난처로 삼고 살아갈 때 종종 겪게 되는 유혹과 조롱을 표현합니다. 악인은 "터가 무너지면" 위험하니 "새 같이 네 산으로 (1 ☐☐)하라"(1절)라고 유혹합니다. '터'는 세계질서를 의미합니다. 세상을 향한 하나님의 섭리(보존과 통치)를 불신하는 유혹입니다.

그러나 시인은 확신합니다. "여호와께서는 그의 (2 ☐☐)에 계시고 여호와의 보좌는 하늘에 있음이여, 그의 눈이 인생을 (3 ☐☐)하시고 그의 안목이 그들을 감찰하시도다."(4절) (3 ☐☐)은 '보다'(to see)라는 뜻입니다. 하나님이 온 세상을 빠짐없이 보고 있습니다.

"여호와는 의로우사 의로운 일을 좋아하시나니, (4 ☐☐)한 자는 그의 (5 ☐☐)을 뵈오리로다."(7절)라고 노래합니다. '그의 (5 ☐☐)을 뵌다'는 말은 '왕의 (5 ☐☐)을 본다'는 뜻으로, 왕의 (5 ☐☐)을 볼 만큼 왕에게 가까이 다가간다는 의미입니다. 여호와를 의지하고 그분의 그늘에 피하는 자는 왕이신 하나님께 가까이 나아갈 수 있는 특권을 가진다는 고백입니다.

생각하기 나는 하나님의 얼굴을 볼만큼 가까이 가고 있습니까?

해답 1. 도망, 2. 성전, 3. 통촉, 4. 정직, 5. 얼굴

시편 12편 · 악인의 득세와 하나님 말씀을 붙듦

주요 구절: 12:1

시인은 악인과 악한 말이 대세를 이루고 있음을 탄식하며 탄원합니다. 악인은 "거짓"을 말하고 "아첨하는 (1 ___)과 두 마음으로" 말합니다(2절). "(2 ___)이 인생 중에 높임을 받는 때에 악인들이 곳곳에서 날뛰는도다."(8절) 성도는 세상에서 만만치 않은 현실을 경험합니다. 악인의 공격이 너무나 강력해 시인이 하나님께 기도합니다. "여호와여, 도우소서! 경건한 자가 끊어지며 (3 ___)한 자들이 인생 중에 없어지나이다."(1절)

하나님의 말씀은 분명합니다. "…가련한 자들의 (4 ___)과 궁핍한 자들의 탄식으로 말미암아 내가 이제 일어나 그를 그가 원하는 (5 ___) 지대에 두리라, 하시도다."(5절) 세상은 아첨하며 자랑하며 교만한 자들이 성공하는 것 같지만(8절), 하나님이 그들을 세상에서 끊어버릴 것입니다(3절). 반대로 여호와와 그분의 말씀은 영원합니다. "여호와의 말씀은 (6 ___)함이여, 흙 도가니에 일곱 번 단련한 은 같도다. 여호와여! 그들을 지키사 이 세대로부터 영원까지 보존하시리이다."(6-7절) 언약의 말씀만이 의인의 소망이며 희망입니다.

생각하기 악인이 득세하는 세상에서 말씀을 붙들고 있습니까?

해답 1. 입술, 2. 비열함, 3. 충실, 4. 눌림, 5. 안전한, 6. 순결

시편 13편 · 절망 가운데 부르짖는 탄원

주요 구절: 13:1

시편 13편은 더 이상 인내할 수 없을 정도의 깊은 절망 가운데서 기도하는 탄원 시입니다. 시인은 죽음에 이르는 질병(3절)으로 고통하며 신음합니다. 시인은 육체적 질병이 영혼에까지 영향을 미치고 있음을 "나의 영혼이 (1 ___)하고 종일토록 마음에 근심"(2절)한다고 표현합니다. 이 상황은 마치 하나님이 성도를 "영원히 잊으시"(1절)고

"얼굴을 "(1절) 숨기는 것 같습니다. 더 고통스러운 것은 악인이 공격하며 자만하며 자랑하며 기뻐하는 것입니다. "두렵건대 나의 (2)가 이르기를 내가 그를 이겼다 할까 하오며, 내가 흔들릴 때에 나의 대적들이 기뻐할까, 하나이다."(4절) "내가 흔들릴 때"는 죽을 지경에 이른 것을 의미합니다.

그러나 시인은 절망하지 않고 소망을 갖습니다. "나는 오직 주의 (3)을 의지하였사오니, 나의 (4)은 주의 구원을 기뻐하리이다."(5절) 우리의 소망은 하나님의 (3)에 근거한 말할 수 없는 큰 구원의 은혜뿐입니다. 우리 안에는 아무런 소망이 없습니다. 오직 하늘로부터 오는 (3)과 구원만이 우리의 유일한 소망입니다. 하나님이 예수 그리스도 안에서 베푼 '은덕', 곧 '선'을 의지할(믿을) 때 (5)할 마음이 납니다. "내가 여호와를 (5)하리니, 이는 주께서 내게 은덕을 베푸심이로다."(6절)

생각하기 내 소망은 무엇인가요? 하나님의 사랑과 은혜인가요?

해답 1. 번민, 2. 원수, 3. 사랑, 4. 마음, 5. 찬송

시편 14편 · 악인의 어리석음과 의인의 소망

주요 구절: 14:1

시편 14편은 인간이 하나님을 부정하는(무신론) 어리석음이 얼마나 큰지를 보여줍니다. 시편 전체의 흐름은, 8편에서 인간이 본래 얼마나 영화롭고 존귀하게 창조되었는지 선언한 후, 인간이 얼마나 악한지를 이어지는 9-13편에서 대조하며 보여줍니다.

1-3절은 "어리석은 자는 그의 마음에 이르기를 하나님이 (1) 하는도다. 그들은 부패하고 그 행실이 (2)하니, 선을 행하는 자가 없도다. 여호와께서 하늘에서 인생을 굽어 살피사 (3)이 있어 하나님을 찾는 자가 있는가 보려 하신즉, 다 치우쳐 함께 더러운 자가 되고 선을 행하는 자가 없으니 하나도 없도다."고 합니다 (참고 롬 3:10-12).

악인의 모습을 보십시오. "죄악을 행하는 자는 다 무지하냐? 그들이 (4) 먹듯이 내 백성을 먹으면서 여호와를 부르지 아니하는도다."(4절) 악인이 '(4) 먹듯이 먹

다'는 말은 부와 자유와 생명을 (4) 먹듯이 즐겁게 먹어치운다는 뜻입니다. '여호와를 부르지 않다'는 말은 그들의 생각과 말과 행동에서 언약의 하나님을 의지하지 않고 자기 마음대로 살아간다는 뜻입니다. 악인의 횡포 속에 가난하고 약한 언약백성은 괴롭습니다.

그러나 시인은 소망을 갖습니다. "…여호와는 그의 피난처가 되시도다. (5)의 구원이 시온에서 나오기를 원하도다. 여호와께서 그의 백성을 포로된 곳에서 돌이키실 때에 야곱이 즐거워하고 (5)이 기뻐하리로다."(6-7절) 하나님만이 유일한 소망입니다.

생각하기 무신론이 가득한 세상에서 나는 하나님을 소망하고 있나요?

해답 1. 없다, 2. 가증, 3. 지각, 4. 떡, 5. 이스라엘

시편 15편 · 하나님의 집에 들어갈 수 있는 자, 성도!

주요 구절: 15:1

시편 15-24편은 19편을 중심으로 대칭을 이룹니다. 16편과 23편, 17편과 22편, 18편과 20-21편이 주제와 내용에서 서로 연관이 있습니다. 첫 부분 15편과 마지막 24편은 '위대한 하나님의 위엄과 도덕적 순결'을 강조합니다.

15편은 이전 시들과 많이 다릅니다. 성전에서 하나님에게 가까이 가길 원하는 자를 향한 교훈인데, 예배하는 자가 하나님 앞에서 어떤 자세를 가져야 하는지를 보여줍니다. "여호와여! 주의 (1)에 머무를 자 누구오며, 주의 (2)에 사는 자 누구오니이까?"(1절) 이 질문에 이어지는 대답(2-5절)을 겉으로만 보면 마치 도덕적으로 완전한 의를 행한 자만이 예배할 수 있다고 생각할 수 있는데, 오해입니다. (1)과 (2)에 거하기 위해 상당한 도덕적 수준에 이르러야 한다는 말이 아닙니다. 오직 하나님의 은혜를 받은 자만이 (1)에 머물 수 있습니다. 이스라엘 백성이 그랬습니다. 하나님의 은혜를 받은 언약백성만이 '성막과 (2)'에 머물 수 있습니다.

15편은 사실 '누가 은혜를 누릴 수 있는가'에 관한 것입니다. 2-5절까지는 죄가 없고 흠

이 없는 자를 말하는 것이 아니라, 오히려 하나님의 법을 진심으로 따르려는 자를 의미합니다. 언약백성, 곧 성도라면 누구나 (2)에 머물 수 있습니다. (2)에 머물고자 하는 성도는 성도다운 삶을 살려고 합니다.

생각하기 나는 하나님의 법을 진심으로 따르고 지키려는 마음이 있나요?

해답 1. 장막, 2. 성산

시편 16편 · 아름다운 선물, 여호와

주요 구절: 16:5

시편 16편은 다윗이 원수의 공격 때문에 하나님에게 피난처를 찾으며 탄원하는 시입니다. 다윗은 "땅에 있는 (1)들"(3절)이 존귀하며 그들로 인해 기뻐하지만, "다른 신에게 예물을 드리는 자"(4절)를 싫어하며 멀리하려 합니다. 다윗은 주 안에서의 삶이 얼마나 복된지 밝은 분위기로 노래합니다. "여호와는 나의 (2)과 나의 잔의 소득이시니 나의 (3)을 지키시나이다. 내게 줄로 재어 준 구역은 아름다운 곳에 있음이여 나의 (4)이 실로 아름답도다."(5-6절) (2), (3), '줄,' (4)은 이스라엘 지파가 하나님께 분배 받은 땅을 생각나게 합니다. 여호와가 성도에게 가장 아름다운 선물입니다. 그러니 원수에게 공격받는 중에도 여호와를 의지하며 밝게 노래할 수 있습니다.

9-11절은 기본적으로 다윗에 대한 것이며 더 나아가 이스라엘 백성에 관한 것이지만, 궁극적으로 그리스도에게서 성취됩니다. 베드로는 8-11절을 자신의 설교(행 2:25-28)에서 인용하며 다윗이 부활을 예언했다고 선포합니다. "이는 주께서 내 영혼을 스올에 버리지 아니하시며 주의 거룩한 자를 (5)시키지 않으실 것임이니이다."(10절)

생각하기 내가 하나님께 받은 선물은 무엇입니까?

해답 1. 성도, 2. 산업, 3. 분깃, 4. 기업, 5. 멸망

시편 17편 의인은 하나님으로 만족한다

주요 구절: 17:1

시편 17편은 시인이 불경한 원수의 공격을 받고 의로운 재판장인 하나님에게 탄원하는 노래로, 22편과 비슷합니다. 욥의 친구들이 욥을 비난한 것처럼 원수가 다윗을 '죄로 인해 고난이 왔다'고 비난하는 상황입니다. 다윗은 하나님에게 자신의 무죄를 시험하고 감찰해달라고 간청합니다. "여호와여 의의 (1 　　)를 들으소서. 나의 울부짖음에 주의하소서."(1절) 다윗은 하나님과의 언약 관계가 탄탄함을 확신하기에 기도합니다. "하나님이여! 내게 (2 　　)하시겠으므로 내가 불렀사오니, 내게 귀를 기울여 내 말을 들으소서."(6절)

원수의 마음은 기름에 잠긴 것 같고 그들의 입은 교만하게 말하며, 그들의 공격(행동)은 치밀하고 집요합니다(10-13절). 의인을 핍박하는 원수들은 "…주의 (3 　　)로 배를 채우고 자녀로 만족하고 그들의 남은 (4 　　)을 그들의 어린 아이들에게 물려주는 자"(14절)들입니다. 원수는 부자이며 그 재물을 자식에게 물려주지만 의인은 그렇지 않습니다. 그러나 이렇게 고백합니다: "나는 의로운 중에 주의 (5 　　)을 뵈오리니, 깰 때에 주의 형상으로 만족하리이다."(15절) 불의한 세상 가운데 의인은 하나님 그분으로 만족합니다. 이것이 성도의 당당한 모습입니다.

생각하기 나의 만족은 어디에, 누구에게, 무엇에 있습니까?

해답 1. 호소, 2. 응답, 3. 재물, 4. 산업, 5. 얼굴

시편 18편 · 구원에 대한 왕의 감사

주요 구절: 18:1

시편 18편은 사무엘하 22장과 거의 비슷합니다. 사무엘하 22장은 다윗 개인 시이지만, 18편은 이스라엘 전체를 위합니다. 이 시는 "여호와께서 다윗을 그 모든 원수들의 손에서와 사울의 손에서 건져 주신 날에 … 여호와"를 향한 마음으로 기록했습니다. "나의 (1

)이신 여호와여! 내가 주를 (2)하나이다. 여호와는 나의 반석이시요, 나의 요새시요, 나를 건지시는 이시요, 나의 하나님이시요…"(1-2절) 그에 비해 원수는 "사망의 줄"(4절), "불의의 창수"(4절), "스올의 줄"(5절), "사망의 (3)"(5절)입니다. 분명한 대조가 돋보입니다.

6-19절은 하나님이 다윗을 원수로부터 구원하는 것을 묘사합니다. 20-28절은 다윗이 구원받는 이유를 열거합니다. "여호와께서 내 (4)를 따라 상 주시며 내 손의 깨끗함을 따라 내게 갚으셨으니."(20절) 다윗에게 죄가 전혀 없다는 것이 아닙니다. 하나님의 은혜 안에서 누리는 경건한 삶의 진실한 고백입니다. 29-45절은 하나님의 도움이 어땠는지 조목조목 열거합니다. "주께서 나를 백성의 다툼에서 건지시고 여러 민족의 으뜸으로 삼으셨으니 내가 알지 못하는 백성이 나를 섬기리이다."(43절) 46-50절은 결론입니다. 하나님이 적을 물리치고 자기 백성을 구원함을 노래합니다. "여호와께서 그 (5)에게 큰 구원을 주시며 기름 부음 받은 자에게 인자를 베푸심이여! 영원토록 다윗과 그 후손에게로다."(50절)

생각하기 하나님이 나의 힘과 도움과 피난처이심을 고백합시다.

해답 1. 힘, 2. 사랑, 3. 올무, 4. 의, 5. 왕

시편 19편 · 창조세계와 말씀에 계시된 영광

주요 구절: 19:1

시편 19편은 15편과 24편 중간에서 중심을 잡습니다. 피조물 가운데 나타난 하나님의 영광(1-6절)과 영광의 발현인 말씀(율법, 7-13절)에 관한 노래입니다. "하늘이 하나님의 (1)을 선포하고 궁창이 그의 손으로 하신 일을 나타내는도다. 날은 날에게 말하고 밤은 밤에게 (2)을 전하니 언어도 없고 말씀도 없으며 들리는 소리도 없으나 그의 소리가 온 땅에 통하고 그의 말씀이 세상 끝까지 이르도다. 하나님이 해를 위하여 하늘에 (3)을 베푸셨도다."(1-4절) 19편 내용은 1편과 119편을 생각나게 합니다. 내용적으로는 119편의 축약입니다.

여호와의 율법을 "증거", "지혜", "교훈", "계명", "도", "법"이라 표현(7-9절)하며 그 고귀함을 노래합니다. "금 곧 많은 순금보다 더 사모할 것이며 꿀과 (4 □□□)보다 더 달도다. 또 주의 종이 이것으로 경고를 받고 이것을 지킴으로 상이 크니이다."(10-11절)

그렇지만 시인은 인간의 연약함을 알기에 하나님께 죄를 깨닫게 해달라고 간구하며 용서를 구합니다(12-13절). 마지막 시인의 고백은 우리 마음 속 깊숙이 박힙니다. "나의 반석이시요, 나의 구속자이신 여호와여! 내 입의 (5 □)과 마음의 (6 □□)이 주님 앞에 열납되기를 원하나이다."(14절) 아멘!

생각하기 주의 말씀을 금과 꿀처럼 사랑하고 사모하나요?

해답 1. 영광, 2. 지식, 3. 정직, 4. 송이꿀, 5. 말, 6. 묵상

시편 20편 · 왕을 위한 백성의 기도

주요 구절: 20:6

시편 20편은 21편과 함께 18편과 짝을 이룹니다. 18편이 '왕의 목소리'라면, 20-21편은 '백성의 목소리'입니다. 전쟁하러 나가는 왕의 승리를 위해 백성이 기도하는 내용입니다. "여호와여 왕을 (1 □□)하소서. 우리가 부를 때에 우리에게 응답하소서."(9절)

백성의 기도는 확신에 차 있습니다. "여호와께서 자기에게 (2 □□) 부음 받은 자를 구원하시는 줄 이제 내가 아오니, 그의 오른손의 (1 □□)하는 힘으로 그의 거룩한 (3 □□)에서 그에게 응답하시리로다."(6절) 하나님에 대한 신실한 믿음이 돋보입니다. "어떤 사람은 병거, 어떤 사람은 (4 □)을 의지하나, 우리는 여호와 우리 하나님의 (5 □□)을 자랑하리로다."(7절) 승리는 오직 하나님께 있습니다.

생각하기 나는 확신에 차서 믿음으로 하나님께 기도하나요?

해답 1. 구원, 2. 기름, 3. 하늘, 4. 말, 5. 이름

시편 21편 · 왕을 돕는 하나님 찬송

주요 구절: 21:1

시편 20편이 전쟁에 나간 왕이 승리할 것을 기도한 것이라면, 시편 21편은 전쟁에서 승리한 왕 때문에 감사의 노래를 부른 내용입니다. 내용상 시편 18편과 짝을 이룹니다. 하나님은 다윗의 일평생 동안 보호하고 전쟁에서 승리하게 하였습니다.

승리를 암시하는 구절은 2절입니다. "그의 마음의 (1 　　)을 들어 주셨으며 그의 입술의 (2 　　)를 거절하지 아니하셨나이다(셀라)."(2절) 세상에 일어나는 모든 일이 하나님의 손에 달려 있는데, 특히 전쟁이 그렇습니다. "여호와여! 왕이 주의 (3 　)으로 말미암아 기뻐하며 주의 (4 　　)으로 말미암아 크게 즐거워하리이다."(1절) 하나님의 백성은 하나님의 (5 　　)과 (6 　　)으로 인해 기뻐 찬송합니다. "여호와여, 주의 (5 　　)으로 높임을 받으소서. 우리가 주의 (6 　　)을 노래하고 찬송하게 하소서."(13절)

생각하기 모든 영적 전쟁에서 하나님으로 인해 승리할 것을 믿나요?

해답 1. 소원, 2. 요구, 3. 힘, 4. 구원, 5. 능력, 6. 권능

시편 22편 · 의인의 고난과 영광

주요 구절: 22:1

시편 22편은 다윗이 경험한 여러 고난의 결과물입니다. 고난이 얼마나 심각했는지, 마치 하나님이 다윗을 떠나고 버린 것 같습니다. "내 하나님이여! 내 하나님이여! (1 　　) 나를 버리셨나이까? (1 　　) 나를 (2 　　) 하여 돕지 아니하시오며 내 신음 소리를 (3 　　) 아니하시나이까?"(1절)

이 호소는 이사야 53장을 떠올리게 합니다. 하나님의 종이 고난받는 점이 가장 비슷합니다. 물론 이사야 53장에 나오는 여호와의 종이 누구를 위해 고난받는지 분명하지만, 시편 22편은 그렇지 않다는 것이 차이입니다. 그러나 의인이 고난에서 구원받고 영광을

되찾게 되면 그 결과로 이방인이 주께로 돌아온다는 것(27-31절)은 같습니다.

22편만큼 예수 그리스도의 십자가 고난과 관련해 많이 인용되는 성경도 없습니다. 다음 표를 참고하십시오.

다윗	예수 그리스도
"내 하나님이여, 어찌…" (시 22:1)	"…나의 하나님, 나의 하나님, 어찌…" (마 27:46)
"나를 보는 자는…머리를 흔들며" (시 22:7)	"지나가는 자들은 자기 머리를 흔들며" (마 27:39)
"그가 여호와께 의탁하니 구원하실 걸…" (시 22:8)	"그가 하나님을 신뢰하니 … 이제 그를 구원하실지라…" (마 27:43)
"내 겉옷을 나누며 속옷을 제비 뽑나이다." (시 22:18)	"…그 옷을 제비 뽑아 나누고" (마 27:35)

생각하기 예수 그리스도의 고난을 깊이 묵상해봅시다.

해답 1. 어찌, 2. 멀리, 3. 듣지

시편 23편 · 나의 목자, 나의 왕 여호와

주요 구절: 23:1

시편 23편은 구약성경 가운데 성도에게 가장 감동을 주며 힘을 주는 본문일 것입니다. 많은 그리스도인이 이 시를 암송할 정도입니다. 1-4절은 '목자와 양'의 그림으로 설명합니다. 5-6절은 '왕과 신하'의 그림으로 바뀝니다. 이 시가 말하는 것은 분명합니다. 하나님과 성도의 아름답고 든든한 관계입니다. 성도는 자신을 유약한 "양"이나 의존적 "백성"이라고 고백합니다. 영원한 목자와 위대한 왕으로 계신 하나님이 돌보니 성도는 "여호와의 집"(6절)을 소망합니다. "사망의 음침한 골짜기"와 "해"(害)도 두려워하지 않습니다(4절). 하나님은 원수의 눈앞에서 성도의 억울한 눈물을 닦고 푸짐한 잔칫상을 차려 줄 것입니다(5절).

"여호와는 나의 (1 　　)시니, 내게 부족함이 없으리로다. 그가 나를 푸른 초장에 누이시며 쉴만한 (2 　　)로 인도하시는도다. 내 영혼을 소생시키시고 자기 (3

(　　)을 위하여 의의 길로 인도하시는도다. 내가 사망의 음침한 (4 　　　)로 다닐지라도 해를 두려워하지 않을 것은 주께서 나와 함께 하심이라. 주의 지팡이와 (5 　　　)가 나를 안위하시나이다. 주께서 내 원수의 목전에서 내게 상을 차려 주시고 기름을 내 머리에 부으셨으니, 내 잔이 넘치나이다. 내 평생에 선하심과 인자하심이 반드시 나를 따르리니, 내가 여호와의 (6 　)에 영원히 살리로다."

생각하기 시편 23편을 외워서 입술로 읊조려 봅시다.

해답 1. 목자, 2. 물가, 3. 이름, 4. 골짜기, 5. 막대기, 6. 집

시편 24편 · 성소를 사모하는 성도

주요 구절: 24:7

시편 24편은 15편과 짝을 이루어 그 사이에 있는 모든 시(16-24편)를 품는 두 팔과 같습니다. 이 시는 두 부분으로 나뉘는데, 첫 부분(1-6절)은 15편과 같이 '여호와의 집에 사는 성도'가 주제입니다. 두 번째 부분(7-10절)은 '이스라엘의 하나님이 왕처럼 영광스럽게 행진하는 것'을 노래합니다. 다윗이 법궤를 예루살렘으로 옮길 때(삼하 6장), 혹은 그것을 생각하면서 쓴 시로 보입니다. 이 시는 모든 성도가 어떤 마음으로 하나님께 나아가야 할지를 보여줍니다. 역사적으로 교회는 이 시를 승리한 예수님이 하늘에 있는 예루살렘으로 들어가는 모습으로 이해합니다.

"문들아 너희 (1 　　)를 들지어다. (2 　　　) 문들아 들릴지어다. 영광의 (3 　　)이 들어가시리로다. 영광의 (3 　)이 누구시냐? 강하고 능한 여호와시요, (4 　　)에 능한 여호와시로다."(7-8절) "문"은 성도의 은유적 표현으로 이해할 수 있습니다.

생각하기 승리하신 영광의 왕 예수 그리스도를 찬양합시다!

해답 1. 머리, 2. 영원한, 3. 왕, 4. 전쟁

시편 25편 · 언약에 근거한 담대한 기도

주요 구절: 25:1

시편 25-33편을 하나의 묶음으로 볼 수 있습니다. 처음 25편과 마지막 33편은 히브리어 알파벳 22개로 구성된 시입니다. 25편에서 하나님께 구원해달라고 기도하고 33편에서 구원하셨음을 찬양하는 것으로 절정에 이릅니다. 이 묶음은 29편을 중심으로 26편과 32편, 27편과 31편, 28편과 30편이 짝을 이루며 연관성을 이룹니다.

시편 25편에서 다윗은 자기 죄로 인한 고통, 곧 원수의 공격으로부터 구해줄 것을 하나님에게 기도합니다. 그 근거는 자신의 의가 아닙니다. 다윗은 하나님의 언약("자비", "인자", "선하심", "의로우심", "신실하심", "은총": 6-8, 10, 14, 16절)에 의지해 기도합니다.

먼저 자신의 (1)를 용서해달라(7, 11, 18절)고 합니다. "여호와여! 내 젊은 시절의 (1)와 허물을 (2)하지 마시고, 주의 인자하심을 따라 주께서 나를 (2)하시되, 주의 선하심으로 하옵소서."(7절) 또 "여호와여! 나의 죄악이 크오니, 주의 (3)으로 말미암아 사하소서."(11절)라고 고백합니다. 하나님의 언약은 회개하는 자에게 용서가 수여되므로 아름답습니다. 다윗의 이 시는 자신의 기도를 넘어 하나님의 언약백성 전체를 향합니다. "하나님이여! 이스라엘을 그의 모든 (4)에서 (5)하소서."(22절) (5)은 '구원'의 다른 표현입니다.

생각하기 나의 기도와 간구는 무엇에 의지하고 있습니까?

해답 1. 죄, 2. 기억, 3. 이름, 4. 환난, 5. 속량

시편 26편 · 언약백성의 완전함

주요 구절: 26:1

시편 26편에서 다윗은 자기 의를 자랑하는 것처럼 보입니다. "내가 나의 (1)함에 행하였사오며, 흔들리지 아니하고 여호와를 의지하였사오니 여호와여, 나를 (2)하소

서!"(1절) 그러나 다윗은 자신의 완전한 의를 주장하지 않습니다. 하나님의 자비, 인자, 성실, 정직이 의롭게 한다는 믿음을 표현한 것입니다. "나는 나의 (1　　　)함에 행하오리니, 나를 (3　　　)하시고 내게 (4　　　)를 베푸소서"(11절)에서 "나의 (1　　　)함"은 하나님이 주시는 은혜의 방편을 따라 받은 하나님의 선물(=베푸심)입니다. 인간은 스스로 절대로 (1　　　)할 수 없습니다. 다윗도 실수가 있지만 그 길로 걸어가고 있음을 '간사한 자', '행악 자', '악한 자'와 대비하면서 언약백성으로서 기도합니다.

12절은 시편 1편을 생각나게 합니다. 세 개 동사가 그렇습니다: "행하여"(3절), "앉지 아니"(4-5절), "섰사오니"(12절).

생각하기 다윗은 무슨 근거로 자신의 완전함을 말할 수 있었을까요?

해답 1. 완전, 2. 판단, 3. 속량, 4. 은혜

시편 27편 · 여호와는 내 빛, 구원, 능력

주요 구절: 27:1

시편 27편 1-6절까지는 왕 다윗의 '신앙고백'입니다. 그의 신앙고백은 이렇게 시작합니다. "여호와는 나의 (1　　)이요, 나의 구원이시니, 내가 누구를 두려워하리요. 여호와는 내 생명의 (2　　　)이시니 내가 누구를 무서워하리요."(1절) 7-12절은 '기도'입니다. 마지막 13-14절은 '결론'으로 1-6절의 반복입니다.

아마도 다윗은 예루살렘으로부터 멀리 떨어져서 원수에게 공격받으며 포위된 상태인 것 같습니다. 나라의 여론은 다윗에게 매우 불리하게 작용하고 있습니다. 상황이 얼마나 안 좋은지 (3　　　)까지도 원수들 편에 서 있는 것 같다고 합니다. "내 (3　　　)는 나를 버렸으나…"(10절)

그러나 다윗이 의지할 분은 구원자 하나님입니다. 그것을 이렇게 표현합니다. "내가 여호와께 바라는 한 가지 일 그것을 구하리니, 곧 내가 내 평생에 여호와의 (4　　)에 살면서 여호와의 아름다움을 바라보며, 그의 성전에서 사모하는 그것이라."(4절)

생각하기 나는 어떻게 하나님을 사모하며 바라보고 있습니까?

해답 1. 빛, 2. 능력, 3. 부모, 4. 집

시편 28편 · 경건한 자의 탄원과 감사

주요 구절: 28:1

시편 28편은 대적자로 인해 고통받는 경건한 성도의 하나님을 향한 탄원입니다. "악인과 악을 행하는 자들과 (1   ) 나를 끌어내지 마옵소서. 그들은 그 이웃에게 (2   )을 말하나 그들의 마음에는 악독이 있나이다."(3절) 하나님을 인정하고 의지하는 자와 그렇지 않은 자를 분명하게 구별해달라는 애타는 탄원입니다. 겉모습으로 알 수 없는 이중적 삶을 사는 사람들이 세상에 많습니다. 하나님의 백성은 원수들로부터 고통을 받기 쉽습니다.

1-4절은 탄원하는 기도입니다. "내가 주께 부르짖으오니 … 내게 (3   )를 막지 마소서 … 내게 잠잠하시면 내가 무덤에 내려가는 자와 같을까, 하나이다."(1절) 이 표현에서 시인이 아주 곤란한 처지에서 심각한 고난을 받고 있음을 느낍니다. 하지만 시인은 자기의 "힘"과 "방패"와 "요새"인 여호와 하나님을 찬송합니다(6-8절).

9절은 언약백성 전체의 기도와 다름없습니다. "주의 백성을 구원하시며 주의 (4   )에 복을 주시고, 또 그들의 (5   )가 되시어 영원토록 그들을 인도하소서."(9절)

생각하기 나는 악인으로 인해 고통받을 때 하나님을 바라봅니까?

해답 1. 함께, 2. 화평, 3. 귀, 4. 산업, 5. 목자

시편 29편 · 하나님의 영광을 찬양하라!

주요 구절: 29:1

시편 29편은 25-33편 묶음 중간에서 균형을 잡아줍니다. 하나님의 놀라운 권능과 능력을 노래하는 '찬양시'입니다. "너희 권능 있는 자들아! 영광과 (1 ____ ____)을 여호와께 돌리고 돌릴지어다."(1절) "권능 있는 자들"은 '신의 아들들'로 세상에서 칭송받고 높임받는 천사들과 우상들을 가리킵니다. 세상의 권능과 능력이 대단해 보이지만, 참 권능과 능력과 영광은 오직 하나님에게(soli Deo gloria) 있습니다. 특별히 "여호와의 소리"(=우렛소리, 3-9절)는 '하나님의 힘과 영광'을 표현합니다. "여호와의 소리가 (2 ____) 위에 있도다. 영광의 하나님이 (3 ____ ____)소리를 내시니 여호와는 많은 (2 ____)위에 계시도다."(3절) 하나님의 영광이 창조세계와 그 위에 있는 위엄찬 소리에 있음을 노래합니다(3-4절). 가나안 백성이 바알 신의 소리에 무릎 꿇고 고개 숙이지만, 그 예배는 헛될 뿐입니다.

그에 비해 하나님은 바다와 레바논 산과 광야를 거쳐 마지막으로 성전에서 그 영광을 선포합니다(3-9절). 온 세상을 창조한 하나님은 지상에 좌정(10절)해 택한 자들에게 복을 내립니다. "여호와께서 자기 백성에게 (4 ____)을 주심이여! 여호와께서 자기 백성에게 (5 ____ ____)의 복을 주시리로다."(11절)

생각하기 천지만물을 보며 하나님의 영광을 찬양합시다!

해답 1. 능력, 2. 물, 3. 우레, 4. 힘, 5. 평강

시편 30편 · 짧은 절망과 영원한 은혜

주요 구절: 30:1

이 시를 읽으면 절망과 좌절 속에서 구원받은 성도의 감사를 느낄 수 있습니다. 시의 제목은 "성전 (1 ____ ____)가"입니다. 시온 성 정복 때나 혹은 압살롬의 반란을 물리치고 다시 예루살렘으로 돌아온 후에 부른 것으로 보입니다.

그러나 보다 더 일반적인 것은 삶에서 깊은 추락과 좌절로부터 구원받은 성도가 고백하는 감사의 시입니다. 일반 성도가 경험하는 고통과 어려움이 "진토"(9절), "수렁"(14절), "스올"(3절), "무덤"(3절), "근심"(7절), "슬픔"(11절), "베옷"(11절) 같은 단어들로 표현됩니다. 성도도 때로는 깊은 수렁에 빠집니다(3, 9절). 성도는 여호와 하나님께 부르짖으며 간구합니다(2, 8절). 하나님은 기도를 듣고 스올과 구덩이에서 끌어내고(1, 3절), 고치고(2절), 굳게 세우고(7절) 구원합니다.

구원받은 성도는 이렇게 노래합니다. "그의 노염은 잠깐이요, 그의 은총은 (2)이로다. 저녁에는 울음이 깃들일지라도 (3)에는 기쁨이 오리로다."(5절) 성도의 찬송은 계속 이어집니다. "주께서 나의 (4)이 변하여 내게 춤이 되게 하시며, 나의 (5)을 벗기고 기쁨으로 띠 띠우셨나이다. 이는 잠잠하지 아니하고 내 영광으로 주를 찬송하게 하심이니, 여호와 나의 하나님이여! 내가 주께 영원히 (6)하리이다."(11-12절)

생각하기 슬픔을 기쁨으로 바꾸시는 주님을 경험한 적이 있나요?

해답 1. 낙성, 2. 평생, 3. 아침, 4. 슬픔, 5. 베옷, 6. 감사

시편 31편 · 고난받는 자에게 하나님은 반석과 산성!

주요 구절: 31:13

시편 31편의 중심 구절은 13절입니다. "내가 무리의 (1)을 들었으므로 사방이 두려움으로 감싸였나이다. 그들이 나를 치려고 함께 (2)할 때에 내 생명을 빼앗기로 꾀하였나이다." 원수로 인한 다윗의 많은 고난은 그리스도의 고난을 떠오르게 합니다. 예수님은 십자가 위에서 5절을 인용했습니다. "내가 나의 영을 주의 손에 부탁하나이다."(눅 23:46) 이 말씀은 스데반이 돌에 맞아 죽는 순간에도 인용되었습니다(행 7:59).

성도가 경험하는 현실은 "고난"과 "환난"(7절), "고통"과 "근심"(9절), "슬픔"과 "탄식", "기력이 약해짐"과 "뼈가 쇠약함"(10절), "욕을 당함"(11절), "잊어버린바 됨"과 "깨진 그릇과 같음"(12절), "비방"과 "두려움"(13절)입니다. 정반대로 여호와 하나님은 "건고한

바위"와 "구원하는 산성"(2-3, 4절), "주의 얼굴"과 "주의 사랑"(16절), "놀라운 사랑"(21절)으로 표현됩니다.

성도는 언약의 하나님께 구원을 부르짖고 믿음으로 기도할 수 있습니다. 하나님은 반드시 응답합니다. "내가 놀라서 말하기를 주의 (3 　 　)에서 끊어졌다, 하였사오나, 내가 주께 (4 　 　)짖을 때에 주께서 나의 간구하는 소리를 들으셨나이다."(22절) 그리하여 다윗은 "너희 모든 성도들아! 여호와를 (5 　 　)하라…"(23절)고 말합니다. 시인은 비방과 음모와 공격을 당하더라도 여호와 하나님이 피할 견고한 반석과 산성 됨을 믿고 의지하며 이겨내겠다고 고백합니다. 시인의 믿음이 우리에게도 필요합니다.

생각하기 고난 중에 나는 어떻게 나의 영혼을 주님께 의탁하나요?

해답 1. 비방, 2. 음모, 3. 목전, 4. 부르, 5. 사랑

시편 32편 · 용서의 하나님께 감사(참회 시)

주요 구절: 32:1

시편 32편 제목에 "마스길"이 있는데, '교훈' 혹은 '교리'에 해당되는 말입니다(42, 44-45, 52-55, 74, 78, 88-89, 142편). 하나님은 정직하게 죄를 고백하고 하나님의 다스림을 받는 자들에게 '용서'를 선물한다는 교훈입니다. 32편은 참회 시이며, 또 다른 참회 시는 6, 38, 51, 102, 130, 143편입니다. 그러나 핵심 주제는 참회가 아닌 '감사'입니다. '회개'를 통해 용서받은 성도가 하나님을 향해 '감사'하는 내용입니다.

"허물의 사함을 받고 자신의 죄가 (1 　 　)진 자는 복이 있도다."(1절) 죄를 "가리"고 "용서"하는 분은 오직 하나님뿐입니다. 그런데 인간은 자신의 죄를 "아뢰"지 않고 (2 　 　)려 합니다(5절). "…내 허물을 여호와께 (3 　 　)하리라, 하고, 주께 내 죄를 아뢰고, 내 죄악을 (2 　 　)지 아니하였더니, 곧 주께서 내 죄악을 사셨나이다"(5절)라고 고백하는 자는 복 받은 자입니다.

누구나 죄가 있는데, 그 죄를 가지고 거룩한 하나님에게 나아가 숨기지 아니하고 (3 　 　)할 때 놀라운 평안과 보호를 얻습니다. "…모든 경건한 자는 주를 만날 (4 　

)를 얻어서 주께 기도할지라. 진실로 (5)가 범람할지라도 그에게 미치지 못하리이다. 주는 나의 (6)이오니, 환난에서 나를 보호하시고 구원의 노래로 나를 두르시리이다(셀라)."(6-7절)

생각하기 하나님 앞에서 아뢰지 않고 숨기고 있는 죄는 없나요?

해답 1. 가려, 2. 숨기, 3. 자복, 4. 기회, 5. 홍수, 6. 은신처

시편 33편 · 구원받은 백성의 찬양

주요 구절: 33:12

시편 33편은 25-33편 묶음에서 마지막에 해당합니다. 33편에는 '감사와 찬송'(2절), '즐거움과 아름다움'(3, 21절)이 가득 풍깁니다. 하나님에게 죄를 용서받은 (1)이 누리게 될 감사와 기쁨을 노래합니다. "너희 (1)들아! 여호와를 즐거워하라! 찬송은 정직한 자들이 마땅히 할 바로다."(1절) 악기는 즐거움을 표현하는 방법 가운데 하나입니다. "(2)으로 여호와께 감사하고 열 줄 비파로 찬송할지어다."(2절)

3-19절은 찬송입니다. '새 노래'는 새로운 곡(new song)이 아니고 구원의 노래입니다(시 40:3; 계 5:9 참고). "많은 (3)로 구원 얻은 왕이 없으며 용사가 힘이 세어도 스스로 구원하지 못하는도다. 구원하는 데에 (4)는 헛되며 (3)가 많다 하여도 능히 구하지 못하는도다. 여호와는 그를 경외하는 자 곧 그의 인자하심을 바라는 자를 살피사, 그들의 영혼을 사망에서 건지시며 그들이 굶주릴 때에 그들을 살리시는도다."(16-19절)

주목할 것은 하나님은 "여호와의 (5)"으로 다스린다는 것입니다(4-9절). "여호와의 (5)으로 하늘이 지음이 되었으며 그 만상을 그의 입 (6)으로 이루었도다."(6절) 이렇게 하나님 (5)의 다스림을 받는 백성은 복이 있습니다(12절). 오늘 하나님의 교회에 속한 우리가 바로 그런 복된 자들입니다. 33편은 '교회의 노래'입니다.

생각하기 말씀 읽기, 묵상, 암송으로 복과 기쁨을 누리고 있습니까?

해답 1. 의인, 2. 수금, 3. 군대, 4. 군마, 5. 말씀, 6. 기운

시편 34편 · 하나님의 보호를 찬양

주요 구절: 34:8

시편 33편이 '교회의 노래'라면, 34편은 '개인의 노래'입니다. "내가", "나", "네"라는 단어가 전반적으로 돋보입니다. 제목이 "다윗이 아비멜렉 앞에서 (1 __ __) 체하다가 쫓겨나서 지은 시"라고 되어 있습니다. 사무엘상 21:11-15이 역사적 배경입니다. 여기서 아비멜렉은 블레셋 왕에 대한 일반적 칭호이며(창 20장, 21:22-34, 26장), 그의 이름은 "아기스"입니다.

34편은 하나님이 당신의 백성을 "곤고"(2, 6절)와 "두려움"(4절), "궁핍"(10절), "모든 환난"(6, 17절), "모든 고난"(19절)으로부터 철저하게 보호하신다는 것을 가르치고 노래합니다. "이 곤고한 자가 부르짖으매 여호와께서 들으시고 그의 모든 (2 __ __)에서 구원하셨도다."(6절) 8절은 (3 __ __ __)라는 단어 때문에 초대교회 성찬식에서 자주 인용된 구절이기도 합니다. "너희는 여호와의 선하심을 (3 __ __ __) 알지어다. 그에게 피하는 자는 복이 있도다."(8절) 20절 "그의 모든 뼈를 (4 __ __)하심이여! 그 중에서 하나도 꺾이지 아니하도다."에서 "뼈"는 사람의 전체를 뜻하는데, 하나님이 택한 백성을 머리부터 발끝까지 완전히 (4 __ __)한다는 뜻입니다. 20절은 출애굽기 12:46과 함께 요한복음 19:36에 적용됩니다.

34편은 개인적 고백으로 오늘 우리에게 바로 적용할 수 있습니다. 말씀을 붙들고 기도하고 찬양합시다. "여호와는 마음이 (5 __ __) 자를 가까이 하시고 충심으로 (6 __ __)하는 자를 구원하시는도다. 의인은 고난이 많으나 여호와께서 그의 모든 고난에서 건지시는도다."(18-19절)

생각하기 하나님의 선하심을 언제 마음 깊이 체험해보았나요?

해답 1. 미친, 2. 환난, 3. 맛보아, 4. 보호, 5. 상한, 6. 통회

시편 35편 · 성도의 절규어린 기도

주요 구절: 35:1

시편 35편도 34편처럼 '개인의 노래'로서, 적의 공격으로부터 고난받는 성도가 하나님의 도움을 요청하는 절규이린 기도입니다. 이 시는 세 부분(1-10절, 11-18절, 19-28절)으로 나뉩니다. 각 부분 첫머리는 경건한 자의 고난에 대해 표현합니다. 이어서 구원을 요청합니다. 마지막으로 찬양이 따릅니다.

성도가 고난 가운데 있을 때 악한 자가 공격을 합니다. 성도가 약할 때 악인의 공격은 더 아픕니다. "그들이 까닭 없이 나를 잡으려고 그들의 (1 　　)을 웅덩이에 숨기며 까닭 없이 내 생명을 해하려고 (2 　　)을 팠사오니."(7절) 악인의 공격은 경건한 자가 '병'(13절), '넘어짐'(15절), '재난'(26절)을 당할 때 더 거셉니다. 시인은 기도합니다. "주여, 어느 때까지 (3 　　)하시려 하나이까? 내 영혼을 저 (4 　　　)에게서 구원하시며 내 유일한 것을 사자들에게서 건지소서."(17절) "내 유일한 것"은 "내 생명"(4절)을 의미합니다.

마침내 성도는 구원의 기쁨을 노래합니다. "나의 혀가 주의 의를 말하며 종일토록 주를 (5 　　)하리이다."(28절) 절규어린 기도가 구원의 (5 　　)으로 바뀝니다. 고통에서 구원받은 자의 할 일은 감사한 마음에서 우러나오는 (5 　　)입니다.

생각하기 고난당했을 때 나는 어떻게 기도했나요?

해답 1. 그물, 2. 함정, 3. 관망, 4. 멸망자, 5. 찬송

시편 36편 · 보배로운 하나님의 인자하심

주요 구절: 36:1

시편 36편 1-4절과 5-9절 내용이 대칭됩니다. 첫 네 절은 죄인의 불경건한 모습을 표현합니다. 악인은 자기 죄가 드러나지 않고 미움도 받지 않을 것이라고 자만합니다(2절). "그의 입에서 나오는 말은 죄악과 (1 　　)이라. 그는 (2 　　)와 선행을 그쳤도

다.”(3절) 두 번째 네 절은 하나님의 은혜와 신실함을 노래합니다. “하나님이여! 주의 (3)하심이 어찌 그리 (4)로우신지요. 사람들이 주의 날개 그늘 아래에 피하나이다.”(7절) 뿐만 아니라, “생명의 원천이 주께 있사오니 주의 빛 안에서 우리가 빛을 보리이다”(9절)라고 고백합니다.

마지막으로 10-12절은 두 가지를 정리해 요약합니다. “주를 아는 자들에게 주의 (3)하심을 계속 베푸시며 … 악을 행하는 자들이 거기서 (5)졌으니 엎드러지고 다시 일어날 수 없으리이다.”(10-12절) 주의 백성에게 하나님의 인자하심은 (4)롭습니다.

생각하기 최근에 고통을 벗어나게 한 하나님의 인자하심이 있습니까?

해답 1. 속임, 2. 지혜, 3. 인자, 4. 보배, 5. 넘어

시편 37편 · 악인의 번영과 의인의 소망

주요 구절: 37:1

시편 37편은 ‘지혜시’에 속합니다. 36편에 이어 의인과 악인의 대조를 더 확장하고 심도 있게 질문합니다. ‘누가 땅을 차지할 것인가?’(9, 11, 22, 29절), ‘누가 약속의 땅에서 하나님의 복을 누리며 살 것인가?’ 악인은 “꾀”(7, 12, 32절), “사기”(21절), “탈취와 강도”(14절)를 일삼지만 번성하고 형통(7, 16, 35절)합니다. 우리 주변에도 그런 자들이 많습니다. 이들 때문에 하나님께 “불평”과 사람에 대한 “시기”가 생기기도 합니다(1절). 그러나 놀랄 필요 없습니다. “그들은 (1)과 같이 속히 베임을 당할 것이며, 푸른 채소 같이 (2)할 것임이로다.”(2절) 시인은 이 악한 자가 비참해질 것이라고 확신합니다. 그러므로 의인은 인내로 기다릴 필요가 있습니다. “그는 넘어지나 (3) 엎드러지지 아니함은 여호와께서 그의 손으로 (4)이로다.”(24절)

의인의 삶은 어때야 할까요? 성도는 여호와를 “의뢰”(3절)하고, “의지”(5절)하고, 여호와 앞에서 “잠잠하고 참고 기다리”(7절)며, “소망”(34절)을 가져야 합니다. “온유”(11절)하고 “온전”(18, 37절)하고 “은혜를 베풀며”(21, 26절), “정직하고 화평”(37절)하며, “지혜로우며 정의와 하나님의 법을 말”(30-31절)하며, “바른 걸음을 걸”(31절)어야 합니다.

결국 의인이 "땅"을 차지하게 될 것이기 때문입니다(9, 11, 22, 29절). 이 "땅"은 일차적으로 약속의 땅 가나안을 의미하며 또 하나님 나라를 의미합니다.

37편은 성도가 하나님의 법에 따라 살아가려고 할 때 경험하게 되는 악인들의 박해와 번성을 보고, 놀라며 실망하지 말고, 하나님의 살아계심과 보호하심을 인내의 믿음으로 굳건하게 견디기를 교훈합니다.

생각하기 악인의 형통을 볼 때 어떻게 인내할 수 있을까요?

해답 1. 상처, 2. 우매, 3. 허리, 4. 불안

시편 38편 · 시련 속에서 죄를 기억함(참회 시)

주요 구절: 38:18

시편 38편은 "기념하는 시"라고 제목이 붙어 있습니다. 무엇을 기억할까요? 바로 "죄"입니다. 이 시는 참회 시이면서 히브리어 알파벳 22자로 이루어진 시입니다. 또 다른 참회 시는 6, 32, 51, 102, 130, 143편입니다.

시인은 질병의 "고난" 속에 있습니다. 그 고난은 자신의 "죄"와 연관이 있습니다. 모든 고난이 죄로부터 오는 것은 아니지만, 적어도 시인은 자기 죄로 인해 고난당하고 심지어 원수에게 공격받습니다. 두 배의 고난입니다.

시인은고난이하나님으로부터온것을압니다. "주의노하심"(1절), "주의화살"(2절), "주의 손"(2절), "주의 진노"(3)라는 표현이 그것을 보여줍니다. 시인은 그 고난을 "나의 죄"(3절), "내 죄악"(4, 18절), "내 죄"(18절)라고 인정합니다. 고난의 목소리를 들어보십시오. 처참합니다. "내 (1 ______)가 썩어 악취가 나오니, 내가 (2 ______)한 까닭이로소이다. 내가 아프고 심히 구부러졌으며 종일토록 슬픔 중에 다니나이다. 내 (3 ______)에 열기가 가득하고 내 살에 성한 곳이 없나이다. 내가 피곤하고 심히 상하였으매 마음이 (4 ______)하여 신음하나이다."(5-8절) 시인은 하나님에게 나아가 자신의 죄를 인정하고 고백하며 도움을 구합니다. "내 죄악을 아뢰고 내 죄를 슬퍼함이니이다."(18절) "여호와여 나를 버리지 마소서. 나의 하나님이여! 나를 멀리하지 마소시. 속히 나를 도

우소서. 주 나의 (5 　　)이시여!"(21-22절) 죄로 인한 고난에서 벗어나는 유일한 길은 회개뿐입니다.

생각하기 나는 죄를 슬퍼하고 미워합니까? 언제 어떻게 했나요?

해답 1. 상처, 2. 우매, 3. 허리, 4. 불안, 5. 구원

시편 39편 · 고통 중에 드리는 기도

주요 구절: 39:9

이 시는 "여두둔 형식으로 부르는 노래"입니다. "여두둔"(Jeduthun)은 다윗 왕의 노래하는 자 세 명 중 한 명입니다(대상 9:16; 16:41; 대하 5:12; 35:15). "여두둔 형식으로 부르는 노래"가 무엇인지 정확히 모릅니다. 여두둔이 부른 노래 형식을 따르라는 것으로 보입니다.

시편 38편이 '원수들 앞에서의 침묵'을 말한다면 39편은 '하나님 앞에서의 침묵'을 말합니다. 다윗은 자신의 죄 때문에 질병의 고통을 당합니다. "주의 (1 　　)을 나에게서 옮기소서. 주의 손이 치심으로 내가 (2 　　)하였나이다. 주께서 죄악을 책망하사 사람을 징계하실 때에 그 (3 　　)를 좀먹음 같이 소멸하게 하시니, 참으로 인생이란 모두 헛될 뿐이니이다(셀라)."(10-11절) 비참한 상황에 처한 자신을 볼 때 인간의 영화가 아무 것도 아님을 깨닫습니다. "진실로 각 사람은 (4 　　　) 같이 다니고 헛된 일로 소란하며 재물을 쌓으나 누가 거둘는지 알지 못하나이다."(6절) 그러나 시인은 이런 고통 속에서도 하나님을 향한 신뢰와 믿음을 버리지 않습니다. "주여! 이제 내가 (5 　　)을 바라리요. 나의 소망은 주께 있나이다."(7절)

생각하기 인생이 그림자 같다는 것을 경험한 적이 있나요?

해답 1. 징벌, 2. 쇠망, 3. 영화, 4. 그림자, 5. 무엇

시편 40편 · 죄와 고통, 궁핍 중에도 하나님을!

주요 구절: 40:12

시편 제1권은 1-41편인데, 처음 1-2편이 복을 노래하듯이 마지막 40-41편도 복을 노래합니다(1:1; 2:12; 40:4; 41:1).

시편 40편은 1-5절, 6-10절, 11-17절, 세 연으로 구성되어 있습니다. 특별히 셋째 연은 시편 70편과 거의 흡사합니다. 첫째 연이 노래하는 것은 하나님이 시인에게 과거에 보여주었던 구원의 은혜입니다. 둘째 연은 그 하나님에게 감사하는 내용으로 제사가 나옵니다. "주께서 내 (1 　)를 통하여 내게 들려주시기를 제사와 예물을 기뻐하지 아니하시며 번제와 (2 　 　)제를 요구하지 아니하신다 하신지라."(6절) 외적 제사와 예물보다 중요한 것은 하나님의 법, 곧 말씀을 마음에 두는 것입니다. 말씀은 하나님의 "공의", "성실", "구원", "인자" 그리고 "진리"를 증거하기 때문입니다(7-10절).

셋째 연은 분위기가 돌변합니다. 세상은 "수많은 (3 　 　)"으로 가득하고 성도는 자신의 중심에 있는 죄로 인해 더 낙심합니다. "수많은 (3 　 　)이 나를 둘러싸고 나의 죄악이 나를 덮치므로 우러러볼 수도 없으며, 죄가 나의 머리털보다 많으므로 내가 낙심하였음이니이다."(12절) 원수의 공격도 만만치 않습니다(14-15절). "하하 하하…" 비웃으며 조롱합니다(15절). 시인은 하나님에게 소망을 둡니다. 원수가 "하하 하하" 비웃을 때, 성도는 "…여호와는 위대하시다…"라고 노래할 것입니다. 성도는 (4 　 　)할 때 도우시는 하나님에게 희망을 둡니다. "나는 가난하고 (4 　 　)하오나, 주께서는 나를 생각하시오니, 주는 나의 (5 　 　)이시요, 나를 건지시는 이시라. 나의 하나님이여! 지체하지 마소서."(17절)

생각하기 죄와 원수의 공격 가운데 나는 어떻게 해야 할까요?

해답 1. 귀, 2. 속죄, 3. 재앙, 4. 궁핍, 5. 도움

시편 41편 · 회복자의 감사 찬송

주요 구절: 41:13

시편 41편은 40편과 하나를 이루며, 시편 제1권이 마무리됩니다. 시인은 자신의 질병이 죄와 관련 있음을 고백합니다. "내가 주께 (1 　 　)하였사오니, 나를 고치소서."(4절) 하나님에게 은혜를 구합니다. 견디기 힘든 것은 주변의 원수들입니다. 그들은 질병으로 고생하는 시인을 향해 "악담"(5절)하며 죽이려합니다. "거짓"(6절)을 말하며 수군거리고 시인을 해하려고 꾀(7절)합니다. 원수들은 시인이 죽을 것을 바랍니다(8절). "내가 신뢰하여 내 떡을 나눠먹던 나의 가까운 (2 　 　)도 나를 대적하여 그의 (3 　 　 　)를 들었나이다."(9절) 가장 가까운 (2 　 　)까지도 배신한 고통스런 상황입니다. '발꿈치를 들다'는 어떤 사람을 넘어뜨리기 위해 수작을 거는 것을 의미합니다. 예수님은 자기를 팔아넘길 유다를 향해 그렇게 표현했습니다(요 13:18).

이런 비참한 상황 속에 처한 성도에게는 오직 하나님만이 도움입니다. "그러하오나, 주 여호와여! 내게 은혜를 베푸시고 나를 일으키사 내가 그들에게 (4 　 　)하게 하소서. 이로써, 내 원수가 나를 이기지 못하오니, 주께서 나를 기뻐하시는 줄을 내가 알았나이다. 주께서 나를 온전한 중에 붙드시고 영원히 주 앞에 세우시나이다."(10-12절)

13절은 제1권을 마무리하는 송영입니다. "이스라엘의 하나님 여호와를 영원부터 영원까지 (5 　 　)할지로다. 아멘 아멘!"(13절)

생각하기 친구에게 배신을 당하면 어떻게 해야 할까요?

해답 1. 범죄, 2. 친구, 3. 발꿈치, 4. 보응, 5. 송축

시편 42편 · 낙심 속에서 하나님을 갈망함(1)

주요 구절: 42:11

시편 42편은 시편 제2권(42-72편)의 첫 번째 시입니다. 42편과 43편을 잘 보면 후렴구가 같습니다. 그래서 본래 한 편이었을 것으로 추측합니다. "내 영혼아 네가 어찌하

여 (1 　 　)하며 어찌하여 내 속에서 불안해하는가? 너는 하나님께 (2 　 　)을 두라. 그가 나타나 도우심으로 말미암아 내가 여전히 찬송하리로다."(5, 11절, 시 43-5)

예루살렘 성전으로부터 멀리 떨어진 시인이 고난 중에 성전 제사를 그리워하며 쓴 것 같습니다. "주의 (3 　 　) 소리에 깊은 바다가 서로 부르며 주의 모든 파도와 물결이 나를 휩쓸었나이다."(7절) 크나큰 고통 속에 있는 시인은 하나님이 그를 '잊은 것'(9절)처럼 느낍니다. 그래서 이렇게 고백합니다. "내 영혼이 하나님, 곧 살아 계시는 하나님을 (4 　 　)하나니, 내가 어느 때에 나아가서 하나님의 얼굴을 뵈올까?"(2절) 이렇게 된 것은 원수들의 공격과 무관하지 않습니다(3절). "내 뼈를 찌르는 칼 같이 내 대적이 나를 (5 　 　)하여 늘 내게 말하기를 네 하나님이 어디 있느냐, 하도다."(10절)

그러나 이런 불안과 낙심 속에서도 하나님께 소망을 두고 '기도'(8절)합니다. 고난 속에 기도가 빛납니다. "하나님이여, 사슴이 시냇물을 찾기에 갈급함 같이 내 영혼이 주를 찾기에 갈급하나이다."(1절) 그리고 찬송합니다. "내 영혼아! 네가 어찌하여 (1 　 　)하며 어찌하여 내 속에서 불안해하는가? 너는 하나님께 (2 　 　)을 두라. 나는 그가 나타나 도우심으로 말미암아, 내 하나님을 여전히 찬송하리로다."(5, 11절)

생각하기 '네 하나님이 어디 있느냐'라고 놀리면 뭐라고 대답할까요?

해답 1. 낙심, 2. 소망, 3. 폭포, 4. 갈망, 5. 비방

시편 43편 · 낙심 속에서 하나님을 갈망함(2)

주요 구절: 43:5

시편 43편은 본래 42편과 하나의 시였던 것으로 보입니다. 43편에 제목이 없고 42편과 후렴 같기 때문입니다. 시인은 사람들에게는 박해받고 하나님께는 버림받고 있다고 느낍니다(2절). 그래서 기도합니다. "하나님이여, 나를 (1 　 　)하시되 경건하지 아니한 나라에 대하여 내 송사를 변호하시고 간사하고 (2 　 　)한 자에게서 나를 건지소서."(1절) "나라"는 '백성'을 의미합니다. 시인은 "주의 거룩한 산", 곧 "주께서 계시는 곳"(3절)에 이르러 제단에서 예배합니다. "하나님이여, (3 　 　) 하나님이여, 내가

(4 　 　)으로 주를 (5 　 　)하리이다."(4절)

이 시에는 고난 가운데 있는 성도의 마음이 잘 표현되어 있습니다. 성도는 낙심하거나 불안해하지 말고 도우시는 하나님께 소망을 두어야 합니다. 이것이 성도의 특권이고 복입니다.

생각하기 나는 낙심하고 불안할 때에 누구를 찾습니까?

해답 1. 간사, 2. 불의, 3. 나의, 4. 수금, 5. 찬양

시편 44편 · 왕이신 하나님은 자기 백성을 버리지 않으셔!

주요 구절: 44:3

시편 44편은 개인보다 국가, 공동체 입장에서 읽기 좋습니다. 1인칭 단수 주어 '나'가 나오지만, 1인칭 복수 '우리'가 대부분입니다. 아마도 남 유다 왕 여호사밧이나 히스기야가 종교개혁을 하던 시절 어떤 사건과 관련이 있는 것 같습니다.

1-8절은 과거의 승리에 대한 감사 찬송을 합니다. "그들이 (1 　 　) 칼로 땅을 얻어 차지함이 아니요, 그들의 팔이 그들을 구원함도 아니라. 오직 주의 오른손과 주의 팔과 주의 (2 　 　)의 빛으로 하셨으니 주께서 그들을 기뻐하신 까닭이니이다."(3절)

9-16절은 현재의 패배와 그 결과에 대한 것입니다. "나의 (3 　 　)이 종일 내 앞에 있으며 수치가 내 (2 　 　)을 덮었으니 나를 비방하고 욕하는 소리 때문이요, 나의 원수와 나의 복수자 때문이니이다."(15-16절)

17-22절은 자신의 결백을 탄원합니다. "이 모든 일이 우리에게 임하였으나 우리가 주를 잊지 아니하며 주의 (4 　 　)을 어기지 아니하였나이다."(17절)

마지막으로 23-26절은 하나님에 대한 호소와 기도입니다. "일어나, 우리를 도우소서! 주의 (5 　 　)하심으로 말미암아 우리를 구원하소서!"(26절) 언약에 신실한 하나님은 자기 백성을 버리지 않고 반드시 구원합니다. 하나님은 언약백성에게 든든한 구원자입니다.

생각하기 승리와 패배를 기억하면 어떻게 하나님께 기도해야 할까요?

해답 1. 자기, 2. 얼굴, 3. 능욕, 4. 언약, 5. 인자

시편 45편 · 왕의 혼인식 노래

주요 구절: 45:17

시편 45편은 제목과 8절 이후 내용에서 알 수 있듯이 '왕의 혼인식'을 축하하기 위해 사용된 것으로 보입니다. 하나님께 은혜받은 다윗 왕가가 영원하길 기리고, 은혜를 베푼 하나님을 찬양합니다.

하나님은 이스라엘을 다윗 왕과 그의 자손을 통해 다스립니다. 직접 다스리기보다 다윗과 그 후손을 왕으로 세워 섭정(攝政)합니다. 다윗 왕의 후손은 모두 하나님의 왕 되심의 표(Sign)입니다. 그래서 시편 45편에 등장하는 "왕"은 '하나님'으로 바꾸어 읽어도 됩니다.

참고로 다윗의 왕위가 영원하고 영원히 복을 받는 이유(2, 17절)는 다윗의 위대함 때문이 아니라, 하나님과 맺은 언약 때문입니다(삼하 7:16). 다윗 언약은 그리스도 안에서 완전히 성취됩니다. 특별히 6-7절은 히브리서 1장 8-9절에서 인용됩니다. "왕은 (1 __)를 사랑하고 (2 __)을 미워하시니 그러므로 하나님, 곧 왕의 하나님이 즐거움의 (3 __)을 왕에게 부어 왕의 (4 __)보다 뛰어나게 하셨나이다."(7절)

생각하기 다윗의 연약함에도 끝까지 신실하신 하나님을 묵상해봅시다.

해답 1. 정의, 2. 악, 3. 기름, 4. 동료

시편 46편 · 피난처, 하나님

주요 구절: 46:1

42-45편이 시편 제2권(42-72편)의 서론이었다면, 이어지는 46-48편은 세상에서 겪게

되는 온갖 환난 가운데서도 하나님의 백성은 안전하다는 확신을 노래합니다. 46편과 48편은 하나님의 성 '예루살렘의 안전'을, 47편은 그곳에서 '통치하시는 위대한 왕'에 관한 노래입니다.

시편 46편은 종교개혁가 마르틴 루터가 지은 찬송 "내 주는 강한 성이요"(585장)에 영감을 줍니다. "하나님은 우리의 (1 ☐☐☐)시요, 힘이시니, 환난 중에 만날 큰 (2 ☐☐)이시라."(1절) (1 ☐☐☐)는 "산성"(7, 11절)으로도 번역이 가능합니다.

예루살렘은 산지이기에 이방 나라 수도들과 달리 "한 (3 ☐☐)"(4절)가 없습니다. 이 표현은 은유입니다. (3 ☐☐)는 하나님의 복이 한 없이 흘러내리는 것을 상징합니다. 성전에서 하나님이 함께하기에 성은 안전합니다(5절). "(4 ☐☐)에 하나님이 도우시리로다."(5절)라는 의미는 위험한 밤을 쫓아버리고 구원의 아침을 준다는 의미입니다. 절정은 10절입니다. "이르시기를 너희는 가만히 있어 내가 하나님 됨을 알지어다. 내가 뭇 나라 중에서 (5 ☐☐)을 받으리라. 내가 (6 ☐☐) 중에서 (5 ☐☐)을 받으리라, 하시도다."(10절)

이렇게 멋진 하나님의 구원과 영광은 이스라엘 역사 중에도 있었지만, 예수 그리스도 안에서 완성됩니다. 살아 있는 자와 죽은 자들을 심판하러 오실 때에 절정에 이를 것입니다.

생각하기 하나님이 피난처임을 경험한 적이 있습니까?

해답 1. 피난처, 2. 도움, 3. 시내, 4. 새벽, 5. 높임, 6. 세계

시편 47편 · 큰 왕이신 하나님

주요 구절: 47:2

시편 47편은 전쟁에서 승리를 거둔 후 불렀던 찬양으로 보입니다. "여호와께서 만민을 우리에게, 나라들을 우리 발 아래 (1 ☐☐)하게 하시며."(3절) 너무나 기뻐 (2 ☐☐☐)을 치고 즐거운 소리로 하나님께 외치라고 합니다(1절). 더 나아가 하나님이 이스라엘뿐만 아니라, 온 세상을 다스림을 노래합니다. "하나님은 온 땅의 (3 ☐)이심이

라."(7절) 위대하신 (3)을 향한 기쁨의 노래가 넘쳐납니다. "(4)하라. 하나님을 (4)하라. (4)하라. 우리 (3)을 (4)하라."(6절)

오랜 세월이 지난 후, 유대인들이 자기 회당에서 '신년 축제일'마다 47편을 부르는 관습이 생겼다고 합니다. 초대 교회에서는 그리스도의 '승천일'(昇天, Ascension)에 즐겨 불렀습니다. 그 이유는 5절 때문입니다. "하나님께서 즐거운 함성 중에 올라가심이여, 여호와께서 (5) 소리 중에 올라가시도다."(5절) 승천한 예수님이 온 세상 모든 나라를 발 아래 두고 다스리고 있습니다.

생각하기 예수님이 승천하신 게 내게 어떻게 다가옵니까?

해답 1. 복종, 2. 손바닥, 3. 왕, 4. 찬송, 5. 나팔

시편 48편 · 위대한 왕이신 하나님

주요 구절: 48:1

시편 48편은 예루살렘을 공격하다가 혼비백산 도망가고 말았던 아시리아의 산헤립을 생각나게 합니다(사 37:35-37). "여호와는 위대하시니 우리 (1)의 성, 거룩한 산에서 극진히 찬양 받으시리로다. 터가 높고 아름다워 온 (2)가 즐거워함이여! 큰 왕의 성, 곧 북방에 있는 (3) 산이 그러하도다."(1-2절) 예루살렘은 (1)이 정하고 보호하고 지키는 성입니다. 예루살렘 성이 아름다운 이유는 산의 위용이나 이스라엘 사람 때문이 아니라, 하나님 때문입니다.

예루살렘에 거하는 하나님은 '인자'하고, '정의'가 충만하고, '심판'하는 분입니다. "인자"(9절)는 어렵고 힘들 때 의지할 수 있는 끝없는 사랑을 의미합니다. "정의"(10절)는 힘없고 약한 인간을 보호하고 돌보는 하나님의 속성을 말합니다. "심판"(11절)은 죄인을 향한 하나님의 공의로운 판단인데, 하나님의 백성에게는 보호와 구원을 뜻합니다. 마지막 14절은 1절과 함께 하나님의 위대함을 노래하며 마무리합니다. "이 하나님은 영원히 (4) 하나님이시니, 그가 (4)를 죽을 때까지 (5)하시리로다."(14절) 하나님은 언약백성의 목자와 왕으로서 모든 것을 책임집니다.

생각하기 하나님이 교회와 언약백성을 항상 돌보심을 확신합니까?

해답 1. 하나님, 2. 세계, 3. 시온, 4. 우리, 5. 인도

시편 49편 · 헛된 것을 추구하는 인생

주요 구절: 49:20

시편 49-53편은 한 묶음인데, 하나님의 성 예루살렘을 노래한 앞 묶음 46-48편과 잘 연결됩니다. 자기 재물과 부를 자랑하지 않고 오직 여호와를 의지하는 사람만이 하나님의 안전한 성 예루살렘에 살면서 노래하며 찬양할 수 있습니다.

49편은 자기의 재물을 의지하고 (1 ____)함을 자랑하는 자의 어리석음(6절)을 지적합니다. 동시에 인간의 참된 지혜를 노래합니다. '재물과 부'는 인간에게 큰 힘입니다. 성도도 그런 인간의 재물과 성공 때문에 시험에 들기도 합니다. 하지만, 그런 자들 때문에 근심하고 두려워할 필요가 없습니다. 그들의 마지막은 멸망이기 때문입니다. 재물을 자랑하는 어리석은 자는 자신의 재물과 영광을 하나도 가져가지 못합니다(10, 17절). 자기를 칭찬하며 명성을 자랑하지만 하나님은 그런 자들을 인정하지 않습니다(18-19절). 또 인간은 "존귀하나 (2 ____)하지 못함이여, 멸망하는 (3 ____) 같"(12, 20절)습니다.

결정적으로 재물은 인간의 죄 문제를 해결할 수 없습니다. "아무도 자기의 형제를 구원하지 못하며 그를 위한 (4 ____)을 하나님께 바치지도 못할 것은 그들의 생명을 속량하는 값이 너무 엄청나서 영원히 마련하지 못할 것임이니라."(7-8절) 죄를 없애고 용서하는 일은 오직 하나님만 할 수 있습니다. "그러나 하나님은 나를 (5 ____)하시리니, 이러므로 내 영혼을 스올의 권세에서 건져내시리로다."(15절) 이 시의 내용은 '어리석은 부자' 비유(눅 12:16-21)와 '부자와 나사로' 비유(눅 16:19-31)에서 다시 확인됩니다.

생각하기 재물과 성공에 마음을 빼앗긴 적이 있습니까?

해답 1. 부유, 2. 장구, 3. 짐승, 4. 속전, 5. 영접

시편 50편 · 진실한 언약 관계

주요 구절: 50:15

시편 50편은 다윗이 임명한 음악가 중 한 사람인 아삽이 지은 시로, 언약백성에게 책임을 묻는 내용입니다. 희생제사만 드리면 삶은 아무래도 상관없다는 생각이 얼마나 잘못인지를 기록한 아모스, 미가, 이사야 선지자들의 선포와 비슷한 분위기입니다.

먼저, 1-6절은 언약의 하나님이 언약백성에게 책임을 묻습니다. "전능하신 이 여호와 하나님"(1절)이 "자기 백성"(4절)을 판결할 때 "세상"(1절)과 "하늘과 땅"(4절), "하늘"(6절)을 함께 부릅니다. 하늘 법정에서 온 세상이 증인으로 섭니다. "시온에서 … 빛을 비추"(2절)는데, 여기서 빛은 구원의 빛이 아닌 두려운 '심판의 빛'입니다.

7-15절은 언약백성의 잘못을 깨닫게 합니다. 하나님이 언약백성을 야단칠 수 있는 이유는 "나는 하나님, 곧 (1) 하나님"(7절)이기 때문입니다. 멀리 떨어진, 무관한 사이가 아닌 언약 관계이기 때문입니다. 제물은 이 언약 관계를 유지하는 한 방법이지만, 핵심은 아닙니다. "…세계와 거기에 (2)한 것이 내 것임이로다. 내가 수소의 고기를 먹으며 염소의 (3)를 마시겠느냐?"(12-13절) 중요한 것은 마음입니다. 감사과 서원을 갚으며 그분을 의지하는 마음입니다. "환난 날에 나를 부르라. 내가 너를 건지리니, 네가 나를 (4)롭게 하리로다."(15절)

16-23절은 언약백성을 책망합니다. "네가 나를 너와 (5) 줄로 생각하였도다. 그러나 내가 너를 책망하여 네 죄를 네 눈앞에 낱낱이 드러내리라."(21절) 진실하지 않은 언약백성에게 임할 하나님의 심판은 두렵습니다.

생각하기 진실한 마음 없는 형식적 예배에 대해 어떻게 생각합니까?

해답 1. 네, 2. 충만, 3. 피, 4. 영화, 5. 같은

시편 51편 · 언약백성의 회개(참회 시)

주요 구절: 51:1

시편 51편은 참회 시입니다. 제목에 나타난 것처럼 다윗이 (1 ______)와 동침한 후 선지자 나단이 그에게 왔을 때 지은 시(삼하 12:14)입니다. 또 다른 참회 시는 6, 32, 38, 102, 130, 143편입니다

이 시는 심판하는 하나님(50편)을 대면하게 될 죄인이 갖추어야 할 자세와 태도를 보여 줍니다. 1-2절과 18-19절은 대칭으로 시작과 끝에서 시 전체를 감싸고 있습니다.

1-2절에서 시인은 자신의 죄를 용서해달라고 기도합니다. '인자'(1절), '은혜'(1절), '긍휼'(1절)과 '지우다'(1절), '씻기다'(2절), '깨끗하게 제하다'(2절), 그리고 "죄악"(1절), "죄"(2절), "죄과"(3절)라는 표현으로 자신의 악을 반복하며 강조합니다. 죄가 많더라도 이렇게 죄의 고백과 용서를 구할 수 있는 것은 언약백성을 향한 하나님의 약속 때문입니다(출 34:6-7 참고).

다윗은 자기 죄가 얼마나 심각한지 고백합니다. "내가 죄악 중에서 (2 ____)하였음이여, 어머니가 죄 중에서 나를 (3 ____)하였나이다."(5절) 단순 실수가 아니라, 인간 근본 존재 자체가 죄인임을 고백한 것입니다. 자신의 처지를 깨달은 다윗은 하나님이 "정한 (4 ____)"을 새롭게 창조하시고 "정직한 영을 새롭게(10절)" 해주시고 "주의 (5 ____)을 내게서 거두지 마소서"(11절)라고 기도합니다. (5 ____)님은 창조와 구원을 효과 있게 하며, 종들에게 직분과 임무를 내리고, 선지자들에게 영감을 주며, 그들의 일을 돌봅니다. 다윗의 기도는 합당합니다.

마지막으로 다윗은 하나님에게 죄 용서를 받고 해야 할 것이 무엇인지 분명하게 고백합니다. "주께서는 제사를 기뻐하지 아니하시나니 … 하나님께서 구하시는 제사는 상한 (6 ____)이라."(16-17절) 죄 용서 받은 언약백성은 하나님께 온전한 예배를 드려야 합니다.

생각하기 내게는 다윗처럼 죄에 대해 애통하는 마음이 있나요?

해답 1. 밧세바, 2. 출생, 3. 잉태, 4. 마음, 5. 성령, 6. 심령

시편 52편 · 원수의 공격에도 푸른 감람나무

주요 구절: 52:1

시편 51편이 자기 범죄로부터 생긴 문제라면, 52편은 '외부로부터 온 문제'에 관한 시입니다. 곧, 자기 죄에 대한 것이 아니라, '원수의 공격과 악에 대한 것'입니다. 원수는 "포악한 자"(1절), '혀로 심한 악을 꾀하는 자'(2절), '날카로운 삭도 같이 간사를 행하는 자'(2절), '선보다 악을 사랑하는 자'(3절), '의를 말함보다 거짓을 사랑하는 자'(3절), '남을 해치는 모든 자'(4절)들입니다. 다윗을 배신하고 사울 편에 선 도엑의 "밀고"(삼상 21-22장)는 하나님의 백성을 대적하는 원수의 대표입니다. "간사한 혀여! 너는 남을 (1)는 모든 말을 좋아하는도다."(4절) 칼은 육체를 상하게 하지만, 말은 마음에 상처를 냅니다. 언약백성으로서는 더욱 조심해야 합니다.

52편에 언급되는 악인은 선인을 핍박하고 압박하는 모든 시대의 죄인을 대표합니다. 악인은 자기 재물의 (2)함을 의지하고 자기의 (3)으로 스스로 부강하게 하는 자들입니다(7절). 악인은 (3)으로 부자가 됩니다. 그러나 의인은 하나님의 (4)에 있는 푸른 (5)나무 같고 하나님의 (6)하심을 영원히 의지하고 믿습니다(8절). 하나님 곁에 있을 때 무성히, 든든히 자랄 수 있습니다.

생각하기 악인의 번성과 공격을 이길 수 있는 방법은 무엇입니까?

해답 1. 해치, 2. 풍부, 3. 악, 4. 집, 5. 감람, 6. 인자

시편 53편 · 악인의 어리석음

주요 구절: 53:1

시편 53편은 14편과 내용이 거의 비슷합니다. 5절이 14편 5-6절이고 6절이 14편 7절입니다. 14편은 "여호와"인데, 53편은 "하나님"으로 표현합니다. 제목에 나온 "마할랏"은 '괴로움' 혹은 '질병'을 의미하는데, 특별한 곡조의 이름을 뜻하기도 합니다(참고 시편 88편). 아마도 이 시는 불경건한 자들로부터 조롱을 받아 괴롭고 몸도 아픈 어려운 시기에

만들어진 것으로 보입니다. 제목에 나오는 "마스길"은 교훈이라는 뜻입니다.

어리석은 죄인의 모습을 봅시다. "어리석은 자는 그의 (1   )에 이르기를 (2   )이 없다, 하도다. 그들은 (3   )하며 가증한 (4   )을 행함이여 (5   )을 행하는 자가 없도다 … (5   )을 행하는 자가 없으니 한 (6   )도 없도다."(1-3절) 하나님을 거부하는 악한 인간의 어리석음을 표현한 것 가운데 이보다 분명한 것은 없을 것입니다.

악인들이 일시적으로 번성하는 듯하나, 하나님은 반드시 악인을 심판하여 수치를 당하게 할 것입니다(5절). 동시에 언약백성을 보호할 것입니다(6절).

생각하기 나는 삶에서 하나님의 실제를 어떻게 인정하며 살아가나요?

해답 1. 마음, 2. 하나님, 3. 부패, 4. 악, 5. 선, 6. 사람

시편 54편 · 악인은 공의, 자기 백성에게는 은혜

주요 구절: 54:1

시편 54-60편을 한 묶음으로 볼 수 있고 그중 54편은 첫 시작입니다. 첫 시작 54편은 '개인 기도'이고, 마지막 60편은 '공동체 기도'입니다.

54편은 "십 사람이 (1   )에게 이르러 말하기를 다윗이 우리가 있는 곳에 숨지 아니하였나이까 하던 때에"라는 설명이 붙어 있습니다. (1   )이 다윗을 죽이려고 추격하던 때에 쓴 시입니다. 총 7절인데, 1절에 나오는 다윗의 울부짖음과 7절에 나오는 원수에 대한 승리가 울타리를 치고 있습니다, 중심 한 가운데 4절, 곧 하나님에 대한 확신의 고백이 우뚝 서 있습니다. "하나님은 (2   )를 (3   ) 이시며 주께서는 내 (4   )을 붙들어 주시는 이시니이다."(4절) 아무리 원수의 공격이 치밀하고 끈질겨도 하나님이 자기 백성을 보호하고 지킨다는 믿음을 보여줍니다. 악인에게는 하나님의 공의가, 언약백성에게는 은혜가 임합니다.

"낙헌제"(樂獻祭, 6절)는 일종의 화목(감사)제사로 서원이나 자원하여 기쁨으로 드리는 제사입니다(레 7:16). 구원하는 하나님을 기쁨으로 예배하는 것이 마땅합니다.

생각하기 고통 가운데 나는 어떤 기쁨의 예배를 드릴 수 있을까요?

해답 1. 사울, 2. 나, 3. 돕는, 4. 생명

시편 55편 · 배신자들로 인한 고난, 그리고 소망

주요 구절: 55:1

시편 55편은 친구에게 배신당한 다윗이 쓴 시입니다. 아마도 아들 압살롬과 신하 아히도벨이 자신을 배신하고 반역한 뼈아픈 경험(삼하 15-18장)이 배경일 것입니다. 다윗을 괴롭히는 자는 다름 아닌 가족이요 친구입니다. "너로다 나의 동료, 나의 친구요 나의 가까운 친우로다."(13절)

1절은 도움을 구하는 기도입니다. "하나님이여! 내 기도에 (1)를 기울이시고 내가 간구할 때에 숨지 마소서." 그리고 마지막 23절에서는 간결한 신앙고백을 합니다. "…나는 주를 (2)하리이다."(23절) 가장 중심에 위치한 15절은 원수들을 향한 선포입니다. "(3)이 갑자기 그들에게 임하여 산채로 (4)에 내려갈지어다. 이는 악독이 그들의 거처에 있고 그들 가운데에 있음이로다."(15절)

성도의 삶에도 마음의 고통과 (3)의 위험이 있습니다(4절). 두려움과 떨림과 (5)가 몰려오기도 합니다(5절). 그것들을 피하여 어디론가 멀리 날아가 피난처에 숨고 싶습니다(7-8절). 의인은 "저녁과 아침과 정오"(17절)에 근심하며 탄식합니다. 그러나 다행히 의인이 기도하면 하나님은 듣고(17절) 붙들어줍니다(22절). 친구에게 배신당해도 언약의 하나님이 친구가 되어주니, 언약백성에게 하나님이 영원한 소망입니다.

생각하기 배신의 아픔 속에서 나는 어떻게 하나님을 의지할까요?

해답 1. 귀, 2. 의지, 3. 사망, 4. 스올, 5. 공포

시편 56편 · 위급한 상황에서도 하나님만 의지

주요 구절: 56:4

시편 56편 제목에 나오는 "요낫 엘렘 르호김"은 '먼 지방에 있는 고요한 비둘기'라는 뜻으로, 뒤이어 나오는 이방 나라 블레셋으로 도망가 살면서 탄식하는 다윗을 묘사한 것으로 보입니다. 제목이 말하듯 다윗은 (1 　　)(Gath)에서 블레셋 인에게 잡힌 위급한 상황을 겪었습니다(삼상 21:10-15 참조).

다윗의 고백은 원수의 공격으로부터 두려운 상황에 맞닥뜨린 세상 모든 성도의 '탄원'과 구원의 '감사'이기도 합니다. 중심 내용은 4절과 11절에 잘 나타납니다. "내가 하나님을 (2 　　)하였은즉 두려워하지 아니하리니 (혈육을 가진) (3 　　)이 내게 어찌 하리이까?"(4, 11절) 원수의 공격은 시인의 "말"(5절)을 곡해하고 "생명"(6절)을 엿보고 또 '모여 숨어 (4 　　　)'(6절)를 지켜보는 것으로 표현됩니다. 그러나 의인은 오직 하나님만 의지합니다. 56편에는 '의지하다'라는 단어가 3, 4, 10, 11절에 반복해서 등장합니다. 위급한 중에 다윗이 얼마나 하나님을 의지했는지 짐작케 합니다.

생각하기 위급한 상황에서 내가 가장 먼저 찾는 것은 무엇입니까?

해답 1. 가드, 2. 의지, 3. 사람, 4. 발자취

시편 57편 · 큰 위험 가운데 외치는 성도의 노래

주요 구절: 57:1

시편 57편 제목에 등장하는 "믹담"(miktam)의 뜻은 모호하지만 큰 위험에 처한 상황에서 만들어진 시에 주로 나타납니다(시 16, 56편). "알다스헷"(Al-tashheth)은 '멸하지 마소서'라는 뜻으로 탄원하는 시의 음악적 특징을 나타내는 것으로 보입니다. 제목이 말하는 구체적 시점은 "다윗이 사울을 피하여 (1 　)에 있던 때"(삼상 22:1 이하)입니다. 다윗은 원수의 핍박으로 인해 생명의 위협을 당하고 있습니다.

1-5절은 원수의 위협을 상세하게 표현합니다. 다윗을 핍박하는 자들의 모습을 보십시오.

"그들의 (2)는 창과 화살이요, 그들의 혀는 날카로운 칼 같도다."(4절) 5절과 11절은 후렴구입니다. "하나님이여! 주는 하늘 위에 높이 들리시며 주의 영광이 온 (3) 위에 높아지기를 원하나이다."

6-11절은 하나님의 구원과 보호를 힘차게 노래합니다. "하나님이여! 내 마음이 확정되었고 내 마음이 확정되었사오니, 내가 노래하고 내가 찬송하리이다. 내 영혼아! 깰지어다. 비파야, 수금아, 깰지어다. 내가 (4)을 깨우리로다. 주여 내가 만민 중에서 주께 감사하오며, 뭇 나라 중에서 주를 찬송하리이다. 무릇 주의 인자는 커서 하늘에 미치고 주의 진리는 (5)에 이르나이다."(7-10절) 절망 가운데 도움을 구할 수 있는 하나님이 있음으로 감사합니다.

생각하기 절망 가운데 나는 어떤 자세를 취해야 할까요?

해답 1. 굴, 2. 이, 3. 세계, 4. 새벽, 5. 궁창

시편 58편 · 공의로운 통치자 하나님

주요 구절: 58:1

온 세상과 우주의 통치자는 하나님이지만, 하나님은 인간을 통치자로 사용합니다. 인간 통치자는 하나님의 뜻에 따라 다스려야 합니다. 하지만, 안타깝게도 그러지 않습니다. 놀랍게도 하나님이 직접 세운 이스라엘의 통치자도 이 부분에서 심각한 문제를 일으켰습니다(삼상 8:3; 사 1:23, 5:23, 10:1-2; 겔 22:6, 12; 암 5:7, 10-13; 미 3:1-3, 9-11, 7:2).

시편 58편은 공의로운 통치자에 대해 선언적으로 노래합니다. 누구든지 정직하게 재판하지 않는 자(1절)는 하나님께 심판 받을 것입니다(11절). 이런 악행은 인간의 실수 때문이 아니라, 근원적인 '죄'에 기원합니다. "악인은 (1)에서부터 멀어졌음이여! 나면서부터 (2)로 나아가 (3)을 말하는도다."(3절) "의인"(10절)은 악인의 보복당함을 보고 기뻐합니다. 하나님이 의인의 눈물을 닦아준다는 뜻입니다. 이 '의인'은 무결점의 순결한 사람이 아니라, 원수로부터 억울하게 핍박을 받을 때

법정에서 재판관에게 옳다 인정받는다는 법적 용어입니다. 사랑과 공의의 하나님입니다. 위정자는 (2) 로 가기를 두려워해야 하고 언약백성은 하나님께 옳다 인정받기를 바라야 합니다.

생각하기 곁길로 가는 위정자를 위해 어떻게 해야 할까요?

해답 1. 모태, 2. 곁길, 3. 거짓

시편 59편 · 원수들 한가운데서 드리는 기도

주요 구절: 59:1

시편 59편의 시점은 제목이 말하듯 다윗이 사울 왕의 질투로 생명의 위협을 받는 때입니다(삼상 19:11). 다윗은 절박한 상황 속에서 하나님에게 기도합니다. "나의 하나님이여! 나의 (1)에게서 나를 건지시고 일어나 치려는 자에게서 나를 (2) 드소서."(1절) '(2) 들다'는 "요새"(=산성, 17절)와 어근이 같아 처음과 마지막이 시적으로 잘 어울립니다.

원수의 공격은 "혀"(7절)입니다. 원수의 위협은 "밤"(6, 14절 "저물어")이고, 하나님의 구원은 "아침"(16절)으로 묘사됩니다. "나는 주의 힘을 노래하며 아침에 주의 (3)하심을 (2) 부르리오니, 주는 나의 (4)이시며 나의 환난 날에 (5)심이니이다."(16절) 어둠을 몰아내고 구원의 빛을 주는 분은 오직 (5) 하나님뿐입니다.

생각하기 까닭 없이 핍박을 당할 때 나는 어떻게 하나요?

해답 1. 원수, 2. 높이, 3. 인자, 4. 요새, 5. 피난처

시편 60편 · 전쟁에서 승리하게 하소서

주요 구절: 60:1

시편 60편은 전쟁 중에 하나님의 도움을 구하는 국가적 탄원입니다. “하나님이여! 주께서 우리를 (1 　　) 흩으셨고 분노하셨사오나, 지금은 우리를 (2 　　) 시키소서.”(1절) 60편의 제목은 “다윗이 아람 나하라임과 아람소바와 싸우는 중에 요압이 돌아와 에돔을 (3 　　) 골짜기에서 쳐서 만 이천 명을 죽인 때”입니다. 사무엘하 8장 1-14절이 그 배경입니다. 후대에 이스라엘 백성은 전쟁에 나갈 때마다 이 시편을 힘차게 불렀을 것입니다.

1-3절은 하나님의 진노에 대한 것이지만, 10-12절은 하나님의 구원에 대한 확신을 노래합니다. “우리를 (4 　　) 대적을 치게 하소서. (5 　　)의 구원은 헛됨이니이다.”(11절) 4-9절은 하나님의 도움을 바라는 탄원입니다. 신기한 것은 7-12절이 시편 108편 8-15절에도 등장한다는 사실입니다.

지명, 지파, 국가 이름이 많이 나오는데, 이것은 하나님의 통치 영역을 보여줍니다: 길르앗(=내 것), 므낫세(=내 것), 에브라임(=내 머리의 투구, 신 33:17), 유다(=내 규, 창 49:10; 삼상 16:1-13; 삼하 7장), 모압(=내 목욕통), 에돔(=내 신발을 던지라), 블레셋(=나로 말미암아 외치라). 모두 하나님의 통치 아래 있음을 보여줍니다(7-8절).

생각하기 모든 나라가 하나님 아래 있다는 사실을 묵상합시다.

해답 1. 버려, 2. 회복, 3. 소금, 4. 도와, 5. 사람

시편 61편 · 환난 중에 있는 왕의 탄원

주요 구절: 61:3

시편 61-64편에는 큰 위기 가운데 있는 성도가 하나님의 구원에 대한 강한 믿음을 노래하는 내용이 나옵니다. 61편에 예루살렘 성을 사모하는 표현들, 곧 “높은 바위”(2절), “나의 피난처”(3절), “견고한 망대”(3절), “주의 장막”(4절), “주의 날개”(4절) 등이 등장하는 것으로 보아, 다윗이 사랑하는 아들 압살롬의 반역을 피해 예루살렘을 버리고 도망한 때(삼하 17:21-29) 시편 61편을 지은 것이 아닐까 생각이 듭니다.

6-7절은 왕의 장수를 구하는 기도입니다. 다윗 자신을 위한 것이겠지만, 3인칭, “그의

나이"(6절), "그가"(7절)의 표현으로 볼 때 메시아에게 적용되기도 합니다. 이 말씀은 다윗의 위대한 자손 예수 그리스도에게 성취됩니다. "주께서 (1)에게 장수하게 하사, 그의 (2)가 여러 (3)에 미치게 하시리이다. 그가 (4)히 하나님 앞에서 거주하리니, 인자와 진리를 (5)하사, 그를 (6)하소서."(6-7절) 동시에 이 말씀은 그리스도 안에 있는 그리스도인에게도 이루어집니다. 왕의 탄원이 언약 백성의 탄원이 되어 하나님의 보호가 임할 것입니다.

생각하기 가장 큰 두려움이 무엇입니까? 하나님의 보호를 믿습니까?

해답 1. 왕, 2. 나이, 3. 대, 4. 영원, 5. 예비, 6. 보호

시편 62편 · 잠잠히 하나님의 말씀을 들음

주요 구절: 62:1

시편 62편처럼 하나님을 향한 믿음을 잘 표현한 시가 또 있을까요? 시인은 "(1)히"(1, 5절) 하나님을 갈망하면서 "말씀"(11절)을 듣는 것에 집중합니다. 1-2절은 '적의 공격 가운데 있는 성도와 하나님과의 관계'를 표현합니다. "나의 영혼이 (1)히 하나님만 바람이여! 나의 (2)이 그에게서 나오는도다. 오직 그만이 나의 (3)이시요, 나의 (2)이시요, 나의 요새이시니, 내가 크게 흔들리지 아니하리로다."(1-2절) 3-4절은 공격하는 원수에 대한 말입니다.

5-7절은 더 직접적으로 자기 자신에게 외칩니다. "나의 영혼아! (1)히 하나님만 바라라. 무릇 나의 (4)이 그로부터 나오는도다. 오직 그만이 나의 (3)이시요, 나의 (2)이시요, 나의 요새이시니, 내가 흔들리지 아니하리로다. 나의 (2)과 영광이 하나님께 있음이여, 내 힘의 반석과 (5)처도 하나님께 있도다."(5-7절) 8-10절은 예배하는 동료들에게 말합니다.

예나 지금이나 '힘'(포악, 10절)과 '재물'(10절)은 인간이 가지고 싶어 하는 것들입니다. 시인은 말합니다. "(6)을 의지하지 말며, 탈취한 것으로 허망하여지지 말며, 재물이 늘어도 거기에 마음을 두지 말지어다."(10절) 마지막으로 11-12절은 권능과 인자의 하나님을 확신합니다.

생각하기 나는 언제, 어디서 잠잠히 하나님만 바라봅니까?

해답 1. 권능, 2. 구원, 3. 반석, 4. 소망, 5. 피난, 6. 요새

시편 63편 · 생명보다 나은 주의 인자함

주요 구절: 63:3

시인 다윗은 원수들의 공격으로 어려움에 처한 상황 가운데 하나님의 "권능"(2절)과 "인자"(3절)가 유일한 "도움"(7절)이고, "날개 그늘"(7절)에 의지함이 "즐거움"이고 "자랑거리"임을 고백(11절)합니다.

62편이 '듣는 것'에 관한 시라면, 63편은 '보는 것'(2절)에 관한 시입니다. "내가 주의 권능과 영광을 (1 ____) 위하여 이와 같이 성소에서 주를 바라보았나이다."(2절)

제목에 따르면 이 시는 다윗이 "유다 광야"에 있을 때와 관련이 있습니다. 사울의 추적을 피해서인지 압살롬의 반역을 피해서인지는 정확하지 않지만, 분명한 것은 비참한 상황입니다. 그런 비참한 상황 가운데 다윗은 하나님의 사랑과 보살핌이 자신의 생명보다 귀하기에 오직 하나님만을 평생 노래하며 높일 것이라고 고백합니다. "주의 (2 ____) 하심이 (3 ____)보다 나으므로 내 (4 ____)이 주를 찬양할 것이라. 이러므로 나의 평생에 주를 (5 ____)하며 주의 이름으로 말미암아 나의 손을 들리이다."(3-4절) 비참과 절망 중에도 주의 (2 ____)가 (3 ____)입니다.

생각하기 '주님의 사랑이 나의 생명보다도 더 귀하다'라고 고백해 봅시다.

해답 1. 보기, 2. 인자, 3. 생명, 4. 입술, 5. 송축

시편 64편 · 악한 말로부터 지켜주시는 하나님

주요 구절: 64:1

시편 64편은 62편의 상황과 매우 비슷합니다. 시인의 주변에는 악인들이 우글거립니다. 그들은 시인을 포함한 소수의 경건한 자들을 위협합니다. "하나님이여! 내가 (1 　 　)하는 소리를 들으시고 원수의 (2 　 　 　)에서 나의 (3 　 　)을 보존하소서."(1절)

시인은 1-6절에서 악인들이 얼마나 악한 행동을 하는지 구체적으로 표현합니다. "그들이 칼 같이 자기 혀를 연마하며 화살같이 독한 (4 　)로 겨누고."(3절) 예나 지금이나 사람의 혀는 칼처럼 사람의 마음을 찌르고 입의 (4 　)은 화살처럼 심장을 꿰뚫습니다. 남몰래 꾀하는 그들의 "묘책"은 깊습니다(교활하다, 5-6절).

그러나 7-10절은 하나님이 악인에게 공의를 행하시며 마음이 정직한 자는 하나님을 (5 　 　)하게 될 것임을 노래합니다. "의인은 여호와로 말미암아 즐거워하며 그에게 피하리니, 마음이 정직한 자는 다 (5 　 　)하리로다."(10절) 악인의 악행은 두렵고 아프나, 하나님이 정직한 자를 지켜줍니다.

생각하기 악인의 악행을 보면서 나는 어떻게 해야 할까요?

해답 1. 근심, 2. 두려움, 3. 생명, 4. 말, 5. 자랑

시편 65편 · 영육의 복에 대한 감사 찬송

주요 구절: 65:1

시편 65-68편을 한 묶음으로 볼 수 있는데, 모두 찬양 시입니다. 하나님의 엄위한 행동은 모든 사람과 온 땅을 움직여 이스라엘과 함께 하나님을 찬양하게 된다는 내용입니다. 찬양의 이유는 먼저 하나님의 '작정 실행', 곧 '창조와 섭리'(65, 67편) 때문이며, 마지막으로 '구원'(66, 68편) 때문입니다.

시편 65편의 핵심 내용은 하나님께 대한 무한한 감사입니다. “하나님이여! (1)이 시온에서 주를 기다리오며 사람이 (2)을 주께 이행하리이다.”(1절) 이 시의 내용을 보면 시인이 죄로 인해 가뭄을 심하게 겪었습니다. 그런데 하나님이 그 죄를 용서합니다. “죄악이 나를 이겼사오니, 우리의 (3)을 주께서 사하시리이다.”(3절) 그리고 그들의 (4)에 응답합니다. “(4)를 들으시는 주여! 모든 육체가 주께 나아오리이다.”(2절) 그 후 그들의 삶은 뒤바뀝니다. “주께서 택하시고 가까이 오게 하사 주의 (5)에 살게 하신 사람은 복이 있나이다. 우리가 주의 집, 곧 주의 (6)의 아름다움으로 만족하리이다.”(4절) 6-13절 내용은 만족한 삶의 구체적 묘사입니다. 하나님은 언약백성의 죄를 용서하고 기도에 응답해 풍성한 결실을 맺게 합니다. 영육 모두에 복을 부어주는 하나님을 찬양합니다.

생각하기 나는 기도 생활을 어떻게 하고 있습니까?

해답 1. 찬송, 2. 서원, 3. 허물, 4. 기도, 5. 뜰, 6. 성전

시편 66편 · 하나님의 구원, 성도의 감사

주요 구절: 66:10

시편 66-67편에는 51편부터 계속된 “다윗의 시”라는 표현이 제목에 등장하지 않는 것이 특징입니다.

시편 66편 1-4절은 온 땅이 하나님을 찬양할 것을 권고합니다. 5-7절은 과거 하나님의 구원이 얼마나 큰지 보고합니다. “바다를 변하여 육지가 되게 하셨으므로”는 언약백성이 홍해와 요단 강을 건넌 구원 사건을 떠올리게 합니다. 8-12절은 하나님이 이스라엘을 단련하려고 위기 가운데 두었음을 알립니다. “하나님이여, 주께서 우리를 (1)하시되 우리를 단련하시기를 (2)을 단련함 같이 하셨으며.”(10절) 성도의 고난은 단련의 시간이기도 합니다.

13-15절은 하나님의 구원에 감사하는 제사를 표현합니다. “내가 (3)을 가지고 주의 집에 들어가서 나의 서원을 주께 갚으리니.”(13절) 감사는 구원받은 성도의

자연스런 반응입니다. 16-20절은 하나님이 성도의 기도에 어떻게 응답하는지 고백합니다. “하나님을 찬송하리로다. 그가 내 (4)를 물리치지 아니하시고 그의 (5)하심을 내게서 거두지도 아니하셨도다.”(20절) 하나님의 엄위한 구원과 성도의 감사는 멈추지 않고 영원히 이어질 것입니다.

생각하기 고난당할 때 기도는 나에게 어떤 의미인가요?

해답 1. 시험, 2. 은, 3. 번제물, 4. 기도, 5. 인자

시편 67편 · 복받은 공동체의 찬송

주요 구절: 67:1

시편 67편의 핵심은 3절과 5절의 후렴구에 있습니다. “하나님이여! (1)들이 주를 (2)하게 하시며 모든 (1)들이 주를 (2)하게 하소서.”(3, 5절) 이 시는 추수 후 오순절에 불렀을 것으로 봅니다. “땅이 그의 (3)을 내어 주었으니 하나님 곧 우리 하나님이 우리에게 복을 주시리로다.”(6절) 풍성한 결실과 추수는 하나님의 복이며, 그에 대한 성도의 반응은 감사입니다.

이스라엘 백성이 하나님께 받는 복은 단순히 자신들만을 위한 것이 아니라, 모든 민족을 향한 것입니다. 이 시는 공동체적 관심의 표현입니다. “하나님은 우리에게 (4)를 베푸사 복을 주시고 그의 얼굴 빛을 우리에게 비추사 주의 도를 땅 위에, 주의 구원을 모든 (5)에게 알리소서.”(1-2절) 언약백성의 복은 불신자들이 그것을 보고 하나님을 깨닫게 하는 데 쓰입니다.

생각하기 우리가 받은 복을 모든 나라가 보게 되기를 기도합시다.

해답 1. 민족, 2. 찬송, 3. 소산, 4. 은혜, 5. 나라

시편 68편 · 위풍당당 하나님의 승리

주요 구절: 68:1

시편 68편은 1-18절과 19-35절로 나뉩니다. 첫째 부분은 과거에 행하셨던 하나님의 위풍당당한 큰 구원의 일을 노래합니다. '모세의 시내산'에서 '다윗의 시온산'으로 연결됩니다. "땅이 (1   )하며 하늘이 하나님 앞에서 떨어지며 저 시내산도 하나님, 곧 이스라엘의 하나님 앞에서 진동하였나이다."(8절) "주께서 높은 곳으로 오르시며…"(18절) "높은 곳"은 시온산을 의미합니다. 둘째 부분은 하나님의 구원이 이스라엘에서 모든 나라로 향하고 있음을 노래합니다. "예루살렘에 있는 주의 (2   )을 위하여 왕들이 주께 예물을 드리리이다."(29절) 이방의 왕들과 고관들이 하나님을 향할 것임을 노래합니다. "고관들은 (3   )에서 나오고 (4   )인은 하나님을 향하여 그 손을 신속히 들리로다."(31절) 이방인의 구원이 예언됩니다.

바울은 "주께서 높은 곳으로 오르시며 사로잡은 자들을 위하시고 (5   )들을 사람들에게서 받으시며"(18절)를 그리스도의 승천에 적용했습니다(엡 4:8). 그리스도께서 원수를 이기고 영광을 받으며 승천하였습니다. 그리스도의 승천은 시온산 위에 세워진 하나님 나라의 연장이며 성취입니다.

생각하기 위풍당당하게 승리하신 예수님을 찬양합시다!

해답 1. 진동, 2. 전, 3. 애굽, 4. 구스, 5. 선물

시편 69편 · 깊은 수렁에서 외치는 탄원

주요 구절: 69:17

시편 69편은 다윗이 자기 죄로 인해 겪은 고난 속에서 부르짖습니다. "하나님이여, 주는 나의 (1   )함을 아시오니, 나의 죄가 주 앞에서 숨김이 없나이다."(5절) 원수들이 그 기회를 타서 다윗의 고난을 더 악화시킵니다. "무릇 그들이 주께서 치신 자를 (2   )하며 주께서 상하게 하신 자의 슬픔을 말하였사오니."(26절) 다윗은 고통 속에

서 탄원의 기도를 올립니다. "하나님이여! 나를 구원하소서. 물들이 내 영혼에까지 흘러 들어왔나이다."(1절) 물이 턱 밑까지 차오른 모습입니다.

이 시는 시편 22편 다음으로 그리스도의 고난과 관련해 신약성경에 많이 인용됩니다. "주의 집을 위하는 (3)이 나를 삼키고"(9절)는 요한복음 2:17에서, "주를 비방하는 비방이 내게 미쳤나이다"(9절)는 로마서 15:3에서 인용됩니다. "그들이 (4)를 나의 음식물로 주며 목마를 때에는 초를 마시게 하였사오니"(21절)는 십자가 위에서 그리스도의 고난을 표현하는 것으로 인용됩니다(막 15:23, 36; 눅 23:36; 요 19:29).

고난 중에도 시인은 절망하지 않습니다. "내가 (5)로 하나님의 이름을 찬양하며 감사함으로 하나님을 위대하시다, 하리니, 이것이 소 곧 뿔과 굽이 있는 황소를 드림보다 여호와를 더욱 기쁘시게 함이 될 것이라."(30-31절) 시인은 하나님의 구원을 기대하고 소망하는데, 응답받을 줄 확신합니다.

생각하기 극심한 고통 중에 하나님께 부르짖은 적이 있습니까?

해답 1. 우매, 2. 핍박, 3. 열성, 4. 쓸개, 5. 노래

시편 70편 · 겸손한 탄원과 구원의 기도

주요 구절: 70:5

시편 70편은 시편 40편 13-17절과 거의 흡사합니다. 원수의 위협으로부터 빨리 구원을 받지 못하여 큰 위험에 처한 때의 상황을 묘사합니다. "하나님이여! 나를 건지소서. 여호와여, (1) 나를 도우소서."(1절) 절박한 상황에서도 시인은 겸손하게 자기 성찰을 합니다. 그리고 하나님만 의지하고 믿습니다. "나는 가난하고 (2)하오니, 하나님이여! (1) 내게 임하소서. 주는 나의 (3)이시요, 나를 건지시는 이시오니, 여호와여! (4)하지 마소서."(5절) 성도의 기도에 대한 하나님의 구원은 너무나 분명하여 성도들은 이렇게 고백할 것입니다. "하나님은 (5) 하시다!"(4절)

생각하기 자신의 영적 가난을 겸손히 인정할 수 있을까요?

해답 1. 속히, 2. 수치, 3. 도움, 4. 지체, 5. 위대

시편 71편 · 세대를 잇는 믿음

주요 구절: 71:18

시편 71편에는 제목이 없습니다. 시인이 원수에게 공격받을 때 하나님에게 도움을 구합니다. 시인은 모태에서부터(6절) 하나님에게 "소망"(5절)을 두며 오직 여호와만 "신뢰"(5절)하고, 하나님만이 "숨을 바위", "반석", "요새"임을 고백(3절)하며 찬송합니다. 지금은 나이가 들었는데(9절) 하나님의 응답이 없어 버림받은 것처럼 느껴집니다.

시인이 계속해서 하나님께 부르짖습니다. "우리에게 여러 가지 (1 ____) 고난을 보이신 주께서 우리를 다시 살리시며 (2 ____) 깊은 곳에서 다시 이끌어 올리시리이다."(20절) 시인은 어릴 때부터 백발노인이 되어서까지 '주의 힘'과 '주의 위대함'을 다음 세대에 전하겠다고 고백합니다. "하나님이여! 나를 (3 ____)서부터 교훈하셨으므로 내가 지금까지 주의 (4 ____)한 일들을 전하였나이다. 하나님이여! 내가 늙어 (5 ____)이 될 때에도 나를 버리지 마시며, 내가 주의 힘을 후대에 전하고 주의 능력을 장래의 모든 사람에게 전하기까지 나를 버리지 마소서."(17-18절) 언약의 하나님에 대한 변치 않음을 보고 자기를 구원해달라는 탄원입니다. 하나님과 그분의 복음을 향한 시인의 믿음이 돋보입니다.

생각하기 나는 주위에, 특히 다음세대에게 복음을 전하고 있습니까?

해답 1. 심한, 2. 땅, 3. 어려서, 4. 기이, 5. 백발

시편 72편 · 공의와 정의로 다스리는 나라

주요 구절: 72:1

시편 72편은 제목에 "솔로몬의 시"라고 되어 있는데, 솔로몬이 지었거나 혹은 솔로몬을 위해 지었을 수도 있습니다. 여하튼 이 시는 하나님이 임명한 직분자로서 다윗의 보좌에 오르는 왕의 후손들을 위한 기도입니다. "하나님이여! 주의 (1)을 왕에게 주시고 주의 공의를 왕의 (2)에게 주소서."(1절) 특별히 왕이 즉위하는 대관식에서 이 시가 사용되었을 것입니다. 하나님의 직분자로서 왕은 악인을 "공의"로 재판하고 가난한 자들을 "정의"로 재판해야 합니다.

왕의 다스림은 단순히 이스라엘 백성에게만 머물지 않고 '모든 왕'과 '모든 민족'으로 넓어집니다. "그의 이름이 (3)함이여, 그의 이름이 해와 같이 장구하리로다. 사람들이 그로 말미암아 (4)을 받으리니, 모든 민족이 다 그를 (4)되다, 하리로다."(17절) 이것은 메시아로 오신 예수 그리스도의 의로운 통치에 의해서 완성됩니다. "모든 민족"이 (4)을 받을 것이라는 약속은 아브라함으로부터 시작해(창 12:3, 22:18) 다윗 왕가를 거쳐 메시아에게서 성취됩니다. 예수 그리스도가 다스리는 공의롭고 정의로운 나라는 영원할 것이며 그 나라에 (4)이 풍성합니다.

18-20절은 본래 72편에 속하지 않고 시편 제2권 전체의 마무리를 위해 추가된 송영에 해당됩니다. "이새의 아들 다윗의 (5)가 끝나니라."(20절)

생각하기 예수 그리스도의 나라에서 복을 누리며 지내고 있습니까?

해답 1. 판단력, 2. 아들, 3. 영구, 4. 복, 5. 기도

시편 73편 · 낙심 중에도 하나님을 가까이

주요 구절: 73:17

이제 시편 제3권(73-89편)이 시작됩니다. 제3권은 73-78편을 한 묶음, 79-83편을 한 묶음, 마지막으로 84-89편을 한 묶음으로 이해할 수 있습니다. 73-74편은 시편 제1권의

1-2편처럼 제3권의 서론 역할을 합니다. 또 다른 특징으로는 73편부터 83편까지 모두 '아삽의 시'라는 제목이 붙어 있습니다.

시편 73편에 나타난 경건한 자의 고민을 들어 보십시오. '경건한 자는 고난을 당하는데, 악인은 왜 이렇게 번성하는가?' '이렇게 하는 것이 하나님의 의로움인가?' 악인의 번성으로 괴로운 경건한 자가 하나님께 탄식합니다.

시편 73편은 1-14절과 15-28절로 나뉩니다. 첫 부분은 경건한 성도가 환난 가운데 악인의 번성함을 곁눈질하는 모습을 그립니다. "이는 내가 악인의 (1 　　)함을 보고 오만한 자를 질투하였음이로다. 그들은 죽을 때에도 (2 　　)이 없고 그 힘이 강건하며."(3-4절) 또 이어집니다. "볼지어다. 이들은 악인들이라도 항상 평안하고 재물은 더욱 불어나도다."(12절) 그에 비해 의인은 어려움을 당합니다. "나는 종일 (3 　　)을 당하며 아침마다 징벌을 받았도다."(14절)

둘째 부분은 그 질문에 대한 답을 찾아갑니다. "하나님의 (4 　　)에 들어갈 때에야 그들의 종말을 내가 깨달았나이다."(17절) (4 　　)에는 언약궤, 즉 말씀이 있습니다. 언약의 말씀을 듣고 믿게 되니, 현재의 고난과 고통을 이겨낼 수 있습니다. 무엇이 참 행복이며 기쁨인지 압니다. 시인은 고백합니다. "하나님께 (5 　　　)함이 내게 복이라. 내가 주 여호와를 나의 피난처로 삼아 주의 모든 행적을 전파하리이다."(28절)

생각하기 악인의 형통함으로 인해 시험에 든 적이 있나요?

해답 1. 형통, 2. 고통, 3. 재난, 4. 성소, 5. 가까이

시편 74편 · 더럽혀진 성소 앞에서 부르짖다

주요 구절: 74:12

시편 74편은 12절을 중심으로 나뉩니다. "하나님은 예로부터 나의 (1 　)이시라. 사람에게 구원을 베푸셨나이다."(12절) 이 시는 예루살렘 성전이 이방인에 의해 완전히 짓밟히고 파괴된 이후의 시점에 기록되었을 것입니다. "이제 그들이 도끼와 철퇴로 (2 　　)의 모든 조각품을 쳐서 부수고 주의 (2 　　)를 불사르며 주의 이름이 계신

곳을 더럽혀 땅에 엎었나이다."(6-7절) 예루살렘이 이렇게 파괴된 적이 언제인가요? 먼저는 바빌론 침략을 받았을 때(주전 586년)이고, 돌아와서는 시리아의 안티오코스 에피파네스(Antiochus IV Epiphanes)가 성전을 파괴하고 더럽혔을 때(주전 168년)입니다. 언약백성의 좌절감은 엄청났습니다. 그들의 고백을 들어보십시오. "우리의 (3 ___ ___)은 보이지 아니하며, (4 ___ ___ ___)도 더 이상 없으며, 이런 일이 얼마나 (5 ___ ___)는지 우리 중에 아는 자도 없나이다."(9절) 그러나 12절부터는 온 세상을 다스리는 하나님을 높입니다. 전능한 하나님의 구원이 언약백성에게 임할 것입니다.

하나님의 경건한 백성이 당하는 고난과 고통은 오늘날에도 있습니다. 74편도 모든 시대에 적용 가능한 하나님 백성의 기도입니다. 하나님은 모든 믿는 백성의 왕이며 구원자십니다.

생각하기 성전이 파괴되었을 때 백성들의 마음은 어땠을까요?

해답 1. 왕, 2. 성소, 3. 표적, 4. 선지자, 5. 오랠

시편 75편 · 공의로운 재판장 하나님

주요 구절: 75:7

시편 75편은 악인을 낮추고 의인을 높이는 하나님께 감사하며 찬양하는 시입니다. 5절과 10절에 나오는 "뿔"은 활력과 힘에 대한 일반적 은유입니다. '악인의 뿔'(5, 10절)과 '교만의 목'(5절)을 향한 하나님의 경고가 있습니다. "무릇 (1 ___ ___)는 일이 동쪽에서나 서쪽에서 말미암지 아니하며 남쪽에서도 말미암지 아니하고 오직 (2 ___ ___ ___)이신 하나님이 이를 (3 ___ ___)시고 저를 (1 ___ ___)시느니라."(6-7절) 인간의 생사화복은 하나님의 주권에 달렸음을 분명하게 노래합니다. "또 악인들의 뿔을 다 베고 (4 ___ ___)의 뿔은 높이 들리로다."(10절)

생각하기 악인의 뿔을 꺾을 하나님의 심판을 묵상해봅시다.

해답 1. 높이, 2. 재판장, 3. 낮추, 4. 의인

시편 76편 · 모든 나라를 심판하는 하나님

주요 구절: 76:9

시편 76편은 예루살렘을 보호하는 하나님의 능력에 대한 찬송입니다. 아마도 이 시는 히스기야가 통치하던 시대에 아시리아 산헤립의 공격으로부터 구원받은 후(왕하 19장)에 만들어졌을 것입니다. 당대 최고의 나라 아시리아도 하나님이 꾸짖고 노하며 판결하면 두려워 잠잠합니다. "곧 하나님이 땅의 모든 (1 ____)한 자를 (2 ____)하시려고 (3 ____)하러 일어나신 때에로다(셀라)."(9절) 모든 나라가 두려워합니다. "그가 고관들의 기를 꺾으시리니, 그는 세상의 왕들에게 두려움이시리로다."(12절)

생각하기 적들이 물러날 때 백성들은 어떤 마음이었을까요?

해답 1. 온유, 2. 구원, 3. 심판

시편 77편 · 환난 날에 출애굽 회상

주요 구절: 77:20

시편 77편은 성도가 재난을 당했을 때 하나님의 위로를 회상하며 쓴 것으로 보입니다.

첫 단락(1-9절)은 시인이 당한 심각한 고통과 비참한 처지를 묘사합니다. "나의 (1 ____) 날에 내가 주를 찾았으며 밤에는 내 손을 들고 거두지 아니하였나니, 내 영혼이 (2 ____) 받기를 거절하였도다. 내가 하나님을 기억하고 (3 ____)하여 근심하니, 내 심령이 상하도다(셀라)."(2-3절) 성도가 고통 속에 있을 때 느끼는 감정을 적나라하게 표현합니다. "주께서 영원히 버리실까, 다시는 은혜를 베풀지 아니하실까, 그의 인자하심은 영원히 끝났는가, 그의 (4 ____)하심도 영구히 폐하였는가, 하나님이 그가 베푸실 은혜를 잊으셨는가, 노하심으로 그가 베푸실 긍휼을 그치셨는가, 하였나이다(셀라)."(7-9절)

둘째 단락(10-20절)은 하나님이 과거 언약백성을 구원하고 보호한 일을 회상하는 내용입니다. 이 회상은 시인에게 위로를 줍니다. 특별히 출애굽과 '홍해의 기적'을 떠올립니다.

"주의 (5 □)이 바다에 있었고 주의 곧은 길이 큰 (5 □)에 있었으나, 주의 (6 □□□)를 알 수 없었나이다. 주의 백성을 양 떼 같이 모세와 아론의 손으로 인도하셨나이다."(19-20절) 재난과 환난 중에도 기억할 것은 하나님의 구원역사입니다.

생각하기 사망의 음침한 골짜기를 지날 때 성도는 어떻게 해야 할까요?

해답 1. 환난, 2. 위로, 3. 불안, 4. 약속, 5. 물, 6. 발자취

시편 78편 · 죄의 역사, 은혜의 역사

주요 구절: 78:72

시편 78편은 이스라엘 역사를 다룬다는 점에서 105-106편과 닮았습니다. 언약백성 이스라엘이 반복해 범죄하여 징계를 받지만, 하나님의 큰 은혜로 말미암아 구원하였습니다. 그 은혜로운 구원을 기억하도록 권면하는 '교훈(마스길)의 시'입니다. 구원역사는 출애굽부터 다윗 시대까지 올라갑니다.

시인은 "비유"와 "비밀"(감추어졌던 것)(2절)을 말합니다(마 13:35 참고). 이 비유는 신자에게는 열려 있지만 불신자에게는 '비밀'입니다. 이 비밀은 이스라엘 역사 가운데 하나님이 이미 계시(啟示)한 것입니다. 그것은 "그가 행하신 (1 □□)한 사적"(4, 32절), "율법"(1절), "내 입의 말"(1절), "증거"(5절), "법도"(5절), "명령"(5절), "하나님의 언약"(10절)을 의미합니다. 한 마디로 이 '비밀'은 '공개된 비밀'입니다. "이는 우리가 들어서 아는 바요, 우리의 (2 □□)들이 우리에게 전한 바라."(3절) 이 비밀, 곧 '하나님의 구원역사와 말씀'은 '후대'에 '그들의 자손'에게 알려져야 합니다(6-8절).

불신앙의 대표로 에브라임이 등장합니다. 유다와 더불어 이스라엘에서 주도적인 지파였습니다. 그러나 그들은 무기를 갖추며 활을 가졌지만 (3 □□)의 날에 뒷걸음을 쳐 퇴각했습니다(9절). 하나님을 위한 선한 싸움을 포기했다는 뜻입니다. '하나님의 언약'을 지키지 않고 '그의 율법 준행'을 (4 □□)하며(10절), '여호와께서 행하신 것과 그들에게 보이신 그의 (1 □□)한 일'을 (5 □□)습니다(11절).

12-16절은 이집트의 재앙과 홍해와 광야에서의 물 기적에 대한 내용이고, 17-31절은

광야에서 행한 이스라엘의 "배반"(17절), "탐욕"(18절)과 하나님을 "시험"(18절)하고 "대적"(19절)한 일에 대한 하나님의 진노를 말합니다. 40-51절도 광야에서 '반항하며 하나님을 슬프게 함'(40절), '하나님을 거듭 시험하고 노엽게 함'(41절), '하나님이 행하신 권능의 손과 구원의 날도 기억하지 않음'(42절)을 나열합니다. 언약백성이 저지른 죄의 역사가 깊습니다. 56-58절은 가나안 땅에 정착한 이스라엘 백성도 마찬가지였음을 지적합니다. 그래서 불순종과 반역, 하나님의 일과 말씀을 잊고 준행하지 않은 사람들을 하나님이 제거한다는 것을 보여줍니다(59-64절).

그러나 사이사이에 하나님의 은혜의 역사가 등장합니다. 23-29절은 하늘 문을 열고 만나를 내린 사건, 38-39절은 "긍휼"이 많아 죄악을 덮어주어 멸망시키지 않고 그의 진노를 여러 번 돌이키며, 그의 모든 분을 다 쏟아내지 않았음을 노래합니다. 52-55절은 하나님이 목자로 묘사되고, 마지막 68-72절은 하나님이 다윗 지파를 선택해 시온에 두고 이스라엘을 보살피게 한 내용으로 은혜의 절정입니다. 다윗의 자손이 목자로서 '자기 마음의 완전함으로 기르고 손의 능숙함'으로 그들을 지도한다고 합니다(72절). 그러나 다윗과 그의 자손은 완전하지 않습니다. 이 시는 미래에 다윗의 자손 예수 그리스도께서 오심으로 완전하게 이루어집니다.

생각하기 불순종의 역사를 시로 만들어 부르게 한 목적은 무엇일까요?

해답 1. 기이, 2. 조상, 3. 전쟁, 4. 거절, 5. 잊었

시편 79편 · 주의 이름과 영광을 위해 구원하소서!

주요 구절: 79:13

시편 79편은 78편과 연관성이 있습니다. 이스라엘이 범죄하여 하나님께 심판의 매(이방 나라)를 맞습니다. 이스라엘은 스스로 자신의 죄를 인정합니다. "…우리 (1)를 사하소서."(9절) 불순종으로 벌을 받지만, 언약백성은 다시 하나님의 "이름"과 "영광"을 생각합니다. "우리 구원의 하나님이여! 주의 이름의 (2)스러운 행사를 위하여 우리를 도우시며, 주의 이름을 증거하기 위하여 우리를 건지시며…"(9절)

이 시는 바빌론 느부갓네살 왕의 공격으로 예루살렘이 멸망(주전 586년)하고 난 이후

상황에서 쓰였을 것입니다. 언약백성이 죄 값을 치러야 하지만, 이방 백성의 포악함과 불경함에 대해 하나님께 고발하는 내용입니다. 시편 44편과 74편과 같은 탄원 시입니다.

오늘 언약백성도 죄로 인해 비참한 상황에 이르게 된 후 죄를 깨달으면 하나님께 돌아와 회개할 수 있습니다. 그리고 하나님의 영광을 위한 탄원의 기도를 할 수 있습니다. 그럴 때 우리는 이렇게 노래할 수 있습니다. "우리는 주의 백성이요, 주의 목장의 (3)이니, 우리는 영원히 주께 (4)하며 주의 (5)를 대대에 전하리이다."(13절)

생각하기 주의 이름과 영광을 위해 구원해주길 기도한 적이 있습니까?

해답 1. 죄, 2. 영광, 3. 양, 4. 감사, 5. 영예

시편 80편 · 하나님의 양 떼와 포도나무를 위한 기도

주요 구절: 80:19

시편 80편의 내용을 보면 마치 북 이스라엘이 드리는 탄원 시처럼 보입니다. "에브라임과 (1)과 므낫세 앞에서 주의 능력을 나타내사 우리를 구원하러 오소서."(2절) (1) 지파의 일부는 남 유다에 남아 있었지만, 다수는 북 이스라엘에 속했던 것으로 보입니다.

세 개 지파로 대표되는 북 이스라엘이 당한 상황은 처참해(13절) 보입니다. "그것이 (2)타고 (3)을 당하며 주의 면책으로 말미암아 멸망하오니."(16절) 북 왕국이 아시리아의 침입으로 위기에 처한 것입니다. 이스라엘은 "(4)나무"에 비유됩니다. 그런데 보통 나무가 아니라 슈퍼(?) (4)나무입니다(10-12절). "주께서 한 (4)나무를 … 심으셨나이다. 주께서 그 앞서 가꾸셨으므로 그 뿌리가 깊이 박혀서 땅에 가득하며."(8-9절) 그들이 하나님의 은혜로 번성하였으나 지금은 (2)타고 베일 위기에 처했습니다.

3, 7, 19절은 북 이스라엘이 하나님에게 탄원하는 중심 내용입니다. "하나님이여! 우리

를 돌이키시고 주의 얼굴(5)을 비추사, 우리가 (6)을 얻게 하소서."(3절) 14-15절은 이 구절의 변형된 형태입니다. 아무리 번성하더라도 교만하고 범죄하면 얼마든지 고꾸라집니다. 그러나 고꾸라지더라도 의지할 분은 언약의 하나님입니다.

생각하기 비참한 처지에서 바라볼 것은 무엇입니까?

해답 1. 베냐민, 2. 불, 3. 베임, 4. 포도, 5. 빛, 6. 구원

시편 81편 · 축제의 노래

주요 구절: 81:10

시편 81편은 7월 초하루(1일, 월삭과 나팔절)와 보름(15일, 장막절 혹은 초막절)과 10일(속죄일)에 있는 축제에 사용되었을 것입니다. 내용에 명절이 언급되며 찬송과 구원역사가 함께 등장하기 때문입니다.

하나님의 언약백성이 언약적 복과 벌에 대해 분명하게 노래함으로 신실한 삶을 살도록 도전합니다. 먼저 하나님의 구원에 대한 찬양으로 시작합니다. "우리의 (1)이 되시는 하나님을 향하여 기쁘게 노래하며 야곱의 하나님을 향하여 즐거이 소리칠지어다. 시를 읊으며 소고를 치고 아름다운 수금에 (2)를 아우를지어다."(1-2절) 언약의 기본 역사도 나옵니다(3-10절). 율례와 규례를 듣고 지킬 것을 요구합니다. "나는 너를 애굽 땅에서 인도하여 낸 여호와 네 하나님이니, 네 (3)을 크게 열라. 내가 (4)리라."(10절)

구원의 은혜를 기억하고 오직 하나님만 의지해야 합니다. 일찍이 하나님은 만나와 메추라기를 주고 옷과 신발이 해어지지 않게 보호했습니다. 하지만, 언약백성은 하나님의 목소리를 청종하지 않았습니다(11절). 하나님의 심판은 이것입니다. "그러므로 내가 그의 마음을 (5)한 대로 버려두어 그의 임의대로 행하게 하였도다."(12절) 그러나 만약 하나님의 말씀을 듣고 믿고 순종하면 하나님은 성도를 공격하는 원수들을 치고 배부르게 할 것이라고 약속합니다(13-16절). 이것이 믿음으로 무장한 언약백성이 찬양할 이유입니다.

생각하기 축제 때 이스라엘의 역사를 노래한 목적은 무엇일까요?

해답 1. 능력, 2. 비파, 3. 입, 4. 채우, 5. 완악

시편 82편 · 불의한 지도자들과 하나님의 심판

주요 구절: 82:8

시편 82편은 이 세상의 불의한 통치자와 재판관을 하나님이 심판한다는 것을 선포합니다. "(1)들의 모임 가운데 서시며"(1절)와 "너희는 (1)들이며 다 (2)자의 (3)들이라"(6절)는 표현이 당황스럽습니다. 하나님 말고 다른 "신"들이 있는 걸까요? 이 "신"이 누구를 가리키는지 애매합니다. 그러나 원어의 의미와 당시의 관습을 참고할 때 '통치자와 재판관'으로 생각할 수 있습니다. 성경은 종종 '통치자와 재판관'을 하늘의 왕을 대리하는 자로서 존경의 의미로 "신"이라 표현합니다(출 21:6; 22:8). '통치자'와 '재판장'은 하나님을 대리해 정의롭게 다스리고 재판하는 것이지요.

그런 존경받는 통치자와 재판관이 하나님 앞에 (4)받기 위해 서 있습니다. 시인은 이렇게 기도합니다. "하나님이여! 일어나사 세상을 (4)하소서. 모든 나라가 주의 (5)이기 때문입니다."(8절) 하나님께 권한을 위임받은 통치자와 재판관이 불의하게 재판하고, 가난한 자와 고아를 곤란하게 하고, 빈궁한 자에게 공의를 베풀지 않습니다(2-3절). 그들에게 임할 것은 (4)입니다.

세상 통치자와 재판관은 정신을 똑바로 차려야 합니다. 궁극적인 통치자이며 재판관인 하나님이 있기 때문입니다. 수많은 불의가 판을 치는 오늘에도 이 시는 유효합니다. 불의를 일삼는 통치자와 재판관은 하나님의 심판을 피할 수 없습니다.

생각하기 불의를 일삼는 위정자들을 보며 무엇을 기억해야 하나요?

해답 1. 신, 2. 지존, 3. 아들, 4. 심판, 5. 소유

시편 83편 · 악인을 겨냥한 의인의 탄원

주요 구절: 83:1

시편 83편은 하나님 나라와 그 백성을 공격하기 위해 '간계를 꾀하고 의논'하며 '동맹하는 자들'을 겨냥한 탄원 시입니다(3-5절). 그들은 다름 아닌 "하나님의 (1   )들"이며 '떠들며 하나님을 미워하는 자들'(2절) 입니다. 하나님을 싫어하며 미워하는 자들이 하나님의 백성을 괴롭힙니다. '하나님의 백성'을 치려합니다(3절). "그들이 말하기를 우리가 하나님의 (2   )을 우리의 소유로 취하자, 하였나이다."(12절)

6-7절은 역대하 20장에 기록된 모압, 암몬, 에돔의 동맹군이 유다를 침공할 때를 떠올리게 합니다. 유다를 괴롭힌 아시리아도 등장합니다(8절). 이스라엘 역사에서 언약백성을 괴롭힌 '미디안, 오렙, 스엡, 세바와 살문나(삿 7:1-8:28)와 시스라와 야빈'(삿 4장)도 등장합니다. 그들은 강하지만, 결국 하나님에게 패합니다. "그들로 (3   )를 당하여 영원히 놀라게 하시며 낭패와 멸망을 당하게 하사."(17절) 악인이 심판받는 것은 온 세계의 (4   ) 하나님을 알 수 있는 기회가 됩니다. "(5   )라 이름하신 주만 온 세계의 (4   )(至尊者)로 알게 하소서."(18절)라는 기도는 온 세상이 하나님을 알게 되기를 바라는 제사장적 기도라 할 수 있겠습니다.

생각하기 악인의 심판과 하나님의 영광이 어떻게 연결되나요?

해답 1. 원수, 2. 목장, 3. 수치, 4. 지존자, 5. 여호와

시편 84편 · 주의 집에 거하는 기쁨

주요 구절: 84:10

시편 84-89편을 한 묶음으로 볼 수 있으며 제3권의 마지막 묶음이 되기도 합니다. 시편 84편은 여호와의 집, 곧 성전을 사모하는 기도인데 시편 42편과 비슷합니다. 성전에 봉사했던 자가 어려운 상황에서 성전을 사모하며 지은 시로 보입니다. "만군의 여호와여, 주의 장막이 어찌 그리 (1   )스러운지요. 내 영혼이 여호와의 (2   )을

사모하여 쇠약함이여 내 마음과 육체가 살아 계시는 하나님께 부르짖나이다."(1-2절) 과거 언약백성이 예루살렘을 향해 순례 길을 떠날 때 이 시를 불렀을 것으로 봅니다.

동시에 하늘 성소를 향해 순례 길을 떠나는 오늘 그리스도인에게도 적용 가능합니다. "우리 방패이신 하나님이여! 주께서 (3) 부으신 자의 얼굴을 살펴보옵소서."(9절) (3) 부음 받은 자는 왕을 가리킬 텐데 오늘에는 모든 그리스도인이 성령으로 "(3) 부음 받은 자"입니다.

언약백성에게 가장 안락한 곳은 주와 함께하는 곳입니다. "주의 (2)에서의 한 날이 다른 곳에서의 천 날보다 나은즉 악인의 장막에 사는 것보다 내 하나님의 성전 문지기로 있는 것이 좋사오니."(10절) 시는 이렇게 마무리됩니다. "만군의 여호와여, 주께 의지하는 자는 (4)이 있나이다."(12절)

생각하기 나는 하나님의 집에서 하나님과 함께하기를 얼마나 사모하나요?

해답 1. 사랑, 2. 궁정, 3. 기름, 4. 복

시편 85편 · 정의와 화평이 입 맞출 때까지

주요 구절: 85:4

시편 85편은 하나님의 백성이 죄에 빠져 허덕일 때 하나님의 인애와 긍휼을 구하는 공동체의 기도입니다. 배경은 바빌론 포로 귀환 후 경험하는 고난인 것 같습니다(1-3절). "주의 백성의 (1)을 사하시고 그들의 모든 죄를 덮으셨나이다."(2절) 유다가 이미 포로의 신분을 벗고 돌아왔지만 언약에 신실하지 못하여 그들에게 벌로 가뭄이 임한 것으로 보입니다(12절). 하나님이 이스라엘을 연단하기 위해 가뭄을 보낸 것(학 1:10-11)을 연상케 합니다.

시인은 하나님의 '구원'과 '다시 살리심'을 구합니다(3-6절). 오직 하나님의 인자에 호소합니다(7절). "내가 하나님 여호와께서 하실 말씀을 들으리니 무릇 그의 백성, 그의 성도들에게 (2)을 말씀하실 것이라. 그들은 다시 어리석은 데로 돌아가지 말지로다."(8절) 인간 스스로 하나님과의 (2)을 깨트렸지만, 스스로 회복할 수 없기에

하나님이 다시 (2 ___ ___)을 만들어주기를 기도합니다. "진실로 그의 구원이 그를 (3 ___ ___)하는 자에게 가까우니 영광이 우리 땅에 머무르리이다."(9절) 인간은 하나님의 (4 ___ ___)와 (2 ___ ___)을 받을 자격이 전혀 없지만, 하나님이 회복시켜줍니다. "(4 ___ ___)와 진리가 같이 만나고 (5 ___)와 (2 ___ ___)이 서로 입 맞추었으며, 진리는 땅에서 솟아나고 (5 ___)는 하늘에서 굽어보도다."(10-11절) 하나님의 은혜로 언약백성의 삶에 (5 ___)와 (2 ___ ___)이 어우러집니다.

생각하기 내 삶에서 의와 화평이 서로 어우러지고 있습니까?

해답 1. 회복, 2. 화평, 3. 경외, 4. 인애, 5. 의

시편 86편 · 환난 날에 부르짖는 기도

주요 구절: 86:1

시편 86편은 시편 제3권에 유일하게 등장하는 다윗의 시입니다. 86편은 여러 성경을 인용합니다. 예를 들면 8절은 출애굽기 34:6을 인용하고, 8-10절은 출애굽기 15:11의 인용입니다. 이 시의 중심은 9절입니다. "주여, 주께서 지으신 (1 ___ ___) 민족이 와서 주의 앞에 (2 ___ ___)하며 주의 (3 ___ ___)에 영광을 돌리리이다."

1-7절은 경건한 시인이 '가난과 궁핍', 그리고 '환난'의 상황에서 여호와의 종으로서 하나님께 의지하며 은혜를 탄원합니다. 8-10절은 기도의 대상인 하나님이야말로 온 세상으로부터 영광받을 분임을 고백합니다. 11-13절은 주의 (4 ___)와 (5 ___ ___)를 배우고 행하며 하나님의 이름을 찬송하고 영광을 돌립니다. "여호와여, 주의 (4 ___)를 내게 가르치소서. 내가 주의 (5 ___ ___)에 행하오리니, 일심으로 주의 이름을 (6 ___ ___)하게 하소서."(11절) 14-17절은 구원의 하나님에게 도움을 기도합니다. 환란 날에도 부르짖을 이는 하나님뿐입니다.

생각하기 환란 중에도 주의 도와 진리를 기억합니까?

해답 1. 모든, 2. 경배, 3. 이름, 4. 도, 5. 진리, 6. 경외

시편 87편 · 은혜가 시온에서 온 세상으로

주요 구절: 87:4

시편 87편은 바빌론 포로 이후에 쓰인 것으로 보입니다. 여러 나라로 흩어진 유대인이 "하나님의 (1)"(3절)의 영광스러움을 바랍니다. 하나님의 구원은 단순히 지리적으로 유대 예루살렘에만 머물지 않고 여러 나라로 퍼져나갑니다. "라합과 바벨론"(4절)도 시온의 은혜를 받게 될 것입니다. "라합"은 여리고에서 구원받은 여인이 아니고 이사야 30:7과 시편 51: 9이 말하듯 이집트를 뜻합니다. "블레셋과 두로와 (2)"(4절)도 시온에서 난다고 합니다. 이것은 신약 시대에 이방인이 회심하여(엡 3:4-6) 하나님 나라에 들어오게 될 것을 예견하는 것 같습니다. 하나님의 은혜와 영광이 온 세상으로 퍼집니다.

유대인, 이방인 할 것 없이 하나님의 부름받은 백성은 모두 하나님의 은혜의 보좌가 있는 '하나님의 성 출신'(6절)이라 불릴 것입니다. 모든 언약백성이 은혜가 임한 시온을 생명의 근원으로 부를 것입니다. "(3)하는 자와 뛰어 노는 자들이 말하기를 나의 모든 (4)이 네게 있다, 하리로다."(7절)

생각하기 악인과 이방인도 돌아오는 것을 어떻게 생각하나요?

해답 1. 성, 2. 구스, 3. 노래, 4. 근원

시편 88편 · 죽음의 고통 속에서

주요 구절: 88:14

시편 88편은 여느 탄원 시(44편, 89편)와 달리 절망과 사망의 공포만 표현할 뿐입니다. 구원하는 하나님에 대한 희망찬 기대나 회개, 믿음의 고백이 없습니다. 시인은 "(1)이 가득"(3절)하고, '(2)에 가깝고'(3절), "무덤에 내려가는 자"(4절), "힘없는 용사"(4절)와 같습니다. '죽은 자 중에 던져지고' '무덤에 누운 자' 같습니다(5절). '무덤과 멸망 가운데'(11절) 있습니다. 하나님의 경건한 자들도 끝이 없어 보이는 어둠의

터널을 지나갈 수 있음을 보여줍니다. 그런 가운데 시인은 "주야로"(1절), "매일"(9절), "아침"(13절)마다 끈질기게 호소하지만, 하나님은 응답하지 않는 것 같습니다. 시인은 절망적인 물음을 던지기도 합니다. '하나님이 고난에서 구원하실까?'(10-12절) 시인은 믿음을 표현하지 않고 고난의 상황만을 '흑암'(18절)으로 표현하며 시를 마무리하는 것 같습니다.

하지만 시인이 소망과 인내와 믿음을 완전히 버린 것은 아닙니다. 시인은 이 고난이 하나님으로부터 온 것임을 고백합니다(6-7, 14절). "주께서 나를 깊은 (3 　 　 　)와 어둡고 음침한 곳에 두셨사오며."(6절) "여호와여, 어찌하여 나의 영혼을 (4 　 　)시며, 어찌하여 주의 얼굴을 내게서 숨기시나이까?"(14절) 시인은 하나님을 바라며 기도합니다. "여호와 내 (5 　 　)의 하나님이여! 내가 주야로 주 앞에서 부르짖었사오니…"(1절)

생각하기 끝 모를 어두움 속에서 침묵하시는 하나님을 경험한 적이 있습니까?

해답 1. 재난, 2. 스올, 3. 웅덩이, 4. 버리, 5. 구원

시편 89편 · 언약의 하나님과 그 백성

주요 구절: 89:1

시편 89편의 저자가 처한 상황은 마지막 부분 38-51절에 잘 표현됩니다. "그러나 주께서 주의 (1 　 　) 부음 받은 자에게 노하사 물리치셔서 버리셨으며, 주의 종의 (2 　 　)을 미워하사 … 그의 모든 울타리를 파괴하시며 그 (3 　 　)를 무너뜨리셨으므로."(38-40절) 아마도 왕의 범죄로 왕에게 큰 어려움이 생긴 듯한데, (2 　 　)의 하나님께 호소하며 도움을 구합니다(49절).

시는 크게 세 부분으로 나뉩니다. 먼저 1-18절은 하나님의 위대함에 대한 찬양입니다. '언약의 하나님'(3절), '언약백성을 영원히 견고히 하는 분'(4절), '무섭고 두려워할 분'(7절), '능력과 성실하신 분'(8절), '천지와 남북의 주인'(11-12절), '능하고 강하고 의롭고 공의로우며 인자와 진실함이 풍성하신 분'(13-14절), '언약백성의 방패와 왕'(18절)입니다. 둘째 19-37절은 다윗 왕가에 대한 하나님의 언약을 확인하는 내용입니다. 하나님이

다윗을 왕으로 삼고 입양하여 아들로 삼고, 구원의 바위가 됨을 노래합니다. 다윗은 이스라엘의 대표이며, 세상 가운데 직분자로서 지위를 가집니다. 언약백성은 복을 약속받지만 계명을 어기면 매도 맞습니다(30-32절). 사실은 이런 징계까지도 언약의 복입니다(33-34절). 셋째 38-51절은 언약백성의 고통스러운 상황에 대한 묘사입니다. 인간의 보잘것없음이 잘 드러납니다. 오직 언약의 하나님만 바랄 뿐입니다. 언약한 대로 고통에서 건져주길 기도합니다(49절).

52절 "여호와를 (4 ＿ ＿)히 찬송할지어다. (5 ＿ ＿) (5 ＿ ＿)"은 시편 제3권(73-89편)의 전체 마무리입니다.

생각하기 내가 받는 징계도 하나님의 사랑인 것을 믿나요?

해답 1. 기름, 2. 언약, 3. 징계, 4. 영원, 5. 아멘

시편 90편 · 유한한 인간과 무한한 하나님

주요 구절: 90:4

시편 90편은 시편 제4권(90-106편)의 시작입니다. 모세의 시로 유명합니다. 하나님의 영원에 반해 인간의 유한이 극적으로 대조됩니다. 하나님은 "대대"(1절), "영원"(2절), "천년"(4절)으로 비유되지만, 인간은 "티끌"(3절), "잠깐 자는 것", "아침에 돋는 풀"(5절), '아침에 꽃이 피어 자라지만 저녁에는 시듦'(6절), "수고와 슬픔", '신속히 날아감'(10절)에 불과합니다. 다음 두 구절은 우리에게 잘 알려져 있습니다. "주의 목전에는 (1 ＿) 년이 지나간 어제 같으며 밤의 한 (2 ＿ ＿) 같을 뿐임이니이다."(4절) "우리의 연수가 칠십이요, (3 ＿ ＿)하면 팔십이라도 그 연수의 (4 ＿ ＿)은 수고와 슬픔뿐이요, 신속히 가니 우리가 날아가나이다."(10절) 인간의 유한함과 숙명은 거룩한 하나님에 대한 인간의 죄에서 비롯됩니다. "주께서 우리의 죄악을 주의 앞에 놓으시며, 우리의 은밀한 죄를 주의 (5 ＿ ＿) 빛 가운데에 두셨사오니…"(8-9절)

10절을 염두에 둔다면 모세가 80세에 이 시를 쓴 것 같습니다. 이집트 궁궐에서의 40년 영광을 광야 40년 동안에 모두 다 내려놓아야 했습니다. 하나님이 지혜와 긍휼과 은총을 내리지 않으면 삶은 의미가 없음을 고백합니다.

생각하기 인간의 삶과 인생이 유한하고, 순식간임을 언제 깨달을까요?

해답 1. 천, 2. 순간, 3. 강건, 4. 자랑, 5. 얼굴

시편 91편 · 하나님의 섬세한 보호

주요 구절: 91:8

시편 91편은 모든 시대 성도를 향한 것입니다. "나는", "내가"(2절) 혹은 "너를", "너는"(3-4절)이라는 표현이 그것을 잘 보여줍니다. 앞선 90편의 암울한 분위기와 대조적으로 밝고 부드러운 분위기입니다. 신자가 온갖 위험과 도전을 경험하지만, 피난처인 하나님에게 보호를 받는다는 확신을 노래합니다. 하나님은 '피난처, 요새, 의뢰'(2절) 그리고 "방패"(4절)입니다. "이는 그가 너를 새 (1 　 　 　)의 올무에서와 심한 (2 　 　)병에서 건지실 것임이로다."(3절) 하나님의 백성이 어떻게 보호를 받는지를 이렇게 노래합니다. "그가 너를 위하여 그의 (3 　 　)들을 명령하사, 네 모든 길에서 너를 지키게 하심이라. 그들이 그들의 손으로 너를 붙들어 발이 (4 　)에 부딪히지 아니하게 하리로다."(11-12절) 이 구절은 사탄이 예수님을 시험할 때 인용한 구절로도 유명합니다(마 4:6, 눅 4:10-11). 하나님의 보호와 구원은 놀랍습니다. 이런 특별한 구원과 보호를 받는 백성은 언약의 하나님을 (5 　 　)합니다. 또 하나님의 놀라운 복을 누립니다. "하나님이 이르시되, 그가 나를 (5 　 　)한즉 내가 그를 건지리라. 그가 내 이름을 안즉 내가 그를 높이리라."(14절)

생각하기 나를 언제나 보호하고 구원하시는 하나님을 사랑합니까?

해답 1. 사냥꾼, 2. 전염, 3. 천사, 4. 돌, 5. 사랑

시편 92편 · 하나님의 집에 심긴 의인

주요 구절: 92:12

전통적으로 시편 92편은 안식일에 낭독하며 부른 것으로 봅니다. 참고로 주중 첫째 날은 24편, 둘째 날은 48편, 셋째 날은 82편, 넷째 날은 94편, 다섯째 날은 81편, 여섯째 날은 93편을 불렀다고 합니다.

92편의 분위기는 밝습니다. 의인은 복을 받고 악인은 망할 것이라고 선포합니다. 하나님의 의로운 통치에 대한 기쁨의 외침이 뒤에 나오는 찬양 시편들인 93-100편과도 자연스럽게 연결됩니다. 이 시에 "여호와"라는 단어가 7번 등장하는 것은 주목할 만합니다. "여호와"는 언약의 하나님을 강조합니다. 10-11절은 이 시의 저자가 왕임을 보여줍니다. "의인"이 얼마나 안전히 거하게 되는지 노래한 12-15절은 암송하고 싶을 정도로 감동적입니다. "의인은 (1 ___ ___)나무 같이 번성하며 레바논의 백향목 같이 성장하리로다. 이는 여호와의 (2 ___)에 심겼음이여, 우리 하나님의 뜰 안에서 (3 ___ ___)하리로다. 그는 늙어도 여전히 결실하며 진액이 풍족하고 (4 ___)이 청청하니, 여호와의 정직하심과 나의 (5 ___ ___) 되심과 그에게는 불의가 없음이 선포되리로다."(12-15절)

생각하기 내가 하나님의 집에 심긴 나무인 것을 묵상합시다.

해답 1. 종려, 2. 집, 3. 번성, 4. 빛, 5. 바위

시편 93편 · 온 세상을 다스리는 하나님

주요 구절: 93:1

시편 93편은 하나님이 창조주와 통치자임을 분명하게 선포하는 내용인데 시편 47편이나 96-99편의 내용과도 비슷합니다. "여호와께서 다스리시니 스스로 (1 ___ ___)를 입으셨도다. 여호와께서 능력의 (2 ___)을 입으시며, (3 ___)를 띠셨으므로 세계도 견고히 서서 흔들리지 아니하는도다."(1절)

시인은 이 땅에 하나님 나라가 임하여 하나님이 통치하고 다스릴 것을 소망합니다. 시

인은 하나님의 능력이 큰 물과 큰 파도보다 크다고 말합니다(3-4절). 이 시를 읊고 있노라면 고난과 슬픔 가운데서도 위로와 소망을 가질 수 있습니다. “여호와여 주의 (4 ____)들이 매우 확실하고 (5 ____)함이 주의 집에 합당하니, 여호와는 영원무궁하시리이다.”(5절)

생각하기 하나님의 통치하심이 나에게 위로와 소망이 됩니까?

해답 1. 권위, 2. 옷, 3. 띠, 4. 증거, 5. 거룩

시편 94편 · 복수하시는 하나님

주요 구절: 94:14

시편 94편 1절에서 하나님을 부르는 말이 참 의미심장합니다. “복수하시는 하나님이여!” 시인은 불의한 자들이 경건한 자들을 괴롭힌다고 고발합니다(1-7절). “(1 ____)를 심판하시는 주여! 일어나사 교만한 자들에게 마땅한 벌을 주소서.”(2절) 그들은 어리석기 짝이 없는데 “여호와가 (2 ____) 못하며 야곱의 하나님이 알아차리지 못하리라”(7절) 생각합니다. 그러나 시인은 하나님이 그것을 알고(8-11절), 경건한 자들을 보호하고 지킨다는 것(12-15절)을 확신합니다. “여호와여 주로부터 징벌을 받으며 주의 법으로 교훈하심을 받는 자가 복이 있나니.”(12절) 잘못된 세상의 불의를 하나님이 바로 잡을 것입니다. 하나님은 세상의 불의에 대해 복수합니다.

이 확신이 혼돈한 상황 가운데 있는 시인에게 “위로”를 줍니다. “내 속에 (3 ____)이 많을 때에 주의 위안이 내 영혼을 즐겁게 하시나이다.”(19절) 그러므로 하나님이야말로 모든 환난 가운데 유일한 피난처입니다(20-23절). “여호와는 나의 (4 ____)이시요, 나의 하나님은 내가 피할 (5 ____)이시라.”(22절)

생각하기 신자가 복수를 구하는 기도를 할 수 있을까요?

해답 1. 세계, 2. 보지, 3. 근심, 4. 요새, 5. 반석

시편 95편 · 그 음성을 듣거든

주요 구절: 95:1

시편 95편 전반부(1-7a절)는 언약백성이 누렸고 또 누릴 영광스런 모습을 말합니다. "오라. 우리가 여호와께 (1)하며 우리의 구원의 (2)을 향하여 즐거이 외치자. 우리가 감사함으로 그 앞에 나아가며 (3)를 지어 즐거이 그를 노래하자."(1-2절)

"너희가 오늘 그의 음성을 듣거든"으로 시작하는 후반부(7b-11절)는 언약백성의 어두운 역사를 말하며 교훈합니다. 므리바(맛사. 출 17:7; 민 20:13; 27:14; 신 6:16; 9:22; 33:8) 사건이 "완악"(8절)한 마음의 예로 등장합니다. 언약백성이지만, 그들은 "마음이 (4)"되어 하나님의 길을 알지 못하고 하나님이 약속하신 안식에 들어가지 못했습니다(10-11절). 앞부분과 뒷부분의 분위기가 반대이지만 연관성이 없는 것이 아닙니다. 둘은 하나입니다. 교훈하는 대로 하나님의 언약을 붙잡아야 합니다. 히브리서 기자는 히브리서 3장 7-11절에서 95편 뒷부분을 인용하면서 믿음으로 언약의 약속을 굳게 붙잡으라고 권면합니다.

생각하기 끝까지 언약을 붙잡기 위해 어떻게 해야 할까요?

해답 1. 노래, 2. 반석, 3. 시, 4. 미혹

시편 96편 · 새 노래로 노래하라

주요 구절: 96:1

시편 96편은 온 세상을 향한 하나님의 "공평", "의", "진실"된 심판(10, 13절)의 의미를 복음적 선포와 함께 노래합니다. "(1)로 여호와께 노래하라. 온 땅이여, 여호와께 노래할지어다."(1절) 여기서 "(1)"는 죄와 비참 가운데 빠진 인간을 구원(2절)하는 언약의 하나님에 대한 감사와 기쁨의 찬송입니다(시 33:3 참조). 죄인의 구원은 "그의 영광"이며 "그의 (2)한 행적"입니다(3절). 이런 놀라운 구원

사역은 먼저 이스라엘 가운데 일어나고 그리고 "만민"에게로 넓어질 것입니다(3절). 구원받은 백성에게 요구되는 것은 하나, 곧 '(3 ____)'입니다(6-9절). "아름답고 거룩한 것으로 여호와께 (3 ____)할지어다."(9절)

만민은 죄로 인해 하나님과 멀어졌습니다. 영적으로 죽었기 때문에 여호와를 하나님으로 인정하지 않습니다. 그들도 복음을 듣고 회개해야 합니다. "모든 (4 ____) 가운데서 이르기를 여호와께서 (5 ______)시니 세계가 굳게 서고 흔들리지 않으리라. 그가 만민을 공평하게 심판하시리라."(10절) 하나님의 다스림을 인정하고 믿는 자는 구원의 복을 얻지만, 그렇지 않는 불신자에게는 심판이 임할 것입니다. 하늘, 땅, 바다와 거기 충만한 것들이 여호와 앞에서 하나님의 심판의 정당성을 기뻐하며 즐거워하며 외칠 것입니다(11-12절). 세상의 마지막 날을 생각나게 합니다.

생각하기 구원의 새 노래로 날마다 하나님을 찬양합시다!

해답 1. 새 노래, 2. 기이, 3. 예배, 4. 나라, 5. 다스리

시편 97편 · 하나님이 다스린다

주요 구절: 97:1

창조주 하나님은 왕으로서 온 우주를 다스립니다. "여호와께서 (1 ____)리시나니 땅은 즐거워하며 허다한 섬은 (2 ____)할지어다."(1절) 땅, 섬, 구름, 흑암, 의와 공평, 불, 번개, 산, 하늘은 하나님의 창조와 다스림을 즐거워하고 기뻐하는 것이 마땅합니다(2-6절). 하지만, 사람들은 반대입니다. "조각한 (3 ____)을 섬기며 허무한 것으로 (4 ____)"(7절)합니다. 악을 사랑합니다(10절). 그런 자는 모두 "수치를 당할 것"(7절)입니다.

하나님의 심판이 "구름과 흑암"(2절), 그리고 "의와 공평"(2절), "불"(3절), "번개"(4절)로 표현됩니다. 하나님을 대적하던 악인은 멸망할 것입니다. 오직 하나님의 택한 백성, 곧 시온과 유다의 딸들만이 하나님의 심판을 면할 것입니다. 그러므로 악인의 심판은 성도에게 위로이며 핍박 가운데 기쁨입니다(8절).

생각하기 하나님을 왕으로 모시고 순종하고 있습니까?

해답 1. 다스, 2. 기뻐, 3. 신상, 4. 자랑,

시편 98편 · 공의의 하나님 찬양

주요 구절: 98:1

시편 98편은 86편과 여러 면에서 비슷합니다. "새 노래"(1절), "구원"(2-3절), "심판"(9절)에 관한 내용이 같습니다.

세 연으로 구성되는데, 첫째 연은 성전에 모여 예배하는 회중(1-3절), 둘째 연은 온 땅 모든 백성(4-6절), 셋째 연은 전체 피조물(7-9절)이 대상입니다. 시작하는 연은 하나님이 행한 과거의 (1)을 회상합니다(2절). "여호와께서 그의 (1)을 알게 하시며, 그의 (2)를 뭇 나라의 목전에서 명백히 나타내셨도다." 하나님은 (1)뿐만 아니라 심판하는 분입니다. 중간 연은 온 땅의 만민에게 "즐거이 소리칠"(4, 6절) 것을 권면합니다. 하나님의 구원과 심판을 만민이 보고 알게 될 것입니다. 마지막 연은 모든 세계와 피조물까지 하나님을 찬양할 것인데, 하나님이 통치하기 때문입니다. "그가 땅을 (3)하러 임하실 것임이로다. 그가 (4)로 세계를 판단하시며 (5)으로 그의 백성을 심판하시리로다."(9절)

생각하기 온 세상과 만물을 통치하시는 하나님을 경외합니까?

해답 1. 구원, 2. 공의, 3. 심판, 4. 의, 5. 공평

시편 99편 · 정의와 용서의 하나님

주요 구절: 99:9

시편 99편 역시 왕이신 하나님을 찬양하는 시입니다. "여호와께서 다스리시니 (1

)이 떨 것이요, 여호와께서 그룹 사이에 (2)하시니 땅이 흔들릴 것이로다."(1절) 1-5절은 하나님의 정의와 공의를 찬양합니다. '정의와 공의'는 '구원'을 의미합니다. 6-9절은 '모세'와 '아론'과 '사무엘'이 이스라엘의 대표로 등장합니다. 하나님은 기도에 응답하고 행한 대로 갚는 분인 동시에 (3)하는 분임을 노래합니다. "여호와 우리 하나님이여! 주께서는 그들에게 (4)하셨고, 그들의 행한 대로 (5)는 하셨으나, 그들을 (3)하신 하나님이시니이다."(8절) 이 시에는 "여호와"가 원문 기준으로 7번 등장합니다. 시인은 그런 방식으로 여호와 하나님을 완전한 분으로 표현합니다. 인생의 최종 목적은 구원의 하나님 여호와께 예배하는 것입니다(9절).

생각하기 공의롭지만 우리를 용서하시는 하나님을 묵상합시다.

해답 1. 만민, 2. 좌정, 3. 용서, 4. 응답, 5. 갚기

시편 100편 · 여호와가 우리 하나님

주요 구절: 100:3

시편 100편은 내용면에서 95편과 닮은꼴입니다. 이 시는 사랑받는 시편들 중 하나입니다. "즐거운"(1절), "기쁨으로"(2절), "노래하며"(2절), "감사함으로"(4절), "찬송함으로"(4절)라는 표현들이 시의 내용을 잘 드러냅니다. 부르짖다, 죄, 원수 같은 단어는 등장하지 않습니다. 하나님을 찬양하고 노래하는 기쁨으로 가득합니다.

그 이유가 분명하게 선포됩니다. "(1)가 우리 하나님이신 줄 너희는 알지어다. 그는 우리를 (2)신 이요, 우리는 그의 것이니, 그의 (3)이요, 그의 기르시는 (4)이로다."(3절) 전능한 하나님과 언약을 맺은 사람의 특권이 분명하게 나타납니다. '백성과 양'은 '왕과 목자'로 인해 '왕궁과 양의 우리'에서 '감사와 찬송'을 부릅니다(4절). 그 하나님은 "선하시니 그의 (5)하심이 영원하고 그의 (6)하심이 대대에"(5절) 이를 것입니다.

생각하기 나는 하나님을 기뻐하고 즐거워하고 있습니까?

해답 1. 여호와, 2. 지은, 3. 백성, 4. 양, 5. 인자, 6. 성실

시편 101편 · 완전한 왕을 소원함

주요 구절: 101:1

101-110편을 한 묶음으로 볼 수 있습니다. 처음 101편이 왕에 관한 시로 시작하고 마지막인 110편도 왕에 관한 시입니다. 그 중간에 있는 시들은 하나님의 창조와 영원한 보좌에 앉으심에서 시작해 조상들의 언약, 이스라엘의 출애굽과 가나안 입성, 포로와 귀환, 그리고 마지막으로 하나님께 기름 부음 받은 자의 궁극적 승리를 노래합니다.

이 시는 한 나라의 왕으로서 마땅히 행동해야 할 것을 선포합니다. 다윗이 아직 왕이 되기 전에 서원하는 형식을 떠올리면 됩니다(삼하 6장). "내가 (1 ______)한 길을 주목하오리니, 주께서 어느 때나 내게 임하시겠나이까? 내가 (1 ______)한 (2 ______)으로 내 집 안에서 행하리이다."(2절)

사실 101편에서 서원하는 모습은 다윗과 그의 후손에게서 완전히 이루어질 수 없습니다. 인간 왕들은 흠결로 가득할 뿐입니다. 이 서원은 후에 예수 그리스도 안에서 완전하게 성취됩니다. 그런 의미에서 메시아를 예언하는 110편과 공통점이 있습니다.

생각하기 흠이 없고 완전한 왕 예수 그리스도를 묵상합시다.

해답 1. 완전, 2. 마음

시편 102편 · 고난의 기도(참회 시)

주요 구절: 102:2

시편 102편은 참회 시로서 제목은 "고난 당한 자가 마음이 상하여 그의 근심을 여호와 앞에 토로하는 기도"입니다. 또 다른 참회 시는 6, 32, 38, 51, 130, 143편입니다

1인칭으로 묘사되는("내") 시인은 자신의 "괴로운 날"과 "부르짖는 날"(2절)이 "주의 분노와 (1 　 　)로 말미암"(10절)은 것을 분명히 알고 있습니다. 대체로 참회 시는 고통의 원인이 자신에게 있음을 인정합니다. 그 고통이 얼마나 심한지 자신을 '소멸하는 연기와 타는 숯'(3절), '시드는 풀'(4절), '광야의 (2 　 　 　)와 황폐한 곳의 부엉이'(6절), '지붕 위의 외로운 참새'(7절), '재와 눈물을 음식과 음료를 마신다'(9절)고 처절하게 표현합니다.

이집트에서 고통 속에 있는 이스라엘 백성의 부르짖음을 듣고 구원한 것처럼 "여호와께서 (3 　 　)한 자의 기도를 돌아보시며 그들의 기도를 멸시하지(17절)" 않을 것입니다. 12-22절은 공동체 시온을 긍휼히 여기고 은혜를 베푸는 하나님을 묘사합니다. 하나님이 이스라엘을 구원한 이유가 무엇일까요? "뭇 나라가 여호와의 이름을 경외하며 이 땅의 모든 왕들이 주의 (4 　 　)을 경외"(15절)하도록 하기 위함입니다. "그 때에 (5 　 　)들과 나라들이 함께 모여 여호와를 섬기리로다."(22절)

생각하기 하나님께서 나를 고통 가운데서 구원하신 이유는 무엇일까요?

해답 1. 진노, 2. 올빼미, 3. 빈궁, 4. 영광, 5. 민족

시편 103편 · 여호와를 송축하라!

주요 구절: 103:1

용서와 치유를 경험한 시인의 고백은 우리에게 큰 위로를 줍니다. "내 영혼아! 여호와를 송축하라. 내 속에 있는 것들아, 다 그의 거룩한 이름을 송축하라. 내 영혼아, 여호와를 송축하며 그의 모든 (1 　 　)을 잊지 말지어다."(1-2절) 이 시의 마지막도 송축으로 끝나는데(20-22절), 송축(頌祝)은 '기쁜 일을 기리고 축하한다'는 말입니다.

시인은 조상 (2 　 　)가 경험한 하나님의 놀라운 긍휼을 자신으로 것으로 고백하며 노래합니다. "억압당하는 모든 자를 위하여 심판하시는도다."(6절) "그의 행위를 (2 　 　)에게, 그의 행사를 이스라엘 자손에게 알리셨도다."(7절)

8-9절은 출애굽기 34:6-7(참고. 민 14:18) 인용입니다. "여호와는 (3 　 　)이 많으

시고 은혜로우시며 노하기를 더디 하시고 인자하심이 풍부하시도다."(8절) 모세가 경험한 것을 다윗도 삶 속에서도 경험하고 고백합니다. "자주 (4 　 　)하지 아니하시며 노를 영원히 품지 아니하시리로다."(9절)

인간은 먼지처럼 가치 없고, 삶은 시드는 풀과 같고, 영화는 들의 꽃과 같지만(14-16절), "여호와의 인자하심은 자기를 경외하는 자에게 영원부터 영원까지 이르며 그의 의는 자손의 자손에게"(17절) 이릅니다. 하나님의 언약을 지키고 그의 법도를 (5 　 　)하고 행하는 자에게 주어지는 복입니다(18절).

19절은 6절과 짝을 이룹니다. "여호와께서 그의 보좌를 하늘에 세우시고 그의 (6 　 　)으로 만유를 다스리시도다."(19절) 모든 것을 다스리는 왕이신 하나님을 송축합니다.

생각하기 하나님의 영광에 비해 인간의 삶이 어떻게 느껴집니까?

해답 1. 은혜, 2. 모세, 3. 긍휼, 4. 경책, 5. 기억, 6. 왕권

시편 104편 · 하나님의 '창조' 찬양

주요 구절: 104:1

시편 104편은 창조주 하나님에 대한 찬양 시입니다. 온 세계는 창조주 하나님의 영광의 옷과 같습니다. 인간의 타락으로 창조세계가 고통 받지만, 하나님의 영광을 여전히 담고 있습니다. 언약백성은 이렇게 노래해야 마땅합니다. "내 영혼아! 여호와를 (1 　 　)하라. 여호와 나의 하나님이여, 주는 심히 위대하시며 (2 　 　)와 권위로 옷 입으셨나이다."(1절) 2a절은 첫째 날 창조를, 2b-4절은 둘째 날, 5-18절은 셋째 날, 19-23절은 넷째 날, 24-26절은 다섯째 날, 37-31절은 여섯째 날 창조와 연결됩니다.

하나님의 위대하고 지혜로운 창조를 이렇게 노래합니다. "여호와여! 주께서 하신 일이 어찌 그리 많은지요! 주께서 (3 　 　)로 그들을 다 지으셨으니 주께서 지으신 것들이 땅에 가득하나이다."(24절) 또한, 그들을 보존하고 다스리는 분도 하나님이십니다. 인간의 삶은 오직 하나님께 달려있습니다. "주께서 주신즉 그들이 받으며, 주께서 손을

펴신즉 그들이 좋은 것으로 만족하다가 주께서 (4 　)을 숨기신즉 그들이 떨고 주께서 그들의 호흡을 거두신즉 그들은 (5 　 　) 먼지로 돌아가나이다."(28-29절)

생각하기 하나님께서 지으신 세계를 보며 하나님의 영광을 발견합니까?

해답 1. 송축, 2. 존귀, 3. 지혜, 4. 낯, 5. 죽어

시편 105편 · 하나님의 '구원' 찬양

주요 구절: 105:1

시편 104편이 하나님의 '창조' 찬양이라면, 105편은 하나님의 '구원' 찬양입니다. 하나님은 인간을 멋지게 창조했지만, 인간 스스로 고귀한 지위에서 떨어져 타락했습니다. 하나님은 그들을 은혜 언약으로 죄와 비참에서 구원합니다. 그래서 구원받은 백성은 하나님이 행한 일을 기억하고 찬양합니다. 1-6절이 바로 그 점을 선포합니다. "여호와께 (1 　 　)하고 그의 이름을 불러 아뢰며, 그가 하는 일을 만민 중에 알게 할지어다."(1절) 7-15절은 하나님이 이스라엘 족장들과 언약 맺은 것을 서술합니다. 그들은 수가 적고, 나그네로서 이곳저곳 떠돌아다니는 방랑자였습니다. 그럼에도 하나님은 그들과 "언약"과 "맹세"(9절), "율례"와 "영원한 언약"을 세웠습니다. 그리고 그들을 보호했습니다. "…나의 기름 부은 자를 손대지 말며 나의 (2 　 　 　)들을 해하지 말라, 하셨도다."(15절) 주의 백성은 이방 백성을 향한 주의 (2 　 　 　)들입니다. 16-22절은 요셉에 관해, 23-38절은 이집트에서의 고통과 재앙에 관해, 39-45절은 가나안 땅의 삶에 관해 노래합니다.

하나님이 이스라엘을 이렇게 구원하신 목적이 무엇일까요? "이는 그들이 그의 (3 　 　)를 지키고 그의 (4 　 　)을 따르게 하려 하심이로다. 할렐루야!"(45절) 하나님이 언약을 맺고 언약백성을 구원하는 목적이 분명합니다. 우리가 구원받은 목적도 동일합니다.

생각하기 하나님은 왜 나를 구원하고 언약을 맺으셨을까요?

해답 1. 감사, 2. 선지자, 3. 율례, 4. 율법

시편 106편 · 백성의 배신과 구원

주요 구절: 106:48

시편 104편은 '창조', 105편은 '구원'에 초점이 있다면, 106편은 언약백성의 '배신'을 회상합니다. 이 시는 이스라엘의 배신에도 회개하는 자를 구원하는, 언약에 충실한 하나님에게 "할렐루야"를 외치며 시작(1절)하고 마무리합니다(48절). "할렐루야! 여호와께 (1 ___ ___)하라. 그는 선하시며 그 인자하심이 영원함이로다 … 할렐루야!"(1, 48절)

1-5절은 서론입니다. 언약백성은 언약의 하나님이 주는 유산을 기뻐하며 형통함을 자랑합니다. 6-12절은 이집트에서 이스라엘 백성이 악을 행했지만, 하나님은 자기 영광(8절)을 위하여 구원하셨음을 노래합니다. 13-33절은 구원받은 언약백성이 광야를 지나며 수많은 악을 행하였음을 보여줍니다. 백성이 언약을 배신합니다. 이스라엘은 하나님과 그가 행한 일을 곧 잊어버리고, 욕심에 끌려 다녔습니다(13-14절). 34-43절은 가나안 땅을 점령하고 살았던 언약백성이 사사 시대까지 얼마나 심각한 죄를 범했는지를 가감 없이 표현합니다. 더 확대하면 왕국 시대까지 포함됩니다. 심지어 그들은 "자녀를 악귀들에게 희생(2 ___ ___)로 바쳤"(37절)습니다.

44-47절은 하나님의 언약과 인자에 따른 긍휼과 (3 ___ ___)을 간구합니다. 언약백성은 그 (3 ___ ___)에 감사하고 찬양할 것입니다. "여호와 우리 하나님이여! 우리를 (3 ___ ___)하사, 여러 나라로부터 (4 ___ ___)시고 우리가 주의 거룩하신 이름을 감사하며 주의 (5 ___ ___)를 찬양하게 하소서."(47절) 48절은 시편 제4권(90-106편)의 마무리 송영입니다.

생각하기 배신한 백성을 구원하는 하나님이 어떻게 느껴집니까?

해답 1. 감사, 2. 제물, 3. 구원, 4. 모으, 5. 영예

시편 107편 · 구원자 하나님 감사

주요 구절: 107:8

시편 107-150편은 시편 제5권입니다. 비록 권이 다르긴 하지만 내용 면에서는 이스라엘 역사를 언급하는 104-106편과 이어지는 것 같습니다.

시인은 인간이 하나님의 구원 때문에 얼마나 감사할 것이 많은지 고백합니다. "여호와께 감사하라. 그는 선하시며 그 (1 　　)하심이 영원함이로다. 여호와의 (2 　　)을 받은 자들은 이같이 말할지어다. 여호와께서 대적의 손에서 그들을 (2 　　)하사, 동서남북 각 지방에서부터 (3 　　)셨도다."(1-3절)

이 시에는 네 그룹의 구원이 등장합니다. 광야에서 유리방황하는 여행자들의 구원(4-9절), 옥에 갇힌 자들의 구원(10-16절), 병든 자들의 구원(17-22절), 바다를 항해하는 자들의 구원(23-32절)입니다. 하나님의 구원은 다양하게 임합니다.

마지막으로 세상의 자유과 생명을 다스리며 섭리하는 하나님을 33-43절에서 말합니다. 중간에 두 절씩 반복되는 후렴구가 있습니다. "이에 그들이 (4 　　) 중에 여호와께 부르짖으매 그들의 고통에서 건지시고"(6절) "여호와의 (4 　　)하심과 인생에 행하신 기적으로 말미암아 그를 찬송할지로다."(8, 15, 21, 31절)

생각하기 내 인생에 임한 하나님의 구원은 어떻습니까?

해답 1. 인자, 2. 속량, 3. 모으, 4. 근심

시편 108편 · 우리가 하나님을 의지하고

주요 구절: 108:1

시편 108편 1-5절은 시편 57편 7-11절과 유사하고 6-13절은 시편 60편 5-12절과 유사합니다. 세 부분으로 나눌 수 있는데, 각 부분을 연결하는 중심 메시지는 '하나님의 말씀'과 '도움에 대한 믿음'입니다.

1-5절은 하나님의 도움을 경험한 사람의 찬양입니다. "하나님이여, 내 (1 　　)을 정하였사오니, 내가 노래하며 나의 (1 　　)을 다하여 찬양하리로다."(1절) 찬양의 분위기는 매우 밝고 적극적입니다. "비파야, 수금아, 깰지어다. 내가 (2 　　)을 깨우리로다."(2절)

6-9절에서 이스라엘은 고난 중에도 하나님의 구원 약속을 꼭 붙잡습니다. "주께서 (3 　 　)하시는 자들을 건지시기 위하여 우리에게 (4 　 　)하사 오른손으로 구원하소서."(6절) 찬양하라는 '권고'(1-5절)와 약속에 대한 '확신'(6-9절)은 '기도'(10-13절)의 또 다른 측면입니다.

10-13절에는 그 약속이 실현되기를 기도합니다. "우리가 하나님을 (5 　 　)하고 용감히 행하리니, 그는 우리의 대적들을 밟으실 자이심이로다."(13절)

생각하기 하나님께서 나를 끝까지 구원하실 것을 확신합니까?

해답 1. 마음, 2. 새벽, 3. 사랑, 4. 응답, 5. 의지

시편 109편 · 악한 원수를 고발하고 탄원함

주요 구절: 109:4

시편 109편은 69편과 비슷합니다. 원수로부터 고난 받는 다윗은 하나님께 도움을 구합니다. 69편에서 다윗은 죄로 인한 고난을 고백했지만, 109편에서는 자신의 결백을 주장합니다. "그들이 (1 　)으로 나의 선을 갚으며 미워함으로 나의 (2 　 　)을 갚았사오니."(5절) 그런 점에서 이 시편은 예수님과 연결됩니다. 원수들과 권력자들이 음모를 꾸며 예수님을 십자가에 죽였습니다. 그런 점에서 원수들과 지도자들을 향한 정죄가 시편 109편에 담겨 있습니다. 특히 "…그의 (3 　 　)을 타인이 빼앗게 하시며"(8절)는 사도행전 1:20에서 가룟 유다에게 적용됩니다.

다윗은 선에도 불구하고 악으로 갚는 대적들을 두고 하나님께 탄원합니다(1-5절). 원수가 마땅히 벌을 받아야 함을 기도합니다(6-20절). "그가 (4 　 　)하기를 좋아하더니 그것이 자기에게 임하고 축복하기를 기뻐하지 아니하더니 복이 그를 멀리 떠났으며."(17절) 21-29절은 대적의 비방에서 건져주기를 기도합니다. 그러나 마지막은 감사 찬송입니다. "내가 입으로 여호와께 크게 감사하며 많은 사람 중에서 찬송하리니, 그가 궁핍한 자의 (5 　 　)쪽에 서사 그의 영혼을 심판하려 하는 자들에게서 구원하실 것임이로다."(30-31절)

생각하기 선을 악으로, 사랑을 미움으로 받은 경험이 있습니까?

해답 1. 악, 2. 사랑, 3. 직분, 4. 저주 5. 오른

시편 110편 · 내 오른쪽에 앉아 있으라

주요 구절: 110:1

시편 110편은 시편 2편처럼 왕의 대관식에서 불린 '왕의 시'로 볼 수 있습니다. 그러나 메시아의 '왕과 제사장'으로서 모습을 잘 드러내는 작품입니다. 메시아 예언으로 시를 읽을 수 있습니다.

1절은 메시아를 예언합니다. "여호와께서 내 (1)에게 말씀하시기를 내가 네 원수들로 네 발판이 되게 하기까지, 너는 내 (2)쪽에 앉아 있으라, 하셨도다."(1절) 왕으로서 메시아를 예언합니다. 예수님은 이 구절을 바리새인과 서기관과 논쟁할 때 사용했습니다(마 22:41-46 등). 심문당할 때도 사용했습니다(마 26:64 등). 예수님의 메시아 되심을 증언하는 스데반(행 7:55), 바울(롬 8:34; 엡 1:20), 히브리서 기자(히 8:1), 베드로(벧전 3:22)가 이 구절을 말했습니다. 메시아의 왕적 다스림("규" 2절)은 "주의 백성이 거룩한 옷을 입고 즐거이 헌신하니 (3)이슬 같은 주의 청년들이 주께 나"(3절)옴으로 증명됩니다.

4절 역시 예수님의 메시아 되심의 증거로 인용됩니다. "여호와는 맹세하고 변하지 아니하시리라. 이르시기를 너는 멜기세덱의 (4)을 따라, 영원한 (5)이라, 하셨도다."(4절) 다윗은 제사장이 아니었습니다. 그러므로 이 구절은 왕과 제사장을 통합하는 메시아를 예언한 것입니다. 메시아 예수 그리스도는 레위 지파 제사장과 달리 멜기세덱을 따르는 '왕이며 제사장'(히 7:1)으로서 특별하며(히 6:20, 7:20-22) 유일합니다.

생각하기 왕과 제사장을 통합하는 예수님이 어떻게 느껴집니까?

해답 1. 주, 2. 오른, 3. 새벽, 4. 서열 5. 제사장

시편 111편 · 하나님 경외가 지혜(1)

주요 구절: 111:10

시편 111-119편을 한 묶음으로 볼 수 있으며 112편과 쌍둥이 시입니다. 111편은 10절로 구성되어 있지만, 첫 시작 할렐루야 이후부터 22개 히브리어 알파벳으로 각 행을 시작합니다. "할렐루야, 내가 정직한 자들의 모임과 (1) 가운데에서 전심으로 여호와께 (2)하리로다."(1절)

하나님은 "언약"(5, 9절)을 잊지 않고 영원히 기억해 그의 백성을 (3)하셨기 때문에 감사와 찬송을 받기에 합당합니다. "여호와께서 그의 백성을 (3)하시며 그의 언약을 영원히 세우셨으니, 그의 (4)이 거룩하고 지존하시도다."(9절) 111편은 '지혜의 시'로 불리는데 10절 때문입니다. "여호와를 경외함이 (5)의 근본이라. 그 계명을 지키는 자는 다 훌륭한 (6)을 가진 자이니 여호와를 찬양함이 영원히 계속되리로다."(10절)

생각하기 하나님 경외가 왜 지혜의 근본일까요?

해답 1. 회중, 2. 감사, 3. 속량, 4. 이름, 5. 지혜, 6. 지각

시편 112편 · 하나님 경외가 지혜(2)

주요 구절: 112:1

시편 112편은 111편과 쌍둥이 시입니다. 역시 '알파벳 시'이며 '지혜의 시'입니다. 각 절의 주제 연관성을 찾기 쉽지 않지만, 경건한 자의 번성을 분명하게 노래합니다. "할렐루야, 여호와를 (1)하며 그의 (2)을 크게 즐거워하는 자는 복이 있도다. 그의 후손이 땅에서 (3)함이여. 정직한 자들의 후손에게 (4)이 있으리로다."(1-2절) 그에 비해 악인의 멸망은 확실합니다. "악인은 이를 보고 (5)하여 이를 갈면서 소멸되리니, 악인들의 (6)은 사라지리로다."(10절) 성도는 "흉한 소문을 두려워"하지 않고 "여호와를 의뢰"하고 "마음을 굳게" 정하고 흔들리지 않습니다(6-7절).

생각하기 나는 하나님의 계명을 크게 즐거워하며 기쁨으로 행합니까?

해답 1. 경외, 2. 계명, 3. 강성, 4. 복, 5. 한탄, 6. 욕망

시편 113편 · 낮은 자를 높이심

주요 구절: 113:1

시편 113-118편을 묶어 '이집트 할렐'이라 부릅니다. 이집트에서 해방된 날을 기념하는 절기에 사용되었다고 믿기 때문입니다. 유월절 식사 전에 시편 113-114편을 부르고, 식후에 시편 115-118편을 불렀다고 합니다. 유월절, 오순절, 장막절, 수전절, 월삭 같은 유대인 절기 때 애송되었습니다.

이 시는 하나님의 (2 　 　)을 찬양하는 노래로서 모든 시대의 성도가 부를 수 있습니다. "(1 　) 돋는 데에서부터 (1 　) 지는 데에까지 여호와의 (2 　 　)이 찬양을 받으시리로다."(3절)

전체적으로 한나의 노래(삼상 2:1-15)와 비슷하고 후에 있을 마리아의 노래(눅 1:46-55)와도 비슷합니다. 높이 계신 하나님은 낮은 곳의 가난한 자와 궁핍한 자를 돌봅니다(4-7절). 하나님은 높은 지도자를 보호할 뿐만 아니라, 고통 받는 여자들까지 돌봅니다(8-9절). "가난한 자를 먼지 더미에서 일으키시며 (3 　 　)한 자를 거름 더미에서 들어 세워 … 또 (4 　 　)하지 못하던 여자를 집에 살게 하사 (5 　 　)들을 즐겁게 하는 (6 　 　 　)가 되게 하시는도다. 할렐루야!"(7-9절)

생각하기 낮은 자들에게 높으신 하나님이 어떻게 느껴질까요?

해답 1. 해, 2. 이름, 3. 궁핍, 4. 임신, 5. 자녀, 6. 어머니

시편 114편 · 애굽에서 나오며

주요 구절: 114:2

시편 114편은 "이스라엘이 애굽에서 나오며 야곱의 집안이 언어가 다른 민족에게서 나올 때"를 배경으로 합니다(1절). 유다는 하나님의 은혜로 "여호와의 (1 　 　)가 되고 이스라엘은 그의 (2 　 　)가 되었"습니다(2절). 이집트에서 나올 때 (3 　 　)가 보고 도망했으며, 가나안 땅으로 들어갈 때는 요단이 물러갔습니다(3, 5절). 산들이 뛰논다고 하는데 꼭 시내산에 하나님이 임하실 때 흔들린 모습을 떠올리게 합니다(출 19:18). 하나님은 창조세계를 다스리는 위대한 분인데, 그분이 언약백성을 자기 소유로 삼고 그들 가운데 임재합니다. 하나님의 은혜가 놀랍습니다.

생각하기 최근에 하나님의 임재를 강하게 느낀 적이 있습니까?

해답 1. 성소, 2. 영토, 3. 바다

시편 115편 · 오직 하나님께만 영광

주요 구절: 115:1

시편 115편은 오직 여호와 하나님만이 (1 　 　) 받을 분이라고 선언하고 노래합니다. "여호와여, (1 　 　)을 우리에게 돌리지 마옵소서. 우리에게 돌리지 마옵소서. 오직 주는 인자하시고 진실하시므로 주의 이름에만 (1 　 　)을 돌리소서."(1절) 하나님 아닌 사람의 손으로 만든, 영광 없는 우상을 섬기는 자들은 어리석습니다(4-8절).

"이스라엘", "아론의 집", "여호와를 경외하는 자"(9-13절)로 표현되는 언약백성은 이렇게 고백해야 합니다. "여호와를 (2 　 　)하라. 그는 너희의 (3 　 　)이시요. 너희의 (4 　 　)시로다."(9, 10, 11절) 이렇게 고백하는 하나님의 백성에게는 엄청난 복이 약속됩니다(12-13절).

1절이 말하는 것처럼 '오직 하나님께만 영광이'(soli Deo gloria) 있습니다. 이 선언이 예수님의 주기도문에 고스란히 들어 있습니다. "하늘에 계신 우리 아버지여, 이름이 거룩히 여김을 받으시오며."(마 6:9) 모든 시대 모든 성도는 시인과 함께 이렇게 노래할 수 있습니다. "우리는 이제부터 (5 __ __)까지 여호와를 (6 __ __)하리로다. 할렐루야!"(18절)

생각하기 하나님께 돌려야 할 영광을 내가 취한 적이 있습니까?

해답 1. 영광, 2. 의지, 3. 도움, 4. 방패, 5. 영원, 6. 송축

시편 116편 · 내가 무엇으로 보답할까

주요 구절: 116:12

시편 116편은 시대를 초월해 사랑받는 노래인데, 특별히 여성이 자녀를 출산 후 감사 기도를 할 때 많이 애용된다고 합니다. 삶에서 만나는 "사망의 줄", "스올의 고통", "환난과 슬픔"(3절), '사망, 눈물, 넘어짐'(8절)에서 건지는 하나님의 '은혜, 의, 긍휼'(5절)을 노래하는 내용이 감동적입니다.

시인은 고난과 어려움을 넘긴 후 하나님께 감사합니다. 하나님이 기도에 응답했음을 노래합니다. "여호와께서 내 (1 __ __)과 내 간구를 들으시므로 내가 그를 (2 __ __)하는도다. 그의 귀를 내게 기울이셨으므로 내가 평생에 기도하리로다."(1-2절) 하나님이 고통과 사망에서 구원하니 이렇게 고백합니다. "내가 생명이 있는 땅에서 여호와 앞에 행하리로다."(9절) "내게 주신 모든 (3 __ __)를 내가 여호와께 무엇으로 보답할까? 내가 구원의 (4 __)을 들고 여호와의 이름을 부르며, 여호와의 모든 백성 앞에서 나는 나의 (5 __ __)을 여호와께 갚으리로다."(12-14절)

생각하기 내게 주신 모든 은혜에 무엇으로 갚을 수 있을까요?

해답 1. 음성, 2. 사랑, 3. 은혜, 4. 잔, 5. 서원

시편 117편 · 인자와 진실을 찬송

주요 구절: 117:2

시편 117편은 시편뿐만 아니라, 성경 전체에서 가장 짧은 장입니다. "너희 (1) 나라들아! 여호와를 (2)하며, 너희 모든 (3)들아, 그를 찬송할지어다. 우리에게 향하신 여호와의 (4)하심이 크시고 여호와의 (5)하심이 영원함이로다. 할렐루야!"

이 시는 일차적으로 이스라엘 백성이 언약의 하나님께 받은 "인자"와 "진실" 때문에 "할렐루야"를 외치고 하나님에게 영광을 돌립니다. 그러나 그것으로 끝나지 않습니다. "우리" 곧 이스라엘 백성을 구원한 이유는 "모든 나라"와 "모든 백성"의 구원을 위한 것임을 노래합니다. 사실 처음 아브라함에게 주신 약속(창 12:3)이 그렇고, 많은 시편 역시 이 점을 노래합니다(시 2:8-12, 47:9, 67:2, 72:17, 102:15 등).

생각하기 나는 어느 때에 하나님의 인자와 진실을 경험하였나요?

해답 1. 모든, 2. 찬양, 3. 백성, 4. 인자, 5. 진실

시편 118편 · 여호와의 이름으로 오는 자

주요 구절: 118:1

시편 118편은 온 교회 성도에게 사랑받는 시입니다. "여호와께 (1)하라! 그는 선하시며 그의 인자하심이 (2)함이로다"로 시작하고 마무리되는(1, 29절), 이 시에는 국가대표급 사람들이 등장합니다. 그들은 "이스라엘"(2절), "아론의 집"(3절) 그리고 "여호와를 경외하는 자"(4절) 입니다.

5-18절은 고난에서 구원받은 왕이 하나님에게 개인적으로 신앙을 고백하는 내용을 담고 있습니다. "여호와는 내 편이시라. 내가 두려워하지 아니하리니, (3)이 내게 어찌할까?"(6절) 19-29절은 다시 모든 백성이 여호와의 성전에서 예배하는 모습을 그립니다. "의의 문"(19절)과 "여호와의 문"(20절)은 예배하기 위해 통과하는 성전 문을 가

리킵니다.

특별히 22절은 메시아를 예언합니다. "건축자가 버린 돌이 집 모퉁이의 (4   )이 되었나니." 이 구절은 신약 여러 곳에서 인용됩니다(마 21:42; 막 12:10-11; 눅 20:17; 행 4:11; 엡 2:20; 벧전 2:4-6). 그리고 25-26절 "여호와여 구하옵나니, 이제 (5   )하소서! … 여호와의 이름으로 오는 자가 (6   )이 있음이여! 우리가 여호와의 집에서 너희를 축복하였도다"는 예수님의 예루살렘 입성 장면에서 등장합니다. 25절의 "구원하소서"가 '호산나'(Hosanna)입니다.

생각하기 호산나가 들어가는 노래를 한 번 불러봅시다.

해답 1. 감사, 2. 영원, 3. 사람, 4. 머릿돌, 5. 구원, 6. 복

시편 119편 · 영광스러운 말씀

주요 구절: 119:105

시편 117편이 가장 짧은 장이라면 119편은 성경에서 가장 긴 장이며 시편에서도 단연 돋보이는 시입니다. 알파벳 시로서 22개 히브리어 알파벳을 따라 총 22개 연이며, 각 연은 8절로 되어 있습니다. 총 176절입니다. 이 시는 전체적으로 '율법의 영광스러움'을 노래합니다. 그렇지만, 시인이 처해 있는 곤란한 상황으로부터의 구원과 그런 상황에서도 '율법을 사모하는 삶'도 부각됩니다.

시인은 하나님의 말씀을 향한 열정과 동시에 자기 잘못을 인정하는 겸손함도 있습니다. "고난 당하기 전에는 내가 (1   ) 행하였더니, 이제는 주의 말씀을 지키나이다."(67절) 시인은 죄 가운데 빠지지 않기 위해 어떻게 해야 할지도 압니다. "내가 주께 범죄하지 아니하려 하여 주의 말씀을 내 (2   )에 두었나이다."(11절)

이 시의 대부분은 하나님께 하는 '간구'와 하나님의 율법에 대한 헌신의 '고백'이 뒤섞여 있습니다. "내 마음을 주의 증거들에게 향하게 하시고 (3   )으로 향하지 말게 하소서"(36절)

119편도 19편처럼 하나님의 말씀에 대한 헌신이 중심 주제입니다. 시인은 말씀의 두

가지 측면을 노래합니다. 첫째, 인간에 대한 '하나님의 명령'이고, 둘째는 인간에 대한 '하나님의 약속'입니다. 명령에는 순종해야 하고 약속은 믿어야 합니다. '명령과 약속'은 119편에서 다양하게 나타납니다. "율법"(교훈), "증거"(하나님이 자신의 뜻으로 엄숙히 표명하는 것), "법도"(하나님이 행하도록 정한 것), "율례"(신적 율법 수여자가 정한 것), "계명"(하나님이 명령한 것), "판단"(신적 심판자가 옳은 것으로 규정한 것), "말씀"(하나님이 말씀한 것)인데, 이것들은 모두 신명기에 발견되는 표현입니다(신 4:8, 44-45, 6:1, 33:9). 하나같이 하나님 말씀의 성격과 역할에 대한 표현입니다.

매 절마다 말씀에 관한 것이 거의 빠짐없이 들어 있습니다. 말씀은 '의로운 것'(7, 75, 123, 138, 144, 160, 172절), '진실하며 확실한 것'(86, 138, 142, 151, 160절), '신뢰, 소망, 믿음에 합당한 것'(42, 43, 66절)입니다.

말씀은 하나님의 속성과 떨어질 수 없습니다. 말씀에 하나님의 속성이 그대로 드러납니다. 말씀은 "인자"(124절)하고 "신실"(89-91절)합니다. 그러므로 말씀을 듣고 믿음으로 자신의 죄를 고백하는 자는 값없이 제공되는 '인자'로 말미암는 은혜를 받고, 삶에서 '신실'하게 인도하는 하나님의 보호를 보장받습니다. 이 복된 원리를 모든 시대 성도가 고백할 것입니다. "주의 말씀의 맛이 내게 어찌 그리 단지요. 내 입에 (4 　)보다 더 다니이다."(103절) "주의 말씀은 내 발에 등이요, 내 길에 (5 　)이니이다."(105절) 이 고백은 팍팍하고 어두운 세상을 사는 우리에게 적실한 고백입니다. "내 (6 　 　)는 이것이니 곧 주의 법도들을 지킨 것이니이다."(56절)

생각하기 나는 얼마나 하나님의 말씀을 사랑하고 즐거워합니까?

해답 1. 그릇, 2. 마음, 3. 탐욕, 4. 꿀, 5. 빛, 6. 소유

시편 120편 · 환난 중에 부르짖다

주요 구절: 120:1

시편 120-134편은 모두 "성전에 올라가는 노래"라는 제목을 가지고 있습니다. 일부 유대인들은 비록 그 제목이 붙여지진 않았지만, 135-136편까지 연결해서 '위대한 할렐(Hallel)'로 부릅니다. '올라가는'이라는 단어가 성전으로 올라가는 15개의 계단을 가리

킨다고 보고 '계단의 노래'라고 부르기도 합니다.

시편 120편이 전하는 메시지는 고난과 아픔 가운데서도 성도는 노래할 수 있다는 것입니다. (1) 가운데 하나님께 부르짖는 모습을 볼 수 있습니다. "내가 (1) 중에 여호와께 부르짖었더니, 내게 응답하셨도다."(1절) 저자는 "메섹"(소아시아 중앙)과 "게달"(아라비아 반도), 곧 먼 이방 땅에 살고 있으며 위협 가운데 있습니다(5절). "나는 (2)을 원할지라도 내가 말할 때에 그들은 (3)려 하는도다."(7절) 고난 중에도 찬송할 이는 하나님뿐입니다.

생각하기 고난과 아픔에 직면할 때, 나는 보통 어떤 행동을 합니까?

해답 1. 환난, 2. 화평, 3. 싸우

시편 121편 · 나의 도움이 어디서?

주요 구절: 121:2

시편 121편을 예루살렘으로 올라가는 순례자의 노래로 본다면, 120편의 고난 가운데 있는 성도가 122편에서 예루살렘에 입성하기 전에 위치합니다. "내가 (1)을 향하여 눈을 들리라. 나의 (2)이 어디서 올까?"(1절) 시인은 저 멀리 시온산이 보이는 지점에 서서 땀을 닦으며 고개를 들고 서 있는 모습입니다.

순례 여행 중인 성도의 믿음과 확신이 잘 나옵니다. "나의 도움은 (3)를 지으신 여호와에게서로다."(2절) 모든 시대 성도가 본향인 하나님 나라를 향해 걸어가는 순례 길에서 이 시를 부를 수 있습니다. "여호와께서 너를 (4)하지 아니하게 하시며, 너를 지키시는 이가 졸지 아니하시리로다."(3절) 또 높은 절벽과 비탈길을 걷는 여행자를 생각나게 합니다.

"여호와는 너를 지키시는 이시라. 여호와께서 네 오른쪽에서 네 (5)이 되시나니, 낮의 해가 너를 상하게 하지 아니하며 밤의 달도 너를 해치지 아니하리로다."(5-6절) (5)은 낮의 따가운 햇살로부터 보호합니다. "여호와께서 너를 지켜 모든 환난을 면하게 하시며 또 네 (6)을 지키시리로다. 여호와께서 너의 출입을 지금부터 영원까지 지키시리로다."(7-8절) 바로 오늘 우리의 고백입니다.

생각하기 광야 길에서 이 노래를 부르던 성도의 마음은 어땠을까요?

해답 1. 산, 2. 도움, 3. 천지, 4. 실족, 5. 그늘, 6. 영혼

시편 122편 · 예루살렘 도착

주요 구절: 122:1

마침내 예루살렘에 도착합니다. 긴 순례 여정이 끝납니다. "예루살렘아! 우리 (1) 이 네 성문 (2)에 섰도다."(2절) 예루살렘은 "하나님의 집"(9절), "도시"(3절), "다윗의 집의 보좌"(5절)로 그려집니다. "잘 짜여진 성읍"(3절)은 '잘 짜여진 성막'(출 26:11) 때문에 붙여진 예루살렘에 대한 아름다운 평가입니다. 예루살렘에 도착한 성도들은 "여호와의 지파들"(4절) 입니다. 12지파, 곧 언약백성입니다. "심판의 보좌"(5절)는 정의로 통치될 하나님 나라를 보여줍니다.

"예루살렘을 사랑하는 자"(6절)가 얼마나 행복한지 시에서 느낄 수 있습니다. 지상에 세워진 하나님 나라, 곧 예루살렘 안에는 '평안'과 '형통'과 '복'이 약속되어 있습니다(7절). 하지만 동시에 그것들은 '기도' 제목이기도 합니다. "예루살렘을 위하여 (3)을 구하라."(6절) "여호와 우리 하나님의 (4)을 위하여 내가 너를 위하여 (5)을 구하리로다."(9절) 약속은 분명히 이루어질 것이지만, 그럼에도 우리는 (3)과 (5)을 기도해야 합니다.

생각하기 나는 하나님의 집을 위해 기도하고 있습니까?

해답 1. 발, 2. 안, 3. 평안, 4. 집, 5. 복

시편 123편 · 멸시가 넘치나이다

주요 구절: 123:3

"하늘에 계시는 주"(1절)가 땅에 보좌를 둡니다. 바로 시온산에 있는 성전입니다. 시인은 땅 위의 성전에서 하늘에 계신 하나님을 향하여(1절) 은혜를 기다립니다. "…우리의 (1)이 여호와 우리 하나님을 바라보며 우리에게 (2) 베풀어 주시기를 기다리나이다."(2절) 땅의 성전을 방문한 순례자에게도 여전히 현실의 팍팍한 삶이 있습니다. "…심한 (3)가 우리에게 넘치나이다. 안일한 자의 (4)와 교만한 자의 (3)가 우리 (5)에 넘치나이다."(3-4절) 그러므로 기도합니다. 성전은 기도하는 자의 집입니다. (3)가득한 현실에서 하늘을 향하여 은혜 받기를 구합니다.

생각하기 나는 예배에서 하늘의 은혜를 사모하고 구하고 있나요?

해답 1. 눈, 2. 은혜, 3. 멸시, 4. 조소, 5. 영혼

시편 124편 · 그 이름은 우리의 도움

주요 구절: 124:7

시편 124편은 모든 시대 순례자가 부를 수 있는 보편적 내용을 담고 있습니다. 이스라엘의 구체적 역사와 경험 속에서 나온 신앙고백입니다. 하지만 정확한 시점을 찾아내기는 어렵습니다.

"…여호와께서 우리 (1)에 계시지 아니하셨더라면 우리가 어떻게 하였으랴?"(1절) 우리가 하나님의 백성이 된 것은 하나님이 우리 (1)이 되었기 때문입니다. 그 구체적 내용이 7절에 잘 나타납니다. "우리의 영혼이 사냥꾼의 (2)에서 벗어난 새 같이 되었나니, (2)가 끊어지므로 우리가 벗어났도다." 모든 하나님의 백성은 이렇게 고백할 것입니다. "우리의 도움은 (3)를 지으신 여호와의 (4)에 있도다."(8절) 칼뱅은 예배를 개혁하면서 이 구절을 예배 첫 순서에 넣어 성도의 '맹세'(votum)로 사용했습니다. 하나님이 성도를 각자의 집에서 불러내어 예배하게 하신 것에 대한 응답으로 '맹세'하는 것입니다.

생각하기 나를 예배로 부르신 하나님께 이 시편의 고백을 드립시다.

해답 1. 편, 2. 응답, 3. 천지, 4. 이름

시편 125편 · 흔들리지 않고 영원히

주요 구절: 125:2

"의인"(3절), "선한 자", "마음이 정직한 자"(4절)는 순례길에서 "악인"(3절), "굽은 길로 치우치는 자"(5절), "죄를 범하는 자"(5절)를 만날 때 두려워할 필요가 없습니다. 평안을 누려도 됩니다. "여호와를 의지하는 자"(1절)는 흔들리지 않고 안전하게 보호받을 것이기 때문입니다. "여호와를 (1)하는 자는 시온산이 (2)리지 아니하고 영원히 있음 같도다. 산들이 예루살렘을 (3)과 같이 여호와께서 그의 (4)을 지금부터 (5)까지 두르시리로다."(1-2절) 견고한 성벽이 백성을 안전하게 보호하는 것같이 하나님이 성도를 보호할 것을 확신하며 노래합니다.

생각하기 하나님의 지키심을 경험한 적이 있습니까?

해답 1. 의지, 2. 흔들, 3. 두름, 4. 백성, 5. 영원

시편 126편 · 눈물을 기쁨으로

주요 구절: 126:1

시편 126편은 바빌론으로부터의 예루살렘 귀환을 생각나게 합니다. "여호와께서 시온의 (1)를 돌려보내실 때에 우리는 (2)꾸는 것 같았도다."(1절) 시인은 성도가 예전 눈물 골짜기를 지나는 고통 속(5-6절)에서 경험한 '하나님의 큰 (3)'을 기억하며 소망을 가지라고 노래합니다. "여호와께서 우리를 위하여 큰 (3)을 행하셨으니, 우리는 (4)도다."(3절) "눈물을 흘리며 (5)를 뿌리는 자는 (6)

으로 거두리로다. 울며 (5 　)를 뿌리러 나가는 자는 반드시 (6 　 　)으로 그 곡식 단을 가지고 돌아오리로다."(5-6절) 하나님의 백성이 흘리는 눈물과 위로의 기쁨이 농사 유비로 실감 나게 표현됩니다.

생각하기 눈물이 기쁨으로 바뀐 경험이 있습니까?

해답 1. 포로, 2. 꿈, 3. 입, 4. 기쁨, 5. 씨, 6. 기쁨

시편 127편 · 하나님이 세우지 않으면

주요 구절: 127:1

시편 127편은 72편과 함께 솔로몬이 지은 시로 분류됩니다. '인생의 헛됨'에 대한 선포가 세 번 반복되는 것은 '전도서'를 생각나게 합니다(전 12:8). 128편과 함께 순례자로서 인간의 삶을 노래합니다. 시의 핵심 주제는 여호와 하나님의 주권입니다. "여호와께서 (1 　)을 세우지 아니하시면 … (2 　)을 지키지 아니하시면 … (3 　 　)의 떡을 먹음이 헛되도다 … 그의 사랑하시는 자에게는 잠을 주시는도다."(1-2절)

"보라, 자식들은 여호와의 기업이요, 태의 열매는 그의 (4 　 　)이로다…"(3-5절) "기업"은 유산이고, (4 　 　)은 선물 혹은 월급으로 번역할 수 있습니다. 자녀는 하나님의 선물입니다. 선물을 거절하는 자는 어리석은 자입니다. 일의 노예가 되고 저출산이 풍조를 이루는 시대 속 그리스도인이 명심해야 할 교훈입니다.

자녀를 "장사의 수중의 (5 　 　)"(4절)에 비유한 것은 의미심장합니다. 자녀는 하나님 나라의 군사로 쓰임 받아야 합니다. 부모는 자녀를 말씀으로 잘 갈고 닦아야 합니다. 신앙교육을 잘 해야 합니다. 병사가 자신의 화살촉을 잘 갈고 닦는 것처럼 말입니다.

생각하기 자녀가 선물이라는 말씀을 어떻게 생각하나요?

해답 1. 집, 2. 성, 3. 수고, 4. 상급, 5. 화살

시편 128편 · 복 있는 가정

주요 구절: 128:3

127편의 후반부 주제가 128편으로 이어집니다. 여호와를 경외하는 순례자들이 받는 복은 먼저 보통의 일상에서 나타납니다. 그 영역은 '개인'과 '일'에서 시작됩니다. 이어서 '가정'으로, 자연스럽게 '국가'와 '역사'로 연결됩니다. "여호와를 (1   )하며 그의 길을 걷는 자마다 복이 있도다. 네가 네 손이 수고한 대로 (2   )이라. 네가 복되고 형통하리로다."(1-2절) 하나님의 보호가 없으면 거둔 곡식을 강도가 빼어갑니다(신 20:6). 신실한 하나님의 자녀가 받는 복은 보통의 삶에서도 발견됩니다. "네 집 안방에 있는 네 아내는 결실한 (3   )나무 같으며, 네 식탁에 둘러앉은 (4   )들은 어린 감람나무 같으리로다."(3절) 이 복은 당대에 그치지 않고 대를 잇습니다. "네 (4   )의 (4   )을 볼지어다. 이스라엘에게 평강이 있을지로다."(6절)

생각하기 나의 가정은 하나님께서 주신 복으로 가득 합니까?

해답 1. 경외, 2. 먹을 것, 3. 포도, 4. 자식

시편 129편 · 원수들의 운명

주요 구절: 129:6

순례자는 심판하는 하나님을 묵상할 때 위로 받습니다. 하나님의 위로는 원수로부터 구원받은 것을 기억할 때 임합니다. "여호와께서는 의로우사 악인들의 (1   )을 끊으셨도다."(4절) 악인은 강하고 번성하는 것 같지만, 하나님께 심판받아 망하고 말 것입니다. "그들은 지붕의 (2   )과 같을지어다. 그것은 자라기 전에 마르는 것이라."(6절) 하나님의 심판이 악인을 반드시 제거할 것입니다(7-8절). 주변 사람들도 심판을 분명히 확인할 수 있을 정도입니다. "지나가는 자들도 … 우리가 여호와의 이름으로 너희에게 축복한다 하지 (3   )하느니라."(8절) 원수들의 심판이 곧 언약백성의 구원입니다.

생각하기 나는 고난 중에 어떻게 위로를 받습니까?

해답 1. 줄, 2. 풀, 3. 아니

시편 130편 · 내가 부르짖나이다(참회 시)

주요 구절: 130:6

순례자의 자세 가운데 가장 아름다운 자세는 회개입니다. 시편 130편은 참회 시로 불리며, 또 다른 참회 시는 6, 32, 38, 51, 102, 143편입니다.

죄에 대한 고백(1-3절)보다는 용서와 구원의 확신(4-8절)이 더 강조됩니다. "여호와여 주께서 (1 　 　)을 지켜보실진대, 주여, 누가 서리이까?"(3절) (2 　 　)(赦宥), 곧 '용서'는 인간의 의와 선행이 아니라, 하나님으로부터 옵니다. "(2 　 　)하심이 주께 있"(4절)습니다. 종교개혁자 루터는 이 시를 '바울적 시'(Pauline Poem)라고 이름 붙이기도 했습니다.

이렇게 죄 용서는 하나님으로부터 오기에 하늘에 도움을 구해야 합니다. 파수꾼이 아침을 기다리듯 우리의 영혼이 하나님을 기다려야 합니다. "이스라엘아, 여호와를 바랄지어다. 여호와께서는 (3 　 　)하심과 풍성한 (4 　 　)이 있음이라. 그가 이스라엘을 그의 모든 죄악에서 (4 　 　)하시리로다."(7-8절) (4 　 　)(贖良)은 '구속'(救贖), 곧 '구원'(救援)을 의미합니다.

생각하기 죄 가운데 하나님의 용서를 간절히 사모한 적이 있습니까?

해답 1. 죄악, 2. 사유, 3. 인자, 4. 속량

시편 131편 · 아이와 같은 자세

주요 구절: 131:1

시편 131편은 성전에 올라가는 성도의 자세를 잘 보여주는데, 성도는 모름지기 '어린아이와 같은 자세'를 가져야 합니다. 이런 자세는 무엇보다 큰일을 성취해야 한다는 부담과 열정으로 살아가는 자들에게 명료한 답을 줍니다. "여호와여, 내 마음이 (1   )하지 아니하고 내 눈이 오만하지 아니하오며, 내가 큰일과 (2   )하지 못할 놀라운 일을 하려고 힘쓰지 아니하나이다."(1절)

하나님의 백성은 젖 뗀 아기처럼 전능한 하나님의 품에서 평온합니다. "실로 내가 내 영혼으로 (3   )하고 평온하게 하기를 젖 뗀 아이가 그의 어머니 품에 있음 같게 하였나니, 내 (4   )이 젖 뗀 (5   )와 같도다."(2절) 하나님 앞에서는 모든 인간이 어머니 품 안의 아기와 같습니다. 예수님도 아이와 같이 되라고 말씀했습니다(막 10:14-16).

생각하기 어린아이와 같이 주님 품에서 위로와 평안을 누리나요?

해답 1. 교만, 2. 감당, 3. 고요, 4. 영혼, 5. 아이

시편 132편 · 다윗을 기억하소서

주요 구절: 132:17

시편 132편은 다윗이 시온산 위에 성전을 세운 사건을 배경으로 한 노래인데, 다윗 왕가에게 주어진 하나님의 약속이 순례자들에게 위로이고 소망임을 드러냅니다. 언약궤를 시온산에 가져온 것은 다윗의 결정입니다(1-10절). "여호와의 (1   ), 곧 야곱의 전능자의 (2   )을 발견하기까지 하리라, 하였나이다."(5절) 6절의 "나무 밭"은 기량여아림으로 사무엘 시대부터 언약궤가 있었던 마을입니다(삼상 7:1). 나무 밭에 있던 언약궤를 시온 산으로 가져왔습니다.

그런 다윗을 위해 하나님은 가문을 세우고 그와 영원한 (3   )을 맺었습니다. "네

자손이 내 (3 ____)과 그들에게 교훈하는 내 증거를 지킬진대 그들의 (4 ____)도 영원히 네 왕위에 앉으리라, 하셨도다."(12절) 다윗 왕가의 후손으로 "기름 부음 받은 자" 곧 예수 그리스도가 올 것입니다(17절). 하나님이 메시아를 세울 것입니다. "내가 그의 원수에게는 수치를 옷 입히고 그에게는 (5 ____)이 빛나게 하리라, 하셨도다."(18절)

생각하기 헌신한 다윗을 세우시는 신실한 하나님이 어떻게 느껴집니까?

해답 1. 처소, 2. 성막, 3. 언약, 4. 후손, 5. 왕관

시편 133편 · 형제가 함께 누리는 복

주요 구절: 133:1

험난한 세상살이에서 순례자에게 행복이 있다면 하나님의 백성이 함께하는 것입니다. 시편 133편은 같은 신앙을 고백하는 성도의 내적 연합이 얼마나 고귀하며 소중한지를 노래합니다. 두 가지 비유를 사용합니다.

첫 번째, "머리에 있는 (1 ____)로운 기름이 수염, 곧 (2 ____)의 수염에 흘러서 그의 옷깃까지 내림"(2절)같이 성도의 연합이 풍성합니다. 거룩하게 구별된 이스라엘 백성을 상징합니다. "기름"은 값비싼 향유입니다.

두 번째, "(3 ____)의 이슬이 (4 ____)의 산들에 내림"(3절) 같습니다. "이슬"은 생명을 상징합니다. 성도의 연합이 생명을 소생하게 하는 이슬로 비유됩니다. "시온의 산들"은 언약백성이 사는 땅을 말합니다. 이 생명은 하나님이 연합하는 자기 백성에게 주는 복이고 그것은 영원할 것입니다.

생각하기 형제자매와의 연합을 통해 복을 누리고 있습니까?

해답 1. 보배, 2. 아론, 3. 헐몬, 4. 시온

시편 134편 · 밤에 부르는 노래

주요 구절: 134:1

시편 134편은 성전에서 저녁 제사(예배)를 드리고 떠날 때 예배자와 밤새 성전을 지킬 레위인 사이에 주고받는 짧은 노래로 볼 수 있습니다. "보라, (1)에 여호와의 (2)에 서 있는 여호와의 모든 종들아, 여호와를 (3)하라. 성소를 향하여 너희 (4)을 들고 여호와를 (3)하라. 천지를 지으신 여호와께서 시온에서 네게 (5)을 주실지어다."(1-3절) 하나님을 찬양하는 것이 순례의 목적입니다.

이렇게 시편 120-134편에 이르는 '성전에 올라가는 노래'는 마무리됩니다.

생각하기 이번 주일 예배당을 떠날 때 이 시편을 기억해봅시다.

해답 1. 밤, 2. 성전, 3. 송축, 4. 손, 5. 복

시편 135편 · 여호와를 찬양하라

주요 구절: 135:5

시편 135편은 하나님을 찬송하는 시편입니다. 시인은 먼저 성전 봉사자, "여호와의 종"(1절)에게 하나님을 찬송할 것을 권면합니다(1-4절). 찬양의 이유를 제시하는데, 첫째로는 하나님의 위대하심 때문입니다(5-7절). 둘째, 이집트로부터 구원해주고 가나안 땅을 정복하게 하였기 때문입니다(8-12절). 셋째, 여호와는 모든 우상들 위에 계신 유일한 하나님이기 때문입니다(13-18절). "열국의 우상은 (1)이요, 사람의 (2)으로 만든 것이라."(15절) 마지막으로 모든 경건한 자들에게 하나님을 찬양하라고 권고합니다(19-21절). "예루살렘에 계시는 여호와는 (3)에서 (4)을 받으실지어다. 할렐루야!"(21절)

생각하기 나는 어떤 이유로 하나님을 찬양합니까?

해답 1. 은금, 2. 손, 3. 시온, 4. 찬송

시편 136편 · 하나님께 감사하라

주요 구절: 136:26

시편 136편은 감사해야 할 다양한 제목이 나오며, 감사하는 이유를 후렴으로 표현합니다. "…감사하라. 그 (1 ______)하심이 (2 ______)함이로다." 이 후렴은 모든 구절에 나옵니다. 서로 화답하면서 노래한 것으로 봅니다. 1-3절은 '일반적 감사'에 대한 노래입니다. 4-9절은 '하나님의 창조'에 관한 것이고, 10-15절은 이집트로부터의 '구원', 16절은 '광야 생활', 17-22절은 '가나안 정복', 23-24절은 이스라엘 백성을 위해 역사 가운데 행한 하나님의 '일반적인 일', 25절은 '창조 질서' 안에서 행하신 하나님의 일, 마지막 26절은 '모든 것'에 감사하라는 노래입니다. 이것을 다음처럼 정리할 수 있습니다: 일반 〉 창조 〉 이스라엘 역사 〈 창조 〈 일반. 감사 제목이 균형 있게 배치되어 있음을 알 수 있습니다.

특별히 26번 반복되는 "그 인자하심이 영원함이로다."라는 후렴이 인상적입니다. 여기서 인자하심은 히브리어로 헤세드입니다. 인자하심은 하나님의 대표적인 속성입니다. 언약의 하나님은 인자하심이 영원한 분입니다.

생각하기 나를 향한 하나님의 인자하심이 영원할 것을 믿습니까?

해답 1. 인자, 2. 영원

시편 137편 · 바빌론 강가에 앉아서

주요 구절: 137:1

시편 137편은 유다의 공동체 탄원 시로 바빌론 포로 당시의 상황을 배경으로 합니다. 건재한 바빌론과 에돔이 하나님께 심판받아 멸망하기를 바라는 내용입니다.

1-3절은 슬픔과 고통을 묘사합니다. "우리가 (1   )의 여러 (2   ) 거기에 앉아서 시온을 기억하며 울었도다. 그 중의 (3   )나무에 우리가 우리의 수금을 걸었나니."(1-2절) 4-6절은 시온성 예루살렘에 대한 전적 헌신을 노래합니다. "예루살렘아 내가 너를 잊을진대 내 오른손이 그의 재주를 잊을지로다."(5절) 7-9절은 에돔과 바빌론에 대한 징벌을 구하며 부르짖습니다. 에돔은 예루살렘의 멸망 때 기뻐했고 바빌론은 이스라엘의 어린 아이들을 바위에 메어치는 잔인함을 보였습니다. "…에돔 자손을 치소서 … 멸망할 딸 바벨론아! 네가 우리에게 (4   )한 대로 네게 갚는 자가 (5   )이 있으리로다."(7-8절) 시인은 그 원수의 핍박을 하나님이 갚아주길 바랍니다. 시인의 탄원대로 에돔 자손은 끝내 멸망합니다. 바빌론도 페르시아에 의해 역사 속에서 사라집니다.

생각하기 포로로 생활했던 언약백성의 고통을 생각해봅시다.

해답 1. 바벨론, 2. 강변, 3. 버드, 4. 행, 5. 복

시편 138편 · 구원하는 주의 오른손

주요 구절: 138:2

시편 138-145편은 시편 전체에서 마지막에 등장하는 다윗의 시 묶음입니다.

시편 138편은 언약의 하나님이 약속한 "말씀"(2절)과 "도"(5절)가 그 분의 "인자"와 "성실"하신 성품(2절)으로서 참으로 귀하며 찬송과 경배를 받아야 함을 노래합니다.

그 이유는 다음과 같습니다. "여호와께서는 높이 계셔도 낮은 자를 굽어 살피시며 (1   )서도 교만한 자를 아심이니이다. 내가 (2   ) 중에 다닐지라도 주께서 나를 (3   )나게 하시고 주의 손을 펴사, 내 원수들의 (4   )를 막으시며 주의 오른손이 나를 (5   )하시리이다."(6-7절) 하나님은 눈에 보이지 않고 멀리 있는 것 같지만, 구체적으로 성도의 삶을 보살피고 보호합니다. 할렐루야!

생각하기 구원하는 주의 오른손을 경험한 적이 있습니까?

해답 1. 멀리, 2. 환난, 3. 살아, 4. 분노, 5. 구원

시편 139편 · 전지전능 무소부재 하나님

주요 구절: 139:23

시편 139편의 중심 주제는 하나님의 '전지전능 무소부재'입니다. 하나님은 사람의 마음 깊숙한 곳까지 압니다. 시인은 "여호와여, 주께서 나를 (1 　) 보셨으므로 나를 아시나이다."(1절)라고 고백합니다. 하나님의 전지(全知)는 신앙고백뿐만 아니라 시인이 경험하는 현실의 기도 제목이기도 합니다. "하나님이여, 나를 살피사 내 (2 　)을 아시며 나를 시험하사 내 뜻을 아옵소서. 내게 무슨 악한 행위가 있나 보시고 나를 영원한 (3 　)로 인도하소서."(23-24절) 시인은 욥처럼 자신의 신실함을 당당하게 주장합니다. 욥기 이외에 시편 139편처럼 인간의 내면을 상세하게 표현한 성경은 발견하기 힘듭니다.

1-6절은 하나님의 전지전능(全知全能)에 초점을 맞춥니다. "주께서 내가 앉고 (4 　)을 아시고 멀리서도 나의 생각을 밝히 아시오며".(2절) 7-12절은 하나님의 무소부재(無所不在)를 노래합니다. "내가 주의 (5 　)을 떠나 어디로 가며 주의 앞에서 어디로 피하리이까?"(7절) 13-18절은 인간 출생의 경이를 노래합니다. "내가 주께 감사하옴은 나를 (6 　)이 심히 기묘하심이라. 주께서 하시는 일이 기이함을 내 영혼이 잘 아나이다."(14절) 19-24절은 불경건한 자들의 멸망을 노래합니다.

생각하기 나의 내면과 생각을 감찰하는 하나님이 어떻게 느껴집니까?

해답 1. 살펴, 2. 마음, 3. 길, 4. 일어섬, 5. 영, 6. 지으심

시편 140편 · 변호해주시는 하나님

주요 구절: 140:12

시편 140편에는 원수들로 인한 고난과 고통을 겪은 다윗의 파란만장한 삶을 떠올릴 정도로 생생한 묘사가 나옵니다. 시인을 공격하는 자는 "악인"인데, "포악"(1절)하고 "교만"(5절)합니다(1절). 그들은 "올무"와 "줄"을 놓아 "함정"을 만들며(5절) 의인을 공격합니다. "그들이 마음속으로 (1 　)을 꾀하고 싸우기 위하여 매일 모이오며 (2 　) 같이 그 혀를 날카롭게 하니 그 입술 아래에는 독사의 독이 있나이다(셀라)."(2-3절)

시인은 기도합니다. "내가 여호와께 말하기를 주는 나의 하나님이시니, 여호와여, 나의 (3 　 　)하는 소리에 귀를 기울이소서."(6절) 시인은 하나님을 향한 신뢰가 있습니다. "내가 알거니와 여호와는 (4 　 　) 당하는 자를 변호해주시며 궁핍한 자에게 (5 　 　)를 베푸시리이다."(12절)

생각하기 나를 변호해주는 하나님의 정의를 의지하나요?

해답 1. 악, 2. 뱀, 3. 간구, 4. 고난, 5. 정의

시편 141편 · 내 입에 파수꾼을 세우소서

주요 구절: 141:3

시편 141편 역시 악인이 기세를 부리는 세상에서 의인이 하나님께 탄원하는 노래입니다. 시인의 간절한 기도는 마지막 부분에서 구체적으로 언급됩니다. "나를 지키사 그들이 나를 잡으려고 놓은 (1 　 　)와 악을 행하는 자들의 함정에서 벗어나게 하옵소서. 악인은 자기 (2 　 　)에 걸리게 하시고 나만은 온전히 면하게 하소서."(9-10절) 이 기도는 시의 초반부와 연결됩니다. "여호와여, 내가 주를 불렀사오니, 속히 내게 오시옵소서. 내가 주께 부르짖을 때에 내 음성에 귀를 기울이소서. 나의 기도가 주의 앞에 (3 　 　)함과 같이 되며 나의 손드는 것이 저녁 (4 　 　) 같이 되게 하소서."(1-2절) 시인은 자신의 기도를 '아침 제사'를 드릴 때 겸하는 향을 사르는 것(출 30:7)과 '저녁

제사' 때 제사장이 손을 들고 기도하는 것(출 29:38-41)에 비유합니다.

시인은 자신의 약함도 잊지 않고 고백합니다. "여호와여, 내 입에 (5 　　　)을 세우시고 내 입술의 문을 지키소서."(3절) '혀의 말'과 '입술의 말'이 심각한 문제를 일으킨다는 것은 누구나 압니다(약 1:26; 3:2-8). 그런데 더 큰 문제는 '마음'입니다. 그래서 시인은 이렇게 기도합니다. "내 마음이 악한 일에 기울어 죄악을 행하는 자들과 함께 악을 행하지 말게 하시며, 그들의 (6 　　　　)을 먹지 말게 하소서."(4절)

생각하기 나는 유혹과 시험에 빠져들 때 어떻게 하나요?

해답 1. 올무, 2. 그물, 3. 분향, 4. 제사, 5. 파수꾼, 6. 진수성찬

시편 142편 · 주께서 갚으시리니

주요 구절: 142:6

시편 142편은 다윗이 굴에 숨어 있을 때(삼상 24:1-3)에 지은 시로 시편 57편과 배경이 같습니다. 시인이 처한 상황이 얼마나 급박하고 힘들고 고통스러운지는 "내 원통함과 내 우환"(2절)과 "내 속에서 상할 때"(3절), "비천"(6절), "옥"(7절)이라고 표현하는 데서 알 수 있습니다. 시인은 극심한 고통 가운데 기도합니다. "내가 (1 　　) 내어 여호와께 부르짖으며 (1 　　) 내어 여호와께 (2 　　)하는도다. 내가 내 (3 　　)함을 그의 앞에 토로하며, 내 (4 　　)을 그의 앞에 진술하는도다."(1-2절) 시인이 처한 상황은 생각보다 외롭고 심각해 보입니다. "오른쪽을 살펴보소서. 나를 아는 이도 없고 나의 (5 　　　)도 없고 내 영혼을 돌보는 이도 없나이다."(4절) "오른쪽"은 보호자가 서 있는 곳입니다. 시인은 "주께서 나에게 (6 　　) 주시리니"(7절)라며 믿음만 붙잡고 있습니다. 모든 시대의 성도가 붙잡아야 할 말씀입니다.

생각하기 극심한 고독과 고난 속에서 나는 어떻게 하나요?

해답 1. 소리, 2. 간구, 3. 원통, 4. 우환, 5. 피난처, 6. 갚아

시편 143편 · 회개와 용서(참회 시)

주요 구절: 143:8

시편 143편도 앞의 두 시, 141-142편처럼 고난 가운데 탄원하는 기도인데 참회가 포함되어 있습니다. 특별히 143편은 참회 시로 불리며 또 다른 참회 시는 6, 32, 38, 51, 102, 130편입니다.

자신에게 닥친 "핍박"(3절)과 "참담함"(4절), "무덤"(7절)이 자신의 죄와 무관하지 않음을 겸손히 인정합니다. "주의 종에게 심판을 행하지 마소서. 주의 눈앞에는 (1 　 　 　) 인생이 하나도 없나이다."(2절) 시인은 하나님에게 소망을 둡니다. "아침에 나로 하여금 주의 (2 　 　)한 말씀을 듣게 하소서. 내가 주를 의뢰함이니이다. 내가 다닐 길을 알게 하소서. 내가 내 영혼을 주께 드림이니이다."(8절) 시인은 말씀을 듣고 자신이 걸어갈 길을 찾기 원합니다. 이는 여호와 하나님을 향한 믿음 때문에 가능합니다.

믿음으로 무장한 시인은 이렇게 고백합니다. "주는 (3 　)의 하나님이시니, (3 　)를 가르쳐 주의 뜻을 행하게 하소서. 주의 (4 　)은 선하시니 나를 공평한 (5 　)에 인도하소서."(10절)

생각하기 내가 다니는 길, 걸어가는 길은 어떤 길입니까?

해답 1. 의로운, 2. 인자, 3. 나, 4. 영, 5. 땅

시편 144편 · 내 반석 하나님 찬양

주요 구절: 144:2

시편 144편은 1-11절과 12-15절로 구분됩니다. 전반부는 시편 18편과 상당히 비슷합니다. "이방인"(7, 11절)으로 대표되는 사람은 "헛것 같고 그의 날은 지나가는 그림자"(4절) 같습니다. 그러나 성도는 여호와 하나님을 이렇게 찬양합니다. "…나의 사랑이시요 나의 (1 　 　)이시요, 나의 (2 　 　)이시요, 나를 건지시는 이시요, 나의 (3 　 　)이시니…"(2절). 그 하나님은 성도에게 "반석"과 같으니 성도는 흔들리지 않고 "새

노래로"(9절) 노래합니다.

후반부는 언약백성의 형통한 모습을 그립니다. 새 노래와 열 줄 비파로 찬송하는 자들은 "아들들"(12절), "딸들"(12절), "곳간"(13절), "양"(13절), "수소"(14절)가 번성하고 평안이 있을 것입니다. "이러한 백성은 (4 □)이 있나니, 여호와를 자기 (5 □□□)으로 삼는 백성은 (4 □)이 있도다."(15절, 시 33:12 참조)

생각하기 인생의 한계를 깨닫고, 하나님을 나의 하나님으로 삼나요?

해답 1. 요새, 2. 산성, 3. 방패, 4. 복, 5. 하나님

시편 145편 · 위대한 하나님 찬양

주요 구절: 145:1

시편 145편은 하나님의 높음과 위대함을 장엄하게 노래합니다. 다른 시처럼 탄원이나 기도는 등장하지 않습니다. "(1 □)이신 (2 □)의 하나님이여! 내가 주를 높이고 (3 □□)히 주의 이름을 송축하리이다."(1절) 시인은 하나님의 위대하심에 대해 사용 가능한 모든 표현을 동원합니다. '높이다'(1절), '송축하다'(1, 2, 10, 21절), '찬양하다'(2-4, 21절), '선포하다'(4, 6절), '작은 소리로 읊조리다'(5절), '말하다'(6절), '기념하여 말하다'(7절), '노래하다'(7절), '감사하다'(10절). 찬양의 지속적 성격도 다양하게 표현합니다. "영원히"(1, 2, 21절) 그리고 "대대로"(4, 13절), "영원한"(13절)이 그렇습니다.

시인이 찬양하는 내용은 '하나님 자신', '주의 이름'(1-2절), '위대하심'(3절), '행하시는 일', '능한 일'(4절), '존귀, 위엄, 기이한 일들'(5절), '두려운 일의 권능과 위대하심'(6절), '크신 은혜', '의'(7절), '은혜와 긍휼과 인자'(8절), '영광과 업적'(11절) 입니다.

이렇게 찬양하는 주체는 누구입니까? "여호와여, 주께서 지으신 (4 □□) 것들이 주께 감사하며, 주의 (5 □□)들이 주를 송축하리이다."(10절) 그렇습니다. 모든 피조물과 (5 □□)가 찬양합니다. 여기서 (5 □□)는 하나님에게 "간구"(18절)하며 그분을 "경외"(19절)하며, "사랑"(20절)하는 자입니다.

생각하기 왕이신 나의 하나님을 영원히 찬양합시다!

해답 1. 왕, 2. 나, 3. 영원, 4. 모든, 5. 성도

시편 146편 · 의지할 분, 하나님

주요 구절: 146:5

시편 146-150편은 "할렐루야"(여호와를 찬양하라)로 시작하고 마치기에 '할렐루야 시편'으로 불립니다. 왜 "할렐루야"를 힘 있게 외쳐야 할까요? 하나님이 시온의 왕이기 때문입니다(시 146:10, 147:12, 149:2). 하나님이 천지의 창조주이고 지키는 주인이기 때문입니다(시 146:6, 147:4, 8-9, 15-18, 148:5-6). 하나님은 곤궁과 약함 속에서 도움을 바라는 자들에게 소망이기 때문입니다(시 147:2-3, 6, 11, 13-14, 149:4).

시편 146편은 사람이 의지할 존재는 "귀인들과 인생들"(3절)이 아니라, 하나님뿐임을 노래합니다. "야곱의 하나님을 자기의 (1 ▢▢)으로 삼으며 여호와 자기 하나님에게 자기의 (2 ▢▢)을 두는 자는 복이 있도다."(5절) 하나님은 "억눌린 사람들", "주린 자들", "갇힌 자들"(7절), "맹인들", "비굴한 자들"(8절), "나그네", "고아와 과부"(9절)를 돌봅니다. "시온아! 여호와는 (3 ▢▢)히 다스리시고 네 하나님은 (4 ▢▢)로 (5 ▢▢)하시리로다. 할렐루야!"(10절)

생각하기 하나님이 아닌 유력한 사람을 의지한 적이 있었나요?

해답 1. 도움, 2. 소망, 3. 영원, 4. 대대, 5. 통치

시편 147편 · 겸손한 자들을 붙드시고

주요 구절: 147:6

시편 147편 저자는 "할렐루야"를 힘차게 외칩니다. 여호와를 찬양하는 일은 선하며 아

름답고 마땅합니다(1절). 20절은 찬양의 이유를 더 분명하게 말합니다. "그는 어느 (1 ____)에게도 이와 같이 행하지 아니하셨으니, 그들은 그의 (2 ____)를 알지 못하였도다, 할렐루야!"(20절) 하나님은 특별히 이스라엘 백성과 언약을 세우고 '말씀'을 주며 "율례와 규례"(19절)를 주었기 때문입니다. 뿐만 아니라, 예루살렘을 '세우며', 흩어진 자들을 '모으며'(2절), 상심한 자들을 '고치고 상처를 싸'맵니다(3절). 더 나아가 시인은 만물을 창조하고 다스리는 하나님(4-5, 8-9, 16-18절)을 찬양합니다.

피조물 인간은 창조자 하나님 앞에서 자신의 처지와 분수를 잘 알아야 합니다. "여호와는 말의 (3 __)이 세다 하여 기뻐하지 아니하시며, 사람의 다리가 억세다 하여 기뻐하지 아니하시고, 여호와는 자기를 (4 ____)하는 자들과 그의 (5 ____)하심을 바라는 자들을 기뻐하시는도다."(10-11절)

생각하기 내 힘이 아닌 창조주 하나님을 경외하고 의뢰하나요?

해답 1. 민족, 2. 법도, 3. 힘, 4. 경외, 5. 인자

시편 148편 · 만물이여 찬양하라!

주요 구절: 148:14

시편 148편은 두 부분으로 나뉩니다. 1-6절은 '하늘에 있는 피조물의 찬양'입니다. 7-14절은 '땅에 있는 피조물의 찬양'입니다. 창조주와 피조물이 분명하게 구별됩니다. "할렐루야! (1 ____)에서 여호와를 찬양하며 높은 데서 그를 찬양할지어다."(1절) 창조의 목적이 명확히 표현됩니다. 피조물은 하나님의 영광을 찬송하기 위해 창조되었습니다. "그것들이 여호와의 이름을 찬양함은 그가 명령하시므로 (2 ____)을 받았음이로다."(5절) 이 고백이 불편하다면 하나님을 자신의 창조주로 인정하지 않기 때문입니다.

찬양해야 할 주체가 하늘에서부터 열거됩니다. 해, 달, 별 등 하늘에서 시작해 바다, 땅, 불, 우박, 광풍, 짐승, 관원, 백성, 총각, 처녀 등 땅으로 내려옵니다. "여호와의 (3 ____)을 찬양할지어다. 그의 (3 ____)이 홀로 높으시며 그의 영광이 땅과 하늘 위에 뛰어나심이로다."(13절) 마지막으로 찬양할 주체는 구원받은 언약백성입니다. "그가 그의 백성의 뿔을 높이셨으니, 그는 모든 (4 ____) 곧 그를 가까이 하는 백성 (5 __

(   ) 자손의 찬양 받을 이시로다. 할렐루야!"(14절) 새 언약의 복을 받은 지금 우리에게도 적용되는 찬양입니다.

생각하기 내가 창조된 목적을 묵상해봅시다.

해답 1. 하늘, 2. 지음, 3. 이름, 4. 성도, 5. 이스라엘

시편 149편 · 승전한 백성의 찬양

주요 구절: 149:1

시편 149편은 전쟁에서 큰 승리를 맛본 후의 상황을 배경으로 하는 것 같습니다. "할렐루야! 새 노래로 여호와께 (1   )하며 (2   )의 모임 가운데에서 찬양할지어다."(1절) 어떤 시기에 이스라엘이 경험한 승전(勝戰)일 것입니다. "이스라엘은 자기를 지으신 이로 말미암아 (3   )하며 시온의 주민은 그들의 (4   )으로 말미암아 (3   )할지어다."(2절) 이 승전은 경건과 겸손을 겸비한 이스라엘 백성에게는 든든한 보증일 뿐만 아니라, 완전한 승리를 향한 예언의 의미도 있습니다.

"그들의 입에는 하나님에 대한 (5   )이 있고 그들의 손에는 두 날 가진 칼이 있도다."(6절) 물론 예언하는 전쟁은 실제 총과 칼로 하는 전쟁을 말하는 것은 아닙니다. 이 노래는 영적 의미로 받아야 합니다.

생각하기 하나님의 영광을 찬송함이 나에게 기쁨이 됩니까?

해답 1. 노래, 2. 성도, 3. 즐거워, 4. 왕, 5. 찬양

시편 150편 · 대(大) 할렐루야

주요 구절: 150:6

시편 150편은 전체 시편을 마무리하는 시편으로 '대(大) 할렐루야'라 불립니다. '대'(大)가 붙은 것은 150편 자체가 할렐루야의 극치에 해당하기 때문입니다.

1절에는 '찬양의 장소'에 대해 나오는데 '(1 　 　)와 (2 　 　)'입니다. "할렐루야"는 예배 처소뿐만 아니라, 모든 피조물 가운데 울려 퍼져야 합니다. "할렐루야! 그의 (1 　 　)에서 하나님을 찬양하며, 그의 권능의 (2 　 　)에서 그를 찬양할지어다."(1절) 찬양은 우주에서부터 땅에 이르기까지 모든 피조물의 의무입니다. 2절은 '찬양의 내용'입니다. "그의 능하신 (3 　 　)을 찬양하며 그의 지극히 위대하심을 따라 찬양할지어다."(2절) 하나님의 위대하심(신 3:24)이 찬양의 내용입니다. 3-5절은 '찬양의 방법(도구)'입니다. 모든 피조물이 '나팔과 수금'(3절), '소고(작은 북), 현악, 퉁소'로 찬양하며(4절), "큰 소리 나는 제금"과 "높은 소리 나는 (4 　 　)"(5절)으로 찬양합니다. 각종 악기에다가 "춤"을 곁들일 수 있고 목소리로 노래할 수도 있습니다.

6절은 '찬양의 주체'로, 찬양할 자는 "호흡이 있는 자"입니다. "호흡"은 '생기'(창 2:7)를 의미하는데, 생명을 가진 모든 존재의 목적이 찬양이기에 모든 생물과 성소에 들어갈 모든 하나님의 백성은 찬양해야 합니다. 146-150편의 '할렐 찬양'은 이렇게 마무리되며, 전체 시편도 끝납니다. 할렐루야!

생각하기 생명과 구원을 선물로 주신 하나님을 크게 찬양합시다!

해답 1. 성소, 2. 궁창, 3. 행동, 4. 제금

시가서

잠언

히브리어 마샬(mashal)은 예언(민 23:7, 18) 혹은 노래, 비유(겔 17:2)로도 번역이 가능하지만, 대체로 격언(格言)의 의미인 잠언(箴言, proverb)으로 번역합니다. 속담 등과 같이 사리에 꼭 들어맞아 교훈이 될 만한 짧은 말을 뜻하는데, 이런 잠언들을 엮은 책이 바로 '잠언'입니다. 주로 솔로몬이 쓴 것이지만(왕상 4:29-32), 그 외에 다른 잠언들이 수집되었습니다.

잠언의 기록 목적은 1장 1-7절에 나옵니다. 어리석은 자에게는 슬기를, 젊은 자에게는 지식과 근신을, 지혜 있는 자에게는 학식을 더하기 위한 것이라고 합니다. 그런데 이 지식의 근본이 여호와를 경외하는 것이라고 합니다. 세상 지혜와 유사해 보이는 것들이 많지만 근본 동기와 목적이 다릅니다. 그러므로 잠언의 진정한 대상은 하나님의 백성입니다. 하나님을 경외하는 언약백성이 하나님이 주시는 지혜로 행복하게 살도록 안내하는 것이 잠언입니다. 신약 시대를 사는 성도에게는 잠언을 통해 진정한 하나님의 지혜이신 예수 그리스도를 더욱 의지하게 합니다(고전 1:30).

내용 구분

1-9장	서론
10:1-22:16	솔로몬의 잠언(1)
22:17-24:34	어떤 지혜자들의 잠언
25:1-29:27	솔로몬의 잠언(2)
30장	야게의 아들 아굴의 잠언
31장 1-9	르무엘의 어머니의 잠언
31:10-31	현숙한 여인의 노래

잠언 1장 · 지식의 근본은 경외에

주요 구절: 1:7

잠언 1장 1-7절은 잠언 전체의 서론입니다. 특히 7절은 잠언 전체 주제 구절입니다. "여호와를 (1 　　)하는 것이 지식의 (2 　　)이거늘 (3 　　)한 자는 지혜와 훈계를 멸시하느니라." 이 잠언은 일반 사람을 위한 지혜가 아닙니다. 언약백성을 위한 것입니다.

언약의 자녀가 하나님을 "경외"하는 것은 당연합니다. 경외란, 애정 어린 존경과 두려운 태도를 말합니다. 피조물이 창조주 하나님에게 가져야 할 바른 자세인데, 사랑받은 언약백성만이 하나님을 향해 가질 수 있습니다.

잠언은 시종일관 '지혜자'와 '미련한 자'를 대조하고 비교합니다.

지혜자	미련한 자
여호와를 경외하는 자(1:7) 아버지의 훈계와 어머니의 법을 떠나지 않는 자(1:8)	지혜와 훈계를 멸시(1:7) 지식을 미워하는 자(1:22) 그 어떤 훈계도 싫어하는 자(12:1) 다툼을 일으키는 자(20:3) 안일한 자(1:32) 자기 자신을 믿는 자(28:26)

생각하기 나는 하나님을 경외하고 있습니까?

해답 1. 경외, 2. 근본, 3. 미련

잠언 2장 · 파멸에서 건지는 지혜

주요 구절: 2:1

(1 　　)는 오직 여호와로부터 옵니다. "대저 여호와는 (1 　　)를 주시며 지식과 명철을 그 입에서 내심이여."(6절) (1 　　)의 근원인 하나님이 "정의의 길을 보

호하시며 그의 성도들의 길을 (2)"(8절)합니다.

하나님의 (1)만이 달콤한 말로 꾀는 이방 여자로부터 아들을 구원할 수 있습니다(16-19절). 그러므로 지혜자는 이렇게 권면합니다. "내 아들아, 네가 만일 나의 말을 받으며 나의 계명을 네게 간직하며, 네 귀를 (1)에 기울이며, 네 마음을 명철에 두며, (3)을 불러 구하며, 명철을 얻으려고 소리를 높이며, 은을 구하는 것 같이 그것을 구하며, 감추어진 (4)를 찾는 것 같이 그것을 찾으면, 여호와 (5)하기를 깨달으며 하나님을 알게 되리니."(1-5절) 파멸에서 건지는 지혜는 하나님께 있습니다. 하나님을 (5)함으로 파멸에서 벗어납니다.

생각하기 잠언의 지혜와 세상의 지혜는 무슨 차이가 있을까요?

해답 1. 지혜, 2. 보전, 3. 지식, 4. 보배, 5. 경외

잠언 3장 · 하나님의 지혜를 배우라

주요 구절: 3:1

잠언 3장은 잠언 중 가장 긴 장으로 '부모로서 권면1'(1-4절), '참 신앙과 경건한 삶의 촉구'(5-12절), '지혜를 찬양함'(13-18절), '창조 사역에서의 지혜'(19-20절)'와 '부모로서 권면2'(21-26절), '불의에 대한 금령'(27-30절), '악한 행위에 대한 금령'(31-35절)으로 구성되어 있습니다.

주옥같은 교훈이 많습니다. 교훈에는 복과 보상이라는 약속이 포함되어 있습니다. 지혜를 따를 때 세상에서 장수하고 부귀를 누릴 것입니다(16절). 물론 의로운 지혜자에게도 고난과 고통이 있습니다. "대저 여호와께서 그 (1)하시는 자를 징계하시기를 마치 아비가 그 기뻐하는 (2)을 징계함 같이 하시느니라."(12절) 그러나 그 고난은 부모에게 받는 사랑스런 징계와 같습니다.

5-6절은 지혜로운 자가 취해야 할 자세를 가르치는 중요한 구절입니다. "너는 마음을 다하여 여호와를 (3)하고 네 명철을 의지하지 말라. 너는 범사에 (4)를 인정하라. 그리하면 네 (5)을 지도하시리라."

지혜는 창조(19절)와 관련됩니다. 창조가 지혜의 결과입니다. 지혜를 얻은 자는 "(6 　 　) 나무"를 가진 것과 같으니 "복되다"고 합니다(18절). 창세기의 에덴동산을 생각나게 합니다. 지혜로운 분의 교훈을 어기면 저주가, 따를 때는 복이 임합니다.

생각하기 나는 모든 일에 하나님을 인정하고 신뢰하나요?

해답 1. 사랑, 2. 아름, 3. 신뢰, 4. 그, 5. 길, 6. 생명

잠언 4장 · 이어지는 아버지의 지혜

주요 구절: 4:23

선생은 자기 아버지(선생)로부터 배운 지혜를 자신의 제자(아이)에게 가르칩니다(1-4절). 제자는 지혜로운 선생이 교훈하는 말을 따르면 됩니다. 지혜를 사랑하면 사랑을 받고, 지혜를 높이면 높임을 받고, 지혜를 품으면 영화롭게 될 것입니다.

4장에는 두 길이 나옵니다. "(1 　 　)로운 길"(11절)과 "(2 　 　)한 자의 길"(14절)입니다. 곧 "의인의 길"과 "악인의 길"(18절과 19절)입니다. 바른 길을 가기 위해 무엇보다 "모든 지킬 만한 것 중에 더욱 네 (3 　 　)을 지키라. 생명의 (4 　 　)이 이에서 남이니라"(23절)는 말씀을 명심해야 합니다.

생각하기 나는 다른 무엇보다도 나의 마음을 잘 지키고 있나요?

해답 1. 지혜, 2. 사악, 3. 마음, 4. 근원

잠언 5장 · 여자에 대한 태도와 행동

주요 구절: 5:18

이미 2장 16-19절에서 음녀의 유혹은 나왔는데 5장에서 또 나옵니다. 대신 좀 더 구체적으로 다룹니다. "대저 음녀의 (1 　 　)은 (2 　)을 떨어뜨리며, 그의 입은 기름

보다 미끄러우나."(3절) 음녀에 대해서는 6장 24-35절과 7장 1-27절에서 또 반복해서 말합니다. 이런 음녀와 정반대의 여성, 현숙한 여인에 관한 아름다운 모습은 이후 31장에 나옵니다.

음녀 대신 하나님이 준 혼인 생활에서 행복을 누려야 합니다. "네 (3)으로 복되게 하라. 네가 젊어서 취한 아내를 (4)하라. 그는 사랑스러운 암사슴 같고 아름다운 암노루 같으니 너는 그의 (5)을 항상 족하게 여기며 그의 (6)을 항상 연모하라."(18-19절) 지혜로운 자의 말을 들으십시오. "내 아들아 어찌하여 음녀를 연모하겠으며 어찌하여 이방 계집의 가슴을 안겠느냐?"(20절) 음녀를 피하는 것이 지혜롭습니다.

생각하기 음행의 유혹을 이기는 비결은 무엇입니까?

해답 1. 입술, 2. 꿀, 3. 샘, 4. 즐거워하, 5. 품, 6. 사랑

잠언 6장 · 생활 속 지혜와 명철

주요 구절: 6:6

잠언 6장은 사회, 경제생활에 대한 매우 실제적 교훈입니다. 다른 사람을 위해 보증을 서는 것은 미련한 일입니다(1-5절). 게으른 자는 개미에게 가서 (1)를 얻어야 합니다(6절). 게으른 자의 특징을 볼까요? "좀 더 자자, 좀 더 졸자, 손을 모으고 좀 더 (2) 있자."(10절) 게으르면 어떻게 될까요? "네 빈궁이 (3) 같이 오며, 네 곤핍이 군사 같이 이르리라."(11절) 마지막으로 '불량하고 악한 자'에 관해 말합니다(12-19절).

그러므로 지혜자는 등불인 (4)을 지키고, 빛인 법을 따르며, 생명의 길인 훈계의 책망을 떠나지 말고 항상 마음에 새기며 (5)에 매고 다녀야 합니다(20-23절). 그렇지 않으면 남자는 악한 여인의 유혹에 쉽게 빠지게 될 것입니다. "여인과 간음하는 자는 무지한 자라. 이것을 행하는 자는 자기의 영혼을 망하게 하며 상함과 능욕을 받고 (6)을 씻을 수 없게 되나니."(32-33절)

생각하기 게으름에 대한 교훈이 어떻게 다가옵니까?

해답 1. 지혜, 2. 누워, 3. 강도, 4. 명령, 5. 목, 6. 부끄러움

잠언 7장 · 죽음으로 이끄는 '한 여자'

주요 구절: 7:4

잠언 7장에서 지혜의 스승은 다시 제자(아이)에게 지혜를 마음에 새기라고 권면합니다(1-4절). 음녀에 관한 문제를 다루면서 지혜를 붙잡으라고 합니다.

5-27절은 음녀의 활동과 그 여자를 따르는 어리석은 한 젊은이를 자세히 소개합니다. "어리석은 자 중에, 젊은이 가운데에 한 (1) 없는 자를 보았노라 … 기생의 옷을 입은 간교한 여인이 그를 맞으니 … 여러 가지 고운 말로 유혹하며 입술의 호리는 말로 꾀므로 젊은이가 곧 그를 따랐으니, (2)가 도수장으로 가는 것 같고, 미련한 자가 벌을 받으려고 쇠사슬에 매이러 가는 것과 같도다. 필경은 화살이 그 간을 뚫게 되리라. (3)가 빨리 그물로 들어가되 그의 (4)을 잃어버릴 줄을 알지 못함과 같으니라."(7-23절)

유혹을 이기기 위해서 하나님의 말씀을 지키며 계명을 간직해야 합니다(1절). "이것을 네 손가락에 매며 이것을 네 (5)에 새기라."(3절)

생각하기 음행이라는 죄의 치명적인 강력함을 알고 있습니까?

해답 1. 지혜, 2. 소, 3. 새, 4. 생명, 5. 마음판

잠언 8장 · 생명으로 이끄는 '한 여자'

주요 구절: 8:1

7장에서 죽음으로 이끄는 '한 여자' 음녀가 나왔는데, 8장도 한 여자를 소개합니다. 이 여자도 젊은이를 부릅니다. "(1 　　)가 부르지 아니하느냐?"(1절) 이 여자는 바로 '(1 　　)'입니다. 이 여성은 어둠 속 깊은 곳이 아니라, 밝은 빛이 비치는 길 가의 높은 곳과 네거리, 성문 곁과 문 어귀와 여러 출입하는 문에서 부릅니다(2-3절). 음녀는 사망의 길로 인도하지만, (1 　　)는 (2 　　)의 길로 인도합니다. "대저 나를 얻는 자는 (2 　　)을 얻고…"(35절)

지혜는 창조 전부터 존재했습니다. "여호와께서 그 (3 　　)의 시작, 곧 태초에 일하시기 전에 나를 가지셨으며, 만세 전부터, 태초부터, 땅이 생기기 전부터 내가 세움을 받았나니"(22, 23절) 또 지혜는 (4 　　　)입니다. "그가 (5 　　)을 지으시며 궁창을 해면에 두르실 때에 내가 거기 있었고 … 내가 그 곁에 있어서 (4 　　　)가 되어…"(27-31절)

잠언 8장의 (1 　　)는 예수 그리스도를 가리킵니다. "…그리스도는 하나님의 능력이요, 하나님의 (1 　　)니라."(고전 1:24) "…(1 　　)는 그 행한 일로 인하여 옳다 함을 얻느니라."(마 11:19, 눅 7:35 참고) 또 창조 때부터 존재한 (1 　　) 역시 마찬가지입니다. "…또한 한 주 예수 그리스도께서 계시니 만물이 그로 말미암고 우리도 그로 말미암아 있느니라."(고전 8:6, 골 1:16-17 참고)

생각하기 내가 따르는 길은 어떤 길입니까?

해답 1. 지혜, 2. 생명, 3. 조화, 4. 창조자, 5. 하늘

잠언 9장 · 지혜자와 우매자

주요 구절: 9:10

세상에는 지혜자와 우매자 있습니다. 지혜자도 그의 (1 　)을 짓고(1절) 우매자도 자기 (1 　)(14절)을 가지고 있습니다. 지혜자는 성 높은 곳에서 자기 여종을 보내어 우매자에게 생명의 길을 가르칩니다. 그러나 우매자는 성읍 높은 곳에서 어리석고 지혜 없는 자를 유혹해 스올로 인도합니다. 그들은 이렇게 가르칩니다. "도둑질한 (2 　)이 달고 몰래 먹는 떡이 맛이 있다."(17절)

우매자를 따르면 어리석음을 얻고, 지혜자를 따르면 지혜를 얻습니다. "거만한 자를 책망하지 말라. 그가 너를 미워할까 두려우니라. 지혜 있는 자를 책망하라. 그가 너를 (3   )하리라."(8절) 어리석은 자는 거만합니다. 부족과 지혜 없음을 알지 못합니다. 하지만, 지혜자는 겸손합니다. 지혜 없음을 알기에 지혜를 배우려 합니다. "지혜 있는 자에게 (4   )을 더하라. 그가 더욱 지혜로워질 것이요, 의로운 사람을 가르치라. 그의 (5   )이 더하리라."(9절)

생각하기 책망과 교훈을 미워한 적이 있습니까?

해답 1. 집, 2. 물, 3. 사랑, 4. 교훈, 5. 학식

잠언 10장 · 지혜와 우매

주요 구절: 10:1

잠언 1-9장은 서론 역할을 하고 10장부터는 짧은 문장의 전형적 잠언이 나타납니다. 이것들은 (1   )이 만든 잠언입니다(1절). (1   )의 잠언은 10장부터 22장까지 이어집니다. 성경에 따르면 그는 삼천 가지나 되는 잠언 말했다고 합니다(왕상 5:32).

솔로몬의 잠언에서도 '지혜자'와 '우매자'의 모습이 나타납니다. 직접 교훈을 명령하거나 가르치는 것이 아니라, 일어나는 현상을 서술하면서 간접적으로 가르침을 줍니다. 예를 들면 "지혜로운 아들은 (2   )를 기쁘게 하거니와 미련한 아들은 어미의 (3   )이니라"(1절)라고 말합니다. 그렇다면 자연스레 '아버지를 노엽게 하지 않고 어머니에게 근심이 되지 않도록 살아야겠구나!'라는 생각이 들도록 합니다. 이어서 재물(2, 15절), 말(11, 13, 19, 21, 31, 32절), 마음가짐(12, 18, 20절), 수고(16절), 훈계(17절), 행동(23절)에 관한 잠언을 정리합니다. 그 가운데 29절은 가장 돋보입니다. "여호와의 (4)가 정직한 자에게는 산성이요, 행악하는 자에게는 (5   )이니라."(29절)

생각하기 어떻게 하면 아버지와 어머니의 기쁨이 될까요?

해답 1. 솔로몬, 2. 아비, 3. 근심, 4. 도, 5. 멸망

잠언 11장 · 삶의 지혜에 대한 잠언

주요 구절: 11:1

삶의 지혜에 대한 잠언이 나오는데, 특별히 '성읍', '이웃', '백성', '타인'과 관련된 잠언이 9-15절까지 집중적으로 나타납니다. 예를 들면 "악인은 (1)으로 그의 이웃을 망하게 하여도, 의인은 그의 (2)으로 말미암아 구원을 얻느니라."(9절) 지혜자는 사회와 국가에 큰 도움이지만, 악인은 손해만 끼칩니다.

재물(1, 4, 24-26, 28-29절)과 관련한 것도 집중적으로 열거됩니다. 재물이 좋으나 그것을 잘 다스리는 것은 더 중요합니다. "속이는 저울은 여호와께서 미워하시나 (3)한 추는 그가 기뻐하시느니라."(1절) 정직한 저울을 하나님이 기뻐합니다. 구제와 관련한 가르침을 보십시오. "흩어 구제하여도 더욱 (4)하게 되는 일이 있나니, 과도히 아껴도 (5)하게 될 뿐이니라. 구제를 좋아하는 자는 풍족하여질 것이요, 남을 윤택하게 하는 자는 (6)도 윤택하여지리라."(24-25절)

생각하기 나는 구제에 열심인가요? 아니면 인색한가요?

해답 1. 입, 2. 지식, 3. 공평 4. 부, 5. 가난, 6. 자기

잠언 12장 · 비교되는 의인과 악인

주요 구절: 12:1

솔로몬의 잠언이 이어집니다. 일관성을 찾기가 어렵지만, 각 잠언마다 깊은 뜻이 있습니다. 특별히 '의인'이 잘 되고 '악인'은 망한다(1-3, 8, 10-13, 21, 26절)는 점을 분명

히 합니다. '진실한 말'과 '거짓말'이 대조(5, 17-20절)됩니다. '부지런한 삶'과 '게으른 삶'(24, 27절), '지혜로운 자'와 '미련한 자'(8, 15-16절)가 대조됩니다.

4절 잠언이 돋보입니다. "어진 (1 ____ ____)은 그 지아비의 (2 ____ ____)관이나 욕을 끼치는 (1 ____ ____)은 그 지아비의 (3 ____)가 썩음 같게 하느니라." 그리고 의인과 악인의 대조를 보십시오. "의인은 그 이웃의 (4 ____ ____)자가 되나, 악인의 소행은 (5 ____ ____)을 미혹하느니라."(26절)

생각하기 나의 언행과 행실은 어질고 지혜로운가요?

해답 1. 여인, 2. 면류, 3. 뼈, 4. 인도, 5. 자신

잠언 13장 · 참 명예를 얻으려면

주요 구절: 13:1

'의인의 행복'과 '악인 불행', '부'와 '가난'이 나오는데, '지혜로운 아들'과 '지혜로운 부모'에 대한 부분은 특별한 흥미를 불러일으킵니다. 다음은 자녀에 대한 잠언입니다. "지혜로운 아들은 아비의 (1 ____ ____)를 들으나 거만한 자는 (2 ____ ____ ____)을 즐겨 듣지 아니하느니라."(1절) 부모에 대한 잠언도 있습니다. "(3 ____)를 아끼는 자는 그의 자식을 (4 ____ ____)함이라. 자식을 사랑하는 자는 근실히 (5 ____ ____)하느니라."(24절)

무엇보다도 거짓말을 좋아하고 부자인 척하는 어리석은 사람이 있습니다(5, 7절). 그들이 명예를 좇아 거짓말도 하고 부자인 척하지만 다툼만 일어날 뿐입니다(10절). 참 명예를 얻으려면 훈계와 경계를 받아들여야 합니다. "훈계를 저버리는 자는 궁핍과 (6 ____ ____)이 이르거니와 경계를 받는 자는 존영을 받느니라."(18절)

생각하기 교훈을 듣고 받는 것이 존영이 된다는 것을 인정하나요?

해답 1. 훈계, 2. 꾸지람, 3. 매, 4. 미워, 5. 징계, 6. 수욕

잠언 14장 · 마음이 아플 때

주요 구절: 14:10

잠언 14장도 역시 '의인'과 '악인'을 비교하지만, 독특한 특징이 보입니다. 그것은 눈에 보이지 않는 '마음'에 대한 관심입니다. 인간은 다른 사람이 자신의 마음을 알아줄 때에 큰 위로를 받습니다. 하지만 내 깊은 마음을 다른 이들이 다 알 수 없어 한계도 있습니다. "마음의 고통은 (1 　 　)가 알고 마음의 즐거움은 (2 　 　)이 참여하지 못하느니라."(10절)

또 한 가지 중요한 부분은 11절입니다. "악한 자의 (3 　)은 망하겠고 정직한 자의 장막은 흥하리라." (3 　)과 장막은 다릅니다. 장막은 텐트입니다. (3 　)에 비해 초라하고 불편합니다. 세상을 살펴보면 의인이 텐트에 살고 악인은 번듯한 (3 　)에 삽니다. 그러나 악한 자의 (3 　)은 망하게 될 것입니다. 의인에게 위로입니다. "어떤 길은 사람의 보기에 바르나 필경은 (4 　 　)의 길이니라."(12절)

마지막 이웃에 대한 관심이 나옵니다(21, 31절). "이웃을 업신여기는 자는 죄를 범하는 자요, 빈곤한 자를 불쌍히 여기는 자는 복이 있는 자니라."(21절) "가난한 사람을 학대하는 자는 그를 지으신 이를 (5 　 　)하는 자요, 빈곤한 사람을 불쌍히 여기는 자는 주를 (6 　 　)하는 자니라."(31절) 지혜로운 자는 이웃에 대해 관심이 많습니다.

생각하기 마음의 고통으로 남몰래 신음할 때 나는 무엇을 의지하나요?

해답 1. 자기, 2. 타인, 3. 집, 4. 사망, 5. 멸시, 6. 공경

잠언 15장 · 전지전능한 하나님

주요 구절: 15:3

3절과 11절에 진술된 '하나님의 전지전능'이 특별해 보입니다. "여호와의 (1 　)은 어디서든지 악인과 선인을 감찰하시느니라."(3절) "스올과 아바돈도 여호와의 앞에 드러나거든 하물며 사람의 (2 　 　)이리요."(11절) 스올과 아바돈은 죽음의 영역을 뜻합

니다. 하나님의 (1)이 미치지 않는 곳은 없습니다.

'(3)와 기도'에 대한 부분도 특별합니다. "악인의 (3)는 여호와께서 미워하셔도 정직한 자의 기도는 그가 기뻐하시느니라."(8절) "여호와는 악인을 멀리 하시고 (4)의 기도를 들으시느니라."(29절)

마지막으로 자족하는 마음이 얼마나 귀한지 가르쳐 줍니다. "(5)이 적어도 여호와를 경외하는 것이 크게 부하고 번뇌하는 것보다 나으니라. 채소를 먹으며 서로 사랑하는 것이 살진 (6)를 먹으며 서로 미워하는 것보다 나으니라."(16-17절)

생각하기 나는 하나님 주신 재물에 만족하고 감사하며 살고 있나요?

해답 1. 눈, 2. 마음, 3. 제사, 4. 의인, 5. 가산, 6. 소

잠언 16장 · 하나님의 섭리(경영)

주요 구절: 16:1

1-9절은 하나님이 함께하는 인생이 어떤지를 분명히 보여줍니다. (1)(1절), '행위'(2절), '행사'(3절), '온갖 것'(4절), '피차 손을 잡음'(5절), '악을 떠남'(6절), '행위'(7절), '소득'(8절), (2)(9절)은 인간이 하는 것입니다. 하지만, 이 모든 것은 하나님의 섭리 가운데 있습니다. "마음의 (1)은 사람에게 있어도 말의 응답은 여호와께로부터 나오느니라."(1절) "사람이 마음으로 자기의 길을 (2)할지라도 그의 걸음을 인도하시는 이는 여호와시니라."(9절) "제비는 사람이 뽑으나 모든 일을 작정하기는 여호와께 있느니라."(33절)

일을 하나님에게 맡기는 것이 지혜로운 삶입니다. "너희 행사를 여호와께 맡기라. 그리하면 네가 (1)하는 것이 이루어지리라."(3절)

10-15절은 왕을 존경하고 경외하는 마음을 자세히 나열합니다. 하나님의 대리 통치자인 왕에게 복종함으로 인간은 참 왕인 하나님에게 복종합니다. "삼가 말씀에 (3)하는 자는 좋은 것을 얻나니, 여호와를 의지하는 자는 복이 있느니라."(20절). 인간은 유한하고 하나님은 전능하기 때문입니다. "어떤 길은 사람이 보기에 바르나 필경은 (4

)의 길이니라."(25절)

하나님의 존재를 믿기에 삶이 여유가 있습니다. 인내합니다. 화를 쉽게 내지 않습니다. "노하기를 더디하는 자는 용사보다 낫고 자기의 마음을 다스리는 자는 (5)을 빼앗는 자보다 나으니라."(32절)

생각하기 나의 계획이 하나님의 작정과 섭리 속에 있음을 깨닫고 있나요?

해답 1. 경영, 2. 계획, 3. 주의, 4. 사망, 5. 성

잠언 17장 · 하나님의 마음 단련

주요 구절: 17:3

앞서 언급된 잠언이 반복되는 것 같습니다. 미련한 자에 대한 경계가 계속됩니다. 미련한 자의 위험과 지혜로운 자의 명철을 구체적 삶의 예로 가르칩니다(7, 10, 12, 16, 18, 21, 25, 28절). 가끔 일반적 현상을 기록하고 간접 교훈을 유도합니다. 17절이 그렇습니다. "친구는 (1)이 끊어지지 아니하고 형제는 위급한 때를 위하여 났느니라."

8절의 경우는 반어법입니다. "(2)은 그 임자가 보기에 보석 같은즉 그가 어디로 향하든지 형통하게 하느리라." (2)을 찬양하는 것처럼 보이지만, 사실은 반대입니다. 다른 잠언에서도 (2)을 악한 것이라고 비난합니다(23절). 또 악한 자들의 행태가 얼마나 미련한지 지속적으로 고발합니다(4, 5, 11, 13, 15, 20, 23, 26절).

하나님은 당신의 백성의 (3)을 단련합니다. (3)은 인간의 전인격을 의미합니다. "도가니는 (4)을, (5)는 금을 연단하거니와 여호와는 (3)을 연단하시느니라."(3절)

생각하기 하나님은 나의 마음을 어떻게 연단시키시나요?

해답 1. 사랑, 2. 뇌물, 3. 마음, 4. 은, 5. 풀무

잠언 18장 · 말에 지혜로운 자

주요 구절: 18:12

18장은 말과 입의 악한 영향과 다툼을 이기고 바른 판단을 하는 데 관한 내용입니다. 지혜로운 자의 말은 깊은 물과 같지만, 미련한 자의 말은 수많은 문제를 일으킵니다. 미련한 자의 말하는 특징은 '자기 의사만 드러내고'(2절), '다툼을 일으키고'(6절), '남의 (1 □)하기를 좋아하고'(8절), '사연을 듣기 (2 □)에 대답을 먼저 주려고 하는 것'(13절), '엄한 (1 □)'(23절)을 하는 것입니다.

재판에서 악인을 두둔하고 의인을 억울하게 하는 것은 악하다고 말합니다(5절). 가난한 자의 사연을 듣기 전에 재판하는 것도 잘못입니다. "송사에서는 먼저 온 사람의 말이 (3 □□) 것 같으나 그의 (4 □□)자가 와서 밝히느니라."(17절)는 말씀도 잘 기억해야 합니다.

지혜로운 자는 언제나 겸손합니다. "사람의 마음의 (5 □□)은 멸망의 선봉이요, 겸손은 존귀의 (6 □□□)니라."(12절)

생각하기 나의 말하기 습관은 어떤 편입니까?

해답 1. 말, 2. 전, 3. 바르, 4. 상대, 5. 교만, 6. 길잡이

잠언 19장 · 가난해도 성실하게

주요 구절: 19:1

19장은 '빈자'와 '부자'에 대한 내용(1, 4, 6, 7, 10, 14, 17절)을 많이 다룹니다. 특히 가난한 자는 실제 생활에서 미움을 받거(7절)나 친구가 끊어지기(4절) 쉽습니다. 죄로 오염된 세상의 일반적 현상입니다. 그렇지만 "가난하여도 성실하게 행하는 자는 (1 □□)이 패역하고 미련한 자보다 나으니라"(1절)고 합니다. 가난 자체는 문제가 아닙니다. 가난한 자를 대하는 법도 말합니다. "가난한 자를 불쌍히 여기는 것은 여호와께 꾸어 드리는 것이니, 그의 (2 □□)을 그에게 갚아 주시리라."(17절)

성급하게 행동하는 사람은 미련합니다(2절). "…발이 급한 사람은 (3 　 　) 가느니라."(2절) "빨리 빨리!"를 외치는 시대에 귀담아 들어야 할 부분입니다.

자녀와 아내에 대한 교훈이 흥미롭습니다. "미련한 아들은 그의 아비의 재앙이요, 다투는 아내는 이어 떨어지는 (4 　 　 　)이니라. 집과 재물은 조상에게서 (5 　 　) 하거니와 슬기로운 (6 　 　)는 여호와께로서 말미암느니라."(13-14절) 또 아버지를 구박하며 무시하고 어머니를 힘이 없다고 쫓아내는 자식은 미련하며 부끄러움입니다. 이런 자식은 "채찍"(29절)으로 "징계"(18절)해야 합니다.

생각하기 가난에 대해서 어떻게 생각합니까? 또 어떻게 대합니까?

해답 1. 입술, 2. 선행, 3. 잘못, 4. 물방울, 5. 상속, 6. 아내

잠언 20장 · 온전함을 자랑하지 말라

주요 구절: 20:22

인간은 그 누구도 하나님 앞에서 자신할 수 없고, 온전함을 자랑할 수 없습니다. "내가 내 마음을 (1 　)하게 하였다, 내 죄를 깨끗하게 하였다, 할 자가 누구냐?"(9절) 지혜자는 '술 취함'(1절)과 '게으름'(4, 13절)과 '사람을 속이는 경제활동'(10, 17, 23절)을 지적합니다. 이런 악을 막기 위해 왕은 국가를 공의롭게 통치해야 합니다(2, 8, 26, 28절).

가장 눈에 띄는 악은 부모에 대한 자녀의 태도와 자세입니다. "자기의 아비나 어미를 (2 　 　)하는 자는 그의 등불이 흑암 중에 꺼짐을 당하리라."(20절) 그런 자에게는 (3 　)가 약입니다. "상하게 때리는 것이 악을 없이하나니 (3 　)는 사람 속에 깊이 들어가느니라."(30절) 감정에 취해 휘두르는 것은 부당하지만, 성경은 분명 체벌을 말합니다.

잠언은 인간이 어떻게 생각하고 말하고 행동하는 것이 지혜로운지를 가르칩니다. 그 첫 걸음은 스스로 부족한 존재임을 깨닫고 하나님을 경외하는 것입니다. "너는 (4 　)을 갚겠다 말하지 말고, 여호와를 기다리라. 그가 너를 (5 　 　)하시리라."(22절) 돈과 보석보다 더 귀한 것은 지혜의 말입니다. "세상에 금도 있고 진주도 많거니와 지혜로

운 입술이 더욱 귀한 (6 　 　)니라."(15절)

생각하기 오늘날 적절한 자녀교육 방식은 무엇일까요?

해답 1. 정, 2. 저주, 3. 매, 4. 악, 5. 구원, 6. 보배

잠언 21장 · 삶의 통치자 하나님

주요 구절: 21:1

"왕의 마음이 여호와의 (1 　)에 있음이 마치 (2 　 　)과 같아서 그가 임의로 인도하시느니라."(1절) (2 　 　)은 농부가 물을 논에 대기 위해 낸 물길을 따라 이동하는 물입니다. 이처럼 하나님이 왕의 마음을 결정합니다. 성경이 말하듯 하나님은 파라오, 느부갓네살, 고레스뿐만 아니라 지금 세계 모든 나라의 수장도 관리합니다.

하나님 앞에서 겸손해야 합니다. 생각과 말과 행동을 조심해야 합니다. 혹 자신의 행동을 정직하다고 큰소리칠지 모르지만, 하나님은 인간 자신도 알지 못하는 저 깊은 곳에서 솟아나는 마음의 근원을 감찰합니다(2절).

"공의와 (3 　 　)를 행하는 것은 (4 　 　) 드리는 것보다 여호와께서 기쁘게 여기시느니라."(3절) 물론 하나님의 관점으로 본 공의와 정의를 말합니다. 하나님의 말씀에 순종하는 것이 외적 의식보다 훨씬 중요합니다.

'다투며 성내는 여인과 함께 (5 　) 집에 사는 것보다 차라리 움막이나 (6 　 　)에 사는 것이 낫다'(9, 19절)고 합니다. "움막"으로는 바람과 비를 제대로 피할 수 없습니다. 그럼에도 그곳이 낫다는 것은 그만큼 가족 내 불화와 고통, 갈등이 더 힘들다는 뜻입니다. 슬기롭고 온유한 배우자를 만나야 하고, 또 그런 배우자가 되어야 합니다.

생각하기 하나님이 정의와 공의로 세상을 다스려 주시길 기도합시다.

해답 1. 손, 2. 봇물, 3. 정의, 4. 제사, 5. 큰, 6. 광야

잠언 22장 · 자녀양육에 대한 지혜

주요 구절: 22:17

1-16절에서는 '부자와 빈자'(1, 16절), '이웃 사랑'(9절), '자녀양육'(6, 15절), '명예'(1절), '음녀'(14절)에 대한 잠언이 나옵니다. 특별히 자녀양육에 관한 부분이 반복해서 나타나는데, 꼭 기억해 두고 곱씹어야 할 지혜입니다. "마땅히 (1)할 길을 (2)에게 가르치라. 그리하면 (3)어도 그것을 떠나지 아니하리라."(6절) "길"을 '성품'으로 이해할 수도 있습니다. '가르치다'는 '훈련하다'(train up)는 의미입니다. 어린 시절 성품 훈련은 늙을 때까지 영향을 미칠 것입니다.

아이를 잘 훈련할 수 있는 도구가 '매'입니다. "아이의 (4)에는 미련한 것이 얽혔으나 징계하는 (5)이 이를 멀리 쫓아내리라."(15절) 아이도 죄인으로 태어난다는 것을 인정하면 당연히 받아들일 수 있습니다. 현대교육은 심리학적 연구와 인권 차원에서 매를 금지합니다. 하지만, 인간이 하나님보다 더 지혜로울까요? 심리학이 성경보다 지혜로울까요? 그렇다고 가혹행위는 금지입니다. 자녀를 노엽게 하는 것은 직무유기이며 폭력입니다.

16절까지가 솔로몬의 잠언 단락이고, 잠언 22:17-24:22은 새로운 지혜 단락으로 보입니다. 지혜자는 "지혜 있는 자의 말씀"(17절)과 "진리의 말씀"(21절)을 전합니다.

생각하기 어떻게 성품, 신앙을 잘 교육할 수 있을까요?

해답 1. 행, 2. 아이, 3. 늙, 4. 마음, 5. 채찍

잠언 23장 · 음식을 탐하는 자

주요 구절: 23:2

1-8절은 음식과 관련된 교훈입니다. "네가 만일 음식을 탐하는 자이거든 네 목에 칼을 둘 것이니라."(2절) 식사는 단순히 배를 채우거나 영양 섭취의 차원을 넘어섭니다. 식사는 인간관계와 밀접하게 연결됩니다. 누구와 함께 식사하느냐는 중요합니다. 식탁이 있

는 사람은 맛난 음식을 대접 받을 때 악한 자로부터 쉽게 이용당할 수 있습니다. 20-21, 29-35절은 술을 잘못 마시는 경우에 대해 경고합니다. 26-28절은 음녀에 대한 경고가, 22-25절에는 부모에 대한 자녀의 자세와 행동에 대해 교훈이 나옵니다. 특별히 약자에 대한 보호를 권고합니다. 약자의 대표가 '고아'입니다. "옛 (1 ______)을 옮기지 말며 고아들의 (2 __)을 침범하지 말지어다."(10절)

지혜자가 자녀훈육을 명령합니다. "아이를 (3 ____)하지 아니하려고 하지 말라. 채찍으로 그를 때릴지라도 그가 죽지 아니하리라. 네가 그를 채찍으로 때리면 그의 영혼을 스올에서 (4 ____)하리라."(13-14절) "스올"은 멸망을 뜻합니다.

노부모에 대한 적절한 교훈도 있습니다. "너를 낳은 아비에게 (5 ____)하고 네 늙은 어미를 경히 여기지 말지니라."(22절) "네 부모를 즐겁게 하며 너를 (6 __)은 어미를 기쁘게 하라."(25절)

생각하기 먹는 것을 탐하는 것이 죄라고 생각하나요?

해답 1. 지계석, 2. 밭, 3. 훈계, 4. 구원, 5. 청종, 6. 낳

잠언 24장 · 악인을 부러워하지 말며

주요 구절: 24:1

24장은 세상에 존재하는 '악인'과 '미련한 자'와 '사악한 자'와 '거만한 자'에 대한 의인의 자세에 대해 집중적으로 교훈합니다. "너는 악인의 형통함을 부러워하지 말며 그와 함께 있으려고 하지도 말지어다."(1절) 성도는 악인이 잘 되는 것을 보고 부러워하지도 말고 그것 때문에 그들과 함께 어울리려고 하지도 말아야 합니다(1, 21절). 동시에 악인의 행동을 보고 (1 __)을 품지 말아야 합니다(19절). 악인에게는 장래가 없고 등불이 곧 꺼지며 재앙이 속히 임할 것입니다(17, 21-22절).

동시에 지혜자는 이웃 사랑을 권면합니다(10-12절). 이웃이 어려움을 당했는데도 몰랐다고 변명해서는 안 됩니다(11-12절). 또 (2 ____)가 넘어질 때에 즐거워하지 말고 (2 ____)가 엎드러질 때에 (3 ____)에 기뻐하지 말라고 합니다(17절). 동시에

재판장은 사람의 낯을 보고 재판하지 않아야 합니다(23-26절). 그것이 정의롭습니다.

지혜자는 게으르지 않습니다(30-34절). 게으른 자와 지혜 없는 자의 포도원은 차이가 납니다. 지혜 없이 게으른 자를 향한 경고입니다. "네가 (4) 자자, (4) 졸자, 손을 모으고 (4) 누워 있자 하니, 네 (5)이 강도 같이 오며 네 곤핍이 군사 같이 이르리라."(33-34절)

생각하기 나는 원수나 악인을 어떻게 대합니까?

해답 1. 낯, 2. 원수, 3. 마음, 4. 좀더, 5. 빈궁

잠언 25장 · 언약백성의 잠언

주요 구절: 25:1

25-29장까지 내용은 두 번째 솔로몬의 잠언 단락입니다. 첫 번째 단락은 10-22장입니다. 두 번째 솔로몬의 잠언은 "유다 왕 (1)의 신하들이 편집한 것"(1절)이라고 밝힙니다. (1) 왕 시기 북 이스라엘이 멸망했습니다(주전 722년). 이제 남 유다 홀로 하나님의 언약백성 역할을 감당해야 합니다. 왕이 솔로몬의 잠언을 모은 것은 언약백성이 어떻게 살아야 할 것인지를 가르치기 위해 솔로몬의 잠언을 모은 것으로 생각할 수 있습니다.

25장에는 주옥같은 잠언이 나열됩니다. 2-5절은 (2)에 대한 것입니다. "일을 숨기는 것은 하나님의 (3)요, 일을 살피는 것은 (2)의 (3)니라."(2절) 하나님이 하는 일을 인간이 다 알 수 없습니다. 미래의 일을 숨기는 것은 하나님의 (3)입니다.

6-7절은 '겸손'에 대해, 9-12절과 23절은 '말'에 대해 교훈합니다. 말을 할 때 적당하게 하고 또 어떤 경우에는 침묵해야 한다고 가르칩니다. "경우에 합당한 말은 아로새긴 (4) 쟁반에 금 사과니라. 슬기로운 자의 (5)은 청종하는 귀에 금 고리와 정금 장식이니라."(11-12절) 21-22절은 '원수에 대한 사랑'을 말하는데, 로마서 12장 20절에서 인용됩니다.

생각하기 잠언의 가르침 중 가장 기억나는 것은 무엇입니까?

해답 1. 히스기야, 2. 왕, 3. 영화, 4. 은, 5. 재앙

잠언 26장 · 어리석고 미련한 자

주요 구절: 26:1

26장도 주옥같은 잠언들로 구성되어 있습니다. 1-12절은 '어리석고 미련한 자'를 적절한 비유로 표현합니다. "미련한 자의 등에는 (1)니라"(3절)고 지혜자는 권고합니다. 미련한 자를 분별해야 합니다(4절). 미련한 자의 어리석은 말이나 행동을 따라할 가능성이 있기 때문입니다. 참 안타까운 것은 미련한 자가 자기 스스로 미련한 것을 알지 못하고 오히려 (2)롭게 여긴다는 것입니다(12절).

13-16절은 '게으른 자'에 대해 교훈합니다. 게으른 자는 악하고 미련하고 어리석은 자와 같습니다. 게으른 자도 사리에 맞게 대답하는 (2)로운 사람 일곱보다 자기를 더 (2)롭게 여깁니다(16절). 어리석은 자의 특징입니다. 18-19절은 불필요한 시비를 일으키는 미련한 자를 경고합니다. "횃불을 던지며 화살을 쏘아서 사람을 죽이는 미친 사람이 있나니, 자기의 이웃을 속이고 말하기를 내가 (3)하였노라, 하는 자도 그러하니라."(18-19절) 여기서 (3)은 '농담' 혹은 '장난'입니다. 다른 사람을 말로 속여 매우 곤란한 처지에 빠지게 해놓고 하는 말이, '농담도 못해요?'라고 말하는 것과 같습니다. 그런 장난이 횃불과 화살로 사람을 죽이는 것과 같습니다.

20-28절은 말로 짓는 어리석은 죄를 지적합니다. "남의 말 하기를 좋아하는 자의 말은 (4)과 같아서 뱃속 깊은 데로 내려가느니라."(22절)

생각하기 농담이나 장난으로 타인을 곤경에 빠뜨린 적은 없었나요?

해답 1. 막대기, 2. 지혜, 3. 희롱, 4. 별식

잠언 27장 · 겸손하고 평범한 삶

주요 구절: 27:1

잠언은 내내 교만을 경고하고 겸손을 권장합니다. "너는 (1   ) 일을 자랑하지 말라. 하루 동안에 무슨 일이 일어날는지 네가 알 수 없음이니라."(1절) 자신의 약함을 자랑하는 것이 성도의 모습입니다(고후 12:5).

악인은 자주 거짓 입맞춤을 합니다(6절). 속지 말아야 합니다. 참 친구는 비록 상처를 아프게 건드리지만 그것이 유익합니다. 친구의 아픈 (2   )은 충직으로 말미암습니다(6절). 친구의 충성된 (3   )는 기름과 향이 사람의 마음을 즐겁게 하는 것처럼 아름답습니다(9절). "철이 철을 날카롭게 하는 것 같이 사람이 그의 친구의 (4   )을 빛나게 하느니라."(17절)

23-27절은 시골의 목가적 분위기로 인도합니다. 네 "양 떼"와 "소 떼"에 마음을 두라고 하는데(23절), 이는 전원생활이 낫다는 뜻이 아니라 일확천금을 추구하며 탐욕을 가지지 말라는 내용입니다. 작은 일이지만 충성(실)하면 하나님이 일용할 양식을 넉넉하게 줍니다. "풀을 벤 후에는 새로 움이 돋나니 산에서 (5   )을 거둘 것이니라. 어린 양의 털은 네 옷이 되며 염소는 밭을 사는 값이 되며, 염소의 젖은 넉넉하여 너와 네 집의 음식이 되며, 네 여종의 먹을 것이 되느니라."(25-27절)

생각하기 책망하는 친구가 있습니까? 책망 들을 때 어땠습니까?

해답 1. 내일, 2. 책망, 3. 권고, 4. 얼굴, 5. 꼴

잠언 28장 · 비교되는 의인과 악인

주요 구절: 28:1

28장은 악인과 의인을 대조합니다. "악인은 쫓아오는 자가 없어도 도망하나, 의인은 (1   ) 같이 담대하느니라."(1절) 악인은 양심의 소리로부터 정죄를 받지만, 의인은 담대합니다.

지혜자는 '힘과 권력의 남용'을 경고합니다(3, 12, 15-16, 28절). "가난한 자를 (2 　　)하는 가난한 자는 곡식을 남기지 아니하는 폭우 같으니라."(3절) 가난한 자를 (2 　　)하는 가난한 자라니요! 인간의 악함이 부각됩니다.

'욕심'과 '과욕'을 경고합니다(6, 8, 19-22, 25절). "중한 (3 　　)로 자기 재산을 늘리는 것은 가난한 사람을 (4 　　)히 여기는 자를 위해 그 재산을 저축하는 것이니라."(8절) 부당하게 재산을 늘려서는 안 됩니다. 설령 그렇게 하더라도 마침내 하나님이 그것을 가난한 자에게로 돌릴 것입니다.

'회개'하는 자는 형통합니다. "자기의 (5 　)를 숨기는 자는 형통하지 못하나 (5 　)를 자복하고 버리는 자는 불쌍히 여김을 받으리라."(13절) 이것은 성경 전체에서 죄인에게 선포하는 복음의 원리입니다(시 32:3-5 참고).

마지막으로 '부모에 대한 공경'을 전합니다(7, 24절). '자신감'도 경고합니다. "자기의 (6 　　)을 믿는 자는 미련한 자요, 지혜롭게 행하는 자는 구원을 얻을 자니라."(26절) 이 말씀은 자기를 믿는 오늘날 시대에 던져진 값진 복음입니다. 진리의 말씀을 믿어야 합니다. 시시각각 변하는 자신의 마음을 믿는 것은 어리석은 짓이지, 지혜가 아닙니다.

생각하기 나를 신뢰하고, 내 마음을 믿는 것이 왜 미련할 것일까요?

해답 1. 사자, 2. 학대, 3. 변리, 4. 불쌍, 5. 죄, 6. 마음

잠언 29장 · 분노는 어리석다

주요 구절: 29:22

부모와 자녀의 관계에 대한 잠언이 돋보입니다(3, 15, 17절). 부모는 자녀를 사랑으로 훈계하고 훈련해야 합니다. "채찍과 꾸지람이 (1 　　)를 주거늘 임의로 행하게 버려둔 자식은 어미를 욕되게 하느니라."(15절) 부모가 자녀의 미련함과 악한 행동을 (2 　　)할 때 평안과 기쁨이 있습니다(17절)

사회질서의 기본은 공의입니다(2, 4, 7, 12, 14, 16, 18, 26절). 공의가 없으면 사회와 국가가 무너지고 백성이 괴롭습니다. "왕은 정의로 나라를 견고하게 하나 (3 　　)

을 억지로 내게 하는 자는 나라를 멸망시키느니라."(4절)

어리석은 자는 인내하지 못하고 쉽게 노를 터트립니다(11, 20, 22절). 그런 삶은 성공하지 못합니다. 지혜자는 분노를 억제할 줄 압니다(11절). "노하는 자는 (4   )을 일으키고 성내는 자는 (5   )함이 많으니라."(22절)

생각하기 최근에 분노한 적이 있습니까? 그때 왜 다스리지 못했을까요?

해답 1. 지혜, 2. 경계, 3. 뇌물, 4. 다툼, 5. 범죄

잠언 30장 · 아굴의 잠언

주요 구절: 30:1

잠언 30-31장은 꼭 부록 같습니다. 30장은 "야게의 아들 (1   )의 잠언"(1절)라고 언급되어 있습니다.

지혜자는 겸손합니다. 자신을 "짐승"이라며 총명이 없고 지혜를 배우지 못하였고, 거룩한 하나님을 아는 지식도 없다며 낮춥니다(2-3절). 이는 하나님 앞에 선 타락한 인간이 가져할 바른 자세입니다. 오직 "하나님의 말씀은 다 순전하며 하나님은 그를 의지하는 자의 (2   )시니라"(5절)고 고백합니다.

아굴은 두 가지 기도를 합니다. 인간적 욕망을 충족시키기 위함이 아니라 하나님을 잘 섬기기 위한 기도입니다. "곧 헛된 것과 거짓말을 내게서 멀리 하옵시며, 나를 (3   )하게도 마옵시고, 부하게도 마옵시고, 오직 필요한 양식으로 나를 먹이시옵소서. 혹 내가 배불러서 하나님을 (4   ), 여호와가 누구냐 할까 하오며, 혹 내가 가난하여 도둑질하고 내 하나님의 이름을 욕되게 할까 두려워함이니이다."(8-9절)

자녀를 위한 잠언이 빠지지 않습니다. "아비를 (5   )하며 어미 (6   )하기를 싫어하는 자의 눈은 골짜기의 까마귀에 쪼이고 독수리 새끼에게 먹히리라."(17절) 부모(권위자)를 통해 하나님 경외 신앙이 전수됩니다. 그러므로 하나님은 자녀에게 부모의 권위에 순종할 것을 반복해 명령합니다.

생각하기 아굴의 기도로 지금 즉시 기도합시다.

해답 1. 아굴, 2. 범죄, 3. 가난, 4. 모른다, 5. 조롱, 6. 순종

잠언 31장 · 왕을 훈계한 잠언

주요 구절: 31:10

1-9절은 (1) 왕이 어머니에게 들은 훈계를 모은 것입니다(1절). (1)의 정체를 알 수는 없습니다. 그러나 분명한 것은 이 잠언도 하나님의 교훈이라는 점입니다. 왕이 주의해야 할 세 가지가 있습니다. 첫째, 왕은 남자로서 여자와 바르게 관계해야 합니다(3절). 둘째, (2) 취하지 말아야 합니다(4-7절). 셋째, 가난하고 약한 자를 도와주어야 합니다(8-9절).

10-31절은 히브리어 알파벳 순서로 기록되었으며 내용은 '현숙한 여인'에 관한 것입니다. 이 현숙한 여인을 실제 여성보다는 '지혜'로 보는 것이 낫습니다. 히브리어 지혜(호크마)가 여성 명사이기 때문입니다. 잠언에서 음녀가 2장, 5장, 6장 7장에 등장하는데 이어지는 8장에서는 '지혜'가 등장합니다. 이처럼 잠언은 반복해서 '음란한 여자'(음녀)와 '지혜로운 여자'(지혜)를 비교합니다. 음녀는 아들을 어리석고 미련하고 게으른 자로 만들지만, 현숙한 여자는 지혜 그 자체이며 "그 값은 (3)보다 더"(10절) 비쌉니다.

그래서 13-27절에 나오는 현숙한 여인의 모습은 여성의 모습이기보다는 하나님을 경외하는 지혜로운 자의 아름다운 모습으로 보아야 합니다. '지혜는 이렇게 엄청난 일을 하게 한다'는 뜻입니다. 그러므로 "(내) 아들"은 음녀가 아니라, 현숙한 여인을 찾아야 함을 교훈합니다. '지혜'가 가정과 교회를 세웁니다.

생각하기 현숙한 여인과도 같은 지혜를 내려주시길 기도합시다.

해답 1. 르무엘, 2. 술, 3. 진주

전도서

전도서(傳道書)라는 제목은 1장 1절에 나오는 '전도자'라는 말에서 왔습니다. 전도자의 히브리어는 코헬렛(Qoheleth)인데 '무리가 모인 곳(카할)에서 지혜를 가르치는 자'라는 뜻입니다. 이것을 칠십인역(LXX)이 에클레시아스테스(Ecclesiastes)로 번역하였고 영어 성경도 이것을 따릅니다. 독일어 성경이나 네덜란드어 성경은 한글 성경처럼 설교자의 의미로 Prediger라 부릅니다.

전도서의 화자이자 저자는 전도자인데, 이는 솔로몬으로 볼 수 있습니다. 전도서도 잠언처럼 지혜자가 다음세대를 위해 삶의 지혜를 전달합니다. 전도서가 전하는 지혜를 간단히 말하면, '하나님 없는 삶은 헛되고 헛될 뿐이다'입니다(전 1:2). 인간 스스로 해결할 수 없는 문제들이 많습니다. 불의한 세상이나 모두가 경험하는 죽음이 그렇습니다. 그렇기 때문에 하나님 없는 삶은 헛되고 허무주의로 빠질 수밖에 없습니다. 이것은 인간중심, 이기주의가 팽배한 시대를 향해 던지는 돌직구입니다. 하나님 없는 삶은 헛될 뿐입니다. 반대로 하나님 안에서 하나님을 의지하면서 삶을 즐겁게 누릴 수 있습니다.

내용 구분

1:1-11	하나님 없는 삶의 헛되다
1:12-6:9	헛된 삶을 버리고 하나님의 선물을 즐겨야 한다
6:10-11:6	주어진 삶이 하나님의 선물로 알고 즐겨야 한다
11:7-12:7	하나님을 기억하며 선물로 받은 젊은 시절을 즐겨야 한다

전도서 1장 · 인생이 헛되다

주요 구절: 1:2

전도서의 핵심은 1장부터 나옵니다. "전도자가 이르되, (1)되고 (1)되며 (1)되고 (1)되니, 모든 것이 (1)되도다."(2절) 이 구절은 전도서의 마지막 부분에 다시 반복됩니다. "전도자가 이르되, (1)되고 (1)되도다. 모든 것이 (1)되도다."(전 12:8) 허무한 인간 삶을 표현한 것입니다. 수많은 문학가, 철학자, 예술가가 인간 존재와 삶이 무엇인지 고민하며 그 원리를 찾습니다. 하지만, 인생을 조금만 진지하게 살펴보아도 그 현실은 '(1)되다'는 결론에 이릅니다. 성경은 그것을 찾아보고 경험하지 않은 사람에게 정답을 알려줍니다. "해 아래에서 수고하는 모든 수고가 사람에게 무엇이 (2)한가?"(3절)

현대인은 많은 지식을 축척하기에 분주합니다. 아침에 일찍 일어나고 늦게 누우며 인터넷 가상세계를 누빕니다. 호기심으로 즐거움을 찾고 쾌락을 누립니다. 그러나 전도자는 외칩니다. "내가 다시 지혜를 알고자 하며, 미친 것들과 미련한 것들을 알고자 하여 마음을 썼으나 이것도 바람을 잡으려는 것인 줄을 깨달았도다. 지혜가 많으면 (3)도 많으니 지식을 더하는 자는 (4)을 더하느니라."(17-18절)

생각하기 인생이 헛되다면 성도는 어디에서 소망을 찾을까요?

해답 1. 헛, 2. 유익, 3. 번뇌, 4. 근심

전도서 2장 · 쾌락과 지혜, 수고가 헛되다

주요 구절: 2:11

인간이 만들어내는 웃음, 희락, 쾌락, 사업이 헛됩니다. "그 후에 내가 생각해 본즉 내 손으로 한 모든 (1)과, 내가 수고한 모든 것이 다 헛되어 바람을 잡는 것이며, 해 아래에서 (2)한 것이로다."(11절)

인간의 지혜로 모든 문제를 해결할 수 없습니다. 인간 지혜자도 죽음의 문제를 극복할 수 없습니다(15-16절). 더구나 인간은 미래에 대한 그 어떤 조치도 할 수 없습니다(18절). 인간의 수고는 기쁨이 아니라 슬픔을 낳으니 헛될 뿐입니다(18-23절). 오직 전능한 하나님의 다스림과 섭리만이 문제를 해결할 수 있습니다.

희망은 오직 하나님의 손에서 나옵니다. "사람이 (3)고 마시며 (4)하는 것보다 그의 마음을 더 기쁘게 하는 것은 없나니, 내가 이것도 본즉 하나님의 (5)에서 나오는 것이로다."(24절) 하나님만이 진정한 지혜와 지식과 희락을 줍니다(26절). 죄인, 악인이 그런 것을 누리는 것 같지만, 그것은 영원하지 않고 일시적입니다.

생각하기 내가 몰두하는 웃음, 쾌락은 어디에서 비롯된 것입니까?

해답 1. 일, 2. 무익, 3. 먹, 4. 수고, 5. 손

전도서 3장 · 다 때가 있나니

주요 구절: 3:11

사람은 앞으로 일어날 일을 궁금해 합니다. 일이 어떻게 될까 노심초사 걱정하며 대책을 세우고 애를 씁니다. 그러나 "범사에 (1)이 있고 천하만사가 다 때가"(1절) 있습니다. 전도자는 살면서 경험하게 되는 정반대 경우 열네 개를 나열합니다. "(2) 때가 있고 죽을 때가 있으며 … 전쟁할 때가 있고 (3)할 때가 있느니라."(2-8절) 일은 사람이 하지만 하나님의 통치 아래 있고 그 분의 계획을 따라 움직입니다. 사람은 그 일의 시종을 알 수 없습니다. "하나님이 모든 것을 지으시되 때를 따라 아름답게 하셨고 … 그러나 하나님이 하시는 일의 시종을 사람으로 (4)할 수 없게 하셨도다."(11절) 앞으로의 일을 알려주지 않는 것이 하나님의 뜻입니다.

오묘한 하나님의 섭리는 다 이유가 있습니다. "하나님께서 행하시는 모든 것은 영원히 있을 것이라. 그 위에 더 할 수도 없고 그것에서 덜 할 수도 없나니, 하나님이 이같이 행하심은 사람들이 그의 앞에서 (5)하게 하려 하심인 줄을 내가 알았도다."(14절) 성도는 미래를 알려고 점쟁이에게 찾아가지 말아야 합니다. 그저 맡겨진 일에 충성하는 것(22절)이 지혜롭습니다.

생각하기 인생에는 많은 때가 있습니다. 지금은 내게 어떤 때인가요?

해답 1. 기한, 2. 날, 3. 평화, 4. 측량, 5. 경외

전도서 4장 · 하나님 없는 삶은 헛되다

주요 구절: 4:1

학대는 사람의 마음에 슬픔과 눈물을 줍니다(1절). 만약 위로하는 자와 돕는 자가 나타나지 않으면, 그 삶은 처참하여 죽음보다 못할 것입니다. 수고와 재주를 부려도 이웃으로부터 칭찬은커녕 (1 　 　)를 받는 삶이 헛됩니다(4-6절). 자기만을 위해 일하는 이기주의적 삶은 헛됩니다. "(2 　) 사람이면 패하겠거니와 (3 　) 사람이면 맞설 수 있나니, (4 　) 겹 줄은 쉽게 끊어지지 아니하느니라."(12절) 그러나 죄인인 인간은 좀처럼 협동하지 않으려 하니 그것도 헛됩니다(7-12절).

성공한 인생도 하나님 밖에 있다면 헛될 뿐입니다. 경고를 듣지 않는 늙은 왕보다 가난하여도 (5 　 　)로운 젊은이가 낫습니다(13-14절). 왕을 대신해 일어난 젊은이라도 다음 세대로부터 칭찬받지 못하면 그 삶도 헛됩니다(13-16절).

생각하기 내 인생은 하나님이 함께하시는 인생입니까?

해답 1. 시기, 2. 한, 3. 두, 4. 세, 5. 지혜

전도서 5장 · 욕심 추구는 헛되다

주요 구절: 5:18

인간은 하나님 앞에 겸손해야 합니다. '하나님의 집'에 들어갈 때 "네 (1 　)을 삼"(1절)가야 합니다. 말과 행동을 주의해야 한다는 뜻입니다. 우매한 사람은 종교적으로 거룩한 말들을 쏟아냅니다. 행하지도 못할 서원을 내뱉습니다(2-7절). 그런 자들이 일시

적으로 칭찬과 칭송을 받겠지만, 하나님의 진노를 자처할 뿐입니다(6절). "(2)이 많으면 헛된 일들이 많아지고, (3)이 많아도 그러하니 오직 너는 하나님을 경외할 지니라."(7절)

사람은 돈과 풍요를 좋아합니다. 돈과 재물을 얻기 위해 그 누구보다 수고하지만 그것은 "바람을 잡는 수고"에 불과합니다(16절). "그가 모태에서 (4)벗고 나왔은즉 그가 나온 대로 돌아가고 수고하여 얻은 것은 (5)것도 자기 손에 가지고 가지 못하리니."(15절) 욕심 추구가 헛된 것임을 깨닫는 것이 지혜롭습니다.

전도자는 하나님이 주는 선물을 누리는 자가 복되다고 말합니다. "사람이 하나님께서 그에게 주신 바 그 일평생에 먹고 마시며 해 아래에서 하는 모든 수고 중에서 낙을 보는 것이 선하고 (6)을 내가 보았나니, 그것이 그의 몫이로다."(18절) 하나님이 준 몫에 만족하지 못하는 것이 욕심과 탐욕입니다. 그리고 그것이 인간의 헛된 모습입니다.

생각하기 하나님께서 주신 선물을 감사하며 만족하고 있습니까?

해답 1. 말, 2. 꿈 3. 말, 4. 벌거, 5. 아무, 6. 아름다움

전도서 6장 · 재물, 부요, 존귀가 헛되다

주요 구절: 6:12

어떤 사람은 자기가 원하는 부귀영화를 얻기도 합니다. 모든 사람이 부러워할 정도입니다. 그렇지만 하나님이 그것을 (1)도록 (2)하지 않으면 그것도 (3)될 뿐입니다(2절). "…하나님께서 그가 그것을 (1)도록 (2)하지 아니하셨으므로 다른 사람이 (1)나니, 이것도 (3)되어 악한 병이로다."(2절) 그가 100명의 아이를 낳고 2,000년을 산다고 할지라도 (3)됩니다(3, 6절). "(3)된 생명의 모든 날을 (4) 같이 보내는 일평생에 사람에게 무엇이 낙인지를 누가 알며…"(12절) 성도는 무엇을 좇아야 할까요?

생각하기 나도 세상 사람들처럼 헛된 부귀영화를 좇고 있지는 않나요?

해답 1. 누리, 2. 허락, 3. 헛, 4. 그림자

전도서 7장 · 죽음을 마음에 두고

주요 구절: 7:2

7장 1절부터 12장 14절까지는 짧은 잠언이 반복됩니다. 7장 1-14절은 인간이 결국 죽음으로 끝나게 된다는 진리 앞에 깨어 있을 것을 권합니다. 출생하는 날보다 (1 　 　 　)(1절), 잔칫집보다 초상집(2절), 웃음보다는 슬픔(3절), 혼인집보다 초상집(4절), 어리석은 자의 노래보다는 지혜자의 책망(5절), 일의 시작보다 일의 (2 　)(8절), 교만한 마음보다 참는 마음(8절)이 더 좋다고 합니다. 초상집에 가는 것이 나은 이유는 "모든 사람의 끝이 이와 같이 됨이라. 산 자는 이것을 그의 마음에"(2절) 둘 수 있기 때문입니다.

전도자는 하나님이 인간에게 미래를 알 수 없게 하였기에 어떻게 사는 것이 지혜로운지 가르칩니다. "형통한 날에는 기뻐하고 곤고한 날에는 (3 　 　)아 보아라. 이 두 가지를 하나님이 병행하게 하사 사람이 그의 장래 일을 능히 헤아려 알지 못하게 하셨느니라."(14절)

지나치게 '(4 　 　)과 지혜자가 되지 말라'는 말(16절)은 지나친 율법주의적 의와 교만하게 하는 지혜를 추구하지 말라는 뜻으로 이해할 수 있습니다. "선을 행하고 전혀 죄를 범하지 아니하는 (4 　 　)은 세상에 없기 때문이로다."(20절) 모든 사람은 죄인입니다. 전도자는 이렇게 정리합니다. "내가 깨달은 것은 오직 이것이라. 곧 하나님이 사람을 정직하게 지으셨으나 사람이 많은 (5 　)들을 낸 것이니라."(29절)

생각하기 죽음이 끝에 있다는 것을 인지하고 있나요?

해답 1. 죽는 날, 2. 끝, 3. 되돌, 4. 의인, 5. 꾀

전도서 8장 · 하나님 아래서 즐겨라

주요 구절: 8:15

8장은 왕에 대하는 자세(1-8절), 악인의 성공과 의인의 고통을 어떻게 이해해야 하는지(9-14절), 인간의 한계와 하나님의 무한한 주권에 대한 교훈(15절-9장 1절)입니다.

지혜자는 (1 　 　)에 광채가 납니다(1절). 그러나 어리석은 자는 자신의 입으로 우매함을 드러냅니다(전 10:3). 그리스도인의 모습은 머리를 꾸미고 금과 아름다운 옷을 입는 것으로 할 것이 아니라, 마음에 온유와 순종으로 단장해야 합니다(벧전 3:3-6). 이런 내적 보화가 바깥으로 표현되는 것은 아름답고 자연스럽습니다.

악인이 벌을 받기는커녕 오히려 장수하고 잘 되는 경우를 봅니다(12절). 악인이 받을 (2 　)을 의인이 받고, 의인이 받을 (3 　)을 악인이 받는 일도 있습니다(14절). 하나님의 섭리 가운데 일어나는 것이지만 인간이 그 모든 것을 이해할 수 없습니다(17절). 그렇지만 분명하게 악인은 장수하지 못하고, 성공하지 못하고, 의인이 상을 받게 될 것이라고 최종 선포합니다(12-14절). 그래서 하나님이 준 것으로 "먹고 마시고 즐거워하는 것"(15절)은 복입니다.

생각하기 이해할 수 없는 상황에서 나는 무엇을 먼저 생각합니까?

해답 1. 얼굴, 2. 벌, 3. 상

전도서 9장 · 모두 하나님의 손 안에

주요 구절: 9:1

전도자는 세상의 모든 일이 하나님의 손 안에 있음을 선포합니다(1절). 의인과 지혜자도 미래를 알지 못합니다. 미래에 대한 불안은 누구에게나 동일합니다. "…의인과 악인, (1 　)한 자와 깨끗한 자와 깨끗하지 아니한 자 … 일어나는 일들이 모두 (2 　)이니…"(2절)

인간은 누구든지 죽음 앞에 무릎을 꿇을 수밖에 없습니다. 전도자는 권면합니다. "너는 가서 기쁨으로 네 음식물을 먹고 즐거운 마음으로 네 (3)를 마실지어다. 이는 하나님이 네가 하는 일들을 벌써 기쁘게 받으셨음이니라."(7절) "네 헛된 평생의 모든 날, 곧 하나님이 해 아래에서 네게 주신 모든 헛된 날에 네가 사랑하는 (4)와 함께 즐겁게 살지어다. 그것이 네가 평생에 해 아래에서 수고하고 얻은 네 몫이니라."(9절) 하나님 아래서 받은 것들을 만족하며 누리는 것이 언약백성의 몫입니다.

인간에게는 그저 우연처럼 보이지만, 세상에 일어나는 모든 "(5)와 기회"(11절)는 하나님의 경영 속에 있는 것(전 3:1-15; 7:14)입니다.

한 사람의 지혜가 엄청난 힘을 발휘하기(13-15절)도 하지만, 곧 죄인 한 사람이 순식간에 무너뜨릴 정도로 선은 허무합니다(18절). 그러므로 인간의 지혜는 한계가 있고 헛됩니다. 잘난 척하지 맙시다.

생각하기 모두 하나님의 손 안에 있다는 말이 어떻게 다가옵니까?

해답 1. 산, 2. 일반, 3. 포도주, 4. 아내, 5. 시기

전도서 10장 · 지혜자와 우매자

주요 구절: 10:1

여러 단편 잠언들이 나열됩니다. 적은 우매가 지혜와 존귀를 난처하게 만듭니다(1절). 지혜자와 우매자의 여부는 마음의 생각이 어떠하냐에 달려 있습니다. 마음 오른쪽은 지혜, 마음 왼쪽은 우매입니다. 마음이 말과 행동으로 나타납니다(2-3절).

5-7절에 나오는 '재난'은 전쟁입니다. 백성의 신분이 뒤바뀔 정도로 무질서합니다. "우매한 자가 크게 높은 (1)들을 얻고 부자들이 낮은 (1)에 앉는도다. 또 내가 보았노니 (2)들은 말을 타고 (3)들은 (2)들처럼 땅에 걸어 다니는도다."(6-7절) 전쟁이나 약탈 같은 특수한 상황에서 이런 일들이 일어납니다. 지금 지위가 헛됨을 알려줍니다.

지혜자의 말은 은혜롭지만 어리석은 자의 말은 (4)를 삼킵니다(12절). 어리

석은 자는 말을 많이 하지만, 사실 앞일을 알 수 없으니 그 (5 　 　)는 자신을 피곤하게 할 뿐입니다(14-15절). (5 　 　)의 떡을 먹음이 헛됩니다(시 127:2).

생각하기 내 마음에는 지혜, 우매 중 어느 것이 있습니까?

해답 1. 지위, 2. 종, 3. 고관, 4. 자기, 5. 수고

전도서 11장 · 심판을 생각하라

주요 구절: 11:9

"너는 네 (1 　)을 물 위에 던져라. 여러 날 후에 (2 　 　) 찾으리라."(1절) 이 말의 의미를 정확히 알기는 까다롭습니다. "일곱에게나 (3 　 　)에게 나눠 줄지어다"(2절)라는 말이나 "이것이 잘 될는지, 저것이 잘 될는지, 혹 둘이 다 잘 될는지 알지 못함이니라"(6절)는 말을 염두에 둔다면 불확실한 미래로 인해 여기저기에 투자하는 것이 지혜롭다는 교훈일 것입니다.

청년의 시기는 인생의 긍정적 희망과 성취욕이 가장 왕성할 때입니다. 그러므로 전도자는 어디 한번 맘껏 즐겨보라고 권합니다. 그러나 곧바로 정신을 차릴 것을 말합니다. "…그러나 하나님이 이 모든 (4 　)로 말미암아 너를 (5 　 　)하실 줄 알라."(9절) 하나님의 (5 　 　)을 생각하라는 뜻입니다.

생각하기 나의 인생 계획 중에 하나님의 심판을 생각하고 있습니까?

해답 1. 떡, 2. 도로, 3. 여덟, 4. 일, 5. 심판

전도서 12장 · 창조주를 기억하라

주요 구절: 12:1

청년을 향한 전도자의 마지막 지혜의 말을 들어 보십시오. "너는 청년의 때에 너의 (1

(   )를 기억하라…"(1절) 전도자는 노인이 되어 죽게 될 날을 생각하라고 합니다. 전도서의 요약입니다. "전도자가 이르되, (2   ) 되고 (2   ) 되도다. 모든 것이 (2   ) 되도다."(8절)

9-14절은 마무리 내용입니다. 전도자는 깊이 (3   )하고 연구한 후에 이 잠언을 짓고 (4   )의 말씀을 썼다고 강조합니다(9-10절). 전도자의 지혜는 한 목자인 하나님이 준 것이라는 것을 분명히 합니다(11절).

전도자는 마지막 결론을 내립니다. "일의 (5   )을 다 들었으니, 하나님을 (6   )하고 그의 명령들을 지킬지어다. 이것이 모든 사람의 본분이니라."(13절) "일의 (5   )"이란 전도자가 교훈한 모든 것을 가리킵니다. 곧 인간의 유한함, 하나님 없는 삶의 허무함, 창조주 하나님의 말씀에 순종하는 것이 진리임을 말합니다.

전도서의 마지막 결론은 성경 전체의 교훈과 일치합니다. 인간은 불순종으로 인해 하나님과의 관계가 완전히 끊어져 하나님을 영화롭게 하지 않습니다. '하나님이 없다'고 말하는 단계에까지 이릅니다. 그러나 우리는 예수 그리스도 안에서 하나님과 다시 화목하게 되어 그 분을 사랑하고 두려워할 수 있게 되었습니다. 하나님의 말씀에 순종하는 것은 기쁩니다. 이 전도서의 말씀은 오늘 우리에게도 적확한 진리입니다.

생각하기 전도서가 말하는 참된 지혜란 무엇입니까?

해답 1. 창조주, 2. 헛, 3. 생각, 4. 진리, 5. 결국, 6. 경외

아가

‘아가’(雅歌)는 ‘우아한(雅) 노래(歌)’라는 뜻입니다. 아가의 히브리어 이름은 쉬르-하쉬림으로 ‘노래들 중의 노래’로, ‘가장 아름답고 숭고하고 우아한 노래’라는 뜻입니다. 독일어 성경과 네덜란드어 성경은 ‘고귀한 노래’(Hohe Lied/Hooglied)라고 번역했는데, 의미는 비슷합니다.

저자는 솔로몬으로 나오는데, 꼭 솔로몬 개인의 사랑 이야기로 읽을 필요는 없습니다. 오히려 하나님이 허락한 남녀의 아름다운 사랑 이야기로 읽어야 합니다. 남녀 간의 사랑은 아름답고 달콤하며 강렬합니다. 이 사랑은 특별히 혼인 관계에 허용됩니다. 부부간 성생활에 대한 표현들이 노골적입니다. 그런 표현 때문에 아가를 읽는 사람들은 쑥스러워합니다. 그러나 성경은 하나님이 허락한 관계 안에서 열렬히 사랑할 것을 분명하게 말합니다.

아가에 등장하는 남녀 간의 사랑은 예수 그리스도와 교회의 관계를 부부 관계로 묘사한 에베소서의 가르침과 연결됩니다(엡 5:31-32). 또 요한계시록도 그리스도를 신랑으로, 교회를 신부로 묘사합니다(계 19:7; 22:17). 강렬하고 순수한 사랑의 열정이 남녀를 묶듯, 그리스도와 교회도 사랑으로 하나 됩니다.

내용 구분

1:1-2:7	신랑과 신부의 만남
2:8-3:5	지치지 않고 사랑하는 부부
3:6-5:1	서로를 갈망하는 부부
5:2-6:3	위기를 극복하는 부부
6:4-8:4	서로를 칭찬하는 부부
8:5-14	절정과 에필로그

아가 1장 · 내 사랑하는 자야!

주요 구절: 1:15

첫 시작은 "솔로몬의 아가"(1절)입니다. 혼인을 약속한 남녀 연인이 서로 사랑을 고백하는 모습이 2장 7절까지 한 단락으로 묶입니다. 1장은 연인이 화답하는 사랑의 고백입니다. 친구들의 합창도 나옵니다.

2-7절은 신부의 사랑 고백입니다. 8-11절은 신랑의 사랑 고백입니다. 이 가운데 11절은 신부 친구들의 합창입니다. 12-14절은 다시 신부의 화답입니다. 15절은 신랑의 사랑 표현입니다. "내 (1 ＿＿)아, 너는 어여쁘고 어여쁘다. 네 눈이 (2 ＿＿＿) 같구나!" 16절은 신부의 화답입니다. "나의 (1 ＿＿)하는 자야 너는 어여쁘고 화창하다 우리의 (3 ＿＿)은 푸르고."(16절) (3 ＿＿)은 부부간의 사랑이 뜨겁고 아름다움을 보여줍니다. 16절부터 2장 7절까지는 다시 신부의 아름다운 사랑의 연가가 이어집니다. 중간에 신랑의 고백이 후렴처럼 삽입되기도 합니다(2:2).

4절 후반부 "…우리가 너를 따라 달려가리라. 우리가 너로 말미암아 기뻐하며 즐거워하니, 네 (1 ＿＿)이 (4 ＿＿＿)보다 더 진함이라. 처녀들이 너를 (1 ＿＿) 함이 마땅하니라"는 부분은 노래나 시의 후렴과 같습니다. 여기서 "우리"는 예루살렘의 딸, 곧 신부의 친구들이라고 보는 것이 좋겠습니다. 이들은 신부의 고백 가운데 합창으로 흥을 북돋웁니다.

생각하기 사랑하는 배우자에게 사랑의 노래를 불러본 적이 있나요?

해답 1. 사랑, 2. 비둘기, 3. 침상, 4. 포도주

아가 2장 · 그대는 아름다운 백합화

주요 구절: 2:10

신부는 자신을 지천에 깔려 있는 평범한 꽃(1절)에 비유하지만, 신랑은 신부를 "가시나무 가운데 (1 ＿＿＿)"(2절)라고 고백합니다. 신부는 신랑을 "수풀 가운데 사과

나무"로 표현합니다(3절). 사랑은 상대를 아름답게 보고 달콤하게 여기게 하는 마력이 있습니다.

5절에서 신부는 "너희는 건포도로 내 힘을 돕고 사과로 나를 시원하게 하라 내가 사랑하므로 (2)이 생겼음이라."고 합니다. (2)이 난 것을 상사병으로 이해할 수 있지만, 보다 분명하게는 부부의 뜨거운 사랑을 뜻합니다. 열렬히 사랑을 나누고 그로써 지쳤다는 것입니다. 이처럼 성경은 부부끼리 열렬히 사랑을 나눌 것을 노래합니다.

2장 8절부터 3장 5절은 두 번째 부분입니다. '신부의 노래(아 2:8-9) 〉 신랑의 노래(아 2:10-14) 〉 신부의 노래(아 2:15-3:5)' 순으로 이어집니다.

신부는 사랑하는 자의 목소리를 듣습니다. "내 사랑하는 자의 (3)로구나! 보라, 그가 산에서 달리고 작은 산을 (4) 넘어오는구나."(8절) 신랑이 헐떡이며 산을 넘지만 전혀 피곤해 보이지 않습니다. 신부의 집에 도착한 신랑은 노루와도 같고 어린 (5)과도 같습니다(9절). '노루'는 사랑의 상징이고 '어린 (5)'은 젊은 열정을 가리킵니다. 신부의 집에 도착한 신랑은 창살 틈으로 신부를 엿봅니다. 신부를 향한 열망을 느낄 수 있습니다.

10절부터는 신랑의 화답송입니다. 만물이 소생하는 봄은 두 사람의 관계를 보여줍니다. 땅에 (6)이 피고 새(비둘기)가 노래하며 무화과나무에는 푸른 열매가 익고, 포도나무는 (6)을 피워 향기를 내는 봄입니다(12-13절). 아름다운 분위기 가운데 신랑은 신부에게 이렇게 제안합니다. "나의 사랑, 나의 어여쁜 자야! 일어나서 함께 가자!"(10, 13절)

생각하기 피곤한 중에도 사랑 때문에 힘이 난 적이 있습니까?

해답 1. 백합화, 2. 병, 3. 목소리, 4. 빨리, 5. 사슴, 6. 꽃

아가 3장 · 솔로몬보다 멋진 당신

주요 구절: 3:11

2장 15절부터 시작된 신부의 노래가 3장 5절까지 이어집니다. 사랑을 방해하는 (1

)를 없애줄 것을 바랍니다(2:15). 포도원은 꽃이 피어 달콤한 사랑을 나누기에 좋은 장소입니다. 방해꾼은 환영받을 수 없습니다.

밤이 되자 신부는 신랑을 잃어버립니다. 밤에 신랑을 찾아 나서지만 만나지 못합니다. 마침내 신부가 신랑을 만납니다. 신부는 신랑의 손을 붙잡고 자기를 (2)한 어머니의 방으로 데리고 옵니다(4절). 안전하고 포근한 장소에서 나누는 열렬한 부부간의 사랑을 뜻합니다. 하나님은 이처럼 부부간에 뜨거운 사랑을 허락했습니다. 신부는 이런 강렬한 사랑을 함부로 (3) 말라고 부탁합니다(5절). 열렬한 사랑을 나눌 수 있는 때까지 기다려야 합니다.

6-11절은 (4) 왕의 혼인을 축하하는 노래입니다. (4)의 영광과 부요함을 노래합니다. (4)의 가마는 고급 레바논 나무로 만들었습니다. 기둥은 은, 바닥은 금, 자리는 자색 깔개로 만들어졌습니다(10절). 이 가마는 싸움에 능숙한 특수부대원 60명의 호위를 받습니다. 몰약과 유향과 상인의 여러 가지 향품으로 향기를 냅니다(6절). 그러나 이것을 진짜 (4)의 혼인 예식으로 보기보다는, 신랑과 신부의 혼인 예식으로 보는 것이 더 좋겠습니다. 부부가 혼인할 때 얼마나 설렙니까? 사랑의 눈으로 서로를 바라볼 때, (4) 부럽지 않습니다.

생각하기 "당신이 최고야!"라는 메시지를 전해봅시다.

해답 1. 여우, 2. 잉태, 3. 깨우지, 4. 솔로몬

아가 4장 · 뜨거운 사랑을 나누어요

주요 구절: 4:7

4장은 혼인 예식을 마친 부부의 열렬한 사랑을 아주 구체적으로, 아니 노골적이다시피 할 정도로 묘사합니다. "내 사랑, 너는 (1)고도 (1)다."(1절) 1-7절은 신랑의 신부의 아름다움에 대한 묘사입니다. '풍성한 머리털'(1절), '새하얀 치아'(2절), '붉은 뺨과 입술'(3절), '곧고 든든한 목'(4절), '아름답고 매력적인 유방'(5절) 등입니다. 신랑은 이 아름다운 신부와 사랑을 나누기를 열망합니다. "날이 저물고 그림자

가 사라지기 전에 내가 몰약 (2)과 유향의 작은 (2)으로 가리라."(6절)

8절부터는 신부를 부르는 신랑의 노래입니다. 열렬한 사랑에 대한 신랑의 갈망이 나옵니다. "내 누이, 내 신부는 잠근 (3)이요, 덮은 (4)이요, 봉한 (5)이로구나."(12절) "동산의 (5)이요, 생수의 (4)이요, 레바논에서부터 흐르는 시내"(15절)입니다. 이런 표현은 부부 사이의 친밀한 성적 관계를 묘사한 것입니다. 이처럼 하나님은 열렬한 사랑을 부부간에 허락하며, 열렬히 사랑을 나누는 부부를 기뻐합니다.

생각하기 혹시 열렬한 사랑을 일찍 깨우지는 않았습니까?

해답 1. 어여쁘, 2. 산, 3. 동산, 4. 우물, 5. 샘

아가 5장 · 너무나도 사랑하기에

주요 구절: 5:8

이제 앞장에서 나눈 부부의 사랑이 완성됩니다. "나의 (1)들아! 먹으라 나의 사랑하는 사람들아! 많이 마시라"(1절)는 합창입니다. 신랑과 신부의 사랑이 완성된 것을 보고 축하하며 기뻐합니다.

2절부터 새로운 단락이 시작됩니다. 신랑과 신부가 서로 사랑을 노래하는데, 이 역시 부부간의 성적 관계를 묘사합니다(2-5절). 서로 아름답게 사랑을 나누는데, 문제가 일어납니다. 신랑이 갑자기 떠나버린 겁니다. "내 사랑하는 자를 위하여 문을 열었으나 그는 벌써 (2)갔네! 그가 말할 때에 내 혼이 나갔구나! 내가 그를 찾아도 못 만났고, 불러도 (3)이 없었노라."(6절) 신부에게 크나큰 충격입니다. 결국 신부는 (4)이 나고 말았습니다(8절). 서로 열렬히 사랑하다가도 다툼이 생깁니다. 이것을 얼마나 원만히 잘 해결하느냐가 관건입니다.

9절은 신랑을 찾는 신부에게 아가씨들이 화답하는 내용입니다. "너의 사랑하는 자가 남의 사랑하는 자보다 (5) 것이 무엇이기에 이같이 우리에게 부탁하는가?"하며 신랑이 어떤 사람인지 묻습니다. 그러자 신부는 10절부터 16절까지 신랑을 자랑합니다

다. 머리털이 멋지고(11절), 눈은 아름답습니다(12절). 뺨과 입술은 탐스럽고(13절), 팔과 몸, 두 다리는 조각 작품 같습니다(14-15절). 입은 너무나도 달콤합니다(16절). 이렇게도 사랑하기에 두 사람은 다시 사랑할 수밖에 없습니다. 다툼이 생기더라도 하나님이 허락한 배우자인 것을 기억하고, 사랑스러운 모습에 주목해야 합니다.

생각하기 다툼이 생길 때 해결하는 방법이 있습니까?

해답 1. 친구, 2. 물러, 3. 응답, 4. 병, 5. 나은

아가 6장 · 너는 어여쁘고 곱구나

주요 구절: 6:4

아가 6장 1-3절은 5장 말미에 나온 신부의 신랑 자랑에 이어지는 내용입니다. "나는 내 (1 　 　)하는 자에게 속하였고, 내 (1 　 　)하는 자는 내게 속하였으며, 그가 백합화 가운데에서 그 양 떼를 먹이며, 백합화를 꺾는구나. 나는 내 (1 　 　)하는 자에게 속하였고 내 (1 　 　)하는 자는 내게 속하였으며…"(2-3절)

4-10절은 신랑의 신부에 대한 아름다움의 고백입니다. 신랑이 신부의 용모를 극찬합니다. "내 사랑아! 너는 디르사 같이 어여쁘고, 예루살렘 같이 곱고, (2 　 　)을 세운 군대같이 당당하구나."(4절) 신랑에게 사랑하는 사람은 오직 신부밖에 없습니다. "내 비둘기, 내 완전한 자는 (3 　 　)뿐이로구나…"(9절)

다시 신부의 반응이 11-12절에 나오고 13절부터 7장까지 신랑의 고백이 이어집니다. "골짜기의 푸른 초목을 보려고 포도나무가 순이 났는가, 석류나무가 꽃이 피었는가, 알려고 내가 (4 　 　) 동산으로 내려갔을 때에."(11절) 신부가 호두나무 동산으로 내려갔다고 하는데, 이는 신랑과 함께 열렬한 사랑을 나눈 것을 뜻합니다.

생각하기 배우자의 매력 3가지를 들어 칭찬해봅시다.

해답 1. 사랑, 2. 깃발, 3. 하나, 4. 호도

아가 7장 · 서로 사모하게 하소서

주요 구절: 7:10

신랑이 신부의 아름다움에 대해 최고의 칭찬을 아끼지 않습니다. 앞에서도 묘사된 적이 있지만(아 4:1-7), 여기에는 더 상세하게 묘사합니다. 예쁜 발과 둥근 넓적다리(1절), 포도주 잔 같은 배꼽과 백합화로 싸인 밀단 같은 배(2절), 사슴 같은 두 가슴(3절), 상아 망대 같은 목과 연못 같은 두 눈, 레바논 망대 같이 솟은 코(4절), 아름다운 머리털(5절), 종려나무 같은 키와 그 열매 같은 가슴(7절), 포도주 같이 달콤한 (1   )(9절)을 가졌습니다.

신랑은 아름다운 신부에게 홀딱 반해버립니다. "사랑아! 네가 어찌 그리 아름다운지, 어찌 그리 (2   )한지, (3   )게 하는구나."(6절) "어찌 그리 (2   )한지 (3   )게 하는구나"라는 말은 '남자가 여자에게서 바라는 것 가운데 정말 환상적 기쁨'을 의미합니다. "네 (1   )은 좋은 포도주 같을 것이니라."(9절) 감미로운 남녀 간의 입맞춤을 생각나게 합니다.

10절부터는 신랑의 칭찬을 들은 신부의 화답입니다. "나는 내 사랑하는 자에게 속하였도다 그가 나를 (4   )하는구나."(10절) 신랑은 신부를 (4   )하고, 신부는 스스로 신랑에게 다가옵니다. 죄로 인해 깨어진 부부 관계가 하나님의 은혜로 다시 회복될 수 있습니다.

생각하기 서로 사모하도록 은혜를 주신 하나님께 감사합시다.

해답 1. 입, 2. 화창, 3. 즐겁, 4. 사모

아가 8장 · 죽음보다 강한 사랑

주요 구절: 8:6

신부의 적극적 화답이 이어집니다. 공개적으로 사랑을 나눌 수 없으니 차라리 "내 어

머니의 젖을 먹은 (1 　　　)"라면 좋은 텐데 라는 마음을 표현합니다(1절). 당시에는 남매간에는 입맞춤이 허락되지만 남녀 사이에는 허용되지 않았습니다(창 29:11).

5절은 합창이며, 이어 신랑의 노래가 나옵니다. "너로 말미암아 네 어머니가 고생한 곳, 너를 낳은 자가 애쓴 그 곳 사과나무 아래에서 내가 너를 깨웠노라 … 사랑은 (2 　　) 같이 강하고, 질투는 (3 　　) 같이 잔인하며, (4 　　) 같이 일어나니, 그 기세가 여호와의 불과 같으니라. 많은 물도 이 사랑을 끄지 못하겠고 홍수라도 삼키지 못하나니…"(5-7절) 이처럼 사랑은 그 무엇보다 강합니다. 따라서 하나님이 허락한 관계 안에서 열렬히 사랑하되, 책임질 수 있을 때까지 함부로 깨워서는 안 됩니다.

8-9절은 합창이고, 10-12절은 신부의 독창, 13절은 신랑의 화답, 14절은 마무리입니다. "내 사랑하는 자야 너는 빨리 달리라. 향기로운 산 위에 있는 노루와도 같고 어린 (5 　　)과도 같아라."(14절)

이렇게 아가가 끝납니다. 하나님이 허용한 부부 관계 안에서 아름답고도 열렬한 사랑을 나눌 수 있습니다. 한편 아가가 노래하는 부부 관계는 하나님과 하나님 백성의 관계, 또는 예수 그리스도와 교회의 관계를 보여줍니다. 그리스도가 교회를 위해 헌신하며, 교회는 그 헌신에 찬송과 헌신으로 응답하는 것이 마땅합니다.

생각하기 하나님이 허락한 사랑을 잘 누리고 있습니까?

해답 1. 오라비, 2. 죽음, 3. 스올, 4. 불길, 5. 사슴

선지서

easy 성경 통독

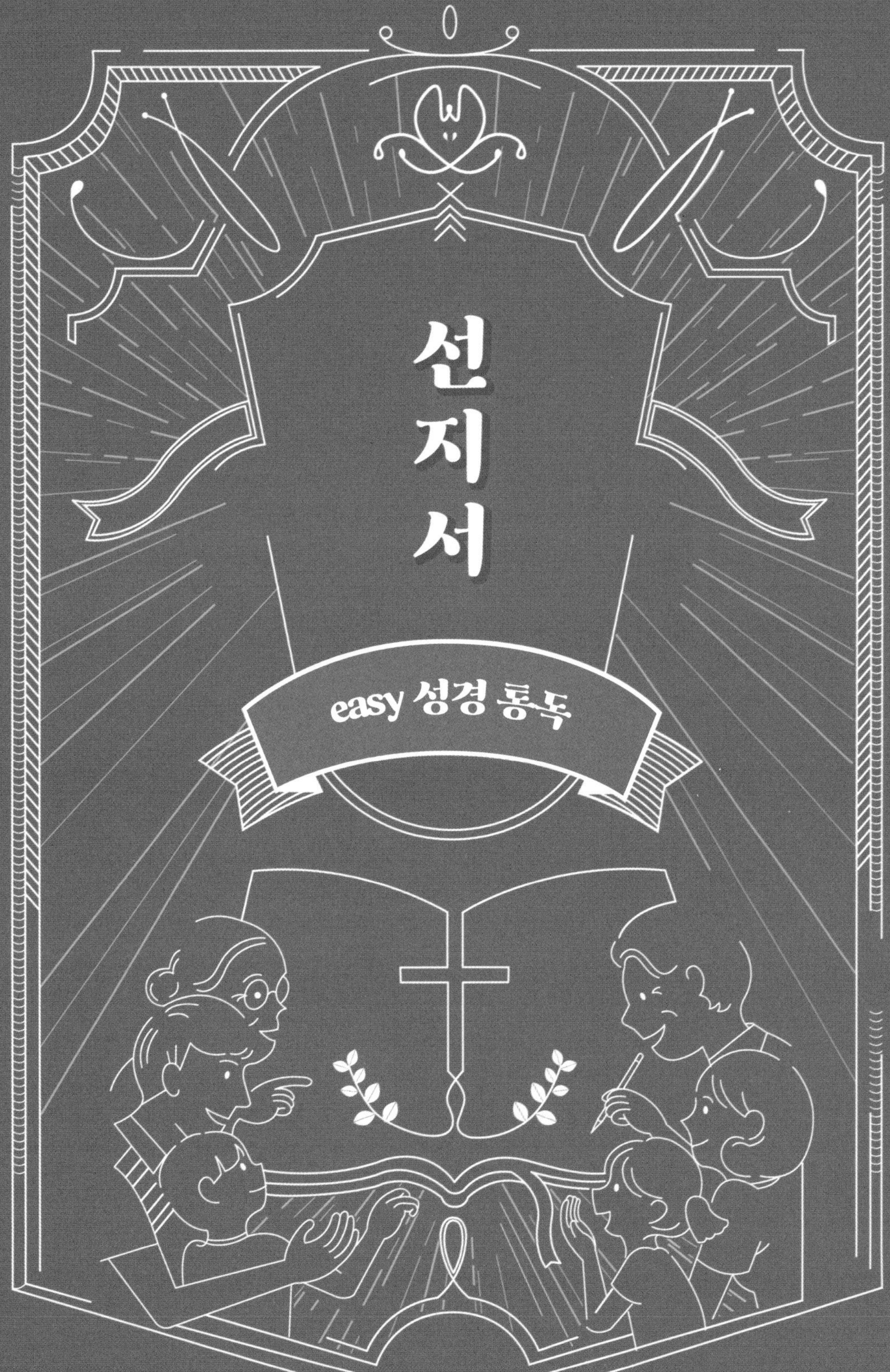

선지서

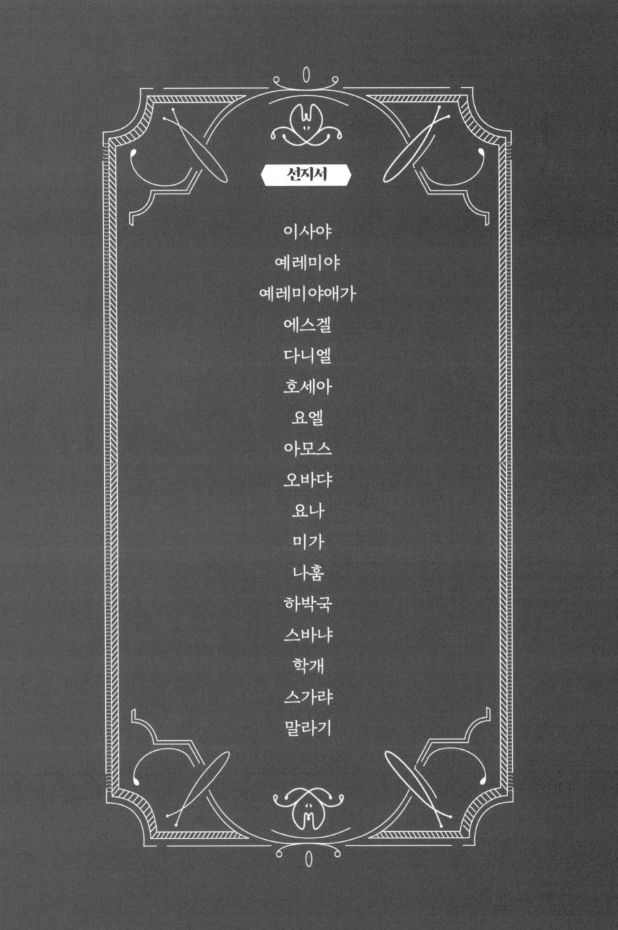

이사야
예레미야
예레미야애가
에스겔
다니엘
호세아
요엘
아모스
오바댜
요나
미가
나훔
하박국
스바냐
학개
스가랴
말라기

이사야

'이사야'(Isaiah)는 남 유다에서 활동한 선지자입니다(사 1:1). 이사야서(書)에 이어 예레미야, 에스겔, 요엘, 아모스 등 선지서가 계속 나오는데 분량이나 내용 면에서 이사야는 특출합니다. 이사야의 뜻은 '주께서 구원하시다'인데 이사야서 내용을 잘 표현합니다. 이사야는 북 이스라엘의 아모스와 호세아, 그리고 남 유다의 미가와 동시대 인물입니다.

이사야서는 총 66장인데 내용의 성격상 1-39장과 40-66장으로 구분됩니다. 신기하게도 구약성경과 신약성경이 39권 27권으로 나뉘는 것과 비슷합니다. 이사야 1-39장은 대부분 이사야가 살아 있던 역사적 상황에서 기록한 것(주전 740년경부터) 입니다. 40-66장은 노년기(주전 681년까지 생존 추측)에 기록했을 것으로 보는데, 바빌론 포로와 귀환에 관한 메시지입니다.

이사야의 중심 주제는 '이스라엘의 죄와 벌', 그리고 '하나님의 구원'이며, 특별히 그 어느 선지서보다 메시아 예언이 풍성합니다: '임마누엘'(사 7:14), '영원히 다스릴 아이'(사 9:6-7), '다윗 왕위의 소망'(사 11:1), '여호와의 영광'(사 40:5), '고난 받는 여호와의 종'(사 42:1-9, 49:1-6, 50:4-9, 52:13-53:12), '기름 부음 받은 복음 전파자'(사 61:1-3), '악을 이긴 승리자'(사 63:1-6) 등

내용 구분

1-39장	심판과 구원의 예언
40-66장	포로 귀환과 온전한 회복 예언

이사야 1장 · 유다의 죄와 그 실상

주요 구절: 1:1

이사야는 남 유다(예루살렘)에 대하여 예언한 선지자입니다(1절). 하나님과 유다는 부자 관계로 비유됩니다. "내가 (1   )을 양육하였거늘."(2절) 그런데 (1   )이 아버지를 거역합니다. 자녀의 죄가 얼마나 심각한지 짐승인 소와 나귀보다 못합니다(3절). 예루살렘의 죄가 얼마나 심각한지 (2   )과 고모라 성에 비유됩니다(9절).

유다 백성은 성전 제사(예배)를 정기적으로 드렸기 때문에 할 일을 다 했다고 생각합니다. 그러나 제사를 명령한 하나님의 생각은 다릅니다. "너희의 무수한 (3   )이 내게 무엇이 유익하뇨? 나는 숫양의 번제와 살진 짐승의 기름에 배불렀고, 나는 수송아지나 어린 양이나 숫염소의 피를 기뻐하지 아니하노라."(11절) 그들이 아무리 많이 (4   )해도 소용없습니다(15절). 왜 그럴까요? 그들의 종교 행위와 실제 삶이 일치하지 않기 때문입니다. 그들은 악한 행동을 회개하고 돌이켜 "선행을 배우며 (5   )를 구하며 학대 받는 자를 도와주며, 고아를 위하여 신원하며 과부를 위하여 변호"(17절)해야 합니다.

거룩한 예루살렘에 "창기"와 "살인자"(21절)가 가득합니다. 언약백성이 하나님에게 지조를 지키지 않고 이방신을 섬긴 것을 "창기"의 간음으로 표현합니다. 또 고관들이 약자를 학대한 것은 살인과 같습니다. 하나님이 이들을 원수처럼 여겨 "보응"하고 "보복"합니다(24절).

악한 유다 백성을 하나님이 부릅니다. "오라! 우리가 서로 변론하자. 너희의 죄가 주홍 같을지라도 눈과 같이 (6)어질 것이요, 진홍 같이 붉을지라도 양털 같이 (6)게 되리라."(18절) 하나님은 용서와 구원을 좋아하는 분입니다. 자기 백성이 회개하면 용서할 것입니다. 희망이 있습니다. 그러나 회개 요청을 거절하면 심판이 있을 뿐입니다.

생각하기 하나님의 회개 요청에 나는 어떻게 반응하겠습니까?

해답 1. 자식, 2. 소돔, 3. 제물, 4. 기도, 5. 정의, 6. 희

이사야 2장 · 여호와의 심판

주요 구절: 2:3

이사야는 "말일"(2절)에 대해 예언합니다. 2-4절은 미가 4장 1-3절에도 나옵니다. "말일에 여호와의 전의 산이 모든 산 (1 ______)에 굳게 설 것이요 … 오라! 우리가 여호와의 산에 오르며 야곱의 하나님의 전에 이르자. 그가 그의 (2 ___)을 우리에게 가르치실 것이라. 우리가 그 (2 ___)로 행하리라, 하리니, 이는 율법이 시온에서부터 나올 것이요, 여호와의 말씀이 예루살렘으로부터 나올 것임이니라."(2-4절) 하나님은 모든 "열방 사이에 판단하시며 많은 백성을 판결"(4절)할 것입니다. 이것은 메시아 예언입니다. 메시아가 건설할 나라는 창과 칼이 필요 없고 평화가 가득할 것입니다(4절).

그러나 이사야 당시 남 유다의 모습은 메시아가 이룰 평화의 때와 너무 다릅니다. 경제력(은금+보화)과 군사력(마필+병거)은 대단하지만, 동시에 스스로 만든 우상도 가득합니다(8절). 우상숭배는 하나님보다 더 소중하고 귀하게 여기며 추구하는 것을 말합니다. 이사야는 그런 유다 백성에게 "(3 ______)의 날"(12절)을 경고합니다. 경고의 "그 날"(17절)은 '심판의 날'입니다. 인간이 만든 것은 하나님 앞에 허무하고 헛될 뿐입니다. "너희는 (4 ____)을 의지하지 말라. 그의 호흡은 코에 있나니 셈할 가치가 어디 있느냐?"(22절)

생각하기 내가 가진 번영이 하나님 앞에 헛되다는 것을 믿습니까?

해답 1. 꼭대기, 2. 길, 3. 여호와, 4. 인생

이사야 3장 · 예루살렘에 임할 심판

주요 구절: 3:8

하나님의 심판이 임할 것입니다. 왜냐하면 "그들의 (1 ____)와 (2 ____)"가 여호와를 거역하였기 때문입니다(8절). 하나님은 그들이 의뢰하며 의지하는 모든 것(양식, 물, 용사, 전사, 재판관, 선지자, 복술자, 장로 등)을 없애버릴 것입니다(1절). 그들의 죄가

얼굴에 드러날 정도로 분명해서, (3 　 　)처럼 화와 재앙을 맞게 될 것입니다(9절).

남 유다의 위정자들이 백성을 범죄로 이끕니다. "내 백성을 학대하는 자는 (4 　 　)요, 다스리는 자는 (5 　 　)들이라. 내 백성이여, 네 인도자들이 너를 유혹하여 네가 다닐 길을 어지럽히느니라."(12절) 예루살렘의 (5 　 　)들이 발목 고리와 머리의 망사, 반달 장식과 귀 고리, 팔목 고리와 얼굴 가리개, 화관, 발목 사슬, 띠 등(18-24절)으로 치장하는데, 그들의 사치스러움과 우상숭배하는 모습을 드러냅니다. 이스라엘 백성의 총체적 타락입니다. 하나님은 이 모든 것을 없애버리겠다고 말씀합니다(24절). 그들이 믿던 남자, 장정과 용사가 모두 전쟁에서 죽게 되면서 (5 　 　)와 (4 　 　)들은 슬픔의 눈물을 흘리게 될 것입니다.

생각하기 사치스러움에 빠져 하나님의 심판을 잊어버리지 않았습니까?

해답 1. 언약, 2. 행위, 3. 소돔, 4. 아이, 5. 여자

이사야 4장 · 언약백성의 구원

주요 구절: 4:2

4장 1절은 앞선 3장과 연결됩니다. 사치를 추구하던 여인들은 비참한 처지에 이를 것입니다(1절). 남자들이 전쟁에서 죽었기 때문입니다. 겨우 살아남은 한 남자에게 여인들이 매달리게 될 것입니다. 하나님의 심판입니다.

심판이 절망스럽지만 그래도 희망이 있습니다. "그 날에 여호와의 (1 　)이 아름답고 영화로울 것이요 … 시온에 남아 있는 자 … 거룩하다 칭함을 얻으리니 … 시온의 딸들의 (2 　 　 　)을 씻기시며 예루살렘의 (3 　)를 그 중에서 청결하게 하실 때가 됨이라."(2-4절) 언약의 하나님이 언약백성을 다시 회복시킬 것입니다. 여기서 "여호와의 (1 　)"(2절)은 메시아입니다. 메시아가 오시면 하나님의 백성을 씻기고 청결하게 할 것입니다.

백성이 살 장소인 '예루살렘'과 '시온'을 하나님이 보호하고 지킬 것을 천명합니다. "여호와께서 거하시는 온 (4 　 　) 산과 모든 (5 　 　) 위에 낮이면 구름과 연기, 밤

이면 화염의 빛을 만드시고 그 모든 영광 위에 덮개를 두시며, 또 초막이 있어서 낮에는 더위를 피하는 (6) 을 지으며 또 풍우를 피하여 숨는 곳이 되리라."(5-6절)

생각하기 다시 회복시키는 메시아의 사역을 깊이 묵상해봅시다.

해답 1. 싹, 2. 더러움, 3. 피, 4. 시온, 5. 집회, 6. 그늘

이사야 5장 · 농부와 포도나무

주요 구절: 5:24

'하나님과 이스라엘'의 관계는 포도원의 '농부와 포도나무'입니다. (1) 포도나무를 심은 하나님은 (1) 포도를 바라지만, (2)포도를 맺으니 실망합니다(1-2절). (2)포도는 '악취가 나는' 혹은 '신' 포도를 의미하는데, 남 유다의 상태를 표현한 것입니다. 그들은 악기를 동원해 잔치하는 데는 열심이지만, "여호와께서 행하시는 (3)"에는 관심이 없습니다(12절). 포도원 주인은 결국 그 포도원을 갈아엎을 것입니다. 8-30절은 (2)포도의 모습이 어떠한지, 그리고 그에 대한 주인의 심판이 어떠한지 기록합니다.

유다 백성은 도가 지나칩니다. 그들은 이렇게 말합니다. "그는 자기의 일을 속속히 이루어 우리에게 보게 할 것이며, 이스라엘의 거룩한 이는 자기의 (4)을 속히 이루어 우리가 알게 할 것이라."(19절) 겁 없이 하나님께 '자기를 벌하라'고 도전하는 것입니다. 교만하기 짝이 없습니다. 왜 이리 방자할까요? "그들이 만군의 여호와의 (5)을 버리며 이스라엘의 거룩하신 이의 말씀을 멸시하였음이라."(24절) 우리도 하나님의 말씀을 버리면 망합니다.

이제 하나님의 심판은 불가피합니다. "또 그가 기치를 세우시고 (6)들을 불러 땅 끝에서부터 자기에게로 오게 하실 것이라. 보라! 그들이 빨리 달려올 것이로되 … 그 날에 그들이 바다 물결 소리 같이 백성을 향하여 부르짖으리니, 사람이 그 땅을 바라보면 흑암과 고난이 있고, 빛은 구름에 가려서 어두우리라."(26-30절) "기치"는 신호를 주는 깃대를 의미하며, "(6)들"은 아시리아와 바빌론을 의미합니다. 하나님은 이방 나라를 도구로 삼아 언약백성을 심판할 것입니다.

생각하기 나는 심판과 구원을 선포하는 말씀에 어떻게 반응합니까?

해답 1. 극상품, 2. 들, 3. 일, 4. 계획, 5. 율법, 6. 먼 나라

이사야 6장 · 부름 받은 이사야

주요 구절: 6:8

장면이 전환됩니다. 이사야는 웃시야 왕이 죽던 해(1절)에 하나님의 부르심을 받아 선지자가 됩니다. 하나님의 영광 앞에 천사도 날개로 자신의 얼굴과 발을 가립니다. 천사의 외침을 들어보십시오. "(1) 하다! (1) 하다! (1) 하다! (2) 의 여호와여! 그의 영광이 온 땅에 충만하도다."(3절) 하나님의 영광을 마주한(coram Deo) 이사야는 이렇게 고백합니다. "화로다! 나여, (3) 하게 되었도다! 나는 입술이 부정한 사람이요, 나는 입술이 부정한 백성 중에 거주하면서 (2) 의 여호와이신 (4) 을 뵈었음이로다."(5절) 이사야의 더러운 죄는 하나님의 은혜로 깨끗해집니다. 새롭게 태어난 이사야는 하나님의 부르심에 응답합니다. "내가 여기 있나이다. 나를 (5) 소서."(8절)

이사야는 하나님의 백성에게 심판을 예언해야 합니다. 그러나 백성은 들어도 깨닫지 못하고 보아도 알지 못할 것입니다(9절). 악한 그들은 땅이 황폐하고 포로로 잡혀갈 때까지 듣지 않을 것입니다(10-12절). 이사야는 선지자로 부름 받았으나 사역이 쉽지 않을 것입니다. 하나님이 "이 땅의 그루터기"와 "거룩한 씨"를 남겨 후에 언약백성을 구원할 것입니다(13절).

생각하기 나도 이사야처럼 "나를 보내소서"하며 순종하겠습니까?

해답 1. 거룩, 2. 만군, 3. 망, 4. 왕, 5. 보내

이사야 7장 · 아하스의 불신과 임마누엘

주요 구절: 7:14

아하스 왕이 어려움에 처합니다. 북쪽에서 아람 왕 르신과 북 이스라엘 왕 베가가 연합해 쳐들어 왔기 때문입니다(주전 735년). "왕의 (1)과 그의 백성의 (1)이 숲이 바람에 흔들림 같이 흔들렸더라."(2절) 그러나 하나님은 아하스 왕에게 두려워하지 말라고 합니다. 오히려 그들이 '하나님을 (2) 믿지 아니하면 (2) 서지 못할 것'(9절)이라 말씀합니다.

하나님이 아하스에게 "한 징조"를 줍니다(10-11절). 12절에 나오는 아하스의 말은 경건해 보이지만 사실은 무관심의 표현입니다. 그런 아하스의 태도와 상관없이 하나님이 징조를 선포합니다. "보라! (3)가 잉태하여 (4)을 낳을 것이요, 그의 이름을 임마누엘이라 하리라."(14절) 이 아이가 "악을 버리며 선을 택할 줄 알기 전"(16절), 약 13세가 되기 전(주전 722년)에 아람과 북 이스라엘은 아시리아에게 무참히 짓밟힐 것입니다(16절). 그런데 그 아시리아가 유다까지도 침공할 것입니다(18-19절). 불신하는 남 유다에 심판이 이를 것입니다. 백성은 털이 깎이는 수치를 당할 것이고, 남 유다 땅은 황폐해질 것입니다(20-25절). 아하스와 백성이 하나님을 (2) 믿지 않기에 엄청난 심판을 당할 것입니다. 임마누엘 징조는 하나님의 심판을 뜻합니다.

한편 임마누엘 예언은 예수 그리스도의 동정녀 탄생을 예비합니다(마 1:23). 임마누엘의 뜻이 '하나님이 우리와 함께 하신다'인데 이것 역시 예수 그리스도 안에서 완전히 성취됩니다. 예수 그리스도를 믿지 않을 때 심판이 임합니다. 그러나 그를 (2) 믿을 때 구원받습니다.

생각하기 나는 하나님을 어떻게 믿고 있습니까?

해답 1. 마음, 2. 굳게, 3. 처녀, 4. 아들

이사야 8장 · 임마누엘의 하나님

주요 구절: 8:10

8장에서 이사야는 자신을 1인칭("내게")으로 표현합니다. 이사야는 "큰 서판"(1절)에 (1)(1, 3절)라 쓰고 아들을 낳아 그 이름으로 불러야 합니다. 그 뜻은 '약탈에 날래고 포획에 신속하다'입니다. 아람과 북 이스라엘의 멸망이 신속하다는 뜻입니다(4절). "큰 서판"은 일종의 큰 벽보입니다. 불신 백성을 향해 하나님의 뜻을 공개적으로 선포한 것입니다.

북 이스라엘이 하나님이 준 "천천히 흐르는 실로아 물"을 버리고 르신과 르말리야의 아들(베가)을 기뻐합니다. 그러나 하나님이 "흉용하고 창일한 큰 (2)", 곧 아시리아를 보내어 멸망시킵니다. 동시에 이 (2)가 유다까지 덮칠 것입니다(6-8절). 하나님을 불신하는 자들에게 임할 심판입니다.

하지만, 유다는 완전히 없어지지는 않을 것입니다. 왜냐하면 "하나님이 (3)와 함께 계"시기 때문입니다(10절). 임마누엘! 언약백성은 사람이 아니라 하나님을 두려워해야 합니다(12-13절). 가까운 앞날을 알기 위해 찾는 신접한 자와 마술사의 주절거리며 속살거림에 일희일비하지 말아야 합니다. 오직 하나님의 율법과 말씀을 따라야 합니다(19-20절).

생각하기 임마누엘의 하나님을 깊이 묵상해봅시다.

해답 1. 마헬살랄하스바스, 2. 하수, 3. 우리

아람과 이스라엘의 유다 침공 지도

이사야 9장 · 메시아 예언과 확실한 심판

주요 구절: 9:6

9장부터 어두웠던 분위기가 사라지고 밝아집니다. 메시아의 빛이 환하게 빛납니다. "여호와께서 스불론 땅과 납달리 땅에 멸시를 당하게 하셨더니, 후에는 해변 길과 요단 저쪽 이방의 갈릴리를 영화롭게 하였느니라. (1   )에 행하던 백성이 (2   )을 보고 사망의 그늘진 땅에 거주하던 자에게 빛이 비치도다."(1-2절) 이 말씀은 예수 그리스도의 사역으로 성취됩니다(마 4:13-16).

"만군의 여호와의 (3   )"(7절)이 한 아이를 예비합니다. 그 아이의 "어깨에는 정사를 메었고 그의 이름은 (4)라, 모사라, 전능하신 하나님이라, 영존하시는 아버지라, (5)의 왕이라 할 것임이라. 그 정사와 (5)의 더함이 무궁하며 또 다윗의 왕좌와 그의 나라에 군림하여 그 나라를 굳게 세우고 지금 이후로 영원히 정의와 공의로 그것을 보존하실 것이라."(6-7절) 이 말씀은 예수 그리스도를 통해 정확하게 이루어집니다. "정사"(政事)는 '정치와 통치 행위'를 뜻합니다. (4)와 모사를 합쳐서 '기묘한 모사'로 번역할 수 있는데, '놀라운 상담자'(a wonderful counsellor)라는 뜻입니다. 메시아의 놀라운 능력을 보여줍니다.

9장 8절부터 10장 4절까지는 "에브라임과 사마리아 주민"(9절) 곧 북 이스라엘에 임할 심판 예언입니다. 그들은 지도자에서부터 백성까지 총체적으로 타락했습니다. 그러나 북 이스라엘은 하나님의 심판을 코앞에 두고도 회개하지 않습니다. 오히려 하나님의 심판을 비웃습니다. "벽돌이 무너졌으나, 우리는 다듬은 돌로 쌓고 뽕나무들이 찍혔으나 우리는 백향목으로 그것을 대신하리라."(10절) 교만의 극치입니다. 그러나 반복되는 "그의 (6)이 여전히 펴져 있으리라"(12, 17, 21절, 사 10:4)는 말씀이 뜻하듯 하나님의 심판은 완전히 임할 것입니다.

생각하기 흑암에서 빛으로 인도하는 메시아는 내게 어떤 분입니까?

해답 1. 흑암, 2. 큰빛, 3. 열심, 4. 기묘자, 5. 평강, 6. 손

이사야 10장 · 구원받는 남은 자

주요 구절: 10:12

북 이스라엘이 하나님께 심판받을 것입니다(1-4절). 심판의 도구는 세계 최강국 아시리아입니다. 하지만 아시리아에게도 하나님의 심판이 임합니다. "그는 내 (1)의 막대기요, 그 손의 몽둥이는 내 분노라."(5절) 하나님은 아시리아 왕의 완악한 (2)의 열매와 높은 눈의 자랑을 벌할 것입니다(12절). 아시리아는 전쟁의 승리로 자만에 빠집니다. 그것이 하나님의 섭리인 것도 모른 채 말입니다. "도끼가 어찌 찍는 자에게 스스로 자랑하겠으며, 톱이 어찌 켜는 자에게 스스로 큰 체하겠느냐? 이는 막대기

가 자기를 드는 자를 (3 　 　)이려 하며 몽둥이가 나무 아닌 사람을 (4 　)려 함과 같음이로다."(15절) 아시리아는 온 세상을 다스리는 하나님의 도구에 불과합니다.

멸망하는 아시리아와 달리 언약백성은 구원을 받습니다. "그 날"이 이르면 하나님의 구원이 "남은 자"에게 있을 것입니다(20-23절). 남은 자는 이스라엘의 거룩한 여호와를 진실하게 (5 　 　)할 것입니다(20절). 바다의 모래같이 많은 사람이 있지만, 남은 자만 돌아올 것입니다. 그러나 하나님의 "작정된 파멸"(23절)은 중단되지 않을 것입니다.

아시리아가 남 유다를 침공할 것이지만, 두려워하지 말 것은 하나님이 그들을 다 베어 버릴 것이기 때문입니다. "그 (6 　 　)를 꺾으시리니, 그 장대한 자가 찍힐 것이요, 그 높은 자가 낮아질 것이며, 쇠로 그 빽빽한 숲을 베시리니."(33-34절) 이것은 이후 히스기야 시대에 일어날 아시리아의 패배에서 성취됩니다.

생각하기 하나님의 구원 약속이 두려움을 이기게 합니까?

해답 1. 진노, 2. 마음, 3. 몽치, 4. 들, 5. 의지, 6. 가지

이사야 11장 · 메시아와 평화의 나라

주요 구절: 11:1

아시리아는 심판받아 황폐해진 숲과 같습니다. 유다 역시 잘려진 나무 같은데 그들에게는 희망의 메시지가 선포됩니다. "이새의 줄기에서 한 (1 　)이 나며 그 뿌리에서 한 (2 　 　)가 나서 결실할 것이요."(1절) 이것은 단순히 유다와 예루살렘만이 아니라, 메시아를 통해 임할 하나님 나라의 모습입니다. "그 때에 이리가 어린 (3 　)과 함께 살며 표범이 어린 염소와 함께 누우며, 송아지와 어린 사자와 살진 짐승이 함께 있어 어린 아이에게 끌리며 … 젖 먹는 아이가 독사의 구멍에서 장난하며, 젖 뗀 어린 아이가 독사의 굴에 손을 넣을 것이라."(6-8절) 단순히 동물과 인간 사이에 적의가 사라지는 것을 뜻할 수 있지만, 아시리아나 바벨론과 같은 대적의 공격이 없는 평화의 나라가 임하게 될 것임을 표현한 것으로 볼 수 있습니다(계 21:1-7; 22:1-5). 그 날에는 "물이 (4 　 　)를 덮음 같이 여호와를 아는 (5 　 　)이 세상에 충만할 것"(9절)입니다.

메시아의 나라는 유다만을 위한 것이 아닙니다. "그 날에 이새의 뿌리에서 한 (1)이 나서 (6)의 기치로 설 것이요, (6)이 그에게로 (7)오리니 그가 거한 곳이 영화로우리라."(11절) "(6)이 그에게로 (7)오리니"에서 수많은 이방 백성이 하나님에게 (7)올 것을 예언합니다. 바울은 이 부분을 인용하면서 이스라엘과 이방인이 하나 되어 하나님을 찬양하는 것을 기대합니다(롬 15:12).

생각하기 평화의 나라가 속히 임하길 기도합시다.

해답 1. 싹, 2. 가지, 3. 양, 4. 바다, 5. 지식, 6. 만민, 7. 돌아

이사야 12장 · 구원과 기쁨의 노래

주요 구절: 12:2

12장은 감사의 시(詩)입니다. 구원과 기쁨에 대한 노래입니다. 1-3절과 4-6절로 묶어 읽는 것이 좋습니다. "보라! 하나님은 나의 구원이시라. 내가 (1)하고 (2)이 없으리니, 주 여호와는 나의 (3)이시며 나의 노래시며 나의 구원이심이라. 그러므로 너희가 기쁨으로 구원의 우물들에서 물을 길으리로다."(2-3절) 죄와 허물 때문에 심판 아래 있던 백성이 하나님의 구원으로 인해 얻게 된 큰 기쁨을 노래합니다.

죄로 죽었다가 다시 산 사람이라면 이 찬송이 자신의 고백으로 와 닿을 것입니다. "여호와를 찬송할 것은 극히 (4) 일을 하셨음이니, 이를 (5) 땅에 알게 할지어다."(5절) 이사야는 찬양으로 하나님께 감사하며, 한편으로 하나님의 (4) 일을 선포합니다. 구원에 대한 감사 찬송이 가장 좋은 간증이요 전도입니다.

생각하기 평화의 나라가 속히 임하길 기도합시다.

해답 1. 신뢰, 2. 두려움, 3. 힘, 4. 아름다운, 5. 온

이사야 13장 · 바빌론을 향한 멸망 예언

주요 구절: 13:1

13-23장은 열방을 향한 하나님의 '심판'과 '은혜'를 예언합니다. 모든 나라를 다스리는 온 세계의 주권자 하나님을 선포합니다. 하나님은 택한 백성뿐만 아니라, 세상의 모든 사건까지도 다스리고 돌봅니다. 하나님은 구주(Savior)이며 세상의 왕(Lord)입니다.

이사야는 바빌론의 멸망을 예언합니다. 당시 바빌론은 아시리아의 한 속국에 불과하지만, 하나님이 사용하는 도구로서 나중에 아시리아와 유다를 멸망시킬 것입니다. 그런 바빌론에 대한 멸망이 일찍부터 예언됩니다. 그 날은 "(1 　　　　 　)"(9절), 혹은 "만군의 여호와가 (2 　)하여 맹렬히 (3 　)하는 날"(13절) 입니다. 정말로 바빌론은 나중에 메대와 페르시아에 의해 멸망합니다(17절).

생각하기 강대국과 하나님 중 더 의지하는 것은 무엇입니까?

해답 1. 여호와의 날, 2. 분, 3. 노

이사야 14장 · 교만한 바빌론의 멸망

주요 구절: 14:1

바빌론 '멸망의 날'은 언약백성에게는 '구원의 날'입니다. "여호와께서 야곱을 긍휼히 여기시며 이스라엘을 다시 택하여 그들의 땅에 두시리니 나그네 된 자가 야곱 족속과 (1 　　)하여 그들에게 예속될 것이며."(1절) 이때 "나그네 된 자" 곧 이방인도 혜택을 누립니다.

교만한 바빌론이 추락합니다. "너 아침의 아들 (2 　　　)이여! 어찌 그리 하늘에서 떨어졌으며, 너 열국을 엎은 자여! 어찌 그리 땅에 찍혔는고."(12절) (2 　　　)(Morning Star)은 '새벽별'을 말하는데, 라틴어 성경이 '루시퍼'(Lucifer)로 번역하여 사람들이 이 구절을 사탄의 타락으로 오해했습니다. 그러나 이 구절은 교만한 바빌론이 하나님의 심판으로 몰락하게 되었다는 뜻입니다. 어제나 오늘이나 인간은 하나님의 자리에 앉으려는 어리석은 마음을 가지고 있습니다. 죄인의 전형입니다. 스스로 하늘 위로 높이나 그 결국은 땅 아래로 떨어집니다.

바빌론의 멸망 예언이 끝난 뒤 아시리아와 블레셋의 멸망이 예언됩니다. 그들의 멸망은 하나님의 계획에 따른 것입니다. "내가 (3 ____)한 것이 반드시 되며 내가 (4 ____)한 것을 반드시 이루리라."(24절)

생각하기 나를 교만하게 만드는 것은 무엇입니까?

해답 1. 영화, 2. 계명성, 3. 생각, 4. 경영

이사야 15장 · 모압을 향한 예언

주요 구절: 15:1

15장은 '모압'에 대한 경고입니다(1절). '모압'은 아브라함의 조카 롯과 큰 딸 사이에서 태어난 모압의 자손들입니다. 이스라엘 민족과 먼 친척입니다. 모압과 이스라엘이 사이가 좋았던 때도 있었지만(룻 1장; 삼상 22:3-4), 대체로 긴장 관계였습니다(민 22-24장; 삿 3:12-20). 다윗이 모압을 정복하기도 했습니다(삼하 8:2).

북 이스라엘이 멸망하는 것을 보고 기뻐하고 즐거워하던 모압도 아시리아의 공격에 하룻밤에 패망합니다(아마도 주전 715년). "알"(Ar)은 '한 성읍'이라는 뜻입니다. "기르"(Kir)는 '벽이 있는 성읍'을 의미합니다. 모압의 대표적 성들이 멸망할 것입니다. "그들이 각각 머리카락을 밀고 각각 (1 ____)을 깎았으며 거리에서는 굵은 (2 ____)로 몸을 동였으며 지붕과 넓은 곳에서는 각기 (3 ____)하여 심히 울"것입니다(3-4절). 모압은 자신의 죄로 인해 하나님의 심판을 받습니다. 모압의 죄는 16장으로 이어집니다.

생각하기 모압의 멸망 예언을 들은 백성은 어떤 반응이었을까요?

해답 1. 수염, 2. 베, 3. 애곡

이사야 16장 · 모압의 죄는 교만

주요 구절: 16:6

모압의 죄는 교만입니다. 교만으로 멸망합니다. “우리가 모압의 교만을 들었나니, 심히 교만하도다. 그가 (1   )하며 교만하며 분노함도 들었거니와 그의 (2   )이 헛되도다.”(6절). 포도가 모압의 특산품이었던 것 같습니다. 한때 포도 산업과 수출로 번영하였지만, 이제는 즐거운 소리가 없어지고 포도틀을 밟을 사람이 없을 것입니다(8-10절).

멸망을 피하고자 애를 씁니다. 그러나 “그 산당에서 피곤하도록 (3   )하며 자기 성소에 나아가서 (4   )할지라도 소용없으리로다.”(12절) 자기들이 만든 우상에게 아무리 열심히 예배하고, 자기가 만든 거룩한 곳에서 기도하더라도 헛됩니다. 모든 이방 백성이 당할 모습입니다.

유일한 희망이 있다면 메시아가 이룰 나라입니다. “다윗의 장막에 인자함으로 (5   )가 굳게 설 것이요, 그 위에 앉을 자는 충실함으로 판결하며 (6   )를 구하며 (7   )를 신속히 행하리라.”(5절) 교만을 뉘우치고 하나님께로 돌이킬 때 가능합니다.

생각하기 교만에서 돌이킬 수 있는 방법은 무엇일까요?

해답 1. 거만, 2. 자랑, 3. 봉사, 4. 기도, 5. 왕위, 6. 정의, 7. 공의

이사야 17장 · 다메섹과 에브라임의 경고

주요 구절: 17:3

다메섹은 북 이스라엘 위쪽에 있는 아람 나라의 수도인데, 오늘날 시리아 지역에 해당합니다. 아람은 북 이스라엘을 괴롭혔는데 이사야의 예언(1절)대로 아시리아(디글랏빌레셀 III세)에 의해 멸망합니다(주전 732년).

이어서 언급되는 (1)(3절)은 북 이스라엘을 가리킵니다. 이스라엘이 다메섹과 함께 언급된 것은 아시리아에 대항하기 위해 두 나라가 동맹을 맺었기 때문입니다. 제아무리 두 나라가 힘을 합쳐도 하나님의 도구인 아시리아를 피해 갈 수 없습니다. "(1)의 요새와 다메섹 나라와 아람의 남은 자가 (2)하여 이스라엘 자손의 영광 같이 되리라. 만군의 여호와의 말씀이니라."(3절) 북 이스라엘의 어리석음은 "구원의 하나님"을 잊고, "능력의 반석"을 마음에 두지 않은 것 때문입니다(10절). 하지만 이런 심판 속에서도 하나님의 구원은 이어집니다. "그러나 그 안에 주울 것이 (3)리니, 감람나무를 흔들 때에 가장 높은 가지 꼭대기에 과일 두세 개가 (4) 같겠고, 무성한 나무의 가장 먼 가지에 네다섯 개가 (4) 같으리라."(6절). 극심한 피해를 받을 것이지만 남은 자는 구원받을 것입니다.

하나님의 심판은 단순히 다메섹과 북 이스라엘에게만 임하지 않습니다. 하나님은 온 세상의 통치자입니다(12-14절).

생각하기 남은 자를 구원하는 하나님이 어떻게 느껴집니까?

해답 1. 에브라임, 2. 멸절, 3. 남으, 4. 남음

이사야 18장 · 구스를 향한 경고

주요 구절: 18:7

구스는 에티오피아로 알려져 있는데, 오늘날 에티오피아 지역과 일치하기보다는, 이집트 남부 지방인 나일강 상류 지역으로 볼 수 있습니다.

"(1) 치는 소리 나는 땅"(1절)은 구스 땅에 메뚜기가 많이 있었던 것을 의미합니다. "갈대 (2)를 물에 띄우고 그 사자를 수로"(2절)로 보낼 정도로 구스는 날렵하고 뛰어난 나라였습니다. 그러나 하나님이 이런 구스마저 칠 것입니다. "추수하기 전에 꽃이 떨어지고 포도가 맺혀 익어갈 때에 내가 낫으로 그 연한 가지를 베며 퍼진 가지를 (3)" 버릴 것입니다(5절). 하나님은 구스 땅도 다스립니다.

그런데 놀랍게도 구스에게 복음이 선포됩니다. "그 때에 강들이 흘러 나누인 나라의 장

대하고 준수한 (4 ___ ___), 곧 시초부터 두려움이 되며 강성하여 대적을 밟는 (4 ___ ___)이 만군의 여호와께 드릴 (5 ___ ___)을 가지고 만군의 여호와의 이름을 두신 곳 (6 ___ ___) 산에 이르리라." 이방 나라인 구스가 하나님을 예배하러 올 것인데, 새 언약 시대에 성취됩니다. 구스인 내시가 빌립을 통해 복음을 듣고 세례를 받습니다(행 8:26-39). 그를 통해 구스 지역에 복음이 전해집니다.

생각하기 온 세상 사람이 하나님을 예배하는 모습이 어떻게 느껴집니까?

해답 1. 날개, 2. 배, 3. 찍어, 4. 백성, 5. 예물, 6. 시온

이사야 19장 · 이집트를 향한 경고

주요 구절: 19:1

만년 강대국 이집트에 대한 하나님의 경고입니다. 하나님이야 말로 온 세상의 통치자입니다. 선언을 들어보세요. "보라! 여호와께서 빠른 (1 ___ ___)을 타고 애굽에 임하시리니, 애굽의 (2 ___ ___)들이 그 앞에서 떨겠고, 애굽인의 마음이 그 속에서 녹으리로다."(1절)

이집트가 가진 힘의 근원은 나일강입니다. 그런데 심각한 가뭄으로 나일강이 말라 농업(7절), 어업(8절), 직물업(9절), 건축업(10절)이 큰 타격을 받을 것입니다. 이런 심각한 재앙에 이집트 지도자들은 지극히 무력합니다. 이집트 지도자들은 어리석고 우둔합니다. 그들이 하는 일마다 실패합니다(11절). 결국 그들은 아무 할 일이 없습니다(15절). 강대국 이집트가 하나님의 징벌로 여자처럼 두려워 떨 것입니다(16절). 심지어 "(3 ___ ___)의 땅"을 두려워할 것입니다(17절).

그런데 그 날에 이집트의 (4 ___ ___) 성읍(도시 전체를 의미)이 가나안 방언을 말하며 여호와께 맹세할 것입니다(18절). 중앙에 하나님을 위한 (5 ___ ___)과 기둥이 세워질 것입니다(19절). "여호와께서 애굽을 치실지라도 치시고는 (6 ___ ___)실 것이므로 그들이 여호와께로 돌아올 것이라. 여호와께서 그들의 간구함을 들으시고 그들을 (7 ___ ___) 주시리라."(22절) 도저히 상상할 수 없는 놀라운 일이 일어날 것입니다.

이 같은 엄청난 일은 예수 그리스도 안에서 이루어지고 성취될 것입니다. 유다를 둘러싼 세계 강대국이 함께 하나님을 경배하는 날, 그것은 예수 그리스도와 성령의 임재로 이방인들이 구원받음으로 성취됩니다.

생각하기 하나님이 이집트까지 고치는 이유는 무엇일까요?

해답 1. 구름, 2. 우상, 3. 유다, 4. 다섯, 5. 제단 6. 고치, 7. 고쳐

이사야 20장 · 벌거숭이 이사야

주요 구절: 20:2

이사야가 "앗수르의 (1) 왕이 다르단을 아스돗으로 보내매 그가 와서 아스돗을 쳐서 취하던 해"(1절)에 하나님의 명령을 받고 행동으로 예언합니다. 아스돗(Ashdod)은 블레셋의 성입니다(삼상 5:1). 아스돗은 이집트를 믿고 아시리아에 대항해 싸웠지만, 이집트의 지원을 받지 못해 완전히 패망했습니다(주전 711년).

이사야는 (2) 년 동안 '벗은 몸과 벗은 발로' 다니며 이집트와 구스에 대해 (3)와 예표가 됩니다(3절). '벗은 몸과 벗은 발'은 전쟁 포로를 암시합니다. 선지자들은 때로는 극적이고 또는 기이한 행동으로 예언합니다(렘 19장, 27-28장, 43장; 겔 3:22-5:17, 12:1-20, 24:15-27).

북 이스라엘의 멸망을 보고 남 유다의 히스기야 왕이 이집트와 동맹을 맺으려 했습니다. 이사야 선지자는 그것이 얼마나 어리석은지를 지적합니다. 이집트와 구스가 아시리아의 공격으로 망하게 되면서 부끄러움을 당하게 될 것입니다. 이집트는 의지할 대상이 아닙니다. 오직 하나님만 의지해야 합니다.

생각하기 하나님보다 이집트를 더 의지하는 이유는 무엇일까요?

해답 1. 사르곤, 2. 삼, 3. 징조

이사야 21장 · 열방을 향한 경고

주요 구절: 21:1

온 우주의 통치자 하나님의 통치는 불변합니다. 1절의 "해변 (1 ____)"는 '바빌론'을 가리킵니다(9절). 페르시아 만 인근, 유프라테스강과 티그리스강 사이에 있는 평원을 가리키는 것 같습니다. 신흥 강대국으로 부상할 바빌론조차 하나님의 심판을 피하지 못할 것입니다(2절). "보소서! 마병대가 쌍쌍이 오나이다, 하니, 그가 대답하여 이르시되 (2 ____)되었도다 (2 ____)되었도다 바벨론이여! 그들이 조각한 (3 ____)들이 다 부서져 땅에 떨어졌도다."(9절) 이 구절은 요한계시록에서 다시 인용되는데(계 14:8; 18:2), 하나님께 대항하는 모든 세력을 뜻합니다.

이어서 "두마" 곧 에돔을 향해 경고합니다(11절). '두마'는 '침묵', '고요함' 혹은 '지하세계'를 의미하는데, 에돔과 비슷한 자음(DM)을 사용한 언어유희로 보입니다. 아시리아의 압제가 거의 끝나고 (4 ____)이 밝아 오는 것 같지만, 다시 바빌론의 침공으로 긴 밤이 올 것입니다(12절).

"아라비아" 지역을 향해서도 경고합니다. "드단" 상인들(13절)은 아라비아의 한 부족입니다(사 38:13; 겔 27:20). "데마"(14절)는 아라비아 북부의 오아시스 지역을 가리킵니다(렘 25:23; 욥 6:19). "게달"(16절)은 아라비아 사막 유목민의 고향이며 목축업으로 유명합니다(사 60:7; 겔 27:21). 대체로 경제적으로 부유했던 것 같습니다. 그러나 이들에게도 하나님의 심판이 임할 것입니다. "일 년 내에 게달의 (5 ____)이 다 (6 ____)하리니."(16절)

생각하기 하나님의 심판을 피할 수 있는 방법은 무엇일까요?

해답 1. 광야, 2. 함락, 3. 신상, 4. 아침, 5. 영광, 6. 쇠멸

이사야 22장 · 환상의 골짜기의 심판

주요 구절: 22:5

"(1 ___ ___)의 골짜기"를 향한 경고입니다(1절). "(1 ___ ___)의 골짜기"란 무엇일까요? 8절과 10절에서 알 수 있듯이 유다와 예루살렘입니다. 언약백성에게도 심판이 임하는데, 왜 그럴까요? "너희가 이를 행하신 이를 (2 ___ ___)하지 아니하였고, 이 일을 옛적부터 경영하신 이를 (3 ___ ___)하지 아니하였느니라. 그 날에 주 만군의 여호와께서 명령하사 (4 ___ ___)하며 애곡하며 머리털을 뜯으며 굵은 베를 띠라 하셨거늘, 너희가 기뻐하며 즐거워하여 소를 죽이고 양을 잡아 고기를 먹고 포도주를 마시면서 내일 죽으리니 (5 ___ ___) 마시자, 하는도다."(11-13절) 남 유다는 하나님을 경외하지 않고 하나님의 심판의 경고를 듣고도 회개하지 않습니다. 언약백성의 배신과 악행이 막장드라마 같습니다.

국고를 맡고, 왕궁을 맡은 자 (6 ___ ___)(15절)가 심판의 "그 날"(20절)에 쫓겨나 권력의 자리에서 떨어지게 될 것입니다. (6 ___ ___)는 불의하고 무능한 지도자였던 것 같습니다. (6 ___ ___)를 이어 엘리아김이 지도자의 자리에 오를 것입니다(21절). 하나님이 "다윗의 집의 (7 ___ ___)를 그의 어깨에 두리니, 그가 열면 닫을 자가 없겠고 닫으면 열자가 없"게(22절) 할 것입니다. 그러나 그 역시 역량이 부족한 인간일 뿐입니다. 결국 "못이 삭으리니, 그 못이 부러져 떨어지므로 그 위에 걸린 물건이 부서"질(25절) 것입니다.

생각하기 나라면 하나님의 경고를 듣고선 어떻게 행동하겠습니까?

해답 1. 환상, 2. 앙망, 3. 존경, 4. 통곡, 5. 먹고, 6. 셉나, 7. 열쇠

이사야 23장 · 두로를 향한 경고

주요 구절: 23:1

두로를 향해 경고가 이어집니다. 두로는 가나안 서북 해안에 위치한 항구 도시로서 무

역으로 큰 부를 이루었습니다. "시홀의 (1), 곧 나일의 추수를 큰물로 수송하여 들였으니, 열국의 (2)이 되었도다."(3절) "시홀"(Shihor)은 나일강의 가장 동쪽에 있는 지류입니다. 두로는 "열국의 (2)"이며 또한 "희락의 성"(7절), 곧 쾌락의 도시입니다. 돈으로 쾌락을 좇아 즐깁니다. 하나님은 교만하여 쾌락만 즐기는 두로를 심판합니다. "모든 누리던 (3)를 욕되게 하시며 세상의 모든 교만하던 자가 멸시를 받게 하려 하심이라."(9절)

하지만, 두로가 회복될 것입니다. "칠십 년이 찬 후에 여호와께서 두로를 (4)시리니."(17절) 그러나 두로의 회복은 진정한 구원이 아닙니다. 그들은 다시 "지면에 있는 열방과 (5)을 행할 것"입니다(17절). 두로의 구원은 오직 언약백성 때문입니다. "그 무역한 것이 여호와 앞에 사는 자가 배불리 먹을 (6), 잘 입을 (7)이 되리라."(18절) 두로가 다시 번성하려 하지만, 그 번성은 택한 백성을 위해 활용됩니다.

생각하기 두로의 번성을 활용하는 하나님의 놀라운 계획을 묵상해봅시다.

해답 1. 곡식, 2. 시장, 3. 영화, 4. 돌보, 5. 음란, 6. 양식, 7. 옷감

이사야 24장 · 온 세상의 왕!

주요 구절: 24:1

13-23장은 구체적으로 여러 나라의 심판을 다루지만, 24-27장은 좀 더 일반적이고 포괄적인 심판을 예언합니다. 심판은 매섭지만 희망도 있습니다. 마지막 승리의 날에 구원이 임할 것입니다. 요한계시록과 참 비슷합니다.

인간의 죄로 인하여 하나님의 심판이 임하면, 땅이 공허하고 황폐하게 되며 뒤엎어질 것입니다(1절). "땅이 또한 그 (1) 아래서 더럽게 되었으니, 이는 그들이 율법을 범하며, 율례를 어기며, 영원한 (2)을 깨뜨렸음이라."(5절) 하나님의 진노는 무시무시합니다. "성읍이 (3)하고 성문이 파괴되었느니라. 세계 민족 중에 이러한 일이 있으리니, 곧 감람나무를 흔듦 같고 포도를 거둔 후에 그 남은 것을 주움 같

을 것이니라."(12-13절)

하지만, 하나님은 은혜가 풍성하고 사랑이 많습니다. 택한 백성, 곧 남은 자를 구원합니다. 13절의 "그 남은 것"은 14절에서 구원을 노래하는 "무리"입니다. 심판이 있으면 동시에 구원도 있습니다. 구원받은 백성의 노래를 들어보십시오. "무리가 (4 　 　)를 높여 부를 것이며, 여호와의 위엄으로 말미암아 바다에서부터 크게 외치리니, 그러므로 너희가 동방에서 여호와를 (5 　 　)롭게 하며, 바다 모든 섬에서 이스라엘의 하나님 여호와의 이름을 (5 　 　)롭게 할 것이라."(14-15절) 하나님이 말세에 세상을 심판할 때(17-22절), 하나님의 영광이 나타날 것입니다. 하나님의 영광이 얼마나 밝은지 "달이 수치를 당하고 해가 부끄러워"(23절) 할 정도입니다(참고, 계 22:5).

생각하기 심판과 구원이 함께 임하는 것을 믿습니까?

해답 1. 주민, 2. 언약, 3. 황무, 4. 소리, 5. 영화

이사야 25장 · 구원과 기쁨의 찬송

주요 구절: 25:1

구원받은 자들로 대표되는 "그 장로들"(사 24:23)이 하나님의 영광을 노래합니다. "여호와여! 주는 나의 하나님이시라. 내가 주를 높이고 주의 (1 　 　)을 찬송하오리니, 주는 기사를 옛적에 정하신 (2 　)대로 성실함과 진실함으로 행하셨음이라."(1절)

하나님의 구원은 큰 기쁨을 동반합니다. "만군의 여호와께서 이 산에서 만민을 위하여 기름진 것과 오래 저장하였던 (3 　 　 　)로 (4 　 　)를 베푸시리니, 곧 골수가 가득한 기름진 것과 오래 저장하였던 맑은 (3 　 　 　)로 하실 것이며."(6절) "오래 저장하였던 맑은 (3 　 　 　)"는 앙금이 가라앉도록 오래 저장한 가장 좋은 (3 　 　 　)를 의미합니다. 뿐만 아니라, "(5 　 　)을 영원히 멸하실 것이라"(8절)고 노래합니다. "주 여호와께서 모든 얼굴에서 (6 　 　)을 씻기시며 자기 백성의 수치를 온 천하에서 제하시리라."(8절) 이 말씀은 요한계시록에서 다시 확인됩니다(계 7:17; 21:4). 이사야는 어두운 시대에 하나님의 구원과 그 기쁨을 예언합니다.

생각하기 하나님의 구원 약속이 내 삶에 어떻게 다가옵니까?

해답 1. 이름, 2. 뜻, 3. 포도주, 4. 연회, 5. 사망, 6. 눈물

이사야 26장 · 예루살렘의 회복

주요 구절: 26:13

26장은 예루살렘의 회복을 노래합니다. "약탈을 당한 성읍이 허물어지고 집마다 닫혀서 들어가는 자가 없"는 모습과 대조됩니다(사 24:10). "그 날에 유다 땅에서 이 노래를 부르리라. 우리에게 (1)한 성읍이 있음이여! 여호와께서 (2)을 성벽과 외벽으로 삼으시리로다."(1절) 그 날에 믿음이 있는 자들이 구원받을 것입니다. "주께서 (3)가 (1)한 자를 평강하고 평강하도록 지키시리니, 이는 그가 주를 (4)함이니이다."(3절) 하나님의 요구는 (4)(믿음)입니다. "너희는 여호와를 영원히 (4)하라. 주 여호와는 영원한 반석이심이로다."(4절) 세상에 수많은 신들이 있지만 오직 하나님만 의지할 수 있습니다. "우리는 주만 (5)하고 주의 이름을 부르리이다."(13절)

신자는 "정직"하며 '정직하신 하나님'이 의인의 길을 평탄케 합니다(7절). 그러나 믿음이 없는 악인은 하나님의 은혜를 받아도 의를 배우지 못합니다(10절). 하나님을 믿는 의인이 복을 받는 이유는 백성을 위하는 하나님의 "열성" 때문입니다. 그러나 반대로 하나님의 열성이 "대적들을 불"로 심판합니다(11절). 불신자들은 영적 죽음에서 다시 살지 못하지만(14절), 주 안에서 죽은 자들은 살아날 것입니다(19절). 신자의 부활이 예언됩니다.

생각하기 마지막 날의 부활이 내게 어떻게 다가옵니까?

해답 1. 견고, 2. 구원, 3. 심지, 4. 신뢰, 5. 의지

이사야 27장 · 언약백성의 구원

주요 구절: 27:13

악의 근원인 "리워야단"(뱀)을 죽이는 것은 26장과 연결됩니다. 죽은 자가 다시 살아날 때 하나님이 죄악을 벌하며, 리워야단을 죽일 것입니다. 리워야단을 수식하는 형용사는 "날랜", "꼬불꼬불한", "바다에 있는" 세 가지입니다. 이에 대비되는 것이 하나님을 표현하는 "견고한", "큰", "강한 (1)"입니다(1절).

이사야는 하나님의 구원을 '포도원의 노래'로 표현합니다. "그 날에 너희는 아름다운 (2)을 두고 노래를 부를지어다. 나 여호와는 (2)지기가 됨이여, 때때로 물을 주며 밤낮으로 간수하여 아무든지 이를 해치지 못하게 하리로다."(2-3절) 하나님의 구원 약속이 신자에게 얼마나 큰 은혜이며 힘이 되는지요! "후일에는 야곱의 (3)가 박히며 이스라엘의 (4)이 돋고 (5)이 필 것이라. 그들이 그 결실로 지면을 채우리로다."(6절)

이어지는 구원의 선포를 들어보십시오. "그 날에 큰 나팔을 불리니, 앗수르 땅에서 멸망하는 자들과 애굽 땅에서 쫓겨난 자들이 돌아와서 예루살렘 성산에서 여호와께 (6)하리라."(13절) "큰 나팔 소리"는 시작할 때 나팔을 부는 자유의 해인 희년이나 속죄일을 생각나게 합니다. 구원의 날에는 죄 용서와 자유의 삶이 있을 것입니다.

생각하기 죄 용서와 자유가 있는 그 날이 임하길 기도합시다.

해답 1. 칼, 2. 포도원, 3. 뿌리, 4. 움, 5. 꽃, 6. 예배

이사야 28장 · 에브라임과 예루살렘

주요 구절: 28:10

28-35장은 아시리아의 침략을 앞두고 북 이스라엘과 남 유다를 향해 선포한 심판과 구원 예언입니다.

북 이스라엘의 죄는 '교만'입니다. 교만한 북 이스라엘에 아시리아를 통한 심판이 임할

것입니다. “술 취한 자들의 교만한 면류관은 화 있을진저, 술에 빠진 자의 성, 곧 영화로운 (1) 같이 기름진 골짜기 꼭대기에 세운 성이여 쇠잔해 가는 꽃 같으니 화 있을진저.”(1절) 그러나 그 뒤에 “여호와께서 자기 백성의 남은 자에게 영화로운 면류관이 되시며 아름다운 (2)이 될 것”(5절) 입니다. 벌 받는 언약백성에게 하나님이 유일한 소망입니다!

남 유다도 비슷합니다. 예루살렘의 관리도 마찬가지로 “오만한 자”입니다(14절). 그들은 하나님을 무시하고 우상과 이집트를 의지합니다. 그러나 하나님이 이집트를 의지하는 것을 “(3)과 언약하였고 스올과 맹약하였”다며 조롱합니다(15절). 하나님이 “돌”, “시험한 돌”, “견고한 (4)”입니다(16절). 하나님을 의지하면 “다급하게” 이집트를 의지하지 않아도 되고 아시리아에게서 구원받을 것입니다. 그러나 계속 오만하면 결박이 단단해져 멸망할 것입니다(22절).

언약백성을 다스리는 하나님의 경영은 (5)하며 지혜는 (6)합니다(29절). 이사야는 이런 섬세한 하나님을 각종 씨를 파종하고 기르는 농부로 비유합니다(23-28절). 하나님의 심판이 이해가 되지 않을 수 있습니다. 그러나 지각에 뛰어난 하나님의 지혜를 믿고 따르는 자에게 복이 있습니다.

생각하기 교만이 큰 죄가 되는 이유는 무엇일까요?

해답 1. 관, 2. 화관, 3. 사망, 4. 기촛돌, 5. 기묘, 6. 광대

이사야 29장 · 아리엘의 심판과 구원

주요 구절: 29:13

“아리엘”(Ariel)은 예루살렘(7-8절)의 애칭입니다. “아리엘”은 ‘번제단’ 혹은 ‘번제단의 옆면’을 뜻합니다. 번제단은 예루살렘 성전에만 있기에 남 유다, 예루살렘을 상징하는 단어로 사용되었습니다.

아리엘에 심판이 임합니다(5-8절). “순식간에 갑자기 … 그들을 (1)하실 것인즉.”(5-6절) 그들이 심판을 깨닫지 못하는데 하나님이 그들의 눈을 가렸기 때문입니다

(10절) 하나님이 언약백성에게 스스로 계시(to reveal)하지 않는 것은 무서운 징계입니다. 왜 계시하지 않을까요? "이 백성이 (2 　)으로는 나를 가까이 하며 입술로는 나를 공경하나 그들의 (3 　 　)은 내게서 멀리 떠났나니, 그들이 나를 경외함은 사람의 계명으로 가르침을 받았을 뿐이라."(13절) 그들이 하나님을 인정하지 않고 올바르게 섬기지 않기 때문입니다. 그들의 모습을 보십시오. "지음을 받은 (4 　 　)이 어찌 자기를 지은 이에게 대하여 이르기를, 그가 나를 짓지 아니하였다, 하겠으며, 빚음을 받은 (4 　 　)이 자기를 빚은 이에게 대하여 이르기를, 그가 총명이 없다, 하겠느냐?"(16절)

놀랍게도 그런 백성에게 구원의 메시지가 임합니다. "레바논"으로 표현되는 아시리아는 멸망할 것입니다(17절). 그 날에 "못 듣는 사람이 책의 말을 들을 것이며, 어둡고 캄캄한 데에서 맹인의 눈이 볼 것이며, (5 　 　)한 자에게 여호와로 말미암아 기쁨이 더하겠고, 사람 중 (6 　 　)한 자가 이스라엘의 거룩하신 이로 말미암아 즐거워"할 것입니다(18-19절). 강포하고 오만한 자(20절)와 비교되는 (6 　 　)한 자와 (5 　 　)한 자에게 구원이 임할 것입니다. 이 예언은 후에 예수 그리스도 안에서 완전하게 성취됩니다.

생각하기 하나님에 대해 내 입과 입술은 마음과 일치합니까?

해답 1. 징벌, 2. 입, 3. 마음, 4. 물건, 5. 겸손, 6. 가난

이사야 30장 · 하나님이 기다리시니

주요 구절: 30:18

아시리아가 엄청난 기세로 내려옵니다. 이미 북 이스라엘은 망했습니다. 남 유다가 하나님께 도움을 구해야 하지만, 고집이 셉니다. 그들은 "(1 　 　)한 자식들"(1, 9절)이고 "거짓말하는 자식들이요 여호와의 법을 듣기 싫어하는 자식들"(9절)입니다. (1 　 　)은 '반란을 일으킨'(rebellious)이라는 뜻도 있습니다. 남 유다는 강대국 이집트를 의지합니다(2절).

이사야는 이집트를 의지하지 말고 하나님을 의지할 것을 권고하지만, 남 유다는 반항합니다. 그들의 모습이 이렇습니다. "그들이 선견자들에게 이르기를, 선견하지 말라. 선

지자들에게 이르기를, 우리에게 바른 것을 보이지 말라. 우리에게 부드러운 말을 하라. (2)된 것을 보이라."(10절) 어둠의 시대입니다. 자기가 듣고 싶은 말만 듣는 어리석은 시대입니다.

남 유다에 임할 하나님의 징계는 분명합니다. "이 죄악이 너희에게 마치 무너지려고 터진 담이 불쑥 나와 순식간에 무너짐 같게 되리라, 하셨은즉, 그가 이 나라를 무너뜨리시되 토기장이가 (3)을 깨트림 같이 아낌이 없이 부수시리니 그 조각 중에서, 아궁이에서 불을 붙이거나 물웅덩이에서 물을 뜰 것도 얻지 못하리라."(13-14절)

그러나 하나님은 은혜롭고 자비롭습니다. "여호와께서 (4)시나니, 이는 너희에게 은혜를 베풀려 하심이요, 일어나시리니 이는 너희를 (5)히 여기려 하심이라. 대저 여호와는 정의의 하나님이라. 그를 (4)는 자마다 (6)이 있도다."(18절) 하나님을 (4)는 자들에게, 하나님이 응답할 것이며(19절), 참된 스승에게 들어 바른 길로 인도하며(20-21절), 우상을 버리게 하며(22절), 풍성히 수확케 하며(23-25절), 상처를 고쳐줄 것입니다(26절). 그리고 마침내 아시리아를 물리칠 것입니다(27-33절). 하나님을 (4)는 자에게 구원의 은혜가 임할 것입니다.

생각하기 나는 하나님을 잘 기다리는 편입니까?

해답 1. 패역, 2. 거짓, 3. 그릇, 4. 기다리, 5. 긍휼, 6. 복

이사야 31장 · 이집트를 의지하지 말라!

주요 구절: 31:3

남 유다가 강대국 이집트를 의지합니다. 분명히 이집트는 그 시대의 초강대국입니다. 분명 합리적인 선택입니다. 하지만 남 유다는 하나님의 소유입니다. 하나님이 왕이니 그 분이 자기 백성을 돌봅니다. 그들은 그 분께 도움을 구해야 합니다. 그런데 그렇게 하지 않습니다. 하나님께 부탁하지 않습니다. 언약의 하나님에 대한 믿음이 없습니다.

선지자는 선포합니다. "애굽은 (1)이요 (2)이 아니며, 그들의 말들은 육

체요 영이 아니라. 여호와께서 그의 손을 펴시면 돕는 자도 넘어지며 도움을 받는 자도 엎드러져서 다 함께 멸망하리라."(3절)

그럼에도 하나님은 남 유다를 보호할 것입니다. "새가 날개 치며 그 (3)를 보호함 같이 나 (4)의 여호와가 예루살렘을 보호할 것이라. 그것을 호위하며 건지며 뛰어넘어 (5)하리라, 하셨느니라."(5절) "앗수르는 칼에 엎드러질 것이나 (6)의 칼로 말미암음이 아니겠고, 칼에 삼켜질 것이나 (1)의 칼로 말미암음이 아닐 것이며, 그는 칼 앞에서 도망할 것이요."(8절) 하나님이 강대국 아시리아를 물리칠 것입니다. 하나님은 열국을 심판하는 주권자입니다. 구원자는 이집트가 아니라 하나님입니다.

생각하기 내가 의지하는 것은 무엇입니까? 하나님보다 강합니까?

해답 1. 사람, 2. 신, 3. 새끼, 4. 만군, 5. 구원

이사야 32장 · 삼위 하나님의 구원사역

주요 구절: 32:1

하나님의 징계에는 목적이 있습니다. 본질상 진노의 자녀인 이스라엘 백성을 택하고 죄 가운데서 돌이키게 하기 위함입니다. 징계의 목적은 회복입니다. 이사야 당대에는 회복의 방법과 시기를 예측할 수 없습니다. 하지만, 지금 우리는 그것을 압니다. 예수 그리스도! 바로 그 분 안에 하나님의 모든 사랑과 은혜가 집약되어 있습니다.

"보라! 장차 한 (1)이 공의로 통치할 것이요, 방백들이 정의로 다스릴 것이며, 또 그 사람은 광풍을 피하는 곳, 폭우를 가리는 곳 같을 것이며, 마른 땅에 냇물 같을 것이며, 곤비한 땅에 큰 (2) 그늘 같으리니, 보는 자의 눈이 감기지 아니할 것이요, 듣는 자가 귀를 기울일 것이며, 조급한 자의 마음이 지식을 깨닫고, 어눌한 자의 혀가 민첩하여 말을 분명히 할 것이라."(1-4절) 이 예언은 성자 하나님, 곧 예수 그리스도의 십자가 죽음과 부활, 승천으로 성취됩니다.

하늘에 계신 예수님이 성령 하나님을 보내어 회복을 실행하는데, 이에 대해서도 이사

야가 예언합니다. "마침내 위에서부터 (3)을 우리에게 (4) 주시리니 광야가 아름다운 밭이 되며 아름다운 밭을 (5)으로 여기게 되리라."(15절) 이사야의 예언에서 삼위 하나님의 구원사역을 깨닫습니다. 하나님의 구원사역은 너무나 놀랍고 은혜롭습니다.

생각하기 32장에 나타난 삼위 하나님을 깊이 묵상해봅시다.

해답 1. 왕, 2. 바위, 3. 영, 4. 부어, 5. 숲

이사야 33장 · 구원받은 시온성

주요 구절: 33:10

이사야 선지자는 시작부터 (1)를 선포합니다. 대상은 아시리아입니다. "너, 학대를 당하지 아니하고도 학대를 하며, 속이고도 속임을 당하지 아니하는 자여, (1) 있을진저!"(1절) 남 유다가 아시리아의 공격으로 고통당할 때(7-9절), 이사야가 하나님께 기도합니다(2절).

이사야의 기도에 하나님은 응답합니다. "내가 이제 일어나며 내가 이제 나를 (2)이며 내가 이제 지극히 (2)아지리니."(10절) 여러 민족이 불에 굽는 횟돌같이 되며, 불에 사르는 가시나무처럼 될 것입니다(12절). 하나님이 이렇게 아시리아를 멸망시킬 것입니다. 그런데 하나님의 심판이 임할 때 시온성에 있는 죄인들, 경건하지 않은 자들이 두려움에 떱니다(14절). 하나님의 심판 앞에 죄인은 온전히 설 수 없습니다. 그러나 "오직 (3)롭게 행하는 자, 정직히 말하는 자, … 눈을 감아 악을 보지 아니하는 자, … 견고한 바위가 그의 요새가 되며 그의 양식은 공급되고 그의 물은 끊어"지지 않습니다(15-16절). 하나님을 의지하며, 그분처럼 (3)롭게 행하는 자는 견고합니다.

구원받은 시온성의 모습이 아름답습니다. 예루살렘을 에워싸고 괴롭히던 아시리아가 떠나갑니다(19절). 하나님이 (4)이며 (5)으로 시온성에 함께합니다(21-22절). 그곳에 다시는 병이 없고, 죄 용서가 있을 것입니다(24절). 너무나도 놀라운 은혜입니다. 후에 임할 새 예루살렘의 모습이 이와 비슷합니다(계 21-22장).

생각하기 나는 하나님의 심판을 기대합니까, 두려워합니까?

해답 1. 화, 2. 높, 3. 공의, 4. 재판장, 5. 왕

이사야 34장 · 심판을 통한 다스림

주요 구절: 34:8

하나님의 다스림은 언약백성뿐만 아니라 온 열방과 우주를 대상으로 합니다. 이 다스림은 '심판과 구원'으로 나타나는데, 이사야 34장이 '심판의 하나님'이라면, 35장은 '구원의 하나님'을 보여줍니다. 세상을 향한 선포를 들어보십시오. "(1)이여, 너희는 나아와 들을지어다. (2)들이여, 귀를 기울일지어다. 땅과 땅에 충만한 것, 세계와 세계에서 나는 모든 것이여, 들을지어다. 대저 여호와께서 열방을 향하여 (3)하시며, 그들의 만군을 향하여 분내사 그들을 진멸하시며, 살육 당하게 하셨은즉."(1-2절)

3-15절에는 심판의 심각성이 비유로 잘 표현됩니다. 하늘이 두루마리처럼 말리고, 각종 나무들의 잎이 마를 것입니다. 짐승들도 피를 흘리며 쓰러질 것입니다. 이방 나라도 심판받아 왕궁마저 황폐해질 것입니다.

한편 어떤 이단은 다음 구절을 엉뚱하게 해석합니다. "너희는 여호와의 책에서 찾아 읽어보라 이것들 가운데서 빠진 것이 하나도 없고 제 (4)이 없는 것이 없으리니…"(16절) 하나님 말씀에는 모든 것이 (4)이 있어서 그 (4)대로 풀어야 영적 비밀을 깨닫는다고 주장합니다. 하지만 이 구절은 하나님의 말씀은 모순되지 않기에 심판이 반드시 일어날 것이라는 의미입니다.

생각하기 하나님의 다스림으로서 심판이 어떻게 다가옵니까?

해답 1. 열국, 2. 민족, 3. 진노, 4. 짝

이사야 35장 · 구원을 통한 다스림

주요 구절: 35:8

35장은 하나님의 다스림으로서 구원이 나옵니다. 이 구원 역시 비유와 은유로 표현됩니다. "광야에 메마른 땅이 (1 　 　)하며, 사막이 백합화 같이 피어 즐거워하며, 무성하게 피어 (2 　 　) 노래로 즐거워하며, 레바논의 영광과 갈멜과 사론의 아름다움을 얻을 것이라. 그것들이 여호와의 영광 곧 우리 하나님의 아름다움을 보리로다."(1-2절) 하나님의 구원이 임할 때 억울함이 해소된 언약백성은 기뻐할 수밖에 없습니다(4절).

"그 때"(5절)는 구원받은 자들이 하나님이 있는 시온으로 돌아올 때입니다. 슬픔과 탄식이 사라지고 기쁨과 즐거움을 얻게 될 것입니다(10절). 이 예언은 우선 바빌론 포로에서 돌아옴으로 이루어지고, 최종 성취는 예수 그리스도의 초림으로 시작되고(눅 4:16-21, 7:18-23), 후에 재림으로 완성될 것입니다(계 21:4, 22:1-5). "거기에 (3 　 　)가 있어 그 길을 (4 　 　)한 길이라 일컫는바 되리니, 깨끗하지 못한 자는 지나가지 못하겠고 오직 (5 　 　)함을 입은 자들을 위하여 있게 될 것이라."(8절) 이 은혜는 언약백성이 잘나서가 아니라, 하나님의 은혜와 예수 그리스도의 사랑과 성령의 교통하심으로 가능합니다.

생각하기 슬픔이 사라지고 기쁨을 주시는 하나님을 깊이 묵상해 봅시다.

해답 1. 기뻐, 2. 기쁜, 3. 대로, 4. 거룩, 5. 구속

이사야 36장 · 아시리아의 공격(1)

주요 구절: 36:2 (왕하 18:13-27; 대하 32:1-29)

이사야 36-39장은 열왕기하 18:23-20:19와 비슷합니다. 이 부분은 이사야 전반부(1-35장)와 후반부(40-66장)의 다리 역할을 합니다.

히스기야 왕이 남 유다를 다스린 지 14년이 되던 해, 아시리아의 왕 산헤립이 장군 랍사게를 보내어 공격합니다. 아시리아는 북 이스라엘 왕국을 멸한 후 또 남 유다를 지속

적으로 괴롭힙니다. 아시리아는 한 때 하나님의 심판의 도구로 사용되었으나 교만하여 하나님을 대적합니다. 하나님을 모욕하고 하나님의 백성을 우습게 봅니다. 심지어 하나님의 뜻까지 판단하며 비웃습니다. "내가 이제 올라와서 이 땅을 (1 　)하는 것이 여호와의 뜻이 없음이겠느냐? 여호와께서 내게 이르시기를 올라가 그 땅을 쳐서 (1 　) 하라, 하셨느니라."(10절)

하지만 그들은 여호와 하나님을 인정하지 않습니다. 하나님을 자기의 신들보다 열등하다고 깔봅니다. "열국의 (2 　 　) 중에 자기의 땅을 (3 　 　 　) 왕의 손에 건진 자가 있느냐?"(18절) 랍사게와 그가 섬기는 산헤립의 조롱이 전혀 근거 없는 황당한 것은 아닙니다. 아시리아의 군대는 이미 근동 지방 대부분을 점령(19-20절)한 당대 최강국이었기 때문입니다. 유다 왕 히스기야는 아무런 대답도 하지 말라고 명령합니다(21절). 신하들은 자신들의 옷을 찢으며 슬퍼합니다.

생각하기 내가 랍사게의 조롱을 들었다면 어떻게 반응할까요?

해답 1. 멸, 2. 신들, 3. 앗수르

이사야 37장 · 아시리아의 공격(2)

주요 구절: 37:1 (왕하 19:1-37)

히스기야 왕은 옷을 찢고 굵은 베옷을 입고 여호와의 전으로 갑니다(1절). 동시에 이사야 선지자에게 기도를 요청합니다(4절). 하나님의 말씀이 이사야를 통해 히스기야에게 임합니다. "너희가 들은 바 앗수르 왕의 종들이 나를 능욕한 말로 말미암아 (1 　 　 　)하지 말라. 보라! 내가 영을 그의 속에 두리니, 그가 소문을 듣고 그의 고국으로 돌아갈 것이며 또 내가 그를 그의 고국에서 칼에 죽게 하리라."(6-7절)

이집트 남동쪽에 위치한 구스 왕 디르하가(Tirhakah)가 전쟁에 개입했다는 소식을 들은 아시리아는 작전상 후퇴를 하였습니다. 하지만, 산헤립은 히스기야 왕과 백성에게 하나님을 모욕하는 편지를 보냅니다. 그러자 히스기야는 성전에 올라가 여호와 앞에 그 편지를 펴 놓고 울부짖습니다(14-15절). 하나님의 살아계심을 보여달라고 간절히 기도합니다. "우리 하나님 여호와여! 이제 우리를 그의 손에서 (2)하사 천하만국이 주만이 여호와이신 줄을 알게 하옵소서!"(20절) 하나님이 히스기야의 기도를 들으시고 산헤립에게 경고합니다. "네가 나를 거슬러 분노함과 네 (3)함이 내 귀에 들렸으므로 내가 갈고리로 네 코를 꿰며 재갈을 네 입에 물려 너를 오던 길로 돌아가게 하리라."(29절)

하나님의 구원이 시작됩니다. "대저 내가 (4)를 위하여 내 종 (5)을 위하여 이 성을 보호하며 구원하리라."(35절) "여호와의 (6)"(36절)가 나오는데 천사입니다. 아시리아 군대 18만 5천명이 하룻밤에 죽습니다. 놀라운 하나님의 기적 같은 개입입니다. 의기양양하던 아시리아 군대는 결국 본국으로 퇴각합니다(37절). 왕 산헤립의 최후는 비참합니다. 자신이 의지하던 신, 니스록(Nisroch)의 신전에서 경배할 때 그의 아들(심복) 아드람멜렉과 사라셀에 의해 살해됩니다. 자기 신을 믿고 여호와를 조롱했으나 정작 그가 의지하던 신은 그를 보호하지 못합니다.

생각하기 산헤립의 죽음을 들은 백성의 기분은 어땠을까요?

해답 1. 두려워, 2. 구원, 3. 오만, 4. 나, 5. 다윗, 6. 사자

이사야 38장 · 히스기야의 질병과 회복

주요 구절: 38:5 (왕하 20:1-11; 대하 32:24-26)

1절의 "그 때"는 언제일까요? 38장은 아시리아가 퇴각하기 전에 일어난 사건으로 보입니다. 6절에서 "너와 이 (1)을 앗수르 왕의 손에서 건져내겠고 내가 또 이 (1)을 보호하리라"고 하기 때문입니다. 하나님은 히스기야의 질병을 치료하여 생명을 15년이나 연장시킴으로 예루살렘을 꼭 구원해주겠다는 약속을 확신시킵니다. 또 곁들여 하나의 (2)와 증거를 보여줍니다(7절). 아하스의 해시계에 해 그림자를 10도 물러가게 한 것입니다. 이것이 어떻게 가능한지는 언급이 없기 때문에 우리는 정확히 알 수 없습니다. 분명한 것은 이렇게 놀라운 일을 보여주신 하나님이 예루살렘 성을 구원할 것이라는 것입니다.

정말 히스기야는 질병에서 회복되어 15년이나 더 살았습니다. 병에서 나은 후 지은 신앙고백적 시(詩)가 10-20절에 나옵니다. 이것은 병행 본문인 열왕기하와 역대하에는 나오지 않습니다. "보옵소서, 내게 큰 고통을 더하신 것은 내게 (3 　 　)을 주려하심이라. 주께서 내 영혼을 (4 　 　)하사 멸망의 구덩이에서 건지셨고, 내 모든 죄를 주의 등 뒤에 던지셨나이다."(17절) 하나님의 구원은 히스기야에게 평안이었습니다. 히스기야의 반응은 찬양입니다. "우리가 종신토록 여호와의 전에서 수금으로 나의 (5 　 　)를 (5 　 　)하리로다."(20절)

생각하기 병을 비롯한 위험에서 구원받은 뒤 찬양한 적이 있습니까?

해답 1. 성, 2. 징조, 3. 평안, 4. 사랑, 5. 노래

이사야 39장 · 히스기야의 어긋난 자랑

주요 구절: 39:1 (왕하 20:12-19)

39장 이해를 위해 역사적 배경을 봐야 합니다. 당시 최강국은 아시리아이며, 바빌론은 약소국입니다. 이후 바빌론의 므로닥발라단(Marduk-Baladan)이 힘을 길러 독립하는데, 그때까지 아시리아에 대항하기 위해 여러 속국들과 동맹을 맺으려 합니다. 그중 하나가 남 유다였습니다(1절). 바빌론 사신들이 예루살렘을 방문했을 때 히스기야가 어떻게 했습니까? "그들에게 (1 　 　) 창고, 곧 (2 　 　)과 향료와 보배로운 기름과 모든 (3 　 　 　)에 있는 것을 다 보여주었으니, 히스기야가 궁중의 소유와 전 국내의 소유를 보이지 아니한 것이 없는지라."(2절) 히스기야는 구원의 하나님이 아니라 '(1 　 　)과 (2 　 　)과 무기'를 자랑합니다. 이런 히스기야의 모습은 하나님 보시기에 함량 미달입니다. 언약백성은 온 우주의 왕이신 하나님만 의지하고 믿어야 합니다. 하지만, 히스기야가 인간적 힘을 의지하고 있음을 봅니다.

이에 선지자 이사야가 하나님의 말씀을 선포합니다. "보라, 날이 이르리니, 네 집에 있는 모든 (4 　 　)와 네 조상들이 오늘까지 쌓아 둔 것이 모두 바벨론으로 옮긴 바 되고 남을 것이 없으리라, 여호와의 말이니라."(6절) 히스기야는 하나님을 버리고 재물과 세상 힘을 의지했기 때문에 그 재물과 힘 모두 빼앗기고 언약백성은 70년 동안 바빌론

으로 포로 생활을 하게 될 것입니다. 히스기야의 단 한 번 실수 때문이 아니라, 그 동안 계속해서 언약을 어긴 역사 때문입니다. 안타까운 남 유다입니다!

생각하기 어떻게 하면 하나님만 자랑할 수 있을까요?

해답 1. 보물, 2. 은금, 3. 무기고, 4. 소유

이사야 40장 · 힘은 오직 하나님께

주요 구절: 40:1

이사야의 전반부 1-39장과 후반부 40-66장의 분위기는 상당히 다릅니다. 불순종한 언약백성이 심판받지만 하나님이 회복할 것입니다. 선지자의 외침을 보십시오. "그 (1 　　)의 때가 끝났고 그 죄악이 사함을 받았느니라. 그의 모든 죄로 말미암아 여호와의 손에서 벌을 배나 받았느니라."(2절) 구원의 기쁜 소식을 전합니다. "외치는 자의 소리여! 이르되, 너희는 광야에서 여호와의 (2 　)을 예비하라. 사막에서 우리 하나님의 (3 　　)를 평탄하게 하라. 골짜기마다 돋우어지며 산마다, 언덕마다 낮아지며 고르지 아니한 곳이 평탄하게 되며 험한 곳이 평지가 될 것이요, 여호와의 영광이 나타나고 모든 육체가 그것을 함께 보리라."(3-5절) 이 '외치는 자의 소리'는 세례 요한의 외침과 연결됩니다(마 3:3; 눅 3:4; 요 1:23).

하나님은 전능한 창조주입니다(12-31절). "영원하신 하나님 여호와, 땅 끝까지 창조하신 이는 피곤하지 않으시며 곤비하지 않으시며 명철이 한이 없으시며, 피곤한 자에게는 (4 　　)을 주시며 무능한 자에게는 (5 　)을 더하시나니, 소년이라도 피곤하며 곤비하며 장정이라도 넘어지며 쓰러지되, 오직 여호와를 (6 　　)하는 자는 새 (5 　)을 얻으리니, 독수리가 날개 치며 올라감 같을 것이요, 달음박질하여도 곤비하지 아니하겠고 걸어가도 피곤하지 아니하리로다."(28-31절) 언약백성의 힘은 오직 하나님께 있습니다.

생각하기 포로 중인 백성이 이 예언을 들을 때 어떤 기분이었을까요?

해답 1. 노역, 2. 길, 3. 대로, 4. 능력, 5. 힘, 6. 영원

이사야 41장 · 하나님이 구원하다

주요 구절: 41:10

재판관 하나님 앞에 모든 나라가 두려워 떨겠지만(5절), 이스라엘은 무서워할 필요가 없습니다. "두려워하지 말라. 내가 너와 (1) 함이라. 놀라지 말라. 나는 네 하나님이 됨이라. 내가 너를 굳세게 하리라. 참으로 너를 (2) 주리라. 참으로 나의 의로운 오른손으로 너를 붙들리라."(10절)

하나님은 왜 이스라엘을 구원하려 할까요? 이스라엘에게 대단한 열심이 있고 기특한 일을 했기 때문일까요? 아닙니다. 이스라엘은 그저 "(3) 같은 너 야곱"(14절)일 뿐입니다. (3)로 표현될 만큼 이스라엘 백성은 연약하고 무가치합니다. 그럼에도 구원하는 이유는 하나님이 "이스라엘의 거룩한 이"이기 때문입니다(14절).

하나님의 구원은 북방(25절)과 동방에서 오는 "한 사람"(2, 25절)을 통해 이루어질 것입니다(25절). 그는 북쪽 '메대'(Medes)와 동쪽 '페르시아'(Persia)를 통일한 고레스(Cyrus) 왕입니다. 이사야는 고레스를 여호와의 "(4)을 부르는 자"(25절)로 표현하는데, 고레스가 신자라는 뜻은 아닙니다. 그는 하나님의 통치 수단일 뿐입니다. 그런 왕을 사용해 하나님이 언약백성을 구원합니다.

생각하기 세계 최강국을 도구로 사용하시는 하나님을 묵상해봅시다.

해답 1. 함께, 2. 도와, 3. 버러지, 4. 이름

이사야 42장 · 구원의 목적(종의 노래)

주요 구절: 42:1

이사야에는 네 개의 '종의 노래'(사 42:1-9, 49:1-6, 50:4-11, 52:13-53:12)가 나옵니다. 종은 메시아, 예수 그리스도입니다. 예수님이 종의 노래 중 일부를 인용(마 12:18-20)합니다. "내가 붙드는 나의 종, 내 마음이 기뻐하는 자, 곧 내가 택한 사람을 보라. 내가 나의 (1)을 그에게 주었은즉, 그가 이방에 정의를 베풀리라. 그는 외치지 아니하며 목소리를 높이지 아니하며, 그 소리를 거리에 들리게 하지 아니하며, 상한 갈대를 꺾지 아니하며 꺼져가는 (2)을 끄지 아니하고 진실로 (3)를 시행할 것이며"(1-3절)

하나님은 이스라엘 백성을 "의"로 부르고 빛이 되게 합니다. "나 여호와가 의로 너를 불렀은즉, 내가 네 손을 잡아 너를 보호하며 너를 세워 백성의 언약과 이방의 (4)이 되게 하리니, 네가 눈먼 자들의 눈을 밝히며 갇힌 자를 감옥에서 이끌어 내며 흑암에 앉은 자를 감방에서 나오게 하리라."(6-7절) 이렇게 구원하는 목적이 무엇일까요? 바로 하나님의 영광 때문입니다. "나는 내 영광을 다른 자에게, 내 찬송을 우상에게 주지 아니하리라."(8절)

이런 사랑에도 불구하고 이스라엘이 하나님의 사랑을 깨닫지 못합니다. "야곱이 탈취를 당하게 하신 자가 누구냐? 이스라엘을 약탈자들에게 넘기신 자가 누구냐? 여호와가 아니시냐? 우리가 그에게 (5)하였도다. 그들이 그의 (6)로 다니기를 원하지 아니하였도다."(24절) 하나님이 힘이 없거나 능력이 약하기 때문이 아니라 그들이 불순종하여 벌 받은 것인데, 이것을 깨닫지 못합니다.

생각하기 나는 부족하지만, 하나님은 나를 사랑하는 것을 믿습니까?

해답 1. 영, 2. 등불, 3. 정의, 4. 빛, 5. 범죄, 6. 길

이사야 43장 · 두려워하지 말라

주요 구절: 43:1

하나님의 일방적 구원 선포를 들어보십시오. 얼마나 감격적인지요. "너는 두려워하지 말라. 내가 너를 구속하였고 내가 너를 (1)하여 불렀나니 너는 내 것이라."(1절)

구원은 하나님의 택함과 부름으로 이루어진다는 것을 보여줍니다. "네가 내 눈에 보배롭고 (2)하며 내가 너를 사랑하였은즉."(4절) 하나님의 사랑이 우리 구원의 근거임을 봅니다. 또 죄 용서의 은혜도 놀랍습니다. "나 곧 나는 나를 위하여 네 허물을 도말하는 자니, 네 (3)를 기억하지 아니하리라."(25절) 이 은혜를 받은 백성은 뭘 해야 할까요? 이 놀라운 은혜를 증언해야 합니다(10절).

이렇게 놀라운 구원을 베푸는 목적이 무엇일까요? 그것은 하나님의 (4)과 (5) 때문입니다. "내 이름으로 불려지는 모든 자, 곧 내가 내 (4)을 위하여 창조한 자를 오게 하라. 그를 내가 지었고 그를 내가 만들었느니라."(7절) "이 백성은 내가 나를 위하여 지었나니, 나를 (5)하게 하려 함이니라."(21절) 이것은 곧 예배입니다. 예배가 구원의 목적이며 우리 삶의 목적임을 알 수 있습니다.

22-28절은 이스라엘의 범죄 곧 철저한 실패를 보여줍니다. 그들의 예배는 하나님으로 괴롭게 할 뿐이었습니다(24절). 결국 그들은 하나님께 심판받았습니다(28절). 하지만 앞서 본 것처럼 하나님은 자기 영광을 위하여 그들을 포기하지 않고 용서하고 구원합니다. 이것이 성도의 유일한 희망입니다.

생각하기 나는 구원받은 목적대로 살고 있습니까?

해답 1. 지명, 2. 존귀, 3. 죄, 4. 영광, 5. 찬송

이사야 44장 · 야곱과 여수룬

주요 구절: 44:2

하나님은 이스라엘을 "나의 종 야곱, 내가 택한 여수룬아!"라고 부릅니다(2절) "여수룬"(2절)은 '의인'이라는 뜻입니다. 반대로 "야곱"은 '거짓말쟁이'라는 뜻입니다. 이런 것을 보면 '죄인이면서 동시에 의인'(peccator simul iustus)이라고 말한 종교 개혁자 마르틴 루터(M. Luther)의 표현은 옳습니다. 그런 언약백성에게 하나님은 은혜를 베풉니다. "나는 목마른 자에게 (1)을 주며 마른 땅에 시내가 흐르게 하며, 나의 (2)을 네 자손에게, 나의 (3)을 네 후손에게 부어 주리니."(3절)

지난 시절 이스라엘 백성은 각종 우상을 만들어 섬겼습니다(11-13절). 기가 막힙니다. 택함 받은 이스라엘은 반드시 기억해야 할 것이 있습니다. "야곱아, 이스라엘아, 이 일을 기억하라. 너는 내 (4)이니라. 내가 너를 지었으니 너는 내 (4)이니라. 이스라엘아! 너는 나에게 잊혀지지 아니하리라."(21절)

하나님은 택한 백성을 구원하기 위해 세상 나라와 왕을 이용합니다(28절). "고레스에 대하여는 이르기를, 내 (5)라. 그가 나의 모든 기쁨을 성취하리라."(28절) 이방인 왕 고레스가 하나님의 도구로 쓰임 받습니다. 이스라엘에게 수치스러운 일입니다.

이스라엘의 죄에도 불구하고 하나님의 구원은 전진합니다. "내가 네 허물을 빽빽한 구름같이, 네 죄를 안개 같이 없이하였으니, 너는 내게로 돌아오라. 내가 너를 (6)하였음이니라."(22절) 유다 백성의 예루살렘 귀환이 예언됩니다. 예루살렘이 다시 세워지고 성전의 기초가 놓일 것입니다.

생각하기 '죄인이면서 동시에 의인'이라는 말이 어떻게 다가옵니까?

해답 1. 물, 2. 영, 3. 복, 4. 종, 5. 목자, 6. 구속

이사야 45장 · 다른 이가 없느니라

주요 구절: 45:6

페르시아 왕 고레스가 "기름 부음을 받은"(1절) 자(메시아)로 묘사됩니다. 특별한 임무를 이루기 위해 세워진 종이라는 의미입니다. 고레스는 남 유다를 예루살렘으로 다시 돌려보냅니다.

반복되는 문구가 있습니다. "나는 여호와라. 다른 이가 없느니라."(6, 14, 18, 21, 22절) 하나님은 창조주요, 온 역사의 주입니다. 그러니 어느 누구도 하나님의 일에 대해 이러쿵저러쿵 불만을 표할 수 없습니다. 이사야는 토기장이와 질그릇, 그리고 부모와 자녀의 관계를 비유로 하나님의 위대함을 설명합니다. "질그릇 조각 중 한 조각 같은 자가 자기를 지으신 이와 더불어 다툴진대, 화 있을진저, (1)이 토기장이에게 너는 무엇을 만드느냐, 또는 네가 만든 것이 그는 (2)이 없다 말할 수 있겠느냐, 아버

지에게는 무엇을 낳았소, 하고 묻고 어머니에게는 무엇을 낳으려고 해산의 (3)를 하였소, 하고 묻는 자는 화 있을진저."(9-10절) 그러나 종종 그 분을 인간이 보지 못할 수도 있습니다. "구원자 이스라엘의 하나님이여. 진실로 주는 스스로 (4) 계시는 하나님이시니이다."(15절) 그러나 하나님의 두드러진 구원으로 스스로를 자랑할 것입니다(25절).

생각하기 내가 믿는 하나님이 주(主)이신 것이 어떻게 다가옵니까?

해답 1. 진흙, 2. 손, 3. 수고, 4. 숨어

이사야 46장 · 죽은 우상, 살아계신 하나님

주요 구절: 46:9

"벨"(Bel)은 바빌론의 신입니다. '주인'이라는 의미로 마르둑(Marduk)이나 '바알'(Baal)과 같습니다. "느보"(Nebo)는 마르둑의 아들로 학문과 저술의 신입니다. 하지만 이들은 모두 하나같이 인간이 만든(偶) 어리석은(愚) 형상(우상)에 불과합니다.

그에 비해 이스라엘의 하나님은 살아있고 참된 신입니다. 하나님은 자기 백성을 낳고 보살피며 돌봅니다. "야곱의 집이여! 이스라엘 집에 (1) 모든 자여! 내게 들을지어다. 배에서 태어남으로부터 내게 안겼고 태에서 남으로부터 내게 (2) 너희여! 너희가 노년에 이르기까지 내가 그리하겠고 백발이 되기까지 내가 너희를 (3)을 것이라. 내가 지었은즉 내가 업을 것이요, 내가 (3)고 구하여 내리라."(3-4절) 부모가 자신 아이를 보호하는 것처럼 살아계신 하나님이 언약백성을 돌봅니다.

하나님의 구원은 과거 역사에서 알 수 있습니다. "너희는 (4)적 일을 기억하라. 나는 하나님이라. 나 외에 다른 이가 없느니라. 나는 하나님이라. 나 같은 이가 없느니라."(9절) 구원역사를 돌아볼 때 참되고 살아계신 하나님을 깨닫습니다. 역사를 공부하는 의미가 여기에 있습니다.

생각하기 내가 기억하는 구원 역사는 무엇입니까?

해답 1. 남은, 2. 업힌, 3. 품, 4. 옛

이사야 47장 · 바빌론의 교만과 멸망

주요 구절: 47:10

47장은 바빌론의 멸망을 예언합니다. 앞서 13장에도 나왔지만 여기에서는 하나님의 구원사역 맥락에서 읽을 수 있습니다. "처녀 딸 (1 ______)이여! 내려와서 티끌에 앉으라. 딸 갈대아여! (2 ____)가 없어졌으니 땅에 앉으라. 네가 다시는 곱고 아리땁다 일컬음을 받지 못할 것임이라."(1절) 바빌론의 영광이 영원하지 못합니다. 세상의 주인은 하나님입니다. "내가 보복하되"에서 "내가"는 하나님입니다.

바빌론의 죄는 무엇일까요? 첫 번째 죄는 무자비함입니다. 하나님이 이스라엘 백성을 벌주기 위해 바빌론을 도구로 사용하였으나, 바빌론은 이스라엘에게 아무런 긍휼도 베풀지 않았습니다. "전에 내가 내 백성에게 노하여 내 기업을 욕되게 하여 그들을 네 손에 넘겨주었거늘, 네가 그들을 긍휼히 여기지 아니하고 늙은이에게 네 (3 ____)를 심히 무겁게 메우며."(6절) 두 번째 죄는 교만입니다. "그러므로 (4 ____)하고 평안히 지내며 마음에 이르기를 나뿐이라. 나 외에 다른 이가 없도다."(8절) 도구 수준인 자신을 제대로 알지 못하고 스스로 교만해 세상에서 가장 높은 존재라고 착각했습니다. 교만은 하나님이 가장 싫어하는 죄입니다.

생각하기 하나님이 교만을 가장 싫어하는 이유는 무엇일까요?

해답 1. 바벨론, 2. 보좌, 3. 멍에, 4. 사치

이사야 48장 · 내 영광을 위하여

주요 구절: 48:9

하나님은 이스라엘 백성의 악한 성향을 잘 알고 있습니다. 이스라엘 백성을 "진실이 없고 공의가 없도다"(1절)라고 평가합니다. "너는 (1 　　)하며 네 목은 (2 　)의 힘줄이요, 네 이마는 놋이라"고 말씀합니다(4절). 그들은 어리석고 교만하며 고집이 셉니다. 이런 이스라엘을 왜 하나님이 구원할까요? 그 이유는 한 가지입니다. "내 이름을 위하여 내가 노하기를 더디 할 것이며, 내 (3 　　)을 위하여 내가 참고 너를 멸절하지 아니하리라."(9절) 이스라엘을 구원하는 근거는 오직 하나님의 (3 　　)(soli Deo gloria)입니다(11절).

하나님은 미리 이스라엘의 구원과 회복을 선지자들에게 알립니다. "이제부터 내가 (4 　) 일 곧 네가 알지 못하던 (5 　　)한 일을 네게 듣게 하노니."(6절) "(5 　　)"는 은밀하고 비밀스럽다는 의미입니다.

이집트에서 탈출해 사막을 거쳐 가나안 땅으로 갔던 조상처럼, 유다 백성은 바빌론을 떠나 하나님의 인도로 예루살렘으로 돌아올 것입니다. "너희는 바벨론에서 나와서 갈대아인을 피하고 즐거운 소리로 이를 알게 하여 들려주며 … 여호와께서 그들을 (6 　　)으로 통과하게 하시던 때에 그들이 목마르지 아니하게 하시되, 그들을 위하여 바위에서 물이 흘러나게 하시며 바위를 쪼개사 물이 솟아나게 하셨느니라."(20-21절)

생각하기 이집트와 바빌론에서 구원한 하나님을 깊이 묵상해봅시다.

해답 1. 완고 2. 쇠, 3. 영광, 4. 새, 5. 은비, 6. 사막

이사야 49장 · 구원하는 종(종의 노래)

주요 구절: 49:6

두 번째 종의 노래가 등장합니다. 하나님의 종은 하나님의 일을 위하여 특별히 부름 받은 직분자입니다. 그러므로 "내", "나" 같은 표현에 독자 자신을 바로 대입시키면 안 됩니다. '하나님의 종'을 날카로운 칼 같이 만들고, 갈고 닦은 화살로 만들어 백성을 구원하는 데 사용할 것입니다(2절).

종의 사역은 헛되이 수고한 것처럼 보일 것입니다(4절). 그러나 종의 사역이 잃어버린 이스라엘 백성을 구원합니다. "그가 이르시되 네가 나의 종이 되어 (1 ____)의 지파들을 일으키며, 이스라엘 중에 보전된 자를 돌아오게 할 것은 매우 쉬운 일이라."(6절) 뿐만 아니라, "이방의 빛"으로서 역할을 할 것입니다. "내가 또 너를 이방의 빛으로 삼아 나의 구원을 베풀어서 땅 끝까지 이르게 하리라."(6절) 8절부터는 예루살렘의 회복이 예언됩니다. 구원의 날에 "모든 육체가 나 여호와는 네 (2 ______)요, 네 (3 ______)요, 야곱의 (4 ______)인 줄"(26절) 알게 될 것입니다.

이런 종의 사역이 예수 그리스도의 십자가 사역을 통해 성취됩니다. 그가 헛된 사역을 한 것 같으나 십자가 사역으로 온 백성을 구원합니다. 더 나아가 제자들의 사역으로 땅 끝까지 복음이 전파됩니다(행 13:46-47). 그 사명이 이제 교회로 이어졌습니다.

생각하기 나는 복음 전파 사명을 어떻게 감당하고 있습니까?

해답 1. 야곱 2. 구원자, 3. 구속자, 4. 전능자

이사야 50장 · 사역, 고난, 구원(종의 노래)

주요 구절: 50:4

이스라엘 백성이 고난당한 책임은 누구에게 있을까요? 하나님이 벌을 내린 당사자이니, 하나님 잘못일까요? 아닙니다. "보라 너희는 너희의 (1 ____)으로 말미암아 팔렸고 너희의 어미는 너희의 (2 ____)함으로 말미암아 내보냄을 받았느니라."(1절) 이스라엘 스스로 죄를 지었기 때문입니다.

4-11절은 세 번째 '종의 노래'입니다. 종이 "학자들의 (3 __)"를 받는데(4절), 여기서 "학자"는 '제자'(disciple), 곧 '배우는 자'라는 의미입니다. 하나님이 아침마다 깨우치고 학자들같이 알아듣게 할 것입니다. 여호와의 종은 선지자로서 선포할 것인데, 선포하는 것은 하나님께 배운 것 그대로입니다.

여호와의 종은 고난과 고통을 당합니다. "나를 때리는 자들에게 내 등을 맡기며, 나의 수염을 뽑는 자들에게 나의 (4 __)을 맡기며, 모욕과 (5 __) 뱉음을 당하여도 내 얼굴을 가리지 아니하였느니라."(6절) 예언된 대로 예수 그리스도가 고난 받습니다. 그러

나 하나님이 돕습니다. 여호와의 종의 결백을 하나님이 인정해줍니다(딤전 3:16).

종의 목소리를 청종하는 자가 구원받습니다. 모든 백성은 여호와의 이름을 의뢰하고 자기 하나님에게 (6 　 　)해야 합니다(10절). '의뢰와 (6 　 　)'는 믿음을 의미합니다. 오직 믿음만(sola fide)이 살 길입니다.

생각하기 나는 하나님께 귀를 열어두고 있습니까?

해답 1. 죄악 2. 배역, 3. 혀, 4. 뺨, 5. 침, 6. 의지

이사야 51장 · 언약, 구원, 공의

주요 구절: 51:1

하나님의 통치는 공의와 사랑, 심판과 구원으로 나타나는데, '공의의 심판'은 바빌론을 향하고 '사랑의 구원'은 이스라엘을 향합니다(5, 6, 8절). 이렇게 차이가 나는 이유는 하나님이 이스라엘 백성과 언약을 맺었기 때문입니다. 이 언약은 아브라함 때로 거슬러 올라갑니다.

하나님은 이스라엘 백성을 반석에서 떠내고 구덩이에서 파낸 것으로 표현합니다(1-2절). 이스라엘 백성이 나온 반석과 웅덩이는 아브라함과 사라를 뜻합니다. "혼자 있을 때에 내가 그를 부르고 그에게 (1 　)을 주어 창성하게 하였느니라."(2절) 하나님이 아브라함을 은혜로 선택하여 언약을 맺은 사건입니다.

하나님은 언약백성을 사랑으로 구원하기 위해 사막을 (2 　 　)같고, 광야를 여호와의 (3 　 　)같이 만들 것입니다(3절). 황무하던 사막과 광야가 하나님이 머무는 환상적인 곳으로 바뀌는데, 이와 같이 죄 많던 백성은 완전히 새로운 백성으로 구원할 것입니다. 그들을 "내 (4 　 　)이라"(16절) 부를 것입니다.

생각하기 언약을 기억하여 구원한 하나님이 어떻게 다가옵니까?

해답 1. 복 2. 에덴, 3. 동산, 4. 백성

이사야 52장 · 복된 좋은 소식

주요 구절: 52:1

하나님이 언약을 버린 백성에게 벌을 내려 아시리아와 바빌론으로 잡혀가게 했지만, 다시 그들을 예루살렘으로 돌아오게 할 것입니다. 그런데 이방 나라가 그런 이스라엘의 모습을 보고 하나님의 이름을 더럽히고 조롱합니다(5절). 이제 하나님의 영광을 위해 하나님이 택한 백성을 위로하고 회복시킬 것입니다. 이 소식은 언약백성에게 그야말로 좋은 소식입니다.

복된 좋은 소식을 전하는 자의 발은 너무나도 아름답습니다. "좋은 소식을 전하며 (1 ____ ____)를 공포하며 복된 좋은 소식을 가져오며 (2 ____ ____)을 공포하며 시온을 향하여 이르기를, 네 하나님이 통치하신다, 하는 자의 산을 넘는 발이 어찌 그리 아름다운가!"(7절) "복된 좋은 소식"이 바로 '복음'(Good news)입니다. 이 말씀을 사도 바울이 인용합니다(롬 10:15). 복된 좋은 소식의 첫 부분을 들어보십시오. "시온이여 (3 ____)지어다. (3 ____)지어다."(1절) "너희는 (4 ____ ____)지어다. (5 ____ ____)지어다."(11절)

13절부터는 네 번째 종의 노래가 53장까지 이어집니다.

생각하기 52장 말씀이 내게도 복된 좋은 소식입니까?

해답 1. 평화 2. 구원, 3. 깰, 4. 떠날

이사야 53장 · 고난 받는 종(종의 노래)

주요 구절: 53:5

52장 13절부터 네 번째 '종의 노래'가 이어집니다. 이 단락은 신약성경에서 자주 인용, 암시됩니다(행 8:30-35; 벧전 2:22-25 등). 세 가지 인칭 대명사가 등장하는데, '나'는 여호와, '그'는 종, '우리'는 종을 필요로 하는 자들을 뜻합니다. 그가 비록 고난받지만 마침내 존귀하게 될 것입니다(사 52:13-14).

우리		여호와의 종
허물	>	찔림
죄악	>	상함
평화	<	징계
나음	<	채찍

***우리와 종의 교환**

고난받는 그의 모습이 딱해 보입니다. "그는 주 앞에서 자라나기를 연한 순 같고 마른 땅에서 나온 뿌리 같아서 고운 (1)도 없고 풍채도 없은즉 우리가 보기에 흠모할 만한 아름다운 것이 없도다. 그는 멸시를 받아 사람들에게 (2) 받았으며, 간고를 많이 겪었으며, 질고를 아는 자라. 마치 사람들이 그에게서 얼굴을 가리는 것 같이 멸시를 당하였고, 우리도 그를 귀히 여기지 아니하였도다. 그는 실로 우리의 질고를 지고 우리의 슬픔을 당하였거늘, 우리는 생각하기를, 그는 (3)을 받아 하나님께 맞으며 고난을 당한다, 하였노라."(사 53:2-4) 하지만 그가 고난받는 이유는 우리 때문입니다. 그가 고난받음으로 우리가 구원받습니다.

그가 고난받는 모습이 53장 7-9절에 좀 더 자세히 묘사되는데, 꼭 그 모습이 예수 그리스도가 십자가에 매달리기 전과 같습니다. "그가 곤욕을 당하여 (4)울 때에도 그의 입을 열지 아니하였음이여, 마치 도수장으로 끌려가는 어린 양과 털 깎는 자 앞에서 잠잠한 양같이 그의 입을 열지 아니하였도다. 그는 곤욕과 심문을 당하고 끌려갔으나 그 세대 중에 누가 생각하기를 그가 살아 있는 자들의 땅에서 끊어짐은 마땅히 형벌 받을 내 백성의 (5) 때문이라, 하였으리요. 그가 강포를 행하지 아니하였고, 그의 입에 (6)이 없었으나, 그의 무덤이 악들과 함께 있었으며 그가 죽은 후에 부자와 함께 있었도다." 예수님이 기꺼이 우리의 허물을 감당하였기에 우리가 구원받습니다.

생각하기 우리의 허물을 대신해 십자가에 달리신 예수님을 묵상합시다.

해답 1. 모양 2. 버림, 3. 징벌, 4. 괴로, 5. 허물, 6. 거짓

이사야 54장 · 영원한 하나님의 사랑

주요 구절: 54:8

하나님은 이스라엘 백성을 버리고(7절) 얼굴을 (1   ) 가립니다(8절). 하지만 큰 긍휼(7절)과 영원한 (2   )(8절)로 구원할 것을 약속합니다. "두려워하지 말라. 네가 (3   )를 당하지 아니하리라. 놀라지 말라. 네가 부끄러움을 보지 아니하리라. 네가 네 젊었을 때의 수치를 잊겠고 과부 때의 치욕을 다시 기억함이 없으리니."(4절) 하나님의 모습이 "지으신 이", "남편", "만군의 여호와", "구속자", "거룩한 이", "온 땅의 하나님"으로 다양합니다(5절). 우리가 그 분의 '신부'입니다. 피조물에 불과한 우리가 하나님의 신부라니요! 놀라운 은혜입니다.

흔들리지 않는 '화평(평화)의 언약'이 나옵니다(10절). 떠나간 신부를 다시 품고 화해하는 신랑 하나님의 사랑은 끝이 없습니다. 그 언약의 복은 자녀에게까지 이를 것입니다. "네 모든 자녀는 여호와의 (4   )을 받을 것이니, 네 자녀에게는 큰 평안이 있을 것이며."(13절) '여호와의 (4   )을 받는다'는 말은 '여호와의 제자가 된다'는 뜻이기도 합니다. 이처럼 하나님의 사랑은 대대손손 영원할 것입니다.

생각하기 영원한 하나님의 사랑을 들을 때 나의 마음은 어떻습니까?

해답 1. 잠시, 2. 자비, 3. 수치, 4. 교훈

이사야 55장 · 언약에 따른 은혜

주요 구절: 55:1

하나님의 언약은 영원히 효력이 있습니다(3절). 이 언약은 "여호와의 종"을 통해 성취될 것입니다. 이 언약은 먼저 유대인에게 갔지만, 후에 모든 민족을 향할 것입니다. "보라, 내가 그를 만민에게 (1   )으로 세웠고, 만민의 인도자와 명령자로 삼았나니, 보라, 네가 알지 못하는 (2   )를 네가 부를 것이며."(4-5절) 할렐루야!

하나님이 베푸는 은혜가 놀랍습니다. 목마른 자에게 물(해갈)을, 슬픔이 가득한 자에게 포도주(위로)를, 성장을 위해 필요한 젖(만족)을 베풉니다(1절). 어떤 대가도 요구하지 않습니다. 공짜입니다. 은혜입니다. 이런 놀라운 은혜가 유대인에게만 아니라, 모든 민족을 향합니다. 모든 민족도 하나님의 부름에 응답해야 합니다. "너희는 귀를 기울이고 내게로 나아와 들으라. 그리하면 너희의 (3)이 살리라."(3절)

하나님은 돌이키는 자를 용서합니다. "너희는 여호와를 만날 만한 때에 찾으라. 가까이 계실 때에 그를 부르라. 악인은 그의 (4)을, 불의한 자는 그의 (5)을 버리고 여호와께로 돌아오라. 그리하면 그가 긍휼히 여기시리라. 우리 하나님께로 돌아오라. 그가 너그럽게 용서하시리라."(6-7절) 이 은혜는 인간이 생각할 수 없는 것입니다. 땅이 하늘에서 먼 것처럼 사람이 하나님의 그 큰 뜻을 다 헤아릴 수 없습니다(9절). 오직 언약에 따른 하나님의 무한한 자비와 사랑으로 가능합니다.

생각하기 대가를 요구하는 세상과 은혜로운 하나님을 비교해봅시다.

해답 1. 증인, 2. 나라, 3. 영혼, 4. 길, 5. 생각

이사야 56장 · 만민이 기도하는 집

주요 구절: 56:3

하나님의 부름으로 구원받은 백성에게 새로운 삶이 요구됩니다. "너희는 (1)를 지키며 의를 행하라."(1절) 구원받은 백성은 하나님 나라의 법을 지키며 삽니다. 예를 들면 안식일 준수입니다. "안식일을 지켜 더럽히지 아니하며, 그의 손을 금하여 모든 (2)을 행하지 아니하여야 하나니, 이와 같이 하는 사람, 이와 같이 굳게 잡는 사람은 복이 있느니라."(2절) 이 복은 이방인에게로 확대됩니다. "여호와와 연합하여 그를 섬기며 여호와의 이름을 사랑하며 그의 종이 되며 안식일을 지켜 더럽히지 아니하며 나의 (3)을 굳게 지키는 이방인마다"(6절) 예루살렘으로 모여 기도할 것입니다. 이제 예루살렘 성전은 "만민이 기도하는 집"(7절)이라 불릴 것입니다.

여호와와 연합한 이방인과 대비되는 자들이 9-12절에 나옵니다. 그들을 향한 고발을 보십시오. "이 개들은 (4)이 심하여 족한 줄을 알지 못하는 자들이요, 그들은 몰

지각한 목자들이라. 다 제 길로 돌아가며 사람마다 자기 이익만 추구하며."(11절) 택함 받은 민족이라 자부하였건만 그들은 (4   )에 찌들어 하나님을 따르지 않습니다.

생각하기 하나님과 연합한 자입니까? 이 물음에 어떻게 답하겠습니까?

해답 1. 정의, 2. 악, 3. 언약, 4. 탐욕

이사야 57장 · 치료하는 하나님

주요 구절: 57:15

"(1   )의 자식, 간음자와 (2   )의 자식들"은 언약을 배신한 자들입니다(3절). 언약백성이 우상들과 "언약"(8절)을 맺었습니다. 우상을 섬기는 그들은 의인을 무시하고 공의를 행하지 않습니다. 그런 우상은 잠시 위안을 주며 복을 주는 것 같지만, 하나님의 심판에 아무런 도움이 되지 못합니다(13절).

마침내 하나님이 언약백성을 돕습니다. "내가 그를 (3   )리라."(19절) 택한 백성을 구할 준비를 합니다. "돋우고 돋우어 (4   )을 수축하여 내 백성의 (4   )에서 거치는 것을 제하여 버리라."(14절) "내가 … 통회하고 마음이 (5   )한 자와 함께 있나니, 이는 (5   )한 자의 영을 소생시키며 통회하는 자의 마음을 소생시키려 함이라."(15절) 돌이키는 자를 고쳐줄 것입니다. 그에게 위로가 임합니다(18절). 그러나 여전히 악행에 머무는 자에게는 평안이 없고 심판이 임할 것입니다(20-21절).

생각하기 자기 백성을 직접 고치는 하나님이 어떻게 느껴집니까?

해답 1. 무당, 2. 음녀, 3. 고치, 4. 길, 5. 겸손

이사야 58장 · 하나님이 원하는

주요 구절: 58:1

이스라엘 백성의 죄가 무엇일까요? 그들은 성전 제사도 잘 지내고 율법과 안식일도 열심히 지켰습니다(2절). 심지어 금식 기도까지 합니다. 그리고 그런 것을 하나님이 알아주지 않는다고 하나님께 불평합니다(3절). 그러나 그들은 외식하는 자들입니다. 그들은 금식하는 날에 오락도 겸하며 두 마음을 품었습니다. 금식하는 중에 논쟁하고 싸우고 주먹을 휘두릅니다(4절). 그들의 종교 행위는 하나님이 원하는 '금식'과 다릅니다.

하나님을 오해하기 때문에 금식을 '단식투쟁'처럼 생각하고 철야기도를 '철야농성'처럼 여깁니다. 그러나 하나님이 원하는 금식은 다음과 같습니다. "내가 (1 　　)하는 금식은 흉악의 (2 　　)을 풀어 주며, 멍에의 줄을 끌러 주며, 압제 당하는 자를 (3 　　)하게 하며, 모든 멍에를 꺾는 것이 아니겠느냐? 또 주린 자에게 네 양식을 나누어 주며, 유리하는 빈민을 집에 들이며, 헐벗은 자를 보면 입히며, 또 네 골육을 피하여 스스로 숨지 아니하는 것이 아니겠느냐?"(6-7절) 하나님이 원하는 금식은 나 자신의 유익을 관철하기 위한 금식이 아니라 어려운 이웃을 돌아보는 것입니다.

하나님이 원하는 안식일 준수는 무엇일까요? 다음과 같습니다. "만일 안식일에 네 발을 금하여 내 (4 　　)에 오락을 행하지 아니하고, 안식일을 일컬어 즐거운 날이라, 여호와의 (4 　　)을 (5 　　)한 날이라, 하여 이를 (5 　　)하게 여기고, 네 길로 행하지 아니하며, 네 오락을 구하지 아니하며, 사사로운 말을 하지 아니하면, 네 여호와 안에서 즐거움을 얻을 것이라."(13-14절) 자원하는 안식일 준수는 진정한 즐거움과 기쁨이 될 것입니다.

생각하기 나는 어떤 마음으로 금식과 안식일을 지킵니까?

해답 1. 기쁨, 2. 결박, 3. 자유, 4. 성일, 5. 존귀

이사야 59장 · 언약백성의 구원자

주요 구절: 59:2

이스라엘 백성은 자기들의 고난을 두고 여전히 하나님 탓을 합니다. 그러나 그들의 고난은 그들의 죄악 때문입니다(2절). "여호와의 (1)이 짧아 (2)하지 못하심도 아니요, 귀가 둔하여 듣지 못하심도 아니라."(1절) 그들의 '손과 손가락', '입과 입술'(3절)이 악하고, '발과 생각'(7절)이 모두 악하여 하나님이 주는 평강을 알지 못합니다(8절).

그들의 실제 모습은 이렇습니다. "우리가 맹인 같이 담을 더듬으며, 눈 없는 자 같이 두루 더듬으며, 낮에도 황혼 때 같이 넘어지니 우리는 강장(强壯)한 중에서도 죽은 자 같은지라. 우리가 곰 같이 부르짖으며, 비둘기 같이 슬피 (3), 정의를 바라나 없고, (2)을 바라나 우리에게서 멀도다."(10-11절) 그들 스스로 일어설 수 있는 힘이 없습니다. 결국 하나님이 직접 무장한 용사가 되어 죄와 싸웁니다(16-17절). 하나님이 세운 구속자가 임할 것인데 그때 새 언약을 맺을 것입니다. 새 언약을 들어보십시오. "네 위에 있는 나의 (4)과 네 입에 둔 나의 (5)이 이제부터 영원하도록 네 입에서와 네 후손의 입에서와 네 후손의 후손의 입에서 떠나지 아니하리라."(21절) 구원한 언약백성에게 하나님의 (4)과 말씀을 부어줍니다. 이것은 복음의 말씀인데, 예수님과 그의 제자들, 그들이 세운 교회를 통하여 오늘 우리에게까지 이르렀습니다. 하나님, 감사합니다!

생각하기 하나님의 영과 말씀이 내게 머물고 있습니까?

해답 1. 손, 2. 구원, 3. 울며, 4. 영, 5. 말

이사야 60장 · 어둔 세상을 비추는 빛

주요 구절: 60:1

이사야 60장은 예루살렘의 회복과 구원을 묘사합니다. 이 그림은 새 예루살렘을 묘사하는 요한계시록에 많이 반영됩니다. 하나님은 구원받은 백성에게 이렇게 외칩니다. "일어나라! (1)을 발하라! 이는 네 (1)이 이르렀고 여호와의 (2)이 네 위에 임하였음이니라."(1절) 어둠 속에 있던 백성이 하나님의 도움으로 (1)을 발하게 됩니다. 세상은 여전히 어둠이지만(2절), 하나님의 백성이 (1)을 비춥니다. 수많은

나라가 구원받은 백성에게로 몰려와 함께 복을 누릴 것입니다. "나라들은 네 (1 ___)으로, 왕들은 비치는 네 광명으로 나아오리라."(3절)

예루살렘의 회복을 묘사합니다. "네가 네 성벽을 (3 ___ ___)이라, 네 성문을 (4 ___ ___)이라 부를 것이라. 다시는 낮에 해가 네 (1 ___)이 되지 아니하며 달도 네게 (1 ___)을 비추지 않을 것이요, 오직 (5 ___ ___ ___)가 네게 영원한 (1 ___)이 되며 네 하나님이 네 (2 ___ ___)이 되리니, 다시는 네 해가 지지 아니하며, 네 달이 물러가지 아니할 것은 여호와가 네 영원한 (1 ___)이 되고…"(18-20절) 이 예언이 최후 새 예루살렘에서 성취될 것입니다. "그 성은 해나 달의 비침이 쓸데없으니, 이는 하나님의 (2 ___ ___)이 비치고 어린 양이 그 등불이 되심이라. 만국이 그 (1 ___) 가운데로 다니고 땅의 왕들이 자기 (2 ___ ___)을 가지고 그리로 들어가리라. 낮에 성문들을 도무지 닫지 아니하리니 거기에는 밤이 없음이라."(계 21:23-25)

생각하기 나는 빛으로서 어둔 세상을 비추고 있습니까?

해답 1. 빛, 2. 영광, 3. 구원, 4. 찬송, 5. 여호와

이사야 61장 · 아름다운 소식

주요 구절: 61:1

1절부터 구원의 소식이 선포됩니다. "주 여호와의 (1 ___)이 내게 내리셨으니, 이는 여호와께서 내게 기름을 부으사, 가난한 자에게 아름다운 (2 ___ ___)을 전하게 하려 하심이라. 나를 보내사 마음이 상한 자를 고치며 포로된 자에게 (3 ___ ___)를, 갇힌 자에게 놓임을 선포하며." 놀랍게도 예수 그리스도가 나사렛 회당에서 사역을 시작할 때 이 구원의 소식을 인용하여 선포합니다(눅 4:17-21). 예수님이 구원을 이루는 기름 부음 받은 자, 곧 메시아로 오신 것입니다.

하나님의 구원의 결과는 대단합니다. "슬퍼하는 자"에게 "화관"(華冠, 기쁨과 영광)을 주고, "(4 ___)"(슬픔) 대신 "기쁨의 기름"을 주고, "슬픔" 대신 "찬송의 옷"을 주시고, "근심" 대신 "의의 나무", 곧 "그 영광을 나타낼 자"가 되게 합니다(3절). 또 "수치" 대신 "보

상", "능욕" 대신 "몫"을 받고(7절), "여호와께 복 받은 자손"(9절)으로 영원한 기쁨을 누릴 것입니다.

이렇게 구원받은 백성은 "여호와의 (5)"과 "하나님의 (6)"가 될 것입니다(6절). 먼저는 바벨론에서 돌아온 유대인이었으나, 예수 그리스도와 교회의 사역 이후로 이방인이 포함됩니다. 모든 그리스도인이 선지자, 제사장, 왕의 직분을 수행할 것입니다. 이렇게 놀라운 구원소식을 선포하는 이사야 선지자는 크게 기뻐하고 즐거워합니다(10절).

생각하기 이 소식이 내게 아름다운 소식입니까? 이것을 전합니까?

해답 1. 영, 2. 소식, 3. 자유, 4. 재, 5. 제사장, 6. 봉사자

이사야 62장 · 헵시바와 쁄라

주요 구절: 62:12

1절의 "나"는 누구일까요? 첫째, 이사야 선지자입니다. 그가 선지자로서 "시온의 (1)가 빛 같이, 예루살렘의 구원이 (2) 같이 나타나도록 시온을 위하여 잠잠하지 아니하며, 예루살렘을 위하여 쉬지 아니할 것"입니다. 마치 사무엘이 이스라엘을 위해 헌신한 것과 비슷합니다(삼상 12:23). 둘째, 궁극적으로 메시아입니다. 그러면 "시온"과 "예루살렘"은 택함받은 성도입니다. 전에는 배역한 백성이며 우상숭배자였지만, 이제는 "여호와의 손의 아름다운 관, 네 하나님의 손의 왕관"으로 변화됩니다(3절).

이제 "황무지"처럼 버림받은 자가 아니라, 하나님과 특별한 관계를 뜻하는 새로운 이름을 가집니다. 그 이름은 (3)(Hephzibah) 혹은 (4)(Beulah)라 불릴 것입니다(4절). "(3)"는 '나의 기쁨이 그에게 있다'는 뜻이고 (4)는 '결혼한 여자'라는 뜻입니다. 신랑이 신부를 기뻐함 같이 하나님이 언약백성을 사랑하고 좋아한다는 뜻입니다. 죄악이 가득할 때 하나님의 진노가 임했으나, 이제 하나님의 사랑과 은혜가 임합니다.

생각하기 헵시바와 쁄라의 의미를 깊이 묵상해봅시다.

해답 1. 의, 2. 횃불, 3. 헵시바, 4. 쁄라

이사야 63장 · 하나님의 승리와 기도

주요 구절: 63:1

시작부터 붉은 이미지가 두드러집니다. 에돔(Edom)은 '붉다'는 뜻이고, 에돔의 수도 보스라(Bosra)는 '포도주 (1)'이라는 뜻입니다. 그곳에서부터 붉은 의복을 입은 자가 오는데, 그가 "포도즙(1)"을 밟는다고 합니다(2절). 맹렬한 하나님의 심판을 의미합니다. 죄와 원수를 향한 하나님의 심판이 강할 것인데, 마침내 예수 그리스도의 재림으로 성취될 것입니다(3-6절).

63장 7절은 64장 12절까지 이어지는 기도의 시작입니다. 먼저 이사야는 하나님의 자비와 (2)과 은총을 고백합니다. "내가 여호와께서 우리에게 베푸신 모든 자비와 그의 찬송을 말하며, 그의 (2)을 따라, 그의 많은 자비를 따라, 이스라엘 집에 베푸신 큰 은총을 말하리라."(7절) 이것은 옛적에 비롯된 감사입니다. 하나님이 백성을 이집트에서 구해내 가나안 땅에 정착하여 살게 했습니다. 그렇지만, 언약백성이 먼저 언약을 파기합니다. 이사야는 그런 죄와 비참을 고백합니다. "우리는 주의 (3)을 받지 못하는 자 같으며, 주의 이름으로 (4)을 받지 못하는 자 같이 되었나이다."(19절) 하나님의 자비와 사랑에도 불구하고 불신앙으로 스스로 죄와 벌을 자초한 것입니다. 과연 하나님이 기도에 응답할까요? 이어지는 장을 봅시다.

생각하기 심판의 하나님과 사랑의 하나님이 어떻게 같을 수 있을까요?

해답 1. 틀, 2. 사랑, 3. 다스림, 4. 일컬음

이사야 64장 · 하나님의 자비에 기대어

주요 구절: 64:8

이사야의 기도가 이어집니다. 심판하는 하나님 앞에 당당하게 설 수 있는 인간은 없고, 특히나 죄 지은 백성이 하나님의 진노를 피할 수 없음을 인정합니다. "무릇 우리는 다 부정한 자 같아서 우리의 의는 다 더러운 옷 같으며, 우리는 다 잎사귀 같이 시들므로 우리의 (1 ☐☐)이 바람같이 우리를 몰아가나이다. 주의 이름을 부르는 자가 없으며, 스스로 분발하여 주를 붙잡는 자가 없사오니, 이는 주께서 우리에게 (2 ☐☐)을 숨기시며 우리의 죄악으로 말미암아 우리가 소멸되게 하셨음이니이다."(6-7절)

하지만 이사야는 포기하지 않습니다. 하나님의 자비에 기대어 구원을 요청합니다. "그러나 여호와여, 이제 주는 우리 (3 ☐☐☐)시니이다. 우리는 진흙이요, 주는 (4 ☐☐☐☐)시니 우리는 다 주의 손으로 지으신 것이니이다. 여호와여, 너무 분노하지 마시오며, 죄악을 영원히 기억하지 마시옵소서. 구하오니, 보시옵소서! 보시옵소서! 우리는 다 주의 백성이니이다."(8-9절) 선지자의 기도가 절절합니다. "여호와여! 일이 이러하거늘 주께서 아직도 가만히 계시려 하시나이까? 주께서 아직도 (5 ☐☐)하시고 우리에게 심한 괴로움을 받게 하시려나이까?"(12절) 이사야의 기도가 교훈하는 바가 많습니다. 그는 죄를 고백한 뒤 하나님의 자비와 언약 관계에 기대어 구원을 기도합니다. 자비로운 하나님은 이런 기도에 응답합니다. 할렐루야!

생각하기 나는 무엇에 기대어 기도하고 있습니까?

해답 1. 죄악, 2. 얼굴, 3. 아버지, 4. 토기장이, 5. 잠잠

이사야 65장 구원과 심판

주요 구절: 65:17

"내가 (1 ☐☐) 있노라"라고 외치는 하나님의 응답이 등장합니다(1절). 하지만 하나님의 그 응답은 무섭습니다. 이스라엘은 하나님을 구하지 않고, 찾지 않고, 부르지 않은 백성이었기 때문입니다(1절). 패역한 백성을 하나님이 심판합니다. 하나님의 진노는 종일 타는 불과 같습니다(5절).

멸망받을 너	구원받을 종
굶주림	먹음
목마름	마심
수치	기쁨
슬피 울음	즐거움
저주의 이름	다른 이름

***13-16절의 비교**

이렇게 이스라엘은 망할 것이 마땅하나, 하나님은 남은 자들을 "다 멸하지 아니하고"(8절) 구원합니다. "내가 야곱에게서 (2 　)를 내며 유다에게서 나의 산들을 기업으로 얻을 자를 내리니, 내가 (3 　 　) 자가 이를 기업으로 얻을 것이요, 나의 종들이 거기에 살 것이라."(9절) 남은 자로서 구원받을 자와 여전히 하나님을 거부하여 멸망받을 자가 13-16절에서 비교됩니다. 어디에 속하는 것이 지혜로울까요?

하나님은 택한 백성을 위해 놀라운 일을 행할 것입니다. "보라! 내가 새 하늘과 새 땅을 (4 　 　)하나니, (5 　 　) 것은 기억되거나 마음에 생각나지 아니할 것이라."(17절) (5 　 　) 죄로 인해 하나님 앞에 두려워할 필요가 없습니다. 하나님은 (5 　 　) 것을 완전히 용서합니다. 이 말씀은 오늘 우리에게 이루어졌습니다. 성령님의 다시 태어나게 하는 사역으로 우리가 새롭게 창조되었습니다. 우리가 이미 새 하늘과 새 땅에 살고 있습니다. 하나님의 정원에 심겨졌습니다. 하나님 나라에 살고 있습니다. 더 이상 멸망받을 사탄의 종이 아닌 구원받은 하나님의 종으로 살아가고 있습니다. 이 놀라운 은혜가 믿어집니까!

생각하기 이미 하나님의 종으로 살아가는 것이 믿어집니까?

해답 1. 여기, 2. 씨, 3. 택한, 4. 창조, 5. 이전

이사야 66장 · 마지막 심판과 회복

주요 구절: 66:15

이사야서는 "새 하늘과 새 땅", 그리고 세상의 마지막 "심판" 예언으로 마무리됩니다.

하나님은 여호와의 종들을 멸시하고 핍박하는 악한 자들에게 공의로운 심판을 행할 것입니다. "그들이 내게 패역한 자들의 (1   )들을 볼 것이라. 그 벌레가 죽지 아니하며 그 불이 꺼지지 아니하여 모든 혈육에게 가증함이 되리라."(24절) 원수를 향한 심판은 하나님의 백성에게 위로입니다. "보라! 여호와께서 불에 둘러싸여 (2   )하시리니, 그의 수레들은 회오리바람 같으리로다. 그가 혁혁한 위세로 노여움을 나타내시며 맹렬한 화염으로 (3   )하실 것이라. 여호와께서 불과 칼로 모든 혈육에게 (4   )을 베푸신즉 여호와께 죽임 당할 자가 많으리니"(15-16절)

새 하늘과 새 땅이 임할 것입니다(22절). 그때 유대인뿐만 아니라 저 먼 곳에 있는 (5   )에서도(19절) 사람들이 나아와 하나님을 예배할 것입니다. "나 여호와가 말하노라. 이스라엘 자손이 예물을 깨끗한 그릇에 담아 여호와의 집에 드림 같이, 그들이 너희 모든 형제를 뭇 (5   )에서 나의 성산 예루살렘으로 말과 수레와 교자와 노새와 낙타에 태워다가, 여호와께 예물로 드릴 것이요."(20절)

21절 말씀을 보면 "나는 그 가운데에서 택하여 (6   )과 레위인을 삼으리라"고 합니다. 이전에는 유대인만 구별된 백성이었는데 이제는 이방인 중에도 구별하여 하나님을 섬기게 할 것입니다. 사도 바울은 이 예언을 비전으로 삼고선 이방인을 하나님께로 돌이키는 선교 활동을 하였습니다(롬 15:16). 그의 비전이 이제는 우리 그리스도인에게 주어졌습니다.

생각하기 모든 사람이 하나님을 예배할 그때를 위해 기도합시다.

해답 1. 시체, 2. 강림, 3. 책망, 4. 심판, 5. 나라, 6. 제사장

예레미야

'예레미야'(Jeremiah)는 1장 1절에 나오듯이 남 유다에서 활동한 예레미야 선지자의 예언을 기록한 책입니다. 구약성경 중 글자 수로는 가장 긴 책이 예레미야입니다. 예레미야는 주전 650년경 태어나 주전 626년경에 선지자로 부름 받습니다. 그는 제사장 가문에서 태어났지만 선지자로 활동하는 동안 대다수에게 외면당합니다. 그 예언이 남 유다의 죄를 책망하고 심판과 멸망을 담고 있기 때문입니다. 결국 남 유다는 주전 586년에 멸망당하고 맙니다.

예레미야의 사역은 세 시기로 나뉩니다. 첫째, 주전 627-622년으로 요시야 왕 시기입니다. 둘째, 주전 609-604년으로 여호아하스와 여호야김 왕 시기입니다. 셋째, 주전 597-586년 여호야긴과 시드기야 왕 시기입니다. 멸망 이후 예루살렘에 남으려 했으나 이집트로 도망치는 유다인들과 함께 떠나게 됩니다. 이런 역사적 사건을 배경으로 선포한 설교, 시, 잠언, 개인적 경험이 기록된 것이 예레미야서입니다.

특별히 예레미야 내에서 '위로의 책'이라 불리는 30-33장은 내용이 은혜롭고 감동적입니다. 언약백성이 신실하지 못함에도 하나님이 언약을 새롭게 합니다. 이 새 언약은 신약성경에서 인용됩니다(고후 3:6; 히 8:13; 9:15; 12:24; 참고 눅 22:20; 고전 11:25).

내용 구분

1장	선지자로 부름 받은 예레미야
2-29장	남 유다를 향한 심판 예언과 예레미야의 고난
30-33장	위로의 책: 새 언약
34-51장	예레미야의 고난과 열방을 향한 심판 예언
52장	예루살렘의 멸망

예레미야 1장 · 부름 받은 예레미야

주요 구절: 1:10

1-3절은 예레미야 선지자의 배경을 보여줍니다. 그는 요시야 왕부터 마지막 왕 시드기야 때까지 사역하였습니다. 예레미야가 사역한 시대는 영적으로 부패하였습니다. 그는 선지자로 부름 받은 것에 대해 슬퍼합니다. 말 재주도 없다며 변명합니다(6절). 그러나 이 부르심은 갑자기 된 것이 아니라 하나님의 계획 가운데 일어난 것입니다. "내가 너를 (1 ＿＿)에 짓기 전에 너를 알았고, 네가 배에서 나오기 전에 너를 성별하였고, 너를 여러 나라의 (2 ＿＿＿)로 세웠노라."(5절) 이처럼 하나님의 일을 감당하는 직분자는 하나님이 직접 작정하고 불러 세웁니다. 부름 받은 직분자는 하나님의 보호를 받습니다. "내가 네게 명령한 바를 다 그들에게 말하라. 그들 때문에 (3 ＿＿＿)하지 말라. 네가 그들 앞에서 두려움을 당하지 않게 하리라."(17절) 예레미야는 이 약속을 품고 하나님의 말씀을 가감 없이 선포합니다. 그는 앞으로 여러 나라를 뽑고, 파괴하고, 파멸하며, 넘어뜨리나 다시 건설하고 심게 할 사역을 감당할 것입니다(10절).

그렇다면 예레미야가 선포할 메시지는 무엇일까요? 재앙이 남 유다에 임한다는 것입니다. 북에서부터 남으로 기울어진 끓는 (4 ＿＿)가(13절) 증거입니다. 그리고 하나님은 그 예언을 (5 ＿＿)나무 가지(11절)를 보여 주면서 확신시킵니다. (5 ＿＿)나무의 히브리어 샤케드는 '지킨다'는 뜻의 쇼케드와 비슷한 말로 언어 유희적 표현입니다. 하나님이 반드시 심판의 말씀을 지키실 것입니다. 무거운 심판의 말씀을 가감 없이 선포해야 하는 예레미야는 하나님을 의지할 수밖에 없었습니다.

생각하기 내가 하나님께 부름 받는다면 어떻게 반응할 것 같습니까?

해답 1. 모태, 2. 선지자, 3. 두려워, 4. 가마, 5. 살구

예레미야 2장 · 타락한 언약백성

주요 구절: 2:19

2장 1절에서 3장 5절까지 타락한 언약백성의 모습이 나옵니다. 그들은 하나님과 혼인한 신부였으나 간음하였습니다(2-3절). 이런 분위기는 6장 마지막까지 계속됩니다. 이스라엘 백성이 신랑인 하나님과의 언약을 어기고 신의를 저버렸기 때문에 징계가 있을 것입니다. 이스라엘은 신뢰를 버렸고(렘 2:1-3:5), 회개해야 하며(렘 3:6-4:4), 그렇지 않으면 재앙을 맞을 것이며(렘 4:5-31), 회개하지 않는 유다가 결국 벌 받을 것이며(렘 5장), 버림받을 것(렘 6장)임을 선포합니다.

지도자의 죄가 심각합니다. "(1 □□□)들은 여호와께서 어디 계시냐, 말하지 아니하였으며, 율법을 다루는 자들은 나를 알지 못하며, (2 □□)들도 나에게 반역하며, (3 □□□)들은 바알의 이름으로 예언하고 무익한 것들을 따랐느니라."(8절) 하나님은 언약백성이 언약을 깨뜨리고 우상을 섬기는 것을 "어찌 됨이냐?"(18, 21, 29절)하며 안타까워합니다. 그러나 하나님은 여전히 이스라엘을 사랑합니다. 회개하기만 하면 용서할 것입니다.

이스라엘은 구제불능입니다. 그들은 "하나님 여호와를 버림과 … 경외함이 없는 것이 (4 □)"(19절)인 줄을 모릅니다. 그러면서 이렇게 말합니다. "너는 말하기를, 나는 (5 □□)하니 그의 진노가 참으로 내게서 떠났다, 하거니와, 보라! 네 말이 나는 (6 □)를 범하지 아니하였다, 하였으므로 내가 너를 심판하리라."(35절) 자기 (6 □)를 깨닫지 못하는 죄인의 특징을 언약백성에게서 봅니다.

생각하기 죄가 없다고 말하는 백성의 외침이 나의 외침은 아닙니다까?

해답 1. 제사장, 2. 관리, 3. 선지자, 4. 악, 5. 무죄, 6. 죄

예레미야 3장 · 음란한 백성아 회개하라

주요 구절: 3:22

부부 관계 비유가 계속됩니다. 심판 선언을 듣고 유다가 돌이키려 합니다. 그러나 그 돌이킴은 진정성 없는 형식적 돌이킴입니다. 하나님은 그들의 회개를 두고 이렇게 말씀합니다. "네가 이같이 말하여도 악을 행하여 네 욕심을 이루었느니라."(5절) 6절부터

는 이미 멸망한 북 이스라엘이 함께 나옵니다. 북 이스라엘은 하나님께 이혼증서(심판)를 받은 악한 자입니다. 그런데 문제는 그런 모습을 보고도 동생 유다가 두려워하지 않고 회개하지 않는 것입니다(8절).

그러나 하나님은 포기하지 않고 북 이스라엘과 남 유다를 향해 회개를 권면합니다. "(1)한 이스라엘아! 돌아오라. 나의 (2)한 얼굴을 너희에게로 향하지 아니하리라. 나는 (3)이 있는 자라. (2)를 한없이 품지 아니하느니라, 여호와의 말씀이니라."(12절) 하나님은 회개하는 그들에게 "마음에 합한 (4)들"(15절)을 보내, "지식과 명철"(15절)로 그들을 양육할 것입니다. 그때는 여호와의 언약궤가 필요 없고(16절), 단지 예루살렘이 "여호와의 보좌"(17절)가 될 것입니다. 유다와 이스라엘이 함께 모여 예배할 것입니다(18절). 이때는 새 언약의 중보자 예수님이 새 예루살렘을 세울 시기입니다.

하나님이 요구하는 것은 딱 하나, 회개입니다. "너는 오직 네 (5)를 자복하라."(13절) "우리 하나님 여호와께 (6)하여 우리 하나님 여호와의 목소리에 순종하지 아니 하였음이니이다."(25절) 이렇게 회개할 수 있는 것은 "이스라엘의 (7)은 진실로 우리 하나님 여호와께"(23절) 있다는 것을 믿기 때문입니다. 믿음 없는 회개는 불가능합니다.

생각하기 나의 회개는 믿음으로 하는 진실한 회개입니까?

해답 1. 배역, 2. 노, 3. 긍휼, 4. 목자, 5. 죄, 6. 범죄, 7. 구원

예레미야 4장 · 회개, 거절, 심판 그리고 긍휼

주요 구절: 4:22

회개를 호소합니다. "너희 묵은 땅을 갈고 가시덤불에 파종하지 말라. 유다인과 예루살렘 주민들아! 너희는 스스로 (1)를 행하여 너희 마음 가죽을 베고 나 여호와께 속하라."(3-4절) 그런데 그들이 회개하지 않습니다. 마음이 문제입니다. 마음이 부패하니 삶이 죄로 얼룩집니다. 그러나 부패한 마음을 씻을 때 구원받을 것입니다. "예루살렘아! 네 마음의 (2)을 씻어 버리라. 그리하면 구원을 얻으리라."(14절)

회개하지 않으면 심판을 피하지 못할 것입니다. “사자”, “멸하는 자”(7절), “뜨거운 바람”(11절), “강한 바람”(12절), “병거와 말”과 “회오리바람과 독수리”(13절), “나팔 소리”(19절), “기병과 활 쏘는 자”(29절) 등 다양한 표현은 모두 언약을 파기한 백성에 대한 경고의 매이며 도구입니다. 이스라엘과 유다의 죄가 무겁기 때문입니다.

예레미야는 심판을 전하며 슬퍼합니다. “내가 이르되 (3 　 　)도소이다”(10절) “(3 　 　)고 아프다. 내 마음속이 아프고 내 (4 　 　)이 답답하여 잠잠할 수 없으니, 이는 나의 심령이 나팔 소리와 전쟁의 경보를 들음이로다.”(19절) “(3 　 　)고 아프다”를 문자대로 번역하면 ‘내 창자여, 내 창자여’로 너무나도 괴로워 울부짖을 때 사용하는 표현입니다. 선지자는 회개하지 않는 백성이 너무나도 답답하고 안타깝습니다. “내 백성은 나를 알지 못하는 (5 　 　 　)은 자요, 지각이 없는 (6 　 　)한 자식이라. 악을 행하기에는 지각이 있으나, 선을 행하기에는 (7 　 　)하도다.”(22절)

생각하기 회개를 부르짖는 선지자가 어떻게 느껴집니까?

해답 1. 황폐, 2. 악, 3. 슬프, 4. 마음, 5. 어리석, 6. 미련, 7. 무지

예레미야 5장 · 언약백성의 배교

주요 구절: 5:1

예레미야가 심판을 외치지만 듣지 않습니다. “선지자들”(13절)은 거짓을 예언하고, “제사장들”은 자기 권력으로 다스리며, 백성은 그것을 좋게 생각하고(31절), “지도자들”은 하나님의 법을 알지 못합니다(4-5절). 총체적 난국입니다. 그들은 “여호와께서는 계시지 아니하니, 재앙이 우리에게 임하지 아니할 것이요, 우리가 (1 　)과 (2 　 　)을 보지 아니”(12절)할 것이라 생각합니다. 어리석기 그지없습니다. 언약백성이 하나님을 잊어버리다니요!

그러나 하나님은 거짓 선지자들과 달리 예레미야가 선포하는 말씀이 “불”이 되게 하고 백성은 “(3 　 　)”가 되게 하여 불살라버리겠다고 합니다(14절). 이스라엘 백성이 이방신을 섬겼기 때문에 벌로서 이방 나라로 잡혀가 이방인을 섬기게 될 것입니다(19절).

유다의 악은 현실 생활에서도 나타납니다. 이들은 "어리석고 지각이 없으며, (4)이 있어도 보지 못하며, (5)가 있어도 듣지 못하는 백성"(21절) 입니다. 자기 이익을 얻으려고 (6)의 송사를 공정하게 하지 않고 (7)의 재판을 공정하게 판결하지 않습니다(27-28절). 불의한 판결로 거부가 되어 번창하고 살찌고 윤택한 생활을 합니다. 부자는 더 부자가 되고, 가난한 자는 더 가난하게 되는 양극화가 더 심해집니다. 영적 부패는 삶의 부패로 드러납니다.

생각하기 이 시대 부패는 영적 부패와 어떤 관계가 있을까요?

해답 1. 칼, 2. 기근, 3. 나무, 4. 눈, 5. 귀, 6. 고아, 7. 빈민

예레미야 6장 · 벌받을 언약백성

주요 구절: 6:16

남 유다는 여호와의 말씀을 듣지 않고 율법을 거절합니다(19절). 그들의 귀가 (1)를 받지 못하므로 듣지 못합니다(10절). "그들은 가장 작은 자로부터 큰 자까지 다 (2)을 부리며, 선지자로부터 제사장까지 다 (3)을 행함이라."(13절) 왕과 선지자와 제사장이 하나같이 죄를 범합니다. 그들은 하나님의 말씀을 거절하고 순종하지 않으면서도 부끄러움이 없습니다(15절). 그들은 "백성의 상처를 가볍게 여기면서 말하기를 (4)하다, (4)하다"(14절)라고 가르칩니다. 하나님이 옛적 길, 곧 선한 길이 어디인지 알아보고 그리고 가라고 말씀하지만, 그들은 고집스레 "우리는 그리로 가지 않겠노라"(16절)라고 합니다. 또 "파수꾼을 세워 나팔 소리를 들으라"(17절)고 말씀하지만, "우리는 듣지 않겠노라"(17절)라고 합니다. 이런 상황에서 언약백성이 멀리 시바에서 유향과 향품을 가져와 번제와 희생제물을 드리지만(20절), 하나님은 거절합니다. 마음이 떠난 제사는 가증스러울 뿐입니다.

하나님이 부패한 언약백성을 벌합니다. "여호와께서 이와 같이 말씀하시되, 보라 한 민족이 (5)에서 오며 큰 나라가 땅 끝에서부터 떨쳐 일어나나니, 그들은 활과 창을 잡았고 잔인하여 사랑이 없으며, 그 목소리는 바다처럼 포효하는 소리라. 그들이 말을 타고 전사 같이 다 대열을 벌이고 시온의 딸인 너를 치려 하느니라."(22-24절) 진실

한 회개 없이는 벌을 피할 수 없습니다.

생각하기 내가 이 메시지를 듣는 백성이라면 어떻게 할 것 같습니까?

해답 1. 할례, 2. 탐욕, 3. 거짓, 4. 평강, 5. 북방

예레미야 7장 · 남 유다의 끝없는 타락

주요 구절: 7:4

7-10장에서 선지자는 남 유다가 거짓 종교를 받아들이고, 우상숭배 실상을 자세히 고발하고, 하나님의 징계가 정당함을 증거합니다. 유다는 언약을 깨뜨리고 성전 제사로 만족합니다(렘 7:1-8:3). 율법을 거절하고(렘 8:4-17), 몇 가지 형식만 지키고 '잘 했다'라고 스스로 자위합니다(렘 8:18-9:9). 하나님을 거역하고 우상숭배하며, 선지자를 우롱하나 결국 포로로 잡혀갈 것입니다(렘 9:10-10:25).

지도자들(왕, 선지자, 제사장)은 길과 행위가 바르지 못하면서(5-6절) 성전 제사만 믿고 있습니다. "너희는 이것이 (1 　　　)의 (2 　　)이라, (1 　　　)의 (2 　　)이라, (1 　　　)의 (2 　　)이라 하는 거짓말을 믿지 말라."(4절) "내 이름으로 일컬음을 받는 이 집이 너희 눈에는 (3 　　)의 소굴로 보이느냐."(11절) 예수님도 (2 　　)을 향하여 그렇게 말씀하고 이스라엘 종교 지도자들을 나무랐습니다(마 21:13). 이스라엘을 출애굽시킨 목적은 단순히 제사가 아니라, 언약의 말씀을 지키게 하는 것이었습니다(22-23절). 하나님은 여전히 남 유다가 회개하고 돌아오기를 바라면서, "너희는 내 (4 　　　)를 들으라, 그리하면 나는 너희 하나님이 되겠고, 너희는 내 (5 　　)이 되리라"(23절)고 외치지만, 그들은 듣지 않습니다(24-26절). 힌놈의 아들 골짜기에 도벳 사당을 짓고 자기 자녀들을 불에 태워 제사지냅니다(30-31절). 이런 추악한 죄에 대한 하나님의 진노는 그 골짜기를 "(6 　　)의 골짜기"(32절)로 만들 것입니다. 언약의 말씀을 외면하고 성전만 의지합니다. 유다는 끝없이 추락합니다.

생각하기 나도 진실한 마음 없이 형식만 지키고 있지는 않습니까?

해답 1. 여호와, 2. 성전, 3. 도둑, 4. 목소리, 5. 백성, 6. 죽임

예레미야 8장 · 죄와 벌, 그리고 슬픔

주요 구절: 8:11

하나님은 유다를 심판합니다. 죽은 자(왕, 제사장, 선지자, 백성)들의 뼈를 무덤에서 다시 끌어내 온 땅에 흩어버릴 것입니다(1-3절). 그들이 섬기던 해와 달과 별들 앞에서 심판이 임할 것입니다. 부끄러움의 극치입니다. 그들은 자연 세계에 사는 동물보다 못합니다. "공중의 학은 그 정한 시기를 알고 산비둘기와 제비와 두루미는 그들이 올 (1)를 지키거늘, 내 백성은 여호와의 (2)를 알지 못하도다."(7절) 가장 작은 자부터 큰 자까지 다 "욕심"을 내고 선지자로부터 제사장까지 "거짓말"을 합니다(10절, 참고 6:13). "그들이 딸 내 백성의 상처를 가볍게 여기면서 말하기를 (3)하다, (3)하다 하나, (3)이 없도다."(11절, 참고 렘 6:14) 하나님의 징계로 포도나무에 포도가 없고 무화과나무에 무화과가 없을 것입니다(13절). 하나님은 뱀과 독사를 보낼 것입니다(17절).

18-22절은 이런 비극을 예언하는 예레미야 선지자의 애가(哀歌)입니다. "슬프다, 나의 (4)이여. 어떻게 위로를 받을 수 있을까? 내 마음이 병들었도다."(18절) 백성의 영적 질병이 너무 심각해 약이 듣지 않는 것으로 비유합니다. "길르앗에는 (5)이 있지 아니한가? 그곳에는 (6)가 있지 아니한가? 딸 내 백성이 (7)를 받지 못함은 어찌 됨인고?"(21-22절)

생각하기 예레미야의 애가가 어떻게 다가옵니까?

해답 1. 때, 2. 규례, 3. 평강, 4. 근심, 5. 유향, 6. 의사, 7. 치료

예레미야 9장 · 언약백성의 비참한 현실

주요 구절: 9:1

예레미야를 '(1)의 선지자'로 부르는 이유가 있습니다. "어찌하면 내 머리는 물이 되고 내 눈은 (1) 근원이 될꼬? 죽임을 당한 딸 내 백성을 위하여 주야로 (2)로다."(1절) 예레미야는 백성에게 임할 심판을 선포하며 슬퍼합니다. 그가 유다의 죄를 묘사한 것을 보십시오. "간음하는 자"(2절), "반역한 자의 무리"(2절), '거짓을 말함'(3절), '진실하지 아니함'(3절), '악에서 악으로 진행함'(3절), '하나님을 알지 못함'(3절), '형제마다 완전히 속임'(4절), '이웃마다 다니며 비방함'(4절), '속이는 일 가운데 있음'(6절). 그들은 마음과 혀와 입으로 죄를 지었습니다.

하나님은 언약백성에게 심판을 경고합니다. 예루살렘이 멸망하는 이유는 분명합니다. "이는 그들이 내가 그들의 앞에 세운 나의 (3)을 버리고 내 목소리를 순종하지 아니하며, 그대로 행하지 아니하고, 그 마음의 완악함을 따라 그 조상들이 자기에게 가르친 바알들을 따랐음이라."(13-14절) 결국 예루살렘에는 통곡이 울려 퍼질 것입니다. "시온에서 통곡하는 소리가 들리기를 우리가 아주 (4)하였구나. 우리가 크게 부끄러움을 당하였구나."(19절)

그래도 하나님은 이스라엘 백성에게 기회를 줍니다. "여호와께서 이와 같이 말씀하시되, (5)로운 자는 그의 (5)를 자랑하지 말라. 용사는 그의 (6)을 자랑하지 말라. 부자는 그의 (7)함을 자랑하지 말라. 자랑하는 자는 이것으로 자랑할지니, 곧 명철하여 나를 아는 것과, 나 여호와는 사랑과 정의와 공의를 땅에 행하는 자인 줄 깨닫는 것이라. 나는 이 일을 기뻐하노라. 여호와의 말씀이니라."(23-24절) 이 말씀은 오늘도 여전히 유효합니다.

생각하기 하나님 앞에 내가 자랑하는 것은 무엇입니까?

해답 1. 눈물, 2. 통곡, 3. 율법, 4. 망, 5. 지혜, 6. 용맹, 7. 부

예레미야 10장 · 헛된 우상과 만군의 여호와

주요 구절: 10:14

예레미야는 '헛된 우상'과 '만군의 하나님'을 비교합니다. "여러 나라의 (1)"(2절)

과 "여러 나라의 (2 ______)"(3절)은 '참 하나님이고 살아 계신 영원한 왕 하나님'(10절)에 비하면 아무 것도 아닙니다. 우상은 "둥근 (3 ______) 같아서 말도 못하며 걸어 다니지도 못하므로 사람이 메어야"(5절) 합니다. 우상은 거짓이며, 생기가 없으며 헛것이니, 멸망할 것입니다(14-15절).

헛된 우상과 달리 창조주 하나님은 "(4 ______)으로 땅을 지으셨고 그의 (5 ______)로 세계를 세우셨고, 그의 (6 ______)로 하늘을 펴셨"(12절)습니다. 그러므로 하나님은 그런 무익한 우상숭배를 일삼은 유다를 벌할 것입니다. "목자들"(21절)로 비유된 유다의 지도자들은 어리석습니다. 여호와를 믿지 않습니다. 그 결과 "양 떼"(21절) 같은 백성은 모두 흩어져버릴 것입니다. 하나님은 스스로 계시며 온 우주를 창조한 전능한 분입니다. 세상 사람이 만들어 섬기는 우상은 하찮고 헛됩니다. 유다 백성은 속히 하나님께 회개해야 했습니다.

생각하기 혹시 하나님보다 더 의지하는 헛된 것이 있습니까?

해답 1. 길, 2. 풍습, 3. 기둥, 4. 권능, 5. 지혜, 6. 명철

예레미야 11장 · 언약백성의 배신과 징계

주요 구절: 11:11

유다는 언약백성입니다. 그들은 출애굽 후 광야에서 하나님과 언약을 맺었습니다. 언약의 말씀을 믿어 순종하면 그들은 하나님의 소유가 되고, 하나님은 그들의 하나님이 됩니다. 그런데 북 이스라엘과 남 유다는 그 언약을 깨뜨렸습니다(10절). 북 이스라엘이 언약에 따른 재앙을 받았고, 이제 남 유다도 피할 수 없습니다. 그들이 기도해도 하나님이 듣지 않을 것입니다(11, 14절). 유다가 섬긴 수많은 우상이 그들을 구원하지 못할 것입니다. "유다야! 네 신들이 네 성읍의 (1 ___)와 같도다. 너희가 예루살렘 거리의 (1 ___)대로 그 수치스러운 물건의 제단, 곧 (2 ______)에게 분향하는 제단을 쌓았도다."(13절) 전에는 유다가 "좋은 열매 맺는 아름다운 푸른 (3 ____________)"(16절)였지만, 이제 불타 없어질 것입니다.

예레미야의 예언은 유다 주민을 불쾌하게 했습니다. 특히 예레미야의 고향 마을 사람이 그렇습니다. "너는 여호와의 (4 　 　)으로 (5 　 　)하지 말라. 두렵건대 우리 손에 죽을까 하노라."(21절) 그러나 하나님이 예레미야를 보호합니다. 그들에게 재앙을 선포하며, 그들을 위해 기도할 필요도 없다고 말씀합니다. "그러므로 너는 이 백성을 위하여 (6 　 　)하지 말라. 그들을 위하여 부르짖거나 구하지 말라. 그들이 그 고난으로 말미암아 내게 부르짖을 때에 내가 그들에게서 듣지 아니하리라."(14절) 하나님의 듣지 않음은 무서운 벌입니다.

생각하기 기도 응답이 없는 것이 정말 두려운 일로 느껴집니까?

해답 1. 수, 2. 바알, 3. 감람나무, 4. 이름, 5. 예언, 6. 기도

예레미야 12장 · 형통한 악인의 결말

주요 구절: 12:14

예레미야가 하나님께 질문합니다. 악한 자들이 형통하고 평안해 보이기 때문입니다. 하나님의 일이 기본적으로 의롭다는 것을 알지만 악인들이 잘 되고 큰소리치는 현실은 예레미야의 고민거리입니다(1-4절). 하나님이 질문에 답합니다(5-6절). 사실, 답이라기보다는 예레미야의 소명을 깨우칩니다. '네가 이렇게 작은 것 가지고 힘을 낭비한다면 더 큰 일을 어떻게 감당하겠느냐?'(5절)라는 말씀입니다. 하나님의 부름 받은 사역자는 가까운 가족이 감언이설로 현혹해도 굳게 서야 합니다(6절). 악인의 형통함은 이해하기 어렵지만, 사역자는 악인의 형통에 집중하기보다 자기 소명에 충실해야 합니다.

사실 유다의 죄는 예레미야보다 하나님의 마음을 더 아프게 합니다. "내가 내 (1 　)을 버리며, 내 (2 　 　)를 내던져, 내 마음으로 사랑하는 것을 그 원수의 손에 넘겼나니, 내 (2 　 　)가 숲속의 사자 같이 되어서 나를 향하여 그 소리를 내므로 내가 그를 미워하였음이로라 … 그 황무지가 나를 향하여 슬퍼 하는도다."(7-13절) 이것은 하나님의 또 다른 대답입니다. 악한 자가 번성해 보이지만 그것은 잠시이며, 결국 심판을 받아 황무지가 될 것이라는 뜻입니다.

동시에 하나님은 이스라엘을 황무지로 만드는 악한 이웃 나라도 심판할 것입니다. 그들의 죄 때문입니다. 하지만, 그들에게도 하나님의 사랑과 자비가 임할 것입니다. "내가 그들을 뽑아 낸 후에, 내가 돌이켜 그들을 (3 　 　)히 여겨서 각 사람을 그들의 기업으로 각 사람을 그 땅으로 다시 인도하리니, 그들이 내 백성의 (4 　)를 부지런히 배우며, 살아 있는 여호와라는 내 이름으로 맹세하기를 … 그들이 내 백성 가운데에 (5 　 　)을 입으려니와."(15-16절)

생각하기 악한 자가 맞이할 결말이 내게 어떻게 다가옵니까?

해답 1. 집, 2. 소유, 3. 불쌍, 4. 도, 5. 세움

예레미야 13장 · 교만한 백성이 받을 심판

주요 구절: 13:14

하나님은 예레미야에게 (1 　 　 　)를 매고 유브라데강으로 가서 바위틈에 감추었다가 후에 다시 찾아오라고 명령합니다(1-4절). 다시 찾은 (1 　 　 　)는 썩어 사용할 수 없습니다. 이것은 행동으로 보여주는 예언입니다. (1 　 　 　)가 옷을 입는 데 꼭 필요한 것처럼, 언약백성이 하나님께 소중한 존재인데(11절), 그들이 "큰 교만"(9절)으로 언약을 깨뜨렸습니다. 그 결과 그들은 썩은 (1 　 　 　)처럼 될 것입니다. 하나님은 그들의 죄악을 "구스인이 그의 (2 　 　)를, 표범이 그의 (3 　 　)을 변하게 할 수 있느냐, 할 수 있을진대, 악에 익숙한 너희도 선을 행할 수 있으리라"(23절)라고 반어적으로 표현할 정도입니다. 구스인과 표범이 본래 색깔을 바꿀 수 없는 것처럼, 이스라엘도 선을 행하지 못할 정도로 타락했다는 뜻입니다.

(1 　 　 　)에 이어 이번에는 포도주 가죽부대로 비유됩니다(12절). "내가 이 땅의 모든 (4 　 　)과 다윗의 왕위에 앉은 왕들과 제사장들과 선지자들과 예루살렘 모든 (4 　 　)으로 잔뜩 취하게 하고."(13절) (4 　 　)과 지도자 할 것 없이 술에 취합니다. 술에 취하면 자기 모습을 정확히 알지 못하고 어리석게 됩니다. 결국 술이 가득해 취한 것처럼 가득한 하나님의 진노로 심판받을 것입니다.

그들이 받을 심판의 모습은 "피차 충돌하여 상하게 하되, 부자 사이에도 그러하게 할

것"(14절) 입니다. 민족이 서로 싸우고, 아버지와 아들, 곧 세대 간에 싸우는 비극적인 모습입니다. 이것이 매서운 하나님의 심판입니다. "내가 그들을 불쌍히 여기지 아니하며, (5 　 　)하지 아니하며, 아끼지 아니하고, (6 　)하리라, 하셨다, 하라, 여호와의 말씀이니라."(14절)

생각하기 하나님의 심판이 어떻게 느껴집니까?

해답 1. 허리띠, 2. 피부, 3. 반점, 4. 주민, 5. 사랑, 6. 멸

예레미야 14장 · 대 가뭄과 선지자의 기도

주요 구절: 14:21

예레미야가 살던 시대에 대 가뭄이 있었습니다. 이런 대 가뭄은 하나님의 진노와 심판의 메시지와 연결됩니다(삼하 21:1; 왕상 17:1). (1 　)이 모자라고(3절), 짐승이 먹을 것도 없고(5-6절), 토지는 황폐해 사막처럼 되었습니다(4절). 예레미야가 유다를 대표해 간절히 기도합니다(7-9절). "(2 　 　)를 버리지 마옵소서."(9절) 그러나 하나님은 단호하게 심판하겠다고 말씀합니다(10-12절). 기도하고 금식하고 번제와 소제를 드려봐야 심판을 늦출 수 없습니다. 예레미야는 처절하게 하나님께 탄원합니다(13절). 그는 백성이 거짓 선지자에게 속았다고 합니다. 하나님은 거짓 선지자들을 심판하겠다고 응답합니다(14-18절). 그러나 예언을 따라간 백성도 책임이 있습니다. 심판을 면치 못할 것입니다.

예레미야가 계속 기도합니다(19-22절). "여호와여 우리의 악과 우리 조상의 죄악을 (3 　 　)하나이다. 우리가 주께 (4 　 　)하였나이다. 주의 이름을 위하여 우리를 미워하지 마옵소서. 주의 영광의 보좌를 욕되게 마옵소서. 주께서 우리와 세우신 (5 　 　)을 기억하시고 폐하지 마옵소서."(20-21절) 예레미야는 (5 　 　)에 호소하며 회개합니다. 그러나 예레미야의 기도와 달리 유다 백성은 회개할 기미를 보이지 않는 것 같습니다.

생각하기 절절히 기도해도 이뤄지지 않는다면 어떨까요?

해답 1. 물, 2. 우리, 3. 인정, 4. 범죄, 5. 언약

예레미야 15장 · 부름 받은 자의 고통

주요 구절: 15:10

자기 이름이 생명책에서 지워지더라도 백성을 구원해주길 기도했던 (1 ___ ___)(출 32:30-34), 지도자로서 하나님과 백성을 중재했던(2 ___ ___ ___)(삼상 12:19)! 그들이 하나님께 탄원하더라도 심판을 멈출 수 없습니다(1-4절).

예레미야는 이제 동족 유다 백성에게 하나님의 '심판'을 선포하고 전하는 것이 두렵고 떨려 하나님께 불안한 자기 마음을 탄원합니다. "내게 (3 ___ ___)이로다. 나의 어머니여! 어머니께서 나를 온 세계에 다투는 자와 싸우는 자를 만날 자로 낳으셨도다. 내게 꾸어 주지도 아니하였고, 사람이 내게 꾸이지도 아니하였건마는, 다 나를 (4 ___ ___)하는도다."(10절) 배교의 시대에 부름 받은 예레미야는 괴로움을 호소합니다.

그런 예레미야에게 하나님은 다시 한 번 도움을 약속하며 위로합니다. "여호와께서 이르시되, 내가 진실로 너를 (5 ___)하게 할 것이요, 너에게 복을 받게 할 것이며, 내가 진실로 네 원수로 재앙과 환난의 때에 네게 간구하게 하리라."(11절) "내가 너로 이 백성 앞에 견고한 놋 (6 ___ ___)이 되게 하리니, 그들이 너를 칠지라도 이기지 못할 것은 내가 너와 (7 ___ ___)하여 너를 구하여 건짐이라. 여호와의 말씀이니라."(20절) 패역한 시대에 부름 받은 자는 괴롭습니다. 그러나 위로하는 하나님의 말씀이 큰 힘입니다.

생각하기 너와 함께하겠다는 하나님의 말씀이 어떻게 다가옵니까?

해답 1. 모세, 2. 사무엘, 3. 재앙, 4. 저주, 5. 강, 6. 성벽, 7. 함께

예레미야 16장 · 징계와 구원

주요 구절: 16:18

예레미야는 혼인하지 않고 자녀도 없습니다. 이것이 심판의 메시지였습니다. 또 선지자는 (1 ____)집에 가서 통곡하지 않고, 애곡하지 말아야 합니다(5절). 장례를 치루지 못할 정도로 예루살렘이 급히 멸망할 것이기 때문입니다(6-7절).

그러나 유다 백성은 오히려 큰소리칩니다. “여호와께서 우리에게 이 모든 큰 재앙을 선포하심은 어찌 됨이며, 우리의 (2 ____)은 무엇이며, 우리가 우리 하나님 여호와께 범한 죄는 무엇이냐?”(10절) 적반하장도 유분수입니다! 유다가 징계 받는 이유는 명확합니다. 하나님을 떠나 다른 신들을 섬기고 언약에 순종하지 않았기 때문입니다.

언약을 떠난 그들이 징계받습니다. “거기서 주야로 다른 신을 섬기리니 이는 내가 너희에게 (3 ____)를 베풀지 아니함이라.”(13절) 그곳에서 괴롭게 다른 신을 섬기기만 할 것입니다. 하나님을 섬기는 것은 오직 (3 ____)로만 가능합니다. 그러나 하나님은 택한 언약백성에게 구원의 손길을 폅니다. “내가 그들을 그들의 조상들에게 준 그들의 땅으로 (4 ____)하여 들이리라.”(15절) 내쫓는 분도 하나님이고, 돌아오게 하는 분도 하나님입니다. 언약백성에게 징계는 단지 멸망이 아니라 구원이기도 합니다.

생각하기 포로가 된 이들이 이 말씀을 떠올릴 때 어떤 마음이 들까요?

해답 1. 초상, 2. 죄악, 3. 은혜, 4. 인도

예레미야 17장 · 죄의 심각성

주요 구절: 17:8

유다의 죄가 심각합니다. 이들의 죄를 잘 분석해보면 첫째, 사람을 믿었고, 둘째, 육신을 힘으로 삼았으며, 셋째, (1 ____)이 여호와에게서 떠난 것입니다(5절). (1 ____)이 부패하니 (1 ____)으로부터 하나님을 떠납니다. 그러나 (1 ____)에서부터 하나님을 신뢰하고 의지하는 사람이 있습니다. “물가에 심어진 (2 ____)가 그 뿌리를 강변에 뻗치고 (3 ____)가 올지라도 두려워하지 아니하며, 그 잎이 청청하며 가무는 해에도 걱정이 없고, 결실이 그치지 아니함 같으리라.”(8절) 이 표현은 시편 1편, 이사야 61장 3절, 에스겔 19장 10절, 47장, 마태복음 7장 17절에도 나옵니다. 얼마나 아

름다운 모습인지요!

그러나 왕과 선지자, 제사장을 비롯해 온 백성이 "여호와의 (4 ___ ___)이 어디 있느냐?"(15절)고 반응합니다. 하나님을 의지하지 않고 다른 것을 의지합니다. 이에 예레미야는 고뇌하며 기도합니다. "나를 박해하는 자로 (5 ___ ___)을 당하게 하시고 나로 (5 ___ ___)을 당하게 마옵소서. 그들은 놀라게 하시고 나는 놀라게 하지 마시옵소서. 재앙의 날을 그들에게 임하게 하시며, 배나 되는 멸망으로 그들을 멸하소서."(18절) 하나님의 종이 외치는 탄식이 절절합니다.

장면이 바뀌어 예레미야가 유다 백성이 모이는 곳에 가서 말씀을 선포합니다. 그들이 "(6 ___ ___ ___)에 짐을 지고 예루살렘 문으로 들어"(21절)옵니다. (6 ___ ___ ___)에 일하지 말고 쉬라고 했지만, 그들은 일합니다. (1 ___ ___)에 하나님이 없으니 순종하여 안식하기보다 생업과 번영을 위해 일합니다. (1 ___ ___)의 불안과 탐심이 그렇게 만든 것입니다. 예레미야가 보여주는 유다의 죄는 너무나도 심각합니다. 오히려 하나님의 징계를 더욱 받고자 범죄한 것이 아닌가 싶을 정도입니다.

생각하기 내가 마음에서부터 좋아하고 의지하는 것은 무엇입니까?

해답 1. 마음, 2. 나무, 3. 더위, 4. 말씀, 5. 치욕, 6. 안식일

예레미야 18장 · 토기장이 비유

주요 구절: 18:6

(1 ___ ___ ___ ___) 비유가 나옵니다. 이 비유는 하나님과 이스라엘의 관계를 보여줍니다. "진흙으로 만든 그릇이 (1 ___ ___ ___ ___)의 손에서 터지매, 그가 그것으로 자기 마음에 좋은 대로 다른 그릇을 만들더라."(4절) 이것은 경고의 메시지입니다. 하나님은 자기 백성을 심판할 수 있는 분입니다. 사도 바울이 하나님의 선택과 유기를 설명하면서 (1 ___ ___ ___ ___) 비유를 사용했습니다(롬 9장).

유다 백성에게 아직 회개 기회가 남아 있습니다. "보라 내가 너희에게 재앙을 내리며 계책을 세워 너희를 치려하노니, 너희는 각기 악한 길에서 돌이키며, 너희의 길과 행위

를 아름답게 하라."(11절) 회개하면 구원받습니다. 안타깝게도 그들은 회개할 마음이 없습니다. "우리는 우리의 (2 　 　)대로 행하며, 우리는 각기 악한 마음이 완악한 대로 행하리라."(12절) 고집스런 미련함이 느껴집니다.

온 유다가 선지자의 권고를 무시합니다. "그의 어떤 말에도 (3 　 　)하지 말자."(18절) 그들은 예레미야를 죽이려 합니다(20절). 예레미야는 하나님께 간절히 기도합니다 "그 (4 　)을 사하지 마옵시며, 그들의 죄를 주의 목전에서 지우지 마시고, 그들을 주 앞에 넘어지게 하시되, 주께서 노하시는 때에 이같이 그들에게 행하옵소서."(23절) 시편에 많이 등장하는 탄원시가 생각납니다. 부름 받은 사역자가 핍박과 박해 가운데 하나님께 탄원합니다.

생각하기 토기장이 같은 주권자 하나님이 어떻게 다가옵니까?

해답 1. 토기장이, 2. 계획, 3. 주의, 4. 악

예레미야 19장 · 옹기를 깨뜨리는 비유

주요 구절: 19:11

예레미야는 토기장이가 만든 (1 　 　)를 하나 삽니다. 그리고 백성의 어른들과 제사장의 어른 몇 사람과 하시드 문 곁에 있는 힌놈의 아들의 골짜기로 가서 (1 　 　)를 깨뜨립니다(10절). "사람이 토기장이의 (2 　 　)을 한 번 깨뜨리면 다시 완전하게 할 수 없나니, 이와 같이 내가 이 백성과 이 성읍을 무너뜨리리니, 도벳에 매장할 자리가 없을 만큼 매장하리라."(11절) 예레미야의 이 예언 행위는 예루살렘을 향한 경고입니다.

예루살렘이 이렇게 비참한 살육의 현장이 되는 이유는 그들의 악한 죄 때문입니다. "그들이 바알을 위하여 (3 　 　)을 건축하고, 자기 (4 　 　)들을 바알에게 (5 　 　)로 불살라 드렸나니."(5절) 추악하고 혐오스런 우상숭배입니다. "예루살렘 집들과 유다 왕들의 집들이 그 집 위에서 하늘의 만상에 분향하고, 다른 신들에게 전제를 부음으로 더러워졌은즉 도벳 땅처럼 되리라."(13절) 인간이 하나님을 버리면 얼마나 악하고 어리석게 되는지 잘 보여줍니다.

'힌놈의 골짜기', 곧 '도벳'에서 돌아온 예레미야는 예루살렘 성전 뜰에 서서 모든 백성에게 공개적으로 외칩니다. "보라! 내가 이 성읍에 대하여 (6)한 모든 재앙을 이 성읍과 그 모든 촌락에 내리리니, 이는 그들의 목을 곧게 하여 내 말을 듣지 아니함이라."(15절) 부름 받은 사역자는 두렵더라도 하나님의 말씀을 가감 없이 선포합니다.

생각하기 하나님 앞에 죄인은 쉽게 부서지는 그릇 같음을 묵상합시다.

해답 1. 옹기, 2. 그릇, 3. 산당, 4. 아들, 5. 번제, 6. 선언

예레미야 20장 · 선지자의 고난과 고뇌

주요 구절: 20:9

도발적인 예레미야의 예루살렘 멸망 선포는 예루살렘 주민과 지도자들의 마음을 매우 불편하게 했습니다. 특별히 성전의 안전을 책임진 총감독(경찰)인 (1)은 예레미야를 붙잡아 매질합니다(1-2절). 그는 예레미야를 성전에 있는 베냐민 문 위층에 (2)에 씌우는 나무 고랑으로 채워 가둡니다(2절). 정치적 이유이거나 거룩한 성 예루살렘을 모욕해서 그렇게 처리했을 수 있습니다. 여하간 예레미야는 하나님의 말씀을 선포한 것 때문에 고난을 받습니다. 그런데 다음 날 풀려난 예레미야는 (1)을 향하여 또 다시 예루살렘 멸망을 선포합니다. "(1)아! 너와 네 집에 사는 모든 사람이 (3) 되어 옮겨지리니, 네가 (4)에 이르러 거기서 죽어 거기 묻힐 것이라. 너와 너의 거짓 예언을 들은 네 모든 친구도 그와 같으리라."(6절)

예루살렘 멸망 선언은 사람들에게 비웃음거리입니다(7-8절). 평화와 위로를 전해야 사람들이 좋아하지, 패배와 멸망을 전하니 아무도 좋아하지 않습니다. 사람들의 거부 반응에 예레미야도 힘들고 어렵습니다. "내가 다시는 여호와를 (5)하지 아니하며 그의 (6)으로 말하지 아니하리라" 하지만, "나의 마음이 불붙는 것 같아서 (7)에 사무치니 답답하여 견딜 수 없"습니다(9절). 예레미야는 너무나 괴로워 마치 욥처럼 자신의 생일까지 저주하며 아픔을 호소합니다(14-18절). 하나님의 종도 로봇이 아니라 사람입니다. 고통과 고뇌가 있습니다.

생각하기 내가 만일 예레미야라면 어떻게 행동하겠습니까?

해답 1. 바스훌, 2. 목, 3. 포로, 4. 바벨론, 5. 선포, 6. 이름, 7. 골수

예레미야 21장 · 생명의 길과 사망의 길

주요 구절: 21:8

장면이 바뀌어 유다 마지막 왕 시드기야 때로 이동합니다. 바벨론이 예루살렘을 공격합니다(2절). 다급한 왕은 대신들을 예레미야에게 보내어 하나님께 기도해달라고 요청합니다. 아마 히스기야 왕 때 아시리아를 물리친 것을 기억하고 선지자에게 도움을 구한 것 같습니다(왕하 19장). 그러나 히스기야 때와 시드기야 때는 달라도 너무 다릅니다. 마음으로부터 하나님을 찾았던 히스기야와 달리 시드기야는 하나님을 의지하지 않습니다(11-14절). 하나님은 램프의 지니(genie)가 아닙니다.

예레미야는 하나님의 심판을 되돌릴 그 어떤 길도 없으니, 이제 하나님의 심판을 인정하고 받아들일 것을 요청합니다. 이제 남 유다가 선택할 수 있는 것은 두 가지밖에 없습니다. "(1 　)의 길"과 "(2 　)의 길"입니다(8절). "(1 　)의 길"은 바벨론에게 항복하는 것이고, "(2 　)의 길"은 하나님의 심판을 인정하지 않는 것입니다(9절). 바벨론에게 항복하는 것이 (1 　)의 길이 되는 것이 참 이상합니다. 예레미야가 매국노처럼 느껴질 것입니다. 그러나 하나님의 뜻이 그렇습니다. 범죄한 유다를 바벨론의 손에 붙이실 것입니다. 그러면 목숨은 건질 것입니다.

생각하기 내가 예레미야의 예언을 들은 시드기야라면 어떻게 할까요?

해답 1. 생명, 2. 사망

예레미야 22장 · 언약을 깨뜨린 자들

주요 구절: 22:21

하나님은 예레미야를 통해 “(1)의 왕위에 앉은 유다 왕이여! 너와 네 신하와 이 문들로 들어오는 네 백성은 여호와의 (2)을 들을지니라”(2절)며 권고합니다. 하나님은 (1)과 맺은 언약(삼하 7:14)에 따라 왕이 지켜야 할 것을 말씀합니다(2-3절). 그러나 왕이 이것을 지키지 않았기 때문에 앞선 왕들이 징계받았습니다(6-9절). 요시야의 아들 “살룸”(11절), 곧 여호아하스는 왕이 된 지 3개월이 되지 않아, 이집트의 바로 느고에게 잡혀가 죽습니다. 여호아하스의 동생으로 이어서 왕이 된 “여호야김”(18절)은 궁궐을 보수하고 노동자에게 품삯을 주지 않는 등 악하게 통치하다가 이방 민족에게 패하여 죽습니다(왕하 24:1-4). 여호야긴(24절) 역시 잠시 통치하다가 바빌론으로 잡혀가 거기서 죽습니다. 결국 “그의 자손 중 (3)하여 (1)의 왕위에 앉아 유다를 다스릴 사람이 다시는 없을 것”(30절)입니다.

(1) 왕가가 망한 것이 하나님 때문일까요? 아닙니다. 왕들과 백성이 언약의 말씀을 지키지 않았기 때문입니다. 그들은 하나님을 섬기지 않고 악하게 통치하였습니다. 하나님은 언약에 따라 징계를 내리신 것뿐입니다. 참으로 안타까운 일입니다.

생각하기 왕에게 이런 메시지를 전하는 예레미야는 어땠을까요?

해답 1. 다윗, 2. 말씀, 3. 형통

예레미야 23장 메시아 예언과 심판 선포

주요 구절: 23:16

다윗 왕가 왕들은 철저히 실패합니다. 하지만, 희망이 있습니다. “보라 때가 이르리니, 내가 다윗에게 한 의로운 (1)를 일으킬 것이라. 그가 왕이 되어 지혜롭게 다스리며 세상에서 정의와 공의를 행할 것이며, 그의 날에 유다는 구원을 받겠고, 이스라엘은 평안히 살 것이며, 그의 (2)은 여호와 우리의 공의라 일컬음을 받으리라."(5-6절) 하나님이 메시아를 보낼 것입니다. 이것은 예수 그리스도의 오심과 사역으로 성취됩니다.

유다를 어지럽히는 거짓 선지자들을 향한 심판이 선포됩니다(9절). 그들의 예언은 "자기의 (3) 으로 말미암은 것이요, 여호와의 (4) 에서 나온 것이 아"닙니다(16절). 만일 그들이 정말로 하나님의 뜻을 전하였다면, "내 백성에게 내 말을 들려서 그들을 악한 길과 악한 행위에서 돌이키게" 하였을 것입니다(22절). 그들은 "여호와의 엄중한 말씀"을 선포하나, 하나님이 그것을 버릴 것입니다. 그들은 단지 하나님의 말씀을 (5) 할 뿐입니다(30절). 하나님은 그런 거짓 선지자들을 심판할 것입니다(30-32절).

생각하기 내게 거짓 선지자를 분별하는 기준이 있습니까?

해답 1. 가지, 2. 이름, 3. 마음, 4. 입, 5. 도둑질

예레미야 24장 · 좋은 무화과 나쁜 무화과

주요 구절: 24:7

다시 장면이 이동합니다. 바벨론 왕 (1) 이 여고냐(여호야긴) 왕을 고관들과 목공들과 철공들과 함께 포로로 잡아간 때(주전 597년) 입니다(1절). 참 신기하게도 바벨론으로 잡혀간 자들이 극히 좋은(최상품) (2) 와 같이 희망이 있습니다(5절).

시간이 흘러 장면이 또 바뀝니다(4절). 바벨론으로 잡혀간 자들과 달리 유다의 왕 시드기야와 그 고관들과 예루살렘에 남아 있는 자들과, 이집트로 피한 자들은 먹을 수 없는 극히 나쁜(최하품) (2) 와 같이 될 것입니다(8절). 바벨론으로 가는 것이 하나님의 뜻이라는 것을 보여줍니다. 하나님의 뜻을 거스르고 자기 꾀로써 발버둥을 치지만 그것이 오히려 멸망의 길입니다.

하나님은 바벨론으로 잡혀간 이들을 구원할 것입니다. "내가 여호와인 줄 아는 (3) 을 그들에게 주어서, 그들이 전심으로 내게 돌아오게 하리니, 그들은 내 (4

)이 되겠고, 나는 그들의 (5 ___)이 되리라."(7절) 전형적 언약문 형식입니다. 새 언약을 시작한 하나님은 택한 자들에게 "아는 (3 ___)"까지 주어 언약 관계를 회복시킬 것입니다. 하나님에 대한 믿음과 지식은 인간 내부가 아니라, 인간 밖에서 들어와야 합니다. 하나님께서 밖에서 도움의 손길을 뻗어야 합니다. 하나님 도우소서!

생각하기 좋은 무화과에 대한 하나님의 뜻이 어떻게 느껴집니까?

해답 1. 느부갓네살, 2. 무화과, 3. 마음, 4. 백성, 5. 하나님

예레미야 25장 · 70년의 바빌론 포로

주요 구절: 25:3

장면이 또 바뀝니다. 여호야김 통치 4년, 즉 제1차 바빌론 포로 때(주전 605년) 즈음입니다. 이미 예레미야가 (1 ___)년이나 예언하고 있던 때입니다(3절). 예레미야는 다시 유다와 예루살렘 모든 주민에게 예언합니다. 하나님은 그 동안 많은 선지자를 보내 악을 버리고 말씀에 순종하라 했지만, 그들은 듣지 않았습니다. 결국 하나님은 (2 ___)년 포로 생활을 명했습니다(11절).

하나님은 유다뿐만 아니라, 온 세상의 통치자입니다. 세계 열강들은 스스로의 힘과 능력으로 번성한다고 생각하지만, 어림도 없습니다. 남 유다를 멸망시키는 바빌론조차도 하나님의 도구이며, 자신들의 (3 ___) 때문에 멸망할 것입니다(12절). 세상 그 어느 나라도 하나님의 통치에서 벗어날 수 없습니다. 먼저 예루살렘이 하나님의 진노의 잔을 마실 것입니다. 그들은 멸망과 (4 ___)과 비웃음과 (5 ___)를 당할 것입니다(18절). 남 유다 주변 국가들도 하나님의 진노와 심판을 피하지 못할 것입니다. 모두 자신의 죄로 인한 대가를 받을 것입니다. 하나님은 온 세상의 통치자요 심판자입니다.

생각하기 다른 나라에 대한 심판 예언이 어떻게 들립니까?

해답 1. 23, 2. 70, 3. 죄악, 4. 놀램, 5. 저주

예레미야 26장 · 성전에 선 예레미야

주요 구절: 26:13

또 장면이 바뀝니다. 여호야김 즉위 원년, 곧 주전 609년 즈음입니다. 25장보다 26장이 시기적으로 앞섭니다. 이때 예레미야는 여호와의 (1) 뜰에 서서 예언합니다(2절). 예루살렘에는 전국에서 모인 (2)하는 자들(2절)로 붐비기 때문에 수많은 사람이 예레미야의 예언을 듣게 됩니다. 하나님이 이렇게 선지자를 보내 경고하는 이유가 있습니다. "그들이 듣고 혹시 각각 그 악한 (3)에서 돌아오리라. 그리하면 내가 그들의 악행으로 말미암아 그들에게 재앙을 내리려 하던 뜻을 돌이키리라."(3절) 하나님의 마음은 긍휼로 가득합니다.

그러나 예언을 들은 (4)들과 (5)들과 모든 백성이 예레미야를 붙잡고 죽이려고 합니다(8절). 여호와의 성전 '새 대문 입구에 앉았다'(10절)는 말은 '재판이 진행된다'는 뜻입니다. 고소당했지만 예레미야는 뜻을 굽히지 않고 부지런히 하나님의 말씀을 전합니다. "너희는 너희 (3)과 행위를 고치고 너희 하나님 여호와의 목소리를 청종하라"고 외칩니다(13절).

예레미야의 변론을 듣고 고관과 백성이 죽이지 말 것을 권합니다. 지방의 장로 몇몇도 지지합니다(17절). 그들이 선지자 (6)를 소환합니다. 예레미야에게 유리한 증언입니다. 결국 예레미야는 죽지 않습니다. 사반의 아들 아히감이 그를 돕습니다. 하나님이 도와 준 것입니다. 아직 예레미야에게 할 일이 남아 있기 때문입니다. 그러나 예레미야와 달리 "(7)"라는 선지자(20절)는 여호야김 왕에게 쫓겨 이집트로 도망갔고, 다시 잡혀 예루살렘으로 호송되어 처형되고 맙니다. 순교한 것입니다. 하나님의 선지자를 죽인 것은 큰 악인데(마 23:34-36) 유다 백성이 악을 범합니다.

생각하기 부름 받은 자의 삶이 어떻게 다가옵니까?

해답 1. 성전, 2. 예배, 3. 길, 4. 제사장, 5. 선지자, 6. 미가, 7. 우리야

예레미야 27장 · 참 예언 vs. 거짓 예언

주요 구절: 27:9

27장의 배경은 주전 597년에 통치를 시작한 (1 ____) 왕 시대입니다. 1절의 '여호야김'은 (1 ____)로 바꿔 읽으면 됩니다. 3절에도 (1 ____) 왕이라고 분명하게 쓰고 있습니다. (1 ____) 왕이 즉위할 때 외국에서 많은 사신이 왔습니다. 다 같이 모여 바빌론에 대항하려는 계획을 세우려 했을 것입니다. 그런데 예레미야가 그들 앞에 등장했습니다. "줄과 멍에"를 만들어 목에 걸고 예언합니다(2, 12절). 주권자 하나님의 뜻은 그들의 계획과 정반대입니다. 하나님은 세상의 주도권을 바빌론의 왕 느부갓네살에게 줄 것입니다(6절).

바빌론 왕을 섬기는 것이 복 받는 길이라는 권고는 유다에게 치욕적 충고입니다. 예레미야는 매국노나 다름없어 보였을 것입니다. 그러니 바빌론에 대항해 싸우면 승리할 것이라는 예언이 더 솔깃할 것입니다. 점쟁이, 꿈꾸는 자, 술사, 요술가는 바빌론이 반짝하다가 사라지고 말 것이기 때문에 예레미야의 말을 무시하라고 합니다(9절). 그러나 이것은 거짓 예언입니다. 하나님의 뜻과는 전혀 상관이 없습니다(10, 16절).

예레미야는 단순히 바빌론에게 굴복할 것만 말한 것이 아닙니다. 희망도 전합니다. 예레미야는 유다의 회복을 예언합니다. "그것들이 바벨론으로 옮겨지고 내가 이것을 돌보는 (2 __)까지 거기에 있을 것이니라. 그 (3 __)에 내가 그것을 올려 와 이 곳에 그것들을 (4 ____)려 두리라, 여호와의 말씀이니라."(22절) 성전 회복을 말합니다.

생각하기 나라면 항복하라는 예언을 들을 것 같습니까?

해답 1. 시드기야, 2. 날, 3. 후, 4. 되돌

예레미야 28장 · 거짓 선지자 하나냐

주요 구절: 28:11

28장 내용은 시드기야 통치 4년째 되던 해(주전 593년) 일입니다. 거짓 (1) 하나냐가 나타나(1절) 예레미야의 예언을 공격합니다. 그도 예레미야처럼 베냐민 지파입니다. 하나냐는 모든 백성과 제사장이 보고 듣는 성전에서 예레미야에게 도전합니다. 하나냐는 자기도 하나님께 말씀을 받았다고 주장합니다. 하나님이 바빌론 왕의 (2)를 꺾을 것이고, 2년 안에 포로된 여고니야(여호야긴) 왕과 백성이 돌아올 것이라고 거짓 예언합니다.

예레미야가 하나냐에게 말합니다. 평화를 예언하는 거짓 (1)는 그 예언이 이루어지지 않는 것으로 판결 날 것입니다(9절). 그러자 하나냐는 예레미야의 목에서 (2)를 빼앗아 꺾습니다(10절). 하나님이 바빌론 왕의 (2)를 꺾을 것이라는 퍼포먼스입니다. 하나냐의 예언은 실의에 빠진 유다 백성에게 희망을 주었을 것입니다. 예레미야의 (2)를 꺾어버렸을 때 속이 시원했을 것입니다. 예레미야는 아무 말 없이 자기 길을 갑니다. 참 선지자가 인정받지 못합니다. 혼자 외로운 투쟁을 해야 합니다.

하나님의 말씀이 다시 예레미야에게 임합니다. 하나님은 나무 (2)를 쇠 (2)로 바꾸어 더 힘들게 할 것이라고 말씀합니다(13절). 거짓 선지자 하나냐는 예레미야의 예언대로 하나님의 심판을 받아 그 해 일곱째 달에 죽습니다. 참 선지자의 길이 외로우나 하나님께 인정받습니다. 거짓 선지자는 환호받지만 결국 멸망합니다.

생각하기 내가 하나냐의 퍼포먼스를 보았다면 어땠을까요?

해답 1. 선지자, 2. 멍에

예레미야 29장 · 예레미야가 쓴 두 편지

주요 구절: 29:8

시드기야 왕이 바빌론에 사람을 보내는데(3절), 예레미야가 그 편으로 포로로 잡혀간 백성에게 편지를 보냅니다(1절). 70년 동안 바빌론에서 살아야 하니 그곳에 집을 짓고 텃밭을 만들고, 그 열매를 취하라고 합니다. 혼인도 하고 자녀를 많이 낳아 번성해야 합니다(6절). 창조 언약이 포로 시기에도 유효합니다. 또 바빌론의 평안을 구하라고 합니다(7절, 참고. 롬 13:1). 참 놀랍고 부담스런 요청이지만, 바빌론이 평안해야 유다 백성도 평안할 것입니다. 한편, (1 ____) 예언을 주의하라고 경고합니다. "너희 중에 있는 선지자들에게와 점쟁이에게 미혹되지 말며, 너희가 꾼 꿈도 곧이 듣고 믿지 말라. 내가 그들을 보내지 아니하였어도, 그들이 내 이름으로 (1 ____)을 예언함이라."(8-9절)

벌받는 70년 동안 이스라엘 백성은 하나님께 (2 ____)할 수 있습니다. 언약에 신실한 하나님은 언약백성을 버리지 않습니다. "너희가 내게 부르짖으며 내게 와서 (2 ____)하면, 내가 너희들의 (2 ____)를 들을 것이요, 너희가 온 마음으로 나를 구하면 나를 찾을 것이요, 나를 만나리라."(12-13절)

바빌론에 스마야라는 사람이 있는데, 선지자로 활동했습니다. 바빌론에서 예레미야의 편지를 읽은 뒤, 그가 예루살렘 제사장 스바냐에게 편지를 써서 예레미야를 책망해달라고 합니다. 스바냐는 스마야의 편지를 예레미야에게 읽어줍니다. 이후 하나님의 말씀이 예레미야에게 임합니다. "내가 그를 보내지 아니하였거늘, 스마야가 너희에게 (3 ____)하고, 너희에게 (1 ____)을 믿게 하였도다."(31절) 배교와 징벌의 시기에 (1 ____) 선지자가 난무합니다. 하나님은 (1 ____) 선지자 스마야와 자손을 벌합니다. 포로들이 예루살렘으로 돌아올 때 그들은 그 복된 일을 보지 못할 것입니다(32절).

생각하기 내가 분별하지 못하는 거짓이 무엇인지 묵상해봅시다.

해답 1. 거짓, 2. 기도, 3. 예언

예레미야 30장 · 위로의 예언

주요 구절: 30:10

예레미야는 당시 이스라엘 국가가 처한 정치, 경제, 사회, 문화적 상황에 반대되는 예언을 선포합니다. 바빌론에게 포로가 될 것이고 그것을 받아들이라고 예언했으니, 매국노 혹은 적군의 앞잡이처럼 보입니다. 하지만, 예레미야의 예언은 국수주의, 민족주의를 초월합니다. 세상 나라가 아닌 하나님 나라 차원에서 보아야 합니다. 언약의 하나님이 온 우주의 통치자이기 때문입니다.

유다 백성은 포로가 되어 70년을 살 것입니다. 암울하고 불행할 것인데, 심판을 예언하던 예레미야가 이제는 희망과 위로의 말을 전합니다. 이것 또한 시류(時流)에 맞지 않아 보입니다. 바빌론은 계속 번성하고 강해지니, 유다 백성은 도저히 돌아오지 못할 것 같습니다. 하지만, 70년 후에 예루살렘으로 돌아올 것이라 예언합니다. 이 내용이 30-33장에 구체적으로 기록되어 있습니다. 소위 '위로의 책'으로 예레미야의 핵심 내용입니다.

예레미야는 멸망한 유다에게도 소망(1-11절)과 재건(18-24절)의 희망이 있다고 합니다. "나의 종 야곱아! 너는 두려워하지 말라. 이스라엘아, (1 ____)지 말라. 내가 너를 먼 곳으로부터 (2 ____)하고, 네 자손을 잡혀가 있는 땅에서 (2 ____)하리니, 야곱이 돌아와서 (3 ____)과 (4 ____)을 누릴 것이며, 두렵게 할 자가 없으리라."(10절) 하나님이 회복을 약속합니다. 인간은 변하지만 하나님은 신실하기에 회복의 약속은 반드시 성취될 것입니다. "너희는 내 (5 ____)이 되겠고, 나는 너희들의 (6 ____)이 되리라."(22절) 대표적인 언약 공식입니다.

생각하기 백성을 위로하는 예레미야의 예언을 주목했을까요?

해답 1. 놀라, 2. 구원, 3. 태평, 4. 안락, 5. 백성, 6. 하나님

예레미야 31장 · 회복과 새 언약

주요 구절: 31:31

"그 때"(70년 포로 후)는 희망의 때입니다. 예레미야는 하나님과 이스라엘의 언약 관계가 회복될 것이라고 예언합니다(1-14절). "내가 이스라엘 모든 종족의 하나님이 되고 그들은 내 (1 ____)이 되리라."(1절) 15-26절은 하나님이 피곤한 심령을 상쾌하게 하며, 모든 연약한 심령을 만족케 할 것이라고 예언합니다. 27-30절은 하나님이 이스라엘을 세워 심을 것인데 더 이상 조상의 죄 때문에 고통당하지 않을 것이라고 전합니다. "그 때에 그들이 말하기를 다시는 아버지가 신 포도를 먹었으므로 아들들의 이가 시다 하지 아니하겠고, 신 포도를 먹는 자마다 그의 이가 신 것 같이 누구나 자기의 (2 ____)으로 말미암아 죽으리라."(29-30절)

예레미야는 70년 후 돌아온 이스라엘이 하나님과 새 언약 관계에 들어갈 것을 예언합니다. "보라! 날이 이르리니, 내가 이스라엘 집과 유다 집에 새 언약을 맺으리라 … 그러나 그 날 후에 내가 이스라엘 집과 맺을 언약은 이러하니, 곧 내가 나의 (3)을 그들의 (4)에 두며 그들의 (5)에 기록하여, 나는 그들의 하나님이 되고, 그들은 내 (1)이 될 것이라. 여호와의 말씀이니라. 그들은 다시는 각기 이웃과 형제를 가르쳐 이르기를, 너는 여호와를 알라 하지 아니하리니, 이는 작은 자로부터 큰 자까지 다 나를 알기 때문이라. 내가 그들의 악행을 (6)하고, 다시는 그 죄를 (7)하지 아니하리라, 여호와의 말씀이니라."(31-34절)

이것은 포로 귀환으로 성취되지만, 완전한 성취는 아닙니다. 새 언약의 중보자 예수 그리스도의 오심으로 완성됩니다. 그 분은 자기 피로써 새 언약을 이룹니다. "이 잔은 내 피로 세우는 새 언약이니"(눅 22:20), "나의 피 곧 언약의 피"(마 26:28). 이것은 옛 언약에서 짐승이 피 흘리던 것(출 24:5)을 완전히 대체한 것입니다. 히브리서가 이것을 잘 설명합니다(히 7:22; 8:6 이하; 9:19-10:18). 그리스도는 말씀과 성령으로 하나님 법을 신자의 마음에 새깁니다(고후 3:3).

생각하기 새 언약을 위해 피 흘리신 예수님을 깊이 묵상해봅시다.

해답 1. 백성, 2. 죄악, 3. 법, 4. 속, 5. 마음, 6. 사, 7. 기억

예레미야 32장 · 땅을 산 예레미야

주요 구절: 32:37

장면이 바뀌어 옥에 갇힌 예레미야가 등장합니다. 바빌론에게 멸망당할 것을 예언하여 시드기야 왕에 의해 옥에 갇혔을 때입니다. 그때 하나님의 말씀이 임합니다. 몰락한 사촌 (1)(7절)이 와서 예레미야에게 고향 (2)의 땅을 팔 것인데, 그것을 사라는 것입니다. 예레미야는 은 17세겔(9절)로 땅을 사고 증서를 만들어 하나는 봉하고, 나머지는 열람할 수 있도록 뚜껑을 열어놓은 항아리에 넣습니다. 나라가 망하는데, 게다가 자기가 나라의 멸망을 예언하는데 땅을 사는 것은 이해하기 힘듭니다. 그러나 반대로 그만큼 하나님이 포로에서 돌아오게 할 것이라는 예언을 확증하

는 것이기도 합니다.

이스라엘 백성이 언약을 깨고 온갖 악을 행하였기 때문에 하나님의 진노와 심판을 받습니다. “그들이 등을 내게로 돌리고 (3 　 　)을 내게로 향하지 아니하며, 내가 그들을 가르치되 끊임없이 가르쳤는데도 그들이 (4 　 　)을 듣지 아니하며, 받지 아니하고, 내 이름으로 일컫는 집에 자기들의 가증한 물건들을 세워서, 그 집을 더럽게 하며, 힌놈의 아들의 골짜기에 바알의 산당을 건축하였으며, 자기들의 아들들과 딸들을 (5 　 　) 앞으로 지나가게 하였느니라.”(33-35절). 하나님의 말씀을 지키지 않고 우상을 섬기는 유다의 악과 어리석음이 얼마나 심각한지 보여줍니다.

하지만, 하나님의 “영원한 (6 　 　)”(40절)은 변함이 없습니다. “그들은 내 백성이 되겠고 나는 그들의 하나님이 될 것이며, 내가 그들에게 한 마음과 한 길을 주어 자기들과 자기 후손의 복을 위하여 항상 나를 경외하게 하고 … 나의 마음과 정성을 다하여 그들을 이 땅에 심으리라.”(38-41절)

생각하기 예레미야의 모습을 보고 하나멜을 어떤 생각을 했을까요?

해답 1. 하나멜, 2. 아나돗, 3. 얼굴, 4. 교훈, 5. 몰렉, 6. 언약

예레미야 33장 · 포로 귀환 약속

주요 구절: 33:15

예레미야가 여전히 시위대 뜰에 갇혀 있을 때, 하나님의 말씀이 임합니다(1절). “너는 내게 부르짖으라. 내가 네게 (1 　 　)하겠고 네가 알지 못하는 크고 (2 　 　)한 일을 네게 보이리라.”(3절) 성도가 기도할 때 하나님은 크고 (2 　 　)한 일을 알릴 것입니다. 크고 (2 　 　)한 일이란 바로 ‘구원계획’입니다.

하나님은 죄로 멸망할 예루살렘이 회복될 것을 약속합니다. “내가 그들을 내게 범한 그 모든 죄악에서 정하게 하며, 그들이 내게 범하며 행한 모든 죄악을 (3 　)할 것이라.”(8절) 그때에는 “만군의 여호와께 (4 　 　)하라. 여호와는 (5 　)하시니 그 인자하심이 영원하다”(10-11절)라는 찬양이 크게 울릴 것입니다.

하나님은 이스라엘의 배교에도 불구하고 다윗의 집에 영원한 언약을 기억하고 "한 공의로운 (6)"(15절)가 나게 할 것입니다. 바빌론 포로 귀환 후에는 "유다가 구원을 받겠고 예루살렘이 안전히 살 것이며 이 성은 여호와는 우리의 (7)라는 이름을 얻"(16절)을 것입니다. 하나님은 새 언약이 변치 않고 굳건함을 밤과 낮, 그리고 천지의 법칙을 예로 들어 확신시켜 줍니다(19-26절).

생각하기 내 기도는 하나님의 크고 비밀한 일과 어떤 관계가 있습니까?

정답 1. 응답, 2. 은밀, 3. 사, 4. 감사, 5. 선, 6. 가지, 7. 의

예레미야 34장 · 언약을 어긴 왕과 고관들

주요 구절: 34:17

장면이 또 바뀝니다. (1) 왕 때입니다(1절). 유다의 멸망이 코앞으로 다가왔습니다. 예레미야는 왕이 바빌론 군대에 포로로 잡히겠지만 칼에 맞아 죽지는 않을 것이라 예언합니다(3-5절).

바빌론의 공격이 있을 때(주전 587년), (1) 왕은 노예(노비)들을 일시적으로 해방시킵니다(8-9절). 군인이 부족하니 그들이라도 해방시켜 싸우게 한 것 같습니다. 안식년이나 희년에 노예를 반드시 돌려주어야 했던(출 21:2; 신 15:12) 율법을 지키지 않다가 지금에야 노예를 해방시킵니다. 이 계약에 가담한 사람은 고관과 모든 백성입니다. 혹 다시 율법을 지키고 회개하는 것 같았지만, 그들의 진심이 곧 드러납니다. 바빌론의 공격이 뜸해지자("후에", 11절) 변심하여 그들을 다시 잡아다가 노예로 만듭니다.

하나님은 이렇게 악한 행동을 보인 고관과 백성을 벌합니다. "너희가 나에게 순종하지 아니하고 각기 형제와 이웃에게 (2)를 선포한 것을 실행하지 아니하였은즉, 내가 너희를 대적하여 칼과 전염병과 기근에게 (2)를 주리라."(17절) 19-20절에는 (3)를 둘로 쪼개고, 언약 당사자들이 그 두 조각 사이로 지나는 언약식이 언급됩니다. 바로 이 구절로 창세기 15장의 아브라함 언약식을 이해할 수 있습니

다. 이스라엘 백성은 언약에 전혀 신실하지 않습니다. 하나님은 신실하지 않은 예루살렘을 벌합니다(22절).

생각하기 언약을 깨뜨릴 때 고관과 백성은 무슨 마음이었을까요?

해답 1. 시드기야, 2. 자유, 3. 송아지

예레미야 35장 · 신실한 레갑 자손

주요 구절: 35:14

이번에는 여호야김 왕 시대로 장면이 바뀝니다. 34장보다 시기적으로 앞섭니다. 하나님의 말씀이 예레미야에게 임하는데, 레갑 족속(the Recabites)에게 무언가를 권하는 것입니다. 레갑 족속의 조상은 겐 족속(대상 2:55)인데 모세의 아내 십보라와 연결됩니다(삿 4:11; 삼상 15:6). 레갑 족속은 바벨론의 침략으로 유랑하며 살다가 예루살렘으로 왔습니다(11절). 이들은 아주 독특한 생활 습관을 가지고 있습니다. 자신들의 조상 (1 ___ ___ ___)이 명령한 것인데, 첫째, 평생 동안 (2 ___ ___ ___)를 마시지 않습니다. 둘째, 집을 짓지 않고 (3 ___ ___)에 삽니다(9-10절). 셋째, 포도원이나, (4 ___)이나, 종자(곡식의 씨)도 소유하지 않습니다(9절). 마치 하나님 앞에 결단하며 지내는 나실인의 삶처럼 보입니다(민 6:1-21). 레갑 족속은 조상의 명령에 따라 예레미야의 권유를 거절합니다(6절).

하나님이 레갑 족속을 비교하면서 언약에 신실하지 못한 이스라엘을 책망한 것입니다. "레갑의 아들 (1 ___ ___ ___)이 그의 자손에게 (2 ___ ___ ___)를 마시지 말라, 한 그 명령은 실행되도다. 그들은 그 선조의 명령을 (5 ___ ___)하여 오늘까지 마시지 아니하거늘 내가 너희에게 말하고 끊임없이 말하여도 너희는 내게 (5 ___ ___)하지 아니하도다."(14절) 레갑 족속은 조상의 명령이라도 어기지 않고 지키는데, 하물며 유다 백성은 하나님의 말씀을 지키지 않습니다. 레갑 족속의 신실함은 유다 백성과 비교됩니다. 하나님은 신실하게 (5 ___ ___)하는 레갑 족속에게 복을 약속합니다. "레갑의 아들 (1 ___ ___ ___)에게서 내 앞에 설 사람이 영원히 끊어지지 아니하리라."(19절)

생각하기 레갑 족속까지 예로 들어 말씀하는 하나님의 뜻은 무엇일까요?

해답 1. 요나답, 2. 포도주, 3. 장막, 4. 벌, 5. 순종

예레미야 36장 · 왕이 하나님을 거절하다

주요 구절: 36:23

시기가 또 바뀝니다. 36장은 요시야 왕의 아들 여호야김 왕 통치 제4년에 임한 예언입니다. 아직 바벨론이 강제로 유다를 속국으로 만들기 전, 즉 백성 일부를 포로로 잡아가기 직전, 주전 605년 즈음입니다. 예레미야는 하나님의 지시로 예언의 말씀을 (1   )을 통해 두루마리에 기록하도록 합니다(4절). 회개하지 않으면 멸망할 것이라는 말씀을 기록해 증거로 남깁니다.

(1   )은 두루마리를 가지고 성전으로 가서 백성에게 읽어줍니다. 그때는 금식일입니다. 마침 고관 미가야가 듣고 다른 여러 고관에게 알립니다(11-13절). 이렇게 많은 고관이 무리를 지어 (1   )의 말을 듣습니다. 들은 고관들이 여호야김 왕에게 보고하자, 왕이 두루마리를 가져와 읽도록 합니다(20-21절). 그때 고관들이 (1   )을 예레미야 있는 곳으로 피하라고 합니다(19절). 분위기를 알아차린 것입니다. 왕이 말씀을 듣다가 "왕이 (2   )로 그것을 연하여 베어 화로 (3   )에 던져서 두루마리를 모두"(23절) 태워버립니다. 충격입니다! 하나님에 대한 경외심이 전혀 없습니다. "왕과 그의 신하들이 이 모든 말을 듣고도 (4   )하거나 자기들의 (5   )을 찢지 아니"(24절)합니다. 왕이 예레미야와 (1   )의 체포를 명령합니다. 그러나 하나님이 보호해 숨겨줍니다(26절).

하나님은 예레미야에게 이전 것이 (3   )에 탔으니 다시 두루마리에 말씀을 기록하게 합니다. 여호야김 왕에게 임할 심판도 예언합니다. "다윗의 (6   )에 앉을 자가 없게 될 것이요, 그의 시체는 버림을 당하여 낮에는 더위, 밤에는 추위를 당하리라."(30절) 하나님과 하나님의 언약을 거절한 자의 최후는 비참할 것입니다.

생각하기 내가 여호야김 왕이었다면 어떻게 행동했을 것 같습니까?

해답 1. 바룩, 2. 칼, 3. 불, 4. 두려워, 5. 옷, 6. 왕위

예레미야 37장 · 급변하는 정세

주요 구절: 37:15

37장의 배경은 (1 ________) 왕이 통치하던 시기입니다(1절). (1 ________) 왕은 급변하는 정세에 어떻게 해야 할지 모릅니다. 예레미야에게 기도해달라고 부탁도 합니다(3절, 비슷한 이야기가 21장에도 나옵니다). 이집트의 파라오가 군대를 이끌고 온다는 소문을 들은 바빌론 군대가 예루살렘을 포위했다가 두려워 떠났기 때문입니다. 이렇게 되자 예레미야의 예언이 틀리고 바빌론은 더 이상 예루살렘을 괴롭히지 못할 것이라는 주장이 우세해졌습니다.

그들은 이때를 틈타 예레미야를 공격합니다. 제1차와 제2차 침공 때 잡혀가지 않고 남은 예루살렘의 고관들은 예레미야의 예언을 매우 싫어했기 때문입니다. 고관들은 예레미야를 붙잡아 때리고, 서기관 (2 ______)의 집에 가둡니다(15절). 그 집에는 깊은 (3 ______)가 있었는데 그곳이 옥으로 활용되었습니다(15-16절).

(1 ________) 왕이 고관들 몰래 예레미야를 풀어내 은밀히 하나님의 뜻을 묻습니다. 세계 정세가 궁금하고 두려웠기 때문입니다. 그러나 하나님의 뜻은 분명합니다. "왕이 바벨론의 왕의 (4 __)에 넘겨지리이다."(17절) 예레미야는 이 기회를 이용해 왕에게 애걸합니다. (3 ______)에 다시 보내지 말도록 말입니다. 그도 죽음의 공포는 두렵습니다. (1 ________) 왕은 예레미야를 옥에 두고, 매일 떡 (5 __) 개씩을 그에게 줍니다(21절). 상황이 무척이나 혼란스럽습니다. 하나님의 뜻은 어디에 있는 것일까요?

생각하기 급변하는 상황에서 내가 붙잡는 기준은 무엇입니까?

해답 1. 시드기야, 2. 요나단, 3. 웅덩이, 4. 손, 5. 한

예레미야 38장 · 구덩이에 갇힌 예레미야

주요 구절: 38:2

예루살렘의 고관들, 스바댜, 그다랴, 유갈, 바스훌이 시드기야 왕에게 예레미야를 고소합니다. "이 사람이 백성의 (1 　 　)을 구하지 아니하고, (2 　 　)을 구하오니 청하건대, 이 사람을 죽이소서. 그가 이같이 말하여, 이 성에 남은 군사의 손과 모든 백성의 손을 (3 　)하게 하나이다."(4절) 예레미야는 자기 백성에게 바빌론에게 항복하라고 말했기 때문입니다. 매국노로 고소당하고 있습니다. 민족주의 관점으로 보면, 그의 예언은 유다 민족의 사기를 떨어뜨릴 뿐입니다. 그의 권고는 논리적이지 못하고 합리적이지도 않습니다. 하지만, 예레미야의 예언은 온 세상을 다스리는 하나님으로부터 온 것입니다. 하나님의 통치를 민족주의 관점으로는 온전히 설명할 수 없습니다.

시드기야 왕은 권위도 힘도 없습니다. "보라, 그가 너희 손 안에 있느니라. 왕은 조금도 너희를 (4 　 　)를 수 없느니라."(5절) 고관들은 예레미야를 진창뿐인 깊은 구덩이에 가둡니다. 거기서 아무 것도 먹지 못하고 죽어갈 위기입니다. 그런데 왕궁 내시인 (5 　 　 　 　)이 시드기야 왕에게 적극적으로 말하여 예레미야를 구합니다(7절). 그는 구스인으로 이방인입니다. 이름의 뜻은 '왕의 종'입니다. 그는 거의 죽을 지경에 이른 예레미야를 헝겊과 낡은 옷을 이어 붙인 줄을 내려 구출해 시위대 뜰에 머물게 합니다.

시드기야 왕이 비밀리에 예레미야를 만나 하나님의 뜻을 다시 묻습니다. 하나님의 뜻은 분명합니다. 왕은 바빌론에게 항복해야 합니다. 그 길이 살 길입니다. 하나님의 뜻은 변치 않습니다. 왕은 백성이 자기를 '조롱'할까 걱정입니다. 하나님보다 백성의 눈을 더 무서워합니다. 왕은 예레미야에게 비밀 유지를 지시하고, 예루살렘이 함락될 때까지 왕의 옥에 머물게 합니다(28절).

생각하기 고관들과 에벳멜렉이 어떻게 보입니까?

해답 1. 평안, 2. 재난, 3. 약, 4. 거스, 5. 에벳멜렉

예레미야 39장 · 예루살렘 멸망

주요 구절: 39:10

예루살렘의 처참한 멸망이 시작됩니다. 바빌론 느부갓네살 왕이 예루살렘을 공격합니다. 시드기야 왕 통치 제9년 열째 달, 주전 589년 12월 즈음입니다(1절). 포위는 2년 가까이 이어졌고, 시드기야 통치 제11년 넷째 달 아홉째 날에 성이 함락됩니다. 대략 주전 587년 6/7월입니다.

39-45장 내용은 다른 성경에 나오지 않는 내용입니다. 예루살렘 멸망과 그 후 이어지는 일이 상세히 나옵니다. 39장 1-10절의 내용은 예레미야 52장 4-16절과 열왕기하 25장 1-12절과 거의 일치합니다. 시드기야 왕은 항복하라는 예레미야의 권고를 듣지 않고 몰래 도망치다가 붙잡혀 느부갓네살 앞에 끌려갑니다(5절). 시드기야가 항복하지 않고 저항한 것 때문에 그와 예루살렘은 비참한 상황에 처합니다. 시드기야의 (1 ☐☐)들과 모든 귀족이 처형당하고, 시드기야는 눈이 뽑히고, 사슬에 묶여 바빌론으로 잡혀갑니다(6-7절). 왕궁과 백성의 집이 불에 타고 (2 ☐☐)은 헐립니다(8절). 군 사령관 (3 ☐☐☐☐☐)은 항복한 자와 남은 백성을 잡아 바빌론으로 데려가고, 아무 소유가 없는 (4 ☐☐)을 유다 땅에 남겨 두고 포도원과 밭을 주어 살도록 합니다(9-10절).

느부갓네살은 예레미야를 옥에서 구출해주고 선대합니다. 예레미야는 자신을 캄캄한 죽음의 웅덩이에서 구출해 준 구스인 (5 ☐☐☐☐)의 구원을 전합니다(15-18절). 하나님의 뜻이 이루어졌습니다. 그러나 사람들은 예레미야를 배신자로 보았을 것입니다.

생각하기 예레미야의 처지가 어떻게 느껴집니까?

해답 1. 아들, 2. 성벽, 3. 느부사라단, 4. 빈민, 5. 에벳멜렉

예레미야 40장 · 총독 그다랴

주요 구절: 40:9

출옥해 자유의 몸이 된 예레미야가 전쟁의 혼란한 상황에 착오로 바빌론으로 포로로 잡혀갑니다. 후에 잘못을 알아차린 느부사라단은 (1 　 　)에서 예레미야를 풀어줍니다(1절). 느부사라단은 예레미야에게 바빌론과 예루살렘, 두 곳 중 하나를 선택하라고 합니다. 예레미야는 예루살렘으로 돌아가기를 원했고, 느부사라단은 예레미야에게 양식과 선물을 주며 유다의 총독으로 임명된 그다랴의 보호 아래 둡니다(6절). 그다랴는 예레미야가 예언했던 그대로 따릅니다. "너희는 갈대아 사람을 섬기기를 (2 　 　 　)하지 말고, 이 땅에 살면서 (3 　 　 　)의 왕을 섬기라. 그리하면 너희에게 유익하리라."(9절) 피난 갔던 유다인이 (4 　 　 　)로 돌아와 그다랴의 통치 아래 들어갑니다. 여름 (5 　 　)을 수확할 정도로 정세도 안정됩니다(10-12절). 하지만, 예레미야를 비롯해 그들 모두는 유다 민족주의자들이 보기에 배신자였습니다. 유다인 가운데 여전히 바빌론에 저항하는 독립주의자가 있었습니다. 암몬 자손의 지원을 받은 이스마엘이라는 자가 나타나 그다랴를 죽이려 계획합니다(14절). 요하난과 군 지휘관들이 그 계획을 눈치채고 위험을 총독에게 알리지만, 믿지 않습니다. 총독 그다랴는 정세 파악에 느렸습니다. 희망의 싹이 위태해 보입니다.

생각하기 예레미야의 처지가 어떻게 느껴집니까?

해답 1. 라마, 2. 두려워, 3. 바벨론, 4. 미스바, 5. 과일

예레미야 41장 · 총독 그다랴의 죽음

주요 구절: 41:3

시드기야 통치 시절 장관이었던 이스마엘이 불만을 품고 총독 그다랴를 칼로 죽이고, 그의 부하들과 (1 　 　 　)에 주둔하던 바빌론 군사들까지 죽입니다(2-3절). 그들은 일종의 독립투사입니다. 또 이스마엘은 성전 파괴와 유다의 몰락을 슬퍼하며 초막절

을 지키러 온 순례자(2   ) 명을 죽이려 합니다(5절). 그때 10명은 숨겨둔 곡식 창고를 알려준다는 협상을 해 살아남습니다(8절). 이스마엘은 (1   )에 남아 있던 “왕의 딸들과 모든 백성”을 붙잡아 (3   )으로 도망갑니다(10절).

반란 소식을 들은 요하난이 군대를 이끌고 이스마엘을 추격해 기브온 큰 물가에서 만납니다. 그러자 붙잡혀 가던 모든 백성이 요하난에게로 도망쳐 왔습니다. 이스마엘과 동료들은 당황하여 (3   )으로 도망갑니다(15절). 정세는 급박하게 돌아갑니다. 요하난과 지도부는 바빌론의 보복이 두려워 이집트로 도망가려 합니다(17-18절).

남은 유다인도 어쩔 줄 몰라 하는데, 여전히 하나님을 의지하지는 않습니다. 이스마엘의 반란도 그렇고, 요하난과 그의 동료들도 하나님께 기도하지 않습니다. 오로지, 자신의 힘과 능력으로 문제를 해결하려 합니다. 정황을 보면 이스마엘이 (3   )의 사주를 받고 반란을 일으킨 것으로 보입니다. (3   )의 계략이 성공한 셈입니다. 유다가 바빌론의 힘으로 회복되는 것을 막았으니까요. 이스마엘은 (3   )에게 이용당한 것입니다. 꼭 사사 시대처럼 자기 소견에 옳은 대로만 행동합니다. 어리석기 짝이 없습니다.

생각하기 내가 지도자를 잃은 백성이라면 어떻게 행동하겠습니까?

해답 1. 미스바, 2. 80, 3. 암몬

예레미야 42장 · 이집트를 의지하지 말라!

주요 구절: 42:14

요하난은 이집트로 도망가기 전에 예레미야에게 찾아와 하나님의 뜻을 묻습니다. 그들의 자세를 보십시오. “그의 목소리가 우리에게 좋든지 좋지 않든지를 (1   )하고 (2   )하려 함이라. 우리가 우리 하나님 여호와의 목소리를 (2   )하면 우리에게 복이 있으리이다.”(6절) 하나님의 뜻을 구하는 사람이 취해야 할 좋은 자세입니다. 그러나 안타깝게도 요하난은 이미 이집트로 떠날 작정입니다. 그들은 스스로 “(3   )을 속였”(20절)습니다. 하나님에 대한 믿음이 없으면, 자기 (3   )조차도 제대로 파악하지 못하고 우둔합니다. 하나님의 뜻은 이집트로 떠나지 말고 본토에 머물라는 것입니다. 바빌론 왕을 겁내지 말고 본토에 머물면 하나님이 살려줄 것이라고 합니다(11절). 이집트로 가면 오히려 기근과 전염병에 죽게 될 것(17절)이고, "가증"과 "놀램"과 "저주"와 "치욕거리"가 될 것이라고 경고합니다(18절).

"유다의 남은 자들아! 여호와께서 너희를 두고 하신 말씀에 너희는 (4 　 　)으로 가지 말라, 하셨고 나도 오늘 너희에게 경고한 것을 너희는 분명히 알라."(19절) 하나님의 뜻은 단호합니다. 이집트가 아니라 하나님을 의지해야 합니다.

생각하기 이집트처럼 하나님보다 더 의지하는 것이 있습니까?

해답 1. 막론, 2. 순종, 3. 마음, 4. 애굽

예레미야 43장 · 결국 이집트로

주요 구절: 43:10

요하난과 그 무리들은 말씀에 순종하지 않습니다. 하나님의 뜻에 반대로 갑니다. "요하난과 모든 (1 　 　)한 자가 예레미야에게 말하기를 네가 (2 　 　)을 말하는도다. 우리 하나님 여호와께서 너희는 애굽에서 살려고 그리로 가지 말라고, 너를 보내어 말하게 하지 아니하셨느니라. 이는 네리야의 아들 (3 　 　)이 너를 부추겨서 우리를 대적하여 갈대아 사람의 손에 넘겨 죽이며 바벨론으로 붙잡아가게 하려 함이라."(2-3절) 그들은 모든 것을 정치적으로 판단합니다. 믿음이 없으니 인간의 이성과 합리성만 의지합니다. 머리 좋다고 알려진 유다인의 판단이 과연 지혜롭나요? 그들은 이집트로 떠납니다. 예레미야와 (3 　 　)도 함께 붙잡아 갑니다.

하나님의 말씀이 예레미야에게 임합니다. "너는 유다 사람의 눈앞에서 네 손으로 큰 (4 　) 여러 개를 가져다가 다바네스에 있는 바로의 궁전 대문의 벽돌로 쌓은 축대에 진흙으로 감추라 … 보라 내가 내 (5 　) 바벨론의 느부갓네살 왕을 불러오리니, 그가 그의 (6 　 　)를 내가 감추게 한 (4 　)들 위에 놓고, 또 그 화려한 큰 장막을 그 위에 치리라."(9-10절) 하나님이 느부갓네살을 종으로 사용해 이집트까지 지배할 것을

예언합니다. 유다가 하나님 대신 이집트를 의지(=세상을 의지)하다가 또 낭패 볼 것입니다. 한 마디로 줄을 잘 서야 했는데, 유다가 어리석습니다. 하나님을 향한 믿음이 없어서 그렇습니다.

생각하기 나는 어느 줄(line)에 서 있습니까?

해답 1. 오만, 2. 거짓, 3. 바룩, 4. 돌, 5. 종, 6. 왕좌

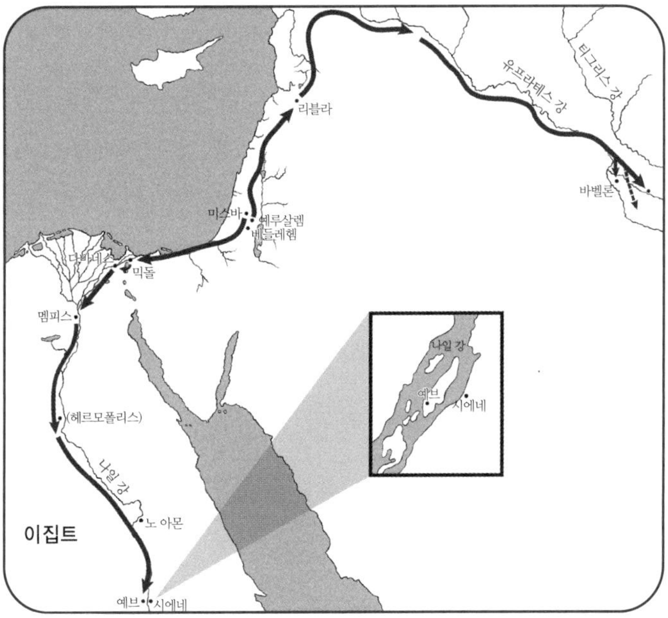

유다의 추방과 이집트 탈출

예레미야 44장 · 이집트에서 선포된 말씀

주요 구절: 44:1

예레미야는 이집트로 도망친 유다 백성에게 경고합니다. 유다의 멸망은 유다가 하나님을 떠나 다른 신들을 섬기며 선지자들의 경고를 듣지 않았기 때문인데, 벌받은 유다 백성은 여전히 이집트를 의지하고 하나님을 두려워하지 않습니다(10절).

이집트에서 잠시 평탄하게 사는 백성이 예레미야에게 답하는 것을 보십시오. "네가 여호와의 (1 　 　)으로 우리에게 하는 말을 우리가 듣지 아니하고, 우리 입에서 낸 모

든 (2)을 반드시 실행하여 우리가 본래 하던 것, 곧 우리와 우리 선조와 우리 왕들과 우리 고관들이 유다 성읍들과 예루살렘 거리에서 하던 대로, 하늘의 (3)에게 분향하고, 그 앞에 (4)를 드리리라. 그 때에는 우리가 먹을 것이 풍부하며, (5)을 받고 (6)을 당하지 아니하였더니, 우리가 하늘의 (3)에게 분향하고, 그 앞에 (4) 드리던 것을 폐한 후부터 모든 것이 궁핍하고 칼과 기근에 멸망을 당하였느니라."(16-18절) 이렇게 어리석을 수 있을까요? 지금 궁핍한 것이 이전처럼 하늘의 여왕을 섬기지 못하기 때문이라고 합니다. 정신을 못 차리고 있습니다. 하긴, 정신 차렸다면 이집트로 내려오지 않고 본토에 머물렀을 것입니다.

예레미야는 바빌론 왕 느부갓네살이 이집트까지 정복할 것이라고 예언합니다. "보라 내가 유다의 시드기야 왕을 그의 원수 곧 그의 생명을 찾는 바벨론의 느부갓네살 왕의 손에 넘긴 것 같이, 애굽의 바로 (7) 왕을 그의 원수들, 곧 그의 생명을 찾는 자들의 손에 넘겨 주리라."(30절) (7) 왕은 시드기야 왕을 지원하기도 했습니다(렘 37:5). 이집트 멸망은 유다를 벌하는 "표징"(29절)이 될 것입니다.

생각하기 정신 차리지 못한 유다 백성의 죄를 깊이 묵상해봅시다.

해답 1. 이름, 2. 말, 3. 여왕, 4. 분향, 5. 복, 6. 재앙, 7. 호브라

예레미야 45장 · 괴로움과 영광

주요 구절: 45:1

45장의 배경은 여호야김 통치 넷째 해에 있던 사건입니다. 바룩은 예레미야의 동역자입니다. 바룩은 하나님의 예언을 선포하면서 고통과 슬픔으로 힘들어 합니다. 탄식과 피곤으로 평안한 삶을 살 수가 없습니다. "화로다. 여호와께서 나의 고통에 (1)을 더하였으니, 나는 나의 탄식으로 피곤하여 평안을 찾지 못하도다."(3절) 그런 바룩에게 하나님이 말씀합니다. "나는 내가 세운 것을 (2)기도 하며, 내가 (3)은 것을 뽑기도 하나니."(4절) 하나님 역시 아픔이 있습니다.

어쩌면 바룩은 자기 민족을 위해 대단한 일을 해야 한다는 부담(혹은 야망)을 가졌는

지 모릅니다. 멸망하는 동족을 보는 것도 힘듭니다. 하나님이 그런 바룩에게 말씀합니다. "네가 너를 위하여 (4) 일을 찾느냐? 그것을 찾지 말라. 보라 내가 모든 육체에 (5)을 내리리라. 그러나 네가 가는 모든 곳에서는 내가 너에게 네 생명을 노략물 주듯 하리라."(5절) 재난의 시대에 경건한 자가 해야 할 일은 무엇일까요? 크고 대단한 일이 아닙니다. 그냥 하나님의 부르심에 합당하게 사는 것입니다. 그것이 하나님의 상이고 복입니다. 하나님의 말씀이 선포되고 시행되는 것 자체가 귀하고 소중합니다. 예레미야는 선지자로서 어떤 이적이나 기적을 행하지 않습니다. 오로지 하나님의 말씀만 선포합니다. 그런 예레미야를 바룩이 돕습니다. 이것이 바룩에게 복입니다. 바룩은 하나님께 생명을 보장받습니다. 그러나 예레미야와 바룩의 마지막이 어떤지는 분명하지 않습니다. 성경이 알려주지 않기 때문입니다. 이어지는 46-52장은 여러 나라의 심판에 관한 내용입니다.

생각하기 내가 구하는 것은 큰일입니까, 하나님 앞에 합당한 일입니까?

해답 1. 슬픔, 2. 명, 3. 신, 4. 큰, 5. 재난

예레미야 46장 · 이집트를 향한 심판 예언

주요 구절: 46:2

46-51장 내용은 이스라엘 주변의 여러 나라를 향한 심판 예언입니다(1절). 본래 예레미야는 남 유다 왕국만을 위해 부름 받지 않고 열국을 위해 부름 받았습니다. "너를 (1) 나라의 선지자로 세웠노라."(렘 1:5)

이집트를 향한 심판 예언이 먼저 나옵니다. 시기는 대략 주전 605년입니다. 갈그미스(Carchemish) 전투에서 이집트의 파라오 느고(Neco)가 바빌론에게 패했습니다. 이 전투에서 패하면서 이집트는 주도권을 바빌론에게 빼앗깁니다. 그때가 여호야김 통치 넷째 해입니다(2절). 여호야김은 이집트의 도움으로 왕위에 오르지만(왕하 23:34), 이집트의 패배로 바빌론 편으로 넘어가 3년을 섬기다, 다시 이집트로 돌아섭니다(왕하 24:1). 이렇게 급변하는 정세 가운데 하나님은 유다 백성에게 이집트를 의지하지 말라고 말씀합니다. 하나님이 바빌론을 들어 이집트를 멸망케 할 것이기 때문입니다. 결국

이집트는 주전 586년 바빌론에 굴복합니다.

하나님만 의지한다면 언약백성은 두려워할 필요가 없습니다. “내 종 야곱아 (2)하지 말라. 이스라엘아 (3)지 말라. 보라 내가 너를 먼 곳에서 (4)하며, 네 자손을 (5)된 땅에서 구원하리니.”(27절) 급변하는 정세에도 하나님은 언약백성을 구원할 것입니다.

생각하기 이집트를 의지하던 백성은 멸망 예언을 듣고 어땠을까요?

해답 1. 여러, 2. 두려워, 3. 놀라, 4. 구원, 5. 포로

예레미야 47장 · 블레셋을 향한 심판 예언

주요 구절: 47:1

47장 내용은 이스라엘의 오랜 원수인 블레셋을 향한 심판 예언입니다. 예언의 시기는 바로가 (1)를 치기 전입니다(1절). 이때가 언제인지는 정확히 알 수 없습니다. 블레셋의 멸망은 주전 604년경으로 보입니다. 바빌론 왕 느부갓네살이 (1), 에그론, 갓 아스돗과 함께 블레셋의 주요 성읍인 아스글론을 멸망시켰습니다. 바빌론이 물결치는 시내처럼 밀려옵니다(2절). 블레셋이 평소 두로와 시돈과 동맹을 맺지만 도움받을 수 없습니다(4절). “(2) 섬”(Caphtor, 창 10:14; 신 2:23; 대상 1:12)은 지금의 크레타(Crete) 섬인데 블레셋 민족의 출신지이고 큰 요새가 있었습니다(4절). 큰 힘의 근원이 망할 것입니다.

생각하기 오랜 원수 블레셋을 심판하는 하나님이 어떻게 느껴집니까?

해답 1. 가사, 2. 갑돌

예레미야 48장 · 모압을 향한 심판 예언

주요 구절: 48:1

48장 내용은 모압에 대한 경고입니다. '모압'은 아브라함의 조카 롯과 큰 딸 사이에서 태어난 모압의 자손들입니다. 이스라엘 민족과 먼 친척입니다. 모압과 이스라엘이 사이가 좋았던 때도 있었지만(룻 1장; 삼상 22:3-4), 대체로 긴장 관계였습니다(민 22-24장; 삿 3:12-20). 다윗이 모압을 정복하기도 했습니다(삼하 8:2).

본래 모압은 아르논강 남쪽, 곧 사해 오른쪽의 기름진 지역입니다. 그러나 하나님이 모압을 멸할 것입니다. 그 계획은 너무나도 분명합니다. "여호와의 일을 게을리 하는 자는 (1 　　)를 받을 것이요, 자기 칼을 금하여 피를 흘리지 아니하는 자도 (1 　　)를 받을 것이로다."(10절)

모압을 심판하는 이유는 그들이 그모스 신을 섬긴 것(13절)과 "교만" 때문입니다(26절). 교만에 대한 다른 표현들을 보십시오. "심한 교만", "자고", "(2 　　)", "(3 　　)", "그 마음의 거만"(29절). 모압에 "용사"(14절)와 "능란한 전사"(14절), "장정"(15절), "강한 막대기"(17절), "아름다운 지팡이"(17절)가 있지만, 모두 "두려움"과 "함정", "올무"로 인해 없어질 것입니다. "모든 사람이 대머리가 되었고, 모든 사람이 수염을 밀었으며, 손에 칼자국이 있고, 허리에 굵은 베가 둘렸고, 모압의 모든 지붕과 거리 각처에서 (4 　　) 우는 소리가 들리니, 내가 모압을 마음에 들지 않는 (5 　　) 같이 깨뜨렸음이라. 여호와의 말씀이니라."(37-38절) 교만한 모압이 당하는 심판이 크고 두렵습니다. 이런 모압이 회복될까요? 하나님은 긍휼이 풍성하셔서 "마지막 날"에 그들을 회복시킵니다(47절).

생각하기 하나님이 교만을 싫어하는 이유는 무엇일까요?

해답 1. 저주, 2. 오만, 3. 자랑, 4. 슬피, 5. 그릇

예레미야 49장 · 열국을 향한 심판 예언

주요 구절: 49:1

49장에는 여러 나라가 나옵니다. 암몬, 에돔, 다메섹, 게달과 하솔, 엘람입니다. '암몬'은 모압처럼 롯과 둘째 딸 사이에서 태어난 암몬의 후손입니다. 지역은 모압 바로 위 북

쪽이며, 수도는 랍바입니다. 오늘날 요르단의 수도 암만(Amman)에 해당합니다. 암몬은 북 이스라엘 왕국이 아시리아에 의해 망한 뒤(주전 722년 후), 얍복강 남쪽에 있는 갓 지파의 땅을 자기들의 것으로 삼았습니다(1절). 하나님이 이런 암몬을 심판할 것입니다. 랍바와 헤스본이 망하며 그들이 믿고 의지하던 말감 신과 제사장들과 장관들과 함께 바빌론으로 옮겨갈 것입니다(2-3절). "말감"(Malcam)은 '밀곰'(Milcom 왕상 11:5; 왕하 23:13)의 다른 말로 암몬의 신(神)입니다. 그들이 자랑하던 "골짜기"는 얍복 강 인근 비옥한 땅을 말하는데 부요함의 상징입니다. 그렇게 얻은 "재물"을 믿고 의지하지만 결국 망할 것입니다(4절).

'에돔'을 향한 경고가 이어집니다. 에돔은 에서의 별명입니다(창 36장). 수도는 보스라(Bozrah)입니다(22절). 위치는 모압 남쪽으로 바위로 된 지역(Petra)으로 대단한 문명을 발전시켰습니다. "바위 (1 　)에 살며 산꼭대기를 점령한 자여."(16절) 에돔 사람은 지혜롭기로 유명했고(7절. 참고, 욥 2:11; 옵 8-9), 그런 이유로 (2 　 　)합니다. 그들도 심판을 피하지 못합니다. "스스로 두려운 자인 줄로 여김과 네 마음의 (2 　 　)이 너를 속였도다. 네가 독수리 같이 보금자리를 높은 데에 지었을지라도, 내가 그리로부터 너를 (3 　 　)내리리라."(16절)

'다메섹'을 향한 경고가 이어집니다(23절). 다메섹은 아람의 수도였습니다. 이후 아시리아가 다메섹을 다스렸고(주전 732-609년), 이어서 바빌론에 의해 멸망당합니다.

'게달'(Kedar)과 '하솔'(Hazor, 28-33절), 그리고 '엘람'(Elam, 34-39절)을 향해 경고합니다. 게달은 아라비아의 한 씨족입니다. 양 목축업에 종사하고(사 60:7), 두로와 무역을 합니다(겔 27:21). "그들의 낙타들은 노략물이 되겠고 그들의 많은 (4 　 　)은 탈취를 당할 것이라."(32절) 바빌론에게 망합니다. 하솔은 아라비아 북부에 거주했던 유목민인데(시 120:5; 사 42:11), 역시 바빌론에게 망합니다(33절). 엘람은 바빌론 동편의 티그리스 강 계곡 저지대의 나라로 (5 　)을 잘 쏘기로 유명했습니다(35절). 강력한 힘으로 바빌론을 대항할 수 있지 않을까 했지만, 하나님의 계획은 달랐습니다. "내가 엘람의 힘의 으뜸가는 (5 　)을 꺾을 것이요."(35절) 하지만 후에 엘람의 포로를 고향으로 돌려보낼 것입니다(39절).

생각하기 열국을 심판하는 하나님이 어떻게 느껴집니까?

해답 1. 틈, 2. 교만, 3. 끌어, 4. 가축, 5. 활

예레미야 50장 · 바빌론을 향한 심판 예언

주요 구절: 50:20

하나님은 바빌론을 "온 세계의 (1 　)"(23절)로 사용합니다. 물론 그들이 의로워서 도구로 사용한 것이 아닙니다. 바빌론은 (2 　)합니다(29, 31-32절). "그가 이스라엘의 거룩한 자 여호와를 향하여 (2 　)하였음이라."(29절) (2 　)한 그들이 결국 하나님께 심판 받습니다. 바빌론은 하나님의 칼(35-37절)과 가뭄(38절)으로 망할 것입니다(41절).

그러나 영원한 (3 　)으로 맺어진 이스라엘에게는 구원이 선포됩니다. "오라! 잊을 수 없는 영원한 (3 　)으로 여호와와 연합하라."(5절) 이스라엘 백성은 "잃어버린 양 떼"(6절)이고 "흩어진 양"(17절)처럼 아시리아와 바빌론으로부터 노략 당하지만, 만군의 여호와 하나님의 계획과 생각에 따라 예루살렘으로 돌아오게 될 것입니다. "이스라엘을 다시 그의 (4 　)으로 돌아가게 하리니 … 그 날 그 때에는 이스라엘의 (5 　)을 찾을지라도 없겠고, 유다의 죄를 찾을지라도 찾아내지 못하리니, 이는 내가 남긴 자를 용서할 것임이라."(19-20절) (3 　)백성이 징계를 통해 죄를 용서받고 회복될 것입니다.

이런 회복의 예언은 예수 그리스도를 통해 죄 용서받는 새 언약을 바라보게 합니다. 죄 때문에 하나님의 저주를 받아 마땅하지만, 예수 그리스도께서 우리를 대신해 십자가 위에서 저주의 형벌을 받습니다. 그로 인해 예수 그리스도를 믿는 자의 죄를 찾을 수 없게 됩니다.

생각하기 바빌론을 심판하는 하나님이 어떻게 느껴집니까?

해답 1. 망치, 2. 교만, 3. 언약, 4. 목장, 5. 죄악

예레미야 51장 · 바벨론의 멸망 예언

주요 구절: 51:11

이스라엘 백성이 구원받고 회복되는 것은 이스라엘 백성의 특별한 공로나 선행 때문이 아닙니다. 맹세를 이루시는 하나님의 선함 때문입니다. 구원받은 백성이 할 것은 오직 한 가지입니다. "여호와께서 우리 (1 　 　)를 드러내셨으니, 오라! 시온에서 우리 하나님 여호와의 일을 선포하자."(10절) 여기에서 "우리 (1 　 　)"는 하나님의 구원을 의미합니다. 예레미야가 세계 최강국 바벨론의 멸망을 예언하면서 동시에 택한 백성의 구원을 선포합니다. 구원받은 백성의 노래를 들어보십시오. "야곱의 분깃은 그와 같지 아니하시니, 그는 (2 　 　)을 지으신 분이요, 이스라엘은 그의 (3 　 　)인 지파라. 그의 이름은 (4 　 　)의 여호와시니라."(19절)

바벨론을 멸망시킬 도구는 "(5 　 　) 왕들"입니다(11절, 참고. 렘 50:41). 유다 백성이 포로로 잡혀 가는 중에 예레미야는 바벨론의 멸망을 동시에 예언합니다. 또 그것을 기록하여 포로로 잡혀가는 "스라야"(병참감)에게 맡깁니다(59절). 바벨론에 도착한 후 포로들에게 읽히고 책에 돌을 매어 유브라데강 속에 던지며 다음과 같이 말하게 합니다. "바벨론이 나의 재난 때문에 이같이 (6 　 　)하여 다시 일어서지 못하리니, 그들이 (7 　 　)하리라."(64절) 포로로 잡혀간 백성이 큰 슬픔에 빠져 있을 때 소망의 메시지를 듣습니다.

생각하기 스라야의 외침을 들은 백성은 어떤 기분이었을까요?

해답 1. 공의, 2. 만물, 3. 소유, 4. 만군, 5. 메대, 6. 몰락, 7. 피곤

예레미야 52장 · 예루살렘 멸망

주요 구절: 52:31

예레미야의 예언이 51장으로 끝이 나고, 마지막 52장에는 예루살렘의 멸망이 다시 나옵니다. 시드기야 왕 통치 제11년에 예루살렘은 완전히 파괴되고 왕과 신하들, 그리고

많은 사람이 바빌론으로 잡혀갑니다. 여호와의 (1 　 　) 귀중한 집기들도 모두 옮겨집니다. 예레미야의 예언대로 된 것입니다. 역사적 사실을 다시 한 번 기록함으로 예언의 진실성을 입증한 것입니다. 그렇다면 바빌론의 멸망과 백성의 회복도 확실히 일어날 것입니다.

예레미야서의 마지막은 희망찬 사건으로 마무리됩니다(참고, 왕하 25장). 여호야긴 왕이 사로잡힌 지 37년, 곧 바빌론의 에윌므로닥 왕(느부갓네살의 계승자)의 즉위 원년 열두째 달 25일에 (2 　 　)에서 풀려나 바빌론 왕과 함께 먹고 생활하게 됩니다(31-34절). 비록 예레미야가 고단하게 살고, 슬픈 예언을 하였지만 하나님의 큰일은 마침내 이루어집니다.

생각하기 예레미야서 내용이 내게 어떻게 다가옵니까?

해답 1. 성전, 2. 감옥

예레미야애가

예레미야애가(Jeremiah+哀歌)는 예루살렘 멸망을 슬퍼하며 부른 노래가 기록된 책입니다. 예루살렘 멸망을 예언하고 지켜본 예레미야가 기록했을 것으로 추정하여 예레미야의 이름이 붙여졌습니다. 이 애가는 다섯 편으로 구성되어 있습니다. 분위기가 꼭 장례식 때 슬픔을 노래하는 장송곡(葬送曲) 같습니다. 시온의 딸 유다의 죽음을 애도하는 초상집 분위기입니다.

애가는 히브리어 알파벳 22자의 순서를 따라 지었습니다. 다른 장은 모두 22절이고 3장만 66절로 깁니다. 그러나 히브리어 행 숫자는 1-5장 모두 66행입니다. 아주 정교하게 만들어진 문학 작품임을 알 수 있습니다. 아쉽게도 한글 번역으로는 표현하기 어렵습니다.

애가는 예루살렘 멸망과 성전 파괴를 슬퍼하는 내용이 주를 이룹니다. 조국의 멸망은 해당 민족에게 슬픈 일입니다. 그러나 언약백성에게 더욱 슬픈 것은, 스스로 언약에 신실하지 못하여 망했다는 사실입니다. 불신앙으로 언약을 깨뜨리고 멀리 떠남으로써, 하나님이 임재하신 성전과 예루살렘이 징계로서 파괴된 것입니다. 이에 대한 탄식과 애통이 절절합니다. 그러나 그 가운데에도 자비로운 하나님께 회복을 구합니다(애 3:19-23).

내용 구분

- **1장** — 예루살렘의 비참과 황폐
- **2장** — 백성을 향한 하나님의 분노
- **3장** — 자비로운 하나님께 회복을 기도
- **4장** — 시온의 과거와 현재를 비교
- **5장** — 수치스러운 상황과 회복을 위한 기도

예레미야애가 1장 · 예루살렘의 슬픔

주요 구절: 1:1

애가는 "슬프다"로 시작하는데, "슬프다"의 히브리어 *에이카*는 장례식장에서 곡할 때 쓰는 단어입니다. '아이고 아이고' 혹은 '애고 애고'와 꼭 같습니다. "슬프다 이 성이여! 전에는 사람들이 많더니 이제는 어찌 그리 적막하게 앉았는고."(1절) 예루살렘의 완전한 멸망입니다. 언약백성의 수난입니다. "시온의 도로들이 슬퍼함이여! 절기를 지키려 나아가는 사람이 없음이로다. 모든 성문들이 적막하며, 제사장들이 (1 ___ ___)하며, 처녀들이 (2 ___ ___)하며, 시온도 (3 ___ ___)를 받았도다."(4절) 시인은 이렇게 된 것이 예루살렘의 죄 때문임을 알고 있습니다(5, 8, 14절).

1-11절은 예루살렘의 파괴에 대한 묘사이고, 12-22절은 도움을 요청하는 내용입니다. 예루살렘을 의인화하여 노래하는 것이 특징입니다. 9절 하반절 "나의 환난", 11절 하반절 "나는 비천하오니, 여호와여 나를 돌보시옵소서"나, 16절 "내가 우니", 22절 "나의 (1 ___ ___)이 많고 나의 (4 ___ ___)이 병들었나이다" 등입니다. 이토록 슬픈 멸망의 원인은 불신앙입니다. 백성이 언약을 어겼기 때문입니다.

생각하기 이렇게 슬픈 멸망의 원인이 죄악임을 깊이 묵상해봅시다.

해답 1. 탄식, 2. 근심, 3. 곤고, 4. 마음

예레미야애가 2장 비참한 예루살렘

주요 구절: 2:20

예루살렘의 처참한 멸망은 우연이 아닙니다. 하나님의 적극적 진노의 결과입니다. "맹렬한 진노로 이스라엘의 모든 (1 ___)을 자르셨음이여."(3절) (1 ___)은 교만을 뜻합니다. "딸 시온의 장막에 그의 (2 ___)를 불처럼 쏟으셨도다."(4절) "주께서 (3 ___ ___) 같이 되어 이스라엘을 삼키셨음이여."(5절) "여호와께서 또 자기 제단을 버리시며, 자기 성소를 미워하시며, 궁전의 성벽들을 원수의 손에 넘기셨으매."(7절)

1-10절은 예루살렘이 겪는 심판을 노래합니다. 이어 11-19절에는 화자(話者)가 슬픔을 노래합니다. "내 눈이 눈물에 상하며 내 창자가 끊어지며 내 간이 땅에 쏟아졌으니, 이는 딸 내 백성이 (4 □□)하여 어린 자녀와 젖 먹는 아이들이 성읍 길거리에 기절함이로다."(11절) "네 마음을 주의 (5 □□) 앞에 물 쏟듯 할지어다."(19절) 20-22절에서는 예루살렘이 화자가 되어 탄식합니다. "여인들이 어찌 자기 (6 □□), 곧 그들이 낳은 아이들을 먹으오며."(20절) "늙은이와 젊은이가 다 길바닥에 엎드러졌사오며, 내 처녀들과 내 청년들이 칼에 쓰러졌나이다. 주께서 주의 (7 □□)의 날에 죽이시되 긍휼히 여기지 아니하시고 도륙하셨나이다.(21절)" 멸망의 비참을 적나라하게 보여줍니다.

생각하기 예루살렘에 임한 하나님의 심판이 어떻게 다가옵니까?

해답 1. 뿔, 2. 노, 3. 원수, 4. 패망, 5. 얼굴, 6. 열매, 7. 진노

예레미야애가 3장 · 진노, 회개, 소망

주요 구절: 3:22

3장은 예레미야애가 정 가운데 위치하며 핵심입니다. 다른 장(22절)보다 세 배(66절)나 길지만, 히브리어 철자로 시작하는 행은 66행으로 모두 같습니다. 고난 받는 시인의 탄원과 위로가 중심 주제입니다.

1-20절까지는 고난으로 인한 아픔이 두드러집니다. "나의 힘과 여호와께 대한 내 (1 □□)이 끊어졌도다."(18절) 예루살렘의 고통을 "고초와 재난, 곧 (2 □)과 담즙"(19절)으로 표현합니다. 징계 받는 언약백성의 고통이 큽니다. 그러나 하나님의 변치 않는 영원한 언약이 희망입니다. "여호와의 인자와 (3 □□)이 무궁하시므로 우리가 진멸되지 아니함이니이다. 이것들이 (4 □□)마다 새로우니 주의 성실하심이 크시도소이다."(22-23절) "사람이 여호와의 (5 □□)을 바라고 잠잠히 기다림이 좋도다."(26절)

하나님이 언약백성의 죄로 인해 벌하며 근심하게 하는 것은 (6 □□)이 아닙니다(33절). 하나님은 회개하는 백성을 (5 □□)할 것입니다. 예루살렘은 자기 자신의 죄 때문에 벌 받는다는 것을 인정해야 합니다(39절). 시인은 40-66절에서 이스라엘의

회복을 위해 기도하며 하나님께 탄원합니다. "여호와여, 내가 심히 깊은 구덩이에서 주의 (7)을 불렀나이다."(55절) 하나님의 (5)을 소망하는 언약백성은 징계 중에 회개하며 하나님만 소망합니다.

생각하기 하나님께 탄원하는 시인이 어떻게 느껴집니까?

해답 1. 소망, 2. 쑥, 3. 긍휼, 4. 아침, 5. 구원, 6. 본심, 7. 이름

예레미야애가 4장 · 예루살렘의 소망

주요 구절: 4:13

예루살렘의 비참한 상황이 여러 가지 은유로 4장에 표현됩니다. 특히 1-10절은 비교 대조를 통해 예루살렘의 비참을 강조합니다. '순금에서 질그릇으로'(2절), '평안한 생활에서 거리 생활로'(5절), '빛나고 윤기 있던 모습에서 검고 흉한 모습'으로 바뀝니다(7-8절). 이 모든 것이 "(1)들의 죄들과 (2)들의 죄악들 때문"(13절)입니다. "그들이 성읍 안에서 (3)들의 (4)를 흘렸"(13절)기 때문입니다. 지도자의 불의로 하나님의 (5)가 쏟아졌습니다(11절). 종교 지도자들의 죄와 백성의 죄는 무관하지 않습니다. 비참한 예루살렘을 보면서 오늘 교회도 돌아볼 것이 많습니다. 특히 직분자가 더욱 바로 서야 할 것입니다.

그러나 멸망하는 예루살렘에도 소망이 있습니다. "딸 (6)아! 네 죄악의 형벌이 다하였으니, 주께서 다시는 너로 사로잡혀 가지 아니하게 하시리로다."(22절) 새 예루살렘이 예수 그리스도의 재림으로 임할 것입니다(계 21:2). 바로 이 소망을 언약백성이 붙잡아야 할 것입니다.

생각하기 직분자가 어떻게 바로 설 수 있을까요?

해답 1. 선지자, 2. 제사장, 3. 의인, 4. 피, 5. 진노, 6. 시온

예레미야애가 5장 · 옛적 같게 하옵소서

주요 구절: 5:21

5장은 예루살렘이 얼마나 비참한 치욕(1절)과 고통을 겪는지 묘사하며, 이 모든 것이 자신의 죄 때문(7, 16절) 임을 고백하며, 회개하는 마음을 표현합니다. 동시에 겸손한 마음으로 하나님의 위대함과 그 분의 권위 앞에 구원을 간절히 바랍니다.

바빌론의 예루살렘 침략은 유다 모든 사람에게 치명적 아픔을 줍니다. "대적들이 시온에서 부녀들을, 유다 각 성읍에서 처녀들을 욕보였나이다. (1 　　　)들은 그들의 손에 매달리고, (2 　　)들의 얼굴도 존경을 받지 못하나이다. 청년들이 맷돌을 지며, (3 　　)들이 나무를 지다가 엎드러지오며, 노인들은 다시 성문에 앉지 못하며, 청년들은 다시 (4 　　)하지 못하나이다."(11-14절)

그러나 희망의 끈을 놓지 않습니다. 언약의 하나님께 의지합니다. "여호와여! 주는 영원히 계시오며, 주의 (5 　　)는 대대에 이르나이다. 주께서 어찌하여 우리를 영원히 잊으시오며, 우리를 이같이 오래 버리시나이까? 여호와여! 우리를 주께로 돌이키소서. 그리하시면, 우리가 주께로 돌아가겠사오니, 우리의 날들을 다시 새롭게 하사 (6 　　) 같게 하옵소서."(19-21절) "(6 　　)"은 언약을 신실히 지켜 하나님과 복된 관계를 누린 때입니다. 그러니 지금 상황이 비참하더라도 언약백성에게는 소망이 있습니다. 하나님께서 언약에 신실하기 때문입니다.

생각하기 옛적 같게 해주시길 함께 기도합시다.

해답 1. 지도자, 2. 장로, 3. 아이, 4. 노래, 5. 보좌, 6. 옛적

에스겔

'에스겔'(Ezekiel)은 1장 3절에 나오듯이 에스겔이 본 환상과 선포한 예언을 기록한 책입니다. 그는 제사장 가문 출신이지만 예루살렘 성전이 아닌 포로로 잡혀간 바빌론에서 선지자로 활동했습니다. 주전 597년 여호야긴 왕과 유다 고관들이 잡혀갈 때(제2차 포로) 함께 간 것 같습니다. 1장 1절에 나오듯이 에스겔이 30세가 될 때 그발(Kebar) 강가에서 하나님께 계시를 받았습니다.

바빌론 침공으로 포로가 된 유다인이나 고국에 남은 유다인이나 모두 비천한 상황입니다. 큰 아픔이고 충격입니다. 그러나 유다는 그 재앙이 자신의 죄 때문임을 쉬 인정하지 않습니다. 예루살렘에 남아 있는 자들은 이집트를 의지하고 있고, 잡혀간 사람들은 어떻게든 곧 돌아갈 것이라는 막연한 기대만 하고 있습니다.

이런 상황에서 에스겔은 이들에게 예루살렘 멸망은 하나님의 징계임을 선포합니다(1-24장). 주목할 것은 예루살렘 멸망 이후 달라진 예언의 방향입니다. 유다 백성을 위로하는 예언입니다(33-48장). 유다 백성이 의로워서 위로하는 것이 아닙니다. 예루살렘을 멸망시킬 때에도 하나님의 이름을 위하여 하고, 예루살렘을 회복시킬 때에도 그 분의 이름 때문에 할 것입니다(겔 36:22-23). 에스겔은 이런 예언을 위해 놀라운 환상도 보고, 누워만 있거나 말을 하지 않는 등 이해하기 힘든 행동으로 예언합니다.

내용 구분

1-24장	유다에게 임한 심판 예언
25-32장	열방을 향한 심판 예언
33-48장	회복과 새 성전 예언

에스겔 1장 · 환상 속 하나님의 보좌

주요 구절: 1:3

"(1 ___ ___)째 해"(1절)는 에스겔의 나이를 뜻하며, 여호야긴 왕이 잡힌 지 오 년이 흐른 뒤입니다(주전 593년). 30세는 제사장으로서 사역을 시작할 나이입니다(민 4:3). 하지만 안타깝게도 섬길 성전이 없습니다. 그러나 에스겔은 다른 장소 다른 시대에 특별한 임무를 받습니다. "여호와의 (2 ___ ___)이 부시의 아들 제사장 나 에스겔에게 특별히 임하고, 여호와의 (3 ___ ___)이 내 위에 있으니라."(3절) "(3 ___ ___)"은 '어떤 사람을 사로잡다'라는 뜻으로 하나님의 (2 ___ ___)이 에스겔을 완전히 사로잡았다는 뜻입니다.

에스겔은 온 세상을 통치하고 다스리는 전능한 하나님을 보는데, 그 모습을 대략 비슷한 것들로 묘사합니다. "보좌의 형상 위에 한 형상이 있어 사람의 (4 ___ ___) 같더라. 내가 보니 그 허리 위의 (4 ___ ___)은 단 쇠와 같아서 그 속과 주위가 불 같고, 내가 보니 그 허리 아래의 (4 ___ ___)도 불 같아서 사방으로 광채가 나며, 그 사방 광채의 (4 ___ ___)은 비 오는 날 구름에 있는 (5 ___ ___ ___) 같으니, 이는 여호와의 (6 ___ ___)의 형상의 (4 ___ ___)이라."(26-28절).

또 그가 본 것은 "네 바퀴"와 "네 생물"(사람, 사자, 소, 독수리)인데, 꼭 수레 같습니다. 이 수레는 영이 원하는 쪽으로 방향을 틀 수 있습니다(20-21절). "바퀴 안에 바퀴가 있는 것 같으며"(16절)라고 한 것을 보면 꼭 오늘날 전차(Tank) 같습니다. 이 수레는 사실 하나님의 보좌입니다(26절). 즉, 에스겔이 본 하나님은 온 세상을 쉽게 돌아다니며, 다스리는 강한 권능의 하나님입니다.

바빌론에 멸망한 유다가 비참한 자기 처지를 돌아보며, '과연 하나님은 참 신이신가?' 하는 의문이 생길 수 있습니다. 어쩌면 에스겔도 그럴 수 있습니다. 그런 선지자에게 하나님은 권능의 모습으로 나타납니다.

생각하기 하나님이 내 상황보다 더 크신 분임을 믿습니까?

해답 1. 서른, 2. 말씀, 3. 권능, 4. 모양, 5. 무지개, 6. 영광

에스겔 2장 · 징벌의 선포자

주요 구절: 2:7

하나님이 에스겔에게 말씀합니다. 이스라엘 백성의 죄에 대한 내용입니다. 거침없이 쏟아져 나오는 백성의 죄는 참담합니다. "이 자손은 얼굴이 (1 ＿＿)하고, 마음이 (2 ＿＿) 자니라."(4절) "그들은 (3 ＿＿)한 족속이라."(5, 7절) 에스겔은 이스라엘의 죄의 실상을 백성에게 전해야 합니다. 그 상황이 녹록치 않습니다. "너는 비록 (4 ＿＿)와 찔레와 함께 있으며 전갈 가운데에 거주할지라도, 그들을 두려워하지 말고."(6절) 그러나 부름 받은 에스겔은 그들이 듣든지, 아니 듣든지 전해야 합니다(5, 7절). 선지자의 역할은 하나님의 말씀을 가감 없이 전하는 것입니다.

에스겔은 또 하나의 환상을 봅니다. 한 손이 에스겔을 향해 펴집니다. 손 안에는 두루마리 책이 있습니다. 그 안팎으로 애가와 (5 ＿＿)과 (6 ＿＿)이 기록되어 있습니다(9-10절). 선지자가 전해야 할 것은 심판과 징벌로 인한 슬픈 소식입니다. 하나님의 말씀에는 무시무시한 징벌과 경고가 함께 담겨 있습니다.

생각하기 어떤 말씀을 좋아합니까? 거기에 경고도 포함됩니까?

해답 1. 뻔뻔, 2. 굳은, 3. 패역, 4. 가시, 5. 애곡, 6. 재앙

에스겔 3장 · 말씀의 파수꾼

주요 구절: 3:17

에스겔은 "애가와 애곡과 재앙"의 말이 안팎으로 가득 기록된 (1 ＿＿＿＿)를 받아먹고, 이스라엘에게 그 비참한 소식을 전해야 합니다(1-2절). 큰 벌을 받는다는 소식은 맛으로 표현하면 쓸 것입니다(계 10:10). 하지만, 부름 받은 선지자는 죄와 벌을 외쳐야 합니다. 그런데 신기하게도 먹은 말씀이 달고 생기를 줍니다. "내가 먹으니 그것이 내 입에 달기가 (2 ＿) 같더라."(3절) 두려운 말씀이더라도 그 말씀이 언약백성에게 달고 소중합니다.

칠 일 후에 또 다시 말씀이 임합니다(16절). "인자야! 내가 너를 이스라엘 족속의 (3)으로 세웠으니, 너는 내 입의 말을 듣고 나를 대신하여 그들을 깨우치라."(17절) 에스겔이 선지자로 세워집니다. 대신 하나님이 말하게 할 때만 말할 수 있습니다(24-26절). 그런데 백성이 말씀을 듣지 않을 것입니다. "주 여호와의 말씀이 이러하시다 하라. 들을 자는 들을 것이요, 듣기 싫은 자는 듣지 아니하리니, 그들은 (4)하는 족속임이니라."(27절) 선지자의 삶이 고단합니다. 그러나 부름 받은 에스겔은 순종합니다.

생각하기 쓴 말씀에 순종했더니 오히려 잘 된 적이 있습니까?

해답 1. 두루마리, 2. 꿀, 3. 파수꾼, 4. 반역

에스겔 4장 · 예루살렘 멸망 예언

주요 구절: 4:1

에스겔은 자주 행동으로 예언합니다. 아이들 놀이처럼 보이는 (1)(흙벽돌) 위에 예루살렘 지도(1절)를 그리고 공격하는 "(2)퇴"를 만들어 붙여, 예루살렘이 전쟁으로 망하게 될 것을 선포합니다(2절). 또 (3)판(3절)이 나오는데, '프라이팬'입니다. 불에 달궈진 단단한 쇠처럼 강하고 두려운 하나님의 진노를 상징합니다.

그 외에도 에스겔은 왼쪽으로 (4) 일(5절), 오른쪽으로 (5) 일(6절) 동안 누워 있어야 합니다. 에스겔이 누워있는 하루는 1년으로 계산됩니다(4절). 이 숫자가 정확히 무엇인지는 모르지만, 대체로 다윗이 통치하던 때부터 예루살렘 멸망까지 기간이 (4)년, 나머지 (5)년은 예루살렘 멸망 이후 남은 징벌 기간으로 봅니다.

에스겔은 이어 (6)을 걷어 올리고 예루살렘을 향해 선포함으로 징벌을 경고해야 합니다(7절). 또 몸이 (7)에 묶인 채(8절) 움직이지도 못하는 방식으로 예루살렘이 그렇게 무방비상태로 멸망하게 됨을 선포합니다.

예언하는 동안 떡과 음식과 물을 먹을 수 있지만, 제한적으로 먹을 수 있고, 인분을 먹

다가 얼마 뒤에 쇠(8 　)으로 떡으로 구워먹어야 합니다(15절). 인간이 얼마나 더럽고 추한지를 말하는데 그것을 말하는 에스겔의 처지가 딱합니다. 그러나 그와 같이 예루살렘이 비참하게 멸망할 것입니다(16-17절).

생각하기 말씀을 전하기 위한 에스겔의 행동이 어떻게 느껴집니까?

해답 1. 토판, 2. 공성, 3. 철, 4. 390, 5. 40, 6. 팔, 7. 줄, 8. 똥

에스겔 5장 · 머리털과 수염을 깎다

주요 구절: 5:1

예언하는 행동이 이어집니다. 이번에는 날카로운 칼을 (1 　 　)(이발하는 칼)로 삼아 자신의 머리털과 수염을 깎아 셋으로 나누어야 합니다(1절). 본래 제사장은 머리털과 수염을 깎지 않습니다. 만약 강제로 깎이면 수치스러운 일입니다(레 21:5). 즉 에스겔의 예언 행동은 제사장 나라인 이스라엘에게 수치스런 일이 임할 것이라는 뜻입니다. 심판 예언인 셈입니다.

깎은 머리털 1/3을 성 안에서 불사르고, 다른 1/3은 성 주변에서 칼로 치고, 남은 1/3은 바람에 흩어버립니다. "이것이 곧 (2 　 　 　 　)"(5절) 입니다. 이스라엘은 언약백성으로서 하나님께 영광을 돌려야하지만, 다른 모든 민족보다 낫지 않고 오히려 악한 우상숭배를 일삼았습니다. 결국 하나님이 심판합니다. "네가 모든 미운 물건과 모든 가증한 일로 내 (3 　 　)를 더럽혔은즉, 나도 너를 아끼지 아니하며 (4 　 　)을 베풀지 아니하고, 미약하게 하리니."(11절) 언약백성이 심판 받아 여러 나라의 조롱거리와 두려움과 (5 　 　)가 될 것입니다(15절).

생각하기 언약백성의 비참한 심판이 어떻게 느껴집니까?

해답 1. 삭도, 2. 예루살렘, 3. 성소, 4. 긍휼, 5. 경고

에스겔 6장 · 멸망할 이스라엘 산들

주요 구절: 6:13

에스겔은 "이스라엘 (1)들"을 향해 예언합니다(2절). 여기서 (1)은 우상숭배의 근거지인 "산당"을 뜻합니다. 언약백성이 하나님보다 우상을 더 섬기고 의지하였습니다. 우상숭배 정도가 대단합니다. "그 죽임 당한 시체들이 그 우상들 사이에, (2) 사방에, 각 높은 (3) 위에, 모든 (1) 꼭대기에, 모든 푸른 나무 아래에, 무성한 상수리나무 아래, 곧 그 우상에게 분향하던 곳에 있으리니."(13절) 곳곳이 우상을 섬기는 장소가 되었습니다. 언약백성의 타락이 극심합니다. 이것이 그들만의 문제일까요? (1)에 있는 "산당", "제단", "분향 제단", "우상"들이 황폐하게 될 것입니다(6절). 우상숭배하는 자들이 다 심판 받을 것입니다.

이스라엘은 나중에야 '하나님을 근심하게 한 것이 기억나 스스로 한탄하게 될 것'(9절)입니다. 하나님은 바로 "그 때에야 그들이 나를 여호와인줄"(10절) 알게 될 것이라고 말씀합니다. 하나님은 희망도 줍니다. 칼을 피하여 이방인들 중에 살아 (4) 자가 있을 것입니다(8절). 언약백성을 향한 심판은 늘 회개와 구원을 바라보게 합니다.

생각하기 하나님보다 더 의지하고 섬기는 것이 있지는 않습니까?

해답 1. 산, 2. 제단, 3. 고개, 4. 남은

에스겔 7장 · 멸망할 예루살렘 땅

주요 구절: 7:26

예루살렘의 영적 상태는 더 이상 돌이킬 수 없을 정도로 심각합니다. 에스겔은 "산"에 대한 예언을 끝내고 이제 "땅"에 대해 외칩니다(2절). "끝났도다. 이 땅 사방의 일이 끝났도다. 이제는 네게 끝이 이르렀나니, 내가 내 (1)를 네게 나타내어 네 행위를 심판하고, 네 모든 가증한 일을 보응하리라."(2-3절) (1)의 매가 언약백성을 치니 (2)을 불어도 전쟁에 나갈 사람이 없고 "밖에는 칼이 있고 안에는 (3

)과 (4)이 있어서 밭에 있는 자는 칼에 죽을 것이요, 성읍에 있는 자는 (3)과 (4)에 망할 것"(14-15절)입니다. 하나님의 매서운 심판은 그 누구도 피할 수 없습니다.

심판은 종교 지도자들과 위정자들에게도 임합니다. "환난에 환난이 더하고 소문에 소문이 더할 때에 그들이 선지자에게서 (5)를 구하나 헛될 것이며, 제사장에게는 (6)이 없어질 것이요, 장로에게는 (7)이 없어질 것이며, 왕은 애통하고, 고관은 놀람을 옷 입듯 하며, 주민의 손은 떨리리라. 내가 그 행위대로 그들에게 갚고 그 죄악대로 그들을 심판하리니, 내가 여호와인 줄을 그들이 알리라."(26-27절) 안타깝게도 그들은 심판을 당할 때야 비로소 하나님을 깨닫게 됩니다. 언약백성의 비참함이 너무나도 심각합니다.

생각하기 하나님의 심판이 어떻게 느껴집니까? 두렵습니까?

해답 1. 진노, 2. 나팔, 3. 기근, 4. 전염병, 5. 묵시, 6. 율법, 7. 모략

에스겔 8장 · 예루살렘의 우상숭배

주요 구절: 8:16

에스겔은 "여섯째 해, 여섯째 달, 초닷새"(1절)에 환상을 봅니다. 아마도 앞서 계시 받은 해(겔 1:1), 다음 해(주전 592년)로 보입니다. 에스겔이 함께 포로된 유다 장로들과 집에서 이야기를 하는데, "여호와의 (1)"(1절)이 내려오고 "불같은 형상"(2절)을 봅니다. 천사가 에스겔을 공중으로 들어 올려 단숨에 예루살렘으로 데려갑니다.

제사장으로 봉사해야 했으나 포로가 된 에스겔이 비로소 예루살렘 성전을 봅니다. 얼마나 감격스러웠을까요? 그러나 에스겔은 이내 실망하고 맙니다. 맨 먼저 본 것은 "(2)의 우상"입니다(5절). 요시아 왕 때 우상을 없앴지만(대하 23:4), 또 다시 세워진 것입니다. 이스라엘 백성을 사랑하는 하나님의 마음이 (2)로 가득하게 됩니다.

그게 다가 아닙니다. 더 큰 가증한 일을 봅니다. 담을 헐고 들어가 보니 "각양 곤충과 가

증한 짐승과 이스라엘 족속의 모든 우상을 그 사방 벽에 그렸고, 이스라엘 족속의 장로 중 (3) 명이 그 앞에 섰으며, 사반의 아들 야아사냐도 그 가운데에 섰고, 각기 손에 향로를 들었는데 향연이 구름 같이 오르더라."(10-11절). 이들은 그곳에서 하나님이 자기들을 버렸기 때문이라고 말하는데(12절), 어처구니없는 변명입니다.

또 다른 가증한 것을 봅니다. 예루살렘 여인들이 "(4)"(Tammuz, 다산의 신)를 위하여 애곡합니다(14절). 성전 문 현관과 제단 사이에서 약 25명이 "여호와의 성전을 (5)고 낯을 동쪽으로 향하여 동쪽 (6)에게 예배"합니다(16절). 이미 여호야긴 왕 때 포로로 잡혀가는 벌을 받았지만, 예루살렘은 회개하지 않고, 오히려 하나님의 진노를 부추깁니다. "여호와의 성전을 (5)"는 예루살렘 백성의 영적 상태를 보여줍니다. "그러므로 나도 진노로 갚아 불쌍히 여기지 아니하며, 긍휼을 베풀지도 아니하리니, 그들이 큰 소리로 내 귀에 부르짖을지라도 내가 듣지 아니하리라."(18절) 하나님은 배교한 언약백성을 징계할 수밖에 없습니다.

생각하기 징계 받고 있는데, 백성은 왜 이렇게 행동할까요?

해답 1. 권능, 2. 질투, 3. 칠십, 4. 담무스, 5. 등지, 6. 태양

에스겔 9장 · 확정된 심판

주요 구절: 9:9

에스겔은 또 다른 환상을 봅니다. 여섯 사람(또는 7명, 참고. NIV)이 북향한 윗문 길로부터 오는데, 모두 (1)를 잡고 있습니다(2절). 이들은 천사입니다. 그중 한 천사는 가는 베 옷을 입고 먹 그릇을 가지고 있습니다. 이 천사가 하나님의 명령에 따라 예루살렘을 돌며 "(2)"를 그립니다(4절). 여기서 "(2)"는 마지막 히브리어 알파벳 타브입니다. (2)를 받는 사람은 가증한 일로 인해 탄식하며 우는 자들입니다.

이후 모든 사람들, 즉 늙은 자로부터 시작해 젊은 자와 처녀와 어린이와 여자를 다 죽입니다(6절). 그 심판은 (3)에서부터 시작됩니다. 오직 (2)를 받은 자만 살아남습니다. 우상숭배에 가담하지 않은 자는 심판에도 구원받습니다. 이런 모습은 꼭 유월절을 떠올리게 합니다(출 12:13). 이후 요한계시록에도 이런 인치는 천사가 등장

합니다(계 7:1-3; 9:14-15).

에스겔이 놀라 "이스라엘의 남은 자를 모두 멸하려 하시나이까?"(8절)하고 엎드려 부르짖습니다. 그러나 하나님의 말씀은 엄중합니다. "그가 내게 이르시되, 이스라엘과 유다 족속의 죄악이 심히 중하여 그 땅에 (4)가 가득하며 그 성읍에 (5)이 찼나니."(9절) 악하고 (5)을 일삼는 성 예루살렘은 하나님의 확실한 심판에 의해 멸망합니다.

생각하기 심판에서 벗어나는 표를 어떻게 받을 수 있습니까?

해답 1. 무기, 2. 표, 3. 성소, 4. 피, 5. 불법

에스겔 10장 · 영광이 성전을 떠나다

주요 구절: 10:18

에스겔은 그발 강가에서 본 환상을 다시 봅니다(1장). 10장의 묘사는 1장과 거의 비슷합니다. 천사(the Cherubim)들에 의해 움직이는 보좌가 나오고, 동시에 '가는 (1) 옷을 입은 사람'이 등장합니다(2절). 그는 앞선 9장에서는 택한 자들의 이마에 표를 그려 심판으로부터 구원하는 역할을 했지만, 10장에서는 두 손에 가득 움켜쥔 (2)을 예루살렘 성 위에 흩는 일을 합니다. 이것은 심판인 동시에 정결케 하는 것이기도 합니다.

여호와의 영광이 나오는데 그 영광이, "(3) 문지방을 떠나"려 합니다(18절). 남 유다의 추악한 죄, 곧 목이 곧은 죄 때문에 하나님의 영광이 더 이상 머물지 않겠다는 심판의 메시지입니다. "그들이 여호와의 전으로 들어가는 (4)에 머물고 이스라엘 하나님의 영광이 그 위에 덮였더라."(19절) (3)은 하나님의 영광이 머무는 곳인데, 이제 하나님의 영광이 떠나고 나면 그곳은 더 이상 (3)일 수 없습니다. 예루살렘은 이제 너무 늦었습니다.

생각하기 하나님이 내게서 나가는 것이 보인다면, 어떨 것 같습니까?

해답 1. 베, 2. 숯불, 3. 성전, 4. 동문

에스겔 11장 · 멸망과 회복의 소망

주요 구절: 11:16

환상은 계속됩니다. 하나님의 영이 에스겔을 들어 올려 동문으로 갑니다(1절). 그곳에 유다 지도자들 25명이 모여 있습니다. 그들은 "(1)를 품고 이 성 중에서 악한 꾀를 꾸미는" 자들입니다(2절). 이들은 "이 성읍은 (2)가 되고 우리는 고기가 된다"(3절)며, 바빌론의 공격이 아무리 심하더라도 예루살렘 안에 있으면 안전할 것이라 말합니다. 그러나 에스겔 선지자는 이 성이 그들을 보호해주지 못할 것이라고 예언합니다(10-12절). 그때 브나야의 아들 블라댜가 죽습니다(13절). "브나야"는 '여호와가 세우신다'는 뜻이고 "블라댜"는 '여호와가 구원하신다'는 아주 좋은 뜻이지만, 회개치 않으면 구원받지 못합니다. 에스겔이 블라댜의 죽음을 보며 예루살렘의 심판이 확실한 것을 깨닫습니다. "오호라, 주 여호와여, 이스라엘의 (3) 자를 다 멸절하고자 하시나이까?"(13절)

탄식하는 에스겔에게 하나님이 대답합니다. "그들을 멀리 이방인 가운데로 쫓아내어 여러 나라에 흩었으나, 그들이 도달한 나라들에서 내가 잠깐 그들에게 (4)가 되리라."(16절) (4)는 하나님이 머무는 장소입니다. 예루살렘이 아니라 잡혀간 자들과 함께한다는 뜻입니다. 하나님은 흩어진 남은 자를 모아(17절) "그들에게 한 마음을 주고, 그 속에 (5) 영을 주며, 그 몸에서 돌 같은 마음을 제거하고, 살처럼 부드러운 마음을 주어 내 율례를 따르며, 내 규례를 지켜 행하게 하리니, 그들은 내 (6)이 되고, 나는 그들의 하나님이 되리라."(19-20절) 언약 관계가 회복될 것입니다. 심판은 하나님이 구원을 계획하고 실천하는 방법 가운데 하나입니다.

그 후 여호와의 영광은 성 동쪽 산에 머물고, 에스겔은 다시 바빌론으로 돌아옵니다. 그가 본 환상을 "사로잡힌 자"(25절), 곧 포로된 유다인에게 일러줍니다. 잡혀간 자들은 완전히 끝났다고 생각했지만, 에스겔의 말을 듣고는 얼마나 놀라고 기뻤을까요?

생각하기　내가 의지하는 것은 헛된 것입니까, 하나님입니까?

해답　1. 불의, 2. 가마, 3. 남은, 4. 성소, 5. 새, 6. 백성

에스겔 12장 · 포로로 분장한 에스겔

주요 구절: 12:11

에스겔은 여호야긴과 함께 바빌론으로 잡혀간 후(주전 597년, 제2차 바빌론 포로) 시드기야 왕 때 예루살렘이 완전히 멸망당할 때(주전 586년, 제3차 바빌론 포로)까지 예언합니다. 포로들 사이에는 근거 없이 '곧 본국으로 돌아갈 것'이라는 기대가 팽배했습니다. 포로와 예루살렘 멸망이 하나님의 언약적 심판인 줄 깨닫지 못하고 회개하지 않습니다. "그들은 볼 (1 　)이 있어도 보지 아니하고, 들을 (2 　)가 있어도 듣지 아니하나니, 그들은 반역하는 (3 　 　)임이라."(2절)

이런 백성에게 에스겔은 하나님의 말씀(3-6절)에 따라 행동으로 예언합니다. 그는 '포로 모습'으로 분장합니다. 낮에 사람이 보는 데서 이리저리 끌려다니는 행동입니다(7절). 에스겔은 또 다시 말씀에 따라 행동으로 예언합니다. 떨면서 음식을 먹고, 놀라고 근심하면서 물을 마셔야 했습니다(18절). 에스겔의 예언은 그들이 낙관하며 기대한 예루살렘이 완전히 멸망할 것이라는 뜻입니다. 그때야 그들이 "내가 (4 　 　 　) 인 줄을"(15, 16, 20절) 알게 될 것입니다. 에스겔의 예언처럼 정말로 예루살렘이 멸망합니다(왕하 25:1-7).

그러나 백성은 여전히 믿음이 없고 회개하지 않습니다. 하루하루 아무 문제없이 지나가고 있는데, 심판은 무슨 심판이냐며 비웃습니다. 그들끼리 "날이 더디고 모든 (5 　 　)가 사라지리라"(22절)하며 무시합니다. 참 (5 　 　)를 무시하고 거짓 (5 　 　)를 믿는 어리석은 자들입니다. 앞으로 "허탄한 (5 　 　)나 아첨하는 (6 　 　)"(24절)은 사라지고 하나님의 말씀은 반드시 성취될 것입니다.

생각하기　나는 하나님의 말씀을 어떤 수준으로 대하고 있습니까?

해답 1. 눈, 2. 귀, 3. 족속, 4. 여호와, 5. 묵시, 6. 복술

에스겔 13장 · 심판받을 거짓 예언자들

주요 구절: 13:3

에스겔은 거짓 선지자들을 향해 예언합니다. 거짓 선지자들은 사람들이 요구하는 것을 알아채고 그것을 말합니다. 거짓입니다. "그들이 내 백성을 유혹하여 (1 ☐☐)이 없으나 (1 ☐☐)이 있다 함이라."(10절) 그들은 성벽을 쌓을 때 석회 가루로 회칠을 하는 것과 같습니다(10절). 벽이 갈라져 곧 넘어질 것 같지만 색칠하여 새것처럼 보이게 합니다. 이런 벽은 폭우와 폭풍, 우박이 떨어지면 그 실상이 드러납니다. 이처럼 거짓 선지자들의 거짓 예언은 하나님의 심판으로 들통나고 말 것입니다(13절).

당시 "예언하는 (2 ☐☐)들"(17절)도 있었습니다. 그들 중에도 참 예언자가 있지만, 거짓 예언자도 있습니다. 에스겔이 경고하는 자들은 거짓 예언자들입니다. 그들은 하나님께 받은 것이 아닌, "(3 ☐☐) 마음대로" 예언했습니다. 손목마다 부적을 꿰고 수건을 만들었습니다. 수건으로 자기를 가려 신비로운 분위기를 연출하려 한 것 같습니다. 하나님은 이들의 수건을 찢고 팔에 있는 부적을 떼어버릴 것입니다. 이 모든 일이 일어나면 그때에야 "내가 (4 ☐☐☐)인 줄을"(14, 21, 23절) 알게 될 것입니다. 전하는 자는 참된 말씀을 전하고, 받는 자는 분별하여 받아야 합니다.

생각하기 내가 원하는 말씀만 찾아다니고 있지는 않습니까?

해답 1. 평강, 2. 여인, 3. 자기, 4. 여호와

에스겔 14장 · 우상숭배하는 백성

주요 구절: 14:4

에스겔은 자신을 찾아온 장로 두어 사람에게 예언합니다(1-3절). 하나님의 뜻을 묻는

것 같지만, 그들 속에는 우상숭배가 가득합니다. "이스라엘 족속 중에 그 우상을 마음에 들이며, 죄악의 (1   )을 자기 안에 두고 선지자에게로 가는 모든 자에게 나 여호와가 그 우상의 (2   )효대로 보응하리니."(4절) 거짓 선지자도 문제지만, 우상숭배하는 백성도 악합니다. "선지자의 죄악과 그에게 (3   ) 자의 죄악이 같은즉 각각 자기의 죄악을 담당하리니."(10절) 오늘도 그리스도인이 점쟁이를 찾거나, 용하다는 예언자를 찾아 기도나 안수를 받는 행태도 다르지 않을 것입니다. 내 필요와 욕망이라는 우상을 섬기는 것입니다. 악이며 죄입니다.

다시 하나님의 말씀이 임합니다(12절). 예루살렘에 임할 심판은 의인 노아, 다니엘, 욥이 있어도 돌이킬 수 없습니다. "기근"(12-14절), "짐승"(15-16절), "칼"(17-18절)과 "전염병"(19-20절)이 예루살렘에게 임할 것(21절)입니다. 이것은 언약에 신실하지 못하여 받게 되는 저주입니다(레 26장). 심판받은 이후에야 심판의 이유를 백성이 깨달을 것입니다(23절).

그러나 희망이 있습니다. 하나님은 언약에 신실합니다. "이는 이스라엘 족속이 다시는 (4   )되어 나를 떠나지 아니하게 하며, 다시는 모든 죄로 스스로 더럽히지 아니하게 하여, 그들을 내 (5   )으로 삼고 나는 그들의 하나님이 되려 함이라."(11절) 예루살렘의 멸망 가운데 "(6   )하는 자가 남아"(22절) 있을 것입니다.

생각하기 하나님 외에 묻고 의지하는 우상이 있습니까?

해답 1. 걸림돌, 2. 수, 3. 묻는, 4. 미혹, 5. 백성, 6. 피

에스겔 15장 · 불탈 포도나무

주요 구절: 15:7

예루살렘의 멸망에 대한 경고는 계속됩니다. 예루살렘을 (1   )나무로 비유합니다(2-6절). (1   )나무가 열매를 맺지 못하면 아무 쓸모가 없습니다. (1   ) 나무로는 물건을 만들 수도 없고, 심지어 작은 나무못으로도 사용할 수 없습니다(3절). 그저 불 피우는 땔감으로 사용될 뿐입니다. 땔감으로 타버릴 (1   )나무가 쓸데없

는 것처럼(5절), 예루살렘도 쓸데없어 버려질 것이라 말씀합니다. 왜 그렇습니까? “그들이 (2)”(8절)하여 하나님을 대적했기 때문입니다.

예수님도 (1)나무를 말씀합니다. 나무인 예수님께 붙어 있으면 열매를 맺지만, 그렇지 않은 가지는 열매를 맺지 못해 불살라질 것입니다(요 15:5-6). 언약백성에게 열매 맺는 다른 방법은 없습니다. 오직 하나님께 붙어 있어야 합니다.

생각하기 나는 어떤 가지입니까? 그렇게 생각하는 이유는 무엇입니까?

해답 1. 포도, 2. 범죄

에스겔 16장 · 유다, 방자한 음녀!

주요 구절: 16:15

16장은 에스겔에서 가장 긴 장입니다. 한 랍비에 따르면 유대인 회당에서는 이 장을 읽지 않는다고 합니다. 이스라엘을 “창기”(33절), 혹은 (1)(35절)로 비유하기 때문입니다. 유다의 행위가 “방자한 (1)의 행위”(30절)와 같습니다.

하나님은 길거리에 버려진 피투성이 아기(유다)를 데려다가 입양해 씻기고 옷을 입히고 치장해주었습니다(6-15절). 비천한 처지였던 유다가 “(2)의 지위”(13절)에 올라 그 “화려함이 온전함”(극치)에 이릅니다(14절). 입양하고 혼인까지 해준 하나님의 은혜가 큽니다.

그런데 유다는 그 화려함과 명성을 빛졌음에도 하나님을 버리고 범죄합니다. “네 (3)과 난 (4)은 가나안이요, 네 아버지는 아모리 사람이요, 네 어머니는 헷 사람”(3절)이라는 말은 실제 혈통이 그렇다는 것이 아니라, 그들과 차이가 없을 정도로 유다가 범죄했다는 뜻입니다. 수많은 나라에서 우상들을 들여와 음란하게 섬깁니다. “또 네가 나를 위하여 낳은 네 자녀를 그들에게 데리고 가서 드려 제물로 삼아 불살랐느니라. 네가 네 음행을 작은 일로 여겨서 나의 자녀들을 죽여 우상에게 넘겨 (5) 가운데로 지나가게 하였느냐?”(20-21절) 결국 하나님은 유다를 “심판하여 진노의 피와 질투의 피를”(38절) 흘리게 할 것입니다.

그러나 자비로운 하나님이 언약을 기억합니다. "그러나 내가 너의 어렸을 때에 너와 세운 언약을 기억하고, 너와 (6 　 　)한 언약을 세우리라."(60절) 하나님은 이스라엘의 죄를 (7 　 　)할 것입니다. "내가 네 모든 행한 일을 (7 　 　)한 후에 네가 기억하고 놀라고 부끄러워서 다시는 입을 열지 못하게 하려 함이니라."(63절) 신랑을 버린 신부의 음행에도 다시 관계를 회복시키는 하나님은 참 은혜로운 분입니다.

생각하기 끝까지 자기 백성을 사랑하는 하나님이 어떻게 느껴집니까?

해답 1. 음녀, 2. 왕후, 3. 근본, 4. 땅, 5. 불, 6, 영원, 7 용서

에스겔 17장 · 수수께끼 같은 비유들

주요 구절: 17:9

에스겔은 수수께끼 같은 비유로 예언합니다(2절). 큰 (1 　 　 　)가 나타나 (2 　 　 　)의 연한 가지 끝(순)을 꺾어 장사하는 땅, 상인의 성읍에 둡니다(3-4절). 또 그 땅의 종자(씨)를 꺾어 수양버들 가지처럼 큰 물 가(옥토)에 심습니다(5-6절). 그 종자는 포도나무이며, 뿌리는 (1 　 　 　) 아래에 있습니다. 그런데 또 다른 큰 (1 　 　 　)가 나타납니다(7절). 포도나무가 또 다른 (1 　 　 　)를 바라며 뿌리를 뻗습니다. 그러나 하나님이 말씀하길, "그 나무가 능히 번성하겠느냐? 이 (1 　 　 　)가 어찌 그 뿌리를 빼고 열매를 따며, 그 나무가 시들게 하지 아니하겠으며, 그 연한 잎사귀가 마르게 하지 아니하겠느냐."(9절) 포도나무가 다른 (1 　 　 　)를 의지하지만 보호받지 못합니다.

하나님이 직접 이 비유를 풀어줍니다(11절). 먼저 처음 나타난 큰 (1 　 　 　)는 느부갓네살 왕이고, (2 　 　 　)은 이스라엘, '높은 가지'는 여호야긴 왕으로 그가 장사하는 땅인 바벨론으로 사로잡혀가서 언약을 맺은 것을 비유합니다(12-13절). 이어서 물가에 심긴 '포도 씨와 포도나무'는 바벨론에 의해 세워진 시드기야 왕을 의미합니다. 또 다른 (1 　 　 　)는 이집트를 상징합니다. 시드기야가 꾀를 내어 이집트를 의지하지만(15절), 실패합니다(16-21절).

그러나 마지막에는 희망적 상징이 나옵니다(22-24절). (2 　 　 　) 꼭대기의 높

은 가지, 곧 새 가지 끝에서 연한 가지를 꺾어 높고 우뚝 솟은 산에 심습니다. 그 가지는 연하고 힘없어 보이지만 가지가 무성하고 열매를 맺어 아름다운 (2 　　　)이 될 것입니다. 많은 새가 그 아래에 깃들 정도로 큽니다. 이후 예수 그리스도가 이를 하나님 나라가 이렇게 풍성해집니다(마 13:32).

생각하기 나의 잔꾀보다 하나님의 계획이 더 큰 것을 믿습니까?

해답 1. 독수리, 2. 백향목

에스겔 18장 · 회개하면 살리라

주요 구절: 18:21

바빌론에 살고 있는 유다 백성을 향한 권고가 나옵니다. 이들은 자신의 죄, 곧 언약의 하나님을 배반하고 다른 나라와 언약을 맺는 죄를 회개하지 않습니다. 오히려 조상 탓을 합니다. "아버지가 (1 　)포도를 먹었으므로 그의 아들의 이가 시다."(2절) 또 "주의 길이 (2 　　)하지 아니하다"(25, 29절)라고 불평합니다. 하지만, 그들은 조상의 죄뿐 아니라, 또 자신의 죄 때문에 망할 것입니다. 언약의 말씀에 순종하고 지키는 자는 살 것이지만(5-9절), 불순종하는 자는 자기 죄 때문에 죽을 것입니다(10-13절). "(3 　　)하는 그 영혼은 죽을지라. 아들은 아버지의 (4 　　)을 담당하지 아니할 것이요, 아버지는 아들의 (4 　　)을 담당하지 아니하리니, 의인의 공의도 자기에게로 돌아가고 악인의 악도 자기에게로 돌아가리라."(20절)

하나님 앞에서 완전한 인간은 아무도 없습니다. 그러나 절망할 필요가 없습니다. (3 　　)하는 사람은 죽지만, 회개하는 사람은 구원받을 것입니다. "그러나 악인이 만일 그가 행한 모든 (5 　)에서 (6 　　)켜 떠나, 내 모든 율례를 지키고, 정의와 공의를 행하면 반드시 살고 죽지 아니할 것이라."(21절) '(6 　　)켜 떠남'은 회개의 다른 표현입니다. "너희는 (6 　　)켜 회개하고 모든 죄에서 떠날지어다."(30절)

하나님의 뜻은 악인이 죄에서 (6 　　)켜 회개하는 것입니다(23, 32절). "내가 어찌 악인이 (7 　)는 것을 조금인들 기뻐하랴? 그가 (6 　　)켜 그 길에서 떠나 사는 것을 어찌 기뻐하지 아니하겠느냐?"(23절)

생각하기 내 모습은 생각하지 않고 하나님을 원망하지는 않습니까?

해답 1. 신, 2. 공평, 3. 범죄, 4. 죄악, 5. 죄, 6. 돌이, 7. 죽

에스겔 19장 · 에스겔의 애가(哀歌)

주요 구절: 19:14

에스겔은 바빌론에 포로된 이스라엘의 (1 　 　)들을 위하여 애가를 지어 불러야 합니다(1, 14절). 그들의 처지를 깨닫게 하는 메시지를 전해야 하는데, 그것이 비유로 부르는 애가입니다. 첫 번째 비유는 '사자'입니다. 어머니 "암사자"는 남 유다를 상징할 수도 있고, 요시야의 아내 "하무달"(왕하 23:31)을 의미할 수도 있습니다. 3-4절에 언급된 '새끼 사자'는 이집트로 잡혀간 여호아하스 왕으로 보입니다(왕하 23:31-35). 5-9절의 '새끼 사자'는 시드기야 왕(왕하 25:6)일 수 있지만, 여호야긴(왕하 24:21) 왕으로 보입니다. 이들은 모두 하나님을 의지하지 않다가 이집트나 바빌론으로 잡혀가는 비참한 처지가 됩니다.

또 다른 비유는 '포도나무'입니다. 포도나무는 남 유다 전체를 뜻합니다. 포도나무 가지 가운데 높고 뛰어난 가지 하나가 분노 중에 뽑혀 땅에 던짐을 당해 (2 　 　)에 마르고 꺾이고 말라 불에 탑니다(12절). 여기서 (2 　 　)은 바빌론이고 '가지'는 시드기야 왕입니다. "권세 잡은 자의 (3 　)가 될 만한 (4 　 　) 가지가 없도다."(14절) 남 유다는 망합니다. 다른 데에 희망이 없습니다. 고관들은 헛된 희망을 버리고 하나님께로 돌아와야 합니다.

생각하기 곧 무너질 헛된 희망을 의지하고 있지는 않습니까?

해답 1. 고관, 2. 동풍, 3. 규, 4. 강한

에스겔 20장 · 반역자 이스라엘

주요 구절: 20:1

장로들이 또 다시 찾아옵니다(참고. 겔 8:1). 하나님은 그들에게 더 이상 질문하지 말라고 명령합니다. 믿음 없는 질문은 악할 뿐입니다. "너희가 내게 (1 　 　)를 내가 (2 　 　)하지 아니하리라."(3절)

하나님은 불신의 역사를 말씀합니다. 먼저 출애굽 때입니다. "애굽 땅에서 그들에게 나타나 (3 　 　)하여 이르기를, 나는 여호와 너희 하나님이라, 하였노라."(5절) (3 　 　)는 언약 용어입니다. 그러나 그들은 언약을 어겼습니다(8절). 이후 광야에서도 마찬가지입니다(10절). 하나님은 그들에게 생명 얻는 율법을 주고 안식일도 허락하였습니다(11-12절). 하지만 그들은 반역하였습니다(13절). 약속의 땅인 가나안에 들어가서도 마찬가지입니다(27-31절). 하나님은 그들을 젖과 꿀이 흐르는 땅으로 인도하였지만, 그들은 그곳에서도 우상숭배하였습니다(28절).

포로된 유다 백성은 자기의 처지를 억울하게 생각하지만, 그들 역시 반역한 조상을 따라 하나님을 떠나 행음하였습니다(30절). 여기서 안식일이 부각되는데(12, 13, 16, 20, 21, 24절), 아마도 포로로 있는 동안에도 안식일 규례를 제대로 지키지 않은 것 같습니다. 이로 인해 심판받습니다.

하나님의 심판은 "능한 손과 편 팔로" 분노를 쏟으며 임할 것입니다. 그러나 이것은 "막대기"로 자녀를 체벌하듯 하고, "언약의 (4 　)"로 동여매어(37절) 도망가지 못하도록 보호하는 사랑이 담겨 있습니다. 징계 후에 언약백성을 새롭게 할 것입니다. "이스라엘 온 족속이 그 땅에 있어서 내 거룩한 산, 곧 이스라엘의 높은 산에서 다 나를 (5 　 　)리니, 거기에서 내가 그들을 기쁘게 받을지라. 거기에서 너희 예물과 너희가 드리는 첫 열매와 너희 모든 (6 　 　)을 요구하리라."(40절)

에스겔은 또 남쪽으로 얼굴을 돌려 숲이 불탈 것이라 소리쳐 예언해야 합니다. 멸망의 예언입니다. 그러나 듣는 이들이 "그는 (7 　 　)로 말하는 자가 아니냐?"(49절)하며 비웃습니다. 하나님의 말씀을 노골적으로 거부합니다. 믿음 없는 자는 하나님의 예언을 깨닫지 못합니다.

생각하기 반역하는 백성의 역사를 보고 어떤 생각이 듭니까?

해답 1. 묻기, 2. 용납, 3. 맹세, 4. 줄, 5. 섬기, 6. 성물, 7. 비유

에스겔 21장 · 예루살렘의 멸망

주요 구절: 21:22

에스겔은 이제 구체적으로 타락한 예루살렘을 향해, 더 구체적으로 성소를 향해 소리 내어 멸망을 예언해야 합니다. 경고는 강력합니다. 에스겔은 "(1)가 끊어지듯"(6절) 큰 소리로 슬피 울어야 합니다. 그들이 에스겔에게 "네가 어찌하여 (2) 하느냐"(7절)라고 물으면, 예루살렘의 멸망 때문이라고 외쳐야 합니다.

또 에스겔은 두 갈래 길을 그림으로 그려 예언합니다(19절). 암몬으로 향하는 길과 유다로 향하는 길입니다. 그 곳에서 바빌론 왕은 점을 쳐 어느 방향으로 갈 것인지를 결정합니다. 화살들을 흔들고 제물의 간을 살피는 방법으로 점을 칠 것인데, 결국 예루살렘이 뽑히게 될 것입니다(21-22절). 예루살렘은 "죄악의 (3) 때"(25절)에 "죽이는 칼"(14절)이 임하여 엎드러져 멸망할 것입니다(27절). 물론 바빌론에 반역한 암몬도 멸망할 것입니다(28-32절).

그러나 멸망 가운데 희망도 있습니다. "내가 엎드러뜨리고 엎드러뜨리고 엎드러뜨리려니와 이것도 다시 있지 못하리라, 마땅히 (4) 자가 이르면 그에게 주리라."(27절) 심판은 고통스럽지만 끝이 있으며, 그 끝에 합당한 자, 메시아가 와서 백성을 회복할 것입니다.

생각하기 고난을 어떻게 견딥니까? 하나님께 받은 희망이 있습니까?

해답 1. 허리, 2. 탄식, 3. 마지막, 4. 얻을

에스겔 22장 · 심각한 죄악들

주요 구절: 22:4

또 하나님의 말씀이 임합니다(1절). 예루살렘의 심판에 대한 말씀인데, 심판의 이유는 분명합니다. 예루살렘은 약한 자들을 학대하고 죽여 피를 흘렸고, 우상을 만들어 스스로 더럽혔습니다. 이스라엘의 모든 고관들(6, 27절), 선지자들(25, 28절), 제사장들(26절), 일반 백성(29절)에 이르기까지 총체적입니다. (1)를 업신여기고, 손님 접대를 하지 않고, 고아와 (2), 나그네로 대표되는 약자를 괴롭힙니다(7, 25, 29절). 성물을 업신여기고 안식일을 더럽힙니다(8, 26절). 서로 이간질하고 산 위에서 우상 제물을 먹고 음행합니다(9절). 성적 죄는 선을 넘었습니다. 계모나 누이, 이웃의 아내, 그리고 며느리와 성적 관계를 가집니다(10-11절). 뇌물을 받고, 이자를 받으며, 사기를 치는 사람들이 허다합니다(12절).

그러므로 하나님의 준엄한 심판이 "(3)의 불"(21절)로 임할 것입니다. 예루살렘에 사는 불의한 언약백성은 광물의 "찌꺼기"들이 제련되듯, 불타버릴 것이라고 합니다(17-22절). 이 불은 긍정적 연단의 의미가 아니라, 범죄한 예루살렘이 찌꺼기처럼 쓸모없게 되었다는 의미로 이해해야 합니다.

생각하기 내 주변의 타락상을 볼 때 어떤 생각이 듭니까?

해답 1. 부모, 2. 과부, 3. 분노

에스겔 23장 · 오홀라와 오홀리바

주요 구절: 23:35

예루살렘과 사마리아가 의인화되어 나옵니다. "그들이 내게 속하여 자녀를 낳았나니, 그 이름으로 말하면 오홀라는 (1)요, 오홀리바는 (2)이니라."(4절) 16장처럼 23장도 하나님과 언약백성을 혼인 관계로 비유합니다. 오홀라(Oholah)와 오홀리바(Oholibah)는 '장막'(회막)을 뜻하는 히브리어 오헬(Ohel)에서 온 단어입니다. "오홀라"는 '그녀의 장막'이고 "오홀리바"는 '내 장막은 그녀 안에 있다'입니다. 그들이 행음했다고 하는데(3절), 이것은 하나님 말고 다른 신을 섬겼다는 의미입니다. 두 여인은 이집트에 있을 때부터 행음했습니다(겔 16:26; 20:8; 느 14:33).

언니 오홀라는 아시리아와 행음(정치적으로 섬김)하였는데, 결국 그들에게 잡혀가 수치를 당합니다(5-10절). 여동생 오홀리바는 언니의 모습을 모두 보았음에도 그보다 더 부패해, 아시리아와 연애하고 더 나아가 바빌론 사람과 사귀다가, 이집트와도 사랑에 빠진 것으로 표현합니다(11-21절). 아시리아를 섬기다가 바빌론으로, 바빌론에서 다시 이집트로 바뀐 것을 뜻합니다. 정치 외교 행정을 말하지만, 결국은 신랑인 언약의 하나님을 배신하여, 정조(貞操)를 신실(믿음직)하게 지키지 않은 것이 핵심입니다. 결국 오홀리바도 수치를 당합니다(22-35절). 그들은 하나님의 심판을 자초하였습니다. "그들이 너희 (3 ____ ____)으로 너희에게 보응한즉, 너희가 모든 우상을 위하던 (4 ____)를 담당할지라. 내가 주 (5 ____ ____ ____)인 줄을 너희가 알리라."(49절)

생각하기 오홀라를 보고도 오홀리바는 왜 돌이키지 않았을까요?

해답 1. 사마리아, 2. 예루살렘, 3. 음란, 4. 죄, 5. 여호와

에스겔 24장 · 슬픈 에스겔의 예언

주요 구절: 24:18

장면이 "(1 ____ ____)째 해 열째 달 열째 날"(1절)로 바뀝니다. 에스겔 선지자는 "녹슨 가마"(6절)를 설치해 행동 예언을 합니다. 녹슨 가마는 피를 흘린 성, 곧 예루살렘입니다. 가마 안에 있는 고기는 예루살렘 주민입니다. 포로로 잡혀가지 않고 남은 자들은 잡혀간 자들에 비해 좀 더 낫다고 생각하겠지만, 다가올 전쟁에서 "하나하나 꺼"내어질 것입니다(6절).

에스겔은 가마에 든 고기를 더 강한 불로 삶고, 국물을 졸이고, 그 뼈를 태웁니다(10-11절). 고기는 없어지지만 더러운 녹은 여전히 남아 있습니다(12절). 붉은 녹은 피 흘린 예루살렘의 죄악을 상징합니다. 성이 없어지기 전에는 죄가 없어지지 않을 것입니다. "내가 네게 향한 (2 ____ ____)를 풀기 전에는 네 (3 ____ ____ ____)이 다시 깨끗하여

지지 아니하리라."(13절) 예루살렘은 계속 안전할 것이라 믿는 자가 얼마나 어리석은지를 보여줍니다.

에스겔 아내의 죽음도 하나님의 선포로 활용됩니다(18절). 선지자는 아내가 죽어도 슬퍼하지 않고 곡하지 않아야 합니다. 이것은 하나님의 사랑하는 신부, 예루살렘의 죽음을 표현합니다. 멸망하는 실상이 너무나 비참하여 슬퍼하거나 곡할 힘도 없을 것이라는 뜻입니다. "죄악 중에 (4   )하여 피차 바라보고 (5   )하리라."(23절) 에스겔의 존재 자체가 이스라엘에게 '표'(sign)가 될 것입니다(24절). 예루살렘이 완전히 멸망하는 날 도망하여 피한 자가 에스겔에게 나아와 그 상황을 알려주게 될 것인데, 그것이 하나님의 말씀이 진실이었다는 "표징"이 될 것입니다(27절). 선지자의 마음이 고통스럽고 슬픕니다. 자기 백성을 향한 하나님의 마음도 그렇습니다.

생각하기 나라면 배우자의 죽음에 어떻게 반응할까요?

해답 1. 이름, 2. 분노, 3. 더러움, 4. 패망, 5. 탄식

에스겔 25장 · 열방을 향한 경고

주요 구절: 25:17

하나님의 열방 심판이 25-32장에 예언됩니다. 언약백성에게 매를 들기 위해 다른 민족을 사용하지만, 결코 그 민족들이 더 의롭기 때문에 사용한 것이 아님을 분명하게 선포합니다. 등장하는 나라는 암몬, 모압, 에돔, 블레셋, 두로, 시돈, 이집트입니다.

먼저 롯의 후손인 '암몬과 모압'에 관한 심판이 선포됩니다. 랍바를 수도로 한 암몬은 예루살렘이 멸망할 때 기뻐했습니다. "아하 (1   )"(3절), "(2   )을 치며 발을 구르며 마음을 다하여 (3   )하며 즐거워하였나니."(6절) 하나님은 이들을 동방 사람의 손에 넘겨 심판할 것입니다. 모압은 "(4   ) 족속은 모든 이방과 다름이 없다"(8절)라며 멸시했습니다. 교만의 극치입니다. 마치 자기가 하나님처럼 심판하고 판단합니다. 그들도 동방 사람에게 먹히고 말 것입니다.

야곱의 형 에서의 후손인 에돔 족속은 원수처럼 이스라엘을 대적했기 때문에 동일한

심판을 받을 것입니다(12-14절). 블레셋도 이스라엘을 원수처럼 대했으니 멸망할 것입니다(15-17절).

생각하기 열방의 멸망 예언을 듣는 유다 백성의 마음은 어땠을까요?

해답 1. 좋다, 2. 손뼉, 3. 멸시, 4. 유다

에스겔 26장 · 두로의 심판(1)

주요 구절: 26:2

'두로(Tyre)와 시돈(Sidon)'을 향한 심판 예언이 26-28장에 나옵니다. 두로는 세계 역사에서 페니키아(Phoenicia)로 알려진 국가입니다. 가까이 위치한 두 도시는 지중해 연안에 여러 식민지를 건설하고 교역했습니다. 이들은 신세계로 향한 탐험 정신으로 가득 차 있었습니다. 이들에 의해 개발된 곳이 키프로스, 몰타, 시칠리아, 카르타고, 스페인 등입니다.

두로와 시돈은 이스라엘과 우호적 관계를 유지하였습니다(왕상 5:15). 시드기야 왕 때에도 함께 바빌론을 대항했습니다(렘 27:3). 그런데 정작 예루살렘이 멸망하자 얼마나 좋아하는지요. "아하! (1   )의 문이 깨져서 내게로 돌아왔도다. 그가 (2   )하였으니 내가 (3   )함을 얻으리라."(2절) 장사꾼의 생각은 늘 이윤입니다. 자기에게 유리하면 상대의 불행도 기쁨입니다.

에스겔이 받은 메시지는 (4   )째 해 어느 달입니다(1절). 그러니까 예루살렘이 멸망하는 바로 그 해, 주전 586년입니다. 포로로 잡혀간 유다는 세계적으로 세력을 펼치고 있는 두로의 운명이 궁금했을 것입니다. 하나님은 두로도 멸할 것입니다. 바다를 누비며 항해하던 그들, 곧 바다를 이용해 돈을 벌며 힘을 길렀던 그들이 그 큰물(바다)에 휩쓸려 멸망할 것입니다(3절 이하, 19절 이하).

생각하기 상대의 불행을 내 기쁨으로 여기지는 않습니까?

해답 1. 만민, 2. 황폐, 3. 충만, 4. 열한

에스겔 27장 · 두로의 심판(2)

주요 구절: 27:27

에스겔이 두로를 위해 애가를 부릅니다(2절). 이 시를 보면 두로가 얼마나 대단했는지 알 수 있습니다. 그들이 소유한 배는 당대 최고급 재료로 제작되었습니다. "스닐의 잣나무로 네 (1)를 만들었음이여, 너를 위하여 레바논의 백향목을 가져다 (2)를 만들었도다. 바산의 상수리나무로 네 (3)를 만들었음이여, 깃딤 섬 황양목에 상아로 꾸며 (4)을 만들었도다."(5-6절) 그들의 무역품은 은, 철, 주석, 납, 놋그릇, 말, 군마, 노새, 상아, 박달나무, 남보석, 자색 베, 수놓은 것, 가는 베, 산호, 홍보석 등(12-25절)으로 많습니다. 무역 상대국도 대단히 많습니다. 누가 보더라도 두로의 영광은 대단합니다. "네가 바다 중심에서 풍부하여 (5)가 매우 크도다."(25절)

무역으로 세계 최고 부국이 된 두로가 스스로 교만합니다. "나는 온전히 아름답다."(3절) 그런 두로를 하나님이 심판합니다. "네 재물과 상품과 바꾼 (6)과 네 사공과 선장과 네 배의 틈을 막는 자와 네 상인과 네 가운데에 있는 모든 용사와 네 가운데에 있는 모든 무리가 네가 (7)하는 날에 다 바다 한가운데에 빠질 것임이여."(27절) 위용을 자랑한 타이태닉호(Titanic)가 맥없이 침몰하듯 두로도 바다 한 가운데 빠지게 될 것입니다. 하나님 없는 세상의 모든 번영은 사라집니다.

생각하기 사라질 헛된 번영을 의지한 적이 있습니까?

해답 1. 판자, 2. 돛대, 3. 노, 4. 갑판, 5. 영화, 6. 물건, 7. 패망

에스겔 28장 · 두로(3)와 시돈의 심판

주요 구절: 28:16

두로는 에덴동산(13절)과 같은 위치에 있었습니다. 두로 왕은 "완전한 도장(the Seal)이었고 지혜가 충족하며 온전히 아름다웠"(12절)는데, 그로 인해 교만해졌습니다(17절). "네 (1)이 많으므로 네 가운데에 강포가 가득하여 네가 (2)하였도

다."(16절) 두로는 하나님의 심판을 피할 수 없습니다. 재물의 풍부함이 인간을 망하게 합니다. "네 큰 지혜와 네 (1)으로 재물을 더하고 그 재물로 말미암아 네 마음이 교만하였도다. 그러므로 주 여호와께서 이같이 말씀하셨느니라. 네 마음이 하나님의 마음 같은 체하였으니."(5-6절) 시돈도 두로와 같은 이유로 멸망할 것입니다(20-24절). "내가 그에게 (3)을 보내며 그의 거리에 피가 흐르게 하리니."(23절)

하나님은 열국을 향한 경고 중간에 이스라엘의 구원을 선포합니다. "여러 민족 가운데에 (4) 있는 이스라엘 족속을 모으고, 그들로 말미암아 여러 나라의 눈 앞에서 내 (5)함을 나타낼 때에 그들이 고국 땅, 곧 내 종 야곱에게 준 땅에 거주할지라."(25절) 예루살렘 주변 나라의 멸망과 심판 예언은 언약백성에게는 위로입니다. "그들의 사방에서 멸시하던 모든 자를 내가 (6)할 때에 그들이 평안히 살며, 내가 그 하나님 여호와인 줄을 그들이 알리라."(26절) 여기에서 "그들"은 이스라엘 백성입니다. 하나님은 자기 백성을 끝까지 사랑합니다.

생각하기 내가 이룬 번영 때문에 교만해진 적이 있습니까?

해답 1. 무역, 2. 범죄, 3. 전염병, 4. 흩어져, 5. 거룩, 6. 심판

에스겔 29장 · 이집트의 심판(1)

주요 구절: 29:19

초강대국 이집트를 향한 예언이 29-32장에 나옵니다. 이 예언은 에스겔이 포로된 후 "(1)째 해 열째 달 열두째 날"(1절)에 임한 것입니다(주전 587년).

'경제적 힘과 능력' 때문에 두로가 심판 받았다면, 이집트는 주로 '군사력' 때문입니다. 이 당시 이집트의 파라오는 호브라(Hophra, 렘 44:30)입니다. 호브라는 군사력을 키워 바빌론을 막을 수 있다고 장담합니다. 이런 이유로 시드기야 왕이 이집트를 의지합니다. 멸망 후 이집트로 대피하는 유다인도 마찬가지입니다(렘 42-43장).

그들은 "강들 가운데에 누운 큰 (2)"(3절) 같습니다. 하나님을 인정하지 않고 자신에 대한 신뢰와 자만심으로 가득합니다. "스스로 이르기를 나의 이 (3)은 내

것이라. 내가 나를 위하여 만들었도다."(3절) 이집트의 모습은 교만으로 가득찬 전형적 불신자의 모습입니다.

하지만 그들은 (4 □□) 지팡이입니다(6절). 지팡이가 (4 □□)로 만들어졌으니 지팡이 노릇을 하지 못합니다. "그들이 너를 손으로 잡은즉, 네가 부러져서 그들의 모든 어깨를 찢었고, 그들이 너를 의지한즉 네가 부러져서 그들의 모든 (5 □□)가 흔들리게 하였느니라."(7절) 헛된 것을 의지하면 넘어지고 다칠 뿐입니다.

이후 "(6 □□□□)째 해 첫째 달 초하루"(17절)에 말씀이 다시 임합니다. 느부갓네살 왕이 두로를 완전히 정복하지는 못하였는데(18절), 오히려 이집트를 공격해 점령합니다. 그렇게 에스겔의 예언은 성취됩니다. 여기에 더해 희망의 메시지가 선포됩니다. "그 날에 나는 이스라엘 족속에게 한 (7 □)이 돋아나게 하고, 나는 또 네가 그들 가운데에서 입을 열게 하리니, 내가 여호와인 줄을 그들이 알리라."(21절) "(7 □)"은 '힘'을 상징합니다. 이집트가 예언대로 멸망했듯이 유다의 힘도 예언대로 회복될 것입니다.

생각하기 겉모습과 달리 속빈 강정인 경우가 있었습니까?

해답 1. 열, 2. 이어, 3. 강, 4. 갈대, 5. 허리, 6. 스물일곱, 7. 뿔

에스겔 30장 · 이집트의 심판(2)

주요 구절: 30:2

이집트가 파멸할 날은 "(1 □□□)의 날", "(2 □□)의 날", "여러 나라들의 때"로 표현됩니다(3절). 하나님이 이집트와 여러 나라를 심판하는 때이기에 구름이 낀 것처럼 슬픈 날입니다. 이집트뿐만 아니라 동맹국도 함께 멸망할 것입니다. 구스(Cush), 붓(Put), 룻(Lud), 굽(Cub)이 포함됩니다(5절). 믹돌(Midol)에서부터 수에네(Syene)까지 칼에 망하게 될 것입니다(6절) 그 결과 이집트의 교만한 (3 □□)가 낮아질 것입니다(6절).

"열한째 해 첫째 달 일곱째 날"(20절)에 에스겔이 예언합니다. "인자야, 내가 애굽의 바로 왕의 (4 □)을 꺾었더니, 칼을 잡을 (5 □)이 있도록 그것을 아주 싸매지도 못하

였고, 약을 붙여 싸매지도 못하였느니라."(21절) 아마도 예루살렘이 함락되기 3달 전(주전 587년)인 것으로 보입니다. 바빌론에게 포위된 예루살렘을 이집트가 지원하지만 실패합니다(렘 37:5-10; 왕하 24:7). 이제 유다는 헛된 이집트를 포기해야 합니다. 하나님이 이집트의 (4   )을 꺾어 무력화했기 때문입니다. 세상의 흥망성쇠는 강대국에 따라 정해지는 것이 아니라 하나님의 뜻에 따라 이루어집니다.

생각하기 미국, 중국 등 강대국도 하나님 아래에 있음을 확신합니까?

해답 1. 여호와, 2. 구름, 3. 권세, 4. 팔, 5. 힘

에스겔 31장 · 이집트의 심판(3)

주요 구절: 31:18

에스겔은 주전 587년 "열한째 해 셋째 달 초하루"(1절)에 계시를 받습니다. 예루살렘 멸망 한 달 전입니다. 이집트를 향한 하나님의 심판은 분명합니다. 이집트의 운명은 거대한 레바논 (1   )이라 불리는 아시리아와 같을 것(2-17절)입니다. 아시리아가 자신의 위대함과 교만으로 멸망했는데, 이집트도 동일할 것입니다. "그의 키가 크고 꼭대기가 (2   )에 닿아서 높이 솟아났으므로 마음이 교만하였은즉."(10절) 이집트의 국력은 대단합니다. 주변 나라와 비교할 때 그 위용은 굉장합니다. "하나님의 동산의 (1   )이 능히 그를 가리지 못하며, 잣나무가 그 굵은 가지만 못하며, 단풍나무가 그 가는 가지만 못하며, 하나님의 동산의 어떤 나무도 그 아름다운 모양과 같지 못하였도다."(8절)

그러나 하나님이 그런 이집트를 심판하고 무너뜨립니다. "여러 나라의 포악한 다른 (3   )이 그를 찍어 버렸으므로, 그 가는 (4   )가 산과 모든 골짜기에 떨어졌고."(12절) 위대한 아시리아가 멸망한 것처럼 아무리 대단해 보이는 이집트라도 결국 멸망할 것입니다. "너의 영광과 위대함이 에덴의 나무들 중에서 어떤 것과 같은고? 그러나 네가 에덴의 나무들과 함께 (5   )에 내려갈 것이요."(18절)

생각하기 세상 모든 강대국보다 위대한 하나님을 깊이 묵상해봅시다.

해답 1. 백향목, 2. 구름, 3. 민족, 4. 가지, 5. 지하

에스겔 32장 · 이집트의 심판(4)

주요 구절: 32:23

에스겔이 이집트를 향해서도 애가를 부릅니다. 그때는 "열두째 해 열두째 달 초하루"(1절), 예루살렘의 멸망 바로 그 해 혹은 직후입니다. '사자'인 줄 알았지만, 이집트는 "큰 (1)"(2절)였습니다. 물에 있어야 할 (1)(이집트)를 하나님이 죽여 땅 위에 던지고 공중의 새들이 먹도록 할 것입니다(3-6절). 죽은 (1)의 피가 개천에 흐르듯 이집트가 멸망할 것입니다. 하나님은 이집트가 숭상하는 (2)을 어둡게 하며, (3)를 구름으로 가리며, (4)이 빛을 내지 못하게 할 것입니다(7절). 이집트의 멸망은 이웃 나라에게도 두려움이 될 것입니다(10절).

이집트가 스올, 곧 (5)(18, 23절)로 내려갈 것입니다. "그 무덤이 깊은 곳에 만들어졌고, 그 무리가 그 무덤 사방에 있음이여, 그들은 다 죽임을 당하여 칼에 엎드러진 자, 곧 생존하는 사람들의 세상에서 사람을 두렵게 하던 자로다."(23절) 그곳에는 이미 멸망한 아시리아, 엘람, 메섹과 두발, 에돔, 북쪽 방백과 시돈이 있습니다(18-30절). 아무리 강성하더라도 하나님 앞에서는 아무런 힘도 쓰지 못합니다. 유다 백성은 이집트가 아니라 하나님을 의지해야 합니다.

생각하기 모든 나라를 주관하시는 하나님을 나의 하나님으로 믿습니까?

해답 1. 악어, 2. 별, 3. 해, 4. 달, 5. 구덩이

에스겔 33장 · 파수꾼 에스겔

주요 구절: 33:7

에스겔이 다시 파수꾼으로 부름 받습니다(7절). 파수꾼은 성을 지키며 망보는 자입니다. 위험을 감지하고 경고하는 일을 합니다. 파수꾼이 다가오는 위험을 경고하지 않는다면 직무유기입니다(8절). 하지만 경고를 듣고도 반응하지 않으면 반응하지 않은 자가 그 값을 치러야 합니다(9절).

이스라엘 민족은 파수꾼의 경고를 듣고도 회개할 마음이 없습니다. 오히려 하나님의 (1)이 옳지 않다고 비난합니다. "그래도 네 민족은 말하기를 주의 (1)이 바르지 아니하다, 하는도다. 그러나 실상은 그들의 (1)이 바르지 아니하니라."(17절) 하나님은 "악인이 죽는 것을 기뻐하지 아니하고 악인이 그의 길에서 (2 ,)켜 떠나 사는 것을 기뻐"(11절) 합니다. 사랑하는 백성이 회개하기를 원합니다. "이스라엘 족속아! (2)키고, (2)키라. 너희 악한 길에서 떠나라. 어찌 죽고자 하느냐?"(11절)

예루살렘이 멸망할 때 도망친 사람들이 바빌론에 도착합니다. 그때 에스겔 선지자의 입이 열립니다. "내가 다시는 (3)하지 아니하였노라."(22절) 하지만 사람들이 귀로는 들으나 순종하지 않습니다. "백성이 모이는 것 같이 네게 나아오며 내 백성처럼 네 앞에 앉아서 네 말을 들으나, 그대로 행하지 아니하니, 이는 그 (4)으로는 사랑을 나타내어도 (5)으로는 이익을 따름이라."(31절) 그들은 아름다운 음성으로 사랑의 노래를 하지만, 듣고 행하지 않습니다(32절). 에스겔은 파수꾼으로서 책임을 다했지만, 들은 백성이 회개하지 않으니, 그들은 심판을 피하지 못할 것입니다.

생각하기 하나님의 경고를 들었습니까? 어떻게 반응하겠습니까?

해답 1. 길, 2. 돌이, 3. 잠잠, 4. 입, 5. 마음

에스겔 34장 · 불의한 목자와 악한 양

주요 구절: 34:23

에스겔이 지금까지는 하나님의 징계를 예언했지만, 이제는 구원과 회복을 예언합니다. 첫 번째 예언이 '선한 목자'입니다. 이스라엘은 악한 목자(지도자)들의 불법과 부주의로 인해 영적으로나 국가적으로 멸망했습니다. "(1)만 먹는 이스라엘 목자

들은 화 있을진저, 목자들이 양 떼를 먹이는 것이 마땅하지 아니하냐? 너희가 살진 양을 잡아 그 기름을 먹으며, 그 털을 입되, 양 떼는 먹이지 아니하는도다. 너희가 그 연약한 자를 강하게 아니하며, 병든 자를 (2) 지 아니하며, 상한 자를 (3) 주지 아니하며, 쫓기는 자를 돌아오게 하지 아니하며, 잃어버린 자를 찾지 아니하고, 다만 포악으로 그것들을 다스렸도다."(2-4절). 지도자인 왕, 제사장, 선지자가 백성을 제대로 돌보지 않았다는 뜻입니다.

하나님이 친히 목자가 되어 양 떼를 구원할 것입니다(15절). 또한 양들 사이에서 심판합니다. '못된 양'이 '다른 양'에게 꼴을 먹지 못하도록 발로 밟고 물을 더럽히며(18-19절), 옆구리와 어깨로 밀어뜨리고 뿔로 받습니다. 그런 악한 양을 심판합니다. "내가 한 목자를 그들 위에 세워 먹이게 하리니, 그는 내 종 (4) 이라. 그가 그들을 먹이고 그들의 목자가 될지라. 나 여호와는 그들의 하나님이 되고, 내 종 (4) 은 그들 중에 왕이 되리라. 나 여호와의 말이니라."(23-24절) 이것은 (4) 의 후손으로 오실 예수 그리스도를 가리킵니다. 그 분이 선한 목자이며, 그 분의 양은 그 목소리를 압니다(요 10:14).

이런 일은 "(5) 의 언약"(25절)으로 이루어지며 하나님은 이스라엘의 하나님이 되고, 이스라엘은 하나님의 백성이 됨(29-30절)으로 증명될 것입니다.

생각하기 나는 못된 양입니까, 목자를 따르는 순한 양입니까?

해답 1. 자기, 2. 고치, 3. 싸매, 4. 다윗, 5. 화평

에스겔 35장 · 에돔의 심판

주요 구절: 35:3

에스겔은 이제 "세일 산", 곧 에돔에 대해 예언합니다. "세일 산아! 내가 너를 대적하여 내 손을 네 위에 펴서, 네가 황무지와 공포의 대상이 되게 할지라."(3절) 에돔(Edom)의 멸망에 대해서는 이미 25장에서 예언했지만, 35장에 나타난 에돔에 대한 심판의 예언은 36장 이스라엘의 회복이 뒤 따른다는 점에서 차이가 있습니다.

에돔은 예루살렘이 멸망할 때 좋아하며 박수쳤습니다. 그들이 그 땅을 차지할 것이라 생각했기 때문입니다. "네가 말하기를 이 (1) 민족과 두 (2)은 다 내 것이며 내 기업이 되리라, 하였도다. 그러나 여호와께서 거기에 계셨느니라."(10절) "(1) 민족과 두 (2)"은 북 이스라엘과 남 유다를 의미합니다. 그러나 에돔이 곧 하나님께 심판받아 황폐하게 될 것입니다(15절). 한치 앞도 보지 못하고 기뻐한 에돔이 어리석습니다.

생각하기 왜 사람은 한치 앞도 보지 못하고 어리석게 행동할까요?

해답 1. 두 2. 땅

에스겔 36장 · 이스라엘 산들의 회복

주요 구절: 36:26

"세일 산"은 멸망했지만(4-5절) "이스라엘 산들"은 회복됩니다(8절). "내가 너희 위에 사람과 짐승을 많게 하되, 그들의 (1)가 많고 번성하게 할 것이라. 너희 전 지위대로 사람이 거주하게 하여, 너희를 처음보다 낫게 대우하리니, 내가 여호와인 줄을 너희가 알리라."(11절)

하나님이 반역한 이스라엘을 구원하는 이유가 무엇일까요? 하나님의 거룩한 (2) 때문입니다. "너희가 그들 가운데에서 더럽힌 나의 큰 (2)을 내가 거룩하게 할지라. 내가 그들의 눈앞에서 너희로 말미암아 나의 거룩함을 나타내리니, 내가 여호와인 줄을 여러 나라 사람이 알리라. 주 여호와의 말씀이니라."(23절)

이스라엘을 회복하는 모습은 꼭 제사장이 제물을 정결하게 하는 모습(레 14:51-52) 같습니다. "맑은 (3)을 너희에게 뿌려서 너희로 정결하게 하되, 곧 너희 모든 더러운 것에서와 모든 우상숭배에서 너희를 정결하게 할 것이며."(25절) 또 성령님을 보내어 새롭게 합니다. "또 새 영을 너희 속에 두고 새 마음을 너희에게 주되 너희 육신에서 (4) 마음을 제거하고, (5) 마음을 줄 것이며, 또 내 영을 너희 속에 두어 너희로 내 율례를 행하게 하리니, 너희가 내 규례를 지켜 행할지라."(26-27절) "(4) 마음"이 "(5) 마음"으로 바뀝니다. 오직 은혜(sola Gratia)

로 이스라엘이 회복됩니다.

그러면 이스라엘은 어떤 자세를 가져야 할까요? "주 여호와의 말씀이니라. 내가 이렇게 행함은 너희를 위함이 아닌 줄을 너희가 알리라. 이스라엘 족속아! 너희 행위로 말미암아 부끄러워하고 (6 ____)할지어다."(32절) 구원받은 자들은 자신의 악한 길과 좋지 못한 행위를 기억하고, 모든 죄악과 가증한 일로 스스로를 미워해야 합니다(31절). 뿐만 아니라 구원과 회복의 약속이 이루어지기를 기도해야 합니다. "이스라엘 족속이 이같이 자기들에게 이루어 주기를 내게 (7 ____)여야 할지라."(37절)

생각하기 구원받은 백성답게 회개하고, 기도하고 있습니까?

해답 1. 수, 2. 이름, 3. 몸, 4. 곧은, 5. 부드러운, 6. 한탄, 7. 구할

에스겔 37장 · 마른 뼈 환상, 화평의 언약

주요 구절: 37:1

이스라엘의 회복을 예언하였지만 에스겔조차 확신하지 못합니다. 그들의 죄는 너무나 크고, 회개하려 하지 않기 때문입니다. 하나님은 에스겔을 한 골짜기로 인도해 수많은 마른 뼈가 생기를 얻어 다시 살아나는 환상을 보여줍니다. 마른 뼈는 완전히 망해 (1 ____) 없는 이스라엘을 뜻합니다. "이 뼈들은 이스라엘 온 족속이라. 그들이 이르기를 우리의 뼈들이 말랐고, 우리의 (1 ____)이 없어졌으니 우리는 다 멸절되었다, 하느니라."(11절)

이런 상황에서 에스겔은 하나님의 말씀을 (2 ____)(예언, 선포)해야 합니다. 그럴 때 놀라운 일이 일어납니다. "이에 내가 명령을 따라 (2 ____)하니, (2 ____)할 때에 소리가 나고 움직이며, 이 뼈, 저 뼈가 들어맞아 뼈들이 서로 연결되더라."(7절) 뼈 조각들이 붙고, 힘줄이 생기고 살이 올라 가죽이 덮였습니다. 놀라운 기적이지만, (3 ____)가 없습니다. 꼭 영화에 나오는 좀비(Zombie)같습니다. 그런데 다시 (2 ____)하니, "(3 ____)가 그들에게 들어가매 그들이 곧 살아나서 일어나 서는데 극히 큰 군대더라."(10절) 완전히 죽은 이스라엘이 회복될 것입니다. 한편 이 모습은 죄인이 거듭나는 것(중생)과 마지막 때에 부활할 것을 떠올리게 합니다.

환상을 본 뒤 다시 말씀이 에스겔에게 임합니다(15절). 에스겔은 두 나무 막대기에 북 이스라엘과 남 유다의 이름을 각각 적고 하나로 묶습니다(16-17절). 행동 예언을 한 것입니다. 다시 이스라엘이 하나로 회복될 것임을 뜻합니다. "그 땅 이스라엘 모든 산에서 그들이 (4 　) 나라를 이루어서, (4 　) 임금이 모두 다스리게 하리니, 그들이 다시는 두 민족이 되지 아니하며 두 나라로 나누이지 아니할지라."(22절)

하나님은 그들과 "화평의 (5 　 　)을 세워서 영원한 (5 　 　)이 되게 하고, 또 그들을 견고하고 번성하게 하며, 내 (6 　 　)를 그 가운데에 세워서 영원히 이르게 하리니, 내 처소가 그들 가운데에 있을 것이며, 나는 그들의 하나님이 되고, 그들은 내 백성이 되리라."(26-27절) 이 새 성전이 이후 40-46장에서 예언됩니다. 언약에 신실한 하나님이 언약백성을 반드시 구원합니다.

생각하기 구원받은 백성답게 회개하고, 기도하고 있습니까?

해답 1. 소망, 2. 대언, 3. 생기, 4. 한, 5. 언약, 6. 성소

에스겔 38장 · 곡 왕의 심판(1)

주요 구절: 38:16

"곡"(Gog) 왕에 대한 예언이 38-39장에 나옵니다. 곡이 누군지 정확히 알 수 없습니다. 주전 7세기 리디아 왕 기게스(Gyges)나, 혹은 알렉산더(Alexander, 주전 356-323) 대왕, 중앙아시아의 스키타이(Scythic) 민족으로 이해하기도 합니다. 사실 어떤 나라를 일컫는지 분명하게 알기 어렵습니다. 다만 분명한 것은 마곡 땅, 로스와 메섹과 두발의 왕인 곡은 '하나님의 백성을 핍박하고 공격하는 모든 세력'의 대명사입니다.

에스겔이 곡을 향해 심판을 예언합니다(1-3, 7-13절). 곡이 자기 스스로 악한 꾀를 내어 연합군을 이끌고 "(1 　 　)히 거주하는 백성"(11절), "세상 (2 　 　)에 거주하는 백성"(12절), "내 백성 이스라엘"(16절), "내 땅"(16절), 곧 하나님의 백성을 쳤기 때문입니다. 세상의 최고 주권자인 하나님이 곡의 계략을 물리침으로써 그 (3 　 　)함을 온 세계에 드러낼 것(14-16절)입니다. 곡이 하나님의 백성을 공격하고 위협하지만, 하나님은 곡의 세력을 완전히 멸할 것입니다(17-23절).

생각하기 강력한 대적 앞에 믿음을 지킬 수 있을까요?

해답 1. 평안, 2. 중앙, 3. 거룩

에스겔 39장 · 곡 왕의 심판(2)

주요 구절: 39:25

하나님은 곡과 그의 군대를 물리치고 짐승의 밥으로 던져버릴 것입니다(1-6절). 하나님의 거룩한 이름이 모든 민족에게 알려지고 찬양 받을 것입니다(7-8절). 죽은 자의 수가 너무 많아 그 시체를 치우는 데 (1) 달이 걸릴 정도(11-16절)입니다. 시체를 매장한 곳 이름을 "하몬곡의 골짜기"(11절)라 부를 것입니다. "하몬곡"은 '곡의 무리'라는 뜻입니다. 하나님의 백성을 괴롭힌 원수의 멸망은 하나님께 영광입니다(13절). 짐승들이 시체를 먹을 것인데 너무 많아서 "큰 잔치" 같을 것입니다(17-20절).

하나님은 언약백성을 징계하지만, 잠시이며, 곧 하나님은 거룩한 (2)을 위하여 (3)을 내어 언약백성을 위해 일할 것입니다(25절). 하나님의 백성은 자기 죄를 부끄러워하고, 죄를 뉘우치고, 용서받아 회복되어, 하나님의 거룩함을 나타낼 것입니다(26-27절). 구원자이며 만왕의 왕인 하나님의 이름을 찬송할 것입니다. 하나님의 영을 백성에게 부어주기에, 하나님이 다시는 백성에게 얼굴을 가리지 않을 것입니다(29절).

요한계시록 20장에 "곡과 마곡"이 등장합니다(계 20:8-9). 사탄이 곡과 마곡을 미혹해 새롭게 된 예루살렘을 공격합니다. 그러나 하늘에서 불이 내려와 그들을 태워버리고 사탄은 불과 유황 못에 던져집니다. 하나님이 보호한 것입니다. 대적의 공격은 두렵습니다. 그러나 가장 강한 하나님이 백성을 보호하니, 확신을 가지고 하나님을 섬길 수 있습니다.

생각하기 대적의 공격에서도 보호하는 하나님을 깊이 묵상합시다.

해답 1. 일곱, 2. 이름, 3. 열심

에스겔 40장 · 새 예루살렘과 성전 환상

주요 구절: 40:1

에스겔의 마지막 환상이 40-48장에 나옵니다. 범죄한 예루살렘과 성전을 떠난 하나님(겔 8-11장)이 새로운 성전을 보여주며 그곳에 임재할 것입니다. 에스겔의 마지막 환상이 어렵게 느껴지지만, 오늘 우리에게 여전히 의미가 있습니다. 먼저, 이 환상은 역사적으로 포로 귀환 이후 성전 재건으로 이어집니다. 둘째, 새 언약 시대에 예수 그리스도가 친히 성전, 대제사장, 어린양이 되어 예언을 성취합니다. 셋째, 이 환상은 마지막 날에 있을 새 하늘과 새 땅과 연결됩니다(사 66:22; 계 21:1).

새 성전 환상은 예루살렘 성전이 파괴된 지 14년이 지난 후 임합니다(1절). 이전에 보았던(겔 8장) 것과 완전히 반대 모습입니다. 에스겔은 매우 구체적으로 묘사합니다. "삼줄"(3절)은 긴 길이를 잴 때 사용하고, "장대"(3, 5절)는 짧은 길이에 사용합니다. "그 길이가 (1 ☐☐☐)에서 손가락에 이르고 한 손바닥 (2 ☐☐)가 더한 자로 여섯 척이라."(5절) 보통 손끝에서 팔꿈치까지가 45cm라면, 에스겔이 본 자는 한 척이 손바닥 너비(약 7cm)가 더해진 52cm 정도입니다. 그러면 6척인 '긴 나무 장대'는 3m가 넘는 길이입니다.

"여호와의 권능"(1절), 혹은 "(3 ☐) 같이 빛난 사람"이 에스겔을 인도하는데 하나님의 천사인 것으로 보입니다. 동쪽을 향한 문(5-16절), 바깥뜰(17-19절), 북쪽을 향한 문(20-23절), 남쪽을 향한 문(24-27절), 안뜰 남쪽 문(28-31절), 안뜰 동쪽 문(32-34절), 안뜰 북쪽 문(35-37절), 안뜰 북쪽 문의 부속 건물들(38-47절)과 성전 문 현관(48-49절)을 자세히 봅니다. 에스겔은 이것을 이스라엘 족속에게 전해야 합니다(4절).

생각하기 에스겔이 새 성전을 볼 때 어떤 기분이었을까요?

해답 1. 팔꿈치, 2. 너비, 3. 놋

에스겔 41장 · 새 성전 내부

주요 구절: 41:1

예루살렘 성전은 이미 파괴되었지만, 에스겔은 새로운 성전을 환상으로 보고 있습니다. 성전 내부 모습이 묘사됩니다. 지성소를 보지만(4절), 그 내부 묘사는 나오지 않습니다. 5-11절은 성전 벽 안쪽에 지어진 3층짜리 건물(골방)들을 묘사합니다. 서쪽 뜰 뒤에 건물이 있는데(12절), 그 용도는 정확히 알 수 없습니다. 18-20절에 묘사된 성전 내부 널판자 장식은 (1 ____ ____)들과 (2 ____ ____)나무인데 광야의 성막(출 26:1, 31)과 솔로몬 성전의 장식(왕상 6:29, 32)을 생각나게 합니다. 새 성전이지만, 그 근본은 앞선 것과 같습니다.

생각하기 에스겔에게 환상을 전해 들은 백성은 어땠을까요?

해답 1. 그룹, 2. 종려

에스겔 42장 · 제사장 방과 성전 담

주요 구절: 42:20

성전 뜰 북쪽 지역의 외벽에 있는 방들이 먼저 소개됩니다(1-9절). 이어 성전에서 섬기는 제사장들이 사용하는 "(1 ____ ____ ____ ____)"(13절)이 나옵니다(10-14절). 제사장은 다른 백성과 구별됩니다. 뿐만 아니라 제사장이 섬기는 성전 자체도 일반 세상과 구별됩니다. 그래서 담이 필요합니다. 성전 전체 크기는 500척 정도이며 정사각형 모양입니다. 500척(1척=3m)은 1,500m 정도 됩니다. "그가 이같이 그 사방을 (2 ____ ____)하니, 그 사방 담 안마당의 길이가 오백 척이며 너비가 오백 척이라. 그 담은 (3 ____ ____) 한 것과 (4 ____)된 것을 구별하는 것이더라."(20절)

생각하기 거룩함을 위해 내가 구분하는 것은 무엇입니까?

해답 1. 거룩한 방, 2. 측량, 3. 거룩, 4. 속

에스겔 43장 · 새 성전에 임한 하나님

주요 구절: 43:7

앞선 환상(40-42장)에는 하나님이 등장하지 않았는데, 드디어 하나님이 새 성전으로 입궁합니다. "이스라엘 하나님의 (1 　　)이 (2 　　)에서부터 오는데 하나님의 음성이 많은 물소리 같고 땅은 그 (1 　　)으로 말미암아 빛나니, 그 모양이 내가 본 환상, 곧 전에 성읍을 멸하러 올 때에 보던 환상 같고, 그발 강가에서 보던 환상과도 같기로, 내가 곧 얼굴을 땅에 대고 엎드렸더니, 여호와의 (1 　　)이 (2 　　)을 통하여 성전으로 들어가고."(2-4절) 하나님이 성소에서 직접 에스겔에게 말씀합니다. "인자야! 이는 내 (3 　　)의 처소, 내 (4 　)을 두는 처소, 내가 이스라엘 족속 가운데에 영원히 있을 곳이라."(7절)

새 성전에서 이스라엘 백성은 어떻게 해야 할까요? 새 성전에서의 규례도 옛 성전의 것과 크게 다르지 않습니다. "이제는 그들이 그 (5 　　)과 그 (6 　)들의 시체를 내게서 멀리 제거하여 버려야 할 것이라. 그리하면 내가 그들 가운데에 영원히 살리라."(9절) "그들로 그 모든 (7 　　)와 그 모든 규례를 지켜 행하게 하라."(11절) 거듭난 하나님의 백성은 새 성전에서 새로운 마음으로 하나님의 법을 지킬 것입니다.

13-27절은 제단에 관한 규례입니다. 먼저 "어린 수송아지", "숫염소", "흠 없는 수송아지", "흠 없는 숫양", "숫양"을 칠 일 동안 드려 제단을 정결케 해야 합니다. 그 후 백성을 위한 번제와 감사제를 드릴 수 있습니다. 오늘날 신자는 새 성전인 예수 그리스도 안에서 예배합니다(요 4:24).

생각하기 새 성전에 임한 하나님의 영광을 깊이 묵상해봅시다.

해답 1. 영광, 2. 동쪽, 3. 보좌, 4. 발, 5. 음란, 6. 왕, 7. 법도

에스겔 44장 · 새 시대의 규례들(1)

주요 구절: 44:28

하나님이 에스겔을 데리고 성전 동쪽 문으로 가서 이렇게 말씀합니다. “이 문은 닫고 (1 　 　) 열지 못할지니, 아무도 그리로 들어오지 못할 것은 이스라엘 하나님 나 여호와가 그리로 들어왔음이라. 그러므로 닫아 둘지니라.”(2절) 앞으로 다시는 이 문을 열고 성전을 떠나지 않겠다는 뜻입니다. 단, 예외가 있는데, 왕입니다. “왕인 까닭에” 문을 열고 들어와 교제할 수 있습니다(3절). 이 왕이 누구인지 분명하지 않지만, 다윗 왕권을 잇는 자로서 하나님과 인간 사이의 중보자 역할을 할 메시아인 것은 분명합니다.

이어서 새 성전에서 섬기게 될 제사장에 대한 규례가 상세하게 기록됩니다. 이전에 인간 제사장들은 성전에서 수많은 죄를 행했습니다(6-7, 10, 12-13절). 그로 인해 정결을 지킨 (2 　 　) 계열 제사장만 새 성전에서 섬길 수 있게 됩니다(15절). 제사장은 거룩해야 합니다. 보통 사람과 구별되는 모습이 요구됩니다. “그들이 바깥뜰 백성에게로 나갈 때에는 수종드는 (3 　)을 벗어 거룩한 방에 두고 다른 (3 　)을 입을지니, 이는 그 (3 　)으로 백성을 (4 　 　)하게 할까 함이라.”(19절) 제사장은 백성이 내는 십일조나 첫 열매, 그리고 제물의 일부 먹거리로 살아가야 합니다. “그들에게는 기업이 있으리니, (5 　)가 곧 그 기업이라. 너희는 이스라엘 가운데에서 그들에게 산을 주지 말라. (5 　)가 그 산업이 됨이라.”(28절) 새 성전을 섬기는 직분자의 책임은 더욱 막중합니다. 구별되어야 하며 하나님만 더욱 의지해야 합니다.

생각하기 사독의 후손들이 소식을 듣고 어떤 마음이 들었을까요?

해답 1. 다시, 2. 사독, 3. 옷, 4. 거룩, 5. 나

에스겔 45장 · 새 시대의 규례들(2)

주요 구절: 45:9

하나님의 말씀이 이어집니다. 이스라엘은 “한 구역을 거룩한 (1 　)으로 삼아 여호와

께 예물로"(1절) 드려야 합니다. 유다와 베냐민 지파 사이의 (1)으로(겔 48:8-23), "그 길이는 이만 오천 척이요, 너비는 만 척이라. 그 구역 안 전부가 (2)하리라."(1절) 1척(52cm)을 km로 환산하면 길이 13.7km × 너비 5.3km 크기입니다. 그 가운데 성전의 크기는 1.6km× 1.6km 입니다(2절). 기존 성전보다 훨씬 큽니다. 이곳으로 이스라엘뿐만 아니라, 온 세계로부터 예배자가 몰려올 것입니다(사 2:2-3; 슥 14:16-19). 성전에서의 예배를 돕는 제사장과 레위인, 그리고 다스릴 왕의 생활을 위하여 바쳐진 (1)(예물) 일부분을 구분하여 제공합니다(4-8절). 이로 인해 다시는 백성을 압제하지 않을 것입니다.

새 시대에는 과거 이스라엘 왕과 통치자처럼 백성을 속여 빼앗는 일이 없을 것입니다(9절). (3)한 저울과 (3)한 에바와 (3)한 밧을 쓰게 될 것입니다(10절). 공의와 정의가 시행될 것입니다. 백성은 자신이 받은 복으로 하나님을 예배할 것인데, 백성은 (4)에게 주고, (4)가 백성의 제사를 대신 드리는 방식으로 이루어질 것입니다(17절). 이처럼 새 시대에도 직분자의 역할과 책임은 중요합니다.

18절부터는 새 시대의 예배 규례입니다. 여기서 나오는 절기 규례는 이전 절기 규례(출 23:14-17; 민 28:16-29:20; 신 16:1-17)와 다릅니다. 이처럼 새 시대에는 새로운 방식으로 하나님을 섬기게 될 것인데, 특별히 오늘날 신자는 새 성전인 예수 그리스도 안에서 예배합니다(요 4:24).

생각하기 어떻게 하면 직분자가 공정하게 섬길 수 있을까요?

해답 **1.** 땅, **2.** 거룩, **3.** 공정, **4.** 군주

에스겔 46장 · 새 시대의 규례들(3)

주요 구절: 46:1

새 시대의 예배 규례가 계속 이어집니다. 1-8절에는 매주 (1)과 매월 (2)하루를 군주 자신뿐만 아니라 백성을 위해 예배할 것을 명령합니다. 제사장은 제

사를 돕습니다(2절, 19-24절). 백성이 예물을 드리는 원리는 "그 힘대로"(5, 7, 11절, 참고. 고후 3:8)입니다. 하나님에게 예물을 바칠 때는 과할 필요는 없지만 인색해서도 안 됩니다. 군주는 동쪽 문으로 들어오고, 백성은 북쪽 혹은 남쪽 문으로 들어와 예배합니다. 군주는 무리 가운데 있어야 하고 백성이 들어올 때 들어오고 나갈 때 나가야 합니다(10절). 군주도 백성 중 한 명이지만, 동시에 예배의 인도자와 모범자로 서야 한다는 뜻입니다.

새 시대의 군주는 절대로 백성의 (3 　 　)을 빼앗지 못할 것입니다(18절). 아합처럼 악한 왕은 백성의 (3 　 　)을 빼앗았지만(왕상 21장), 새 시대 참 군주인 예수 그리스도는 오히려 목숨까지 백성에게 주는 분입니다.

제사는 하나님과 인간의 교제입니다. 교제가 이루어지려면 회개와 용서가 있어야 합니다. 그것은 백성의 (4 　 　)제와 (5 　 　)제 희생제물을 거룩한 공간(부엌)에서 삶거나 소제 제물을 굽는 방식으로 이루어집니다(20절). 제사장은 백성의 거룩을 위해서 그 일을 돕습니다. 이런 부엌이 성전 네 뜰 사방으로 돌아가며 있습니다. 새 시대 성전은 수많은 예배자가 와도 부족함이 없습니다.

생각하기 하나님께 드리는 예물을 "힘대로" 하고 있습니까?

해답 1. 안식일, 2. 초, 3. 기업, 4. 속건, 5. 속죄

에스겔 47장 · 성전에서 흐르는 생명수

주요 구절: 47:1

47장 환상은 무척 인상적입니다. 성전의 앞면이 동쪽을 향하고 있는데, 그 문지방 밑에서 물이 나와 동쪽으로 흐르다가 성전 오른쪽 제단 (1 　 　)으로 흘러내립니다(1절). 이 물이 처음에는 발목이지만 점점 (2 　 　), 그리고 허리에 차오를 정도로 많아집니다(3-4절). 나중에는 건너지 못할 정도의 큰 강이 됩니다(5절). 강은 아라바로 내려가는데, "강 좌우 가에는 각종 먹을 과실나무가 자라서 그 잎이 시들지 아니하며, (3 　 　)가 끊이지 아니하고, 달마다 새 (3 　 　)를 맺으리니, 그 물이 (4 　 　)

를 통하여 나옴이라. 그 (3) 는 먹을 만하고, 그 잎사귀는 약 재료가 되리라."(12절) 강이 이른 바다는 지금의 사해 바다입니다. 생명이 살 수 없는 그곳에 생명과 열매가 풍성하게 될 것입니다. 성전에서 흐르는 물은 그야말로 생명수입니다. 이 말씀은 요엘 3장 18절과 스가랴 13장 1절과 14장 8절, 요한계시록 22장 1-2절과도 연결됩니다.

회복될 이스라엘이 새롭게 땅을 얻을 것입니다(13-23절). "너희는 이 땅을 나누되 (5) 뽑아 너희와 너희 가운데에 머물러 사는 (6), 곧 너희 가운데에서 자녀를 낳은 자의 기업이 되게 할지니, 너희는 그 (6)을 본토에서 난 이스라엘 족속 같이 여기고, 그들도 이스라엘 지파 중에서 너희와 함께 기업을 얻게 하되, (6)이 머물러 사는 그 지파에서 그 기업을 줄지니라."(22-23절) 이전에도 함께 지내는 (6), 곧 이방인이 언약의 복을 누렸는데(레 19:34; 민 9:14), 새 시대에는 더 분명하게 누립니다. 우리가 바로 더 분명하게 누리는 이방인들입니다.

생각하기 지금 내가 복을 누리는 것이 예언의 성취임을 믿습니까?

해답 1. 남쪽, 2. 무릎, 3. 열매, 4. 청소, 5. 제비, 6. 타국인

에스겔 48장 • 땅 분배와 여호와 삼마

주요 구절: 48:35

마지막으로 땅 분배가 나옵니다. 먼저 북쪽부터 시작해 단, 아셀, 납달리, 므낫세, 에브라임, 르우벤, 유다까지 분배됩니다(1-8절). 유다와 베냐민 사이에 "여호와께 드린 예물"로서의 땅이 있습니다(9절, 참고. 겔 45장). 그 땅에 대해 아주 상세히 설명합니다(8-22절). 그 땅 가운데에는 제사장 사독에게 준 '25,000척 × 10,000척의 땅'이 있고 그 중앙에 성전이 있습니다. 사독 제사장의 땅 북쪽으로 같은 크기의 땅이 레위인에게 주어집니다. 남쪽으로 같은 크기의 땅은 백성을 위한 것입니다. 그 중앙에는 5,000척 × 5,000척의 성읍이 있고, 그 성읍을 "(1) 된 땅"(15절)으로 구분해, 거주하는 곳과 전원(빈 터)이 있습니다. 성읍 사방으로 250척의 들이 둘러쌉니다. 그 좌우는 10,000척 × 10,000척으로 먹을 양식을 경작하는 곳입니다(17-19절). 이렇게 총 모두 25,000척 × 25,000척 정사각형 모양입니다. 그리고 왼쪽 오른쪽은 땅은 군주에게 할당됩니다.

이어서 베냐민, 시므온, 잇사갈, 스불론, 갓 지파가 땅을 분배받습니다. 이스라엘은 성전을 중심으로 다시 회복되어 하나님의 은혜를 동등하게 받게 될 것입니다. 동서남북 성문에 야곱의 열두 아들의 이름을 딴 문들이 세 개씩 있습니다(31-34절). 북쪽에 '르우벤, 유다, 레위 문', 동쪽에 '요셉(에브라임과 므낫세), 베냐민, 단 문', 남쪽에 '시므온, 잇사갈, 스불론 문', 서쪽에 '갓, 아셀, 납달리 문'입니다. 이 성은 앞으로 "여호와(　　)"라고 불릴 것입니다. 그 뜻은 '여호와께서 거기에 계시다'입니다(35절).

정리하면, 40-48장의 환상은 이스라엘의 회복을 보여줍니다. 이 회복은 단지 이스라엘의 회복만이 아니라 죄로 죽은 이방인의 회복도 포함합니다.

생각하기 우리와 함께하시는 하나님을 깊이 묵상해봅시다.

해답 1. 솟, 2. 삼마

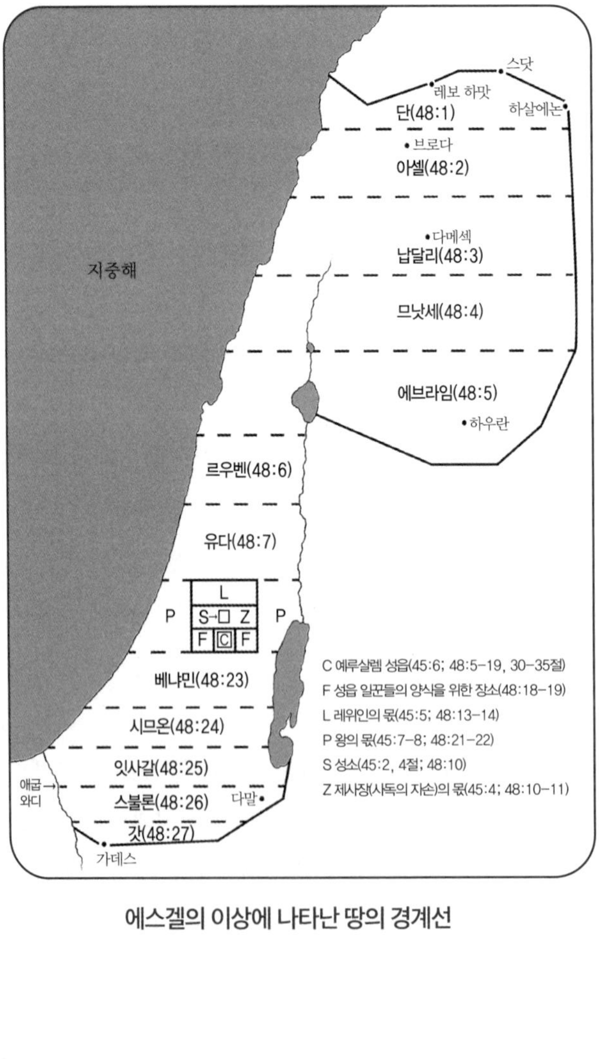

에스겔의 이상에 나타난 땅의 경계선

다니엘

'다니엘'(Daniel)은 7장 1절에 나오듯이 바빌론 포로로 잡혀간 예언자 다니엘이 본 환상과 예언을 기록한 책입니다. 그는 귀족 혈통(단 1:3)으로 주전 605년에 많은 유다인과 함께 바빌론으로 잡혀갔습니다. 그러나 다니엘을 비롯한 세 친구, 사드락(하나냐), 메삭(미사엘), 아벳느고(아사랴)는 우수 인재로 선발되어 교육 받고 왕을 섬겼습니다. 그러나 그들의 진정한 왕은 우주의 왕인 하나님이었습니다. 이로 인해 일어나는 일들이 1-6장에 기록된 내용입니다. 금 신상에 절하지 않는 세 친구 이야기나, 사자 굴에 들어간 다니엘 이야기는 어린아이들이 무척이나 좋아하는 이야기입니다.

그에 비해 미래에 대한 예언(묵시)을 담고 있는 7-12장은 무척 낯섭니다. 다니엘이 기록한 예언은 하나님이 세상을 다스리고 마침내 하나님 백성을 구원할 것이라는 내용입니다. 이 내용은 포로로 있을 때나, 돌아왔을 때나 ,백성에게 위로와 소망이 되었습니다. 결국 7장 13절에 예언된 '인자 같은 분'이신 예수님이 오셔서 예언은 성취됩니다.

내용 구분

1-6장	다니엘과 세 친구의 믿음
7장	네 짐승 환상
8장	양과 염소의 환상
9장	다니엘의 기도와 가브리엘의 해설
10-12장	앞으로 일어날 일들에 대한 환상

다니엘 1장 · 다니엘과 세 친구

주요 구절: 1:1

바빌론 왕 느부갓네살이 잡혀온 포로 가운데 "흠이 없고 용모가 아름다우며 모든 지혜를 통찰하며 (1 ____)에 통달하며, (2 ____)에 익숙하여, 왕궁에 설 만한 소년"(4절)을 데려다가 "갈대아 사람의 (2 ____)과 (3 ____)"(4절)를 가르치게 합니다. 일종의 동화(同化) 정책입니다. 그중에 다니엘과 세 친구, 사드락과 메삭과 아벳느고가 있었는데, 이들은 뜻을 정하여 왕의 음식과 그가 마시는 포도주를 먹지 않기로 작정합니다. 하나님의 법만 따르겠다는 의미입니다. 부모 세대는 하나님을 버렸지만, 자녀 세대가 하나님을 존중합니다. 왕이 내리는 음식을 거절하는 것은 불경죄로 처벌받을 수 있습니다. 어쩌면 포로 신분도 망각한 채 내린 좀 바보스런 결정입니다. 하지만 그들은 믿음의 결심을 합니다.

그런데 그 결과는 놀랍습니다. 10일 동안 채식을 한 다니엘과 세 친구가 왕의 음식을 먹은 다른 젊은이들보다 더 좋아 보입니다(15-16절). 외모뿐만 아니라 학문과 지식과 지혜에 능합니다. 더구나 다니엘은 모든 (4 ____)과 (5 ____)을 깨닫는 능력을 가지고 있습니다. 하나님이 그들에게 준 능력입니다(17절).

"다니엘은 (6 ____) 왕 원년까지 있으니라."(21절) 다니엘이 바빌론으로 잡혀 간 때가 주전 605년이라면, (6 ____)가 주전 539년에 등극하니, 무려 74년 이상 바빌론에서 삽니다. 그리고 (6 ____) 3년(10:1), 곧 주전 536년에 하나님의 계시가 다니엘에게 나타납니다. 다니엘은 바빌론과 메데-페르시아 시대를 걸쳐 산 인물이고 제1차 예루살렘 귀환을 자신의 눈으로 보았을 것입니다.

생각하기 다니엘과 친구들이 내린 결정이 어떻게 보입니까?

해답 1. 지식, 2. 학문, 3. 언어, 4. 환상, 5. 꿈, 6. 고레스

다니엘 2장 · 느부갓네살의 꿈

주요 구절: 2:44

바빌론 왕 느부갓네살이 두려운 꿈을 꿉니다(1절). 그런데 그 꿈을 기억하지 못합니다. 왕이 그 내용을 알아내고 해석을 하라는 명령을 내립니다. 바빌론의 모든 박사, 점쟁이, 마술사가 그 꿈을 알아내지 못합니다. 화가 난 왕은 바빌론의 지혜자들을 모두 죽이라고 명령합니다(12절). 이 때문에 다니엘과 세 친구도 죽을 상황입니다. 그때 다니엘이 왕의 근위대장 (1 　　　)에게 시간을 주면 왕의 꿈을 알아내겠다고 말합니다(15절). 다니엘은 왕의 꿈을 모릅니다. 그래서 세 친구에게 기도해줄 것을 부탁합니다. 그 날 밤, 다니엘은 하나님의 도움으로 왕이 꾼 꿈을 알게 됩니다.

다니엘의 입에서 찬송이 터져 나옵니다. "영원부터 영원까지 하나님의 (2 　　)을 찬송할 것은 지혜와 능력이 그에게 있음이로다. 그는 때와 계절을 바꾸시며, 왕들을 (3 　)하시고, 왕들을 (4 　　)시며, 지혜자에게 지혜를 주시고 총명한 자에게 지식을 주시는도다. 그는 깊고 은밀한 일을 나타내시고 어두운 데에 있는 것을 아시며, 또 빛이 그와 함께 있도다. 나의 조상들의 하나님이여! 주께서 이제 내게 지혜와 능력을 주시고, 우리가 주께 구한 것을 내게 알게 하셨사오니, 내가 주께 (5 　　)하고 주를 찬양하나이다. 곧 주께서 왕의 그 일을 내게 보이셨나이다."(20-23절)

다니엘이 왕에게 나아가 하나님이 꿈을 알려주었음을 간증하며(27-28절), 꿈을 해석합니다. 꿈에 나온 한 큰 신상의 머리는 금, 가슴과 두 팔은 은, 배와 넓적다리는 놋, 종아리는 쇠, 발의 얼마는 쇠, 얼마는 진흙입니다(31-33절). 그런데 사람의 손대지 않은 (6 　)이 나와서 신상의 발을 치니 신상은 파괴되고 맙니다. 꿈을 해석한 다니엘과 세 친구에게는 바빌론 왕국의 권력과 영예가 주어집니다(46-49절). 이방 나라에 포로 신분 가운데도 하나님의 돌보심과 구원은 여전히 진행 중이라는 것을 봅니다.

꿈을 좀 더 해석해보자면, 바빌론, 페르시아, 헬라 제국 등 여러 나라가 서고 망할 것이라는 뜻입니다. 그러나 그 위에 영원한 나라가 설 것입니다(44-45절). "(6 　)"은 하나님의 왕권을 상징하며, 또한 모든 대적을 물리치고 교회의 반석과 기초가 되는 그리스도를 의미하기도 합니다. 세상 왕국은 멸망하고 무너지지만, 예수 그리스도가 세우는 하나님 나라는 세상 나라를 폐하고 영원할 것입니다.

생각하기 모든 나라 위에 영원히 설 하나님 나라를 묵상해봅시다.

해답 1. 아리옥, 2. 이름, 3. 폐, 4. 세우, 5. 감사, 6. 돌

다니엘 3장 · 금 신상 숭배와 세 친구

주요 구절: 3:18

바빌론 왕 느부갓네살이 자신이 꾼 꿈을 변조해 큰 금 신상을 만듭니다. 두라 평지에 30m정도 되는 커다란 신상을 세우고 소리를 내어 모든 백성이 머리를 숙이고 절하게 명령을 내립니다(1-5절). 만일 절하지 않는다면 풀무불에 던져버리겠다고 합니다(6절). 이 명령에 유일한 하나님만 섬기는 유다인은 곤란을 겪습니다. 특히 관리가 된 세 친구가 주목받습니다.

세 친구는 신상에 절하지 않습니다. 바빌론 사람이 기회를 틈 타 세 친구를 참소합니다(8절). 왕은 다시 한 번 그들에게 절할 수 있는 기회를 줍니다. 그러나 세 친구가 죽음을 불사하고 믿음을 지킵니다. "왕이여! 우리가 섬기는 하나님이 계시다면, 우리를 맹렬히 타는 풀무불 가운데에서 능히 건져내시겠고, 왕의 손에서도 건져내시리이다. 그렇게 하지 (1 □□)하실지라도, 왕이여 우리가 왕의 신들을 (2 □□)지도 아니하고, 왕이 세우신 금 신상에게 (3 □)하지도 아니할 줄을 아옵소서."(17-18절) 믿음을 지킨 세 친구가 평소보다 7배나 뜨겁게 된 풀무불에 던져집니다(19-23절).

기적이 일어납니다. 풀무불에 던져졌지만, 그들은 (4 □□)털 하나도 그을리지 아니하고, 겉옷 빛도 변하지 않고, 불탄 냄새도 없습니다(27절). 하나님이 천사("신들의 아들" 25절)를 보내어 그들을 보호합니다. 놀라운 광경을 본 왕의 고백을 보십시오. "사드락과 메삭과 아벳느고의 하나님을 (5 □□)할지로다."(28절) "이같이 사람을 구원할 (6 □□ □)이 없음이니라."(29절) 이방 나라에서 하나님의 영광이 빛납니다.

생각하기 세 친구를 보호한 하나님이 나도 보호할 것을 확신합니까?

해답 1. 아니, 2. 섬기, 3. 절, 4. 머리, 5. 찬송, 6. 다른 신

다니엘 4장 · 왕 중의 왕, 여호와 하나님

주요 구절: 4:17

바빌론 왕 느부갓네살이 꿈속에서 키가 큰 (1) 를 봅니다(10-11절). 잎사귀가 아름답고 그 열매가 많아 만민이 먹을 수 있을 정도입니다. 들짐승과 새들이 그 그늘에서 살아갑니다. 그런데 한 (2), 곧 거룩한 자가 하늘에서 내려와 그 나무를 베라고 외칩니다(13절). (2)는 심판하는 천사입니다. 그러나 완전히 뽑지는 않고, 그루터기만 일곱 때 동안 쇠와 놋줄로 동여맨 채 남겨질 것입니다(14-15절).

다니엘이 꿈을 해석합니다(19-27절). 큰 (1)는 느부갓네살 곧 바빌론을 뜻합니다. 왕이 하나님께 경고받은 것입니다. 그러나 아직 회개의 기회가 있습니다. "왕이여 내가 아뢰는 것을 받으시고 공의를 행함으로 (3)를 사하고, 가난한 자를 긍휼히 여김으로 죄악을 사하소서. 그리하시면 왕의 평안함이 혹시 (4)하리이다."(27절) 그러나 1년 동안 왕은 회개하지 않고, 오히려 교만하였고, 결국 그는 하나님께 심판받습니다(29-32절). 느부갓네살은 정말 그렇게 왕위에서 쫓겨나 비참한 야인 생활을 합니다(33절).

기한이 찬 후 왕이 다시 직위를 되찾습니다. 늦게나마 겸손함으로 하나님을 찬양하고 인정합니다(34-36절, 1-3절). "그러므로 지금 나 느부갓네살은 (5)의 왕을 찬양하며, 칭송하며, 경배하노니, 그의 일이 다 진실하고, 그의 행하심이 의로우시므로, 교만하게 행하는 자를 그가 능히 낮추심이라."(37절)

생각하기 교만함이 심판을 부르는 이유는 무엇일까요?

해답 1. 나무, 2. 순찰자, 3. 죄, 4. 장구, 5. 하늘

다니엘 5장 · 벽에 나타난 글씨

주요 구절: 5:23

벨사살 왕이 등장합니다. "그의 부친"이 느부갓네살(2절)로 나옵니다만, 연구에 따르면 벨사살의 아버지는 나보니두스이며 바빌론의 왕이었습니다. 정리하면 벨사살은 느부갓네살의 후예로 바빌론의 왕이 된 자입니다. 말년에 겸손하였던 느부갓네살과 달리 벨사살은 교만하였습니다. 그가 큰 잔치를 엽니다. 귀족 천 명과 왕후들과 후궁들과 예

루살렘 (1   )에서 빼앗아 온 금 그릇으로 마시고 먹었습니다(1-3절). 그는 느부갓네살과 달리 하나님을 비웃었습니다.

잔치가 무르익는 중에 갑자기 사람의 (2   )들이 나타나서 왕궁 촛대 맞은편 벽에 글자를 씁니다(5절). 왕이 보고 놀라 얼굴빛이 하얗게 변합니다(5-6절). 그 글자는 "메네 메네 데겔 우바르신"(MENE MENE TEKEL UPHARSIN)입니다. 신의 계시가 분명한데 아무도 해석하지 못합니다. 그러자 왕비가 다니엘을 추천합니다(10-12절).

다니엘이 글자를 해석합니다(25-28절). '메네'는 하나님이 이미 왕의 나라를 끝냈다는 뜻이며, '데겔'은 왕이 부족하다는 뜻이며, '베레스'(우바르신)는 왕의 나라가 나뉘어서 메대와 페르시아 사람에게 주어진다는 뜻입니다. 즉, 벨사살과 바빌론이 하나님에 의해 망한다는 뜻입니다. 벨사살은 꿈을 해석한 다니엘을 나라의 셋째 통치자로 세웁니다. 그러나 그 날 밤 벨사살은 살해당합니다. 이후 "메대 사람 (3   )"(Darius, 주전 522-486)가 나라를 얻습니다(31절). 교만한 벨사살의 몰락을 통해 하나님의 존재와 위엄이 드러납니다. 하나님은 과연 살아계십니다. 온 세상의 통치자입니다.

추가로 이곳에 나온 다리오는 6장에 나오는 다리오와 성전 재건 때(스 6:15 등) 나오는 다리오 왕과는 다른 사람입니다. 여기서는 바빌론을 무너뜨리고 페르시아를 세운 고레스 왕의 별칭으로 봅니다(사 13:17; 렘 51:11).

생각하기 벨사살에게 말할 때 다니엘의 마음은 어땠을까요?

해답 1. 성전, 2. 손가락, 3. 다리오

다니엘 6장 · 사자 굴에 던져진 다니엘

주요 구절: 6:10

메대 페르시아가 제국을 세우는데, 다니엘이 총리가 되어 주도적 역할을 합니다(3절). 다른 관리들이 그런 다니엘을 시기하여 참소하고자 합니다. 그런데 다니엘에게 도무지 흠결을 찾을 수 없습니다(4절). 결국 그들이 흉계(凶計)를 꾸밉니다. (1   )일 동안 누구든지 왕 외의 어떤 신이나 사람에게 무엇을 구하면 사자 굴에 던져 넣는 법을 정합니다(7절). 하나님만 신실하게 섬기는 다니엘에게는 위험한 상황입니다.

그러나 다니엘은 조금도 흔들리지 않고 평소처럼 하나님을 향한 기도를 멈추지 않습니다. "다니엘이 이 조서에 왕의 (2)이 찍힌 것을 알고도 자기 집에 돌아가서는 윗방에 올라가 (3)으로 향한 창문을 열고 전에 하던 대로 하루 세 번씩 무릎을 꿇고 기도하며 그의 하나님께 (4)하였더라."(10절) 불신앙으로 보면 다니엘의 행동은 미련해 보이는데, 사실 전능한 하나님을 믿는 자의 모습입니다. 결국 다니엘은 음모자들의 계획대로 사자 굴에 던져집니다. 다리오 왕이 안타까워하며 다니엘을 구해보려 하지만 자신이 정한 법을 되돌릴 수는 없습니다. 한 가지 바람만 있습니다. "네가 항상 섬기는 너의 (5)이 너를 구원하시리라."(16절). 다니엘의 운명이 어떻게 될까요?

하나님의 섭리와 다니엘의 믿음으로 놀라운 일이 일어납니다. 왕이 다니엘의 생사가 궁금해 새벽부터 급히 사자 굴로 갔는데, 다니엘이 살아 있었습니다! 다니엘은 하나님이 (6)를 보내 사자의 입을 막았다고 고백합니다(22절). 왕은 다니엘을 건져내고, 다니엘을 참소한 자들을 사자 굴에 던져 넣습니다. 그리고 그의 입으로 하나님을 찬양합니다(26-27절). 히브리서 기자는 다니엘의 믿음이 사자들의 입을 막았다고 합니다(히 11:33). 역사하는 하나님에게 인간은 믿음으로 응답해야 합니다. 우리에게도 다니엘과 같은 믿음이 필요합니다.

생각하기 사자 굴에 들어갈 때 다니엘의 마음은 어땠을까요?

해답 1. 삼십, 2. 도장, 3. 예루살렘, 4. 감사, 5. 하나님, 6. 천사

다니엘 7장 · 네 짐승의 환상

주요 구절: 7:14

7장부터는 분위기가 바뀝니다. 다니엘이 본 환상들에 대한 기록이 나옵니다. 먼저 네 짐승 환상입니다. 사자 같은 독수리, 곰, 표범, 그리고 어떤 모습인지 분명하지 않지만 무섭고 놀라우며 또 매우 강한 짐승입니다(4-7절). 이들은 모두 '바다'에서 나오는데(3절), 바람에 출렁거리는 바다는 하나님을 대적하는 세력을 의미합니다. 또 다른 장면이

등장합니다. “왕좌가 놓이고 옛적부터 (1   ) 계신 이가 좌정하셨는데, 그의 옷은 희기가 눈 같고, 그의 머리털은 깨끗한 양의 털 같고, 그의 보좌는 (2   )이요, 그의 바퀴는 타오르는 불이며, 불이 강처럼 흘러 그의 앞에서 나오며, 그를 섬기는 자는 천천이요, 그 앞에서 모셔 선 자는 만만이며, 심판을 베푸는데 책들이 펴 놓였더라.”(9-10절) 하나님이 심판자로 등장하여 짐승들의 권세를 빼앗습니다(12절).

밤에 또 다른 환상이 나타납니다. 인자(人子) 같은 이가 구름을 타고 나타나 하나님 앞에 갑니다. 하나님이 “그에게 (3   )와 영광과 (4   )를 주고, 모든 백성과 (4   )들과 다른 언어를 말하는 모든 자들이 그를 섬기게 하였으니, 그의 권세는 소멸되지 아니하는 영원한 권세요, 그의 (4   )는 멸망하지 아니할 것이니라.”(14절)

15절부터는 환상에 대한 해석입니다. 네 짐승은 세상에 일어난 네 왕(나라)을(를) 뜻합니다(17절). 그중 (5   ) 짐승이 특히 강하고 성도들을 괴롭게 합니다(19절). 그러나 옛적부터 계신 이가 와서 성도들의 원한을 풀어줍니다(22, 26절). 여기서 (5   ) 짐승은 헬라 또는 로마 제국을 뜻하며, 인자 같은 이는 예수 그리스도를 가리킵니다. 헬라 또는 로마 제국이 신실한 성도를 괴롭게 할 것입니다. 그러나 예수 그리스도께서 십자가와 부활로 영광을 얻고서, 마침내 구름을 타고 오셔서 영원한 (4   )를 세울 것입니다(계 1:7).

생각하기 영원한 나라를 세우실 예수 그리스도를 찬양합시다!

해답 1. 영원, 2. 불꽃, 3. 권세, 4. 나라, 5. 넷째

다니엘 8장 · 두 숫양과 숫염소 환상

주요 구절: 8:12

다니엘이 전에 보았다가 (1   ) 왕 제3년에 다시 본 환상은 끔찍하고 우울합니다(1절). 세계 대국이 흥망성쇠 하는 동안 하나님의 백성은 회복되지 않는 것처럼 보이기 때문입니다.

먼저 두 뿔을 가진 숫양을 봅니다(3절). 한 뿔은 작고 다른 뿔은 더 깁니다. 이것은 메

대와 페르시아를 의미합니다(20절). 이 숫양이 서쪽, 북쪽, 남쪽을 향하여 들이받고 이겨 강성합니다(4절). 그 후 한 (2)가 서쪽에서 다가옵니다. 두 눈 사이에 큰 뿔을 가진 (2)가 숫양을 쳐서 이깁니다(7절). 이 (2)가 헬라 왕이며(21절), 큰 뿔은 그 유명한 알렉산더(Alexander) 대왕입니다. 그는 유럽(그리스)에서 아프리카와 멀리 인도까지 이르는 거대한 땅을 정복합니다. 그런데 그 큰 뿔도 꺾입니다. 다음에 뿔이 네 개로 솟아나는데(8절), 알렉산더 사후(死後) 나라가 네 개로 나눠지는 것을 뜻합니다.

네 개의 뿔 가운데 마지막이 권세가 강하고 얼굴이 뻔뻔하며 속임수에 능할 것입니다(23-24절). 마지막 뿔은 네 나라 중 하나인 셀레우코스(Seleucus) 왕조의 여덟 번째 통치자 안티오코스 4세(Antiochus IV, 주전 175-164)를 뜻합니다. 그의 악한 통치를 다니엘이 환상으로 봅니다. "그것이 하늘 (3)에 미칠 만큼 커져서, 그 (3)와 별들 중의 몇을 땅에 떨어뜨리고, 그것들을 짓밟고, 또 스스로 높아져서 (3)의 주재를 대적하며, 그에게 매일 드리는 (4)를 없애 버렸고, 그의 (5)를 헐었으며, 그의 악으로 말미암아 백성이 매일 드리는 (4)가 넘긴 바 되었고."(10-12절) 하나님을 대적하고 하나님의 백성을 억압합니다. 예배를 막고 생명을 위협합니다. 다니엘은 감당치 못할 미래의 일들을 환상으로 본 후 놀라 지쳐 앓습니다(27절). 두렵고 떨리는 미래가 신자들 앞에 놓여 있습니다. 어떻게 이 두려움을 극복할 수 있을까요?

생각하기 어떻게 하면 두려운 미래를 극복할 수 있을까요?

해답 1. 페르시아, 2. 숫염소, 3. 군대, 4. 제사, 5. 성소

다니엘 9장 · 다니엘의 기도와 응답

주요 구절: 9:24

다니엘이 다리오(아마도 고레스) 왕 즉위 첫 해에 기도하고 본 환상을 기록합니다(1-2절). 예루살렘의 멸망을 생각하니 다니엘은 공의로운 하나님 앞에 자신과 백성의 죄를 고백하며 기도하지 않을 수 없습니다. "나의 하나님이여! 귀를 기울여 들으시며, 눈을 떠서 우리의 황폐한 (1)과, 주의 이름으로 일컫는 성을 보옵소서. 우리가 주 앞에 간구하옵는 것은 우리의 (2)를 의지하여 하는 것이 아니요, 주의 큰 (3

(1)을 의지하여 함이니이다. 주여! 들으소서. 주여! 용서하소서. 주여! 귀를 기울이시고 행하소서. 지체하지 마옵소서. 나의 하나님이여! 주 자신을 위하여 하시옵소서. 이는 주의 성과 주의 백성이 주의 이름으로 일컫는 바 됨이니이다."(18-19절) 여기서 우리는 기도의 진수를 배웁니다. 우리의 (2)가 아니라, 하나님의 (3)을 의지하며 기도합니다.

다니엘의 기도가 끝나자 가브리엘 천사가 나타나 정확히 알 수 없는 세 시기에 대해 예언합니다. 때가 되면 "허물이 그치며, 죄가 끝나며, 죄악이 (4)되며, 영원한 의가 드러나며, 환상과 예언이 응하며, 또 지극히 거룩한 이가 (5) 부음을 받으리라."(24절) 하나님이 '정한' 기한이 있습니다(24-27절).

'70이레'(70×7), '7이레'(7×7), '62이레'(62×7)에 대한 많은 해석이 있습니다. 그러나 정확히 알기 어렵습니다. 우선 "이레"라는 단어가 단순히 햇수 7년을 말하지 않습니다. '일곱 숫자들'이라는 뜻일 뿐입니다. 그러나 분명한 것은 하나님이 '정한' 시기(하나님의 뜻하신 때)에 따라 구원역사가 일어날 것입니다. 이는 때가 되어(갈 4:4) 오신 예수 그리스도를 통해 먼저 성취되고, 정한 시기에 완전히 성취될 것입니다.

생각하기 정한 시기에 따라 뜻을 이루시는 하나님을 깊이 묵상해봅시다.

해답 1. 상황, 2. 공의, 3. 긍휼, 4. 용서, 5. 기름

다니엘 10장 · 힛데겔 강가에서 본 환상

주요 구절: 10:1

10-12장까지는 하나의 환상입니다. 10장은 이 환상의 서론 격입니다. 다니엘이 이 환상을 보고 3주 동안 슬퍼합니다(2-3절). 1절에 "바사 왕 고레스 제(1)년"(1절)이 나오는데 아마도 주전 536년경입니다.

다니엘이 힛데겔 큰 강가에서 한 천사를 만납니다(4절). 5-7절에 묘사된 이 천사는 하나님의 영광을 발산합니다. 다른 사람은 환상을 보지 못하였고, 다니엘만 홀로 보다가 쓰러졌습니다(7-8절). 충격이 대단했던 것 같습니다. 다니엘이 일어나자, 천사가 이어

말합니다. 그는 페르시아 왕국의 군주가 막아서 21일 동안 오지 못했으나, 더 높은 군주인 (2 　　　)(Michael)이 도와주어 다니엘에게 올 수 있었다고 합니다(13절). 여기서 군주는 천사 또는 영적 존재를 뜻합니다.

다니엘이 다시 쓰러지고 입을 열 수가 없습니다(15절). 그때 (3 　　)와 같은 이가 다니엘의 입을 어루만집니다. 다니엘이 입을 열어 낙심하여 죽을 것 같다고 합니다(16-17절). 그러자 또 다른 영적 존재가 다니엘을 만져 회복시킵니다. 그러면서 격려합니다. "큰 은총을 받은 사람이여, 두려워하지 말라. 평안하라. (4 　　)하라. (4 　　)하라."(19절) 이어서 페르시아 제국에서 헬라 제국으로 넘어가는 것을 말하며, "진리의 글"에 기록된 것을 보여줍니다(20-21절).

세상 역사와 그 뒤에 있는 영적 세계가 참 놀랍습니다. 그러나 놀랍고 두려운 중에도 역사를 주관하는 분이 하나님이기에 신자는 평안하고 강건할 수 있습니다.

생각하기 영적 존재, 악한 세력에 대해 어떻게 생각합니까?

해답 1. 천사, 2. 미가엘, 3. 인자, 4. 강건

다니엘 11장 · 비천한 왕과 언약백성

주요 구절: 11:36

앞선 천사의 말이 1절로 이어집니다. 천사가 고레스 왕을 "도와서 그를 (1 　)하게 한 일이 있었다"(1절)고 합니다. 바빌론 멸망과 그 결과로 이어진 포로 귀환 배후에는 하나님의 일하심이 있습니다.

이어서 굉장히 긴 환상(묵시)이 나옵니다(2-45절). 이런 내용이 익숙하지 않아서 어렵게 느껴지지만 내용은 간단하고 분명합니다. 다니엘 이후, 곧 일어날 세상 나라의 흥망성쇠와 언약백성이 겪을 고난이 그 내용입니다. 세상의 불의한 세력들이 날뛰지만, 그것도 하나님의 계획과 통치 아래 있음을 보여줍니다.

페르시아 제국 이후 새로운 "한 (2 　　) 있는 왕"(3절)이 일어나 세상을 다스릴 것입니다. 그는 헬라의 알렉산더 대왕입니다(단 8:21). 그러나 그는 33세 나이로 요절(夭

折)하고, 부하 장군들이 나라를 나누어 다스립니다(4절). '남쪽 왕'은(5절) 이집트 지역의 프톨레마이오스(Ptolemaios, 주전 303-282년)로, 그 유명한 클레오파트라가 이 왕조의 후예입니다. '북쪽 왕'은 셀레우코스(6절)인데, 시리아 지역을 중심으로 다스립니다. 이 두 세력이 힘겨루기를 합니다(7-20절). 중간에 끼인 유다 백성은 주로 북방 나라의 지배를 받습니다.

21절부터 등장하는 비천한 북방 왕은 안티오코스 4세(Antiochus IV)입니다. 그는 "거룩한 언약을 거스르며 자기 마음대로"(28절) 이스라엘 백성을 괴롭힙니다. 깃딤(로마)에 패배한 화풀이를 "거룩한 언약"에 퍼붓습니다(30절). 급기야 성전을 더럽히는 만행을 저지릅니다. "군대는 그의 편에 서서 (3 　 　), 곧 견고한 곳을 더럽히며, 매일 드리는 (4 　 　)를 폐하며, 멸망하게 하는 (5 　 　)한 것을 세울 것이며."(31절) 기록에 따르면 안티오코스 4세는 하나님께 드리는 제사를 금지하고, 성전에 이방 신상을 세웠다고 합니다.

이런 억압과 괴롭힘에 대항하는 의로운 자들이 등장합니다(32절). 아마도 이들은 안티오코스 4세에 대항한 마카비(Maccabeus) 제사장 가문인 것 같습니다. 이들이 북방 왕의 군대를 몰아내고 성전을 정결하게 하였습니다. 이것을 기념해 지키는 날이 수전절(the Festival of Dedication)입니다(요 10:22). 그러나 이들도 완전히 언약백성을 회복시키지 못합니다(35절). 북방 왕은 끝까지 "자기 마음대로 행하며 스스로 높여 모든 (6 　)보다 크다"(36절)며 교만합니다. 하지만, 결국 멸망하고 맙니다(45절). 온 세계의 역사는 하나님의 다스림 가운데 있습니다. 그러니 언약백성은 어려움 중에 있더라도 마침내 하나님께 구원받을 것입니다.

생각하기 언약백성이 억압 받을 때 이 환상을 들었다면 어땠을까요?

해답 1. 강, 2. 능력, 3. 성소, 4. 제사, 5. 가증, 6. 신

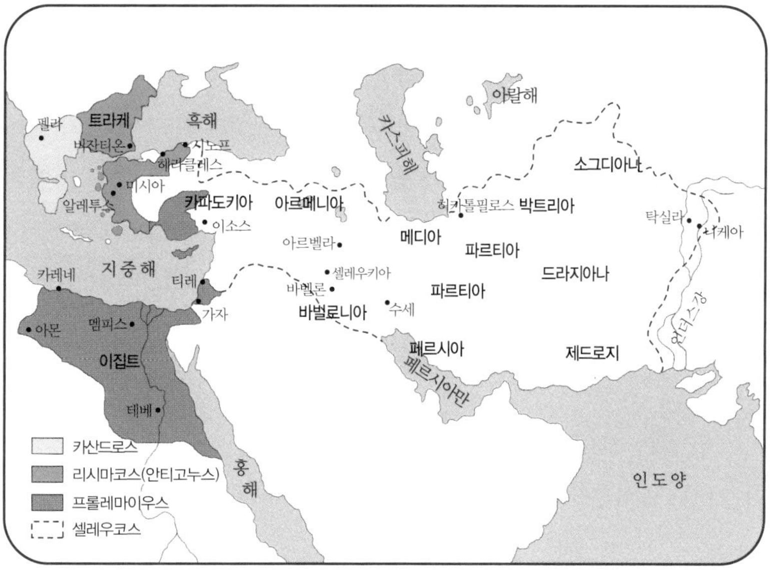

분열된 헬라 제국

다니엘 12장 · 세상 끝날

주요 구절: 12:13

환난의 때에 하나님은 언약백성을 지킵니다. 천사 미가엘(Michael)을 통해 생명책에 (1)된 모든 자를 구원합니다(1절, 참고. 계 17:8). 핍박 가운데 있는 성도에게 주는 위로의 말씀을 보십시오. "땅의 티끌 가운데에서 자는 자 중에서 많은 사람이 깨어나 (2)을 받는 자도 있겠고, 수치를 당하여서 영원히 부끄러움을 당할 자도 있을 것이며."(2절) 핍박하는 세력이 없어지고, 하나님의 심판이 있을 것입니다. "(3) 있는 자", 곧 "말씀에 순종하며 많은 사람을 옳은 데로 돌아오게 한 자"는 (4)과 같이 영원히 빛날 것입니다(3절).

이어서 다니엘은 두 천사의 대화 가운데 나타난 세상의 끝 날에 관한 계시를 듣습니다(5-13절). "한 때와 (5) 때 반 때"가 지나서 마지막 때가 올 것이라고 합니다(7절). 이 시기를 합치면 '세 때 반'인데 '일곱 때'의 절반에 해당합니다. 또 '1,290'일(365일로 계산하면 3.5년)이 지나야 할 것이라고 합니다(11절). 마지막으로 '1,335'일까지 인내하는 자는 복을 얻게 될 것이라고 합니다(12절). 8장 14절에는 '1,150'일이 나옵니다. 요한계시록 11장과 12장에는 '1,260'(일 년을 360일로 계산하면 3.5년)일이 나옵니다.

이 숫자들은 무슨 뜻일까요? '1,260일'이나 '1,290일' 모두 대략 3.5년입니다. 무슨 뜻인지 정확하게 알기 어렵습니다. 이것은 다니엘도 마찬가지입니다. "내가 (6)고도 깨닫지 못한지라."(8절) 그러나 중요한 것은 '기다리는 것'입니다. "너는 가서 마지막을 기다리라. 이는 네가 평안히 (7)다가 끝 날에는 네 (8)을 누릴 것임이라."(13절) 비록 모두 다 이해하지 못하더라도 분명한 사실은 후에 '반드시 위로를 받는다'는 것입니다. 이 예언을 마지막까지 간수하고 봉해야 합니다(9절). 다니엘이 기록한 환상은 두렵고 떨리게 하지만 분명한 확신과 위로도 줍니다. 하나님은 언약백성을 지키고 구원할 것입니다.

생각하기 다니엘의 믿음과 환상들이 내게 어떻게 다가옵니까?

해답 1. 기록, 2. 영생, 3. 지혜, 4. 별, 5. 두, 6. 듣, 7. 쉬, 8. 몫

호세아

'호세아'는 1장 1절에 나오듯이 북 이스라엘 왕국에서 활동한 선지자 호세아에게 임한 말씀을 기록한 책입니다. 호세아 선지자는 북 이스라엘 왕국 여로보암 2세 때부터 이스라엘 마지막 왕 호세아 때까지 활동했습니다. 비슷한 시기에 활동한 선지자는 아모스입니다. 대신 아모스는 주로 여로보암 2세 시기에 집중되는 반면, 호세아는 북 이스라엘의 멸망까지 이어집니다. 당시 남 유다에서 활동한 선지자는 이사야, 미가이고, 남 유다 왕들은 웃시야부터 히스기야입니다.

호세아의 가장 유명한 예언은 1-3장에 나오는 혼인 생활과 관련된 예언입니다. 혼인 생활에 대한 권면이 아니라, 호세아가 직접 혼인 관계에 충실하지 않은 아내를 맞이해 끝까지 혼인 생활을 이어나가는 행동 예언(prophetic action)입니다. 이것은 언약에 신실하지 않은 이스라엘 백성과 그럼에도 끝까지 사랑하는 하나님의 모습을 보여줍니다. 이어지는 4장부터 내용은 신실하지 않은 이스라엘을 향한 책망, 그러나 하나님의 사랑과 구원 약속입니다.

내용 구분

1-3장	혼인 생활로 예언하는 호세아
4-10장	이스라엘을 향한 심판 예언
11:1-11	이스라엘을 향한 하나님의 사랑
11:12-13:16	에브라임을 향한 심판 예언
14장	회개 호소와 하나님의 구원 예언

호세아 1장 · 혼인을 통한 예언

주요 구절: 1:1

하나님은 호세아 선지자를 불러 혼인시킵니다. 혼인 상대자는 "음란한 여자" 고멜입니다. 하나님은 호세아를 음란한 여자와 혼인시킴으로 북 이스라엘에게 경고합니다. 하나님의 신부인 이스라엘이 신랑 되신 하나님을 떠나 음란하게 다른 신들을 섬겼다는 것을 보여줍니다. 첫 아들을 낳고 이름을 "(1 ____)"이라 짓습니다(4절). 그 뜻은 '하나님이 흩다'입니다. 예후 왕조가 스가랴를 마지막으로 멸망할 것임을 예언한 것입니다. 고멜은 딸을 낳고 "(2 _)루하마"라 짓습니다(6절). '(이스라엘이) 긍휼히 여김을 받지 못한다'는 뜻입니다. 셋째 아들의 이름은 "(2 _)암미"인데 '내 백성이 아니다'는 뜻입니다(9절). (2 _)는 히브리어로 '아니한다'는 뜻입니다. 이 세 가지 이름에 담긴 메시지는 이스라엘이 언약을 버렸기 때문에 약속하신 복을 거둬 가겠다는 것입니다.

하나님은 이스라엘의 멸망을 선포하면서 소망을 남겨둡니다. 하나님의 구원계획을 보여줍니다. "이에 유다 자손과 이스라엘 자손이 함께 모여 한 (3 ____)를 세우고 그 땅에서부터 올라오리니, (1 ____)의 날이 (4 _) 것임이로다."(11절) (3 ____)는 메시아로 오실 그리스도를 가리킵니다. 후일에 그리스도가 오시면, 그가 새 언약으로 부르실 영적 이스라엘 백성을 "암미"(나의 백성) 혹은 "루하마"(자비)라 부를 것입니다(호 2:1).

생각하기 나는 하나님의 신부로서 하나님만 사랑하고 있습니까?

해답 1. 이스르엘, 2. 로, 3. 우두머리, 4. 클

호세아 2장 · 회복에 대한 소망

주요 구절: 2:2

호세아는 이스라엘의 죄를 적나라하게 고발합니다. "…그는 내 (1 __)가 아니요, 나는 그의 (2 __)이 아니라…"(2절) 이스라엘 백성이 언약을 깨트리자, 하나

님도 언약을 파기하겠다고 합니다. 이스라엘은 하나님이 공급해준 언약의 신실한 증표인 '곡식, 새 포도주, 기름, 은, 금'을 바알에게 바쳤습니다. (1 　　)가 (2 　　)을 버리고 간음한 것과 같습니다. 하나님은 언약백성에게 약속하고 요구한 "모든 희락과 절기와 월삭과 안식일과 모든 명절"(11절)을 폐지하겠다고 선언합니다. 치명적인 징계입니다.

그러나 하나님은 동시에 소망의 복음을 줍니다. "내가 네게 (3 　　)들어 영원히 살되 공의와 정의와 은총과 긍휼히 여김으로 네게 (3 　　)들며 진실함으로 네게 (3 　　)들리니 네가 여호와를 알리라."(19-20절) 더 분명한 은혜의 복음이 이어집니다. "내가 나를 위하여 그를 이 땅에 심고 (4 　　)히 여김을 받지 못하였던 자를 (4 　　)히 여기며 내 (5 　　) 아니었던 자에게 향하여 이르기를 너는 내 (5 　　)이라 하리니, 그들은 이르기를 주는 내 하나님이시라, 하리라, 하시니라."(23절) 2장 1절에 언급된 '암미와 루하마'가 마지막 23절에서 다시 반복됩니다. 이 말씀은 그리스도 안에서 완전하게 이루어집니다(롬 9:25-26; 벧전 2:10).

생각하기 변함없는 하나님의 사랑이 어떻게 느껴집니까?

해답 1. 아내, 2. 남편, 3. 장가, 4. 긍휼, 5. 백성

호세아 3장 · 여호와가 그들을 사랑하니

주요 구절: 3:1

방탕한 아내 이스라엘이 남편인 하나님께로 회개하고 돌아올까요? 호세아의 아내 고멜은 다른 남자의 사랑을 받아 음녀가 되어 있습니다(1절). 그럼에도 호세아는 아내를 사랑합니다. 값을 지불하고 아내를 데려옵니다. 그 후 아내를 격리시킵니다. 호세아의 음란한 아내 고멜은 이스라엘을 상징합니다. "이스라엘 자손들이 많은 날 동안 (1 　)도 없고, 지도자도 없고, (2 　　)도 없고, 주상도 없고, 에봇도 없고, 드라빔도 없이 지내다가."(4절) 이는 이스라엘이 망하고 백성은 포로 생활할 것을 의미합니다.

하지만, 하나님은 이스라엘의 구원을 계획합니다. "그 후에 이스라엘 자손이 돌아와서 그들의 하나님 여호와와 그들의 왕 (3 　　)을 찾고 마지막 날에는 여호와를 (4 　

( )하므로 여호와와 그의 (5)으로 나아가리라."(5절) 이 말씀은 세상의 마지막 때 (3)의 자손 예수 그리스도 안에서 성취됩니다.

생각하기 나는 구원의 소망을 베푸시는 하나님을 신뢰하고 있습니까?

해답 1. 왕, 2. 제사, 3. 다윗, 4. 경외, 5. 은총

호세아 4장 · 지식을 버린 이스라엘

주요 구절: 4:1

이스라엘 백성이 하나님을 떠나 세속적으로 살았던 구체적인 모습을 봅시다. "이 땅에는 (1)도 없고 (2)도 없고 하나님을 아는 (3)도 없고, 오직 저주와 속임과 살인과 도둑질과 간음뿐이요, 포악하여 피가 피를 뒤이음이라."(1-2절) 언약백성의 죄 때문에 그 땅도 슬퍼합니다(3절). 거짓 선지자와 "네 어머니"로 표현된 이스라엘은 멸망할 것입니다(5절). "내 백성이 (3)이 없으므로 망하는도다. 네가 (3)을 버렸으니, 나도 너를 버려 내 제사장이 되지 못하게 할 것이요, 네가 네 하나님의 (4)을 잊었으니, 나도 네 자녀들을 잊어버리리라."(6절)

이스라엘 백성은 번성할수록 하나님을 멀리합니다(7절, 13:6; 신 6:12). 모범이 되어야 할 제사장이 백성과 조금도 다를 바가 없습니다(7-10절). 타락한 영적 지도자 밑에 있는 백성은 우매하게도 우상숭배합니다(11-19절). "내 백성이 나무에게 묻고 그 막대기는 그들에게 고하나니 이는 그들이 음란한 마음에 미혹되어 하나님을 버리고 음행하였음이니라."(12절) 이스라엘은 양처럼 복종하지 않고 "완강한 암소"(16절)처럼 완고하다가 결국 부끄러움을 당할 것입니다(19절).

생각하기 하나님을 모르는 사람처럼 살아가고 있지는 않습니까?

해답 1. 진실, 2. 인애, 3. 지식, 4. 율법, 5. 백성

호세아 5장 · 심판이 있나니

주요 구절: 5:1

북 이스라엘을 "에브라임"이라 부르는 까닭은 에브라임이 유다처럼 북 이스라엘에서 크고 가장 강한 지파이기 때문입니다(창 48:10-20). "에브라임"이 북 이스라엘을 대표합니다.

이스라엘이 언약의 하나님을 떠난 죄는 단순히 제사장의 잘못만이 아닙니다. 왕족과 이스라엘 백성 모두가 우상숭배하고 여호와를 알지 못합니다. "제사장들아, 이를 들으라. 이스라엘 족속들아, 깨달으라. 왕족들아, 귀를 기울이라. 너희에게 (1)이 있나니…"(1절) 그들의 죄는 신랑 되신 하나님을 버린 "음란"이며, 신랑을 잊어버린 "알지 못함"(4절)입니다. '안다'는 말은 아주 친밀한 관계를 의미합니다. 이스라엘의 죄는 간음하여 '사생아'를 낳는 것으로 묘사됩니다(7절). 그들을 향한 하나님의 징계는 사자처럼 나타날 것입니다(14절). 이런 죄는 북 이스라엘뿐만 아니라, 남 유다에도 있습니다(10, 12절). 결국 서로 전쟁하는 것으로 (1)이 임합니다.

그렇지만 희망이 완전히 없는 것은 아닙니다. "그들이 그 (2)를 뉘우치고 내 얼굴을 구하기까지 내가 내 곳으로 (3)가리라. 그들이 (4) 받을 때에 나를 (5) 구하리라."(15절) 하나님은 회개하기를 명령하며, 백성이 회개하기를 기다립니다.

생각하기 회개하라는 하나님의 명령에 항상 순종하고 있습니까?

해답 1. 심판, 2. 죄, 3. 돌아, 4. 고난, 5. 간절히

호세아 6장 · 회개하지 않는 이스라엘

주요 구절: 6:1

이스라엘 백성이 호세아의 외침을 듣고 회개하고 하나님께 돌아온다면 어떻게 될까요? "오라 우리가 여호와께로 (1)가자. 여호와께서 우리를 찢으셨으나 도로 낫

게 하실 것이요, 우리를 치셨으나 싸매어 주실 것임이라."(1절) 호세아의 외침을 들어보십시오. "그러므로 우리가 여호와를 (2 　 　). 힘써 여호와를 (2 　 　). 그의 나타나심은 새벽 빛 같이 어김없나니, 비와 같이, 땅을 적시는 늦은 비와 같이 우리에게 임하시리라, 하니라."(3절)

그러나 이스라엘은 아담처럼 (3 　 　)을 어기고(7절) 하나님을 반역합니다. 하나님의 마음은 너무나 분명한데도 회개하지 않습니다. "나는 (4 　 　)를 원하고 (5 　 　)를 원하지 아니하며, 번제보다 하나님을 아는 것을 원하노라."(6절) 안타깝게도 이스라엘은 그럴 마음이 전혀 없습니다. 목이 곧고 고집이 센 백성입니다. 우리에게는 이런 모습이 없을까요?

생각하기 나는 하나님의 말씀에 어떻게 반응합니까?

해답 1. 돌아가, 2. 알자, 3. 언약, 4. 인애, 5. 제사

호세아 7장 · 어리석고 교만한 지도자들

주요 구절: 7:1

이스라엘은 세계 강국을 의지하며 그들과 연합하려 합니다. 호세아는 그것을 "여러 민족 가운데에 (1 　 　)되니 그는 곧 뒤집지 않은 전병"(8절)에 비유합니다. "뒤집지 않은 전병"은 먹기에 적당하지 않다는 뜻입니다. 또 "어리석은 (2 　 　 　) 같이 지혜가 없어서."(11절) 이스라엘이 하나님을 찾지 않고 이집트나 아시리아에게 (2 　 　 　)처럼 슬피 부르짖으며 도움을 요청하곤 한 것을 비유한 것입니다.

(3 　)과 관리는 하나님의 율법이 아니라 자기 뜻대로 통치합니다. 정부 관리는 "그 악으로 (3 　)을, 그 (4 　 　 　)로 지도자들을 기쁘게"(3절) 하는 데 애씁니다. 그 어느 사람도 하나님에게 물어보고 일하는 자가 없습니다(7절). 그들에게 하나님에 대한 지식이 없습니다. 하나님에 대한 지식이 없으니 교만합니다. 그들의 판단은 세속적입니다. 하나님의 명령대로 살지 않습니다. "이스라엘의 (5 　 　)은 그 얼굴에 드러났나니, 그들이 이 모든 일을 당하여도 그들의 하나님 여호와께로 돌아오지 아니하며 구하지 아니하도다."(10절) 이것은 오늘 우리에게도 일어나는 문제입니다.

생각하기 나는 하나님의 뜻을 구하고, 하나님의 방식대로 살고 있습니까?

해답 1. 혼합, 2. 비둘기, 3. 왕, 4. 거짓말, 5. 교만

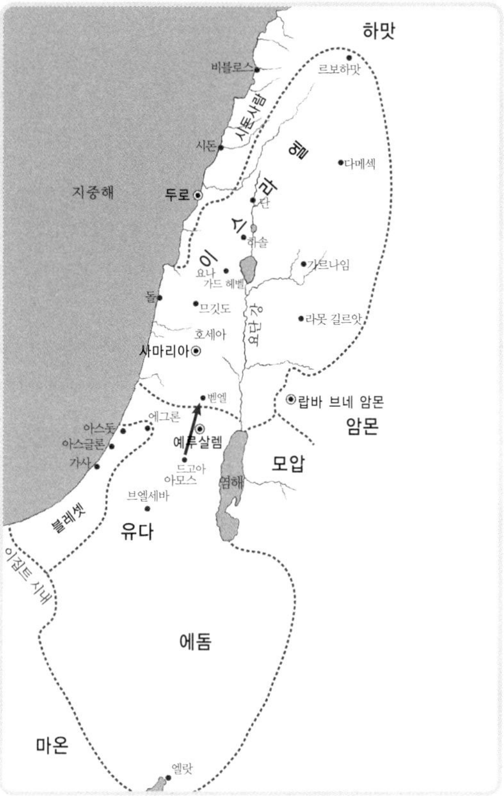

여로보암 2세와 웃시야 시대 상황

호세아 8장 · 독수리처럼 덮치리니

주요 구절: 8:1

"(1   )을 네 입에 댈지어다"(1절)는 '경고의 메시지를 외치라'는 뜻입니다. 이스라엘 백성이 언약을 어기고 율법을 범했기 때문에 원수가 이스라엘, 곧 "여호와의 (2   )"을 독수리처럼 덮칠 것입니다(1절). 이스라엘의 언약 파기는 '세계 정치외교'와 '국내 종교행사'에서 두드러집니다. 외교에서는 이집트를 의지하고, 종교적으로는 제물만 바치면 그만이라고 생각합니다. 이런 이스라엘의 태도가 하나님의 진노를 부릅니다. 그

들은 '의와 인과 신'을 버렸습니다.

"그들이 (3 　)을 세웠으나 내게서 난 것이 아니며."(4절) 북 이스라엘에는 여로보암 2세가 죽고 난 이후 13년 동안 무려 5명의 왕이 바뀝니다. 그 가운데 3명은 반역으로 왕이 됩니다. 북 이스라엘의 수도 사마리아가 숭배했던 우상 "(4 　 　 　)"(5-6절)는 산산조각날 것입니다. 남 유다도 도긴개긴입니다(14절). "유다는 견고한 성읍을 많이 쌓았으나, 내가 그 성읍들에 (5 　)을 보내어 그 성들을 삼키게 하리라."(14절)

생각하기 나는 하나님만 의지하고, 온전한 예배를 드리고 있습니까?

해답 1. 나팔, 2. 집, 3. 왕, 4. 송아지, 5. 불

호세아 9장 · 우상숭배에 대한 보응

주요 구절: 9:1

1-7절은 추수하는 가을의 명절과 관련해 이스라엘의 죄를 지적합니다. "(1 　 　) 마당", "술틀", "새 포도주"(1-2절)가 그것을 보여줍니다. 이스라엘 백성은 하나님을 떠나 우상에게 절합니다. 그들은 어리석게도 우상이 생육과 열매를 맺게 한다고 믿습니다. "네 (2 　 　 　)을 떠나고 각 (1 　 　) 마당에서 (3 　 　)의 값을 좋아하였느니라."(1절) 하지만 그들이 마냥 기뻐 뛰놀 수 없을 것입니다. 다른 나라(이집트와 아시리아)로 잡혀갈 것이기 때문입니다(3절).

과거 이스라엘은 "포도"와 "무화과나무의 첫 열매"(10-17절)처럼 하나님의 사랑스런 백성이었지만, 바알브올(10절)에게 가서 부끄러운 우상에게 몸을 드림으로 그 영광이 (4 　) 같이 날아가 버릴 것입니다(11절). "형벌의 날"과 "(5 　 　)의 날"이 올 것입니다(7절). 그들의 문제는 분명합니다. "그들이 (6 　 　) 아니하므로 내 하나님이 그들을 버리시리니, 그들이 여러 나라 가운데에 떠도는 자가 되리라."(17절)

생각하기 백성에게 심판을 말씀하시는 하나님의 마음은 어땠을까요?

해답 1. 타작, 2. 하나님, 3. 음행, 4. 새, 5. 보응, 6. 듣지

호세아 10장 · 두 마음을 품었으니

주요 구절: 10:2

이스라엘은 과거 하나님의 '열매 맺는 무성한 포도나무' 같았습니다. 포도 열매가 많고 번성했습니다. 그런데 하나님이 예언한 것(신 8:11-14)처럼 이스라엘은 번성하고 잘될 때 자신의 힘과 능력으로 한 것이라며 교만했습니다. 그들은 하나님을 배신했습니다. 그들은 "두 (1)"을 품었습니다(2절). 하나님과 우상을 겸하여 섬기는 혼합주의(Syncretism)에 빠진 것입니다. 두 (1)을 품은 이들에게 징계가 주어집니다. 하나님의 (2)이 이스라엘을 떠납니다(5절). 이스라엘의 죄는 '기브아 시대의 죄'(삿 19:22-30)에 비유됩니다.

하나님은 인내하며 이스라엘에게 회개를 요청합니다. "너희가 자기를 위하여 (3)를 심고 인애를 거두라. 너희 묵은 (4)을 기경하라. 지금이 곧 여호와를 찾을 때니 마침내 여호와께서 오사 (3)를 비처럼 너희에게 내리시리라. 너희는 밭을 갈아 죄를 거두고 거짓 열매를 먹었나니, 이는 네가 네 (5)과 네 용사의 많음을 (6)하였음이라."(12-13절)

생각하기 나는 내 힘과 내 방식이 아니라 하나님만 의지하고 있습니까?

해답 1. 마음, 2. 영광, 3. 공의, 4. 땅, 5. 길, 6. 의뢰

호세아 11장 · 심판과 긍휼이 동시에

주요 구절: 11:11

하나님이 북 이스라엘 백성을 어떻게 대우했을까요? 아버지가 어린 아기를 보호함같이, 농부가 소를 인자로 대함같이 했습니다(1-4절). 하나님은 아버지처럼 자녀 이스라엘에게 (1)을 가르치고 팔로 안아 길렀습니다(3절). 하지만 이스라엘은 자신을 구원하여 입양하고 양육한 아버지를 버리고 바알에게 제사하고 분향했습니다(2-3절). 하나님이 이스라엘의 목에 "(2)의 줄"로 보호하며 목에 있는 (3)를 벗

겨주고 먹을 것을 주지만 그들은 그 은혜를 알지 못합니다(4절). 그러므로 이스라엘은 아시리아의 멍에를 지고 고통당하게 될 것입니다.

그러나 징계와 심판의 선포에 하나님의 (4 □□)도 함께 선포됩니다. 하나님의 (4 □□)이 그들을 다시 집으로 돌아오게 만들 것입니다. "내 마음이 내 속에서 돌이키어 나의 (4 □□)이 온전히 불붙듯 하도다."(8절) "그들은 애굽에서부터 (5 □) 같이, 앗수르에서부터 (6 □□□) 같이 떨며 오리니, 내가 그들을 그들의 (7 □)에 머물게 하리라. 나 여호와의 말이니라."(11절)

생각하기 나는 하나님의 은혜와 긍휼을 깨닫고 늘 감사하고 있습니까?

해답 1. 걸음, 2. 사랑, 3. 멍에, 4. 긍휼, 5. 새, 6. 비둘기, 7. 집

호세아 12장 · 바람을 먹고 따라가다

주요 구절: 12:1

북 이스라엘은 "바람"을 먹으며 "동풍"을 따라가서 "(1 □□)"과 "포학"을 행했습니다(1절). "바람"을 먹는 것은 어처구니없는 짓을 한다는 뜻으로 "동풍" 곧 아시리아와 계약을 맺은 것을 가리킵니다. 또 이스라엘은 (2 □□)에 기름을 보내며 하나님을 의지하지 않고 세상의 힘을 신뢰했습니다(1절). 선지자가 하나님을 의지하지 않는 북 이스라엘을 고발한 것입니다.

이스라엘은 조상 '야곱'처럼 속이고 거짓을 좋아합니다. '발뒤꿈치'를 잡은 야곱의 특징은 '속이는 것'입니다. "그는 (3 □□)이라. 손에 거짓 (4 □□)을 가지고 속이기를 좋아하는도다."(7절) "길르앗은 불의한 것이냐? 과연 그러하다. 그들은 거짓되도다. (5 □□)에서는 무리가 수송아지로 제사를 드리며 그 제단은 밭이랑에 쌓인 (6 □□□□) 같도다."(11절) 이스라엘의 배교는 하나님의 심판을 면할 수 없을 정도입니다.

생각하기 나도 하나님이 아닌 세상의 힘을 신뢰하고 있지는 않습니까?

해답 1. 거짓, 2. 애굽, 3. 상인, 4. 저울, 5. 간구, 6. 돌무더기

호세아 13장 · 형벌이 임할 에브라임

주요 구절: 13:16

에브라임의 교만은 우상숭배로 이어집니다. "그가 이스라엘 중에서 (1 　)를 높이더니 바알로 말미암아 범죄하므로 망하였거늘."(1절) 그러므로 그들은 "아침 구름 같이 쉬 사라지는 (2 　) 같으며 타작마당에서 광풍에 날리는 (3 　) 같으며 굴뚝에서 나가는 (4 　)"(3절) 같을 것입니다. 이스라엘에 대한 하나님의 심판은 "사자"와 "표범"(7절) 같이, "새끼 잃은 곰", "암사자", "들짐승"(8절)처럼 임할 것입니다.

하나님은 이스라엘이 이집트 땅에 있을 때부터 나타나 구원자로 보호해주었습니다(4절). 가나안 땅으로 인도해 배불리 먹였습니다(6절). 그런데 이스라엘은 하나님을 배신했습니다. "그들이 먹여 준 대로 (5 　)가 불렀고 (5 　)가 부르니 그들의 마음이 (6 　)하여, 이로 말미암아 나를 잊었느니라."(6절)

하나님의 심판은 반드시 임합니다. "사마리아가 그들의 하나님을 배반하였으므로 형벌을 당하여 칼에 엎드러질 것이요, 그 어린 아이는 부서뜨려지며 아이 밴 여인은 배가 갈라지리라."(16절)

생각하기 나는 교만하지 않고, 겸손히 하나님을 의지하고 있습니까?

해답 1. 자기, 2. 이슬, 3. 쭉정이, 4. 연기, 5. 배, 6. 교만

호세아 14장 · 회개와 회복의 소망

주요 구절: 14:1

마지막으로 호세아는 이스라엘 백성에게 회개를 호소합니다. "이스라엘아! 네 하나님 여호와께로 (1 ___ ___)오라. 네가 불의함으로 말미암아 엎드러졌느니라."(1절) 그들은 먼저 하나님께로 돌이켜 회개하고 자기 불의를 제거해야 합니다(1-2절). 지금은 이스라엘이 고아와 같지만, 때가 되면 회개하고 돌아와 참된 아버지와 아들의 관계를 회복할 것입니다.

하나님은 이스라엘에게 "이슬"(5절) 같을 것입니다. 이스라엘은 하나님께 "(2 ___ ___) 같이 풍성"할 것이며, "(3 ___ ___ ___ ___) 같이 꽃이 필 것"이며, "레바논의 포도주같이 향기로울 것"입니다(7절). 그리고 그들은 새로운 백성으로 거듭날 것이며, 스스로 고백하기를 "내가 다시 (4 ___ ___)과 무슨 상관이 있으리요"(8절)라고 말할 것입니다. 그때 하나님은 이스라엘을 위로할 것인데(8절), 이 예언은 예수 그리스도 안에서 완전하게 이루어질 것입니다.

죄인은 하나님의 법에 걸려 넘어질 것이나 하나님이 만드는 의인은 그 길로 걸어갈 수 있습니다. "…여호와의 (5 ___)는 정직하니, 의인은 그 (6 ___)로 다니거니와 그러나 죄인은 그 (6 ___)에 걸려 넘어지리라."(9절) 우리의 구원도 이러한 과정을 통해 주어집니다. 하나님이 우리를 영적으로 다시 낳고, 우리 마음에 믿음을 주심으로 구원합니다.

생각하기 나는 구원받은 하나님의 자녀답게 살고 있습니까?

해답 1. 돌아, 2. 곡식, 3. 포도나무, 4. 우상, 5. 도, 6. 길

요엘

'요엘'은 1장 1절에서 말하듯 "브두엘의 아들 요엘에게 임한" 말씀을 기록한 책입니다. 요엘의 예언에는 시기를 추정할 만한 단서가 없기 때문에 시대 배경이나 기록 시기를 정확히 알 수는 없습니다. 학자들은 분열 왕국 시기인 주전 9세기부터 포로 귀환 이후인 주전 4세기까지 다양하게 추측합니다. 요엘의 뜻은 '여호와는 하나님이시다'인데, '나의 하나님은 여호와시다'는 뜻의 엘리야와 단어 순서가 바뀐 것이 눈에 띕니다.

요엘의 중심 주제는 5번이나 언급된 "여호와의 날"입니다. "여호와의 날"은 불의한 자들에게는 '심판의 날'(욜 1:15; 2:2, 11; 3:2)입니다. 그러나 신실한 언약백성에게는 '복과 구원의 날'입니다(욜 1:15) 요엘은 이스라엘에게 회개할 것을 권고합니다(욜 2:12-13). 회개하는 자는 심판을 면할 수 있습니다.

하나님은 언약백성을 구원하기 위해 언약에 충실함을 보여줍니다(욜 2:13, 18-26; 3:18). 이 언약의 성취는 성령님을 부어주실 것이라는 예언으로 절정에 이릅니다(욜 2:28-32). 이 예언은 부활하여 승천하신 예수님이 언약백성에게 선물로 보내주신 오순절 성령 강림에서 성취됩니다(행 2장).

내용 구분

1:1-2:27	하나님의 심판인 메뚜기 재앙
2:28-3:21	이스라엘의 회복과 열방의 심판

요엘 1장 · 예배와 삶을 향한 심판

주요 구절: 1:1

요엘은 (1 ___ ___ ___ 의 ___), 곧 심판에 대해 선포합니다. “슬프다. 그 날이여! (1 ___ ___ ___ 의 ___)이 가까웠나니, 곧 (2 ___ ___) 같이 전능자에게로부터 이르리로다.”(15절) 이 선포를 들어야 할 대상은 “늙은 자들”(2절), “취하는 자들”(5절), “농부들”(11절), 그리고 “제사장들”(13절)입니다. 이 대상들이 포괄적인데, 하나님의 심판이 모든 영역에 임한다는 것을 알 수 있습니다.

‘여호와’라는 이름은 언약과 관련된 하나님의 이름입니다. 요엘은 언약을 깨뜨린 언약 백성에게 임할 징계를 선포합니다. 그 징계는 이스라엘 백성이 모두 느낄 수 있는 구체적인 것입니다. “팥중이가 남긴 것을 메뚜기가 먹고, 메뚜기가 남긴 것을 느치가 먹고 느치가 남긴 것을 황충이 먹었도다.”(4절) 곡식이 네 단계로 해(害)를 당해 추수할 것이 없을 것입니다. 거기서 남은 것도 ‘불’에 타 버릴 것입니다(19-20절). 먹을 것이 없으니 사람과 짐승들의 고통은 이루 말할 수 없을 것입니다.

“늙은 자들”(Old men)은 ‘장로’, 곧 이스라엘의 지도자입니다. 장로들은 직분자로서 이 말씀을 (3 ___ ___)에게 전하고 가르쳐야 합니다. “너희는 이 일을 너희 (3 ___ ___)에게 말하고 너희 (3 ___ ___)는 자기 (3 ___ ___)에게 말하고 그 (3 ___ ___)는 (4 ___ ___)에 말할 것이니라.”(3절) 약속도 복음이지만, 심판을 경고하는 것 역시 복음입니다. 대를 잇는 신앙교육이 중요합니다.

생각하기 심판의 말씀이 또한 복음이라는 것을 믿습니까?

해답 1. 여호와의 날, 2. 멸망, 3. 자녀, 4. 후세

요엘 2장 · 재앙, 회개, 여호와의 큰 일

주요 구절: 2:28

메뚜기 재앙은 일당천의 기세로 성을 정복하는 용사들처럼 무섭게 이를 것입니다. "여호와께서 그의 군대 앞에서 소리를 지르시고, 그의 진영은 심히 크고, 그의 명령을 행하는 자는 강하니, 여호와의 (1)이 크고 심히 두렵도다. 당할 자 누구이랴?"(11절)

피할 길이 있는데 오직 하나, 회개입니다. "이제라도 (2)하고 울며 애통하고 마음을 다하여 내게로 돌아오라. 너희는 (3)을 찢지 말고 (4)을 찢고 너희 하나님 여호와께로 돌아올지어다."(12-13절) 회개만이 살 길입니다.

"그 때"(18절)에 하나님은 자기의 땅(백성)을 극진히 사랑하셔서 "큰 일"을 행할 것입니다. 하나님과 백성의 관계가 회복될 것입니다. "그런즉 내가 이스라엘 가운데에 있어 너희 하나님 (5)가 되고 다른 이가 없는 줄을 너희가 알 것이라."(27절) 언약이 회복될 것인데, 특히 '내가 이스라엘 가운데 있어'라는 약속은 '임마누엘' 되신 예수 그리스도 안에서 완성됩니다.

"그 후에 내가 내 영을 만민에게 부어 주리니 … 누구든지 여호와의 (6)을 부르는 자는 (7)을 얻으리니 … 남은 자 중에 나 여호와의 부름을 받을 자가 있을 것임이니라."(28-32절) 성령의 충만함을 받은 베드로가 요엘의 이 예언이 성취되었음을 사람들 앞에서 선포했습니다(행 2:38-39).

생각하기 진실하게 회개했습니까? 그렇게 생각하는 이유는 무엇입니까?

해답 1. 날, 2. 금식, 3. 옷, 4. 마음, 5. 여호와, 6. 이름, 7. 구원

요엘 3장 · 세상의 심판과 언약백성의 구원

주요 구절 3:18

이제 여호와의 구원이 있을 것입니다. "그 날"이 언제인지 분명하게 나오지는 않지만 언약백성을 언젠가 회복시킬 것입니다. 하나님은 "여호사밧 (1)"에서 이스라엘의 회복과 두로와 시돈과 블레셋을 향해 심판을 선언할 것입니다(2-4절). "여호사밧"은 '여호와가 심판한다'는 뜻입니다. 곧 "여호사밧 (1)"는 "심판의 (1)"(14절)입니다. 그 심판은 '여호와의 날'에 이루어질 것입니다.

그 날에 "여호와의 성전에서 (2)이 흘러" 나올 것입니다(18절). 구원의 생명수가 흘러나와 언약백성을 살릴 것입니다. 이 (2)은 에스겔 선지자가 본 '환상'(겔 47장)과 일치합니다. 하나님이 다시 예루살렘 곧 (3)에 계시며 이스라엘의 원수를 갚을 것입니다(21절).

생각하기 예수님을 통해 이 구원이 이루어진 것을 믿고 있습니까?

해답 1. 골짜기, 2. 샘, 3. 시온

아모스

'아모스'는 1장 1절에 나오듯이 남 유다 사람이었으나 북 이스라엘에 대해 예언한 선지자 아모스에게 임한 말씀입니다. 당시 북 이스라엘의 왕은 예후 왕조의 4대 왕(왕하 15:25)인 여로보암 2세였습니다. 이 시대는 북 이스라엘이 가장 번성한 시기였습니다. 정치, 군사적으로 강성했고 경제적으로도 번영했습니다. 하지만 외적 번영과 달리 내적으로, 영적으로는 빈곤하였습니다. 아모스는 당시 북 이스라엘의 우상숭배, 사치, 방탕, 사회악을 통렬하게 지적합니다.

아모스의 예언 시기는 "지진 전 이년"(1절)인데, 웃시야 왕 때로 추정합니다(슥 14:5). 유대인의 전승에 따르면 웃시야 왕이 성전에서 잘못 분향하였을 때라고 합니다. 요세푸스는 산이 움직이고 왕의 정원이 망가졌다고 합니다. 사실 지진이 언제인지 정확히는 알 수 없지만, 대신 그 지진이 너무나도 커서 누구나 기억할 정도인 것은 분명합니다.

아모스하면 사회 정의를 많이 떠올립니다. 5장 24절의 "오직 정의를 물 같이, 공의를 마르지 않는 강 같이 흐르게 하라"는 말씀이 대표적입니다. 그러나 그에 못지않게 우상숭배에 대한 책망과, 회개하지 않는 자에게 주어질 하나님의 심판도 강조되고 있음을 기억해야 합니다.

내용 구분

1-2장	열방과 남 유다, 북 이스라엘을 향한 심판
3-6장	북 이스라엘의 범죄와 심판 예언
7:1-9:10	다섯 가지 환상과 아마샤와 대결
9:11-15	회복될 이스라엘

아모스 1장 · 이웃 나라에 대한 경고

주요 구절: 1:2

아모스가 받은 계시의 핵심은 2절입니다. "여호와께서 (1)에서부터 부르짖으시며 예루살렘에서부터 소리를 내시리니, 목자의 (2)이 마르고 (3) 산 꼭대기가 마르리로다." 하나님은 심판을 행하기 전 다시 한 번 기회를 주려고 선지자를 보내 경고하는데, 그 모습이 공격하여 찢으려고 으르렁거리는 사자와 같습니다. 비옥한 (3)산이 마를 정도이니 목자의 (2)은 심각한 가뭄으로 고통스럽습니다. 고통의 이유는 언약을 깨뜨렸기 때문입니다.

하나님의 심판은 다메섹(3-5절) 〉 가사(6-8절) 〉 두로(9-10절) 〉 에돔(11-12절) 〉 (4)(13-15절) 〉 (5)(암 2:1-3)으로 연결됩니다. 마지막 '에돔(에서) 〉 (4)(롯의 아들) 〉 (5)(롯의 아들)'은 이스라엘과 한 가족이라고 해도 될 정도로 가깝습니다. 하나님의 심판은 택한 백성 유다와 이스라엘로 직접 가지 않고 먼 이방나라부터 시작합니다. 이때가 언약백성이 회개할 기회입니다. 하지만 그들은 회개하지 않습니다. 동심원 먼 곳부터 경고의 메시지가 시작된 것은 하나님의 자비를 보여줍니다. 주변 불경건한 세상 사람에 대한 경고는 성도에 대한 간접 경고입니다. 성도는 항상 세상의 심판 소식을 들을 때에 우리에 대한 경고의 메시지도 들어야 합니다.

생각하기 나는 세상을 향한 하나님의 경고에도 귀를 기울이고 있습니까?

해답 1. 시온, 2. 초장, 3. 갈멜, 4. 암몬, 5. 모압

아모스 2장 · 언약백성을 향한 경고

주요 구절: 2:12

마침내 언약백성 유다와 이스라엘의 죄를 지적합니다. "…은을 받고 의인을 팔며 신 한 켤레를 받고 (1)한 자를 팔며, 힘없는 자의 머리를 티끌 먼지 속에 발로 밟고, (2)한 자의 길을 굽게 하며, 아버지와 아들이 한 젊은 여인에게 다녀서 내 거룩한

(3) 을 더럽히며, 모든 제단 옆에서 전당 잡은 옷 위에 누우며, 그들의 신전에서 벌금으로 얻은 (4) 를 마심이니라."(6-8절) 경제적으로 부요한 사람들이 약하고 가난한 자를 괴롭히며(6절), 성적으로 문란한 죄를 짓습니다(7절). 하나님의 언약을 떠난 백성의 전형적 모습입니다.

"너희가 (5) 사람으로 포도주를 마시게 하며 또 선지자에게 명령하여 (6) 하지 말라, 하였느니라."(12절) 언약의 말씀을 거절하는 언약백성은 하나님으로부터 매(5, 13-16절)를 맞을 수밖에 없습니다. "그 날"(16절)이 이르면 하나님의 심판이 그들에게 임할 것입니다.

생각하기 나는 하나님의 언약백성답게 경건한 삶을 살고 있습니까?

해답 1. 가난, 2. 언약, 3. 이름, 4. 포도주, 5. 나실, 6. 예언

아모스 3장 · 사마리아의 멸망 예언

주요 구절: 3:2

아모스 선지자는 이집트에서 구원해준 언약의 하나님을 상기시킵니다. 하나님은 이스라엘이 언약백성이기 때문에 그들의 죄에 대해 벌을 내립니다(2절, "보응하리라"). "내가 땅의 모든 족속 가운데 (1) 만을 (2) 나니…"(2절) '알았다'라는 말은 아주 친밀한 관계를 뜻합니다. 친밀하기에 그들의 죄도 가까이 압니다.

3-8절에서는 일상생활의 예로써 원인과 결과를 설명합니다. 그들이 범죄했기 때문에 심판이 임합니다. 아모스 선지자가 사마리아의 번영과 안녕의 시기에 멸망을 예언하는 것은 "주 여호와께서 말씀"(8절)하기 때문입니다. 이스라엘은 자기 궁궐에서 (3) 과 (4) 을 쌓았습니다(10절). 그 죄에 대해 하나님의 징계가 있을 것입니다. "겨울 (5) 과 여름 (5) 을 치리니 상아 (5) 들이 파괴되며 큰 (5) 들이 무너지리라. 여호와의 말씀이니라."(15절)

생각하기 나는 언약백성으로서 하나님과 친밀한 관계를 누리고 있습니까?

해답 1. 너희, 2. 알았, 3. 포학, 4. 겁탈, 5. 궁

아모스 4장 · 돌이키지 않는 이스라엘

주요 구절: 4:1

아모스는 사마리아 여자들의 죄를 지적하며 "바산의 암소들"(1절)에 비유합니다. 바산은 요단강 북동쪽인데 초원이 좋아 목축하기에 아주 적합합니다. 사마리아의 지도층 여자들이 바산의 암소들처럼 살이 포동포동하게 찐 것은 "힘없는 자를 (1)하며 (2)한 자를 (3)"(1절)한 결과입니다. 그 여인들은 '가장'(남편)에게 "(4)을 가져다가 우리로 마시게 하라"(1절)고 하며 허랑방탕하게 지냅니다. 그 죄에 대한 심판으로 그들은 북쪽에서 오는 아시리아에 포로로 잡혀갈 것입니다(2-3절).

북 이스라엘은 최북단 단(Dan)과 최남단 벧엘(Bethel)에 금송아지를 세우고 하나님이라며 예배했습니다(4절). 레위인이 아니라도 스스로 원하는 사람이 제사장이 될 수 있었습니다. 하나님께서 지시한 방법대로 예배하지 않았습니다. 십일조, 수은제, 낙헌제 등 제사도 있습니다. '수은제'(酬恩祭)와 '낙헌제'(樂獻祭)는 일종의 '감사제사' 혹은 '화목제사'입니다. 그러나 삶의 순종이 없고 마음(믿음)이 없는 예배는 복이 아니라, 하나님의 징계를 불러올 뿐입니다.

하나님이 여러 가지 방법으로 매를 들며 경고하지만, 이스라엘 백성은 깨닫지 못하고 회개하여 (5)오지 않습니다. 그 표현이 네 번이나 반복됩니다. "너희가 내게로 (5)오지 아니하였느니라."(8, 9, 10, 11절)

생각하기 나는 삶의 순종과 마음을 담은 예배를 드리고 있습니까?

해답 1. 학대, 2. 가난, 3. 압제, 4. 술, 5. 돌아

아모스 5장 · 너희는 나를 찾으라

주요 구절: 5:4

아모스는 심판 받을 북 이스라엘을 향하여 애가(哀歌: 슬픈 노래)를 지어 부릅니다. "처녀 이스라엘이 엎드러졌음이여! 다시 일어나지 못하리로다 … 주 여호와께서 이와 같이 말씀하시되, 이스라엘 중에서 천 명이 행군해 나가던 성읍에는 백 명만 남고 백 명이 행군해 나가던 성읍에는 열 명만 남으리라."(2-3절) 그들의 죄가 심각하기 때문입니다. 그들은 벧엘, 길갈, 브엘세바에서 우상을 섬겼습니다(5절). 절기와 성회를 지키지만 하나님이 기뻐하지 않습니다(21절). 번제, 소제, 노랫소리, 비파 소리가 있어도 하나님이 듣지 않을 것입니다(22-23절).

종교적 타락은 삶의 타락으로 나타납니다. "너희의 (1 　　)이 많고 (2 　　)이 무거움을 내가 아노라. 너희는 의인을 학대하며 뇌물을 받고 성문에서 (3 　　)한 자를 억울하게 하는 자로다."(12절) 더구나 그런 악한 일에 대해 지혜자도 잠잠합니다. "그러므로 이런 때에 지혜자가 잠잠하나니, 이는 악한 때임이니라."(13절)

그렇지만 회개의 기회는 여전히 있습니다. "너희는 나를 (4 　　　). 그리하면 살리라."(4, 6절) "너희는 악을 미워하고 선을 (5 　　)하며 성문에서 정의를 세울지어다. 만군의 하나님 여호와께서 혹시 요셉의 남은 자를 불쌍히 여기시리라."(15절) 하나님은 회개하는 자에게 긍휼을 베풉니다. 하나님이 원하는 회개는 "오직 정의를 물 같이, 공의를 마르지 않는 (6 　) 같이 흐르게"(24절) 하는 것입니다.

생각하기 나는 회개의 기회가 주어졌을 때 하나님을 찾고 있습니까?

해답 1. 허물, 2. 죄악, 3. 가난, 4. 찾으라, 5. 사랑, 6. 강

아모스 6장 · 자기를 의지하는 백성

주요 구절: 6:1

아모스의 예언은 북 이스라엘에만 머물지 않고 남 유다도 포함합니다. "화 있을진저! 시온에서 (1 　　)한 자와 사마리아 산에서 (2 　　)이 (3 　　)한 자, 곧 백성들의 머리인 지도자들이여! 이스라엘 집이 그들을 따르는도다."(1절) "시온"은 예루살렘이니 남 유다를 가리키고, "사마리아"는 북 이스라엘의 수도입니다. 당시 북 이스라

엘의 왕은 여로보암 2세이고 남 유다의 왕은 웃시야입니다. 두 나라가 가장 번성한 시기입니다. 그들은 경제적 부요함 속에 행복을 느낍니다. "시온에서 교만한 자"(1절)라는 표현은 '무사안일'과 '염려할 이유가 없음'을 주장하는 자를 말합니다. "사마리아 산에서 마음이 든든한 자"는 '안전하다고 여기는 자'를 의미합니다. 하나님 없이도 괜찮다고 생각합니다.

그러나 하나님의 심판이 강하게 임할 것입니다. "보라! 여호와께서 명령하시므로 타격을 받아 큰 (4)은 갈라지고 작은 (4)은 터지리라."(11절) 한 (5)를 일으켜 도구로 쓸 것입니다. "만군의 하나님 여호와의 말씀이니라 이스라엘 족속아 내가 한 (5)를 일으켜 너희를 치리니 그들이 하맛 어귀에서부터 아라바 시내까지 너희를 학대하리라 하셨느니라."(14절) 죄인은 자기 느낌과 달리 하나님의 무서운 심판을 받게 될 것입니다.

생각하기 나는 나의 힘과 부요함이 아닌 하나님만을 의지하고 있습니까?

해답 1. 교만, 2. 마음, 3. 든든, 4. 집, 5. 나라

아모스 7장 · 메뚜기, 불, 다림줄 환상

주요 구절: 7:16

아모스는 여러 가지 환상(vision)을 봅니다. 7장에는 '메뚜기와 불, 그리고 다림줄' 환상이 나옵니다. 메뚜기와 불 재앙을 보고 아모스 선지자는 "사하소서! 야곱이 (1) 하오니, 어떻게 서리이까?"(2, 5절)라고 기도합니다. 하나님은 아모스의 기도를 듣고선 재앙을 취소합니다. 이어서 환상을 보는데, 하나님의 기준으로 이스라엘의 죄를 평가합니다(7-9절). "…내가 (2)을 내 백성 이스라엘 가운데 두고 다시는 용서하지 아니하리니."(8절) (2)(a Plumb Line)은 건물을 지을 때 수직이 맞는지를 측정하기 위해 사용하는 추를 단 줄입니다. 이스라엘 성벽을 측정해 보니 하나님의 기준에 맞지 않고 기울어져 무너지고 있습니다.

환상 중에 한 사건이 나옵니다. 아모스가 벧엘에서 복음을 외치는데 벧엘의 제사장 (3

)가 아모스를 '모반죄'로 고소합니다(10절). (3)는 아모스에게 더 이상 북 이스라엘에서 예언하지 말고 고향으로 꺼져버리라고 경고합니다(12-13절). 그러나 아모스는 하나님이 자신을 선지자로 불러 세워 외치라 한 것을 분명하게 밝히고 그를 향해 징벌을 선포합니다(17절). "네 아내는 성읍 가운데서 (4)가 될 것이요, 네 (5)들은 칼에 엎드러지며, 네 땅은 측량하여 나누어질 것이며, 너는 더러운 땅에서 죽을 것이요, 이스라엘은 반드시 사로잡혀 그의 (6)에서 떠나리라."(17절) 거짓 선지자에게 임할 심판이 크고 두렵습니다.

생각하기 나의 신앙과 삶은 하나님의 말씀의 기준에 바로 서있습니까?

해답 1. 미약, 2. 다림줄, 3. 아마샤, 4. 창녀, 5. 자녀, 6. 땅

아모스 8장 · 여름 과일 광주리 환상

주요 구절: 8:1

8장에 나오는 환상은 "(1) 한 광주리" 환상입니다(1-2절). 이스라엘을 향한 심판의 메시지입니다. '과일'은 히브리어 단어로 *케이츠*인데, '끝'을 뜻하는 단어 *케츠*와 비슷합니다. '과일'은 '끝'(마지막)을 연상하게 합니다. 특히 '여름이 다하는 것'은 추수가 가까워졌다는 것인데 추수는 심판의 의미입니다.

이스라엘 백성의 삶은 경제적 번영의 시대에 "(2)한 자를 삼키며 땅의 (3) 자를 망하게"(4절) 합니다. 경제적 탐욕을 채우기 위해 종교적 행사는 형식만 남고 정의는 던져버립니다(5절). "월삭이 언제 지나서 우리가 곡식을 팔며 (4) 일이 언제 지나서 우리가 밀을 내게 할꼬. 에바를 작게 하고 세겔을 크게 하여 거짓 저울로 속이며."(5절)

이렇게 된 근본 이유는 "여호와의 (6)"의 부재입니다. 스스로 언약의 (6)을 버린 이스라엘은 망하게 될 것입니다. "…보라, 날이 이를지라. 내가 (5)을 땅에 보내리니, 양식이 없어 주림이 아니며 물이 없어 갈함이 아니요, 여호와의 (6)을 듣지 못한 기갈이라."(11절)

생각하기 나도 말씀의 부재로 인한 주림과 갈함을 느끼고 있습니까?

해답 1. 여름 과일, 2. 가난, 3. 힘없는, 4. 안식, 5. 기근, 6. 말씀

아모스 9장 · 제단 곁에 계신 주님 환상

주요 구절: 9:1

아모스 선지자는 환상 중에 제단 곁에 서신(1절) 주 만군의 여호와(5절)를 봅니다. “그 (1   )은 여호와시니라”(6절)라는 말은 하나님과 언약백성의 언약관계를 암시합니다. 언약백성은 순종할 때 약속의 복을 받지만, 불순종할 때는 징계의 벌을 받습니다. “기둥머리를 쳐서 문지방이 움직이게 하며, 그것으로 부서져서 무리의 머리에 떨어지게 하라. 내가 그 남은 자를 칼로 죽이리니, 그 중에서 한 사람도 도망하지 못하며, 그 중에서 한 사람도 피하지 못하리라.”(1절) 성전이 파괴되며 사람들이 죽는 심판의 모습입니다.

그러나 그 날이 오면 하나님께서 “다윗의 무너진 (2   )을 일으키고, 그것들의 틈을 막으며, 그 허물어진 것을 일으켜서 (3   )과 같이 세우고, 그들이 에돔의 남은 자와 내 이름으로 일컫는 (4   )을 기업으로 얻게 하리라.”(11-12절) 하나님은 범죄한 이스라엘을 심판하나 다시 일으켜 세울 것입니다. 그 가운데 (4   )이 함께 일어서는데, 예수 그리스도를 통해 이방인이 복음을 듣고 돌아오는 것으로 완전히 성취됩니다(행 15:16-17).

생각하기 나는 복음 안에서 순종함으로 복을 받는 언약백성입니까?

해답 1. 이름, 2. 장막, 3. 옛적, 4. 만국

오바댜

'오바댜'는 에돔을 향한 오바댜 선지자의 예언을 기록한 책입니다. 구약성경 중 가장 짧습니다. 오바댜는 '여호와의 종' 혹은 '예배자'라는 뜻입니다. 오바댜의 활동 시기는 아마도 바빌론의 예루살렘 공격 시기(주전 605-586)로 예레미야 선지자와 겹칠 것입니다.

심판 대상은 에돔입니다. 에돔은 야곱의 형 에서의 후손입니다. 그들은 강수량이 적고 바위로 이루어진 곳에 거주했습니다. 에서의 후예답게 전투적인 민족이었습니다. 그들은 남 유다에게 정복당했었는데(왕상 22:47-48; 왕하 3장), 아하스 왕 때 독립하였고(대하 28:17), 후에 남 유다가 바빌론에게 멸망당할 때 조롱하였습니다(옵 10-14). 바로 이 점에 대해 하나님은 오바댜 선지자를 통해 에돔의 멸망을 선언하십니다. 그 누구보다 언약백성 가까이 있었지만, 언약을 떠나 하나님의 적이 된 것이 참 안타깝습니다.

내용 구분

1-9절	에돔을 향한 심판 예언
10-14절	에돔이 심판 받는 이유
15-21절	심판 받는 에돔과 대조되는 이스라엘의 회복

오바댜 1장 · 에돔의 심판

주요 구절 1:21

에돔의 문제는 (1)입니다. 하나님 없이 사는 불신자의 전형적 모습입니다. "너희 마음의 (1)이 너를 속였도다. 바위 틈에 거주하며 높은 곳에 사는 자여! 네가 마음에 이르기를 (2) 능히 나를 땅에 끌어내리겠느냐, 하니."(3절) 하나님은 (1)을 가장 싫어합니다. "네가 독수리처럼 높이 오르며 (3) 사이에 깃들일지라도 내가 거기에서 너를 끌어내리리라. 여호와의 말씀이니라."(4절) "그 날에 내가 에돔에서 (4) 있는 자를 멸하며 에서의 산에서 지각 있는 자를 멸하지 아니하겠느냐?"(8절) 아무리 뛰어나고 높아져도 하나님이 끌어내릴 것입니다.

오바댜 선지자는 에돔뿐만 아니라 하나님의 백성을 핍박하는 모든 원수가 멸망할 것을 예언합니다. "여호와께서 (5)을 벌할 날이 가까웠나니, 네가 행한 대로 너도 받을 것인즉 네가 행한 것이 네 머리로 돌아갈 것이라."(15절). '여호와의 날', 곧 심판의 날이 임할 것입니다.

오바댜 선지자의 마지막 예언을 들어보십시오. "구원 받은 자들이 시온 산에 올라와서 에서의 산을 심판하리니, (6)가 여호와께 속하리라."(21절) 오바댜서의 핵심 내용입니다. 곧 '여호와의 다스림'입니다. '여호와의 다스림'은 요한계시록에서도 분명하게 선포됩니다. "세상 (6)가 우리 주와 그의 그리스도의 (6)가 되어 그가 세세토록 왕 노릇 하시리로다."(계 11:15) 신, 구약성경 전체가 '여호와의 다스림'을 말합니다.

생각하기 나는 다스리는 하나님 앞에 교만합니까, 순종합니까?

해답 1. 교만, 2. 누가, 3. 별, 4. 지혜, 5. 만국, 6. 나라

요나

'요나'는 니느웨에 대한 요나 선지자의 예언을 기록한 책입니다. 여느 선지서와 다르게 이야기로 진행됩니다. 요나 이야기는 어린 아이들이 정말 좋아합니다. 하나님의 말씀에 불순종해 풍랑을 만나 물고기 배 속에 3일간 갇혔지만, 기적처럼 살아난 이야기는 정말 흥미진진합니다.

배경이 되는 니느웨는 당시 이스라엘과 이웃 나라들을 괴롭히던 아시리아 제국의 수도였습니다. 악한 도시 니느웨를 향한 회개와 용서의 선포는 완고한 언약백성을 향한 표적의 역할을 합니다. 하나님은 은혜로우며 자비로우며 노하기를 더디 하는 분이며 인애가 크고 뜻을 돌이켜 니느웨에 재앙을 내리지 않는 분입니다(욘 4:2. 참고 출 34:6; 욜 2:13). 그렇다면 사랑하는 언약백성에게는 얼마나 더 빠르고 쉽게 용서하고 은혜를 베풀까요?

한편 예수님이 직접 요나를 말씀합니다(마 12:39; 눅 11:29). 요나가 삼일 배 속에 있던 것처럼 예수님도 삼일 땅속에 있다가 부활합니다. 그런 요나의 예언을 듣고 회개했다면, 더 크신 예수님의 말씀을 듣고서는 더 빨리 회개해야 한다는 말씀입니다. 그러나 악한 세대가 그 말씀을 듣지 않았습니다.

내용 구분

1:1-16	바다에 빠진 요나
1:17-2:10	요나의 감사 기도
3장	요나의 선포와 니느웨의 회개
4장	성난 요나와 하나님의 긍휼

요나 1장 · 요나의 불순종

주요 구절 1:1

요나는 북 이스라엘에서 활동한 선지자입니다(왕하 14:25). 선지자로 부름 받은 요나는 큰 성읍 니느웨로 가서 "그 (1 __ __)이 내 앞에 상달되었음이니라"(2절) 고 외쳐야 합니다. 그러나 선지자임에도 요나는 하나님의 명령이 싫었습니다. 그는 "여호와의 (2 __ __)"을 피하여 일어나 욥바 항구로 가서 다시스로 향하는 배에 탑니다(3절). 다시스는 오늘날 스페인 지역에 해당하는 곳입니다.

그런데 큰 폭풍이 일어나 배가 거의 파선할 지경에 이릅니다. 이 재난은 우연이 아닙니다. "여호와"께서 하신 일입니다(4절). 요나도 그것을 압니다. "자기가 여호와의 (2 __ __)을 피함인 줄을 그들에게 말하였으므로."(10절) 결국 모두 위험하게 되니 동승자들이 요나를 바다에 던집니다. 이것은 요나가 원한 것입니다(12절). 놀랍게도 바다는 평안을 되찾습니다. 동승자들의 고백을 들어보십시오. "그 사람들이 여호와를 크게 (3 __ __ __)하여 여호와께 (4 __ __)을 드리고 (5 __ __)을 하였더라."(16절) 이방인이 여호와를 두려워하고 예배하고 결심한 것입니다. 언약백성은 우상을 두려워하며 맹세하는데 말입니다. 그 모습이 참 비교됩니다.

생각하기 나는 하나님을 경외함으로 순종하고 있습니까?

해답 1. 악독, 2. 얼굴, 3. 두려워, 4. 제물 5. 서원

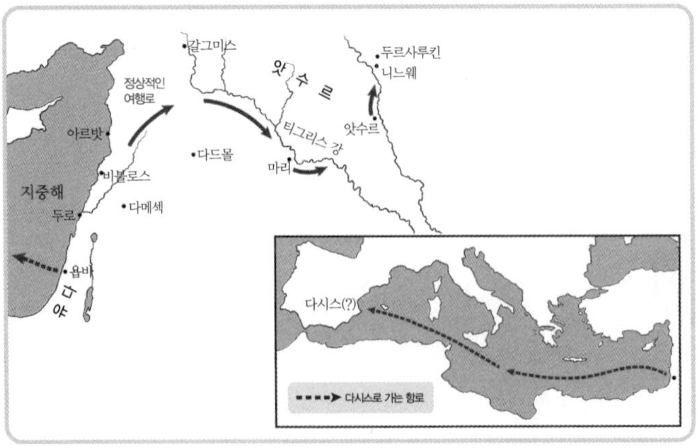

요나의 행로

요나 2장 · 회개와 구원의 노래

주요 구절 2:9

요나는 물고기 배 속에서 밤낮 삼일을 보냅니다. 이 물고기는 하나님이 준비한 것입니다(욘 1:17). 요나는 자신이 하나님께 벌받고 있다고 고백합니다. "내가 받는 고난", "스올의 뱃속"(2절), "주께서 나를 깊음 속 (1 ____) 가운데에 던지셨으므로 큰물이 나를 둘렀고 주의 파도와 큰 물결이 다 내 위에 넘쳤나이다"(3절), "내가 주의 (2 ____)에서 쫓겨났을지라도."(4절)

벌받아 물고기 배 속에 있지만 신기하게도 요나는 구원받은 것처럼 감사합니다. "주께서 내게 대답하셨고", "주께서 내 (3 ____)을 들으셨나이다"(2절), "다시 주의 성전을 바라보겠다"(4절), "주께서 내 (4 ____)을 구덩이에서 건지셨나이다"(6절), "나는 (5 ____)하는 목소리로 주께 제사를 드리며 나의 (6 ____)을 주께 갚겠나이다. 구원은 여호와께 속하였나이다."(9절) 물고기 배 속에 머문 것은 벌이지만 그것은 또한 구원이었습니다. 구원해준 하나님께 요나가 감사해 합니다. 마침내 물고기가 요나를 육지에 토해냈습니다(10절).

생각하기 나는 구원을 베푸신 하나님께 감사하고 있습니까?

해답 1. 바다, 2. 목전, 3. 음성, 4. 생명, 5. 감사, 6. 서원

요나 3장 · 니느웨 백성의 회개

주요 구절 3:2

하나님의 말씀이 다시 요나에게 임합니다(1절). "(1 ______) 저 큰 성읍 (2 ____)로 (3 ____) 내가 네게 명한 바를 그들에게 (4 ____)하라."(2절) 이제 요나는 하나님의 말씀에 순종합니다. "요나가 여호와의 (5 ____)대로 일어나"(3절) 외칩니다. 요나가 외친 것은 분명하고도 간단합니다. "(6 ____) 일이 지나면 (2 ____

(   )가 무너지리라."(4절) 놀라운 일이 일어납니다.

예상치 못했던 반응입니다. (2   )의 왕과 대신과 모든 백성이 회개합니다. 이후 교회 역사에서도 한 나라나, 종족이 집단 개종하는 경우가 있기는 하지만, 이처럼 한 순간에 회개한 일은 없습니다. 하나님의 놀라운 역사입니다. 하나님은 악인이 악한 길에서 돌이켜 떠난 것을 보고 뜻과 마음을 돌이켜 그들에게 경고한 재앙을 거둡니다(10절).

유대인들이 예수님께 표적을 구할 때 예수님은 요나의 표적을 말씀합니다(마 12:38-40). 요나의 선포를 듣고 악독한 이방인이 회개하였다면, 요나보다 더 큰 예수 그리스도께서 선포한다면 유대인들은 얼마나 더 빨리 회개해야 할까요? 언약백성은 말씀에 즉시로 반응해야 합니다.

생각하기 나는 하나님의 말씀에 즉시 회개하고 있습니까?

해답 1. 일어나, 2. 니느웨 3. 가서, 4. 선포, 5. 명령, 6. 사십

요나 4장 · 놀라운 하나님의 자비

주요 구절 4:11

4장은 분위기가 좀 이상합니다. 요나는 니느웨성의 회개와 하나님의 용서를 매우 싫어하고 화를 냅니다(1절). 요나는 니느웨 사람들에게 복음이 전해지면 그들이 회개하고, 하나님은 그들을 용서해줄 것을 이미 알고 있었습니다. 그래서 요나가 도망갔던 것입니다. 니느웨 사람은 요나를 비롯한 이스라엘 백성의 원수였습니다. "그러므로 내가 빨리 다시스로 (1   )하였사오니, 주께서는 (2   )로우시며 (3   )로우시며 노하기를 더디하시며 (4   )가 크시사 뜻을 돌이켜 재앙을 내리지 아니하시는 하나님이신 줄을 내가 알았음이니이다."(2절) 꼭 (3   )로운 하나님을 비아냥거리는 것 같습니다.

요나가 계속 고집부립니다. 니느웨성이 잘 보이는 동쪽에 앉아 그들이 망하는 것을 보고 싶어 합니다(5절). 그때 하나님이 '박넝쿨'을 예비하여 요나의 머리 위에 그늘을 만

들어줍니다. 요나가 좋아합니다. 그런데 하나님이 벌레를 보내어 새벽에 그 식물을 갉아 먹게 합니다. 해가 뜨고 그늘이 사라지자 요나는 괴로워 죽을 지경입니다. 박넝쿨 교훈으로 하나님은 '자비와 사랑'을 가르칩니다. "네가 … 하룻밤에 났다가 하룻밤에 말라 버린 이 박넝쿨을 아꼈거든, 하물며 이 큰 성읍 니느웨에는 좌우를 분변하지 못하는 자가 십이만여 명이요, 가축도 많이 있나니, 내가 어찌 (5) 아니하겠느냐."(10-11절)

요나에게 임한 말씀이 니느웨를 위한 것처럼 보이지만, 사실은 이스라엘을 향한 표적입니다. 하나님은 악독한 니느웨도 용서하는 분입니다. 그러니 비록 이스라엘의 죄가 심각하더라도 그들이 회개하고 돌이킨다면 하나님이 구원할 것이라는 뜻입니다.

생각하기 나는 자기 백성을 향한 하나님의 사랑과 자비를 알고 있습니까?

해답 1. 도망, 2. 은혜, 3. 자비, 4. 인애, 5. 아끼지

미가

'미가'는 남 유다에서 주로 활동한 미가 선지자의 예언을 기록한 책입니다. 미가의 뜻은 '누가 여호와와 같은가?'입니다(미 7:18). 1장 1절에 나오는 대로 요담, 아하스, 히스기야 왕 시대에 활동했습니다(주전 750-686년). 비슷한 시기에 활동한 선지자로 이사야가 있습니다. 둘의 예언은 비슷하기도 한데, 차이점도 있습니다. 이사야는 예루살렘과 왕궁에서 활동했다면, 미가는 예루살렘에서 떨어진 시골에서 활동했습니다. 미가의 출신지인 모레셋은 예루살렘에서 남서쪽으로 약 35Km 떨어진 '낮은 지역'입니다.

아모스처럼 미가도 번성하던 시대의 북 이스라엘과 남 유다의 죄를 지적합니다. 그가 지적하는 죄로는 우상숭배(미 1:7, 5:12-14), 경제적 불의(미 2:2, 9; 6:10-12), 정치 지도자들의 부패(미 3:1-3, 9-10, 7:3), 종교 지도자들과 선지자들의 타락(미 3:5-7, 11) 등 입니다.

이사야가 메시아를 구체적으로 예언했듯이 미가도 메시아의 출현을 예언합니다. 특별히 그는 5장 2절에서 메시아의 탄생을 예언하는데(미 5:2), 후에 헤롯 시대 대제사장과 서기관이 이 말씀을 근거로 베들레헴을 탄생지로 말합니다. 실제로 예수님이 베들레헴에서 태어납니다(마 2:1; 눅 2:4).

내용 구분

1-3장	남 유다와 북 이스라엘의 심판 예언
4-5장	자기 백성을 구원하실 하나님
6-7장	심판과 구원의 예언

미가 1장 · 미가에게 임한 말씀

주요 구절: 1:1

선지자의 출신지와 사역 시기와 예언의 대상이 1절에 언급됩니다. "유다의 왕들 요담과 아하스와 히스기야 시대에 모레셋 사람 (1 　 　)에게 임한 여호와의 말씀, 곧 (2 　 　 　 　)와 예루살렘에 관한 (3 　 　)라."

2-7절은 북 이스라엘, 8-16절은 남 유다의 죄를 지적하고 심판을 예언합니다. 미가 선지자는 사빌, 마롯, 라기스, 마레사 주민에게 임할 심판에 대해 애가를 지어 부릅니다. "이러므로 내가 (4 　 　)하며 (5 　 　)하고 벌거벗은 몸으로 행하며 들개 같이 (5 　 　)하고 타조같이 (4 　 　)하리니."(8절) 언약백성에게 임할 하나님의 심판이 엄중합니다.

생각하기 멸망을 예언해야 하는 미가의 마음은 어땠을까요?

해답 1. 미가, 2. 사마리아, 3. 묵시, 4. 애통, 5. 애곡

미가 2장 · 구원과 회복의 희망

주요 구절: 2:2

언약백성의 죄악은 너무나 분명합니다. "밭들을 탐하여 빼앗고 집들을 탐하여 차지하니 그들이 남자와 그의 집과 사람과 그의 산업을 (1 　 　)하도다."(2절) "평안히 지나가는 자들의 의복에서 겉옷을 벗기며, 내 백성의 부녀들을 그들의 즐거운 집에서 쫓아내고 그들의 어린 자녀에게서 나의 영광을 영원히 빼앗는도다."(8-9절)

이런 악을 지적하는 미가의 예언에 대해 그들은 "너희는 (2 　 　)하지 말라. 이것은 (2 　 　)할 것이 아니거늘, 욕하는 말을 그치지 아니한다"(6절)라고 비난합니다. 그러나 미가는 그들이 "반드시 멸하리니, 그 (3 　 　)이 크리라"(10절)라고 선포합니다. 당시 거짓 선지자들은 포도주와 독주를 얻기 위해 거짓말을 했습니다(11절).

12-13절은 구원과 회복의 메시지입니다. "야곱아! 내가 반드시 너희 무리를 다 모으며

내가 반드시 이스라엘의 (4   ) 자를 모으고 그들을 한 처소에 두기를 보스라의 양 떼 같이 하며, 초장의 양 떼 같이 하리니 … 그들의 왕이 앞서 가며 (5   ) 께서는 (6   )로 가시리라."(12-13절) 이스라엘 역사 가운데 범죄로 인하여 징계를 받고 흩어진 백성이 많습니다. 그러나 언젠가 잃어버린 양을 모아 바른 길로 인도하는 목자 같은 왕이 나타날 것입니다(13절). 이는 양 떼에게 생수와 생명의 떡을 줄 메시아를 가리킵니다.

생각하기 나는 바른 길로 인도하는 목자 예수님을 따라가고 있습니까?

해답 1. 강탈, 2. 예언, 3. 멸망, 4. 남은, 5. 여호와, 6. 선두

미가 3장 · 통치자들의 죄악

주요 구절: 3:11

이스라엘의 죄는 국가 지도자에게서 두드러집니다. "너희가 (1   )을 미워하고 악을 기뻐하여 내 백성의 (2   )을 벗기고, 그 뼈에서 살을 뜯어 그들의 살을 먹으며, 그 (2   )을 벗기며, 그 뼈를 꺾어 다지기를 냄비와 솥 가운데에 담을 고기처럼 하는도다."(2-3절) 종교 지도자들의 사정도 다르지 않습니다. "그 백성을 유혹하는 (3   )들은 이에 물 것이 있으면 평강을 외치나, 그 입에 무엇을 채워 주지 아니하는 자에게는 전쟁을 준비하는도다."(5절)

이런 상황 속에서 미가 선지자는 외로이 진리의 말씀 곧 복음을 선포합니다. "오직 나는 여호와의 (4   )으로 말미암아 능력과 정의와 용기로 충만해져서 야곱의 (5   )과 이스라엘의 (6   )를 그들에게 보이리라."(8절) 미가 선지자의 복음 선포는 다름 아닌 사마리아와 예루살렘에 임할 징벌입니다. 특별히 예루살렘은 무더기가 되고 성전의 산은 수풀의 높은 곳이 될 것입니다(12절).

생각하기 나도 불의한 세상을 향해 진리의 복음을 선포하고 있습니까?

해답 1. 선, 2. 가죽, 3. 선지자, 4. 영, 5, 허물, 6. 죄

미가 4장 · 남은 백성의 구원

주요 구절: 4:2

4장은 멸망할 예루살렘(3장 마지막)과 대비되는 '구원의 산', '시온'을 소개합니다. "끝 날에" 놀라운 일이 일어날 것입니다(1절). "곧 많은 이방 사람들이 가며 이르기를, 오라! 우리가 여호와의 산에 올라가서 야곱의 하나님의 (1 ___)에 이르자. 그가 그의 (2 ___)를 가지고 우리에게 가르치실 것이니라. 우리가 그의 길로 행하리라, 하리니, 이는 (3 ___ ___)이 시온에서부터 나올 것이요, 여호와의 (4 ___ ___)이 예루살렘에서부터 나올 것임이라."(2절) 2-4절은 이사야 2장 2-4절과 같습니다.

북 이스라엘의 사마리아가 아시리아에 의해 망하고 그 후 남 유다의 예루살렘이 바빌론에 의해 멸망할 것이지만, "그 날에"(6절)는 여호와의 구원이 있을 것입니다. "내가 저는 자를 모으며 쫓겨난 자와 내가 환난 받게 한 자를 모아 발을 저는 자는 (5 ___ ___) 백성이 되게 하며, 멀리 쫓겨났던 자들이 강한 나라가 되게 하고, 나 여호와가 시온 산에서 이제부터 (6 ___ ___)까지 그들을 다스리리라."(6-7절) '저는 자'는 상처받은 양, 곧 언약백성을 뜻합니다. 잃어버린 양들을 모으는 분은 언약의 하나님입니다. 그들 가운데 '(5 ___ ___) 백성'은 구원의 영광에 참여하게 될 것입니다. 이 일은 정말로 말세에 예수 그리스도께서 목자로 와 친히 완성하고 이룹니다.

생각하기 내가 구원의 영광에 참여한 남은 백성임을 알고 있습니까?

해답 1. 집, 2. 도, 3. 율법, 4. 말씀, 5. 남은, 6. 영원

미가 5장 · 남은 자의 구원

주요 구절: 5:2

북 이스라엘의 멸망과 남 유다의 패망은 하나님의 언약이 실패하고 망하는 것으로 귀결될 것 같았지만, 4장부터 희망과 소망의 메시지가 이어집니다. 그것은 유다 족속으로부터 '왕'이고 '선한 목자'인 '한 통치자'가 올 것이기 때문입니다.

"(1 ___ ___ ___ ___) 에브라다야! 너는 유다 족속 중에 작을지라도 이스라엘을 (2 ___

(　　) 자가 네게서 내게로 나올 것이라."(2절) 동방에서 온 점성술사들이 헤롯 궁에서 이스라엘의 왕이 태어날 장소를 물었을 때 대제사장과 서기관들이 바로 이 구절을 기억해냅니다. "다스릴 자"의 근본은 상고에, 영원에 있다고 합니다. 그는 (3 　　) 자를 이스라엘로 돌아오게 할 것입니다(3절). 그는 여호와의 능력과 위엄을 의지하고 서서 (4 　　)할 것인데 창대하여 땅 끝까지 미칠 것입니다(4절). 그는 (5 　　)의 왕이 될 것입니다(5절, 사 11:6-10절 참고). 그 때에는 이방 점쟁이와 이방 종교들이 사라지게 될 것입니다(12-13절). 구원의 날이 예수 그리스도를 통해 완전히 성취됩니다.

생각하기 나는 평강의 왕이신 예수님의 통치에 순종합니까?

해답 1. 베들레헴, 2. 다스릴, 3. 남은, 4. 목축, 5. 평강

미가 6장 · 하나님이 구하는 것은

주요 구절: 6:8

6장 장면은 마치 법정 같습니다. 하나님과 백성이 변론하고 산들이 증인으로 나옵니다. 이스라엘 백성은 '언약의 하나님'과 '하나님의 언약'에 싫증을 냅니다. 그런 백성에게 하나님은 따집니다. '너희가 어떻게 불평할 수 있느냐? 내가 너희를 위해 행한 역사(출애굽과 가나안으로의 여행)를 기억하라'고 합니다(3-5절). 구원하고 돌보는 하나님의 사랑과 공의를 선포합니다(5절).

그러나 이스라엘 백성은 구원의 하나님에 대해 마음을 열지 않습니다. "내가 무엇을 가지고 여호와 앞에 나아가며 높으신 하나님께 (1 　　)할까? 내가 번제물로 일 년 된 송아지를 가지고 그 앞에 나아갈까? 여호와께서 천천의 숫양이나 만만의 강물 같은 기름을 기뻐하실까? 내 허물을 위하여 내 (2 　　　)을, 내 영혼의 죄로 말미암아 내 몸의 열매를 드릴까?"(6-7절) 그들은 하나님을 사랑하기보다 종교 행사에만 관심이 있습니다. 하나님이 원하는 것은 그런 것이 아닙니다. "사람아! 주께서 선한 것이 무엇임을 네게 보이셨나니, 여호와께서 네게 구하시는 것은 오직 (3 　　)를 행하며 (4 　　)를 사랑하며 (5 　　)하게 네 하나님과 (6 　　) 행하는 것이 아니냐?"(8절) 이것이 언약백성에게 하나님이 요구하는 핵심입니다.

생각하기 미가 6장 8절을 암송해봅시다.

해답 1. 경배, 2. 맏아들, 3. 정의, 4. 인자, 5. 겸손, 6. 함께

미가 7장 죄 사함의 소식

주요 구절: 7:18

이스라엘의 지도자, 재판관, 권력자의 죄와 부패가 심각합니다. "그들의 가장 선한 자라도 가시 같고, 가장 정직한 자라도 찔레 울타리보다 더하도다."(4절) 그러나 미가는 심판의 메시지 가운데 믿음의 노래를 찬송합니다. "오직 나는 여호와를 우러러보며 나를 구원하시는 하나님을 바라보나니, 나의 하나님이 나에게 (1)를 기울이시리로다. 나의 대적이여 나로 말미암아 기뻐하지 말지어다. 나는 엎드러질지라도 일어날 것이요 … 내가 여호와께 범죄하였으니 그의 진노를 당하려니와, 마침내 주께서 나를 위하여 논쟁하시고, 심판하시며, 주께서 나를 (2)하사 광명에 이르게 하시리니, 내가 그의 (3)를 보리로다."(7-9절) '우리의 (3)' 때문이 아니라, '하나님의 (3)'로 구원이 임하게 될 것을 선포합니다.

미가는 언약의 하나님을 용서의 신으로 선포합니다. "주와 같은 신이 어디 있으리이까? 주께서는 죄악과 그 기업에 남은 자의 허물을 (4)하시며 인애를 기뻐하시므로 진노를 오래 품지 아니하시나이다."(18절) 언약백성이 신실하게 언약을 끝까지 지키지 못하지만, 감사하게도 하나님은 인애가 한이 없으셔서 우리를 기다려주고 용서해주며 품어줍니다. 미가 선지자는 그리스도를 통해 이루어질 죄 사함의 은혜를 내다보며 선포합니다. "다시 우리를 (5)히 여기셔서 우리의 (6)을 발로 밟으시고 우리의 모든 죄를 깊은 바다에 던지시리이다."(19절)

생각하기 나는 예수님 안에서 죄 사함의 은혜를 풍족히 누리고 있습니까?

해답 1. 귀, 2. 인도, 3. 공의, 4. 사유, 5. 불쌍, 6 죄악

나훔

'나훔'은 요나처럼 니느웨를 향해 예언한 나훔 선지자의 말을 기록한 책입니다. 나훔의 정체를 정확히 알 수는 없습니다. 다만 3장 8절에서 언급된 "노아몬"이 주전 663년에 아시리아 왕 아수르바니팔(Ashurbanipal)에게 멸망된 이집트 도시인 것을 볼 때 나훔이 활동한 시기를 주전 663-612년으로 생각할 수 있습니다. 이 시기는 남 유다 요시야 왕의 통치 시기이고 선지자 스바냐와 예레미야가 활동한 때입니다.

니느웨는 주전 800-750년경 요나 선지자가 회개를 외쳤을 때 회개한 적이 있습니다. 하지만 주전 645-620년경 니느웨는 다시 나훔 선지자의 경고를 받을 정도로 타락했습니다. 주전 612년에 니느웨는 바빌론에게 멸망합니다.

나훔의 뜻은 '위로'인데, 이 뜻처럼 니느웨의 멸망 소식은 남 유다에게 위로였습니다. 남 유다는 요시야 왕 때에야 겨우 아시리아로부터 독립했습니다. 그렇다면 아시리아를 멸망시킨 분이 하나님이니 그 분을 의지하는 것이 옳습니다(나 1:7). 이 예언이 선포될 시기에 요시야가 종교개혁을 주도했으니, 예언을 들은 언약백성은 더욱 하나님을 의지해야 했습니다.

내용 구분

1장 — 니느웨의 심판 예언
2장 — 니느웨의 심판 묘사
3장 — 니느웨의 심판 근거

나훔 1장 · 니느웨의 심판 예언

주요 구절: 1:1

"니느웨에 대한 경고"는 북 이스라엘을 멸망시킨 아시리아를 심판하겠다는 계시입니다(1-2절). 언약백성이 불신앙으로 언약을 깨뜨릴 때 하나님이 그들을 심판합니다. 그 도구가 아시리아였고, 결국 북 이스라엘은 멸망합니다(주전 722년). 그러나 동시에 교만한 아시리아를 심판합니다(9-11절). "여호와는 (1 □□)하시며 (2 □□)하시는 하나님이시니라. 여호와는 (2 □□)하시며 진노하시되 자기를 거스르는 자에게 여호와는 (2 □□)하시며 자기를 (3 □□)하는 자에게 진노를 품으시며."(2절)

당시 아시리아는 부강한 나라였지만 하나님에게 멸절당할 것(12절)입니다. 나훔은 니느웨를 향해 경고하지만, 진짜 관심은 언약백성입니다. "여호와는 선하시며 환난 날에 (4 □□)이시라. 그는 자기에게 피하는 자들을 아시느니라."(7절) 남 유다를 향해서도 예언합니다. "볼지어다. 아름다운 (5 □□)을 알리고 (6 □□)을 전하는 자의 발이 산 위에 있도다. 유다야! 네 절기를 지키고 네 서원을 갚을 지어다. 악인이 진멸되었으니 그가 다시는 네 가운데로 통행 하지 아니하리로다."(15절) 아시리아가 멸망할 것이기 때문에 이제 더 이상 유다가 무서워하고 두려워할 필요가 없다는 뜻입니다.

생각하기 나는 하나님이 온 세상의 주인이심을 믿으며 살고 있습니까?

해답 1. 질투, 2. 보복, 3. 대적, 4. 산성, 5. 소식, 6. 화평

나훔 2장 · 니느웨의 심판 묘사

주요 구절: 2:10

거대한 제국의 수도였던 만큼 니느웨는 매우 큰 도시였던 것으로 알려져 있습니다. 티그리스 강물이 흘러가고, 내벽과 외벽으로 된 성곽으로 둘러싸여 있고, 해자(垓字)와 강으로 둘러싸인 튼튼한 성입니다(6-10절).

그러나 이런 거대한 성이 처참하게 멸망합니다. “니느웨가 (1 　 　)하였고 (2 　 　)하였도다. 주민이 (3 　 　)하여 그 무릎이 서로 부딪히며, 모든 허리가 아프게 되며 모든 낯이 빛을 잃도다.”(10절) 아시리아에서는 왕을 (4 　 　)로 묘사하는데, 그 용맹함이 비참하게 바뀝니다. “이제 (4 　 　)의 굴이 어디냐? 젊은 (4 　 　)가 먹을 곳이 어디냐?”(11절)

죄인에게 임하는 하나님의 심판은 매섭습니다. 그러나 반대로 언약백성에게는 심판이 (5 　 　)과 구원이기도 합니다. “여호와께서 야곱의 영광을 (5 　 　)하시되 이스라엘의 영광 같게 하시나니.”(2절)

생각하기 언약백성의 영광이 회복될 것을 믿습니까? 왜 그렇습니까?

해답 1. 공허, 2. 황폐, 3. 낙담, 4. 사자, 5. 회복

나훔 3장 · 니느웨의 심판 근거

주요 구절: 3:1

니느웨가 거의 100년 동안 영화를 누렸지만 하나님 앞에 죄악으로 가득합니다. “화 있을진저 피의 성이여! 그 안에는 (1 　 　)이 가득하고 포악이 가득하며 탈취가 떠나지 아니하는도다.”(1절) 하나님은 세상의 모든 불의를 반드시 심판합니다. 니느웨도 그런 하나님의 심판을 받게 됩니다. 선지자의 심판 묘사가 생생합니다. “휙휙 하는 (2 　 　) 소리, 윙윙 하는 병거 바퀴 소리, 뛰는 말, 달리는 병거, 충돌하는 기병, 번쩍이는 (3 　), 번개 같은 창, 죽임 당한 자의 떼, 주검의 큰 무더기, 무수한 (4 　 　)여! 사람이 그 (4 　 　)에 걸려 넘어지니.”(2-3절)

니느웨는 정치뿐만 아니라 종교에서도 범죄하였습니다. 아시리아와 니느웨는 이슈타르(Ishtar) 여신을 숭배하였는데 그곳에서도 (5 　 　)이 벌어졌습니다. “이는 마술에 능한 미모의 음녀가 많은 (5 　 　)을 함이라. 그가 그의 (5 　 　)으로 여러 나라를 미혹하고 그의 (6 　 　)로 여러 족속을 미혹하느니라.”(4절)

하나님은 악인을 반드시 심판합니다. 이것은 경건한 언약백성에게 큰 위로입니다. 종

종 언약백성이 악인에게 당하고 그들의 번영을 보며 실의에 빠집니다. 그러나 공의로 심판하는 하나님의 말씀을 들으면서 위로를 얻습니다.

생각하기 악인의 번영을 보면서 어떤 생각을 합니까?

해답 1. 거짓, 2. 채찍, 3. 칼, 4. 시체, 5. 음행, 6. 마술

하박국

'하박국'은 유다와 바빌론의 멸망을 예언한 하박국 선지자의 말을 기록한 책입니다. 이름의 뜻은 '움켜쥐다'입니다. 하박국의 활동 시기는 1장 4절에 "이러므로 율법이 해이하고 정의가 전혀 시행되지 못하오니, 이는 악인이 의인을 에워쌌으므로 정의가 굽게 행하여짐이니이다"와 1장 6절 "내가 갈대아 사람을 일으켰나니"에서 추정할 수 있습니다. 4절을 보면 율법이 해이해졌다고 하는데 이는 요시야의 죽음으로 종교개혁이 끝난 주전 609년 이후로, 그리고 바빌론이 본격적으로 침공하기 전인 주전 605년 이전으로 볼 수 있습니다.

하박국의 내용을 두 가지로 정리할 수 있습니다. 첫째, 유다의 타락입니다. 유다 백성 사이에 겁탈과 강포, 패역, 변론과 분쟁이 일어났습니다. 둘째, 바빌론의 멸망입니다. 비록 유다가 악한 바빌론에게 망하지만 하나님이 악한 바빌론도 망하게 할 것입니다. 이 두 가지가 교차되며 나옵니다.

한편 하박국 2장 4절 말씀은 로마서 1장 17절에서 인용됩니다. 바빌론에게 망하는 중에도 끝까지 하나님을 믿는 자가 구원받듯이, 예수 그리스도를 끝까지 믿는 자가 구원받을 것입니다.

내용 구분

1:1-4	하박국의 첫 번째 호소
1:5-11	하나님의 응답
1:12-17	하박국의 두 번째 호소
2장	하나님의 응답
3장	하박국의 기도

하박국 1장 · 하박국이 받은 경고

주요 구절: 1:1

하박국의 예언은 남 유다의 도덕적 타락을 향합니다. "겁탈과 강포가 내 앞에 있고 변론과 분쟁이 일어났나이다."(3절) 선지자는 하나님께 이렇게 묻습니다. "여호와여, 내가 부르짖어도 주께서 (1 □□) 아니하시니 어느 때까지리이까?"(2절) 이런 질문은 예나 지금이나 동일합니다. 경건한 자들이 핍박과 고난을 당할 때 '이것은 아니지 않습니까!'라고 외칩니다. "이러므로 (2 □□)이 해이하고 정의가 전혀 시행되지 못하오니, 이는 악인이 (3 □□)을 에워쌌으므로 정의가 굽게 행하여짐이니이다."(4절)

5-11절까지는 하박국의 질문에 대한 하나님의 응답입니다. 하나님은 사납고 성급한 백성인 갈대아(바빌론) 사람을 일으켜(6절) 표범보다 빠르고 이리보다 사나운 기병(8절)으로 유다를 공격하도록 할 것입니다. 그러나 갈대아인도 하나님의 심판 대상입니다. 갈대아인의 문제는 이것입니다. "그들은 자기들의 (4 □)을 자기들의 (5 □)으로 삼는 자들이라. 이에 바람 같이 급히 몰아 지나치게 행하여 범죄하리라."(11절)

하박국은 다시 세상의 불의와 하나님의 통치에 대해 질문합니다(12-17절). 하박국은 불의한 유다와 바빌론(하나님의 매)의 불의를 고발합니다. 악인이 악을 부르지만 악인은 스스로 악이라 생각하지 않습니다. 이런 악인의 모습은 지금도 있고 앞으로도 있을 것입니다. 이런 고민을 하박국 선지자가 외치고 있습니다. "어찌하여 … (6 □□)하시나이까?"(13절) 인간은 질문하고 불평할 수 있지만 문제를 해결하지 못합니다. 문제 해결은 언제나 하나님이 합니다. 그러므로 온 세상의 통치자 하나님께 소망을 두고 믿음을 가져야 합니다.

생각하기 불의한 세상도 하나님의 통치 아래 있음을 믿습니까?

해답 1. 듣지, 2. 율법, 3. 의인, 4. 힘, 5. 신, 6. 잠잠

하박국 2장 · 하나님의 응답

주요 구절: 2:4

하박국 선지자의 고민은 '하나님이 왜 악에 대해 침묵하는가?'입니다. 하나님이 하박국의 질문에 대답합니다. 하박국은 그 대답을 달리면서도 읽을 수 있을 정도로 "명백히" 게시판에 새겨야 합니다(2절). 악인이 세상에 가득하지만 "(1   )은 그의 (2   )으로 말미암아 살리라"(4절)라고 크게 새겨야 합니다. 바로 이 구절은 로마서(1:16-17)와 갈라디아서의 중심 주제입니다. 성경에서 말하는 의인은 흠 없는 자라는 의미가 아닙니다. 의인은 여전히 연약하지만 하나님의 은혜로 죄를 용서받는다는 것과 자신은 자랑할 것이 없다는 것을 아는 자입니다.

2장에는 "화 있을진저"라는 문구가 5번(6, 9, 12, 15, 19절)이나 등장합니다. 악인에 대한 하나님의 경고입니다. 이 경고는 불의한 남 유다(1-11절)뿐만 아니라 바벨론(12-20절)에게도 향합니다. 모든 세상의 불의에 대해 하나님의 심판이 있을 것입니다. 하나님이 그들을 심판함으로 "물이 바다를 덮음 같이 여호와의 (3   )을 인정하는 것이 세상에 가득"(14절)하게 될 것입니다. 불의가 심판을 받고 여호와의 영광, 곧 하나님의 공의가 인정받는 세상이 올 것입니다. 그것이 예수 그리스도 안에서 이루어질 것입니다(사 11:9; 고후 4:6).

모든 불의한 자들은 거룩한 하나님의 사역 앞에 겸허해야 합니다. "오직 (4   )는 그 (5   )에 계시니 온 땅은 그 앞에서 (6   )할지니라, 하시니라."(20절)

생각하기 나는 하나님께서 이루실 공의를 기대하며 살고 있습니까?

해답 1. 의인, 2. 믿음, 3. 영광, 4. 여호와, 5. 성전, 6. 잠잠

하박국 3장 · 하박국의 기도

주요 구절: 3:2

하박국 3장은 기도 형식의 시(詩)입니다. 세속 문화가 인간의 위대함을 자랑하지만, 성도는 기도로 하나님의 위대함을 찬송합니다. 하박국은 공의와 사랑의 하나님에 관한 소식을 듣고 놀라 고백합니다. "여호와여, 주는 주의 일을 이 수년 내에 (1   )하

게 하옵소서. 이 수년 내에 나타내시옵소서. 진노 중에라도 (2 ___ ___)을 잊지 마옵소서."(2절)

하나님의 공의와 사랑은 과거 홍해에서 이집트인을 심판하고 이스라엘을 구원하던 길에 남아 있습니다. "데만에서부터"와 "바란 산에서부터"에 잘 표현됩니다(3절). 하나님의 일은 불덩이처럼 무섭고(5절), 땅이 진동하고, 영원할 것 같은 크고 작은 산이 무너질 만큼 대단할 것입니다(6절). 여호와가 말을 타고 구원의 병거를 몰고, 활을 당겨 쏘는 것은(9절), 마치 자연을 향하여 분을 냄 같지만(8절), 이런 것들도 인간 세계를 향한 하나님의 일입니다.

하박국은 두려움과 절망 속에서 구원하는 하나님을 바라보며 소망을 갖습니다. "비록 무화과나무가 무성하지 못하며 포도나무에 (3 ___ ___)가 없으며 감람나무에 소출이 없으며 밭에 먹을 것이 없으며 우리에 (4 ___)이 없으며 외양간에 (5 ___)가 없을지라도, 나는 여호와로 말미암아 즐거워하며, 나의 (6 ___ ___)의 하나님으로 말미암아 기뻐하리로다. 주 여호와는 나의 (7 ___)이시라. 나의 발을 사슴과 같게 하사 나를 나의 높은 곳으로 다니게 하시리로다."(17-19절)

생각하기 나도 구원하시는 하나님을 바라보며 소망을 가지고 있습니까?

해답 1. 부흥, 2. 긍휼, 3. 열매, 4. 양, 5. 소, 6. 구원, 7. 힘

스바냐

'스바냐'는 1장 1절에 나오듯이 남 유다 요시야 왕 시대에 활동한 스바냐 선지자의 예언을 기록한 책입니다. 히스기야의 현손이니 왕족입니다. 요시야의 통치 기간인 주전 637-609년 동안 예언한 것으로 보입니다.

주요 내용은 "여호와의 날"입니다. 요시야 주도로 종교개혁이 있었지만, 갑작스런 요시야의 죽음으로 개혁은 중단되고, 백성의 삶은 크게 바뀌지 않았습니다. 언약을 등한시하고 율법을 지키지 않았습니다. 그런 교만하고 불경건한 자들에게 여호와의 날이 임할 것입니다. 하나님의 심판이 분명히 임할 것을 스바냐 선지자는 강조합니다. 그러나 심판은 꼭 구원과 함께 임합니다. 하나님께 회개한 자들은 구원받고 회복될 것입니다. "너의 하나님 여호와가 너의 가운데에 계시니 그는 구원을 베푸실 전능자이시라 그가 너로 말미암아 기쁨을 이기지 못하시며 너를 잠잠히 사랑하시며 너로 말미암아 즐거이 부르며 기뻐하시리라 하리라"는 3장 17절 말씀이 잘 보여줍니다. 이 약속은 하나님이 주시는 희망이며 언약백성이 붙잡아야 할 소망입니다.

내용 구분

1:1-6	유다에게 다가오는 여호와의 날
1:7-3:8	여호와의 날
3:9-20	남은 자의 구원과 회복

스바냐 1장 · 여호와의 날

주요 구절: 1:1

하나님은 공의로운 분입니다. 죄에 대해 그냥 넘어가지 않습니다. "내가 땅 위에서 (1 ____ ____) 것을 진멸하리라."(2절) 남 유다는 언약의 하나님을 버리고 언약의 말씀을 어기고 있습니다. 불신앙과 불의한 삶의 실상은 매우 심각합니다. "또 지붕에서 하늘의 뭇 (2 ____)에게 경배하는 자들과 경배하여 여호와께 맹세하면서 (3 ____ ____)을 가리켜 맹세하는 자들과 여호와를 배반하고 따르지 아니한 자들과 여호와를 찾지도 아니하며 구하지도 아니한 자들을 멸절하리라."(5-6절) 첫째는 우상숭배자, 둘째는 혼합주의자, 셋째는 배교자와 변절자, 넷째는 무신론자를 멸할 것입니다. 이런 이들은 현대에도 여전히 존재합니다.

이스라엘은 언약백성으로서 하나님과 특별한 관계입니다. 그런데도 그들은 "여호와께서는 (4 ____)도 내리지 아니하시며 (5 ____)도 내리지 아니하시리라"(12절)고 말합니다. 하나님이 다스리지 않고 방치하신다고 믿는 이신론(理神論 Deism)적 생각입니다. 언약백성이 이렇게 말하니 더 놀랍습니다.

스바냐는 하나님의 심판을 선포합니다. "(6 ____ ____ ____ ____ ____)"(7절), 곧 '희생의 날', '큰 날', '분노의 날', '환난과 고통의 날', '황폐와 패망의 날', '캄캄하고 어두운 날', '구름과 흑암의 날'(14-15절)이 임하게 될 것임을 선포합니다. 심판은 하나님의 살아계심을 증명할 것입니다.

생각하기 나도 하나님을 '이신론'적으로 생각하고 있지는 않습니까?

해답 1. 모든, 2. 별, 3. 말감, 4. 복, 5. 화, 6. 여호와의 날

스바냐 2장 · 회개 촉구와 열방의 멸망

주요 구절: 2:3

하나님은 공의로운 동시에 사랑으로 가득합니다. 사랑의 하나님은 회개의 기회를 줍니다(1-2절). 여호와를 "찾으라"(3절)고 권고합니다. "여호와의 (1 　　)를 지키는 세상의 모든 (2 　　)한 자들아! 너희는 여호와를 찾으라. (3 　　)와 (2 　　)을 구하라. 너희가 혹시 여호와의 분노의 날에 숨김을 얻으리라."(3절)

이스라엘의 죄뿐만 아니라, 이웃 나라들을 향한 심판의 날에 대해서도 예언합니다. 이방인은 교만하여 "(4 　　) 성이라 (5 　　) 없이 거주하며 마음속에 이르기를 오직 나만 있고 나 외에는 다른 이가 없다"(15절)라고 말합니다. 그들의 죄는 (6 　　)입니다. "…그들이 만군의 여호와의 백성을 훼방하고 (6 　　)하여졌음이라."(10절) 결국 그들은 하나님의 심판을 피하지 못할 것입니다. 늦기 전에 회개의 기회에 반응해야 합니다.

생각하기 나는 교만하지 않고, 회개의 기회에 겸손히 반응하고 있습니까?

해답 1. 규례, 2. 겸손, 3. 공의, 4. 기쁜, 5. 염려, 6. 교만

스바냐 3장 · 남은 자와 열방의 구원

주요 구절: 3:17

남 유다의 죄는 방백, 재판장, 선지자, 제사장에 이르기까지 광범위하게 나타납니다. "그가 명령을 듣지 아니하며, (1 　　)을 받지 아니하며, 여호와를 (2 　　)하지 아니하며, 자기 하나님에게 가까이 나아가지 아니하였도다."(2절) 남 유다에게 '오직 여호와를 경외하고 교훈을 받으라'(7절)고 권고하지만 더욱더 죄를 더하여(7절) 여호와의 질투의 불에 소멸될 것입니다(8절).

하나님의 구원도 선포됩니다. "그 때에 내가 여러 백성의 (3 　　)을 깨끗하게 하

여 그들이 다 여호와의 이름을 부르며 한 가지로 나를 섬기게 하리니."(9절) "그 때"는 오순절 성령 강림 때입니다. 겸손히 자신을 낮추는 백성(11-12절)은 "남은 자"(13절)로서 회개하여 심판으로부터 살아날 것입니다. 여호와는 "시온의 딸아, 노래할지어다! 이스라엘아, 기쁘게 부를지어다"(14절)라고 호소합니다. "여호와가 네 형벌을 제거하였고, 네 원수를 쫓아냈으며, 이스라엘 왕 여호와가 네 가운데 계시니 네가 다시는 화를 당할까 두려워하지 아니할 것이라."(15절) 스바냐는 구원의 하나님을 이렇게 노래합니다. "너의 하나님 여호와가 너의 가운데에 계시니 그는 (4 　 　)을 베푸실 전능자이시라. 그가 너로 말미암아 (5 　 　)을 이기지 못하시며, 너를 잠잠히 (6 　 　)하시며, 너로 말미암아 즐거이 부르며 기뻐하시리라, 하리라."(17절)

생각하기　나도 스바냐와 같이 구원의 하나님을 노래하고 있습니까?

해답　1. 교훈, 2. 의뢰, 3. 입술, 4. 구원, 5. 기쁨, 6. 사랑

학개

'학개'는 제1차 포로 귀환 때 활동한 학개 선지자의 말을 기록한 책입니다. 지난 성전의 영광을 보았다고 한 것(학 2:3)으로 보아 70세는 훌쩍 넘는 고령이었을 것입니다. 제1차 포로 귀환 이후 스룹바벨 주도로 유다 백성이 성전 건축을 시도했지만 대적들의 방해로 제대로 진행되지 않았습니다(스 3:3-4:5). 그로부터 17년이 지난 후 학개에게 말씀이 임해 성전 재건을 강권합니다. 그렇게 주전 520년 성선 건축이 다시 시작됩니다. 2장 2절에 보면 선지자, 제사장, 왕(총독)이 합심해 성전을 재건하는데, 눈길을 끕니다.

학개는 다리오 왕 2년 여섯째 달부터 아홉째 달까지 총 4개월 동안 네 차례 말씀이 임해 예언했습니다. 성전 건축이 중단된 현재를 배경으로 예언한 뒤(1), 재건될 성전의 영광을 예언합니다(2). 또 지금 겪고 있는 재앙을 배경으로 예언한 뒤(3), 앞으로 하나님이 천지를 진동할 것과 메시아가 출현할 것(4)을 예언합니다.

내용 구분

1장	첫 번째로 임한 말씀: 성전 재건축
2:1-9장	두 번째로 임한 말씀: 성전의 영광
2:10-19장	세 번째로 임한 말씀: 사라질 재앙
2:20-23장	네 번째로 임한 말씀: 메시아의 출현

학개 1장 · 성전 건축 시작

주요 구절: 1:1

학개는 다리오(Darius, 주전 522-486년) 왕 통치 2년 여섯째 달 초하루에 예언(설교)을 시작합니다. 이 연대는 주전 520년으로 보입니다.

"너희는 산에 올라가서 나무를 가져다가 (1)을 건축하라."(8절) 예루살렘에 돌아온 백성은 "여호와의 전을 건축할 시기가 이르지 아니하였다"(2절)라고 주장하고 있습니다. 백성의 관심은 자신들의 삶으로 좁아져 있습니다. 여호와의 성전은 황폐한 상태로 있는데 백성은 "판벽한 집"(잘 지어진 집)에 살고 있습니다. "내 집은 (2) 하였으되 너희는 각각 자기의 집을 짓기 위하여 (3)랐음이라."(9절) 하나님이 우선순위에서 밀렸습니다. 그 때문에 하나님은 그들에게 가뭄을 줍니다. 백성은 극심한 가난과 어려움에 허덕여야 합니다(5-6, 10-11절).

학개의 권고는 백성의 마음을 움직였습니다. 총독과 제사장과 백성이 변했습니다. 하나님의 약속, "내가 너희와 (4) 하노라"(13절)라는 말씀이 백성에게 격려가 됩니다. 어떻게 이런 일이 가능했을까요? 학개의 설교가 감동적이었기 때문일까요? 아닙니다. 여호와 하나님의 일하심 때문입니다. "여호와께서 … (5)을 감동시키시매 그들이 와서 만군의 여호와 그들의 하나님의 전 공사를 하였으니."(14절) 말씀을 선포하기 시작한 지 26일 만에 일어난 변화입니다. 놀랍습니다.

생각하기 나의 우선순위는 하나님입니까?

해답 1. 성전, 2. 황폐, 3. 빨, 4. 함께, 5. 마음

학개 2장 · 이전보다 영광스런 성전

주요 구절: 2:4

공사를 시작한 지 약 한 달 정도 지난 일곱째 달 21일에 학개가 다시 그들을 격려합니

다. "이 땅 모든 백성아, 스스로 굳세게 하여 일할지어다."(4절) 왜냐하면 하나님이 "함께"(4절)하기 때문입니다. 비록 이 성전의 영광이 과거에 비해 보잘것없어 보이지만(3절), 이 성전에 여호와의 영광이 (1)하게 될 것(7절)이라고 격려합니다. 아니 오히려 이 성전의 (2) 영광이 (3) 영광보다 클 것이라고 합니다(9절). 성전의 핵심 의미는 여호와가 함께한다는 것입니다. 하나님이 자기 백성과 함께한다는 '임마누엘'의 약속은 예수 그리스도를 통해 오순절에 오신 성령 강림으로 오늘 우리에게 구체적으로 성취됩니다.

마지막으로 학개는 각 나라들을 심판하고 멸하지만, 다윗의 집은 회복되고 그 왕위를 통해 자기 백성과 온 세상에 복이 임할 하나님의 계획을 발표합니다. "만군의 여호와가 말하노라. 스알디엘의 아들 내 종 스룹바벨아! 여호와가 말하노라. 그 날에 내가 너를 세우고 너를 (4)으로 삼으리니, 이는 내가 너를 (5)하였음이니라. 만군의 여호와의 말이니라, 하시니라."(23절) "내 종"은 하나님이 사명을 준 자에게 붙이는 이름입니다. (4)은 왕의 권위와 소유권의 증거입니다. 진실한 참된 종이며 다윗 왕가를 통해 올 영원한 왕 예수 그리스도를 염두에 둔 말씀입니다.

세상 국가의 흥망성쇠는 계속되고 언약백성의 영적 상태는 실망스럽습니다. 하지만, 하나님의 신실한 구원의 일은 쉬지 않고 진행됩니다. 학개 선지자가 전한 복음이 이것을 보증합니다.

생각하기 나는 참된 소망이 오직 신실하신 하나님께 있음을 믿습니까?

해답 1. 충만, 2. 나중, 3. 이전, 4. 인장, 5. 택

스가랴

'스가랴'는 학개와 같은 시대에 활동한 선지자 스가랴의 예언을 기록한 책입니다. 그가 예언한 시기는 다리오 왕 제2년(슥 1:1)으로 학개와 같습니다. 제1차 포로 귀환 시기인 주전 520년 정도입니다. 에스라서에 학개와 함께 등장합니다. "선지자들 곧 선지자 학개와 잇도의 손자 스가랴가 이스라엘의 하나님의 이름으로 유다와 예루살렘에 거주하는 유다 사람들에게 예언하였더니."(스 5:1)

학개처럼 중단된 성전 건축이 재개되도록 하나님의 말씀을 선포했습니다. 회개와 순종 없이는 언약에 포함된 '약속'을 얻을 수 없다고 강하게 강조합니다. 더하여 백성이 잘 순종하도록 환상으로 본 하나님이 하는 일을 선포합니다. 이것이 1-8장 동안 내용입니다. 이어서 9-14장은 메시아와 관련된 예언으로 보다 먼 미래 예언입니다. 메시아가 와서 이스라엘은 완전히 회복할 것입니다.

특별히 스가랴의 예언은 신약성경에 많이 인용되었습니다.

스가랴	신약성경
8:16	엡 4:25
9:9	마 21:5, 요 12:15
11:12-13	마 27:8-10
12:10	요 19:37
13:7	마 26:31, 막 14:27

내용 구분

1:1-6	스가랴에게 임한 말씀
1:7-6:8	여덟 가지 환상
6:9-15	대제사장 여호수아의 대관식
7-8장	금식에 대한 질문과 장래의 약속
9-11장	첫째 계시: 메시아의 오심과 거절
12-14장	둘째 계시: 메시아의 고난과 회복

스가랴 1장 · 회개 요청과 열방 심판

주요 구절: 1:1

하나님은 언약백성에게 지속적으로 "내게로 돌아오라"(3절)고 요청했고 "그리하면 내가 (1 □□)에게로 돌아가리라"(3절)라고 약속했습니다. 이러한 요구는 구원의 조건이 아니라, 감사의 결과입니다. 감사의 삶을 사는 언약백성은 언약의 복을 누릴 수 있습니다. 스가랴의 주요 메시지입니다.

7-17절은 스가랴 선지자가 본 첫째 환상입니다. 골짜기 속에 화석류나무가 있는데, 화석류나무들 사이에 하나님이 보낸 천사들이 나옵니다. 그들은 하나님이 땅에 두루 다니라고 보낸 자들입니다. 그들이 "만군의 여호와여! 여호와께서 언제까지 예루살렘과 유다 성읍들을 불쌍히 여기지 아니하시려 하나이까? 이를 노하신 지 (2 □□) 년이 되었나이다"(12절)고 말합니다. 그러자 하나님은 "선한 말씀, (3 □□)하는 말씀"(13절)으로 대답합니다. 이어서 "내가 불쌍히 여기므로 (4 □□□□)에 돌아왔은즉 내 집이 그 가운데에 건축되리니, (4 □□□□) 위에 (5 □□)이 쳐지리라. 만군의 여호와의 말이니라."(16절) (5 □□)은 건축하기 위해 측량하는 도구인데, (4 □□□□)이 다시 재건될 것이라는 뜻입니다. 환상을 통해 (3 □□)를 얻습니다.

둘째 환상이 18-21절에 나타납니다. "네 개의 뿔" 환상인데 "넷"은 사방팔방을 뜻하고 "뿔"은 힘과 권력을 의미합니다. 유다와 예루살렘을 파괴한 세상 나라를 가리킵니다. 이어서 "네 명의 대장장이"가 나옵니다(20절). "대장장이"는 쇠를 녹여 망치로 기구를 만드는 자인데 쇠처럼 강한 나라도 하나님이 불에 녹여 없애버릴 것이라는 것을 상징합니다. 하나님은 유다를 괴롭힌 그 뿔(나라)들을 멸할 것입니다.

생각하기 나는 회개함으로 언약의 복을 누리고 있습니까?

해답 1. 너희, 2. 칠십, 3. 위로, 4. 예루살렘, 5. 먹줄

스가랴 2장 · 재건되는 예루살렘

주요 구절: 2:1

1-13절에 셋째 환상이 이어집니다. 한 사람이 "(1)"을 손에 잡고 예루살렘을 측량합니다(1-2절). 앞서 나온 "먹줄"(슥 1:16)과 비슷합니다. 예루살렘이 다시 재건되어 많은 사람이 와서 살게 될 것입니다. 경계를 정할 수 없을 만큼 클 것입니다. "예루살렘은 그 가운데 (2)과 가축이 많으므로 (3) 없는 성읍이 될 것이라."(4절) 하나님은 예루살렘 성 가운데 머물 것입니다(10절).

그 날에는 많은 나라가 여호와께 속하여 하나님의 백성이 될 것입니다(11절). 너무 많은 사람이 몰려와 성벽을 쌓을 필요가 없을 지경입니다. 성벽이 없어도 걱정 없습니다. 하나님이 (4)로 둘러싼 (3)이 되고 성 가운데서 (5)이 될 것이기 때문입니다(5절). 에덴동산의 화염검처럼 하나님이 예루살렘을 "눈동자"(8절)처럼 지키실 것이라는 말입니다.

생각하기 나는 언약백성을 눈동자처럼 지키시는 하나님을 믿습니까?

해답 1. 측량줄, 2. 사람, 3. 성곽, 4. 불, 5. 영광

스가랴 3장 · 죄 문제 해결

주요 구절: 3:9

넷째 환상이 이어집니다. 대제사장 여호수아가 천사 앞에 섰고 (1)은 그의 오른쪽에 서서 대적합니다(1절). 본래 (1)의 뜻이 '고발자'입니다. 대제사장 여호수아에게 흠이 있었던 것 같습니다. "여호수아가 (2) 옷을 입고 천사 앞에 서 있는지라."(3절) 여호수아의 더러움이 밝혀졌다고 백성이 그의 직무를 비난하며 복종하지 않아도 된다는 뜻은 아닙니다. 하나님은 대제사장 직무 수행을 위하여 그의 죄를 해결해주고 직무를 계속할 수 있게 합니다. "그 (2) 옷을 벗기라, 하시고

또 여호수아에게 이르시되, 내가 네 (3)을 제거하여 버렸으니 네게 (4) 옷을 입히리라."(4절)

하나님은 앞으로 대제사장 여호수아와 그의 동료 제사장들이 할 일보다 훨씬 더 큰일을 할 "종"을 소개합니다. "내가 내 종 (5)을 나게 하리라."(8절) 이 (5)은 예레미야 선지자를 통해 예언된 "가지"(렘 23:5)와 같습니다. "가지"와 "(5)"은 같은 단어(체마)의 다른 번역입니다. 곧 죄 문제를 해결할 메시아 예수 그리스도를 가리킵니다. 예수 그리스도를 믿는 자마다 더러운 옷을 벗고 아름다운 옷을 입게 될 것입니다.

생각하기 나도 예수님을 통해 아름다운 옷을 입게 된 것을 믿습니까?

해답 1. 사탄, 2. 더러운, 3. 죄악, 4. 아름다운, 5. 싹

스가랴 4장 · 기름 부음 받은 직분자

주요 구절: 4:3

다섯째 환상이 이어집니다. 천사가 잠이 깜박 든 스가랴를 깨웁니다(1절). 스가랴는 칠흑같이 어두운 밤에 환하게 빛나는 순금 등잔대와 기름 그릇, 그리고 그 위에 있는 일곱 등잔을 봅니다. 기름 그릇과 일곱 등잔은 관으로 연결되어 기름이 흐릅니다. 등잔대 옆에는 "두 감람나무"가 있어 기름(올리브유)을 제공하니, 등잔의 불꽃은 영원히 꺼지지 않을 것입니다.

두 감람나무는 여호와의 두 종, '총독 스룹바벨'과 '대제사장 여호수아'를 의미합니다. 이들을 통해 하나님의 일이 완성될 것입니다. 이들은 하나님이 기름 부어 세운 직분자입니다(14절). 하나님의 성전을 세우는 일은 사람으로서는 할 수 없습니다. "이는 (1)으로 되지 아니하며, (2)으로 되지 아니하고, 오직 나의 (3)으로 되느니라."(6절) 그러니 '기름'은 '성령의 사역'을 의미합니다. 성령님은 직분자를 통해 일합니다. 사람은 '성전 재건이 과연 완성될 수 있을까?'하며 "(4)은 일의 날"(10절)이라고 멸시하지만, 스룹바벨이 머릿돌을 놓기 시작한 성전 건축 일(6절)은 오직 "은총"(7절)으로 반드시 "(그 일을) 마치"(9절)게 될 것입니다.

생각하기　하나님께 받은 직분을 잘 감당하고 있습니까?

해답　1. 힘, 2. 능력, 3. 영, 4. 작

스가랴 5장 · 두루마리와 에바 환상

주요 구절: 5:1

1-4절에 여섯째 환상이 나오는데 날아가는 두루마리에 관한 것입니다. 두루마리 크기가 가로 10m 세로 5m 정도(길이 20규빗 × 너비 10규빗)로 거대합니다. 천사는 두루마리가 온 땅에 내리는 저주라고 합니다. 저주받는 자들은 (1 　　　)(3절)하는 자와 망령되이 (2 　　)(4절)하는 자입니다. 이것은 십계명 중 셋째, 여덟째 계명과 연결됩니다. 이것으로 보아 두루마리는 언약 문서로 생각할 수 있습니다. 언약을 어긴 백성에게 징벌이 임한 것입니다.

5-11절은 일곱째 환상으로 에바와 그 속에 있는 여인이 나옵니다. "에바"는 21-36L의 바구니로 곡물의 양을 재는 단위입니다. 에바 속에 "한 여인"(7절)이 나오는데 악의 상징입니다(8절). 천사는 여인으로 상징되는 악을 에바 속에 던져 넣고 둥근 납 조각(뚜껑)으로 가둡니다. 그런 뒤 다른 두 여인이 나타나 학과 같은 날개로 바람을 일으켜(9절) 그 에바를 멀리 (3 　　) 땅으로 옮겨갑니다(11절). "바람"(루아흐)을 일으키는 학의 날개를 가진 두 여인은 심판하는 하나님의 사자입니다. 시날 땅은 바빌론을 의미합니다. 악이 마침내 이스라엘에게서 제거될 것을 보여줍니다. 거룩한 하나님이 언약백성 가운데 있는 죄악을 제거합니다.

생각하기　나와 교회는 죄악을 제거하는 데 애쓰고 있습니까?

해답　1. 도둑질, 2. 맹세, 3. 시날

스가랴 6장 · 네 병거 환상과 평화의 의논

주요 구절: 6:13

여덟째 환상은 네 병거입니다. 구리로 된 두 산 사이에서 네 마리의 말이 이끄는 네 병거가 나와 북쪽 땅과 남쪽 땅, 그리고 온 땅에 두루 다닙니다. 특히 북쪽으로 나간 자들이 '하나님의 영'을 쉬게 하였다고 천사가 외칩니다(8절). '쉬게 하다'는 머물면서 활동한다는 뜻입니다. '하나님의 영'이 북쪽, 곧 바빌론에서 남아 있는 유대인에게 할 일이 있다는 것인데, 그들을 설득하여 돌아오게 한다는 뜻입니다. 이것으로 환상이 끝납니다.

스가랴에게 하나님의 말씀이 임합니다. 스가랴는 예루살렘으로 돌아온 세 사람(헬대와 도비야와 여다야)에게 은과 금을 받아 면류관을 만들어 대제사장 여호수아에게 씌워야 합니다(9-11절). 그러면서 "싹이라 이름하는 사람"(12절)이 돋아나 "여호와의 (1)을 건축"(13절)할 것입니다. 대제사장 여호수아와 더불어 총독 스룹바벨이 직분자로서 일을 다할 것입니다. 그들은 마치 왕과 제사장으로서 "평화의 의논"을 할 것입니다.

그러나 이 예언의 궁극적 성취는 새 언약 시대에 이루어집니다. "먼 데 (4)들이 와서 여호와의 (5)을 (6)하리니, 만군의 여호와께서 나를 너희에게 보내신 줄을 너희가 알리라."(15절) 성령의 전은 교회입니다. 교회의 머리인 예수 그리스도가 왕과 제사장 직분을 통합합니다. 교회를 통해 하나님의 평화가 흘러넘칠 것입니다.

생각하기 나와 우리 교회는 하나님의 평화를 흘러 보내고 있습니까?

해답 1. 전, 2. 싹, 3. 제사장, 4. 사람들, 5. 전, 6. 건축

스가랴 7장 · 금식보다 순종!

주요 구절: 7:1

처음 예언 후 2년이 지난, 주전 518년("다리오 왕 사년 아홉째 달") 여호와의 말씀이 스가랴에게 임합니다(1절). 벧엘은 과거 우상숭배의 중심지입니다. 벧엘로부터 어떤 사람

이 사레셀과 레겜멜렉과 그의 부하들을 보내어 하나님에게 은혜를 구하고 예루살렘의 제사장과 선지자들에게 다섯째 달에 금식하고 애통하는 것이 옳은지 묻습니다(3절). 이 금식은 포로 기간 동안 해온 것입니다(5절). 이 금식과 애통은 아마도 예루살렘의 멸망을 생각하는 금식(다섯째 달, 왕하 25:8-9)과, 그다랴의 암살을 추모하는 금식(일곱째 달, 렘 41:1-3)일 것입니다.

그러나 하나님이 원하는 것은 옛 선지자들이 외친 것처럼 금식이 아니라 경건한 삶입니다. 하나님의 법에 따라 공의와 자비를 행하는 것입니다. "너희는 진실한 (1 　 　)을 행하며, 서로 인애와 (2 　 　)을 베풀며, 과부와 고아와 나그네와 궁핍한 자를 (3 　 　)하지 말며 서로 (4 　)하려고 마음에 도모하지 말라."(9-10절). 외적 의식이 중요한 것이 아니라, 내적 자세와 마음이 중요합니다. 이스라엘 백성이 포로가 된 이유는 하나님 때문이 아니라, 그들이 등을 돌려 (5 　)를 막고 (6 　 　)은 금강석 같이 단단하여 하나님의 말씀을 듣지 않고 순종하지 않았기 때문입니다(11-12절). 이 사실을 스가랴 선지자를 통해 다시 한 번 확인합니다.

생각하기 나는 하나님의 뜻에 신실하게 순종하는 성도입니까?

해답 1. 재판, 2. 긍휼, 3. 압제, 4. 해, 5. 귀, 6. 마음

스가랴 8장 · 회복된 예루살렘

주요 구절: 8:23

유다와 이스라엘이 다시 돌아오게 되고 회복될 것입니다. "내가 시온에 돌아와 예루살렘 가운데 거하리니, 예루살렘은 진리의 성읍이라 일컫겠고 만군의 여호와의 산은 성산이라 일컫게 되리라."(3절) "늙은 남자들과 늙은 여자들"(4절)이 다시 서고 "소년과 소녀들"(5절)이 뛰놀 것입니다. 언약백성이 먼저 언약을 파기했지만 다시 새롭게 회복될 것입니다. "그들은 (1 　) 백성이 되고 나는 진리와 (2 　 　)로 그들의 (3 　 　 　)이 되리라."(8절) 회복된 언약백성의 삶은 어떨까요? "너희가 행할 일은 이러하니라. 너희는 이웃과 더불어 진리를 말하며, 너희 성문에서 진실하고, 화평한 재판을 베풀고, 마음에 서로 해하기를 도모하지 말며, 거짓 맹세를 좋아하지 말라. 이 모든 일은 내가 미워

하는 것이니라. 여호와의 말이니라."(16-17절)

그 날에는 예루살렘이 다시 복의 근원이 될 것입니다. "많은 (4 　 　)과 강대한 나라들이 예루살렘으로 와서 만군의 (5 　 　 　)를 찾고 (5 　 　 　)께 은혜를 구하리라."(22절) "말이 다른 이방 백성"(23절)이 예루살렘으로 모여들어 하나님을 찾을 것입니다. "그 날"은 성령님이 강림한 날입니다(행 2장). 이방인이 하나님에게 돌아와 "우리가 너희와 (6 　 　) 가려 하노라"(23절)고 언약백성에게 부탁할 것입니다.

생각하기 나는 16-17절에 나오는 모습대로 살고 있습니까?

해답 1. 내, 2. 공의, 3. 하나님, 4. 백성, 5. 여호와, 6. 함께

스가랴 9장 · 평화의 왕이 임하리니

주요 구절: 9:9

스가랴 9-14장은 예언의 후반부에 해당합니다. 성전 건축 문제는 더 이상 중심 주제가 아니고 예루살렘을 중심으로 한 하나님의 통치가 이루어지는 하나님 나라가 핵심 주제가 됩니다. 특별히 메시아에 대한 묘사가 많이 등장하는 점이 도드라집니다. 그리스도께서 양을 돌보는 목자로서 일할 것을 보여주는 부분이 많습니다.

예루살렘을 중심으로 주변 나라가 재편될 것이 묘사됩니다. 하드락, 다메섹, 하맛, 두로와 시돈, 아스글론, 에그론, 아스돗은 멸망할 것입니다(1-8절). 예루살렘은 즐거워해도 됩니다. 구원자가 그곳으로 올 것이기 때문입니다. "보라, 네 (1 　)이 네게 임하시나니, 그는 (2 　 　)로우시며, 구원을 베푸시며, (3 　 　)하여서 나귀를 타시나니 나귀의 작은 것, 곧 나귀 새끼니라."(9절) 이 말씀은 나귀를 타고 예루살렘으로 입성하는 예수 그리스도에게서 성취됩니다(마 21:5; 요 12:15). 스가랴가 전하는 이 왕은 평화의 왕이며, 그 통치는 온 세상을 향할 것입니다(10절, 시 72:8).

왕이 먼저 언약백성의 원수들을 멸망시킬 것입니다. 하나님은 시온의 자식들을 "용사의 칼", "활", "화살"로 삼아 원수들을 멸할 것입니다(12-14절). 그리고 백성을 구원할 것입니다. "이 날에 그들의 하나님 여호와께서 그들을 자기 백성의 (4 　)떼 같이 구원하

시리니 그들이 왕관의 (5) 같이 여호와의 땅에 빛나리로다."(16절)

생각하기　나는 다시 오실 평화의 왕이신 예수님을 고대하고 있습니까?

해답　1. 왕, 2. 공의, 3. 겸손, 4. 양, 5. 보석

스가랴 10장 · 목자가 되신 하나님

주요 구절: 10:8

언약의 하나님을 떠난 이스라엘의 영적 상황은 목자 없는 양 같습니다. 하나님이 비를 내리지만, 그들은 바알과 온갖 우상에게 도움을 청했습니다. 거짓 목자들의 탓이 큽니다. 거짓 목자는 "숫염소"(3절)로 표현됩니다(렘 50:8). 이스라엘은 "드라빔"과 "복술자"를 의지(2절)하며 목자 없는 양처럼 유리합니다.

그러나 하나님이 친히 목자가 되어 유리하는 양 무리를 돌볼 것입니다. "만군의 여호와가 그 무리, 곧 유다 족속을 돌보아 그들을 전쟁의 (1)와 같게 하리니, 모퉁잇돌이 그에게서, 말뚝이 그에게서, 싸우는 (2)이 그에게서, 권세 잡은 자가 다 일제히 그에게서 나와서"(3-4절) 싸우고 승리할 것입니다.

유리하는 양 떼를 하나님이 친히 돌보고 회복시킬 것이라는 희망의 복음은 계속됩니다. "내가 그들을 향하여 휘파람을 불어 그들을 모을 것은 내가 그들을 (3)하였음이니라. 그들이 전에 번성하던 것 같이 번성하리라."(8절) 휘파람을 불며 양 떼를 모으는 목자를 생각해보십시오. 하나님이 그렇게 선한 목자로 일할 것입니다. 그러므로 백성은 여호와를 (4)하여 (5)해 질 것입니다(12절). 그 백성은 하나님의 이름으로 살아갈 것입니다. 할렐루야!

생각하기　나는 선한 목자이신 하나님을 의지하여 살아가고 있습니까?

해답　1. 준마, 2. 활, 3. 구속, 4. 의지, 5. 걷고

스가랴 11장 · 거짓 목자와 참 목자

주요 구절: 11:16

스가랴는 거짓 목자에게 "잡혀 죽을 양 떼"(4절)를 먹이라는 명령을 하나님께 받습니다. "참으로 가련한 (1)들"(7절)은 "세 목자"에 의해 고통당했습니다(8절). "세 목자"가 누구인지 분명하지 않지만 당시 영적 지도자들이었을 것입니다. 스가랴는 "은총"과 "연합"이라는 이름의 막대기 둘을 모두 꺾어 버립니다. 거짓 목자뿐만 아니라 양들도 언약을 어겼기 때문에 "은총"이라는 언약을 폐할 것입니다(10절). 하나님은 선한 목자로서 자신의 삯을 요구하지만, 그들은 노예 한 사람의 가격에 해당하는 은 삼십(30)을 줍니다(출 21:32). 하나님이 모욕당한 것입니다. 결국 "그 (2)을 (3) 에게 던지라, 하시기로 내가 곧 그 은 삼십 개를 여호와의 전에서 (3)에게 던"(13절)집니다. 이 예언은 후에 유대 종교지도자들이 선한 목자 예수님을 은 삼십(30)으로 셈하고, 유다가 그것을 던진 것에서 성취됩니다(마 27:5-10).

선한 목자를 거절하는 자들은 악하고 어리석은 목자들에게 넘겨질 것입니다(15-17절). 선한 목자를 거절하는 자는 심판을 피하지 못할 것입니다. "죽는 자는 죽은 대로, 망하는 자는 망하는 대로, 나머지는 서로 살을 먹는 대로 두리라."(9절) 거짓 목자를 향한 심판도 있습니다. "화 있을진저, 양 떼를 버린 (4) 목자여! 칼이 그의 (5)과 오른쪽 (6)에 내리리니 그의 (5)이 아주 마르고 그의 오른쪽 (6)이 아주 멀어 버릴 것이라, 하시니라."(17절) 하나님은 양 떼를 통제하는 데 필수인 (5)과 오른쪽 (6)을 칠 것입니다.

생각하기 나는 선한 목자이신 하나님께 합당한 감사를 드리고 있습니까?

해답 1. 양, 2. 삯, 3. 토기장이, 4. 못된, 5. 팔, 6. 눈

스가랴 12장 · 그 날에는 내가(1)

주요 구절: 12:10

마지막 12-14장은 마지막 때의 심판에 대한 것들로 가득합니다. "그 날"은 12-14장에서 17번 등장하는데, 하나님은 "그 날"에 자기 백성이 다른 민족에 의해 많은 어려움을 겪을 것이지만 반드시 도울 것입니다.

"무거운 돌"로 표현되는 예루살렘을 건드리는 많은 나라가 그 돌에 다치고 멸망하게 될 것입니다(2-6절). 예루살렘은 "취하게 하는 잔"처럼 모든 민족을 비틀거리게 할 것입니다(2절). 하나님의 백성은 만군의 여호와로 말미암아 (1)을 얻을 것입니다(5절). 또 하나님은 유다 지도자들을 나무 가운데 "화로" 같게 하고 곡식단 사이의 "횃불" 같게 할 것입니다(6절). 7절을 이해하기는 어려운데, 분명한 것은 약하고 가난한 하나님의 백성이 강하게 되고 영광스럽게 되며, 반대로 이방 나라들은 망하게 될 것입니다(8-9절).

하나님의 은혜의 역사는 다윗의 집과 예루살렘 주민에게 "간구하는 (2)"을 부어줌으로 이루어질 것입니다(10절, 겔 39:29; 욜 2:28-29). 이것은 오순절 성령 강림(행 2:37-41)으로 성취됩니다. 참 목자인 메시아가 배척당하고 죽임을 당하게 될 것이 예언됩니다. "그들이 그 찌른 바 그를 바라보고 그를 위하여 애통하기를 (3)를 위하여 애통하듯 하며, 그를 위하여 통곡하기를 (4)를 위하여 통곡하듯 하리로다."(10절) 그들이 찌른 "그"는 누구일까요? 그것은 13장 7절의 '칩을 당하는 목자', 곧 메시아입니다. 이 구절은 요한복음 19장 37절에서 인용되어, 십자가에 달린 예수 그리스도에게 적용됩니다.

생각하기 그 날에 약하고 가난한 백성이 강하게 될 것을 믿습니까?

해답 1. 힘, 2. 심령, 3. 독자, 4. 장자

스가랴 13장 · 그 날에는 내가(2)

주요 구절: 13:1

반복해서 나오는 "그 날"에는 "죄와 더러움을 씻는 (1)"이 다윗의 족속과 예루살렘의 주민을 위하여 열릴 것입니다(1절). 하나님의 은혜를 간구하는 마음이 생긴 백성은 죄와 더러움을 씻는 (1) 덕분에 새로운 생명을 얻을 것입니다. 그 생명 (1)은

일찍이 요엘(욜 3:18)과 에스겔(겔 47:1-12) 선지자를 통해서도 예언된 것입니다. 그때 하나님이 거짓 목자와 거짓 선지자를 벌할 것입니다(2-6절). 거짓 선지자는 스스로 숨으려 할 것입니다. 바알에게 예배하며 낸 (2)(왕상 18:28)를 "나의 친구의 집에서 받은 (2)"(6절)라고 변명할 것입니다.

하나님의 구원은 거짓 목자를 심판하고 선한 목자를 침(때림)으로도 성취됩니다. "내 목자, 내 짝 된 자를 (3). 목자를 치면 (4)이 흩어지려니와 작은 자들 위에는 내가 내 손을 드리우리라."(7절) 신비로운 하나님의 구원의 섭리입니다. 이런 신비한 구원은 예수 그리스도의 죽음에서 성취됩니다(마 26:31). 선한 목자의 죽음(침)은 양 떼에게는 큰 시련이지만, 그 시험으로 연단받은 백성은 불속에서 금과 은이 만들어지는 것처럼 새롭게 태어날 것입니다. "내가 그 삼분의 일을 (5) 가운데에 던져 은같이 연단하며, 금같이 시험할 것이라. 그들이 내 (6)을 부르리니, 내가 들을 것이며, 나는 말하기를 이는 내 백성이라 할 것이요, 그들은 말하기를 여호와는 내 하나님이시라, 하리라."(9절)

생각하기 지금 겪는 시련이 끝나면 더욱 단단해질 것을 믿습니까?

해답 1. 셋, 2. 상처, 3. 치라, 4. 양, 5. 불, 6. 이름

스가랴 14장 · 그 날에는 내가(3)

주요 구절: 14:8

세상의 마지막 때에 관한 내용이 14장까지 이어집니다. "그 날"에 다시 한 번 예루살렘이 위험한 상황에 빠질 것(1-2절)이지만 동시에 구원도 일어날 것입니다. "그 날에 그의 발이 예루살렘 앞, 곧 동쪽 감람 산에 서실 것이요, 감람 산은 그 한 가운데가 동서로 갈라져 매우 큰 골짜기가 되어서 산 절반은 북으로, 절반은 남으로 옮기고 … 나의 하나님 여호와께서 임하실 것이요, 모든 거룩한 자들이 (1)와 함께 하리라."(4-5절) 하나님의 임재는 심판을 위한 것이지만, 궁극적으로는 택자를 구원하기 위함입니다.

"여호와께서 아시는 한 날이 있으니 낮도 아니요 밤도 아니라. 어두워 갈 때에 (2)

이 있으리로다. 그 날에 (3 　 　)가 예루살렘에서 솟아나서 절반은 동해로, 절반은 서해로 흐를 것이라. 여름에도 겨울에도 그러하리라."(7-8절) 모든 생물에게 생명을 공급하는 생명수는 하나님의 구원을 상징합니다.

하나님 나라가 임하면 하나님이 홀로 통치할 것입니다. "여호와께서 천하의 (4 　) 이 되시리니, 그 날에는 여호와께서 홀로 한 분이실 것이요, 그의 이름이 홀로 하나이실 것이라."(9절) 이 예언은 예수 그리스도께서 오심으로 완전하게 이루어집니다. 죄와 비참으로부터 구원받은 하나님의 백성에게 더 이상 세상의 성소와 대제사장이 필요 없습니다. 예수 그리스도가 친히 성전 되고 대제사장이 되어 그 역할을 다하기 때문입니다. "그 날에는 말 방울에까지 여호와께 (5 　 　)이라 기록될 것이라, 여호와의 전에 있는 모든 솥이 제단 앞 주발과 다름이 없을 것이니."(20절) 구원받은 언약백성은 (5 　 　)한 삶을 살아야 합니다.

생각하기 나는 "여호와께 성결"된 삶을 살아가고 있습니까?

해답 1. 주, 2. 빛, 3. 생수, 4. 왕, 5. 성결

말라기

'말라기'는 포로 귀환 이후 시대에 활동한 말라기 선지자의 말을 기록한 책입니다. 말라기의 뜻은 '나의 사자(使者)'(my messenger), 곧 '여호와의 사자'입니다. 말라기의 활동 시기는 아마도 성전 재건 이후, 에스라와 느헤미야의 개혁 운동 이후인 것으로 보입니다.

성전과 성벽이 재건되었지만 회복이 더디게 오는 것 같아 유다는 깊은 낙담에 빠집니다. 이런 영적 위기는 삶으로 이어집니다. 형식적인 예배, 혼인 관계, 불의한 생활, 헌물과 십일조 문제 등이었습니다. 도리어 하나님께 불평까지 합니다. 이런 시기에 말라기는 "만군의 여호와"만 믿고 의지하라고 선포합니다. 말라기는 유독 "만군의 여호와"를 강조합니다. 말라기 내용이 짧은데, 20회 이상이 사용되었습니다. 어느 시대보다 불안한 시기에 오직 "만군"(萬軍)을 거느린 하나님만 의지하고 믿어야 함을 선포하였습니다.

4장 5절에서 엘리야가 언급되는데, 예수님을 예비한 세례 요한이 곧 그입니다(마 11:14). 구약성경 마지막에 위치한 말라기를 읽은 뒤, 이어서 곧 마태복음에서 세례 요한을 만난다면 그 감흥이 남다를 것입니다.

내용 구분

1:1	말라기에게 말씀이 임함
1:2-4:3	신실하지 않은 백성을 책망
4:4-4:6	여호와의 날 예언

말라기 1장 · 내가 너희를 사랑한다

주요 구절: 1:2

말라기 선지자가 이스라엘에게 예언합니다. 북 이스라엘이 사라졌으니, 이제 돌아온 유다 백성이 이스라엘입니다.

하나님이 이스라엘 백성에게 "내가 너희를 (1 ◻◻)하였노라"(2절)고 말합니다. 백성이 대답합니다. "주께서 어떻게 우리를 (1 ◻◻)하셨나이까?"(2절) 백성의 대답이 참 어처구니가 없습니다. 하지만 하나님은 친절히 자기의 사랑을 변증합니다. 하나님의 사랑은 무조건적 사랑이며, 에서를 미워하고 야곱을 사랑한 것을 증거로 듭니다(2-5절). 바울도 로마서에서 무조건적 사랑의 증거로 그것을 인용했습니다(롬 9장). 하나님은 포로에서 돌아오고, 아직도 건강해보이는 에서, 곧 에돔도 곧 멸망하게 될 것임을 천명합니다.

6절부터는 제사장의 죄를 지적합니다. 흠 없는 제물을 바치도록 가르치고 감독해야 하는데, 그들은 주어진 상황에 타협하여 흠이 있는 제물을 허락합니다. "너희가 (2 ◻◻◻) 떡을 나의 (3 ◻◻)에 드리고도 … 너희가 눈 먼 희생제물을 바치는 것 … 저는 것, 병든 것을 드리는 것…"(7-8절) 이런 모습은 하나님을 공경하고 경외하는 것이 아닙니다. 아들이 아버지를, 종이 주인을 공경하는 것처럼, 언약백성이 언약의 하나님을 경외하는 것은 당연합니다. 하지만 현실은 다릅니다. 제사 자체를 귀찮아하는 분위기입니다(13절). 하나님은 그런 제사를 받지 않겠다고 합니다. "내가 너희를 (4 ◻◻)하지 아니하며 너희가 손으로 드린 것을 받지도 아니하리라."(10절) 하나님은 오히려 (5 ◻◻) 민족 가운데 칭송을 받게 될 것이라고 합니다. "만군의 여호와가 이르노라. 해 뜨는 곳에서부터 해 지는 곳까지의 (5 ◻◻) 민족 중에서 내 (6 ◻◻)이 크게 될 것이라. 각처에서 내 (6 ◻◻)을 위하여 분향하여 깨끗한 제물을 드리리니, 이는 내 (6 ◻◻)이 (5 ◻◻) 민족 중에서 크게 될 것임이니라."(11절)

생각하기 나는 하나님을 경외함으로 바르게 예배드리고 있습니까?

해답 1. 사랑, 2. 더러운, 3. 제단, 4. 기뻐, 5. 이방, 6. 이름

말라기 2장 · 우리가 괴롭게 했습니까?

주요 구절: 2:5

구별된 제사장과 레위인의 죄는 심각합니다. 모세가 레위 지파에게 복주면서 맡긴 것을 "생명과 평강의 (1　　)"(5절) 이라고 표현합니다. "레위와 세운 나의 (1　　)은 생명과 평강의 (1　　)이라. 내가 이것을 그에게 준 것은 그로 경외하게 하려 함이라. 그가 나를 경외하고 내 (2　　)을 두려워하였으며 … 많은 사람을 돌이켜 죄악에서 떠나게 하였느니라. 제사장의 입술은 지식을 지켜야 하겠고, 사람들은 그의 입에서 (3　　)을 구하게 되어야 할 것이니, 제사장은 만군의 여호와의 (4　　)가"(5-7절) 되어야 합니다. 그러나 레위인은 "만군의 여호와의 (4　　)"로서 역할을 제대로 하지 않고 "옳은 길에서 떠나 많은 사람을 율법에 거스르게"(8절) 합니다. 하나님은 이에 대해 벌합니다.

직분자들이 제대로 하지 못하니 백성이 신실하지 못합니다. "유다는 여호와께서 사랑하시는 그 (5　　)을 욕되게 하여 이방 신의 딸과 (6　　)하였으니."(11절) 하나님이 정한 아름다운 혼인은 "(7　　)한 자손을 얻고자"(15절) 함 때문입니다. 그런데 이방인과 통혼함으로 (7　　)하지 못한 자손이 나고, 그로써 하나님 나라가 흔들리게 됩니다. 그런데도 그들이 회개하지 않고 하나님께 따집니다. "우리가 어떻게 여호와를 괴롭혀 드렸나이까? … 정의의 하나님이 어디 계시냐?"(17절) 적반하장이 아닐 수 없습니다.

생각하기　나도 회개하지 않고 하나님의 뜻을 거스르고 있지는 않습니까?

해답　1. 언약, 2. 이름 3. 율법, 4. 사자, 5. 성결, 6. 결혼, 7. 경건

말라기 3장 · 마음은 물질로 나타나

주요 구절: 3:1

불만을 쏟아내는 백성에게 하나님이 말합니다. “보라 내가 내 사자를 보내리니, 그가 내 앞에서 길을 준비할 것이요, 또 너희가 구하는 바 주가 갑자기 그의 성전에 임하시리니, 곧 너희가 사모하는바 (1 　 　)의 사자가 임하실 것이라.”(1절) “너희가 구하는 바 주”(1절)의 사역은 점점 더 구체화됩니다. 죄인을 정결하게 하고(2-4절) 또 죄인을 심판할 것(5절)입니다. 이 예언은 이후 예수 그리스도를 통해 완성됩니다.

이스라엘의 문제는 마음에서 시작되고 물질에서 드러납니다. 백성은 제물을 온전하게 드리지 않을 뿐만 아니라, 십일조도 온전하게 바치지 않습니다. 십일조는 제사장과 레위인들을 부양하기 위해 드려지는데(느 10:38; 12:44), 백성이 소홀히 합니다. 그런 백성에게 하나님이 이렇게 말합니다. “너희의 온전한 십일조를 창고에 들여 나의 집에 양식이 있게 하고 그것으로 나를 (2 　 　)하여 내가 하늘 문을 열고 너희에게 (3 　) 을 쌓을 곳이 없도록 붓지 아니하나 보라.”(10절) 이 구절을 오해해 십일조를 바치기만 하면 재물이 쌓일 것이라고 생각해선 안 됩니다. 언약의 말씀에 순종할 때 하나님이 부족함 없이 주실 것이라는 표현입니다.

그러자 백성이 앙탈을 부리고, 더 나아가 불평합니다(13-14절). “지금 우리는 교만한 자가 복되다 하며 악을 행하는 자가 번성하며 하나님을 시험하는 자가 (4 　)를 면한다”(15절)라고까지 말합니다. 이런 생각은 믿음 없는 자의 전형이며, 하나님이 아닌 악한 세상을 따르는 불만입니다. 하나님은 자기를 경외하는 자의 이름을 책에 기록할 것(17절)이고 선인과 악인을 분별하는 심판을 행할 것입니다(18절).

생각하기 혹시 내가 순종하지도 않고 불평만 하지 않습니까?

해답 1. 언약, 2. 시험, 3. 복, 4. 화

말라기 4장 · 여호와의 심판의 날

주요 구절: 4:5

말라기 선지자는 마지막 날을 예언합니다. 악인과 의인을 분리하는 날입니다. "용광로 불같은 날"과 "그 이르는 날"(1절), "내가 정한 날"(3절), "여호와의 크고 (1 ___) 날"(5절)이 오면 이스라엘 백성의 반역과 불평이 사라질 것입니다. 왜냐하면 그 날은 하나님의 심판의 날이기 때문입니다.

심판의 날에는 하나님의 공의가 그를 경외하는 자의 상처를 치료할 것입니다. "내 이름을 경외하는 너희에게는 공의로운 (2 ___)가 떠올라서 치료하는 (3 ___)을 비추리니, 너희가 나가서 외양간에서 나온 송아지 같이 뛰리라."(2절)

"내가 선지자 (4 ___)를 너희에게 보내리니, 그가 (5 ___)의 마음을 (6 ___)에게 돌이키게 하고, (6 ___)들의 마음을 그들의 (5 ___)에게로 돌이키게"(5-6절) 할 것입니다. 아버지와 자녀의 관계로 하나님과 백성의 언약 관계가 나타납니다. "내가 와서 저주로 그 땅을 칠까"(6절)라고 하며 돌이키지 않는 자들에게 심판이 있을 것을 마지막으로 선언합니다. 신약성경은 세례 요한을 말라기가 예언한 (4 ___)의 성취로 봅니다(마 11:10-14, 17:10-13 등).

생각하기 예언의 성취를 기대하며 신약성경 읽기를 준비해봅시다.

해답 1. 두려운, 2. 해, 3. 광선, 4. 엘리야, 5. 아버지, 6. 자녀

easy 성경 통독 - 구약

초판 2쇄 발행 2023년 1월 30일
초판 1쇄 발행 2022년 10월 21일

지은이 임경근
펴낸이 이기룡
펴낸곳 도서출판 담북
등록번호 서울 제 22-1443호(1998년 11월 3일)
주소 06593 서울시 서초구 고무래로 10-5(반포동)
전화 02-533-2182
팩스 02-533-2185
홈페이지 www.qtland.com
디자인 박다영

ISBN 979-11-980338-0-2

값은 뒤표지에 있습니다.